강서연 교육학

- 기본서 -

PREFACE
머리말

교육행정직 공무원 임용시험에 도전하시는 수험생 여러분께.

이 책은 교육행정직 공무원 시험을 준비하시는 수험생 여러분을 위한 체계적이고 실용적인 기본서로서, 초판 이래 꾸준히 사랑받아 왔습니다. 이번 개정판에서는 최근 교육과정의 변화와 출제 경향을 철저히 분석하여, 수험생 여러분께서 보다 효율적으로 학습하실 수 있도록 대폭 보완·개편하였습니다.

특히 이번 개정판에서는 다음과 같은 점을 중점적으로 개선하였습니다.

01 최신 교육과정의 반영 : 2022 개정 교육과정의 적용에 따른 최근 교육 개혁 방향을 충실히 수록하였습니다. 특히 고교학점제와 성취평가제 등 학교 현장의 주요 변화를 상세히 정리하여 이해도를 높이고자 하였습니다.

02 수험 적합성 강화 : 최근 시험의 출제 문항을 면밀히 분석하여 최신 출제 경향을 충실히 반영하였으며, 기출 선지를 적극적으로 활용하여 기본이론 학습과 실전 대비의 연계성을 한층 강화하였습니다.

03 구성 및 체계의 정비 : 핵심 개념 중심으로 재구성하여 학습량을 적정화하였고, 단순히 지식을 암기하는 것을 넘어 스스로 생각하며 문제를 해결할 수 있도록 학습자의 이해와 적용 능력을 높이고자 하였습니다.

교육학은 교육이라는 복잡하고 다면적인 주제를 철학, 심리학, 사회학 등 다양한 학문이 융합된 형태로 탐구하는 학문입니다. 이번 개정판은 교육학의 논리적 구조와 핵심 개념에 대한 이해를 바탕으로, 방대한 내용 중에서도 출제 가능성이 높은 영역을 선별하여 제시하였습니다. 수험생 여러분께서 보다 전략적으로 학습하실 수 있도록 하였습니다.

공무원 시험은 철저한 준비와 꾸준한 자기관리의 결실로 성취할 수 있습니다. 이 책은 여러분께서 효율적으로 학습의 방향을 설정하시고, 시험장에서 자신 있게 답안을 작성하실 수 있도록 돕는 든든한 동반자가 될 것입니다.

여러분의 최종 합격을 진심으로 기원합니다.

강서연 드림

GUIDE
공무원 교육학 시험 학습 가이드

미리 알고 시작하자! 시험의 출제 범위와 비중

01 공무원 교육학 시험 출제 영역

공무원 교육학 시험은 9급의 '교육학개론'과 7급의 '교육학' 시험으로 구분됩니다. 9급 '교육학개론'은 20문항, 7급 '교육학'은 25문항으로 출제됩니다. 내용영역은 크게 3개의 영역(교육학의 기본이론, 교육활동의 실제, 교육행정 및 평생교육)으로 나눌 수 있습니다. 9급 시험의 경우, 각 영역별로 6~8문항 정도 출제되어 고른 분포를 보입니다. 7급 시험에서는 제반 개념이나 이론들이 보다 심층적으로 출제되는 경향이 있습니다.

구분		국가직 9급	지방직 9급	국가직 7급
교육학의 기본이론	교육사와 교육철학, 교육심리학, 교육사회학	6~8문항	6~8문항	6~8문항
교육활동의 실제	교육과정, 교육방법, 교육공학, 교육평가, 생활지도, 교육연구	6~8문항	6~8문항	8~10문항
교육행정 및 평생교육	교육행정학, 교육법, 평생교육	6~8문항	6~8문항	8~10문항
총 문항 수		20문항	20문항	25문항

02 영역별 출제 경향 및 수험 대책

▶ 교육학의 기본이론

출제 경향	교육학의 기반이 되는 학문들로서 교육사 및 교육철학, 교육심리학, 교육사회학 분야를 내용으로 합니다. 교육의 목적, 내용, 방법 등을 결정하는 데 기준점이 될 수 있는 개념과 이론을 다룹니다. 우리나라 학교제도의 발달과정, 근대 교육사상의 전개, 교육의 개념과 목적, 학습자의 발달과 개인차, 학습의 개념의 원리, 교육과 사회의 관계 등이 주로 출제됩니다. 주요한 개념과 이론을 이해하고 있는지 더 나아가 대립되는 주장들을 비교할 수 있는지를 묻는 질문들까지 출제되고 있습니다.
수험 대책	각 분야의 주요 개념과 이론을 체계적으로 학습하여야 합니다. 학자의 이름과 개념 및 이론의 논리적 전개를 유기적으로 연계하여 학습하여야 합니다. 각각의 개념과 이론들 간의 차별점을 이해할 수 있도록 학습하여야 하므로, 단순 암기식 공부를 넘어서 이해에 기반한 공부가 필요합니다.

강서연
교육학

◆ 교육활동의 실제

출제 경향	학교에서 학생들을 지도하는 데 관련되는 내용들로서 교육과정, 교수·학습 이론과 교육방법, 교육공학, 교육평가, 생활지도와 상담, 교육연구 등의 내용이 포함됩니다. 잠재적 교육과정, 교육과정 개발 모형, 구성주의 교수·학습 이론, 테크놀로지 기반 교육, 자기참조평가, 수행평가, 진로교육, 상담기법 등 비교적 새로운 교육의 접근방법과 관련된 내용들의 출제 빈도가 높아지고 있습니다.
수험 대책	각 분야의 주요 개념과 이론들을 중심으로 주장한 학자, 핵심 용어, 논리구조를 일목요연하게 이해할 필요가 있습니다. 특히, 학교 현장의 변화를 추구하는 새로운 교육의 접근방법들이 추구하는 방향을 이해하고 관련된 개념과 이론들을 중점적으로 학습하여야 합니다. 2022 개정 교육과정이 현장에 적용되기 시작하는 시기이니 개정의 취지를 중심으로 세부 내용들에 대한 학습도 필요합니다.

◆ 교육행정 및 평생교육

출제 경향	교육행정 활동의 바탕이 되는 개념 및 이론들과 우리나라에 실제로 적용되고 있는 교육행정 제도나 관련 법에 대해 출제됩니다. 교육행정의 기본이론, 교육행정의 원리, 학교조직의 특성, 직무동기 이론, 대안적 지도성 개념, 정책결정모형, 지방교육자치제도, 교육재정의 구조, 장학의 유형, 인사 제도, 헌법과 초·중등교육법 및 학교폭력예방법 등이 자주 출제됩니다. 한편, 학교교육 이외의 영역인 평생교육에 관련된 이론과 제도에 관련된 문항들도 1~2문항씩 출제되고 있습니다.
수험 대책	교육행정학은 가장 많은 문항이 출제되는 영역인 만큼 철저한 학습이 필요합니다. 각 주제별로 제시되는 주요 개념과 이론들이 의미하는 바를 정확히 이해하면서 동시에 그들 간의 관계를 비교할 수 있도록 학습하여야 합니다. 최근 개정된 법이나 개편된 제도들에 관한 내용들은 개정의 취지를 고려하여 핵심 내용을 중심으로 학습합니다. 한편, 평생교육 분야에 대한 국가적 관심이 커지고 제도가 정비되고 있는 만큼 평생교육 이론과 실제에 대한 학습도 놓치지 말아야 합니다.

GUIDE
공무원 교육학 시험 학습 가이드

최신기출로 확인하는 공무원 교육학 문제 유형

◆ 유형 1 : 제시된 진술문에서 설명하는 개념, 이론, 학자 찾기

문제 유형	제시된 진술문에서 설명하는 개념이나 이론 및 이를 주장한 학자의 이름을 찾는 문제입니다. 답을 도출하는 데 필요한 내용요소는 2~3가지 정도 제시됩니다.

예시 문제

1 다음 설명에 해당하는 모형은?

> 체제적 교수모형으로, 요구사정, 교수분석, 학습자 및 상황 분석, 수행목표 진술, 평가도구 개발, 교수전략 개발, 교수자료 개발 및 선정, 형성평가 개발 및 시행, 교수 수정, 총괄평가 설계 및 시행의 10단계로 구성된다.

① ADDIE 모형
② 글레이저(Glaser) 모형
③ 켈러(Keller) 동기설계 모형
④ 딕과 캐리(Dick&Carey) 모형

해설 체제적 교수모형에 해당되는 것으로 요구사정에서부터 총괄평가까지 세부 단계를 제시한 모형은 딕과 캐리의 모형이다. ADDIE 모형은 5단계, 글레이저 모형은 4단계 모형으로 세부 단계를 구분하지 않았다. 켈러의 동기설계 모형은 체제적 교수설계 모형에 해당하지 않는다. **답 : ④**

2 다음과 같이 주장한 교육학자는?

> • 이상적인 성인의 활동분석을 통하여 교육목표를 설정한다.
> • 과학적인 방법에 따른 교육과정 개발이 필요하다.
> • 교육은 학생이 성인이 되어서 할 일을 미리 준비시켜 주는 것이다.

① 애플(Apple)
② 보빗(Bobbitt)
③ 듀이(Dewey)
④ 위긴스와 맥타이(Wiggins&McTighe)

해설 교육을 성인이 되어서 할 일을 준비시키는 과정으로 보고, 성인의 활동분석과 같은 과학적인 방법에 의해 교육과정을 개발할 것을 주장한 학자는 보빗이다. 애플은 비판적 관점에서 교육과정을 분석한 학자이다. 듀이는 교육을 아동의 현재 생활에서의 성장으로 보았다. 위긴스와 맥타이는 핵심 개념에 대한 이해를 중심으로 한 교육과정 설계 모형을 제시하였다. **답 : ②**

풀이 전략
(1) 제시된 진술문의 내용을 읽어 보면서 핵심 키워드를 찾아내야 합니다.
(2) 도출된 키워드와 관련된 개념이나 이론, 학자를 파악하여 답을 선택합니다.
(3) 정답을 바로 알 수 없는 경우에는 소거법을 이용하여 답을 찾아나갑니다.

강서연
교육학

● **유형 2** : 제시된 주제에 대한 내용으로 옳은 것 또는 옳지 않은 것 고르기

문제 유형	문항에서 제시하는 주제에 관한 설명 중 옳은 것 또는 옳지 않은 것을 고르는 문제입니다. 개괄적인 수준에서 단순히 사실에 관한 지식을 가지고 있는지를 묻는 경우(예시문제 3)도 있지만, 해당 주제에 대한 개념적 이해를 바탕으로 실제 사례에 적용할 수 있는지를 묻는 경우(예시문제 4)도 있습니다.
예시 문제	**3** 우리나라 교육사에 관한 설명으로 옳지 않은 것은? 　① 백제에서는 교육기관으로 국학을 세웠다. 　② 고구려에서는 교육기관으로 태학을 세웠다. 　③ 유형원은 『반계수록』에서 교육제도 개혁을 주장하였다. 　④ 근대적 관립학교인 육영공원을 세웠다. 　(해설) 국학을 설립·운영한 국가는 통일신라이다. 백제에서는 박사 제도에 대한 기록만 있을 뿐, 교육기관에 대한 자료가 남아있지 않다.　　　　　　　　　　　　　　　　　답: ① **4** 간접교육비에 대한 설명으로 옳지 않은 것은? 　① 학생이 학교에 다니기 때문에 취업할 수 없는 데서 오는 유실소득을 포함한다. 　② 비영리기관인 학교에 대해 세금을 면제해주는 면세의 비용을 포함한다. 　③ 학교건물과 장비 사용에 따라 발생하는 감가상각비와 이자도 포함된다. 　④ 유아의 어머니가 취업 대신 자녀 교육을 위해 가정에 머물면서 포기된 소득은 제외한다. 　(해설) 간접교육비는 교육활동을 위해 포기한 수익으로서 묵시적 비용 혹은 기회비용에 해당한다. 유아의 어머니가 자녀 교육을 위해 취업을 하지 않아 포기된 소득도 기회비용에 해당하므로 간접교육비에 포함된다.　　　　　　　　　　　　　　　　　답: ④
풀이 전략	(1) 우선 문항의 질문에서 '옳은 것'을 묻는지, '옳지 않은 것'을 묻는지를 확인하여 ○/×로 표기하여 둡니다. (2) 선택지를 단어 단위로 끊어 읽으면서 틀린 부분이 있는지 확인하여 ○/×로 표시합니다. 주제별로 자주 나오는 오답선지를 미리 학습해 두면 좀 더 쉽게 찾을 수 있습니다. (3) 질문에서 요구한 것에 맞게 '옳은' 또는 '옳지 않은' 선택지를 고릅니다.

GUIDE
공무원 교육학 시험 학습 가이드

◆ 유형 3 : 제시된 개념이나 이론의 하위 요소 구분하기

문제 유형

문항에서 제시하는 개념이나 이론을 구성하는 하위 요소로 포함되는지의 여부를 묻거나 하위 요소들의 개념을 구분할 수 있는지를 묻는 문제입니다. 제시된 개념이나 이론을 개략적인 수준에서만 학습한 경우 답하기 어려운 문항 유형입니다.

예시 문제

5 뱅크스(Banks)의 다문화교육을 위한 교육과정 접근법에 해당하지 않는 것은?
① 기여적 접근
② 변혁적 접근
③ 동화주의적 접근
④ 의사 결정 및 사회적 행동 접근

해설 뱅크스는 문화상대주의 관점에서 다문화교육을 하여야 한다고 주장하였습니다. 뱅크스의 다문화교육을 위한 교육과정 접근법에는 기여적 접근, 부가적 접근, 변혁적 접근, 의사결정 및 사회적 행동 접근이 포함됩니다. 동화주의적 접근은 문화절대주의 또는 자문화중심주의 관점으로 문화상대주의 관점에 대립되는 개념입니다.   답 : ③

6 다음은 서지오바니(Sergiovanni)의 도덕적 지도성 이론에 따라 분류한 네 가지 학교 유형이다. (가)에 해당하는 것은?

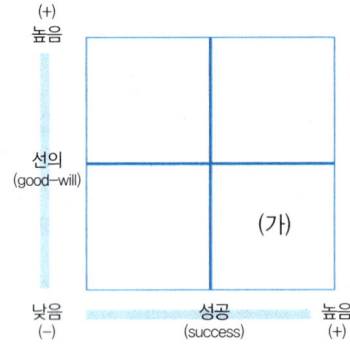

① 도덕적인 학교
② 정략적인 학교
③ 도덕적이고 효과적인 학교
④ 비도덕적이고 비효과적인 학교

해설 제시된 그림을 볼 때, (가)는 '성공'의 수준은 높지만 '선의'의 수준은 낮은 학교입니다. 즉, 학업성적 등과 같은 측면에서 효율성은 추구하지만 학교 구성원들이 도덕적 가치를 추구하지는 않는 경향이 있다는 의미입니다. 따라서 제시된 선택지들 중 가장 부합하는 유형은 '정략적인 학교'입니다.   답 : ②

풀이 전략

(1) 제시된 개념이나 이론을 구성하는 하위 요소(유형)들을 떠올리면서 선택지들 중에서 문항의 요구에 맞는 선택지를 선택합니다.
(2-1) 하위 요소가 잘 기억나지 않는 경우에는 해당 개념이나 이론의 전반적인 취지나 접근 방향을 고려하여 선택지를 골라 봅니다.
(2-2) 하위 요소의 분류가 모두 선택지로 제시되고 그중 하나를 고르는 문제의 경우 소거법을 이용하여 답이 아닌 것을 제거하는 방식으로 답을 찾습니다.

강서연
교육학

◆ 유형 4 : 제시된 진술문에서 빈칸에 들어갈 내용 고르기

문제 유형	주어진 제시문에 빈칸이 있고 그 안에 들어갈 내용을 고르는 문제입니다. 법령이나 교육과정 문서에 있는 진술문이 그대로 제시되는 경우가 많습니다.

예시 문제

7 「평생교육법」상 (가), (나)에 들어갈 말을 바르게 연결한 것은?

> "평생교육"이란 학교의 정규교육과정을 ┌─(가)─┐ 학력보완교육, 성인 문해교육, 직업능력 향상교육, 성인 진로개발역량 향상교육, 인문교양교육, 문화예술교육, 시민참여교육 등을 포함하는 모든 형태의 ┌─(나)─┐ 교육활동을 말한다.

	(가)	(나)
①	포함한	조직적인
②	포함한	비조직적인
③	제외한	조직적인
④	제외한	비조직적인

해설 「평생교육법」에서는 '평생교육'을 학교교육과 대립되는 개념으로 봅니다. 즉, 학교의 정규과정을 '제외한' 모든 형태의 '조직적인' 교육활동으로 봅니다. 학교교육은 형식교육, 평생교육은 비형식교육에 해당합니다.   답 : ③

8 「초·중등교육법 시행령」상 (가), (나)에 들어갈 말을 바르게 연결한 것은?

> 제48조의2(자유학기의 수업운영방법 등) ① 중학교 및 특수학교(중학교의 과정을 교육하는 특수학교로 한정한다)의 장은 자유학기에 ┌─(가)─┐을 실시하고 학생의 진로탐색 등 다양한 체험을 위한 ┌─(나)─┐을 운영해야 한다.

	(가)	(나)
①	학생 참여형 수업	진로교육
②	학생 참여형 수업	체험활동
③	학생 주도형 수업	진로교육
④	학생 주도형 수업	체험활동

해설 문항에서는 「초·중등교육법 시행령」의 조항을 묻는 형태로 제시되었지만, 국가 교육과정에 반영되어 있는 '자유학기제'의 운영방법에 대한 지식으로 풀 수도 있습니다. 현행 국가 교육과정에서는 '학생 주도형 수업'보다는 '학생 참여형 수업'을 선호합니다. 자유학기제 활동 영역에는 주제탐색과 진로선택이 포함되므로 '진로교육'보다는 '체험활동'이 적절한 수업운영 방법으로 판단됩니다.   답 : ②

풀이 전략	(1) 제시된 진술문을 기억하고 있다면 빈칸에 들어갈 용어를 선택합니다. (2) 잘 기억나지 않는다면, 주어진 주제에 대한 배경지식을 활용하여 적절한 답을 선택하거나 부적절한 답을 제거해 나가는 방식으로 풀 수도 있습니다.

단번에 합격하는
강서연 공무원 교육학 커리큘럼

교육학 기본서 학습으로 기본체력 다지기

기출문제풀이 훈련으로 실전대비 실력 갖추기

ROUND I 기본서

기본서 학습을 위한 강의

기본이론반(7~8월)
시험에 자주 나오는 핵심 개념과 원리를 체계적으로 학습하여 기본 기를 다지는 강의

심화이론반(9~10월)
고난도 심화 개념과 원리를 학습하여 고득점 획득을 위한 실력을 더하는 강의

핵심이론반(11~12월)
기본부터 심화까지 핵심만 간추려 탄탄한 실력을 완성하는 강의

사용교재
- 강서연 교육학 기본서
- 강서연 교육학 기본이론 복습노트
- 강서연 교육학 요약노트

ROUND II 기출문제

기출문제 학습을 위한 강의

기본 기출문제 풀이반(9~10월)
공무원 9급 시험에 꼭 나오는 기본 문제를 통해 실전감각을 기르는 강의

심화 기출문제 풀이반(11~12월)
광범위한 기출문제 풀이를 통해 최근의 고난도 출제경향에 대비하는 강의

핵심 기출문제 풀이반(1~2월)
최근 출제경향에 맞게 핵심문제만 간추려 실전감각을 다지는 강의

사용교재
- ALL-IN-ONE 기출문제

강서연
교육학

ROUND Ⅲ
예상문제

예상문제풀이 훈련으로
합격보장 실력 완성하기

예상문제 학습을 위한 강의

단원별 모의고사 풀이반(1~2월)
단원별 예상문제풀이를 통해 문제풀이 실력을 강화하고 본인의 취약점을 찾아 보완하는 강의

동형모의고사 풀이반
(3월 국가직/4~5월 지방직 대비)
최신 출제경향을 반영한 고품질 동형 모의고사를 풀어보며 합격 실력을 완성하는 강의

사용교재
- 단원별 모의고사
- 파이널 실전 동형모의고사
 (국가직/지방직)

▶ 동영상강의 〈해커스 공무원〉 gosi.**hackers**.com

CONTENTS 차례

01 교육철학 및 교육사
- ▶ 구조도 및 기출빈도 ········· 16
- 1. 교육철학의 기초 ········· 17
- 2. 현대의 교육철학 ········· 24
- 3. 서양교육사 ········· 37
- 4. 한국교육사 ········· 60

02 교육심리학
- ▶ 구조도 및 기출빈도 ········· 92
- 1. 발달과 교육 ········· 93
- 2. 개인차와 학습 ········· 112
- 3. 학습동기 ········· 133
- 4. 행동주의 학습이론 ········· 141
- 5. 인지주의 학습이론 ········· 153

03 교육사회학
- ▶ 구조도 및 기출빈도 ········· 168
- 1. 교육사회학의 이해 ········· 169
- 2. 교육사회학의 주요 이론 ········· 174
- 3. 교육과 사회의 관계 ········· 179
- 4. 교육평등의 관점과 정책 ········· 191
- 5. 새로운 교육사회학 ········· 196
- 6. 사회변화와 교육개혁 ········· 202

04 교육과정
- ▶ 구조도 및 기출빈도 ········· 210
- 1. 교육과정의 이해 ········· 211
- 2. 교육과정의 유형 ········· 217
- 3. 교육과정의 개발과 실행 ········· 226
- 4. 우리나라의 국가 교육과정 ········· 241
- [부록] 2022 개정 교육과정 총론 ········· 254

05 교육방법 및 교육공학
- ▶ 구조도 및 기출빈도 ········· 282
- 1. 교육공학과 교수체제설계 ········· 283
- 2. 교수설계이론 ········· 291
- 3. 교수·학습 방법 ········· 311
- 4. 교수매체의 선정과 활용 ········· 318
- 5. 뉴미디어와 원격교육 ········· 327

06 교육평가와 교육연구
- ▶ 구조도 및 기출빈도 ········· 344
- 1. 교육평가의 이해 ········· 345
- 2. 교육평가의 유형 ········· 350
- 3. 평가도구의 양호도 ········· 367
- 4. 문항제작과 문항분석 ········· 376
- 5. 평가결과의 분석 ········· 383
- 6. 교육연구 ········· 389

07 생활지도와 상담

▶ 구조도 및 기출빈도 406
1. 생활지도 407
2. 상담활동의 기초 419
3. 상담의 이론과 기법 429

09 교육행정의 실제

▶ 구조도 및 기출빈도 540
1. 교육법과 학교제도 541
2. 교육행정조직 570
3. 교육인사행정 576
4. 장학행정 602
5. 교육재정 608
6. 학교경영 624

08 교육행정의 이론

▶ 구조도 및 기출빈도 450
1. 교육행정의 개념과 원리 451
2. 교육행정 이론의 발달 458
3. 조직 이론 474
4. 동기 이론 497
5. 지도성 이론 508
6. 교육기획과 교육정책 520

10 평생교육

▶ 구조도 및 기출빈도 636
1. 평생교육 이론 637
2. 평생교육 실제 648

CHAPTER

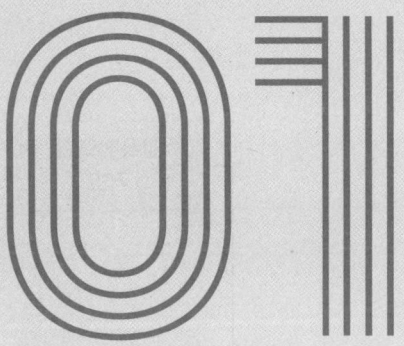

교육철학 및 교육사

교육철학은 교육의 개념이나 목적 및 교육의 원리에 대해 철학적으로 연구하는 영역이다. 교육사는 전통 사회로부터 근대에 이르기까지 교육체제 및 교육사상이 발달되어 온 과정을 설명한다. 교육철학 및 교육사를 통해 교육은 무엇이며, 교육을 왜 해야 하는지, 무엇을 어떻게 가르쳐야 하는지에 관해 생각해 보도록 한다.

1. 교육철학의 기초
2. 현대의 교육철학
3. 서양교육사
4. 한국교육사

* AA급 : 11회 이상 | A급 : 6~10회 | B급 : 3~5회 | C급 : 1~2회

강서연
교육학

교육철학 및 교육사
- 교육철학의 기초
  - (1) 교육철학의 이해 C
  - (2) 교육의 개념 A
  - (3) 교육의 목적 C
- 현대의 교육철학
  - (1) 20세기 전반의 교육철학 AA
  - (2) 20세기 후반의 교육철학 AA
- 서양교육사
  - (1) 고대의 교육사상 AA
  - (2) 중세의 교육사상 C
  - (3) 근대의 교육사상 AA
- 한국교육사
  - (1) 고려시대 이전의 교육 A
  - (2) 고려시대의 교육 B
  - (3) 조선시대의 교육 AA
  - (4) 개화기의 교육 A
  - (5) 일제강점기의 교육 B
  - (6) 해방 이후의 교육 C

01 교육철학 및 교육사

회독 CHECK　□1회독　□2회독　□3회독

1 교육철학의 기초

01 교육철학의 이해

(1) 교육철학의 개념

① 교육관으로서의 교육철학 : 바람직한 교육에 대한 견해와 소신, 교육에 대한 일관된 신념과 주장(구체적, 실제적, 특수적, 주관적 성격)
   예 루소의 교육철학(사상), 유대인의 교육철학, 정부의 교육철학 등
② 학문으로서의 교육철학 : 철학적 개념과 연구방법을 교육에 응용하는 학문 분야, 교육에 관한 문제를 제기하고 보편적인 이론으로서의 해답 모색(추상적, 이론적, 일반적, 객관적 성격)
   예 관념론적 교육철학, 실재론적 교육철학 / 교육인식론, 교육형이상학
③ 탐구활동으로서의 교육철학 : 교육에 관한 문제나 행위를 철학적으로 탐구하는 활동, 일반적으로 사용하는 개념이나 명제의 의미를 논리적으로 탐구
   ✱ 교육과학(사실, 현상 – 기술, 설명, 예측) vs. 교육철학(의미, 가치 – 분석, 비판, 정당화)

(2) 교육철학의 기능　2012 국가직7급

① 분석적 기능
   ㉠ 언어의 애매모호함을 줄이고, 언어의 의미를 더욱 명확히 하는 기능
   ㉡ 개념[1]이나 명제[2]의 논리적 가정을 밝히거나 논리적 함의를 도출
② 평가적(규범적) 기능
   ㉠ 어떤 것이 바람직한지, 가치가 있는지를 기준을 두고 판단하는 기능
   ㉡ 교육이 갖추어야 할 조건 등을 기준으로, 실제 행위의 가치를 판단
③ 사변적(구성적) 기능
   ㉠ 사고에 대한 지적 성찰과 사고를 이끌어내는 기능(↔ 과학적 탐구)
   ㉡ 교육에 관한 새로운 이론이나 설명체계를 구안하여 제시하는 활동
   ㉢ 이론적·실천적 문제를 해결하기 위한 대안적 의견이나 가설을 창출

---

1) 개념
개개의 대상들로부터 공통적인 속성을 뽑아내어 정리한 일반화된 생각 또는 그 생각을 담고 있는 낱말
예 개, 고양이, 동물

2) 명제
사실에 관한 주장을 표현하는 진술문으로, 하나 이상의 개념이 포함됨
예 개는 영리하다.

④ 통합적(종합적) 기능
  ㉠ 개념이나 명제, 또는 현상이나 과정을 전체로 볼 수 있게 하는 기능
  ㉡ 다양한 관점과 측면들을 조화·절충함으로써 일관성을 추구하게 함
  ㉢ 교육 실천을 전체적·종합적으로 이해하는 안목과 관점을 형성

(3) **교육철학의 연구영역**
① **존재론** : 사물의 궁극적 본질이나 실체를 탐구하는 영역(무엇이 실재하는가?) → 지식의 탐구자로서의 교사의 관심 영역
  [예] 일원론(一元論), 이원론(二元論), 다원론(多元論)
② **인식론** : 지식의 속성, 진리의 요건, 인간의 지식을 획득하는 과정에 대한 탐구하는 영역(지식이란 무엇인가? 인간은 어떻게 아는가?) → 지식의 전달자로서의 교사의 관심 영역
  [예] 경험론(경험), 합리론(이성)
③ **가치론** : 선악에 관한 인간의 인식, 선악을 구분하는 기준과 근거에 대한 관심(가치의 본질은 무엇인가?, 어떤 것이 가치있는가?) → 인성을 지도하는 사람으로서의 교사의 관심 영역
  [예] 윤리학(인간), 미학(사물)

02 교육의 개념

(1) **교육의 정의 방식** 2013 지방직9급
① 일반적 정의 방식
  ㉠ 어원적 정의 : 개념을 나타내는 언어의 근원에 대한 분석을 통해 정의
    [예] 교육(敎育) : 윗사람이 아랫사람이 본받을 만한 것을 알려주고(敎) + 아이를 길러 착하게 만든다(育)는 의미(주형으로서의 교육)
  ㉡ 비유적 정의 : 일상적인 용어를 통해 교육이 가진 특징적인 측면 부각
    [예] 교육은 식물을 기르듯이 아이가 가진 잠재성을 실현하도록 돕는 일 (성장으로서의 교육)
  ㉢ 기능적 정의 : 교육이 수행해야 할 교육 외적인 역할이나 기능을 중심으로 정의
    [예] 교육은 국가가 필요로 하는 인적 자원을 양성하는 활동(발전교육론)
  ㉣ 암묵적 정의 : 교육의 실제 모습을 이해하기 위해 일반인들의 생각을 분석·정리한 것
    [예] 교육은 좋은 직업과 지위를 얻기 위한 자격증 획득 과정
② 학문적 정의 방식 : 쉐플러의 분류(Scheffler, 1960)
  ㉠ 기술적 정의 : 가치중립적 태도로 있는 그대로를 객관적으로 기술(서술)하는 방식(사전적 정의)
    [예] 교육은 학교에서 하는 일이다.

ⓒ **약정적 정의** : 효율적인 의사소통을 위한 사회적 약속의 형태로 정의
  예 교육은 훈련과 구분되는 것이라고 하자.
ⓓ **조작적 정의**[3] : 관찰자(연구자)의 관점에서 개념의 추상성을 제거하고, 관찰(측정)가능한 구체적 형태로 정의(가치중립적 관점)
  예 교육은 인간 행동의 계획적 변화 과정(정범모)
ⓔ **규범적 정의** : 교육행위자의 관점에서 교육이 추구하는 가치나 기준을 규정하거나 가치가 실현된 상태를 기술하는 방식(가치지향적 관점)
  예 교육은 합리적 사고와 지적 안목을 도덕적인 방식으로 전달하는 과정 (피터스)

> **3) 조작적 정의**
> 추상적인 개념을 경험적으로 관찰할 수 있는 속성으로 바꾸어 정의하는 것
> 예 '사랑'이란 '자주 만나는 것'이다.

(2) 교육과 구별되는 개념 2013 국가직9급

① **교육(education)**
  ㉠ 지식, 기능, 태도 등 인간행동을 계획적으로 변화시키는 과정
  ㉡ 인격의 도야, 이성의 계발, 전인적 성장 등과 같이 바람직한 방향으로의 변화를 내포하는 가치지향적 활동
  ㉢ 장기간의 체계적 활동과 학습자의 자발적 참여 중시

② **양육(nurture)**
  ㉠ 교육의 기초로서, 미성숙한 아동을 성숙한 인간으로 기르는 활동
  ㉡ 물질적 원조뿐만 아니라 정신적, 심리적 조력을 모두 포괄하는 개념

③ **훈련(training)**
  ㉠ 기술, 사고방식, 행동을 자동화된 수준에 이르도록 발전시키는 과정
  ㉡ 지능이나 신념의 작용이 적은 행동형성에 관여하는 가치중립적 활동
  ㉢ 비교적 단기간의 기계적·반복적 연습을 통해 이루어짐

④ **사회화(socialization)**
  ㉠ 사회적 가치나 규범을 내면화하여 사회 구성원을 길러내는 과정
  ㉡ 교육의 사회적 기능이 부각되면서 학교교육의 핵심 기능으로 강조됨

> **암기 POINT**
> • **교육** : 인격도야, 이성계발
> • **훈련** : 지식과 기능의 숙달
> • **사회화** : 사회규범 내면화

(3) 교육의 비유적 정의 2017 지방직9급 / 2022 국가직7급

① **주입(교화, indoctrination)**
  ㉠ 학생의 마음속에 특정 지식이나 규범을 집어넣는 일을 교육이라고 봄
  ㉡ 아동의 주체성 무시, 교사에 의한 체계적인 지식과 신념의 전달 강조
  ㉢ 학생의 합리적 판단능력과 민주적 태도를 훼손할 수 있음

② **주형(moulding)**
  ㉠ 장인이 석회나 진흙을 일정한 모양의 틀에 부어 어떤 것을 만들어내는 것처럼, 교육은 교사가 의도대로 아동을 변화시키는 일이라고 봄
  ㉡ 신체의 근육을 단련하듯이 교육을 통해 마음(정신)의 능력인 지각, 기억, 의지 등을 단련하는 데 초점을 두는 관점(형식도야론)

ⓒ 아동의 자발성 무시, 교사주도적 교육을 주장하는 전통적인 관점
  * 왓슨의 교육만능설(행동주의) : 적절한 환경조성을 통해서 아동을 교사가 의도하는 방향으로 얼마든지 변화시킬 수 있음

③ 성장(growth)
  ㉠ 식물이 스스로 자라나듯이 교육은 아동이 가진 잠재적 가능성을 자연스럽게 실현해 나가는 과정이라고 보는 관점
  ㉡ 권위주의적 교육이나 전체주의적 교육에 대한 비판적 관점 반영
  ㉢ 아동의 자발성 중시, 교사는 환경을 조성하고 도와주는 역할에 한정
    * 진보주의 교육관 : 교육의 강조점을 '무엇을 가르칠 것인가'(교육내용)에서 '누구를 가르칠 것인가'(학습자, 교육방법)로 전환

④ 성년식(initiation)
  ㉠ 교육은 학생을 '문명화된 삶의 형식', 즉 인류의 문화유산이라는 공적 전통에 입문시키는 일이라고 보는 관점(피터스의 정의)
  ㉡ 교육은 학습자와 교육내용을 모두 중시해야 한다고 보는 관점

⑤ 예술(art)
  ㉠ 예술가가 재료 특성을 고려하여 작품을 만들어 내듯이, 교육은 교사가 학생의 특성을 고려하면서 변화를 만들어 나가는 과정이라고 봄
  ㉡ 교사와 학생의 관계는 일방적이지 않고 상호작용적이라는 점을 강조

⑥ 만남(encounter)
  ㉠ 성장이나 변화를 경험하게 하는 교사와 학생의 '만남'을 교육이라고 봄
  ㉡ 교육의 비의도적·단속적(비연속적) 측면 강조, 일반화하기 어려움

	'주형'으로서의 교육	'성장'으로서의 교육	'성년식'으로서의 교육
교육의 개념	장인이 재료를 틀에 부어 물건을 만들어내는 과정	식물이 자연스럽게 성장하도록 정원사가 돕는 과정	아동을 '문명화된 삶의 형식'4)으로 입문시키는 과정
교사와 학생	장인과 재료	정원사와 식물	성인과 미성년자
대표적 형태	- 로크의 교육관 - 행동주의 교육관	- 루소의 교육관 - 진보주의 교육관	- 피터스의 교육관 - 뒤르켐의 교육관

(4) 교육의 조작적 정의 : 정범모의 정의

① 교육의 개념 : 『교육과 교육학』(1968)
  ㉠ 교육은 "인간행동의 계획적인 변화"라고 정의
  ㉡ 교육을 관찰자의 관점에서 정의한 것으로, 교육활동의 요소와 그것의 과정을 관찰할 수 있는 형태로 정의하고자 함
  ㉢ 교육은 계획적·체계적으로 가르치기만 하면 인간의 행동을 변화시킬 수 있는 힘을 갖고 있다는 점을 강조

② 교육의 개념적 준거
　㉠ 인간 행동 : 외현적인 행동뿐만 아니라, 지식, 사고, 가치관 등과 같은 내면적 행동을 포함하는 넓은 의미의 행동을 의미
　㉡ 변화 : 육성, 함양, 계발, 교정, 개조 등을 포함하는 포괄적인 개념. 변화의 방향이 아니라, 변화의 강도와 지속성, 효과성이 중시됨
　㉢ 계획적 : '교육'과 '교육이 아닌 것'을 구분하는 결정적인 기준
　　• 교육목표 : 변화시키고자 하는 행동에 대한 명확한 목표의식 존재
　　• 교육이론(방법) : 행동 변화를 가져올 수 있는 방법론 확립
　　• 교육과정 : 어떤 경험을 제공할지에 대한 구체적 프로그램 존재
③ 한계
　㉠ 바람직하지 않은 인간 행동의 계획적 변화를 교육의 개념에 포함(교육 개념의 가치지향성 상실)
　㉡ 인간 행동의 계획적 변화를 추구하는 다양한 활동들(예 심리치료)과 교육활동을 구분할 수 있는 기준을 제시하지 못함
　㉢ 교육실천가들이 교육의 목적이나 목표보다는 교육방법을 모색하는 데에만 집중하게 함

(5) 교육의 규범적 정의 : 피터스의 정의 2017·2023 지방직9급 / 2018 국가직9급 / 2023 국가직7급

① 교육의 개념 : 『윤리학과 교육(Ethics and Education)』
　㉠ 교육은 '아동을 인류의 "공적 전통"으로 입문시키는 성년식'이자 '합리적 사고와 지적 안목을 도덕적인 방식으로 전달하는 과정'으로 정의됨
　㉡ 그 외에도 교육은 '문명화된 삶의 형식'에로의 입문, '공적 유산 혹은 공적 전통'에로의 입문, '인류 문화유산'에로의 입문 등으로 표현됨
　㉢ 교육을 행위자의 관점에서 정의한 것으로, '어떤 것이 가치로운 교육인가, 교육은 무엇이어야 하는가'라는 규범적인 질문에 대해 답하고자 함
　㉣ 교육의 가치를 실제적 유용성이나 학생의 행동변화에서 찾는 관점에 반발하여, 교육의 내재적 가치실현과 관련된 '합리적 마음의 계발'을 교육의 목적으로 강조함
② 교육의 개념적 준거
　㉠ 규범적 준거 : 교육의 목적
　　• 교육은 교육의 개념에 붙박여 있는 내재적 가치를 추구하는 활동이어야 함(외재적 목적 추구 ×)
　　• 이상적 인간상인 '교육받은 사람(educated man)'은 교육을 통해 합리적인 마음(이성)을 갖게 된 자유인(교양인)을 의미
　　• 교육은 그 자체로 내재적 가치를 갖는 활동이므로, 교육내용의 가치는 선험적으로 정당화[5]됨

5) 선험적으로 정당화
경험적인 증거를 제시할 필요 없이, 이미 스스로 정당성을 가지고 있음

ⓒ 인지적 준거 : 교육의 내용
- 교육은 '지식, 이해, 인지적 안목'을 길러주는 것이어야 하며, 특정한 기능의 숙달을 위한 것은 교육이라 보기 어려움
- 교육은 인류문화유산이라는 '공적 전통'으로 학생을 안내하는 과정
- 실질적으로는 '지식의 형식(forms of knowledge)'에 해당되는 교과를 배우는 것을 의미

ⓒ 과정적 준거 : 교육의 방법
- 교육은 '도덕적으로 온당한 방식'으로 이루어져야 한다는 조건
- 아무리 좋은 내용이라 하더라도 그것을 '학습자의 의지와 자발성'이 결여된 방식으로 가르쳐서는 안 됨
- 학습자의 자발성을 전제하지 않는 주입, 강요, 반복훈련, 조건화, 세뇌 등은 교육이 될 수 없음

③ 한계
ⓐ 교육의 내재적 가치와 외재적 가치를 명확히 구분하기 어려움
ⓑ 교육을 학문적 지식의 추구 활동과 등치시키는 관점으로, 정서·태도·행동 교육의 중요성 간과
ⓒ 이론적 지식 중심의 교육으로 흘러 불평등을 정당화하는 데 기여

> **더 알아두기** ✏️
> - **지식의 형식(피터스와 허스트의 분류)** : 수학, 자연과학, 인간과학, 역사, 종교, 문학과 예술, 철학과 도덕적 지식
> - **7자유교과(서양의 전통 교과)** : 산술, 기하, 천문, 음악, 문법, 변증법(논리학), 수사학

	정범모의 정의	피터스의 정의
문제 의식	인간의 행동 변화를 이끌어내는 교육의 힘을 간과하는 교육에 대한 반발	교육의 사회적 유용성이나 학생의 행동 변화에만 관심을 두는 교육에 대한 반발
정의 방식	기술적·조작적 정의(관찰자의 관점)	규범적 정의(행위자적 관점)
교육의 개념	인간 행동의 계획적 변화	모종의 가치 있는 것이 도덕적으로 온당한 방식으로 전달되고 있거나 전달된 상태
개념적 준거	- 인간행동 : 내면적, 외현적 행동 - 변화 : 인간행동의 육성, 교정, 개조에 의한 변화 - 계획 : 교육목표, 이론, 교육과정을 만족시키는 변화	- 규범적 준거 : 내재적 가치의 추구 - 인지적 준거 : 지식, 이해, 인지적 안목 (지식의 형식) - 과정적 준거 : 학습자의 의지와 자발성을 전제로

03 교육의 목적 2015 지방직9급

(1) 내재적 목적(본질적 기능)

① 개념
ⓐ 교육이라는 개념에 '논리적'으로 함의되어 있거나, 교육활동 그 자체가 '본질적'으로 추구하는 목적이나 가치 또는 기능
ⓑ 교육은 그 자체로 가치있는 목적을 추구하는 활동이므로 교육 그 자체가 아닌 다른 것의 수단이 되어서는 안 된다고 봄

② 예시
  ㉠ 합리적 마음의 계발, 지식의 형식 추구, 인간의 인격적 성장, 자아실현, 자율성 신장 등(→ 지식교육, 교양교육 강조)
  ㉡ 듀이(Dewey) : 교육은 "경험의 계속적 재구성"이며, "성장은 그 자체로서 가치가 있다."('성장'을 교육과 동일시)
  ㉢ 피터스(Peters) : "교육은 수단이 아닌 그 자체를 목적으로 한다."
  ㉣ 위기지학(爲己之學) : 자아의 성찰과 완성을 근본 목적으로 하는 공부

(2) 외재적 목적(수단적 기능)

① 개념
  ㉠ 교육활동 외부에 존재하는 목적으로서 사회적으로 바람직하다고 생각되는 목적이나 가치를 달성하고자 하는 것을 의미
  ㉡ 교육은 그 자체로 가치를 가지는 것보다는 교육활동 바깥에 존재하는 바람직한 결과를 달성하기 위한 수단으로서 가치를 지닌다고 봄

② 예시
  ㉠ 국가경쟁력 강화, 인적자원 개발, 경제발전, 사회통합, 전문적 직업인 육성, 실천적 인간 양성, 실생활 준비, 대학입학, 출세 등(→ 노작교육, 직업교육, 실용적 교육 강조)
  ㉡ 그린(Green) : "교육은 하나의 도구로 어떤 목적으로도 이용될 수 있다."
  ㉢ 위인지학(爲人之學) : 출세와 입신양명[6]을 목적으로 하는 공부 행태

(3) 내재적 목적과 외재적 목적의 관계

① 외재적 목적관이 우세할 경우 교육활동이 왜곡되거나 변질될 수 있음
② 내재적 목적을 훼손하지 않으면서 외재적 목적을 고려하는 것이 바람직

	내재적 목적	외재적 목적
정의	교육 속에 내재하는 목적	교육 외부에 존재하는 목적
교육의 가치	교육 그 자체가 목적이 되므로, 교육은 내재적·본질적 가치를 가짐	교육은 다른 목적 달성을 위한 수단으로서의 도구적 가치를 가짐
예시	합리성의 발달, 지식의 형식 추구, 자율성 신장, 자아실현, 인격 완성	국가발전, 경제성장, 사회통합, 직업 준비, 생계유지, 출세, 입시수단

> 6) 입신양명
> 몸을 세우고 이름을 널리 드날린다는 뜻으로, 사회적으로 인정받고 유명해지는 것을 의미함

2 현대의 교육철학

01 20세기 전반의 교육철학

(1) 진보주의(progressivism) 교육철학
2022·2025 지방직9급 / 2008·2010 국가직9급 / 2011·2020 국가직7급

① 성격 : 아동의 자유와 권리를 존중하는 아동중심 교육사상과 듀이의 실용주의적 교육사상을 바탕으로 하는 교육사조(20세기 전반을 대표)
② 배경
  ㉠ 전통교육 비판 : 암기교육, 교과서 권위, 전통적 가치 교육 비판
  ㉡ 아동중심 교육사상 : 아동의 자유와 권리존중, 강압적 교육 반대(루소, 프뢰벨, 페스탈로치 등)
  ㉢ 프래그머티즘(실용주의, pragmatism) 철학(퍼스, 제임스, 듀이)
    • 존재론 : 세상은 인간 행위로 만들어지며, 모든 것은 끊임없이 변화함. 모든 존재는 불확실하며, 오직 경험과 변화만이 유일한 실재
    • 인식론 : 불변의 진리는 존재하지 않으며, 오직 경험에 의해 유용성이 입증되어야 할 가설적인 것으로만 존재(상대주의, 도구주의)
    • 가치론 : 가치는 문제 상황에 대한 평가의 결과로 발생, 가치는 변화가 능하고 상대적이며 상황맥락적인 것이라고 봄
③ 교육목적
  ㉠ 교육의 목적은 아동을 완전한 인간으로 성장시키는 것(개인적 자아실현)
  ㉡ 교육은 '경험의 계속적인 재구성의 과정'을 통한 성장 과정
④ 교육내용 및 교육방법
  ㉠ 아동중심 교육
    • 교육활동은 아동의 필요와 흥미, 관심을 중심으로 이루어져야 함
    • 교육은 아동의 발달 단계에 근거하여 이루어져야 함
    • 교육의 과정은 학생이 주도해야 하며, 교사는 아동의 학습과정의 상담자, 조력자, 학습 환경의 조성자, 안내자 역할을 수행
  ㉡ 생활중심 교육
    • 교육은 현재 생활 그 자체이지, 미래 생활을 준비하는 과정이 아님
    • 교과내용 주입보다는 실생활 문제의 탐구와 해결 중심 수업 강조
    • 실생활 문제를 해결하는 과정에서 비판적 사고와 문제해결 능력 기름
  ㉢ 경험중심 교육
    • 경험에 의한 학습과 학습자의 참여를 중시해야 함
    • 진보주의 실험학교에서는 아동의 경험과 실생활 문제를 중심으로 다양한 학습경험을 통합하는 중핵교육과정(core curriculum) 운영

      ㉣ 협력중심 교육
        - 학교는 민주적 생활습관과 성향을 기르는 장소가 되어야 함(학교는 "민주주의의 교회")
        - 학교는 학습자들에게 공동체적 가치를 심어주기 위해 경쟁보다 협력을 장려하여야 함
    ⑤ 대표적 학자
      ㉠ 듀이(Dewey) : 이론중심의 전통적 교육 비판, 실생활에 유용한 지식 발견 강조, 현재 생활의 문제해결 경험과 반성적 사고를 학습 강조
      ㉡ 킬패트릭(Kilpatrick) : 학생이 자신의 학습을 계획하고 활동을 수행하는 프로젝트 학습법(구안법, project method)을 제시
      ㉢ 올센(Olsen) : 학교가 교육활동 속에서 지역사회의 자원을 충분히 활용하며 지역사회의 여러 활동에 참여하는 지역사회학교 모델을 제시
      ㉣ 파크허스트(Parkhurst) : 달톤 플랜(Dalton plan)에서 학생과 교사가 계약을 맺는 계약학습을 제시
    ⑥ 의의 : 인간중심 교육철학, 열린교육 운동, 구성주의 교육이론에 영향
      예 우리나라의 '새교육 운동'
    ⑦ 한계
      ㉠ 기초지식의 학습을 소홀히 하고, 인지적인 교과의 비중 축소
      ㉡ 기본 가치의 절대성을 부정하여 교육의 방향성 상실 우려
      ㉢ 교육의 사회적 요구를 무시하며 아동의 미래생활 준비 소홀
      ㉣ 협력적 학습의 강조로 개별적 학습이나 창의성 교육 소홀

(2) 항존주의(perennialism) 교육철학 2017·2023·2025 국가직9급 / 2007·2020 국가직7급

  ① 성격 : 진보주의 교육운동을 비판하며 등장한 보수적인 교육철학으로, 관념론과 신학을 바탕으로 진리의 영원성과 불변성을 강조하는 이념
  ② 배경
      ㉠ 보수주의 교육이념 : 교육의 과학주의, 세속주의[7], 물질주의적 성격 비판
      ㉡ 관념론적 전통철학 : 형이상학적 접근, 인간 본성의 불변성 전제, 인간의 이성 강조, 진리의 불변성과 항구성 인정, 전통과 고전의 원리 중시
      ㉢ 종교적 세계관 : 인간은 본질적으로 영적인 존재, 신학 관련 요소를 교육과정에 포함할 것 주장
  ③ 교육목적
      ㉠ 교육은 현실 생활의 모방이 아니라 미래 생활을 위한 준비 과정
      ㉡ 영원불변한 진리의 세계에 아동을 적응시키는 것이 교육의 주요 임무
      ㉢ 교육의 핵심 목적은 인간의 본질인 이성의 계발에 있음

더 알아두기

- **프로젝트 학습법의 사례** : 시골 지역의 한 교사는 '홈 프로젝트'라고 불리는 교육과정 개혁을 시도하였다. 예컨대, 학생들은 가정에서 소에게 먹이주는 일을 도우면서 소에게 먹일 배급량과 비용을 계산하고, 소젖의 표본으로 박테리아 검사를 하기도 하였다. 이 방법은 학교 공부와 학생들의 일상을 연결하고, 학생들의 개인적인 흥미와 실용적인 학습동기를 중요시한다는 점에서 높은 평가를 받았다.

[7] 세속주의
  - 인간의 지식과 과학기술을 신뢰하고, 신의 은총 없이도 잘 살아갈 수 있다고 믿는 철학 또는 태도
  - 교육, 의료, 정치 등의 활동영역에서 종교의 권위와 영향을 제거하고자 함

암기 POINT

	항존주의	본질주의
진리	절대성 불변성	역사성 안정성
배경	관념론	실재론
교육 내용	교양교과 고전	기초소양 문화유산
교육 방법	지식습득 훈육	반복학습 훈육

④ 교육내용 및 교육방법
  ㉠ 기본교과의 공통필수화 주장
   • 인간의 본성은 동일하므로, 교육도 언제, 어디서나 동일해야 하므로, 모든 학생들이 기본적인 교과들을 필수적으로 학습해야 함
    ＊"교육은 가르침이요, 가르침은 지식이다. 지식은 진리이며, 진리는 모든 곳에서 동일하다. 그러므로 교육은 모든 곳에서 동일하다."(허친스)
   • 오랜 세월 축적되어 온 문화유산 중에서 도덕규범, 지적 수월성, 사회적 미덕을 강조하는 내용으로 기본교과 구성
   • 체계적인 지식 습득과 직관 계발 및 엄격한 도덕적 훈육 강조
  ㉡ 전통적인 인문교양교과 강조
   • 초등 : 읽기, 쓰기, 셈하기와 같은 기초적인 교과 중시
   • 중등 : 논리학, 수학, 문법, 수사학과 그리스어·라틴어 등 고전어 등을 중심으로 한 인문교양교과 교육
   • 고등 : 형이상학과 신학이 고등교육의 교육과정에 포함되어야 함
  ㉢ '위대한 고전(Great Books)' 읽기 운동(주로 대학에서)
   • "새로운 세대를 선도하는 지식과 지혜, 문화적 전통의 보물창고"
   • 인류의 이성이 낳은 영구적인 업적이며 불변의 진리를 제시해줌

⑤ 대표적 학자
  ㉠ 허친스(Hutchins) : 항존주의 교육사상의 창시자
   • 현대의 교육은 물질주의에 사로잡혀 절대적인 진리와 가치를 상실
   • 영원불변 진리와 가치로의 복귀, 이성의 계발과 단련 강조
   • 1930년대 미국 시카고 대학에서 아들러와 함께 대학의 교양과목으로 '위대한 고전(Great Books)' 읽기 교육을 창안하여 보급
  ㉡ 아들러(Adler) : 『파이데이아 제안서(Paideia proposal)』(1982)
   • 미국의 초·중등교육 개혁방안 제시, 인문학 중심의 교육을 주장
   • 모든 학생들이 동일한 교육목표를 가지는 교육과정을 주장
    ＊"교육의 목적은 모든 사람에게(언제나, 어디서나, 어떤 사회에서나, 어떤 생활방식에 있어서나) 동일한 것이 되어야 한다. 이것은 교육의 목적이 절대적·보편적이어야 한다는 것을 의미한다."
  ㉢ 마리탱(Maritain) : 종교적 항존주의 철학자
   • 기독교적 인간관에 기초를 두고, 현대 문명과 교육의 비인간화 경향을 비판('살인을 위한 교육')
   • '인간다운 인간'을 기르기 위해서는 전통적 교양교과를 이용하여 인격과 지성을 기르는 교육이 중요

⑥ 의의
  ㉠ 교육의 본질적 목적과 가치의 중요성 강조
  ㉡ 전통과 고전에 바탕을 둔 교양교육의 중요성 강조
  ㉢ 찰나적·직업적·경험적 교육의 문제점에 대한 환기

⑦ 한계
  ㉠ 고전 중심의 교육은 귀족주의·엘리트 중심 교육경향 재생산
  ㉡ 고전의 내용만 강조, 학생들에게 현실의 유용한 교육에 소홀
  ㉢ 지적 훈련을 강조, 현대 교육의 전인교육의 정신에 위배됨
  ㉣ 개인의 개성과 가치의 다양성을 존중하는 민주주의 이념 위협

(3) 본질주의(essentialism) 교육철학 2014 국가직9급 / 2015·2017·2018·2024 국가직7급

① 성격 : 진보주의 교육사조에 대한 반발로 등장한 보수적 교육운동으로, 전통적 교육을 옹호하면서도 교육방법적인 측면의 변화를 추구하는 이념
② 배경
  ㉠ 아동의 흥미와 요구를 지나치게 강조하는 진보주의가 학교교육의 실패를 가져왔다고 비판하며, 여러 관점을 절충하여 관점 정립
  ㉡ 고전 교육 중심의 '지적 전통주의', 사회적 기초지식과 기능을 강조한 '사회적 행동주의', 아동의 흥미와 관심을 강조한 '아동중심주의' 종합
  ㉢ 철학적으로는 실재론에 근접, 종교보다는 이성에 기초한 도덕 강조
③ 교육목적 : 한 사회의 고유한 문화적 전통과 가치 유산을 전수함으로써, 후속 세대가 미래 생활을 위한 준비를 하게 하는 것
④ 교육내용
  ㉠ 인류의 문화유산 중 본질적인 사상과 법칙을 핵심으로 가르치되, 현실 사회의 요구와 관심을 반영
  ㉡ 읽기, 쓰기, 셈하기(3R's) 등의 기초교과와 문화유산과 고전 등 전통적 교과를 중심으로 교육
⑤ 교육방법
  ㉠ 교과의 논리적 체계에 따라 가르치며, 반복학습과 암기를 통한 학문적 훈련과 도덕적 훈육 강조
  ㉡ 학생을 수업의 과정에 참여시키되, 교사가 수업의 주도권을 가지고 철저한 학습으로 이끌어야 함
  ㉢ 수월성(excellence)을 최고의 가치로 생각하며, 아동이 흥미가 없더라도 학생들이 열심히 노력하도록 유도('학습은 원래 어려운 일')
  ㉣ 민족적 경험이 엄선된 교재를 사용하며, 학습자의 현재의 관심보다는 교과의 논리적 체계를 잘 반영하도록 조직함
⑥ 대표적 학자
  ㉠ 배글리(Bagley) : 1930~1940년대 '본질주의교육개혁위원회'
    • 인류 문화유산 중 본질적·보편적인 것을 교육해야 함(↔ 진보주의)
    • 지식은 문제해결의 도구일 뿐 영원불변하지 않다고 주장(↔ 항존주의)
  ㉡ 스미스(Smith)와 베스터(Bestor) : 1950년대 '기초교육위원회'
    • 기초교육에 대한 철저한 훈련, 수학·과학 등 기초교과 교육 강조
    • 스푸트니크 충격 이후 학문중심 교육과정 탄생에 직접적 영향

암기 POINT

	진보주의	본질주의
교육목적	현재 생활에서의 성장	미래 생활의 준비
교육내용	아동의 경험	기초교과 전통교과
교육방법	흥미 강조	노력 강조
교사역할	아동의 자율성 존중	교사의 엄격한 지도

⑦ 의의
  ㉠ 교사 중심의 체계적 지식 전수를 위한 교육 강조
  ㉡ 1970~1980년대 미국의 '기초 회귀(Back-to-basics)' 운동, 2000년대 낙오학생방지법(No Child Left Behind) 등에 영향
  ㉢ 표준교육과정 도입, 학업성취도 평가 강화 등 수월성을 추구하는 주지주의 교육으로의 회귀 경향에 영향

⑧ 한계
  ㉠ 학생들의 자유, 개성, 자발적 참여, 학습동기에 소홀(← 진보주의)
  ㉡ 영원불변한 진리와 가치의 교육에 소홀(← 항존주의)
  ㉢ 미래의식과 사회혁신의 자세가 부족(← 재건주의)

(4) 재건주의(reconstructionism) 교육철학 2021 국가직7급

① 성격 : 교육을 통하여 사회를 개혁하고 새롭고 민주적인 질서를 수립하고자 하는 미래지향적인 교육운동

② 배경 : 기존 관점들을 비판적으로 종합
  ㉠ **진보주의 비판** : 사고의 방식을 가르치지만 그 내용을 제시하지 못함
  ㉡ **항존주의 비판** : 과거로의 회귀, 귀족교육의 부활, 민주주의에 역행
  ㉢ **본질주의 비판** : 과거 관습의 전수로는 역동적 문화를 창조하지 못함

③ 교육목적 : 교육을 통한 새로운 사회 질서의 창조, 아동의 사회적 자아실현[8]
  ✽ 진보주의 교육은 개인의 자유와 개인적 자아실현을 강조

④ 교육내용
  ㉠ 사회개혁에 유용한 정보나 통찰을 제공하는 사회과학 중시
  ㉡ 현대 사회의 위기 극복과 새로운 사회질서 창조를 위한 주제 포함
  ㉢ 환경교육, 소비자교육, 인권교육 등의 새로운 교육내용 강조 필요

⑤ 교육방법
  ㉠ 행동과학의 연구성과를 반영하여 교육방법, 교육행정, 교사양성 등을 혁신할 것을 주장
  ㉡ 사회적 쟁점 탐구, 집단토의, 지역사회 참여 등 적극적 사회참여 강조
  ㉢ 교사는 사회개혁의 긴급성과 타당성을 적극적으로 교육해야 함

⑥ 대표적 학자
  ㉠ 1930년대 카운츠(Counts), 러그(Rugg) 등 : 새로운 사회 건설에 학교가 앞장설 것을 주장
  ㉡ 1950년대 브라멜드(Brameld), 버크슨(Berkson) 등 : 현대문명의 위기 극복을 위한 과감한 교육운동으로 사회적 재건주의 주장

⑦ 의의 : 향토학교 운동, 새마을학교 운동 등의 사회교육 운동에 영향

암기 POINT

	진보주의	재건주의
교육목적	개인적 자아실현	사회적 자아실현
교육내용	아동의 생활경험	개혁적 이슈
교육방법	아동의 흥미와 참여	사회적 쟁점 탐구

8) 사회적 자아실현
개인의 사회적 자아가 지향하는 목적을 달성하는 것 또는 자신이 추구하는 방향의 사회개혁에 참여하는 것

⑧ 한계
  ㉠ 미래 사회가 추구해야 할 가치에 대한 세부적인 논증과 합의 부족
  ㉡ 교육의 방법적 원리로서 행동과학에만 지나치게 의존
  ㉢ 교육을 통해 사회재건이 가능하다는 신념은 다소 비현실적

	진보주의	항존주의	본질주의	재건주의
초점	현재	영원	과거	미래
목적	경험의 재구성을 통한 성장 (개인적 자아실현)	항구불변의 진리 추구 (미래생활 준비)	인류문화의 핵심적 지식과 가치 전수 (미래생활 준비)	교육을 통한 사회개혁 (사회적 자아실현)
내용	아동의 현재 생활 속 문제	인문교양교과, '위대한 고전'	기초교과, 인류문화유산	사회과학지식, 논쟁적 주제
방법	아동중심, 생활중심, 경험중심	이성적 능력 계발, 도덕적 훈육	엄격한 학문적 훈련, 교사 중심	쟁점탐구, 집단토의, 사회참여
한계	기초교육 소홀, 교육 방향성 상실	소수 엘리트 교육, 전인교육 소홀	보수적·과거지향, 권위주의적	구체적 개혁 방안을 제시 못함
학자	듀이, 킬패트릭	허친스, 마리땡, 아들러	배글리, 스미스, 베스터	카운츠, 러그, 브라멜드

02 20세기 후반의 교육철학

(1) 실존주의 교육철학 2018·2019·2020·2022 지방직9급 / 2024 국가직9급 / 2013 국가직7급

① 성격 : 인간을 자율적·주체적 존재로 이해하며, 진정한 나 자신의 주체성과 개체성을 회복하고자 하는 실천철학
② 배경
  ㉠ 1, 2차 세계대전과 후기산업사회의 비인간화에 대한 반성
  ㉡ 관념론과 실증주의의 체계성, 일반성, 보편성, 평균성에 대한 부정
③ 실존주의 철학의 기본 원리
  ㉠ 실존적 존재로서의 인간
    • "실존(existence)[9]은 본질(essence)[10]에 우선한다."(사르트르)
    • 실존적 존재로서의 인간[11]은 자신의 자유로운 선택과 주체적 결단에 의해 자신의 본질을 만들어 나갈 수 있음(↔ 도구적 존재)
  ㉡ 인간의 주체성 존중
    • "실존은 주체성이다.", "나는 선택한다, 고로 존재한다."(사르트르)
    • 인간은 선택과 결단의 자유를 가진 존재로서, 자신의 행동 결과에 대해 인격적·도덕적 책임을 져야 함

[9] 실존
현재 세상에 실제로 존재하는 모습

[10] 본질
관념의 세계 속에 존재하는 본래 모습

[11] 실존적 존재로서의 인간
한 인간이 삶 속에서 살아가고 있는 실제 모습이 그 사람의 본질을 만듦

ⓒ 진리의 주관성 주장
- "주체성이 진리다."(키에르케고르)
- 어떤 지식이 진리가 되기 위해서는 '지금 여기에(now and here)' 존재하는 주체인 '나'에게 구체적으로 의미가 있는 것이어야 함

④ 실존주의 교육철학의 특징
ⓐ 교육목적 : 자유롭고 주체적이며 창조적인 인간 형성
- 보편적·평균적·규격화된 인간을 양성하는 교육을 비판
- 실존주의 교육은 학생 개인의 독자적인 삶과 자유를 존중하고, 자기 개성과 자기 삶에 대한 책임감을 지닌 실천가를 기르고자 함

ⓑ 교육내용
- 관념적인 지식 위주 교육을 비판하면서, 학생 스스로의 각성과 자아발견, 정체성 확립에 도움을 주는 지식교육 주장
- 교과지식은 그 자체가 목적이 아니라, 학생 개개인의 삶에 의미 있는 지식이 되도록 해야 함
- 인간의 정서적·심미적·도덕적인 측면과 관련된 인문학과 예술영역의 교과를 보다 강조해야 함
- 주체적 성장을 위해 삶의 긍정적·부정적 측면 모두를 교육내용으로 포함하여 삶의 의미를 탐구해야 함

ⓒ 교육방법
- 교사와 학생의 인격적(인간적) 만남을 강조하며, 이를 위해 교사 스스로도 자신의 실존에 대한 철저한 각성과 성찰이 필요
- 철학적 대화를 통한 교육을 중시하며, 철학적 대화 참여를 통해 학생이 스스로 사고하도록 격려해야 함
- 자신의 견해를 표현하고 다른 견해들과 비교·선택하는 과정 속에서 진리는 주어지는 것이 아니라 인간에 선택되는 것임을 알게 함

⑤ 볼노우(Bollnow) : 비연속적·단속적 교육, 영적·도약적 변화 강조
ⓐ 전통적인 '지속적 교육형식'에 대한 비판
- 지속적 교육형식은 인간의 성장과 발달은 점진적이고 지속적으로 이루어진다고 보는 관점을 전제로 함
- 기계적 교육관과 유기적 교육관 모두 지속적 교육형식에 포함됨
  - 기계적 교육관 : 적극적 형성 작용, 의도적 계획과 지속적 훈련 강조
  - 유기적 교육관 : 소극적 보호 작용, 주체적 성장과 능동적 경험 강조

ⓑ '비연속적·단속적 교육형식' 강조
- 인간은 때로는 퇴보하거나 성장을 멈추기도 하는 존재이므로 인간의 비연속적 형성 가능성을 전제
- 불안, 초조, 위기, 좌절, 각성, 모험, 만남, 충고, 상담 등의 경험은 비연속적·영적·도약적 변화를 통해 실존적 성장의 계기 제공
- '지속적 교육'과 '단속적 교육'이 서로를 보충하도록 해야 함

더 알아두기

- 기계적 교육관 : '주형'으로서의 교육, '목수(장인)'로서의 교사
- 유기적 교육관 : '성장'으로서의 교육, '정원사'로서의 교사

⑥ 부버(Buber) : '나와 너'의 관계[12], '인격적 만남'의 교육학 강조
  ㉠ 세계에 대한 태도로 '나와 너'의 관계 강조
    • '나와 그것'의 관계[13] : 객관적 경험과 이용의 대상이 되는 사물의 세계
    • '나와 너'의 관계 : 상호작용적 대화의 관계를 통한 '인격적 만남'의 세계
  ㉡ '만남'의 교육 강조("만남은 교육에 선행한다.")
    • 현대 문명의 위기 속에서 교육은 '나와 너'의 진정한 만남을 통해 인간의 본래 모습을 회복하는 데 초점을 두어야 함
    • 이를 위해 인간들 사이의 대화적, 실존적, 인격적 만남 속에서 서로의 독특성을 발견하기 위해 노력해야 함
⑦ 의의
  ㉠ 인간의 개성과 자율성, 주체성을 존중하는 전인교육 강조
  ㉡ 교육의 새로운 형식으로서 비연속적인 형성 가능성에 주목하게 함
  ㉢ 실존적 아이디어들을 적용시킬 수 있는 새로운 교사교육 요구
  ㉣ 삶의 부정적 측면까지로 교육의 영역을 확대하여 진정한 교육 추구
⑧ 한계
  ㉠ 일선 학교 현장에 일반적으로 적용하기 어려움
  ㉡ 인류의 문화유산 전달이라는 교육의 사회적 기능에 취약함
  ㉢ 교육의 체계적 계획의 중요성에 대해 소홀히 함
  ㉣ 비약적인 성장을 기대하는 요행주의로 흐를 위험성 존재

(2) 분석적 교육철학 2016 지방직9급 / 2021·2022 국가직9급 / 2016 국가직7급

① 성격 : 언어의 논리적 분석을 통해 개념이나 명제를 명료화하는 데 중점을 두는 교육철학(교육철학의 학문적 객관성 추구)
② 배경 : 전통철학의 형이상학적·사변적[14]·규범적[15]인 성격을 비판하며, 논리나 검증을 철학하는 방법으로 규정하려는 움직임에서 출발
③ 분석적 교육철학의 특징
  ㉠ 개념이나 명제의 명료화
    • 모호하게 사용되고 있는 개념의 의미와 개념적 구조를 명료화
    • 대립되는 교육적 주장들에 내재된 개념들의 일관성과 타당성 검토
    예 학교는 '지식교육을 해야 한다'는 주장과 '인간교육을 해야 한다'는 두 주장이 대립할 때, 두 주장 속에 지식교육과 인간교육이 다르다는 논리적 가정이 내재되어 있음을 지적하고, 두 개념의 의미를 명료화하고 둘 간의 관계를 검토한다.
  ㉡ 교육철학의 과학화·체계화
    • 규범적 관점에서 벗어나 교육을 과학적·논리적 방법으로 탐구
    • 교육철학을 객관적인 체계를 갖춘 독립 학문으로 발전시키고자 함
    예 교육학의 성격에 대한 오코너(O'Conner)와 허스트(Hirst)의 논쟁

---

12) '나와 너'의 관계
상대방을 나와 같은 감정과 목표를 가지고 살아가는 인간으로 인정하는 관계

13) '나와 그것'의 관계
상대방을 감정과 목표가 없는 사물로 취급하는 관계

14) 사변적
순수하게 이론적인 것에만 관심을 두는

15) 규범적
마땅히 지켜야 할 본보기를 제시하는

더 알아두기

• 오코너와 허스트의 논쟁
  - 오코너 : 교육이론은 엄밀한 자연과학적 이론체계를 갖추고 있지 못하므로, 교육이론이라는 명칭은 '예우상의 경칭'에 불과함
  - 허스트 : 교육이론은 '실제적 이론'으로서, 자연과학 이론에 비해 열등한 이론이 아님. 교육이론은 과학적 지식뿐만 아니라, 신념, 도덕, 종교 등 형이상학적 가치판단의 문제를 포함해야 함

④ 피터스(Peters)
  ㉠ 교육 개념의 정의 : 『윤리학과 교육(Ethics and Education)』를 통해 교육의 세 가지 개념적 준거 규명(규범적, 인지적, 과정적 준거)
  ㉡ 지식의 형식론(forms of knowledge)
    • 교육은 합리적 마음의 계발을 위해 인류의 공적 전통인 '지식의 형식'에 입문시키는 일이라고 정의함
    • 지식의 형식들은 인간 경험의 상이한 측면들을 개념적으로 체계화한 것으로, 고유한 논리적 체계를 가진 학문들을 의미함
    • 고유한 개념, 탐구양식[16], 검증방식[17] 등의 논리적 구조를 기준으로 반드시 학습해야 할 '지식의 형식'을 구분 → '수학, 자연과학, 인간과학, 역사, 종교, 문학과 예술, 철학과 도덕적 지식'으로 분류
    • 지식의 형식들은 이미 그 자체로 가치가 있는 지식들이므로, 그에 기반한 전통적인 교과들은 내재적으로 가치를 지니고 있다고 주장(교과의 선험적 정당화 논리)

⑤ 허스트(Hirst)
  ㉠ 1960~1970년대에는 피터스와 함께 교육을 '지식의 형식'에 입문시키는 일이라고 정의하였음
  ㉡ 1990년대에는 기존의 주장을 수정하여, 교육은 '사회적 실제(social practices)[18]'에 학생을 입문시키는 일이라고 정의(사회적 실제론)
  ㉢ 교육의 궁극적 목적은 건강한 삶을 사는 것이며, 사회적 실제는 개인의 건강한 삶을 구성하는 요소들이 되기 때문이라고 설명

⑥ 라일(Ryle)
  ㉠ 영국의 분석철학자, 일상언어학파의 대표자
  ㉡ 지식의 유형 구분
    • 명제적 지식 : '~임을 안다(knowing that)', 무엇이 진리임을 아는 것으로 신념(믿음, belief)에 해당(선언적, 명시적, 정태적 지식)
      예 지구는 둥글다는 것을 안다.
    • 방법적 지식 : '~할 줄 안다(knowing how)', 어떤 것을 하는 방법을 아는 것으로 일종의 능력(ability)(절차적, 묵시적, 역동적 지식)
      예 수영할 줄 안다.

⑦ 쉐플러(Scheffler)
  ㉠ 교육을 정의하는 방식을 기술적, 약정적, 강령적(규범적), 조작적 정의로 구분하고, 그 중 조작적 정의만 과학적 정의라고 봄
  ㉡ '우리는 교과가 아니라, 아동을 가르친다' 같은 슬로건의 의미 명료화
  ㉢ 성장, 주형, 조각(예술), 유기체의 비유를 통해 교육의 개념을 명료화

---

16) 탐구양식
지식을 탐구하는 방법 또는 형식

17) 검증방식
지식의 진위나 가치를 증명하는 방식

암기 POINT

피터스	- '지식의 형식'으로의 입문 - 합리적 마음의 계발
허스트	- (전기) '지식의 형식'으로의 입문 - (후기) '사회적 실제'로의 입문

18) 사회적 실제
해당 사회를 구성하는 사람들이 개인적으로나 집단적으로 종사하는 행위의 패턴들

더 알아두기
• 화이트(White)의 교육철학
 - 피터스와 허스트의 지식의 형식론 비판 : 교육에서 내재적으로 가치 있는 활동이 지식 추구에 한정되어야 하는지에 대해 의문 제기
 - 개인의 웰빙(well-being)에 목적을 둔 교육 제안 : 개인의 자율성, 도덕성, 웰빙(잘 삶)에 교육의 목적을 두어야 한다고 주장

더 알아두기
• 유기체로서의 교육 : 유기체가 생존을 위해 오래된 세포를 새로운 세포로 교체하듯이, 사회도 새로운 구성원을 만들어 낸다. 이때 아동을 사회 구성원으로 기르기 위해 문화적 규범을 가르치는 일을 교육이라고 본다.

⑧ 의의
  ㉠ 개념의 의미를 명료화하여 교육에 관한 사고와 판단을 엄밀히 함
  ㉡ 교육내용 선정과 조직에 기여 예 지식의 형식론 → 교과중심 교육과정
  ㉢ 교화, 권위 등의 개념 분석을 통해 교육행위의 윤리적 성격을 밝힘
⑨ 한계
  ㉠ 언어의 투명성을 과신하여 언어의 역사적·사회적 측면을 도외시
  ㉡ 반성적인 연구방법의 성격상 교육의 가치나 실천의 문제에 소홀
  ㉢ 교육의 가치지향성을 충분히 고려하지 못해 교육목표 정립에 소홀
  ㉣ 가치중립성을 표방하나 결국 전통적 자유교육에 대한 옹호로 귀결

(3) 비판적 교육철학 2016·2020 국가직9급 / 2008 국가직7급

① 성격 : 인간의 자유로운 의식 형성을 억압하는 사회·정치·경제적 제약요인들을 분석하고 비판함으로써 인간과 사회의 해방을 추구하는 실천철학
② 배경 : 실증주의 철학이 전제한 인간 의식의 탈맥락성, 학문의 가치중립성, 도구적 합리성에 대한 비판
③ 비판적 교육철학의 특징
  ㉠ 구조적 접근 : 교육이 처해 있는 사회구조나 제도에 대한 비판적 분석
    • 자본주의 사회의 불평등 구조가 교육의 형태와 양상에 결정적 영향을 미치고 있다고 봄
    • 특정한 교육이념이나 교육실천의 사회·경제적 발생 조건을 밝히고 그것의 부정적 영향을 드러내려 함
  ㉡ 정치적 접근 : 교육현상에 대해 규범적, 평가적, 정치적으로 접근
    • 현실의 교육이 정치경제적 제약과 억압구조 속에서 왜곡되거나 변질된 상태로 이루어지고 있다고 인식함
    • 실증주의적 접근의 가치배제적 태도를 비판하면서, 교육현상에 대한 정치적·규범적 접근을 통해 교육문제의 본질을 규명하고자 함
  ㉢ 비판적 접근 : 교육이론과 실천에 숨어 있는 이데올로기 비판에 관심
    • 현실에서 나타나는 구체적 교육이론과 실천에 대한 비판적 분석
    • 이데올로기적 전제를 드러냄으로써, 그것의 한계와 모순성을 비판하고, 궁극적으로 교육의 자율성을 추구
    예 결과중심의 교육관은 교육의 외재적인 결과에만 주목함으로써 교육의 내재적인 가치를 간과하고, 이성을 단순히 절차적 능력으로 격하시키는 도구주의라는 이데올로기에 기초해 있다.
④ 하버마스(Habermas) : 의사소통행위이론
  ㉠ 교육의 과정에서 왜곡된 의사소통을 합리적인 의사소통으로 전환 시도
  ㉡ '도구적 합리성' 개념을 비판하며, '의사소통적 합리성' 개념에 기초한 참여와 합의에 의한 문제해결을 사회적 대안으로 제시

암기 POINT

• 비판적 교육철학의 특징
  − 사회구조적 문제에 관심
  − 정치적인 관점으로 접근
  − 이데올로기에 대한 비판

ⓒ 사회적 주체들이 자유롭게 참여하는 공론장(public sphere)에서의 합리적 대화를 위해 상호의사소통 능력의 증대를 교육의 목적으로 설정
⑤ 지루(Giroux) : 문화적 비판이론(저항이론)
  ㉠ 인간은 사회구조에 의해 결정되는 수동적 존재가 아니라 사회의 불평등한 구조에 저항하는 능동적 존재라고 봄
  ㉡ 학교의 잠재적 교육과정에 대한 비판적 이해와 내재된 이데올로기를 분석하는 데 관심을 가짐
  ㉢ 학교교육의 '문화적 중재'에 관심을 가짐으로써 학교 밖의 권력과 학교에서 다루는 지식 사이의 상호관계와 불평등 재생산 구조를 파악
⑥ 프레이리(Freire) : 비판적 교육학(저항이론, 의식화이론, 민중교육론)
  ㉠ 교육에서 발생하는 억압관계와 인간소외 문제를 개선하는 방안에 관심
  ㉡ 기존 학교교육을 '은행예금식 교육'이라고 비판하면서, 그 대안으로 '문제제기식 교육'으로 나아가야 한다고 주장
  ㉢ '문제제기식 교육'은 학습자들이 사회 불평등에 대한 모순을 깨닫게 하고, 비판적 의식을 저항의 실천으로 옮길 수 있도록 하는 교육을 의미
⑦ 의의
  ㉠ 실증주의가 초래한 교육문제에 대한 가치배제적 태도 비판
  ㉡ 사회의 불평등 구조와 학교의 재생산 기능 사이의 관계 규명
  ㉢ 비판적 사고, 대화와 참여에 기초한 대안적 교육의 방향 제시
⑧ 한계
  ㉠ 교육을 교육의 논리가 아니라 정치·경제·사회의 논리에 의해서 해석
  ㉡ 교육의 순기능(예 사회의 유지발전 기능)을 외면하고 역기능에만 주목
  ㉢ 사회적 비판에만 치중하여 교육의 진정한 의미와 가치에 대한 논의 생략
  ㉣ 사회구조적 요소들에 비해 개인의 자율적 선택과 의지의 영향 무시

(4) 포스트모더니즘과 교육
2016·2021·2024 지방직9급 / 2012 국가직9급 / 2007·2010 국가직7급

① 성격 : 20세기 산업사회의 모더니즘을 극복하고자 하는 사상으로서, 철학, 예술, 과학, 문화 전반에 걸쳐 폭넓게 나타난 탈근대적, 해체주의적, 성찰적 근대화 사상
② 배경 : 탈근대사회의 급격한 사회변화와 병폐에 대한 관심 증가
  ㉠ 후기산업사회의 극단적 이기주의와 인간관계 파편화 심화
  ㉡ 생태위기와 환경문제, 소수자 문제 등 탈이념적 사회문제 대두
  ㉢ 감각과 쾌락의 증대로 인한 정신적 빈곤화
  ㉣ 다양한 가치관의 등장과 거대담론의 해체 주장 증가
  ㉤ 인간의 합리성에 대한 믿음 상실과 근대성에 대한 비판적 성찰

> **더 알아두기**
>
> • 프레이리(1921~1997)
>   – 브라질의 교육개혁가
>   – 노동자·농민을 위한 문해교육 운동 전개
>   – 『페다고지(Pedagogy) : 억눌린 자를 위한 교육』, 『교육과 의식화』 등 저술

③ 포스트모더니즘 교육의 특징
  ㉠ 전체성 거부(반보편주의, 국지성 존중)
    - 보편적 이성의 계발을 통한 개인과 사회의 진보를 추구하는 계몽주의적 신념의 재검토
    - 학생들의 개인적인 이야기, 구체적인 상황의 고려, 자기 실험과 자기 창조의 윤리에 입각하여 차이를 존중하는 교육 강조
    - 학생들의 다양한 삶의 맥락과 구체적 경험, 다양한 관점을 수용하며, 대화와 타협의 과정에 충실한 토론식 수업 중시
  ㉡ 반정초주의(상대적 인식론)
    - 정초주의(foundationalism)는 고정불변의 절대적 실재를 토대로 객관적 인식의 가능성을 주장한 전통적 인식론
    - 포스트모더니즘은 지식은 인식자의 주관을 반영하며, 사회적·역사적·문화적 맥락에 따라 다르게 형성된다는 상대적 인식론을 표방
    - 교육과정은 지식의 논리적 특성보다 지식의 사회문화적 특성에 근거하여 구성되어야 함
  ㉢ 반권위주의(반전통주의)
    - 포스트모더니즘은 인간해방과 역사의 진보를 지지해 온 대서사(계몽주의 담론)를 거부하며 이를 해체할 것을 주장
    - 절대적이고 보편적인 지식을 강조하는 본질주의 관점의 거부, 획일적 교육방식에서 벗어나 교육내용과 방법의 다원화 추구
    - 국가주도의 공교육 체제보다는 유연하고 다양한 대안적 교육체제의 개발을 주장
  ㉣ 다원주의(다문화주의)
    - 소외되어 온 주체들의 차이와 다양성을 존중하는 사회체제를 지향
    - 여성, 아동, 소수자 등 소외된 자들의 소서사(작은 이야기)와 국지적 지식의 이해와 정당화를 중시
    - 사회의 다원성을 인정하는 교육, 다문화적 문해교육 강조, 학교 내 소수자를 보호하는 방안 모색
  ㉤ 반합리주의(유희적 행복감 중시)
    - 모더니즘에서는 객관적 지식이나 합리성을 추구하는 삶을 강조
    - 포스트모더니즘에서는 개인의 감정과 정서를 존중하며 실험적, 창조적, 감성적이며 행복한 삶을 권장
    - 인지적, 윤리적, 미적인 요소를 다양한 삶의 양식으로 대등하게 다루는 학문적 다원주의와 통합적 교육을 추구

더 알아두기

- **다문화교육의 접근방법**
  - 동화주의(자문화중심주의): 소수문화 집단에게 주류집단의 문화를 가르침, 단일한 정체성 추구
  - 다문화주의(문화상대주의): 다양한 문화를 이해하고 공존할 수 있는 능력 함양, 다양한 정체성 인정

모더니즘 교육	포스트모더니즘 교육
절대성, 객관성, 보편성	상대성, 주관성, 다원성
합리성, 논리성, 추상성	진정성, 맥락성, 구체성
인지적 지식 중심 분과형 교과	인지적·정서적·미적 지식의 통합
암기위주, 강의식 수업	토론, 탐구, 멀티미디어 학습
학교교육 중심, 공교육	학교 밖 대안교육, 평생교육

④ 푸코(Foucault) : 권력과 통제, 훈육론
　㉠ 권력과 지식은 불가분의 관계(『광기의 역사』)
　　• 근대 이후 국가는 폭력보다는 지식을 통해 권력을 유지하고 정당화
　　• 권력의 힘과 지식의 힘은 동일함('지식-권력' 관계, 지식의 상대성)
　㉡ 시대별 권력의 통치방식 변화(『감시와 처벌』)
　　• 근대 권력은 가시적인 폭력과 처벌보다는 비가시적인 감시와 규율(훈육)을 통해 개인의 행동을 지배하고 통제(판옵티콘의 통제방식)
　　• 근대 학교의 규율적 권력 행사 방식
　　　- 감시(관찰) : 학교와 교실은 교사가 학생 전체를 한눈에 감시할 수 있는 판옵티콘의 구조로 만들어져 있음
　　　- 검사와 시험 : 시험은 일정한 기준에 따라 학생들의 능력을 측정하고 분류하는 장치로서, 학생들을 규격화하여 기존 질서에 순응하게 함
　　　- 규범적 판단 : 정해진 규범에 따라 학생들의 행동을 판단하고 위반 시에는 처벌하는 방식을 통해 구성원 전체를 통제함

⑤ 데리다(Derrida) : 해체주의
　㉠ 전통적 형이상학, 구조주의, 현상학 등을 비판하면서 해체주의를 주장
　㉡ 해체주의적 해석의 방법론 제시
　　• 해체 : 각각의 텍스트마다 하나의 의미를 대응시킬 수 있다는 관점을 비판하며, 텍스트의 의미를 다른 텍스트와 연결하여 해석하고자 함
　　• 차연 : '다르다'와 '지연된다' 의미를 통합, 모든 텍스트의 의미는 하나로 고정되지 않고 시간에 따라서 새로운 의미를 갖게 된다는 점을 강조

⑥ 리오타르(Lyotard) : 『포스트모던의 조건』(1979)
　㉠ 1970년대 말 서구선진국이 사회적으로는 후기산업사회, 문화적으로는 포스트모던의 시대로 진입하였다고 진단
　㉡ 포스트모던 지식의 핵심 성격으로 '주체성'과 '소서사' 제시
　　• 주체성 : 계몽주의 철학은 주체의 보편성과 독립성을 전제하였으나, 포스트모던 세계의 주체들은 다양성과 자율성을 가지며 다른 주체와의 관계 속에서 형성되는 존재로 재정의됨
　　• 소서사(little narrative) : 총체성과 보편성을 지향하는 거대서사(grand narrative)에 대조되는 개념으로, 이질적인 다수의 주체들이 각자의 규칙 안에서 만들어내는 국지적인 담론과 지식 중시

더 알아두기

• 판옵티콘(원형감옥, panopticon)
　- pan(모두) + opticon(본다)
　- 영국의 철학자 벤담이 제안한 감옥 건축양식
　- 원형으로 된 감옥의 중앙에 간수탑이 위치하고, 죄수방은 바깥으로 배치하여 효율적으로 감시(↔ 중세의 지하 감옥)

암기 POINT

• 포스트모더니즘
　- 푸코 : 권력과 지식, 감시와 처벌, 훈육(규율)
　- 데리다 : 해체, 차연
　- 리오타르 : 주체, 소서사

⑦ 의의
　㉠ 교육에 대한 획일적이고 고정된 사고의 틀을 벗어날 수 있음
　㉡ 전통적인 주지주의 교육의 한계를 명백히 드러내 줌
　㉢ 학교에서 소홀히 다루어왔던 일상적 지식의 중요성을 부각시킴
　㉣ 기존에 무시되어 왔던 다양한 주체들을 위한 교육을 강조함
⑧ 한계
　㉠ 이성과 과학적 지식을 경시하여 기초학력이 부실해질 수 있음
　㉡ 주지주의적 전통교육을 대체할 만한 대안적 이론을 제시하지 못함
　㉢ 교육에 대한 합의된 방향이나 비전을 상실하게 할 우려가 있음
　㉣ 보편적 도덕과 가치를 거부하므로 교육의 극단적 개인화 우려

3 서양교육사

01 고대의 교육사상

(1) 고대 그리스의 교육 2011 국가직9급

① 고대 그리스의 사회와 문화
　㉠ 폴리스(도시국가)의 성립 : 정치적·경제적·군사적 공동체, 여러 개의 독립적인 도시국가들로 구성(스파르타, 아테네 등)
　㉡ 아테네의 민주정치 발달 : 특권층으로서의 자유로운 시민(성인 남자만)이 참여하여 입법·사법·행정 모두를 결정하는 직접민주제
　㉢ 서양문화와 사상의 출발 : 개인의 가치와 중요성 이해, 개성 존중, 심미주의적 문학과 미학의 발달, 이성적 힘의 중요성 인식
② 고대 그리스 교육의 일반적 특징
　㉠ 자유교육(liberal education) : 자유민을 위한 교육, 무지로부터의 자유 → 이성의 계발을 통한 도덕적 품성의 도야 추구
　㉡ 인문주의 교육 : 인격의 조화로운 발달을 중시, 인문교과 중심의 일반교양교육을 중시, 직업준비나 실생활을 위한 교육 지양
③ 스파르타와 아테네의 교육 비교

	스파르타	아테네
통치체제	엄격한 전체주의적 통치하의 국가 중심의 교육	개방적이고 자유로운 사회체제에서의 사립학교 중심의 교육
교육사상	군국주의, 국가주의, 전체주의	자유주의, 인문주의, 개인주의
교육목적	국가에 충성하는 시민(군인) 양성	심신이 조화로운 자유인(시민) 양성
교육내용	– 체육, 3R's, 군사훈련 중심 교육 – 지적인 측면의 교육 경시	– 초기에는 체육이나 음악 중심 교육 – 후기에는 지식 중심 교육 발달
기타	여성교육 중시	여성교육 소홀(가정교육 중시)

> **더 알아두기**
> • 3R's : 학문의 기초소양을 기르는 교과목들로, 읽기(Reading), 쓰기(wRiting), 셈하기(aRithmetic)를 말함

④ 파이다고고스(교노, 교복, Paidagogos) : 초등교육 수준
  ㉠ 귀족의 자녀들이 성인이 될 때까지 교육을 담당하던 노예
  ㉡ 아이들을 학교, 박물관, 체육관 등을 데리고 다니는 일 이외에도, 기본적인 가정교육을 담당함
⑤ 소피스트(sophist) : 중등교육 수준
  ㉠ BC 5세기 후반 출현한 직업교사이자 철학자 집단으로서 아테네 교육의 질적 변화를 이룸
  ㉡ 주관적·상대적 진리관 : 보편적·절대적 진리의 존재 부정
  ㉢ 회의주의적 도덕관 : 법과 관습의 절대성을 부정하고 시민 개개인의 권리를 더 중요시
  ㉣ 교육목적 : 유능한 대중 연설가 양성(출세를 위한 입신양명 교육)
  ㉤ 교육내용 : 수사학적 원리와 웅변술 교육에 치중
  ㉥ 교육방법 : 비체계적인 주입식·암기식 교육
  ㉦ 프로타고라스(Protagoras) : '인간은 만물의 척도'(모든 가치의 기준은 개인에 따라 상대적임)
⑥ 이소크라테스(Isocrates)
  ㉠ 수사학교 설립 : 철학자 양성에 주요 목적을 둔 플라톤의 아카데미아 교육에 대해 비판적인 입장, 소크라테스의 영향을 받아 보편적인 인간교육의 이념 추구
  ㉡ 교육목적 : 수사학적 인간도야(공공의 선과 행복에 기여하는 훌륭한 웅변가 양성)
  ㉢ 교육내용 : 수사학(웅변술)과 일반교양 교육
    • 수사학을 통해 덕을 함양하고 영혼을 고상하게 만들 것을 강조하면서, 논증과 변론을 통한 수사학 교육 강조(소크라테스의 영향)
    • 훌륭한 웅변가가 되기 위해서는 수사학의 원리와 기술뿐만 아니라 문학, 논리학, 역사 등 일반적인 지식도 갖추어야 한다고 봄
  ㉣ 교육방법 : 연속적·체계적 교육 실시('강의 → 시범 → 연습'의 3단계 교육법 등)

(2) **소크라테스(Socrates)의 교육사상**
2015·2017 지방직9급 / 2008 국가직9급 / 2018·2023 국가직7급

① 개요 : 소피스트들의 상대주의적 관점을 비판하며 보편적이고 절대적인 진리를 추구한 철학자, 합리적인 이성의 기준에 따라 행동할 것을 주장
② 철학적 관점
  ㉠ 진리관 : 객관적·절대적·불변적 진리가 존재하며, 진리는 사고를 통해 보편적 이성 내에서 회상(상기)해 낼 수 있음(감각을 통해 ×)

> **더 알아두기** ✏️
> • **이소크라테스의 수사학교(BC 392)** : 건전한 지성을 가진 유능한 웅변가를 지향, 수사학교육 중심
> • **플라톤의 아카데미아(BC 388)** : 올바른 삶의 문제를 탐구하는 철학자를 지향, 철학교육 중심

ⓛ 인간관 : 인간은 보편적 이성을 소유한 존재로서 합리적으로 사고할 수 있는 능력과 절대적 진리를 향한 열정(philosophia)을 가지고 있음

ⓒ 가치관 : 덕(德, 선, 옳음)과 지식은 동일한 것으로, 덕을 알아야 덕을 실천할 수 있음

③ 교육에 대한 관점

ⓛ 교육목적 : 지행합일의 도덕적 인간 육성
- 악행은 무지의 결과, 덕(德)과 지식은 동일한 것
- 선의 본질에 대한 이해가 있어야 선을 실천할 수 있음

ⓒ 교육내용 : 절대적·보편적 진리와 가치
- 절대적·보편적 가치를 갖는 진리가 존재하므로, 개인적 관점에 따라 무시해서는 안 됨
- 인간은 보편적 진리를 인식할 수 있는 이성을 소유하고 있으므로, 이를 이용하여 진리의 발견과 실천을 위해 노력해야 함

ⓒ 교육방법 : 대화법(산파술)을 통한 진리의 회상
- 학습자는 탐구하는 능력을 지닌 존재이므로, 학습자가 스스로 지식을 탐구하게 함["학습은 지식을 상기(想起, 회상)하는 것이다."]
- 교사는 일방적으로 지식을 전달하기보다는, 탐구의 과정을 안내함으로써 학습자가 스스로 진리를 회상해내도록 유도('산파'의 역할)
- ＊"지혜는 물이 높은 곳에서 낮은 곳으로 흘러가듯 교사로부터 학생에게 손쉽게 전달되지는 않는다."

④ 대화법(산파술)의 구체적 과정

ⓛ 반문법 : 소극적 대화의 단계(무지의 자각 ; 파괴적 사고)
- 학습자가 이미 알고 있다고 생각하는 관념에 대해 그것이 과연 타당한 것인지 계속해서 질문(반대되는 사례)을 제기
- 학습자로 하여금 결국 자신이 모르고 있었다는 것을 깨닫게 하여 배움의 새로운 단계로 이끄는 과정("너 자신을 알라.")

ⓒ 산파술 : 적극적 대화의 단계(진리의 회상 ; 생산적 사고)
- 계속하여 적절한 질문 제시를 통해 학생 스스로 보다 보편타당한 진리에 접근해 나아가도록 안내함
- 이때, 교사는 학습자가 스스로 자신이 발견한 지식의 가치를 판정하도록 돕는 역할에 머물러야 함

⑤ 의의

ⓛ 계발주의 교육론의 시초 : 교육은 지식주입이 아닌 사고력의 계발 과정
ⓒ 동반자적 존재로서의 교사 : 교사는 학습자의 사고를 돕는 '산파' 역할
ⓒ 학습자 중심 교육방법의 기초 : 학습자의 자발적인 질문과 탐구, 성찰 중시, 질문법, 토의법, 발견학습의 교수방법적 원리에 영향

암기 POINT

- 소크라테스식 대화법의 과정

반문법 단계	소극적 대화 (파괴적 사고)	무지의 무지 → 무지의 자각
산파술 단계	적극적 대화 (생산적 사고)	무지의 자각 → 진리의 회상

더 알아두기

- 크세노폰(Xenophon)
  - 소크라테스의 제자로, 실용적 교육 중시
  - 덕을 행하는 시민의 양성이 교육의 목적
  - 덕의 기초는 지식이 아니라 좋은 습관에 있음

(3) 플라톤(Platon)의 교육사상 2018·2019·2025 지방직9급

① 개요
  ㉠ 이데아의 실현을 통해 이상적 국가 구현을 추구
  ㉡ 개인의 이익보다 공동선과 국가의 정의 구현을 중시
  ㉢ 아카데미아(Academia, BC 388) 설립, 무보수 교육을 실천하며 철학적 탐구와 통치자 교육을 병행

② 철학적 관점(『국가론』)
  ㉠ 세계관 : 세계는 이데아계[19]와 현상계로 분리되어 있고, 세계의 본질(사물의 실재)은 이데아계에 존재(이원론적 세계관 – 동굴의 비유[20])
  ㉡ 진리관 : 이성(지혜, 명상력)에 의해서만 이데아에 존재하는 불변적·객관적 진리에 다다를 수 있음(관념론)
  ㉢ 인간관 : 인간의 본성은 차등적이며, 각자의 본성(자질)에 맞게 사회적 역할을 부여받는 사회가 이상적인 사회이며 '정의'의 실현임

③ 교육에 대한 관점
  ㉠ 교육의 목적 : 이데아의 실현, 이성의 계발, 유능한 시민의 육성
    • 이데아의 진리를 인식·실현하기 위해서는 이성의 계발이 중요
    • 참된 지식은 감각이 아닌 이성을 통해 인식되며, 교육은 이러한 이성의 계발을 통해 궁극적으로 '선(善)의 이데아'를 깨닫게 하는 과정
    • 개인의 행복은 이상 국가의 실현을 통해 가능하며, 이를 위해 각 계층에 적합한 교육을 통해 국가에 봉사할 수 있는 시민을 육성해야 함
  ㉡ 교육의 단계 : 지혜, 용기, 절제의 조화 → 정의의 실현
    • 계급에 적합한 교육 : 계급에 따라 교육의 연한과 내용을 달리함. 천부적 재능에 따라 개인을 분류하고 그 재능을 최대한 발휘하도록 훈련시켜 세 계급이 각자 자신의 덕성을 실천하여 조화를 이루는 상태를 지향
    • 연령별 교육단계 구분 : 초기교육은 음악과 체육 중심으로, 후기에는 철학 또는 변증법 중심으로 교육하며, 최종적으로 이성적 지혜를 갖춘 '철인왕(哲人王)'을 양성하여 정의로운 국가 실현을 이끌도록 함

단계	포함대상	세부단계	연령	교육내용
1단계 (절제)	생산계급 (서민)	가정교육	~6세	동화, 신화
		기초교육	7~18세	신체 단련과 덕성 함양(체육, 음악) 기초교육(3R's)(남녀분리)
		군사교육	19~20세	신체 단련, 군사 훈련
2단계 (용기)	수호계급 (군인)	교양교육	21~30세	수학(대수), 기하, 천문학, 음악 등 교양교육[4과]
3단계 (지혜)	통치계급 (정치가)	철학교육	31~35세	철학, 변증법 중심의 고등교육
		행정실무	36세~	행정 실무 활동에 참여

---

19) 이데아계
이성의 사유를 통해서만 인식가능한 영혼의 세계, 영원불변의 세계

20) 동굴의 비유
– 환상의 단계 : 동굴 속에서 벽에 나타나는 그림자를 통해 실체를 파악하는 수준
– 교육의 단계 : 가파른 오르막을 통해 동굴 밖으로 나와 어설프게나마 진리를 인식함
– 계몽의 단계 : 순수이성을 통해 진정한 이데아를 인식하고, 다시 동굴로 돌아가 동굴 속 사람들을 계몽하는 단계

더 알아두기
• 올바른 삶을 위한 4가지 덕 (4주덕)
 – 지혜(이성) : 통치계급
 – 용기(의지) : 수호계급
 – 절제(욕망) : 생산계급
 – 정의(이성, 의지, 욕망의 조화)

ⓒ 기타 특징
- **귀족주의, 엘리트주의적 성격** : 교육을 통해 지적·도덕적 자질이 뛰어난 소수의 지도자를 선별하고 양성하고자 함
- **국가 주도적 교육** : 국가를 위하여 봉사할 수 있는 유능한 시민을 육성하는 것이 교육의 목적이므로, 국가가 국민의 교육을 담당해야 함
- **스파르타의 영향** : 남녀 모두 동일한 내용(군사훈련 제외)으로 교육

(4) **아리스토텔레스(Aristoteles)의 교육사상** 2016·2020 지방직9급 / 2025 국가직 9급

① 개요
  ㉠ 플라톤보다는 현실적이며 실천적인 관점에서 교육사상 전개
  ㉡ 교육은 인간이 자신의 목적(행복)을 실현하는 데 기여해야 한다고 봄
  ㉢ 리케이온(Lykeion)을 설립하여 학생 교육(소요학파), 철학뿐만 아니라 생물학, 윤리학, 정치학 등 실천지 중심의 교육과 연구를 강조

② 철학적 관점
  ㉠ 세계관 : 현실 세계 속에 세상의 본질 존재(일원론적 세계관), 모든 존재는 장차 실현될 목적을 스스로 지님
  - **형상-질료(form-matter)** : 모든 실체는 형상과 질료로 구성되는데, 질료는 어떤 것이 될 수 있는 가능태를 의미하며, 형상은 질료가 구체화된 현실태를 의미함 ㉮ 나무라는 질료는 통나무집이라는 형상으로도, 젓가락이라는 형상으로도 실현될 수 있음
  - **목적론적 세계관** : 세계의 궁극적 본질이 무엇인지, 어떤 목적에 따라 만들어졌는지를 탐구하는 데 관심을 가짐. 즉, 아리스토텔레스는 세계의 궁극적인 최고의 형상(순수형상)을 찾고자 하였음
  ㉡ 진리관 : 사물의 본질에 대한 탐구를 통해 보편적 진리 발견 가능, 현실 세계에 대해 경험적 탐구를 통해 진리 추구 가능(현실주의, 경험론)
  ㉢ 인간관 : 인간 삶의 궁극적 목적은 '행복(최선의 삶, eudaimonia)', 행복은 '개인이 가진 내적 소질의 발현(자아실현)'을 통해 가능

③ 교육에 대한 관점
  ㉠ 교육의 목적 : 행복한 삶을 영위할 수 있는 인간의 양성
  - 행복은 존재의 목적과 가치를 실현하는 것으로, 각자의 본질적 기능에 따른 탁월성(덕, arete)에 이른 상태를 의미
  - 인간은 다른 동물과 달리 이성적 존재이므로, 이성을 통해 진리를 관조하는 삶이야말로 행복한 삶이자 교육의 궁극적 목적
  - 행복을 위해서는 지성적인 탁월성 뿐 아니라 도덕적인 탁월성도 중요, 도덕적 탁월성은 '중용의 덕21)'을 실천하는 습관을 통해 형성됨
    ✽ 도덕적 습관의 형성을 통해 덕을 아는 것과 행동하는 것 사이의 불일치[아크라시아(akrasia)] 해소 가능

더 알아두기
- **아리스토텔레스의 행복론**
  - 모든 존재에는 목적(형상)이 있고, 모든 존재(질료)는 이 목적을 향해 가야 한다.
  - 최고의 선은 자신이 가진 본성적 모습을 최대한 발현시킨 상태이다.
  - 인간의 본성은 '이성'이므로, 행복은 이성을 최대한 발현시킬 때 얻어진다.

21) **중용의 덕**
감정이나 욕구에 치우치지 않고 상황에 맞게 적절한 행동을 하는 것

ⓛ 교육의 단계(교육의 3체) : 자연, 습관, 이성의 조화로운 발달 중시
- 자연(욕망) : 이성의 통제를 받지 않는 본능적 욕구
- 습관(의지) : 반복적 행위와 경험을 통해 형성되는 성향
- 이성(지성) : 판단과 사고를 통해 자기조절이 가능한 고등 정신 기능

  ✱ 교육은 자연적 욕망을 이성의 통제를 통해 조절하고, 도덕적 습관을 내면화하며, 최종적으로 이성을 계발하는 전인교육의 과정

단계	세부단계	연령	교육목표	교육내용
1단계 (자연)	가정교육	~6세	정서 발달, 신체단련	동화, 놀이, 체조 (학교교육 ×)
	초등교육	7~10세	기초기능 습득	읽기, 쓰기, 체조, 음악, 미술 등
2단계 (습관)	중등교육	10~20세	도덕적 습관 형성	수학, 기하, 천문학, 음악, 시, 문법, 수사학 등(자유교양교육)
3단계 (이성)	고등교육	20세 이상	지성 계발, 철학적 훈련	수학, 논리학, 철학 등

ⓒ 자유교육론 : 지성적 삶과 실용적 삶을 구분
- 자유인의 이성 연마를 위해 노동하지 않는 삶(여가, schole)이 중요, 교육(학문)은 '다른 것의 수단이 아닌 그 자체'가 목적이 되어야 함
- 고대 로마나 중세 유럽의 교육에서 강조된 자유교육(liberal education) 전통의 이론적 토대 제공(실용적 목적을 위한 교육 ×)

ⓔ 기타 특징
- '인간은 사회적 동물'이라고 규정하며, 국가는 도덕적 삶을 가능하게 하기 위한 수단이라고 봄
- 국가는 구성원들에게 윤리적 삶을 살 수 있도록 교육할 책임이 있으며, 다만 여성과 노예는 이 범주에서 제외함

(5) 고대 로마의 교육 2007 국가직9급

① 고대 로마 교육의 일반적 특징
ⓐ 일반적으로 가정을 중심으로 교육이 이루어짐, 학교교육 미발달
ⓑ 제정시대 이후 학교교육 발달, 지식교육은 귀족 계급 중심으로
ⓒ 고대 그리스의 교육보다는 실용적인 학문을 중요시하는 경향

② 고대 로마 시대별 교육의 특징
ⓐ 왕정 시대
- 가정과 사회의 비형식적 교육 중심
- 부모가 자녀교육에 대하여 절대적인 권한을 행사

ⓑ 공화정 시대
- 국가적 인재(군인, 자유시민) 양성의 필요 증가
- 교육에서 국가의 역할 강화, 학교교육의 점진적 발달
- 지식교육에 대한 관심 저조, 실용적 기술 교육 중시

암기 POINT
- **플라톤** : 관념론/철학(변증법) 교육 강조
- **아리스토텔레스** : 실재론/자유교양교육 강조

ⓒ 제정 시대
- 학교교육의 발달, 학교교육의 체계화, 그리스 시대 교과의 도입 확대
- 초등교육에서는 3R's(읽기, 쓰기, 셈하기) 등의 기초소양교육 강조
- 중등교육에서는 7자유학과를 체계적으로 가르치는 자유교육 강조
- 고등교육에서는 수사학과 철학 중심 교육 강조, 국가적 지원 제공

③ 로마 제정시대의 학제

수준	학교	교육목적	교육내용
초등	문자학교 (Ludus)	기초소양교육	3R's, 12동판법, 체육
중등	문법학교 (Grammaticus)	고등교육기관 입학 준비	라틴어문법, 시문학, 로마의 역사와 지리, 7자유학과(3학4과)
고등	수사학교 철학학교	정치인 및 전문지식인 양성	- 수사학교 : 수사학, 라틴어, 문법 등 - 그 외 논리학, 윤리학, 수학, 물리학, 의학 등

> 더 알아두기
> - 7자유학과(liberal arts) : 전통적인 서양의 기본 교과목들로, '언어'를 중심으로 한 세 과목(3학 : 문법, 수사학, 논리학)과 '수'를 중심으로 한 네 과목(4과 : 대수, 기하, 천문, 음악)을 말함

④ 고대 로마의 교육사상가

ⓐ 키케로(Cicero)
- 교육의 목적은 웅변술에 능한 사람을 길러내는 것
- 훌륭한 웅변가는 넓은 교양과 철학적 배경을 가져야 함(『웅변술』)
- 15세기 인문주의 교육(키케로주의)에 많은 영향을 줌

ⓑ 퀸틸리아누스(Quintilianus)
- 아동의 자연성, 개성을 존중한 교육 : 학생의 요구나 흥미를 고려
- 조기교육 강조 : 독서·언어 교육, 어렸을 때 기억이 더 오래감
  * "새는 날 수 있게, 말은 달릴 수 있게, 인간은 배우고 이해할 수 있게 태어났다."
- 체벌금지론 : 체벌보다는 관대한 태도가 학습을 더 효과적
- 체계적 교사상 제시 : 부모 같은 따뜻한 마음, 스스로 악행을 하면 안 됨

02 중세의 교육사상

(1) 중세 전기 교육 2007 국가직9급

① 중세 전기 교육의 특징 : 암흑기(Dark Ages, 5~10세기)
  ⓐ 5세기 무렵부터 공공학교들이 점차 사라지고 교회가 교육을 주도
  ⓑ 교세확장, 교회운영, 신자관리 등을 위해 교회들이 다양한 학교를 설립
  ⓒ 교회 중심의 학교에서 추구한 교육적 인간상은 학식을 갖춘 성직자

암기 POINT
- 초등 : 문답학교
- 중등 : 고급문답학교
- 고등 : 본산학교, 수도원학교

② 교회에 의해 설립된 학교들

학교		수준	교육목적 및 교육내용
문답학교		초등	- 이교도들의 기독교 세례준비 목적 - 초보적인 3R(읽기, 쓰기, 셈하기) 교육
고급문답학교		중등	- 문답학교 교사 및 교회의 지도자 양성 목적 - 신학, 철학, 수사학, 천문학, 문학, 수학, 자연과학 등
본산학교 (사원학교)		고등	- 교회의 성직자 양성 목적 - 성서신학, 철학, 수학, 그리스문학, 예술 등 전문적인 학문 연구(스콜라 철학 발달)
수도원 학교 (승원학교)	정원 과정	고등	- 수도사 양성, 전문적 학문 연구(스콜라 철학) - 7자유학과(문법, 수사학, 논리학, 대수, 기하, 천문, 음악) 등 엄격한 규율, 금욕적 생활, 도덕적 도야 강조
	외원 과정	초·중등	- 도서관, 출판사, 병원 등 역할 담당(오늘날의 지역사회 학교) - 일반인들에게 기독교 지식과 7자유학과 교육

(2) 중세 후기의 교육 2007 국가직7급

① 중세 후기 교육의 특징
  ㉠ 사회적 배경 : 교회의 쇠퇴, 봉건제의 출현, 신흥 상공계급의 성장 등
  ㉡ 비종교적 세속교육 발달
   • 기사를 양성하는 기사도 교육 체계화
   • 수공업 기술자를 양성하기 위한 도제교육 발달
   • 일반시민들이 설립하고 실용적 지식을 가르치는 시민학교 발달
  ㉢ 대학의 발달 : 12세기경 대학의 출현으로 학문과 예술의 부흥 시작

② 기사도 교육과 도제교육
  ㉠ 특징 : 비형식적 교육, 실생활을 통한 교육, 지식보다 실천 중심의 교육
  ㉡ 기사도 교육
   • 교회와 영주를 보호하는 기사 양성 → 근대의 신사교육에 영향
   • 귀족적 예법, 체육 및 무예 교육 등을 통해 기독교적 무인 양성교육
   • 시동기(예절교육, 기초교육) → 시종기(7예교육) → 기사입문식(선서)
  ㉢ 도제교육
   • 전문적인 수공업 기술자 양성 → 근대 직업교육에 영향
   • 주로 상공업 계층의 자녀를 대상으로 한 실생활 중심의 직업교육
   • 도제기(관찰, 모방) → 직공기(기술의 확장) → 장인기(심사, 인정)

③ 시민교육을 위한 학교교육
  ㉠ 배경 : 상공업의 발달, 시민계급 출현 → 시민의 실제적 필요를 충족하는 교육 발달, 조합(길드)에 의한 학교 설립, 직업준비를 위한 교육 강화

더 알아두기
- 기사도 교육의 과정
  - 시동기(7~13세) : 상류사회의 예법과 생활양식, 초보적 3R's 교육
  - 시종기(14~20세) : 기사의 7예(승마, 궁술, 검술, 수영, 수렵, 장기, 시) 교육
  - 기사입문식(21세) : 기사 탄생을 알리는 종교적 의식, 기사10계 선서

더 알아두기
- 도제교육의 과정
  - 도제(apprentice, 7~8년) : 장인 밑에서 심부름을 하면서 관찰과 모방으로 통해 배움
  - 직공기(journeyman, 약 3년) : 여러 지방의 장인, 공장, 영업소를 돌아다니면서 다양한 기술을 익힘
  - 장인기(master) : 조합의 심사를 거쳐 정식조합원인 장인으로 인정받음

ⓛ 학제 : 복선형 학제

수준	대상	내용	학교
초등	시민계급 (하류층)	직업준비 교육 (3R, 직업기술, 기초 법률지식)	- 독일 : 독일어학교, 습자학교 - 영국 : 조합학교(guild school)
중등	귀족계급 (상류층)	대학준비 교육 (7자유교과, 학문적 지식)	- 독일 : 라틴어학교 - 영국 : 공립학교(public school), 문법학교(grammar school)

ⓒ 의의
- 교육의 자주성 확보, 교회로부터의 독립, 세속교육화
- 시민계급에게까지 교육기회 제공(의무무상교육은 아님)
- 일반시민의 현실적 요구 반영, 실생활 중심 교육

④ 스콜라 철학의 발달과 교육
  ㉠ 개념 : 중세 후반(9~15세기)에 발달하였던 신학에 바탕을 둔 철학사상
    - 신의 존재를 철학적으로 증명하려는 '실념론-유명론 논쟁' 전개
      ✱ 실념론(보편자는 실제로 존재) vs 유명론(추상적 개념일 뿐, 실제로는 존재 ×)
  ㉡ 토마스 아퀴나스 : 스콜라 철학을 체계적으로 완성, 아리스토텔레스 철학을 이용해서 신의 존재를 논증(중용적 실재론)
  ㉢ 교육과의 관련성 : 본산학교와 수도원 학교를 중심으로 발달, 중세 대학의 발달 촉진

⑤ 대학의 성립과 발달
  ㉠ 발생 배경
    - 스콜라 철학이 발달하면서 학문적 열기 고조
    - 십자군 원정 이후 외부 지역으로부터 실용학문이 널리 유입
    - 도시와 상공업 발달로 전문인력에 대한 수요 증가
    - 시민계층 발달과 도시자치권 확대로 인해 대학에 대한 지원 증가
  ㉡ 성립 및 발달 과정
    - 초기에는 대학에 대한 교회의 발언권이 강했으나, 점차 자율화됨
    - 유럽 남부(이탈리아)에서 출현하기 시작, 유럽 북부 지역으로 확산
      - 이탈리아 북부의 볼로냐 대학(법과대학, 1158), 프랑스 파리대학(신학·철학, 1180), 이탈리아 남부의 살레르노 대학(의학, 1231) 등
    - 단과대학(college)으로 출발, 점차 종합대학(university)으로 설립
      - 영국의 옥스퍼드 대학(1167), 케임브리지대학(1214)은 종합대학
    - 점차 교육보다 연구가 중심이 되면서, 학문의 자유가 강조됨
      - 12~13세기(옥스퍼드, 케임브리지) : 교양적 지식인을 육성하는 곳 - '교육하는 대학'(teaching university)
      - 19세기 초(베를린) : 진리를 탐구하는 곳, 새로운 지식의 '연구'에 중점 → '고독과 자유'의 근대 대학의 이념을 최초로 주창(훔볼트)

22) 조합(길드, guild)
중세 유럽의 동업자 조합으로, 고도의 자치권을 바탕으로 구성원들의 공동의 이익을 보호하는 데 목적을 둠

ⓒ 운영 및 특징
- 기원 : 대학은 교수와 학생들의 조합(길드)[22]을 모태로부터 성립
- 운영 : 대학에게는 고도의 자치권과 특권을 부여하였음
  * 교내재판권, 학위수여권, 학장선출권, 면역·면세 특권, 자유여행권 등
- 기능과 역할 : 연구보다는 교육에 중점[지식인(교수) 양성]
- 교육내용 : 7자유학과 학문 교육, 대학별로 특정 학문을 집중 연구
- 교육방법 : 주로 라틴어로 강의, 원서강독, 반복, 번역, 토론

ⓔ 영향
- 자유로운 학문 연구로 고전 중심의 학문과 예술의 부흥을 일으킴
- 르네상스 운동의 선구적 역할 및 종교개혁의 사상적 기반 마련

03 근대의 교육사상

(1) 근대 교육의 전개 과정

① 근대적 교육사상 : 실제적 교육, 실용적 교육, 교육방법의 과학화 등
② 공교육 체제 성립 : 교육의 대중화, 보편적 의무무상교육, 국가의 책임

시대적 상황	15~16C	16C	17C	18C	19C
	르네상스 운동	종교개혁	과학혁명 지리적 발견	시민혁명 산업혁명	제국주의 국민국가
근대적 교육사상	인문주의 (키케로주의)		실학주의 (코메니우스)	자연주의 (루소)	신인문주의 (헤르바르트)
공교육체제 성립		종교개혁 (루터)		계몽주의 (로크)	국가주의 (피히테)

(2) 르네상스기 인문주의 교육사상 2017 지방직9급 / 2016 국가직9급

① 르네상스 운동
  ㉠ 의미
  - 15세기 유럽 전역의 문예부흥 운동이자 사회문화 개혁 운동
  - 중세 기독교 복음주의[23]에서 벗어나 고대의 인간중심 사상 부활
  ㉡ 전개 과정
  - 15세기 : 이탈리아 남부의 문예학술 운동 – 귀족적, 심미적 경향
  - 16세기 : 북유럽 중심의 사회개혁 운동 – 종교개혁에 결정적 영향

23) 복음주의(evangelism)
하나님께서 인간을 위해 속죄를 준비해 주셨다는 기쁜 소식을 믿음

② 인문주의 교육의 특징
  ㉠ 성격
  - 중세 기독교적 사고에서 벗어나 인간 중심적 사고를 강조한 교육사상
  - 고대 그리스·로마의 자유교육(liberal education)의 이상 계승

중세	신본주의	내세주의	교회중심	금욕주의	권위주의	억압주의
인문주의	인본주의	현세주의	개인중심	자연주의	이성주의	자유주의

ⓒ 교육목적 : '교양있는 삶'을 누릴 수 있는 완전한 인간과 선량한 시민 양성 (자유교육을 통한 개성있는 인간의 양성)
ⓒ 교육내용
- 고전공부를 위한 언어교육 : 라틴어·고대 그리스어 교육 중시
- 수사학 중시 : 고대의 고전 학습, 언어적 설득력과 표현력 습득
- 전인적 성장과 발달 강조 : 체육과 음악 중시, 심미적 수양 강조
ⓔ 교육방법
- 고전에 대한 주석서를 이용한 고전 해석과 암송 학습
- 사상과 표현의 자유, 개성과 창의성, 유희적 교수방법 활용

③ 인문주의 교육의 유형

개인적 인문주의	- 15세기 이탈리아의 상류층을 중심으로 발달 - 귀족적·심미적 경향, 고전문학과 예술 중시 - 자유와 개성 존중, 자기표현 및 창조적 능력 실현 강조
사회적 인문주의	- 16세기 북유럽(독일, 네덜란드)을 중심으로 발달 - 하류층까지 확대, 개인적 측면보다는 사회개혁에 관심 - 사회개혁과 의식개혁을 위해 도덕교육과 종교교육 강조
키케로주의	- 키케로의 문체를 유일한 표본으로 삼아 모방하는 데 치중 - 언어적 형식주의에 빠져 있다는 비판을 받음

> **암기 POINT**
> - 개인적 인문주의 : 개인의 자유, 개성, 표현 강조
> - 사회적 인문주의 : 도덕, 종교, 사회개혁 강조

④ 주요 사상가
ⓒ 비토리노(Vitorino) : 개인적 인문주의, 궁정학교 교장
- 아동중심 교육 : 자유교육, 자발교육, 생활교육, 개성존중 교육
- 체벌과 강제 반대 : "학교는 즐거운 집이다."
ⓒ 에라스무스(Erasmus) : 사회적 인문주의, 『아동자유교육론』
- 교육의 3요소(자연, 훈련, 연습), 아동중심의 교수법 강조
- 교육의 기회균등(남녀차별 없는 교육 실시), 조기교육 강조

⑤ 영향 : 상류층 자제들을 위한 중등교육에 적용 → 이탈리아의 궁정학교, 독일의 김나지움, 프랑스의 콜레와 리세, 영국의 라틴 문법학교 등의 발달

(3) 종교개혁기의 교육사상 2019·2021 국가직7급

① 종교개혁
ⓒ 기독교 개혁 운동으로 시작해서, 성서 중심의 신앙해방운동으로 확장
ⓒ 교회의 부패와 타락(교황의 면죄부 판매)에 대한 루터의 비판(1517)
ⓔ 오직 성서와 신앙을 통해 구원받을 수 있다는 성서주의(복음주의) 제시
ⓖ 인쇄술의 발달과 성서의 독일어 번역으로 통해 종교개혁 사상 확산

② 종교개혁의 교육적 영향
ⓒ 모국어로 성경 번역, 성서 읽기를 위한 문해교육[24] 확대 → 교육의 보편화
ⓒ 기독교인 양성을 위해 초등 의무교육제도 주장 → 공교육체제의 기초

[24] 문해교육
글을 읽고 쓸 수 있는 능력을 기르는 교육

더 알아두기

· 직업소명설
- 소명(vocation)이란 '신의 부르심'이란 뜻으로, 직업을 '신의 부름에 의해 주어진 거룩한 운명'으로 보는 관점
- 금욕과 성실을 바탕으로 한 직업적 성공은 신에게 구원의 선택을 받았음을 보여주는 징표라고 봄
- 근대적 직업윤리를 형성하는 바탕이 됨

더 알아두기

· 베이컨의 경험론(백지설)
- 인간은 백지 상태로 태어나며, 일생 동안의 감각적 경험을 통해서 지식(진리)을 얻을 수 있다고 보는 입장

· 진리탐구를 방해하는 4가지 우상
- 종족의 우상 : 사물을 인간 본위로 해석하려는 오류 예 새가 지저귀는 것을 새가 노래한다고 생각함
- 동굴의 우상 : 개인의 특수한 경험에서 비롯되는 오류 예 우물 안 개구리는 우물을 세상 전체로 생각함
- 시장의 우상 : 사람들이 사용하는 언어 때문에 생기는 오류 예 천사가 실지로 존재한다고 생각함
- 극장의 우상 : 전통이나 권위를 무비판적으로 수용하기 때문에 생기는 오류 예 유명한 사람이 말하는 것은 무조건 옳다고 생각함

ⓒ 성서상의 평등사상, 평등교육의 이념 확산 → 공립학교에 대한 요구

ⓔ 칼뱅의 직업소명설, 직업과 노동의 가치 인식 → 직업교육 강조

③ 공교육체제 성립에의 영향

고타 교육령(1642, 독일)	메사추세츠 교육령(1642, 미국)
중앙집권적 성격의 교육체제	지방분권적 성격의 교육체제
아동의 취학의무에 대한 부모의 책임을 명확히 규정(세계 최초의 의무교육 규정)	지방정부의 학교설치 의무와 감독권, 세금에 의한 무상교육 실시 등 규정
루터파 개신교의 영향	칼뱅파 청교도의 영향

(4) 실학주의 교육사상 2018 지방직9급 / 2009·2017·2018·2019·2023 국가직9급

① 실학주의 교육의 등장 배경

ⓐ 자연과학 발달, 지리상의 발견, 과학적 연구방법의 발달 등의 영향
- 베이컨의 경험철학 : 지식은 경험의 산물, 귀납법을 통한 진리탐구
- 데카르트의 합리론 : 과학적 연구방법 체계화, 연역적 추론에 의한 탐구

ⓑ 고전학습 중심의 인문주의 교육이 근대정신을 구현할 수 없다는 반성

② 실학주의 교육의 특징

ⓐ 추상적, 관념적인 것보다는 실제적이며 실천적인 지식 강조

ⓑ 자연현상, 사회제도를 연구하여 현실생활에 대한 실용적인 학습 강조

ⓒ 추상적 관념의 언어 습득보다 구체적 사물에 대한 직접경험 강조

ⓓ 실물이나 시청각자료를 활용한 감각교육 강조(아리스토텔레스의 영향)

ⓔ 여행, 관찰, 실험 등의 직접적 경험을 통한 교육 강조

③ 실학주의 교육의 유형

ⓐ 인문적 실학주의 : 현실생활 이해를 위한 고전학습 중시
- 교육목적 : 현실생활에 잘 적응하는 유능한 인간 양성
- 교육내용 : 고전중심의 교과, 여러 나라의 현대 언어
- 교육방법 : 토의와 설명에 의한 개별적 교육
- 대표학자 : 밀턴, 라블레, 비베스

ⓑ 사회적 실학주의 : 사회생활을 통한 실제적 경험 중시
- 교육목적 : 세상사에 대한 지식과 교양을 겸비한 인간(신사)의 양성 (교양 있는 사회인 ○, 현학적인 교양인 ×)
- 교육내용 : 모국어와 현대 외국어, 사교(춤), 체육(펜싱) 등
- 교육방법 : 여행이나 사회생활 등의 경험을 통한 학습 강조, 이해와 판단을 중시하는 교육방법 강조('암기는 지식이 아니다.')
  ＊ 학문적 지식을 학습하기 전에, 실제적 지식(삶에 대한 지혜)을 먼저 배워야 함
- 대표학자 : 몽테뉴(신사교육론 → 로크에 영향)

ⓒ 감각적(과학적) 실학주의 : 감각적 경험을 통한 과학지식 습득 중시
- 교육목적 : 과학적 지식과 탐구능력 습득을 통한 인간 능력의 증대 및 인간생활 복지 증진 추구
- 교육내용 : 모국어와 자연과학, 사회과학 등 실용적인 지식 중심
- 교육방법
  - 구체적 사물에 대한 직접적 경험, 감각을 통한 지각과 관찰, 시청각 중심의 교육('감각적 경험이 올바른 지식을 획득하는 통로')
  - 과학적 방법론을 활용한 자연의 탐구 및 과학지식 습득
  - 자연의 법칙(합자연의 원리)에 따른 교육(→ 코메니우스)
- 대표학자 : 베이컨, 라트케, 코메니우스

구분	인문적 실학주의	사회적 실학주의	감각적 실학주의
특징	고전학습 중시	사회생활의 경험 중시	감각적 직관 중시
교육목적	현실에 잘 적응하는 유능한 인간 양성	폭넓은 지식과 교양을 겸비한 사람(신사) 양성	과학적 지식과 탐구능력, 인간 생활의 복지 증진
교육내용	고전문학 중심의 백과사전식 지식	여행, 사교, 체육, 모국어, 현대 외국어	모국어, 자연과학 중심의 백과사전식 지식
교육방법	고전에 대한 토의와 설명, 개별적 교수	실제 생활에의 직접 참여, 이해와 판단 중심	직관에 의한 교수법, 합자연의 원리
대표	밀턴, 라블레	몽테뉴	라트케, 코메니우스

④ 몽테뉴(Montaigne)의 교육사상
  ㉠ 개관
    - 16세기(1533~1592), 사회적 실학주의 교육사상가
    - 인문주의 교육사상을 비판하며 삶의 지혜를 기르는 실제적 교육 주장
    - 일반도야로서의 신사교육론 제시
  ㉡ 교육목적 : 학자보다는 '교양있는 신사'를 양성하는 교육을 주장
  ㉢ 교육내용 및 방법
    - 고전 중심의 서적을 통한 교육보다는 현실 생활의 직접적인 경험(사교, 여행 등)을 중시("세상이 가장 훌륭한 교과서")
    - 학문적 지식 그 자체보다는 실제 생활에 유용한 지식을 가르칠 것 강조
    - 학교교육보다는 가정교사(tutor)에 의한 가정교육 중시
    - 학생의 개성을 존중, 개별 학생에 맞는 교육방법을 사용할 것 강조
    - 폭력과 강압을 교육방법으로 사용하는 것 반대
⑤ 코메니우스(Comenius)의 교육사상
  ㉠ 개관
    - 17세기(1592~1670), 감각적 실학주의 교육사상가
    - 기독교적 교육목적론과 베이컨의 경험론적 교육방법론에 근거

암기 POINT
- **인문적 실학주의** : 고전학습 → 현실생활 이해
- **사회적 실학주의** : 여행이나 사회생활 경험 → 세상에 대한 지식과 교양 겸비
- **감각적 실학주의** : 감각적 경험 → 과학적 지식 습득

더 알아두기
- **코메니우스(1592~1670)**
  - 체코(보헤미아)의 목사, 종교개혁가, 교육학자
  - 교육을 통해 조국해방과 종교개혁을 실현하고자 함

25) **신플라톤주의**
플라톤 철학의 한 형태로, 현실세계가 천상계(이데아)의 모습을 반영하고 있다고 보는 관점

26) **신비주의**
신비적인 체험에 의해 신과의 합일에 이를 수 있다고 보는 관점

- 보편교육과 범지학(모든 사람에게 모든 것을 가르쳐야 함)
- 시청각교육의 선구자, 시각자료를 활용한 교재 편찬

ⓒ 교육목적 : 지식을 쌓고 도덕을 함양하고 신앙심을 길러 '천국 생활의 준비'(신플라톤주의25)와 신비주의26)의 영향)

ⓒ 교육대상 : 신분이나 계급에 관계없이 '모든 사람에게' 보편적인 의무교육을 제공할 것을 주장(루터의 종교개혁 사상의 영향)

ⓔ 교육내용 : '모든 것을 가르쳐야 함'[범지학(汎知學, pansophia), 백과사전식 교육과정]

ⓜ 교육방법
- 합자연의 원리 : 자연의 원리에 따르는 교육(객관적 자연주의)
  - 자연에는 때가 있듯이, 아동의 연령과 이해력에 맞게 가르쳐야 함
  - 자연에는 순서가 있듯이, 교육도 단계적·점진적으로 이루어져야 함
  - 자연에는 불필요한 반복이나 혼돈이 없듯이, 유용하고 가치 있는 것만 가르치고, 한 시기에는 한 교과만을 가르쳐야 함
- 자발성의 원리 : 체벌로 학습을 강요하지 말고, 아동의 흥미와 욕구를 불러일으켜 자발적으로 학습하도록 하여야 함
- 감각과 직관의 원리 : 감각에 의존하는 실물학습 강조, 사물이 그것의 언어보다 앞서도록 교재는 구체적·감각적으로 구성하여야 함

ⓗ 4단계 학교제도론
- 교육기간을 각각 6년씩으로 구분하고, 각 단계에 상응하는 4가지 교육기관의 설치형태와 교육의 중점 제시
- 어머니 무릎 학교, 모국어 학교, 라틴어 학교, 대학으로 이어지는 단계적 학교 제도 제안(단선형 학제 → 독일 통일학교, 미국 학제에 영향)
- 개별 교육보다는 학교교육을 중시함(학교교육을 통해 독단과 편견에서 탈피 가능, 모국어 학교는 무상의무교육으로 제공)
- 학교에서 교사의 훈육의 필요성 인정('학교에서 훈육이 없으면 물 없는 물레방아와 같다.')

단계	학교형태	설치단위	계발의 중점	교육내용
유아기 (1~6세)	어머니 무릎 학교	가정	외적 감각	사적인 가정교육
아동기 (7~12세)	모국어학교	마을	상상과 기억 (내적 감각)	기초교과(3R), 모국어 교육
소년기 (13~18세)	라틴어학교	도시	이해와 판단 (내적 감각)	7자유학과, 라틴어 교육
청년기 (19~24세)	대학	왕국, 주	모든 것을 조화하는 의지	다양한 학문 연구, 지도자 양성 교육

ⓐ 주요 저서
- 『대교수학』(1632) : 교육의 본질과 목적, 일반적 교수원리, 언어·도덕·신앙 교과 교수법, 학교교육의 일반원리, 4단계 학교제도론 등 포함
- 『언어입문』(1631) : 아동의 심리에 대한 이해에 기초한 라틴어 교재, 사용빈도에 따라 단어 선정, 문법구조 난이도에 따라 배열
- 『세계도회』(1658) : 시각자료(삽화)를 활용한 라틴어 교재, 문자 위주의 언어교육 극복, 아동의 발달단계와 흥미 고려, 직관의 원리 적용

(5) 계몽주의 교육사상 2015 지방직9급 / 2012 국가직9급 / 2021 국가직7급

① 계몽주의 사상
  ㉠ 개념 : 인간의 이성을 통해 절대주의를 타파하고 민주주의를 확립하려는 해방운동이자 사상[27]
  ㉡ 등장배경 : 자연과학의 발달, 합리론 등의 근대 철학 발달, 시민의 정치적 역량 강화
  ㉢ 계몽주의 사상의 특징
   - 합리주의 : 인간의 이성적 능력 신뢰, 합리성을 최고의 원리로 삼음
   - 개인주의 : '성실한 국민'보다는 '합리적 개인'이 바람직한 인간상
   - 자유주의 : 인간은 자유롭고 평등한 존재(천부인권설, 사회계약론[28])
   - 반권위주의 : 전통, 종교, 관습 등 권위에 대한 비판, 새로운 질서 탐색
   - 반국가주의 : 국가의 과도한 통제 비판, 개인의 자유와 권리 옹호
   - 반민족주의 : 특정 민족이나 국수주의 배격, 보편적 인류애와 이성 중시
  ㉣ 의의 : 프랑스혁명, 노예해방운동, 산업혁명, 자본주의 형성 등에 영향

② 계몽주의 교육의 특징
  ㉠ 교육목적 : 합리성을 가지며 사회적으로 유용한 인간 양성, 교육을 통한 무지의 타파와 사회개혁 추구(외재적 목적)
  ㉡ 교육내용 : 철학, 과학, 정치, 문학 등 이성적·합리적 사고를 훈련할 수 있는 교과목들 강조
  ㉢ 교육방법 : 교사에 의한 감각경험 제공, 학문적 훈련과 습관 형성, 합리적 자연의 법칙에 따르는 교육방법 적용(객관적 자연주의)
  ㉣ 대표자 : 로크, 볼테르, 흄, 칸트, 콩도르세 등

③ 로크(Locke)의 교육사상
  ㉠ 개관
   - 영국 경험론 철학의 대표자, 근대 민주주의 사상의 선구자
   - 베이컨의 경험론, 몽테뉴의 사회적 실학주의 교육사상에서 영향 받음
   - 『통치론』(1689), 『인간오성론』(1690), 『교육에 관한 성찰』(1693)

[27] 계몽(啓蒙, enlightenment)
전통, 관습, 권위, 미신 등에 의해 지배당하고 있는 사람들에게 합리적 사고, 과학적 지식, 자유의지 등을 보급하여 각성시키는 것

[28] 사회계약론
- 국가는 개인들의 생명과 재산의 보호를 위한 사회적 계약으로 성립한 것임
- 국가가 그 의무를 다하지 못할 때, 국민은 그 계약을 파기할 권리를 가지고 있음

더 알아두기 ✏️

- **로크의 4가지 교육목표**
  - 덕 : 이성이 지시한 최선의 방향을 추구
  - 지혜 : 세상사를 현명하게 처리하는 능력
  - 품위 : 사회적 관계를 원만하게 유지하는 능력
  - 학식 : 지식의 습득 능력

ⓒ 이론적 기초
- **백지설** : 인간의 마음은 백지(tabula rasa) 상태로 태어남
- **경험주의** : 지식의 원천은 감각, 감각경험과 성찰을 통해 지식 획득
- **교육만능설** : 경험을 통해 지식이 획득되므로 어떠한 학습도 가능하며, 어떠한 인간도 길러낼 수 있음(교육에 대한 '주형'의 비유)
- **형식도야설** : 교육내용과 그 속의 지식은 형식에 불과. 교과의 학습은 교육내용 그 자체보다는 일반 정신능력을 도야하는 데 목적이 있음

ⓒ **교육목적** : 건전한 인격과 사회적 유용성을 갖춘 인간으로서 '교양있는 신사'의 양성(덕, 지혜, 품위, 학식을 갖춘 인재의 양성)

ⓔ **교육내용** : 읽기, 쓰기, 그리기, 언어, 산수, 지리, 역사, 기하학, 윤리학, 시민법, 헌법, 수사학, 논리학, 자연철학, 그리스어, 음악, 춤, 승마, 수공예, 여행 등(백과사전식 교육)

ⓜ **교육방법**
- **지육·덕육·체육의 통합적 교육** : 지·덕·체의 조화로운 발달 추구, 특히 신체단련의 강조('건강한 신체에 건강한 정신이 깃든다.')
- **경험·훈련·습관의 중요성 강조** : 여행 등 실제적 경험을 통한 학습, 감각-기억-추리의 3단계 학습, 사고하는 습관의 훈련 중시

ⓗ **한계** : 귀족주의적 교육, 교사중심적 교육, 너무 많은 교과목 제시

(6) 자연주의 교육사상 2022 지방직9급 / 2007·2014·2023 국가직9급 / 2009·2013 국가직7급

① 자연주의 교육사상의 특징

㉠ **자연에 따른 교육** : 합자연의 원리
- 인위적인 개입을 최소화하고 자연의 법칙과 질서에 따라 교육
- 지나친 지식 주입을 지양하고 아동의 본성을 자연스럽게 발달시킴
- 아동의 삶 속에서 생활 경험, 자연 관찰, 노작 활동 등을 통한 교육

㉡ **아동중심 교육** : 개인의 권리와 자유 중시
- 스파르타, 파시즘, 국가주의 교육 등의 전체주의 교육사상과는 구별
- 아동의 흥미와 욕구를 존중하고, 강요나 억압 없이 아동 스스로 배우고 성장할 수 있도록 도움
- 아동의 발달단계와 특성에 따라 교육의 목표, 내용, 방법을 달리함

㉢ **전인교육** : 완전한 인간 양성
- 지적, 정서적, 신체적, 사회적 측면을 모두 아우르는 전인적 성장 추구
- 아동의 잠재력을 최대한 발휘할 수 있도록 다양한 경험과 기회 제공

	계몽주의(합리주의)	자연주의(낭만주의)
공통점	교회와 전통의 권위에 대한 반대, 개인의 자유와 권리 주장	
차이점	사회적으로 유능한 시민의 양성	개인으로서의 완전한 인간 양성
	교사 중심(교육만능설)	학습자 중심(성장, 자아실현)
	합리주의와 주지주의적 경향	전인교육과 감성교육 중시

② 자연주의 교육사상의 유형
  ㉠ 객관적 자연주의 : 외부 자연의 합리적 법칙을 발견하여 이를 교육의 과정에 적용, 교육의 내용과 방법을 자연으로부터 찾음(코메니우스 등)
  ㉡ 주관적 자연주의 : 인간 내부의 자연성에 따르는 교육, 아동의 자연스러운 본성, 흥미, 자발성에 기초한 교육 지향, 아동의 발달단계에 따른 교육, 인공적인 교육방법 배격(루소, 페스탈로치, 프뢰벨 등)
③ 루소의 자연주의 교육사상
  ㉠ 루소의 철학적 기초
    • 자유주의 : 인간은 태생적 기본적 권리를 가지고 있음, 국가는 개인의 자유와 공동이익을 최대한 보장해야 함(『사회계약론』(1762))
    • 낭만주의 : 인간을 인간답게 만드는 것은 도덕성이며, 도덕성은 이성뿐 아니라 자연적 감정인 양심으로 구성됨(합리주의 비판)
    • 자연주의 : 인간의 보편적 권리 실현을 위한 교육, 자연에 의한 교육 강조 (주관적 자연주의 – "자연으로 돌아가라.")
  ㉡ 루소의 교육사상 : 『에밀』(1762)에 나타난 교육의 기본 원리
    • 교육목적 : '고상한 야인(noble savage)'을 기르는 것 – 자연인을 위한 교육, '시민'이 아니라 '인간'을 기르는 것
      ✽ "아동에게 형성되어야 할 습관은 어떤 습관에도 물들어서는 안 된다는 것이다."
    • 소극적 교육론 : 인간의 본성에 대해 '성선설'을 전제로, 인위적 교육을 비판하고 자연의 원리에 맞는 교육을 주장
      ✽ "창조주의 손에서 나올 때 만물은 선하나 인간의 손에 들어오면서 만물은 타락하기 시작한다."
      ✽ "올바른 교육은 바로 자연을 돕고 따르는 것이다."
    • 아동중심 교육 : 교육은 아동의 현재 생활에서의 성장을 위한 자발적 과정, 아동의 흥미와 자발성 존중, 교사와 부모는 보조자 역할
      ✽ "(현재의 교육은) 아동이 무엇을 배울 수 있을 것인가에 대해 생각하지 않고 성인이 알아야 할 것에 대해서만 열중하고 있다."
    • 경험중심 교육 : 실물에 대한 감각적 경험을 중시하는 교육 강조
      ✽ "아이로 하여금 다양한 감각 경험을 하도록 하여라."
      ✽ "초기 교육은 아이를 감각기관을 통해서 이성의 입구까지 이끌어가는 것이다."
    • 학습준비설 : 모든 학습에는 적절한 시기가 있음, 아동의 내적인 정신 발달에 알맞은 교육내용이 제시되어야 함(교육만능설 비판)
      ✽ "12세가 될 때까지 서적을 통한 독서를 해서는 안 된다."

더 알아두기
• 루소(1712~1778)
  - 프랑스의 철학자, 소설가
  - 자유주의, 평등주의, 낭만주의, 자연주의 사상가
  - 『신 엘로이즈』, 『사회계약론』, 『에밀』 등 저술

더 알아두기
• 『인간불평등기원론』(1755)
  - 인간은 문명사회에서보다 자연상태에서 더 평등함, 사회 속에서 불평등이 발생함
  - "자연의 질서 속에서는 인간은 모두 다 평등하다. 그들의 공통된 천직은 인간의 상태로 있는 일이다."

암기 POINT
• 『에밀』: 루소의 아동교육론
  - 소극적 교육 : 자연의 원리에 따른 교육
  - 아동중심 교육 : 아동의 현재 생활에 대한 관심
  - 경험중심 교육 : 실물에 대한 감각적 경험 중시

ⓒ 발달단계론

단계	발달의 특징	교육의 중점
유아기 (0~5세)	본능적 욕구의 만족을 추구하는 시기	– 소극적 교육의 시기 – 자연스런 성장을 저해하는 요소의 제거
아동기 (5~12세)	언어의 습득과 감각기관의 발달이 이루어지는 시기	– 소극적 교육의 시기 – 실물에 대한 감각적 경험중심 교육
소년기 (12~15세)	본격적으로 지식을 배우는 시기	– 적극적 교육의 시기 – 천문, 물리, 지리 등의 실제적 교과 – 책보다 실물교육을 통한 지적인 훈련
청년기 (15~20세)	이성에 대한 감정과 성의식이 생기는 시기	– 적극적 교육의 시기 – 합리적 판단과 자제력 계발 – 도덕·종교교육, 인간관계·사회제도 학습

ⓔ 의의 : 아동의 주체적 활동, 직관적 실물교수, 노작교육, 감정적 도야 강조(⇒ 아동중심주의, 진보주의, 낭만주의 교육에 영향)

ⓜ 한계 : 불명확한 자연 개념, 학교교육 경시, 교육의 방임화, 전근대적 여성관('소피'의 교육 – 현모양처 교육 강조, 여성교육 무용론)

④ 범애주의 교육사상

ⓐ 개관 : 기독교적 인류애 실현을 목적으로 하며, 루소의 자연주의 교육원리를 적용하여, 보편교육을 확장하고 학교교육의 개혁을 실천하는 운동

ⓑ 교육내용 : 어린이들의 삶에 유용한 교육내용 중시

ⓒ 교육방법 : 유희적, 직관적 교육방법 중시
- 직관의 원리에 따른 교과서 편찬
- 자연관찰 및 실험에 의한 교수 중시(견학, 실물학습 등)
- 자기활동적·유희적 방법에 따라 교육(놀이, 여행, 회화 등)
- 쉬운 것에서 어려운 것으로 나아가는 순서에 따라 철저하게 학습

ⓓ 생활지도 : 훈육을 위하여 기숙제 학교에서의 규율적 생활을 강조

ⓔ 대표자 : 바제도우(범애학원 설립), 짤쯔만(범애학원 교사, 야외학습 강조)

(7) **신인문주의 교육사상** 2019·2023 지방직9급 / 2012·2016·2017·2019 국가직7급

① 신인문주의 교육사상

ⓐ 주요 특징
- 계몽주의의 주지주의, 공리주의, 실리주의적 경향에 대한 반대
- 인간성의 조화로운 발달을 위한 학교교육 전반에 걸친 개혁을 추구
- 고전문화에 대한 학습을 통해 전인교육 추구(정의적 측면 강조)
- 국민국가의 민족적 관점에서 전통과 유산을 중요한 교육소재로 포함
- 교육내용과 방법을 인간발달의 법칙에 합치하도록 개혁할 것

⓵ 사상사적 특징
- 인문주의 vs. 신인문주의

(구)인문주의	신인문주의
고전학습을 통한 인간성의 조화로운 발달 중시, 정의적 측면 강조	
고전의 언어나 문장 등 형식적 측면에 치중(로마 문화 중심)	고전에 담긴 정신의 내면적 측면 부활 강조(그리스 문화 중심)

- 계몽주의 vs. 신인문주의

계몽주의	신인문주의
- 합리주의(주지주의) : 보편적 지식, 이성 강조 - 보편주의(초국가주의) : 인간의 개별성과 민족의 특수성 무시	- 낭만주의(주정주의) : 인간의 정의적 측면 강조 - 민족주의(국가주의) : 역사와 민족의 의미에 가치를 부여

ⓒ 신인문주의 교육의 확장
- **계발주의** : 루소의 자연주의 계승, 인간발달 법칙에 맞는 교육, 아동 내부로부터의 발달 중시(페스탈로치, 프뢰벨, 헤르바르트 등)
- **국가주의** : 개인의 성장보다는 국가의 발전 중시, 국가에 의한 공교육 제도 정립, 국가를 위한 국민 교육(피히테, 라 샬로테 등)

② 페스탈로치의 교육사상
⊙ 개관
- 루소의 영향으로 교육에 투신, 자연주의 교육사상을 계승·발전
- 빈민과 고아를 위한 학교를 운영하며 노작의 교육적 가치에 주목
- 가정의 중요성, 가정과 학교의 협력, 정서적 안정을 주는 학습환경

ⓒ 교육목적
- 개인적으로는 행복한 삶, 사회적으로는 유용한 인간양성을 통한 사회발전을 교육의 목적으로 설정
- 전제척인 구조 속에서 지적 능력(머리, Head), 도덕적 능력(가슴, Heart), 신체적 능력(손, Hand), 즉 3H의 조화로운 발달을 주장

ⓒ 교육방법
- **합자연의 원리** : 루소의 영향('자연에 따르라')
  - **자발성의 원리** : 아동의 흥미와 자발적 노력 중시(주입식 교육 반대)
  - **발달의 원리** : 아동의 발달단계에 알맞은 교육 실시(아동은 성인의 축소판이 아님)
  - **조화(도덕성 중시)의 원리** : 3H의 조화로운 발달 추구, 을 추구하되, 그 중심은 가슴이 되어야 함
  - **안방(거실) 교육의 원리** : 학교교육도 가정교육의 원리를 따라야 함
    ＊ 가정은 사랑을 통해 도덕적·종교적 능력이 발달하는 최초의 본보기 장소

더 알아두기
- **페스탈로치(1746~1827)**
  - 스위스의 교육자, 사상가, 자선사업가
  - 루소의 사상에 심취하여 대학생 때 야학을 운영
  - 농장, 대안학교, 고아원을 설립하여 운영

- 직관의 원리 : 실물을 이용한 직관교육의 중시
  - 감각적 경험(외적 직관)과 이성적 사고(내적 직관)의 조화를 통해 세계의 본질을 파악하는 학습 강조
  - 학습은 직관의 기본요소인 수(數), 형(形), 어(語) 3요소를 분석하는 것으로부터 출발
- 노작교육의 원리 : 전인교육의 한 방법으로서 노작교육 중시
  - 노동과 교육 접목, 근면성 등 정신도야를 통해 전인교육 추구
  - 직업교육은 전인교육(일반도야)의 목적 하에서 이루어져야 함

② 루소의 교육사상과의 비교

루소	페스탈로치
소극적 교육관 (교육은 개인적 경험의 결과)	적극적 교육관 (교육을 통해 아동의 능력계발)
학교교육에 대한 부정적 관점 (적극적 교육은 소년기 이후에)	학교교육에 대한 긍정적 관점 (학교교육은 가정교육의 연장)
개인의 성장과 자아실현 강조	개인과 사회의 조화로운 발달 강조
정원사로서의 교사 (안내자, 조력자, 환경조성자)	부모로서의 교사 (사랑과 정서적 안정 제공)

③ 프뢰벨의 교육사상
  ㉠ 개관
    - 세계 최초의 '유치원' 창설(→ 몬테소리의 '아동의 집' 설립에 영향)
    - 루소의 소극적 교육론과 코메니우스의 '어머니무릎학교'에 영향받음
  ㉡ 교육의 목적과 내용
    - 사상적 기초 : 신비주의(만유신론, 통일성의 원리[9])
    - 교육목적 : 아동의 신성(선천적 잠재력)을 계발하여 실현하는 것
    - 교육내용 : 종교, 자연, 언어, 수학, 예술 등 5개 영역 중시
  ㉢ 교육방법
    - 발달의 원리 : 아동은 본래 선한 존재, 아동의 천부적인 재능(신성)이 스스로 발달해가는 원리에 따라 교육
    - 자기활동의 원리 : 신성의 표현이며 창조적인 자기활동을 장려
    - 놀이의 원리 : 놀이는 '인간생활 전체의 모범'이자, 신체의 감각 발달뿐 아니라 정신과 감정을 도야하는 기능을 가짐
    - 노작의 원리 : 노작은 인간의 본질적·창조적 활동, 그 자체가 목적
    - 은물의 활용 : 우주의 철학적 의미를 담고 있는 교육용 장난감 활용

더 알아두기

- 프뢰벨(1782~1852)
  - 독일의 교육자, 교육사상가
  - 페스탈로치연구소에서 근무, 고아원과 기숙학교 운영
  - 체계적 교구의 창시재[은물(恩物 ; gifts)]
  - 『유치원 교육학』, 『유희의 이론』 등 저술

9) 통일성의 원리
   신이 창조한 만물은 신성에 의해 연결되어 하나의 유기체를 이룸

④ 헤르바르트의 교육사상
  ㉠ 교육학의 체계 정립
    • 교육학을 독립된 학문으로 정립(『일반교육학』, 『교육학강의개요』)
    • 윤리학과 심리학을 기초학문으로 교육목적과 교육방법을 체계화
      - 칸트의 실천철학(교육목적의 기초) : 도덕적 행위는 자율적인 실천이성에 의한 도덕법칙[29]에 따름(↔ 종교적 관점)
      - 헤르바르트의 표상[30] 심리학(교육방법의 기초) : 머릿속의 관념(idea)이 새로운 지식이나 정보와 결합할 때 학습이 일어남
  ㉡ 교육목적 : 도덕적 품성(인격)의 함양
    • 도덕적 품성의 함양을 위해서는 도덕적 관념(5도념)의 도야가 중요
      ＊ 도덕적 관념 형성 → 도덕적 행위 욕구 발생 → 도덕적 행동 → 도덕성 형성
    • 도덕적 품성의 구성요소(5도념)
      - 내면적 자유의 이념 : 도덕적 행위를 개인의 자유의지에 따라 결정
      - 완전성(완벽성)의 이념 : 의지가 행동으로 실천될 수 있는 조건 구비
      - 호의(선의지)의 이념 : 타인의 행복을 자신의 의지의 대상으로 삼음
      - 정의(권리)의 이념 : 타인의 의지를 나의 의지와 동등하게 존중
      - 공정성(보상)의 이념 : 자신의 행동에 따르는 보상이나 대가를 받음
  ㉢ 교육내용 : 다면적 흥미의 조화로운 계발 중시(신체적 흥미 ×)
    • 지적인 흥미 : 사물에 대한 인식적 관심, 물리적 세계와의 접촉
    • 윤리적 흥미 : 인간에 대한 참여적 관심, 사람들과의 사회적 교섭

흥미의 영역		학교 교육과정
지적인 흥미	경험적 흥미	과학 영역 (자연, 지리, 수학)
	사변적 흥미	
	심미적 흥미	수공 훈련
윤리적 흥미	공감적 흥미	역사 영역 (역사, 문학)
	사회적 흥미	
	종교적 흥미	

  ㉣ 교육방법
    • '흥미'의 중요성 : 인격 형성에 영향을 미치려면 흥미[31]가 수반되어야 함(교육적인 교수의 전제 조건)
      - 비교육적인 교수 : 흥미유발 없이 지식과 기능만 전달하는 교수
      - 교육적인 교수 : 지식 전달을 넘어 도덕적 인격을 갖추게 하는 교수
    • 흥미의 성립조건 : 전심(concentration)과 치사(reflection)
      - 전심 : 어떤 대상에 마음을 집중하여 명확한 관념을 파악하는 과정
      - 치사 : 새로 학습한 관념을 기존 관념들과 비교·조정·통합하는 과정

더 알아두기

• **헤르바르트(1776~1841)**
  - 독일의 철학자, 심리학자, 교육학자
  - 칸트, 피히테, 페스탈로치 등의 영향을 받음
  - 근대적 교육학의 체계 정립

29) **도덕법칙**
이성의 선의지에 따르는 것, 절대적인 것(↔ 공리주의 : 행위의 결과, 상대적)

30) **표상**
영혼 속으로 인식된 사물이나 사건의 상(image)으로 의식을 구성하는 것

31) **흥미**
어떤 대상에 대해 주의를 집중할 때의 정신적 흥분의 상태

• 4단계 교수단계론

교수단계		교수활동	학습단계
전심	명료화 (준비/제시)	학습할 대상과 관련된 내용 요소를 세분하여 명료하게 설명	학습자가 세분화된 공부 대상에 집중적으로 관심을 기울이는 단계
	연합 (비교)	새로 학습해야 할 내용을 이미 학생이 알고 있는 지식과 관련지어 설명	새로 학습한 내용을 이전에 배운 것들과 관련지어 해석하고 이해하는 단계
치사	체계 (일반화)	세부 내용 요소들 사이에 체계적인 질서가 있음을 설명	지식들 간의 관련성을 구별하고 하나의 통일된 전체로 배열하여, 완전한 통합을 이루는 단계
	방법 (응용)	본시 수업에서 배운 내용을 새로운 대상에 적용하여 해석할 수 있도록 설명	새로 학습한 내용을 새로운 문제에 적용해 보는 연습을 통해 활용능력을 기르는 단계

⑤ 국가주의 교육사상

㉠ 특징
- 보통의무교육제도가 확립되면서 공립초등학교의 설립이 촉진됨
- 국가이념과 전통을 계승하고 시민자질 함양을 위한 공민교육 강조
- 국민의 공통성과 동질성을 확보하기 위해 모국어 교육 강조
- 국가의 발전을 위해 필요한 인재 육성을 위해 직업·기술교육 강조
- 개인의 자유, 인권, 창의성, 자율성 등에 대한 관심은 축소됨

㉡ 피히테의 교육사상 : 〈독일 국민에게 고함〉(1807)
- 사회개조와 국가재건을 위해 국민교육을 실시할 것을 호소
- 애국적 독일인을 양성하기 위해 도덕성과 종교적 신앙의 함양 강조
- 노동의 가치인식과 근로습관을 기르는 페스탈로치의 노작교육론 지지
- 국민 전체를 위한 교육, 교육비의 국가 부담, 기초교육의 공통화, 남녀공학의 원리 등을 포함하는 새로운 국민교육제도 주장

㉢ 라 샬로테의 『국민교육론』(1763)
- 교육체제를 교회가 아닌 국가가 통제·관리할 필요 강조
- 국가의 국민을 교육할 권리 주장, 국민교육제도 구상 제시

(8) 근대 공교육체제 성립 2015 국가직7급

① 근대 공교육체제의 성격
   ㉠ 보편교육(universal) : 교육기회를 모든 사람에게 개방
   ㉡ 대중교육(mass) : 엘리트교육에서 시민교육으로 확대
   ㉢ 국민교육(national) : 국가가 교육제도 운영·관리, 교육의 의무화

② 성립 배경
   ㉠ 종교개혁 : 신교도 신앙의 확산을 위해 보편적 교육 요구 → 국가의 대중교육에 대한 책무 강조(고타 교육령, 메사추세츠 교육령)

ⓒ 시민혁명 : 봉건신분제 붕괴, 시민의 권리의식이 고조에 따라 교육에 대한 욕구 표출 → 보편적 무상의무교육의 제도화에 직접적 기여
　　ⓒ 산업혁명 : 급속한 산업화에 따라 노동 생산성의 증진을 위한 대규모 대중교육이 필요해짐 → 영국의 공장법, 오웬의 뉴하모니 평등마을
　　ⓔ 국가주의 : 국민국가 성립에 따라 국가통합과 부국강병을 위한 교육제도 필요 → 모든 국민을 대상으로 하는 공민교육 주장(피히테, 라 샬로테)
③ 독일 : 종교개혁과 국민국가 성립을 기점으로 교육개혁 전개
　　㉠ 고타 교육령(1642) : 지방단위 초등학교 의무화, 중등학교 공영화 추진
　　ⓒ 의무취학령(1713) : 세계 최초 국가단위 초등교육 의무화 시행
　　ⓒ 프로이센 법전(1803) : '교육은 국가의 일' 원칙, 국가교육체제 확립
　　ⓔ 바이마르헌법(1918) : 기존의 복선형 학제를 단선형 학제로 전환
④ 프랑스 : 프랑스 대혁명기(1789~1799) 이후에 근대적 공교육제도 정립
　　㉠ 콩도르세의 『공교육조직법안』(1792) : 교육의 자유(종교교육을 배제) 주장, 완전한 무상교육 주장, 여성교육 옹호 등 공교육의 기본 원리 제시
　　ⓒ 나폴레옹의 교육개혁 : 국가교육체제 정립, 종교와 교육의 재연결, 엘리트교육 강화(반동적 흐름)
　　　• 리세(lycée) : 중등학교, 대학준비를 위한 교양교육, 엘리트중심
　　　• 바칼로레아 : 중등학교 졸업 및 대학 입학 시험, 철학·논술형 절대평가
　　ⓒ 제3공화정의 교육개혁(1870~1940) : 근대 공교육 이념의 제도화
　　　• (무상) 1881년 공립초등학교 수업료 무료화
　　　• (의무) 1882년 초등교육 의무화 법제화
　　　• (세속) 종교과 대신 공민과 도입, 성직자의 학교감독권 배제
　　ⓔ 콩파뇽 협회의 통일학교(école unique) 운동(1918) : 전기(前期) 중등교육의 단선형 학제로의 발전에 기여
⑤ 영국 : 산업혁명 이후 빈민교육운동으로 시작, 19세기 후반에 제도 정착
　　㉠ 아담 스미스의 『국부론』(1776) : 교육은 개인적·사회적 투자, 경제적 취약계층을 위해 국가가 교육을 제공해야 함
　　ⓒ 공장법(1802) : 여성과 아동의 과도한 노동시간 규제
　　ⓒ 오웬의 '뉴 래너크 공장개혁'(1821)과 '뉴 하모니 평등마을'(1824, 미국) : 빈곤계층을 위한 유아학교 설립, 무상교육을 제공하는 국민교육제도 주장
　　ⓔ 의무무상교육 운동 : 자유주의자들과 비국교도들이 국가교육연맹을 통해 추진한 결과, 초등교육법(Foster법, 1870), 초등무상화교육법(1891), 피셔교육법(1918) 등으로 의무무상교육제도 실현
　　ⓜ 교육법(1944) : 단선형 학제 제도화
⑥ 미국 : 독립(1776) 이후 근대 공교육 제도 정립 본격화
　　㉠ 메사추세츠교육령(1642) : 칼뱅의 영향, 취학의 의무, 지방정부의 책임
　　ⓒ 메사추세츠교육법(1852) : 호레이스 만, 초등학교 의무취학 규정

> **암기 POINT**
> • 근대 공교육제도 성립의 주요 배경
> 　− 독일 : 종교개혁, 국가주의
> 　− 프랑스 : 시민혁명, 국가주의
> 　− 영국 : 산업혁명, 시민혁명
> 　− 미국 : 종교개혁, 산업혁명

ⓒ 카터교육령(1827) : 공립중학교 설립 확대
ⓔ 단선형 학제의 정립 : 청교도적 성향, 교육에 대한 높은 관심, 국가적 투자 등의 영향으로 초기부터 단선형 학제로 발달

* 미국 초등학교 취학률은 1850년대에, 중등학교 취학률은 1950년대에 80%에 도달하여, 유럽보다 빠르게 대중교육체제가 정립됨

4 한국교육사

01 고려시대 이전의 교육 2015·2019·2024 지방직9급 / 2008·2012·2022 국가직9급

(1) 고려시대 이전의 교육 개관

① 특징
  ㉠ 엄격한 계급제도에 기반하여 상류계층 중심으로 교육이 이루어짐
  ㉡ 중앙집권적 정치체제의 관리 및 군인 양성에 중점을 둠
  ㉢ 유교를 교육이념으로 삼아 중국식 학제 도입, 유교경전 교육(태학, 국학)
  ㉣ 문무일치의 교육과 유불선 사상을 결합한 교육도 활발(경당, 화랑도)

② 주요 교육기관

시대/국가		설립주체	초등	중등	고등	관리선발
삼국시대	고구려	관학		-	태학	
		사학		경당		
	백제	관학		박사 제도(명칭만 전해짐)		
	신라	(관학)		화랑도(사설단체 → 국가적 제도)		
남북국시대	통일신라	관학	-	-	국학	독서삼품과
	발해	관학	-	-	주자감	

■ 문묘(文廟)32) 설치 교육기관

(2) 고구려의 교육

① 태학(太學)
  ㉠ 성격 : 관학(官學), 고등교육기관, 중앙에 설치(소수림왕 2년, 372)
  ㉡ 교육대상 : 귀족 등 상류계층의 자제(15세에 입학, 9년간 수학)
  ㉢ 교육목적 : 유교이념에 충실한 관리 양성(국가체제의 정비 목적)
  ㉣ 교육내용 : 오경(시경, 서경, 예기, 춘추, 주역)과 삼사(사기, 한서, 후한서) 중심의 유교경전 중심의 교육 실시
  ㉤ 교육방법 : 유교경전에 능통한 '태학박사'들이 교육 담당
  ㉥ 의의 : 공식기록으로 확인되는 우리나라 최초의 학교

---

32) 문묘
 - 문묘 : 공자를 모시는 사당
 - 사우 : 조상이나 선현을 모시는 사당

더 알아두기
- 조선시대 이전 : '오경' 중심
- 조선시대 이후 : '사서' 중심
 - 성리학에서는 공자의 언행록인 『논어』와 맹자의 언행록인 『맹자』, 예기 중 일부를 따로 편찬한 『중용』과 『대학』을 사서로 분류하여, 교육에서 중시하였음

② 경당
- ㉠ 성격 : 사학(私學), 초·중등 교육기관, 서울과 여러 지방의 마을에 설립
- ㉡ 교육대상 : 지방 귀족뿐만 아니라 서민층의 미혼 자제
- ㉢ 교육내용 및 교육방법
  - 송경습사(誦經習射)의 문무겸비 교육(신라의 화랑도와 유사)
  - 오경과 삼사 등 유교경전의 암송교육(태학의 교육과정과 유사)
  - 『문선(文選)』[33]을 주요 교재로 사용
  - 습사(활쏘기) 등을 중심으로 한 심신강화 교육
- ㉣ 의의 : 서당의 전신(초등교육 담당), 중세 수도원학교와 유사(초등~고등교육 담당)

(3) 백제의 교육

① 박사 제도
- ㉠ '박사'는 유학의 경전에 능통한 학자들로서 교육의 소임을 맡은 관직
- ㉡ 학교교육이 이루어졌을 가능성을 시사(학교에 대한 공식기록 ×)
  - 체계적 유교교육의 존재 가능성 : 유교경전을 가르치는 오경박사(五經博士)[34], 모시박사(毛詩博士)[35], 강예박사(講禮博士)[36]에 대한 기록
  - 잡학교육의 존재 가능성 : 의학, 천문, 지리 등에 전문지식을 가진 의박사(醫博士), 역박사(易博士), 역박사(歷博士)에 대한 기록

② 해외 교류
- ㉠ 박사 파견 등을 통해 고대 일본의 학문과 교육 발전에 영향을 미침
- ㉡ 왕인 박사 : 왜(倭, 일본)에 『논어』와 『천자문』 전파, 왜태자의 스승

(4) 신라 및 통일신라의 교육

① 화랑도
- ㉠ 성격 : 유교, 불교, 도교의 사상이 혼합된 청소년 무사조직으로서 자생적으로 형성된 집단 → 국가조직으로 제도화(진흥왕 37년, 576)
- ㉡ 기능 : 청소년의 심신수련 + 국가적 인재등용 통로(교육 + 선발)
- ㉢ 조직체계 : 국선 + 화랑도(화랑 + 낭도)
  - 국선(國仙) : 전체를 통솔하는 최고 책임자
  - 화랑(花郞) : 귀족집안의 남자만 가능
  - 낭도(郞徒) : 평민층 자제도 가능
- ㉣ 교육활동의 특징
  - 유·불·선 사상과 전통적 낭가사상을 융합한 사상에 기초
    * 효제충신(孝悌忠信) : 효도, 우애, 충성, 신의(진흥왕 때, 유교적 덕목 강조)
    * 세속오계 : 사군이충(事君以忠), 사친이효(事親以孝), 교우이신(交友以信), 임전무퇴(臨戰無退), 살생유택(殺生有擇)[유교적 덕목(3) + 불교적 덕목(2)]

---

[33] 『문선』
중국 양나라의 태자 소통이 진·한 이후의 대표적인 시문을 모아 엮은 책

[34] 오경박사
'오경(五經)'에 능통한 전문가

[35] 모시박사
『모시(毛詩)』를 전공한 전문가

[36] 강예박사
『예기』를 강의하는 전문가

- 문무일치의 교육 : 오상육예(五常六藝)의 교육 강조
  * '오상'[인(仁), 의(義), 예(禮), 지(智), 신(信)] + '육예'[예(禮, 예법), 악(樂, 음악), 사(射, 활쏘기), 어(御, 말타기), 서(書, 붓글씨), 수(數, 수학)]
- 전인교육 추구 : 도의교육, 정서함양, 심신단련을 균형적으로 실천
  * 도의상마(道義相磨, 유교경전, 도의교육), 가악상열(歌樂相悅, 시와 음악, 정서교육), 유오산수(遊娛山水, 국토순례, 심신단련)

② 국학(國學)

㉠ 성격 : 관학, 고등교육기관[예부(禮部)에서 관리]
  - 통일신라 학교교육의 시작으로, 신문왕 2년(682)에 설립
  - 설립 당시 당의 국자감을 모델로 삼았지만, 실제로는 국자감과 동일하게 운영하지는 않았음
㉡ 교육목적 : 유교사상에 입각한 국가관리 양성 + 유교사상 보급(문묘 설치)
㉢ 교육대상 : 귀족 자제만 입학 허용(15~30세에 입학, 수학기간은 9년)
  - 성골과 진골 귀족도 대상으로 하였지만, 실제로는 주로 6두품 이하만 입학(진골귀족 견제 목적)
㉣ 교육내용

유학과	– (필수과목) 논어(論語), 효경(孝經) → 통일신라의 국학과 고려의 국자감에서 모두 필수과목 – (선택과목) 예기, 주역, 춘추, 좌씨전, 모시, 문선 등
기술과(잡과)	– (필수과목) 논어, 효경 – (전공과목) 산학, 의학, 천문학

㉤ 교육방법 : '박사'와 '조교'가 교육을 담당, 유교경전 해석과 암송
㉥ 의의 : 국내의 역사 기록에서 운영규정을 확인할 수 있는 우리나라 최초의 대학

③ 독서삼품과

㉠ 성격 : 관리선발제도(국학 내부의 평가제도, 과거제도의 전신)
  - 원성왕 4년(788)에 국학에 설치된 국학의 졸업시험
  - 유교경전에 능통한 정도를 평가하여, 우수한 자는 관리로 선발
㉡ 평가기준과 등급 : 독서의 정도에 따라 등급분류 및 관리로 등용

하품	〈곡례(曲禮)〉, 〈효경〉을 읽은 사람
중품	〈곡례〉, 〈효경〉, 〈논어〉를 읽은 사람
상품	〈효경〉, 〈논어〉, 〈예기〉, 〈춘추좌씨전〉, 〈문선〉에 능통
특품	오경과 삼사, 제자백가서에 두루 능통 → 관리로 등용

㉢ 의의
  - 인재등용의 객관화 : 문벌과 가문 위주 → 실력과 능력 위주
  - 문무권력의 교체 : 무예 중심 → 학식 중심(화랑도 영향력 축소)

암기 POINT
- 우리나라 최초의 대학 : 고구려의 태학
- 운영규정을 확인할 수 있는 우리나라 최초의 대학 : 신라의 국학

④ 주요 사상가
    ㉠ 원광 : 화랑도의 청소년 지도, 세속오계를 통해 교육이념 체계화
    ㉡ 원효 : 대중의 수행능력에 맞는 염불 방법[37]을 통해 대중을 교화
        • 일심(一心) 사상 : 존재의 근본은 마음에 있음
        • 화쟁(和諍) 사상 : 종파 간 대립을 지양하고 융합 주장
        • 무애(無碍) 사상 : 성속(聖俗)의 차별적 대립 타파
    ㉢ 설총 : 「화왕계(花王戒)」 – 유덕선정(有德善政)[38]의 왕도정치 이념 제시
    ㉣ 최치원 : 6두품 출신, 당의 빈공과에서 장원 급제, 〈시무십여조〉 건의

(5) 발해의 교육
① 주자감(冑子監)
    ㉠ 성격 : 관학, 고등교육기관(국립대학)
    ㉡ 교육대상 : 왕족과 귀족 자제로 한정
    ㉢ 교육내용 : 유교경전 중심으로 교육(당의 국자감 제도 모방)
② 여사(女師) 제도
    ㉠ 성격 : 궁중에서 왕족 여성의 교육을 담당한 여자 스승 제도
    ㉡ 교육목적 : 유학적 덕목과 지성을 겸비한 여성상을 지향

> [37] **원효의 염불 방법**
> 큰 표주박('무애')을 두드리며 '나무아미타불'을 지성으로 반복하여 부르는 것으로, 참선이나 경전을 읽는 것보다 쉬운 수행방법
>
> [38] **유덕선정**
> 왕이 덕으로 다스리는 선한 정치를 의미하는 말로, 백성이 왕의 통치에 감화되어 자발적으로 복종하게 함

02 고려시대의 교육

(1) 고려시대 교육의 개관
① 특징
    ㉠ 국가통치이념인 유교사상을 근간으로 학교교육 전개(신진 지배층 등용)
    ㉡ 신라와 당나라의 교육제도를 계승하여 다양한 학교 설립
    ㉢ 유학자들에 의해 설립된 사학 발달(12도) → 예종의 관학진흥책 도입
    ㉣ 과거제도가 확립되면서 과거준비를 위한 교육이 중심이 됨
    ㉤ 송나라와의 학문교류 활발, 유학생 파견 → 주자학 도입(안향)
② 주요 교육기관

설립주체	초등	중등	고등	관리선발
관학	–	(중앙) 오부학당	국자감	과거제도
		(지방) 향교		
사학	서당	–	12도	

■ 문묘(文廟) 설치 교육기관

더 알아두기

대수	칭호	재위기간
01	태조	918~943
04	광종	949~975
06	성종	981~997
16	예종	1105~1122
17	인종	1122~1146
25	충렬왕	1274~1308
26	충선왕	1308~1313
31	공민왕	1351~1374

암기 POINT
- **고려의 국자감** : 유학, 잡학, 무학
- **조선의 성균관** : 유학

더 알아두기
- 예종의 문무 7재

유학재 (6재)	여택재(주역), 대빙재(상서), 경덕재(모시), 구인재(주례), 복응재(예기), 양정재(춘추)
무학재	강예재(무학)

(2) 고려의 관립 교육기관 2021·2025 지방직9급 / 2011·2025 국가직9급 / 2014 국가직7급

① 국자감

ㄱ. **성격** : 개경(개성)에 설치한 국립 종합대학(관학, 고등교육)
 * 명칭 변화 : (성종 11년, 992년) 국자감 → (충렬왕) 국학 → (충선왕) 성균관 → (공민왕) 국자감 → 성균관

ㄴ. **기능** : 강학(講學) + 향사(享祀) – '학당' 이외에도 '문묘' 별도 설치

ㄷ. **교육목적** : 유교적 교양에 투철한 인재 육성, 국가의 고급 관리 양성 → 중앙 집권적 통치 체제 강화, 유교적 정치 이념 확산

ㄹ. **교육체제** : 경사 육학(6학) 체제(유학부와 기술부의 이원체제)
- 유학부 : 국자학(귀족층)과 태학·사문학(중류층 이상)으로 구성, 상류 지배층의 자제를 대상으로 교육, 신분에 따라 차등적으로 입학
- 기술부(잡학과) : 인종 때 기술부를 설치하여 경사6학 체제를 정립, 율학·서학·산학으로 구성, 하급 관리의 자제 및 서인까지 입학, 충선왕 때 성균관으로 개칭한 후 기술부 폐지

구분		입학자격	교육내용
유학부 (경학과)	국자학	문무관 3품 이상 관리의 자제	– (필수) 논어, 효경 – (선택) 주역, 상서, 주례, 예기, 모시, 춘추 등 9경
	태학	문무관 5품 이상 관리의 자제	
	사문학	문무관 7품 이상 관리의 자제	
기술부 (잡학과)	율학	문무관 8품 이하 관리의 자제, 지방의 향리, 서인의 자제	율령(법학) : 법률집행
	서학		팔서(글씨) : 문서정리
	산학		산술(수학) : 회계관리

ㅁ. **교육내용** : 유학교육이 중심, 기술교육도 실시
- 유학부에서는 먼저 『논어』와 『효경』을 필수 과목으로 가르침
- 주역, 상서 등의 유교경전 학습, 산술과 시무책 공부, 글씨 연습 등
- 유학부에는 박사와 조교를 배치, 기술부에는 박사만 두어 가르침

ㅂ. **예종의 교육개혁(관학진흥책)**
- 과거 응시자에게 국자감 3년 수학 의무 부여(국자감 위상 강화)
- 국자감 교육의 강화를 위해 유학부와는 별개로 문무 7재(齋) 설치
  - 최충의 9재 학당 체제를 모방하여 특정 경전을 전문적으로 가르치는 유학 6재 설치(과거시험 준비교육 강화)
  - 강예재를 두어 무인양성 체제 마련(인종 때 문반의 반발로 폐지)
- 양현고(養賢庫)를 두어 학생들의 학비 충당(오늘날의 장학재단)
- 청연각·보문각(오늘날의 도서관)을 두어 학문연구 및 교육 권장

② 오부학당(5부학당)
　㉠ 성격 : 관학, 중등교육기관, 중앙(개경)에 설치
　㉡ 기능 : 순수 교육 기능만 담당(문묘 ×)
　　＊지방의 중등교육기관인 향교는 문묘를 두어 제사 기능과 교육 기능을 동시 수행
　㉢ 교육내용 : 유학 중심의 교육내용
　㉣ 발달과정 : 고려 말 '동서학당'으로 시작, 이후 '5부학당'으로 확장
③ 향교
　㉠ 성격 : 관학, 중등교육기관, 지방에 설치
　　＊향교는 고려시대에 설립되었으나, 조선시대에 들어와 크게 확충되었음
　㉡ 기능 : 학생 교육 기능('명륜당')＋성현에 대한 제사 기능('문묘')
　㉢ 입학자격 : 양반뿐 아니라 서인(서민) 자제에게도 입학 허용
　㉣ 교육목적 : 유학 전파, 지방민 교화, 풍속교정 등
　㉤ 교육내용 : 유교경전과 시(詩), 부(賦) 등(과거시험 과목)
　㉥ 교육방법 : 처음에는 중앙에서 박사 파견 → 향교의 수가 늘어나면서 지방관청에서 교사를 직접 초빙, 지방관리가 직접 교육(교육의 질적 저하)
④ 십학(10학)
　㉠ 성격 : 전문기술 교육의 10개 분야(잡학교육)
　㉡ 담당기관 : 초기 국자감 → 고려 말 해당 실무관서에서 교육 실시
　㉢ 교육내용 : 율학(전법사), 서학(전교시), 산학(판도사), 의학(태의감, 전의시), 천문·지리학(태사국, 서운관), 역학(통문관) 등

(3) 고려의 사립 교육기관

① 십이도(12도)
　㉠ 성격 : 사학, 고등교육기관(문헌공도[39]＋개경 지방의 11개 유명 사학)
　㉡ 교육목적 : 유교적 덕목 함양을 통한 인격 완성
　㉢ 교육내용 : 구경삼사(九經三史)(명경)와 시문(제술)(과거 시험과목 중심)
　㉣ 교육방법
　　• 하과(夏課) : 여름철에는 절에서 강습회를 개최
　　• 각촉부시 : 촛불이 타는 동안 부(賦)와 시(詩)를 짓게 하는 시험
　　• 신급제자 : 과거시험에 급제한 제자를 조교로 활용
　㉤ 교육적 의의와 한계
　　• 과거시험 준비에 적합한 교육체제로 높은 성과를 보이면서 확산됨
　　• 12도의 확산으로 인해 국자감 진흥을 위한 교육개혁이 자극됨
　　• 조직적 운영을 통해 사제 간의 결속이 강화되고 학벌이 형성됨
② 서당
　㉠ 성격 : 향촌에 설치된 민간의 자생적인 사설 초등교육기관
　㉡ 교육대상 : 신분제한이 없어 일반서민의 자제들도 교육(보통 5～6세 정도에 입학, 15, 16세까지 수학)

암기 POINT
• 학당 : 관학, 중앙, 문묘 ×
• 향교 : 관학, 지방, 문묘 ○

암기 POINT
• 국자감 : 관학, 고등교육기관
• 십이도 : 사학, 고등교육기관

39) 문헌공도(文憲公徒)
'해동공자' 최충이 설립한 사설 고등교육기관

ⓒ 교육방식(인적 구성)
- **훈장(訓長)** : 서당 교육의 담당자, 외부 초빙 또는 마을이나 문중 사람
- **접장(接長)** : 학력과 연령이 높은 학생이 접장이 되어, 훈장에게 배운 것을 미처 깨우치지 못하는 동료나 하급자들에게 가르침

(4) 고려의 과거제도

① **성격** : 국가 인재등용을 위한 시험제도[광종 9년(958) 쌍기의 건의]
② **과거시험의 종류** : 문과(명경과, 제술과), 잡과, 승과
   ㉠ **문과** : 과거제도의 중심, 명경과(생원과)와 제술과(진사과)로 구성
      ※ 명경과보다 제술과 중시[유교경전 공부보다 시(詩), 부(賦) 등의 문학 숭상]
   ㉡ **잡과** : 과거제 시행 첫 해부터 실시, 율(律), 서(書), 산(算), 의(醫), 복(卜) 등 전문기술관 선발 시험
   ㉢ **승과** : 교종시와 선종시로 구분, 광종 대부터 실시
      ※ 무과는 공양왕 대에 제도화되기는 하였으나 거의 시행되지 못함
③ **시행 방법**
   ㉠ **절차** : 초시(예비시험) → 재시(국자감시) → 본시(동당감시)
   ㉡ **횟수** : 초기에는 매년 실시, 성종 때부터 3년에 한 번씩 식년시로 실시
   ㉢ **응시자격** : 원칙적으로 자격 제한 없으나, 실제는 주로 귀족만 응시
      ※ 역(逆), 천(賤), 불충(不忠), 불효(不孝), 악공(樂工) 등 천민은 응시자격 없음
   ㉣ **시험관** : 지공거(좌주) - 총책임자, 문관 1인 / 동지공거 - 부책임자
      ※ 좌주문생제도 : '좌주(지공거)'와 '문생'(그 좌주가 주관한 과거시험의 급제자)가 끈끈한 유대 의식을 가지는 제도(⇒ 문벌 형성의 배경이 됨)
   ㉤ **교육적 의의**
      - **긍정적 영향** : 능력 중심 관리등용 체제 마련, 교육기관의 발달 촉진
      - **부정적 영향** : 경쟁 심화로 부정부패 조장, 교육기관이 과거준비기관으로 전락, 폭넓은 지식과 사상의 발전 저해

(5) 고려의 교육사상가

① **최충** : 후학 양성을 위해 자신의 사재로 9재를 지어 교육(문헌공도)
② **안향** : 주자학을 우리나라에 처음으로 도입
③ **정몽주** : 성균관 개혁, 개성에 5부학당과 지방에 향교를 세워 교육 진흥을 위해 노력(과거시험 문과 장원급제, 성균관 대사성 역임)
④ **지눌** : 공부는 마음 닦는 일, 자신의 본래 면목인 '진심(眞心)'을 찾는 일
   ※ 정혜쌍수(定慧雙修) : 고요한 마음의 상태인 '정(定)'과 경전의 지혜인 '혜(慧)'가 모두 중요(수행의 원리)
   ※ 돈오점수(頓悟漸修) : 깨달음을 얻은 후에도 계속적인 공부(悟後修)가 필요(수행의 방법 또는 절차)

암기 POINT

- 과거시험의 종류
  - 고려 : 문과, 잡과, 승과
  - 조선 : 문과, 무과, 잡과

03 조선시대의 교육

(1) 조선시대 교육의 개관

① 특징
- ㉠ 성리학적 교육이념에 따른 교육체제 정비(5경 중심 ⇒ 4서 중심으로)
- ㉡ 국가표준 교육과정의 정비(소학-대학-중용-논어-맹자-역사서류 순)
- ㉢ 학교교육과 과거제도의 철저한 연계
- ㉣ 중앙집권적 체제 정립과 함께 형식적 제도교육의 완비
- ㉤ 교육에 대한 수요 증가에 따라 다양한 사립교육기관 발달

② 교육체제의 정비 과정

교육체제의 확립기 (태조~연산군 : 1392~1506)
- 국가 주도의 관학 진흥(성균관, 사학, 향교)
- 유교 중심 교육체제 및 과거제도 확립

⬇

성리학의 발달기 (중종~경종 : 1506~1724)
- 교육의 주도권이 관학에서 사학으로 바뀜
- 서원(書院)의 발전, 성리학 연구의 발전

⬇

실학의 성립기 (영조~고종 : 1725~1876)
- 성리학의 병폐에 대한 반성, 실학사상 발전
- 우리 문화를 교육에 포함, 학제개편론 제시

③ 주요 교육기관 2024 국가직7급

설립주체	교육기관			관리선발
	초등	중등	고등	
관학	-	(중앙) 사부학당	성균관	과거제도
		(지방) 향교		
사학	서당	서원	(서원)	

■ 문묘(文廟) 설치 교육기관

(2) 성균관 2018 지방직9급 / 2013·2016·2019 국가직9급 / 2016 국가직7급

① 성격 : 서울(한양)에 설립된 최고의 국립 교육기관(관학, 고등교육)
② 기능 : 인재 양성과 유교적 의례를 모두 담당(학당과 문묘 공존)
- ㉠ 학당 : 명륜당(강의실)과 양재(동재, 서재-유생의 기숙사)
- ㉡ 문묘 : 대성전과 양무(동무, 서무)로 구성
③ 교육목적
- ㉠ 유학사상의 보급과 통치체제에 필요한 관리의 양성 목적
- ㉡ 고려의 국자감과 달리 순수한 유학 교육기관으로 운영(잡학 ×)

④ 입학자격
  ㉠ 양인 이상의 자제 중에서 소과 합격자(생원, 진사)를 원칙으로 함
  ㉡ 정원 미달 시에는 4학의 성적 우수자, 공신 집안의 자제, 현직 관리로서 성균관 교육을 받고자 하는 자, 한성과 지방에서 나이는 어리나 우수한 자 등을 선발하여 입학 허용
    * 양반 자제면 누구나×, 4학 출신으로 제한×, 지방 향교의 교생을 우선 선발×

⑤ 교육과정
  ㉠ 4서[40]와 5경[41], 역사서의 강독(講讀)과 제술(製述) 및 서법(書法)으로 구성
  ㉡ '9재법'에 따라 학생의 수준에 맞는 체계적인 교육 실시(단계별 시험 통과해야 다음 단계 진행)
  ㉢ 주자(朱子)의 독서법에 따라 '대학 → 논어 → 맹자 → 중용(4서) ⇒ 시경 → 서경 → 춘추 → 예기 → 주역(5경)' 순으로 공부(구재학규)

⑥ 학업성적 평가제도
  ㉠ 평가시기 : 일고(매일), 순고(순제, 10일마다), 월고(월강, 매월), 연고(봄, 가을) 등의 정기시험 실시
  ㉡ 평가방법 : '강경(講經)'(구술 – 일고·월고)과 '제술'(논술 – 순고·연고)
  ㉢ 평가등급 : 대통(大-), 통(通), 약통(略-), 조통(粗-), 조(粗)로 분류
  ㉣ 성균관 유생의 과거시험 특전(향교 유생에게는 적용×)
    • 정기시험인 연고의 성적 우수자에게는 문과 초시(1차 시험)를 면제
    • 성균관 유생만 특별히 응시할 수 있는 과거시험으로 관시, 알성시, 절제, 황감제, 도기과 등 시행

⑦ 학칙 및 학사관리 : 다양한 학칙을 통해 관리, 위반 시 엄벌(퇴학도 가능)
  ㉠ 성균관에 적용된 교육법규
    • 학령(學令) : 성균관의 일과, 상벌, 퇴학 등에 관한 규정
    • 원점절목 : 원점제(유생의 출결사항을 점검 제도)
      * 성균관 출석일수 300일(원점 300점) 이상이어야 과거에 응시 가능
    • 구재학규 : 읽어야 할 경전의 목록과 경전의 학습순서 제시
    • 제강절목 : 성균관 학생정원 규정
    • 진학절목 : 교원의 취임, 전직과 학생의 근면, 결석 규정
    • 학교절목 : 신입생, 결석생, 학과, 자격 등을 규정
  ㉡ 학령의 주요 내용 : 유생들이 생활하며 공부할 때 지켜야 할 수칙
    • 매월 1일은 문묘에 참배, 매일 일정한 시간에 식사, 강의, 독서
    • 매월 8일과 23일은 부모님 방문과 세탁을 위한 휴가일, 휴가일에도 활쏘기, 장기, 바둑, 사냥, 낚시 등의 여가활동은 금지
    • 사서오경과 역사서 이외의 노자, 장자, 불교, 제자백가서는 금지
    • 선현과 조정을 비방하는 자, 재물과 뇌물을 상의하는 자, 주색을 즐겨 말하는 자, 권세에 아부하여 벼슬을 꾀하는 자는 벌함

---

[40] 4서
  대학, 중용, 논어, 맹자

[41] 5경
  역경, 서경, 시경, 예기, 춘추

⑧ 학생 자치활동
  ㉠ '장의'(학생대표) 선출, '재회(齋會)'(학생총회)를 열어 필요한 사항 결정
  ㉡ 국가정책에 대한 상소를 올려 의사를 표시하고(유소), 거부되는 경우 권당(단식), 공재(기숙사 비움), 공관(성균관 비움, 동맹휴업)

(3) 사부학당(4부학당) 2009 국가직9급

① 성격: 한성(서울)에 설치된 국립 중등교육기관(관학, 중등, 중앙)
  ㉠ 성균관의 부속 중등학교, 고려의 5부학당을 계승
  ㉡ 동부·서부·남부·중부학당을 총칭하는 용어(북부학당 ×)
  ㉢ 순수 교육기관으로 운영(문묘 설치 ×, 제사 ×)
② 교육목적: 성균관 진학을 위한 기초지식 습득[소학지도(小學之道) 성취]
③ 입학 및 졸업자격
  ㉠ 원칙적으로는 10세 이상의 양반과 서민의 자제에게 입학을 허용함
  ㉡ 입학 후 15세 이상이 되어 학문이 우수하면 성균관에 입학 가능
④ 교육내용: 소학(小學)은 필수과목으로 하고(권근의 『권학사목』), 그 외 효경, 사서, 오경 등도 공부
⑤ 교육 및 평가방법(성균관과 유사)
  ㉠ 5일마다 공부한 경서를 직접 강독하게 하여 평가(부진하면 벌함)
  ㉡ 매월 한 번씩 정기적으로 예조에서 주관하는 시험을 실시하여 평가
  ㉢ 매년 6월에는 '도회(都會)'에 참석하여 시험을 치르게 함(성적 우수자는 생원·진사 시험의 복시에 바로 진출 가능)

(4) 향교 2008·2021 국가직9급

① 성격: 지방에 설치한 국립 중등교육기관(관학, 중등, 지방)
  ㉠ 제례(祭禮)와 강학(講學) 기능 → 성균관의 축소판으로 문묘와 학당으로 구성된 묘학(廟學)의 구조를 갖춤(문묘, 명륜당, 양재)
  ㉡ 향교는 고려시대에 처음 설치, 조선 초기부터 적극적으로 확대, 조선 중기까지는 융성하였음(조선에서 처음 설치 ×)
  ㉢ 조선 후기 서원이 발달하면서 향교의 교육기능은 쇠퇴, 제사기능만 남음
② 교육대상
  ㉠ 입학자격: 양반 및 지방관리의 16세 이상인 자제를 원칙으로 하되, 양반 이외에 일반 양인(良人)[42] 신분도 입학 가능
  ㉡ 향교 교생의 특전: 학비는 무상으로 하며, 군역면제의 특권 부여
③ 교육 및 평가방법
  ㉠ 중앙에서 파견한 '교수'(부·목)나 '훈도'(군·현)가 교육(박사 ×, 조교 ×)
  ㉡ 각 도의 관찰사가 매년 6월에 도 내의 교생을 대상으로 '도회' 개최
  ㉢ 향풍순화를 위한 사회교육 행사 개최(향음례, 향사례, 양노례 등)

암기 POINT

• 학당의 변화
  - 고려: 동서학당 → 5부학당
  - 조선: 4부학당(북부 ×)
• 성균관과 학당
  - 공통점: 관학, 중앙에 설치
  - 성균관: 고등교육기관, 사서오경 중심, 문묘 ○
  - 학당: 중등교육기관, 소학 중심, 문묘 ×

42) 양인
  - 노비가 아닌 사람 또는 평민을 말함
  - 조선 초기까지 신분을 양인과 천인으로만 구분하였으나, 16세기 이후에는 양반, 중인, 양인(상민, 평민), 천민으로 구분함

④ 설치 및 관리·운영
  ㉠ 전국의 부·목·군·현에 일읍일교(一邑一校)의 원칙에 따라 설치
  ㉡ 향교에 대한 관리와 감독은 지방수령의 기본 업무 중 하나
  ㉢ 국가에서 지급한 학전(學田)과 지방의 재정 등으로 운영

(5) **잡학교육** 2011·2016 국가직7급

① 성격 : 하급 기술실무 관리 양성 교육, 담당관청에서 실무와 교육 병행
② 교육대상 : 주로 중인계급 중심(유학과 무학에는 양반계급도 참여)
  ＊ 악학(樂學), 도학(道學), 화학(畫學)은 천민도 허용
③ 잡과 과목별 교육기관 : 『경국대전』에서 10학 체계 재정립

과목	담당기관	교육목적
역학(譯學)	사역원	통역관 양성(한학, 여진학, 몽고학, 왜학)
음양학(陰陽學)	관상감	천문학, 지리학, 명과학 담당관리 양성
의학(醫學)	전의감, 혜민서	의원 양성(지방은 행정관아)
악학(樂學)	장악원	궁중에 필요한 악공 양성, 천민도 가능
산학(算學)	호조	회계를 전담할 관리 양성
율학(律學)	형조	법령집행과 일반소송 담당 관리 양성
유학(儒學)	예조	하급관리 양성, 유학적 교양 함양
무학(武學)	병조	무인관리의 양성
이학(吏學)	이조	승문원 관리 양성, 태종 이후 폐지
자학(字學)	교서관	문서정리와 교정 담당, 태종 이후 폐지
화학(畫學)	도화서	왕실의 그림을 그리는 관리, 천민도 가능
도학(道學)	소격서	도교적 제천행사 관리, 천민도 가능

(6) **왕실교육**

① 경연(經筵)
  ㉠ 왕에게 경서를 강독하고 토론하는 일을 맡았던 교육제도
  ㉡ 고려시대에도 있었지만, 조선시대에 숭유정책[43]이 채택되면서 크게 발전
  ㉢ 학식이 높은 학자들이 왕에게 유교경전을 강론하는 방식으로 진행, 국정현안을 논의하며 왕권을 간접 견제(교육적＋정치적 기능)
② 종학(宗學)
  ㉠ 왕실 종친의 자제를 교육하기 위해 설립한 특수학교
  ㉡ 종부시(宗簿侍)가 관장(예조 ×)

(7) **서원** 2017 지방직9급 / 2009·2012·2013·2022 국가직7급

① 성격 : 조선 중기 각 지방에 세워진 사립 중등교육기관
  ㉠ 향사(선현을 모신 사당에 제사)＋강학(후진양성, 유교경전 교육)

---

43) 숭유정책
유학을 국가이념으로 소중히 여김

ⓒ 지역 양반사회의 결속과 유대 강화의 기능 수행

　※ 경당, 12도, 서원의 공통점 : 국가의 직접 통제를 받지 않는 사립교육기관

② 발달과 쇠퇴

　㉠ 소수서원 : 중종 36년(1541) 풍기 군수 주세붕이 세운 '백운동서원'이 효시 ⇒ 퇴계 이황의 요청에 의해 우리나라 최초의 사액서원

　㉡ 임진왜란 이후 서원이 지방의 문화와 교육 진흥의 중심으로 자리 잡음 (→ 향교의 교육기능 쇠퇴)

　㉢ 조선 후기 서원의 난립으로 폐해가 심각해지다가, 고종 8년(1871) 대원군의 서원철폐 정책에 따라 수백 개의 서원이 폐쇄됨

③ 입학자격

　㉠ 향학열이 높고 행실이 바른 자(유사[44]가 유림[45]의 승인을 받아 허가)

　㉡ 소과 합격자인 생원·진사에게는 거재(居齋) 유생의 자격을 우선 부여

④ 교육내용 : 유교경전과 문장공부 중심으로 하되, 유교경전(경학)이 중심

⑤ 학칙 : 원규(院規) 혹은 학규(學規)라고 불리는 자체의 규약을 갖춤

　※ '학령' 등 국가의 교육법규의 적용을 적게 받음

⑥ 공간구조의 원리 : 거경궁리(居敬窮理)의 공간

공간	기능	교육적 의미
사우 (사당)	선현의 제사를 모심	– 법성현(法聖賢) : 성현을 본받음
강당 (서당)	교육을 실시하고 집회를 여는 장소	– 강의(講義) : 경전의 의미를 강론함
		– 격물치지(格物致知) : 일이나 사물의 이치를 깊이 탐구함(궁리)
양재 (동재, 서재)	원생들이 숙식하며 공부하는 곳	– 주일무적(主一無適) : 마음을 한 군데 집중하여 잡념이 없음(거경)
		– 독서궁리(讀書窮理) : 책을 읽고 깊이 생각에 잠김(궁리)
정자 (누각)	시문을 짓고 대화를 주고받는 곳	– 우유함영(優游涵泳) : 여유롭게 한가로이 지냄(거경)

(8) **서당** 2017·2020·2022·2024 국가직9급 / 2023 국가직7급

① 성격 : 향촌사회에서 개인이나 주민들이 설립·운영한 사설 초등교육기관

② 서당의 종류 : 서재(書齋), 서실(書室), 서숙(書塾) 등으로도 불림

　㉠ 개인 서당 : 훈장자영서당(훈장 스스로), 유지독영서당(마을의 유지)

　㉡ 공동체 서당 : 유지조합서당, 향촌조합서당 예 원산학사의 모태 서당

③ 교육대상 : 보통 7, 8세에서 15, 16세에 이르는 아동

④ 교육목적 : 유학교육(문자교육 + 경전교육), 유교적 예절 교육, 향풍순화

⑤ 교육내용 : 강독(유교경전 강의와 암송), 제술(글짓기), 습자(글씨체 연습)

---

44) **유사**
유림의 사무를 맡아하는 사람

45) **유림**
유학을 신봉하는 무리, 지방의 사대부 세력

더 알아두기

• 〈향학지규〉의 내용 : "훈장은 각 고을에 고르게 두고, 수령은 때때로 친히 이들을 돌보고, 학도들을 시험해 보며, 만일 실적을 올린 자가 있을 때는 세금을 면제하고, 학도에게는 상을 주며, 그중 가장 뛰어난 자는 동몽교관(童蒙敎官, 어린이를 가르치기 위해 각 군·현에 둔 관리)이나 다른 관직을 주어 권장할 것"

⑥ 교육방법 : 주입식과 암기 위주의 학습방법
　㉠ 개인별로 수준에 맞는 범위를 학습하도록 하는 개별 수업 실시
　㉡ 계절을 고려하여 교과목을 운영, 놀이를 통한 학습효과 극대화
　㉢ 접장 제도를 활용하여 협동적 학습을 촉진
⑦ 운영규칙 : 서당 확산에 따라 〈향학지규〉 제정[효종 10년(1659)], 초등 수준 교육의 중요성을 강조하며, 국가가 이를 장려·감독하고자 함
⑧ 조선시대의 자찬 교재
　㉠ 문자 학습용 교재

천자문	- 중국에서 만들어진 문자 학습서
유합 (類合)	- 16세기경, 작자 미상 - 한자를 수량·방위 등 종류에 따라 구별하고, 한글로 뜻과 음을 붙임 (약 1,500자)
신증유합 (新增類合)	- 선조 때, 유희춘이 저술 - 〈유합〉을 수정·증보(약 3,000자)
훈몽자회 (訓蒙字會)	- 중종 때, 최세진이 저술 - 한글 뜻음 병기 한자학습서(3,360자) - 천자문과 유합의 내용이 구체적 사물과 관련되지 않다는 점을 비판 - 동식물 이름과 같은 실자(實字)를 위주로 교육
아학편 (兒學編)	- 조선 후기 실학자 정약용이 저술 - 천자문의 결점을 보완하여 만든 교재(체계적, 학습자중심적) - 상권과 하권 각 1,000자 수록, 총 2,000자로 구성 - 유형자(구체적) → 무형자(추상적) 순으로 계열화 - 비교와 대조의 원리에 따라 같은 종류의 문자와 대비되는 문자를 함께 배열

　㉡ 유학 입문용 교재

소학 (小學)	- 유학 입문서(⇒ '소학-대학 계제론'), 주자의 제자인 유자징이 저술 - 삼강오륜46)과 같은 일상생활의 구체적 행위지침 제시 - 성리학적 윤리 규범과 유교적 예속의 보급을 위하여 국가적 차원에서 독습을 장려
동몽선습 (童蒙先習)	- 소학(小學) 등 유학 입문용 교재(중종 때, 박세무 저술) - 학습내용을 경(經, 유학)과 사(史, 우리나라와 중국의 역사)로 나누어 제시 - 일제 강점기에는 우리 역사를 다룬다는 이유로 서당의 교재로 사용하는 것이 금지됨
격몽요결 (擊蒙要訣)	- 초학자들의 입지(立志)를 강조한 유학 입문서(선조 때, 이이 저술) - 유학공부를 시작하기 전에 갖춰야 할 기본 소양 제시(입지, 검신, 존심, 사친 등)
입학도설 (入學圖說)	- 〈4서5경〉의 핵심 내용을 그림으로 그려 설명(고려 말, 권근 저술) - 조선시대 도설류(圖說類) 교재의 효시 ＊ 코메니우스가 저술한 『세계도회』보다 286년이나 앞섬 - 학생들이 자주 하는 질문과 저자의 답을 실음

더 알아두기

• 「아학편」의 문자배열 : 비교와 대조의 원리에 따라

君	天
임금 군	하늘 천
臣	地
신하 신	땅 지

46) 삼강오륜
　- 인간이 지켜야 할 기본 도리
　- 삼강 : 군위신강(임금과 신하), 부위자강(부모와 자식), 부위부강(남편과 아내)
　- 오륜 : 군신유의, 부자유친, 부부유별, 장유유서(어른과 아이), 붕우유신(친구)

(9) 조선의 과거제도 2014 국가직9급 / 2018·2021 국가직7급

① 개관
　㉠ 고려의 과거제도를 계승·발전시켜 갑오개혁(1894)까지 존속
　㉡ 시험을 통한 인재선발제도로 가장 보편적인 공직진출 방법으로 정착
　　✱ 문음[47]이나 천거[48]와 같은 추천(공거제)을 통해서는 고위관료로 등용되기 어려워짐
　㉢ 개방적 인재등용에 취지를 두었으나, 실제로는 주로 양반계층만 응시

② 시행 시기별 과거시험의 명칭

식년시 (式年試)	정규시험	3년에 한 번씩 실시하는 것이 원칙
별시 (別試)	특별시험	국가의 특별한 경사나 행사가 있을 때 - 증광시 : 국가에 경사가 있을 때 - 알성시 : 왕이 성균관 문묘 제사 참석 시 - 백일장 : 시골 유생의 학문장려 목적 - 절일제 : 삼일제, 칠석제, 구일제에 실시

③ 과거시험의 시험과목과 시험종류
　㉠ 시험과목 : 조선시대에는 명경 중시(고려에서는 제술 중시)
　　• 명경(강경) : 사서오경(四書五經)과 같은 유학 경전의 소양을 시험
　　• 제술 : 시(詩), 부(賦)와 같은 문예 창작의 재능을 시험
　㉡ 시험 종류별 특징

종류	구분	단계	특징
생진과 (소과)	생원과(명경), 진사과(제술)	㉠ 초시 : 700명 선발(지역할당) ㉡ 복시(회시) : 100명	- 예조가 주관 　ⓐ 초급 문관 선발 　ⓑ 대과의 예비시험 　ⓒ 성균관 입학시험 - 합격자 백패(白牌) 수여
문과 (대과)	단일과 (강경 + 제술)	㉠ 초시 : 240명(지역할당) ㉡ 복시 : 33명(합격자 확정) ㉢ 전시 : 최종 합격순위 확정	- 예조가 주관 - 최고급 문관 선발시험 - 합격자 홍패(紅牌) 수여
무과 (대과)	단일과 (궁술 + 총술 + 강서)	㉠ 초시 ㉡ 복시 ㉢ 전시	- 병조가 주관 - 고급 무관의 등용 시험
잡과	역과, 의과, 음양과, 율과	㉠ 초시 ㉡ 복시	- 담당 관청 및 예조 주관 - 기술 관리의 등용 시험

(10) 성리학 사상과 교육 2016 지방직9급 / 2009·2018·2020 국가직7급

① 성리학적 사상의 기초
　㉠ 유교사상의 성격 : 공자에서 시작되어 중국 사회 전반을 지배한 사상
　　(왕도정치의 실행 방법론)

---

[47] 문음
조상이 국가에 큰 공을 세운 집안의 후손을 관리로 임용하는 제도

[48] 천거
고급관리들에게 관리로 적절한 사람을 추천하게 해서 임용하는 제도

49) 수기치인
스스로 자신을 수양한 후 세상을 다스린다는 뜻

50) 거경궁리
마음을 경건하게 하여 이치를 추구한다는 뜻

51) 격물치지
앎에 이르기 위해 사물의 이치를 끝까지 파고든다는 뜻

ⓒ 유교사상의 전개

전통유학 (선진유학)	- 지배층의 도덕적 실천 강조[수기치인(修己治人)49)] - 공자 : 6경 편찬, 군자, 인(仁)의 강조 - 맹자 : 성선설, 4단과 4덕
한당유학	- 한·당 시기의 유학 - 훈고학 : 경전의 해석 중시(철학적 이해 부족) - 사장학 : 문장과 시부(詩賦) 중시(수사적 표현 치중)
성리학 (주자학, 신유학)	- 송나라 때의 유학, 주희(주자)가 집대성 - 우주론(이기론, 理氣論)과 인성론(4단7정론)을 중심으로 공자와 맹자의 사상을 재해석 - 성인(聖人)이 되기 위해 내면의 완성을 추구하는 공부 중시[거경궁리(居敬窮理)50), 격물치지(格物致知)51)]

② 성리학의 도입과 발달
  ㉠ 고려 말 안향에 의해 도입된 이후, 조선의 학문은 성리학을 중심으로 발달, 조선 중기 이황과 이이에 이르러 최고조를 이룸
  ㉡ 성리학의 도입이 한국 전통교육에 끼친 영향
    • 학풍이 훈고·사장학적 유학에서 성리학적 유학으로 변화
    • 문학적 소양(제술)보다 경학적 소양(명경)을 더 강조하게 됨
    • 종래의 〈5경〉 중심 유학 교육과정이 〈4서5경〉 체제로 재편됨
    • 인간으로서 지녀야 할 마음가짐 및 유교적 생활규범 교육 강조

③ 성리학에 기초한 교육의 특징
  ㉠ 이상적 인간상 : 성인(聖人), 군자(君子), 사대부(士大夫), 선비[士] - '유교적 학식과 인품을 두루 갖춘 사람'(현대적 의미의 전인적 인간)
  ㉡ 교육의 목적 : '위기지학'이 진정한 공부의 목적(이황, 이이)

위기지학(爲己之學)	위인지학(爲人之學)
- 자신의 성찰을 통해 참된 본성의 실현을 지향하는 공부 - 성현의 말씀을 통해 도리와 덕행의 참뜻을 깨닫고 실행	- 남에게 보이기 위한 공부 또는 자신의 출세를 위해 공부 - 자기 안의 공허함을 감추고 사회적 지위와 명성을 추구
교육의 본질적 목적 추구	교육의 수단적 목적 추구

  ㉢ 교육의 내용 : 유교경전 중심
    • 『소학(小學)』으로 성리학적 수양의 근본을 배양한 뒤 성리학적 원리를 논하는 책을 학습
    • 『대학(大學)』으로 큰 틀을 잡고 『논어』·『맹자』·『중용』 및 5경을 공부하여 식견을 정밀하게 함(주자, 이이, 조식)
      ✱ 대학→ 논어→ 맹자→ 중용[4서] ⇒ 시경→ 서경→ 춘추→ 예기→ 주역[5경]

ㄹ 교육의 방법 : 학문 수양의 실천적 방법 및 태도
- **거경궁리(居敬窮理)** : 경(敬)의 자세를 근간으로 도덕적 심성을 배양하고, 의심이 없도록 사물의 이치를 깨닫는 공부
- **존심양성(存心養性)** : 본래의 선한 마음을 보존하고 본성을 키움
- **격물치지(格物致知)** : 사물에 대하여 깊이 연구하여 지식을 넓힘
- **지행병진(知行竝進)** : 아는 것과 실천하는 것이 함께 진전되도록 최선을 다함

④ 이황과 이이의 교육사상

	이황	이이
개관	영남학파, 도산서원 설립	기호학파, 은병정사 설립
철학	주리론(主理論) - 인간의 본성의 순수성 강조 - 이(理) : 우주 만물의 근원, 도덕적 원리	주기론(主氣論) - '이'와 '기'의 조화 중시, 실천성 강조 - 기(氣) : 사물의 물질적·운동적 기초
교육 목적	위기지학(爲己之學) - 마음과 이(理)가 하나가 된 경지로서의 인격수양 추구	위기지학(爲己之學) - '천지를 안정시키고 만물을 잘 육성하는 경지' 추구
교육 방법	경(敬)을 통한 인격수양 중시 - 현실 정치 참여보다는 학문 연구 중시 - 경(敬) : 마음을 한결같이 집중하여 도리에 어긋나지 않게 하는 태도 - 성(誠) : 진실된 마음으로 도를 실현하고자 하는 자세 - 거경궁리(居敬窮理) : 경건한 자세로 이치를 탐구함	'경'과 실천의 조화, 체계적 공부법 중시 - 학문을 적용하여 현실 문제해결에 참여 - 입지(立志) : 자신의 삶의 방향성과 공부의 목적을 분명히 설정하는 것 - 경험과 실천 중시 : 학습내용을 실제 상황에 적용, 실생활과 연계하여 학습 - 일일관지공법(一日觀之功法) : 하루를 단위로 공부 계획을 세워 실천함
대표 저서	-『성학십도』: 성인이 되는 공부방법, 10개의 그림으로 설명(군왕교육론) -『주자서절요』:『주자대전』에서 중요 부분을 발췌하여 편찬한 유학서 -『퇴계선생문집』: 지방교육의 문제와 관련해서 '향교'의 한계를 지적하고, '서원'을 적극 진흥할 필요성을 역설	-『성학집요』: 왕을 위한 학문의 방법 제시(군왕교육론) -『격몽요결』: 수양과 생활규범 및 학습방법 등을 담은 입문서 -『학교모범』: 청소년 교육에 참고해야 할 지침. '독서' 조항에서 경전 공부의 순서 제시(『소학』→『대학』)
영향	위정척사, 의병운동에 영향	실학, 개화사상에 영향

⑤ 그 외의 성리학적 교육사상가
  ㉠ 권근
  - 『**권학사목(勸學事目)**』: 교육체제 정비를 위한 일종의 규정집, 『소학』은 인륜과 세도(世道)에 가장 필요한 책으로, 모든 공부의 기초
  - 『**입학도설**』(1390) : 〈4서5경〉의 핵심 내용을 그림으로 그려 설명, 조선 시대 도설류 교재의 효시 cf 코메니우스의 『세계도회』(1658)

ⓛ 조식
- 이황, 이이와 함께, 조선시대 16세기 사림과 선비를 대표하는 학자
- 학문과 실천의 중심 사상으로 '경(敬)', '의(義)'의 개념을 강조
- 향촌에 생활 근거지를 두고 제자 양성을 통해 학파 수립의 기반 마련 ('산천재' 설립)

(11) **실학사상과 교육** 2008·2010·2019 국가직7급

① 실학사상의 기초
  ㉠ 실학의 주요 주장
   - 경세치용(經世致用)[52] : 경제부흥을 위한 토지개혁을 주장
   - 이용후생(利用厚生)[53] : 청나라의 문물 수입 강조
   - 실사구시(實事求是)[54] : 구체적·실증적 진리 추구
  ㉡ 실학자들의 교육개혁론
   - 실용을 위한 공부와 교육 강조
   - 우리나라의 역사와 문화를 가르칠 것
   - 신분의 구별 없이 교육의 기회 제공
   - 공교육 확대와 내실화를 위한 학제개혁
   - 과거제도를 개혁 및 인재선발의 다양화

② 유형원의 교육개혁론 : 『반계수록』
  ㉠ 인재등용제도의 개혁 방안 : 과거제 폐지, '공거제' 시행 주장

과거제의 문제점	- 학문의 과정보다는 결과를 중시 평가의 타당도에도 문제가 있음
공거제 (貢擧制)	- 학교교육을 통해 양성한 인재를 추천으로만 관리로 등용하는 제도 (오늘날 학교장 추천제와 비슷) - 진사원에 수습관리로 일하는 동안 개인의 행실과 능력을 보고 관직에 임명(학력시험 위주 선발 ×) - 신분에 관계없이 능력만 갖추면 관직에 진출시킴

  ㉡ 학교제도의 개혁 방안 : 학교교육(관학)의 강화와 내실화

교육기회의 개방	- 학생 각자의 능력에 따라 교육기회 배분 - 초등 수준에서는 서얼과 평민에게도 학교 입학자격 부여(중등 이후에는 양반에게만 교육기회 부여)

학제의 통합 개편	- 학교교육 내실화, 학교교육과 관리 선발의 일원화
	- 서울과 지방의 학제를 통합하여 4단계 학제로 재편
	         (초) (중) (고) (대학)
	(서울) 방상(坊庠) → 사학(四學) → 중학(中學) ↘
	                                                 태학(太學)
	(지방) 향상(鄕庠) → 읍학(邑學) → 영학(營學) ↗

---

[52] 경세치용
세상을 잘 다스려 쓰임새 있게 함(제도개혁)

[53] 이용후생
일상적인 생활에 이롭고 삶을 풍요롭게 함

[54] 실사구시
실제적인 것에 관심을 갖고 진리를 탐구함

③ 정약용의 교육사상
  ㉠ 『오학론(五學論)』 : 조선 후기의 주요한 5가지 학풍을 비판
    • 현실과 유리된 공리공론(空理空論)에 치중하는 성리학
    • 글자의 뜻을 파악하는 데에 치중하는 훈고학
    • 미사여구를 구사하는 기법에 치중하는 문장학
    • 인재 등용문인 과거시험 위주의 공부에 치중하는 과거학
    • 재난을 피하고 복을 구하는 일에 치중하는 술수학
  ㉡ 『교치설(教穉說)』 : 아동교육지침서, 『천자문』, 『사략』, 『통감절요』가 아동교육에 부적절함을 주장['불가독설(不可讀說)']
    • 천자문 : 문자배열이 비체계적이고, 아동의 이해수준 고려하지 않음
    • 사략 : 중국의 역사책이지만 허구적인 전설, 신화 등이 포함됨
    • 통감절요 : 저자를 신뢰할 수 없고 그 내용도 가치가 없음
  ㉢ 『아학편(兒學編)』 : 천자문의 결점 보완 자찬교재('서당의 교재')

④ 최한기
  ㉠ 교육목적 : 인간의 가능성을 개발하여 만물의 작동 원리(운화기, 運化氣)에 두루 통달하게 만드는 것
  ㉡ 교육내용 : 유교적 내용 + 실학적 내용 ⇒ 통합적 교육
    • 유교적 내용 : 윤리, 강상, 형정(刑政), 경사(經史) 등
    • 실학적 내용 : 사, 농, 공, 상, 재용(재정학), 산수(수학), 역상(천문학)
      ✱ 특히, 논리와 분석력을 기르기 위해 수학의 중요성 강조
  ㉢ 교육방법
    • 경험중심 교육 : 경험과 지각에 기초한 교육 강조[추측지리(推測之理)[55]]
    • 개별화 교육 : 나이, 자질, 교육현장에 따라 다양한 교육방법 실시
    • 유아교육 : 유아기의 교육은 성장 후의 교육보다 효과적(염습론)

⑤ 이익
  ㉠ 과거시험 개혁 방안 제시
    • 과거시험 주기 연장 : 식년시 3년 → 5년, 별시 폐지
    • 과거시험 절차 개혁 : 단계적 시험 실시(3단계 시험)
    • 응시대상 확대 : 천민에게도 과거에 응시할 수 있는 기회 제공
  ㉡ 교육(공부)방법의 개혁 : 암기와 요령 위주의 학습의 개선 필요
    • 일신전공(日新全功) : 늘 새로운 것을 생각하고 학문에 정신을 집중
    • 서독질의(書牘質疑) : 책을 읽고 의문이 드는 점을 기록하여 질문
    • 취진공부(驟進工夫) : 관심사를 깊이 파고들어 깨우칠 때까지 공부

⑥ 안정복
  ㉠ 『동사강목』 : 국사의 독자성 강조, 야사(野史)도 수용
  ㉡ 『하학지남』 : 인격수양을 위한 지침서, '하학'의 중요성 강조
    • '하학(下學)' : 쉽게 알고 쉽게 행할 수 있는 일상적 공부[↔ 상달(上達) ; 이기론, 사단칠정론과 같이 어렵고 추상적인 공부]

55) 추측지리
  이미 알고 있는 것을 바탕으로 아직 모르는 것을 알아낸다는 의미

- 일용(日用, 하루 중 해야 할 일의 종류와 방법), 독서(독서의 의의·순서·방법), 위학(학문하는 의의와 방법), 심술(心術, 인격수양 방법과 순서) 등 8가지 주제 포함

04 개화기의 교육

(1) 개화기 교육의 개관

① 정부와 민간에 의해 다수의 신식(근대)학교가 설립됨(민간이 더 활발)
② 갑오개혁을 통해 근대국가로의 재편 및 근대교육 도입의 의지를 천명
③ 교육입국조서 이후 근대적 교육체제 구축을 위한 노력이 본격화됨
④ 학무아문을 중심으로 근대적인 교육법령이 수립되기 시작함
⑤ 독립신문 등을 통해 남녀평등의 근대적 교육사상이 전파됨

[개화기의 주요 사건]

연도	사건
1876	강화도조약 체결(개항)
1883	원산학사 설립 ＊ 최초의 민간 신식학교
1885	배재학당 설립 ＊ 최초의 기독교계 신식학교
1886	- 육영공원 설립 　＊ 최초의 관립 신식학교 - 이화학당 설립 　＊ 최초의 근대적 여성교육기관
1894	갑오·광무개혁 시작
1895. 2.	교육입국조서 반포
1895. 4.	한성사범학교관제 제정
1899	중학교관제 제정

(2) 개화기 신식학교의 설립 2020·2021 지방직9급 / 2010 국가직7급

① 신식(근대)학교의 특징
　㉠ 교육기회 균등을 강조(여성교육, 소외계층 교육)
　㉡ 전통적인 유교교육보다는 실생활에 유용한 지식 강조
　㉢ 민족의식, 애국사상 및 항일운동정신 배양
　㉣ 예능교육, 실업교육, 외국어교육 중시
　㉤ 학기와 시간배당 등 근대적 교육체제를 갖추어 운영
　㉥ 교육법제에 의한 학교 설립과 체계적 교육 운영

더 알아두기
- 근대학교 ⊂ 신식학교
- 신식학교: 전통적인 서당이나 서원과 달리 서양식 학교의 모습을 띤 학교

더 알아두기
- 근대학교의 특징
  - 교육기회의 보편화(대중화)
  - 교육의 세속화(탈종교화)
  - 교육의 국가(민족)주의화
  - 교육의 체계화(제도화)

② 정부에 의해 설립된 신식학교(관학)

동문학 (통변학교) (1883)	- 최초의 외국어교육기관(외무아문 소속) - 영어 통역관 양성을 목적으로 교육 - 독일인 묄렌도르프(Möllendorff)가 설립, 영국인 핼리팩스가 주무교사로 교육에 참여
광혜원 (1885)	- 최초의 서양식 국립의료기관 - 알렌(Allen)이 설립, 의학실습 교육 실시
육영공원 (1886)	- 최초의 관립 근대학교(학무아문 소속) - 신문물에 밝은 엘리트(관리) 양성 목적 - 문무 현직관료나 양반자제 중에서 학생 선발 - 헐버트, 길모어, 벙커 등 미국인 교사 초빙하여 영어로 영어와 서양 신학문을 교육 - 정부의 재정 부족, 입학생의 신분제한, 교육내용과 교사수급의 한계 등으로 1894년에 폐교
연무공원 (1888)	- 근대식 군사교육(훈련)기관 - 초급장교(군관) 양성 목적

③ 민간에 의해 설립된 신식학교(사학)

원산학사 (1883)	- 우리나라 최초의 근대학교 - 민관협동으로 설립(지역주민의 자발적 성금 모금) - 서당을 개량한 교육기관으로 초·중등 수준의 교육 - 편제와 교육과정: 전통교과와 근대교과를 모두 교육

편제	특수과목	공통과목
문예반	경의 (經義, 유교경전)	- 실용적 교과: 산수·격치(물리)·기기· 농업·광채(광업) 등
무예반	병서(兵書)	- 서구의 근대교과: 외국어, 법률, 지리 등

흥화학교 (1895)	- 민영환에 의해 설립(「교육입국조서」 이후 최초) - 영어, 일어, 측량술 등을 가르침
점진학교 (1899)	- 안창호에 의해 설립 - 최초로 남녀공학을 실시한 초등학교 - 건전한 인격과 애국정신 함양 - 자아혁신, 무실역행, 점진공부 강조

④ 기독교계에 의해 설립된 신식학교(사학)

베론(성요셉) 신학교 (1856)	- 최초의 서구식 선교학교 - 천주교(가톨릭) 마이스트레 신부가 설립 - 천주교 사제 양성 목적으로, 철학·라틴어 등 서양 학문과 문물을 교육
배재학당 (1885)	- 최초의 기독교계 근대학교(중등학교) - 감리회 선교사인 아펜젤러가 설립
이화학당 (1886)	- 최초의 근대적 여성교육기관 - 감리교 선교사인 스크랜튼이 설립
경신학교 (1886)	- 고아원과 학교를 결합한 기숙학교(언더우드학당) - 기독교 장로교 선교사인 언더우드가 설립

> **암기 POINT**
> - 관립(국립): 동문학, 광혜원, 육영공원, 연무공원, 경학원
> - 사립(민족계): 원산학사, 흥화학교, 점진학교
> - 사립(선교계): 배재학당, 이화학당, 경신학교

(3) 근대 개혁기의 교육개혁 2023 지방직9급 / 2007·2018 국가직9급 / 2019·2021 국가직7급

① 고종의 교육입국조서(1895. 2.)
  ㉠ 조서의 성격 및 의의
    • 갑오개혁의 일환으로, 고종이 발표한 교육에 관한 특별 조서
    • 새로운 교육의 필요성을 강조한 최초의 공식문서
    • 국가를 중심으로 근대식 학제를 마련하는 계기
  ㉡ 조서의 주요 내용
    • 교육을 통한 국가보존과 새로운 국가건설을 주창
    • 국민은 구국의 마음으로 교육에 힘쓰도록 권장(의무교육 ×)
    • 교육의 3대 강령으로 덕양, 체양, 지양을 제시(중요도 순)
    • 허명(虛名)⁵⁶⁾을 버리고 실용교육을 중시할 것을 역설
      ✱ 유학과 유학교육의 무용함을 천명 ×, 성균관 폐지·개혁 천명 ×

② 갑오개혁기(1894~1896)의 교육개혁
  ㉠ 갑오개혁의 교육 관련 내용
    • 교육입국조서를 발표하여 국민의 자질 함양과 국가 발전의 수단으로 교육을 강조(조선 최초의 근대적 교육 이념 천명)
    • 중앙관제 개편, 교육은 학무아문에서 담당(이후 '학부'로 개칭)
    • 전통 서당·향교 중심 교육에서 벗어나 국가 운영의 근대적 학제 도입
    • 유교 경전 위주 교육에서 탈피, 산술·지리·외국어 등 실용 과목 도입
    • 과거제를 폐지하고 귀천과 문벌을 가리지 않고 인재를 등용
  ㉡ 의의 : 근대적 교육제도 도입을 위한 노력이 시작되는 계기

③ 광무개혁기(1897~1904)의 교육개혁
  ㉠ 광무개혁의 교육 관련 내용
    • 근대적인 학교 설립, 특히 상공업 및 기술교육을 위한 학교 설립
    • 교육 및 사회 발전에 기여할 인재 양성을 위한 유학생 파견
    • 근대적인 기술 교육과 사업 경영을 위해 외국인 기술 고문 초빙
  ㉡ 의의 : 국가 주도의 교육정책 수립, 근대적 학제의 고도화·체계화

④ 각급 학교 관제 공포

구분	관제 및 규칙	공포시기	구분	관제 및 규칙	공포시기
교원교육	한성사범학교 관제	1895. 4.	유교교육	성균관 관제	1895. 7.
	한성사범학교 규칙	1895. 7.		성균관 경학과 규칙	1895. 8.
초등교육	소학교령	1895. 7.	전문교육	외국어학교 관제	1895. 5.
	소학교규칙대강	1895. 8.		의학교 관제	1899. 3.
중등교육	중학교 관제	1899. 4.		상공학교 관제	1899. 6.
				농상공학교 관제	1904. 6.

■ 표시된 관제는 갑오개혁 시기(1894~1896) 이후에 공포

---

56) 허명
  실속없는 헛된 명성

암기 POINT

• 주요 학교관제 공포 순서
  - 한성사범학교 관제(1895. 4.)
  - 외국어학교 관제(1895. 5.)
  - 소학교령(1895. 7.)
  - 중학교 관제(1899. 4.)
  - 상공학교 관제(1899. 6.)

⑤ 근대학교의 설립과 운영
  ㉠ 갑오개혁기(1894~1896) : 한성사범학교, 소학교, 외국어학교 중심
    • 한성사범학교(1895. 5.) : 소학교 교사 양성, 우리나라 최초의 근대적 교원교육기관
    • 소학교(1895~) : 8~15세 아동 대상 초급 교육, 심상과(3년)와 고등과(2~3년)로 구분, 관립·공립·사립 학교로 설치되었으며, 관립은 정부 재정으로 운영, 공립은 일부 국고 지원

구분	지역	설립·운영 주체	교장(겸직)
관립 소학교	한성(11개교)	중앙정부(학부)	학부의 참서관
공립 소학교	전국적 설치	지역공동체 (일부 국고 지원)	해당 지역 군수

    • 외국어학교(1895) : 중국어, 일어, 영어, 러시아어, 독일어, 프랑스어의 6개 학교로 분리 설립[이후 한성외국어학교로 통합(1908)]
    • 법관양성소(1895) : 당시 법원이었던 평리원(平理院) 내에 설치된 법률교육기관, 6개월 단기 과정[이후 3년 과정으로 연장(1907)]
    • 성균관(1895) : 성균관의 기능 유지, 경학과(經學科)에서 유교교육 기능 전담, 교육내용 확대와 교육기회의 균등 등의 변화 추구
  ㉡ 광무개혁기(1897~1904) : 중학교와 각종 전문학교 설립
    • 한성중학교(1900) : 근대적 중등교육 실시, 심상과(4년제)와 고등과(3년제)의 2과 체제, 실업교육 필수, 관립·공립·사립 중학교 중 관립에만 고등과 설치, 고등과 졸업자에게 전문학교 입학자격 부여
    • 의학교(1899) : 관립, 중학교 졸업자 입학 가능, 수업연한 3년
    • 상공학교(1899) : 관립, 농상공업 교육, 예과와 본과의 2과 편제
    • 광무학교(1900) : 관립, 광업계통의 실업교육기관, 수업연한 3년

05 일제강점기의 교육 2015·2021 국가직9급 / 2017 국가직7급

(1) 일제에 의한 교육정책 개관

① 특징
  ㉠ 황민화 교육 : 일본어사용, 신사참배, 창씨개명(제국주의적 동화교육)
  ㉡ 민족정신 말살 교육 : 조선의 말과 글, 역사 교육 축소 및 금지
  ㉢ 우민화 교육 : 실업교육 강화, 초등교육 확대, 고등교육 배제
  ㉣ 복선형 학제[57] : 일본인 학교와 조선인 학교의 분리, 차별적 교육 실시
  ㉤ 중앙집권적 교육행정 : 정치적·군사적 목적 실현을 도구로 교육을 활용
  ㉥ 관·공립 우위 정책 : 민족의식을 일깨우는 사립학교 탄압

57) 복선형 학제
소수 엘리트를 위한 학교계통과 일반 대중을 위한 학교계통이 분리되어 있는 학제

② 주요 사건

1905	을사늑약, 국권상실, 조선통감부 설치	조선통감부 시기
1908	사립학교령	
1910	국권피탈, 조선총독부 설치	
1911	제1차 조선교육령	조선총독부 시기
1919	3·1 운동	
1922	제2차 조선교육령	
1937	중·일전쟁 발발	
1938	제3차 조선교육령	
1943	제4차 조선교육령	

(2) 조선통감부 시기의 교육정책(1905~1910)

① 기본 방향
  ㉠ 동화주의 교육 : 일본의 교육제도를 우리나라에 그대로 도입
  ㉡ 민족정신 말살 : 일본어 교육 강화, 일본 교과서 사용, 일본인 교사 채용 등
  ㉢ 우민화 교육 : 초등교육 확충, 저급한 실업교육 실시, 교양교육 배제
  ㉣ 민족교육 탄압 : 사립학교령(1908)에 의한 민족사학 탄압

② 조선인 학제 개편
  ㉠ 보통학교령(1906) 공포[기존의 소학교령(1895) 폐지]
    • 기존 '소학교'의 명칭을 '보통학교'로 개칭
    • 수업연한을 6년에서 4년으로 단축
    • 심상과와 고등과를 통합
  ㉡ 사립학교령(1908) 공포
    • 내용 : 사립학교 설립을 인가제로 전환, 학교운영에 대한 규제와 감독 강화, 공립으로 전환 유도, 교과서 검인정제도 도입 등
    • 영향 : '사학의 질적 충실화'를 앞세웠으나, 실제로는 '민족사학 탄압'이 주목적 → 사학교육 크게 위축(사립학교 모두 폐지 ×)
      ＊ 1908년 당시 전국의 사립학교는 약 5,000개교였으나, 사립학교령 시행 이후인 1909년에는 전국의 사립학교가 2,250개교로 줄어듦

(3) 제1차 조선교육령(1911) : 무단통치기

① 사회적 상황 : 국권피탈, 조선총독부 설치, 무단적 통치
② 교육의 기본방침 : 일본에 충량(忠良)한 국민 육성을 목적으로, 시세(時勢)와 민도(民度)에 맞는 교육 실시(조선인의 신민화)
③ 학제 개편 : 조선인 학교와 일본인 학교를 분리하고, 조선인 학교의 수업연한을 일본인 학교보다 짧게 함(상급학교 진학 억제)
  ㉠ 일본인 학교 : 소학교(6년), 중학교(6년) 등
  ㉡ 조선인 학교 : 보통학교(4년), 고등보통학교(4년)/여자고등보통학교(3년), 전문학교 등으로 구분

더 알아두기

• '조선인' 대상 초등교육기관의 명칭 변화

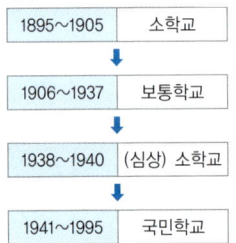

④ 민족교육 억압
  ㉠ 성균관 폐쇄(1911) : 사실상 고등보통학교가 최종 단계
  ㉡ 한성사범학교 폐지(1911) : 보통학교 교원양성기관은 경성고등보통학교의 사범과/교원속성과로 축소
  ㉢ 사립학교규칙(1911), 서당규칙(1918) : 교과서검정제 등을 활용하여 사립학교 탄압, 서당 통제 등 우리 민족의 교육 억압
⑤ 교육과정 개편 : 저급한 실업교육 강화, 민족정신 말살 교육
  ㉠ 하급 노동자 양성을 위한 실업기능교육 강화
  ㉡ 일본어는 '국어', 한글은 '조선어'라는 명칭 부여
  ㉢ 일본어 수업시간이 조선어 교육시간보다 김
  ✽ 보통학교 기준, 일본어 주당 10시간, 조선어·한문 6시간 수업

(4) 제2차 조선교육령(1922) : 문화정책기
① 사회적 상황 : 3·1 운동으로 표출된 반일감정 무마를 위한 회유책 필요
② 교육의 기본방침 : 조선인과 일본인의 융합(내선일체) 추구, 표면상 조선인에 대한 차별을 철폐하고자 하였으나, 실제에서의 차별은 여전
  ✽ 제2차 조선교육령 시기(1922~1937)까지 조선인이 다니는 '보통학교'와 조선에 거주하는 일본인이 다니는 '소학교'가 별도로 존재(복선형 학제 유지)
③ 학교 설립 : 보통학교의 양적 확대
  ㉠ 보통학교 설치 기준을 '3면 1교'정책에서 '1면 1교'정책으로 전환
  ㉡ 보통학교 설립 증가, 보통학교 재학생 수 증가, 서당 학생 수 감소(보통학교의 재학생 수가 서당의 재학생 수를 초과 → 서당 쇠퇴)
④ 학제 개편 : 조선인에 대한 차별 폐지(외형상)
  ㉠ 조선인 학교의 교육기간을 일본인 학교와 같아지도록 연장
    • 보통학교(4년 → 6년), 고등보통학교(4년 → 5년), 여자고등보통학교(3년 → 4년), 실업학교(2~3년 → 3~4년)
    • 한국인과 일본인의 공학(共學)을 원칙으로 함
    • 경성제국대학 등의 설립으로 고등보통학교가 상급학교 준비기관으로서의 위상을 가지게 됨
  ㉡ 「전문학교규칙」, 「개정 사립학교규칙」(1915)으로 전문교육 기회 확대
    • 1895년 설립된 경성전수학교 → 1916년 경성법학전문학교
    • 1899년 설립된 경성의학교 → 1916년 경성의학전문학교
    • 1904년 설립된 수원농림학교 → 1918년 수원농림전문학교
  ㉢ 「대학령」(1924)을 신설하여 경성제국대학 설립(1924)
    • 조선인들의 고등교육에 대한 요구 충족 목적
    • 실질적으로는 민립대학 설립운동 봉쇄 정책의 일환
    • 한국인 입학을 엄격히 제한하는 등 민족적 차별 대우는 여전

> **더 알아두기**
> • 서당의 학생 수 변화
>   – 서당규칙(1918) : 서당에 대한 감독 및 통제 강화
>   – 제2차 조선교육령(1922) : 보통학교 설립 증가
>

⑤ 교육과정 내실화
  ㉠ '조선어'를 필수과목으로 부과
  ㉡ 이과를 물리, 화학, 박물 등으로 세분화
  ㉢ 실업과목도 실업, 법제, 경제로 분과시킴

(5) 제3차 조선교육령(1938) : 민족말살통치

① **사회적 상황** : 중·일전쟁 발발(1937), 육군특별지원명령 공포(1938), 전시동원체제 발령
② **교육의 기본 방침** : 외형상 조선인에 대한 차별을 철폐하면서도, 주체적 민족정신을 말살하는 황국신민화 교육이 더욱 강화됨
③ **학제 일원화** : 조선인 학교의 명칭을 일본인 학교와 동일하게 변경
  ㉠ '보통학교 → 소학교', '고등보통학교 → 중학교', '여자고등보통학교 → 고등여학교'로 개칭
  ㉡ 4년제로 유지되었던 보통학교는 4년제 '심상소학교'를 거쳐 점차 소학교로 승격
④ **교육과정 일원화** : 복선형 학제 폐지(형식상 차별 철폐)
  ㉠ 일본과 조선에서 교과목, 교육과정, 교과서를 동일하게 적용
  ㉡ 일본 문부성과 조선 총독부의 역할분담을 통해 교육과정 개발
⑤ **황국신민화 교육 강화** : 실제로는 학교에서 조선어 사용과 교육 금지
  ㉠ '조선어'를 필수과목에서 선택과목으로 변경
  ㉡ 수신(도덕)과와 일본어를 가장 중요한 교과로 강조
  ㉢ 전 교과에 일제 식민지 정책의 3대 강령을 주입
⑥ 「**국민학교령**」(1941. 3.) 공포
  ㉠ 전시체제 교육 준비의 일환으로, '소학교'를 '국민학교'로 개칭
  ㉡ 국민학교에는 수업 연한 6년의 초등과와 2년의 고등과를 둠
  ㉢ 단, 지역 형편에 따라 그 가운데 하나만을 설치할 수 있게 함

(6) 제4차 조선교육령(1943. 3.) : 전시동원체제

① **시대적 상황** : 전시동원체제 확대, 노동현장과 전장에 강제 동원
② **교육의 기본 방침** : 학교를 군사적 목적을 위한 수단으로 활용, 전시교육체제로 개편, 전쟁인력 확보를 위한 교육 실시
③ **학제 개편** : 중학교, 고등여학교, 실업학교 수업연한을 4년으로 단축
④ **전시교육 실시** : 대학 및 전문학교를 전시체제로 개편, 전쟁인력 확보를 위해 학교에서 전시준비교육 실시
⑤ **민족정신 말살** : 조선어와 조선의 역사 교육 금지
⑥ **교육에 관한 전시비상조치령**(1943. 10.) : 학교를 통한 학도병 모집, 학생들의 근로동원, 금품의 강제징발

더 알아두기

• **식민지 정책의 3대 강령**
 ① 국체명징 : 일본 왕에 대한 충성
 ② 내선일체 : 일본과 조선은 동일한 조상의 후예
 ③ 인고단련 : 국가를 위한 인내와 헌신

암기 POINT

• **1차 : 무단통치**
 - 복선형 학제, 보통학교 4년, 서당규칙
 - 조선어 선택과목
• **2차 : 문화정책**
 - 보통학교 확대, 조선인 학교 수업연한 연장, 대학 설치
 - 조선어 필수과목
• **3차 : 민족말살정책**
 - 학제 일원화, 소학교로 개칭, 1941년 국민학교로 개칭
 - 조선어 선택과목
• **4차 : 전시동원체제**
 - 전시준비교육, 조선어 금지

	개관	학제 개편	민족정신 말살
제1차 조선교육령 (1911)	조선인의 황국신민화 교육 추진	- 조선인 학교와 일본인 학교의 분리 및 차별 예 보통학교는 4년, 소학교는 6년 - 실업기능교육 중심(조선인의 상급학교 진학 억제) - 사립학교규칙(1911), 서당규칙(1918) 등을 활용하여 민족사학 탄압	일본어를 '국어'로, 한글을 '조선어'로 명명하고 선택과목화
제2차 조선교육령 (1922)	조선인에 대한 차별 철폐 (반일감정 무마)	- 보통학교의 양적 확대(1면 1교 원칙) → 서당교육의 축소 - 조선인 학교와 일본인 학교에 동일한 학제 적용 예 보통학교 수업연한 4년 → 6년 - 〈대학령〉에 근거하여 경성제국대학 설립 (1924)	'조선어'를 필수과목으로 부과
제3차 조선교육령 (1938)	황국신민화 교육 강화	- 조선인 학교와 일본인 학교의 명칭을 통일 예 보통학교 → 소학교 - 일본과 조선의 교과목, 교육과정, 교과서 통일 - '소학교'를 '국민학교'로 개칭[〈국민학교령〉(1941)]	'조선어'를 선택과목으로 변경 (실제로는 조선어 사용과 교육 금지)
제4차 조선교육령 (1943)	전시준비교육 실시	- 중학교, 실업학교 수업연한을 4년으로 단축 - 전쟁인력 확보를 위해 학교에서 전시준비교육 실시	조선어와 조선의 역사 교육 금지

(7) 항일민족교육운동

① 개관
   ㉠ 을사조약(1905) 이후 개인 단위의 교육구국운동 활발히 전개
   ㉡ 3·1 운동 계기로 전국적 교육·학술단체 결성 및 교육구국운동 활성화
② 교육단체 결성 및 대학설립 운동
   ㉠ 조선교육회, 조선총학생연합회 등 전국 단위 학생조직 결성
   ㉡ 신간회와 근우회는 민족해방운동 통합 추구, 조선본위 교육운동 전개
   ㉢ 조선교육회를 중심으로 기금을 모금하여 조선민립대학설립운동 전개
   ㉣ 일제는 민립대학설립운동을 무마하기 위해 1924년 경성제국대학 설립
③ 문자보급 및 계몽운동
   ㉠ 언론사 중심으로 '브나로드(Vnarod)58) 운동'과 같은 농촌계몽운동 전개
   ㉡ 학교 밖 사회교육을 통해 민중을 계몽하고 민족정신 고취
      • 1926년 수원농림고등학교 학생들이 조직한 '건아단'의 야학 활동
      • 1923년 기독교중앙청년회 주관 농촌계몽 및 문맹퇴치 운동 등
④ 방정환의 어린이 인권운동
   ㉠ 천도교 사상을 토대로 아동존중 사상을 체계화
      ★ 아동은 '자연의 시인', 어린이의 나라는 '평화롭고 자유로운 한울나라'
   ㉡ 아동의 권리와 흥미 존중, '어린이날' 제정(1923), 존댓말쓰기 운동

58) 브나로드(vnarod) 운동
원래 '민중 속으로'라는 뜻으로, 러시아 지식계급이 노동자, 농민과 함께 생활하면서 민중운동을 조직했던 운동 방식으로, 우리나라에서는 대학생들의 '농활(농촌봉사활동)'의 형식으로 이루어짐

⑤ 민족지도자에 의한 학교설립 : 국내뿐 아니라 간도나 블라디보스토크 등지에서도 학교를 설립하여 항일정신 고취

안창호	대성학교(1907) 동명학원(중국)	- 건전한 인격과 애국정신 함양 - 자아혁신, 무실역행, 점진공부 강조 - 국내외에서 다수의 학교 설립
이용익	보성전문학교(1905) 보성중학교(1906)	- 근대적 기술자 양성 필요성 강조 - 사립전문학교(고려대의 전신) 설립
남궁억	현산학교(1906) 모곡학교(1918)	- 역사, 실업, 언어, 예능교육 강조 - 독서, 토론과 변론술 교육 - 실천궁행과 사제동행의 교사상
이승훈	강명의숙(1907) 오산학교(1907)	- 독립운동에 필요한 인재 양성 - 강명의숙은 서당을 개조하여 만든 근대식 초등교육기관
서우학회	서우사범학교(1907)	- 교육구국을 위해 설립(1년 과정)

06 해방 이후의 교육

(1) 미군정기의 교육

① 식민지 교육체제에서 민주적 교육체제로의 전환
  ㉠ 일제의 '학무국' → 미군정의 '학무국(문교부)'으로 개칭
  ㉡ '홍익인간'[59]을 교육이념으로 채택 : 홍익인간은 '인간의 복지를 증진하기 위해 헌신하는 사람'으로서 민주주의 교육이념으로 해석됨
  ㉢ 단선형 학제 도입 : 복선형 학제 폐지, 민주적 형태의 단선형 학제(6-3-3-4제) 도입
  ㉣ 의무교육제 도입 : 1946년 9월부터 초등학교 의무교육 도입 논의(1950년 6월부터 부분적으로 시작 ~ 1959년 전면 실시 완성)
  ㉤ 한글 교과서 편찬 : 한글 전용과 가로쓰기 원칙 채택
  ㉥ 한국인 교원 양성 : 교원 양성을 위해 사범학교와 사범대학 신설

② 새로운 교육이념의 도입과 전파
  ㉠ 새교육 운동 : 진보주의 교육이념의 영향
    • 인간 자체를 목적으로 하는 교육, 개인성을 존중하는 교육을 주장
    • 민주이념에 기반한 평등교육 추구(교육기회 균등, 남녀공학 등)
  ㉡ 발전교육론 : 행동주의 교육이념의 영향
    • 교육의 '인간행동의 계획적 변화' 능력 강조
    • 교육은 국가발전에 필요한 인간을 만드는 수단이라는 점 강조

59) 홍익인간(弘益人間)
널리 인간을 이롭게 하라 또는 인간을 크게 도우라는 뜻

(2) 대한민국 정부 수립 후의 교육 2025 지방직 9급 / 2022 국가직7급

① 개관
  ㉠ 다양한 교육정책들이 제도화되면서 초등학교 취학률부터 빠르게 상승
  ㉡ 교육재정 한계로 인해 사립학교가 교육기회 제공에 상당한 역할 분담
  ㉢ 교육을 통한 사회이동의 기대로 인해 진학경쟁이 과열되는 문제 대두
  ㉣ 진학경쟁 냉각을 위해 중학교 무시험전형, 고교평준화 정책 등 시행
  ㉤ 최근 수요자 중심 교육을 표방하는 신자유주의 교육정책 도입과 갈등

② 정부별 주요 교육정책
  ㉠ 제1공화국(1948~1960)
    • 헌법 제정·공포(1948) : 교육기회 균등과 초등 의무교육 명문화
      ∗ 모든 국민은 균등하게 교육받을 권리가 있으며, 적어도 초등교육은 의무적이며 무상으로 한다.
    • 교육법 제정·공포(1949) : 홍익인간의 교육이념(1조), 교육의 의무와 권리 및 교육자치제 규정(8조) 명문화
    • 초등학교 의무교육(1950~1959) : 단계적 실시 확대 및 완성
    • 교육자치제 실시(1952) : 시·군 단위로 실시, 교육행정의 민주화
  ㉡ 제3공화국(1961~1972)
    • 교육자치제 폐지(1962) : 교육행정을 내무행정에 예속시킴
    • 사립학교법 제정(1963) : 사립학교 설립을 통한 교육기회의 확대
    • 국민교육헌장 제정(1968) : 국가주의 이념, 반공 이데올로기 확산
    • 중학교 무시험입학제 시행(1969) : 중학교 입시 과열 문제 해소
  ㉢ 제4공화국(1972~1980)
    • 원격교육체제 도입(1972) : 방송통신대학과 방송통신고등학교 개설
    • 고등학교 평준화 시행(1973) : 고교 입시 과열 문제 해소 목적
      - 인문계 고교 무시험 입학제 실시, 학군별로 추첨하여 배정
      - 서울과 부산을 시작으로, 점차 고교평준화 전국 확대
      - 추후 보완책으로 학교의 시설과 교원의 평준화 사업 추진
  ㉣ 제5공화국(1980~1988)
    • 7·30 교육개혁 조치(1980) : 과외금지, 대학 본고사 폐지, 대학 입학정원 확대 및 졸업정원제 실시(사교육 억제, 공교육 정상화)
    • 과학고등학교 설립(1983) : 과학영재교육 실시
    • 중학교 의무교육 도입 : 1984년 교육법 개정, 1985년 도서·벽지 중학교부터 우선 실시

> **암기 POINT**
> • 교육정책의 변화 메커니즘 : 교육기회의 확대 → 입시경쟁 과열 → 상급학교 교육기회 확대 → 과열 … → 학교 다양화의 과정
> • 정부별 주요 정책
>   - 1950's : 교육법 제정, 초등학교 의무교육 실시
>   - 1960's : 사립학교법 제정, 중학 무시험입학제 시행
>   - 1970's : 방송통신대 개설, 고교 평준화 시행
>   - 1980's : 7·30 교육개혁(과외금지, 대학정원 확대), 중학 의무교육 도입
>   - 1990's : 5·31 교육개혁(특성화고, 종생부, 학운위), 수능시험 도입
>   - 2000's : 고교 다양화 300(자사고), 고교 무상교육

> **더 알아두기**
>
> • 제6공화국의 역대 대통령
> - 노태우(1988~1993)
> - 김영삼(1993~1998)
> - 김대중(1998~2003)
> - 노무현(2003~2008)
> - 이명박(2008~2013)
> - 박근혜(2013~2017)
> - 문재인(2017~2022)
> - 윤석열(2022~2025)
> - 이재명(2025~)

ⓜ 제6공화국(1988~)

- 중학교 의무교육 완성 : 1994년부터는 읍면 지역까지 전면 실시
- 대입 수능시험 실시(1994) : 1995년부터 표준점수제 도입
- 5·31 교육개혁(1995) : 지식정보화 사회에 맞는 교육체제로 혁신
  * 특성화학교, 종합생활기록부, 학교운영위원회, 교사초빙제, 교육과정평가원, 학점은행제 등 도입
- 교원정년 단축(1999) : IMF 외환 위기 당시 예산 절감 및 교원 임용 적체 해소 등을 이유로, 현장 교원의 정년을 65세에서 62세로 정년 단축
- 교원노조 합법화(1999) : 1989년 출범한 전교조의 합법화 투쟁의 결과로, 1999년 「교원의 노동조합 설립 및 운영 등에 관한 법률」이 제정됨
- 교육복지투자우선지역 사업 시행(2003) : 저소득층 학생들의 교육 불평등 해소 목적 지원 제공(2011년 '교육복지우선지원사업'으로 변경)
- 고교 다양화 300 프로젝트(2009) : 외고, 과학고, 자사고, 국제고 등 다양한 유형의 선발형 학교 설립 허용(교육의 질적 개선 추구)
- 고교 무상교육 도입 : 2021년부터 단계적 실시(자사고 등은 제외)

강서연
교육학

강서연
교육학

CHAPTER

교육심리학

교육심리학은 교육의 현상과 과정을 심리학적 개념과 원리를 활용하여 연구하는 영역이다. 실제 교육활동에 필요한 지식과 기술을 제공함으로써 효과적인 교수와 학습이 이루어지도록 하는 데 기여한다.

1. 발달과 교육
2. 개인차와 학습
3. 학습동기
4. 행동주의 학습이론
5. 인지주의 학습이론

강서연
교육학

* AA급 : 11회 이상 | A급 : 6~10회 | B급 : 3~5회 | C급 : 1~2회

- 교육심리학
  - 발달과 교육
    - (1) 발달이론의 기초 C
    - (2) 인지발달이론 AA
    - (3) 도덕성 발달이론 B
    - (4) 성격 및 사회성 발달이론 AA
  - 개인차와 학습
    - (1) 지능이론 AA
    - (2) 지능검사와 지능지수 C
    - (3) 창의성 C
    - (4) 특수학습자 A
  - 학습동기
    - (1) 학습동기의 이해
    - (2) 학습동기 이론 AA
  - 행동주의 학습이론
    - (1) 행동주의 학습이론 개관 B
    - (2) 파블로프의 고전적 조건화 이론 B
    - (3) 스키너의 조작적 조건화 이론 AA
    - (4) 반두라의 사회학습이론 B
  - 인지주의 학습이론
    - (1) 인지주의 학습이론 개관
    - (2) 초기의 인지주의 학습이론 A
    - (3) 정보처리이론 A
    - (4) 학습의 전이와 망각 B

02 교육심리학

회독 CHECK □1회독 □2회독 □3회독

1 발달과 교육

01 발달이론의 기초

(1) 발달의 개념

① 발달
   ㉠ 전 생애 동안 나타나는 신체, 행동, 인지, 정서상의 모든 변화 총칭
   ㉡ 유전(성숙)과 환경(학습, 경험)에 의한 변화를 모두 포함
   ㉢ 양적 변화와 질적 변화, 상승적 변화와 하강적 변화를 모두 포함
② 성숙 : 연령의 증가에 따라 일어나는 생물학적 변화(유전, 질적 변화)
③ 성장 : 양적인 증가, 상승적 변화, 주로 신체적인 변화

(2) 발달의 기본 원리 2016 국가직9급

① 유전과 환경의 상호작용성 : 성숙과 학습의 상호작용 결과
   ㉠ 유전론자 : 개인의 특성은 부모에게 물려받은 유전자에 의해 결정됨
   ㉡ 환경론자 : 개인의 특성은 양육 환경과 경험에 의해서 결정됨
② 순서와 방향성 : 발달에는 일정한 순서와 방향성이 있음
   ㉠ 발달은 전체적 반응에서 부분적인 반응으로 분화
   ㉡ 발달은 중심에서 말초 방향으로 진행(머리 → 아래로)
③ 연속성과 불연속성 : 미시적으로는 점진적이며 연속적으로 변화되며, 거시적으로는 질적으로 서로 다른 단계를 거치면서 변화됨
   ㉠ 연속성 : 발달은 양적인 변화로 규정되며, 연속적인 경험과 학습이 누적되면서 순차적으로 발달이 이루어짐(행동주의)
   ㉡ 불연속성 : 발달에는 질적인 변화로서, 이전 단계와는 구분되는 다음 단계로 순차적으로 진전되면서 변화됨(프로이트, 피아제)
④ 적기성 : 발달에는 결정적 시기(critical periods)가 있으며, 이 시기에 일어난 발달상의 결핍은 이후에 보충해 주어도 회복하기 어려움
   ㉠ 로렌츠(Lorenz)의 새끼오리 연구 : 부화 직후 처음 본 움직이는 물체를 쫓아다니는 '각인(imprinting)' 현상 → 애착 형성

> **암기 POINT**
> • 발달의 기본 원리
> - 유전과 환경의 상호작용
> - 순서와 방향성 존재
> - 연속성(미)과 불연속성(거)
> - 결정적 시기 존재
> - 누적적 효과
> - 개별성과 다양성
> - 상호관련성

ⓒ 보울비(Bowlby)의 애착이론 : 생후 6개월 내에 '선택적 애착반응' 출현

  ∗ 애착의 발달단계 : 비선택적 반응단계(0~3개월) → 선택적 반응단계(3~6개월) → 능동적 접근단계(6개월~3세, 격리불안 형성) → 동반자적 반응단계(3세~)

⑤ 누적성 : 앞선 시기의 발달은 다음 시기의 발달에 누적적인 영향을 줌

  ∗ 마태 효과(Matthew effect)[1] : 발달의 부익부 빈익빈 현상(머튼)

⑥ 개별성(다양성) : 발달의 속도에는 개인 간 및 개인 내 차이가 있음

⑦ 상호관련성 : 발달의 각 측면들은 서로 간에 영향을 주고받음 예 인지와 정서 간의 상호관련성

(3) 발달 연구의 흐름

① 제2차 세계대전 이전

  ㉠ 19세기 말 홀(Hall)의 연구를 시작으로, 아동의 발달 유형과 전형적인 행동을 진단하고 파악하기 위한 연구 시도

  ㉡ 주로 연령의 증가에 따라 나타나는 어휘사용량의 증가나 또래 상호작용 변화와 같은 행동 변화를 기술하는 데 중점을 두었음

② 제2차 세계대전 이후 ~ 1960년대 이전

  ㉠ 인간의 발달이 생물학적으로 결정된다는 가정을 거부하고, 환경에 의해 발달이 어떻게 영향을 받는지에 대한 연구가 시작됨

  ㉡ 정신분석학 : 인간발달을 무의식과 성적인 측면에서 분석, 부모와 자녀 간의 상호작용에 대한 연구에 관심(프로이트, 에릭슨)

  ㉢ 행동주의 : 관찰가능한 행동의 발달에 미치는 환경의 영향에 관심(파블로프, 스키너, 반두라)

③ 1960년대 이후 : 이론의 다양화

  ㉠ 피아제의 인지발달이론 : 인간은 능동적 존재라는 믿음을 바탕으로, 발달을 성숙과 경험 간의 산물로 보는 관점을 채택

  ㉡ 해비거스트의 발달과업 이론 : 생물학적 성숙과 환경적 경험 사이의 상호작용에 초점을 두고 발달단계에 따라 성취해야 할 발달과업을 제시

  ㉢ 정보처리이론 : 인간의 사고 과정을 컴퓨터의 정보처리 과정에 비유하여 설명, 인간의 발달을 점진적이고 연속적인 변화로 이해

④ 1970년대 이후 : 통합적 이론의 발달

  ㉠ 비고츠키의 발달이론 : 아동의 능동성을 인정하면서도, 아동의 인지발달에서 사회의 문화를 체득한 성인과의 상호작용이 결정적임을 강조

  ㉡ 사회문화이론(sociocultural theory) : 비고츠키 이론을 바탕으로, 문화가 다음 세대에 전달되는 방식과 그 과정에서 나타나는 아동과 성인의 사회적 상호작용 및 발달 과정에 대해 연구

---

[1] 마태 효과
성경 마태복음에 '있는 자는 더 넉넉해지고 없는 자는 있는 것도 빼앗기리라'라는 구절에서 유래

(4) 발달 연구의 최근 동향

① **생태학적 발달이론** : 아동의 타고난 발달적 잠재력을 최대한 실현시킬 수 있는 가장 적절한 양육환경과 교육방법을 생태학적 관점에서 연구
   * 생태학적 관점 : 개인의 삶의 역사 속에서 그를 둘러싼 사회문화적 환경의 영향을 검토하고, 이러한 환경의 특성에 개인이 적응해 가는 과정에서 성격발달을 이해

② **전생애 발달이론** : 발달이 생애 전체에 걸쳐 다차원적이고 다방향적으로 이루어지며, 성장·유지·쇠퇴를 모두 포함하고 있다고 보는 관점
   * 동년배(코호트) 연구 : 같은 연령층이 공유하고 있는 역사적 배경 및 시대적 상황의 요소를 발달의 주요 요소로 간주

③ **뇌 과학적 발달이론** : 발달은 시냅스의 생성과 소멸의 과정으로 정의되며, 생물학적 성숙뿐 아니라 경험과 훈련에 따라 특정 시냅스가 강화(소멸)되면서 뇌의 구조와 기능이 달라진다는 점에 주목

> **더 알아두기**
> • 뇌 과학적 발달이론의 사례
>   – 청소년들은 전두엽의 미발달로 인해 충동적인 행동을 하는 경향이 있음
>   – 택시 운전사는 운전경력이 길수록 기억을 담당하는 해마의 크기가 커짐

02 인지발달이론

(1) 피아제의 인지발달이론
2019 지방직9급 / 2007·2008·2017·2025 국가직9급 / 2007·2012·2021 국가직7급

① **개요**
   ㉠ **인지적 주체로서의 인간관** : 아동 스스로 세계를 구조화하고 이해하려는 경향을 가진 능동적인 존재 → 인지적 구성주의에 영향
   ㉡ **앎(지식)의 기원** : 인간의 지식은 선천적으로 존재하는 것이 아니라, 인간과 환경의 끊임없는 상호작용을 통해 구성됨(발생론적 인식론)
   ㉢ **인지발달의 개념** : 인지발달은 질적으로 새로운 인지구조(도식)의 형성을 의미하며, 인지발달단계에 따라 사고의 질적 변화가 나타남
      • 인지 : 지식습득, 문제해결, 지식의 적용과 관련된 정신적 과정
      • 도식(스키마, schema) : 외부의 사물, 현상, 경험을 이해하고 해석하는 사고나 행동의 기본단위, 조직화된 사고 패턴, '이해의 틀'
   ㉣ **인지발달의 기제** : 도식은 평형화 과정을 통해 유지·발달되며, 평형화 과정은 적응(동화와 조절)과 조직화를 통해 이루어짐

> **더 알아두기**
> • 도식(스키마)과 인지의 관계
>   – 피험자들에게 'O—O'와 같은 모호한 형태의 그림을 보여주면서 '안경과 비슷하다.'라는 말을 했을 때, 피험자들은 회상검사에서 안경을 닮은 그림을 더 많이 그렸다.
>   – 두 집단의 피험자에게 '집에 관한 글'을 제시하고 각각 '주택 구입자'의 관점과 '좀도둑'의 관점에서 읽도록 했을 때, 두 집단의 피험자가 기억한 내용은 서로 달랐다.
>   – 음악 전공 학생들과 체육 전공 학생들에게 '카드 게임'이나 '즉흥 재즈 연주'로 해석할 수 있는 이야기를 들려주었을 때, 음악 전공 학생들은 즉흥 재즈 연주로 이해한 반면에 체육 전공 학생들은 카드 게임으로 이해했다.

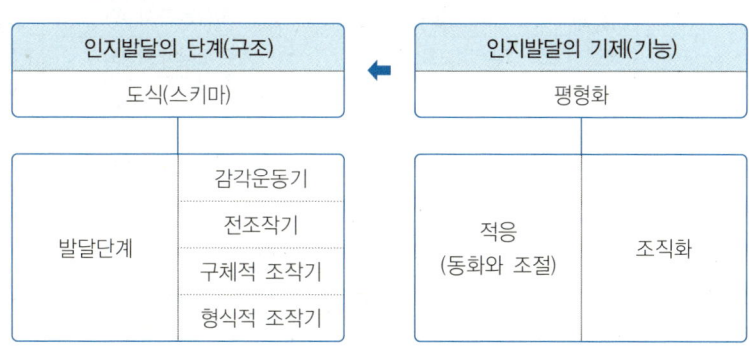

> **더 알아두기** 🖉
> • 비평형 상태
> 주먹만 한 스티로폼과 손톱만 한 유리구슬을 물이 가득 담긴 수조에 넣자, 작은 유리구슬은 바닥으로 가라앉고 커다란 스티로폼은 수면으로 떠올랐다. 몇몇 학생들은 깜짝 놀라 탄성을 질렀다.

> **더 알아두기** 🖉
> • 동화와 조절을 통한 평형화
> – 동화 : 새 카메라의 풍경모드로 전환하는 방식이 예전의 자기 것과는 달라 당황스러웠지만, 예전 카메라를 다루던 방식으로 전원버튼을 눌렀더니 작동이 되었다.
> – 조절 : 새 카메라의 전원 버튼은 이전 카메라의 작동방식과 달라 도저히 알 수가 없었다. 그냥 기능 버튼을 이리저리 눌러 보면서 새로운 제품의 사용방법을 익혔다.

② 인지발달의 기제
  ㉠ 비평형(불평형, disequilibrium) 상태
    • 기존의 인지도식으로 새로운 경험이나 정보를 이해하지 못하는 상태
    • '일어나야 한다고 생각하는 일'과 '실제로 일어나는 일' 사이의 불일치를 인식한 상태
    • 인지구조의 변화를 자극하는 계기가 되며, 비평형 상태의 해소를 통해 인지적 성장이 이루어짐
  ㉡ 평형(equilibrium) 상태
    • 자신의 인지구조를 통해 외부세계의 경험을 이해할 수 있는 상태
    • 인간은 인지적 평형상태를 유지하고자 하는 선천적인 경향성, 즉 평형화 욕구를 가지고 있음
    • 인지적 평형 상태를 찾아가는 평형화 과정은 인지구조를 형성하고 재구성하는 인지발달의 핵심 기능으로서 인지발달의 원동력
  ㉢ 적응(순응, adaptation) : 외부 환경의 요구에 맞는 인지구조를 만들어 나가는 과정으로, 동화와 조절을 기본적인 기제로 함
    • 동화(assimilation) : 기존에 가지고 있던 도식에 맞추어 새로운 정보나 경험을 수용·해석하는 인지과정(도식의 양적 성장)
    • 조절(accommodation) : 기존의 도식을 새로운 정보나 경험에 적합하도록 변화·수정하는 인지과정(도식의 질적 변화)
  ㉣ 조직화(organization)
    • 개념 : 현존하는 도식을 새롭고 더욱 복잡하고 체계적인 구조로 재구성함으로써 인지적 평형화를 이루려는 과정
    • 특징 : 모든 개념, 원리, 규칙, 절차들은 도식으로 조직화되어 학습되며, 개별적으로 형성되었던 도식들은 체계적으로 통합되면서 발전함

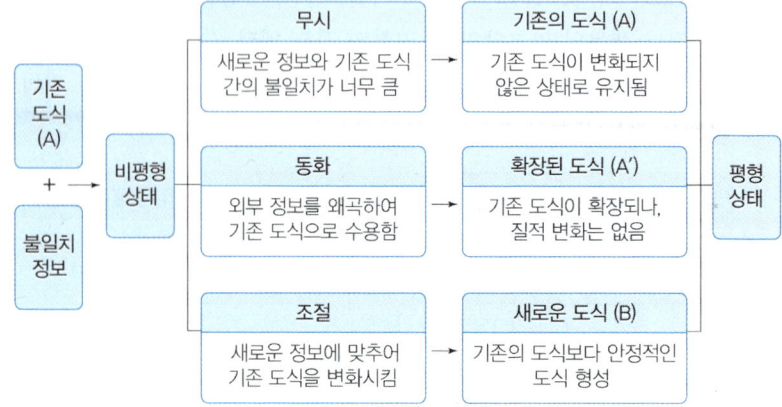

③ 인지발달의 단계
  ㉠ 개요
    - 인지발달은 인지구조의 질적 변화 또는 새로운 '조작(operation)'[2] 능력의 출현을 의미함
    - 인지발달단계는 감각운동기 → 전조작기 → 구체적 조작기 → 형식적 조작기 순으로 나타남
    - 모든 인간은 일정한 순서로 발달단계를 거치며 특정 발달단계를 건너뛰지 못함
    - 인지발달의 속도는 아동의 성숙, 경험, 문화에 따라 개인별·집단별로 차이를 보일 수 있음
  ㉡ 감각운동기(0~2세)
    - 감각운동 도식의 발달 : 감각과 운동능력을 통해 환경과 상호작용, 사고보다는 행동을 통해 외부세계 인식
    - 목표지향적 행동의 발달 : 초기에는 생물학적 반사에 따라 행동하지만, 점차로 목적을 가진 행동을 보이게 됨
    - 대상영속성 개념의 획득 : 대상이 눈에 보이지 않아도 계속 존재한다는 것을 알게 됨(생후 8~9개월경)
  ㉢ 전조작기(2~7세)
    - 언어능력의 발달 : 다양한 상징(symbol)을 사용하는 능력이 발달하면서 언어 사용 능력이 성장(상징적 표상 능력 발달)
    - 중심화(집중화) 경향 : 가장 분명하게 지각되는 측면에만 초점을 두고 다른 측면들을 무시해버리는 경향(보존 개념의 부재 때문)
    - 직관적 사고 경향 : 직접 경험하는 지각적 특성을 중심으로 대상을 파악하는 경향 예 수도꼭지에서 물이 나온다고 생각
    - 자기중심적 사고 경향 : 다른 사람의 관점을 고려하지 못하고 자신의 관점으로만 세상을 이해하는 경향(세 개의 산 실험)
    - 비논리적 사고 : 논리적으로 사고하는 능력이 발달되지 못함
      - 전인과적 사고(pre-causal thinking) 경향 : 원인과 결과를 객관적으로 추론하지 못하고 주관적으로만 추론하는 경향
      - 인공론(artificialism)적 사고 경향 : 세상의 모든 것이 인간을 위해 만들어졌다고 믿는 사고 경향
      - 물활론(animism)적 사고 경향 : 생명이 없는 대상에게 생명과 감정을 부여하는 사고 경향
    - 분류와 서열화 개념의 미발달 : 다양한 사물을 일정한 기준에 따라 분류하고 서열화하지 못함
      예 장미꽃 8송이, 국화꽃 5송이가 있을 때 "장미꽃이 많을까, 국화꽃이 많을까?"라고 물으면 '장미꽃'이라고 답하고 그 이유를 묻는 질문에도 답하지 못함

---

2) 조작(operation)
- 사물을 이리저리 다루어 움직여 본다는 뜻
- 인지적 측면의 조작이란 외부 세계의 정보들을 머릿속에서 서로 관련짓거나 변형시켜 새로운 인식에 이르는 사고의 과정을 의미함

암기 POINT
- 전조작기 아동의 특징
  - 분류와 서열화 개념 미발달
  - 중심화(집중화) 경향
  - 직관적 사고 경향
  - 비논리적 사고 경향(전인과적, 인공론적, 물활론적 사고)
  - 자기중심적 사고 경향

더 알아두기
- 피아제의 세 개의 산 실험

아동에게 인형이 바라본 산의 모습을 표현한 그림을 찾으라고 요청한다. 자기중심적 사고를 벗어나지 못한 아동은 옳은 그림을 찾지 못하였다. 구체적 조작기에 해당하는 아동들은 다른 관점에서 본 모습을 제대로 찾아낼 수 있었다.

더 알아두기

- **가역적 사고 및 보존 개념의 미발달의 증거(전조작기)**
  같은 양의 주스를 채운 두 개의 동일한 모양의 컵을 보여준 후, 한 컵의 주스를 지금보다 가늘고 긴 다른 컵에 옮겨 붓는다. 아이에게 어느 컵의 주스가 더 많은지 묻자 그 아이는 가늘고 긴 컵의 주스가 더 많다고 대답한다.

암기 POINT

- **구체적 조작기의 아동**
  - 분류와 서열화 개념 획득
  - 보존 개념의 습득
  - 논리적 사고 발달(구체적 상황에서)
  - 탈자기중심화 경향

암기 POINT

- **형식적 조작기의 아동**
  - 논리적 조작 능력 발달
  - 추상적 사고 발달
  - 명제적 사고
  - 가설 연역적 추리
  - 조합적 추리
  - 이상주의적 사고

더 알아두기

- **추상적 사고의 예**
  - 경험적 추상화 : '소 잃고 외양간 고친다'는 속담의 뜻 이해하기
  - 반성적 추상화 : '할아버지와 할머니의 관계는 아빠와 엄마의 관계에 해당한다.'와 같은 진술의 의미 이해하기

- 가역적 사고 및 보존 개념의 미발달
  - 비가역적 사고 : 어떠한 변화가 일어난 상태에서 그 변화를 역으로 돌려 원래의 상태로 되돌려 사고하지 못함
  - 보존 개념의 부재 : 어떤 대상의 외양(수, 양, 길이, 면적, 부피 등)이 바뀌더라도 그 속성이나 실체는 변하지 않는다는 것을 알지 못함

ⓔ 구체적 조작기(7~11세)
- 분류(범주화) 개념의 발달 : 부분과 전체의 논리적 관계, 상하의 위계적 관계를 이해하고 대상을 공통적 속성에 따라 묶는 능력이 발달하며, 여러 기준을 고려한 분류도 가능해짐
  예 빨간 사과, 빨간 꽃, 노란 오렌지, 노란 꽃을 꽃과 과일별로 나누기도 하고, 색깔별로 나누거나 묶기도 한다.
- 서열화 개념의 획득 : 일정한 기준(길이, 무게, 부피 등)에 따라 대상을 이 순서대로 배열하는 능력 발달
- 가역적 사고 및 보존 개념의 발달 : 물질의 모양이나 위치가 변하여도 물질의 본질적 속성은 동일하다는 개념을 획득하게 됨
- 구체적인 상황에 대한 논리적 사고 능력 발달 : 구체적인 상황에서는 논리적이고 체계적으로 사고하는 능력 발달(추상적인 상황 ×)
- 탈자기중심화 경향 : 타인의 관점이나 생각이 자신과 다를 수 있음을 인식하고, 타인에게 관심을 가지는 사회적 사고와 언어 발달

ⓜ 형식적 조작기(11세 이후)
- 논리적 조작 능력의 발달 : 구체적으로 경험한 상황을 넘어서 추상적이고 가상적인 상황에서도 논리적 사고 가능
- 추상적 사고 발달 : 추상적인 개념이나 상징을 사용할 뿐 아니라, 추상적 개념들 간의 관련성을 논리적으로 사고하는 능력 발달
  - 경험적 추상화 : 경험적 대상으로부터 사물의 공통적 성질이나 추상적 개념을 이끌어내는 사고 과정
  - 반성적 추상화 : 구체적인 경험과 관찰의 한계를 넘어서, 제시된 정보들 간의 내적인 관계를 추리해 내는 사고 과정
- 명제적 사고 : 여러 명제들 간의 논리적 관계를 통해 결론을 이끌어내는 능력 예 삼단논법
- 가설 연역적 추리 : 여러 변인들 간의 관계에 대한 가설을 수립하고 이를 논리적·체계적인 과정을 통해 결론을 도출해 내는 사고 능력
- 조합적 추리 : 문제해결에 필요한 요인들을 선택하고 체계적으로 조직하여 논리적 결론에 도달하는 사고 능력
- 이상주의적 사고 : 비현실적인 것에 대한 상상과 추론 가능, 현존하는 가능성을 넘어서 이상적인 기준에 맞게 현실을 바꾸고자 함

감각운동기 (0~2세)	- 목표지향적 행동 발달 - 대상영속성 개념 획득
전조작기 (2~7세)	- 언어 능력 발달 - 서열화, 분류, 보존 개념의 부재 - 중심화 경향, 직관적 사고 - 비논리적 사고(전인과적 사고, 인공론, 물활론적 사고) 경향 - 사고와 언어가 자기중심적
구체적 조작기 (7~11세)	- 서열화, 분류, 보존 개념의 획득 - 구체적 상황에 대한 논리적 사고능력 발달 - 사고와 언어의 탈자기중심화
형식적 조작기 (11세 이후)	- 논리적 조작 능력의 발달 - 추상적 사고(구체적·반성적 추상화) 가능 - 명제적 사고, 가설 연역적 사고, 조합적 추리 가능 - 이상주의적 사고 경향

④ 교육적 시사점
  ㉠ 아동의 인지발달수준에 맞는 교육 : 아동의 발달수준을 뛰어넘는 선행학습은 지양(초등 – 구체적 경험 중심, 중등 – 논리적 탐구 중심)
  ㉡ 자발적이고 능동적인 탐구를 통한 교육 : 아동의 자발적이고 능동적인 탐구를 통해 사고능력을 발달시키는 데 중점을 두어야 함
  ㉢ 적정한 수준에서 인지적 비평형 상태 유발 : 비평형 수준이 너무 단순하면 학생들이 지루해하고, 너무 심하면 교수내용을 이해할 수 없음
  ㉣ 같은 수준의 또래들과의 상호작용 중시 : 자신의 도식을 다른 사람들의 도식과 비교해 볼 수 있는 기회 제공(동질집단 편성, 수준별 교육)

⑤ 피아제 이론의 한계
  ㉠ 취학전 아동의 능력을 과소평가, 청소년기 아동에 대한 과대평가
  ㉡ 동일한 종류의 사고능력이라도 대상의 특성에 따라 발달시기가 다름
    ✱ 보존 개념의 수평적 격차 : 보존 개념의 대상(수, 부피 등)에 따라 보존 개념의 습득 시기에 차이가 있음(수, 질량, 길이, 면적, 무게, 부피 순으로 발달)
  ㉢ 인지발달에 있어서 사회문화적 영향을 적절히 고려하지 못함
  ㉣ 인지발달과 정서발달 간의 상호작용적 관계를 규명하지 못함
  ㉤ 인지능력과 수행수준 사이에 존재하는 차이를 고려하지 않음

(2) **비고츠키의 인지발달이론**
2017 지방직9급 / 2007·2008·2011·2015·2017·2023 국가직9급 / 2010 국가직7급

① 개요
  ㉠ 사회적 존재로서의 인간관 : 아동은 타인과의 관계에서 영향을 받으며 성장하는 사회적 존재임을 강조, 개인의 인지발달에 있어 사회문화적 환경의 영향이 중요 → 사회적 구성주의에 영향

> **더 알아두기**
> - 또래친구의 역할과 학습집단의 편성
>   - 피아제 : 인지적 비평형 상태를 유발하는 역할 → 동일집단 편성, 수준별 교육
>   - 비고츠키 : 인지적 도움(발판)을 제공하는 역할 → 이질집단 편성, 협동학습

ⓛ 정신(지식)의 기원 : 지식은 개인의 독립적 활동이 아닌 사회구성원들 간의 사회적 상호작용을 통해 구성되는 것임(사회문화적 인식론)
ⓒ 인지발달의 개념 : 인지발달은 사회적 상호작용을 통해 사회적으로 구성된 지식을 내면화[3]함으로써 기본정신기능이 고등정신기능(고차적 인지능력)으로 발달하는 과정을 의미
ⓔ 인지발달의 기제
- 인지적 성장을 촉진시키는 데 있어서 사회적 상호작용의 역할 강조 ("고차적 사고 능력은 사회적 상호작용을 통해서 개발된다.")
- 자신보다 유능한 사람과의 사회적 상호작용이 인지발달을 촉진함
- 근접발달영역(ZPD) 내에서의 사회적 상호작용이 인지발달에 중요
- 언어는 인지발달에 있어 중대한 변인, 언어발달이 인지발달을 촉진함
  ＊ 고등정신과정은 언어, 기호, 상징 등과 같은 문화적 도구의 도움을 받기 때문

> 3) 내면화(appropriation)
> 사회적으로 구성된 지식이 아동의 정신 내부에서 심리적·주관적으로 재구성되는 과정

② 인지발달의 기제
㉠ 근접발달영역(ZPD : Zone of Proximal Development)
- 개념 : 학습자의 실제적 발달 수준과 잠재적 발달 수준 사이의 영역
  - 실제적 발달수준 : 아동이 독립적으로 성취할 수 있는 능력 수준
  - 잠재적 발달수준 : 아동이 다른 사람으로부터 약간의 도움(스캐폴딩)을 받아 성취할 수 있는 능력 수준
- 교육적 의미
  - 아동이 혼자서는 해결할 수 없지만 교사나 뛰어난 동료와 함께 학습하면 문제해결에 성공할 수 있는 영역
  - 교수·학습 활동을 통해 아동의 인지발달을 촉진시킬 수 있는 영역으로, 학습자의 인지발달을 돕기 위해서 교사가 찾아야 하는 영역
  - 실제적 발달수준이 동일하더라도 잠재적 발달수준의 차이에 의해 근접발달영역에 개인차가 발생함

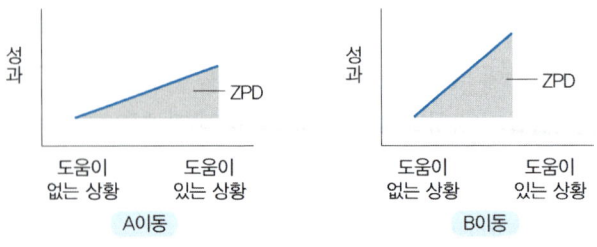

[근접발달영역의 개인차]

㉡ 스캐폴딩(발판, 비계, scaffolding)[4]
- 개념
  - 근접발달영역 내에서 아동이 스스로 문제를 해결할 수 있도록 돕기 위해 성인이나 유능한 또래가 제공하는 '약간의 도움'

> 4) 스캐폴딩(발판, 비계)
> 높은 곳에서 공사할 수 있도록 임시로 설치한 발판. 흔히 '아시바' 등으로 부름

- 현재의 잠재적 발달수준을 새로운 실제적 발달수준이 되도록 변환하는 데 목적을 둔 도움이나 안내
- 학습의 진전에 따라 '점차 도움을 줄여서(fading)' 학습자가 자기주도적으로 학습하게 함(사회적 조절에서 자기조절로 전환)
- 스캐폴딩의 활용 전략
  - 구성요소 : ⓐ 근접발달영역 내에서의 도움, ⓑ 공동의 문제해결, ⓒ 상호주관성, ⓓ 심리적·기술적 도구 활용, ⓔ 온정적 피드백(격려), ⓕ 자기조절 증진
  - 구체적 전략(기법) : 힌트, 암시, 프롬프트, 점검표(체크리스트), 모델링(시범), 피드백 제공, 인지 구조화하기, 질문하기, 사고발성법(think aloud), 절차적 촉진자, 상호교수 촉진 등
- ㉢ 교수·학습에의 적용
  - 교수·학습은 잠재적 발달수준을 새로운 실제적 발달수준이 되도록 변환시키는 과정
  - 근접발달영역의 범위는 학습자의 발달수준과 교사의 조력 방법 등에 따라서도 달라질 수 있으므로 이를 고려한 교수설계 필요
  - 잠재적 발달수준에 도달한 학습자는 새로운 근접발달영역에서 교사나 유능한 학생의 도움을 받아 학습활동을 하게 됨
- ③ 언어와 인지발달
  - ㉠ 인지발달과 언어발달의 관계 : 언어가 사고발달을 촉진함
    - 언어는 상호작용, 문화전달, 사고의 도구 : 언어는 의사소통하고, 문화를 전달하며, 자신의 생각에 대해 숙고하기 위해 사용하는 중요한 도구
    - 언어습득은 인지발달의 중요한 변인 : 사회적으로 구성된 지식을 내면화하여 인지발달이 일어나므로, 언어가 발달될수록 인지가 잘 발달됨
  - ㉡ 언어의 발달단계

단계	연령	언어와 사고의 관계
원시적 언어	0~2세	- 사고에 기반하지 않은 무의미한 음성을 사용하는 단계(조건반사, 감정표현)
순수심리적 언어	2세경	- 사고와 언어가 결합, 점차 합리적 언어로 표현 - 사회적 언어(social speech) 출현 : 다른 사람에게 간단한 사고와 정서 표현
사적 언어 (private speech)	3~6세	- 다른 사람의 반응과 상관없이 자기가 하고 싶은 말('혼잣말')을 반복하는 단계 - 사적 언어는 사고와 문제해결의 중요한 도구 - 언어와 사고의 결합이 진전되면서 사고능력이 향상됨
내적 언어 (inner speech)	7세 이후	- 밖으로 소리내어 말하지 않고 머릿속에서만 무언의 자기대화를 하는 단계 - 자신의 내적 사고를 안내하고 문제해결 도움 - 언어가 사고로 내면화되면서, 개념적 사고능력 급증

더 알아두기

- 비고츠키의 언어발달이론

단계	언어와 사고의 관계
원시적 언어	사고: 비언어적 / 언어: 비개념적
순수심리적 언어	↓
사적 언어	언어적 사고
내적 언어	↓ 언어적 사고

ⓒ 유치원생의 '혼잣말'에 대한 해석 : 피아제와 비고츠키의 차이

> **예** 유치원생인 수진이는 퍼즐 문제를 해결하면서 "아니야, 그것은 맞지 않아. 이렇게 하면 어떨까? 여기로? 아니다. 차라리 저기가 어떨까? 그 다음에는 어떻게 하지"라고 혼잣말을 하였다.

- 피아제 : 자기중심적 언어(egocentric speech)
    - 미성숙하고 자기중심적인 언어
    - 전조작기에 나타나는 자기중심적 사고의 반영
    - 다른 사람들의 관점을 이해하지 못해 생기는 현상
- 비고츠키 : 사적 언어(private speech)
    - 문제해결을 위한 사고의 도구
    - 자신의 사고과정과 행동을 스스로 조절하고 주도하는 수단
    - 언어가 사고로 내면화되는 과정(혼잣말 금지 → 과제성공률 ↓)
    - 쉬운 과제보다 어려운 과제를 해결할 때 더 많이 사용함
    - 연령이 증가함에 따라 점차 줄어들면서 내적 언어로 바뀜

ⓔ 매켄바움의 자기교수법

- 비고츠키의 사적 언어 및 내적 언어 개념을 활용한 상담기법
- 내담자의 '혼잣말(마음속 독백 등)'을 바꿈으로써 대처능력을 기름
- 학습자의 자기조절 학습능력 함양에 효과적이며, 특히 주의력 결핍, 충동성 문제, 불안 등을 가진 학습자에게 유용
- 행동변화의 3단계
    - **자기관찰 및 문제발견** : 자신의 사고와 행동을 관찰하여 부적절한 패턴을 인식
    - **새로운 내적 대화 시작** : 부정적 자기언어를 긍정적이고 효과적인 자기지시어로 바꾸는 훈련 실시
    - **대처기술 연습** : 로운 자기언어를 실제 상황에 적용하여 반복 연습하고, 점차 내면화함

④ 교육적 시사점
ㄱ) 인지발달에 있어서 언어와 사회문화적 영향을 강조
ㄴ) 인지발달에 있어서 교사와 또래와의 상호작용의 중요성 강조
ㄷ) 현재의 인지발달 수준보다 약간 높은 수준의 교육의 필요성 제안

⑤ 비고츠키 이론의 한계
ㄱ) 아동이 어떻게 사회적 경험을 내면화하는지에 대한 설명이 불분명
ㄴ) 동일한 사회문화적 환경 내의 개인들의 다양성에 대한 설명 불충분
ㄷ) 근접발달영역의 실제 측정은 상당히 어려우므로 학교에의 적용 어려움

암기 POINT

- 매켄바움의 자기교수법
    - 자기조절학습 능력 개선
    - 충동형 학습자에게 효과적
    - 행동변화의 3단계
        ① 자기관찰 및 문제발견
        ② 새로운 내적 대화 시작
        ③ 대처기술 연습

(3) 피아제 이론과 비고츠키 이론의 비교 2020 지방직9급 / 2011·2015·2019 국가직7급

구분	피아제	비고츠키
공통점	인지발달에서 환경과의 상호작용을 강조함(구성주의적 관점)	
차이점	인지적 구성주의 관점	사회적 구성주의 관점
학습자	아동은 스스로 세계를 구조화하고 이해하는 존재(개인적 학습의 주체)	타인과의 관계에서 영향받아 성장하는 사회적 존재(사회적 구성의 주체)
관심	개인 내부에서 새로운 지식이 어떻게 구성되는가에 관심	사회적 지식이 어떻게 개인 내부로 매개되는가에 관심
학습	동화와 조절을 통한 인지구조의 평형화를 통해 개인의 정신 내부에서 지식이 구성됨	사회적 상호작용의 과정을 통해 구성된 사회문화적 지식이 개인 내적 지식으로 내면화됨
학습과 발달의 관계	발달이 학습을 촉진함 (학생의 현재 발달수준보다 앞선 내용을 가르치는 것은 비효과적)	학습이 발달을 촉진함 (현재의 발달 수준을 적절하게 넘어서는 교육이 가능하며 효과적)
사회적 상호작용	인지구조를 검증하고 확인하는 수단 (비슷한 수준에 있는 또래와의 상호작용이 효과적)	언어를 습득하고 생각을 교환하는 수단 (성인이나 유능한 또래와의 상호작용이 효과적)
언어와 인지	인지발달이 언어발달을 촉진 (인지발달 → 언어발달)	언어발달이 인지발달을 촉진 (언어발달 → 인지발달)
교육적 시사점	인지구조의 평형 상태를 깨뜨리는 경험을 제공하여야 함	아동에게 스캐폴딩을 제공하고 상호작용을 안내하여야 함

03 도덕성 발달이론

(1) 피아제의 도덕성 발달이론 2016 지방직9급

① 이론의 개요
  ㉠ 인지적 접근을 통해 아동 초기의 도덕성 발달 연구에 초점을 둔 이론
  ㉡ 도덕성을 도덕적 추론능력으로 개념화하고, 도덕성의 발달을 도덕적 갈등상황에 대한 인지적 도식의 발달과 관련지음
  ㉢ 자율성과 타율성이라는 기준에 따라 도덕성 발달단계를 구분

② 도덕성 발달단계

타율적 도덕성 단계 (6~10세)	– 정해진 규칙을 절대불변의 것으로 인식, 규율과 법칙에 의존하여 행동의 선악을 판단(도덕적 실재론) – 행위자의 의도보다는 행위의 객관적 결과를 가지고 판단(외재적 도덕성) 예 "존이 더 나쁘다. 왜냐하면 컵을 15개나 깼으니까."
자율적 도덕성 단계 (10세 이후)	– 다양한 도덕적 관점이 존재하며, 규칙은 합의에 따라 바뀔 수도 있는 것이라고 생각(도덕적 상대론) – 행위의 객관적 결과보다는 행위의 의도를 고려하여 판단(내재적 도덕성) 예 "존이 더 나쁘다. 왜냐하면 일부러 컵을 깼으니까."

(2) 콜버그(Kohlberg)의 도덕성 발달이론
2019 지방직9급 / 2011·2023 국가직9급 / 2014 국가직7급

① 이론의 개요
㉠ 피아제의 이론을 계승하여 발달단계를 더 세분화하고 성인기까지 확장
㉡ 도덕성은 도덕적 추론능력이며 인지발달은 도덕성 발달의 필수 조건
㉢ 도덕적 딜레마에 관한 추론능력(방식)을 기준으로 도덕성 발달단계 구분

> **[하인츠 씨의 딜레마]**
> 한 남자의 아내가 죽어가고 있다. 아내를 살릴 수 있는 약이 있지만 너무 비싸고, 약사는 싼 가격에는 약을 팔려고 하지 않는다. 남자는 아내를 위해 하는 수 없이 약을 훔쳤다. 남자는 정당한 일을 하였는가? 당신은 왜 그렇게 생각하는가?

② 도덕성 발달단계

수준	단계	특징	예시
(1수준) 전인습 수준	1단계: 처벌 회피와 복종 지향 (주관화)	- 행위의 물리적 결과에 의해 옳고 그름을 판단 - 처벌을 피하고 권위에 복종하는 것을 옳은 것으로 간주(처벌 회피 지향)	- 경찰에게 잡혀서 감옥에 갈 것이기 때문에 남자가 약을 훔치는 것은 잘못된 것이다. - "들키지만 않으면 좋은 점수를 받기 위해서 부정행위를 해도 괜찮다."
	2단계: 개인적 보상 지향 (상대화)	- 자신의 욕구가 옳고 그름의 판단 기준 - 도덕적 행위는 자신과 타인을 만족시키는 수단(상대적 쾌락주의 지향)	- 약사가 양쪽 모두에게 이익이 되는 거래를 거절했기 때문에 약을 훔칠 수밖에 없다. - "네가 내 등을 긁어 주었으니 나도 너의 등을 긁어 줄게."
(2수준) 인습 수준	3단계: 착한 아이 지향 (객체화)	- 대인관계와 타인의 승인 및 대인관계 조화를 중시 - 다른 사람을 도와주거나 기쁘게 해주며, 다른 사람으로부터 인정받는 것이 도덕적 행위	- 남편은 아내를 잘 돌보아야 하기 때문에 사랑하는 아내를 살리기 위해 약을 훔치는 것은 정당하다. - "부모님을 실망시키지 않기 위해서 바른 행동을 해야 한다."
	4단계: 법과 질서 지향 (사회화)	- 사회적 관습, 법과 규칙을 준수하고, 사회질서를 유지하는 행위를 옳은 행위라고 판단(사회 질서 지향) - 개인적 문제보다 사회적 의무감 중시	- 약을 훔쳐서는 안 된다. 약을 훔치는 행위는 불법이고, 모두가 법을 어긴다면 사회가 혼란해지기 때문이다. - "금전적 손실이 있더라도 법으로 정해진 세금을 꼬박꼬박 내야 한다."
(3수준) 후인습 수준	5단계: 사회계약 지향 (일반화)	- 법과 규칙을 융통성 있는 도구라고 생각(규칙의 비판적 재검토) - 사회적 계약과 개인의 권리 사이의 균형의 필요성 인식	- 약을 훔쳐도 된다. 우리 사회에서 인간의 생명은 재산권보다 중시되기 때문이다. - "아이를 빨리 병원에 옮기기 위해서라면 신호를 위반해도 좋다."
	6단계: 보편적 윤리 지향 (궁극화)	- 사회의 규칙에 관계없이, 개인 스스로 선택한 도덕 원리와 양심의 결단에 따라 판단 - 정의, 평등, 생명, 인간의 존엄성과 같은 보편적 원리를 지향 - 극소수의 사람만이 도달 가능	- 약을 훔쳐도 된다. 언제 어디서나 생명의 가치는 재산권보다 우선하기 때문이다. - "정의를 위해서라면 내가 조금 누명을 써도 괜찮다."

더 알아두기

• **콜버그의 도덕성 발달단계**
(1) 주관화: 자기 자신의 관점에서 판단
(2) 상대화: 다른 사람과의 비교하면서 판단
(3) 객체화: 다른 사람이 자신을 평가하는 관점으로 판단
(4) 사회화: 자신이 속한 사회에서 통용되는 법과 규칙을 기준으로 판단
(5) 일반화: 특정한 사회의 규칙이 아니라 일반적인 사회의 구성원리에 따라 판단
(6) 궁극화: 궁극적으로 도달해야 한다고 생각하는 보편적 가치와 원리의 관점에서 판단

암기 POINT

• **콜버그의 도덕성 발달단계**

3수준	6단계
전인습	처벌 회피
	보상 지향
인습	착한 아이 지향
	법과 질서 지향
후인습	사회계약 지향
	보편윤리 지향

③ 교육적 시사점
  ㉠ 학생에게 특정한 신념을 전수하기보다는 도덕적 사고력을 기르는 데 목표를 두어야 함
  ㉡ 도덕적 사고력을 길러주기 위해서는 학생 상호 간의 자유로운 토론을 중요한 방법으로 활용
  ㉢ 아동의 연령과 발달 수준에 부합하는 방식으로 도덕교육을 해야 함
    * 콜비(Colby) 등의 연구 : 청소년기 초기에는 전인습 수준의 비율이 급격하게 감소, 17세 이후에는 대부분이 인습 수준에 도달
  ㉣ 교사는 도덕적 가치와 원칙을 준수하는 행동을 보여주는 모델이 되어야 함
④ 이론의 한계
  ㉠ 도덕적 판단 능력과 도덕적 행위의 불일치 문제 존재
  ㉡ 인습 이후 수준은 서구 사회의 가치관을 반영하는 문화적 편향성 존재
  ㉢ '정의'의 윤리에 기반한 남성중심적 도덕성 개념에 한정됨
  ㉣ 발달단계가 불변적이라고 하였으나 실제로는 도덕적 퇴행도 발생

(3) 길리건(Gilligan)의 배려의 윤리 이론

① 이론의 개요
  ㉠ 콜버그 이론의 남성 중심성을 비판하면서 페미니즘의 관점에서 도덕성 발달이론 제시(『다른 목소리로(In a different Voice)』)
  ㉡ 콜버그는 '정의(justice)'에 입각한 판단을 중시하였지만, 길리건은 인간관계에서의 보살핌, 애착, 책임을 강조하는 '배려'의 윤리를 강조함
  ㉢ 콜버그는 권리의 절대적인 평등성을 전제로 하였지만, 길리건은 개인의 상황과 처지에 따라 차이를 두는 상황적 형평성을 전제로 함
  ㉣ 콜버그는 도덕성의 이성적 측면을 중시한 반면, 길리건은 감정이나 정서와 같은 정의적 측면 강조

	콜버그	길리건
성별 초점	남성적 접근	여성적 접근
도덕적 기준	정의, 권리, 규칙	배려, 책임감, 인간관계
권리의 평등성	절대적 평등성[5]	상황적 형평성[6]
이성과 감성	이성 중심적 도덕이론	감성 중심적 도덕이론

② 길리건의 도덕성 발달 단계

이기적 단계	자기의 이익과 생존에 몰두하여 자신에게 유리한지의 여부에 따라 판단(자기이익 지향의 단계)
이타적 단계	사회적 조망이 발달하면서 타인에 대한 배려와 책임감, 자기희생을 지향(모성적 도덕성의 단계)
비폭력적 도덕성 단계	개인의 권리 주장과 타인에 대한 책임이 상호조화를 이루며, 비폭력, 평화, 박애 등이 도덕성의 주요 지표로 등장(상호공존적 단계)

5) **절대적 평등성**
  모든 사람에게 똑같이 대우 (기회의 평등, 능력주의)

6) **상황적 형평성**
  개인들의 요구에 따라 다르게 대우(결과의 평등, 평등주의)

04 성격 및 사회성 발달이론

(1) 프로이트의 성격발달이론 2010·2022 국가직9급

① 심리성적 발달이론(psychosexual theory)
  ㉠ 신경증 환자를 치료한 임상경험을 토대로 발전시킨 정신분석 이론
  ㉡ 인간은 비이성적이고 무의식적인 충동이나 욕구에 의해 영향 받음
  ㉢ 망각, 말실수, 꿈 등을 통해 무의식적 욕구를 파악할 수 있음

② 이론의 기본가정
  ㉠ 무의식적 존재: 인간의 생각과 행동은 무의식의 지배를 받음
  ㉡ 정신적 결정론: 현재의 생각과 행동은 과거경험의 결과로 발생

③ 정신세계의 구조

의식	주의를 기울이면 곧 알아차릴 수 있는 정신작용의 부분
전의식	의식 속에는 없지만 기억, 회상, 사고를 거쳐 의식으로 상기할 수 있는 부분
무의식	개인이 전혀 의식하지 못하는 정신작용의 부분(욕망, 억압된 기억, 갈등, 충동)

④ 성격(자아)의 구조[7]

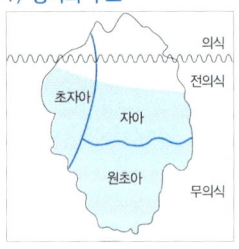

7) 성격의 구조

	형성 시기	작동원리	성격 형성에의 역할
원초아 (본능, id)	선천적으로 타고난 생득적 성격 (구강기)	쾌락원리	- 생물학적 자아(1차 과정 사고) - 인간정신의 모든 것을 관장 - 인간의 정신에너지가 저장된 창고
자아 (ego)	원초아의 수정·분화 (항문기)	현실원리	- 심리적 자아(2차 과정 사고) - 성격의 합리적이며 현실지향적인 부분 - 본능-초자아의 갈등 조정, 행동 통제
초자아 (super-ego)	부모나 양육자의 가치, 신념, 행동 내면화 (남근기)	도덕원리	- 사회적·도덕적 자아 - 개인의 도덕성 발달에 영향 - 양심과 자아이상(ego-ideal)이라는 두 가지 하위체계로 구성됨 - 개인의 행동을 통제하는 역할을 함 - 너무 강하면 불안을 야기

⑤ 성격발달의 기본 원리
  ㉠ 본능적 욕구인 리비도(libido)[8]의 집중 부위에 따라 단계 구분
  ㉡ 5~6세(남근기) 이전의 초기 경험이 성격형성에 결정적인 영향을 미침
  ㉢ 단계별로 집중된 욕구가 적절히 충족되면 원만한 성격이 형성됨
  ㉣ 불만족되거나 과잉충족되면 고착 현상이 발생하여 이상성격이 형성됨

8) 리비도
인간의 본능적 욕구인 '성적 충동'을 의미

⑥ 성격발달 단계별 특징

구강기 (0~1세)	- 입으로 먹거나 빠는 행위와 관련해서 성격 형성 - (충족) 낙천적이고 자신감 넘치는 외향적 성격 - (불만족) 타인에 대한 의존, 비관적, 소극적, 가학적 성격 - (과잉) 과식, 과음, 흡연과 약물남용 등
항문기 (1~3세)	- 본능적 충동인 배설과 외부적 현실인 배변훈련의 관계 - (충족) 자율적, 창의적, 생산적 성격 - (배변훈련 방임) 무책임, 무질서, 낭비적 성격 - (배변훈련 엄격) 결벽증, 규범에 맹종, 인색한 성격
남근기 (3~6세)	- 이성 부모와의 성적 갈등을 해소하는 과정을 통해 자아와 초자아가 형성되는 단계(성격 발달의 결정적 시기) - 오이디푸스 콤플렉스(Oedipus complex) : 남자 아이는 어머니에 대한 이성애적 감정과 갈등을 경험(거세불안증) → 아버지와의 동일시를 통해 대리 만족 경험 → 성역할 태도 발달, 부모의 가치와 규범 등을 내면화 - (충족) 건전한 성역할 인식, 도덕적 판단 능력, 자기통제력 발달 - (불만족) 성역할 혼란, 도덕성 결여, 자기중심적 성격 형성
잠복기 (6~12세)	- 성적 에너지가 잠재되는 안정기, 사회적 발달과 도덕성 내면화의 시기 - 학업, 친구 관계, 사회적·지적 기술 습득 등의 활동에 에너지가 집중됨 - (충족) 도덕성, 사회적 기술, 학습능력, 자기통제력 발달 - (불만족) 낮은 자존감, 수치감, 혐오감, 불안감 형성
생식기 (12세~)	- 제2차 성징과 함께 성적 에너지가 분출되는 시기 - 이성과 친밀한 관계 형성, 부모로부터의 독립 욕구 - (충족) 객관적 시야, 이타적이고 성숙한 성격 발달 - (불만족) 원초아 - 자아 - 초자아의 균형이 깨지면서 갈등과 혼란(자살, 비행, 불안 등)

> **암기 POINT**
> • 프로이트의 발달단계
> - 영아기 : 구강기
> - 유아기 : 항문기
> - 유치원 : 남근기
> - 초등학교 : 잠복기
> - 중·고등학교 : 생식기

> **더 알아두기**
> • 엘렉트라 콤플렉스(Electra complex)
> 여자 아이는 아버지에 대한 이성애적 감정과 갈등 경험(남근 선망) → 어머니와의 동일시 → 성역할 태도 발달, 규범 내면화

(2) **에릭슨의 성격발달이론** 2011·2013·2018·2025 국가직9급 / 2021 국가직7급

① 심리사회적 발달이론(psychosocial theory)
　㉠ 프로이트 이론을 기반으로 하되, 가족, 친구, 직장까지 사회적 관계의 범위를 확장(인간발달의 사회적 측면 강조)
　㉡ 사회와 환경 속에서 자아(ego)의 역할과 기능에 초점
　㉢ 성인기까지의 성격발달단계를 구분하여 전 생애를 포괄하는 이론 제시
　㉣ 각 단계에서 직면하는 발달적 위기를 잘 극복하면 바람직한 성격 형성
　㉤ 위기 극복에 실패하면 이전 단계의 발달적 위기가 반복적으로 나타남

② 이론의 기본가정 : 점진적 분화의 원리(epigenetic principle)
　㉠ 개인의 성격은 인생의 여러 시점에서 중요한 사회적 관계에 따라 발달
　㉡ 인간은 평생 동안 여러 종류의 심리사회적 위기에 직면한다고 전제
　㉢ 인생 주기 단계에서 심리사회적 위기가 우세하게 출현하는 최적의 시기는 개인에 따라 차이가 있지만, 출현하는 순서는 불변한다고 가정

③ 프로이트 이론과의 비교

구분	프로이트	에릭슨
특징	심리성적 발달이론	심리사회적 발달이론
성격발달 요인	개인의 내재적 요인(본능) 강조 아동기의 부모의 영향 중시	사회적 발달과업의 해결 강조 확장된 사회적 대인관계 중시
발달시기	아동기 초기에 성격의 대부분이 형성되며 거의 변화되지 않음 (이전 단계의 실패를 이후 단계에서 해결할 수 없음)	전 생애의 과정을 통해 성격이 형성되고 변화한다고 봄 (이전 단계의 실패를 이후 단계에서 해결할 수 있음)
성격구조	원초아(id), 무의식 강조	자아(ego), 의식 강조
연구관점	발달의 부정적 측면 강조	발달의 긍정적 측면 강조
연구대상	정신질환자	정상인
접근방법	과거지향적 접근	미래지향적 접근

④ 성격의 발달단계

발달단계	덕목	주요 발달과업 및 영향요인
신뢰감 vs. 불신감 (0~1세)	희망	– 세계에 대한 깊은 신뢰감 형성 추구 – 어머니나 양육자와의 관계 중요
자율성 vs. 수치심 (1~3세)	의지력	– 행동(배변 등)에 대한 통제감, 의도를 행동으로 실현할 수 있다는 인식 형성 – 부모의 분별력 있는 적절한 도움과 격려가 중요
주도성 vs. 죄책감 (3~6세)	목적	– 성인이 하는 일에 관심, 자신의 능력에 대한 평가 시도, 목표지향적 행동 시행 – 주도성을 발휘할 기회와 자유 제공, 적절한 격려 필요
근면성 vs. 열등감 (6~12세)	능력	– 학교에 들어가면서 사회적 세계 확대, 더 큰 사회에 대한 관심, 자신감, 유능감, 긍정적 자아개념 형성 추구 – 학습을 통한 인지적·사회적 기술 습득, 아동이 성취할 수 있는 기회 제공, 교사의 격려 필요
자아정체감 vs. 역할혼미 (12~20세)	충성심	– 자아정체감의 형성에 관심 증가, 자신의 약점과 강점 파악, 역할과 가치 발견, 대안적인 자기개념에 대한 탐색 ('심리적 유예기') – 또래와의 상호작용, 역할모형, 사회적 압력이 중요
친밀감 vs. 고립감 (성인기)	사랑	– 원만한 인간관계, 배우자 선택, 동료애 획득 추구 – 배우자, 동료, 주변인과의 친밀한 관계 유지 필요
생산성 vs. 침체감 (장년기)	배려	– 직업적 성취, 후속 세대 양성, 사회적 공헌과 보람 추구 – 배우자 관계, 직업적 결실, 자녀양육, 사회봉사에 기여
자아통합 vs. 절망감 (노년기)	지혜	– 신체적 쇠퇴, 사회적 은퇴, 친구나 배우자의 사망, 자신의 삶에 대한 회고와 성찰, 삶의 의미 인식, 절망감 극복 – 자신의 삶에 대한 긍정적 가치 평가

암기 POINT

• 이전 단계의 실패를 이후 단계에서 극복할 수 있는지
 – 프로이트 : 불가능
 – 에릭슨 : 가능

암기 POINT

• 에릭슨의 발달단계
 : 신자주근 정친생통
 – 영아기 : 신뢰감
 – 유아기 : 자율성
 – 유치원 : 주도성
 – 초등학교 : 근면성
 – 중·고등학교 : 자아정체감
 – 청년기 : 친밀감
 – 장년기 : 생산성
 – 노년기 : 자아통합

암기 POINT

• 프로이트와 에릭슨의 발달단계 비교

프로이트	에릭슨
구강기	신뢰감
항문기	자율성
남근기	주도성
잠복기	근면성
생식기	자아정체감
–	친밀감 생산성 자아통합

⑤ 수업활동에의 적용
  ㉠ 취학전 아동교육(주도성) : 아동의 주도적 행동에 대해 칭찬과 신뢰를 표현하고 용기를 주는 교육
  ㉡ 초등교육(근면성) : 과제를 완성하는 즐거움, 성취감을 경험할 수 있는 기회 제공, 칭찬과 격려를 통해 자신감, 유능감, 긍정적인 자아개념 형성
  ㉢ 중등교육(자아정체감) : 다양한 자아정체감의 대안 탐색, 확고한 자아정체감 형성을 위해 적극 지도

교육/발달단계	수업활동 예시
유아교육 (주도성)	- 아이들이 좋아하는 이야기에 어울리는 옷을 스스로 선택하고 등장인물이 되어 실연하면서 학습에 참여하게 한다.
초등교육 (근면성)	- 짧고 간단한 숙제부터 시작해서 점차 양이 많은 과제를 내어준다. - 향상 점검점을 설정하여 목표를 향해 열심히 학습하도록 격려한다.
중등교육 (자아정체감)	- 위인들의 업적에 대해서 토론하고 자신의 미래 직업에 대해 탐색한다. - 자서전을 쓰면서 자신의 약점과 강점을 평가하고 직업을 설계한다.

(3) 마샤(Marcia)의 정체성 지위 연구 2021·2024 국가직9급

① 정체성 지위(정체감 상태, identity status)의 분류 기준
  ㉠ 몰입(참여, 관여, commitment) 여부 : 자신의 신념을 명확히 표현하거나 그에 따라 행동하고 있는지의 여부
  ㉡ 위기(crisis) 경험 여부 : 자신의 정체성에 대한 의미 있는 결단을 내리기 위해 고민을 거쳤는지의 여부

② 정체감 지위별 특징

정체성 혼미 (혼돈, 혼란) (Identity Diffusion)	- 정체감 위기를 경험하지 못한 상태에서, 삶의 목표와 가치를 탐색하려는 시도나 욕구도 부족한 상태 - 삶에 대한 방향이 결여되어 있으며, 어떤 일을 하더라도 왜 하는지 모름, 타인들이 어떤 일을 왜 하는지에도 관심이 없음
정체성 폐쇄 (유실, 상실) (Identity Foreclosure)	- 정체감 위기를 경험하지 않은 채로, 이미 선택한 역할이나 가치에 몰입해 있는 상태 - 부모나 교사의 권유에 따라 자신의 진로나 역할, 가치의 방향을 선택하거나 수용한 경우에 나타남
정체성 유예 (Identity Moratorium)	- 현재 정체성 위기를 경험하고 있거나 경험한 다음의 상태로, 삶의 목표나 가치에 대해 여러 대안을 놓고 여전히 탐색 중인 상태 - 개인적·직업적 선택을 유보한 상태로 정체성 확립을 위해 노력하고 있는 과도기적 단계로 볼 수 있음
정체성 확립 (성취, 획득) (Identity Achievement)	- 삶의 목표, 가치, 직업, 인간관계 등에서 정체성 위기를 경험하고, 자신의 선택으로 자기정체성을 확립한 상태 - 현실적이고 대인관계가 안정적이며 자아존중감도 높고 스트레스에 대한 저항력도 높음

암기 POINT

• 마샤의 정체감 지위 분류

		위기 경험 여부	
		×	○
몰입 여부	×	정체성 혼미	정체성 유예
	○	정체성 폐쇄	정체성 확립

암기 POINT

• 정체성 혼미 : 진로에 무관심
• 정체성 유예 : 진로 고민 중
• 정체성 폐쇄 : 부모님 권유 수용
• 정체성 확립 : 스스로 선택

③ 메일만(Meilman)의 정체성 지위의 역동성 연구
  ㉠ 청소년기의 초기에는 정체성 혼미 상태에 있는 청소년들이 대부분임
  ㉡ 후기로 갈수록 정체성 혼미와 정체성 폐쇄 유형은 감소하는 한편, 정체성 유예와 정체성 확립 유형이 증가함
  ㉢ 청소년기의 후기가 되어야 대부분의 청소년들이 정체성을 확립함

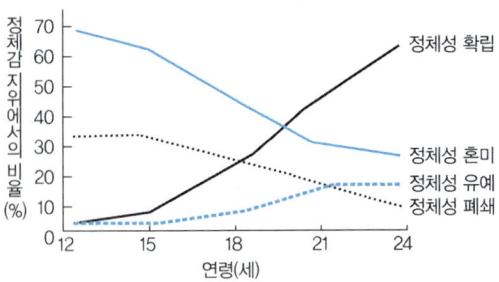

(4) 셀만(Selman)의 사회적 조망수용이론

① 이론의 개요
  ㉠ 사회적 조망수용능력(social perspective-taking ability)은 타인의 인지, 관점, 감정 등을 추론하여 이해하는 능력을 의미
  ㉡ 사회적 조망수용능력이 발달한 아동은 다른 사람의 정서를 경험하는 감정이입 능력과 동정심을 가지며 사회적 문제해결 능력도 높음
  ㉢ 사회적 조망수용능력은 가정환경과 사회적 상황의 영향을 받으면서 발달하므로 나이에 상관없이 발달이 이루어질 수 있음

② 사회적 조망수용능력의 발달단계

단계	특징	피아제
자기중심적 조망수용 단계 (3~6세)	타인의 생각이나 기분을 자기중심적으로 인지하고 해석 예 학교폭력의 가해자가 자신의 행동으로 인해 피해자가 괴로움을 느낀다는 것을 전혀 인지하지 못함	전조작기
사회정보적 조망수용 단계 (5~9세)	타인의 관점이 자신과 다르다는 것을 인지하기 시작하나, 아직 정확히 구별하지 못하고 자기의 입장에서 이해하려 함 예 학교폭력의 가해자가 자신의 행동을 장난으로 생각하고, 피해자도 장난으로 한 행동이라고 알고 있다고 생각함	구체적 조작기 초기
자기반성적 조망수용 단계 (7~12세)	다른 사람의 관점에서 행동의 의도와 목적, 행동을 이해 예 학교폭력의 가해자가 피해자가 아프고 속상해한다는 것을 알고 피해자가 자신을 미워할 것임을 인지함	구체적 조작기 후기
상호적 조망수용 단계 (10~15세)	자신과 타인의 입장을 동시에 고려, 제3자적 관점에서 사고 예 학교폭력의 가해자는 교사나 부모가 학교폭력에 대해 부정적임을 알고 자신이 벌을 받을 수도 있음을 깨닫게 됨	형식적 조작기 초기
사회적 조망수용 단계 (12세 이후)	사회 전체의 일반화된 집단조망을 인식하고, 법률과 도덕이 어떤 합의된 집단조망에 근거한다는 것을 이해함 예 학교폭력의 가해자는 자신이 행동이 사회질서를 어지럽히며 위법행위임을 인지하고 그 결과를 예측할 수 있음	형식적 조작기 후기

암기 POINT

• 셀만의 사회적 조망수용
  ≒ 피아제의 탈자기중심화 +
  추상적·논리적 사고

(5) 엘킨드(Elkind)의 자아중심적 사고

① 개관 : 피아제의 발달이론을 청소년에게 적용
  ㉠ 청소년기 자아중심성(adolescent egocentrism) : 자기 자신에 대한 강한 몰두로 인해 자신과 타인의 관심사를 적절하게 구분하지 못하는 인지적 왜곡의 경향성
  ㉡ 형식적 조작 사고와 가설 능력이 발달하면서, '상상의 청중'과 '개인적 우화'라는 왜곡된 신념을 바탕으로 한 자기중심성 경향을 갖게 됨
  ㉢ 보통 11~12세에 시작하여 15~16세에 절정을 이루며, 청소년 비행 문제를 유발하는 원인이 됨
② 상상적 청중(imaginary audience) : 과소구분
  ㉠ 자신이 주인공이 되어 무대 위에 서 있는 것처럼 행동하고 다른 사람들을 관중으로 생각하는 경향 예 영웅심리에 기반한 비행
  ㉡ 자신과 타인의 사고 과정을 너무 구분하지 못하여 항상 누군가 자신을 지켜보고 관심을 갖고 있다고 믿음 예 외모에 대한 지나친 관심
③ 개인적 우화(personal fable) : 과다구분
  ㉠ 자신을 특별하고 독특한 존재로 여기고, 자신의 경험은 너무나 독특하여 다른 이가 알 수 없다고 믿음 예 개인적 아픔의 과잉인식
  ㉡ 남들이 겪은 위험이 자신에게는 일어나지 않을 것이라 믿으며, 과감하게 행동함 예 일반적 확률의 무시나 왜곡, 과감한 비행 시도
④ 극복방안
  ㉠ 사회적 경험을 통해 '실제의 청중' 반응을 경험하게 하여 사고 전환 유도
  ㉡ 다른 사람과의 상호작용을 통해 자신의 감정과 사고가 자신만의 독특한 경험이 아니라 다른 사람과 유사하는 점을 깨닫게 함

(6) 브론펜브레너(Bronfenbrenner)의 생태학적 발달이론
2015 국가직9급 / 2020 국가직7급

① 개요 : 가족을 넘어서 보다 넓은 사회적 환경들과 아동의 역동적 상호작용이 발달에 영향을 미친다고 보는 관점
② 발달의 원리
  ㉠ 유전과 환경 : 개인의 발달은 유전과 환경 모두의 영향을 받음(생태학적 관점 + 사회문화적 관점)
  ㉡ 양방향성 : 아동은 환경의 영향을 받기만 하는 것이 아니라 환경에 영향을 미치면서 환경을 재구성하기도 함(상호호혜성)
  ㉢ 다차원성 : 개인에게 영향을 주는 환경은 가족뿐만 아니라 사회적·문화적 환경을 포함
  ㉣ 상호작용성 : 여러 수준의 환경과 환경 내 여러 요인들 간의 상호작용이 발달에 영향을 미침

더 알아두기

• 청소년기의 특징
 - 피아제 : 형식적 조작기
 - 해비거스트 : 부모나 성인으로부터의 정서적 독립
 - 에릭슨 : 자아정체감의 위기상태(심리적 유예기)
 - 엘킨드 : 자아중심적 사고 (상상적 청중, 개인적 우화)
 - 안나 프로이트 : 심리적 불안정(정서적 갈등, 별난 행동)
 - 셀만 : 제3자적 조망수용 또는 사회적 조망수용 단계

ⓜ 방향성 : 발달에 지배적인 환경은 연령 증가에 따라 미시체계에서 바깥층의 체계로 점차 이동

③ 인간 발달의 생태학적 환경체계

㉠ 미시체계 : 아동과 아주 가깝게 존재하면서, 아동의 발달에 직접적으로 영향을 미치는 활동과 상호작용이 일어나는 환경 예 가정, 학교, 또래집단, 놀이터, 종교집단 등

㉡ 중간체계 : 미시체계들 간의 연결이나 상호관계로 이루어진 체계 예 가정과 학교의 관계가 아동의 학업성취에 영향을 미침

㉢ 외(부)체계 : 아동이 직접적으로 접촉하지 않지만 아동에게 영향을 주는 환경 예 부모의 직장, 부모의 친구, 대중매체, 지역사회서비스 등

㉣ 거시체계 : 아동이 속해 있는 사회문화적 환경으로서, 미시체계, 중간체계, 외체계 모두에 영향을 미침 예 가치, 법률, 관습, 제도 등

㉤ 시간체계 : 아동의 일생에 걸쳐 일어나는 변화를 의미하는 개념으로서, 하나의 사건이라도 그 영향은 시간의 경과에 따라 변화될 수 있음 예 어릴 적 경험이 발달에 미치는 영향이 점차로 달라짐

> **더 알아두기**
> • 중간체계의 사례
> – 나와 친구 A, 나와 친구 B의 사이가 좋은 것과는 별개로, 친구 A와 친구 B의 관계가 좋지 않은 것은 나에게 부정적인 영향을 줌
> – 나와 아빠 사이에 갈등이 있는 것과 별개로 중간체계인 부모님끼리의 관계가 좋은 것은 나에게 긍정적인 영향을 줌

2 개인차와 학습

01 지능이론

(1) 전통적 지능이론과 현대적 지능이론의 비교

	전통적 지능이론	현대적 지능이론
접근 방법	– 심리측정적 접근(위계적 접근[9])	– 정보처리적 접근(다요인적 접근[10])
지능의 개념	– 문제를 논리적·추상적으로 사고할 수 있는 능력(고차적인 정신 능력)	– 새로운 상황을 다루거나 문제를 해결할 수 있는 능력(실제적 삶의 영역 능력)
대표적 정의	– 복잡한 정신능력(비네) – 추상적 사고를 수행하는 능력(터먼)	– 문화적으로 가치 있는 성과를 창조하는 능력(가드너)
지능의 특성	– 지능을 인지적 능력에 한정된 것으로 간주 – 지능은 고정적·선천적 능력 – 개인차는 양적인 차이(서열화 가능) – 표준화된 검사도구로 측정가능	– 인지적 능력 외에도 정서와 행동능력 포함 – 지능은 변화가능한 능력 – 개인차는 질적인 차이(서열화 불가) – 다양한 양적·질적 도구 활용 필요
주요 이론	– 스피어만의 일반요인설 – 써스톤의 군집요인설 – 길포드의 지능구조모형 – 카텔의 위계적 요인설	– 가드너의 다중지능이론 – 스턴버그의 삼원지능이론 – 골맨의 정서지능이론 – 보스의 도덕지능이론

---

9) 위계적 접근
지능을 구성하는 요인들이 서로 위계적 관계를 맺고 있다고 보는 이론
예 일반지능이 높은 사람은 무엇을 하든지 잘할 수 있음

10) 다요인적 접근
지능을 구성하는 요인들이 여러 개이며, 각 요인들은 상호 독립적으로 존재한다고 보는 이론
예 언어지능이 높다고 음악지능이 높은 것은 아님

(2) 스피어만(Spearman)의 일반요인설(g요인설) 2016 국가직 7급

① 지능은 일반요인(g요인)과 특수요인(s요인)으로 구성됨
  ㉠ 일반지능요인(general factor) : 대부분의 인지적 과제를 수행하는 데 필요한 정신적 에너지, 경험 포착·관계 유출·상관인 유출의 인지원리를 사용하는 능력 예 이해력
  ㉡ 특수지능요인(specific factor) : 특수한 분야의 구체적 과제를 수행하는 데 필요한 능력 예 언어이해력
② 일반요인설에서는 지능이 높은 아동은 거의 모든 형태의 문제를 잘 해결하는 경향이 있다고 봄
  예 언어 능력과 추론 능력이 동시에 우수한 사람에 대한 설명이 가능

(3) 써스톤(Thurstone)의 다요인설(PMA모형)

① 인간의 지적 능력은 하나의 일반 요인이 아닌 여러 개의 일반요인(7가지 기본정신능력)으로 구성되어 있다고 보는 '다요인설'을 제시
② 7가지 기본정신능력(PMA : Primary Mental Abilities)
  ㉠ 언어이해력, 언어유창성, 수리력, 공간지각력, 기억력, 추리력, 지각속도 요인이 포함됨
  ㉡ 각각의 기본정신능력들은 서로 독립적으로 측정가능함

(4) 길포드(Guilford)의 지능구조 모형(SOI 모형)

① 써스톤의 7PMA 모형을 확장하여, 상호독립적인 세 가지 차원을 축으로 하는 3차원적 지능구조(SOI : Structure of Intellect) 모형 제시
② 지능은 내용, 조작, 결과의 세 가지 차원이 상호작용하여 산출해내는 180가지 능력들로 구성된 복합적 능력이라고 봄
③ 지능의 세 가지 차원
  ㉠ 내용(contents) 차원 : 정신활동의 자료(투입요소)
    - 시각적, 청각적, 상징적, 단어의미, 행동적 내용요소(5개)
  ㉡ 조작(operation) 차원 : 정신활동의 처리과정(과정요소)
    - 기억저장, 기억파지, 인지적 사고, 확산적 사고, 수렴적 사고, 평가적 사고(6개)
  ㉢ 결과(산출, product) 차원 : 정신활동의 결과 형태(산출요소)
    - 단위, 유목, 관계, 체계, 변환, 함축(6개)

(5) 카텔(Cattell)의 위계적 요인설 2014·2015·2024 국가직 9급

① 지능의 일반요인에서 유동성 지능(Gf : fluid intelligence)과 결정성 지능(Gc : crystallized intelligence)을 구분(2형태설)

암기 POINT
- 스피어만의 일반지능이론 (위계적 요인설)
- 써스톤의 기본정신능력이론 (7가지 다요인설)
- 길포드의 지능구조 모형 (3차원 180가지 다요인설)
- 카텔의 유동-결정 지능이론 (위계적 요인설 - 2형태설)

② 유동성 지능과 결정성 지능의 차이

유동성 지능(Gf)	결정성 지능(Gc)
- 유전 및 신경생리학적 영향에 의해 발달하는 지능 - 생물학적 발달(두뇌 발달)에 비례하여 발달 - 정보처리속도, 새로운 상황에서의 유연성, 기계적인 암기, 지각, 도형추리 등의 능력에 관련됨(탈문화적, 비언어적 능력)	- 환경, 경험, 문화적 영향에 의해 발달하는 지능 - 문화적 환경과 후천적 경험(가정환경, 교육, 훈련, 직업 등)에 의해 발달 - 언어이해력, 논리적 추리력, 판단력, 문제해결력 등에 관련됨(문화적, 언어적 능력)

③ 혼(Horn)의 전체적 지능, 결정성 지능, 유동성 지능의 발달곡선
  ㉠ 유동성 지능(Gf) : 청년기까지는 증가, 성인기 이후에는 감퇴
  ㉡ 결정성 지능(Gc) : 성인기 이후에도 꾸준히 발달
  ㉢ 전체적 지능(G)의 발달곡선
    • 인간의 전체 지능은 유동성 지능과 결정성 지능의 상호작용으로 형성
    • 전체적 지능은 청년기까지는 급속히 향상되며, 이후에는 유동성 지능의 감소와 결정성 지능의 증가가 균형을 이루며 비교적 안정 수준 유지

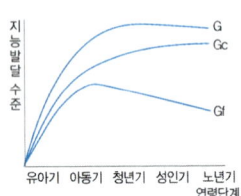

[연령에 따른 지능 발달]

(6) 가드너의 다중지능 이론 2022 지방직9급 / 2009 국가직9급 / 2024 국가직 7급

① 지능의 개념
  ㉠ 지능은 특정 사회나 문화권에서 가치 있는 결과물을 만들거나 중요한 문제를 해결해 내는 능력(지능은 실제적 삶의 영역 능력)
  ㉡ 종래의 지능검사는 언어, 논리, 공간지능을 측정하는 데 한정되었으나, 가드너는 보다 다양한 측면의 지적 능력을 인정하는 지능이론을 주장
    ✱ 훌륭한 체스선수, 발레리나, 바이올린 연주자의 재능을 지능에 포함

② 지능의 특성
  ㉠ 상호독립적이며 상이한 유형의 지능들이 존재
    • 뇌의 기능, 발달시기, 핵심활동, 상징체계 등을 준거로 상호독립적인 8가지의 지능 구분
    • 각각의 지능이 모두 중요하며, 지능의 가치는 문화와 사회에 따라 달라진다고 봄
  ㉡ 개인들은 누구나 강점지능과 약점지능을 가지고 있음
    • 각 개인들은 최소 한 가지 이상의 우세한 지능영역을 가지고 있음
    • 각 지능들의 결합 형태에 따라 개인의 독특한 지능이 만들어짐
    • 지능은 환경과 훈련 등에 의해 향상될 수 있음(선천적, 고정적 ×)
  ㉢ 여러 지능들은 상호작용하며 실제적 능력으로 작동함
    • 다중지능은 서로 독립적이되, 실제 삶의 상황에서는 결합되어 작동함
      예 언어지능＋대인관계지능 → 토론, 협상 능력 / 공간지능＋신체운동지능 → 스포츠, 무용 / 논리수학지능＋음악지능 → 작곡, 음향 기술
    • 현실의 과제는 여러 지능이 복합적으로 작용하는 경우가 많으므로, 교육에서도 다양한 지능을 균형 있게 발달시키는 것이 중요

③ 다중지능의 종류(영역, 차원)

언어지능	단어의 의미나 기능에 대한 감수성을 가지며, 언어의 소리, 리듬 등을 적절히 활용하는 능력 예 시인, 언론인, 웅변가
논리-수학지능	논리적·수학적 정보에 대한 민감성과 구분 능력, 그러한 정보를 이용하여 추론하는 능력 예 과학자, 수학자, 세무사
대인관계지능 (인간친화지능)	다른 사람의 기분, 기질, 동기, 욕구를 식별하고 적절히 반응하는 능력 예 심리치료사, 영업사원
자연친화지능	동물이나 식물 등 자연적 세계를 잘 인식하고 활용하는 능력과 애호하는 태도 예 농부, 생물학자
개인내적지능 (자기성찰지능)	자신의 감정과 정서, 장점과 약점, 욕구와 지능 등에 대해 잘 인식하고 활용하는 능력 예 종교지도자, 철학자
음악지능	음의 변화에 민감하게 반응하고 구분할 수 있으며, 리듬, 음높이, 음색을 만들거나 다루는 능력 예 작곡가, 연주자, 음악평론가
시각-공간지능	형상과 위치 등 시각-공간적 관계에 대한 지각, 재창조, 변형하는 능력 예 조각가, 항해사, 건축가
신체운동지능	자신의 신체적 움직임을 능숙하게 사용하고 통제할 수 있는 능력 예 댄서, 운동선수, 장인

> **암기 POINT**
> • 가드너 다중지능의 종류
>   - 언어지능 [국]
>   - 논리-수학지능 [수]
>   - 대인관계지능 [사]
>   - 자연친화지능 [과]
>   - 개인내적지능 [철]
>   - 음악지능 [음]
>   - 시각-공간지능 [미]
>   - 신체운동지능 [체]

④ 다중지능 교육 프로젝트 사례
  ㉠ 프로젝트 스펙트럼(Project Spectrum)
    • 유치원 아동의 다중지능 프로파일과 작업양식을 측정하는 평가방법
    • 여러 가지 유형의 코너 활동을 이용하여 아동의 지능이 작용하는 방식을 관찰하여 작업양식을 평가함
  ㉡ 키 스쿨 프로젝트(Key School Project)
    • 초등학교에 적용된 다중지능이론 교육과정 및 평가 프로그램
    • 주제 중심의 통합 교육과정 운영, 다양한 주제의 프로젝트 진행
    • 학생의 적극적 참여와 상호작용 촉진을 위한 다양한 학습방법 도입
      - 파드(pods) : 학생들의 흥미 등에 따라 선택한 소집단, 도제식 학습
      - 몰입의 방 : 각자 선택한 활동을 놀이처럼 집중하여 수행하는 공간
  ㉢ PIFS 프로젝트
    • 중학생을 위한 실천적 지능(PIFS : Practical Intelligence For School) 프로그램을 적용(가드너+스턴버그 이론 기반)
    • 학문적 지능(언어 및 논리수학지능), 대인관계지능, 개인내적지능을 결합하여 학교에서 성공할 수 있는 방법을 가르침
  ㉣ Arts PROPEL
    • 고등학생을 위한 예술교육 프로젝트로 음악, 미술, 글쓰기를 포함
    • 창작(Production), 성찰(Reflection), 지각(PErception) 영역으로 구성된 학습(Learning) 방법을 통해 체계적·능동적 학습 유도

⑤ 교육적 시사점
  ㉠ 개인차 맞춤형 교육 : 학생들 각자의 지능 프로파일에 최적화된 형태로 강점지능을 중심으로 활용하되 약점지능을 보완하는 교육도 실시
    예 음악은 좋아하고 잘 하지만, 글짓기를 싫어하는 미영이를 위해 좋아하는 노래의 가사를 창의적으로 바꾸어 보게 하는 학습 활동을 구성하였다.
  ㉡ 다양한 수업방식 활용 : 학생들이 각자의 강점지능을 기를 수 있도록 다양한 작업양식 속에서 지능을 개발시킬 기회를 제공해야 함
    예 조리 수업을 위해 박 교사는 조리 재료의 이름을 넣어 노래를 만들기, 조리과정을 몸동작으로 표현하기, 온도의 변화를 재고 이들 간의 관계를 그래프로 나타내기, 조리과정에 대한 설명과 느낌을 담은 글짓기 등의 활동을 준비하였다.
  ㉢ 평가방법 다양화
    • 지능 영역별로 차별화된 평가방식 활용(양적 평가 + 질적 평가)
    • 의미있는 실세계 활동에서의 평가 필요(포트폴리오, 수행평가 등)
    • 개인의 특성 파악에 목적을 두어 비경쟁적인 절대평가 위주로 실시

(7) 스턴버그의 삼원(성공)지능 이론 2020 국가직9급 / 2007·2009·2024 국가직7급

① 지능의 개념
  ㉠ 개인이 특정한 사회문화적 맥락 내에서 성공적인 삶을 살기 위해 필요한 정보처리 능력(지능은 실제적 삶의 영위 능력)
  ㉡ 기존의 지능이론이 지능의 내용을 구분하는 데 관심을 둔 반면, 스턴버그는 인지과제 요소와 정보처리과정에 관심을 둠(정보처리적 접근)

② 지능의 종류와 하위이론
  ㉠ 분석적 지능(analytic intelligence) : 요소하위이론
    • 개념 : 새로운 지식을 획득하고 논리적 과제 해결에 적용하는 능력
      - 획득한 정보를 분석, 평가, 비판, 판단, 비교 및 대조하는 능력
      - 기존의 지능 개념과 유사하며, 학문적 능력과 밀접하게 관련됨
    • 하위요소 : 정보처리과정과 관련된 요소, 서로 상호작용하여 과업 완성
      - 메타 요소 : 문제해결 과정을 계획, 점검, 평가하는 역할(경영자)
      - 수행 요소 : 메타요소의 지시에 따라 정보처리 과정 실행(실무자)
      - 지식획득 요소 : 정보처리 및 문제해결 방법을 학습(학습자)
  ㉡ 창의적 지능(creative intelligence) : 경험하위이론
    • 개념 : 새로운 것을 발견, 발명, 상상, 종합, 창조하는 능력
      - 관련되는 여러 사실들을 조합하여 새로운 생각을 형성하는 능력
      - 창의성과 통찰력을 지닌 예술가, 발명가, 학자 등에게서 잘 발견됨

암기 POINT

• 스턴버그의 삼원(성공)지능이론
  - 분석적 지능 : 요소하위이론
  - 창의적 지능 : 경험하위이론
  - 실제적 지능 : 상황하위이론

- 하위요소 : 새로운 경험에 대한 통찰력과 자동화 능력을 균형있게 활용하여야 실제적 과제를 효과적으로 해결, 연령 증가에 따라 점차 증가됨
  - 통찰력 : 새로운 경험과 과거 경험의 관계를 인식하고 빠르게 문제해결 방법을 찾아내는 능력
  - 자동화 능력 : 새로운 해결책을 일상적인 과정으로 바꾸어 친숙한 상황이나 과제를 효율적으로 해결하는 데에 적용하는 능력
- ⓒ 실제적 지능(practical intelligence) : 상황하위이론
  - 개념 : 변화하는 현실 상황에 적응하거나 상황을 선택, 변형하는 능력
    - 일상적인 문제와 사회적 상황을 효과적으로 처리하고 반응하는 데 사용되는 지적 능력
    - 일상의 문제해결능력, 원만한 인간관계, 사회적 유능성, 적응력 등
    - 기존의 지능검사나 학업성적과 무관, 일상적인 경험에 의해 발달됨
  - 하위요소 : 사회문화적 환경(맥락)에 따라 달라질 수 있음
    - 환경 적응 : 기존 환경에 자신을 맞추어 행동하는 것
    - 환경 선택 : 더 바람직한 새로운 환경을 선택하는 것
    - 환경 조성 : 기존 환경을 자신에게 맞도록 변형하는 것

> **더 알아두기**
> - **실제적 지능의 예시** : 실제적 지능이 뛰어난 학습자는 공부할 때 방해를 받지 않기 위해 자기 방문에 '공부중'이라는 팻말을 걸어둠으로써 상황을 변형할 수 있다.

지능의 종류	하위이론	지능의 요소	영향요인
분석적 지능	요소하위이론	성분적 요소	개인
창의적 지능	경험하위이론	경험적 요소	행동
실제적 지능	상황하위이론	맥락적 요소	상황

③ 가드너 이론과 스턴버그 이론의 비교
  - ㉠ 공통점
    - 지능을 실제적 삶의 영위 능력으로 정의, 전문성과 지혜로까지 확장
    - 인간의 지능을 사회문화적 맥락에 의해 영향을 받는 것으로 이해
    - 지능을 고정된 능력으로 보지 않고 교육을 통해 발달가능한 것으로 봄
    - 학교 수업과 평가에서 학생의 강점지능 활용과 약점지능 보완을 강조
  - ㉡ 차이점

가드너	스턴버그
- 지능의 영역(종류) 확장 중시	- 지능의 작용과정(인지과정) 중시
- 상호독립적인 여러 개의 지능으로 구성	- 서로 관련을 맺는 하위요인으로 구성
- 지능의 개념에서 전문성 중시	- 지능의 개념에서 지혜 중시

(8) **정서지능(감성지능, EQ : emotional intelligence)**
① 개념
  - ㉠ 살로비와 메이어(Salovay & Mayer) 등이 제안한 개념으로, 자신과 타인의 정서를 정확하게 지각, 이해, 표현, 활용, 조절하는 능력
  - ㉡ 가드너의 대인관계지능과 개인내적지능을 포함하는 개념으로, 학교 및 사회에서의 성공과 밀접한 관계가 있음

② 구성요소[골맨(Goleman)의 분류]
  ㉠ 정서 자각 능력 : 자신의 감정을 인식하는 능력(가장 기본적)
  ㉡ 정서 통제 능력 : 자신의 정서를 적절히 관리·조절하는 능력
  ㉢ 동기부여 능력 : 자기 스스로 동기를 부여하는 능력
  ㉣ 공감 능력 : 다른 사람의 정서를 이해하는 능력(인간관계에 필수)
  ㉤ 대인관계 능력 : 타인들과 원만한 대인관계를 형성하는 능력

(9) 도덕지능(MQ : moral intelligence)
① 개념
  ㉠ 삶 속에서 타인을 배려하고 더불어 살아가려는 윤리적 마음가짐과 실천적 태도 및 도덕적으로 옳고 그름을 판단하는 능력
  ㉡ 보스(Boss)가 주장한 개념으로, 피아제의 실천적 도덕성과 유사
② 구성요소(보스의 분류)
  ㉠ 인지적 요소 : 도덕적 추론(판단) 능력, 도덕적 원리의 인지 능력
  ㉡ 정의적 요소 : 도덕적 민감성, 도덕적 동기화, 도덕적 품성, 도덕적 감각 (도덕적 직관, moral sense)
  ㉢ 행동적 요소 : 도덕적 의사결정에 따른 행동 능력

02 지능검사와 지능지수 2025 지방직 9급 / 2017 국가직7급

(1) 지능검사의 유형
① 개인지능검사와 집단지능검사
  ㉠ 개인지능검사 : 검사전문가가 피험자 한 사람씩을 대상으로 실시
    • 검사자의 고도의 전문성이 요구되며, 검사시간과 비용 소요 많음
    • 피험자의 수행을 관찰하여 검사점수에 반영되지 않은 측면도 파악
    • 비네-시몬 검사, 스탠포드-비네 검사, 웩슬러 검사 등이 대표적
  ㉡ 집단지능검사 : 한 번에 여러 사람을 대상으로 동시 실시 가능
    • 주로 지필검사 형태로 실시, 검사 비용과 시간 소요 적음
    • 피험자를 개별적으로 관찰할 수 없기 때문에 검사점수에 포함된 오차 요인을 통제하기 곤란함(신뢰도가 낮음)
    • 군인용 알파·베타검사, 쿨만-앤더슨 검사, 한국 간편지능검사 등
② 언어검사와 비언어검사
  ㉠ 언어검사 : 검사의 문항이 언어로 구성되어 있기 때문에 검사 제시나 답을 말이나 글을 사용해야 하는 검사. 언어 사용에 익숙하지 않은 피험자들의 지능이 낮게 측정되는 문제 발생
  ㉡ 비언어검사 : 언어 사용을 최대한 배제하면서 도형, 그림, 기호, 실제 수행을 통해 문항을 제시하거나 응답하도록 하는 검사. 외국인, 유아나 문맹자, 언어장애자의 지능을 적절하게 측정 가능

③ 지필검사와 동작검사
  ㉠ **지필검사** : 피험자가 종이에 쓰인 검사 문항을 읽거나 보고 답도 종이 위에 쓰거나 그리도록 만든 검사. 집단지능검사는 대개 지필검사로 시행
  ㉡ **동작검사** : 나무토막, 나사나 연장, 기구와 같은 구체적 재료로 어떤 작업, 동작을 행하게 하는 방식으로 응답하게 하는 검사. 대부분의 개인지능검사는 언어검사와 함께 동작검사를 포함함

(2) 지능검사의 종류

① 비네-시몬 검사 : 세계 최초로 표준화된 지능검사
  ㉠ 학습부진아를 선별하여 특수교육을 제공하기 위해 사용한 검사도구
  ㉡ 정신연령(MA : mental age) 개념 도입 : 해당 연령집단의 평균적인 능력을 기준으로 개별 피험자의 지능지수 판단
    ＊ 평균적인 7세 아동이 풀 수 있는 문항을 대부분 정답으로 답하고, 8세 아동이 풀 수 있는 문제를 풀지 못했다면, 정신연령은 7세로 판단

② 스탠포드-비네 검사 : 현대 지능검사의 기초
  ㉠ 최초로 지능지수(IQ) 개념 도입 : 터만(Terman)이 개발, 처음에는 비율지능지수를, 이후에는 편차지능지수를 사용
  ㉡ 언어검사와 비언어검사로 구성(초기에는 언어검사로만 구성 / 1986년 개정판부터 비언어 문항 추가)
  ㉢ 2세부터 성인까지 연령에 따라 다른 구성으로 검사 제작

③ 웩슬러 지능검사 : 최근 가장 일반적으로 사용하는 지능검사
  ㉠ 지필검사(언어적 척도)와 동작(수행)검사(비언어적 척도)로 구성
  ㉡ 인지적, 정서적, 성격적 측면을 모두 포함하는 종합적 능력을 측정
  ㉢ 15개의 소검사로 구성되며, 평가결과는 합산점수(전체 IQ)와 4개의 하위지표(언어이해, 지각추론, 작업기억, 처리속도) 점수로 제공됨
  ㉣ 아동용 웩슬러 검사(WPPSI), 청소년(7~16세)용 웩슬러 검사(WISC), 성인용 웩슬러 검사(WAIS), 한국형 웩슬러 검사(K-WISC-Ⅲ) 등

(3) 지능지수의 개념

① 비율지능지수(RIQ : Ratio Intelligence Quotient)[11]
  ㉠ 정신연령을 생활연령으로 나눈 비율로 지능지수를 산출하는 방법

$$비율지능지수(RIQ) = \frac{정신연령(MA)}{생활연령(CA)} \times 100$$

  ㉡ 지능지수가 연령대에 따라 다른 의미를 가지게 된다는 문제점 있음
    ＊ 정신연령은 15세 이후에는 거의 증가하지 않으나 생활연령은 지속적으로 증가하기 때문에 나이가 들수록 지능지수가 점점 낮아지게 됨

암기 POINT
- 현대적 지능지수(편차지능지수) 도입 : 스탠포드-비네 검사

더 알아두기
- 웩슬러검사의 하위지표점수
  - 언어이해(VCI : Verbal Comprehension Index)
  - 지각추론(PRI : Perceptual Reasoning Index)
  - 작업기억(WMI : Working Memory Index)
  - 처리속도(PSI : Processing Speed Index)

11) 비율지능지수
  - 10세 아동의 IQ 130
    $= \dfrac{정신연령은\ 13세}{실제연령은\ 10세}$
  - 50세 성인의 IQ 130
    $= \dfrac{정신연령은\ 65세}{실제연령은\ 50세}$

② 편차지능지수(DIQ : Deviation IQ)[12]
   ㉠ 비율지능지수의 문제점을 해결하기 위해 고안된 것으로, 현재 주로 활용되는 표준화된 지능검사에서 사용되는 개념
   ㉡ 하나의 연령집단에서의 상대적 위치로 지능 수준을 표현하는 방법
     • 해당 연령집단의 지능지수 평균이 100, 표준편차는 15 혹은 16이 되는 표준점수로 환산한 척도에서 지능지수 산출
       ＊ 표준편차는 스탠포드–비네 검사는 16, 웩슬러(WAIS) 검사는 15를 사용

$$편차지능지수(DIQ) = \frac{(개인의\ 점수 - 평균)}{표준편차} \times 15 + 100$$

> [12] 편차지능지수
> − 10세 아동의 IQ 130
>   = 10세 연령집단 내에서 상위 2% 수준의 지능
> − 50세 성인의 IQ 130
>   = 50세 연령집단 내에서 상위 2% 수준의 지능

(4) 지능지수의 해석

① 정상지능과 비정상 지능
   ㉠ **정상지능** : 편차지능지수의 표준편차 ±2 수준에 속하는 지능(70~130)
   ㉡ **영재아** : 표준편차 +2 이상(보통 IQ 130 이상)
   ㉢ **지적장애(정신지체)** : 표준편차 −2 이하(IQ 70 이하)
     • IQ 55~70은 경미한 수준의 정신지체, IQ 40~55는 중등도 수준의 정신지체 가능성이 있는 것으로 판단
     • 단, IQ만으로는 정신지체를 판정할 수 없고, 단지 그 가능성이 있는 것으로만 해석하여야 함

② 웩슬러 검사의 해석
   ㉠ 웩슬러 검사의 전체지능, 언어지능, 동작지능의 점수가 15점 이상 차이가 날 때, 유의한 차이로 해석
   ㉡ 언어지능 > 동작지능 : 지적 활동은 왕성하나, 실제 상황에서의 순발력과 대처능력 낮음
   ㉢ 언어지능 < 동작지능 : 지적 수준은 낮지만, 실제 상황에서의 순발력과 대처능력 좋음

③ 지능검사의 해석 시 유의사항

구분	지능검사의 한계	활용 시 유의사항
부분적 평가	지능의 일부분만을 측정한 것일 뿐, 개인의 모든 능력을 반영하지 않음	평가를 위한 하나의 참고자료로만 활용하고, 다양한 평가방법 활용 필요
일시적 평가	검사 당시의 상태를 반영할 뿐 미래의 능력을 예측하는 데 활용될 수 없음	지능은 일생동안 상당 수준 변화하므로 일회적 검사로 중대한 결정은 유보해야
상대적 평가	지능지수는 동일한 연령집단 내에서 개인들의 상대적 위치를 의미하는 것임	동일 연령집단 내에서만 비교가능하고, 연령이 다른 집단 간 비교는 무의미함
속도 검사	기본적으로 속도검사이므로 정보처리 속도가 빠른 사람의 지능지수가 높음	피험자의 언어능력, 태도, 검사환경 등의 영향도 크다는 점을 고려하여야 함

대략적 수준	측정의 오차가 존재하므로 지능지수를 단일한 수치로 이해하면 안 됨	측정의 표준오차 범위 내에 존재하는 것으로 이해
점수의 이질성	지능검사 결과 총점이 같더라도 각 개인별로 하위요인 점수는 다를 수 있음	하위요인 점수 간 격차가 큰 경우 학습장애를 의심할 필요가 있음
예측의 한계	지능지수가 학업성취나 사회적 성공에 대한 설명력은 제한적(약 50%)	가정배경 등 매개변인도 고려해야 하며, 학습자의 발전 가능성 존중 필요
문화적 편향성	대부분의 지능검사는 학력이나 문화적 편향의 영향을 크게 받음	소수집단을 위해서 문화공평검사를 활용하며, 지능지수 해석에 주의할 필요
시간적 영향	오래된 지능검사의 경우, 시간 경과에 따라 지능지수가 높아짐(플린 효과[13])	사회문화적 변화에 따라 개정된 최신의 지능검사 도구를 활용할 필요

(5) 문화공평검사(문화평형검사)

① **지능검사의 문화적 편향(문화적 편파, cultural bias)**
  ㉠ 개념 : 검사문항들이 특정 민족(문화) 집단에게 불리하게 작동하여 소수 민족 집단의 지능이 낮게 측정되는 현상
    예 이민자 집단의 아동, 해외에 장기체류했다 귀국한 학생 등
  ㉡ 발생원인 : 문화적 배경지식, 언어적 능력, 학습동기의 부족이 피험자의 검사 태도 및 지능검사의 결과에 영향을 미침
  ㉢ 문화적 편향의 완화 방안
    • 그림이나 도표를 활용하는 비언어적인 검사자료 사용하기
    • 피험자의 검사 동기를 높이기 위한 방법이나 자료 활용하기
    • 속도의 영향을 감소시키기 위해 검사시간 제한 완화하기

② **문화공평검사(culture-fair test)의 종류**
  ㉠ 카우프만 아동용 지능검사(K-ABC : Kaufman Assessment Battery for Children)
    • 순차처리척도, 동시처리척도, 습득도척도로 구성
    • 좌뇌와 우뇌의 기능을 고루 측정할 수 있는 하위검사로 구성
    • 언어적 척도와 비언어적 척도의 균형을 통해 문화적 편향 최소화
  ㉡ 레이븐 누진행렬 지능검사(RPM : Raven Progressive Matrices Test)
    • 시각적 도형 완성 검사(그림패턴 맞추기 검사)
    • 언어 비의존적인 방식으로 일반 지능(G 요인)을 측정
    • 문화 및 언어의 영향을 거의 받지 않음
  ㉢ 동작성 보편지능검사(UNIT : Universal Nonverbal Intelligence Test)
    • 언어 사용 없이 실시되는 비언어적 지능검사
    • 일반지능과 인지능력을 언어의 영향을 배제하고 측정
    • 주로 청각장애인, 언어발달 지연 아동 등에 적합

---

13) 플린 효과(Flynn effect)
  - 매체의 증가, 지능검사의 반복, 학습환경의 개선 등 때문인 것으로 추정됨
  - 지능검사 도구를 적절하게 개정하고, 사용자는 최신의 검사도구 활용하여야 함

암기 POINT
• 문화공평 지능검사
  - K-ABC
  - RPM
  - UNIT
  - SOMPA

ⓜ SOMPA(System of Multicultural Pluralistic Assessment)
- 머서와 루이스(Mercer & Lewis)가 개발한 5~11세 아동 지능검사
- 다양한 문화적 배경을 고려한 종합적 평가체계
- 웩슬러의 지능점수와 부모면담, 부모질문지, 신체건강검사 등을 활용하여 아동의 지적, 신체적, 사회적 발달 정도를 종합적으로 평가

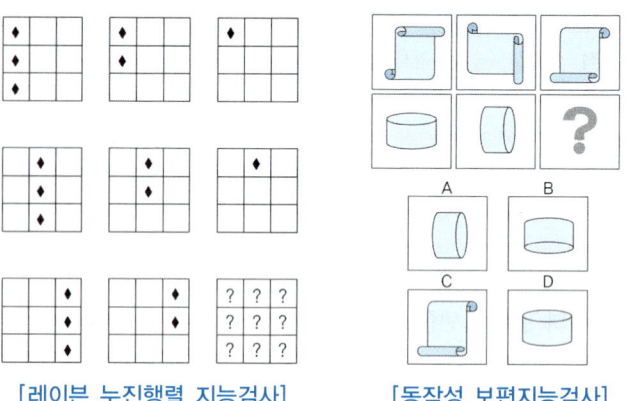

[레이븐 누진행렬 지능검사]   [동작성 보편지능검사]

03 창의성

(1) 창의성의 개념

① 창의성의 개념

㉠ 길포드(Guilford)의 확산적 사고(divergent thinking)
- 유창성(fluency) : 많은 답을 내는 능력
- 유연성(flexibility) : 다양한 답을 내는 능력
- 독창성(originality) : 남들이 생각하지 못하는 답을 내는 능력
- 정교성(elaboration) : 아이디어를 세심하게 발전시킬 수 있는 능력
- 민감성(sensitivity) : 문제를 지각해 내는 능력
- 재정의(redefinition) : 다른 목적이나 관점에서 재구성하는 능력

㉡ 드 보노(de Bono)의 수평적 사고(측면적 사고)
- 수직적 사고(vertical thinking) : 하나의 옳은 해결방법을 찾기 위해 논리적·단계적으로 사고하는 방법
- 수평적 사고(lateral thinking) : 다양한 해결방법을 생성해내기 위해 여러 관점의 아이디어들을 편견 없이 자유롭게 탐색하며 사고하는 방법 (사고의 융통성에 초점)

㉢ 스턴버그(Sternberg)의 창의성 개념 : 새롭고(novel) 독창적이면서도 동시에 사회적으로 유용하고(useful) 적절하며(appropriate) 가치 있는 산출물을 생산해 낼 수 있는 능력

암기 POINT
- 창의성의 개념
  - 독창성+유용성(스턴버그)
  - 융통성(수평적 사고)

② 창의성과 지능의 관계(스턴버그와 오하라의 분류)

지능 우위설	지 창	– 길포드의 지능구조 모형 : 조작 차원의 요소로 '확산적 사고' 포함 – 가드너의 다중지능이론 : 다중지능의 기능 속에 창의성이 포함됨
창의성 우위설	창 지	스턴버그의 창의성 발현의 구성요인 : 지능, 지식, 사고양식, 성격, 동기, 환경
중첩설	지 창	– 문지방이론(식역이론, threshold theory) : 창의성은 평균 이상의 지능(IQ 120 이상)을 필요로 하지만, 그 이상의 수준에서는 지능과 창의성의 관계 불분명함* – 렌줄리의 영재성 모델 : 영재성은 평균 이상의 지능, 창의성, 과제집착력의 중첩
동일 개념설	지=창	와이스버그(Weisberg) : 일반적인 문제해결과정과 창의성의 메커니즘은 차이 없음
독립 개념설	지 창	연습효과('10년 법칙') : 창의적 전문가는 타고난 능력으로 되는 것이 아니나 부단한 연습과 노력의 결과(가드너)

＊ 일례로, 스턴버그는 지능이 너무 높을 경우에는 분석적인 사고가 우세해 창의적인 사고에 지장을 준다고 주장함

③ 창의적인 사람의 성격 특성
  ㉠ 스턴버그(Sternberg) : 모호함에 대한 인내심, 높은 과제 집착력(장애물 극복 의지), 새로운 것에 대한 호기심(개방적 태도), 위험에 도전하려는 모험심, 성장하고자 하는 의지, 내적 동기
  ㉡ 애머빌(Amabile) : 특정 분야에 대한 풍부한 지식과 기술, 창의적 사고 및 행동에 관한 기술, 창의적 과정을 즐거움을 느끼는 내적 동기
      ＊ 창의적 즐거움이나 문제를 해결하려는 내적 동기가 창의성에 중요한 영향을 미치는 반면, 외적 동기는 오히려 부정적 영향을 줄 수 있음
  ㉢ 칙센트마하이(Csikszentmihalyi) : 창의적 인물은 때로는 공격적이고 외향적이면서도, 때로는 협조적이고 내향적인 양극단의 성격 공존

④ 창의적 사고 과정
  ㉠ 왈라스(Wallas)의 창의적 사고 과정 모델
    • 준비(preparation) : 여러 가지 가능성을 탐색하고 해결책을 모색
    • 배양(incubation) : 집중해서 여러 측면에서 아이디어를 탐색
    • 영감(inspiration) : 기발하고 결정적인 아이디어나 해결책 발견
    • 검증(verification) : 발견된 해결책의 적절성이나 실현가능성을 검증, 수정, 정교화
  ㉡ 칙센트미하이(Csikszentmihalyi)의 몰입(flow) 이론
    • 창조적 발견의 요건 : 전문지식, 창의적 사고, 몰입
    • 창조적 발견의 과정 : 준비(문제해결에의 몰입) → 잠복기(무의식적 탐색, 가장 중요한 단계) → 통찰(확산적 사고) → 평가(통찰의 가치판단) → 완성(노력)

암기 POINT

• 스턴버그의 창의적인 사람의 성격 특성
  – 모호함에 대한 인내심
  – 높은 과제 집착력(의지)
  – 새로운 것에 대한 호기심
  – 위험에 도전하는 모험심
  – 성장하고자 하는 의지
  – 내적 동기

- 몰입(플로우)의 8채널 모델
    - 학습자의 능력 수준과 과제의 도전 수준에 따른 학습경험을 분류
    - 학습자 능력이 높고 과제의 수준도 높을 때, 최상의 몰입경험 가능

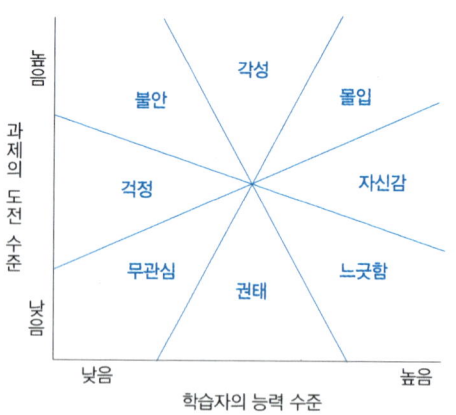

(2) 창의성의 측정 2014 국가직7급

① 창의적 사고검사 : 토랜스 창의적 사고검사(TTCT : Torrance's Test of Creative Thinking)
  ㉠ 길포드의 '확산적 사고' 개념에 기초하여 검사도구 개발
  ㉡ 언어검사(7가지)와 도형검사(3가지)로 구성, 유아부터 성인까지 사용
  ㉢ 자극에 대한 피험자의 반응량과 모집단 내의 희귀성의 수치로 평가

유창성	제시된 반응(아이디어)의 개수가 많을수록 높게 평가
융통성	제시된 아이디어의 범주가 다양할수록 높게 평가
독창성	피험자 집단이 보인 반응들에 비해 참신하고 희귀한 반응일수록 높게 평가
정교성	반응의 세부 내용이 많을수록 높게 평가

  예 벽돌의 용도를 묻는 문항에서 용도를 많이 열거하기는 하였지만, 모두 무언가를 건설하는 것과 관련되어 있다면 유창성 점수는 높지만, 융통성 점수는 낮음

② 창의적 인성(성격)검사 : KEDI 창의적 인성검사(Creative Personality Scale)
  ㉠ 호기심 : 호기심이 많으며, 궁금한 것은 관찰하고 알고자 하는 성향
  ㉡ 과제집착 : 어려움이 있더라도 과제를 끝까지 해내려는 성향
  ㉢ 판단의 독자성 : 다른 사람의 생각이나 평가에 개의치 않고 주도적으로 판단하고 일을 하려는 성향
  ㉣ 위험감수 : 실패할 가능성을 무릅쓰고 하고 싶은 일을 하려는 성향
  ㉤ 사고의 개방성 : 새로운 경험이나 생각을 기꺼이 수용하려는 성향
  ㉥ 심미성 : 예술적 활동을 좋아하고, 감수성이 뛰어남

암기 POINT

- 토랜스의 창의적 사고검사
  - 유창성
  - 융통성
  - 독창성
  - 정교성

(3) 창의적 사고 기법 2012 국가직7급

① 오스본(Osborn)의 브레인스토밍(brainstorming) 기법
  ㉠ 새로운 아이디어 창출에 초점을 둔 소집단 토론, 자유로운 방식의 토론
  ㉡ 기본 원칙
    - 아이디어의 질보다는 양을 우선시
    - 아무리 우스꽝스러운 아이디어라도 수용
    - 아이디어에 대한 평가는 마지막까지 유보
    - 아이디어들끼리의 결합과 개선을 추구
  ㉢ 브레인라이팅(brain writing)
    - 포스트잇에 각자 아이디어를 적어 제출하여 브레인스토밍하는 방법
    - 발언순서를 기다리지 않으므로 아이디어 차단효과를 줄일 수 있고, 익명성이 보장되어 평가불안을 줄이며, 아이디어를 분류하기 쉬움

② 드 보노(de Bono)의 PMI 기법
  ㉠ 어떤 대상에 대해 긍정적(plus), 부정적(minus), 주목할 만한 가치가 있는(interesting) 요소들을 차례로 생각해 보게 하는 방법
  ㉡ 다양하게 제시된 아이디어, 건의, 제안 등을 처리하는 기법으로 활용

③ 드 보노의 육색사고모자(Six Hats) 기법 : 모자의 색깔마다 특정한 유형의 사고방식을 부여하고, 각각의 모자를 쓸 때 그 역할에 맞는 사고를 하게 함

색깔	사고 유형	사고의 내용
흰색	객관적 사고	사실, 수치, 정보
빨간색	감정적 사고	감정, 느낌, 직관, 육감
노란색	긍정적 사고	좋은 점, 긍정적 판단, 실행가능한 이유
검정색	부정적 사고	나쁜 점, 부정적 판단, 실행불가능한 이유
초록색	창의적 사고	새로운 생각, 재미있는 생각, 창조적 생각
파란색	사고에 대한 사고	생각의 순서와 방법 조절, 사회자 역할

④ 에벌리(Eberle)의 스캠퍼(SCAMPER) 기법 : 어떤 대상에 대해 대체, 결합, 적용, 수정, 다른 용도로의 적용, 제거, 재배열하기 순으로 생각해 보는 방법

대체(Substitute)	예 유리컵 → 종이컵
결합(Combine)	예 복사기 + 팩스 → 복합기
적용(Adapt)	예 섬유에 달라붙은 홀씨 → 벨크로
수정(Modify-magnify-minify)	예 컴퓨터를 축소 → 노트북
용도변경(Put to other purpose)	예 버려진 기차 → 기차레스토랑
제거(Eliminate)	예 전화기의 선 제거 → 무선전화기
재배열(Rearrange-reverse)	예 무쇠솥뚜껑 → 뒤집으면 후라이팬

> **암기 POINT**
> - 창의적 사고 기법
>   - 오스본의 브레인스토밍 기법
>   - 오스본의 CPS 기법
>   - 브랜스포드의 IDEAL 기법
>   - 크로포드의 속성열거 기법
>   - 드 보노의 PMI 기법
>   - 드 보노의 육색사고모자 기법
>   - 에벌리의 스캠퍼 기법
>   - 고든의 시네틱스 기법

⑤ 고든(Gordon) 등의 시넥틱스(결합, 합성, synectics)[14] 기법
  ㉠ 창의적인 사람들이 무의식적으로 사용하는 전략들을 활용하는 방법
  ㉡ 비합리적·정의적 요소 중시(무의식의 의식화), 사고의 민감성 개발
  ㉢ 서로 관련 없어 보이는 요소들을 연결하는 '유추(analogy)'를 통해 새로운 아이디어를 창출하는 기법

직접유추 (direct)	두 가지 사물, 현상, 개념들을 직접적으로 비교 예 동·식물이 스스로를 보호하고 있는 방법에서 아이디어를 얻어 신변 안전 장치를 개발할 수도 있을까?
사람유추 (personal)	사람이 문제의 일부분이 되어 새로운 관점을 창출 예 내가 만일 새롭게 고안된 병따개라면 어떤 모양이 되고 싶은가?
상징적 유추 (symbolic)	모순되거나 상반된 의미를 가진 단어로 특정 현상을 기술하기 예 아군과 적군, 잔인한 친절
환상적 유추 (fantastic)	현실세계를 넘어서는 상상을 통해 문제를 해결하기 예 하늘을 나는 양탄자, 시간여행

> [14] 고든의 시넥틱스 기법
> – 직접유추 [직유법]
> – 사람유추 [의인법]
> – 상징적 유추 [은유법]
> – 환상적 유추 [가정법]

04 특수학습자

(1) 영재와 영재교육 2021 지방직9급 / 2014 국가직9급

① 영재의 개념
  ㉠ 렌쥴리(Renzulli)의 영재성(giftedness) 모형
    • 세 개의 고리 모델(three-ring model) : 평균 이상의 일반 능력(IQ 130 이상) + 높은 수준의 창의성 + 높은 수준의 과제 집착력
      ＊ 최소 1가지 준거가 상위 2% 이내, 나머지는 상위 15% 이내
  ㉡ 「영재교육진흥법」
    • 재능이 뛰어난 사람으로서 타고난 잠재력을 계발하기 위하여 특별한 교육이 필요한 사람
    • 일반 지능, 특수 학문 적성, 창의적 사고 능력, 예술적 재능, 신체적 재능, 그 밖의 특별한 재능 중 어느 하나가 뛰어나거나 잠재력이 우수한 사람

② 영재의 판별 방법
  ㉠ 일반적 원칙
    • 일회적인 판단보다는 지속적인 판별이 적절
    • 판별의 시기는 빠를수록 좋음(초등학교 입학 이전에도 가능)
    • 지능검사 점수, 학업성취도 평가, 일상적 관찰 등 다양한 방법 활용
    • 교사뿐 아니라, 학부모나 외부 전문가의 추천 활용
  ㉡ 일반적인 판별 과정
    • 1단계 선별과정 : 집단지능검사, 교사의 지명, 관찰법 등을 병행하여 학생을 일차적으로 선별하는 과정

> **암기 POINT**
> • 렌쥴리의 영재성 모형 :
>   지능 + 창의성 + 집착력

- 2단계 변별 및 판별 과정 : 각 영역 전문가와 교육학자, 심리학자 등이 중심이 되어 더욱 전문적인 판별을 하는 단계
- 3단계 교육 프로그램으로의 배치과정 : 앞선 단계를 통해 선별된 영재를 교육 프로그램에 배치하고 학습과정과 결과를 관찰 평가하는 단계

ⓒ 렌쥴리의 삼부 심화학습 모형(Enrichment Triad Model) 모형 : 영재 판별 도구이자 영재를 위한 교육 프로그램
- 기본 원리 : 학습 선택의 자유와 개별화 교수의 학습 환경 제공, 다양한 단계를 넘나들며 영재에게 가장 적합한 단계를 제공
- 1단계 일반적 탐색활동 : 지원자 중 15~20%를 선발하여 전공 구분 없이 통합수업의 형태로 진행, 참신한 주제에 대한 일반적인 탐구활동
- 2단계 집단 훈련활동 : 탐구활동에 필요한 내용과 기능을 집단적으로 학습하는 수업 실시
- 3단계 현실문제에 대한 개인 및 소집단 조사활동 : 실제적 문제에 대한 심도 있는 탐구를 통한 새로운 지식 창출
    * 1단계와 2단계는 일반학생까지 포함, 3단계는 영재학생에게 적합

③ 영재교육의 방법

㉠ 가속화(속진교육, acceleration) : 영재의 빠른 학습능력 고려, 조기 학습, 교육과정 압축을 통해 학습속도 향상
- 대학과목선이수제(UP : University-Level Program) : 「고등교육법」에 따라 한국대학교육협의회에서 운영
    * 미국의 AP(Advanced Placement), 영국의 A-Level, 국제프로그램인 IB(International Baccalaureate)와 유사
- 교육과정 압축(curriculum compacting) : 학생들의 성취목표 도달 정도를 확인해 이미 학습목표를 성취한 학생들과 학습계약을 맺고 별도의 학습과제를 부여해 수업시간을 낭비하지 않도록 함

㉡ 풍부화(심화교육, enrichment) : 영재학생을 위한 특별 프로그램 제공
- 영재학급 : 일반 학교 내에서 설치, 통합교육(초·중등교육법)
- 영재학교 : 별도의 학교 설립, 분리교육(영재교육 진흥법)
- 영재교육원 : 시·도 교육청, 대학, 국공립 연구소, 정부출연기관 및 과학·기술·예술·체육 등과 관련 있는 공익법인(영재교육 진흥법)

㉢ 영재교육 방법의 비교 : 상호보완적으로 적용하는 것이 바람직

	가속화(속진교육)	풍부화(심화교육)
장점	- 학습시간의 효율적 사용 - 영재의 빠른 진급 허용	- 학습자의 관심과 흥미에 따라 학습 - 고차원적인 사고능력 개발에 집중
단점	- 폭넓은 학습경험을 제공하지 못함 - 학습과정 무시, 학습결과에만 치중 - 영재를 또래학생들로부터 분리시킴	- 정규교육과정과의 연속성 결여 - 전문교사의 부족, 재정적 부담 - 프로그램발이 쉽지 않음

(2) 특수아동과 특수교육 2018 국가직9급 / 2010 국가직7급

① 특수아동의 개념
  ㉠ 일반적 개념: 정서적 특성, 감각특성, 신체운동 및 신체특성, 사회적 행동이나 의사교환 능력에서 정상아동으로부터 지나치게 이탈되어 있어 일반교육을 통해 그들의 잠재력을 발휘하기 어려운 학생
  ㉡ 「장애인 등에 대한 특수교육법」: 시각장애, 청각장애, 지적장애, 지체장애, 정서행동장애, 자폐성장애, 의사소통장애, 학습장애, 건강장애, 발달지체 및 기타에 해당하는 사람 중 특수교육이 필요한 사람으로 진단·평가된 사람

② 특수교육 대상자 유형
  ㉠ 지적장애(정신지체, mental retardation)
    • 지적 수준이 심각할 정도로 낮고(IQ 70 미만), 동시에 적응적 행동의 결함을 보이는 상태
    • 중요한 자극 특성을 변별할 수 있는 선택적 주의집중에 어려움이 있고, 언어발달이 지체되어 한정된 어휘를 사용함
    • 사회적 상호작용에 어려움을 느끼며, 자신의 행동을 조절하고 통제하는 능력이 부족함
  ㉡ 학습장애(learning disabilities)
    • 지능 수준이 낮지 않으면서도 말하기, 쓰기, 읽기, 셈하기 등 특정 학습에서 장애를 보이는 상태
    • 몸의 균형과 신체기관 간 협응의 결여, 목적 없는 행동 및 산만한 경향, 수행력과 과제 완성력의 결여, 과목 간의 불균등한 수행 등
    ∗ 학습부진(under achiever): 자신의 지적능력에 비해서 최저 수준에 미달하는 학업 성취를 보이는 상태(능력-성취의 불일치)를 일컫는 개념으로, 특수학습자의 유형에 포함되지는 않음
  ㉢ 주의력결핍 과잉행동장애(ADHD)
    • 지속적으로 주의력이 부족하여 산만하고 과다활동, 충동성을 보이는 상태로, 아동기에 주로 발생하나 청소년기 이후까지 지속 가능
      - 부주의(inattention): 공부를 포함하여 학교에서 이루어지는 대부분의 활동에서 주의를 집중하지 못하고 과제를 완성하지 못함
      - 충동성(impulsivity): 생각하기 전에 행동하고 질문하기 전에 대답하며, 끊임없이 친구들의 일에 참견하거나 간섭하여 학습을 방해
      - 과잉행동(hyperactivity): 제자리에 앉아 있어야 하는 수업장면에서 지나칠 정도로 돌아다님

암기 POINT
• 특수교육 대상자
  - 지적장애: 일반지능 수준이 낮은 상태(IQ 70 이하)
  - 학습장애: 특정 학습에서 장애를 보이는 상태

암기 POINT
• ADHD 아동 특성
  - 주의력 결핍
  - 과잉행동
  - 충동성

- ADHD 학생의 지도전략
  - 행동수정 기법, 인지행동적 기법, 사회성 증진훈련 등을 활용
  - 시청각 보조자료, 구조화된 자료, 조작가능한 자료 등을 사용
  - 행동교정을 위해 지속적인 상담적 접근방법을 적용
  - 부모가 비협조적이라도 설득을 통해서 지도과정에 참여시켜야 함
- ㄹ) 정서·행동장애(emotional behavior disorders)
  - 지적, 감각적, 건강상의 이유로 설명할 수 없으나, 일반적인 상황에서 부적절한 행동이나 감정을 나타내어 학업에 어려움이 있는 경우
  - 또래 학생이나 교사와의 대인관계에 어려움이 있어 학습에 어려움을 겪는 경우
  - 정서적 혼란과 같은 의미로 사용되며 전반적인 우울감, 개인적 불만, 사회적 갈등, 학교성적 부진이 지속적으로 나타나는 상태
  - 불안장애, 기분장애, 반항장애, 품행장애, 정신분열증, 뚜렛증후군, 기분부전장애 등 포함

④ 특수학습자의 진단과 지도 전략
  ㉠ 특수학습자의 진단 : 교사는 학습행동에 대한 관찰, 학교시험 점수, 지능검사 등 표준화된 검사점수 등을 기반으로 조기 변별 노력
  ㉡ 통합교육의 개념
  - 정상화 : 장애인과 비장애인을 동등한 사회구성원으로 존중해야 함
  - 주류화 : 특수교육 대상아동이 모든 시간이나 일부 시간에 일반학급에서 활동하면서 비장애아동과 상호작용할 수 있게 함
  - 최소제한환경 : 장애아동을 가능하면 비장애아동과 함께 일반적 환경에 배치하는 것
  ㉢ 통합교육의 유형
  - 완전통합 : 장애아동을 일반학급에 배치하여 일상적으로 비장애아동과 상호작용하게 하고, 그들에게 별도의 시간을 내어 특수교육 실시
  - 부분통합 : 장애아동을 특수학급으로 편성하고, 일부 시간 동안 일반학급의 비장애아동과 함께 활동하는 것
  ㉣ 특수교육의 의무무상교육
  - 유치원~고등학교 과정은 의무교육 과정으로 비장애 학생과 동일
  - 3세 미만의 영아교육과 17세 이상의 전공과 교육도 무상 제공

05 학습유형 2015 지방직9급 / 2017 국가직7급

(1) 학습유형(learning style)의 개념

① 학습유형(인지양식, cognitive style)의 개념
  ㉠ 어떤 개인이 학습, 문제해결, 정보처리에 사용하는 독특한 방식
  ㉡ 개인이 정보를 처리하고 문제를 해결할 때 사용하는 전략의 선호성

② 학습유형의 교육적 의미
  ㉠ 가치중립적인 개념이므로 개인들이 선호하는 학습양식의 우위는 없음
  ㉡ 학습자의 학습양식 인식과 학습방법의 다양화 필요(각자 좋아하는 방식으로 공부하는 것이 효과적)

(2) 위트킨(Witkin)의 분류 : 장독립형 vs. 장의존형
① 인지양식의 유형 분류
  ㉠ 장독립적 인지양식 : 주변 상황에 관계없이 대상을 독립적으로 분리하여 지각하므로 대상을 하나의 독립된 실체로 지각하는 경향
  ㉡ 장의존적 인지양식 : 어떤 대상을 지각할 때 주변 상황(장, 배경, field)에 의해 영향을 받아 전체적인 특징을 중심으로 지각하는 경향
② 인지양식의 평가 방법
  ㉠ 잠입도형검사(숨은그림찾기검사, Embedded Figure Test : EFT)로 평가
  ㉡ 잠입도형검사에서 높은 점수를 받으면 장독립적 인지양식으로 해석됨

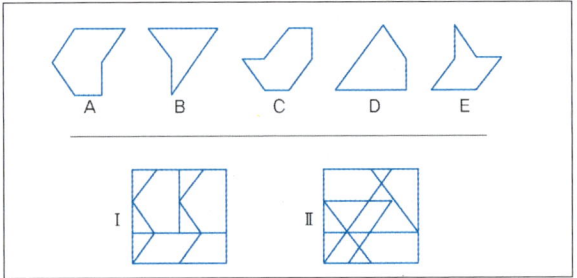

[위트킨의 잠입도형검사]

③ 인지양식별 교수·학습 방법

	장독립형 학습자	장의존형 학습자
인지 양식	어떤 대상의 내적 관련성 중심 지각 → 대상의 배경이 되는 맥락의 영향을 잘 받지 않고 요소들을 분석적으로 지각	주변 배경과 대상의 외적 관련성 중심 지각 → 맥락의 영향을 많이 받고 배경과 요소들을 연결지어 전체적으로 지각
수업 방법	- 강의법과 같은 교수 상황 선호 - 인지적 측면 중심 수업 선호 - 대인관계 냉담, 외부 비판에 무관심 - 독립적 자기주도학습, 개별활동 선호 - 정확한 피드백, 부정적 평가 사용	- 학생들과의 상호작용이나 토론 선호 - 정의적 측면 중심 수업 선호 - 대인관계 중시, 외부의 비판에 민감 - 상호작용적 토론수업, 모둠활동 선호 - 온정적 피드백, 긍정적 평가 사용
학습 자료	- 자료를 스스로 재구조화 - 비구조화 과제와 자료 선호 - 하이퍼텍스트 CAI 프로그램 선호	- 자료의 구조를 그대로 수용 - 구조화된 과제와 자료 선호 - 선형적인 CAI 프로그램 학습 선호
동기화	- 내적 보상에 의해 동기화 - 점수, 경쟁, 활동의 선택, 만족감 등	- 외적 보상에 의해 동기화 - 교사의 칭찬, 타인의 인정 등
수업 예시	안내와 시범 없이 스스로 수학문제를 풀도록 하였다.	교사가 작성한 구조화된 표를 주고 암석의 종류를 비교하였다.

(3) 케이건(Kagan) 등의 분류 : 숙고형 vs. 충동형

① 개념 및 평가방법
  ㉠ 제시된 문제를 신중하게 해결되는지의 정도에 따라 충동형(impulsive) 학습자와 숙고형(반성형, reflective) 학습자로 구분
  ㉡ 유사도형검사(같은그림찾기 검사, Matching Familiar Figure Test : MFFT)로 평가

② 인지양식별 행동특성

	숙고형 학습자	충동형 학습자
개념	여러 대안을 탐색하고 신중하게 검토하면서 적절한 답을 구하는 경향	문제해결에 있어서 깊이 생각하지 않고 생각나는 대로 단순하게 답하는 경향
검사결과	반응속도는 느리지만 반응오류 없이 정확하게 반응함	반응속도는 빠르지만 반응오류를 많이 범함
행동특성	- 사변적, 언어적, 분석적, 침착, 집중 - 학업성취도 높음, 외적 보상에 둔감	- 활동적, 감각적, 총체적, 흥분, 산만 - 학업성취도 낮음, 외적 보상에 민감

③ 매켄바움(Meinchenbaum)의 자기교수 기법 : 비고츠키의 사적 언어와 내적 언어의 개념을 활용하여, 자기지시(self-instruction)에 의해 인지적 행동을 교정하는 기법

1. 인지적 모델링	학생이 해야 할 행동을 교사가 소리내어 시범 보임
2. 외현적 외적지도	교사의 지도에 따라 소리내어 말하면서 과제를 수행
3. 외현적 자기지도	큰 목소리로 소리내어 말하면서 학생 스스로 과제를 수행
4. 축소된 외현적 자기지도	작은 목소리로 속삭이면서 학생 스스로 과제를 수행
5. 내면적 자기지도	내적 언어를 사용하면서 학생 스스로 과제를 수행

(4) 콜브(Kolb)의 학습유형 분류

① 학습양식 분류 : 정보지각방식과 정보처리방식의 선호에 따라 구분
  ㉠ 정보지각방식
    • 구체적 경험(concrete experience) : 경험과 느낌을 통해 학습하는 유형, 다른 사람과 함께 학습하기를 선호하며, 사람들과의 관계를 중시
    • 추상적 개념화(abstract conceptualization) : 논리와 아이디어를 사용하여 학습하면서 문제해결에 접근, 체계적으로 계획을 수립하며 이론을 개발하고, 논리적이고 추상적인 생각이나 개념을 중요시 여김

ⓒ 정보처리방식
- **활동적 실험(active experiment)** : 실제로 문제에 접근하고자 하는 실험을 시도하며, 실제적 결론을 찾아내야 하는 기술적 과제를 선호함
- **반성적 관찰(reflective observation)** : 판단하기 전에 주의깊게 관찰하며, 여러 관점에서 사물을 조망하고 아이디어를 창출함

		정보처리방식	
		활동적 실험(doing)	반성적 관찰(watching)
정보 지각 방식	구체적 경험 (feeling)	조절형 학습자 (accommodator)	발산형 학습자 (diverger)
	추상적 개념화 (thinking)	수렴형 학습자 (converger)	동화형 학습자 (assimilator)

② 학습양식 유형별 특성

조절형(적응형) 학습자	발산형 학습자
- 구체적 경험을 통해 지각하고, 활동적인 실험을 통해 정보를 처리 - 계획 실행에 뛰어나고 새로운 경험을 추구하고 새로운 상황에 잘 적응하며 지도력이 탁월(지도자형)	- 구체적 경험을 통해 지각하고, 반성적으로 관찰하여 정보를 처리 - 상상력이 뛰어나고 상황을 여러 관점에서 조망하며 다양한 분야에서 많은 아이디어를 창출(발명가형)
수렴형 학습자	**동화형(융합형) 학습자**
- 추상적으로 개념화하여 지각하며, 활동적 실험을 통해 정보를 처리 - 이론의 실제적 응용을 통해 과학·기술적인 과제와 문제를 잘 다루며, 가설 설정과 연역적 추리에 익숙함(과학기술자형)	- 추상적 개념화를 통해 지각하며, 반성적으로 관찰하며 정보를 처리 - 논리성과 치밀성이 뛰어나 귀납적 추리에 익숙하고, 여러 아이디어를 종합하여 이론화하는 능력이 강함(철학자형)

③ 콜브의 경험학습(experiential learning) 이론
  ㉠ 듀이의 경험학습 이론을 바탕으로, 학습을 경험의 변형을 통해 지식이 만들어지는 과정이라고 정의하면서 경험과 학습의 관계를 설명
  ㉡ 학습은 구체적 경험, 반성적 관찰, 추상적 개념화, 활동적 실험으로 순환하며, 학습자는 자신의 학습유형을 통해 학습상황에 대해 반응함

④ 교육적 시사점
  ㉠ 학생들의 학습양식을 고려하여 교수양식을 다양화해야 함
  ㉡ 학생 스스로 자신에게 가장 효과적인 학습양식을 생각해 보게 해야 함

암기 POINT
- 조절형 : 새로운 상황에 적응
- 발산형 : 아이디어 산출
- 동화형 : 종합적 이론화
- 수렴형 : 기술적 문제 해결

더 알아두기
- 콜브의 경험학습 사이클

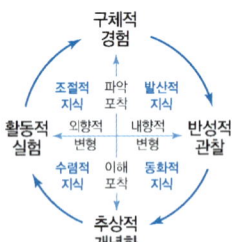

3 학습동기

01 학습동기의 이해

(1) 동기의 개념

① 동기(motive, motivation)의 개념 : 어떤 목표를 향해 나아가는 행동을 유발하며 지속하는 심리적 에너지
② 동기의 기능 : 발생적 기능(행동 유발), 방향적 기능(목표 지향), 강화적 기능(행동 촉진)

(2) 내재적 동기와 외재적 동기

① 내재적 동기와 외재적 동기

내재적 동기	외재적 동기
- 개인의 지적 흥미, 호기심, 성취감, 만족감 등과 같은 심리적 요인에 의한 동기화 - 과제를 하거나 활동하는 그 자체가 보상이 되는 동기화	- 사회적 압력, 보상 및 처벌과 같은 환경적 요인에 의한 동기화 - 과제나 활동과 그 자체 상관없이 외부의 보상을 얻으려는 것과 관련된 동기화
내재적 동기 수준이 높을수록 학습이 더 지속적이며 적극적임	외재적 동기에 의한 학습은 지속성이 낮고 소극적인 형태를 띰
인본주의, 인지주의 심리학에서 강조	행동주의 심리학에서 강조

② 외적 보상과 내재적 동기의 관계
  ㉠ 과잉정당화 가설(over-justification hypothesis) : 레퍼(Lepper) 등
    • 내재적 동기를 가지고 있는 활동에 대해 외적 보상을 제공하였을 경우 내재적 동기를 손상시킬 수 있음
    • 스스로 좋아서 한 행동이 다른 목적을 위한 수단이라고 인식되면서 흥미가 떨어짐(외재적 동기가 내재적 동기를 지배)
      ✻ 실험 사례 : 원래 그림그리기를 좋아하는 아동들의 보상조건을 차별화한 후, 일정 시간 후에 스스로 그림 그리는 시간을 비교함
        - 사전에 보상할 것을 공지하고 선물 제공 → 활동시간 감소(흥미도 저하)
        - 사전에 공지 없이 활동 후에 선물 제공 → 활동시간 유지(흥미도 불변)
  ㉡ 데시(Deci)의 인지평가이론(cognitive evaluation theory) : 외부 사건에 대한 인지적 평가에 따라 내재적 동기 변화
    • 외적 보상이 타인이 자신의 행동을 통제(control)하는 것이라고 인식하면, 자율성 욕구를 침해하여 내재적 동기를 감소시킴
    • 외적 보상을 자신의 수행에 대한 정보(information)라고 인식하면, 유능감에 대한 욕구를 충족시켜 내재적 동기가 증가됨

더 알아두기
• 동기

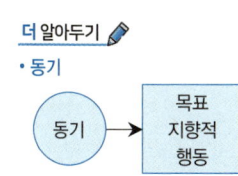

③ 교육적 시사점
  ㉠ 내재적 동기를 높이는 지도방법
    • 학습과제에 대한 기대와 호기심 유발
    • 과제 선택의 기회를 주어 자기주도적 학습환경 제공
    • 학습자의 수준보다 약간 어려운 학습과제를 제시하여 도전감 유발
    • 학습의 결과보다 과정을 중요시하는 평가 제공
  ㉡ 외적 보상의 활용방안
    • 내재적 동기를 갖지 못하는 과제 학습의 초기 단계에서 보상 활용
    • 학습자의 관심, 발달수준, 흥미에 따라 제공할 보상의 유형을 결정
    • 보상의 이유를 구체적으로 설명, 수행의 질에 따라 차별적으로 보상

(3) 불안과 학습동기 및 학업성취

① 불안과 학습수행
  ㉠ 불안은 각성을 유발하고, 최적 수준의 각성 상태에 있을 때 학습과 수행을 최대화할 수 있음
  ㉡ 적정수준의 불안은 학습동기와 성취에 도움이 되지만, 불안수준이 너무 높거나 낮으면 학업성취 낮아짐(역U자 곡선의 관계)

② 높은 불안수준에서 학업성취가 낮아지는 이유
  ㉠ 불안도 하나의 정보이므로, 높은 불안을 처리하기 위해서 작업기억 일부를 사용하게 됨
  ㉡ 작업기억 용량의 부족으로 인해 기계적 암기와 같은 피상적인 학습전략을 사용하며, 주어진 정보를 제대로 이해하지 못하게 됨

③ 과제 난이도와 불안 및 학업성취
  ㉠ 어려운 과제는 낮은 불안수준에서 가장 높은 학업성취를 보임
  ㉡ 쉬운 과제는 높은 불안수준에서 가장 높은 학업성취를 보임

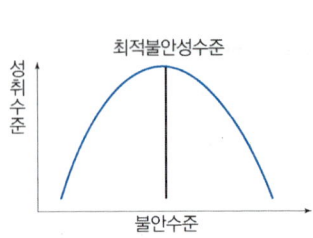
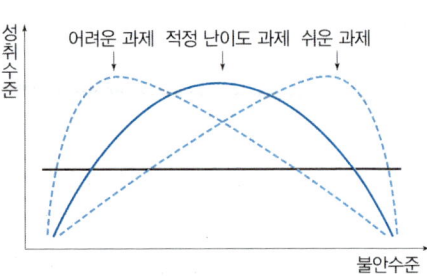

02 학습동기 이론

(1) 동기이론의 유형

접근방법	주요 내용	대표 이론
행동주의적 접근	- 인간은 외부의 환경자극에 대해 수동적으로 반응하는 존재 - 외적인 보상이 학생의 동기를 유발함	- 스키너의 강화이론
인본주의적 접근	- 인간은 욕구 충족을 위해 자발적으로 노력하는 존재 - 학습자의 내재적 동기를 중심으로 설명	- 매슬로우의 욕구위계이론 - 데시의 자기결정성이론 (인지주의적 접근 포함)
인지주의적 접근	- 인간은 사고와 신념에 따라 행동하는 이성적 존재 - 학습자의 신념과 기대에 초점을 두어 동기 설명	- 앳킨슨의 성취동기이론 - 드웩의 목표지향성이론 - 와이너의 귀인이론 - 코빙턴의 자기가치이론
사회학습이론적 접근	- 인간의 타인의 행동에 대한 관찰을 통해 학습 - 자기효능감을 중심으로 동기 설명	- 반두라의 자기효능감이론 - 앳킨슨의 기대-가치이론 (인지주의적 접근 포함)

(2) 데시(Deci)의 자기결정성이론 2024 지방직9급 / 2015 국가직9급

① 이론의 개요 : 인간의 자아실현 욕구에 기초한 내재적 동기를 강조하며, 자신의 행동을 스스로 결정할 수 있다고 판단될 때 동기가 증가한다고 보는 이론(인본주의 및 인지주의 이론)

② 인간에 대한 관점(기본욕구설)
  ㉠ 인간은 자아의 발달을 위해 노력하는 경향을 가진 유기체적 존재
  ㉡ 인간의 기본욕구(basic needs)인 자율성, 유능감, 관계유지 욕구를 자극하고 충족시키면 내재적 동기가 높아짐
  ㉢ 인간의 기본심리 욕구와 동기유발 전략

구분	정의	동기유발 전략
자율성 욕구	자기 자신의 행동과 운명을 스스로 선택하고 통제하고 조절하려는 욕구	학습자 선택권 확대, 자기주도적 학습, 자기평가 활용
유능감 욕구	환경과의 상호작용 속에서 스스로 유능하다고 느끼고자 하는 욕구	도전적 과제, 긍정적 구체적 피드백[15], 숙달지향 평가
관계성 욕구	타인과의 정서적 유대와 애착, 공동체에의 소속감을 느끼고자 하는 욕구	무조건적인 존중, 따뜻한 배려, 협동학습 전략, 비경쟁적 평가

③ 동기에 대한 관점(유기체통합설)
  ㉠ 외재적 동기와 내재적 동기는 서로 상반되거나 대립되는 개념이 아니라, 연속선상에 있는 것으로 이해하여야 함
  ㉡ 외재적 보상 때문에 시작한 행동이 점차 내면화되어 결국 외재적 보상이 없어도 그러한 행동을 지속하는 경우가 많음

암기 POINT

• 데시의 자기결정성이론
  - 내재적 동기 강조 : 인간의 기본욕구(자, 유, 관) 충족되면 동기 증가
  - 학습자의 해석 중시 : 통제/평가를 받는다고 느끼면 동기 감소

[15] 긍정적 구체적 피드백
학습자가 학습결과를 개선하기 위해서는 어떤 부분을 바꾸어야 하는지에 대한 구체적인 정보를 제공하는 피드백

> **더 알아두기**
> • 인본주의적 접근 예시 : 우희는 컴퓨터 게임을 마친 후, '이제 공부 좀 해야겠다.'고 결심하였다. 그리고 책꽂이에서 책을 꺼내 공부하려고 하는데, 갑자기 밖에서 "얘, 공부 좀 해!"라는 어머니의 말씀을 듣고 공부할 의욕이 사라졌다.

ⓒ 궁극적으로는 외재적 보상을 받거나 처벌을 피하기 위해서가 아니라, 자신의 의지에 의해 그러한 행동을 한다고 믿고 싶어 함

④ 자기결정성 인식과 학습동기(인지평가설)
  ㉠ 학습자는 스스로 자신의 행동을 선택할 수 있는 권한이 있다고 여길 때 학습동기가 증가하는 반면, 다른 사람에 의해 통제나 평가를 받고 있다고 느낄 때에는 학습동기가 감소함
  ㉡ 자기결정성 인식을 감소시키는 요인
    • 위협이나 엄격한 마감시간
    • 다른 사람이 통제하고 있다는 언급
    • 학습자를 통제할 목적의 외적 보상
    • 학습자에 대한 감독과 평가의 존재 등

(3) 앳킨슨(Atkinson)의 성취동기 이론 2009 국가직7급

① 성취동기의 개념과 유형
  ㉠ 성취동기(achievement motivation) : 도전적이고 어려운 과제를 성공적으로 수행하려는 욕구(내재적 동기의 일종)
  ㉡ 성취동기의 유형
    • 성공추구동기(Ms) : 목표한 것을 성취하는 것에 성공하려는 욕구
    • 실패회피동기(Maf) : 목표성취에 실패하는 것을 피하려는 욕구

② 성취동기 유형과 과제난이도 선택

성공추구동기형(Ms > Maf)	실패회피동기형(Ms < Maf)
자신의 수준에 적합한 중간 난이도 선택	매우 쉬운 과제 또는 매우 어려운 과제를 선택
적절한 수준의 목표를 설정하고 이를 성취하기 위하여 학습 수행에 최선을 다함	지나치게 낮거나 높은 목표를 설정하고, 과제 수행에 열성을 다하지 않음

③ 성공/실패 경험시 성취동기 변화 : 와이너(Weiner)의 연구
  ㉠ 성공추구동기가 높은 학습자(실패회피동기가 낮은 학습자)
    • 과제수행의 성공시 동기 감소, 실패시 동기 증가(노력으로 귀인)
    • 도전적인 과제, 높은 기준, 명확한 피드백, 재도전의 기회 등에 의해 동기화됨
  ㉡ 실패회피동기가 높은 학습자(성공추구동기가 낮은 학습자)
    • 과제수행의 성공시 동기 증가, 실패시 동기 감소(능력으로 귀인)
    • 성공에 의한 강화, 낮은 평가기준, 실패경험의 당혹감으로부터의 방어 등에 의해 동기화됨

	성공추구동기형(Ms > Maf)	실패회피동기형(Ms < Maf)
성공	동기 감소	동기 증가
실패	동기 증가	동기 감소

(4) 드웩(Dweck)의 목표지향성 이론
2015 · 2024 지방직9급 / 2020 국가직9급 / 2017 · 2020 국가직7급

① 이론의 개요
  ㉠ 목표지향성(goal orientation) 개념을 도입하면서 앳킨슨의 성취동기 이론을 보완하는 이론
  ㉡ 학습상황에서 과제수행의 목표(goal)를 어디에 두느냐에 따라 학습동기의 수준, 학습과정 및 결과가 달라진다고 봄

② 목표지향성의 분류
  ㉠ 1차 분류 : 학습자의 목표지향성을 숙달목표(학습목표, mastery goal)[16] 지향과 수행목표(performance goal)[17] 지향으로 구분

숙달목표(학습목표) 지향	수행목표 지향
학습 그 자체, 과제 숙달과 자신의 능력 향상으로부터 오는 성취감을 목표로 둠 (과제개입 목표, 과제중심 목표) 예 '1차 함수의 원리 마스터하기'	타인에게 자신의 유능함을 과시하거나 무능해 보이는 것을 피하는 데 목표를 둠 (자아개입 목표, 능력중심 목표) 예 '우리 반에서 1등하기'
- 학습능력에 대한 증가적 견해 (성장 마인드셋) - 내재적 동기 수준이 높음 - 절대적, 내적 자기참조 기준 - 학습 완료 후에도 학습에 지속적 관심	- 학습능력에 대한 고정적 견해 (고정 마인드셋) - 내재적 동기 수준이 낮음 - 상대적, 외적 참조 기준 - 학습 완료 후에는 관심을 갖지 않음
- 심층적 정보처리(능동적 학습) - 자신의 능력을 진단하고 향상을 도울 수 있는 피드백 추구	- 피상적 정보처리(기계적 학습) - 타인과의 경쟁에서 우위를 보일 수 있는 경쟁적 평가 선호
- 실패를 노력 부족으로 귀인 - 도전적이고 의미있는 새로운 과제 선택 - 실수를 했을 때 이를 인정하고 학습전략 수정, 노력 증가 - 어려운 과제 직면시, 타인의 도움을 적극적으로 요청	- 실패를 능력 부족으로 귀인 - 쉽고 친숙한 과제를 선택하는 경향 - 실수를 했을 때 인정하지 않고 당황, 불안 증가, 학습 회피 - 어려운 과제 직면시, 타인에게 이를 숨기거나 학습을 포기

  ㉡ 2차 분류 : (숙달, 수행) × (접근, 회피)

목표유형	목표지향성	학습 행동
숙달접근 목표	자신/과제의 기준에 따라 유능해지는 것을 추구	발달, 숙달, 성장을 위해 노력 (가장 효과적)
숙달회피 목표	자신/과제의 기준에 따라 무능해지는 것을 회피	실패할 것을 걱정하여 학습을 회피 (완벽주의 성향)
수행접근 목표	다른 사람보다 더 유능하게 보이는 데 목표를 둠	자신감이 있고 높은 자기효능감을 보이는 경향
수행회피 목표	다른 사람보다 무능하게 보이지 않는 데 목표를 둠	자신감이 부족하고 낮은 자기효능감을 보이는 경향

---

16) **숙달목표**
아무도 몰라 줘도 내가 무엇인가를 잘 하게 되는 것을 목표로 함
예 퍼즐 맞추기 완성

17) **수행목표**
다른 사람들에게 내가 무엇인가를 잘 한다는 사실을 알리는 것을 목표함
예 퍼즐대회 1등

더 알아두기
- 학습자의 마인드셋과 학습동기 (드웩, 1999)
  - 마인드셋(mindset) : 학습자가 가지고 있는 능력에 대한 견해/태도
  - 고정마인드셋 : 능력은 불변적, 통제 불가능 → 실패의 능력 귀인 → 도전 회피
  - 성장마인드셋 : 능력은 노력을 통해 향상 가능 → 실패의 노력 귀인 → 도전 지속

ⓒ 사회적 목표 지향
- 다른 사람들과의 관계 속에서 인정받고자 하는 목표로서, '친구 사귀기'와 같은 것을 학습의 목표로 두기도 함
- 사회적 목표와 숙달목표를 함께 추구하는 경우 학습동기와 성취가 더욱 높아질 수도 있고, 두 목표가 갈등을 일으킬 수도 있음

③ 숙달목표 지향을 유도하는 교수·학습 전략
   ㉠ 숙달목표 강조 : 교사는 스스로 숙달목표를 중시하고 학생들에게 강조
   ㉡ 도전적 과제 제시 : 학생들의 도전감을 불러일으키는 구체적 목표 설정
   ㉢ 학습에 대한 선택권 제공 : 학습자 스스로 자신의 학습과제와 학습내용, 방법, 전략 등을 자율적으로 선택하고 통제할 수 있게 함
   ㉣ 학습전략 학습하기 : 효과적인 학습을 위한 전략과 기술을 습득, 수행, 점검, 수정, 사용할 수 있는 기회 제공
   ㉤ 비경쟁적 평가 : 학생들 간 비교나 경쟁을 조장하지 않고, 학습자의 성장 과정에 정보를 제공하는 데 목표를 둔 평가방법을 활용
   ㉥ 메타인지 활용 학습 : 학습자 스스로 목표달성 여부를 모니터링하고 학습 과정과 방법을 점검·수정하여 성취감과 자기효능감을 느끼게 함

(5) 와이너(Weiner)의 귀인이론 2009·2011·2021·2024 국가직9급 / 2008 국가직7급

① 이론의 개요
   ㉠ 인지주의적 동기이론 : 과제에 대한 성공과 실패의 원인을 지각하는 방식이 학습동기 및 이후 행동에 영향을 미친다고 설명하는 이론
   ㉡ 귀인(attribution)[18]의 개념 : 성공이나 실패에 대해 그 원인을 귀속시키는 경향성

② 귀인의 차원과 유형
   ㉠ 귀인의 세 가지 차원
   - 책임소재(locus of control) : 결과의 원인이 학습자 내부와 외부 중 어디에 있는지
   - 안정성(stability) : 결과의 원인이 변화가능한 것인지의 여부
   - 통제 가능성(controllability) : 결과의 원인이 통제 가능한지의 여부
   ㉡ 주요 귀인유형 : 능력, 노력, 과제난이도, 운

주요 귀인유형	귀인의 차원			예시
	책임소재	안정성	통제 가능성	
능력	내부	안정적	통제불가	"난 역시 똑똑해."
노력	내부	불안정	통제가능	"이번엔 공부를 너무 안 했어!"
과제난이도	외부	안정적	통제불가	"이번 시험은 너무 어려웠어!"
운	외부	불안정	통제불가	"이번엔 운이 없었어."

* 기타 : "시험칠 때 갑자기 배가 아팠어요." ⇒ 내부 + 불안정 + 통제불가

---

18) 귀인
결과(성공/실패)의 원인 찾기

③ 학습자의 귀인 성향과 학습동기
　㉠ 능력귀인 : 학습자가 실패의 원인을 능력(내부적, 안정적, 통제불가능 요인)으로 귀인하면 무력감과 낮은 자존감으로 인해 학습동기 감소
　㉡ 노력귀인 : 학습자가 실패의 원인을 노력(내부적, 불안정적, 통제가능한 요인)으로 귀인하면 죄책감과 수치심으로 인해 학습동기 증가

귀인유형	과제 성공시	과제 실패시
능력	긍정적 자아개념 형성 → 동기 ↑	무력감, 자존감 훼손 → 동기 ↓
노력	성공기대 유지 → 동기 ↑	죄책감, 수치심 → 동기 ↑
운 과제난이도	통제할 수 없는 요인이므로 학습동기에의 영향 불확실	최선의 노력을 한 경우에는, 자존감 유지 → 동기 ↑

④ 학습경험의 누적에 따른 귀인 성향
　㉠ 학습에서 성공한 학생(성취수준이 높은 학습자) : 긍정적 자아개념이 형성되고 높은 성공기대가 유지되므로 지속적으로 학습을 위해 노력
　㉡ 학습에서 실패한 학생(성취수준이 낮은 학습자) : '부정적 자아개념'과 '학습된 무력감(learned helplessness)'[19]이 형성되어 학습동기가 감소하고, 결국 학습을 포기할 우려가 있음

⑤ 와이너(Weiner)의 귀인훈련 프로그램
　㉠ (1단계) 노력귀인으로의 전환 : 성취결과의 원인을 자신의 노력으로 귀인하도록 훈련시킴
　　• '실패 → 능력 부족 → 무력감 → 학습동기, 성취 감소'의 귀인유형을 '실패 → 노력 부족 → 죄책감과 수치심 → 학습동기, 성취 증가'의 형태로 바꾸는 것을 목표로 함
　㉡ (2단계) 전략귀인으로의 전환 : 충분한 노력 후에도 결과가 좋지 않을 때는 실패의 원인을 자신의 학습전략(방법)을 점검하고 보다 바람직한 방법으로 전환 노력
　㉢ (3단계) 포기와 대안적 길의 모색 : 노력귀인과 전략귀인을 모두 거쳤음에도 결과가 좋지 않을 때에는 기대 자체를 수정하고 새로운 길을 모색하는 것도 필요

(6) 앳킨슨(Atkinson)의 기대-가치이론 2016 국가직7급

① 이론의 개요
　㉠ 인지주의적 접근 : 자신이 어떤 일에 성공할 가능성에 대한 '기대'뿐만 아니라, 그 일이 본인에게 얼마나 중요한지의 '가치'에 따라 동기수준이 달라진다고 보는 이론
　㉡ 사회학습이론적 접근 : 성공 가능성에 대한 기대에는 자기효능감(self-efficacy) 개념이 포함되므로 사회학습이론을 반영함

---

[19] 학습된 무력감과 학교폭력
오랜 기간 학교폭력에 노출되어 보호받지 못한 경험을 반복한 학생은 결국 폭력을 피하려는 의지를 상실한 채 자포자기 상태에 이르게 됨

암기 POINT
• 기대-가치이론 동기 영향 요인

성공기대	과제난이도 인식
	자기효능감
	선행경험
과제가치	내재적 흥미
	개인적 중요성
	효용가치
	비용

20) 개인적 중요성
개인 정체성이나 자아의 관점에서 인식한 과제의 주관적 가치

21) 효용가치
학습자의 목표를 달성하는 데 특정 과제가 유용한지에 대한 인식

② 학습동기에의 영향 요인 : 기대 × 가치
  ㉠ 성공에 대한 기대
    • "내가 이 과제를 할 수 있을까?"에 대한 대답(자아 개념)
    • 과제수행의 성공가능성에 대한 높은 기대는 동기를 증가시킴
    • 성공기대가 높을수록 과제수행을 할 때 더 끈질기고, 좀 더 도전적인 활동을 선택하며, 더 많은 것을 성취하는 경향이 있음
    • 과제의 난이도에 대한 인식, 자기 자신의 능력에 대한 인식, 성공과 실패에 대한 선행경험 등에 의해 영향을 받음
  ㉡ 과제의 가치
    • "이 과제는 나에게 얼마나 중요하지?"에 대한 대답(주관적 가치)
    • 과제의 가치를 높게 인식하는 경우 동기가 증가됨
    • 과제 자체에 대한 내재적 흥미(본질적 가치), 과제의 개인적 중요성[20](성과 가치), 과제의 효용가치[21](실용 가치), 과제수행을 위해 소요되는 예상 비용 등에 의해 영향 받음

③ 동기 부여 전략
  ㉠ 성공에 대한 기대 증진 전략
    • 자신의 능력에 대해 정확하면서 높은 기대를 갖도록 피드백 제공
    • 도전적 과제에서 성공하는 경험을 통해 자기능력에 대한 믿음 형성
    • 개인의 능력이나 역량은 연습에 의해 변화가능하다는 신념 형성
  ㉡ 과제의 가치에 대한 인식 개선 전략
    • 교과나 수업주제의 중요성과 효용가치에 대해 설명해 줌
    • 교과나 수업에 대한 교사의 관심, 흥미, 열정을 학생들에게 모델링
    • 학습자가 스스로 흥미있는 과제나 활동을 선택할 기회 제공
      예 영미는 기상캐스터가 되고 싶다고 마음먹으니 과학이 매우 중요하게 여겨졌고, 영어로 다른 나라의 방송도 볼 수 있다고 생각해서 더 열심히 하게 되었다.

(7) 코빙턴(Covington)의 자기가치 이론

① 이론의 개요
  ㉠ 인간은 자기가치(self-worth)에 대한 인식을 중시하며, 자기가치를 위협받을 때 이를 보호하려는 자연스러운 욕구가 있다고 보는 이론
  ㉡ 타인의 평가에 민감하게 반응하고 부정적 평가를 우려하는 경우, 자존감을 보호하기 위해 '자기장애 전략'을 사용함

② 자기장애 전략(self-handicapping strategy)
  ㉠ 개념 : 과제 수행에 방해되는 요소를 미리 설정해 놓는 전략
    • 과제 실패시에는 자신의 능력 이외의 다른 원인으로 설명하여 실패를 정당화하고 자기가치를 보호하는 데 이용
    • 과제 성공시에는 자기가치를 높일 수 있음
  ㉡ 장기장애 전략의 유형

의도적인 태만	시험을 앞두고도 공부를 위해 노력하지 않는다는 것을 과시하기 예 의도적인 결석이나 수업에 일부러 집중하지 않기 하기
일정 미루기	과제를 최대한 미루어서 과제의 성공가능성을 낮춤 예 "나는 주말에만 공부가 잘 돼. 주중에는 수업만 듣자."
인상관리	실패 원인을 능력 이외의 요인(통제불가능한 원인)으로 돌리기 예 "어제 아파서 공부를 못했어. 오늘 시험은 포기한다."
비현실적인 목표	과도하게 어려운 목표를 설정하여 실패의 원인을 외부 탓으로 돌림 예 (하위권의 학생이) "이번 시험은 만점을 받을 거야."

③ 교육적 시사점
  ㉠ 학습목표를 타인과의 비교보다는 자신의 능력 향상에 두도록 유도
  ㉡ 학습자의 능력은 후천적인 노력에 의해 증가될 수 있음을 강조
  ㉢ 노력하는 유형의 또래 모델을 설정해 그들을 본보기로 활용
  ㉣ 비경쟁적 환경을 조성하여 학생들이 자기가치의 위협에서 벗어나게 함

4 행동주의 학습이론

01 행동주의 학습이론 개관 2019·2023 지방직9급 / 2007·2015 국가직9급

(1) 행동주의 학습이론의 기본 가정
① 인간관
  ㉠ 인간과 동물은 유기체라는 점에서 동질적(양적 차이만 존재)
  ㉡ 환경은 학습자의 행동에 영향을 끼치는 변인이며, 인간은 환경에 수동적으로 반응하는 존재(환경결정론적 관점)
② 학습관
  ㉠ 학습은 경험으로 인한 외현적 행동의 변화(정신적 변화 고려 ×)
    • 외현적 행동에 대해서만 과학적 연구 가능(관찰가능하기 때문)
    • 바람직한 행동뿐만 아니라 부적응 행동도 학습의 결과로 포함
  ㉡ 학습은 자극(S)과 그에 따른 반응(R)의 연합(조건화)에 의해 발생

더 알아두기

• **행동주의 학습이론**
  학습이 일어나는 과정은?

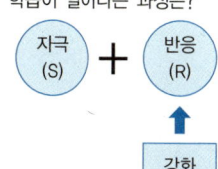

(2) 행동주의 학습이론의 구분

	조건화 이론(고전적, 조작적)	사회학습이론(인지적 행동주의)
공통점	학습의 경험의 결과, 강화와 처벌 사용, 피드백 강조	
학습관	직접적 경험의 결과에 의한 외현적 행동 변화(사회적, 인지적 고려 ×)	타인의 경험에 대한 관찰을 통해 학습 가능(사회적, 인지적 고려 ○)
강화와 처벌	강화와 처벌은 행동변화에 영향을 미치는 직접적 요인	강화와 처벌은 개인의 신념과 기대를 통해 행동에 영향을 미치는 간접적 요인
환경과 개인	개인은 환경으로부터 일방적인 영향을 받는 관계	개인과 환경이 서로 영향을 주고받는 관계
교수기법	체계적 둔감화, 행동조성, 타임아웃	관찰학습, 모델링, 자기조절
대표자	파블로프, 스키너	반두라

02 파블로프(Pavlov)의 고전적 조건화 이론
2022 국가직9급 / 2008·2009·2020 국가직7급

(1) 고전적 조건화의 기본 원리

> **암기 POINT**
> 고전적 조건화 원리는 생리적·정서적 반응을 조절하는 데 효과적

① 중립자극과 무조건자극을 반복적으로 연합시켜 중립자극을 조건자극으로 변화시킴으로써, 조건자극만으로도 기대하는 반응을 증가시킴
  ㉠ 무조건자극(UCS : UnConditioned Stimulus) : 본능적 또는 반사적으로 생리적·정서적 반응을 유발하는 자극
  ㉡ 무조건반응(UCR : UnConditioned Response) : 무조건자극에 의한 본능적·반사적으로 일어난 반응
  ㉢ 중립자극(NS : Neutral Stimulus) : 애초에 생리적·정서적 반응을 전혀 유발하지 못하는 자극
  ㉣ 조건자극(CS : Conditioned Stimulus) : 원래 중립자극이었으나, 무조건자극과 연합되어 심리적·정서적 반응을 유발하도록 학습된 자극
  ㉤ 조건반응(CR : Conditioned Response) : 조건화된 자극에 의해 유발되도록 학습된 생리적·정서적 반응

구분		파블로프 실험
조건화 이전	무조건자극(UCS)	먹이 제공
	무조건반응(UCR)	먹이 보고 침 분비
	중립자극(NS)	종소리(조건화 전)
조건화 이후	조건자극(CS)	종소리(조건화 후)
	조건반응(CR)	종소리 듣고 침 분비

② 교육 상황에서의 고전적 조건화 사례

		행복한 학교생활	교사에 대한 반감
조건화 이전	UCS	교사의 칭찬	교사에게 꾸중을 들음
	UCR	칭찬을 들어 행복함	꾸중을 듣고 얼굴이 붉어짐
	NS	학교(조건화 전)	교사(조건화 전)
조건화 이후	CS	학교(조건화 후)	교사(조건화 후)
	CR	학교만 오면 행복함	교사만 봐도 얼굴이 붉어짐

(2) 고전적 조건화 관련 학습 현상

① **자극 일반화** : 조건자극과 비슷한 다른 자극들에 대해서도 동일한 반응을 일으키는 현상
  * 왓슨(Watson)의 '어린 앨버트 실험' : 일단 흰쥐를 무서워하도록 조건화된 앨버트는 흰쥐뿐만 아니라, 흰 토끼, 흰 수염, 흰 머리에 대해서도 공포반응을 보임

② **자극 변별** : 서로 다른 자극의 차이를 구별하고 각각의 자극에 대해 다르게 반응하는 현상

③ **고차적 조건화** : 조건화된 자극을 다른 제2자극과 짝지어 제시해도 조건반응이 유발되는 현상
  * 종소리(CS) + 불빛(UCS) → 침흘리기(CR) ⇒ 불빛(CS) → 침흘리기(CR)

④ **소거**[22] : 무조건자극 없이 조건자극만 계속해서 제시하면 이미 습득되었던 조건반응이 점차로 사라지는 현상

⑤ **자발적 회복** : 소거 후 일정 시간이 지난 후에 조건자극을 다시 제시하면 재훈련을 하지 않아도 소거되었던 조건반응이 다시 나타나는 현상

⑥ **재조건 형성** : 소거 후 원래의 조건자극과 무조건자극을 짝지어 제시하면 처음의 조건화과정보다 신속하게 조건화가 이루어지는 현상

(3) 고전적 조건화 학습의 강화 요인

① **강도의 원리** : 조건자극과 무조건자극의 강도가 강할수록
② **반복의 원리** : 조건자극과 무조건자극의 연합이 더 자주 반복될수록
③ **일관성의 원리** : 조건자극이 일관성 있게 반복하며 제시될수록
④ **시간의 원리** : 조건자극을 무조건자극과 거의 동시에 제시될수록

(4) 고전적 조건화 원리를 적용한 행동치료 기법

① **홍수법**
  ㉠ 처음부터 강한 불안을 유발하는 자극에 노출하고 불안이 감소될 때까지 노출을 계속하는 방법
  ㉡ 공포자극을 회피해 온 사람에게는 효과적일 수 있으나, 극심한 공포에 장기간 노출되어 온 사람에게는 오히려 스트레스를 가중하므로 주의

22) 소거 ≒ 망각

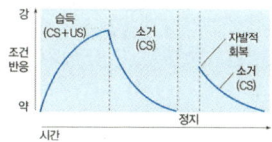

암기 POINT
• 노출법의 유형
  - 홍수법 : 처음부터 강한 자극에 노출
  - 체계적 둔감법 : 불안위계가 낮은 것부터 상상 + 이완훈련

② 체계적 둔감법
  ㉠ 근육을 이완시킨 상태에서 불안을 유발하는 상황을 약한 것에서부터 강한 것까지 차례로 상상하게 함으로써 특정 사태에 대한 불안을 제거하는 방법
  ㉡ 시행 절차
    ⓐ 불안을 일으키는 자극을 순서대로 배열하는 불안위계목록 작성
    ⓑ 신체적인 이완반응을 훈련 예 심호흡, 근육이완 등
    ⓒ 불안위계가 가장 낮은 것부터 상상하면서 이완훈련을 반복
      예 경민이는 얕은 물에서부터 점차 깊은 물로 들어가는 상상과 긴장 이완을 통해 물에 대한 두려움을 줄여나갔다.

③ 역조건 형성(상호제지의 원리)
  ㉠ 바람직하지 못한 반응을 야기하는 조건반응을 더 강력한 자극을 연합해서 이전 반응을 제거하고 새로운 조건반응으로 대체하는 방법
  ㉡ 새로운 자극이 기존 자극보다 강도가 높아야 효과가 있음
    예 토끼를 무서워하는 아이가 과자를 먹으면서 즐거워하고 있을 때 토끼를 보여주는 훈련을 반복하였더니 토끼에 대한 공포가 줄어들고 토끼를 보고 즐거워함

03 스키너(Skinner)의 조작적 조건화 이론
2020 · 2021 · 2025 지방직9급 / 2008 · 2009 · 2014 · 2021 국가직9급 / 2007 · 2008 · 2010 · 2016 · 2022 · 2023 국가직7급

(1) 고전적 조건화와 조작적 조건화의 비교
① 고전적 조건화에서는 불수의적인 반응을 주 대상으로 하지만, 인간의 많은 행동은 의도적인 행동이므로 고전적 조건화 원리가 잘 적용되지 않음
② 스키너는 자극에 대한 반응에 따라 주어지는 강화가 의도적인 행동 형성에 있어 결정적인 요인임을 밝힘(쏜다이크의 연구 성과 반영)
③ 학습자의 행동은 행동 이전에 주어지는 자극보다는, 행동의 결과에 의해 결정되며 이것은 미래의 행동에 영향을 미침

> **더 알아두기**
>
> • 헐(Hull)의 강화이론(충동감소 이론, 신행동주의)
>   - 고전적 행동주의 : S-R
>   신행동주의 : S-O-R
>   - 자극-반응의 관계는 유기체의 상태에 따라 달라진다고 봄
>   - 반응경향성은 충동의 강도(결핍의 지속시간)와 습관강도(자극과 반응이 연합된 강도)에 의해 영향을 받음
>   * 반응경향성(E)
>   = 충동(D)×습관강도(H)

	고전적 조건화 이론	조작적 조건화 이론
대표자	파블로프(Pavlov)	스키너(Skinner)
학습발생 시점	중립자극이 무조건자극과 연합되어 새로운 조건반응이 형성될 때 발생	행동의 결과로 인한 강화 경험이 이후 행동에 영향을 미칠 때 발생
행동(반응)	불수의적, 정서적, 생리적 반응	수의적, 자발적, 목표지향적 반응
조건화 원리	**자극** → 기대하는 행동(반응) (S형 조건화 이론, S-R 이론)	기대하는 행동(반응) ← **결과**(자극) (R형 조건화 이론, R-S 이론)
교육적 적용	교사가 학생을 따뜻하게 대해주면, 학생은 교사의 따뜻함과 교실을 연합하여 교실을 긍정적인 공간으로 인식하게 되어 학교에 잘 출석함	강화: 학생들이 적극적으로 발표를 할 때 칭찬을 하면 발표행동 증가 벌: 학생들이 복도를 뛸 때 꾸중을 하면 복도에서 뛰는 행동 감소

(2) 쏜다이크(Thorndike)의 자극-반응 연합설

① 시행착오학습(trial and error learning)
  ㉠ 실험 조건 : 상자 속 고양이가 잠금장치를 풀고 탈출하면 먹이를 먹을 수 있는 조건 제시
  ㉡ 실험 결과 : 처음에는 여러 시도 중 우연한 계기로 탈출에 성공하지만, 시행을 반복하면서 점차로 탈출에 관계없는 행동은 감소하고 탈출시간이 단축되는 학습효과 발생
  ㉢ 의의 : 학습은 시행착오의 과정을 통해 자극과 반응이 결합되는 점진적인 과정을 통해 일어남
② 학습의 원리
  ㉠ 효과의 법칙 : 결과(보상)가 만족스러운 행동은 학습되지만, 불만족하면 학습되지 않음
  ㉡ 연습의 법칙 : 반복된 경험은 반응의 정확성을 증가시킴
  ㉢ 준비성의 법칙 : 사전에 태도와 동기가 갖추어져야 학습이 잘 이루어짐

(3) 조작적 조건화의 기본 원리

① '조작적 조건화'의 개념 : 어떤 행동을 한 뒤에 주어지는 결과에 따라 관찰가능한 행동의 빈도와 강도가 변화되는 학습의 형태를 말함
  ㉠ 실험조건 : 스키너 상자 – 쥐가 지렛대를 누르면 먹이가 접시로 떨어지도록 설계된 환경 제공
  ㉡ 학습과정 : 상자 속을 돌아다니다가 우연히 지렛대 누름(반응) → 먹이를 먹게 됨(강화) → 반복(연습) → 배가 고플 때마다 지렛대를 눌러 먹이를 먹음(학습)
② 강화와 벌의 종류
  ㉠ 강화(reinforcement) : 어떤 행동을 한 학생에게 만족할 만한 결과를 제공하여 그 행동의 강도와 빈도를 증가시키는 과정
  ㉡ 벌(punishment) : 어떤 행동을 한 학생에게 불만족스러운 결과를 제공하여 그 행동의 강도와 빈도를 감소시키는 과정
    ✽ 벌은 부적절한 행동을 감소시킬 뿐이고, 긍정적 행동을 증가시키지는 않음

강화	정적 강화 (positive reinforcement)	유쾌자극 제시 → 특정 행동 증가 예 발표를 잘 했을 때 칭찬을 함
	부적 강화 (negative reinforcement)	불쾌자극 제거 → 특정 행동 증가 예 착한 일을 할 때 교실청소를 면제함
벌	수여성 벌 (제1유형의 벌)	불쾌자극 제시 → 특정 행동 감소 예 지각한 학생에게 추가숙제 부과
	제거성 벌 (제2유형의 벌)	유쾌자극 제거 → 특정 행동 감소 예 소란을 피운 학생에게는 자유시간을 박탈

더 알아두기

- 강화의 사례 분석
  - 사례 : 수업시간이 너무 소란스러워 떠드는 아이들에게 체벌을 가하였더니 조용해졌다. 이런 일이 반복된 후 교사의 체벌이 잦아졌다.
  - 분석 : '학생들의 조용해진 행동'은 '교사의 체벌행동'의 빈도를 높인 강화물 역할

③ 강화물(강화인)의 유형
  ㉠ 1차적 강화물(무조건 강화물) : 그 자체로 강화능력을 가지고 있는 강화물 (과자, 칭찬 등)
  ㉡ 2차적 강화물[조건화된(학습된) 강화물] : 그 자체로는 강화능력을 가지고 있지 않은 자극이 다른 강화물과 연합하여 가치를 얻게 된 강화물(성적, 칭찬 스티커 등)

(4) 강화계획
① 강화계획의 유형

유형		강화계획	특징
계속적 강화 (완전 강화)		모든 행동에 대해 매번 강화물 제공(→ 고정비율)	새로운 행동을 빠르게 강화할 수 있지만, 강화 효과가 지속되지 못함
간헐적 강화 (부분 강화)	고정간격	일정한 시간 간격에 따라 강화물 제공 예 기본 월급, 정기시험에 대한 성적	강화 시점을 예측할 수 있어 강화 직전 행동 증가, 강화 직후 행동 감소(강화효과의 지속성 낮음)
	변동간격	예측할 수 없는 시간 간격으로 강화물 제공 예 특별격려금	지속적 강화 효과가 있지만, 불안감을 주어 학습의욕 저하 가능
	고정비율	행동의 횟수에 따라 일정 비율로 강화물 제공 예 업무수당	짧은 시간에는 강화효과가 있지만, 강화의 효과가 오래가지 못함
	변동비율	예측할 수 없는 비율에 따라 강화물 제공 예 로또	강화비율을 예측할 수 없어 강화 효과가 가장 오랫동안 지속

② 강화계획의 효과 비교
  ㉠ 학습자의 반응 강도 : 고정간격 < 변동간격 < 고정비율 < 변동비율
  ㉡ 학습자의 반응 지속성
    • 계속적 강화보다는 간헐적 강화가 잘 소거되지 않음
    • 고정강화보다는 변동강화가 잘 소거되지 않음
    • 변동비율 강화가 가장 오래 지속됨
③ 효과적 강화계획
  ㉠ 학습이 진행되는 동안 점진적으로 강화의 제시 횟수를 줄이고 제시 간격을 넓히도록 함
  ㉡ 학습의 초기 단계에는 간헐적 강화보다 계속적 강화를 통해 바람직한 행동을 형성하고, 학습의 진전에 따라 간헐적 강화를 활용
  ㉢ 변동비율 강화계획으로 학습의욕이 저하된 경우, 고정간격 강화를 하되 그 간격을 짧게 함
  ㉣ 강화 제공의 시점을 특별히 정해두지 않았다면 지연강화보다 즉시강화를 사용

> **더 알아두기**
> • 강화계획 유형별 강도와 효과
>   – 고정간격 강화
>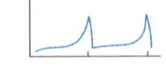
>   – 변동간격 강화
>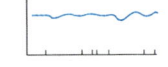
>   – 고정비율 강화
>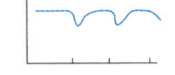
>   – 변동비율 강화

(5) 조작적 조건화 원리를 응용한 행동수정 기법

① 토큰 경제(token economy)
   ㉠ 바람직한 행동을 했을 때 토큰(스티커, 점수 등)을 나누어 주어 일정한 개수가 모이면 실제적인 강화물로 교환해 줌으로써 강화하는 방법
   ㉡ 토큰은 2차적 강화물에 해당하며, 나중에 교환해주는 강화물은 1차적 강화물이어야 함
      예 수업에 집중할 때마다 스티커를 노트에 붙여 주고 일정한 수 이상의 스티커가 모아지면 아이들에게 보너스 점수를 부여

② 프리맥(Premack) 원리
   ㉠ 학습자가 더 선호하는 행동을 덜 선호하는 행동을 증가시키기 위한 강화인으로 활용하는 방법(할머니의 법칙)
      예 수학 공부를 30분 하면 노는 시간을 10분 늘려주겠다고 함
   ㉡ 학습자의 행동을 관찰하여 가장 자주 발생하는 행동을 비교적 적게 발생하는 행동에 대한 강화물로 이용하도록 함

③ 강화중단(소거)
   ㉠ 이미 학습된 행동이라 하더라도 더 이상 강화가 주어지지 않으면 소거(extinction) 현상이 일어난다는 원리를 활용한 방법
   ㉡ 문제행동을 의도적으로 무시하고 강화를 주지 않음으로써 문제행동의 빈도를 감소시키거나 사라지게 하는 방법
      예 교사의 관심을 끌기 위해 떠드는 학생을 무시하고 그냥 내버려둠

④ 사회적 격리(타임아웃, timeout)
   ㉠ 문제행동을 한 경우 일시적으로 격리시키는 기법
   ㉡ 문제행동에 대한 정적 강화의 기회를 차단시켜 문제행동을 감소시킴
      예 수업에 방해되는 행동을 한 학생을 복도에 세워 둠

⑤ 포화
   ㉠ 바람직하지 않은 행동을 제지하기보다는 계속하게 함으로써 그 행동을 감소시키는 방법
   ㉡ 아무리 강력한 강화인이라 하더라도 너무 자주 사용하면 효능을 상실하게 되므로 포화와 같은 방법을 활용
      예 수업 중에 서로 쪽지를 주고받던 학생들에게 쪽지를 매일매일 한 장 이상 쓰게 하는 과제를 주자, 수일 후 학생들은 쪽지 쓰기를 더 이상 하지 않게 됨

⑥ 행동형성(조형, shaping)
   ㉠ 목표행동에 도달하는 과정을 보다 세부적인 단계나 과제들로 나누어 제시하고 점진적으로 강화함으로써 최종 목표행동을 학습하게 하는 방법 (과제분석, 차별적 강화, 점진적 접근)

더 알아두기

- **토큰 경제의 장점**
  - 심적 포화로 인한 강화효과의 상실 방지
  - 강화의 시간적 지연 예방
  - 강화물 제공방법의 편리성
  - 학습행동 지속 효과 탁월

예 최 교사는 미영이가 수업시간에 발표를 잘 할 수 있도록 하기 위해 교사와 눈 맞추기, 발표하기 위해 손들기, 일어서서 발표하기 등의 행동 변화 단계를 정하고, 미영이가 그 행동을 했을 때 적절한 강화물을 제공하였음

ⓒ 과제분석 : 학습할 과제를 단순한 요소들로 세분하고 학습의 구조와 순서를 결정(전체는 부분의 합)

예 태권도 품새를 노래에 맞추어 가르치기 위해, 노래를 여덟 소절로 나누고, 각 소절마다 네 가지의 품새들을 배열함

ⓒ 차별적 강화(선택적 강화)
- 특정 행동의 빈도를 증가시키기 위해 여러 행동 중에서 하나만 골라 선택적으로 강화하는 것
- 부적응적인 행동에 대해서는 강화물을 제거하고, 새로운 적응적 행동에 대해서는 긍정적 강화를 줌으로써 문제행동을 교정하고 바람직한 행동을 습득하게 하는 방법(칭찬-무시 접근)

⑦ 행동수정(행동치료)
ⓐ 특정 행동을 변화시키기 위해 선택적 강화의 원리를 체계적으로 적용하는 방법으로, 문제행동 교정과 바람직한 행동습득에 효과적
ⓒ 행동수정의 절차
ⓐ **목표행동 설정** : 현재 행동 중 변화시키려는 문제행동을 선정
ⓑ **기저선 설정** : 목표행동의 발생빈도를 관찰·측정, 기저선 설정
ⓒ **강화와 벌의 방법 선택** : 효과적인 강화와 벌의 결정
ⓓ **강화 제공, 행동변화 시도** : 일정 기간 동안 강화와 벌을 제공하여 행동의 변화를 시도, 행동의 변화 정도를 체계적으로 기록
ⓔ **강화빈도 조절** : 행동 개선 정도에 따라 강화빈도 조절

(6) 행동주의에 기반한 교수설계 원리

① 학습목표
ⓐ 수업의 목표는 최종 목적에서부터 분류하여 세분화하고 각 단위의 수업목표는 단순하고 구체적으로 설정
ⓒ 수업이 끝났을 때 학습자가 성취해야 하는 결과를 관찰 가능한 행동목표로 구체적으로 명시하여야 함
ⓒ 블룸의 교육목표분류, 가네의 수업이론, 딕과 캐리의 교수체제이론

② 수업내용
ⓐ 수업의 내용은 쉬운 것에서 어려운 것 순으로 점진적으로 제시
ⓒ 행동 조형의 원리에 따라 복잡한 과제는 단순한 단위로 세분화

더 알아두기
- **차별적 강화의 사례** : 학생이 수업시간에 떠들 때에는 무시해 버리고, 수업에 집중할 때에는 칭찬을 함

③ 학습평가
  ㉠ 바람직한 수행을 유도하기 위하여 지속적인 평가와 피드백 제공
  ㉡ 평가의 기준과 방법은 수업의 목표와 내용을 근거로 하여야 함
④ 동기유발
  ㉠ 학습이 이루어질 수 있도록 동기를 유발하는 교수전략을 수립
  ㉡ 외재적 동기유발에 있어서는 부정적인 통제보다는 긍정적인 강화를 활용하며, 예측불가능성을 가진 강화계획을 활용
  ㉢ 강화는 목표행동이 형성될 때까지 실시하되, 점진적으로 강화의 빈도를 줄이고 목표행동이 유지되는 습관화 단계에서는 강화를 중단
  ㉣ 결국 최상의 강화물은 성취감과 만족감 같은 내재적 동기이므로 외적 강화는 내적 강화로 나아가기 위한 수단적·보조적 도구로 활용

04 반두라의 사회학습이론
2016·2017·2019·2022 국가직9급 / 2012·2021·2023 국가직7급

(1) 사회학습이론의 기본 원리
① 기본 가정[행동주의 + 인지주의(정보처리이론)]
  ㉠ 환경, 개인, 행동은 서로 영향을 주고받음(상보적 인과관계)
  ㉡ 학습은 타인과의 상호작용 과정에서 형성된 사고과정의 결과
  ㉢ 학습에 있어서 개인의 신념, 자기지각 등과 같은 인지적 요인들의 역할이 중요
② 관찰학습과 대리적 강화(vicarious reinforcement)
  ㉠ 대부분의 인간 학습은 사회적 상황 속에서 다른 사람의 행동을 관찰하고 모방함으로써 일어남
  ㉡ 강화는 수행을 위해 필요한 조건이지 학습을 위한 필요조건은 아님
③ 자기조절학습과 자기강화(self-reinforcement)
  ㉠ 인간은 자신의 행동의 결과를 스스로 평가하는 속성을 가지고 있음
  ㉡ 인간의 행동은 외적인 보상이나 처벌보다는 자기조절에 의해 이루어짐
    예 학습에 깊은 흥미를 느낄 때 보상 없이도 행동을 지속
  ㉢ 학습자가 자기효능감과 자기조절능력을 가지고, 학업성취에 대해 긍정적이고 현실적인 기대를 가질 때, 바람직한 학습행동이 나타남

(2) 관찰학습의 개념과 원리
① 대리적 강화와 관찰학습
  ㉠ 다른 사람이 한 행동과 그로 인한 결과를 관찰하여 자기 행동을 조절함으로써 새로운 행동을 학습하는 과정
    예 경찰이 다른 차를 속도위반으로 단속하는 것을 보고 자신의 운전속도를 줄이는 행동의 변화는 대리학습에 의한 것임

> **암기 POINT**
> 반두라의 사회학습이론은 인지주의적 요소를 포함하지만, 기본적으로는 행동주의 학습이론의 하나로 보아야 함

ⓛ 자신의 행동에 대한 직접적 강화 없이도 다른 사람의 행동에 대한 관찰만으로도 자기가 그 사람과 비슷한 행동을 하면 동일한 결과가 나타날 것이라 기대하므로 행동변화가 일어남

예 김 교사는 학생들에게 수업 중에 질문을 할 때는 손을 들어 허락을 받은 후 발표를 하도록 규칙을 정하였다. 그는 수업 첫날에 질문하는 요령에 대해 적절한 시범을 보이고, 질문을 할 때 손을 드는 학생들을 적극적으로 칭찬하였다. 그러자 1주일 후에는 학급의 모든 학생들이 이 규칙을 따르기 시작하였다.

② 모델링의 유형

구분	설명	예시
직접 모델링	실제로 관찰한 모델의 행동을 그대로 모방하는 것	선생님이 칠판에 적은 필체를 똑같이 따라 쓰는 것
상징적 모델링	영화 등 매체를 통해 모델을 관찰하고 모델의 행동을 모방하는 것	인기있는 아이돌 가수의 옷차림을 따라 하는 것
종합적 모델링	관찰한 행동의 부분들을 종합하여 일련의 행동으로 발전시키는 것	형이 의자를 밟고 올라가 높이 있는 책을 꺼내는 것과 엄마가 찬장문을 열어 과자를 꺼내는 것을 보고, 의자를 사용해 찬장 안의 과자를 꺼냄

③ 관찰학습의 단계(요소) : 주의집중 → 파지 → 재생 → 동기화

ⓐ 주의집중(Attention) : 모델 행동에 주의를 집중하여 관찰하는 단계
- 모델의 특성에 따른 학습효과
  - 지각된 유사성 : 자신과 비슷한 측면이 있는 모델의 행동을 잘 모방함
    예 성인 < 또래친구, 이성친구 < 동성친구
  - 지각된 능력과 지위 : 높은 지위와 능력을 가진 모델의 행동을 모방할 가능성 높음 예 톱스타의 영향력
  ★ 지각된 지위는 과잉일반화 효과(spill-over effect)를 가질 수 있음. 높은 지위의 모델은 종종 그들의 전문성 영역 밖에서도 능력이 있다고 여겨져 부적절한 영향을 미친다는 점에 주의

ⓑ 파지(Retention) : 관찰 내용을 상징적 기호로 기억에 저장하는 단계
- 관찰된 정보의 파지 과정
  - 상징적 부호화 : 관찰된 모델의 행동 중 중요한 내용을 도출하여 시각적·언어적인 형태로 부호화
  - 인지적 재구조화 : 기존의 지식과 새로운 지식들 간의 관계 재설정
  - 인지적 연습(내적 시연, rehearsal) : 모델의 행동에 따라 자신이 행동하는 것을 마음속으로 상상해 봄

암기 POINT

• 반두라 관찰학습의 단계
  - 주의집중 : 관찰
  - 파지 : 기억
  - 재생 : 연습
  - 동기화 : 실천

- ⓒ 재생(Reproduction) : 모델의 행동을 자신의 실제 수행을 통해 반복하여 연습해 보는 단계
  - 효과적인 재생 방법
    - 모델의 행동을 정확하게 재생하기 위해서는 세부 동작을 변별해 내고 필요한 운동기술을 갖추어야 함
    - 모델의 행동과 비슷해지기 위해 자기 행동에 대한 자기관찰 및 교정적 피드백을 실시하여야 함
- ② 동기화(Motivation) : 학습된 행동을 실천으로 옮기기 위한 동기부여
  - 강화의 종류(자기강화가 가장 효과적)
    - 외적 강화 : 자신의 행동에 대한 직접적인 보상이나 처벌에 의한 강화
    - 대리적 강화 : 다른 사람의 행동과 그 결과에 대한 관찰로 인해 형성된 기대에 의한 강화
    - 자기강화 : 자신의 행동에 대해 스스로 내리는 평가나 부여하는 가치나 의미에 의한 강화

(3) 자기효능감과 자기조절학습

① 자기효능감(self-efficacy)
  - ㉠ 개념 : 어떤 과제를 성공적으로 수행할 수 있는 자신의 능력에 대한 판단 또는 신념 예 "나는 수학을 잘 해."
  - ㉡ 형성요인 : 과거의 성취경험(자기 자신), 대리경험(관찰대상과의 비교), 주변인들의 언어적 설득(칭찬, 격려), 생리적 지표(기분 등)
  - ㉢ 학습동기에의 영향
    - 자기효능감이 높은 학생들은 어려운 과제에 도전하며, 노력과 끈기를 보이며, 목표달성을 위해 효과적인 전략을 사용함
    - 자기효능감이 낮은 학생들은 어려운 과제를 회피하거나 쉽게 포기하며, 노력을 덜 기울이고 비효율적인 전략을 사용함

② 자기조절학습(self-regulated learning)
  - ㉠ 개념
    - 학습자가 스스로 설정한 목표를 달성하기 위해 인지적, 행동적, 정서적 과정을 자율적으로 계획·조절·평가하는 능동적 학습과정
    - 외적 강화에 의존하지 않고, 내적 동기와 메타인지적 전략을 통해 자기주도적으로 학습을 관리함

ⓛ 자기조절학습의 요소 : 반두라의 자기조절학습 모델(계획 → 실행 → 평가)

목표 설정	- 학습자가 스스로 설정한 목표가 교사에 의해 부여된 목표보다 자기조절학습에 효과적 - 구체적이고 도전적인 목표를 세울 수 있도록 함
자기 관찰	- 학습자 스스로 자신의 전략, 행동, 동기수준 등을 지속적으로 관찰해야 함 - 최종목표를 구성하는 하위 행동요목들을 체크리스트로 만들고 자신의 상태를 모니터링
자기 평가	- 달성하려는 목표를 기준으로 자신의 행동, 동기, 전략 등의 적절성, 효과성, 효율성 등을 평가 - 자기평가를 위해서는 메타인지를 적극 활용해야 함
자극 통제	- 학습에 방해가 될 수 있는 환경(자극)을 자발적으로 통제하여 학습에 집중하도록 조건화함 예 침대에서는 잠만 자고 책상에서는 공부만 하도록 조건화함
자기 강화	- 자신의 수행 결과에 대한 평가를 바탕으로 자기 스스로 행동을 강화함 - 학습 성과에 대해 성취감과 만족감은 학습행동을 강화

ⓒ 자기조절학습 전략의 요소 : 짐머만(Zimmerman)의 자기조절학습 전략

구분	의미	학습전략
인지적 요소	학습자가 자료를 기억, 이해, 조직화하기 위해 사용하는 전략	- 시연 : 정보의 유지, 반복 암기 - 정교화 : 새 정보와 기존 지식 연결 - 조직화 : 개요 작성, 도표, 마인드맵 등
메타인지적 요소	학습자 자신의 인지를 점검, 통제, 조절하는 전략	- 계획하기 : 학습목표 설정, 학습전략 선택 - 모니터링 : 학습과정 중 오류 감지 및 수정 - 평가하기 : 학습 결과 및 전략의 효과 평가 예 '학습목표카드'를 이용해서 매일의 학습과정 점검 및 평가, 개선하기
동기적 요소	학습을 지속하게 만드는 내재적 요인 및 정서적 자원	- 내재적 동기 : 호기심, 만족감, 성취감 등 - 숙달목표 지향성 : 과제 완성 자체에 집중 - 자기효능감 : 자신의 학습능력에 대한 믿음
행동적 요소	실제 행동을 조절하며 효과적으로 학습을 수행하기 위한 전략	- 행동통제 : 주의집중 및 과제집행 노력 - 시간관리 : 학습 스케줄 계획 및 조정 - 물리적 환경 구조화 : 학습에 적합한 환경 조성 - 정보탐색 : 학습에 필요한 자료 및 정보 수집 - 도움 구하기 : 또래나 교사에게 질문 및 요청

5 인지주의 학습이론

01 인지주의 학습이론 개관

(1) 인지주의 학습이론의 기본 가정

① 인간관
  ㉠ 인간은 목표지향적이며 능동적인 존재로서, 동물과 질적으로 다름
  ㉡ 인간은 스스로 정보를 지각하고, 해석하고, 재구성하는 주체적인 존재
  ㉢ 인간은 외부 정보를 그대로 받아들이기보다는 자신의 이해를 구성

② 학습관
  ㉠ 학습은 개인의 내적 정신구조의 변화(정신적 변화에 초점)
    • 정신구조는 머릿속에 있는 신념, 목표, 기대, 도식 등을 의미
    • 단순기억 과제뿐만 아니라 문제해결 같은 복잡한 과제 학습도 포함
  ㉡ 학습은 경험을 통한 행동잠재력의 변화를 의미
    • 새로운 경험에 대한 반응은 누적된 과거 경험에 따라 달라짐
    • 정신구조 변화는 즉각적인 행동변화 없이도 행동잠재력을 변화시킴

(2) 행동주의와 인지주의 학습이론의 비교

	행동주의 학습이론	인지주의 학습이론
학습자	백지설, 수동적 존재 (환경에 의해 지배받음)	백지설 거부, 능동적 존재 (환경을 재구성함)
학습의 개념	자극과 반응의 연합을 통한 관찰가능한 행동의 변화	경험의 적극적인 재구성을 통한 머릿속 정신구조의 변화
학습의 범위	새로운 경험과 정보에 의한 외현적 행동의 변화	즉각적 행동변화를 넘어서는 행동잠재력의 변화까지 포함
연구 방법	실험연구를 통한 관찰가능한 행동의 변화를 추적하는 방법	사고발성법[23]과 같이 내적 사고의 변화를 확인할 수 있는 방법
주요 이론	고전적 조건화, 조작적 조건화, 시행착오 (도구적 조건화)	잠재학습, 통찰학습, 형태주의심리학, 도식이론, 정보처리이론
교육관	바람직한 방향으로의 행동변화를 위한 체계적·점진적 접근	학습자의 사고기능과 탐구능력 신장에 중점을 두는 접근

[23] 사고발성법(발성사고법, think-aloud method)
  - 과제를 수행하면서 머릿속에 떠오르는 생각들을 그대로 말로 표현하게 하는 방법
  - 학생들의 내적인 사고과정을 파악하기 위한 목적

암기 POINT

• 인지주의 학습이론의 배경

```
톨만의 잠재학습 이론
    ↓
쾰러의 통찰학습 이론
    ↓
형태주의(게슈탈트) 심리학
    ↓
인지주의 학습이론
```

02 초기의 인지주의 학습이론

2018 · 2021 · 2024 지방직9급 / 2019 국가직9급 / 2018 · 2019 · 2022 국가직7급

(1) 톨만(Tolman)의 잠재학습 이론

① 잠재학습(latent learning) 이론
  ㉠ 미로학습 실험
    • 실험상황 : 쥐들이 미로의 최종 도달지점에서 강화물(먹이) 제공
    • 실험결과 : 보상의 유형에 따른 과제의 수행결과에 차이가 있음

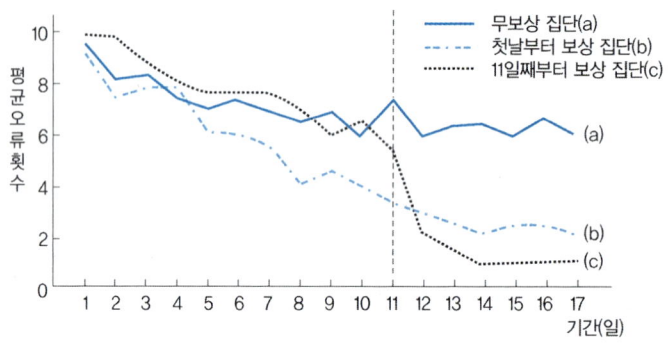

  ㉡ 실험결과의 해석 : '잠재학습'의 발견
    • 집단 (a), (b), (c) 모두에서 오류수 감소 → 강화(보상)를 받지 않아도 과제의 학습은 어느 정도 일어난다는 것을 의미
      - 이때, 학습된 내용은 구체적인 행동이 아니라 미로에 대한 정보를 정신적으로 표상한 것, 즉 인지도(cognitive map)를 학습한 것임
    • 집단 (c)의 오류수는 12일차에 급격히 감소 → 강화물은 학습된 것이 관찰가능한 행동으로 표출되도록 만드는 유인책의 역할을 할 뿐
      - 강화물은 행동의 결과로 무엇을 얻게 될 것인지를 알게 하고 그 결과를 얻기 위해 행동하도록 유인하는 역할

② 목적적 행동주의 이론
  ㉠ 인간은 목적지향적 성격을 지닌 존재
    • 인간은 특정한 결과를 얻을 것이라는 기대에 따라 행동함
    • 학습은 자극-반응을 결합하는 것이 아니라 어떤 행동을 하면 특정한 결과를 얻을 것이라는 기대를 획득하는 것
  ㉡ 학습은 정신 내부의 인지과정의 변화를 포함함
    • 가시적인 행동의 변화만이 학습은 아니며, 강화가 없어도 학습이 이루어짐
    • 자극에 대한 반응에 있어서 인간(유기체)의 기대, 목적, 인지도 등의 정신 내부의 인지과정이 영향을 미침

(2) 쾰러(Köhler)의 통찰학습이론

① 쾰러의 침팬지 실험
- ㉠ 실험상황 : 높은 곳에 매달린 바나나를 따먹기 위해 손을 뻗치는 등 몇 차례의 시도 후에 우리 속에 있던 막대를 가지고 놀다가 잠시 멈춰 무언가를 생각하더니, 갑자기 막대로 바나나를 쳐서 떨어뜨려 먹음
- ㉡ 실험결과의 해석
  - 침팬지는 문제상황에서 서로 관련없어 보이던 요소들이 갑자기 유의미한 전체로 파악되고 결합되면서 문제해결방법을 발견하게 됨
  - 침팬지의 학습은 시행착오의 결과가 아니라, 통찰에 의한 인지구조의 변화를 의미함
- ㉢ 의의 : 쾰러의 침팬지 실험은 형태주의 심리학에 중요한 근거를 제공

② 통찰학습이론
- ㉠ 통찰(insight)의 개념 : 문제 상황 속에 존재하는 여러 요소들이 수단과 목적 등의 유의미한 관계로 인식됨으로써 갑작스럽게 문제해결에 이르게 되는 비약적인 사고과정['아하(A-Ha)' 현상]
  - ＊ 전날 내내 문제가 풀리지 않았으나 새벽에 일어나서 보니 해결방법이 갑자기 떠올랐음
- ㉡ 통찰의 과정 : 전체 상황의 파악 → 전체를 구성하는 요소들로 분석 → 요소들 간의 관계를 재구조화하여 종합
- ㉢ 통찰의 효과 : ⓐ 통찰학습으로 습득된 지식은 다른 상황에 쉽게 전이가 능하며, ⓑ 시행착오 없이 원활한 수행이 가능하며, ⓒ 인지구조의 변화로 인해 학습효과가 오랫동안 유지됨

(3) 형태주의(게슈탈트) 심리학

① 개관
- ㉠ 인간이 감각기관을 통해 들어오는 정보를 인지하고 해석하는 지각의 과정에 대해 관심을 둠
- ㉡ 인간은 환경을 있는 그대로 받아들이는 것이 아니라, 능동적으로 구성하여 형태(전체, Gestalt)로 지각함
- ㉢ 인간은 지각된 정보를 구조화·조직화하여 전체를 구성하므로, 지각된 전체는 부분의 합 이상을 의미함(지각은 실제와 다름)
  - ＊ 복잡한 현상을 단순한 요소로 나누어 설명하려는 행동주의의 환원주의에 반대
- ㉣ 대상의 지각(학습)은 서로 관련 없던 부분의 요소들이 유의미한 전체로 갑자기 파악될 때 일어남(⇒ 쾰러의 통찰학습 이론)
  - ＊ 학습을 자극-반응의 연합을 통한 점진적인 변화로 보는 행동주의 관점을 거부

> **더 알아두기**
> - 통찰학습(아하 현상)의 사례
>   - 아르키메데스가 목욕탕 물이 넘치는 것을 보고 왕관이 순금으로 만들어졌는지를 확인하는 방법을 발견한 순간 '유레카(eureka)'라고 외침
>   - 불교의 수행방법 중 하나인 돈오점수(頓悟漸修)는 단번에 이치를 깨친 뒤에 계속 수행해 나간다는 의미로, '돈오'는 통찰에 해당

② 지각의 법칙
  ㉠ 베르트하이머(Wertheimer)의 파이(phi) 현상 : 2개의 불빛이 번갈아서 점멸하면 마치 불빛이 움직이고 있다고 착각하는 현상
  ㉡ 전경과 배경의 원리(지각의 제1법칙) : 모든 지각경험은 배경과 전경의 구별을 기초로 하는데, 사람마다 전경과 배경을 다르게 지각함
  ㉢ 정보의 조직화 원리(지각의 제2법칙, 프래그난츠 법칙) : 인간은 정보 전체를 조화롭고 의미있는 형태로 조직화하여 지각하는 경향성이 있음
    • 완전성의 원리 : 불완전한 형태를 보완하여 완전한 형태로 지각
    • 근접성의 원리 : 근접해 있는 정보를 하나의 집단화된 형태로 지각
    • 유사성의 원리 : 유사한 요소들을 통합하여 하나의 형태로 지각
    • 연속성의 원리 : 방향성을 가진 연속적 정보를 하나의 단위로 지각

전경과 배경	완전성	근접성	유사성	연속성
	○	∣∣∣∣	■■ ▲▲ ●●	✕

03 정보처리이론
2017 · 2022 지방직9급 / 2013 · 2016 · 2019 · 2020 국가직9급 / 2011 · 2015 · 2017 · 2021 국가직7급

(1) 정보처리이론의 개관
① 성격 : 학습자 내부에서 일어나는 인지과정에 관한 이론으로, 학습자가 어떻게 정보를 효율적으로 처리하고 기억하는지를 설명하는 이론
② 앳킨슨과 쉬프린(Atkinson & Shiffrin)의 정보처리모델 : 인간의 사고과정을 컴퓨터의 정보처리과정에 빗대어 설명
  ㉠ 정보저장소 : 정보를 유지하는 창고로, 컴퓨터의 주기억 장치와 하드드라이브와 유사함
  ㉡ 인지처리과정 : 정보를 처리하는 과정으로, 컴퓨터의 소프트웨어에 해당

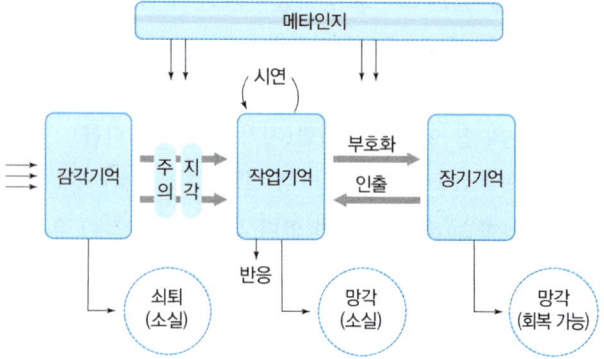

(2) 정보저장소의 특징과 학습전략

① 정보저장소의 특징 비교

	감각기억	작업기억(단기기억)	장기기억
역할	감각기관을 통해 들어온 정보를 잠시 있는 그대로 유지하는 역할(감각정보의 임시 저장)	감각기억에서 들어온 정보나 장기기억에서 인출된 정보를 처리하는 역할(정보의 능동적 변형)	작업기억에서 부호화된 정보를 영구적으로 저장하는 역할(정보의 영구적 저장)
저장용량	무제한	제한적(7±2 청크[24])	무제한
저장시간	1~4초	20~30초	반영구적
통제방식	주로 무의식적(자동적)	부분적으로 의식적 통제	부분적으로 의식적 통제
망각원인	쇠퇴[25]에 의한 정보유실 (회복 불가능)	쇠퇴, 치환[26] 등 (회복 불가능)	간섭, 인출실패 등 (회복 가능)

② 작업기억의 용량 한계와 학습전략

㉠ 스웰러(Sweller)의 인지과부하이론 : 청킹(chunking)
- 작업기억으로 유입되는 정보의 양, 난이도, 복잡성이 학습자의 정보처리용량[27]을 초과하는 경우 인지과부하(overload)가 발생
- 인지과부하는 정보 소실, 처리속도 저하, 주의산만으로 인한 학습부진을 유발할 우려가 큼
- 한 번에 처리할 수 있는 분량의 의미단위(청크)로 정보를 묶음으로써 인지부하(cognitive load)를 조절하는 것이 효과적

㉡ 케이스(Case)의 작업기억 용량 모형 : 자동화(automatization)
- 작업기억 = 조작공간 + 저장공간(작업기억 총량은 불변)
- 작업기억의 정보처리기능이 세련화되어 정보처리 역량이 향상되면, 필요한 조작공간이 줄어들고 대신 저장공간이 증가하게 됨
- 반복적인 연습과 숙달을 통해 정보처리의 '자동화' 능력이 향상되면 과제처리 능력이 향상됨

㉢ 파이비오(Paivio)의 이중부호화 이론 : 이중부호화(dual coding)
- 인간의 기억에서 정보는 언어적 형태(의미)와 시각적 형태(이미지)가 두 가지 형태로 동시에 처리됨
- 언어정보와 시각정보를 결합한 학습이 한 가지 방식으로만 처리되는 학습보다 정보의 저장, 인출 및 활용에 효과적

청킹(묶기)	개별적인 정보를 보다 크고 의미있는 단위로 묶음 → 처리해야 할 정보의 수를 줄임(처리되는 정보의 총량은 증가) 예 '0, 4, 1, 3, 4, 5, 9, 9, 8, 7'을 '041, 345, 9987'로 묶어서 기억
자동화	반복 훈련을 통해 의식적인 노력 없이 정보를 처리할 수 있게 함 예 워드프로세서를 능숙하게 사용하게 되면 글쓰기 질이 향상됨
이중부호화	언어정보와 시각정보를 함께 제시 → 작업기억의 두 가지 정보처리 경로를 모두 사용, 두 정보가 서로를 보충하게 함

---

24) 청크
'덩어리'라는 뜻으로, 정보의 청크는 머릿속에서 1개의 단위로 받아들여지는 정보의 묶음이라는 뜻

25) 쇠퇴
기억흔적이 희미해짐

26) 치환
작업기억의 용량 한계 때문에 나타나는 현상으로 새로운 정보가 이전의 정보를 밀어내고 대신 자리를 차지하는 것

27) 작업기억의 처리용량
흔히 작업기억은 작업대로 비유됨. 작업대의 넓이에 한계가 있는 것처럼, 작업기억도 한 번에 처리할 수 있는 정보의 양이 한정되어 있다는 점을 의미함

③ 장기기억의 구조와 지식의 형태
  ㉠ 장기기억의 구조
    • 명제와 산출 등에 기초한 다양한 형태의 정보망과 도식적 지식으로 이루어져 있음
    • 정보의 의미체계에 따라 위계(hierarchy)나 도식(schema), 망(network)의 형태로 체계적으로 조직화하여 저장
  ㉡ 장기기억의 구성요소(종류)

명시적 (선언적) 지식	일화 기억	– 개인적 경험과 사건에 대한 기억(에피소드 기억) – 심상의 형태로 부호화, 시점–장소 중심으로 조직
	의미 기억	– 사실, 개념, 명제, 규칙 등에 관한 지식(knowing what) – 개념들 간의 네트워크, 즉 도식(schema)의 형태로 저장 – 도식이 체계적으로 조직화될수록 정보 저장 및 인출 용이
암묵적 지식	절차 기억	– 어떤 행위를 수행하는 방법(운동기술, 절차, 암묵적 규칙 등)에 관한 지식(~할 줄 아는 것, knowing how) – 어떤 지식을 언제, 왜, 어떻게 선택·활용할 것인지에 대한 지식인 '조건적 지식'을 포함 – '산출(production)' 단위로 저장 : 특정 조건 하에서 해야 할 행위를 나타내는 조건–행위 규칙('만일 ~ 하면, ~ ', if–then)
	정서 기억	과거 경험에 대한 정서적 반응을 불러일으키는 기억
	고전적 조건화	무조건자극과 중립자극의 연합을 통한 조건화된 자극–반응기억

(3) 정보처리과정의 특징과 학습전략

① 주의(attention)
  ㉠ 감각등록기를 통해 들어온 수많은 자극들 중 중요하다고 판단되는 정보에 대해 의식적으로 주의를 집중시키는 과정(선택적 주의)
  ㉡ 칵테일파티 효과(cocktail party effect) : 감각기관을 통해 들어온 수많은 정보들 중 의미있게 주의된 일부 정보만이 선택적으로 처리됨
    예 교사가 설명과 판서를 동시에 할 경우, 학생들은 필기에 집중하여 교사의 설명을 잘 듣지 못함
  ㉢ '선택적 주의' 활용 교수 전략
    • 수업내용에 대한 학생들의 주의를 환기하고 유지하기 위해 다양성, 호기심, 놀라움을 강조
      예 풍선에 공기를 서서히 불어 넣어 학생들 앞에서 터뜨려 집중시킴
    • 발췌(abstracting) : 중요한 정보와 그렇지 않은 정보 선별하여 정리
      예 판서할 때 중요한 개념 밑에 노란색으로 밑줄을 그어 강조함

더 알아두기
• 인공지능의 발달이 교육에 미칠 영향
  – 명시적 지식(선언적 지식)의 중요성 감소할 것
  – 암묵적 지식(절차적 지식)의 중요성 증가할 것
  – 교사의 역할은 지식의 전달자에서 학습환경의 조성자, 학습의 촉진자 역할로 변모할 것

더 알아두기
• 레스토프 효과(Restorff effect)
  – 같은 범주의 정보 속에서 유독 눈에 띄는 특이한 요소를 더 잘 기억하는 현상
  – 수업자료에서 중요한 부분에 밑줄을 긋거나 강조표시를 하여 학습효과를 높임

② 지각(perception)
  ㉠ 배경지식을 토대로 주의집중된 자극을 해석하고 의미를 부여하는 과정
  ㉡ 지각된 자극은 '객관적 실재'가 아니라 개인에 의해 해석된 '주관적 실재'
    예 노파, 젊은 여인 그림의 지각
  ㉢ 지각의 과정에서도 배경지식의 영향이 중요. 배경지식이 부족하면 정확한 지각의 형성을 방해함
③ 시연(rehearsal)[28]
  ㉠ 개념
    • 작업기억에 들어온 정보를 반복해서 생각거나 말로 되뇌이는 과정
    • 정보를 작업기억에 유지시키는 역할, 작업기억에서 정보의 처리를 도움, 장기기억으로 정보전달 역할도 일부 수행(정교형 시연)
      예 요리 순서를 랩 가사로 만든 후 학생이 익숙한 노래 가락에 맞추어 부름
  ㉡ 시연의 방법
    • 유지형 시연 : 새로운 정보를 단순히 반복해서 외우는 시연
    • 정교형 시연 : 정보에 새로운 의미를 부여하여 외우는 시연
      예 575-8249 → '꼬치오-빨리사구'
④ 부호화(encoding)[29]
  ㉠ 개념
    • 새로운 정보를 처리 가능한 형태로 변형하여 장기기억에 저장하는 과정
    • 단순한 정보 저장이 아니라, 작업기억 속 정보를 재구성하여 의미 있는 장기기억 표상으로 전환하는 것을 의미(정보의 재처리 과정)
  ㉡ 유의미한 부호화(meaningful encoding)
    • 새로운 정보를 기존에 알고 있는 다른 정보들과 긴밀하게 연결하여 의미를 부여하여 표상하는 것을 의미(→ 오수벨의 유의미학습)
    • 학습자의 배경지식이 풍부할수록, 유의미한 부호화가 용이해지며, 정보의 인출도 용이해짐
  ㉢ 효과적인 부호화 전략
    • 정교화(elaboration) : 새로운 정보와 선행지식을 연결하여 새로운 정보에 의미를 부여 예 구체적 사례, 비유, 개인화, 질문, 토론 등
    • 조직화(organization) : 개별 정보들을 공통의 범주로 묶거나 위계 관계에 따라 구조화하여 정리 예 도표, 그래프, 개요, 개념도, 위계도 등
    • 심상화(imagery) : 시각적 이미지를 활용하여 정보의 의미를 표상하는 전략 예 삽화, 그림, 도식화, 마인드 맵(mind map) 등
    • 적극적 활동(activity) : 학습할 정보와 관련된 활동에 직접 참여하게 함 예 실험, 탐구, 토론 활동, 체험학습 등
    • 맥락화(context) : 특정 시간과 장소, 감정 등과 같은 해당 정보와 관련된 맥락 정보를 연결해서 학습 예 스토리텔링

---

28) 시연
정보를 변형하지 않고 그대로 보유하고 있는 것

29) 부호화
정보를 변형하여 장기기억에 저장하는 것

암기 POINT
• 효과적인 부호화 전략(기억법, 학습법)
  – 정교화 : 선행지식과 연결
  – 조직화 : 정보들을 정리
  – 심상화 : 시각적 이미지 형성
  – 활동 : 활동에 참여
  – 맥락화 : 주변 상황과 연결

더 알아두기
- 정교화 전략의 예시
  - '빨간 사과'라는 단어를 학생들에게 더 잘 기억시키기 위해 "화난 엄마가 얼굴을 붉히며 빨간 사과를 집어 던졌다."는 문장을 제시함

전략	부호화 전략의 예시
정교화	• 구체적 사례 : 학습내용에 구체적 예나 삽화를 추가하여 구체화 • 비유(유추) : 어떤 개념을 유사성을 가지는 다른 사례에 빗대어 표현 • 개인화 : 학습한 정보를 자신의 말로 바꾸어 보거나 설명해 봄 • 질문 : 개념의 사례, 관련된 결론, 실제적 활용방안 등에 대해 질문 • 토론 : 학생들에게 새로운 정보의 의미에 대해 토론하게 함
조직화	• 도표 : 정보의 핵심을 정리하여 표나 다이어그램으로 정리 • 그래프 : 직선, 곡선, 도형 등 그래픽의 요소를 활용하여 시각화 • 개요 : 자료의 핵심내용과 구조를 간단한 표나 그림의 형태로 제시 • 개념도 : 개념 간의 관계를 보여 주고 주제와의 관련성을 도형화 • 위계도 : 학습자료의 전체적인 구조를 위계적인 형식으로 표현
심상화	• 시각적 이미지 : 언어적 정보를 그림 등으로 표현(이중부호화 이론) • 도식화(schematizing) : 개념도 등 시각적 조직자를 활용하여 시각화 • 마인드 맵 : 자료의 핵심내용과 그 관계를 정리하여 입체적으로 표현

⑤ 인출(retrieval)

ⓐ 장기기억에 저장된 정보를 다시 불러오는 과정, 즉 장기기억에서 정보를 탐색하여 의식세계로 떠올리는 과정(부호화 → 저장 → 인출)

ⓑ 설단현상(tip of the tongue phenomenon)
- 단어 등이 생각이 날 듯 말 듯 혀끝에서 맴돌며 기억나지 않는 현상으로, 단서가 주어지면 인출이 가능해지는 상태
- 인출작업의 부분적 실패로 볼 수 있으며, 인출단서(retrieval cue)를 풍부하게 제공하는 것이 학습에 효과적

ⓒ 부호화 특수성(맥락 효과)
- 맥락 의존 기억(context-dependent memory) : 정보가 저장된 맥락과 유사한 환경에서 정보의 인출이 용이함 예 잠수부의 기억력 실험
- 상태의존학습(state-dependent memory) : 특정 정서·신체 상태에서 학습한 정보는 동일한 상태에서 더 잘 인출됨 예 우울할 때 배운 내용은 우울할 때 더 잘 기억됨

더 알아두기
- 자이가닉 효과 (Zeigarnik effect)
  - 완성된 과제보다 미완성된 과제를 더 잘 회상하는 현상
  - 레빈(Lewin)의 장이론에 따르면, 목표의 미완성 상태는 심리적 긴장을 지속시켜 기억 유지와 회상율을 높임

암기 POINT
- 메타인지 개념 : 학습과정에 대한 의식적 통제와 반성
- 메타인지의 기능
  - 계획 : 학습활동 계획
  - 점검 : 학습과정 점검
  - 조절 : 학습방법 수정
  - 평가 : 과정 및 결과 평가

(4) 메타인지(상위인지, 초인지)

① 개념

ⓐ 인지에 대한 인지, 사고에 대한 사고, 사고과정에 대한 인식(지식)

ⓑ 정신체계의 의식적이고 반성적인 부분

ⓒ 자신의 인지과정에 대한 자각과 통제로 자신의 사고를 확인하고 점검하며 조절하는 정신활동

② 역할과 특징

ⓐ 주의집중, 지각, 이해, 문제해결 등 학습 전반의 과정에 영향을 줌

ⓑ 메타인지 능력도 개인차가 존재하며, 의식적 훈련을 통해 발달 가능

③ 메타인지의 주요 기술
  ㉠ 계획(planning) : 학습활동 계획, 학습순서 결정, 인지전략 선택
  ㉡ 점검(monitoring) : 자신의 인지적 상태와 학습의 진행 상태를 모니터링
    예 오답노트를 만들어 자신의 부족한 부분을 확인하고 그 원인을 분석
  ㉢ 조절(regulation) : 부적절한 인지전략과 학습방법을 수정
    예 '방금 공부한 것을 노트에 따로 적어두는 것이 좋겠어. 평상시 나를 생각해 볼 때 다시 생각나지 않을 것 같아.'
  ㉣ 평가(evaluation) : 자신의 인지적 변화정도와 학습전략의 효과성 평가
④ PQ4R 학습전략 : 자료를 읽는 동안 스스로 이해도를 점검하면서 읽는 전략 (메타인지를 활용한 학습전략)
  ㉠ 훑어보기(Preview) : 자료가 전체적으로 어떻게 구성되어 있는지 살핌
  ㉡ 질문하기(Question) : 자료를 읽기 전에 각 내용에 대한 질문을 만듦
  ㉢ 읽기(Read) : 정교화 질문에 대답하면서 공부할 자료를 집중해서 읽음
  ㉣ 성찰하기(Reflect) : 자료를 읽으면서 내용에 대해 반성적으로 사고
  ㉤ 암송하기(Recite) : 다 읽고 난 후 자료를 보지 않고 읽은 내용을 재생
  ㉥ 복습하기(Review) : 정교화 질문에 대답해 보면서 읽은 것을 복습하고, 대답할 수 없는 부분을 다시 읽어봄

04 학습의 전이와 망각

(1) 학습의 전이(transfer) 2023 지방직9급 / 2014·2018·2022 국가직7급

① 개념 : 어떤 특정한 상황에서 학습한 지식이나 기술이 새로운 상황에서의 학습에 영향을 미치는 것(→ 학습의 경제성을 높임)
② 전이의 유형
  ㉠ 전이효과의 존재 방향 및 여부에 따라
    • 긍정적 전이 : 선행학습이 후행학습에 도움이 됨
      예 승용차로 운전을 배운 것이 트럭의 운전을 배우는 데 도움을 줌
    • 부정적 전이 : 선행학습이 새로운 학습을 방해함
      예 수동기어로 운전을 배운 것이 자동기어로 운전을 할 때 실수를 유발
  ㉡ 전이효과의 범위에 따라
    • 특수전이 : 선행학습 상황과 유사한 상황에서만 전이가 일어남
      예 수학시간에 배운 사칙연산이 상점에서 잔돈 계산하는 데 도움이 됨
    • 일반전이 : 앞서 학습한 지식이나 기술을 다양한 상황에 적용함
      예 수학 공부를 통해 길러진 논리력이 철학적 토론을 하는 데 도움이 됨

더알아두기
• 전이 사례의 분석
  – 사례 : 학교 수학시간에 배운 사칙연산이 상점에서 잔돈 계산하는 데 도움이 됨
  – 분석 : 긍정적 전이, 수평적 전이, 특수전이

ⓒ 전이되는 학습내용의 위계에 따라
- **수평적 전이** : 한 분야에서 학습한 것을 다른 분야에 적용하는 것
  예 수학시간에 연산을 배운 것이 물리시간에 공식을 배우는 것에 도움
- **수직적 전이** : 기초적인 학습이 고차원적인 학습에 도움이 되는 것
  예 초등학교에서 배운 사칙연산이 중학교에서 방정식을 풀 때 도움이 됨

③ 전이 이론
  ㉠ 형식도야설(formal discipline)
  - 인간의 마음은 기억력, 추리력, 주의력, 상상력 등 몇 개의 정신능력 (형식)으로 구성되어 있으며, 이러한 정신능력을 단련하면 어떤 상황에도 적용할 수 있음(로크, 능력심리학에 기초)
  - 특정 교과를 학교에서 가르쳐야 하는 이유는 그 교과가 특정 정신능력의 도야적 가치가 크기 때문임 예 수학-논리력
  - 일반전이 효과를 지지하며, 특정 교과에서 훈련된 능력이 다른 상황에서도 전이될 수 있다고 주장

  ㉡ 동일요소설(identical elements)
  - 최초 학습과제와 새로운 학습과제 사이에 동일한 요소가 존재하는 경우에만 전이가 발생함(쏜다이크)
  - 학습상황과 전이상황 사이의 유사성이 클수록 전이효과가 극대화됨
    예 공을 가지고 팀 플레이를 하는 야구를 연습하면 축구도 잘 하게 됨
  - 특수전이를 강조하며, 전이는 보편적 능력의 향상보다는 학습과제 사이의 구체적 유사성에 기반한다고 봄

  ㉢ 일반화설(동일원리설)
  - 두 학습과제 간에 활용되는 원리가 동일하거나 유사할 때 전이 효과 발생
  - '지식의 구조'를 강조하는 브루너 등의 학문중심 교육과정에서 지지
  - 원리를 배우면 다양한 상황에서 더 쉽게 과제를 해결할 수 있음
    예 수중에 있는 표적 맞추기 실험을 했을 때 굴절의 원리를 배운 학생들이 배우지 않은 학생들보다 표적을 잘 맞춤

  ㉣ 형태이조설(구조전이설, transposition theory)
  - 먼저 학습할 때의 학습형태(구조)가 새로운 학습장에서의 형태(구조)와 유사할 때 먼저 형태가 이동함으로써 전이가 촉진됨
  - 장면을 구성하고 있는 요소들 간의 관계를 파악(통찰)하였고 주어진 문제를 해결하기 위한 수단과 목적의 관계를 이해했을 때 전이 발생

  ㉤ 전문가 – 초보자 이론(expert-novice theory)
  - 전문가는 영역 관련 지식과 전략을 구조화하여 지니고 있으며 이를 다양한 상황에 적용한 풍부한 경험이 있기 때문에, 새로운 상황에 지식을 적용할 수 있는 적응적 전문성(adaptive expertise)을 가지고 있음

- 전문가와 초보자의 문제해결능력 차이

분야	전문가	초보자
문제에 대한 이해	문제 내에서 맥락과 관계를 찾는다.	문제를 고립된 조각으로 본다.
문제해결의 효율성	신속하게 문제를 해결하고 자동화된 지식을 많이 가지고 있다.	느리게 문제를 해결하고 기교에 초점을 맞춘다.
문제해결을 위한 계획	친숙하지 않은 문제해결을 시도하기 전에 신중하게 계획을 세운다.	친숙하지 않은 문제에 대해서도 문제해결책을 빠르게 선택하고 시도한다.
문제해결 점검	잘 발달된 메타인지를 활용하여 비효율적 전략을 회피한다.	제한된 메타인지로 인해 비생산적 전략을 고수한다.

더 알아두기
- 전문가–초보자 이론의 적용
  ⇒ 인지적 도제학습 이론
  - 구체적이며 실제적인 문제상황에서의 학습
  - 전문가의 문제해결 과정을 모델링, 코칭, 스캐폴딩을 통해 배움
  - 학습자는 자신의 학습에 대한 명료화, 성찰, 탐구를 통해 독립적인 전문가로 성장

ⓑ 상황학습이론
- 지식은 그것이 창출·사용되는 상황과 밀접하게 관련되므로, 유의미한 학습을 위해서는 지식이 사용되는 맥락에 대한 정보가 제공되어야 함
- 학습은 일상생활의 활동에 참여하는 경험을 통해 진행되므로 사회공동체의 활동에 참여하는 과정이 장려되어야 함
- 한 가지 주제를 다양한 맥락에서 다양한 예시와 충분한 연습을 함께 제시하면 전이를 촉진할 수 있음

(2) 망각(forgetting)

① 망각의 양상

ⓐ 에빙하우스(Ebbinghaus)의 망각곡선
- 무의미한 철자 학습 시행 후 시간별 망각속도를 추적함. 새로운 내용을 학습한 직후에 바로 복습을 하면 망각률을 줄일 수 있음
- **학습 직후 빠른 속도로 망각** : 1시간 후 약 50% 망각, 1일 경과 후 약 65%, 2일 후 약 80% 망각

ⓑ 학습순서와 망각 : 초두–최신 효과
- 일반적으로 학습상황에서 처음과 마지막에 배운 것은 잘 기억되고 중간에 배운 것은 잘 기억하지 못하는 특성이 있음(초두–최신 효과)
- 학습상황에서 어떤 계열적 위치에 있었는지에 따라 기억되는 정도가 달라지는 '계열위치효과(serial position effect)'라고도 함
- 수업의 첫 부분에 새로운 개념 제시, 종료 시점에 다시 한번 정리

② 망각의 원인

ⓐ 소멸(쇠퇴)[decay(fading)]
- 시간경과에 따라 정보의 기억흔적이 사라지기 때문에 망각이 일어남
- 망각을 방지하려면 학습내용에 대한 충분한 반복연습이 필요함

암기 POINT
- 망각의 원인
  - 독립적 요인 : 소멸(쇠퇴)
  - 다른 정보들과의 관련성 : 포섭, 간섭, 인출실패, 왜곡
  - 심리적 요인 : 억압, 긴장해소

더 알아두기
- 회상과 재인의 구분
  - 회상(recall) : 단서가 없는 상태에서 정보를 직접 인출하는 과정(주관식 시험)
  - 재인(recognition) : 단서가 있는 상태에서 정보를 인출하는 과정(객관식 시험)

ⓛ 포섭(subsumption)
- 새로운 정보가 기존의 인지구조에 통합되어 망각 발생(변별력 상실)
- 망각을 방지하려면 학습자료의 특이성을 높여 차별화해야 함

ⓒ 간섭(interference)
- 기억 속에 저장된 항목들 사이의 혼동으로 망각이 일어남(순행간섭, 역행간섭)
- 짧은 시간 내에 너무 많은 주제를 가르치는 것, 유사한 개념을 한 번에 가르치는 것은 간섭으로 인한 망각을 유발하므로, 망각을 방지하려면 새로운 과제를 기존과제와 차별화해야 함

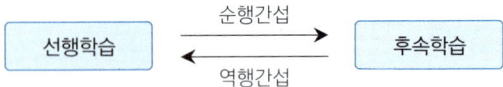

ⓔ 인출실패(retrieval failure)
- 학습자가 장기기억에서 저장된 정보를 떠올리지 못해서 일어나는 망각은 인출단서의 상실에서 비롯됨(단서의존적 망각)
- 인출단서를 풍부하게 하여야 망각을 줄일 수 있음. 특히, 절차적 지식의 인출은 맥락에 강하게 의존하므로 지식 사용 맥락에서의 학습 필요
  ＊ 다만, 하나의 인출단서에 지나치게 많은 기억이 연결된 상태인 '단서 과부하(cue overload)' 상태는 인출실패로 인한 망각의 원인이 될 수도 있음

ⓜ 기억의 왜곡(distortion)
- 학습한 내용의 모든 측면들을 완전히 기억할 수 없어서 이를 인지적으로 재구성하기 때문 발생(재구성이론)
- 평준화(이야기의 단순화), 첨예화(특정 사항을 부각시킴), 동화(선행지식에 맞게 세부사항을 바꿈)
- 망각을 방지하기 위해서는 지나치게 많은 정보를 제공하기 보다는, 중요하고 특징적인 사항을 강조해야 함

ⓗ 억압(repression) : 고통스럽거나 불쾌한 경험이 무의식을 억압하여 망각이 일어남(동기화된 망각)

ⓢ 심리적 긴장 해소 : 이미 완성된 과제에 대해서는 심리적 긴장이 해소되어 망각이 촉진됨(↔ 자이가닉 효과)

강서연
교육학

강서연
교육학

CHAPTER

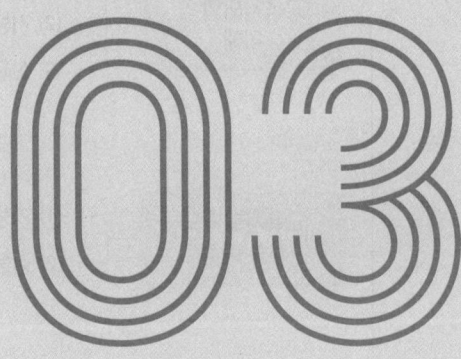

교육사회학

교육사회학은 교육과 사회가 상호 간에 어떤 영향을 미치는지를 사회학적 접근 방법을 통해 규명하는 학문이다. 교육의 사회적 기능 및 영향을 살펴봄으로써 보다 바람직한 사회를 만들어가기 위해 해결해야 할 교육적 과제와 대안을 생각해 본다.

1. 교육사회학의 이해
2. 교육사회학의 주요 이론
3. 교육과 사회의 관계
4. 교육평등의 관점과 정책
5. 새로운 교육사회학
6. 사회변화와 교육개혁

강서연 교육학

*AA급 : 11회 이상 | A급 : 6~10회 | B급 : 3~5회 | C급 : 1~2회

교육사회학

- **교육사회학의 이해**
  - (1) 교육사회학의 발달 과정
  - (2) 기능론적 관점과 갈등론적 관점의 이해 ⒶⒶ
  - (3) 신교육사회학의 이해 Ⓐ

- **교육사회학의 주요 이론**
  - (1) 기능론적 관점 ⒶⒶ
  - (2) 갈등론적 관점 Ⓐ

- **교육과 사회의 관계**
  - (1) 교육과 사회평등 Ⓑ
  - (2) 학업성취 격차 Ⓐ
  - (3) 교육선발과 시험 Ⓑ
  - (4) 학교팽창과 학력상승 Ⓑ

- **교육평등의 관점과 정책**
  - (1) 교육평등의 개념과 원리 Ⓒ
  - (2) 교육평등 정책의 관점 ⒶⒶ

- **새로운 교육사회학**
  - (1) 학교에서의 사회적 상호작용
  - (2) 교육과정사회학 Ⓑ

- **사회변화와 교육개혁**
  - (1) 교육개혁의 방향 Ⓑ
  - (2) 대안교육의 담론들
  - (3) 다문화사회와 교육 Ⓒ

03 교육사회학

회독 CHECK □1회독 □2회독 □3회독

1 교육사회학의 이해

01 교육사회학의 발달 과정

(1) 교육사회학의 성립 : 뒤르켐(Durkeim)
① 20세기 초, 교육사회학을 독자적인 학문영역으로 구축
② 실증주의적 방법론을 기반으로 교육 현상을 객관적으로 분석하고자 함

(2) 교육적 사회학(educational sociology)
① 1950년대 이전까지, 교육사회학을 교육에 관심을 가진 사회학으로 봄
② 실천적 성격을 강조하며, 교육사회학을 교육적 문제의 해결을 위해 필요한 사회문화적 지식을 모아 놓은 학문 분야로 규정

(3) 교육의 사회학(sociology of education)
① 1950년대 이후, 교육 현상에 대한 사회학적 탐구를 추구하는 학문으로 진화
② 과학적 성격을 강조하며, 사회학적 개념과 이론 및 연구방법을 활용하여 교육을 탐구하는 분야로 정립
③ **구교육사회학** : 1950년대 이후, 실증주의적 접근, 통계적 자료에 근거한 법칙추구적 연구, 기능론과 갈등론으로 양분
④ **신교육사회학** : 1970년대 이후 등장, 해석학·현상학적 접근에 기초, 정성적 자료에 기초한 의미 이해 추구, 미시적 관점의 연구

	구교육사회학	신교육사회학
패러다임	실증주의적 접근	해석학·현상학적 접근
인간관	수동적 존재 (사회화의 산물, 사회구조의 반영)	능동적 주체 (자유의지, 상징적 의미부여 능력)
연구의 목적	보편적·과학적 법칙 탐구 (사회현상의 설명, 예측)	행위자의 관점 이해 (주관적 세계의 이해, 의미 재구성)
연구 대상	학교와 사회 전체의 관계 (교육의 사회적 기능, 거시적 관점)	학교 내부의 미시적 문제 (교실 내 상호작용, 미시적 관점)
연구방법	양적 연구, 연역적 접근, 통계 분석	질적 연구, 귀납적 접근, 해석적 이해

암기 POINT

• 교육사회학의 발달과정

거시적(법칙적)
(사회제도, 사회구조, 계층 등)

기능론 / 갈등론(미)
(50년대~60중반) / (60중반~70년대)

↓

신교육사회학(영)
(60말~70년대)

미시적(해석적)
(일상생활세계, 교육내용, 교육과정, 상호작용 등)

02 기능론적 관점과 갈등론적 관점의 이해

2015 · 2016 · 2022 · 2025 지방직9급 / 2008 · 2012 · 2013 · 2016 · 2017 · 2019 · 2025 국가직9급 / 2010 · 2021 · 2023 국가직7급

(1) 기능론적 관점의 교육사회학

① 기능론적 관점의 기초
  ㉠ 사회는 유기체와 마찬가지로 상호의존적이며 유기적인 부분들로 구성됨[1]
  ㉡ 사회를 구성하는 각 부분들은 전체의 존속에 공헌하는 기능을 수행함
  ㉢ 사회는 안정을 유지하려는 속성을 지니며, 일부 문제가 생기더라도 이전의 균형을 회복하려는 속성이 있음. 변화의 속도는 느리고 점진적임
  ㉣ 주요 정서·가치관·신념체계에 대해서 사회 구성원들 사이에 합의가 존재함

② 교육의 사회적 기능
  ㉠ 학교는 사회의 안정과 질서 유지에 기여하는 제도로서, 주요 기능은 사회화와 선발 및 사회통합
  ㉡ **사회화** : 사회생활에 필요한 보편적 가치와 규범, 생활양식을 어린 세대에게 전수하여 사회에 원만하게 적응하도록 도와줌
  ㉢ **사회통합** : 사회 구성원의 동질성 유지, 공동체의식 형성과 사회통합, 국민이 기존의 정치적 질서에 적절히 참여할 수 있게 함
  ㉣ **선발** : 학교는 중요한 사회적 선발 장치, 개인을 능력에 따라 합리적으로 분류·선발·배치, 사회의 각 부분에 인재를 적재적소 배치

③ 학교의 교육내용
  ㉠ 교육내용은 보편적 가치와 사회 구성원의 합의에 기초하여 선정됨
  ㉡ 특정 입장에 대한 편향성을 지양하고 객관적이고 가치중립적인 관점을 추구해야 한다고 봄

④ 학교에서의 평가와 선발
  ㉠ 학교의 평가와 선발은 능력주의(업적주의)에 따라 공정하게 이루어짐
  ㉡ 학교는 재능 있는 사람을 선발하여 훈련시킨 뒤, 적재적소에 배치·충원하는 합리적 기제

⑤ 교육과 사회평등
  ㉠ 학교는 교육기회의 균등을 통해 공정한 사회이동을 촉진함
  ㉡ 교육은 사회적 불평등을 완화시키는 기능을 수행("위대한 평등장치")

⑥ 주요 이론
  ㉠ **뒤르켐의 도덕사회화 이론** : 학교는 사회의 공통된 가치와 규범을 전수하는 기관으로서, 공동체를 형성·유지하는 기능을 수행
  ㉡ **파슨스의 역할사회화 이론** : 학교는 미래에 사회에서 담당하게 될 역할을 준비시키고, 능력에 맞게 인재를 선발·배치하는 기관

---

1) 유기체 비유
인간의 생존을 위해 인체의 각 기관들이 각자의 기능을 협동적으로 수행함

암기 POINT
• 기능론적 관점
  – 사회의 각 부분들은 전체 사회를 유지하는 데 기여
  – 사회 구성원들은 공동체의 일원으로서 상호보완적임

더 알아두기
• 기능론적 관점에서 본 학교교육의 사회적 기능

문화전달	문화유산 전달, 사회적응, 사회화
사회통합	지적·정서적 일체화, 동질성 유지
사회충원	분야별 인력 양성, 선발, 분류, 배치
사회이동	능력주의에 따른 사회적 지위 배분
사회혁신	사회혁신 보급, 사회변화, 문제해결

ⓒ 드리븐의 규범사회화 이론 : 학교는 현대 자본주의 산업사회에서 요청되는 규범을 학생들에게 교육하는 기능
ⓔ 클라크의 기술기능이론 : 학교는 산업사회에 필요한 기술인력을 양성하는 기관이므로, 사회의 기술수준이 발달할수록 취학률이 증가함
ⓜ 로스토우의 발전교육론(근대화론) : 학교는 경쟁력 있는 인재 양성과 합리적인 가치 형성을 통해 국가발전에 기여하는 기관이므로, 국가가 교육을 계획적으로 조절하여야 함
ⓗ 슐츠의 인간자본론 : 교육은 생산성 향상을 위한 투자로서, 개인의 소득 증대와 국가의 경제발전을 위해 유용한 수단이라고 봄

(2) 갈등론적(비판적) 관점의 교육사회학

① 갈등론적 관점의 기초
  ㉠ 사회는 사회집단 간의 끊임없는 경쟁과 갈등이 연속되는 곳
  ㉡ 사회관계는 지배와 피지배관계로 설명되며, 각 집단들은 서로 다른 목적과 이해관계, 이념이나 가치를 추구함
  ㉢ 집단들 간의 권력 차이 등에서 비롯된 갈등, 세력 다툼, 저항이 지속됨
  ㉣ 불안정과 변동은 사회의 기본적 속성이며, 사회질서의 유지는 지배집단의 강제력에 바탕을 두고 있음

② 교육의 사회적 기능
  ㉠ 학교는 기존의 불평등한 사회구조와 계급관계를 재생산하는 제도적 장치로서, 지배이데올로기를 정당화하는 기능을 수행
  ㉡ **불평등의 재생산** : 학교는 지배계급의 이익을 보존·재생산하기 위한 제도, 자본주의 체제의 유지를 위해 순응적인 노동자를 길러내는 곳, 차별적 사회화를 통해 불평등을 재생산하는 기능 수행
  ㉢ **지배이데올로기의 정당화** : 학교는 지배집단의 문화, 신념과 가치를 보편적인 것으로 정당화하고 학생들에게 내면화시킴

③ 학교의 교육내용
  ㉠ 교육내용은 지배집단에게 유리한 문화와 가치를 반영하여 선정됨(부르디외의 '상징적 폭력')
  ㉡ 공식적 교육과정(교육내용)뿐만 아니라 잠재적 교육과정(교육분위기, 교육형식)을 통해 기존의 계층구조를 정당화하는 교육을 함
  ㉢ 교육사회학은 교육을 둘러싼 집단 간의 이해관계를 분석하는 데 주안점을 두어야 함
  ㉣ 학교의 교사들은 교과지식을 무비판적으로 전달하는 것보다는 사회의 구조적 문제해결에 더 관심을 두어야 함

④ 학교에서의 평가와 선발
  ㉠ 학교의 평가와 선발과정은 피지배계급을 효과적으로 탈락시키고 지배집단의 통제를 정당화하는 기능을 수행

암기 POINT

- 갈등론적 관점
  - 사회의 각 부분들은 서로 대립되고 갈등하는 관계
  - 지배층은 피지배층을 억압하고 착취함

더 알아두기

- 갈등론적 교육사회학과 비판적 교육사회학의 관계
  - 공통점 : 기능론적 교육사회학에 대한 비판을 공유하며 등장, 교육이 사회통합이나 능력주의 실현 장치가 아니라, 기존의 불평등을 재생산하는 장치라고 비판함
  - (차이점) 갈등론적 교육사회학 : 전통적 마르크스주의를 중심으로 구조적 갈등 문제에 집중 예 보울즈와 긴티스
  - (차이점) 비판적 교육사회학 : 마르크스주의뿐 아니라 신마르크스주의, 저항이론, 포스트모더니즘 등 다양한 비판적 관점을 포함, 단순히 구조를 비판하는 것을 넘어 교육의 해방적·저항적 가능성을 모색 예 애플

㉡ 학교의 교육내용, 교육방법, 평가방식 등이 계급편향적[2]이므로, 학습결과인 성적은 학생이 속해 있는 계급의 영향에서 벗어나지 못함

㉢ 학교의 능력/업적주의 이데올로기는 외형상 공정하게 보이나, 실제는 허구일 뿐임

⑤ 교육과 사회평등
㉠ 사회계층이동 방식이 상위계층에 의해 결정되기 때문에 하위계층의 학생들은 상위계층에 진입하기가 힘들며 계층의 대물림이 계속됨
㉡ 교육기회 균등화론은 교육의 과정과 결과에서 나타나는 불평등의 문제를 은폐하고 기존 사회질서를 정당화함

⑥ 주요 이론
㉠ **보울즈와 긴티스의 경제적 재생산이론** : 학교교육은 사회의 경제구조에 의해 일방적으로 결정됨, 자본주의 사회에서 학교는 순응적인 노동력을 양산하는 기능을 수행함으로써 불평등한 경제구조를 재생산
㉡ **부르디외의 문화적 재생산이론** : 학교는 지배집단의 문화를 전수하는 기관으로서, 지배집단의 '문화자본'을 재창조하고 정당화하는 역할을 수행, 부모로부터 상속된 문화자본은 학업성취에 결정적으로 기여
㉢ **알튀세의 국가권력이론** : 학교는 이데올로기적 국가기구로서, 불평등한 계급관계를 재생산하는 기능 수행
㉣ **콜린스의 지위경쟁이론** : 학교는 사회적 지위 획득을 위한 지위경쟁의 장으로서, 학교교육의 팽창 현상은 계급 간 지위경쟁의 심화 때문
㉤ **카노이의 종속이론(문화제국주의)** : 1960년대 이후 제3세계 학자들을 중심으로 발전한 이론으로, 식민지(주변부) 국가의 제도교육은 억압적인 국제질서와 국내 사회구조를 유지·존속시키기 위한 장치
㉥ **애플의 문화적 헤게모니론** : 교육이 지배 이데올로기를 재생산하는 과정을 비판하는 동시에, 교육을 통해 사회변혁과 해방이 가능함

(3) 기능론과 갈등론의 공통점과 한계

① 교육현상에 대해 거시적으로 접근(거시적 관점)
㉠ 학교의 사회적 기능, 학교와 사회구조의 관계를 탐구하는 데만 초점
㉡ 학교 내부의 교육과정이나 교사와 학생의 상호관계 등은 블랙박스로 취급[3]하고 소홀히 함

② 사회구조가 인간 행위를 결정한다고 봄(구조적, 결정론적 관점[4])
㉠ 인간은 수동적인 존재이며 구조의 영향은 결정론적이므로, 사회현상에서도 법칙을 발견할 수 있다고 봄
㉡ 교육은 정치·경제적 구조의 종속변수로서, 기존의 사회구조와 문화를 그대로 반영한 것으로 봄
㉢ 인간의 자율적이며 능동적인 행위의 가능성을 고려하지 않음

---

2) 계급편향적
지배계급에게 유리하게 되어 있음

3) 블랙박스로 취급
알 수도 없고, 알 필요도 없다고 생각함

4) 결정론적 관점
어떤 누구도 사회구조의 영향을 벗어나서 자신의 의지대로 살 수 없다고 봄

03 신교육사회학의 이해

2025 지방직 9급 / 2021 국가직9급 / 2009·2011·2013·2018 국가직7급

(1) 신교육사회학의 기초

① 등장 배경
- ⊙ 1960~1970년대 영국의 교육개혁 정책에도 불구하고 교육불평등은 여전하다는 평가에 따라 교육사회학의 접근방법에 대한 반성
  * 기존의 복선제 학제를 단선제 학제로 개편 시도, 종합중등학교 무시험 입학(11+시험 폐지), 종합중등학교 학교환경 개선 지원 등
- ⓒ 기존 교육사회학(기능론과 갈등론)의 구조주의적·거시적 접근을 비판하면서 교육현상을 다층적으로 조명할 수 있는 대안적 접근 모색

② 학문적 기초
- ⊙ 해석학 : 인간은 능동적 존재, 개인들이 대상에 부여하는 실제적 의미 이해, 현상의 미시적이며 내부적인 측면에 관심
- ⓒ 현상학 : 인간은 주체적인 존재, 현상에 대한 자기 해석과 의미 부여 중시, 주체에 의해 체험된 경험의 본질적 의미 탐색에 관심
- ⓒ 상징적 상호작용론 : 인간은 사회적 상징과 상호작용을 통한 자아와 정체성 형성, 교실 내 낙인·자기충족적 예언 등의 현상에 관심
- ⓔ 지식사회학 : 지식은 상대적·가변적인 것, 지식은 사회적·정치적 권력관계에 따라 구성되는 것, 지식 구성의 주체에 대한 비판에 관심

(2) 신교육사회학의 개관

① 기본 관점
- ⊙ 인간은 주체적인 존재 : 인간의 능동성을 가정하고, 인간이 대상에 의미를 부여하고 스스로 규칙과 제도를 만들어 가는 과정에 관심
- ⓒ 교육의 상대적 자율성 인정 : 전체 사회의 구조의 영향으로부터 상대적으로 자율적인 교육현상의 특성과 역동에 대해 관심을 가짐
- ⓒ 교육에 대한 비판적 관심 : 교육 현상에 대해 미시적으로 접근하여 불평등 문제의 원인을 학교 내부에서 찾고자 함

② 해석적 접근의 교육사회학 연구
- ⊙ 교육 현상을 객관적 사실로 보는 것이 아니라, 참여자들의 의미 해석과 주관적 경험을 통해 이해하고자 함
- ⓒ 미시적 관점에서 교육의 내적 과정(교실 내 상호작용, 교육과정 운영, 교사·학생의 의미구성 등)을 탐구하는 데 초점을 둠
- ⓒ 문화기술방법, 참여관찰, 면담 등 질적 연구방법을 활용하며, 수집된 자료를 사회문화적 맥락 속에서 총체적으로 이해하고자 함

> **더 알아두기**
>
> • 현상학적 관점(후설)
>   - 기존의 관념이나 이론의 틀로 세상을 이해하기보다는, 우리가 체험하는 경험에 대한 탐구를 통해 세상의 본질적 의미에 다가가려는 태도
>   - 기존의 고정관념에서 벗어나 주체가 부여한 주관적 의미를 발견하고자 함
>   - 예 어떤 장애아동에 대해 교사가 "지친 아이"라고 부를 때, 그것에 부여한 의미 탐색

③ 지식사회학적 접근의 교육사회학 연구
  ㉠ 종래의 교육사회학은 사회계층과 교육기회의 배분 문제에만 집착한 나머지 학교 내부의 현상에 대해서는 주목하지 않았다는 점을 비판
  ㉡ 지식사회학과 교육과정사회학은 결국 동일한 학문이며, 새로운 교육사회학은 학교에서 가르치고 있는 지식의 사회성에 주목해야 한다고 주장
  ㉢ 학교 교육과정은 학교 밖 정치권력 구조에 의해 영향을 받아 형성되는 것이라고 봄
④ 신교육사회학의 주요 연구 주제
  ㉠ 교실사회학의 주요 관심
    • 학교 내부에서 일어나는 교사-학생 간 상호작용 연구
    • 학생과 교사의 자기개념과 적응방식 연구
    • 교사의 기대가 학생의 학습행동 및 성취에 미치는 연구
    • 학교 내 소수집단의 하위문화[5] 연구
  ㉡ 교육과정사회학의 주요 관심
    • 교육과정(학교 지식)의 사회·정치적 성격과 그것이 전수되는 과정
    • 학교에서 가르치는 지식이 선택·분배·조직되는 기준과 방식
    • 학교 교육과정, 수업, 평가 속에 숨겨져 있는 이데올로기
    • 학교 교육내용이 사회계층에 따라 차별적으로 작동하는 방식 등

5) 하위문화
주류문화에 대비되는 개념으로, 사회 내 소수집단에서 특수하게 형성된 행동방식을 뜻함

2 교육사회학의 주요 이론

01 기능론적 관점
2020·2021 지방직9급 / 2011·2012·2018·2022 국가직9급 / 2022 국가직7급

(1) 뒤르켐(Durkheim)의 도덕사회화 이론

① 사회화로서의 교육
  ㉠ 사회를 유지·강화하기 위해서는 이기적이고 미성숙한 아동을 사회적이고 도덕적인 존재로 변모시켜야 함
  ㉡ 교육은 사회 구성원들에게 공통된 사상, 정서, 관습 등을 가르쳐 사회의 동질성을 형성함으로써 사회를 존속 유지·강화하는 기능을 수행
  ㉢ 학교는 사회적 기능을 수행하므로 국가가 관여하여야 함
② 사회화의 내용
  ㉠ 보편사회화 : 사회의 동질성을 유지하기 위해 한 사회의 공통적인 감성과 신념, 집단의식을 새로운 세대에 내면화시키는 것(규범교육, 도덕교육) - 보편사회화가 교육의 핵심 기능

암기 POINT
• 뒤르켐의 사회화 개념
  - 보편사회화 : 드리븐의 규범사회화와 유사
  - 특수사회화 : 파슨스의 역할사회화와 유사

⓵ 특수사회화 : 특정 직업집단의 규범과 전문지식을 학습하는 것(전문 직업교육)

* "교육은 사회생활을 위한 준비를 갖추지 못한 어린 세대에 대한 성인세대의 영향력 행사이다. 그 목적은 전체로서의 정치사회와 아동이 장차 소속하게 되는 특수 환경의 양편이 요구하는 지적·도덕적·신체적 제 특성을 아동에게 육성 계발하는 데 있다."

③ 보편사회화의 내용으로서의 도덕
  ㉠ 사회적 실재로서의 도덕 : 도덕은 특정 사회의 필요에 의해 역사적으로 형성된 일련의 행위규칙이므로, 사회의 변화에 따라 도덕의 내용도 달라지게 됨
  ㉡ 도덕성의 내용 : 규율 정신, 사회 집단에 대한 애착, 자율성
④ 교사의 역할
  ㉠ 교사는 도덕적 권위를 가진 존재로서 학생에게 모범을 보여야 함
  ㉡ 규칙위반 시에는 엄격한 처벌을 사용하되, 신체적 체벌은 금지하여야 함

(2) 파슨스(Parsons)의 역할사회화 이론

① 사회체제이론(구조기능주의) : 더 넓은 사회시스템의 하나로서 조직을 연구하는 관점으로, 전체 사회의 사회경제제도와 조직과의 관련에 주목함
② 학교의 성격
  ㉠ 학교는 유형유지 조직으로서 체제유지의 기능을 수행
  ㉡ 사회조직의 유형 분류(AGIL 이론) : 조직의 사회적 기능을 기준으로

기능	조직유형	예시
적응(Adaptation)	생산조직	기업
목표성취(Goal attainment)	정치조직	정부, 정당
통합(Integration)	통합조직	법원, 경찰
체제유지(Latency)	유형유지조직	학교, 종교단체

③ 교육의 기능 : 사회화와 선발
  ㉠ 역할사회화
    • 미래에 성인이 되어 담당하게 될 역할수행에 필요한 정신적 자세와 자질을 기르는 것을 의미(≒ 뒤르켐의 특수사회화)
    • 사회가 분화되고 전문화될수록 역할사회화의 기능이 더욱 중요해짐
    • 사회화의 내용
      - 인지적 사회화 : 특정한 역할을 수행하기 위해 필요한 전문적 지식과 기술(예 의사의 의학적 지식과 기술)
      - 인성적(규범적) 사회화 : 사회의 가치와 규범에 근거한 역할기대에 부응해서 행동할 수 있는 능력(예 환자를 위해 책임감)

ⓒ 인력배치(선발)
- 사회적 역할을 담당할 인재를 선발하여 적재적소에 배치하는 기능
- 산업사회에서 인력배치의 중요성이 부각되면서 교육을 통한 선발이 강조됨
- 교육을 통한 선발은 개인의 능력에 따라 사회적 지위를 배분하므로, 학교는 사회적 불평등을 해소할 수 있는 계층이동의 수단으로 기능함

(3) 드리븐(Dreeben)의 규범사회화 이론

① 규범사회화의 개념
  ㉠ 학교는 산업사회에서 요청되는 규범을 학생들에게 가르침으로써 산업사회를 존속시키는 기능을 수행(잠재적 교육과정을 통해 습득됨)
  ㉡ 학교는 가정교육을 통해서는 가르치기 어려운 산업사회의 규범(독립성, 성취지향성, 보편주의, 특정성)을 학생들에게 내면화시키는 기능 수행

② 사회화의 내용

핵심 규범	학교의 잠재적 교육과정
독립성 (independence)	- 주로 학문적 학습활동에 적용되는 규범에서 - 자신이 맡은 과제를 스스로 처리해야 한다는 것, 자신의 행위에 대해 개인적으로 책임을 져야 한다는 것, 시험에서 부정행위를 했거나 표절을 했을 때 처벌을 받는 것 등을 배움
성취성 (achievement)	- 학교의 교수-학습-평가 체계 속에서 - 학생들은 최선을 다해 그들의 과제를 수행하는 것이 가치로운 것이라는 규범과 가치관을 배움
보편성 (universalism)	- 학교의 학생집단 편성과 학교활동 규칙 속에서 - 동일연령의 학생들은 동일한 학습내용과 과제를 공유하며, 동일한 기준에 따라 평가받는다는 것을 배움 예 과제물을 늦게 내면 감점됨
특정성 (specificity)	- 학교의 학년체제와 학교활동 규칙 속에서 - 합리적인 이유가 있는 경우에는 특별한 사정을 인정받을 수 있다는 것을 알게 됨 예 학교대표로 대회에 출전해야 했던 학생은 과제물을 늦게 제출하더라도 감점을 받지 않음

02 갈등론적 관점

2018·2019·2020·2023 지방직9급 / 2009·2011·2021·2024 국가직9급 / 2012·2023 국가직7급

(1) 보울즈와 긴티스의 경제적 재생산이론

① 이론의 개관
  ㉠ 경제적 재생산
    - 학교는 훈련받은 기술 인력을 공급하는 사회통제 장치이며, 기존의 계급구조를 재생산하기 위한 기관일 뿐임
    - 학교는 자본주의 사회에 필요한 가치관과 성격적 특성을 학생들에게 주입시킴으로써 자본주의 경제체제를 유지하는 기능을 수행

암기 POINT

- 드리븐의 사회화 내용(잠재적 교육과정의 내용)
  - 독립성
  - 성취성
  - 보편성
  - 특정성

ⓛ **차별적 사회화** : 학교는 학생들이 미래에 차지할 사회경제적 계급에 따라 서로 다른 지식과 가치를 길러줌
② **상응(대응, correspondence) 원리**
  ㉠ 학교는 자본주의적 가치관과 성격적 특성을 주입하여 자본주의적 사회관계의 유지에 필수적인 통합기능을 수행
  ㉡ 학교에서 다루는 지식의 '내용'보다는 교육이 이루어지는 '형식'이 공장에서의 작업방식과 구조적으로 동일함
  ㉢ 학교와 공장에서 나타나는 사회관계의 대응(상응, 일치성)

타율성	- 학습자와 노동자는 각각 자신의 학습과 노동으로부터 소외되어 있음 - 노동자가 자신의 작업내용을 스스로 결정할 수 없듯이, 학생들도 자기가 배워야 할 교육과정에 대해 아무런 결정권을 갖지 못함
수단성	- 경쟁과 외적인 보상체계가 참여자들의 관계를 지배 - 노동은 임금을 받기 위한 수단이 되는 것처럼, 학생은 높은 성적 등급과 졸업장을 받기 위해 공부 - 교육은 노동과 마찬가지로 목적이 아니라 수단임
분절성	- 자본주의 기업체의 노동 분업처럼 학교제도도 정교하게 구분된 위계적 권위와 통제 체제를 가지고 있음 - 생산현장이 각자에게 잘게 나누어진 분업을 시키듯이, 학교도 계열을 구분하고 지식을 과목별로 잘게 나눔
단계성	- 생산현장에 여러 직급별 단계가 있듯이 학생들도 학년에 따라 여러 단계로 나누어 있음

③ **계층에 따른 차별적 사회화**
  ㉠ 학교는 학생들의 출신배경 혹은 미래에 차지할 경제적 위치에 따라 차별적인 교육을 제공함으로써 자본가와 노동자를 길러내는 기능을 수행
  ㉡ 중상류계층, 상급학교, 인문계 학교 학생들에게는 능동적이며 진취적인 교육을, 하류계층, 하급학교, 실업계 학교 학생들에게는 수동적이며 순종적인 교육을 실시

교육대상	교육목적	사회화 과정(교육방식)
소수민족, 노동자·실업계 고등학교·직업전문학교	순종적이고 능률적인 노동자 양성	윗사람의 지시에 충실히 따르고 시간을 잘 지키고 기계적 작업방식에 순응하도록 가르침
부유한 교외지역·인문계 고등학교·명문대학교	독립적이고 진취적인 지도자 육성	독립적 사고력, 의사결정능력, 외적 규율보다는 내면적 기준에 따라 행동하기 등을 중점적으로 가르침

(2) 알튀세(Althusser)의 이데올로기적 재생산이론(국가권력이론)
① **기본 관점**
  ㉠ 사회는 단순히 하부구조(생산체제)의 영향을 받는 것이 아니라, 이데올로기(집단적으로 공유하는 무의식적 이념과 가치)의 영향을 받음

> **암기 POINT**
> • 보울즈와 긴티스의 '경제적 재생산 이론'
>   - 상응 원리 : 학교와 사회의 사회관계의 형식이 같음
>   - 차별적 사회화 : 예상되는 사회적 지위에 따라 서로 다른 교육 실시
>   - 교육과 사회이동 : 교육을 통해 부모의 사회경제적 지위가 재생산됨

> **암기 POINT**
> • 알튀세의 '이데올로기적 재생산이론'
>   - 이데올로기적 국가기구 : 학교는 자본주의적 가치와 태도를 내면화시킴
>   - 재생산 : 기존 사회질서를 재생산함

ⓛ 사회구조의 재생산을 위해서는 기존 질서를 정당화하는 이데올로기의 재생산이 중요함
② 학교의 사회적 기능
  ㉠ 이데올로기의 재생산을 위해서는 억압적 국가기구뿐 아니라 이데올로기적 국가기구가 작동하여야 함
  ㉡ 학교(특히 의무교육제도)는 이데올로기적 국가기구로서 자본주의적 생산관계의 유지에 필요한 지식, 기술, 태도, 가치 등을 전달하고 내면화시키는 기능을 수행하고 있음

구분	수단	주요 사례
억압적 국가기구	강제력	사법제도, 군대, 경찰, 정부 등
이데올로기적 국가기구	동의	교육, 가족, 종교, 언론매체 등

(3) 부르디외(Bourdieu)의 문화적 재생산이론(문화자본이론)

① 개관
  ㉠ 학교는 지배집단의 문화를 학교교육에 투입시켜 불평등한 사회적 관계를 정당화하는 기능 수행
  ㉡ 학교에서 중요시하는 문화자본의 소유 정도가 학생의 학업성취에 영향을 미쳐 불평등한 사회관계를 재생산함(빈부의 대물림)

② 문화자본의 개념과 유형
  ㉠ 문화자본(culture capital)의 개념
    • 문화자본은 문화적 생산에 사용될 수 있는 능력이나 재화로서, 특정한 사회적 장이나 관계 속에서 정통성을 획득한 재산을 의미함
    • 몸에 각인된 행동거지, 말하고 생각하고 행동하는 방식으로 계급적 배경을 반영하는 '아비투스(habitus)'가 대표적인 문화자본
    • 개인들은 자신이 속한 계급적 위치에 따라 서로 다른 문화자본을 소유하며, 가정 내에서 문화자본이 다음 세대로 전수됨
  ㉡ 문화자본의 유형

객관화된 문화자본	- 법적 소유권을 가질 수 있는 문화적 재화 - 그림, 책, 예술품 등의 형태로 상징적 가치를 가짐
제도화된 문화자본	- 사회제도를 통해 공식적 가치를 인정받는 문화자본 - 학력, 자격, 학위 등과 같이 공식적으로 제도된 것
내면화된 문화자본 (아비투스)	- 특정한 계급적 환경에서 내면화된 지속적 성향이나 태도 - 사고방식, 행동방식, 가치체계, 문화적 취향, 행동성향 등의 형태로 습성화된 것 - 가정에서의 사회화 과정을 통해 자연스럽게 습득됨

암기 POINT

• 부르디외의 '문화적 재생산이론'
  - 문화자본 : 가정의 문화자본이 학업성취에 영향을 미침
  - 아비투스 : 체화된 문화자본(문화적 취향, 행동방식)
  - 상징적 폭력 : 학교의 교육과정은 지배층의 문화를 반영하고 있음
  - 교육과 사회이동 : 교육을 통해 부모의 사회경제적 지위가 재생산됨

③ 학교 교육과정의 상징적 폭력
　㉠ 상징적 폭력(symbolic violence) : 특정 집단의 상징체계(언어, 지식, 관습, 취향 등)를 다른 집단에게 강제로 주입하는 폭력적 행위를 의미
　㉡ 학교는 상류계층의 문화는 보다 가치 있는 것으로 여기는 반면, 하류계층의 문화는 가치가 없는 것으로 평가하는 '상징적 폭력'을 행사함
　　예 지혜는 클래식 음악회에 다녀와서 감상문을 써 내라는 숙제를 받고, 자신은 클래식을 접해 보지도 못했고 가정형편상 음악회에 갈 수도 없어 괴로웠다.
　㉢ 학교교육은 상징적 폭력을 행사하여 지배집단의 문화를 정당화하고 학생들에게 주입하여 기존의 불평등한 사회질서를 유지·강화시킴
④ 문화적 재생산
　㉠ 가정 내 사회화 과정을 통해서 부모의 사회경제적 지위가 높은 학생일수록 더욱 우수한 문화자본을 상속받음
　㉡ 학교의 교육내용은 상류계층의 문화와 일치도가 높기 때문에 상류계층 아동들은 더욱 쉽게 높은 성적을 받을 수 있음
　　예 학교는 대중음악보다 고전음악을 중시, 고전음악은 상류계층이 더 많이 향유
　㉢ 결국 부모로부터 물려받은 문화자본은 학업성취에 영향을 주며, 학업성취에 따라 사회적 지위가 배분되므로 기존의 불평등한 사회관계가 재생산됨
　㉣ 능력주의가 지배하는 현대 사회에서 부모의 사회경제적 지위가 문화적 재생산을 통해 자녀에게 합법적으로 세습되는 현상은 더욱 심화되고 있음

3 교육과 사회의 관계

01 교육과 사회평등 2025 국가직 9급 / 2008·2014·2017 국가직7급

(1) 사회이동과 사회평등

① 사회이동(social mobility) : 한 개인이나 집단이 다른 지위의 계층[6]으로 올라가거나 내려가는 현상
② 사회이동의 유형 : 수직이동과 수평이동, 상향이동과 하향이동, 세대 간 이동과 세대 내 이동 등으로 구분
③ 사회이동과 사회평등 : 평등한 사회에서는 수직이동이 활발하며, 불평등한 사회에서는 사회이동이 원천적으로 봉쇄됨

---

[6] 사회계층(social class)
재산, 권력, 지위, 소득, 교육 수준 등의 측면에서 사회적으로 동류의식을 가진 집단들(계층 > 계급)

> **암기 POINT**
>
> • 교육과 사회평등 : 평등화 기여론(기능론)
> - 블라우와 던컨의 지위획득 모형
> - 스웰과 하우저의 위스콘신 모형
> - 슐츠의 인간자본이론

(2) 평등화기여론 : 기능론적 관점

① 평등화론의 개관
  ㉠ 학교는 사회적 평등 실현을 위해 가장 중요한 기관으로서, 개인의 직업 능력을 발달시켜 사회적 상승이동을 촉진함
  ㉡ 교육기회의 확대와 균등한 분배는 사회적 불평등을 감소시키는 데 결정적 기여를 하므로 교육기회 확대를 적극 추진해야 함
  ㉢ 호레이스 만의 교육은 "위대한 평등장치(great equalizer)"라는 주장으로 요약되며, 의무교육제도 도입에 기여함
  ㉣ 교육체제는 직업세계가 필요로 하는 사람들을 선발하여 길러내는 역할로서, 선발 과정에서 능력에 근거하여 공정하게 선발하는 합리성을 준수하므로 사회적 효율성이 신장되고 사회평등에 기여함
  ㉤ 학교의 평등화 효과를 보여주는 경험적 사례
    • 상층인 학생과 하층인 학생 간의 성적차가 방학 중에는 커지는 반면, 학기 중에는 성적차에 변화가 거의 없음
    • 학교교육은 사회경제적 지위에 따른 성취도 격차를 줄이는 데 기여하고 있다고 볼 수 있음

② 해비거스트(Havighurst)의 연구
  ㉠ 산업사회의 과학기술 발달은 훈련받은 기술인력을 필요로 하고, 학교는 개인의 능력을 계발하여 기술인력으로 공급하는 역할을 함
  ㉡ 교육은 하류층의 사람들에게 중류계급의 가치관과 소유양식을 가르쳐 소득을 증가시킬 수 있게 해서 소득격차를 줄이는 데 이바지함
  ㉢ 교육은 세대 간 상향이동을 촉진하므로, 교육기회를 균등하게 분배하여 교육을 보편화하는 것은 평등사회의 촉진제가 됨

③ 블라우와 던컨(Blau & Duncan)의 지위획득 모형
  ㉠ 아버지의 교육 수준과 직업, 본인의 교육 수준과 첫 직업을 직업지위 획득의 결정요인으로 고려, 개인의 직업지위에 미치는 영향을 분석
  ㉡ 분석 결과, 본인의 교육 수준이 사회적 지위 또는 직업적 성공에 가장 큰 영향을 미치며, 그 영향력은 가정배경요인보다 더 강함
  ㉢ 즉, 교육을 통한 계층상승이 가능하며, 교육은 사회평등에 기여한다고 결론 내릴 수 있음(미국은 능력주의 사회임)

④ 스웰과 하우저(Swell & Hauser)의 위스콘신 모형
  ㉠ 블라우와 던컨의 모형을 발전시기 위하여, 객관적인 변인(아버지의 교육, 직업)뿐만 아니라 사회심리적인 변인(부모의 격려)을 추가
  ㉡ 부모는 '의미 있는 타자(significant others)'로서 학생들의 사회경제적 배경과 능력 및 교육적 포부 사이에 개입하는 강력한 매개변인이 됨
  ㉢ 아버지의 직업지위는 부모의 격려 수준을 매개로 하는 자녀의 직업 및 학교교육 포부수준에는 간접적 영향을 미치는 것으로 나타남(직접적 영향은 확인되지 않음)

⑤ 슐츠(Schultz)의 인간자본론[7](human capital theory)
  ㉠ 경제학에서 처음 등장하여 사회과학 전반으로 영향력을 확대하고 있음
  ㉡ 교육은 생산성 및 실제 능력의 향상을 위한 투자 행위로서, 학교교육은 개인과 사회의 수익률을 높이는 중요한 요인이 된다고 봄
  ㉢ 국가의 예산을 투입하여 지식과 기술력을 갖춘 인재를 육성하는 것은 경제적인 측면에서 매우 생산적이고 유용하며, 사회적 평등화에 기여
  ㉣ 부족한 교육투자와 저조한 취학률이 저발전의 원인이며, 저개발국의 교육기회를 확대하면 빈곤이 해소되고 불평등이 감소됨
  ㉤ 개인의 생산성에 따라 임금이 결정된다는 전제는 기능론과 갈등론 모두에서 비판을 받음([기] 선별가설, [갈] 노동시장분단론)

(3) 불평등재생산론 : 갈등론적 관점
① 불평등재생산론의 개관
  ㉠ 교육은 기존의 불평등 구조를 재생산하는 사회적 장치로서, 부모의 사회경제적 지위는 학교교육을 매개로 학생들에게 대물림되고 있음
  ㉡ 교육이 사회적 지위 배분의 유일한 경로로 안정화되면서, 교육을 통한 사회불평등의 재생산 현상은 더욱 심화되고 있음
  ㉢ 일반적인 조건하에서 교육기회의 확대는 사회불평등을 감소시키지 않으며, 오히려 불평등을 심화시킬 수도 있음
② 보울즈와 긴티스의 경제적 재생산론
  ㉠ 교육과 사회불평등의 관계에 대한 연구
    • 개인들의 능력(IQ)으로 경제적 성공을 설명할 수 없음(↔ 젠슨)
    • 실제 통계자료를 보면 IQ가 같더라도 사회경제적 배경과 교육수준이 높을수록 경제적 성공가능성이 높아짐
    • 개인의 사회경제적 지위는 가정의 사회경제적 배경에 의해 결정적으로 좌우되고 있음
  ㉡ 능력주의(업적주의, meritocracy)에 대한 비판
    • 능력주의는 허구이며, 실제로는 불평등을 정당화하는 역할을 함
    • 학교교육은 능력주의 이념을 통해 계급적 모순을 은폐하고 있음
    • 능력주의 이념은 지배계층의 사람들이 더 우수하기 때문에 그 자리를 차지한다고 믿게 만들어 계급적 불평등을 정당화하는 역할을 함
    • 교육은 자본주의 체제 내의 계층 간 불평등을 정당화하는 기제에 불과하며, 불평등의 원천은 학교제도 밖의 사회체제에 있음
③ 스탠튼-살라자와 돈부쉬의 연줄(social network) 모형
  ㉠ 사회자본(social capital)[8]의 획득과 축적은 학생의 사회경제적 배경과 연관되어 있으며 학업성취도 및 직업적 포부수준에 영향을 미침
  ㉡ 상류층의 학생들은 풍부한 사회자본을 바탕으로 교육과 직업에 대해 높은 기대와 목표를 형성하며, 이로 인해 학업성취가 높아짐

---

7) 인간자본론 = 인적자본론
인간이 토지나 기계, 금융과 같이 경제적 생산의 자본의 역할을 한다고 보는 관점

더 알아두기
• 선별가설 (Screening hypothesis)
 - 교육수준의 차이가 소득 격차를 초래한다고 보는 점에서 인간자본론과 같은 입장
 - 선별가설에서는 생산성이 아니라 '학위(신용장)' 자체가 교육수준과 소득을 매개한다고 본다는 점에서 구별됨
 - 교육수준과 소득수준의 상관성은 학력과 능력을 동일시하는 사회적 관행 때문

암기 POINT
• 교육과 사회평등 : 불평등 재생산론(갈등론)
 - 보울즈와 긴티스의 경제적 재생산론
 - 카노이의 교육수익률 분석
 - 스탠튼-살라자와 돈부쉬의 연줄모형
 - 노동시장 이중구조론

8) 사회적 자본
제도적 후원과 필요한 정보를 얻어낼 수 있는 사회적 네트워크

④ 노동시장 분단론(노동시장 이중구조론, Dual labor market theory)
  ㉠ 현실의 노동시장은 여러 개로 분단되어 있고 임금결정과정이 차별적임
    ✱ 인간자본이론에서는 단일한 노동시장을 전제한 것과 대조됨
  ㉡ 학교교육이 승진과 임금상승에 영향을 준다는 기능론의 주장은 상위계층이 일하는 노동시장에 대해서만 옳을 뿐, 하위계층의 노동시장에는 적용되지 않음(교육은 기회균등의 불완전한 도구)
    ✱ 공공산업, 내부 노동시장, 대기업의 노동자, 남성, 백인, 비장애인 노동자들은 교육과 훈련에 많이 투자할수록 승진과 높은 임금을 받을 가능성이 커짐
  ㉢ 라이트와 페론(Wright & Perrone)의 계층별 교육수익률 비교
    • 교육투자수익률은 고용주, 관리자, 노동자 순으로 높고, 백인 남성의 수익률이 백인여성이나 흑인남성보다 높음
    • 교육은 상류층에게는 지위상승에 도움이 되지만, 하류층에게는 도움이 안 됨

⑤ 카노이(Carnoy)의 교육단계별 교육수익률[9] 변화 분석
  ㉠ 학교발달의 초기단계 : 교육기회가 제한되어 경쟁이 치열하므로, 경제적 중상류층만 학교 다님. 이 시기에는 교육수익률이 높아 교육을 통한 사회이동 효과가 큼
  ㉡ 학교발달의 후기단계 : 교육기회가 보편화되면서 하류층까지도 학교를 다니게 됨. 이 시기에는 학력의 가치가 하락하면서 교육투자수익률이 낮아져 교육을 통한 사회이동 효과가 감소함
  ㉢ 즉, 교육기회가 확대되더라도 결국 교육의 경제적 가치가 높은 시기에 학교에 다닐 수 있는 중상류층만 그 이익을 취하고, 하류층은 이익을 얻지 못하므로 사회적 불평등이 재생산됨

(4) 무관계론

① 무관계론의 개관
  ㉠ 교육과 사회불평등 사이에는 아무런 관계가 존재하지 않는다는 주장
  ㉡ 계층이동과 같은 사회구조의 변화는 교육보다는 다른 사회구조적 요인과 정책들의 영향을 받는 것으로 봄
② 젠크스 등(Jencks et al.)의 연구
  ㉠ 학생의 가정배경, 인지적 능력, 교육연한 및 부모의 직업이나 교육의 변인으로 설명할 수 있는 개인 간의 소득차는 12~15%에 불과
  ㉡ 나머지 85% 이상은 운(luck)에 따른 것, 즉 교육의 사회평등 효과는 미미
③ 치스위크와 민서(Chiswick & Mincer)의 연구 : 1950~1970년대 초반까지 미국의 소득불평등과 교육불평등(학력불평등) 사이에는 아무런 관계가 발견되지 않음

---

9) 교육(투자)수익률
= 교육으로 인한 추가 수입 / 교육에 투자된 비용

암기 POINT
• 교육과 사회평등 : 무관계론
  - 젠크스 등의 연구

④ 교육정책의 방향
  ㉠ 사회적 불평등을 해소하기 위해서는 교육을 통한 접근보다는 세금제도, 복지정책의 개선을 통하는 것이 보다 직접적이며 효과가 크다고 봄
  ㉡ 교육은 사회평등보다는 교육 본연의 기능을 수행하는 데 초점을 두어야 한다고 주장
  ＊ "경제적·사회적 문제의 치유를 위한 사회정책을 교육에 의존하는 것은 부질없는 것뿐이며 가장 비효과적인 방법"(Thurow, 1972)

02 학업성취 격차
2016·2021 지방직9급 / 2014·2024 국가직9급 / 2011·2013·2022 국가직7급

(1) 학업성취 격차의 개념과 영향요인

① 학업성취 격차의 개념
  ㉠ 교육격차(교육불평등) : 교육기회, 교육조건, 교육결과 측면에서 형평성을 실현하지 못한 상태
  ㉡ 학업성취 격차 : 다양한 사회경제적 집단 간의 교육결과의 상대적인 차이
    예 능숙도, 평균적 점수, 점수의 분포 차이

② 학업성취도에 영향을 미치는 요인들
  ㉠ 학교 내적 요인 : 학교의 교육여건(학교의 시설, 교재, 교사의 질 등), 학급규모, 능력별 학급편성, 학생문화, 학교풍토, 교장의 지도력 등
  ㉡ 학교 외적 요인 : 학생의 지능·적성·학습에 대한 흥미·자아개념 등, 가정의 사회경제적 배경, 지역사회의 교육여건 등

③ 학업성취 격차에 대한 관점
  ㉠ 기능론적 관점(능력주의)
    • 학업성취 격차는 자연스러운 현상, 개인의 능력 차이가 주요 원인
    • 경쟁력 있는 인재 육성을 위해 수월성(excellence) 교육 필요
    • 능력별 수업이나 우수교사 배치 등을 통해 집단 간 학업성취 수준의 차이를 감소시킬 수 있음
  ㉡ 갈등론적 관점(평등주의)
    • 학업성취 격차는 교육과 사회문제의 원인, 사회경제적 배경의 영향
    • 교육기회의 확대나 교육조건의 개선만으로는 계층 간 학업성취의 차이를 감소시키기 어려움
    • 학업성취 격차를 줄이기 위해서는 근본적인 사회체제 및 교육체제의 개혁이 필요

> **암기 POINT**
> • 학업성취 격차의 발생원인
> – 기능론적 관점 : 개인의 특성 때문
> – 갈등론적 관점 : 사회구조적 문제 때문

④ 학업성취 격차의 설명 모형

구분		학업성취 격차의 발생 원인
결핍 모형	지능결핍론	개인의 선천적 능력(주로 지능)의 차이
	문화결핍론	가정배경에 따른 문화소양의 차이
기회 모형	교육기회의 불평등	사회경제적 배경에 따른 교육기회의 차이
	교육자원의 불평등	학교나 학급의 물적 및 인적 자원의 차이
교육과정 모형	교사-학생 상호작용	교사의 기대 수준, 교사-학생 언어코드 차이
	교육과정의 불평등	교육과정의 계급 편향성으로 인한 유·불리

(2) **결핍 모형**

① 지능결핍론
  ㉠ 지능을 둘러싼 유전-환경 결정10) 논쟁과 깊이 관련되며, 유전결정론에 근거하여 교육의 가능성을 부정(초기 연구자의 일부)
  ㉡ 젠슨(Jensen)의 연구 : 학업성취 격차는 IQ의 개인차 때문
  소수 인종의 학업성취가 낮은 이유는 환경적 요인(부모의 사회경제적 지위) 때문이 아니라, 개인의 유전적 요인(IQ) 때문이라고 설명

② 문화결핍론(문화실조론)
  ㉠ 가정에서 학교교육의 핵심이 되는 문화를 배우지 못한 것이 학습결손을 유발한다고 보는 관점(생물학적 지능이나 학교요인 때문이 아님)
  ㉡ 학교의 교육내용은 주류집단(서구의 백인 중산층)의 문화를 중심으로 구성되지만, 이러한 문화소양을 가정에서 배우거나 문화적 지원을 받지 못하는 학생들은 학교학습에서 성취가 낮음
    예 결혼이민자가정 자녀는 기본적 읽기쓰기 능력이 부족해 학교 수업에 어려움을 겪게 됨
  ㉢ 문화적으로 불리한 집단(소수민족, 이민자, 저소득층 등)의 아동을 위한 '보상교육 프로그램'의 필요성을 지지하는 근거 제공
    예 미국의 헤드스타트(Head Start) 프로젝트
  ㉣ 문화실조론은 주류집단의 문화를 보다 가치 있는 문화라고 보는 자문화 중심주의(동화주의) 관점에 기반한 것임
  ㉤ 주류문화와 소수문화를 모두 존중하는 입장을 취하는 문화상대주의자들은 '문화실조'라는 개념이 성립할 수 없다고 비판함

(3) **기회 모형**

① 교육기회의 불평등
  ㉠ 가정의 사회경제적 배경의 차이가 교육기회의 격차를 낳고, 이것이 다시 학업성취에 영향을 미침 예 사교육
  ㉡ 가정배경의 차이는 교육을 받을 수 있는 기간(연한)에도 영향을 미쳐 최종적인 학업성취 격차를 낳음 예 계층 간 대학 진학률 차이

---

10) 유전-환경 결정
  - 유전 결정론 : 지능은 생득적으로 정해지며 변화하지 않음(교육의 가능성 부정)
  - 환경 결정론 : 지능은 교육을 통해서 변화 가능함(교육의 가능성 긍정)

암기 POINT
• 유전-환경 논쟁
  - 지능 결핍론 : 유전
  - 문화 결핍론 : 환경

② 교육자원의 불평등
  ㉠ 학교의 물질적 조건 및 인적 조건 차이가 교육격차의 원인
    • 물질적 조건 : 학교 시설, 기구, 도서 등
    • 인적 조건 : 교사 1인당 학생 수, 학생집단의 구성 등
  ㉡ 신자유주의 교육개혁을 통해 도입된 '학교선택제'로 인해 학교 간 교육자원의 격차 확대, 학업성취 격차 심화됨
    예 자율형사립고와 일반공립고의 격차 심화, 공립고 교육의 황폐화 문제

(4) 교육과정 모형

① 교사의 기대와 자기충족예언(self-fulfilling prophesy) 효과
  ㉠ 개념 : 학업성취가 올라가리라는 교사의 기대가 실제 학생의 학업성취를 높이는 효과(교사기대 효과, 로젠탈 효과, 피그말리온 효과)
  ㉡ 자기충족예언의 작동 메커니즘
    • 과정 : 교사의 차별적인 기대 → 교사가 학생을 대하는 태도와 행동 변화 → 학생의 자기개념 변화 → 학생들의 학습태도 및 행동 변화 → 학업성취 향상
    • 특징 : 교사의 차별적 기대로 인한 영향에 민감한 저학년과 하위계층 출신의 학생들에게 더욱 뚜렷하게 나타남
  ㉢ 로젠탈(Rosenthal)과 제이콥슨(Jacobson)의 실증 연구
    • 학기 초 초등학교에서 20%의 학생들을 무작위로 뽑아 그 명단을 교사에게 주면서 지능지수가 높은 학생들이라고 말함
    • 8개월 후 명단에 포함된 학생들은 다른 학생들보다 지능지수와 학업성적이 유의하게 향상되었음
  ㉣ 리스트(Rist)의 현장 연구
    • 학기 초 교사는 학생들의 가정배경과 차림새에 따라 우수학생, 중간학생, 열등학생으로 범주화하고, 학생의 좌석배치, 수업 중 질문, 관심 표시 등을 통해 집단별로 상이한 관심과 기대를 드러냄
    • 우수학생으로 기대된 학생은 교사와의 상호작용이 활발해지고 성적도 좋아지고, 열등학생으로 범주화된 학생은 학급활동 참여가 줄고 성적도 낮아짐
    • 결국 교사가 학생들을 어떻게 범주화하느냐가 교사-학생 간 상호작용에 영향을 주며, 이에 따라 학업성취도 달라짐

② 번스타인(Berstein)의 사회언어학적 연구
  ㉠ 개관 : 가정에서의 초기 사회화 과정을 통해 전수되는 계층별 언어의 특성이 학생들의 학업성취에 영향을 미침

> 더 알아두기
> • 골렘 효과 : 학업성취가 낮을 것이라는 교사의 기대가 실제로 실현되는 효과

> 암기 POINT
> • 상징적 상호작용론적 관점 : 자기충족적 예언 효과(로젠탈, 피그말리온 효과)
> • 갈등론적 관점 : 가정과 학교에서 사용하는 언어의 차이(번스타인)

ⓒ 사회경제적 계층별 언어코드 : 중상류 계층은 정교한 언어코드(공식어)를, 노동자 계층은 제한된 언어코드(대중어)를 많이 사용함

정교한 어법 (elaborated code)	– 문장이 길고 정교하고 세련된 문법 사용 – 언어의 인과성·논리성·추상성이 높음 – 감정이 절제된 언어를 사용 – 다양한 어휘와 복잡한 언어구조를 활용
제한된 어법 (restricted code)	– 문장이 짧고 저급하고 부정확한 문법 사용 – 구체적이며 투박하고 비논리적인 언어 사용 – 비속어, 큰 목소리, 과장된 행동으로 감정 표현 – 화자와 청자의 정서적 유대에 기반한 의사소통

ⓒ 학업성취에의 영향
- 언어는 지식을 매개하는 중요한 수단이므로 학업성취와 밀접하게 관련되어 있음
- 학교교육에서 사용되는 언어는 중상류 계층 가정에서 많이 사용되는 정교한 언어코드와 일치도가 높음
- 노동자 계층 가정의 학생들은 정교한 어법을 잘 사용하지 못하므로 학업성취가 낮음

③ 부르디외의 문화자본이론
ⓐ 학교의 교육과정은 지배계급인 중상류층의 문화를 반영하고 있음
ⓑ 학교교육의 바탕이 되는 문화에 익숙한 계층이 학업성취에 유리함

03 교육선발과 시험 2010·2014·2020 국가직9급 / 2015 국가직7급

(1) 시험의 사회적 기능

① 기능론적 선발관 : 능력주의(업적주의, meritocracy) 관점
ⓐ 개관 : 사회적으로 가치 있다고 합의되는 지식, 기능, 가치를 시험에 출제하고 정답으로 인정함으로써 사회 공통의 문화를 형성하고 변화시킴
ⓑ 능력에 따른 사회적 선발 : 시험이 개인의 능력(성취)을 입증하는 증거가 되므로 시험 성적에 따른 가치 배분은 정당함(능력=학력≠사회경제적 배경)
ⓒ 선발을 통한 계층상승 가능 : 교육의 기회를 확대하여 개인의 능력을 개발해 주면 높은 사회적 지위를 배분받을 수 있으므로 계층의 상승이동이 가능해진다고 봄
ⓓ 지식의 공식화와 위계화 : 시험에 출제되고 정답으로 규정되는 지식은 그 사회가 공식적으로 인정하는 지식이 됨. 공식적인 시험일수록 시험의 지식위계화 기능이 뚜렷

② 갈등론적 선발관 : 평등주의 관점
ⓐ 개관 : 지식의 사회적 의미규정과 그 표현방식을 학교의 시험을 통하여 학생들에게 강요함으로써, 지배문화와 지배문화의 가치관을 주입

암기 POINT

- 학교 선발(시험)의 기능
  - 기능론적 관점 : 능력주의, 정당한 배분
  - 갈등론적 관점 : 불평등 재생산의 도구

ⓒ 능력주의 선발은 허구 : 능력주의에 따른 교육선발은 사회적 불평등의 재생산을 합리화하는 데 이용되고 있는 허구에 불과하다고 주장
ⓒ 교육선발은 불평등 재생산 도구 : 교육선발의 기준이 사회경제적 상류계급에만 유리한 것이어서 사회적 불평등을 재생산하는 기능을 함(능력≠학력=사회경제적 배경)
ⓔ 시험의 교육적 기능 상실 : 현대 자본주의 사회에서 시험의 교육적 목적은 사라지고, 졸업증서는 취득하는 것에만 목적을 둠

기능론적 선발관	갈등론적 선발관
- 문화의 형성과 변화 - 능력에 따른 선발 - 공정한 지위배분 기능 - 선발을 통한 계층이동 가능 - 지식의 공식화와 위계화	- 지배문화와 가치관 주입 - 능력주의 선발은 허구 - 교육선발은 상류층에만 유리 - 선발은 불평등 재생산의 도구 - 시험의 교육적 기능 상실

(2) 교육선발의 유형과 사회이동

① 호퍼(Hopper)의 교육선발론

ⓐ 유형 분류 : 어떻게, 언제, 누가, 왜 선발되는가?

선발형식	집권주의	선발의 중앙집권화와 표준화 정도가 높음(형식성 강함)
	분권주의	선발의 지방분권화와 다양화 정도가 높음(형식성 약함)
선발시기	조기선발	초등학교 졸업단계에서 중요한 선발을 실시
	만기선발	대학단계에서야 중요한 선발이 이루어짐
선발대상	특수주의	특수한 자질의 사람만을 뽑는 정예주의 선발
	보편주의	모두에게 교육받을 권리를 보장하는 평등주의 선발
선발기준	집단주의	사회 전체의 이익을 우선 고려하는 방식
	개인주의	개인의 자아실현을 강조하는 방식

ⓑ 우리나라의 교육선발 방식 : ⓐ 중앙집권화와 표준화, ⓑ 만기선발, ⓒ 보편주의 선발, ⓓ 개인주의 선발

특징	설명	문제점
입학단계에서의 선발	진급선발과 졸업선발 없이 입학단계에서의 선발만 실시	입시위주의 비정상적 교육과정 운영, 본 교육과정에 대한 학습은 방기
상급학교에 의한 선발	상급학교가 선발과정에서 주도권을 가짐	하급학교의 교육이 상급학교의 지배를 받음(하급학교의 자율성 부족)
상대적 경쟁선발	절대적 기준에 의한 선발이 아닌, 상대적 서열에 의한 선발	학생 간의 경쟁을 조장, 자율적인 학습목표 상실, 불안정서 형성
객관식 시험선발	채점의 공정성, 채점의 편리성, 비용효율성이 높은 평가방식	창의적·논리적 사고 능력을 기르는 교육 저해, 문제풀이식 교육 조장

> **암기 POINT**
> • 우리나라의 교육선발체제 (호퍼의 분류)
> - 집권주의
> - 만기선발
> - 보편주의
> - 개인주의

② 터너(Tuner)의 교육선발과 사회이동 열망의 관계
  ㉠ 후원이동(sponsored mobility) : 재능 있는 소수의 학생을 조기 선발
    • 유전론 : 지적 능력은 선천적인 것, 교육을 통한 변화는 크지 않음
    • 엘리트주의 : 조기선발하여 능력에 맞는 교육을 하는 것이 효과적
  ㉡ 경쟁이동(contest mobility) : 많은 학생들이 경쟁 과정을 거치면서 선발
    • 환경론 : 지적 능력은 변화가능한 것, 교육을 통해 극대화 가능
    • 평등주의 : 모든 아동이 잠재능력의 계발 기회를 부여받아야 함
  ㉢ 교육선발과 사회이동 열망의 관계

선발시기	조기선발	중상위계층의 사회이동 열망 가열(중상위계층에게 유리)
	만기선발	하위계층의 사회이동 열망 가열(하위계층에게도 기회 제공)
사회이동	후원이동	중상위계층의 열망 가열(엘리트주의 이데올로기에 기초)
	경쟁이동	하위계층의 열망 가열(평등주의 이데올로기에 기초)

04 학교팽창과 학력상승 2007·2010·2016·2019 국가직7급

(1) 학교팽창 및 학력상승의 원인

구분	대표 이론	대표자	학력상승의 원인
기능론적 관점	욕구위계이론	매슬로우	경제발전 → 개인의 성장욕구 발현
	기술기능이론	클라크, 커	과학기술 발전 → 요구되는 직업능력 상향
	인간자본이론	슐츠	교육투자수익률 개선 → 소득 증가를 위한 투자
	국민통합이론	벤딕스, 라미레즈	국가형성 → 국민통합의 필요성 증가
갈등론적 관점	재생산이론 (계급통제론)	보울즈와 긴티스	산업화에 따른 노동력 공급 + 계급통제를 위한 '노동예비군' 확보
	지위경쟁이론	콜린스, 도어	지위 획득을 위한 경쟁 심화 → 학력인플레이션, '졸업장병'

(2) 기능론적 관점

① 매슬로우(Maslow)의 욕구위계이론(학습욕구이론) – 심리적 요인
  ㉠ 인간은 누구나 기본적인 결핍욕구가 충족되면 이보다 상위의 성장욕구(지적, 심미적, 자아실현 욕구)를 추구하려는 동기를 갖고 있음
  ㉡ 경제가 발전하고 사회가 안정되면서 자연스럽게 지적, 인격적 성장을 추구하고자 하는 욕구가 증가하여 그 결과 학력이 상승하게 됨
  ㉢ 한계 : 오늘날의 학교가 학생들의 지적, 인격적 성장을 위한 학습욕구를 충족시켜 주는 기관이라는 주장을 입증하지 못함. 오히려 학교교육의 비인간화 실태에 대한 비판이 많음

암기 POINT

• 학교팽창 및 학력상승 요인
  – 심리적 요인 : 욕구위계이론
  – 경제적 요인 : 기술기능이론, 인간자본이론, 재생산이론
  – 정치적 요인 : 국민통합이론
  – 사회적 요인 : 지위경쟁이론

② 클라크(Clark)와 커(Ker)의 기술기능이론 – 경제적 요인
  ㉠ 학교는 산업사회를 지탱하는 핵심장치로서, 학교교육은 사회의 직업구조와 주요한 직업들이 요구하는 기술 수준에 맞게 발달한다고 봄
  ㉡ 과학기술의 발달로 인해 사회에서 요구되는 직업능력이 상향되었기 때문에 그에 부응하여 학교교육이 팽창하고 학력상승이 일어났다고 봄
  ㉢ 1990년대 한국사회가 지식기반사회로 진입함에 따라 고급인력에 대한 수요가 증가하였고, 이에 부응하여 대학설립 증가
  ㉣ 학교는 개인의 인지적·전문적 기술을 연마시켜 사회적 상승이동의 통로가 되므로 사회 불평등을 해소하는 역할을 함(평등화기여론)
  ㉤ 한계 : 과잉학력 현상(자신의 학력보다 낮은 직위에 취업을 하거나, 자신의 학력에 맞는 직업이 없어 실업상태에 있는 현상)을 설명하지 못함
③ 슐츠의 인간자본이론 – 경제적 요인
  ㉠ 개인의 교육투자는 비용과 편익을 고려한 합리적 선택에 의해 이루어지므로, 교육투자수익률이 개선될 때 학력상승 현상이 나타남
  ㉡ 우리나라의 경우, 1980년대 이후 대졸자의 임금이 상승하면서 대학진학률이 높아짐
  ㉢ 한계 : 생산성 향상과 직접 관련이 없는 교육에 대한 수요 증가 현상을 설명하지 못함, 학력 인플레이션 현상을 설명하기는 어려움
④ 벤딕스(Bendix)의 국민통합이론 – 정치적 요인
  ㉠ 국가의 이데올로기 통합 과정에서 교육은 국가를 형성하고 국민을 통합하기 위한 제도로 정착되었고, 그 결과로 학교교육이 팽창하게 됨
  ㉡ 19세기 서구 유럽, 20세기 신생 독립국가들에서 국민에게 요구되는 정체성을 고취시킬 목적으로 초등교육 중심으로 교육기회를 크게 확대
  ㉢ 한계 : 국가 건설 초기의 초중등교육 확대에 대해서는 어느 정도 설명력을 갖지만, 최근 고등교육 팽창과 과잉교육의 문제를 설명하지 못함

(3) **갈등론적 관점**
① 보울즈와 긴티스의 재생산이론(계급통제론) – 경제적 요인
  ㉠ 학교교육은 자본주의 사회를 유지할 수 있는 순종적인 노동력을 필요로 하는 자본가들의 요구에 의해 시작되고 팽창되었음
  ㉡ 산업의 발달과 생산과정의 변화에 따라 요구되는 인력의 자질도 상승되므로 초급학교에서 상급학교로 학교교육이 확대되었음
  ㉢ 취업 중인 노동자를 통제하기 위해서는 '산업예비군14)(구직자)'을 확보하여야 하므로 학교교육이 직업수요 이상으로 확대됨
  ㉣ 한계 : 노동력 공급에 필요한 수준 이상의 고등교육으로까지 학력이 계속해서 상승하는 과잉학력 현상은 설명하지 못함

더 알아두기

• 학교팽창의 사례 분석
  - 사례 : 일제강점기 초등교육(보통학교)이 크게 팽창하였음
  - 욕구위계이론 : 강제 징집 또는 징용을 회피하려는 취학의 증가
  - 기술기능이론 : 경제발전을 위한 기술 인력의 수요 증가
  - 국민통합이론 : 조선총독부의 '내선일체(內鮮一體)'와 우민화 정책 실시
  - 재생산이론 : 단순기술과 순응적 태도를 갖춘 노동자들에 대한 군수산업 자본가들의 수요 증가
  - 지위경쟁이론 : 신분제 폐지로 인한 학력(學歷)에 대한 수요 증가

14) 산업예비군
  - 마르크스 등이 실업자 및 불완전 고용자를 지칭하기 위해 사용한 말
  - 자본주의 사회에서는 노동자들의 낮은 임금과 열악한 노동조건을 유지해서 자본의 이익을 극대화하기 산업예비군을 양성함

② 콜린스(Collins)의 지위경쟁이론(계층경쟁론) – 사회적 요인
  ㉠ 기술기능이론에 대한 비판 : 직업세계의 기술수준과 관계없이도 학력별 교육수익률의 변화가 발생할 수 있음. 즉, 직업기술의 변화는 없는데도 학력의 가치가 이전보다 낮아지고 있음
    예 대학 졸업자가 산업계 요구 수준 이상으로 늘어나면서 과거에는 고졸자가 취업하던 직종으로 대졸자가 이동하는 현상이 나타남
  ㉡ 『학력주의 사회(The Credential Society)』
    • 고등교육의 과잉공급 상태에서도 새로운 대학이 설립되는 등 고등교육의 팽창이 계속되는 현상이 지속됨
    • '학력주의(학벌주의) 사회'에서는 개인의 실제적인 지적·기술적 능력보다 학력(학위, 졸업장, 학벌)이 사회적 지위 결정에 중요한 기준으로 작용, 학력은 일종의 '문화화폐'의 기능을 수행함
    • 학력이 사회적 지위 획득의 합법적 수단이 되기 때문에 사람들은 경쟁적으로 더 높은 학력을 취득하려고 하므로 학력이 계속해서 높아지는 '과잉학력'의 문제가 발생함

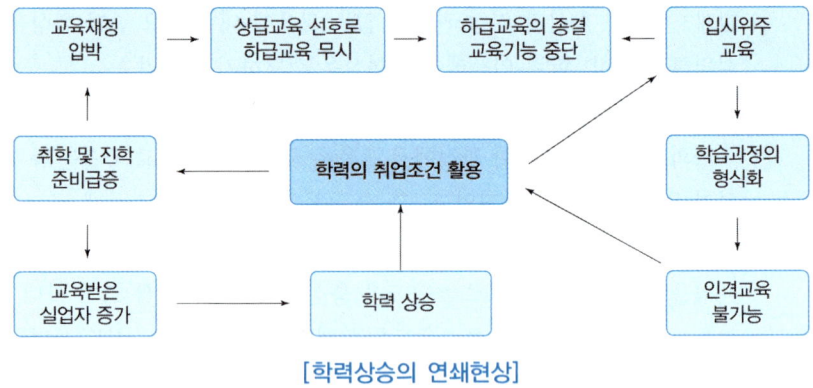

[학력상승의 연쇄현상]

  ㉢ 도어(Dore)의 '학력인플레이션'과 '졸업장병'
    • 학력이 지위획득 수단으로 작용하면서 진학률이 상승하고 졸업생이 증가하여 학력의 공급이 수요에 비해 지나치게 많아 학력의 가치가 평가절하되는 이른바 '학력인플레이션'이 나타남
    • 학력의 가치하락은 다시 새로운 학력상승의 요인이 되는 연쇄현상이 나타나며, 그 속에서 학력취득 경쟁이 계속되는 '졸업장병' 발생
  ㉣ 의의 : 우리나라에서 교육을 통한 사회이동의 기대와 맞물려 명문대학 진학 경쟁이 과열되는 문제를 적절히 설명해 줌
  ㉤ 한계 : 경쟁의 부정적 측면만 강조하여 교육확대를 부정적으로 인식, 국가와 같은 교육공급자의 역할은 고려하지 않음

암기 POINT
• 현대 사회의 학력인플레이션 현상을 설명해 주는 이론 : 콜린스의 지위경쟁이론

4 교육평등의 관점과 정책

01 교육평등의 개념과 원리

(1) 교육평등의 개념
① **교육기회의 균등** : 모든 사람에게 균등한 교육기회를 제공한다는 의미(소극적 의미, 형식적 평등)
② **교육결과의 균등** : 불리한 조건에 있는 사람에게도 결과의 균등을 보장한다는 의미(적극적 의미, 실질적 평등)

(2) 교육평등의 원리 2020 지방직9급 / 2022 국가직9급
① **공정한 기회균등의 원리**
　㉠ 보수주의·자유주의 관점, 능력주의 평등화론, 기회의 허용적 평등
　㉡ 모든 사람이 사회적 지위를 획득할 수 있도록 자신의 능력을 계발할 기회, 즉 교육받을 기회가 제공되어야 한다는 원리
　㉢ 자유주의에서 평등은 공정한 경쟁에 참여할 기회의 균등을 의미하며, 경쟁의 결과로 발생하는 능력에 따른 차별은 정당한 것으로 인정함
　㉣ 사람의 능력은 개인마다 다르고 교육의 양은 능력에 비례해야 하므로, 교육기회는 엄격한 기준에 의한 선발을 통해 주어져야 함
　㉤ 개인별 능력차를 이해하는 데 사회구조적 불평등을 고려하지 않음
② **최대이익의 원리**
　㉠ 공리주의 관점으로, 최대 다수의 사람에게 최대의 이익(행복)이 돌아가야 한다는 원칙에 따라 교육기회 분배
　㉡ 사회의 일부 사람에게는 손해가 발생하더라도, 사회 전체로 보았을 때 받을 수 있는 이익의 총량이 최대화되어야 한다는 의미
③ **인간존중의 원리(동일성의 원리)**
　㉠ 인본주의 혹은 자연주의 관점으로, 모든 인간의 동등한 가치를 존중해야 한다는 원리('네가 대접받고 싶은 대로 남을 대접하라.')
　㉡ 모든 사람에게 자신의 능력을 계발할 기회를 균등하게 제공하여야 함 ('같은 것은 같은 방식으로 대우하라.')
④ **차등의 원리**
　㉠ 롤스(Rawls)의 관점, 민주적 평등주의, 결과의 평등, '분배적 정의'를 강조한 입장으로, 사회적 약자의 이익을 최대화하는 장치를 통해 결과의 평등을 추구할 것을 주장함
　　★ 롤스의 민주적 평등주의 = 공정한 기회균등의 원리 + '차등의 원리'
　㉡ 평등한 분배로부터의 일탈은 결과적으로 모든 사람에게 이득이 될 경우에만 인정됨. 즉, 어떤 사람이 다른 사람의 희생으로 잘 살게 되는 것을 금지하는 것임

암기 POINT
- **공정한 경쟁의 원리** : 능력주의, 기회의 평등
- **차등의 원리** : 롤스의 평등주의, 결과의 평등

> 강서연 교육학

더 알아두기

"누가 어떤 잠재력을 가지고 어떤 가정에 태어나느냐는 순전히 우연의 결과로, 마치 '자연의 복권추첨(natural lottery)'과 같은 것이다."(롤스)

암기 POINT

- 허용적 평등관
  - 교육기회에 대한 차별 철폐
  - 교육받을 권리의 인정
  - 헌법 제31조 제1항

암기 POINT

- 보장적 평등관
  - 교육받을 권리의 실질적 보장
  - 의무교육, 무상교육 제도화
  - 평생교육, 원격교육 확대

ⓒ 사회정의의 기준은 사회 전체의 평균 복지가 아니라, 가장 불리한 입장에 있는 사람들의 복지에 있으므로, 그들의 필요에 특히 신경 쓸 것을 요구
ⓔ 사람의 가정배경이나 능력은 마치 '자연의 복권추첨'과 같은 것이므로, '복권을 잘 뽑아서' 유리한 조건을 가진 사람은 불리한 조건의 사람을 배려하여야 함

02 교육평등 정책의 관점

2015·2017·2022 지방직9급 / 2009·2011·2013·2017·2019 국가직9급 / 2009·2010·2012·2013·2015·2020·2024 국가직7급

(1) 허용적 평등관(교육기회의 허용적 평등)

① 개념
  ㉠ 모든 사람에게 교육받을 기회를 허용하기 위해 취학기회를 가로막는 법적·제도적 차별을 철폐하려는 관점
  ㉡ 성별, 종교, 인종, 사회적 신분 등을 이유로 한 교육기회의 차별을 철폐하고자 하는 관점
  ㉢ 다만, 개인의 역량 차이에 상관없이 모두가 같은 수준의 교육을 받아야 한다는 것은 아님. 특히 중등교육 이상의 교육기회는 엄격한 기준에 의해 선발된 능력있는 인재들에게 주어져야 한다고 봄

② 사례
  ㉠ 헌법 제31조 제1항 : 모든 국민은 능력에 따라 균등하게 교육을 받을 권리를 가진다.
  ㉡ 교육기본법 제4조 : 모든 국민은 성별, 종교, 신념, 사회적 신분, 경제적 지위 또는 신체적 조건 등을 이유로 교육에 있어 차별을 받지 않는다.

(2) 보장적 평등관(교육기회의 보장적 평등)

① 개념
  ㉠ 동등한 취학 기회를 허용하는 것은 교육평등의 충분조건이 아니라는 인식에 기초함 예 경제적 능력이 없는 하류계층 아동의 취학 포기
  ㉡ 취학을 가로막는 경제적, 지리적, 사회적 장애물을 제거해서 교육기회의 평등을 실질적으로 실현하고자 하는 관점

② 사례
  ㉠ 경제적 장애 극복 : 의무교육 제도화, 무상교육 실시, 빈곤계층 자녀의 학비 보조 및 장학금 제도 등
    • 영국의 「1944년 교육법」과 교육개혁 : 중등교육의 보편화·무상화, 단선제로 전환, 불우계층의 자녀들에게 의복, 점심, 학용품 등을 지급
    • 우리나라의 교육급여 제도 : 기초생활보장 수급자 및 기타 저소득 취약가정의 자녀에게 입학금, 수업료, 교과서비, 학교급식비 및 교육활동 지원비 제공

ⓒ 지리적 장애 극복 : 낙후지역에 학교 설립, 무료 교통편 운영 등
　　＊ 농어촌 지역의 소규모 학교 통폐합 정책은 보장적 평등정책과 모순됨
ⓒ 사회적 장애 극복 : 근로청소년이나 성인학습자를 위한 야간수업, 방송통신학교 개설, 독학사제도 도입, 장애학생의 통합교육 지원 등

(3) 과정적 평등관(교육조건의 평등)

① 개념
　ⓐ 교육기회의 평등만으로는 충분하지 않다고 보는 관점으로, 교육조건의 격차 해소를 통해 누구나 질적으로 우수한 교육을 받을 수 있게 해야 한다고 보는 관점
　　＊ "교육기회의 평등은 단지 취학의 평등이 아니라 평등하게 효과적인 학교를 의미한다."(Coleman, 1966)
　ⓑ 학교의 시설, 교사의 자질, 교육과정, 교육자료, 교육방법 등의 측면에서 학교 간 격차를 해소해야 한다고 보는 관점

② 사례
　ⓐ 학교운영비 국고 보조, 학교시설개선 사업, 교사의 순환근무제도, 국가 교육과정 및 교과서 검인정제도, 단선형 학제, 고교평준화 정책 등
　ⓑ 한국의 '고교평준화' 정책
　　• 1973년 서울과 부산을 시작으로, 점차 전국으로 확대
　　• 인문계 고교 무시험 입학제 실시, 학군별로 추첨하여 학생 배정
　　• 교육조건의 평등 실현을 표방하였으나, 실질적으로는 고교 입시경쟁 해소를 위해 무시험 추첨배정 제도를 도입하는 데 그쳤다고 평가됨

> **암기 POINT**
> • 과정적 평등관
> 　- 교육조건의 평등
> 　- 학교시설, 교사, 교육과정의 학교 간 차이 제거
> 　- 고교 평준화, 단선형 학제

(4) 보상적 평등관(결과의 평등)

① 개념
　ⓐ 교육조건의 평등만으로는 교육결과(학업성적, 상급학교 진학, 졸업 후 직업지위 등)의 평등이 실현될 수 없다는 사실에 근거해서, 교육결과의 평등을 위한 보다 적극적인 조치를 해야 한다고 주장하는 관점
　ⓑ 교육결과의 평등을 실현할 수 있도록 사회경제적으로 불리한 위치(낮은 지위)에 있는 학생들에게 특별한 지원을 제공해야 함
　ⓒ 사회적으로 낮은 지위 계층의 학습자들이 가정배경의 불리함으로 인해 받는 불이익을 사회가 보상한다는 의미(롤스의 정의론에 기초)
　　＊ "오랫동안 쇠사슬에 묶였던 사람들을 갑자기 풀어준 뒤, '맘대로 뛰어보라.'며 달리기 출발선에 세운다면 그것은 공정한 교육정책이 아니다."(미국 존슨 대통령)
　ⓓ 역사적으로 볼 때, 교육평등의 개념은 기회의 균등에서 결과의 평등으로 확장되어 옴
　ⓔ 개인의 타고난 능력에 따라 교육기회나 사회적 자원이 배분되어야 한다고 보는 보수적 관점의 능력주의자들은 보상적 평등관에 대해 일종의 '역차별'이라고 비판함

> **암기 POINT**
> • 보상적 평등관
> 　- 교육결과의 평등
> 　- 가장 적극적인 평등 정책
> 　- 저소득층을 위한 보상교육
> 　- 소수집단에 대한 특별전형
> 　- 저소득층 밀집 구역에 대한 특별지원(교육복지우선지원)

② 사례
  ㉠ 예방적 조치 : 저소득층, 장애인 등 사회적 소외계층, 낙후지역 거주자 등의 학습결손 및 계층 간 학업성취 격차를 예방하기 위한 사전적 보상교육(compensatory education) 정책
    • 저소득층 취학 전 아동의 보상교육 프로그램 : 미국 헤드스타트(Head Start) 사업, 영국 Sure Start Program, 한국 WE start 사업 등
    • 저소득층 밀집 지역 학교의 집중 지원 : 미국의 '교육우선투자지역(EAZ : Education Action Zone)' 사업, '교육수월성도시(EIC : Excellence in City)' 사업, 영국의 '교육우선지역(EPA : Educational Priority Area)' 사업, 한국의 교육복지우선지원사업
    • 학습부진 학생을 위한 방과 후 보충지도, 농촌과 도서벽지의 학생들에게 추가적인 교육자료 제공 등
  ㉡ 보상적 조치 : 취약계층 등에 대한 가산점 부여, 정원 할당 등을 통해 불평등과 차별을 사후적으로 교정하는 정책
    • 미국의 소수집단 우대정책인 '기회균형선발제(affirmative action)'[11]
    • 한국 사회적배려대상자 특별전형, 농어촌지역 학생 대학입학특별전형제, 기회균등할당제 등

> 12) 기회균형선발제
> 할당제, 가산점제, 목표설정제 등을 통해 소수집단에게 대학입학 및 취업기회 부여

[우리나라의 '교육복지우선지원사업']
- 목적 : 취약계층 학생 밀집 학교를 집중 지원하여 교육격차를 해소하고자 함
- 지원대상 : 저소득층·한부모가족·다문화가족의 자녀, 특수교육 대상자 등
- 지원내용 : 학습, 문화체험, 심리상담, 복지지원 등을 종합적으로 지원

학습	교육과정 연계 기초학습능력 확보 및 학습결손 치유, 예방 프로그램 운영	일대일 학습, 방과후학교, 방학 캠프, 대학생 멘토링 등
문화체험	각종 현장체험학습 실시로 문화체험에 대한 기회 결핍 해소, 학습경험 제공	축제, 캠프, 동아리, 자원봉사활동, 미술관 견학 등
심리지원	건강한 자아 형성 및 부적응 치유를 위한 맞춤형 상담 및 심리치료 지원	학생상담, 심리검사, 심리치료, 학교부적응예방프로그램 등
복지지원	학교-가정-지역사회와 연계한 학생 통합 보호, 지원체계 구축	치과·안과 치료, 학습준비물 지원, 가정 방문, 간식비 등

(5) **콜맨(Coleman) 보고서**
2017 지방직9급 / 2009·2018 국가직9급 / 2007·2013·2015·2018·2022 국가직7급

① 연구 목적
  ㉠ 보고서의 원제는 「교육기회의 평등(Equality of Educational Opportunity)」(1966)으로 학업성취의 불평등 현상 및 그 원인을 밝히는 데 목적을 둠
  ㉡ 정책적으로는 과정적 평등 정책의 효과를 검증하기 위한 목적으로, 학교의 교육조건 및 가정배경의 차이가 학업성적에 미치는 영향을 분석
  ㉢ 기본 문제의식은 학업성취도 격차의 완화기제로서 학교의 가능성을 알아보는 것에 있음

> 암기 POINT
> • 콜맨 보고서
>   - 교육평등 정책의 효과 검증 목적으로 연구
>   - 학교의 교육조건보다 가정배경의 영향이 학업성취에 더 큰 영향
>   - 특히 가정의 사회자본 중요
>   - 보상교육 프로그램 도입의 근거 제공

② 주요 연구 결과
  ㉠ 학교의 물리적 시설, 교육과정 등은 학업성취에 거의 영향을 주지 않음
  ㉡ 학교 내 동료학생 집단의 특성과 교사의 질도 부분적으로만 영향을 줌
  ㉢ 학생의 가정배경이 학업성취에 주된 영향을 미치는 변인으로 나타남
  ㉣ 가정배경의 영향 중에서 특히 '사회자본'의 중요성에 주목
  ㉤ 결론적으로 학교의 사회 평등화 기능은 미흡한 것으로 해석됨
③ 가정배경의 영향 : 특히 사회자본의 중요성에 주목
  ㉠ 가정환경 변인의 종류

경제자본	부모가 소유한 경제적 부나 소득, 자녀학업을 위한 경제적 지원
인적자본	부모의 학력 수준, 자녀의 학업에 도움이 되는 지적 능력
문화자본	가정에서의 문화적 경험, 지식, 언어, 문화적 취향
사회자본 (social capital)	**가정 밖** 부모의 친구 관계 및 사회적 관계, 이웃들과의 교육정보 교류 정도, 부모의 지역사회 및 학교 활동 참여, 지역사회 주민들의 생활지도·학습지원·학습분위기 조성 등에 대한 협력
	가정 내 부모와 자녀 간의 상호 신뢰와 유대감, 부모와 자녀 간의 적극적이며 긍정적인 상호작용, 자녀 교육에 대한 관심과 기대, 학습활동에 대한 지원

> 암기 POINT
> • 콜맨의 사회자본 개념
> - 부모의 자녀 학업에 대한 관심, 격려, 지지
> - 지역사회의 분위기, 교육정보 교류, 학교활동에의 참여

  ㉡ 가정환경의 학업성취에의 영향
    • 가정환경은 지역사회 및 학교와의 사회적 관계를 통하여 학업성취에 영향을 줌
    • 가정의 경제자본보다 문화자본이 학업성취에 더 큰 영향을 미치지만, 사회자본이 함께 있어야 문화자본의 효과가 제대로 발현됨
④ 연구의 의의
  ㉠ 교육기회 및 교육조건의 평등 정책의 한계 인식, 헤드스타트 프로그램과 같은 보상적 평등 정책의 도입 근거를 제공
  ㉡ 콜맨 보고서의 분석방법과 자료의 적합성 등을 재검토하기 위한 후속 연구들이 촉발됨 예 젠크스(Jencks) 등의 「불평등」(1972)
⑤ 콜맨 보고서의 후속 연구들
  ㉠ 젠크스 등의 『불평등』(Jencks et al., 1972)
    • 콜맨 보고서에서 사용된 분석방법과 자료의 적합성 등을 재검토함
    • 학업성취에 영향을 주는 주요 요인 : 가정의 사회경제적 배경, 학생의 인지적 능력, 학교교육의 질 순으로 큰 영향을 줌
    • 학교의 가정배경 요인 해소 효과 : 가정배경이 서로 다른 학생들의 성적 차를 줄이는 데 있어서 학교는 큰 영향을 미치지 못함
  ㉡ 이후 영국의 학교효과 연구(1979), 미국의 공·사립 학교 비교연구(1982) 등에서는 학교의 특성에 따라 학업성취도 수준의 유의미한 차이가 있다는 연구결과가 도출되기도 함

5 새로운 교육사회학

01 학교에서의 사회적 상호작용

(1) 상징적 상호작용 이론
① 개인들의 행위와 상호작용을 강조하는 관점으로, 미드(Mead)와 블루머(Blumer)가 발전시킨 이론으로 1950년대 이후 사회과학 전반에 영향
② 인간은 상징(symbol)을 통해 의사소통하는 능력을 가지고 있으며, 사회는 다양한 상징에 대한 해석을 합의하는 과정을 통해 만들어진다고 봄
③ 구성원들이 조직의 문화, 가치, 규범과 상대방의 행동에 대해 어떤 의미를 부여하며, 그 의미가 상대방에게 어떤 작용을 하는지를 밝히고자 함
④ 교사와 학생은 학교라는 제도적 제약조건과 상황규정(definition of situation) 속에서 상대방에 관한 지식에 기초하여 자신의 대응방식을 선택함. 교사와 학생의 행위는 상호 간에 영향을 주고받음
   예) ○반의 학생들은 김교사의 수업시간에는 많이 떠들고 수업 분위기도 산만한 편이지만, 최교사의 수업시간에는 긴장하여 열심히 수업에 참여함. 같은 학급에서도 교사에 따라 다른 수업분위기가 형성됨

(2) 교사와 학생 간의 상호작용 연구
① 교사의 학생에 대한 역할기대 연구
   ㉠ 교사는 자아개념이나 자기역할개념에 따라 교사의 행동 유형을 결정하는데, 그 유형에 따라 교실의 분위기와 수업방식이 달라짐
   ㉡ 교사들은 자신들의 역할에 적응한 학생은 모범생으로 인식하는 반면, 부적응하는 학생은 나쁜 학생으로 간주하는 경향이 있음
   ㉢ 하그리브스(Hargreaves)의 연구

구분	교사의 자기개념과 학생에 대한 역할기대
맹수조련사형 (Lion-tamers)	- 학생들에게 지식과 윤리적 행동을 가르쳐 모범생으로 만드는 것이 교사의 역할이라고 생각하는 유형 - 교사는 전문적 지식과 학생을 다루는 기술을 갖추어야 하며, 학생은 교사의 지시에 충실히 따라야 한다고 생각
연예인형 (Entertainers)	- 학생들이 즐겁게 배우도록 이끌어 주는 것이 교사의 역할이라고 생각하는 유형 - 학생들이 흥미있어 하는 방식으로 수업을 하며, 학생들을 '친구처럼' 대하면서 격의 없는 관계를 유지하려 함
낭만가형 (Romantics)	- 학습자가 스스로 학습할 수 있는 여건을 조성하고 학습기회를 제공하는 것이 교사의 역할이라고 생각하는 유형 - 학습자의 학습능력과 의지를 신뢰하고, 수업내용도 학생과 상의하여 결정하는 것이 좋다고 생각함

더 알아두기

• 상황규정과 대응방식
 - 어떤 사회적 상황을 각각의 참여자들이 어떻게 정의(이해)하는지에 따라 그 상황에 적절하게 대처하는 방식을 선택한다는 뜻
 - 예) 모두가 신나 보이는 부장님 생일파티를 어떤 직원은 '야부시간'으로 규정하고 그에 기초해서 자신의 행동을 선택함

② 학생의 적응양식
  ㉠ 학생들은 학교라는 제도적 제약 속에서 스스로 상황을 정의하며, 특정한 측면에 가치를 부여하는 다양한 삶의 방식을 보여줌
  ㉡ 학생들은 그들 나름대로 교사에 대한 기대를 가지고 있으며, 교사들의 행동 유형에 따라 적절한 행위를 선택하여 적응함
  ㉢ 우즈(Woods, 1979)의 연구

구분	학생의 적응양식
아부형(ingratiation)	교사를 기쁘게 하려고 하며 학교에 대해 매우 호의적인 태도를 보이는 유형(머튼의 '동조형'과 유사)
순응형(compliance)	학교를 직업을 얻기 위한 유용한 도구라고 여겨 학교의 규칙과 통제에 순응하는 유형
의례형(ritualism)	큰 열정이나 관심 없이 학교에 습관적으로 다니는 유형
기회주의형(opportunism)	교사의 승인과 동료들의 승인 사이에서 왔다갔다 하는 유형
도피형(retreatism)	학교에서의 성공에는 관심이 없고 학업을 태만히 하면서도, 학교의 권위에 도전하지는 않는 유형
식민화형(colonization)	학업에 관심이 없고 학교에 적대적이어서 몰래 일탈행동을 하지만 문제를 일으키는 것은 피함
비타협형(intransigence)	학교의 목표를 거부하고 협력하지 않으며, 결과에 대해 신경 쓰지 않고 일탈을 일삼는 말썽꾸러기
반역형(rebellion)	학교의 목적과 가치를 거부하고 학교에서 가르치지 않는 다른 목적을 성취하기 위해 노력

> **더 알아두기**
> • 머튼의 아노미 이론
> – 아노미의 개념 : 사회적으로 공유된 문화적 가치와 제도화된 사회적 수단 사이의 불일치로 인한 사회·심리적 긴장 상태
> – 아노미 상태를 벗어나기 위한 적응 방식 : 동조형, 의례형, 혁신형, 도피형, 반역형

(3) 교사의 생존전략과 방어적 수업
① 우즈(Woods)의 '교사의 생존전략' 연구
  ㉠ 교사는 전문직의 요구에 부응하면서도, 학교와 교실의 열악한 물리적 조건 속에서 살아남기 위해 여러 가지 생존전략을 개발함
  ㉡ 공립학교 교사들의 '생존을 위한 숨은 교수법'

사회화	규정된 행동양식에 순응하도록 학생들을 사회화시키기
지배	언어적 공격, 체벌, 비난 등 훈육을 통해 학생들에게 순응을 강요하기
협상	학생들에게 어떤 조건에 요구하는 대가로 다른 조건을 완화해 주기
친목	학생들의 문화를 이해하면서 학생과 친하게 지내기
결근과 자리이동	어려운 수업을 피하기 위해 시간표를 조정하거나 결근을 하여 수업을 면제받고자 함
관습적인 전략	교사와 학생이 모두 손쉽게 받아들이는 방법을 통해 학생들을 통제 예 받아쓰기
직업적 처방	학생들을 부지런히 일하게 하거나 관심을 다른 데로 돌림으로써 교사는 여유를 가질 기회를 얻음
사기 진작	웃음과 유머적 수사를 통해 교사의 일을 재정의하고 교사 집단의 사기를 진작함

② 맥닐(MacNeil)의 '방어적 수업' 연구
　㉠ 교사가 수십 명의 학생들을 가르치는 학급상황에서 교사는 학생들로부터 자신을 지켜야 한다는 구조적인 방어의식을 갖게 됨
　㉡ 교사의 방어적 수업 전략

단편화 (fragmentation)	– 수업의 내용을 단편적 지식들로 쪼개어 서로 연결되지 않는 목록들로 환원시켜 제시하는 방법 – 정보를 사실로 보게 하여 학생들의 토론이나 반대의견 제시를 예방함
신비화 (mystifying)	– 복잡한 주제에 대한 토론을 피하기 위해서 신비한 것처럼 다루는 전략 – 학생들이 스스로 지식을 깊이 파고들지 못하도록 하여 교사가 제공하는 정보에 의존하는 태도를 갖게 함 예 "이건 전문가만 알 수 있는 거야. 그냥 교과서에 나온 문장을 그대로 외워."
생략 (omission)	– 논쟁의 여지가 있는 주제나 단원에서 학생들이 반대의견을 제시하거나 토론을 할 만한 자료 혹은 자료를 보는 관점을 생략함 예 히로시마 원자폭탄 투하 결정에 반대했던 사람들의 주장을 수업에서 생략함
방어적 단순화 (defensive simplification)	– 복잡하고 어려운 주제를 간단히 언급만 하고 넘어가는 전략 – 정치적으로 덜 민감하거나 논쟁의 여지가 적은 주제만을 선택하거나, '빈칸 채우기' 문제풀이나 주제의 개요만을 말해 주는 방식을 취함 – 학생들의 능력이나 수업에 대한 관심이 부족하다고 생각할 때 즐겨 사용하는 전략으로, 학습부담을 덜어줌으로써 학생들의 협력을 끌어냄 예 "이 주제는 깊이 공부하지 않아도 돼."

암기 POINT
- 맥닐의 방어적 수업 전략
  - 단편화
  - 신비화
  - 생략
  - 방어적 단순화

(4) 윌리스(Willis)의 저항이론과 반학교문화 연구 2024 국가직 7급

① 저항이론의 기본 관점
　㉠ 인간은 사회의 지배질서를 단순히 수용하지 않고, 이를 거부하거나 비판하며 사회의 불평등 구조에 저항하는 능동적인 존재임
　㉡ 학교가 사회구조 재생산 기능을 수행하고 있음을 인정하면서도, 여전히 학교는 저항과 대항문화의 존립이 가능한 열려있는 공간임을 강조
　㉢ 학교 내부의 일상생활 속에서 나타나는 역동성에 주목하며, 학교가 저항세력의 활동 근거지로 활용될 가능성이 있다는 점에서 학교교육의 유용성을 인정함

② 반학교문화에 대한 문화기술적 연구
　㉠ 『노동학습 : 노동계급의 학생들은 어떻게 노동자가 되는가』: 영국의 한 학교에서 12명의 노동계급 학생들의 구체적 문화에 대한 분석을 통해 학교교육을 통해 사회의 모순구조를 개혁할 수 있는 가능성을 제시함

ⓒ 노동자계급 학생들이 저항 전략과 한계
- 간파(penetration)
  - 학교는 학생들이 규칙을 준수하고 교사에게 순응한다면 사회에서 성공할 수 있을 것이라는 기대를 형성하여 권위를 획득하고자 함
  - 노동계급의 학생들은 사회의 불평등한 구조로 인해 열심히 공부해 봤자 사회에서 성공할 가능성이 거의 없다는 것을 '간파'하고 있음
- 반학교문화(counter-school culture)
  - 노동계급의 학생들은 자신들을 '싸나이(lad)'라고 부르며 노동문화에서의 가치관을 학교문화에 접목함으로써 반학교문화를 형성
  - 학생들은 수동적 존재가 아닌 능동성과 주체성을 가진 존재로서 학교가 전달하고자 하는 이데올로기를 맹목적으로 수용하지 않음
  - 오히려 학교의 규칙을 거부하고 학교의 권위에 대항하는 반학교문화를 형성하여 자율적이며 능동적인 존재로서 행동함
  - 육체노동을 남성적 우월성에, 정신노동을 여성적 열등성에 결부시키면서 육체노동문화를 자신의 이상으로 받아들여, 졸업 후 스스로 육체노동직을 선택함
- 제약(한계, limitation): 그들의 저항행위는 자신들의 삶에 아무런 긍정적 영향을 끼치지 못한 상태로 현존하는 사회의 불평등 구조를 재생산하는 결과를 낳음

02 교육과정사회학 2024 지방직9급 / 2023 국가직9급 / 2016·2020 국가직7급

(1) 교육과정사회학의 기본 관점

① 기존의 교육사회학(학업성취도 연구)에서는 학교의 교육과정을 블랙박스(black box)로 남겨 두고, 학교에서 무엇을 가르치는지에 대해 밝히지 못함
② 새로운 교육사회학에서는 학교의 교육과정이 사회적·정치적으로 구성되는 것으로 보고, 학교에서 가르치는 지식을 사회학적으로 탐구하고자 함
③ 영(Young)을 중심으로 한 지식사회학자들은 학교에서 가르칠만한 지식이 선별되는 과정은 학교 밖의 권력구조와 관련되어 있다는 점을 지적
④ 학교의 교육과정은 보편타당한 객관적인 내용을 구성된 것이 아니라, 지배집단의 이해와 이데올로기를 반영하는 편향적인 내용들로 구성됨
   예 미술교과는 한국미술이 아닌 서양미술을, 음악교과는 국악이 아닌 양악을 더 중요하게 가르침

암기 POINT

- 애니언의 교육과정 연구
  - 비판적 관점
  - 공식적 교육과정 분석
  - 잠재적 교육과정 분석

(2) 애니언(Anyon)의 재생산 이론과 잠재적 교육과정

① 잠재적 교육과정 연구의 두 갈래

	기능론적(중립적) 관점	갈등론적(비판적) 관점
정의	계획되지 않은 혹은 의도되지 않은 교육과정(긍정적 역할 강조)	의도적으로 숨겨져 있는(hidden) 교육과정(부정적 역할 강조)
내용	사회적으로 바람직한 사회적 태도나 가치 예 근면성, 성실성	지배계층에게 유리한 가치와 규범 및 생활양식 예 순종, 효율
역할	학교에서 가르치는 표면적 교육과정의 약점을 보완하고 강점을 강화하는 역할(부수적 기능)	계층에 따라 차별적인 대우를 하여 불평등을 재생산하는 역할(억압적, 차별적 교육과정)
연구	잭슨, 드리븐, 김종서 (→ 교육과정론)	보울즈와 긴티스, 애니언, 애플 (→ 교육과정사회학)

② 애니언의 잠재적 교육과정 연구
  ㉠ 역사 교과서 분석 : 자본가 집단에 유리한 내용은 비중 있게 다루는 반면 노동자들의 기여를 언급하지 않거나 부정적으로 다룸. 즉, 교육과정은 지배집단의 이익에 봉사하는 이데올로기를 반영함
  ㉡ 잠재적 교육과정 분석 : 학생들의 사회경제적 배경에 따라 일, 소유, 규율, 의사결정과 같은 개념들이 표현되는 방식에 차이가 있음

	학습활동	교실통제	의사결정
노동계층이 많은 학교	- 기계적, 반복적 - 선택할 기회 없음	엄격한 규칙과 통제, 직선적 명령	교사가 의사결정권 독점
중상류계층이 많은 학교	- 지식 창출, 토론 - 선택할 기회 제공	학생의 자율적 통제 허용	교사와 학생 간 협의

(3) 번스타인(Bernstein)의 문화전수이론과 교육과정

① 문화전수이론의 기본 관점
  ㉠ 교육을 통한 지식전수에 관심을 갖고, 학교에서 일어나는 '지식의 조직과 분배 및 평가'의 기초를 이루는 사회적 가정들과 권력관계를 탐구
  ㉡ 학교교육은 지배계급의 문화가 전수되는 과정이라는 사실이 은폐되고 있다고 지적하면서 이를 드러내고자 함
  ㉢ 교육과정은 사회적인 힘과 교육적인 힘 사이의 갈등과 타협의 산물로서, 교육과정의 모든 국면에 권력과 통제의 원리가 침투되어 있다고 봄

② 교육과정의 유형 구분
  ㉠ 교육과정 분석 기준 : 분류(C : classification)와 구조(F : frame)
    • 분류(C) : 분과형 vs. 통합형
      - 교과 또는 학과 사이 구분(경계)의 선명성 정도를 가리키는 개념으로, 교과지식을 어떻게 조직하느냐가 기준이 됨

암기 POINT

- 번스타인의 교육과정이론(문화전수이론)
  - 분류 : 교과 간 경계 구분
  - 구조 : 교과내용 선정·조직
  - 집합형 : 강한 분류와 구조
  - 통합형 : 약한 분류와 구조

- 분류가 강한 경우 상급 과정으로 올라갈수록 교과내용이 전문화·세분화되며, 분류가 약한 경우 타 분야와의 교류와 통합이 활발해짐
- 분류가 약할수록 교육과정이 사회경제적 요구에 민감하게 반응
• 구조(F) : 교과중심 vs. 경험중심
  - 교육내용의 선택, 조직, 진도에 대한 교사의 통제력 정도를 가리키는 개념으로, 교육내용 선정, 계열성, 시간배정의 엄격함 등이 기준
  - 구조화가 강하면 학생들의 관심과 요구를 반영하기 어렵고, 구조화가 약하면 학생들의 다양한 흥미, 관심, 요구를 반영하기가 용이함
ⓒ 교육과정 유형과 교수법

전통적인 지식교육 모델	진보주의 열린교육 모델

• 강한 분류와 강한 구조(+C, +F)
  - 과목 간 구분 엄격, 교과내용의 전문화와 세분화 강조
  - 내용선정의 준거가 분명, 학습내용의 위계가 뚜렷함
  - 집합형 교육과정(collection type)
	• 약한 분류와 약한 구조(-C, -F)
	  - 과목 간 구분이 불명확, 과목 간 교류와 통합 활발
	  - 내용선정의 준거가 불분명, 학습내용의 위계가 불명확
	  - 통합형 교육과정(integrated type)

• '보이는 교수법(visible pedagogy)'
  - 공부와 놀이의 구분이 분명함
  - 전달절차의 규칙이 엄격함
  - 종적인 인간관계 중시
  - 교사와 학생의 선택권 거의 없음
	• '보이지 않는 교수법(invisible pedagogy)'
	  - 공부와 놀이의 구분이 불분명
	  - 전달절차의 규칙이 허용적임
	  - 횡적인 인간관계 중시
	  - 교사와 학생의 자율적 선택가능

③ 교육과정 유형과 권력관계
  ㉠ 권력갈등과 교육과정 유형
    • 전통적 지식교육 모델(집합형 교육과정)과 열린교육 모델(통합형 교육과정) 사이의 갈등은 구중간계급(쁘띠부르조아)과 신중간계급(화이트칼라계급) 사이의 문화전수를 둘러싼 갈등을 반영하고 있음
    • 열린교육은 자율성과 유연성을 길러주기를 원하는 신중간계급의 요구에 부합하는 교육 모델로서, 노동자계급의 이익에 부합하지 않음
  ㉡ 사회질서와 교육과정 유형
    • 교육이 자율성을 갖는 시대에는 교육의 코드에 따라 교육내용 및 교수방법이 결정되는 집합형 교육과정이 지배적임
    • 교육과 생산의 구분이 불분명하여 교육이 자율성을 상실하고 사회경제적 요구에 노출될 때에는 통합형 교육과정이 나타남

(4) 애플(Apple)의 문화적 헤게모니 이론과 학교지식
① 이론의 개관
  ㉠ 비판적 교육학자의 입장에서, 자본주의 사회의 불평등한 경제적·정치적 재생산에 학교가 어떻게 작용하는지를 탐구

> 암기 POINT
> • 애플의 교육사회학
>   - 상대적 자율성
>   - 헤게모니 재생산
>   - 대항 헤게모니
>   - 이데올로기
>   - 잠재적 교육과정

12) 헤게모니(hegemony)
그람시(Gramsci)가 이론적으로 정립한 개념, 대중의 지적, 도덕적, 이념적 동의를 기초로 확보되는 지배력 또는 지배력의 행사방식

  ⓒ 교육(상부구조)이 경제체제(하부구조)에 의해 일방적으로 결정한다고 보는 마르크스주의의 경제결정론 관점을 비판하고, 학교교육이 상대적 자율성을 가진다고 주장함
  ⓒ 학교는 지배집단의 의미체계와 가치체계를 주입하여 헤게모니¹²⁾를 정당화하고 재생산하며 사회를 통제하는 기능을 수행한다고 봄
② 학교지식의 이데올로기적 속성
  ㉠ 학교에서 가르치는 지식은 특정 집단의 이익에 봉사하는 이데올로기를 반영하고 있으며, 문화적 헤게모니를 전달하는 매개체로서의 역할을 함
  ㉡ 학교에서는 특히 산업발달에 기여하는 '기술공학적 지식'을 가장 중요한 것으로 보는 반면, 인문과 예술 교과는 중요하게 다루지 않음
  ㉢ 사회나 과학 교과 교육과정에서는 사회적 갈등의 부정적인 측면을 강조하고 긍정적 측면을 배제함으로써 갈등에 대한 부정적 태도를 형성함
  ㉣ 교육과정은 자본주의 체제가 요구하는 효율성의 원리에 지배되며, 명시적·잠재적 교육과정 모두를 통해 지배이데올로기를 정당화하고 있음
③ 대항 헤게모니 형성과 교사의 역할
  ㉠ 교사들이 각성하여 대항 헤게모니를 형성하고 사회 각 부문들과의 연대를 통해 교육의 민주화를 쟁취할 것을 주장(상대적 자율성 인정)
  ㉡ 교사는 '비판적 지식인'으로서 대항 헤게모니를 형성하여 학교교육에 대한 지배구조를 변혁하는 데 주된 역할을 담당해야 함
  ㉢ 비판적 교육사회학은 '비판의 언어'뿐만 아니라 '가능성의 언어'를 발전시켜야 함

6 사회변화와 교육개혁

01 교육개혁의 방향

(1) 교육개혁의 유형

① 교육체제의 유형

국가주의 교육체제	자유주의 교육체제
인간을 국가의 일부분으로 보고, 국가의 전체 목적을 실현하기 위한 수단으로 인식	인간은 각자의 목적을 추구하는 독립적 주체이며, 국가는 개인의 목적에 봉사하는 수단
교육의 권리와 책임은 국가에게 있음 (국가가 교육에 관한 의사결정권을 독점)	교육의 권리와 책임은 부모에게 있음 (국가의 역할은 부모를 돕는 것에 한정됨)
의무교육제도, 국정교과서, 관료주의	진보주의 교육, 대안학교, 홈스쿨링

② 교육개혁 담론의 유형 : 권한의 소재와 개혁의 방향을 기준으로

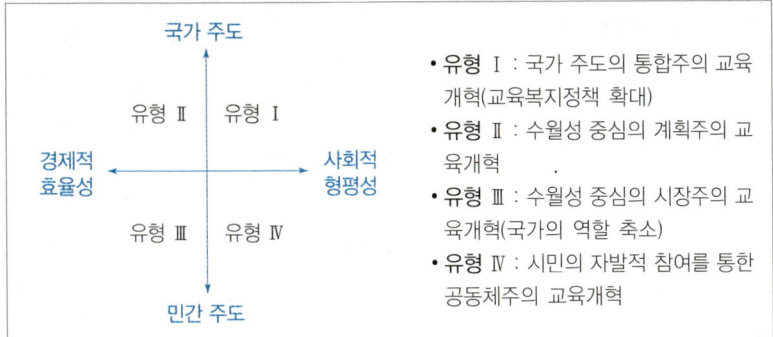

- 유형 Ⅰ : 국가 주도의 통합주의 교육개혁(교육복지정책 확대)
- 유형 Ⅱ : 수월성 중심의 계획주의 교육개혁
- 유형 Ⅲ : 수월성 중심의 시장주의 교육개혁(국가의 역할 축소)
- 유형 Ⅳ : 시민의 자발적 참여를 통한 공동체주의 교육개혁

(2) 신자유주의 교육개혁 2007·2012 국가직9급 / 2008 국가직7급

① 신자유주의[13] 교육개혁의 특징
  ㉠ 학교교육에 대한 비판 : 공립학교의 비효율적 운영의 근본 원인은 국가의 획일적 통제 때문
  ㉡ 교육개혁의 목적 : 시장의 논리에 따라 교육의 효율성과 경쟁력 제고
  ㉢ 교육개혁의 원칙(방향) : 수요자(소비자)의 선택권 강화, 학교의 다양성과 자율성 확대, 학교 및 교사들 간의 경쟁 강화, 민간의 교육서비스 확대, 정부의 각종 규제 철폐
  ㉣ 주요 정책 : 자립형 사립고등학교의 확대, 교사 성과급제의 도입, 교육시장의 대외 개방 등
② 학교선택제 : 교육수요자의 교육권 존중, 학교 다양화 → 교육의 질 향상

바우처 제도 (Voucher)	- 학부모들은 학교에 등록금 대신 쿠폰을 제출하고, 학교는 이 쿠폰을 정부의 지원금과 교환하는 제도 - 1950년대 중반 경제학자인 프리드먼(Friedman)이 제안 - 열악한 교육환경에 위치한 학부모들에게 원하는 교육기관을 자유롭게 선택하게 하고 교육비 부담도 덜어주는 지원을 제공해 줌
협약학교 (Charter school)	- 정부의 재정지원을 받지만, 교육과정, 교사고용 등 결정권한을 갖고 독자적으로 운영하는 공립학교 제도(미국) - 학생들의 학업능력 향상, 혁신적인 교수방법 도입, 다양한 교육의 선택기회 부여 등을 목표로 함
마그넷학교 (Magnet school)	- 음악, 미술, 과학, 컴퓨터, 외국어 등 특정 교과에 집중한 교육과정을 운영하여, 학생들의 자발적인 학습 참여를 유도하는 형태의 공립학교(미국) - 소수 인종 학생의 학습 참여도 및 학업 성취도를 높이기 위해 도입됨
교부금지원학교 (Grant-maintained school)	- 지역교육 당국의 관할에서 벗어나 중앙정부로부터 직접 재정지원을 받아 운영되었던 공영형 자율학교 - 보수당 정부의 1988년 교육개혁법에 따라 탄생, 이후 토니 블레어 노동당 정부에서 1998년 교육기준체제법에 따라 폐지됨

13) 신자유주의
개인과 기업의 자유와 시장 경쟁을 통한 자원배분을 최고의 가치로 보는 사회경제 이념

더 알아두기

- **2000년대 미국의 교육개혁**
  - 공화당 부시 정부에서 추진한 보수주의적 교육개혁
  - 아동낙오방지법(No Child Left Behind, 2002) 제정
  - 주별로 성취기준을 설정하고 교육과정 기준안 마련
  - 모든 학교를 대상으로 성취도 평가 실시
  - 성취기준 미달 학생이 많은 학교는 지원 중단, 폐교 등
  - 교육환경이 우수한 학교로 자녀를 전학시키는 저소득층 부모들을 위해 바우처 제도 도입

③ 단위학교의 책무성 강화 : 학교의 교육성과에 대한 평가 강화

낙오방지법 (NCLB)	- 미국 공립학교 교육의 질을 높이는 데 초점을 둔 법안 - 연방정부 차원의 일제고사 실시, 일정 기준 이상의 낙제생이 나오는 학교에 대한 지원금 제공 중단, 전학생 수에 따라 지원금 증액
국가수준 학업성취도 실시 강화	- 학생들의 학업성취도 확인, 맞춤형 보충교육 실시, 교육과정의 학업 성취목표 달성도 제고 목적 - 시험준비 교육으로의 왜곡, 교육청·학교·교사 간 경쟁 심화 우려
학교평가 및 학교인증제 도입	- 학교평가제 : 학교교육 활동 전반에 대한 평가 및 정보공개, 교육의 민주성과 책무성 보장, 공적 시스템 - 학교인증제 : 민간의 평가인증 시스템, 학교별로 자발적으로 참여, 학교교육의 질적 수준에 대한 평가와 인증 예 미국의 블루리본학교

02 대안교육의 담론들

(1) 낭만주의 : 탈학교론

① 낭만주의 교육사상 : 교육의 본질적 목적 중시, 학습자의 자율성 존중, 아동의 자연적 성장, 아동의 흥미 위주 교육, 생활중심 교육 강조

② 탈학교론 : 학교교육 해체 주장
  ㉠ 일리치(Illich)의 『탈학교 사회』, 라이머(Reimer)의 『학교는 죽었다』
  ㉡ 학교교육의 한계에 대한 비판 : 자율성보다는 강요, 현재의 삶보다는 미래를 위한 준비교육에 치중, 교육의 본질적 기능 상실
  ㉢ 누구에게나 교육자원에 접근할 기회를 보장하기 위하여 학교를 '학습조직망(learning web)'으로 대체할 것을 주장

(2) 신마르크스주의 : 경제와 교육의 민주화 실현

① 신마르크스주의의 특징
  ㉠ 전통 마르크스주의 : 하부구조(토대)가 상부구조를 결정한다고 전제, 경제구조의 개혁이 되어야 교육의 민주화가 가능함
  ㉡ 신마르크스주의 : 토대-상부구조 모델의 한계 인식, 각 주체와 사회영역의 상대적 자율성 인정

② 애플(Apple)과 지루(Giorux)의 탈재생산이론(상대적 자율이론)
  ㉠ 교육을 시장영역이 아니라 공공영역 속에 위치시키고 학교제도 안팎에서 교육의 문제해결을 위해 노력해야 함을 주장
  ㉡ 학교 안팎에서의 억압에 대한 이해, 연대의식, 투쟁을 위한 지식과 기술의 공유 등 교육민주화를 위한 의식교육 필요

(3) 생태주의 : 상생의 교육[14]

① **학교교육에 대한 비판** : 학교교육은 상생의 정신을 훼손, 학생 간 경쟁 심화, 이기심에 기반한 교육 강조, 교육의 비인간화 초래
② **생태주의 교육사상** : 인간과 자연이 상생하는 정신을 길러내는 교육
  ㉠ 학교는 공동체적 협동과 공존, 조화로운 관계 증진을 추구하여야 함
  ㉡ 자연에 대한 감정이입과 공감 등 정의적 측면의 교육 강조

	낭만주의(탈학교론)	신마르크스주의(민주화론)	생태주의(상생의 교육)
학교 비판	- 학습자의 자율성 억압 - 교육의 본질적 기능 상실	- 교육불평등 심화 - 지배이데올로기 재생산	- 상생의 정신 훼손 - 교육의 비인간화 초래
교육 개혁	- 시민사회, 학부모 주도 - 자율성과 다양성 추구 - 개인의 선택권 강화 - 의무교육제도 폐지 - '학습조직망'으로 대체	- 시민사회 주도 - 사회적 형평성 추구 - 교육의 민주적 통제 - 평등주의, 공공선 추구 - 사회참여적 교육 강화	- 인간과 자연의 공존 - 교사와 학생의 협력 - 자기갱신과 자기초월을 통한 공존과 공생 추구 - 정의적 능력 강조

> [14] **상생의 교육**
> 자연이 인간을 살리고, 인간이 자연을 살리는 관계를 만드는 교육

03 다문화사회와 교육 2024 지방직9급 / 2014 국가직9급

(1) 문화와 교육

① 문화와 교육에 관련된 주요 개념

문화전승	이전 세대의 문화가 다음 세대로 전수·계승되는 현상
문화실조	사회생활에 필수적인 문화요소의 결핍으로 인한 발달의 상실·지연·왜곡
문화접변	서로 다른 문화가 접촉하면서 기존 문화가 변화되는 현상 예 김치버거
문화지체	문화의 구성부분들 간의 변화속도 차이로 인한 부조화 현상 예 사이버폭력

② 수직적·수평적 불평등
  ㉠ **수직적 불평등** : 경제사회적 계급, 신분, 지위의 차이에 따른 불평등
  ㉡ **수평적 불평등** : 인종, 민족, 지역, 성별 등의 차이에 따른 불평등
③ 다문화교육의 필요성
  ㉠ 전지구적 사회의 문제에 책임감을 갖고 적극적으로 참여하는 태도와 역량을 갖춘 글로벌 시민을 기르는 교육이 필요
  ㉡ 평등교육의 실질적 구현을 위해서는 이들 다문화가정의 학생들에게 균등한 교육기회를 보장하는 것을 목표로 하는 교육이 필요

> **암기 POINT**
>
> - 다문화교육에 대한 관점
>   - 동화주의 : 주류집단 중심, 소수집단의 정체성 부정
>   - 다문화주의 : 문화상대주의, 소수집단의 정체성 인정

(2) 다문화교육의 접근방법

① 다문화교육에 대한 관점

동화주의(assimilationism)	다문화주의(multiculturalism)
- 자문화중심주의, 문화실조론, 용광로(melting pot) 정책의 관점에 기초 - 소수집단에게 주류 집단의 언어나 문화를 가르쳐 단일한 문화적 정체성을 형성하게 해야 한다고 보는 관점	- 문화다원주의, 문화상대주의, 샐러드볼 정책, 모자이크 정책의 관점에 기초 - 소수집단의 고유한 문화를 인정하고 정체성을 유지하여 다양한 문화가 공존할 수 있게 해야 한다고 보는 관점
- 이주민이 주류 사회의 언어와 문화를 배우고, 그들의 자녀가 정규학교에 입학하여 학습하는 것을 지원함 - 과도할 경우, 소수집단의 구성원들에게 민족·문화적 정체성을 포기하게 하고 주류 문화에 흡수될 것을 강요할 수 있음	- 이주민이 주류 사회 문화를 배우는 것과 자신들의 고유한 문화를 유지하는 것을 모두 지원함 - 구체적으로, 학교에서 이중언어 수업 실시, 소수집단의 문화를 교육과정에 포함, 세계시민의식 형성 교육에 초점을 둠
소수인종(민족) 집단만을 대상으로 교육	학교의 전체 구성원을 대상으로 교육

② 다문화교육의 다섯 가지 차원 : 뱅크스(Banks)
  ㉠ 내용 통합 : 다양한 문화와 집단의 사례, 자료, 정보를 교과의 주요 개념, 원칙, 이론을 설명하는 데 활용함
  ㉡ 지식구성 과정 : 특정한 암묵적인 가정, 관점, 편견 등이 해당 학문의 지식이 형성되는 과정에 어떤 영향을 미쳤는지는 인식할 수 있도록 가르침
  ㉢ 편견 감소 : 학생들의 문화적 태도나 편견을 변화시킬 수 있도록 특정한 교재나 교수법을 동원하여 가르침
  ㉣ 공평한 교수법 : 다양한 인종, 민족, 문화집단의 학생들이 가지는 독특한 학습양식에 부합하는 교수법을 사용하여 학습결과의 평등을 추구
  ㉤ 학교문화와 조직 : 다양한 인종, 민족, 문화집단 출신 학생들의 역량을 강화하는 학교문화 창조를 위해 집단의 구분과 낙인의 관행, 성취의 불균형, 학생과 교직원의 상호작용 등 학교문화 전반을 검토하고 개선함

③ 다문화교육을 위한 교육과정 조직방법 : 뱅크스(Banks)
  ㉠ 기여적(contribution) 접근법 : 소수집단이 주류 사회에 기여한 점을 부각시켜서 그들이 자긍심을 길러주도록 하는 방법
    예 소수집단의 영웅, 명절, 축제와 같은 문화적 요소를 교육과정에 포함
  ㉡ 부가적(additive) 접근법 : 교육과정의 기본 구조, 목표, 특성을 변화시키지 않으면서 소수집단과 관련된 개념, 주제, 관점을 교육과정에 첨가하는 방법 예 관련 단원이나 과목 등을 교육과정 내에 추가
  ㉢ 변혁적(transformation) 접근법 : 새로운 관점에서 교육과정을 변혁하여 교육과정의 근본적인 목표, 구조, 관점을 재구성하는 방법. 다양한 문화들 간의 상호작용을 통해 사회가 형성되었다고 보는 관점에 기초

ⓔ 사회적 행동(social action) 접근법 : 다문화적 개념, 문제, 주제에 대해 학생들이 스스로 결정하고 실천해 보게 하는 방법. 학생들의 비판의식, 의사결정력, 사회변화를 추구하는 태도를 육성하여, 소수집단의 참여 기회를 확장하는 민주사회 건설을 교육의 목표로 둠

구분		교육과정 구성 방법
교육과정 유지	기여적 접근법	소수집단의 영웅, 명절 등과 같은 긍정적인 문화적 요소를 교육과정에 추가함
	부가적 접근법	소수집단과 관련된 내용, 개념, 주제, 관점을 과목이나 단원으로 교육과정에 추가함
교육과정 변화	변혁적 접근법	교육과정의 구조를 변화시켜 다양한 집단의 관점에서 개념, 이슈, 사건을 조망해 봄
	사회적 행동 접근법	소수집단에 관련된 중요한 사회적 이슈들에 대해 의사결정을 내리고 실천해 봄

강서연
교육학

CHAPTER 04 교육과정

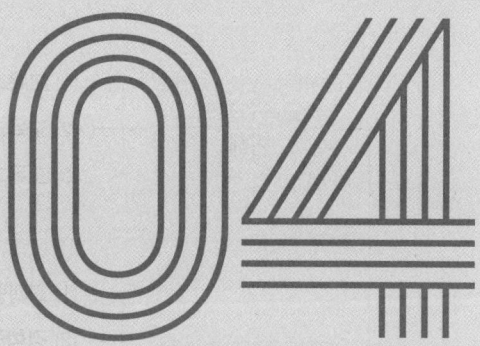

교육과정은 학교에서 이루어지는 교육의 목표, 내용, 방법 등에 관한 계획을 말한다. 교육의 목적과 교육내용의 선정 및 조직에 관한 기본 원리에 대한 학문적 논의를 바탕으로 우리나라의 현행 국가 교육과정 기준을 학습하도록 한다.

1. 교육과정의 이해
2. 교육과정의 유형
3. 교육과정의 개발과 실행
4. 우리나라의 국가 교육과정

[부록] 2022 개정 교육과정 총론

강서연
교육학

* AA급 : 11회 이상 | A급 : 6~10회 | B급 : 3~5회 | C급 : 1~2회

교육과정

- **교육과정의 이해**
  - (1) 교육과정의 개념 C
  - (2) 교육과정 연구의 관점 C
  - (3) 교육과정의 존재형식(차원) AA

- **교육과정의 유형**
  - (1) 교과중심 교육과정 C
  - (2) 경험중심 교육과정 C
  - (3) 학문중심 교육과정 A
  - (4) 인간중심 교육과정 C
  - (5) 최근의 교육과정 유형 C

- **교육과정의 개발과 실행**
  - (1) 교육과정 연구의 기초 C
  - (2) 타일러의 합리적 교육과정 개발 모형 AA
  - (3) 타일러 모형의 계승과 확장 C
  - (4) 워커의 자연주의적 모형 C
  - (5) 아이스너의 예술적 모형 C
  - (6) 교육과정의 실행

- **우리나라의 국가 교육과정**
  - (1) 교육과정 개발 체제의 이해
  - (2) 교육과정 개정 시기별 특징 AA
  - (3) 2022 개정 교육과정 C

04 교육과정

회독 CHECK □1회독 □2회독 □3회독

1 교육과정의 이해

01 교육과정의 개념 2014 국가직7급

(1) 어원적 의미

① 교육과정(curriculum)의 어원은 고대 로마시대에 마차 경주를 하던 경주로를 의미하는 라틴어 '쿠레레(currere)'로 볼 수 있음
② '쿠레레'의 두 가지 의미
 ㉠ '경주로'(명사) : 교육의 목적을 달성하기 위해 학생들이 따라가도록 마련된 일련의 교수요목이나 코스(☞ 교육과정 '개발'의 관점 : 타일러)
 ㉡ '경주하다'(동사) : 학생이 일련의 교육적 코스를 달리는 '행위'와 그러한 행위를 하는 '과정'(출발 - 진행 - 종착), 즉 교육의 과정 속에서 갖게 되는 일련의 '경험'(☞ 교육과정 '이해'의 관점 : 파이너)

(2) 일반적 의미

① 교과과정(교수요목) : 학교에서 가르치는 교과 혹은 교과목에 담긴 내용 예 7차 유교과, 국어, 영어, 수학 등의 교과과정
② 교육활동의 계획 : 교육목적과 교육내용, 교육방법, 평가 등 교육활동을 위한 문서화된 계획 예 국가 수준의 교육과정, 교육청의 교육과정 편성운영지침, 학교의 교육활동 계획, 교사들의 수업지도안 등
③ 의도된 학습결과 : 학생들이 학교교육을 통해 달성하도록 의도된 또는 계획된 학습결과의 총체
④ 학습경험의 총체 : 학교 또는 교사의 지도하에 학생들이 겪게 되는 모든 경험 예 진보주의 교육철학의 관점 : 교수·학습 활동의 중요성 강조

암기 POINT

- 교육과정의 개념
 - 계획
 - 과정
 - 결과

02 교육과정 연구의 관점 2018 지방직9급 / 2012 국가직7급

(1) '개발'의 관점 : 처방적 이론, 전통주의자

① 교육과정 연구의 가치를 교육과정 개발을 위한 합리적이고 과학적인 방법 제시 및 학교교육 개선을 위한 처방적 기여에 둠
② 보비트의 『교육과정(Curriculum)』(1918) : 교육과정 계획 원리를 활동중심으로 제시, 교육과정의 과학화에 기여
③ 타일러의 『교육과정과 수업의 기본 원리』(1949) : 교육과정 개발의 합리적 모형 제시, 교육과정 개발 연구 패러다임의 토대를 마련
④ 브루너의 『교육의 과정(The Process of Education)』(1960) : 지식의 구조가 강조되는 학문중심 교육과정의 아이디어 제시

(2) '실제'의 관점 : 서술적 이론, 개념 – 경험주의자

① 교육과정의 실제를 이해하기 위한 개념이나 아이디어를 명확하게 하고, 이를 기초로 과학적 이론을 형성하는 데 관심을 둠
② 슈왑(Schwab)의 『실제성 : 교육과정을 위한 언어(The Practical : A Language for Curriculum)』(1969)
　㉠ 전통적 교육과정 연구의 정체성 위기 비판 : 타일러 등의 교육과정 연구는 합리적, 처방적, 규범적, 이론적 접근방법에 과도하게 의존한 나머지 '빈사 상태'[1]에 놓이게 되었다고 비판
　㉡ 실제적 교육과정 탐구 패러다임 형성에 기초 제공 : 교육과정의 문제는 이론적 탐구가 아닌 실제적 탐구의 방법을 적용해야 한다고 주장

	이론적 탐구	실제적 탐구
문제의 성격	마음의 상태(이해)	실제 사태(해결)
탐구의 대상	대상의 일반적·보편적 특성	대상의 상황적·개별적 특성
탐구의 방법	연역적·귀납적 방법	숙의
탐구의 산물	지식과 설명	문제해결 행위

(3) '이해'의 관점 : 비판적 – 탐색적 이론, 재개념주의자

① 교육과정 개선을 위한 처방적 원리를 제시하는 것보다 교육과정 문제의 복합성을 이해하는 데 더 많은 관심을 가져야 한다고 주장
② 교육과정 재개념화(reconceptualization)[2] 운동 : 파이너(Pinar)로부터 출발
　㉠ 전통주의자들의 '개발' 패러다임의 행동주의, 과학주의, 기술공학적 접근을 비판하면서, 교육과정 연구가 '이해'의 패러다임으로 전환해야 한다고 주장

암기 POINT

- 교육과정 연구의 관점(순서)
  - 개발 : 처방(보비트, 타일러, 브루너)
  - 실제 : 서술, 개념화(워커)
  - 이해 : 비판, 탐색, 재개념화 (파이너, 애플, 아이스너)

1) 빈사 상태(moribund)
　거의 죽기 직전의 상태

2) 교육과정의 재개념화
　교육과정의 개념을 새롭게 정의내려야 한다는 뜻

ⓒ 전통주의자들의 관점에 대해 '공학적 합리성'에 근거한 접근으로 '기능공적인 발상'에 바탕을 둔 '탈정치적이고 탈윤리적' 접근이라고 비판
ⓒ 교육과정 현상은 역사적, 정치적, 인종적, 심미적, 현상학적, 신학적, 제도적 맥락 등 여러 가지 맥락에서 해석될 수 있는 텍스트로 이해되어야 한다고 봄
③ 재개념주의 교육과정 이론의 유형 : 다양한 담론과 질적 접근 활용
  ㉠ 실존적 접근(파이너) : 현상학·해석학·실존주의의 영향, 인간의 내적 경험과 그 의미를 이해하는 데 초점, 학생을 둘러 싼 생활세계 존중
  ㉡ 구조적 접근(애플) : 정치적 텍스트로서의 교육과정 탐구, 교과서 속 지식에 반영되어 있는 지배 계층의 이데올로기 분석에 초점을 둠
  ㉢ 예술적 접근(아이스너) : 심미적 텍스트로서의 교육과정 탐구, 질적 연구방법을 통한 학교교육 현장에 대해 심층적으로 이해에 관심

(4) 파이너의 교육과정 이론
① 이론의 개관
  ㉠ 교육과정은 인간의 실존적 해방을 위해 교육 속에서 개인들이 갖는 내적 경험의 의미와 성질을 탐구하는 활동으로 재개념화되어야 함
  ㉡ 교수(teaching)는 학생들이 자신의 경험을 이해하고 해석하는 학습활동에 적극적으로 임할 수 있도록 안내하고 조력해 가는 과정
  ㉢ 인간의 내면세계에 보다 가까이 다가가기 위해 학생 자신의 전기적(biographical) 상황에 주목하는 쿠레레(currere) 방법을 제시
② 교육과정 이해의 방법으로서의 쿠레레 방법론
  ㉠ 교육과정의 의미 : 쿠레레의 동사적 의미로 돌아가, 아동 개개인이 갖는 실존적 체험과 그것의 의미를 형성해 나가는 과정으로 이해
  ㉡ 쿠레레 방법론 : 개개인이 갖는 경험의 본질을 탐구하기 위하여 현상학적·자서전적 방법을 활용

회귀	자신의 실존적 경험을 회상하면서 기억을 확장하고, 과거의 경험을 상세히 묘사함(과거의 현재화)
전진	자유연상을 통해 아직 현실화되지 않은 미래의 모습을 상상해 봄(미래에 대한 논의)
분석	과거·미래·현재라는 세 장의 사진을 놓고, 이들 간의 복잡한 관계를 탐구함(현재로의 복귀)
종합	내면의 목소리에 귀를 기울이고, 자기에게 주어진 현재의 의미를 자문함(현재적 의미 형성)

암기 POINT
- 파이너의 교육과정 개념
  - 쿠레레(v.) : 실존적 체험의 과정
  - 쿠레레 이해의 방법론 : 회귀(과거) → 전진(미래) → 분석(현재) → 종합(현재)

03 교육과정의 존재형식(차원)

2016 · 2017 · 2020 · 2023 지방직9급 / 2010 · 2014 · 2017 · 2018 · 2021 · 2025 국가직9급 / 2011 · 2015 · 2023 국가직7급

암기 POINT
- 교육과정의 존재형식(차원)
  - 공식적 교육과정 : 교육과정 문서에 표명된 것
  - 실제적 교육과정 : 교사가 가르친 것, 학생이 배운 것
  - 잠재적 교육과정 : 학교에서 은연중에 배우는 것
  - 영 교육과정 : 학교에서 의도적으로 가르치지 않는 것

(1) 공식적 교육과정

① 교육적 목적과 목표에 따라 분명하게 의도되고(intended) 계획되었으며(planned) 공식적(official)으로 표명된 교육과정
② 가시적(explicit) 혹은 표면적(overt)이어서 학생들이 뚜렷이 겪는 교육과정으로서 형식적(formal) 문서 형태로 제시되는 교육과정
③ 국가 수준에서 고시하는 교육과정 기준 문서, 시·도교육청의 교육과정 편성 및 운영지침, 학교의 교육과정 운영계획서, 교과서, 수업지도안 등의 형태로 나타나는 교육과정

(2) 실제적 교육과정

① 모든 계획은 사전의 의도대로 실천되지 않는 경우도 존재하므로, 사전 계획과 실제 실행 간의 격차를 이해할 필요가 있음
② '교사가 실제로 가르치는 것'과 '학생들이 실제로 학습한 것'으로 구분할 수 있으며, 교사나 학생의 지식, 신념, 태도 등에 의해 영향을 받음
③ 교육과정의 실제성 수준

암기 POINT
- 교육과정의 실제성 수준
  - 계획 : 계획한 교육과정
  - 과정 : 실행한 교육과정
  - 결과 : 학습한 교육과정

계획	이상적인(ideal) 교육과정	교육과정의 바탕이 되는 기본 철학이나 논리
	계획한(planned) 교육과정	국가, 지역, 학교 등의 수준에서 의도하고(intended) 교육의 사전계획
	공식문서(formal)로서의 교육과정	교육과정 문서나 자료로 표명되고 구체화된 의도와 계획
과정	실행한(implemented) 교육과정	학교의 교육활동과 교사의 수업을 통해 전개되고 실천한 교육과정
	이해한(perceived) 교육과정	교육과정의 사용자, 특히 교사들이 이해한 교육과정
	운영한(operational) 교육과정	교수학습의 실제적 과정으로서 운영되고 있는 교육과정(curriculum-in-action)
결과	경험한(experiential) 교육과정	제공받은 학습자들이 인식한 학습경험으로서의 교육과정
	학습된(learned) 교육과정	교수학습에 참여한 학습자들의 학습 성과나 성취로서 결과적으로 나타난 교육과정
	평가된(tested) 교육과정	교내 시험이나 자격고사, 선발고사 등 다양한 유형의 시험을 통해 평가된 교육과정

(3) 잠재적 교육과정

① 잠재적 교육과정의 개념
  ㉠ 공식적 교육과정에서 의도하거나 계획하지 않았으나, 표면적이지 않고 (implicit) 숨겨져서(hidden) 잠재되어 있는(latent) 교육과정
  ㉡ 잭슨(Jackson)이 초등학교 학생들의 교실생활 연구를 통해 제안한 개념으로, 학교에서 생활하는 동안 학생들이 은연중에 배우게 되는 지식, 가치, 태도, 행동양식과 같은 경험된 교육과정을 의미함
  ㉢ 학교의 교육과정이나 상과 벌, 평가, 사회적 관행, 학교풍토를 통해 학교가 실제로 학생들에게 가르치고 있는 사고방식이나 태도를 의미
  ㉣ 잠재적 교육과정 개념과 유사한 개념으로, 브루너(Bruner, 1996)는 '지하 교육과정(underground curriculum)'이라는 개념을 제안

② 잭슨(Jackson)의 잠재적 교육과정 연구 : 『아동의 교실생활』(1968)
  ㉠ 교사가 의도하지는 않았으나, 아동은 학교생활 속에서 학생들의 행동과 학습결과에 영향을 미치는 감정과 태도를 학습하고 있음
  ㉡ 학생들은 교실풍토 속에서 '군집(crowd), 상찬(praise), 권력(power) 속에서 살아가는 방법'을 배움
  ㉢ 학생들이 생활하는 학교의 물리적 조건, 행정 조직, 사회심리 상황 등의 환경 등에 의해 영향을 받음

> **암기 POINT**
> - 잭슨의 잠재적 교육과정 연구
>   - 교실풍토의 영향
>   - 군집, 상찬, 권력

③ 잠재적 교육과정의 특징(공식적 교육과정과의 비교)

	공식적 교육과정	잠재적 교육과정
개념	정부, 학교, 교사 등에 의해 의도적으로 계획되고 가르쳐지는 것	학교에서 의도하지 않았지만 학교생활에서 은연중에 배우게 되는 것
예시	문학수업에서 소설을 읽고 현대 소설의 특징을 이해하게 하였다.	같은 한자를 30번씩 쓰는 숙제 때문에 한문을 싫어하게 되었다.
교육내용	지식이나 기능 등 주로 지적인 내용 (주로 바람직한 내용)	감정, 태도, 가치관 등 주로 정의적인 내용 (바람직한 것뿐 아니라 바람직하지 않은 것도 모두 포함)
영향요인	공식적인 교육과정, 교과서, 수업 등	교사와 학생의 관계, 학생들의 문화, 학교의 문화풍토 등
교사 영향	교사의 지식과 기능이 학생들의 인지적 발달에 영향을 미침	교사의 인격적 특징이 학생의 인성발달에 영향을 미침
영향력	단기적, 일시적	장기적, 반복적, 항구적

④ 공식적 교육과정과 잠재적 교육과정의 관계
  ㉠ 학교의 공식적 교육과정뿐 아니라 교육환경과 교육활동을 의도적으로 조직·통제하는 행위와 결과도 잠재적 교육과정에 영향을 미침
  ㉡ 공식적 교육과정과 잠재적 교육과정이 상호 조화될 때, 학교에서 가르치는 표면적 교육과정의 약점을 보완하고 강점을 강화하는 역할을 하여 교육효과가 더욱 높아짐
  ㉢ 학교의 실제적 목적이 공식적 목적과 괴리될 때에는 교육의 실제적 목적이 잠재적 교육과정으로 작용하여 공식적 교육목적의 성취를 방해함

> **암기 POINT**
> - 공식적 교육과정과 잠재적 교육과정의 관계
>   - 공식적 C + 학교교육의 관행, 학교풍토 등 → 잠재적 C
>   - 공식적 C와 잠재적 C가 상호조화 → 교육효과↑
>   - 공식적 C와 잠재적 C가 모순 → 교육효과↓

(4) 영 교육과정

① **영 교육과정의 개념**
  ㉠ 아이스너(Eisner)가 제안한 개념으로, 학생들이 배울만한 가치가 있지만 공식적인 교육과정에서 의도적으로 배제된 교육내용[3]을 의미
  ㉡ 영 교육과정은 의도적으로 삭제, 배제, 무시된 교육과정이므로, 잠재적 교육과정보다 고의적으로 학교교육의 가치와 의미를 왜곡할 수 있음
  ㉢ 영 교육과정은 교육에서 배제되고 있는 것들을 보여줌으로써 현재의 교육이 가져올 문제점을 발견할 수 있는 중요한 단서를 제공

② **아이스너(Eisner)의 영 교육과정 연구 : 『교육적 상상력』(1979)**
  ㉠ 원래 교육과정은 가르칠 내용을 선택한 결과로 포함과 배제의 산물이기 때문에, 영 교육과정은 공식적 교육과정의 필연적 산물
  ㉡ 소극적 의미에서 영 교육과정은 공식적 교육과정을 배우는 동안 놓치게 되는 '기회학습' 내용을 의미함
  ㉢ 적극적 의미에서는 공식적인 교육과정에서 배제되어 학생들이 학습할 기회를 갖지 못하는 교육내용 또는 누군가가 의도적으로 금기(taboo)시하여 아예 접근할 수 없도록 지워버린(nullified) 것을 의미
  ㉣ 공식적인 교육과정에 포함되어 있기는 하지만 교재나 교구, 시설 등의 수업 환경이 적합하지 않거나 수업시간이 부족하여 가르치지 않아서 실질적인 학습기회가 배제된 교육내용도 포함될 수 있음

③ **영 교육과정의 주요 내용들**
  ㉠ 논리적이고 추상적인 전통적인 교과들을 주로 가르치고 실제 사회생활에 유용한 지식을 가르치지 않는 것
  ㉡ 심미적 예술 교과를 경시하는 것, 고전 문화를 중시하고 대중문화를 가르치지 않는 것
  ㉢ 지배계층의 이해관계에 반대되는 내용을 가르치지 않는 것 예 일제강점기의 학교 교육과정에서의 '조선어'

④ **영 교육과정의 특징(잠재적 교육과정과의 비교)**

	잠재적 교육과정	영 교육과정
개념	의도되지 않은 학습경험이나 내용	의도적으로 가르치지 않는 내용
예시	시험을 매일 보고 틀린 것을 30번씩 적게 했더니 국어를 싫어하게 되었다.	일본의 역사교과서에서 한국에 대한 식민지배 내용을 의도적으로 포함시키지 않았다.
교육적 가치	바람직한 교육내용과 바람직하지 않은 교육내용을 모두 포함	가르칠만한 가치가 있는 것으로서 바람직한 교육내용에 포함됨
발생원인	학교의 교육활동 관행과 풍토 속에서 은연중에 가르쳐지는 교육내용으로서 자연발생적인 성격을 가짐	교육과정 개발자와 운영자의 가치판단에 의해 제외되는 교육내용이므로 인위적인 성격을 가짐

---

3) 영 교육과정의 '교육내용'
지식, 사고양식, 가치, 태도, 행동양식, 교과 등을 의미

암기 POINT
- 영 교육과정 : 아이스너
  - 소극적 의미 : 교육내용의 선정과정에서 소홀히 한 것
  - 적극적 의미 : 의도적으로 금기시하여 지워버린 것

2. 교육과정의 유형

01 교과중심 교육과정 2013·2016 국가직7급

(1) 특징

① **교육목적** : 인류가 축적해 놓은 양질의 전통 문화유산 및 보편적·사회적 가치의 전수
② **교육내용의 선정과 조직**
   ㉠ 인류가 축적한 문화유산을 체계화한 지식을 교과로 만들고 교과중심으로 교육과정 설계
      예 서양의 7자유교과(liberal arts)나, 동양의 사서오경 등이 대표적 사례
   ㉡ 교과는 영원불변 또는 객관적 진리를 담고 있으며 참된 세계로 인도해 주는 지식체계
   ㉢ 교과는 논리적 순서와 체계에 따라 분류하고 단계적으로 가르쳐야 함
③ **교수·학습 방법** : 교사의 설명 위주의 강의법과 암송법을 중심으로 하는 교사 중심 교수법
④ **평가 방법** : 교과의 정보 획득, 기본기능 숙달, 가치의 내면화 수준을 측정하는 데 중점을 둠
⑤ **교사의 역할** : 교과 지식의 전달자, 교실 활동의 관리자·통제자

(2) 이론적 배경

① **형식도야론[정신도야론, formal(mental) discipline theory]**
   ㉠ 능력심리학(faculty psychology)에 이론적 기반을 둔 이론으로, 인간의 정신(마음)은 지각, 기억, 상상, 추리, 감정, 의지 등 몇 가지 능력들로 구성되어 있다고 봄
   ㉡ 인간의 정신능력은, 마치 신체의 근육이 운동을 통해 단련되듯이, 교과를 이용한 반복적인 도야(훈련, discipline)를 통해 발달될 수 있음
   ㉢ 정신능력은 어떤 상황에도 적용할 수 있는 일반 능력이므로, 훈련의 결과는 일반적 전이가 된다고 봄
   ㉣ 특정 교과를 학교에서 가르쳐야 하는 이유는 교과의 실용적 가치에 의해서가 아니라, 그 교과가 정신능력을 단련하는 지적 훈련에 적합한지의 여부, 즉 도야적 가치에 의해 정당화됨
      ＊ 교과의 중요성은 구체적인 내용에 있기보다는 내용을 담는 형식에 있음. 즉, 특정 교과에서 무엇을 추리하느냐가 중요한 것이 아니고, 무엇이든지 간에 그것을 추리한다는 점이 중요

암기 POINT

• 교육과정의 유형
  - 교과중심 교육과정
  - 경험중심 교육과정
  - 학문중심 교육과정
  - 인간중심 교육과정

암기 POINT

• 교과중심 교육과정의 특징
  - 형식도야론, 능력심리학, 지식의 형식론에 기초
  - 전통적인 교과교육 강조
  - 교사중심 수업

② 형식도야론에 대한 비판
  ㉠ 듀이(Dewey)의 프래그머티즘 철학적 비판 : 구체적인 문제 상황의 맥락과 관계없이 맹목적으로 특정한 교과의 내용과 방법을 주입하는 것을 반대
  ㉡ 제임스(James)와 쏜다이크(Thorndike)의 전이실험에 의한 비판
   • 특정 교과를 통해서 도야된 정신능력이 일반적인 사태에 잘 전이가 되지 않음(→ '동일요소설' 주장)
   • 특정 교과가 다른 교과에 비해 정신능력을 개발하는 데 적합하다는 주장을 지지하는 증거도 없음

(3) 장점과 단점

장점	단점
- 교육과정 구성이나 조직 원리가 단순 - 교육내용이 체계적으로 정리되어 교사가 수업을 설계하고 내용을 설명하기 쉬움 - 교수·학습 결과에 대한 평가가 용이하고 객관적인 측정이 쉬움 - 교육과정에 대한 중앙집권적인 통제와 계획이 용이함	- 교과의 통합과 연계가 어려움 - 추상적이며 학구적인 지식을 주입하는 교육이 되기 쉬움 - 교과의 논리적 일관성을 중시한 나머지 학습자의 요구를 경시하기 쉬움 - 현대사회에서 강조되는 사고력, 창의력 등 고등정신 능력을 기르는 데 소홀

02 경험중심 교육과정 2015 지방직9급 / 2011·2013·2016 국가직9급

> **암기 POINT**
> • 경험중심 교육과정의 특징
>   - 듀이의 교육철학, 진보주의 교육운동에 기초
>   - 교육과정은 교육의 과정에서 생성되는 것('학습경험의 총체')
>   - 학습자 생활/흥미중심 교육과정 통합(중핵 교육과정)
>   - 학습자 주도 수업

(1) 특징
① 교육목적
  ㉠ 아동은 출발점이고 중심이며 목적으로서, 교육의 모든 기준은 아동에서 찾아야 함
  ㉡ 교육은 아동이 성장하는 과정으로서, 개개인의 타고난 능력을 육성하는 데 목적이 있음
② 교육내용의 선정과 조직
  ㉠ 교육내용을 학생과 환경 간의 상호작용이라는 측면에서 이해하며, 교육과정은 사전에 계획되는 것이 아니라 교육의 과정에서 생성되는 것
  ㉡ 교과는 실제 생활 속에서 접하는 문제해결의 수단이지 그 자체에 목적이 있는 것이 아니므로, 학생의 실생활이 교육내용의 중심이 되어야 함
  ㉢ 교과의 논리적 체계보다는 학생의 흥미, 능력, 요구의 심리적 체계에 따라 교육내용을 조직하며, 교과목을 통합하는 교육과정을 지향
  ㉣ 중핵 교육과정 : 학생들에게 필요한 삶의 영역이나 주제를 중핵(core)으로 설정하고, 이를 중심으로 주변에 여러 교과의 내용을 연계하여 학습하되 기존의 교과 구분이 완전히 사라지도록 조직하는 통합의 유형
    예 지역환경문제 중심의 통합수업

③ 교수·학습 방법
  ㉠ 학생들이 실생활에서 부딪히는 문제들을 해결하는 과정을 통해 학습할 것을 주장["행함으로써 배운다(Learning by Doing)."]
  ㉡ 교사 중심의 타율적 수업 반대, 학생들이 자발적으로 참여하고 주도하는 교수·학습 방법을 적극 활용("학습의 효과를 결정하는 것은 교과가 아니라 아동 자신이다.")
④ 평가방법 : 현실 세계 속의 실제적 과제를 처리할 수 있는 능력을 확인하는 평가방법 선호
⑤ 교사의 역할 : 학습의 조력자, 촉진자, 학습자원으로서의 역할(학습자의 자유 강조)

(2) 듀이(Dewey)의 경험주의 교육이론

① 경험학습 이론
  ㉠ 교육은 학습자 경험의 재구성과 성장의 과정 그 자체(내재적 목적관)
  ㉡ 이론 중심의 전통적 교육 비판, 실생활에 유용한 지식 발견 강조
  ㉢ 현재 생활 그 자체를 통한 교육, 실생활 문제해결 경험을 통한 학습 강조
② 반성적 사고와 교육
  ㉠ 개념 : 미해결 문제에 대한 논리적인 검토와 객관적 관찰 등을 통해 문제를 해결함으로써 변화를 추구하는 정신작용
  ㉡ 과정 : 미해결 문제의 직면 → 문제의 인식 → 문제의 명료화 → 가설 설정 → 경험적 자료의 수집 → 가설 검증
  ㉢ 특징 : 과학적 탐구과정의 수단으로 활용되며, 사고의 과정에서 개인 내적인 사고뿐 아니라 타인과의 상호작용 가능
③ 전통주의와 진보주의에 대한 관점
  ㉠ 전통주의 교육에 대한 비판 : 아동과 성인의 마음의 능력이 동일하다고 가정하며, 발달의 단계나 순서라는 관념을 무시하고 있음
  ㉡ 진보주의 교육운동에 대한 비판 : 진보주의 교육운동은 아동의 흥미만을 지나치게 강조, 민주주의 재건을 위한 교육의 역할 무시
  ㉢ 전통주의와 진보주의 교육의 절충적 입장
    • '교과의 논리'와 '학습자 심리'의 절충 : 교사는 추상적이며 논리적인 지식(교과의 논리)을 학생의 흥미, 관심, 경험수준(학습자의 심리)에 맞게 변형하여 제시하는 역할을 하여야 함
    • 듀이의 흥미(interest) 개념 : 흥미는 유목적적인 탐구 활동 속에서 나오며 계속적으로 성장하는 것임(듀이의 흥미 ≠ 즉각적·일시적 흥미)

(3) 진보주의 교육운동과 교육과정 변화

① 경험중심 교육과정의 등장과 확산
　㉠ 1920년대 진보주의 교육운동은 전통적 교육과정을 거부하고, 아동의 실제 생활을 통한 경험중심·생활중심·아동중심 교육을 주장
　㉡ 1930~1940년대 들어서는 사회적 생활, 지역사회 참여, 타인과의 조화를 위한 협동적 집단학습, 민주적 생활태도의 학습이 강조됨
　㉢ 결과적으로 20세기 전반 미국의 학교 교육과정에서 라틴어와 같은 전통적인 교과들이 사라지고, 수학, 읽기, 과학, 사회, 언어, 예술 등의 현대적 교과들이 확립되기 시작함

② 생활적응교육으로의 전환
　㉠ 1940년대 후반 등장한 사회적 효율성주의자들은 학교에서 가르치고 있는 이론적 지식은 실제적 문제를 해결하는 데 쓸모가 없다고 비판
　㉡ 생활적응교육은 '인간이 살면서 직면하게 될 문제들에 대한 적응을 위한 교육'으로, 중등학교 이후의 삶의 준비, 직업준비, 부모 역할 이해하기, 여가활동 등을 교육과정의 영역으로 포함
　㉢ 이후 '교육의 반지성주의 경향'에 대한 학계의 비판, 소련의 과학기술 발전의 성과(스푸트니크 쇼크[4]) 속에서 생활적응교육은 빠르게 사라짐

(4) 장점과 단점

장점	단점
- 학생의 흥미와 필요를 기반으로 자발적인 학습 유도 - 실제적인 문제해결 능력을 기를 수 있음 - 문제중심의 통합을 강조하므로 통합적 사고 능력 신장에 기여 - 학교와 지역사회와의 유대를 강화하고 민주시민 자질 육성	- 인류의 문화유산 전달이라는 학교의 본질적 기능에 소홀 - 실제적 활동에 몰두하여 일반화 지식의 학습을 경시 - 교육의 계획, 실천, 평가가 어렵고 체계적이지 못할 가능성 - 학습활동에 많은 시간이 소요되어 교육의 경제성이 무시됨

03 학문중심 교육과정

2016·2019·2023·2025 지방직9급 / 2008·2012·2022 국가직9급 / 2008·2022·2024 국가직7급

(1) 특징

① 교육목적: 개념과 원리를 발견할 수 있는 지적 능력의 개발
② 교육내용의 선정 및 조직
　㉠ 교과가 속한 학문의 고유한 구조, 즉 '지식의 구조'를 중심으로 교육과정을 설계

---

4) 스푸트니크(Sputnik) 쇼크
- 1957년 10월 소련이 세계 최초의 인공위성 스푸트니크호 발사에 성공하면서, 미국 사회에 큰 충격을 준 사건
- 이후 과학과 수학 분야의 교육이 강화되고 학문중심 교육과정이 도입됨
- 이후 1969년 7월 아폴로 11호가 인류 최초로 달 착륙에 성공할 때까지 집중적인 교육개혁과 투자가 이루어짐

암기 POINT
- 학문중심 교육과정의 특징
  - 브루너의 지식의 구조론
  - 핵심 개념과 원리를 심화·반복 제시(나선형 교육과정)
  - 학습자 중심의 발견학습 및 탐구식 수업

ⓒ 교과내용의 이론적 체계와 종적 계열을 강조하되, 학생들의 발달수준에 맞게 표현(나선형 교육과정)
　　ⓒ 최신의 학문적 성과를 반영하는 교육내용 선정, 특히 국가경쟁력 향상에 중요한 수학과 과학 분야는 새롭게 가르쳐질 필요가 있음
③ **교수·학습 방법**
　　㉠ 정선된 소수의 핵심적인 개념과 원리에 대한 심층적인 학습을 강조
　　ⓒ 교사가 결과적 지식을 먼저 제시하기보다 학생들로 하여금 탐구과정을 통해 일반화된 원리를 발견하게 함
　　ⓒ 직관적 사고와 분석적 사고를 중시하는 발견학습 및 탐구학습 방법을 적적하게 활용
　　㉣ 학습자의 능동적이며 자발적인 인 탐구를 촉진하기 위해 허용적인 학습 분위기 형성 필요
　　㉤ 학습에의 만족감, 성취감 등 내적 보상에 의한 학습동기 유발이 중요
④ **평가방법**: 교과의 개념적 구조에 대한 통찰력을 획득하였는지, 실제 탐구 행위를 수행할 수 있는 능력을 학습하였는지를 파악하는 것이 중요
⑤ **교사의 역할**: 탐구를 위한 정보를 제공하는 자원, 탐구활동을 시범보여주는 모델로서의 역할

(2) 브루너의 교육과정 이론

① 소련의 스푸트니크(Sputnik) 인공위성 발사 성공으로 인해 미국 교육개혁에 대한 논의가 촉발됨, 그 결과를 정리하여 『교육의 과정(The Process of Education)』(1960)을 출판함
② **교육내용의 선정: 지식의 구조**
　　㉠ **지식의 구조**: 교과를 구성하는 핵심적인 아이디어 또는 기본적인 개념 및 원리를 구조화한 것을 의미함
　　ⓒ **'지식의 구조'의 교육적 가치**: 경제성, 전이성, 계속성
　　　• **경제성**: 핵심적인 내용을 중심으로 교과내용을 정련, 학습량 감축
　　　• **전이성**: 일반화된 원리나 개념 중심으로 학습하므로, 새로운 상황에 학습한 내용을 적용하기 쉬움
　　　• **계속성**: 학자들의 고등지식과 초·중등학교의 초보적인 지식 사이의 간격을 좁힐 수 있음
③ **교육내용의 조직: 나선형 교육과정**
　　㉠ 브루너의 '대담한 가설': "어떤 교과든지 지적으로 올바른 형식으로 표현하면 어떤 발달단계에 있는 아동에게도 효과적으로 가르칠 수 있다."

> 강서연 교육학

5) 표상(representation)
- 외부 세계의 대상을 우리의 마음속에 나타내는 일
- 우리의 인식을 외부에 표현하는 일

암기 POINT
- 브루너의 표상양식 발달단계
  - 작동적 : 행동
  - 영상적 : 시각 이미지
  - 상징적 : 언어, 기호

    ⓛ **지식의 표상양식[5] 발달단계** : 학습자의 발달단계에 따라 지식의 표현방식을 달리하여야 함

작동(행동)적 표상양식	운동 반응을 통해 자신의 이해를 표상 예 천칭의 원리 – 시소를 직접 타 보기
영상적 표상양식	시각적 이미지를 활용하여 지식을 표상 예 시소 타는 그림으로 표현
상징적 표상양식	언어나 기호와 같은 추상적인 상징을 통해 표현 예 과학 공식으로 표현

    ⓒ 모든 학년에서 공통된 학습요소인 지식의 구조를 중심으로 가르치되, 학습자의 발달단계에 맞게 수준을 달리하여 심화·반복적으로 제시하도록 나선형 교육과정을 구성
       예 초등학교에서 배운 광합성의 원리를 중학교에서도 심화·반복하여 배움

④ **교수·학습 방법** : 지식의 탐구와 발견
    ㉠ 브루너의 '핵심적 확신' : 효과적인 교실에서 학생들이 하는 활동은 지식의 최전선에서 새로운 지식을 만들어내는 학자들이 하는 일과 근본적으로 동일한 종류의 일이며, 단지 그 수준에서만 차이가 있을 뿐임
    ㉡ 이때 '학자들이 하는 일은' 지식을 탐구하고 발견하는 일이며, '탐구'란 학문의 기본 개념을 통해 현상을 이해하고 조사, 실험 등을 통해 새로운 사실이나 개념, 원리, 법칙을 찾아나가는 활동을 의미
       예 물과 알코올을 섞는 실험을 통하여 물체의 분자구조에 따라 부피가 달라지는 현상을 깨닫게 한다.

(3) 장점과 단점

장점	단점
- 일반화된 개념과 원리는 전이가 높은 지식으로 다양한 상황에 적용할 수 있음 - 지식의 탐구방법을 학습하므로 학습자 스스로 새로운 지식을 생산할 수 있음 - 고차적인 사고력인 탐구능력, 문제해결력, 비판적 사고력 향상 - 교육내용을 정련하여 학습부담을 완화하고 학습의 경제성을 높일 수 있음 - 탐구의 과정에의 참여를 통해 지적 희열을 느끼게 함	- 동일 주제가 심화 확대되면서 교과 내용이 지나치게 어려워질 가능성이 있음 - 사회가 당면한 문제나 학생이 흥미를 갖는 주제에 관심이 적음 - 정의적 측면에 대한 교육적 관심이 부족, 전인교육에 소홀 - 개별 교과의 구조만을 지나치게 강조하여 교육과정 통합이 어려워짐 - 교육과정 개발에서 교사의 실천적 지식을 잘 반영하지 않음

04 인간중심 교육과정 2019 지방직9급 / 2024 국가직 7급

(1) 특징

① **교육목적** : 개인의 잠재능력 계발, 자아실현, 지적 측면과 정의적 측면을 고르게 발달시키는 전인교육을 지향
② **교육내용**
　㉠ 교육을 삶 그 자체로 간주하며, 학교에서 갖게 되는 모든 경험을 교육과정으로 봄
　㉡ 전인적 발달을 도모하는 교육내용, 특히 사회성, 가치관, 도덕성, 태도와 신념, 감정과 정서 등 정의적 측면의 교육 강조
　㉢ 개인적인 의미의 중요성을 강조, 자신의 삶과 세계에 대해서 반성할 수 있는 계기 제공
③ **교수·학습 방법** : 교사와 학습자 간의 관계에서 존중, 수용, 공감적 이해 중시, 학생들이 자율적으로 학습하는 다양한 방법 활용
④ **평가방법** : 학생의 흥미와 동기 격려, 학생이 참여하는 평가 강조
⑤ **교사의 역할** : 학생들의 삶과 배움에서 공감하고 조력하거나 촉진하는 역할을 수행, 인간주의 교육의 철학과 태도를 갖춘 교사의 역할이 중요

> **암기 POINT**
> • 인간중심 교육과정의 특징
> 　- 인본주의 철학, 대안교육 운동에 기초
> 　- 전인적 발달, 정서발달 추구
> 　- 학습자 주도적 수업

(2) 대안학교 운동과 인간중심 교육과정

① **대안학교(alternative schools) 운동**
　㉠ 수월성을 추구하던 학문중심 교육과정에 대한 비판이 증가하면서 1970년대 들어 '교육의 인간화'가 새롭게 강조되기 시작함
　㉡ 자본주의와 산업화의 모순, 권위주의적 교육체제를 비판하면서, 자유학교(free school), 열린교육(open education), 대안학교 등을 표방하는 교육운동 등장
　㉢ 총체적인 전인교육, 협동적 공동체, 평화와 인권, 생태친화적 노작활동 등을 추구함
② **니일(Neil)의 서머힐(Summerhill) 학교**
　㉠ **교육철학적 배경** : 아동 중심의 자유주의 교육관
　　• **아동 중심 교육관** : 아동은 본래 선하며, 자율적 존재로 성장할 가능성을 지님. 최대한의 자유를 허용할 때 진정한 발달이 이루어짐
　　• **자유주의 교육관** : 자유는 교육의 수단이 아니라 목표가 되어야 함. 아동에게 자율성의 권한을 주어야 인간존엄과 자아실현을 위한 교육
　　• **급진적 진보주의 교육관** : 교육의 목적으로 개인의 자유로운 성장 추구, 교육의 과정에서 감정의 해방과 무의식적 억압의 제거 중시

ⓒ 교육의 주요 특징
- **자유와 자율의 원리** : 최대한의 자유 허용, 인생의 결정 권한 부여, 수업 참여는 전적으로 학생의 선택에 맡김, 강제적 학습은 존재하지 않음
- **공동체적 자치** : 학생과 교사가 함께 운영하는 학교 회의를 통해 규칙과 문제를 결정하며, 민주적 자치의 원리를 실천함
- **정서적 안정 우선** : 심리적·정서적 안정이 학습보다 우선한다고 보며, 억압된 감정의 해소가 아동 발달에 필수적이라고 봄
- **행동에 대한 책임 강조** : 자유는 타인의 자유를 침해하지 않는 한에서 허용되며, 자신의 행동에 대한 책임을 배움

③ 슈타이너(Steiner)의 발도르프 학교
  ㉠ 교육철학적 배경 : 슈타이너의 인지학(Anthroposophy)
  - 인간을 '신체(육체) – 정신(감정) – 영혼(정신)'의 통합적 존재로 이해하고, 이 세 측면을 조화롭게 발달시키는 전인교육을 지향
  - 인지적 지식 습득뿐만 아니라 예술, 신체활동, 정서교육 등을 균형 있게 통합함으로써 인지·정서·신체의 통합적 발달을 추구
  - 인간 발달은 7년 주기로 이루어지며, 발달 단계에 맞는 교육 필요
    ✽ 신체의 발달 단계(0~7세) : 모방과 감각 중심의 교육
    　감정과 상상력의 발달 단계(7~14세) : 예술과 이야기 중심의 교육
    　사고력과 자아의 발달 단계(14~21세) : 이성적·추상적 사고 중심 교육

  ㉡ 교육의 주요 특징
  - **에포크(Epoch) 수업** : 전통적인 시간표식 분절 수업과 대비되는 형태로, 한 교과를 집중적으로 장기간 다루는 심화 학습 방식. 매일 동일한 과목을 하루 두 시간 정도 3~5주 동안 집중적으로 학습함으로써, 학습에의 몰입과 깊이 있는 학습을 강조
  - **예술 중심 통합 수업** : 모든 교과는 예술적 활동(음악, 미술, 연극 등)과 통합하여, 심미적 감성과 상상력 및 창의성을 기르는 데 중점을 둠
  - **교과서 없는 수업** : 교사는 정해진 교과서 없이, 학생의 발달과 맥락에 따라 교육과정을 자율적으로 구성. 교사는 아동의 발달을 인도하는 예술가적 존재로 간주되며, 교사의 전문성과 자율성을 중시함
  - **외국어 조기 교육** : 초등 1학년부터 외국어 교육을 시작하며, 일반적으로 두 가지 외국어를 병행하여 가르침. 다양한 언어가 지닌 문화적 세계관과 사고방식을 체험하는 통로로서의 역할
  - **성적이 없는 성적표** : 인간을 수치로 평가하는 것을 거부, 학생 개개인의 특성과 변화과정 및 잠재력을 중심으로 서술한 질적 보고서로 대체
  - **8년 담임제** : 모든 학생이 학년 유급 없이 진급하며, 졸업 때까지 동일 교사가 담임을 맡아 가르침. 교사–학생 간의 신뢰와 안정적 인간관계

(3) 장점과 단점

장점	단점
- 학습자의 개별적인 자기성장과 자아실현을 강조할 수 있음 - 인지적, 정의적, 신체적 성장가능성을 조화롭게 발전시킴 - 긍정적 자아개념 발달과 행복을 추구하는 교육 실현 - 인권, 협력, 평화 등 대안적 가치에 대한 학습을 중시함	- 이성의 역할을 경시하여 학업성취 제고 노력 소홀 - 개인적 측면에 대해 치중, 교육의 사회적 역할을 경시 - 인간중심 교육철학과 성향, 태도를 갖춘 교사를 확보에 어려움 - 실제 학교현장에서 실현하기 위한 구체적 방법론 미흡

05 최근의 교육과정 유형 2009 국가직9급

(1) 역량중심 교육과정

① 등장 배경 : 지식기반사회 등장, 인공지능 등 과학기술 발전으로 인해 미래 사회를 살아갈 인간이 갖추어야 할 핵심 역량의 계발이 강조됨

② 지식기반사회에 필요한 지식의 유형 : 방법적 지식에 해당
  ㉠ '무엇을 알고 있는가' 보다 '무엇을 할 수 있는가'가 중요
  ㉡ 다양한 지식과 정보를 효과적으로 활용할 수 있어야 함
  ㉢ 새로운 정보와 문제해결 방안을 생성하고 창출하는 능력이 필요

③ OECD(1997)의 DeSeCo 프로젝트(Defining and Selecting Key Competencies)
  ㉠ 학교에서 가르쳐야 할 내용으로서 교과 지식이 아닌 '역량(competency)'의 개념을 제안
  ㉡ '역량'은 개인의 성공적 삶과 사회 발전을 위한 요구를 성공적으로 충족시킬 수 있는 능력으로 정의되며, 지식, 기능, 태도, 감정, 가치, 동기 등을 통합하는 개념임
  ㉢ 미래 사회의 핵심 역량으로 '자율적인 행동 능력, 지식도구를 활용하는 능력, 이질적인 집단에서 상호작용하는 능력'을 제시

④ 장점과 단점

장점	단점
- 변화하는 사회의 요구와 필요를 반영하여 교육과정 개선 - 지식의 창출과 활용을 위한 능력 함양에 집중 - 핵심 역량을 중심으로 교육과정의 재구성 가능 - 교육과정 및 교수·학습 설계의 전문가로서 교사의 역할 강화	- 전통적인 교과의 가치를 경시하는 경향 - 핵심 역량을 선정하는 논리에 대한 사회적 합의 부족 - 구체적인 교과내용 및 교수·학습 방법에 대한 대안 제시 부족 - 현장 교사들의 역량중심 교육과정에 대한 이해와 능력 부족

암기 POINT

• 역량중심 교육과정
  - 지식정보화 사회, 인공지능 기술의 발전
  - 방법적 지식 강조

> 암기 POINT
> - 인지주의 교육과정
>   - 정보처리능력, 사고력 중심

(2) 인지주의 교육과정

① 개념 : 인지주의 학습이론에 바탕을 두고 문제해결, 언어, 개념형성, 정보처리 등의 능력 발달에 관심을 두는 교육과정

예 문제해결 과정의 발견과 연습을 통한 '사고력 향상 교육과정'

② 특징
  ㉠ 개별 지식을 나열하기보다는 중심 주제를 중심으로 심층적인 학습을 추구함
  ㉡ 특정 전략과 순서에 따라 지적·정의적 요소를 작동, 변화, 처치, 전환시키고자 함

> 암기 POINT
> - 구성주의 교육과정
>   - 실제적 맥락
>   - 학습자 주도
>   - 능동적 활동
>   - 주체적 지식 구성 강조

(3) 구성주의 교육과정

① 개념 : 구성주의 학습이론에 근거하여, 실제적인 맥락에서 학습자의 주체적이며 능동적인 활동을 통해 지식을 구성하는 데 초점을 두는 교육과정

② 특징(객관주의 교육과정과의 비교)

	객관주의	구성주의
학습 이론	- 지식은 학습자와 독립적으로 존재함 - 보편타당하며 객관적인 진리가 존재	- 지식은 인간이 주도적으로 형성하는 것 - 지식의 사회적·문화적 성격을 강조
교육 과정	- 사회적으로 공인된 지식의 전달 강조 - 오류가 없는 표준적·보편적 진리를 교육내용으로 조직 - 교육내용의 정당화를 위해 '지식의 구조'나 '지식의 형식' 개념 도입 - 교육내용의 위계적 관계를 중시	- 학생의 주체적 지식 형성이 강조됨 - 학습자의 능동적이며 주체적인 참여를 유도하는 교육내용으로 조직 - 학습자가 속한 역사적·문화적·사회적 상황(맥락)을 바탕으로 한 학습 강조 - 학습자의 일상적 삶과 밀착된 지식 중시

3 교육과정의 개발과 실행

01 교육과정 연구의 기초

(1) 스펜서(Spencer)의 교육과정 연구(1860)

① 개관
  ㉠ 근대 '과학'의 연구 성과를 교육과정 논의에 적용하였고, 교과의 가치를 판단하는 기준으로 '생활에서의 유용성'이라는 준거를 제시
  ㉡ 실생활을 향상시키는 데 기여하는 지식의 우선순위를 정하였고, 그중 '과학'의 중요성을 강조

② 학교에서 가르쳐야 할 지식의 내용 및 우선순위
  ㉠ 인간의 자기보존에 직접 관계되는 지식 : 건강에 관한 지식
  ㉡ 인간의 자기 보존에 간접적으로 관계되는 지식 : 자연과학, 사회과학
  ㉢ 자녀 양육과 교육에 관계되는 활동에 관한 지식 : 생리학, 심리학 등
  ㉣ 사회정치적 관계의 유지 활동에 관한 지식 : 역사, 공민(일반사회)
  ㉤ 개인의 기호와 취미, 여가활동에 관한 지식 : 시, 음악, 미술

(2) 보비트(Bobbitt)의 교육과정 연구(1918) 2024 지방직9급 / 2021 국가직7급

① 개관
  ㉠ 교육과정학의 창시자로서, 학교의 교육과정은 과학적인 방법에 따라 새롭게 개발되어야 한다고 주장
  ㉡ 테일러(Taylor)의 '과학적 관리 방법'을 학교에 적용하여, 교육과정을 학생(원자재)을 사회(소비자)가 원하는 이상적인 성인(완제품)으로 생산하기 위한 일련의 생산라인으로 이해함
  ㉢ 교육은 원만한 성인생활을 영위하는 데 필요한 준비 과정이므로, 교육의 목표는 이상적인 성인의 활동분석을 통해 설정되어야 함
  ㉣ 교육과정 개발을 위한 교육목표의 명세화, 교육과정 개발절차, 직업준비를 위한 과업분석 등의 연구 수행

② 교육과정의 개발 절차
  ㉠ '성인의 활동영역'에서 수행해야 할 직무를 전문적으로 분석하여 교육목표를 설정하고 교육계획을 수립(전문가가 개발 과정 주도)
  ㉡ 교육과정 개발의 5단계 모델 : ⓐ 인간경험을 광범위하게 분석한다. ⓑ 주요 분야의 직무를 분석한다. ⓒ 교육목표를 열거한다. ⓓ 교육목표를 선정한다. ⓔ 상세한 교육계획을 짠다.
  ㉢ 아동에게 가르쳐야 할 10가지 성인의 활동영역 : ⓐ 언어 활동, ⓑ 건강 활동, ⓒ 시민 활동, ⓓ 일반적 사회 활동, ⓔ 여가 활동, ⓕ 건전한 정신 관리 활동, ⓖ 종교 활동, ⓗ 부모 활동, ⓘ 비전문적인 또는 비직업적인 활동, ⓙ 자신의 직업

> **암기 POINT**
> • 보비트의 교육과정 연구
>   – 성인생활을 위한 준비 목적
>   – 직무분석을 통한 목표 설정
>   – 10가지 성인 활동영역 제시

02 타일러(Tyler)의 합리적 교육과정 개발 모형

(1) 타일러의 교육과정 모형 개관
2015·2017·2024 지방직9급 / 2012·2019 국가직9급 / 2008·2013 국가직7급

① 교육과정의 개념 : 교육목적, 교육내용, 교육방법, 학습활동까지 포함하는 경험으로 파악[『교육과정과 수업의 기본원리』(1949)]

② 교육과정 개발에서 고려할 네 가지 질문
  ㉠ 학교는 어떤 교육목표 달성을 위해 노력해야 하는가?
  ㉡ 교육목표 달성을 위하여 어떤 학습경험을 제공해야 하는가?

> **암기 POINT**
> • 타일러의 교육과정 모형
>   – 합리적, 목표중심 모형
>   – 교육목표 설정 → 학습경험 선정 → 학습경험 조직 → 학습성과 평가

ⓒ 학습경험을 효과적으로 조직하는 방법은 무엇인가?
　　ⓔ 교육목표 달성여부를 어떻게 판단할 것인가?
③ 교육과정 개발의 절차
　ⓐ 교육목표 설정 : 학습자, 사회, 교과의 세 가지 원천을 조사·연구 → 잠정적인 교육목표 진술 → 교육철학과 학습심리학이라는 체에 거름 → 행동의 변화를 명시한 최종 교육목표를 진술
　ⓑ 학습경험의 선정 : 기회, 만족, 가능성, 다경험, 다성과의 원리에 따라 학생들에게 제공해야 할 학습경험 선정
　ⓒ 학습경험의 조직 : 계속성의 원리, 계열성의 원리, 통합성의 원리에 따라 학습경험을 체계적으로 조직
　ⓓ 학습성과의 평가 : 처음에 설정했던 교육목표를 달성했는지를 확인하며, 평가의 결과들을 활용하여 다시 교육목표를 수정·보완

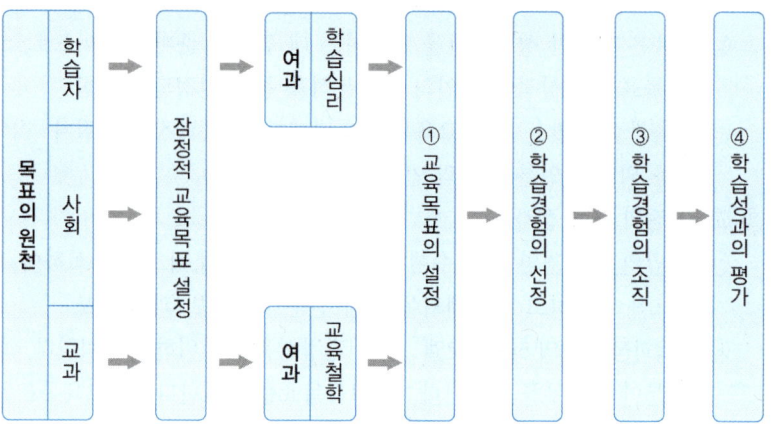

④ 타일러 모형의 특징
　ⓐ 합리적·처방적 모형 : 교육과정 개발자들이 따라야 할 합리적 절차를 제시하는 처방적 모형
　ⓑ 공학적 모형 : 교육과정 개발은 목표 설정에서 결과 도출에 이르기까지 순차적이고 단계적으로 이루어져 하는 공학적 과정(효율성 중시)
　ⓒ 가치중립적 모형 : 교육과정 개발은 탈역사적인 성격을 가지는 것으로 보아, 가치중립성을 표방하며 가치문제를 의도적으로 배제
　ⓓ 목표중심 모형 : 사회, 학습자 및 교과의 필요를 계획적으로 조사하여 교육목표를 미리 설정하고, 교육목표에 기초하여 교육경험(학습경험)을 선정·조직해야 한다고 봄
　ⓔ 연역적 모형 : 교과 전체의 목표로부터 개별 수업의 목표를 도출, 상위의 교육목표로부터 하위의 교육목표를 도출하는 연역적 모형

(2) **교육목표의 설정** 2008·2023 국가직9급 / 2020 국가직7급

① 교육목표 설정의 원천 : 세 가지 원천을 균형적으로 고려
  ㉠ 사회의 요구(사회연구) : 성인의 활동과 생활조건, 성인의 가치관, 현대사회의 변화 등
  ㉡ 학습자의 요구(아동연구) : 학습자의 흥미, 요구, 능력, 발달수준 등
  ㉢ 교과전문가의 제언(전통적 교과) : 교과지식의 구조, 최신의 연구 성과, 강조점

② 잠정적 교육목표를 정련하기 위한 체(screen, filter)
  ㉠ 교육철학 : 교육목표의 교육적 가치 확인, 교육목표의 바람직성과 우선순위를 정함
  ㉡ 학습심리학 : 학습가능성과 교수가능성을 고려, 교육목표의 달성가능성의 여부를 판단

③ 교육목표의 수준
  ㉠ 일반목표 : 국가 및 사회 수준의 목표(교육이념, 교육받은 인간상), 교과 수준의 목표
  ㉡ 특수목표 : 교과의 성격과 교육목적, 학교급별·학년별 교육목표, 단원별·차시별 수업목표
  ㉢ 추상적이고 일반적인 교육목표에서 구체적으로 특수한 교육목표로 위계적으로 설정

④ 교육목표의 설정 원리
  ㉠ 구체성 : 누구나 같은 의미로 해석하도록 구체적이고 명확하게 진술
  ㉡ 포괄성 : 특정 목표에 국한되지 않고 인간의 폭넓은 행동 목표를 포함
  ㉢ 일관성 : 목표들이 서로 모순되지 않고 철학적 일관성이 있어야 함
  ㉣ 실현가능성 : 현실에서 일정한 수준으로 실현가능한 것이어야 함
  ㉤ 적합성 : 학습자와 사회의 요구와 맥락에 적절한 것이어야 함
  ㉥ 내면화 : 교육목표는 모든 교육활동 속에 내면화되어야 함
  ㉦ 타당성 : 학습자의 현재와 미래 삶에서 보편적 가치가 있는 것에 부합
  ㉧ 가변성 : 교육행위를 통해 검증되고 필요와 상황에 따라 수정되어야 함

⑤ 교육목표의 진술
  ㉠ 교육목표에는 학생이 성취해야 할 행동의 차원과 학습내용의 차원이 포함되어야 함
  ㉡ 학생의 '도달점 행동' 또는 '성취수행'을 행위동사로 진술하되, 학생들의 목표도달 여부를 판단할 수 있는 준거가 될 수 있도록 구체적이고 명시적으로 표현
  ㉢ 타일러의 학습목표 진술방식
    • 이원적 목표 진술 : 학습목표는 내용요소와 행동요소를 포함하여 이원적으로 진술함. 즉, 기대되는 행동특성과 그 행동특성이 적용되는 내용을 함께 제시함

> **암기 POINT**
>
> • 타일러의 교육목표 설정
>   – 원천 : 사회, 학습자, 교과
>   – 정련 : 교육철학, 교육심리학
>   – 진술 : 내용 + 행동

- 학생의 관점에서 진술 : 수업이 종료되는 시점에서 학습자가 무엇을 할 수 있어야 하는지를 진술(수업에서 이루어지는 교수·학습 활동을 기술 ×)
- 성취행동의 명세화 진술 : 학습내용을 목적어로, 도달점 행동을 동사로 하되, 기대되는 행동을 충분히 세분화하여 명시적인 동사로 진술
  예) 비례 대표제의 장점과 단점을 열거할 수 있다.

② 수업목표의 행동적 진술의 장단점

장점	단점
- 교사가 수업활동을 계획하거나 교수매체를 선택하는 데 도움	- 실제 수업과정에서 출현하는 수업의 성과를 고려하지 않음
- 객관적이고 정확한 평가계획을 수립하는데 도움이 됨	- 통합적이고 총체적인 접근을 저해할 수 있음
- 학습자가 학습목표를 이해하고 교사와 의사소통하는 데 도움	- 고차적인 사고력이나 정의적인 측면의 교육에 소홀 우려
- 학습자의 학습결손을 발견하기 용이하여 교정지도가 수월함	- 계열성이 불분명한 교과에는 적용하기 어려움

(3) 학습경험 선정 2018·2021 국가직7급

① 타일러가 제시한 학습경험 선정의 원리
  ㉠ 기회의 원리 : 특정 교육목표를 달성하기 위해 필요한 학습경험을 학생 스스로 해 볼 수 있는 기회를 제공함(합목적성, 교육성, 타당성)
  ㉡ 만족의 원리 : 학생들이 학습하는 과정 속에서 만족을 느낄 수 있는 학습경험을 제공하도록 함(흥미, 필요, 유의미성)
  ㉢ 가능성의 원리 : 학생에게 요구되는 행동이 현재의 능력, 성취, 발달 수준에 맞는 것이어야 함(능력, 수준, 발달)
  ㉣ 동목표 다경험의 원리 : 하나의 교육목표를 달성하는 데 도움이 되는 여러 가지의 학습경험을 활용하도록 함(다활동의 원리, 다양성)
  ㉤ 동경험 다성과의 원리 : 하나의 학습경험을 통해 여러 가지 목표를 동시에 달성할 수 있는 경험을 선정하도록 함(경제성, 전이성)

② 그 외 일반적인 학습경험 선정의 원리
  ㉠ 인간다운 발달의 원리 : 학생의 전인적인 성장과 자아실현에 도움을 주는 것이어야 함
  ㉡ 협동의 원리 : 학생들에게 함께 협동할 수 있는 기회를 가능한 한 많이 제공하도록 함

암기 POINT

- 타일러 학습경험(교육내용) 선정의 원리
  - 기회
  - 만족
  - 가능성
  - 동목표 다경험
  - 동경험 다성과

(4) 학습경험 조직 2022 지방직9급 / 2009·2014·2015·2020·2024 국가직9급 / 2010 국가직7급

① 학습경험 조직의 두 가지 차원
  ㉠ 수평적 내용조직
    • 특정 학년에서 배워야 할 교육내용의 조직에 관한 것
    • 범위의 원리, 통합성의 원리, 수평적 연계성의 원리 등을 적용
    예 중학교 1학년에서 환경을 주제로 과학 교과 내용과 기술·가정 교과 내용을 서로 긴밀히 관련지어 조직함
  ㉡ 수직적 내용조직
    • 학년이 올라감에 따라 교육내용을 배우는 순서나 단계에 관한 것
    • 계속성의 원리, 계열성의 원리, 수직적 연계성의 원리 등을 적용
    예 고등학교 1학년은 국사를, 2학년은 세계사를 배울 수 있도록 조직함
    예 수학과에서 비율 개념을 가르친 후에 사회과에서 축척 개념을 가르침

② 타일러가 제시한 학습경험 조직의 원리
  ㉠ 계속성(continuity) : 동일한 개념이나 원리가 여러 학년에서 걸쳐 반복하여 가르치도록 조직하는 것
  ㉡ 계열성(sequence) : 교과의 위계적·논리적 순서에 따라 심화·확대되도록 조직하는 것(교육내용의 시간적 제시 순서를 의미)
    • 단순한 것에서 복잡한 것으로, 친숙한 것에서 낯선 것으로, 전체에서 부분으로, 구체적인 것에서 추상적인 것으로, 선수학습에 기초해서 다음 내용으로, 사건의 역사적 발생 순서대로 등의 순으로 조직
    예 학생들이 자주 접하는 일상적 어휘에서 시작하여 점차 교과서에서 사용되는 낯선 어휘들에 대한 학습으로 이어지도록 구성함
  ㉢ 통합성(integration) : 여러 교육내용을 하나의 교과나 단원으로 함께 통합하여 조직하는 것
    • 저학년에서는 주제 활동 중심, 구체적 과제 중심, 통합적 접근을 강조, 고학년일수록 지식 획득 중심, 추상적 과제 중심, 분과적 접근을 강조
    • 교과 간 통합을 적절히 할 경우 교과목 간 내용의 중복을 피하고 통합적 학습이 가능해짐

③ 그 외 일반적인 학습경험 조직의 원리
  ㉠ 범위성(scope) : 특정 시점에서 학생들이 배워야 할 내용의 폭과 깊이를 결정하는 것
    • 배워야 할 내용은 학교급, 학년, 교과목에 따라 달라지며, 깊이는 배울 내용에 할당된 수업시수로 표현됨
    • 특정 시점에서 배울 내용이 너무 많은 경우 학생들의 학습부담이 커지므로 적절하게 조절하여야 함
    예 관악기의 종류 가운데 어떤 것까지 다룰 것인지 결정한다.

암기 POINT
• 타일러 학습경험(교육내용) 조직의 원리
  – 계속성
  – 계열성
  – 통합성

암기 POINT
• 기타 교육내용 조직의 원리
  – 범위성
  – 연계성(수직, 수평)

ⓒ 연계성(articulation) : 교육내용을 조직할 때 생길 수 있는 여러 결절부를 중복, 비약, 후퇴, 누락 등이 없도록 부드럽게 조절하는 것
- **수평적 연계성** : 동일 학년 내 여러 교과들에 유사한 개념이나 주제, 기능 등이 동일한 수준으로 다루어질 수 있도록 조직
- **수직적 연계성** : 특정한 학습의 종결점과 다음 학습의 출발점이 잘 맞물리도록 교육내용을 조직
  예) 특정 교과목에서 중학교 3학년과 고등학교 1학년 간의 내용수준 차

ⓒ 균형성(balance) : 교육과정의 다양한 요소들이 조화를 이루고 통일성을 높일 수 있도록 조직하는 것

④ 교육내용 통합의 유형
ⓐ 개별 학문 설계 : 한 과목을 다른 과목과 완전히 독립시켜 지식의 체계를 논리적으로 조직
ⓑ 다학문적 설계 : 유사하거나 인접한 학문들을 모아 하나의 교과나 단원을 구성 예) 통합과학
ⓒ 간학문적 설계 : 공통되는 주요 개념, 원리, 탐구방법 등을 중심으로 새로운 교과를 구성
ⓓ 탈학문적 설계 : 교과 간의 구분을 염두에 두지 않고 문제나 쟁점을 중심으로 교육과정을 조직

분과형 교육과정	통합형 교육과정
- 교과의 전문화된 지식과 기술을 체계적으로 가르칠 수 있음	- 학생들의 다양한 흥미와 관심을 반영하기 쉬움
- 고차적인 사고력인 탐구능력, 문제해결력, 비판적 사고력의 함양	- 여러 교과에 흩어져 있는 정보를 관련짓는 능력의 함양
- 개념과 원리 중심으로 교육내용을 정련하여 학습의 경제성을 높일 수 있음	- 중복된 내용을 줄임으로써 필수 교육 내용을 배울 시간을 더 늘려줄 수 있음

(5) 타일러 모형의 의의와 한계
① 의의
ⓐ 체계적인 교육과정 개발 절차를 제안하는 교육과정 개발 모형을 정립
ⓑ 교육목표를 중심으로 한 모형으로 교육목표의 효율적 달성을 중시함
ⓒ 교육과정에 대한 다양한 요구(사회, 학습자, 교과)를 균형있게 고려함
ⓓ 어떤 교과나 수업에서도 활용가능한 폭넓은 유용성을 가지고 있음

② 한계
ⓐ 교육과정 개발 과정을 지나치게 단순화하고, 교육과정 개발에 개입되는 정치적 이해관계에 관심을 기울이지 않음(기계적·절차적 모형)
ⓑ 특정한 목표나 학습경험(교육내용)이 다른 목표나 경험보다 왜 우선되어야 하는지에 대해 직접적인 답을 제공하지 못함
ⓒ 가시적인 행동목표로 진술되기 어려운 목표들을 교육과정의 목표에서 배제하며, 수업의 부수적·확산적·생성적 결과의 중요성을 간과

더 알아두기

• 타일러 교육과정 모형에 대한 대안
  - 정치적 이해관계 고려 : 워커의 숙의 모형, 아이스너의 영 교육과정
  - 교육목표의 정당화 강화 : 태너와 태너(교육과정 개발의 전 과정에서 교육철학의 역할 강화)
  - 생성적 교육결과 중시 : 아이스너의 문제해결 목표와 표현적 결과

03 타일러 모형의 계승과 확장

(1) 타바(Taba)의 귀납적 단원개발모형

① 특징
  ㉠ 귀납적 접근 : 교과의 '단원' 구성법 제시, 교과 교육과정으로 확장
  ㉡ 교사중심 모형 : 교사의 교육과정 실천에 중점, 교수·학습 과정 중시

② 단원개발의 절차
  ㉠ 시험적인 교수·학습 단원의 개발
    ⓐ 학습자 요구 진단
    ⓑ 목표 설정
    ⓒ 수업내용 선정
    ⓓ 수업내용 조직
    ⓔ 학습경험 선정
    ⓕ 학습경험 조직
    ⓖ 평가 대상, 방법, 도구 결정
    ⓗ 균형성과 계열성 검증
  ㉡ 시험단원의 검증 : 시험적으로 개발한 단원이 다른 수준의 학년이나 교과 영역 전체에 확대 적용할 만한 것인지 검증
  ㉢ 단원의 개정 및 통합 : 개발된 단원들을 수정하고 통합하여 모든 유형의 학급에도 잘 맞는 보편화된 교육과정으로 개발할 수 있도록 수정
  ㉣ 단원의 구조화 : 여러 개 단원을 구조화하여 전체 범위와 계열 검증
  ㉤ 새 단원의 정착 및 확산 : 새로 개발된 단원을 교실수업에 투입, 확산을 위해 교사 연수 실시

③ 타일러 모형과의 비교

타일러 모형	타바 모형
- 교육목표 설정 시 학습자, 사회, 교과의 요구를 종합적으로 반영 - 연역적 모형(교과 → 단원 순) - 교육내용과 학습경험을 구분하지 않음 - 교수·학습 활동을 포함하지 않음	- 교육목표 설정에 있어 학습자 요구에 대한 진단으로부터 시작 - 귀납적 모형(단원 → 교과 순) - 교육내용과 학습경험을 구분하여 개발 - 교수·학습 활동을 단계에 포함

(2) 스킬벡(Skilbeck)의 학교중심 교육과정 개발모형(SBCD)

① 특징
  ㉠ 현장중심 모형 : 학교의 내·외적 상황 분석을 통해 개별 학교의 특성을 고려한 학교 수준의 교육과정 개발에 중점을 둔 모형
  ㉡ 역동적·상호작용적 모형 : 학교의 여건, 지역사회의 변화, 교사, 학생, 학부모의 요구를 반영하여 교육과정 개발 과정을 달리할 수 있고, 이들 간의 상호작용을 허용하는 역동적 모형

암기 POINT
- 타바의 교육과정 모형
  - 교사중심, 단원개발 모형
  - 귀납적 접근

암기 POINT
- 스킬벡의 교육과정 모형
  - 학교(스쿨) 중심, 상호작용 모형
  - 상황분석(내·외)으로 출발

② 교육과정 개발 절차
  ㉠ 상황분석 : 개별 학교가 처한 상황을 구성하고 있는 내·외적 요인을 분석하는 과정(가장 중요한 단계)

외적 요인	- 사회문화적 변화 : 학부모의 기대감, 지역사회의 가치, 변화하는 인간관계, 이데올로기 등 - 교육체제의 요구 : 교육정책, 교과내용, 시험제도, 교사 지원체제, 교육자료 등
내적 요인	- 학생들의 적성, 능력, 교육적 요구 - 교사의 가치관, 태도, 기능, 지식, 경험, 강점과 약점 - 학교의 풍토와 정치적 구조 및 학교의 시설, 설비, 장비 등을 포함하는 각종 자원

  ㉡ 목표설정 : 상황분석의 결과에 대한 가치판단 포함, 교육 활동의 방향 설정, 기대되는 학습 성과를 구체적으로 진술 예 전년 대비 학업성취도 2% 향상
  ㉢ 프로그램 구성 : 교수·학습 활동의 설계, 수단-자료(자원, 교재 등)의 구비, 적절한 시설 환경의 설계, 인적 구성(인사배치)과 역할 분담, 시간표 짜기 등(교사 참여 교육과정 설계)
  ㉣ 해석과 실행 : 교육과정의 변화로 인해 발생할 문제점의 예측 및 대비
  ㉤ 모니터링, 피드백, 평가, 재구성 : 모니터링 및 평가체계의 설계, 평가 절차의 준비, 지속적인 평가 문제, 지속적인 교육과정 재구성 등

③ 의의와 한계

의의	한계
- 학교의 내·외적 상황에 적합하며 교육주체가 참여하는 교육과정 모형 제시 - 교사가 교육과정 개발자로 참여함으로써 교사의 자율성과 창의성 발휘를 중요시 - 행동적 교육목표의 진술에 따른 교육과정 개발을 거부함	- 교육과정 개발 과정과 방향에 대한 체계적인 안내가 부족함 - 교육과정 개발 과정의 역동성을 인정하는 것이 혼란을 야기할 수도 있음 - 교육목표 설정의 근거를 상황분석에 두고 있어 교육의 방향을 이해하기 곤란

암기 POINT
- 위긴스와 맥타이 모형
  - 역행설계(평가 → 학습경험)
  - 학교교육의 책무성 강조
  - '영속적 이해' 형성 추구

(3) 위긴스와 맥타이(Wiggins & McTighe)의 백워드(역행) 설계모형
2021 국가직7급

① 백워드(backward) 설계모형의 개관
  ㉠ 교육과정상의 목표를 준거로 성취목표를 설정하고, 학습자가 이 성취목표를 효과적으로 달성할 수 있도록 수업활동을 계획하도록 하는 데 중점을 둔 교육과정 모형(목표설정 → 평가계획 → 수업계획)
  ㉡ 기존의 교육과정 및 수업설계 방식의 문제점 : '쌍둥이 원죄'
    • 활동중심(activity-based) 설계 : 수업에서 구체적인 학습활동만 강조하여 학생들의 이해 능력을 길러주지 못하고, 목표나 목적이 상실된 수업을 만들어 옴

- 내용중심(coverage-based) 설계 : 많은 내용을 가르치기에 급급하여 배운 내용의 이해에 이르지 못하는 피상적인 학습을 유도함
ⓒ 보다 경제적이며 합리적인 수업을 가능하게 하며, 성취기준과 교육의 책무성이 강조되는 최근 상황에 부합하는 모형

② 교육과정 개발의 절차
㉠ 학습목표 설정(기대하는 교육결과의 확정) : 교과내용에 대한 '영속적 이해(enduring understanding)'를 형성하는 것을 교육목표로 설정
- '영속적 이해'의 정의 : 학습자들의 머릿속에 오랫동안 남아야 하는 큰 개념(big ideas) 혹은 중요한 이해를 말하는 것으로, 학문의 중심부에 있는 아이디어, 개념 혹은 원리에 해당(부르너의 영향)
- 영속적 이해의 선정 준거 : ⓐ 사실과 학문을 초월하는 보편적 가치, ⓑ 학문 중심부에 있는 핵심적 통찰력, ⓒ 학습자를 몰입시킬 수 있는 잠재적 매력, ⓓ 누구나 오류에 빠지기 쉬운 내용
- 영속적 이해의 6가지 수준

설명(explanation)	사건과 아이디어들을 '왜', '어떻게'를 중심으로 서술하는 능력
해석(interpretation)	의미를 알려주는 이야기를 서술하거나 적절하게 번역하는 능력
적용(application)	지식을 새로운 상황이나 다양한 맥락에 효과적으로 사용하는 능력
관점(perspective)	다양한 시각에서 조망하는 비판적이고 통찰력 있는 견해
공감(empathy)	타인의 감정과 세계관을 수용할 수 있는 능력
자기지식(self-knowledge)	자신의 무지에 대한 이해 또는 자신의 사고와 행위를 반성할 수 있는 능력

㉡ 평가계획 수립(수용할 만한 증거를 결정하기) : 학생들이 학습을 가장 잘 수행하였는지를 확인할 수 있는 평가과제를 설계하고 개발하는 단계
- 영속적 이해의 대상이 되는 핵심적 원리와 개념이나 중요한 지식과 기술은 수행과제나 프로젝트로 평가하는 '참평가'[6] 실시
  - 이때 과제는 개방성, 복잡성, 실제성이 있는 과제를 이용하도록 함
  - 보다 덜 중요한 지식과 기술들은 전통적 평가(시험)를 통해 평가함
- 수행과제 설계에 포함되어야 할 요소 : GRASPS 모형
  - 수행과제의 목표(Goal)
  - 학습자가 수행하는 역할(Role)
  - 수행의 대상 혹은 관중(Audience)
  - 수행 결과물의 종류(Performance)
  - 실생활에 적용할 수 있는 상황(Situation)
  - 평가의 기준(Standard)

암기 POINT
- 영속적 이해
  - 핵심 아이디어, 개념, 원리 ('지식의 구조'와 유사)
  - 설명, 해석, 적용, 관점, 공감, 자기이해

6) 참평가(실제적 평가, authentic assessment)
실제 상황에서 지식이나 기술의 적용능력에 대한 정보를 수집하는 평가방법으로, 수행평가와 유사한 개념

ⓒ 수업활동 계획(학습경험과 수업내용의 선정 및 조직) : 수립된 평가계획에 가장 알맞은 수업활동을 계획하는 단계
  • 수업계획의 절차 : WHERETO 모형

단원의 방향 안내 (What/Why)	학생들이 왜 그것을 배우는지, 학습경험과 수업이 어디를 향하고 있는지, 무엇이 기대되는지를 학생들에게 알려주기
흥미와 관심 유발 (Hook/Hold)	학습내용에 대한 학생들의 관심을 불러일으키고 흥미를 유지하기
탐구와 경험 (Experience/Explore)	학생들이 중요한 개념과 본질적 질문을 경험하고 이슈를 탐구하며, 기대되는 수행과제를 위해 준비할 수 있게 함
반성과 수정 (Reflect/Revise)	핵심 아이디어들을 다시 생각해 보고 반성하고 수정할 수 있는 기회를 제공하기
자기평가하기 (Evaluate)	학생들이 스스로 자기학습을 돌아보고 평가해 볼 수 있는 기회를 제공하기
개별화하기 (Tailor)	다양한 능력, 관심, 요구를 가진 학습자들에게 각자 알맞게 학습을 개별화하기
조직하기 (Organize)	효과적 학습과 지속적인 참여를 최대화할 수 있도록 학습을 조직하기

③ 의의와 한계

의의	한계
- 핵심적 아이디어와 기능을 확인하여 목표 지향적인 수업을 계획할 수 있게 함 - 성취기준 중심으로 교육활동을 운영하여 교육의 책무성 강화 - 교사들에게 교육과정 및 평가 전문가로서의 역할을 부여하여 전문성 개발 유도 - 절대평가(성취평가제)가 우세한 상황에서는 목표, 수업, 평가의 일관성을 높임	- 타일러 모형과 같이 교과내용의 기능을 교육목표 달성의 수단 정도로만 한정 - 학습자의 요구나 상황을 분석하는 과정이 포함되지 않음 - 수업활동 자체보다는 평가계획에 의존적인 수업 활동이 전개될 수 있음 - 표준화된 시험, 상대평가가 우세한 상황에서는 입시교육으로 왜곡될 우려 있음

04 워커(Walker)의 자연주의적 모형 2017 국가직9급

(1) 특징

① **자연주의적 모형** : 실제 상황 속에서 참여자들의 논의를 거쳐 최선의 대안을 자연스럽게 구체화하는 과정을 묘사한 기술적(descriptive) 모형
② **비선형적[7] 모형** : 타일러 모형은 교육과정 개발과정을 순차적·단계적 절차로 본 반면, 워커 모형은 비선형적이고 다소 유동적인 과정으로 봄
③ **정치적 모형** : 교육과정 개발을 참여자들의 다양한 이해관계가 교차하는 정치적 과정이라고 간주하여, 교육과정 개발과정에서 도덕적 고려를 포함
④ **과정중심 모형** : 교육과정 개발에 있어서 참여자들의 의견이 타협되고 조정되는 과정을 강조

---

7) 비선형적
정해진 절차나 순서대로만 일이 진행되는 것이 아니라, 여러 가지 일이 동시에 일어날 수도 있는

(2) 교육과정 개발의 절차

① 강령(토대, 출발점, platform) 단계
  ㉠ 교육과정 개발의 참여자들이 갖고 있는 개념, 이론, 목적, 입장, 가치관 등을 제시하고, 이에 관한 공감대를 형성하는 단계
  ㉡ 참여자들 각자의 강령을 표방하고, 해당 강령을 지지하는 자료를 검토하면서 합의를 형성

② 숙의(deliberation) 단계
  ㉠ 참여자들이 여러 교육과정 대안들을 검토하고 가장 적절하고 현실적인 대안을 찾아내기 위해 체계적·집단적 사고와 논의를 전개하는 단계
  ㉡ 숙의 과정은 참석자들 간의 의사교환의 과정으로서, 합리적이라기보다는 정치적인 성격을 띠는 대화와 논쟁의 과정임
  ㉢ 바람직한 숙의의 절차 : ⓐ 교육과정 문제를 규명하기, ⓑ 다양한 대안들을 창출하기, ⓒ 각 대안들의 장단점을 비교검토하기, ⓓ 관련된 집단들의 입장과 가치를 검토하기, ⓔ 가장 적절한 대안을 선택하기

③ 설계(design) 단계
  ㉠ 선택된 교육과정 대안을 구체적인 프로그램 계획으로 만들고, 이를 교육과정 문서로 변역하는 단계
  ㉡ 교육과정을 구성하는 교과의 선정, 수업방법이나 자료 등을 확정하며, 이를 위한 행·재정적 지원 절차 등을 계획

(3) 의의와 한계

의의	한계
- 교육과정 개발 과정의 정치적, 사회적 성격을 명확히 드러내 줌(참여자의 제한성 존재) - 구체적이며 특수한 상황에 맞추어 교육과정이 개발되어야 할 필요성을 강조 - 다양한 관점의 참여자들이 숙의를 위해 상당한 시간을 투자할 것을 강조	- 숙의 과정에 많은 시간과 비용이 소요되므로 일선 학교에서는 실제로 적용하기 어려움 - 학교의 관료적 성격으로 인해 숙의 과정이 제대로 이루어지기가 어려움 - 계획된 교육과정의 실행이나 평가에 대해서는 시사하는 바가 거의 없음

05 아이스너(Eisner)의 예술적 모형 2020·2024 국가직7급

(1) 특징

① **예술적 모형** : 교육과정의 계획, 실행, 평가에 대해 예술적 접근방법을 취함. 교육과정 개발을 참여자의 교육적 상상력이 발휘되어 의미가 재구성되는 예술적 과정으로 봄
② **질적 접근** : 가시적이고 측정가능한 행동적 교육목표에서 벗어나, 질적 판단이 요구되는 문제해결 목표나 표현적 성과도 포함
③ **순환적 모형** : 교육과정 개발 과정은 계속적이며 순환적인(open-ended) 과정이라고 역설하면서 교육과정 개발의 융통성과 역동성을 강조함

암기 POINT

• 워커의 교육과정 모형
 - 자연주의적, 정치적, 과정중심 모형
 - 강령 → 숙의 → 설계

더 알아두기

• 잘못된 숙의의 양태
 - 특정 집단의 견해를 반영하는 파당적 숙의
 - 몇몇 요인만 과도하게 부각하는 제한적 숙의
 - 교육과정을 근본적으로 검토하지 않는 한정적 숙의
 - 실천계획은 없이 목적, 이상, 기본 원칙만 늘어놓는 유사적 숙의
 - 거친 수준의 정보와 의견을 제공하는 공청회식 숙의

암기 POINT

• 아이스너의 교육과정 모형
 - 예술적·정치적 모형
 - 목표 설정 → 교육내용 선정 → 학습기회 개발 → 조직 → 의사소통방식 개발 → 평가

④ **정치적 모형** : 교육과정에 개입되어 있는 정치적 이해관계와 갈등 문제를 고려 (영 교육과정)

(2) 교육과정 개발의 절차

① **목표설정** : 행동 목표의 한계 인식, 다양한 차원의 교육목표 포함

행동 목표	- 수업의 결과로 기대되는 학습자의 행동 변화를 의미 - 수업 전에 미리 설정, 구체적·명세적·측정가능한 행동 용어로 진술 - 양적 평가, 결과의 평가, 상대적 평가 - 예 덧셈 10문항을 10분 안에 풀 수 있다.
문제해결 목표	- 일정한 조건을 주고, 그 조건 내에서 문제에 대한 해결책을 발견하도록 하는 목표 - 다양한 해법이 가능한 문제 상황과 구체적인 조건만을 제시하고, 세부 행동목표를 미리 설정하지는 않음 - 질적 평가, 감상과 비평, 과정과 결과의 총체적 평가 - 예 한정된 예산으로 학습 효과를 최대화할 수 있는 책들을 구입한다.
표현적 결과 (expressive outcomes)	- 수업 활동 중 혹은 종료 후 결과적으로 얻게 되는 바람직한 학습경험을 의미 - 예술교과와 같이 교육활동을 시작하기 전에 교육의 목적을 명확하게 설정하기 곤란한 경우에는 표현적 결과를 교육목표로 설정할 수 있음 - 질적 평가, 감상과 비평, 총체적 평가, 만족도 평가 - 예 친구들과 동네 빈 공간에 벽화를 그리면서 얻게 되는 깨달음

② **교육내용 선정**
  ㉠ 개인, 사회, 교과로부터 교육내용을 추출하되, 학교 교육과정에서 배제되어 학습자들이 배울 수 있는 기회가 제공되지 않았던 내용들(영 교육과정)도 고려하여야 함
  ㉡ 학교교육이 언어 논리나 수리력만 강조함으로써 학생들을 정신적으로 황폐화시키고 있다고 보고, 다양한 표현형식을 제공하는 예술이 교육과정에서 중요시되어야 한다고 주장

③ **학습기회의 개발**
  ㉠ 교사는 교육목표와 교육내용을 재구성하여 학생들에게 의미 있고 만족스러운 학습기회로 변형하여 제시하여야 함
  ㉡ 의미 있는 학습기회의 개발을 위하여 교육과정 개발자(교사)는 교육과정 현상에 대한 풍부한 '교육적 상상력'을 가져야 함

④ **학습기회와 교육내용의 조직**
  ㉠ 학교의 교육활동 속에서 다양한 학습기회를 제공하기 위해 교과의 교육내용들과 연계시켜 조직
  ㉡ 개별 교과의 경계를 명확히 구분하기보다는, 교과들 간의 통합을 추구하는 범교과적(cross-curricular)[8] 조직을 활용

⑤ **제시양식과 반응양식의 개발**
  ㉠ 같은 내용이라도 표현방식을 다양화하여, 학생들의 흥미, 관심, 재능에 따라 적절하게 이해될 수 있게 함

암기 POINT
- 아이스너의 교육목표
  - 행동 목표
  - 문제해결 목표
  - 표현적 결과

암기 POINT
- 아이스너의 교육내용 선정 : 영 교육과정 고려

8) **범교과적**
여러 교과에 걸쳐 있는 또는 여러 교과를 통합하는

ⓛ 기존 학교에서 강조해 온 산문적 의사소통 방식(예 과학적 진술)뿐 아니라, 시적 의사소통 방식인 '은유(metaphors)'를 다양하게 적용
⑥ 다양한 평가절차의 적용
   ㉠ 평가는 교육과정 개발의 최종 단계에서만 하는 것이 아니라, 교육과정 개발의 모든 과정에 걸쳐 수시로 이루어져야 함
   ㉡ 양적 평가, 결과에 대한 평가, 상대적 평가뿐 아니라, 질적 평가, 감상과 비평, 과정과 결과에 대한 총체적 평가, 만족도 평가를 포함해야 함
   ㉢ 교육과정 평가자로서 교사가 갖추어야 할 능력으로 '교육적 감식안'과 '교육적 비평능력'을 제안
      • 교육적 감식안(educational connoisseurship) : 교육 현상을 보고 교육 활동의 질을 판단할 수 있는 능력, 즉 평가 대상의 미묘하면서도 중요한 특질을 인식하고 이해하는 능력
      • 교육비평(educational criticism) 능력 : 교육적 감식안을 통해 지각한 사건이나 사물의 특질과 중요성을 보다 객관적이며 공적인 성격의 말이나 글로 표현함으로써 다른 사람들도 평가대상의 속성을 인식할 수 있게 해주는 비평 행위를 할 수 있는 능력

> **암기 POINT**
> • 아이스너 모형에서 요구되는 교사의 능력
>   – 교육적 상상력 : 다양한 교육 기회 개발
>   – 교육적 감식안과 교육적 비평능력 : 교육 현상에 대한 총체적 평가

(3) 의의와 한계

의의	한계
– 영 교육과정의 개념을 통해 교육내용의 점검과 보완이 가능하게 함 – 교육과정 개발 및 평가에 있어서 교사의 전문적인 능력의 발휘를 강조 – 수업의 복잡성과 역동성, 경험과 감정, 질적 판단을 교육과정 연구에 반영함	– 타일러 모형의 대안을 구체적으로 제시하는 데에는 부족함이 있음 – 교육과정의 체계성과 통일성을 강조하는 공교육 시스템에 적용하기는 어려움 – 교육적 상상력, 감식안, 비평 능력이 부족한 교사들이 활용하기 어려움

06 교육과정의 실행

(1) 교육과정 실행에서 교사의 역할

① 교육과정 실행(이행, implementation) : 계획된 교육과정을 학교 현장에서 구현하는 일련의 실천적 과정으로서, 교육과정 '운영'이라고도 부름
② 교사의 역할 : 교사는 '교육과정의 문지기(gatekeeper)'로서, 정해진 교육과정 내에서도 특정 내용을 강조·수정·삭제하기도 하는 등 문서로서의 교육과정을 실현하는 역할을 함
③ 교육과정의 사소화 현상 : 교사들이 교육활동을 실제로 수행하는 과정에서 교육과정을 중요하게 생각하지 않는 현상. 교육과정 개발에서 교사가 적극적인 역할을 수행하지 못할 경우 발생

암기 POINT

• 스나이더의 교육과정 실행에 대한 관점 구분
  - 충실성 관점 : 이행
  - 상호적응 관점 : 조정
  - 생성 관점 : 창조적 실행

(2) 스나이더(Snyder)의 교육과정 실행(운영)에 대한 관점 구분

① **충실성 관점(fidelity perspective) : '이행(implementation)' 관점**
  ㉠ 계획된 교육과정이 원래 의도한 대로 실행되었는지를 파악하는 데에 주된 관심을 두는 관점
  ㉡ 교사는 수업을 임의로 해서는 안 되고, 당초 국가 교육과정에서 정한 목표와 내용을 중심으로 가르쳐야 한다고 봄 (→ 전국적인 교육의 질 보장)
  ㉢ 교사 배제형 교육과정(teacher-proof curriculum)을 개발하고, 전문가 중심의 연구·개발·보급(RDD : Research, Development, Diffusion) 과정을 거쳐 현장에 적용하는 교육과정 개발 방식을 강화하여야 한다고 봄
  ㉣ 교육과정에 대한 교사의 소양이 부족할수록, 교육과정을 체계적으로 계획하여 구체적인 실행지침을 만들어주어야 한다고 봄

② **상호적응 관점(mutual adaptation perspective) : '조정(재구성)' 관점**
  ㉠ 교육과정 개발자와 실행자 간의 상호작용에 기초한 조정과 변화의 과정을 중시하는 관점
  ㉡ 교사는 국가 교육과정뿐만 아니라 교실 상황, 학습자 수준, 교사의 요구도 함께 고려하여 현장에 적합하게 조정(재구성)된 교육과정을 실행하여야 한다고 봄
  ㉢ 단위 학교 내 학교교육과정위원회의 기능을 활성화하여 학교의 구체적 상황 특성에 맞는 교육과정을 개발하여야 한다고 봄

③ **생성(형성) 관점(emerging perspective) : '창조적 실행(enactment)' 관점**
  ㉠ 학생의 요구를 중심으로 교사와 학생이 협력하여 구성하고 실천하는 교육과정인 '생성(emerging) 교육과정'에 관심을 갖는 관점
  ㉡ 교사는 국가가 정한 교육과정이 얽매이기보다는 교사와 학생이 함께 만들어가는 교육경험으로서의 교육과정을 창의적으로 만들어서 가르쳐야 한다고 봄
  ㉢ 교육과정의 성공적인 실행을 위해서는 교사의 주관적인 생각과 느낌, 교육적 가치 등을 이해하고 수용할 필요가 있음
  ㉣ 일반적 원리보다는 구체적인 실천 사례의 반성을 통해 교육과정을 개발하여야 한다고 봄

	충실도 관점	상호적응적 관점	생성적 관점
효과적 실행의 의미	국가적으로 계획된 교육과정을 수용하고 충실하게 이행	학교와 교실 상황에 맞게 교육과정을 융통성 있게 조정	학생의 요구를 중심으로 교사와 학생이 함께 교육과정을 창출
주요 행위자	외부 전문가	외부전문가와 교사	교사와 학생

(3) 교사의 관심에 기초한 적용 모형(CBAM : Concern-Based Adoption Model)

① 홀(Hall) 등이 제시한 모형으로, 새로 채택된 교육과정의 실행 양태는 교사의 관심 수준에 따라 달라진다고 보는 모형

② 교사의 관심 수준과 교육과정 실행 양태

관심 수준			실행 양태		
교사 자신	0. 지각	새 교육과정을 인식하지만, 내용에 대해서는 관심이 없음	비실행 수준	0. 미실행	거의 혹은 전혀 실행하지 않음
	1. 정보	개괄적인 수준을 넘어 더 구체적인 내용을 알고 싶어 함		1. 탐색	교육과정 실행에 필요한 조건들을 탐색
	2. 개인적 관심	새 교육과정의 적용이 자신과 주변에 끼칠 영향에 대한 관심		2. 준비	교육과정 실행을 위한 준비
업무	3. 실행	교육과정의 운영을 위한 정보와 자원의 효율적 배분에 관심	실행 수준	3. 기계적 운영	체계적이지 못하고 피상적으로 운영
결과	4. 결과	새 교육과정의 실행이 학생들에게 미칠 영향에 대해 관심		4. 일상화 · 정교화	처방된 대로 실행하거나, 교육과정을 변형하여 실행
	5. 협동	새 교육과정 실행을 위해 다른 교사들과의 협동에 관심		5. 통합	학습 효과 극대화를 위해 동료 교사들과 협동
	6. 강화	새 교육과정을 수정·보완하여 더 나은 결과를 가져올 방안에 대한 관심		6. 갱신	교육과정 재평가, 미비점 보완, 근본적인 개정 방향 탐색

> **암기 POINT**
> - 홀 등의 교사 관심에 기초한 교육과정 적용 모형
>   - 가장 높은 수준 : 새 교육과정을 수정·보완하여 개선하는 방안에 관심
>   - 가장 낮은 수준 : 새 교육과정을 인식하지만 그 내용에 관심이 없음

4 우리나라의 국가 교육과정

01 교육과정 개발 체제의 이해

(1) 교육과정 개발 체제[9]

① 우리나라는 원래 중앙집권적 체제로 운영되었으나, 제6차 교육과정(1995년 적용)에서부터 교육과정 결정권한의 분권화와 지역과 학교의 자율적 운영 권한을 더욱 강화하여 현재는 중앙집권적 체제와 지방분권적 체제를 절충하는 형태를 취하고 있음

[9] 교육과정 개발 체제
누가 교육과정을 개발할 권한을 갖는가에 관한 문제

② 국가는 국가수준에서 교육과정의 일반적 지침을 발표하고 최소한의 평가 활동을 수행하며, 지역과 학교는 지역이나 학교의 특수성에 맞게 교육과정을 재구성, 운영, 평가하는 역할
  * 초등학교 사회과에서 지역별 교과서 개발, 시·도 교육청의 교육과정 편성·운영 지침 작성권 부여, 학교의 실정이나 학생의 요구에 따른 교육과정을 편성·운영 권한 부여 등

③ 신자유주의 교육개혁이 등장하면서 지방분권적 교육과정을 운영하던 나라들이 국가 교육과정이나 국가 수준의 교육과정기준(National Standards)을 채택하는 경향이 확대되고 있음

	중앙집권적 체제	지방분권적 체제
개념	국가가 교육과정의 개발과 평가를 담당하고, 지역이나 학교에서는 교육과정의 운영 역할만을 담당하는 체제	교육과정의 개발, 운영, 평가의 모든 활동이 해당 지역이나 단위 학교에서 이루어지는 체제
장점	- 전국 수준의 표준화된 교육과정 유지 - 지역 간·학교 간 일관성과 계속성 확보 - 지역별 교육과정 개발의 비용과 시간 절감 - 국가·사회의 요구에 부응하는 변화 가능 - 교육의 책무성 강화, 국제경쟁력 제고	- 지역 실정에 적합한 교육과정 편성·운영 - 단위 학교의 자율성과 책무성 제고 - 교사들의 전문성과 자율성 향상 - 상황 변화에 신속·유연하게 대응 - 지역인재를 양성하여 국가발전에 기여

(2) 교육과정 개발 수준

① 국가 수준 교육과정
  ㉠ 「초·중등교육법」 제23조 제2항에 근거하여 고시한 것으로, 초·중등학교에서 운영하여야 할 학교 교육과정의 공통적이고 일반적인 기준을 국가 수준에서 제시한 것
  ㉡ 국가의 교육목적, 내용기준, 성취기준[10], 교육과정 편성·운영 기준, 국가와 시·도 교육청에서 지원할 사항 등을 포함

② 지역 수준 교육과정
  ㉠ 국가 수준 교육과정을 조정·보완하여 지역의 실정에 적합하게 만든 기준과 내용을 작성한 것
  ㉡ 시·도 교육청이나 시·군·구 교육지원청의 교육과정 편성·운영 지침이나 장학자료 등의 형태로 공표됨

③ 학교 수준 교육과정
  ㉠ 초·중등교육법 제23조 제1항에 근거하여 학교 교육과정 운영을 위한 계획을 공표하는 것
  ㉡ 국가 수준과 지역 수준의 교육과정 기준과 지침을 근거로 하되, 각 학교에서 실정에 알맞게 편성함
  ㉢ 교과목 편제와 시간 배당, 수업 일수 및 시수, 학년군·교과(군) 교육 활동 편성 계획, 창의적 체험활동 편성 계획, 교육과정 지원 계획 포함

암기 POINT

• 교육과정 개발 수준
 - 국가 수준
 - 지역 수준
 - 학교 수준
 - 교사 수준

10) 성취기준
학생들이 교과를 통해 배워야 할 내용과 이를 통해 수업 후 할 수 있거나 할 수 있기를 기대하는 능력을 결합하여 나타낸 활동의 기준

(3) 학교 교육과정의 탄력적 운영 방법

① 국가교육과정 지침을 준수하되, 학생의 필요와 수준 등을 고려하여 탄력적으로 운영 가능
② 교육과정의 탄력적 운영[11] 방법
  ㉠ 교과 간의 중복된 내용 요소를 분석하여 교과 간 통합 운영
  ㉡ 수업의 충실을 기하기 위해 수업시간을 블록타임제[12](연속운영, block time)로 운영
  ㉢ 교과서는 하나의 교수·학습 자료이므로 교과서에 제시되지 않은 내용도 가르칠 수 있음
  ㉣ 교과서에 제시된 내용 순서를 필요에 따라 적절히 바꾸어 가르칠 수 있음
  ㉤ 부진아의 학력 향상을 위해 방과후학교와 함께 방학 중 프로그램을 개설하여 운영 등
③ 수업계획 시 고려할 사항
  ㉠ 장기계획, 단기계획을 고려하여 수업운영 계획을 수립
  ㉡ 수업목표와 내용에 적합한 수업방법을 분석하고 선택하도록 함
  ㉢ 허용된 수업시간, 학습 공간, 교수·학습 자료 등의 여건을 고려
  ㉣ 각종 학교교육 활동과 조화를 이룰 수 있도록 수업 계획

> [11] **교육과정의 탄력적 운영**
> 교육과정 문서에 명시된 지침을 교육적 의도와 상황에 맞추어 변형하여 운영하는 것
>
> [12] **블록타임제**
> 하나의 수업에서 여러 차시를 연속하여 운영하는 제도

02 교육과정 개정 시기별 특징

2018·2021·2024 지방직9급 / 2011·2016·2017·2018·2021·2023 국가직9급 / 2007·2009·2011·2014·2019·2021 국가직7급

(1) 교육과정 개정 방식

① 7차 교육과정까지는 주기적·전면적·일시적 개정 방식으로 주기적으로 총론과 각론의 전체를 일시에 개정하는 방식을 채택하였음(5~10년으로 개정 주기는 일정하지 않음)
② 2007년 개정 교육과정 시기부터는 총론이나 각론의 일부만을 필요한 경우 순차적으로 개정하는 부분·수시 개정 방식을 채택하고 있음

(2) 5·31 교육개혁 이전의 교육과정

① 제1차 교육과정(1954~1963)
  ㉠ 개정 방향 : 전쟁 후 사회혼란 수습
  ㉡ 교육과정 편제 : 교과활동, 특별활동(2대 편제)
  ㉢ 주요 변화
    • '교과과정'이란 명칭 사용
    • 생활중심의 단원학습, 교과서 구성
    • 반공교육, 도의교육, 실업교육 강조

> **더 알아두기**
> • **역대 정권별 교육과정 개정**
>   – 이승만 정권 : 1차 개정
>   – 박정희 정권 : 2차, 3차
>   – 전두환 정권 : 4차, 5차
>   – 노태우 정권 : 6차
>   – 김영삼 정권 : 7차
>   – 노무현 정권 : 2007 개정
>   – 이명박 정권 : 2009 개정
>   – 박근혜 정권 : 2015 개정
>   – 문재인 정권 : 2022 개정

② 제2차 교육과정(1963~1973)
　㉠ 개정 방향 : 반공·도덕 교육 강화, 경험중심 교육과정 표방
　㉡ 교육과정 편제 : 교과활동, 특별활동, 반공도덕활동
　㉢ 주요 변화
　　• '교육과정'이란 명칭 사용
　　• 교육과정을 총론과 각론으로 나누어 개발하기 시작
　　• 유치원 교육과정 최초 고시(1969년 부분 개정 시)

③ 제3차 교육과정(1973~1981)
　㉠ 개정 방향 : '국민교육헌장'(1968) 이념 반영, 학문중심 교육과정 표방
　㉡ 교육과정 편제 : 교과활동, 특별활동(반공도덕활동 폐지)
　㉢ 주요 변화
　　• '도덕'과 '국사'를 독립교과로 신설
　　• 기본 개념의 이해, 지식의 구조 및 탐구능력 배양 중시

④ 제4차 교육과정(1981~1987)
　㉠ 개정 방향 : 전인교육 강화, 종합적 교육과정(개인적·사회적·학문적 적합성), 인간중심 교육과정
　㉡ 교육과정 편제 : 교과활동, 특별활동
　㉢ 주요 변화
　　• 초 1, 2학년에 통합 교육과정 체제 도입('바른생활', '슬기로운 생활' 등)
　　• 자유선택 과목 신설(학교장 재량)
　　• 교육과정 개발의 전문화 추구[한국교육개발원(KEDI)에 위탁]

⑤ 제5차 교육과정(1987~1992)
　㉠ 개정 방향 : 교육과정의 적정화, 내실화, 지역화 추구
　㉡ 교육과정 편제 : 교과활동, 특별활동
　㉢ 주요 변화
　　• 기초교육 강화(초 1, 2학년 - 국어, 산수를 분과)
　　• 지역별 교과서 개발(초 4, 사회과)
　　• 특수학급 운영지침 명시

⑥ 제6차 교육과정(1992~1997)
　㉠ 개정 방향 : 교육과정 결정의 분권화, 교육과정의 다양화·자율화 추구
　㉡ 교육과정 편제 : 교과활동, 특별활동
　㉢ 주요 변화
　　• 시·도 교육청에 교육과정 편성 권한 부여 시작
　　• 학교의 자율 재량권 확대, 초등학교에 '학교재량시간' 도입
　　　(→ 1996년에 초등학교에 영어교과를 도입하면서 사실상 폐지)
　　• 중학교에 선택과목(한문, 환경 등)에 주당 3시간씩 편성

	1차 교육과정	2차 교육과정	3차 교육과정	4차 교육과정	5차 교육과정	6차 교육과정
개정 방향	사회혼란 수습	반공도덕교육 강화	국민교육이념 반영	전인교육 강화	교육과정 적정화	교육과정 결정의 분권화
성격	교과중심 교육과정	경험중심 교육과정	학문중심 교육과정	인간중심 교육과정	통합적 교육과정	통합적 교육과정
교과 편제	교과활동, 특별활동	교과활동, 특별활동, 반공도덕활동	교과활동, 특별활동	교과활동, 특별활동	교과활동, 특별활동	교과활동, 특별활동

(3) 5·31 교육개혁(1995) 이후의 교육과정

① 제7차 교육과정(1997~2007)
  ㉠ 개정 배경 : 세계화·정보화 시대의 인재 육성, 학습자 중심 교육과정 표방
  ㉡ 교육과정 편제 : 교과활동, 특별활동, 재량활동
  ㉢ 수준별 교육과정 도입
    • 국민공통 기본교육과정(1~10학년)과 선택중심 교육과정(고 2~3)으로 편성
    • 과목 특성에 따라 단계형(영, 수), 심화·보충형(국, 사, 과), 과목선택형으로 실시
    • 심화·보충 학습을 위한 추가 시간이 필요할 경우, 재량활동에 배당된 시간 등 별도의 시간을 활용
  ㉣ 학교 재량활동 신설·확대
    • 학생의 자기주도학습 촉진, 학교의 자율적 교육과정 편성권을 보장하기 위한 목적의 교과 편제
    • 초등학교 1, 2학년 및 중·고등학교는 신설, 초등 3~6학년은 확대
    • 초등학교는 교과 재량활동보다 창의적 재량활동에 중점을 둠
  ㉤ 질 관리 중심의 교육과정 평가체제 도입
    • 교과별 성취기준 제시, 모든 학생이 교육과정 목표를 성취하도록 지도
    • 국가 수준에서 교과별로 절대평가 기준 개발·적용
    • 창의적 재량활동의 평가 문장으로 기록
    • 주기적인 학력평가 및 학교교육과정의 운영평가 실시
  ㉥ 교육과정 결정의 분권화 강화
    • 교육과정에 표시되지 않은 교과목의 신설과 운영에 관한 사항은 시·도교육청의 교육과정 편성·운영 지침에 따름
    • 학교는 학교교육과정 편성·운영의 적합성, 타당성, 효과성을 평가
  ㉦ 교과, 재량활동, 특별활동의 편성·운영
    • 시간 배정은 요일 및 교과 간의 균형이 유지되도록 함
    • 교과의 특성과 재량활동, 특별활동의 내용에 따라서는 시간을 통합하여 연속적으로 운영할 수 있음

더 알아두기

• 5·31 교육개혁(1995)
  – 김영삼 정부 대통령 직속 교육개혁 전담기구인 교육개혁위원회 설치
  – '신교육체제'를 지향하며 획기적인 교육개혁 과제 다수 제시
  – 학점은행제 도입, 학교운영위원회 설치, 학교장·교사 초빙제 실시, 학교생활기록부제 도입, 고교 다양화(특성화고 도입), 교육과정평가원 설치, 교육재정 GNP 5% 확보 등

암기 POINT

• 7차 교육과정의 중점 사항
  – 국민공통 기본교육과정(1~10학년)과 선택형 교육과정(11, 12학년) 편제 도입
  – 수준별 교육과정 도입
  – 학교 재량활동 신설·확대
  – 시·도 교육청에 교과목 신설 권한 부여

> 암기 POINT
>
> - 2007 개정 교육과정의 중점 사항
>   - 수준별 교육과정 폐지
>   - 교과 집중이수제 도입

② 2007 개정 교육과정(2007~2013)
　㉠ 개정 배경 : 주5일제 월2회 실시, 수업시수 감축, 교육과정 수시 개정
　㉡ 교육과정 편제 : 교과, 재량활동, 특별활동
　㉢ 주요 특징
　　• 국민공통 기본교육과정 및 선택교육과정 체제 유지하되, 수준별 교육과정은 폐지하고 수준별 수업으로 보완
　　• 단위 학교의 교육과정 편성·운영의 자율권 확대 : 재량활동의 영역 구분 폐지(학교 편성), 교과 집중이수제 도입(학년, 학기 단위로 집중 편성)
　　• 국가·사회적 요구사항 반영 : 과학교육과 역사교육 강화

> 암기 POINT
>
> - 2009 개정 교육과정의 중점 사항
>   - 교육과정 편제에 '창의적 체험활동' 신설(재+특)
>   - 공통 교육과정(초 1~중 3)과 선택 교육과정(고교) 편제
>   - 학년군, 교과군 개념 도입
>   - 학교가 자율적으로 수업시수 20% 증감 운영 가능
>   - 학기당 이수 교과목 수 8개 이내로 제한
>   - 학교 스포츠클럽 활동 신설

③ 2009 개정 교육과정(2013~2017)
　㉠ 개정 배경 : 총론 중심의 교육과정 개정, 미래 사회가 요구하는 창의적인 인재 육성을 위한 교육 표방
　㉡ 교육과정 편제 : 교과, 창의적 체험활동(특별활동과 재량활동을 통합)
　㉢ 학년별 편성단위 조정
　　• 공통 교육과정(초 1~중 3)과 선택 교육과정(고 1~3)으로 편성
　　• 학년 간 협력, 교육과정 편성·운영의 유연성을 위해 학년군 설정
　　　★ 학년군 구분 : 초 1~2학년, 초 3~4학년, 초 5~6학년, 중학교(7~9학년), 고등학교(10~12학년)
　㉣ 교과(군) 편제 조정
　　• 초 1~2는 5개, 초 3~6은 7개, 중학교는 8개 교과군으로 구성됨
　　• 중학교의 교과(군)에 '선택'이 편제되어 있음
　　• 고등학교의 교과는 보통 교과와 전문 교과로 구분되며, 보통 교과는 기초, 탐구, 체육·예술, 생활·교양의 4개 영역으로 구성(8개 교과군)
　㉤ 창의적 체험활동 신설
　　• '자율성'에 바탕을 둔 집단 활동의 성격, 개성과 창의성도 개발하기 위함
　　• 자율 활동, 동아리 활동, 봉사 활동, 진로 활동으로 구성
　　• 초등 1학년 학생들의 입학 초기 적응 교육을 위해 창의적 체험활동의 시수를 활용(기존 교육과정의 '우리들은 1학년' 폐지)
　㉥ 학습효과 제고 및 학습부담 경감
　　• 중·고등학교는 학기당 이수 교과목 수를 8개 이내로 편성, 집중이수제 활용
　　• 초·중학교는 학교의 특성, 학생·교사·학부모의 요구 및 필요에 따라 학교가 자율적으로 교과(군)별 수업 시수를 20% 범위 내에서 증감 운영할 수 있음
　　• 단, 체육, 예술(음악/미술)과목은 8개 이내에서 제외하여 편성할 수 있으며, 기준 수업 시수를 감축하여 편성할 수 없음
　㉦ 건강한 심신 발달을 위한 '학교스포츠클럽 활동' 신설
　　• 중학교에서 '창의적 체험활동'의 '동아리활동'으로 편성
　　• 연간 34~68시간(총 136시간) 운영하며, 매 학기에 편성하도록 함

- ⊙ 일반계 고등학교의 진로교육과 '학교자율과정'
  - 학생의 요구 및 흥미, 적성 등을 고려하여 진로집중과정을 운영
  - 학교자율과정에서 진로집중과정과 관련된 과목의 심화학습을 편성·운영할 수 있음
  - 과학, 수학, 사회, 영어, 예술, 체육 등의 교과 중점 학교를 운영하는 경우, 학교자율과정의 50% 이상을 관련 교과목으로 편성 가능

(4) 2015 개정 교육과정
① 개정 배경 : 지식정보화와 세계화의 진전, 역량중심 교육과정의 요구
② 교육과정 편제 : 교과, 창의적 체험활동
③ 개정의 중점
   - ㉠ '핵심역량' 개념의 도입 : 미래 사회가 요구하는 핵심역량을 갖춘 창의융합적 인재양성을 교육과정의 목적으로 설정
     - 자기관리 역량 : 자아정체성과 자신감을 가지고 자신의 삶과 진로에 필요한 기초 능력과 자질을 갖추어 자기주도적으로 살아갈 수 있는 능력
     - 지식정보처리 역량 : 문제를 합리적으로 해결하기 위하여 다양한 영역의 지식과 정보를 처리하고 활용할 수 있는 능력
     - 창의적 사고 역량 : 폭넓은 기초 지식을 바탕으로 다양한 전문 분야의 지식, 기술, 경험을 융합적으로 활용하여 새로운 것을 창출하는 능력
     - 심미적 감성 역량 : 인간에 대한 공감적 이해와 문화적 감수성을 바탕으로 삶의 의미와 가치를 발견하고 향유하는 능력
     - 의사소통 역량 : 다양한 상황에서 자신의 생각과 감정을 효과적으로 표현하고 다른 사람의 의견을 경청하며 존중하는 능력
     - 공동체 역량 : 지역·국가·세계 공동체의 구성원에게 요구되는 가치와 태도를 가지고 공동체 발전에 적극적으로 참여하는 능력
   - ㉡ 초등학교 안전교육 강화
     - 초 1, 2 『안전한 생활』 과목 신설, 초 3 이상은 안전 관련 단원 신설
     - 신설된 『안전한 생활』(64시수)은 창의적 체험활동에 추가 편성하여 운영하도록 함
     - 결과적으로, 2009 개정 교육과정에 비해 초 1, 2의 학년군별 총 수업 시간 수 증가됨
   - ㉢ 초·중학교에서 소프트웨어교육 강화
     - 중학교 소프트웨어(SW) 교육 강화의 일환으로 정보 과목을 소프트웨어 교육내용 중심으로 개편하고, 기존의 '과학/기술·가정' 교과군을 '과학/기술·가정/정보' 교과군으로 변경
   - ㉣ 중학교 '자유학기' 관련 사항을 교육과정에 명시
     - 경과 : 2013년에 시범운영으로 시작, 2016년부터 전국의 중학교에서 전면 시행

> **암기 POINT**
> - 2015 개정 교육과정의 중점 사항
>   - 교육목적으로 '핵심역량' 개념 도입
>   - 초등 안전교육 강화
>   - 중학 '자유학기' 실시 명시
>   - 고교 '통합사회', '통합과학' 과목 신설

- 개정 : 2015년 개정된 「초·중등교육법 시행령」 및 2015 개정 교육과정의 총론에 운영 지침을 명시하여 법적·제도적 기반 마련
  - ☑ 「초·중등교육법 시행령」
    - 제44조(학기) ③ 중학교 및 특수학교(중학교의 과정을 교육하는 특수학교로 한정한다)의 장은 제1항에 따른 학기(특수학교의 경우에는 중학교의 과정을 교육하는 학기로 한정한다) 중 한 학기 또는 두 학기를 자유학기로 지정해야 한다. 이 경우 지정 대상 학기의 범위 등 자유학기의 지정에 관한 세부 사항은 교육부장관이 정한다.
    - 제48조의2(자유학기의 수업운영방법 등) ① 중학교 및 특수학교(중학교의 과정을 교육하는 특수학교로 한정한다)의 장은 자유학기에 학생 참여형 수업을 실시하고 학생의 진로탐색 등 다양한 체험을 위한 체험활동을 운영해야 한다. ② 제1항에 따른 학생 참여형 수업 및 체험활동에 관한 세부 사항은 교육부장관이 정한다.
- 목적 : 학생들의 적성과 미래 탐색, 학습의 즐거움 경험, 자기주도적 학습 능력과 태도 함양
- 운영 : 중학교 과정 중 한 학기는 반드시 자유학기로 운영하고, 해당 학기의 교과 및 창의적 체험활동을 자유학기의 취지에 부합하도록 편성·운영
- 활동 : 진로탐색 활동, 주제선택 활동, 예술·체육 활동, 동아리 활동 등 체험 중심으로 운영
- 수업 : 협동 학습, 토의·토론 학습, 프로젝트 학습 등 학생 참여형 수업 강화
- 평가 : 중간·기말고사 등 일제식 지필평가는 실시하지 않음, 수행평가 등 학생의 학습과 성장을 지원하는 과정 중심의 평가 실시
- 진로교육 : 학교 내외의 다양한 자원을 활용하여 진로 탐색 및 설계를 지원

㉤ 고등학교 공통과목으로 통합사회, 통합과학(과학탐구실험 포함) 신설
- 인문사회 소양 함양과 인성교육 강화 : 고등학교 '통합사회' 신설, 동아리 활동, 한자교육 활성화 등
- 과학기술 소양 교육 강화 : 고등학교 '통학과학' 신설

03 2022 개정 교육과정

(1) 교육과정 구성의 중점 2024 국가직9급 / 2024 국가직 7급

① 교육과정 개정의 배경
  ㉠ 미래 사회의 불확실성 증가 : 인공지능 기술 발전에 따른 디지털 전환, 감염병 대유행 및 기후·생태환경 변화, 인구 구조 변화 등
  ㉡ 사회의 복잡성과 다양성 확대 : 사회적 문제를 해결하기 위한 협력의 필요성 증가, 상호 존중과 공동체 의식 함양의 중요성 증가
  ㉢ 학생 맞춤형 교육에 대한 요구 증가 : 학생 개개인의 특성과 진로에 맞는 학습을 지원해 주는 맞춤형 교육으로의 변화 필요

암기 POINT

- 2022 개정 교육과정의 중점 사항
  - '포용성과 창의성을 갖춘 주도적인 사람'의 성장을 지원하는 교육과정
  - 기초소양 및 디지털 문해력 교육 강화
  - '학교자율시간' 도입
  - 초등 기초문해(한글) 교육 강화(시수 증가)
  - 중학 자유학기 영역 및 시수 적정화(축소)
  - 고교 학점제 운영 명시(총 이수학점 축소)

② 교육과정 자율화 및 분권화에 대한 요구 증가 : 교육과정 의사 결정 과정에 다양한 교육 주체들의 참여 확대, 교육과정 자율화 및 분권화 활성화
② 교육과정의 중점(비전) : 미래 사회가 요구하는 핵심역량을 함양하여 '포용성과 창의성을 갖춘 주도적인 사람'으로의 성장을 지원하는 교육과정

자기주도성	창의성	포용성
주도성, 책임감, 적극적 태도	문제해결, 융합적 사고, 도전	배려, 소통, 협력, 공감, 공동체의식

③ 교육과정 구성의 중점
  ㉠ 미래 사회의 불확실성에 대한 대응 능력 강화
    • 미래 사회의 불확실성에 능동적으로 대응할 수 있는 능력과 자신의 삶과 학습을 스스로 이끌어가는 주도성을 함양한다.
    • 모든 학생이 학습의 기초인 언어·수리·디지털 기초소양을 갖출 수 있도록 하여 학교 교육과 평생 학습에서 학습을 지속할 수 있게 한다.
  ㉡ 사회의 복잡성 및 다양성 확대에 따른 변화
    • 학생 개개인의 인격적 성장을 지원하고, 사회 구성원 모두의 행복을 위해 서로 존중하고 배려하며 협력하는 공동체 의식을 함양한다.
  ㉢ 학습자 맞춤형 교육으로의 전환
    • 학생들이 자신의 진로와 학습을 주도적으로 설계하고, 적절한 시기에 학습할 수 있도록 학습자 맞춤형 교육과정 체제를 구축한다.
    • 교과 교육에서 깊이 있는 학습을 통해 역량을 함양할 수 있도록 교과 간 연계와 통합, 학생의 삶과 연계된 학습, 학습에 대한 성찰 등을 강화한다.
    • 다양한 학생 참여형 수업을 활성화하고, 문제 해결 및 사고의 과정을 중시하는 평가를 통해 학습의 질을 개선한다.
  ㉣ 교육과정 의사 결정 과정에의 참여 확대 : 교육과정 자율화·분권화를 기반으로 학교, 교사, 학부모, 시·도 교육청, 교육부 등 교육 주체들 간의 협조 체제를 구축하여 학습자의 특성과 학교 여건에 적합한 학습이 이루어질 수 있도록 한다.

(2) 추구하는 인간상과 핵심 역량
① 추구하는 인간상
  ㉠ **자기주도적인 사람**[13] : 전인적 성장을 바탕으로 자아정체성을 확립하고 자신의 진로와 삶을 스스로 개척하는 사람
  ㉡ **창의적인 사람** : 폭넓은 기초 능력을 바탕으로 진취적 발상과 도전을 통해 새로운 가치를 창출하는 사람
  ㉢ **교양 있는 사람** : 문화적 소양과 다원적 가치에 대한 이해를 바탕으로 인류 문화를 향유하고 발전시키는 사람

---

13) 자기주도적인 사람
학생의 주도성, 책임감, 적극적 태도 등을 강조하기 위해, 당초 '자주적인 사람'을 '자기주도적인 사람'으로 변경함

② 더불어 사는 사람 : 공동체 의식을 바탕으로 다양성을 이해하고 서로 존중하며 세계와 소통하는 민주시민으로서 배려와 나눔, 협력을 실천하는 사람

② 미래 사회가 요구하는 핵심 역량
  ㉠ **자기관리 역량** : 자아정체성과 자신감을 가지고 자신의 삶과 진로를 스스로 설계하며 이에 필요한 기초 능력과 자질을 갖추어 자기주도적으로 살아갈 수 있는 역량
  ㉡ **지식정보처리 역량** : 문제를 합리적으로 해결하기 위하여 다양한 영역의 지식과 정보를 깊이 있게 이해하고 비판적으로 탐구하며 활용하는 역량
  ㉢ **창의적 사고 역량** : 폭넓은 기초 지식을 바탕으로 다양한 전문 분야의 지식, 기술, 경험을 융합적으로 활용하여 새로운 것을 창출하는 역량
  ㉣ **심미적 감성 역량** : 인간에 대한 공감적 이해와 문화적 감수성을 바탕으로 삶의 의미와 가치를 성찰하고 향유하는 역량
  ㉤ **협력적 소통 역량** : 다른 사람의 관점을 존중하고 경청하는 가운데 자신의 생각과 감정을 효과적으로 표현하며 상호협력적인 관계에서 공동의 목적을 구현하는 역량
  ㉥ **공동체 역량** : 지역·국가·세계 공동체의 구성원에게 요구되는 개방적·포용적 가치와 태도로 지속 가능한 인류 공동체 발전에 적극적이고 책임감 있게 참여하는 역량

(3) 학교급별 주요 개정 사항

① **초등학교** : 1~2학년(군) 한글 해득 교육 강화 등
  ㉠ 초등학교 1학년 입학 초기 적응활동을 통합교과(바른 생활, 슬기로운 생활, 즐거운 생활)와 창의적 체험활동 시간으로 내용을 체계화
  ㉡ 초등학교 1~2학년(군)에서 기초 문해력 및 한글 해득 교육 강화를 위해 국어 34시간 증배
  ㉢ 초등학교 1~2학년의 안전교육은 64시간을 유지하되, 학생 발달 수준에 맞는 체험·실습형 안전교육이 이루어지도록 개선
  ㉣ 초등학생들의 발달 특성에 적합한 실질적 움직임 기회 제공을 위해 '즐거운 생활' 교과에 실내외 놀이 및 신체활동 강화

② **중학교** : 자유학기제와 학교스포츠클럽 활동 적정화, 진로연계교육 도입
  ㉠ 자유학기(1학년) 편성 영역 및 운영 시간 적정화
    • (기존) 4개 영역(주제 선택, 진로 탐색, 예술·체육, 동아리 활동), 170시간 → (개정) 2개 영역으로 통합(주제 선택, 진로 탐색), 102시간
  ㉡ 학교스포츠클럽 활동의 의무 편성 시간 적정화
    • (기존) 3년간 총 136시간, 연간 34~68시간 → (개정) 3년간 총 102시간, 연간 34시간

ⓒ 고등학교 진학 전(3학년 2학기) 진로연계교육 도입
- 고등학교에서 교과별로 배울 학습 내용과 진로 및 이수 경로 등을 학습할 수 있도록 진로연계교육을 도입하고 자유학기와 연계 운영

③ **고등학교** : 학점 기반 선택 교육과정 명시, 교과목 재구조화
  ㉠ 학기 단위 과목 운영에 따라 과목의 기본 학점을 4학점(체육, 예술, 교양은 3학점)으로 조정하고, 증감 범위도 ±1로 개선하여 학생이 진로에 적합한 과목을 이수할 수 있도록 개선함
    ✱ 자율적 과목 선택·이수, 자기주도적 공강 활용 등 학습자 주도성과 학습의 책임 강조
  ㉡ 학습자의 진로와 적성을 중심으로 비판적 질문, 실생활 문제해결, 주요 문제 탐구 등을 위한 실제적 역량을 기를 수 있도록 다양한 진로선택과 융합선택과목을 신설 및 재구조화

(4) **고교학점제** 2024 국가직 7급
① **정의** : 학생들이 진로에 따라 다양한 과목을 선택·이수하고, 이수 기준에 도달한 과목에 대해 학점을 취득·누적하여 졸업을 인정받는 제도
② **특징**
  ㉠ 고등학교 수업량 기준을 '단위'에서 '학점'으로 전환하는 제도
  ㉡ 학생의 진로와 적성에 맞는 과목 선택 및 유연한 학사 운영
  ㉢ 교사의 자율성과 전문성이 발휘되는 수업과 평가
  ㉣ 학점이수 기준에 의한 엄격한 학습의 질 관리
  ㉤ 법령상 출석일수 기준 충족여부 만으로 결정되는 현행 졸업요건을 학점 취득 기준으로 전환
③ **추진경과** : 2018년부터 연구학교·선도학교에서 시범 운영, 2025년부터 전면적으로 도입
④ **고교학점제에 따른 학교 교육과정 운영**
  ㉠ 학교에서는 진로상담을 내실화하여 학생이 진로와 연계한 학업계획서를 작성할 수 있도록 돕고, 학생에게 이수가 필요한 교과목 등에 대해 체계적으로 안내함
  ㉡ 학교에서는 학생 진로를 고려한 다양한 선택 과목을 개설하고, 학생은 직접 수강신청하여 개인별 시간표를 편성하도록 함
  ㉢ 학생의 과목 선택권 확대를 위해 학교는 다양한 교과를 개설하고, 소인수·심화 과목에 한해 공동교육과정, 지역사회 연계 교육과정, 온라인 교육과정 등을 개설할 수 있음
  ㉣ '교육과정 지도팀'은 학업계획서 및 학습이력에 근거하여 학생 대상으로 컨설팅을 실시하고 개인 시간표 관리 등을 지원함
  ㉤ 객관식 지필평가 비중을 줄이고 수업과 연계한 과정 중심 평가를 강화함. 성취기준 미달 학생에 대한 별도의 학업 보충기회를 제공

(5) 현행 교육과정 대비 신구 대조표

<table>
<tr><th colspan="3" rowspan="2">구분</th><th colspan="2">주요 내용</th></tr>
<tr><th>2015 개정</th><th>2022 개정</th></tr>
<tr><td colspan="3">교육과정
개정 방향</td><td>
• 창의융합형 인재 양성
• 모든 학생이 인문·사회·과학기술에 대한 기초 소양 함양
• 학습량 적정화, 교수·학습 및 평가 방법 개선을 통한 핵심역량 함양 교육
• 교육과정과 수능·대입제도 연계, 교원 연수 등 교육 전반 개선
</td><td>
• <u>포용성과 창의성을 갖춘 주도적인 사람</u>
• 모든 학생이 <u>언어·수리·디지털소양</u>에 대한 기초 소양 함양
• 학습량 적정화, 교수·학습 및 평가 방법 개선을 통한 역량 함양 교육
• 교육과정과 수능·대입제도 연계, 교원 연수 등 교육 전반 개선
</td></tr>
<tr><td rowspan="6">총론</td><td rowspan="6">공통사항</td><td>핵심역량
반영</td><td>
• 총론 '추구하는 인간상' 부문에 6개 핵심역량 제시
• 교과별 교과 역량을 제시하고 역량 함양을 위한 성취기준 개발
※ 일반화된 지식, 핵심개념, 내용요소, 기능
</td><td>
• 총론 6개 핵심역량 개선
: 의사소통역량 → <u>협력적 소통 역량</u>
• 교과 역량을 목표로 구체화하고 역량 함양을 위한 내용체계 개선, <u>핵심 아이디어</u> 중심으로 적정화
※ (개선) 지식·이해, 과정·기능, 가치·태도
</td></tr>
<tr><td>역량함양
강화</td><td>
• 연극교육 활성화
  – (초·중) 국어 연극 단원 신설
  – (고) '연극' 과목 일반선택으로 개설
• 독서교육 활성화
</td><td>
• <u>디지털 기초소양, 자기주도성, 지속가능성, 포용성과 시민성, 창의와 혁신</u> 등 미래사회 요구 역량 지향
</td></tr>
<tr><td>소프트웨어
교육 강화</td><td>
• (초) 교과(실과) 내용을 SW 기초 소양교육으로 개편
• (중) 과학/기술·가정/정보 교과 신설
• (고) '정보' 과목을 심화선택에서 일반선택 전환, SW 중심 개편
</td><td>
▶ <u>모든 교과교육을 통한 디지털 기초소양 함양</u>
• (초) 실과 + <u>학교 자율시간</u> 등을 활용하여 <u>34시간 이상 편성</u>
• (중) 정보과 + <u>학교 자율시간</u> 등을 활용하여 <u>68시간 이상 편성</u>
• (고) <u>교과 신설</u>, 다양한 <u>진로 및 융합선택과목</u> 신설 (데이터과학, 소프트웨어와 생활 등)
</td></tr>
<tr><td>안전교육
강화</td><td>
• 안전 교과 또는 단원 신설
  – (초 1~2) 「안전한 생활」 신설(64시간)
  – (초 3~고 3) 관련 교과에 단원 신설
</td><td>
• 체험·실습형 안전교육으로 개선
  – (초 1~2) 통합교과 주제와 연계(64시간)
  – (초 3~고 3) 다중밀집도 안전을 포함하여 체험·실습형 교육 요소 강화
</td></tr>
<tr><td>범교과
학습주제
개선</td><td>
• 10개 범교과 학습 주제로 재구조화
</td><td>
• 10개 범교과 학습 주제로 유지
※ (<u>초·중등교육법 개정</u>) 교육과정 영향 사전협의 하도록 관련 법 개정
</td></tr>
<tr><td>창의적
체험활동</td><td>
• 창의적 체험활동 내실화
  – 자율활동, 동아리활동, 봉사활동, 진로활동 (4개)
</td><td>
• 창의적 체험활동 영역 개선(3개)
  – 자율·자치활동, 동아리활동, 진로활동
  ※ 봉사활동은 동아리활동 영역에 편성되어 있으며, 모든 활동과 연계 가능
</td></tr>
</table>

총론	고등학교	공통과목 신설 및 이수단위	• 공통과목 및 선택과목으로 구성
			• (선택과목) 일반선택과 진로선택
			  - 진로선택 및 전문교과를 통한 맞춤형 교육, 수월성 교육 실시
				• 공통과목 및 선택과목으로 구성
				• 선택과목은 일반선택과 진로선택, 융합선택으로 구분
				  - 다양한 진로선택 및 융합선택과목 재구조화를 통한 맞춤형 교육

		특목고 과목	• 보통교과에서 분리하여 전문교과로 제시	• 전문교과Ⅰ 보통교과로 통합(학생 선택권 확대), 진로선택과 융합선택으로 구분, 수월성 교육 실시
		편성·운영 기준	• 필수이수단위 94단위, 자율편성단위 86학점, 총 204단위 • 선택과목의 기본단위 5단위(일반선택 2단위 증감, 진로선택 3단위 증감 가능)	• 필수이수학점 84학점, 자율이수학점 90학점, 총 192학점 • 선택과목의 기본학점 4학점(1학점 내 증감가능)
		특성화고 교육과정	• 총론(보통교과)과 NCS 교과의 연계	• 국가직무능력표준 기반 교육과정 분류체계 유지 • 신산업 및 융합기술 분야 인력양성 수요 반영

	중학교		• 중학교 '교육과정 편성·운영의 중점'에 자유학기제 교육과정 운영 지침 제시	• 자유학기제 영역, 시수 적정화
				  ※ (시수) 170시간 → 102시간
				  ※ (영역) 4개 → 2개(주제선택, 진로탐색)
				• 학교스포츠클럽활동 시수 적정화
				  ※ (시수) 136시간 → 102시간

	초등학교		• 주당 1시간 증배, '안전한 생활' 신설
			  - 창의적 체험활동에서 체험중심 교육으로 실시
			• 초등학교 교육과정과 누리과정의 연계 강화 (한글교육 강화)
				• 입학초기적응활동 개선
				  - 창의적 체험활동 중심으로 실시
				• 기초문해력 강화, 한글해득 강화를 위한 국어 34시간 증배
				• 누리과정의 연계 강화(즐거운생활 내 신체활동 강화)

교과교육과정 개정 방향			• 총론과 교과교육과정의 유기적 연계 강화
			• 교과교육과정 개정 기본방향 제시
			  - 핵심개념 중심의 학습량 적정화
			  - 핵심역량을 반영
			  - 학생참여중심 교수·학습 방법 개선
			  - 과정중심 평가 확대
				• 총론과 교과교육과정의 유기적 연계 강화
				• 교과교육과정 개정 기본방향 제시
				  - 핵심아이디어 중심의 학습량 적정화
				  - 교과역량 교과 목표로 구체화
				  - 학생참여중심, 학생주도형 교수·학습 방법 개선 (비판적 질문, 글쓰기 등)
				  - 학습의 과정을 중시하는 평가, 개별 맞춤형 피드백 강화

지원체제		교과서	• 흥미롭고 재미있는 질 높은 교과서 개발	• 실생활 맥락에서 학습자의 자기주도성과 소통협력을 이끄는 교과서 개발

		대입 제도 및 교원	• 교육과정에 부합하는 수능 및 대입 제도 도입 검토
			  - 수능 3년 예고제에 따라 '17년까지 '21학년도 수능 제도 확정
			• 교원양성기관 질 제고, 연수 확대
				• 교육과정에 부합하는 대입 제도 도입 검토
				  - '24년까지 '28학년도 대입제도 개편안 확정·발표
				• 교원양성기관 질 제고, 연수 확대

[부록] 2022 개정 교육과정 총론(교육부 고시 제2022-33호)

I. 교육과정 구성의 방향

01 교육과정 구성의 중점

우리나라 초·중등학교 교육과정은 사회 변화와 시대적 요구를 반영하여 지속적으로 개정되고 발전해 왔다. 우리 사회는 새로운 변화와 도전에 직면해 있으며, 이에 대응하기 위해 교육과정을 개정할 필요성이 제기되었다. 교육과정의 변화를 요청하는 주요 배경은 다음과 같다.

첫째, 인공지능 기술 발전에 따른 디지털 전환, 감염병 대유행 및 기후·생태환경 변화, 인구 구조 변화 등에 의해 사회의 불확실성이 증가하고 있다.

둘째, 사회의 복잡성과 다양성이 확대되고 사회적 문제를 해결하기 위한 협력의 필요성이 증가함에 따라 상호 존중과 공동체 의식을 함양하는 것이 더욱 중요해지고 있다.

셋째, 학생 개개인의 특성과 진로에 맞는 학습을 지원해 주는 맞춤형 교육에 대한 요구가 증가하고 있다.

넷째, 교육과정 의사 결정 과정에 다양한 교육 주체들의 참여를 확대하고 교육과정 자율화 및 분권화를 활성화해야 한다는 요구가 높아지고 있다.

이에 그동안의 교육과정 발전 방향을 계승하면서 미래 사회를 살아갈 학생들이 주도적으로 삶을 이끌어가는 능력을 함양할 수 있도록 교육과정을 구성한다.

이 교육과정은 우리나라 교육과정이 추구해 온 교육 이념과 인간상을 바탕으로, 미래 사회가 요구하는 핵심역량을 함양하여 포용성과 창의성을 갖춘 주도적인 사람으로 성장하게 하는 데 중점을 둔다.

이를 위한 교육과정 구성의 중점은 다음과 같다.

가. 디지털 전환, 기후·생태환경 변화 등에 따른 미래 사회의 불확실성에 능동적으로 대응할 수 있는 능력과 자신의 삶과 학습을 스스로 이끌어가는 주도성을 함양한다.
나. 학생 개개인의 인격적 성장을 지원하고, 사회 구성원 모두의 행복을 위해 서로 존중하고 배려하며 협력하는 공동체 의식을 함양한다.
다. 모든 학생이 학습의 기초인 언어·수리·디지털 기초소양을 갖출 수 있도록 하여 학교 교육과 평생 학습에서 학습을 지속할 수 있게 한다.
라. 학생들이 자신의 진로와 학습을 주도적으로 설계하고, 적절한 시기에 학습할 수 있도록 학습자 맞춤형 교육과정 체제를 구축한다.

마. 교과 교육에서 깊이 있는 학습을 통해 역량을 함양할 수 있도록 교과 간 연계와 통합, 학생의 삶과 연계된 학습, 학습에 대한 성찰 등을 강화한다.
바. 다양한 학생 참여형 수업을 활성화하고, 문제 해결 및 사고의 과정을 중시하는 평가를 통해 학습의 질을 개선한다.
사. 교육과정 자율화·분권화를 기반으로 학교, 교사, 학부모, 시·도 교육청, 교육부 등 교육 주체들 간의 협조 체제를 구축하여 학습자의 특성과 학교 여건에 적합한 학습이 이루어질 수 있도록 한다.

02 추구하는 인간상과 핵심역량

우리나라의 교육은 홍익인간의 이념 아래 모든 국민으로 하여금 인격을 도야하고, 자주적 생활 능력과 민주시민으로서 필요한 자질을 갖추어 인간다운 삶을 영위하고, 민주 국가의 발전과 인류 공영의 이상을 실현할 수 있도록 함을 목적으로 한다.

이러한 교육 이념과 교육 목적을 바탕으로, 이 교육과정이 추구하는 인간상은 다음과 같다.

가. 전인적 성장을 바탕으로 자아정체성을 확립하고 자신의 진로와 삶을 스스로 개척하는 자기주도적인 사람
나. 폭넓은 기초 능력을 바탕으로 진취적 발상과 도전을 통해 새로운 가치를 창출하는 창의적인 사람
다. 문화적 소양과 다원적 가치에 대한 이해를 바탕으로 인류 문화를 향유하고 발전시키는 교양 있는 사람
라. 공동체 의식을 바탕으로 다양성을 이해하고 서로 존중하며 세계와 소통하는 민주시민으로서 배려와 나눔, 협력을 실천하는 더불어 사는 사람

이 교육과정이 추구하는 인간상을 구현하기 위해 교과 교육과 창의적 체험 활동을 포함한 학교 교육 전 과정을 통해 중점적으로 기르고자 하는 핵심역량은 다음과 같다.

가. 자아정체성과 자신감을 가지고 자신의 삶과 진로를 스스로 설계하며 이에 필요한 기초 능력과 자질을 갖추어 자기주도적으로 살아갈 수 있는 자기관리 역량
나. 문제를 합리적으로 해결하기 위하여 다양한 영역의 지식과 정보를 깊이 있게 이해하고 비판적으로 탐구하며 활용할 수 있는 지식정보처리 역량
다. 폭넓은 기초 지식을 바탕으로 다양한 전문 분야의 지식, 기술, 경험을 융합적으로 활용하여 새로운 것을 창출하는 창의적 사고 역량
라. 인간에 대한 공감적 이해와 문화적 감수성을 바탕으로 삶의 의미와 가치를 성찰하고 향유하는 심미적 감성 역량

마. 다른 사람의 관점을 존중하고 경청하는 가운데 자신의 생각과 감정을 효과적으로 표현하며 상호협력적인 관계에서 공동의 목적을 구현하는 협력적 소통 역량
바. 지역·국가·세계 공동체의 구성원에게 요구되는 개방적·포용적 가치와 태도로 지속 가능한 인류 공동체 발전에 적극적이고 책임감 있게 참여하는 공동체 역량

03 학교급별 교육 목표

가. 초등학교 교육 목표

초등학교 교육은 학생의 일상생활과 학습에 필요한 기본 습관 및 기초 능력을 기르고 바른 인성을 함양하는 데 중점을 둔다.

1) 자신의 소중함을 알고 건강한 생활 습관을 기르며, 풍부한 학습 경험을 통해 자신의 꿈을 키운다.
2) 학습과 생활에서 문제를 발견하고 해결하는 기초 능력을 기르고, 이를 새롭게 경험할 수 있는 상상력을 키운다.
3) 다양한 문화 활동을 즐기며 자연과 생활 속에서 아름다움과 행복을 느낄 수 있는 심성을 기른다.
4) 일상생활과 학습에 필요한 규칙과 질서를 지키고 서로 돕고 배려하는 태도를 기른다.

나. 중학교 교육 목표

중학교 교육은 초등학교 교육의 성과를 바탕으로, 학생의 일상생활과 학습에 필요한 기본 능력을 기르고, 바른 인성 및 민주시민의 자질을 함양하는 데 중점을 둔다.

1) 심신의 조화로운 발달을 바탕으로 자아존중감을 기르고, 다양한 지식과 경험을 통해 책임감을 가지고 적극적으로 삶의 방향과 진로를 탐색한다.
2) 학습과 생활에 필요한 기본 능력 및 문제 해결력을 바탕으로, 도전정신과 창의적 사고력을 기른다.
3) 자신을 둘러싼 세계에서 경험한 내용을 토대로 우리나라와 세계의 다양한 문화를 이해하고 공감하는 태도를 기른다.
4) 공동체 의식을 바탕으로 타인을 존중하고 서로 소통하는 민주시민의 자질과 태도를 기른다.

다. 고등학교 교육 목표

고등학교 교육은 중학교 교육의 성과를 바탕으로, 학생의 적성과 소질에 맞게 진로를 개척하며 세계와 소통하는 민주시민으로서의 자질을 함양하는 데 중점을 둔다.

1) 성숙한 자아의식과 인간의 존엄성에 대한 존중을 바탕으로 일의 가치를 이해하고, 자신의 진로에 맞는 지식과 기능을 익히며 평생 학습의 기본 능력을 기른다.
2) 다양한 분야의 지식과 경험을 융합하여 창의적으로 문제를 해결하고, 새로운 상황에 능동적으로 대처하는 능력을 기른다.
3) 다양한 문화에 대한 이해를 바탕으로 자신의 삶을 성찰하고 새로운 문화 창출에 기여할 수 있는 자질과 태도를 기른다.
4) 국가 공동체에 대한 책임감을 바탕으로 배려와 나눔을 실천하며 세계와 소통하는 민주시민으로서의 자질과 태도를 기른다.

Ⅱ 학교 교육과정 설계와 운영

01 설계의 원칙

가. 학교는 이 교육과정을 바탕으로 학교 교육과정을 자율적으로 설계·운영하며, 학생의 특성과 학교 여건에 적합한 학습 경험을 제공한다.
  1) 학습자의 발달 수준에 적합한 폭넓고 균형 있는 교육과정을 통해 다양한 영역의 세계를 탐색해보는 기회를 제공하고, 학습자의 전인적인 성장·발달이 가능하도록 학교 교육과정을 설계하여 운영한다.
  2) 학생 실태와 요구, 교원 조직과 교육 시설·설비 등 학교 실태, 학부모 의견 및 지역사회 실정 등 학교의 교육 여건과 환경을 종합적으로 고려하여 학습자에게 적합한 학습 경험을 제공한다.
  3) 학교는 학생의 필요와 요구에 따라 학교의 특성을 고려하여 다양한 교육 활동을 설계하여 운영할 수 있다.
  4) 학교 교육 기간을 포함한 평생 학습에 필요한 기초소양과 자기주도 학습 능력을 갖출 수 있도록 지원하며 학습 격차를 줄이도록 노력한다.
  5) 학생들의 자발적인 참여를 원칙으로 하여 학교와 시·도 교육청은 학생과 학부모의 요구에 따라 방과 후 활동 또는 방학 중 활동을 운영·지원할 수 있다.
  6) 학교는 학교 교육과정의 효율적인 설계와 운영을 위하여 지역사회의 인적, 물적 자원을 계획적으로 활용한다.
  7) 학교는 가정 및 지역과 연계하여 학생이 건전한 생활 태도와 행동 양식을 가지고 학습할 수 있도록 지도한다.

나. 학교 교육과정은 모든 교원이 전문성을 발휘하여 참여하는 민주적인 절차와 과정을 거쳐 설계·운영하며, 지속적인 개선을 위해 노력한다.
   1) 교육과정의 합리적 설계와 효율적 운영을 위해 교원, 교육 전문가, 학부모 등이 참여하는 학교 교육과정 위원회를 구성·운영하며, 이 위원회는 학교장의 교육과정 운영 및 의사 결정에 관한 자문 역할을 담당한다. 단, 특성화 고등학교와 산업수요 맞춤형 고등학교의 경우에는 산업계 전문가가 참여할 수 있고, 통합교육이 이루어지는 학교의 경우에는 특수교사가 참여할 것을 권장한다.
   2) 학교는 학습 공동체 문화를 조성하고 동학년 모임, 교과별 모임, 현장 연구, 자체 연수 등을 통해서 교사들의 교육 활동 개선이 이루어지도록 한다.
   3) 학교는 학교 교육과정 설계·운영의 적절성과 효과성 등을 자체 평가하여 문제점과 개선점을 추출하고, 다음 학년도의 교육과정 설계·운영에 그 결과를 반영한다.

02 교수·학습

가. 학교는 학생들이 깊이 있는 학습을 통해 핵심역량을 함양할 수 있도록 교수·학습을 설계하여 운영한다.
   1) 단편적 지식의 암기를 지양하고 각 교과목의 핵심 아이디어를 중심으로 지식·이해, 과정·기능, 가치·태도의 내용 요소를 유기적으로 연계하며 학생의 발달 단계에 따라 학습 경험의 폭과 깊이를 확장할 수 있도록 수업을 설계한다.
   2) 교과 내 영역 간, 교과 간 내용 연계성을 고려하여 수업을 설계하고 지도함으로써 학생들이 융합적으로 사고하고 창의적으로 문제를 해결하는 능력을 함양할 수 있도록 한다.
   3) 학습 내용을 실생활 맥락 속에서 이해하고 적용하는 기회를 제공함으로써 학교에서의 학습이 학생의 삶에 의미 있는 학습 경험이 되도록 한다.
   4) 학생이 여러 교과의 고유한 탐구 방법을 익히고 자신의 학습 과정과 학습 전략을 점검하며 개선하는 기회를 제공하여 스스로 탐구하고 학습할 수 있는 자기주도 학습 능력을 함양할 수 있도록 한다.
   5) 교과의 깊이 있는 학습에 기반이 되는 언어·수리·디지털 기초소양을 모든 교과를 통해 함양할 수 있도록 수업을 설계한다.

나. 학교는 학생들이 수업에 능동적으로 참여하고 학습의 즐거움을 경험할 수 있도록 교수·학습을 설계하여 운영한다.
   1) 학습 주제에서 다루는 탐구 질문에 관심과 호기심을 가지고 스스로 문제를 해결하는 학생 참여형 수업을 활성화하며, 토의·토론 학습을 통해 자신의 생각을 표현하는 기회를 가질 수 있도록 한다.

2) 실험, 실습, 관찰, 조사, 견학 등의 체험 및 탐구 활동 경험이 충분히 이루어질 수 있도록 한다.
3) 개별 학습 활동과 함께 소집단 협동 학습 활동을 통하여 협력적으로 문제를 해결하는 경험을 충분히 갖도록 한다.

다. 교과의 특성과 학생의 능력, 적성, 진로를 고려하여 학습 활동과 방법을 다양화하고, 학교의 여건과 학생의 특성에 따라 다양한 학습 집단을 구성하여 학생 맞춤형 수업을 활성화한다.
1) 학생의 선행 경험, 선행 지식, 오개념 등 학습의 출발점을 파악하고 학생의 특성을 고려하여 학습 소재, 자료, 활동을 다양화한다.
2) 정보통신기술 매체를 활용하여 교수·학습 방법을 다양화하고, 학생 맞춤형 학습을 위해 지능정보기술을 활용할 수 있다.
3) 다문화 가정 배경, 가족 구성, 장애 유무 등 학습자의 개인적·사회문화적 배경의 다양성을 이해하고 존중하며, 이를 수업에 반영할 때 편견과 고정 관념, 차별을 야기하지 않도록 유의한다.
4) 학교는 학생 개개인의 학습 상황을 확인하여 학생의 학습 결손을 예방하도록 노력하며, 학습 결손이 발생한 경우 보충 학습 기회를 제공한다.

라. 교사와 학생 간, 학생과 학생 간 상호 신뢰와 협력이 가능한 유연하고 안전한 교수·학습 환경을 지원하고, 디지털 기반 학습이 가능하도록 교육공간과 환경을 조성한다.
1) 각 교과의 특성에 맞는 다양한 학습이 이루어질 수 있도록 교과 교실 운영을 활성화하며, 고등학교는 학점 기반 교육과정 운영을 위해 유연한 학습공간을 활용한다.
2) 학교는 교과용 도서 이외에 시·도 교육청이나 학교 등에서 개발한 다양한 교수·학습 자료를 활용할 수 있다.
3) 다양한 지능정보기술 및 도구를 활용하여 효율적인 학습을 지원할 수 있도록 디지털 학습 환경을 구축한다.
4) 학교는 실험 실습 및 실기 지도 과정에서 학생의 안전사고를 예방하기 위해 시설·기구, 기계, 약품, 용구 사용의 안전에 유의한다.
5) 특수교육 대상 학생 등 교육적 요구가 다양한 학생들을 위해 필요할 경우 의사소통 지원, 행동 지원, 보조공학 지원 등을 제공한다.

03 평가

가. 평가는 학생 개개인의 교육 목표 도달 정도를 확인하고, 학습의 부족한 부분을 보충하며, 교수·학습의 질을 개선하는 데 주안점을 둔다.
1) 학교는 학생에게 평가 결과에 대한 적절한 정보를 제공하고 추수 지도를 실시하여 학생이 자신의 학습을 지속적으로 성찰하고 개선할 수 있도록 한다.

2) 학교와 교사는 학생 평가 결과를 활용하여 수업의 질을 지속적으로 개선한다.

나. 학교와 교사는 성취기준에 근거하여 교수·학습과 평가 활동이 일관성 있게 이루어지도록 한다.
1) 학습의 결과만이 아니라 결과에 이르기까지의 학습 과정을 확인하고 환류하여, 학습자의 성공적인 학습과 사고 능력 함양을 지원한다.
2) 학교는 학생의 인지적·정의적 측면에 대한 평가가 균형 있게 이루어질 수 있도록 하며, 학생이 자신의 학습 과정과 결과를 스스로 평가할 수 있는 기회를 제공한다.
3) 학교는 교과목별 성취기준과 평가기준에 따라 성취수준을 설정하여 교수·학습 및 평가 계획에 반영한다.
4) 학생에게 배울 기회를 주지 않은 내용과 기능은 평가하지 않는다.

다. 학교는 교과목의 성격과 학습자 특성을 고려하여 적합한 평가 방법을 활용한다.
1) 수행평가를 내실화하고 서술형과 논술형 평가의 비중을 확대한다.
2) 정의적, 기능적 측면이나 실험·실습이 중시되는 평가에서는 교과목의 성격을 고려하여 타당하고 합리적인 기준과 척도를 마련하여 평가를 실시한다.
3) 학교의 여건과 교육활동의 특성을 고려하여 다양한 지능정보기술을 활용함으로써 학생 맞춤형 평가를 활성화한다.
4) 개별 학생의 발달 수준 및 특성을 고려하여 평가 계획을 조정할 수 있으며, 특수학급 및 일반학급에 재학하고 있는 특수교육 대상 학생을 위해 필요한 경우 평가 방법을 조정할 수 있다.
5) 창의적 체험활동은 내용과 특성을 고려하여 평가의 주안점을 학교에서 결정하여 평가한다.

04 모든 학생을 위한 교육기회의 제공

가. 교육 활동 전반을 통하여 남녀의 역할, 학력과 직업, 장애, 종교, 이전 거주지, 인종, 민족, 언어 등에 관한 고정 관념이나 편견을 가지지 않도록 지도한다.
나. 학습자의 개인적 특성이나 사회·문화적 배경에 의해 교육의 기회와 학습 경험에서 부당한 차별을 받거나 소외되지 않도록 한다.
다. 학습 부진 학생, 특정 분야에서 탁월한 재능을 보이는 학생, 특수교육 대상 학생, 귀국 학생, 다문화 가정 학생 등이 학교에서 충실한 학습 경험을 누릴 수 있도록 필요한 지원을 한다.

라. 특수교육 대상 학생을 위해 특수학급을 설치·운영하는 경우, 학생의 장애 특성 및 정도를 고려하여, 이 교육과정을 조정하여 운영하거나 특수교육 교과용 도서 및 통합교육용 교수·학습 자료를 활용할 수 있다.

마. 다문화 가정 학생을 위한 특별 학급을 설치·운영하는 경우, 다문화 가정 학생의 한국어 능력을 고려하여 이 교육과정을 조정하여 운영하거나, 한국어 교육과정 및 교수·학습 자료를 활용할 수 있다. 한국어 교육과정은 학교의 특성, 학생·교사·학부모의 요구와 필요에 따라 주당 10시간 내외에서 운영할 수 있다.

바. 학교가 종교 과목을 개설할 때는 종교 이외의 과목과 함께 복수로 과목을 편성하여 학생에게 선택의 기회를 주어야 한다. 다만, 학생의 학교 선택권이 허용되는 종립 학교의 경우 학생·학부모의 동의를 얻어 단수로 개설할 수 있다.

III. 학교급별 교육과정 편성·운영의 기준

01 기본 사항

가. 초등학교 1학년부터 중학교 3학년까지의 공통 교육과정과 고등학교 1학년부터 3학년까지의 학점 기반 선택 중심 교육과정으로 편성·운영한다.

나. 학교는 학교 교육과정 편성·운영 계획을 바탕으로 학년(군)별 교육과정 및 교과(군)별 교육과정을 편성할 수 있다.

다. 학년 간 상호 연계와 협력을 통해 학교 교육과정을 유연하게 편성·운영할 수 있도록 학년군을 설정한다.

라. 공통 교육과정의 교과는 교육 목적상의 근접성, 학문 탐구 대상 또는 방법상의 인접성, 생활양식에서의 연관성 등을 고려하여 교과(군)로 재분류한다.

마. 고등학교 교과는 보통 교과와 전문 교과로 구분하며, 학생들의 기초소양 함양과 기본 학력을 보장하기 위하여 보통 교과에 공통 과목을 개설하여 모든 학생이 이수하도록 한다.

바. 교과와 창의적 체험활동의 내용 배열은 반드시 따라야 할 학습 순서를 의미하는 것은 아니며, 학생의 관심과 요구, 학교의 실정과 교사의 필요, 계절 및 지역의 특성 등에 따라 각 교과목의 학년군별 목표 달성을 위해 지도 내용의 순서와 비중, 교과 내 또는 교과 간 연계 지도 방법 등을 조정하여 운영할 수 있다.

사. 학업 부담을 적정화하고 의미 있는 학습 활동이 이루어질 수 있도록 학기당 이수 교과목 수를 조정하여 집중이수를 실시할 수 있다.

아. 학교는 학교급 간 전환기의 학생들이 상급 학교의 생활 및 학습을 준비하는 데 필요한 교육을 지원하기 위해 진로연계교육을 운영할 수 있다.

자. 범교과 학습 주제는 교과와 창의적 체험활동 등 교육 활동 전반에 걸쳐 통합적으로 다루도록 하고, 지역사회 및 가정과 연계하여 지도한다.

> 안전·건강 교육, 인성 교육, 진로 교육, 민주시민 교육, 인권 교육, 다문화 교육, 통일 교육, 독도 교육, 경제·금융 교육, 환경·지속가능발전 교육

차. 학교는 가정과 학교, 사회에서의 위험 상황을 알고 대처할 수 있도록 체험 중심의 안전교육을 관련 교과와 창의적 체험활동과 연계하여 운영한다.

카. 학교는 필요에 따라 계기 교육을 실시할 수 있으며, 이 경우 계기 교육 지침에 따른다.

타. 학교는 필요에 따라 원격수업을 실시할 수 있으며, 이 경우 원격수업 운영 기준은 관련 법령과 지침에 따른다.

파. 시·도 교육청과 학교는 필요에 따라 이 교육과정에 제시되어 있는 과목 외에 새로운 과목을 개설할 수 있다. 이 경우 시·도 교육감이 정하는 지침에 따라 사전에 필요한 절차를 거쳐야 한다.

하. 특수교육 대상 학생에 대해서는 이 교육과정 해당 학년군의 편제와 시간(학점 배당)을 따르되, 학생의 교육적 요구를 고려하여 특수교육 교육과정의 교과(군) 내용과 연계하거나 대체하여 수업을 설계·운영할 수 있다.

02 초등학교

가. 편제와 시간 배당 기준

1) 편제
   가) 초등학교 교육과정은 교과(군)와 창의적 체험활동으로 편성한다.
   나) 교과(군)는 국어, 사회/도덕, 수학, 과학/실과, 체육, 예술(음악/미술), 영어로 한다. 다만, 1, 2학년의 교과는 국어, 수학, 바른 생활, 슬기로운 생활, 즐거운 생활로 한다.
   다) 창의적 체험활동은 자율·자치 활동, 동아리 활동, 진로 활동으로 한다.

2) 시간 배당 기준

〈표 1〉

구분		1~2학년	3~4학년	5~6학년
교과(군)	국어	국어 482	408	408
	사회/도덕		272	272
	수학	수학 256	272	272
	과학/실과	바른 생활 144	204	340
	체육	슬기로운 생활 224	204	204
	예술(음악/미술)	즐거운 생활 400	272	272
	영어		136	204
	소계	1,506	1,768	1,972
창의적 체험활동		238	204	204
학년군별 총 수업 시간 수		1,744	1,972	2,176

① 1시간의 수업은 40분을 원칙으로 하되, 기후 및 계절, 학생의 발달 정도, 학습 내용의 성격, 학교 실정 등을 고려하여 탄력적으로 편성·운영할 수 있다.
② 학년군의 교과(군)별 및 창의적 체험활동 시간 배당은 연간 34주를 기준으로 2년간의 기준 수업 시수를 나타낸 것이다.
③ 학년군별 총 수업 시간 수는 최소 수업 시수를 나타낸 것이다.
④ 실과의 수업 시간은 5~6학년 과학/실과의 수업 시수에만 포함된다.
⑤ 정보교육은 실과의 정보영역 시수와 학교자율시간 등을 활용하여 34시간 이상 편성·운영한다.

나. 교육과정 편성·운영 기준

1) 학교는 학년(군)별 교과(군)와 창의적 체험활동의 수업 시수를 학년별, 학기별로 자율적으로 편성할 수 있다.
   가) 학교는 학생이 학년(군)별로 이수해야 할 교과를 학년별, 학기별로 편성하여 학생과 학부모에게 안내한다.
   나) 학교는 모든 교육 활동을 통해 학생이 기본 생활 습관, 기초 학습 능력, 바른 인성을 함양할 수 있도록 교육과정을 편성·운영한다.
   다) 학교는 학교의 특성, 학생·교사·학부모의 요구 및 필요에 따라 자율적으로 교과(군)별 및 창의적 체험활동의 20% 범위 내에서 시수를 증감하여 편성·운영할 수 있다. 단, 체육, 예술(음악/미술) 교과는 기준 수업 시수를 감축하여 편성·운영할 수 없다.
   라) 학교는 교육의 효과를 높이기 위하여 필요한 경우 학년별, 학기별로 교과 집중이수를 실시할 수 있다.
   마) 학교는 창의적 체험활동의 영역을 학생들의 발달 수준, 학교의 여건 등을 고려하여 학년(군)별로 자율적으로 편성·운영한다.

2) 학교는 모든 학생의 학습 기회를 보장할 수 있도록 학교 교육과정을 편성·운영한다.
   가) 학교는 각 교과의 기초적, 기본적 요소들이 체계적으로 학습되도록 교육과정을 편성·운영한다. 특히 국어사용 능력과 수리 능력의 기초가 부족한 학생들을 대상으로 기초 학습 능력 향상을 위한 별도의 프로그램을 편성·운영할 수 있다.
   나) 전입 학생이 특정 교과를 이수하지 못할 경우, 시·도 교육청과 학교에서는 보충 학습 과정 등을 통해 학습 결손이 발생하지 않도록 한다.
   다) 학년을 달리하는 학생을 대상으로 복식 학급을 편성·운영하는 경우에는 교육 내용의 학년별 순서를 조정하거나 공통 주제를 중심으로 교재를 재구성하여 활용할 수 있다.
3) 학교는 3~6학년별로 지역과 연계하거나 다양하고 특색 있는 교육과정 운영을 위해 학교자율시간을 편성·운영한다.
   가) 학교자율시간을 활용하여 이 교육과정에 제시되어 있는 교과 외에 새로운 과목이나 활동을 개설할 수 있으며, 이 경우 시·도 교육감이 정하는 지침에 따라 사전에 필요한 절차를 거쳐야 한다.
   나) 학교자율시간에 운영하는 과목과 활동의 내용은 지역과 학교의 여건 및 학생의 필요에 따라 학교가 결정하되, 다양한 과목과 활동으로 개설하여 운영한다.
   다) 학교자율시간은 학교 여건에 따라 연간 34주를 기준으로 한 교과별 및 창의적 체험활동 수업 시간의 학기별 1주의 수업 시간을 확보하여 운영한다.
4) 학교는 입학 초기 및 상급 학교(학년)으로 진학하기 전 학기의 일부 시간을 활용하여 학교급 간 연계 및 진로 교육을 강화하는 진로연계교육을 편성·운영한다.
   가) 학교는 1학년 학생의 학교생활 적응 및 한글 해득 교육 등의 입학 초기 적응 프로그램을 교과와 창의적 체험활동 시간을 활용하여 진로연계교육으로 운영한다.
   나) 학교는 중학교의 생활 및 학습 준비, 진로 탐색 등의 프로그램을 교과와 창의적 체험활동 시간을 활용하여 진로연계교육을 자율적으로 운영한다.
   다) 학교는 진로연계교육의 중점을 학생의 역량 함양 및 자기주도적 학습 능력 향상에 두고, 교과별 학습 내용 및 학습 방법의 학교급 간 연계, 교과와 연계한 진로 활동 등을 통해 학생의 학습과 성장을 지원한다.
5) 학교는 학생의 발달 특성을 고려하여 학교 교육과정을 편성·운영한다.
   가) 학교는 1~2학년 학생에게 실내·외 놀이 및 신체 활동의 기회를 충분히 제공한다.
   나) 1~2학년의 안전교육은 바른 생활·슬기로운 생활·즐거운 생활 교과의 64시간을 포함하여 교과 및 창의적 체험활동을 활용하여 편성·운영한다.

다) 정보통신 활용 교육, 보건 교육, 한자 교육 등은 관련 교과와 창의적 체험활동 시간을 활용하여 체계적인 지도가 이루어질 수 있도록 한다.

03 중학교

가. 편제와 시간 배당 기준

1) 편제
   가) 중학교 교육과정은 교과(군)와 창의적 체험활동으로 편성한다.
   나) 교과(군)는 국어, 사회(역사 포함)/도덕, 수학, 과학/기술·가정/정보, 체육, 예술(음악/미술), 영어, 선택으로 한다.
   다) 선택 교과는 한문, 환경, 생활 외국어(생활 독일어, 생활 프랑스어, 생활 스페인어, 생활 중국어, 생활 일본어, 생활 러시아어, 생활 아랍어, 생활 베트남어), 보건, 진로와 직업 등의 과목으로 한다.
   라) 창의적 체험활동은 자율·자치 활동, 동아리 활동, 진로 활동으로 한다.
2) 시간 배당 기준

〈표 2〉

구분		1~3학년
교과(군)	국어	442
	사회(역사 포함)/도덕	510
	수학	374
	과학/기술·가정/정보	680
	체육	272
	예술(음악/미술)	272
	영어	340
	선택	170
	소계	3,060
창의적 체험활동		306
총 수업 시간 수		3,366

① 1시간 수업은 45분을 원칙으로 하되, 기후 및 계절, 학생의 발달 정도, 학습 내용의 성격, 학교 실정 등을 고려하여 탄력적으로 편성·운영할 수 있다.
② 교과(군)별 및 창의적 체험활동 시간 배당은 연간 34주를 기준으로 3년간의 기준 수업 시수를 나타낸 것이다.
③ 총 수업 시간 수는 3년간의 최소 수업 시수를 나타낸 것이다.
④ 정보는 정보 수업 시수와 학교자율시간 등을 활용하여 68시간 이상 편성·운영한다.

나. 교육과정 편성·운영 기준

1) 학교는 교과(군)와 창의적 체험활동의 수업 시수를 학년별, 학기별로 자율적으로 편성할 수 있다.
    가) 학교는 학생이 3년간 이수해야 할 교과목을 학년별, 학기별로 편성하여 학생과 학부모에게 안내한다.
    나) 학교는 학교의 특성, 학생·교사·학부모의 요구 및 필요에 따라 자율적으로 교과(군)별 및 창의적 체험활동의 20% 범위 내에서 시수를 증감하여 편성·운영할 수 있다. 단, 체육, 예술(음악/미술) 교과는 기준 수업 시수를 감축하여 편성·운영할 수 없다.
    다) 학교는 학생의 학업 부담을 적정화하고 의미 있는 학습 활동이 이루어질 수 있도록 학기당 이수 교과목 수를 8개 이내로 편성한다. 단, 체육, 예술(음악/미술) 교과 및 선택 과목과 학교자율시간에 편성한 과목은 이수 교과목 수 제한에서 제외하여 편성할 수 있다.
    라) 학교는 선택 과목을 개설할 경우, 2개 이상의 과목을 동시에 개설하여 학생의 선택권을 보장한다. 학교는 필요한 경우 새로운 선택 과목을 개설할 수 있으며, 이 경우 시·도 교육감이 정하는 지침에 따라 사전에 필요한 절차를 거쳐야 한다.
    마) 학교는 창의적 체험활동의 영역을 학생들의 발달 수준, 학교의 여건 등을 고려하여 자율적으로 편성·운영한다.
2) 학교는 모든 학생의 학습 기회를 보장할 수 있도록 학교 교육과정을 편성·운영한다.
    가) 전입 학생이 특정 교과목을 이수하지 못할 경우, 시·도 교육청과 학교에서는 학습 결손이 발생하지 않도록 보충 학습 과정 등을 제공한다.
    나) 교과목 개설이 어려운 소규모 학교, 농산어촌학교 등에서는 학습 결손이 발생하지 않도록 온라인 활용 및 지역 내 교육자원 공유·협력을 활성화한다. 이 경우 시·도 교육감이 정하는 지침에 따른다.
3) 학교는 지역과 연계하거나 다양하고 특색 있는 교육과정 운영을 위해 학교자율시간을 편성·운영한다.
    가) 학교자율시간을 활용하여 이 교육과정에 제시되어 있는 교과목 외에 새로운 선택 과목을 개설할 수 있다.
    나) 학교자율시간에 개설되는 과목의 내용은 지역과 학교의 여건 및 학생의 필요에 따라 학교가 결정하되, 학생의 선택권을 고려하여 다양한 과목을 개설·운영한다.
    다) 학교자율시간은 학교 여건에 따라 연간 34주를 기준으로 한 교과별 및 창의적 체험활동 수업 시간의 학기별 1주의 수업 시간을 확보하여 운영한다.

4) 학교는 학생들이 자신의 적성과 미래에 대해 탐색하고 학습의 즐거움을 경험할 수 있도록 자유학기와 진로연계교육을 편성·운영한다.
   가) 중학교 과정 중 한 학기는 자유학기로 운영하되, 해당 학기의 교과 및 창의적 체험활동을 자유학기 취지에 부합하도록 편성·운영한다.
      (1) 자유학기에는 지역 및 학교 여건을 고려하여 자율적으로 학생 참여 중심의 주제선택 활동과 진로 탐색 활동을 운영한다.
      (2) 자유학기에는 토의·토론 학습, 프로젝트 학습 등 학생 참여형 수업을 강화하고, 학습의 과정을 중시하는 다양한 평가 방법을 활용하되, 일제식 지필 평가는 지양한다.
   나) 학교는 상급 학교(학년)로 진학하기 전 학기나 학년의 일부 시간을 활용하여 학교급 간 연계 및 진로 교육을 강화하는 진로연계교육을 편성·운영한다.
      (1) 학교는 고등학교 생활 및 학습 준비, 진로 탐색, 진학 준비 등을 위해 교과와 창의적 체험활동 시간을 활용하여 진로연계교육을 자율적으로 운영한다.
      (2) 학교는 진로연계교육의 중점을 학생의 역량 함양 및 자기주도적 학습 능력 향상에 중점을 두고 교과별 내용 및 학습 방법 등의 학교급 간 연계를 통해 학생의 학습과 성장을 지원한다.
      (3) 학교는 진로연계교육을 창의적 체험활동의 진로 활동 및 자유학기의 활동과 연계하여 운영한다.
5) 학교는 학생들이 삶 속에서 스포츠 문화를 지속적으로 향유하여 건전한 심신 발달과 정서 함양이 이루어질 수 있도록 학교스포츠클럽 활동을 편성·운영한다.
   가) 학교스포츠클럽 활동은 창의적 체험활동의 동아리 활동으로 편성하고 학년별 연간 34시간 운영하며, 매 학기 편성하도록 한다.
   나) 학교스포츠클럽 활동의 종목과 내용은 학생들의 희망을 반영하여 학교가 결정하되, 다양한 종목을 개설하여 학생들의 선택권이 보장되도록 한다.

04 고등학교

가. 편제와 학점 배당 기준

1) 편제
   가) 고등학교 교육과정은 교과(군)와 창의적 체험활동으로 편성한다.
   나) 교과는 보통 교과와 전문 교과로 한다.
      (1) 보통 교과

(가) 보통 교과의 교과(군)는 국어, 수학, 영어, 사회(역사/도덕 포함), 과학, 체육, 예술, 기술·가정/정보/제2외국어/한문/교양으로 한다.

(나) 보통 교과는 공통 과목과 선택 과목으로 구분한다. 선택 과목은 일반 선택 과목, 진로 선택 과목, 융합 선택 과목으로 구분한다.

(2) 전문 교과

(가) 전문 교과의 교과(군)는 국가직무능력표준 등을 고려하여 경영·금융, 보건·복지, 문화·예술·디자인·방송, 미용, 관광·레저, 식품·조리, 건축·토목, 기계, 재료, 화학 공업, 섬유·의류, 전기·전자, 정보·통신, 환경·안전·소방, 농림·축산, 수산·해운, 융복합·지식 재산 과목으로 한다.

(나) 전문 교과의 과목은 전문 공통 과목, 전공 일반 과목, 전공 실무 과목으로 구분한다.

다) 창의적 체험활동은 자율·자치 활동, 동아리 활동, 진로 활동으로 한다.

2) 학점 배당 기준

가) 일반 고등학교와 특수 목적 고등학교(산업수요 맞춤형 고등학교 제외)

〈표 3〉

교과(군)	공통 과목	필수 이수 학점	자율 이수 학점
국어	공통국어1, 공통국어2	8	학생의 적성과 진로를 고려하여 편성
수학	공통수학1, 공통수학2	8	
영어	공통영어1, 공통영어2	8	
사회 (역사/도덕 포함)	한국사1, 한국사2	6	
	통합사회1, 통합사회2	8	
과학	통합과학1, 통합과학2 과학탐구실험1, 과학탐구실험2	10	
체육		10	
예술		10	
기술·가정/정보/ 제2외국어/한문/교양		16	
소계		84	90
창의적 체험활동		18(288시간)	
총 이수 학점		192	

① 1학점은 50분을 기준으로 하여 16회를 이수하는 수업량이다.
② 1시간의 수업은 50분을 원칙으로 하되, 기후 및 계절, 학생의 발달 정도, 학습 내용의 성격, 학교 실정 등을 고려하여 탄력적으로 편성·운영할 수 있다.
③ 공통 과목의 기본 학점은 4학점이며, 1학점 범위 내에서 감하여 편성·운영할 수 있다. 단, 한국사1, 2의 기본 학점은 3학점이며 감하여 편성·운영할 수 없다.

④ 과학탐구실험1, 2의 기본 학점은 1학점이며 증감 없이 편성·운영하는 것을 원칙으로 한다. 단, 과학, 체육, 예술 계열 고등학교의 경우 학교 실정에 따라 탄력적으로 운영할 수 있다.
⑤ 필수 이수 학점 수는 해당 교과(군)의 최소 이수 학점이다. 특수 목적 고등학교의 경우 예술 교과(군)는 5학점 이상, 기술·가정/정보/제2외국어/한문/교양 교과(군)는 12학점 이상 이수하도록 한다.
⑥ 국어, 수학, 영어 교과의 이수 학점 총합은 81학점을 초과하지 않도록 하며, 교과 이수 학점이 174학점을 초과하는 경우에는 초과 이수 학점의 50%를 넘지 않도록 한다.
⑦ 창의적 체험활동의 학점 수는 최소 이수 학점이며 (   ) 안의 숫자는 이수 학점을 시간 수로 환산한 것이다.
⑧ 총 이수 학점 수는 고등학교 졸업을 위해 3년간 이수해야 할 최소 이수 학점을 의미한다.

나) 특성화 고등학교와 산업수요 맞춤형 고등학교

〈표 4〉

	교과(군)	공통 과목	필수 이수 학점	자율 이수 학점
보통 교과	국어	공통국어1, 공통국어2	24	학생의 적성과 진로를 고려하여 편성
	수학	공통수학1, 공통수학2		
	영어	공통영어1, 공통영어2		
	사회 (역사/도덕 포함)	한국사1, 한국사2	6	
		통합사회1, 통합사회2	12	
	과학	통합과학1, 통합과학2		
	체육		8	
	예술		6	
	기술·가정/정보/ 제2외국어/ 한문/교양		8	
	소계		64	30
전문 교과	17개 교과(군)		80	
창의적 체험활동			18(288시간)	
총 이수 학점			192	

① 1학점은 50분을 기준으로 하여 16회를 이수하는 수업량이다.
② 1시간의 수업은 50분을 원칙으로 하되, 기후 및 계절, 학생의 발달 정도, 학습 내용의 성격 등과 학교 실정 등을 고려하여 탄력적으로 편성·운영할 수 있다.
③ 공통 과목의 기본 학점은 4학점이며, 1학점 범위 내에서 감하여 편성·운영할 수 있다. 단, 한국사1, 2의 기본 학점은 3학점이며 감하여 편성·운영할 수 없다.
④ 필수 이수 학점 수는 해당 교과(군)의 최소 이수 학점이다.
⑤ 자연현장 실습 등 체험 위주의 교육을 전문적으로 실시하는 특성화 고등학교의 전문 교과 필수 이수 학점은 시·도 교육감이 정한다.

⑥ 창의적 체험활동의 학점 수는 최소 이수 학점이며 ( ) 안의 숫자는 이수 학점을 시간 수로 환산한 것이다.
⑦ 총 이수 학점 수는 고등학교 졸업을 위해 3년간 이수해야 할 최소 이수 학점을 의미한다.

나. 교육과정 편성·운영 기준

1) 공통 사항
    가) 고등학교 교육과정의 총 이수 학점은 192학점이며 교과(군) 174학점, 창의적 체험활동 18학점(288시간)으로 편성한다.
    나) 학교는 학생이 3년간 이수할 수 있는 과목을 학기별로 편성하여 학생과 학부모에게 안내한다.
    다) 학교는 학생이 자신의 진로에 적합한 과목을 이수할 수 있도록 진로·학업 설계 지도와 연계하여 선택 과목에 대한 정보를 적극적으로 안내한다.
    라) 과목의 이수 시기와 학점은 학교에서 자율적으로 편성·운영하되, 다음의 각호를 따른다.
        (1) 학생이 학기 단위로 과목을 이수할 수 있도록 편성·운영한다.
        (2) 공통 과목은 해당 교과(군)의 선택 과목 이수 전에 편성·운영하는 것을 원칙으로 한다.
        (3) 학생의 발달 수준 등을 고려하여 공통수학1, 2와 공통영어1, 2를 기본수학1, 2와 기본영어1, 2로 대체하여 이수하도록 편성·운영할 수 있다. 이와 관련된 구체적인 사항은 시·도 교육감이 정하는 지침에 따른다.
        (4) 선택 과목 중에서 위계성을 갖는 과목의 경우, 계열적 학습이 가능하도록 편성한다. 단, 학교의 실정 및 학생의 요구, 과목의 성격에 따라 탄력적으로 편성·운영할 수 있다.
    마) 학교는 학생의 학업 부담을 완화하고 깊이 있는 학습이 이루어질 수 있도록 학기당 이수하는 학점을 적정하게 편성한다.
    바) 학교는 학생의 필요와 학업 부담을 고려하여 교과(군) 총 이수 학점을 초과 이수하는 학점이 적정화되도록 하며, 특수 목적 고등학교는 특수 목적 고등학교 선택 과목에 한하여, 특성화 고등학교 및 산업수요 맞춤형 고등학교는 전문 교과의 과목에 한하여 초과 이수할 수 있다.
    사) 학교는 일정 규모 이상의 학생이 이 교육과정에 제시된 선택 과목의 개설을 요청할 경우 해당 과목을 개설해야 한다. 이와 관련된 구체적인 사항은 시·도 교육감이 정하는 지침에 따른다.
    아) 학교는 다양한 방식으로 학생의 선택 과목 이수 기회를 확대하기 위해 노력하되, 다음의 각호를 따른다.

(1) 학교에서 개설하지 않은 선택 과목 이수를 희망하는 학생이 있을 경우 그 과목을 개설한 다른 학교에서의 이수를 인정한다. 이와 관련된 구체적인 사항은 시·도 교육감이 정하는 지침에 따른다.
(2) 학교는 필요에 따라 이 교육과정에 제시되어 있는 과목 외에 새로운 과목을 개설할 수 있다. 이 경우 시·도 교육감이 정하는 지침에 따라 사전에 필요한 절차를 거쳐야 한다.
(3) 학교는 학생의 필요에 따라 지역사회 기관에서 이루어진 학교 밖 교육을 과목 또는 창의적 체험활동으로 이수를 인정한다. 이와 관련된 구체적인 사항은 시·도 교육감이 정하는 지침에 따른다.
(4) 학교는 필요에 따라 대학 과목 선이수제의 과목을 개설할 수 있고, 국제적으로 공인된 교육과정이나 과목을 개설할 수 있다. 이와 관련된 구체적인 사항은 시·도 교육감이 정하는 지침에 따른다.

자) 학교는 창의적 체험활동의 영역을 학생의 발달 수준, 학교의 여건 등을 고려하여 자율적으로 편성·운영하고, 학생의 진로 및 적성과 연계하여 다양한 활동이 이루어질 수 있도록 한다.

차) 학교는 학생이 교과 및 창의적 체험활동의 이수 기준을 충족한 경우 학점 취득을 인정한다. 이수 기준은 출석률과 학업성취율을 반영하여 설정하며, 이와 관련된 구체적인 사항은 교육부장관이 정하는 지침에 따른다.

카) 학교는 과목별 최소 성취수준을 보장하기 위해 학교의 여건 등을 고려하여 다양한 방식으로 예방·보충 지도를 실시한다.

타) 학교는 학교급 전환 시기에 학교급 간 연계 및 진로 교육을 강화하는 진로연계교육을 편성·운영한다.
(1) 학교는 학생의 진로·학업 설계 지도를 위해 교과와 창의적 체험활동 시간을 활용하여 진로연계교육을 자율적으로 운영한다.
(2) 졸업을 앞둔 시기에 교과와 창의적 체험활동 시간을 활용하여 대학생활에 대한 이해, 대학 선이수 과목, 사회생활 안내와 적응 활동 등을 운영한다.

파) 학교는 특수교육 대상 학생을 위해 필요시 특수교육 전문 교과의 과목을 개설할 수 있다. 이 경우 진로 선택 과목 또는 융합 선택 과목으로 편성한다.

2) 일반 고등학교
가) 교과(군) 174학점 중 필수 이수 학점은 84학점으로 한다. 단, 필요한 경우 학교는 학생의 진로 및 발달 수준 등을 고려하여 필수 이수 학점 수를 학생별로 다르게 정할 수 있으며, 이와 관련된 구체적인 사항은 시·도 교육감이 정하는 지침에 따른다.

나) 학교는 교육과정을 보통 교과 중심으로 편성하되, 필요에 따라 전문 교과의 과목을 개설할 수 있다. 이 경우 진로 선택 과목으로 편성한다.
다) 학교가 제2외국어 과목을 개설할 경우, 2개 이상의 과목을 동시에 개설하도록 노력해야 한다.
라) 학교가 필요에 따라 이 교육과정에 제시되어 있는 과목 외에 새로운 과목을 개설할 경우 진로 선택 과목 또는 융합 선택 과목으로 편성한다.
마) 학교는 교육과정을 특성화하기 위해 특정 교과를 중심으로 중점학교를 운영할 수 있다. 이 경우 자율 이수 학점의 30% 이상을 해당 교과(군)의 과목으로 편성하도록 권장하며, 이와 관련된 구체적인 사항은 시·도 교육감이 정하는 지침에 따른다.
바) 학교는 직업교육 관련 학과를 설치·운영하거나 직업 위탁 과정을 운영할 수 있다. 이 경우 특성화 고등학교와 산업수요 맞춤형 고등학교의 학점 배당 기준을 적용할 수 있으며, 이와 관련된 구체적인 사항은 시·도 교육감이 정하는 지침에 따른다.

3) 특수 목적 고등학교(산업수요 맞춤형 고등학교 제외)
가) 교과(군) 174학점 중 필수 이수 학점은 75학점으로 하고, 자율 이수 학점 중 68학점 이상을 특수 목적 고등학교 전공 관련 선택 과목으로 편성한다.
나) 이 교육과정에 제시되지 않은 계열의 교육과정은 유사 계열의 교육과정에 준한다. 부득이 새로운 계열을 설치하고 그에 따른 교육과정을 편성할 경우에는 시·도 교육감이 정하는 지침에 따라 사전에 필요한 절차를 거쳐야 한다.
다) 학교는 필요에 따라 전문 교과의 과목을 개설할 수 있다. 이 경우 진로 선택 과목으로 편성한다.
라) 학교가 필요에 따라 이 교육과정에 제시되어 있는 과목 외에 새로운 과목을 개설할 경우 진로 선택 과목 또는 융합 선택 과목으로 편성한다.

4) 특성화 고등학교와 산업수요 맞춤형 고등학교
가) 학교는 산업수요와 직업의 변화를 고려하여 학과를 개설하고, 학과별 인력 양성 유형, 학생의 취업 역량과 경력 개발 등을 고려하여 학생이 직업 기초능력 및 직무능력을 함양할 수 있도록 교육과정을 편성·운영한다.
(1) 교과(군)의 총 이수 학점 174학점 중 보통 교과의 필수 이수 학점은 64학점, 전문 교과의 필수 이수 학점은 80학점으로 한다. 단, 필요한 경우 학교는 학생의 진로 및 발달 수준 등을 고려하여 필수 이수 학점을 학생별로 다르게 정할 수 있으며, 이와 관련된 구체적인 사항은 시·도 교육감이 정하는 지침에 따른다.
(2) 학교는 두 개 이상의 교과(군)의 과목을 선택하여 전문 교과를 편성·운영할 수 있다.

(3) 학교는 모든 교과(군)에서 요구되는 전문 공통 과목을 학교 여건과 학생 요구를 반영하여 편성·운영할 수 있다.

(4) 전공 실무 과목은 국가직무능력표준의 성취기준에 적합하게 교수·학습이 이루어지도록 하며, 내용 영역인 능력단위 기준으로 평가한다.

나) 학교는 학과를 운영할 때 필요한 경우 세부 전공, 부전공 또는 자격 취득 과정을 개설할 수 있다. 이와 관련된 구체적인 사항은 시·도 교육감이 정하는 지침에 따른다.

다) 전문 교과의 기초가 되는 과목을 선택하여 이수할 경우, 이와 관련되는 보통 교과의 선택 과목 이수로 간주할 수 있다.

라) 내용이 유사하거나 관련되는 보통 교과의 선택 과목과 전문 교과의 과목을 교체하여 편성·운영할 수 있다. 이 경우 시·도 교육감이 정하는 지침에 따라 사전에 필요한 절차를 거쳐야 한다.

마) 학교는 산업계의 수요 등을 고려하여 전문 교과의 교과 내용에 주제나 내용 요소를 추가하여 구성할 수 있다. 단, 전공 실무 과목의 경우에는 국가직무능력표준에 기반을 두어야 하며, 학교 및 학생의 필요에 따라 내용 영역(능력단위) 중 일부를 선택하여 운영할 수 있다.

바) 다양한 직업적 체험과 현장 적응력 제고 등을 위해 학교에서 배운 지식과 기술을 경험하고 적용하는 현장 실습을 교육과정에 포함하여 운영한다.

(1) 현장 실습은 교육과정과 관련된 직무를 경험할 수 있도록 운영한다. 특히, 산업체를 기반으로 실시하는 현장 실습은 학생이 참여 여부를 선택하도록 하되, 학교와 산업계가 현장 실습 프로그램을 공동으로 개발하고 현장 실습의 과정과 결과를 평가하도록 한다.

(2) 현장 실습은 지역사회 기관들과 연계하여 다양한 형태로 운영할 수 있으며, 이와 관련된 구체적인 사항은 시·도 교육감이 정하는 지침에 따른다.

사) 학교는 실습 관련 과목을 지도할 경우 사전에 수업 내용과 관련된 산업안전보건 등에 대한 교육을 실시해야 하고, 안전 장구 착용 등 안전 조치를 취한다.

아) 창의적 체험활동은 학생의 진로 및 경력 개발, 인성 계발, 취업 역량 제고 등을 목적으로 프로그램을 운영할 수 있다.

자) 이 교육과정에 제시되지 않은 교과(군)의 교육과정은 유사한 교과(군)의 교육과정에 준한다. 부득이 새로운 교과(군)의 설치 및 그에 따른 교육과정을 편성·운영하고자 할 경우에는 시·도 교육감이 정하는 지침에 따라 사전에 필요한 절차를 거쳐야 한다.

차) 학교가 필요에 따라 이 교육과정에 제시되어 있는 과목 외에 새로운 전공 실무 과목을 개설하여 운영할 경우 국가직무능력표준에 기반을 두어

야 하며, 이 경우 시·도 교육감이 정하는 지침에 따라 사전에 필요한 절차를 거쳐야 한다.

카) 산업수요 맞춤형 고등학교는 산업계의 수요와 직접 연계된 맞춤형 교육과정 운영이 가능하도록 교육과정 편성·운영의 자율권을 부여하고, 이와 관련된 구체적인 사항은 시·도 교육감이 정하는 지침에 따른다.

05 특수한 학교

가. 초·중·고등학교에 준하는 학교의 교육과정은 이 교육과정에 따라서 편성·운영한다.

나. 국가가 설립 운영하는 학교의 교육과정은 해당 시·도 교육청의 편성·운영 지침을 참고하여 학교장이 편성한다.

다. 고등공민학교, 고등기술학교, 근로 청소년을 위한 특별 학급 및 산업체 부설 중·고등학교, 기타 특수한 학교는 이 교육과정을 바탕으로 학교의 실정과 학생의 특성에 알맞은 학교 교육과정을 편성하고, 시·도 교육감의 승인을 얻어 운영한다.

라. 야간 수업을 하는 학교의 교육과정은 이 교육과정을 따르되, 다만 1시간의 수업을 40분으로 단축하여 운영할 수 있다.

마. 방송통신중학교 및 방송통신고등학교는 이 교육과정에 제시된 중학교 및 고등학교 교육과정을 따르되, 시·도 교육감의 승인을 얻어 이 교육과정의 편제와 시간·학점 배당 기준을 다음과 같이 조정하여 운영할 수 있다.

1) 편제와 시간·학점 배당 기준은 중학교 및 고등학교 교육과정에 준하되, 중학교는 2,652시간 이상, 고등학교는 152학점 이상 이수하도록 한다.

2) 학교 출석 수업 일수는 연간 20일 이상으로 한다.

바. 자율학교, 재외한국학교 등 법령에 따라 교육과정 편성·운영의 자율성이 부여되는 학교와 특성화 중학교의 경우에는 학교의 설립 목적 및 특성에 따른 교육이 가능하도록 교육과정 편성·운영의 자율권을 부여하고, 이와 관련한 구체적인 사항은 시·도 교육감(재외한국학교의 경우 교육부장관)이 정하는 지침에 따른다.

사. 효율적인 학교 운영을 위해 통합하여 운영하는 학교의 경우에는 이 교육과정을 따르되, 학교의 실정과 학생의 특성에 맞는 학교 교육과정을 운영할 수 있도록 교육과정 편성·운영의 자율권을 부여하고 이와 관련된 구체적인 사항은 시·도 교육감이 정하는 지침에 따른다.

아. 교육과정의 연구 등을 위해 새로운 방식으로 교육과정을 편성·운영하고자 하는 학교는 교육부장관의 승인을 받아 이 교육과정의 기준과는 다르게 학교 교육과정을 편성·운영할 수 있다.

Ⅳ. 학교 교육과정 지원

01 교육과정 질 관리

가. 국가 수준의 지원

1) 이 교육과정의 질 관리를 위하여 주기적으로 학업 성취도 평가, 교육과정 편성·운영에 관한 평가, 학교와 교육 기관 평가를 실시하고 그 결과를 교육과정 개선에 활용한다.
   가) 교과별, 학년(군)별 학업 성취도 평가를 실시하고, 평가 결과는 학생의 학습 지원, 학력의 질 관리, 교육과정의 적절성 확보 및 개선 등에 활용한다.
   나) 학교의 교육과정 편성·운영과 교육청의 교육과정 지원 상황을 파악하기 위하여 학교와 교육청에 대한 평가를 주기적으로 실시한다.
   다) 교육과정에 대하여 조사, 분석 및 점검을 실시하고 그 결과를 교육과정 개선에 반영한다.
2) 교육과정 편성·운영과 지원 체제의 적절성 및 실효성을 평가하기 위한 연구를 수행한다.

나. 교육청 수준의 지원

1) 지역의 특수성, 교육의 실태, 학생·교원·주민의 요구와 필요 등을 반영하여 교육청 단위의 교육 중점을 설정하고, 학교 교육과정 개발을 위한 시·도 교육청 수준 교육과정 편성·운영 지침을 마련하여 안내한다.
2) 시·도의 특성과 교육적 요구를 구현하기 위하여 시·도 교육청 교육과정 위원회를 조직하여 운영한다.
   가) 이 위원회는 교육과정 편성·운영에 관한 조사 연구와 자문 기능을 담당한다.
   나) 이 위원회에는 교원, 교육 행정가, 교육학 전문가, 교과 교육 전문가, 학부모, 지역사회 인사, 산업체 전문가 등이 참여할 수 있다.
3) 학교 교육과정의 질 관리를 위해 각급 학교의 교육과정 편성·운영 실태를 정기적으로 파악하고, 교육과정 운영 지원 실태를 점검하여 효과적인 교육과정 운영과 개선에 필요한 지원을 한다.
   가) 학교 교육과정 편성·운영 체제의 적절성 및 실효성을 높이기 위하여 학업 성취도 평가, 학교 교육과정 평가 등을 실시하고 그 결과를 교육과정 개선에 활용한다.
   나) 교육청 수준의 학교 교육과정 지원에 대한 자체 평가와 교육과정 운영 지원 실태에 대한 점검을 실시하고 개선 방안을 마련한다.

02 학습자 맞춤교육 강화

가. 국가 수준의 지원

1) 학교에서 학생의 성장과 성공적인 학습을 지원하는 평가가 원활히 이루어질 수 있도록 다양한 방안을 개발하여 학교에 제공한다.
   가) 학교가 교과 교육과정의 목표에 부합되는 평가를 실시할 수 있도록 교과별로 성취기준에 따른 평가기준을 개발·보급한다.
   나) 교과목별 평가 활동에 활용할 수 있는 다양한 평가 방법, 절차, 도구 등을 개발하여 학교에 제공한다.
2) 특성화 고등학교와 산업수요 맞춤형 고등학교가 기준 학과별 국가직무능력표준이나 직무분석 결과에 기초하여 학교의 특성 및 학과별 인력 양성 유형을 고려하여 교육과정을 편성·운영할 수 있도록 지원한다.
3) 학습 부진 학생, 느린 학습자, 다문화 가정 학생 등 다양한 특성을 가진 학생을 위해 필요한 지원 방안을 마련한다.
4) 특수교육 대상 학생에 대한 정당한 편의 제공을 위해 필요한 교수·학습 자료, 교육 평가 방법 및 도구 등의 제반 사항을 지원한다.

나. 교육청 수준의 지원

1) 지역 및 학교, 학생의 다양한 특성을 반영하여 학교 교육과정이 운영될 수 있도록 지원한다.
   가) 학교가 이 교육과정에 제시되어 있는 과목 외에 새로운 교과목을 개설·운영할 수 있도록 관련 지침을 마련한다.
   나) 통합운영학교 관련 규정 및 지침을 정비하고, 통합운영학교에 맞는 교육과정 운영이 이루어질 수 있도록 지원한다.
   다) 학교 밖 교육이 지역 및 학교의 여건, 학생의 희망을 고려하여 운영될 수 있도록 우수한 학교 밖 교육 자원을 발굴·공유하고, 질 관리에 힘쓴다.
   라) 개별 학교의 희망과 여건을 반영하여 필요한 경우 공동으로 교육과정을 운영할 수 있도록 지원한다.
   마) 지역사회와 학교의 여건에 따라 초등학교 저학년 학생을 학교에서 돌볼 수 있는 기능을 강화하고, 이에 대해 행·재정적 지원을 한다.
   바) 학교가 학생과 학부모의 요구에 따라 방과 후 또는 방학 중 활동을 운영할 수 있도록 행·재정적 지원을 한다.
2) 학생의 진로 및 발달적 특성을 고려하여 자신의 진로를 스스로 설계해 갈 수 있도록 다양한 방안을 마련하여 지원한다.
   가) 학교급과 학생의 발달적 특성에 맞는 진로 활동 및 학교급 간 연계 교육을 강화하는 데 필요한 지원을 한다.

나) 학교급 전환 시기 진로연계교육을 위한 자료를 개발·보급하고, 각 학교급 교육과정에 대한 교사의 이해 증진 및 학교급 간 협력 관계 구축을 위한 지원을 확대한다.
다) 중학교 자유학기 운영을 지원하기 위해 각종 자료의 개발·보급, 교원의 연수, 지역사회와의 연계가 포함된 자유학기 지원 계획을 수립하여 추진한다.
라) 고등학교 교육과정이 학점을 기반으로 내실 있게 운영될 수 있도록 각종 자료의 개발·보급, 교원의 연수, 학교 컨설팅, 최소 성취수준 보장, 지역사회와의 연계 등 지원 계획을 수립하여 추진한다.
마) 인문학적 소양 및 통합적 읽기 능력 함양을 위해 독서 활동을 활성화하도록 다양한 지원을 한다.

3) 학습자의 다양성을 존중하고 학습 소외 및 교육 격차를 방지할 수 있도록 맞춤형 교육을 지원한다.
가) 지역 간, 학교 간 교육 격차를 완화할 수 있도록 농산어촌학교, 소규모 학교에 대한 지원 체제를 마련한다.
나) 모든 학생이 학습에서 소외되지 않도록 교육공동체가 함께 협력하여 학생 개개인의 필요와 요구에 맞는 맞춤형 교육 활동을 계획하고 실행할 수 있도록 지원한다.
다) 전·입학, 귀국 등에 따라 공통 교육과정의 교과와 고등학교 공통 과목을 이수하지 못한 학생들이 해당 과목을 이수할 수 있도록 다양한 기회를 마련해 주고, 학생들이 공공성을 갖춘 지역사회 기관을 통해 이수한 과정을 인정해 주는 방안을 마련한다.
라) 귀국자 및 다문화 가정 학생을 포함하는 다양한 배경의 학생들이 그들의 교육 경험의 특성과 배경에 의해 이 교육과정을 이수하는 데 어려움이 없도록 지원한다.
마) 특정 분야에서 탁월한 재능을 보이는 학생, 학습 부진 학생, 특수교육 대상 학생들을 위한 교육 기회를 마련하고 지원한다.
바) 통합교육 실행 및 개선을 위해 교사 간 협력 지원, 초·중등학교 교육과정과 특수교육 교육과정을 연계할 수 있는 자료 개발 및 보급, 관련 연수나 컨설팅 등을 제공한다.

03 학교의 교육 환경 조성

가. 국가 수준의 지원

1) 교육과정 자율화·분권화를 바탕으로 교육 주체들이 각각의 역할과 책임을 충실하게 수행할 수 있는 협조 체제를 구축하고 지원한다.
2) 시·도 교육청의 교육과정 지원 활동과 단위 학교의 교육과정 편성·운영 활동이 상호 유기적으로 이루어질 수 있도록 행·재정적 지원을 한다.
3) 이 교육과정이 교육 현장에 정착될 수 있도록 교육청 수준의 교원 연수와 전국 단위의 교과 연구회 활동을 적극적으로 지원한다.
4) 디지털 교육 환경 변화에 부합하는 미래형 교수·학습 방법과 평가체제 구축을 위해 교원의 에듀테크 활용 역량 함양을 지원한다.
5) 학교 교육과정이 원활히 운영될 수 있도록 학교 시설 및 교원 수급 계획을 마련하여 제시한다.

나. 교육청 수준의 지원

1) 학교가 이 교육과정에 근거하여 학교 교육과정을 편성·운영할 수 있도록 다음의 사항을 지원한다.
   가) 학교 교육과정 편성·운영을 위해서 교육 시설, 설비, 자료 등을 정비하고 확충하는 데 필요한 행·재정적 지원을 한다.
   나) 복식 학급 운영 등 소규모 학교의 정상적인 교육과정 운영을 지원하기 위해 교원의 배치, 학생의 교육받을 기회 확충 등에 필요한 행·재정적 지원을 한다.
   다) 수준별 수업을 효율적으로 운영하도록 지원하며, 기초학력 향상과 학습 결손 보충이 가능하도록 보충 수업을 운영하는 데 필요한 행·재정적 지원을 한다.
   라) 학교 교육활동 전반에 걸쳐 종합적인 안전교육 계획을 수립하고 사고 예방을 위한 행·재정적 지원을 한다.
   마) 고등학교에서 학생의 과목 선택권을 보장할 수 있도록 교원 수급, 시설 확보, 유연한 학습 공간 조성, 프로그램 개발 등 필요한 행·재정적 지원을 한다.
   바) 특성화 고등학교와 산업수요 맞춤형 고등학교가 산업체와 협력하여 특성화된 교육과정과 실습 과목을 편성·운영하는 경우, 학생의 현장 실습과 전문교과 실습이 안전하고 내실 있게 운영될 수 있도록 행·재정적 지원을 한다.
2) 학교가 새 학년도 시작에 앞서 교육과정 편성·운영에 관한 계획을 수립할 수 있도록 교육과정 편성·운영 자료를 개발·보급하고, 교원의 전보를 적기에 시행한다.

3) 교과와 창의적 체험활동 등에 필요한 교과용 도서의 개발, 인정, 보급을 위해 노력한다.
4) 학교가 지역사회의 관계 기관과 적극적으로 연계·협력해서 교과, 창의적 체험활동, 학교스포츠클럽활동, 자유학기 등을 내실 있게 운영할 수 있도록 지원하며, 관내 학교가 활용할 수 있는 우수한 지역 자원을 발굴하여 안내한다.
5) 학교 교육과정의 효과적 운영을 위하여 학생의 배정, 교원의 수급 및 순회, 학교 간 시설과 설비의 공동 활용, 자료의 공동 개발과 활용에 관하여 학교 간 및 시·도 교육(지원)청 간의 협조 체제를 구축한다.
6) 단위 학교의 교육과정 편성·운영 및 교수·학습, 평가를 지원할 수 있도록 교원 연수, 교육과정 컨설팅, 연구학교 운영 및 연구회 활동 지원 등에 대한 계획을 수립하여 시행한다.
   가) 교원의 학교 교육과정 편성·운영 능력과 교과 및 창의적 체험활동에 대한 교수·학습, 평가 역량을 제고하기 위하여 교원에 대한 연수 계획을 수립하여 시행한다.
   나) 학교 교육과정의 효율적인 편성·운영을 지원하기 위해 교육과정 컨설팅 지원단 등 지원 기구를 운영하며 교육과정 편성·운영을 위한 각종 자료를 개발하여 보급한다.
   다) 학교 교육과정 편성·운영의 개선과 수업 개선을 위해 연구학교를 운영하고 연구 교사제 및 교과별 연구회 활동 등을 적극적으로 지원한다.
7) 온·오프라인 연계를 통한 효과적인 교수·학습과 평가가 이루어질 수 있도록 하며, 지능정보기술을 활용한 맞춤형 수업과 평가가 가능하도록 지원한다.
   가) 원격수업을 효과적으로 지원하기 위해 학교의 원격수업 기반 구축, 교원의 원격수업 역량 강화 등에 필요한 행·재정적 지원을 한다.
   나) 수업 설계·운영과 평가에서 다양한 디지털 플랫폼과 기술 및 도구를 효율적으로 활용할 수 있도록 시설·설비와 기자재 확충을 지원한다.

CHAPTER 05

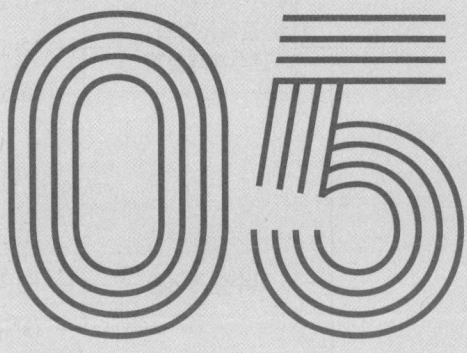

교육방법 및 교육공학

교육방법 및 교육공학은 어떻게 가르칠 것인가를 실천적으로 탐구하는 영역이다. 교육공학 및 학습이론의 관점에서 수업설계의 기본 원리와 다양한 수업 모형을 다루며, 시청각매체와 뉴미디어 및 정보통신기술을 활용한 혁신적인 교육방법에 대해서 살펴본다.

1. 교육공학과 교수체제설계
2. 교수설계이론
3. 교수 · 학습 방법
4. 교수매체의 선정과 활용
5. 뉴미디어와 원격교육

*AA급 : 11회 이상 | A급 : 6~10회 | B급 : 3~5회 | C급 : 1~2회

교육방법 및 교육공학

- **교육공학과 교수체제설계**
  - (1) 교육공학의 이해 C
  - (2) 교수체제설계 모형 AA
  - (3) 교수체제설계의 세부 절차

- **교수설계이론**
  - (1) 교수설계이론의 기초 C
  - (2) 객관주의 교수설계이론 AA
  - (3) 구성주의 교수설계이론 AA

- **교수·학습 방법**
  - (1) 강의식 수업 C
  - (2) 토의식 수업 C
  - (3) 협동학습 A
  - (4) 개별화 수업

- **교수매체의 선정과 활용**
  - (1) 교수매체의 이해 C
  - (2) 교수매체의 유형과 특징 C
  - (3) 교수매체를 활용한 수업설계

- **뉴미디어와 원격교육**
  - (1) 원격교육의 개념 및 유형 A
  - (2) 이러닝 콘텐츠의 개발
  - (3) 이러닝 활용 수업 B
  - (4) 교사의 수업 전문성 C

05 교육방법 및 교육공학

1 교육공학과 교수체제설계

01 교육공학의 이해 2007·2015 국가직9급

(1) 교육공학의 두 가지 전통

① 교육에서의 공학(technology in education)
   ㉠ 1920년대 미국의 시청각교육 전통으로부터 시작하였으며, 교육을 위해 공학적 매체를 효율적으로 활용하는 것에 관심을 두는 분야
   ㉡ 초기에는 OHP, 컴퓨터, 비디오 등의 수업매체에 관심을 두었으나, 최근에는 웹기반 수업, 이러닝, 스마트교육 등이 주된 관심 대상
   ㉢ 사이버 환경, 스마트 환경, 가상현실, 증강현실, 빅데이터 분석, 인공지능 등을 활용하는 문제가 최근 활발하게 논의되고 있음

② 교육의 공학(technology of education)
   ㉠ 1960년대 이후 지배적인 시각으로, 교육의 실제 문제에 대한 해결방안을 모색하기 위해 과학적 지식을 체계적으로 적용하는 분야
   ㉡ 1950년대 행동주의 학습원리를 적용한 프로그램 수업의 교수설계를 거쳐, 1970년대 교수체제설계 모형에 대한 연구로 발전
   ㉢ 하인니히(Heinich)는 '교육공학'이란 용어 대신에 '교수공학(instructional technology)'이라는 용어를 사용할 것을 제안

(2) 교육공학의 정의와 구성요소

① 미국교육공학회(AECT)의 정의
   ㉠ 1994년: 학습을 위한 과정과 자원의 설계, 개발, 활용, 관리 및 평가에 관한 이론과 실제
   ㉡ 2008년: 학습촉진 및 수행 향상에 적절한 공학적 과정과 자원의 창출, 활용, 관리를 연구하고 윤리적으로 실천하는 분야('윤리'라는 개념 추가)

② 교육공학의 구성요소(AECT의 1994년 정의)

영역	내용	하위영역
설계 (design)	학습경험의 설계에 대한 관심, 교수심리학과 체제이론 적용	교수체제 설계, 메시지 디자인, 교수전략, 학습자 특성 연구
개발 (development)	테크놀로지 기반 교수매체의 제작 혹은 개발에 관심	인쇄 테크놀로지, 시청각 테크놀로지, 컴퓨터기반 테크놀로지, 통합 테크놀로지
활용 (utilization)	학습을 위해 절차나 자원을 사용하는 행위에 대한 연구	매체의 활용(ASSURE 모형), 혁신의 보급, 실행과 제도화, 정책과 규제
관리 (management)	프로젝트 및 조직의 관리에 관한 연구	프로젝트 관리, 자원 관리, 전달체제 관리, 정보 관리
평가 (evaluation)	교육공학적 과정 및 산물에 대해 가치를 부여	문제분석, 준거지향 측정, 형성평가, 총괄평가

(3) 수업에 대한 교육공학적 접근의 특징

① 총체적인 접근
  ㉠ 교육의 제 구성요소들이 상호연관된 요소들의 집합체로 이루어져 있다고 보고, 구성요소들 간의 유기적인 상호작용을 강조
  ㉡ 수업에 관한 전체적인 틀을 제공함으로써 수업목표, 수업내용, 수업방법, 매체, 평가 등을 일관성 있게 계획할 것을 강조
② 문제해결지향적 접근 : 기술적 성격보다는 교육문제의 해결을 위해 처방적 활동을 지향
③ 학습자 중심적 접근 : 학습자가 보다 의미 있는 학습활동에 참여하도록 하기 위해 어떤 환경을 제공할 것인가에 관심을 가짐
④ 맥락적 접근 : 교수체제를 사회문화적인 맥락 속에서 이해하고 문제분석 및 해결 과정에 반영
⑤ 가치지향적 접근 : 이해집단들 간의 가치갈등을 적극 수용하여 교수체제설계에 통합하려 함

02 교수체제설계 모형

2015·2024 지방직9급 / 2007·2009·2021·2023·2025 국가직9급 / 2014·2016·2020·2024 국가직7급

(1) 글레이저(Glaser)의 교수설계 모형

① 개요 : 수업목표 설정, 출발점 행동 진단, 수업절차의 선정과 실행, 학습성과(성취) 평가 등 네 가지 구성요소가 피드백 순환선에 의해서 서로 연계되어 상호작용적 관계를 맺는 체제적 접근을 취함

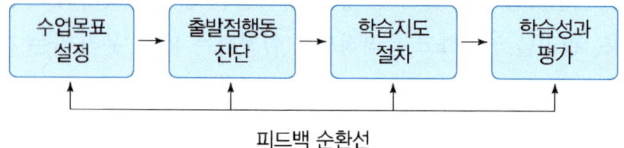

② 수업의 과정
　㉠ 수업목표 설정 : 교사가 가르치고 학생들이 학습하는 데 지침, 평가의 준거, 목표진술은 구체적으로 세분화되고 명세적으로 진술되어야 함
　㉡ 출발점 행동 진단 : 수업 시작 전 학생이 가지고 있는 상태를 확인
　　• 학습자가 해당 학습과제를 학습할 만한 발달수준에 도달했는지 확인
　　• 학습자의 선수학습 요소를 확인
　　• 해당 학습과제에 대한 학습자의 흥미나 적성을 확인
　㉢ 학습지도 절차 : 학습자에게 가르칠 내용을 교사가 직접 가르치는 과정
　㉣ 학습성과 평가 : 설정된 교수 목표가 얼마나 달성되었는지를 평가하는 일련의 결정과 실천의 순환, 총괄평가(summative evaluation)의 과정

(2) 일반적 교수체제설계 모형(ADDIE 모형)

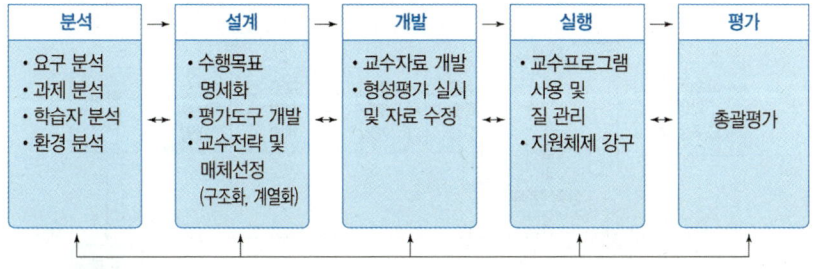

단계	의미	세부 활동
분석 (Analysis)	학습요구 및 학습과 관련된 요인을 면밀히 분석하는 단계	- 요구 분석 : 교육활동을 통해 해소할 수 있는 문제 규명, 교수목적 확인 - 학습자 분석 : 학습자의 지능, 적성, 선수지식, 학습동기와 태도 등 확인 - 직무 및 과제 분석 : 학습과제의 특성과 하위 요소 간의 관계 파악 - 환경 분석 : 기자재, 시설, 인력 등 수업에 영향을 미치는 환경 분석
설계 (Design)	수업목표 설정과 수업계획 구체화를 통해 수업의 청사진을 수립하는 단계	- 학습목표 명세화 : 구체적으로 세분화된 수업목표 설정 - 평가도구 개발 : 수업목표 달성 여부를 판단할 수 있는 문항으로 개발 - 교수전략 및 교수매체 선정 : 수업내용을 어떻게 조직하고 제시할 것인지
개발 (Development)	수립된 계획을 실제 수업에서 사용할 수 있도록 제작하는 단계	- 교수 프로그램 및 교수자료와 매체 제작 - 형성평가 실시 및 수정·보완
실행 (Implementation)	개발된 교수 프로그램과 교수자료를 실제로 학습에 사용하는 단계	- 교수자료의 사용 및 관리
평가 (Evaluation)	투입된 교수 프로그램과 교수자료의 효과성과 효율성을 평가하는 단계	- 총괄평가 실시 - 평가결과를 근거로 해당 자료나 프로그램의 문제점 파악 및 수정사항 결정

> 암기 POINT
>
> • ADDIE 모형
> - 분석(A) : 요구, 학습자, 환경, 과제 분석
> - 설계(D) : 학습목표 명세화, 평가도구 개발, 교수전략 및 매체 선정
> - 개발(D) : 교수자료 및 매체 제작, 형성평가 실시
> - 실행(I) : 교수프로그램 및 자료 사용
> - 평가(E) : 총괄평가 실시, 피드백

(3) 딕과 캐리(Dick & Carey)의 체제적 교수설계 모형

① 모형의 주요 특징
  ㉠ 교수설계자의 입장에서 교수 프로그램을 설계 및 개발하기 위한 모형
  ㉡ 체제적 접근에 입각하여 교수목적 확인에서부터 총괄평가 실행에 이르는 일련의 과정을 제시하는 절차모형
  ㉢ 효과적인 교수 프로그램을 만들어 내기 위해서 필요한 일련의 단계들과 그 단계들 간의 역동적인 관련성에 초점을 맞춘 교수개발 모형
  ㉣ 딕과 캐리 모형에서는 ADDIE 모형의 실행단계(I)가 독립된 단계로서 설정되어 있지 않음

② 교수설계의 절차

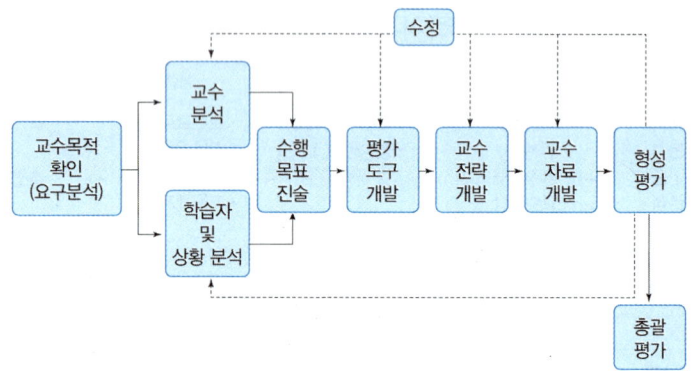

단계	의미 및 활동
교수목적 확인	• 요구분석을 통해 '학습을 마친 후에 학습자가 무엇을 할 수 있어야 하는가'를 확인하는 단계 - '수행목표'보다는 더 포괄적인 목적으로 설정
교수분석	• 과제분석을 통해 수업내용을 선정하고 수업내용을 계열화하는 단계 - 수업목표의 유형을 구분하고 세부과제(내용요소)를 도출하는 과정 - 학습자가 수업목표 달성을 위해 학습해야 하는 하위기능을 분석함 - 분석결과에 따라 하위기능을 먼저 가르치고, 그 다음 관련된 상위목표를 달성하도록 수업순서를 정함
학습자 및 상황 분석	• 학습자의 선수 지식[1] 및 기능, 학습 환경과 수행 환경을 분석하는 단계 - 사전에 학습자가 수행할 수 있어야 하는 '출발점 행동'을 찾는 것이 중요 - 출발점 행동을 설정을 위해 학생들이 이수한 교육과정 분석과 학생 관찰 결과 활용 - 진단평가를 통해 설정된 출발점 행동을 확인하고, 결손이 있는 경우 본시 수업 전에 미리 보충함 - 학습자의 현재 수준, 선호, 태도 등을 포함한 다양한 정보 수집
수행목표 진술	• 학습종료 시 학생에게 기대되는 성과를 구체적으로 진술하는 단계 - 요구분석과 과제분석을 통해 설정된 목표와 하위기능을 수행목표(또는 성취목표) 형태로 진술

암기 POINT

• ADDIE 모형과 딕과 캐리 모형의 비교

ADDIE	딕과 캐리 모형
A 분석	- 교수목적 확인 - 교수분석 - 학습자 및 상황분석
D 설계	- 수행목표 진술 - 평가도구 개발 - 교수전략 개발
D 개발	- 교수자료 개발 - 형성평가 - 수정
I 실행	(×)
E 평가	- 총괄평가

1) 선수 지식
본시 수업 이전에 미리 갖추고 있어야 하는 지식

평가도구 개발	• 수행목표의 성취 여부를 확인할 수 있는 문항을 개발하는 단계 – 진술된 성취목표들을 고려하여 연습문제, 형성평가, 총괄평가 도구 개발 – 문항이 측정하고 있는 것과 목표에서의 성취행동을 일치시켜야 함
교수전략 개발	• 수업을 전개할 방법과 절차를 개발하고 교수매체의 활용에 대한 계획을 세우는 단계 – 동기유발 전략, 학습내용 제시 전략, 학습자 참여(연습 및 피드백) 전략, 시험 등 후속활동 전략 포함
교수자료 개발	• 수립된 교수전략에 따라 수업에서 활용된 자료를 실제로 만드는 단계 – 교사용 지침서, 학습자료, 교수자료, 멀티미디어, 온라인 콘텐츠 등 – 다양한 형태의 자료를 새로 개발하거나 기존 자료를 수정해서 활용 – 새로운 자료의 개발 여부는 기존의 관련 자료의 이용 가능성에 따라 결정
형성평가 설계 및 실시	• 개발된 수업 프로그램 초안을 시범적으로 실시한 후 형성평가를 실시 – 실제 수업에 활용하기 전에, 개발된 프로그램의 질을 개선하기 위해 실시 – 일대일 평가, 소집단 평가, 현장 평가, 전문가 평가 등의 방법 활용 – 교수 프로그램 설계 및 개발 과정을 주도한 교수설계자가 실시
수정	• 형성평가의 결과를 바탕으로 개발된 수업프로그램의 결점을 보완·수정 – 교수분석의 타당성, 학습자 및 환경 분석의 정확성, 성취목표 진술의 적절성, 검사문항의 타당성, 절약의 효과 등을 검토하여 수정함
총괄평가 설계 및 실시	• 교수프로그램의 가치를 평가하기 위한 총괄평가를 실행하는 단계 – 형성평가 이후 충분한 수정이 이루어진 후에 실제로 수업 실시 – 수업 종료 후 총괄평가를 실시하며, 평가의 시행은 교수설계자나 교사가 아닌 외부의 평가자에게 의뢰하여 실시할 것을 권장함

03 교수체제설계의 세부 절차

(1) 요구분석

① 개념
  ㉠ 요구(needs)란 바람직한 상태와 현재 상태의 차이 또는 최적의 수행수준과 실제 수행수준 사이의 격차(discrepancy)로 정의됨
  ㉡ 요구분석을 통해 해결해야 할 문제를 찾아내고, 그러한 문제가 발생하는 원인을 분석하여, 이를 해결할 수 있는 방안을 찾아내는 과정을 거침
  ㉢ 요구분석은 불확실한 문제의 본질을 규명함으로써 교육 프로그램의 목적(goal)을 도출할 수 있음

② 요구분석의 일반적 절차
  ㉠ 관심의 대상이 되는 체제(system)을 정의
  ㉡ 바람직한 상태와 현재 수준을 규명하고 그 차이를 진술
  ㉢ 최적–실제 수행수준의 격차가 발생하는 문제의 원인을 진단
  ㉣ 문제해결의 비용–수익을 추정하여 문제해결의 우선순위를 결정
  ㉤ 본 교육 프로그램을 개발 및 실행을 통해 해결할 문제를 선정하고, 이를 측정 가능한 수준으로 상세하게 진술

[교사 직무능력 향상 프로그램 개발을 위한 요구분석의 예시]

요구분석 단계	요구분석 활동
직무수행의 바람직한 상태 설정	여러 자료를 토대로 직무별로 바람직한 교사의 수행 상태를 설정
교사의 현재 직무수행 상태 측정	교사와의 인터뷰, 관찰 등을 토대로 교사의 직무별 현재 수행 상태를 측정
요구의 크기 계산	직무별로 '바람직한 직무수행 상태'와 '현재 직무수행 상태' 간의 차이를 계산
요구 우선순위 결정	직무별 요구의 크기와 직무 중요도에 따라 요구들의 우선순위를 결정
요구 발생원인 분석	요구 발생의 원인을 분석하여 교사의 지식과 기능 부족으로 인한 요구를 선정 (원인이 환경, 조직 운영 및 학교 교육정책, 교사의 건강, 업무분장 및 업무량의 문제 등인 요구는 제외)
직무연수 프로그램 개발 대상 요구 선정	선정된 요구 중 우선순위가 가장 높은 요구를 충족시키기 위해 직무연수 프로그램을 개발하기로 결정

(2) 과제분석(교수분석, 내용분석)

① 개념 : 학습자가 획득해야 할 학습목표를 분석하여 학습내용의 요소와 단위를 분석해내는 과정

② 과제분석의 절차 : 학습목표 분석 → 하위요소의 분석
  ㉠ 학습목표의 분석 : 일반목표의 명세화를 통해 세부적인 학습목표의 유형을 분류함
  ㉡ 하위요소의 분석 : 상위 목표를 수행하기 위해 필요한 단계별 하위 목표를 분석하여 위계화

③ 과제분석 방법과 학습목표 유형
  ㉠ 군집분석 : 언어정보 예 세계 여러 나라의 명칭을 암기하는 과제
   • 논리적 절차나 위계적 관계가 명확하지 않는 학습과제에 적용
   • 동일한 범주에 포함될 수 있는 요소들을 묶어 나가는 방법으로 분석
  ㉡ 위계분석 : 지적기능 예 최대공약수를 구하는 과제
   • 최종적인 과제 달성을 위해 필요한 여러 기능들을 상위 목표에서부터 하위 목표로 분석해 나가는 방법
   • '이 과제를 수행하기 위해 학습자들이 반드시 미리 알고 있어야 하는 것은 무엇인가?'라는 질문을 반복하면서 과제를 분석함
  ㉢ 절차분석 : 운동기능 예 슈퍼에서 물건 구매하기 과제
   • 수행의 과정을 세분화된 단계로 나누어 순서대로 나열하는 분석방법
   • 각 단계의 기능을 학습하기 전에 먼저 습득되어야 하는 기능을 확인

더 알아두기

• **교수분석의 사례** : '학습자는 순환마디로만 이루어진 순환소수를 분수로 변환할 수 있다.'는 수업목표를 '지적 기능'으로 분류한 후, 정보처리 분석과 위계분석을 통해 세부 기능의 내용요소와 학습순서를 도출해낸다.

ⓔ 통합분석 : 태도 예 시간을 잘 지키는 태도를 기르는 과제
- 특정한 태도를 나타내기 위해서 필요한 언어정보, 지적기능, 운동기능을 분석하는 방법
- 군집분석, 위계분석, 절차분석을 동시에 활용

④ 지적기능 학습의 위계
ㄱ. 신호 학습(signal learning) : 어떤 신호나 자극에 대해 무의식적인 반사적 반응을 보이는 것 예 빠르게 달려오는 자동차를 보면 움츠린다.
ㄴ. 자극-반응학습(stimulus-response learning) : 식별된 자극에 대하여 의식적이고 자발적인 반응을 정확하게 보이는 것, 적절한 보상과 강화를 제공 예 어른을 만나면 공손하게 인사를 한다.
ㄷ. 연쇄학습(chain learning) : 이전에 학습된 둘 이상의 행동을 연결시키는 것, 비교적 단순한 신체적 반응 예 아라비아 숫자 쓰기, 도형 그리기, 수업시간에 바른 자세로 발표하기
ㄹ. 언어연합학습(verbal association learning) : 단어나 언어로 주어지는 자극에 대해 언어적으로 반응하는 것 예 영어 단어의 뜻을 외운다.
ㅁ. 변별학습(다중식별학습, multiple discrimination learning) : 일련의 연합들 중 연합을 구분하고 각각에 따라 다르게 반응하는 것 예 숫자들의 크기를 구별하기, 도형의 모양을 구별하기, 악보를 보고 음계를 구분하기
ㅂ. 개념학습(concept learning) : 여러 대상에서 공통된 성질을 인식하여 범주화된 개념들을 구분하는 것 예 바다와 강을 구분한다. 개와 고양이를 포유류로 범주화한다.
ㅅ. 원리학습(규칙학습, rule learning) : 둘 이상의 개념을 연결하고 개념들 간의 관계를 파악하여 현상이나 실제에 관한 규칙을 학습 예 중력의 원리를 이해한다. 그림자를 통해 빛의 직진 원리를 이해한다.
ㅇ. 문제해결학습(problem solving learning) : 이미 알고 있는 원리들을 결합하여 새로운 원리를 발견하거나 복잡한 문제를 해결하는 것, 원리의 적용 및 전이와 일반화 예 넓이공식을 활용하여 실제 토지면적 계산하기

(3) 학습목표의 설정과 진술 2024 국가직9급 / 2020 국가직7급

① 교육목표의 분류
ㄱ. 블룸(Bloom)의 인지적 영역의 교육목표 분류(1956)
- 인지과정의 복잡성 수준에 따라 위계화하고, 각 위계의 학습목표를 행위동사로 기술함
- 하위 수준의 인지능력은 상위의 인지능력을 성취하기 위한 선행조건 (상위수준의 목표는 하위수준의 목표를 포함)

> **암기 POINT**
> - **블룸의 인지적 영역 교육목표 분류**
>   - 인지과정의 복잡성 위계
>   - 지식, 이해, 적용, 분석, 종합, 평가

- 블룸의 인지적 영역의 교육목표 분류 체계

지식	사실, 원리, 경향, 기준, 과정 등을 기억(암송)할 수 있는 능력 예 목록을 만들다, 이름을 대다, 진술하다 등
이해	자료가 담고 있는 내용의 의미를 이해·설명·해석할 수 있는 능력 예 설명하다, 예를 들다, 해석하다 등
적용	학습한 지식을 새로운 상황에 적용하는 능력 예 계산하다, 사용하다, 연습하다 등
분석	복잡한 사상이나 아이디어의 구조를 파악하여 그 구성요소를 확인하고, 구성요소들의 관계(사실과 추론, 원인과 결과 등)를 파악하는 능력 예 발견하다, 분류하다, 관련짓다, 추론하다 등
종합	여러 요소들 간의 상호관련성을 분석하고 종합하여 원리를 찾는 능력 예 조정하다, 결합하다, 구성하다, 일반화하다 등
평가	내재적 또는 외재적 증거를 가지고 가치판단을 할 수 있는 능력 예 판단하다, 권장하다, 비판하다, 결정하다

- 문제점: 교육목표 간의 유목 구분이 명확하지 않음, 통찰이나 직관 같은 인지능력이 포함되지 않음

ⓛ 크래스월(Krathwohl)의 정의적 영역 목표 분류(1964): 내면화 수준에 따라

감수	어떤 대상에 대해 민감성을 갖고 주목하고 관심을 보이는 상태
반응	어떤 대상에 대해 능동적, 적극적으로 반응하려는 태세
가치화	특정 태도나 입장에 대해 가치를 판단하거나 선호를 결정하는 상태
조직화	가치들 간의 위계를 판단하여 조직화된 가치체계를 구축하는 상태
인격화	자신의 의견이나 가치로 받아들여 그에 따라 일관되게 행동하는 상태

ⓒ 심슨(Simpson)의 심동적 영역의 교육목표 분류(1966): 숙달정도에 따라

지각	감각기관을 통해 특정 행위나 동작을 인식(perception)하는 단계
태세(set)	특정한 행위나 동작을 하기 위한 정신적·신경적·운동적 준비 상태
유도된 반응	다른 사람의 지도하에 필요한 기능을 따라 해보고 연습하는 단계
습관화	특정 자극에 능숙하게 반응하며, 상황에 따라 자동적으로 반응함
복합외현반응	복잡한 행동을 최소한의 노력이나 시간으로 가장 효과적으로 수행

② 메이거(Mager)의 학습목표 진술방식: ABCD 원칙
  ㉠ 학습자(Audience): 수업의 대상인 학습자를 중심으로 진술되어야 함
  ㉡ 행동(Behavior): 관찰가능한 행위동사를 사용하여 학습 후 기대되는 행동으로 진술
  ㉢ 조건(Condition): 행동이 나타날 수 있는 조건이나 과제수행 환경 진술
  ㉣ 정도(Degree): 목표의 달성 여부를 판단할 수 있는 질적·양적 준거(기준)를 명확히 제시
  예 두 자릿수의 덧셈 문제 20개가 제시되면 계산기를 사용하지 않고 (C: 조건) 20개 중 18개를(D: 준거) 정확하게 계산할 수 있다(A, B: 학습자의 행동).

> **암기 POINT**
> - 크래스월의 정의적 영역 교육목표 분류
>   - 정의적 목표의 내면화 수준 위계
>   - 감수, 반응, 가치화, 조직화, 인격화

2 교수설계이론

01 교수설계이론의 기초 2010·2021 국가직7급

(1) 교수설계이론의 성격

① 브루너의 구분: 기술적 이론 vs. 처방적 이론
   ㉠ 기술적 이론(descriptive theory)[2]
      - 전통적인 수업이론의 관심, 학습이론 연구자의 관심
      - 주어진 교수조건과 적용된 교수방법이 어떤 결과를 가져왔는지를 기술하는 데 중점을 두는 '기술적(서술적)' 성격의 이론
      - 교수의 조건과 교수의 방법을 독립변인으로 보고 종속변인인 교수의 결과를 예측하거나 설명하는 데 관심을 둠
   ㉡ 처방적 이론(prescriptive theory)[3]
      - 새로운 수업이론의 방향, 수업설계자의 관심
      - 주어진 교육목표(사전에 기대했던 학습결과)를 달성하기 위한 가장 효과적인 수업의 절차를 제시하는 '처방적' 이론이 되어야 함
      - 학습자가 특정 조건에서 어느 정도 학습해야 하는지 그 조건과 준거를 제시하는 '규범적'이고 '당위적'인 판단을 포함
      - 교수의 조건과 교수의 결과를 독립변인으로 보고 이에 가장 적합한 교수의 방법을 찾는 데 관심을 둠

[교수설계이론의 논리구조]

구분	독립변인	종속변인	연구의 질문
기술적 이론	교수의 조건(x_1) 교수의 방법(x_2)	교수의 결과 (y)	x_1의 조건하에서 x_2의 교수방법을 실시하면 어떤 결과(y)가 나타날까?
처방적 이론	교수의 조건(x_1) 교수의 결과(x_2)	교수의 방법 (y)	x_1의 조건하에서 x_2의 교수결과를 얻기 위한 가장 적절한 방법(y)은 무엇일까?

(2) 라이겔루스(Reigeluth)의 교수설계 3대 변인

① 교수설계이론의 성격
   ㉠ 주어진 교수의 조건과 기대하는 교수의 결과에 따라 상이한 교수방법(전략과 전술)이 처방되어야 함
   ㉡ 가르쳐야 할 학습과제(learning task)의 유형에 따라 구체적인 수업의 처방 전략을 제시하여야 함

---

2) **기술적 이론**
주어진 교수방법의 효과를 확인하는 데 중점을 둠

3) **처방적 이론**
주어진 교수조건과 기대하는 결과에 맞는 교육방법을 만들어 내는 데 중점을 둠

② 교수설계의 3대 변인

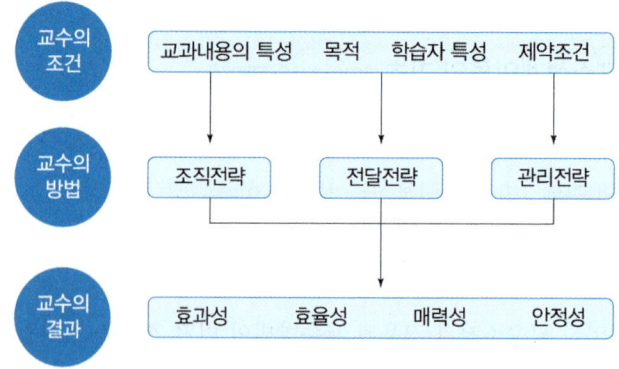

㉠ 교수의 조건 : 교수설계자나 교사가 통제할 수 없는 주어진 상황(가네의 학습조건 중 '내적 조건'에 해당)
  - 교과내용의 특성 : 특정 교과에서 다루는 지식의 구조와 성격 등
  - 교과나 수업의 목표 : 인지적, 정의적, 심동적 목표
  - 학습자 특성 : 선수학습 정도, 동기, 태도, 흥미, 학습양식 등
  - 제약조건 : 교수·학습 자료, 재정, 시설, 인원 등

㉡ 교수의 방법 : 서로 다른 조건에서 의도한 학습 결과를 성취하기 위하여 사용되는 교사의 교수전략(교사가 통제가능한 변인)
  - 조직 전략 : 수업내용 조직
    - 미시전략 : 단일한 내용의 조직 차원
    - 거시전략 : 보다 복합적인 내용의 조직 차원
  - 전달 전략 : 매체, 교사, 자료의 활용방식
  - 관리 전략 : 조직전략과 전달전략의 조합과 배열

㉢ 교수의 결과 : 교수활동의 최종 산물
  - 효과성(effectiveness) : 의도한 교수·학습 목표의 달성 정도
  - 효율성(efficiency) : 투입된 노력의 정도 또는 비용의 크기
  - 매력성(appeal) : 수업활동, 학습내용 등에 대한 학생의 흥미나 관심
  - 안정성(safety) : 수업을 통해 습득한 지식과 기능이 학습자의 물리적·정서적 안정을 저해하여서는 안 됨

02 객관주의 교수설계이론

(1) 캐롤(Carroll)의 학교학습 모형 2010·2016·2023 국가직9급 / 2007·2012 국가직7급

① 개념: 학습의 정도(학업성취도)는 어떤 학습과제의 학습에 필요한 시간의 양과 실제로 그 과제의 학습에 사용한 시간의 함수 관계에 의해 결정된다고 보는 이론

$$학습의\ 정도 = f\left(\frac{학습에\ 사용된\ 시간}{학습에\ 필요한\ 시간}\right) = f\left(\frac{학습지속력,\ 학습기회}{적성,\ 수업이해력,\ 수업의\ 질}\right)$$

② 학습의 주요 변인과 영향요인

학습에 사용된 시간	학습지속력	학생이 능동적으로 학습에 몰두한 시간의 양(← 학습동기)
	학습기회	교사가 학습과제 학습을 위해 학생에게 부여한 시간의 양
학습에 필요한 시간	적성	학생이 최적의 학습조건 하에서 학습과제를 일정한 수준으로 성취하는 데 필요한 시간의 양(← 과제 관련 기초적성, 선수학습)
	수업이해력	학생이 수업내용, 교사의 설명, 제시된 자료와 과제, 절차를 이해하는 정도에 따라 필요한 시간(← 일반지능, 언어능력)
	수업의 질	교사가 제공하는 학습목표, 설명방식(화법), 학습활동의 계열화, 학습단서의 제공, 피드백과 학습교정 활동 등의 적절성에 따라 학습에 필요한 시간의 양

③ 교육적 시사점: 완전학습의 이론적 토대 제공
  ㉠ 교육관: 적절한 조건이 주어지면 누구나 목표달성 가능(발달적 교육관)
  ㉡ 학습관: 학습능력(지능)뿐 아니라, 학습시간과 효과적인 교수가 중요
  ㉢ 평가관: 서열에 의한 상대평가보다는 성취도에 따른 절대평가가 적절

> **암기 POINT**
> • 캐롤의 학교학습 모형
>   - 학습에 사용된 시간: 학습지속력(학), 학습기회(교)
>   - 학습에 필요한 시간: 적성(학), 수업이해력(학), 수업의 질(교)

(2) 블룸의 완전학습(mastery learning) 모형

① 개요: 캐롤의 학교학습 모형에 기초하여 '완전학습'[4]을 위해 제시한 교수전략
② 학업성취의 영향요인: 적성, 수업이해력, 학습지속력, 학습지속력, 수업의 질, 학습기회(캐롤의 5가지 변인 개념의 활용)
③ 수업의 절차: 개별화 수업(프로그램 학습)을 통한 보충학습의 기회 제공
  ㉠ 학습 전 단계: 진단평가를 통한 학습결손의 진단, 보충지도를 통한 선행학습의 결손 보충
  ㉡ 학습의 전개 단계: 형성평가를 통해 학습자의 이해도 수준에 따라 보충학습, 심화학습 제공
  ㉢ 학습 후 단계: 총합평가로 학습성과 평가, 이후 수업설계나 자율학습 제시의 근거로 활용

> [4] 완전학습
> 95%의 학생이 교수 내용의 90% 이상을 학습할 수 있는 상태를 의미

> **암기 POINT**
> • 행동주의 교수설계의 중점
>   - 개별화 수업을 통한 완전학습 목표 달성
>   - 진단평가, 형성평가, 총괄평가 실시
>   - 평가결과에 따라 심화·보충학습 기회 제공

(3) 스키너의 프로그램 학습(programmed learning) 이론

① 개요
  ㉠ 스키너의 행동주의 심리학에 바탕을 두고 체계적 강화의 원리와 계열적 내용 조직의 원리를 바탕으로 구성된 수업 이론
  ㉡ 프로그램 학습의 원리를 바탕으로 교수공학(technology of teaching)으로 발전, 이후 컴퓨터보조수업(CAI) 설계 이론으로 활용됨

② 프로그램 학습의 특징
  ㉠ 특별한 형태로 짜여진 교재에 의해 학습자료를 제시하고, 학생들에게 개별학습을 시켜서 특정한 학습목표까지 확실하게 도달시키는 방법
  ㉡ 달성해야 할 목표를 분명히 진술하고, 목표 달성에 필요한 단계를 세분화하고, 각 단계에 대한 학습자의 반응에 따라 즉각적인 처방을 제시하여 최종 목표에 도달하게 함

③ 프로그램 학습의 유형
  ㉠ 직선형: 모든 학생에게 주어지는 문제의 계열이 단 하나뿐인 프로그램
  ㉡ 분지형: 학습자의 반응 정도 및 선택한 반응 종류에 따라 다른 길을 개별적으로 선택하여 학습하도록 한 프로그램
  ㉢ 첨부형: 기존의 교과자료에 삽입하여 사용하도록 만들어진 프로그램

(4) 가네(Gagné)의 학습의 조건 이론
2017·2025 지방직9급 / 2012·2018·2020·2025 국가직9급 / 2009·2011·2023 국가직7급

암기 POINT
• 가네의 수업설계이론
  - 학습결과의 세분화
  - 9가지 수업사태 제시

① 개요
  ㉠ 행동주의에서 출발하여 인지주의(정보처리이론)로 변화하는 주요 학습 이론의 아이디어를 종합하여 수업이론으로 체계화
  ㉡ 수업이 추구하는 학습의 결과(교수목표) 유형에 따라서 수업(학습조건)을 설계해야 한다고 보는 이론
  ㉢ 학습의 내적 조건(인지과정)을 돕는 외적 조건으로 주의집중, 학습안내, 피드백 제공 등의 9가지 교수사태(9 instructional events)를 제시
  ㉣ 학습결과(learning outcomes)를 세분화하여 메릴의 내용요소 제시 이론 및 라이겔루스의 내용형태 분류 이론의 토대가 됨

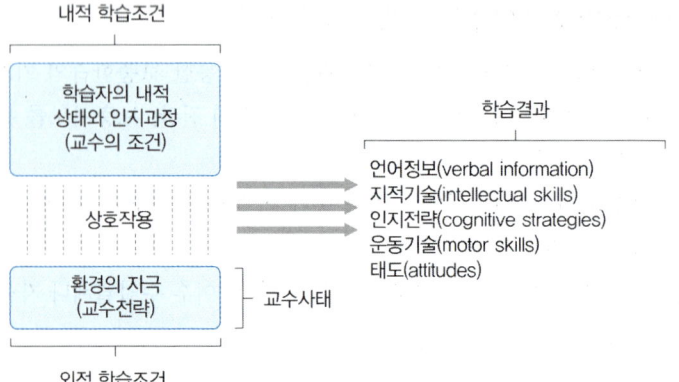

② 학습결과(학습성과, 학습영역, 수업목표)의 분류
  ㉠ 언어 정보
    • 사물의 이름이나 단순한 사실, 원리, 조직화된 정보에 대한 지식
    • 선언적(명제적) 지식에 해당, 정보의 내용을 아는 것(knowing what)
      예 삼각형의 넓이를 구하는 공식을 기억하고 진술할 수 있다.
  ㉡ 지적 기능
    • 언어, 숫자, 기호 등 상징을 활용하여 주위 환경을 개념화하여 반응하는 능력
    • 방법적(절차적) 지식에 해당, 방법을 아는 것(knowing how)
    • 복잡성의 위계에 따라 변별, 구체적 개념, 정의된 개념, 원리(규칙), 고차적 원리(문제해결) 등으로 구분됨
    • 단순한 하위능력(변별)에서 복잡한 상위능력(문제해결) 순으로 학습
      예 부모님에 대한 고마움을 비유법을 이용하여 글로 표현할 수 있다.
  ㉢ 인지 전략
    • 학습, 기억, 사고과정에 대한 통제 및 관리 능력
    • 지식과 기능을 활용하여 새로운 것을 개발하는 창조적 사고 능력
    • 비교적 오랜 기간에 걸쳐 다양한 문제해결 경험을 통해 개발됨
      예 노령견의 특성을 파악하기 위해 조사계획표를 작성할 수 있다.
  ㉣ 태도 : 어떤 대상에 대한 개인의 내적 성향(정의적 영역의 목표)
      예 공공장소에서 개를 산책시킬 때 적절한 예절을 지킬 수 있다.
  ㉤ 운동 기능 : 일련의 조직된 동작을 수행하는 능력(심동적 영역의 목표)
      예 연필을 사용하여 특정한 종류의 그리기를 할 수 있다.
③ 수업의 9가지 사태 모형
  ㉠ 앳킨슨과 쉬프린의 정보처리이론에 기초하여, 학습자의 내적 학습과정을 지원하기 위한 9가지 외적 교수사태(수업활동) 제시
  ㉡ 실제 수업에서는 수업사태의 순서를 변경하거나 일부를 생략할 수 있음

	수업사태	학습과정	교수활동의 예시
1	주의집중 획득	주의집중	다양하고 신선한 자극을 제시하여 학습자의 주의집중을 유도함
2	학습목표 제시	기대감 형성	학습자들에게 수업이 끝났을 때 무엇을 할 수 있어야 하는지를 알게 함
3	선수학습 회상 자극	재생	학습자에게 이전에 학습한 지식이나 기능을 재생하게 하고 활성화시킴
4	자극자료 제시	선택적 지각	본시 학습내용의 핵심 요소와 적용 사례를 설명하거나, 학습내용의 요점을 강조하여 표시한 자료 제시

암기 POINT

• **가네의 학습결과 분류**
  − 언어 정보 : 선언적 지식
  − 지적 기능 : 방법적 지식
  − 인지 전략 : 메타인지 능력
  − 태도 : 정의적 영역
  − 운동기능 : 심동적 영역

암기 POINT

• **가네의 9가지 수업사태**

도입	① 주의집중 ② 목표제시 ③ 선수학습 회상
전개	④ 자극자료 제시 ⑤ 학습안내 ⑥ 수행유도 ⑦ 피드백
정리	⑧ 수행평가 ⑨ 파지와 전이 촉진

5	학습안내 제공	의미적 부호화	본시 학습내용을 유의미하게 부호화할 수 있는 방법(암기법, 비교와 대조, 규칙, 모델 등) 제시
6	수행 유도	재생과 반응	학습목표에 해당하는 행동을 수행해 볼 수 있는 연습 기회(질문, 연습문제, 수행과제 등) 제시
7	피드백 제공	강화	학습자의 수행에 대한 피드백을 제공하되, 성공적 수행은 강화를, 잘못된 수행은 교정적 피드백을 제공 * 수행의 정확성(언어정보, 지적기능, 운동기능), 적절성(태도), 독창성(인지전략)을 기준으로
8	수행평가	인출	학습자의 성취행동을 평가하여 학습목표를 달성했는지의 여부를 확인함
9	파지와 전이 촉진	일반화	일정한 간격을 두고 복습의 기회를 제공하며, 다양한 종류의 새로운 과제를 제시하여 배운 것을 일반화하게 함

(5) 메릴(Merrill)의 내용요소 제시 이론 2019 국가직7급

① 개요
  ㉠ 규칙 기반(rule-based) 교수설계이론으로서, 일관성과 적절성을 교수설계의 기본 원리로 제시
  ㉡ 학습목표를 유형별로 분류하고 이에 따른 교수전략(제시형태)을 구체적으로 처방하는 교수설계이론(인지적 영역의 수업설계에 효과적)

② 학습목표의 분류: 내용요소 유형
  ㉠ 수행-내용 매트릭스: 복잡한 학습내용을 '내용'과 '수행'의 이차원적 구분에 따라 분류

		내용 차원			
		사실	개념	절차	원리
수행 차원	기억	조선의 첫 번째 임금을 말할 수 있다.	포유류의 정의를 말할 수 있다.	현미경을 조작하는 순서를 말할 수 있다.	피타고라스의 정리를 말할 수 있다.
	활용	–	암석이 주어지면 그 종류를 분류할 수 있다.	논설문 작성 방법을 사용하여 자신의 의견을 주장하는 글을 쓸 수 있다.	피타고라스의 정리를 이용하여 직각삼각형의 빗변의 길이를 구할 수 있다.
	발견	–	환경오염으로 인한 피해를 설명하는 개념을 발견할 수 있다.	인터넷에서 자료를 찾는 방법을 발견할 수 있다.	직각삼각형의 여러 가지 속성을 발견할 수 있다.

암기 POINT
- 메릴의 내용요소 제시 이론
  - 학습목표의 유형 분류: 수행(기억, 활용, 발견) × 내용(사실, 개념, 절차, 원리)
  - 수업방법(자료제시) 형태: 법칙, 회상, 예시, 연습

ⓛ 학습목표의 분류 비교

블룸		가네	라이겔루스	메릴
인지적 영역	지식 이해	언어정보	개념	사실
				개념
	적용	지적 기능	변별 구체적 개념 정의된 개념 규칙(원리)	절차	절차
	분석 종합 평가		고차원 규칙 (문제해결)	원리	원리
		인지전략	–	–
정의적 영역		태도	–	–
심동적 영역		운동기능	–	–

③ 수업방법의 분류 : 자료제시 형태
  ㉠ 일차적 자료제시 형태 : 교과내용을 일반적 내용과 구체적 사례로 분류하고, 이를 다시 설명방식과 질문(탐구)방식으로 나누어 자료제시 형태 구분

	설명	질문(탐구)
일반적 내용	법칙	회상
구체적 사례	예시	연습

  ㉡ 이차적 자료제시 형태 : 일차적 자료제시 형태를 정교화하기 위한 것으로, 맥락, 선수학습, 암기법, 도움말, 표현법, 피드백을 포함

이차제시형 \ 일차제시형		일반성 설명식 (EG)	사례 설명식 (Eeg)	일반성 탐구식 (IG)	사례 탐구식 (Ieg)
정교화 유형	맥락(c)	EG´c	Eeg´c	IG´c	Ieg´c
	선수학습(p)	EG´p	Eeg´p	–	–
	암기법(mn)	EG´mn	Eeg´mn	–	–
	도움말(h)	EG´h	Eeg´h	IG´h	Ieg´h
	표현법(r)	EG´r	Eeg´r	IG´r	Ieg´r
	피드백(FB)	–	–	FB	FB

(6) 라이겔루스의 정교화 이론
① 개요
  ㉠ 교수전략(조직, 전달, 관리전략) 중 수업내용의 범위와 계열의 설정에 관한 거시적 수준의 조직전략에 관한 이론
  ㉡ 교수내용을 선택(selecting), 계열화(sequencing), 종합(synthesizing), 요약(summarizing)하는 방법을 제시

암기 POINT

- 라이겔루스의 정교화 이론
  - 기본적인 내용에서부터 상세한 것 순으로
  - 일반적인 내용에서부터 구체적인 내용 순으로

② 정교화 전략의 요소
  ㉠ 정교화된 계열 : 단순하고 기본적인 것으로부터 점차 복잡하고 상세한 것으로, 일반적이고 추상적인 내용에서 세부적이고 구체적인 내용으로 학습내용을 순서화하는 전략
  ㉡ 선수학습 요소의 계열화 : 어떤 과제를 학습하기에 앞서 학습해야 할 내용을 먼저 제시
  ㉢ 요약자(summarizer) : 학습자가 학습한 것을 망각하지 않도록 하기 위해 체계적으로 복습하는 데 사용되는 전략요소
  ㉣ 종합자(synthesizer) : 아이디어들을 서로 연결시키고 통합하는 전략
  ㉤ 비유(analogy) : 낯선 내용을 학습자에게 친숙한 지식과 관련지음
  ㉥ 인지전략의 활성자 : 학습할 내용에 적합한 학습방법을 익히게 함
  ㉦ 학습자 통제(관리) : 학습자가 학습내용, 속도, 학습전략을 선택하게 함

③ 줌렌즈 기법(줌인-줌아웃 기법)
  ㉠ 개요 제시 : 학습내용의 핵심을 제시하여 전체적으로 파악하게 함
  ㉡ 학습내용 학습 : 줌인(확대, zoom-in)하여 세부 사항들을 학습함
  ㉢ 요약과 종합 : 다시 줌아웃(축소, zoom-out)하여 전체와 부분 간의 관계를 반복적으로 검토

(7) 브루너의 발견학습 이론과 탐구식 수업
2015·2020 지방직9급 / 2016 국가직9급 / 2023 국가직7급

① 발견학습과 탐구식 수업의 개념
  ㉠ 발견학습(discovery learning) : 학습자에게 교과를 최종적인 형태로 제공하는 것이 아니라 학습자가 스스로 각 교과가 가지고 있는 지식의 구조를 발견해 나가는 방식의 학습
  ㉡ 탐구식 수업(inquiry-based instruction) : 교사의 지시를 최소화하고, 학습자가 관찰, 토론, 실험 등의 탐구활동에 자발적으로 참여해서 지식을 발견하게 하는 수업(안내된 발견학습)

암기 POINT

- 브루너의 발견학습 이론
  - 지식의 구조 발견 목표
  - 탐구식 수업 활동
  - 학습자의 능동적 활동
  - 내재적 동기 강조

② 발견학습의 핵심요소
  ㉠ 지식의 구조(structure of knowledge) : 각 교과(학문)의 기저를 이루고 있는 가장 핵심적이며 기본적인 아이디어, 개념, 원리, 법칙 등이 주요 학습내용이 되어야 함
    ★ '지식의 구조'의 교육적 의의 : 학습내용의 정련을 통한 내용량 적정화, 학습의 전이 가능성 최대화, 학습자의 사고력 함양에 중점을 둔 교육 가능
  ㉡ 학습의 계열화 : 지식의 구조를 반복하여 제시하되, 학습자의 발달단계, 지적 수준, 사고방식, 선행경험 등을 고려하여 학습내용의 제시 방식을 달리하여야 함(나선형 교육과정)
  ㉢ 학습 경향성(학습의욕, predisposition to learn) : 학습자가 스스로 학습에 능동적으로 참여하고자 하는 경향성을 갖도록 해야 함

더 알아두기

- 브루너의 '대담한 가설' : 어떤 교과든지 지적으로 올바른 형식으로 표현하면 어떤 발달 단계에 있는 아동에게도 효과적으로 가르칠 수 있다.

② 강화 : 외재적 보상보다 내재적 보상을 중시해야 하며, 학습의 과정과 결과에 대한 만족감과 성취감, 지적 희열을 느낄 수 있게 해야 함
③ 탐구식 수업의 원리
㉠ 과제수행에서 브루너의 개념획득 과정을 강조하며, 학습자 스스로 문제를 인식하고 해결해 가는 과정을 중시함
㉡ 일반적으로 '문제 인식 – 가설 설정 – 가설 검증 – 적용'의 순으로 수업을 전개하지만, 교과에 따라 탐구 방식을 달리 적용할 수 있음
㉢ 교수자는 학습자의 발견과정을 촉진하고 안내하는 역할을 담당하고, 학습자는 능동적으로 학습하는 주체가 됨
㉣ 학습자의 탐구 활동을 지원하기 위해서는 다양한 학습 자료를 준비하여 제시하여야 함
④ 탐구식 수업의 일반적 절차
㉠ 문제 인식 : 탐구할 문제의 인식에 필요한 자료를 제시하여 학습자가 문제의식을 갖게 함
㉡ 가설 설정 : 문제의 원인과 결과를 설명할 수 있는 임시적 결론을 설정하는 단계. 직관적 사고, 학생들 간의 의견교환, 교사의 조언 등을 이용
㉢ 가설 검증(원리의 발견) : 사실의 분석과 해석을 통해 가설을 객관적으로 타당화하는 단계. 교사는 학생 탐구의 진행과정을 도와주지만 점차로 지원을 줄여 나가도록 함
㉣ 원리의 적용 : 발견된 원리를 다양한 사례에 적용해 보고 지식의 전이를 촉진하는 단계

(8) 오수벨(Ausubel)의 유의미학습 이론과 설명식 수업
2022 지방직9급 / 2018 국가직7급

① 학습의 유형 분류 : '유의미 수용학습'에 관해 이론을 전개함
㉠ 기계적 학습 : 기계적인 반복을 통해 학습내용을 암기하는 학습
㉡ 유의미 학습 : 새로운 학습과제가 학습자의 인지구조와 연결되는 학습 (이해에 기반한 학습)
㉢ 수용 학습 : 교사의 설명을 통해 학습내용을 일방적으로 전달하는 학습
㉣ 발견 학습 : 학습해야 할 내용을 학습자 스스로 발견하는 구조의 학습

	수용 학습	발견 학습
기계적 학습	무의미한 철자 학습	시행착오적 퀴즈 풀이
유의미 학습	개념 간의 관계 명료화	창의적 실험 수행

② 유의미학습의 조건
㉠ 학습과제가 갖추어야 할 조건 : 실사성과 구속성 → 논리적 유의미성
• 실사성 : 특정 명제를 어떻게 표현하더라도 그 의미가 변하지 않는 성질
예 삼각형의 세 각의 합은 180도 = 세 내각의 합이 180인 것은 삼각형

> **암기 POINT**
> • 오수벨의 유의미학습 이론
> – 학습자 조건 : 관련 정착 아이디어, 유의미 학습태세
> – 포섭(유의미학습)의 유형 : 하위적, 상위적, 병렬적
> – 수업 원리 : 선행조직자의 원리, 점진적 분화의 원리, 통합적 조정의 원리 등

- 구속성 : 일단 임의적으로 맺어진 의미 관계가 관습이 되면 그 의미는 변경될 수 없는 성질 예 '우유'라는 단어와 그 의미의 관계
  ⓒ 학습자가 갖추어야 할 조건 : 관련 정착 의미 → 잠재적 유의미성
  - 관련 정착의미(anchoring ideas) : 주어진 학습과제와 구체적으로 관련이 있는 아이디어가 기존 인지구조 내에 존재해야 함(→ 선행조직자)
  - 유의미 학습태세 : 학습 과제를 자신의 인지구조에 의미 있게 관련시키려는 학습자의 성향

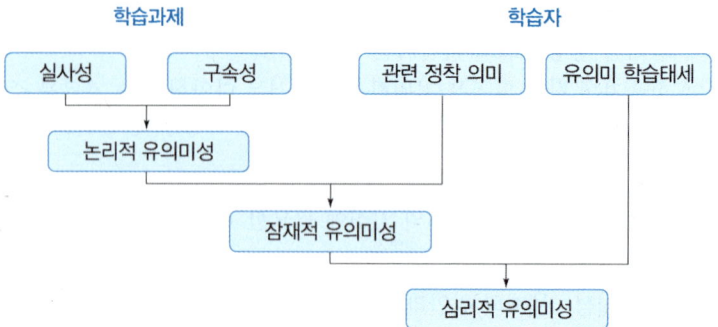

③ 유의미학습(포섭)의 개념과 유형
  ㉠ 포섭(subsumption) : 새로운 아이디어와 정보를 '정착 아이디어'에 관련지어 학습자의 기존 인지구조 속으로 동화시키는 과정
  ㉡ 포섭의 유형

하위적 포섭 (종속적 포섭)	• 포괄성이 낮은 개념이 포괄성이 더 높은 개념 아래로 포섭되는 것 - 파생적 포섭 : 기존 개념의 사례를 추가하여 인지구조를 강화하는 것 - 상관적 포섭 : 새로운 개념을 포섭하여 기존의 인지구조를 수정, 확대	ⓐ 사각형의 개념을 먼저 학습한 후, ⓑ 정사각형, 직사각형, 마름모 등의 학습을 통해 사각형에 여러 형태가 있음을 알게 됨
상위적 포섭	• 이미 알고 있던 개념들을 관련지어 보다 포괄적인 상위 개념으로 포섭	ⓐ 고양이, 소, 돌고래의 특징을 학습한 후, ⓑ 이들의 공통점을 파악하여 포유류라는 개념을 학습
병렬적 포섭	• 새로운 학습과제와 기존의 인지구조가 동일한 수준의 포괄성을 가질 때	ⓐ 기독교에 대한 지식을 학습한 후, ⓑ 불교에 대해 학습함

④ 유의미학습을 위한 설명식 수업의 원리
  ㉠ 선행조직자 : 새로운 학습과제를 의미 있게 포섭할 수 있는 내용 제시
  ㉡ 점진적 분화 : 일반적이고 포괄적인 지식을 먼저 제시하고, 그 다음에 세부적이고 상세한 지식을 제시(연역적 계열화의 원리)
  ㉢ 통합적 조정 : 새로 학습할 지식과 선행 학습내용의 통합을 강조
  ㉣ 선행학습의 요약정리 : 학습을 시작할 때 이전에 학습한 내용을 요약해줌
  ㉤ 내용의 체계적 조직 : 학습내용을 체계적이고 계열적으로 조직하여야 함
  ㉥ 학습준비도 : 학습자의 경험과 인지구조에 알맞게 학습과제를 제시

⑤ 선행조직자 수업 모형
　㉠ 선행조직자(Advanced Organizer)의 개념 : 학습자의 인지구조의 조정을 위해 학습 이전에 미리 제공되는 일반적, 포괄적, 추상적인 도입자료로서, 정착 아이디어의 역할을 수행
　㉡ 선행조직자의 유형

> **암기 POINT**
> • 선행조직자 : 수업 초기에 제시되는 일반적인 내용의 자료, 정착 아이디어의 역할

설명조직자	• 새로 학습할 내용을 포괄하는 일반적·추상적인 개념이나 사례 　- 학습할 내용에 대해 학습자가 선행지식을 거의 갖고 있지 않을 때 활용 　- 점진적 분화의 원리 적용 　예 오늘은 고래에 대해서 학습해 봅시다. <u>고래는 우선 생물체에 속하고, 생물체 중에도 동물, 그리고 물속에서 살고 있지만 사람과 같은 포유류에 속합니다.</u> 그럼, 이제 오늘 수업 주제인 고래에 대해서 살펴봅시다.
비교조직자	• 학습자가 알고 있는 것 중에서 학습할 내용과 비교가 되는 개념이나 사례 　- 새로 학습할 내용에 대해 학습자가 관련 정보를 적절하게 재생하지 못할 때, 기존 개념과 새 개념 사이 혼동이 예상될 때 사용 　- 통합적 조정의 원리 적용 　예 오늘은 고래에 대해서 학습해 봅시다. <u>고래는 지난 시간에 배웠던 상어처럼 바닷속에 사는 거대 생물이지만, 상어는 어류이고 고래는 포유류입니다.</u> 그럼, 이제 오늘 수업 주제인 고래에 대해서 살펴봅시다.

　㉢ 선행조직자 수업의 절차

선행조직자의 제시	- 학습목표의 명료화 - 학습동기의 유발 - 선수학습의 확인 및 처치 - 선행조직자 제시(설명형/비교형)
학습과제와 자료 제시	- 학습자료와 매체의 체계적 제시 - 학습과제를 제시하고 문제해결 유도 - 지속적으로 주의집중 유지하기
인지구조 강화	- 다양한 예제를 통해 문제해결 연습하기 　예 학습자료에 제시된 여러 개념이나 명제들 사이의 공통점과 차이점 비교해 보기 　예 학습한 내용을 다른 시각에서 생각해 보고, 논리적 가정이나 추론에 도전해 보기

(9) 켈러(Keller)의 학습동기설계 이론(ARCS 모형)
2018·2021·2024 국가직9급 / 2014 국가직7급

① 개관
　㉠ 학습자의 동기수준을 최대화하여 학업성취에 간접적 영향을 미치고자 하는 교수설계 모형
　㉡ 교사주도 수업뿐만 아니라 컴퓨터보조수업이나 e-러닝 콘텐츠 설계에도 활용 가능

> **암기 POINT**
>
> - 켈러의 동기유발 설계이론
>   - 주(A) : 지, 탐, 다
>   - 관(R) : 목, 필, 친
>   - 자(C) : 기, 기, 통
>   - 만(S) : 내, 외, 공

② 학습동기 유발의 주요 요인

㉠ 주의집중(Attention) : 주의집중 유발과 유지(각성이론, 호기심 이론 등)

㉡ 관련성(Relevance) : 수업의 가치에 대한 이해(기대-가치이론, 목적지향이론, 욕구위계론)

㉢ 자신감(Confidence) : 성공에 대한 기대감 증진(통제소재 이론, 귀인이론, 자기효능감이론)

㉣ 만족감(Satisfaction) : 학습자들의 학습경험과 수행결과에 대한 만족감 형성(내재적 동기와 외재적 강화의 관계, 공정성이론, 인지평가이론 등)

③ 동기유발 요인별 교수·학습 전략

주의집중 전략 (A)	지각적 주의환기	- 흥미롭고 생생한 시청각 효과 사용하기 - 비일상적인 내용이나 사건을 제시하여 학습자의 흥미 유발
	탐구적 주의환기	- 호기심을 자극하는 질문이나 과제를 통해 능동적 반응 유도 - 새로운 사례를 제시하여 학습에 대한 기대감을 갖게 함 - 해답을 알 수 없는 문제를 통한 신비감의 제공
	다양성	- 다양한 형태의 교수방법, 교수자료나 매체를 활용하여 변화 추구 - 일방적 정보 제시와 상호작용 위주의 수업방법을 적절히 혼합
관련성 전략 (R)	목적 지향성	- 실용성에 중점을 둔 학습목표를 제시 - 학습자에게 의미와 가치가 있는 학습과제, 목표, 활동 제시 - 수업내용을 장래 사회생활이나 진로와 관련지어 설명
	필요와의 부합	- 학습자의 흥미와 일치하는 학습과제, 목표, 활동 등을 제시 - 비경쟁적인 협동학습을 통해 학습자 개인의 역할 부여
	친밀성	- 학생들의 사전 지식과 경험을 활용하여 설명 - 학생에게 친밀한 예문이나 자료를 활용하여 수업내용 구성 - 친밀한 인물이나 사건, 생활 주변의 예시를 활용하여 설명
자신감 전략 (C)	성공에 대한 기대감	- 학생에게 평가의 기준과 구체적 방법을 수업 전에 명확히 제시 - 성공적인 학습의 필요조건 제시(선생님의 지도에 따라 공부하면 좋은 성적을 받을 수 있다고 강조)
	성공기회 제시	- 학습자 수준에 적합한 난이도의 과제 제시 - 다양한 난이도의 과제를 제공(쉬운 과제만 제시×) - 쉬운 것에서부터 점차 어려운 것 순으로 과제를 제시
	개인적 통제감	- 학생들에게 학습속도, 난이도 등을 조절할 수 있는 기회 제공 - 학습방법 등에 대한 개인적 조절감 증대 기회를 제시 - 학습자별로 개별화된 학습을 할 수 있는 기회 제시
만족감 전략 (S)	내재적 동기	- 새로 습득한 지식이나 기능을 실제 상황에 적용할 기회 제공 - 도전감과 지적 희열을 느낄 수 있는 문제를 제시
	외재적 보상	- 성공적 학습 결과에 대한 칭찬 등 긍정적 피드백 제공 - 적절한 강화계획을 세워 의미있는 강화나 보상을 제공
	공정성	- 학습목표와 수업 및 평가의 일관성 유지 - 수업에서의 연습과제와 시험내용 사이의 일관성 유지

03 구성주의 교수설계이론

(1) 구성주의 교수설계의 기초
2020 지방직9급 / 2012·2017 국가직9급 / 2011·2013·2015·2023 국가직7급

① 상대주의 인식론에 근거(↔ 객관주의 인식론)
  ㉠ 인간의 경험과 독립적으로 존재하는 보편적이며 객관적인 실재의 존재를 부정
  ㉡ 실재에 대한 지식은 그것을 인식하는 주체인 인간에 의해 구성되는 것임
  ㉢ 인식주체의 역사·문화적 상황을 떠난 절대적 지식은 존재하지 않음

② 구성주의 학습이론의 유형: 피아제, 비고츠키, 듀이의 영향
  ㉠ 인지적 구성주의(피아제): 개인의 능동적인 경험에 기반하여 세계에 대해 주관적 해석을 구성하는 과정
  ㉡ 사회적 구성주의(비고츠키): 사회·문화적 상황 속에서 다른 사람과의 사회적 상호작용을 통해 공유된 의미를 구성하는 과정
  ㉢ 상호작용적 구성주의(듀이): 실생활 활동과 사회적 상호작용에 참여하는 과정에서의 반성적 사고와 실용적인 지식 구성 강조

③ 구성주의 교수설계의 원리
  ㉠ 학습자 중심의 학습환경: 객관적인 지식 습득보다 학습자가 지식을 해석하고 생성할 수 있는 학습환경을 조성하는 것이 중요, 학습과정에서 학습자의 능동적 참여와 문제해결 수행 여부를 중시함
  ㉡ 실제적 과제와 맥락 강조: 지식이 사용되는 실제적 과제와 맥락을 중시함, 지식이 제공되는 맥락은 실제 세계의 복잡성과 비구조성을 반영하여야 함, 학습과제는 복잡하고 비구조화된 과제를 제시
  ㉢ 문제해결 중심의 학습: 실제 환경에서 직면하게 되는 문제를 학습과제로 제시하여 학습한 내용과 실제 세계를 연결하도록 함, 학생 입장에서 중요하고 의미 있는 실제적 과제를 제시하고 학생 스스로 사고과정을 통해 문제해결 과정에 참여할 수 있는 환경 제공
  ㉣ 협동적 학습환경 강조: 동료들과의 협동학습을 통해 생각을 능동적으로 발전시키도록 도움, 사회공동체의 일원으로서 상호작용에 참여하면서 협동적 탐구와 자아성찰에 참여할 수 있는 환경 제공
  ㉤ 촉진자로서의 교사: 교사는 학습자의 학습과정을 보조하는 보조자나 촉진자, 학습자의 흥미를 유발하고 지속적인 피드백과 도움을 제공함으로써 학습자 스스로 문제를 해결하게 하는 코치로의 역할을 하여야 함

암기 POINT
- 구성주의 학습이론
  - 지식의 주체성
  - 지식의 상대성
  - 지식의 맥락성

암기 POINT
- 구성주의 수업의 특징(원리)
  - 학습자 중심
  - 실제적 과제
  - 문제해결 중심
  - 협동적 학습환경
  - 촉진자로서의 교사

④ 객관주의와 구성주의 교수설계 비교

	객관주의	구성주의
목표	- 수업목표를 사전에 명세화하여 기술함 - 공식적인 표준 교육과정으로부터 도출	- 수업의 종합적 결과로 목표가 생성됨 - 학습자들의 절충과 의미구성에서 도출
교수 내용 설계	- 외부 세계에 대한 객관적인 사실이나 체계화된 개념, 원리 등 지식의 요소를 이해하는 것에 초점 - 학습과제의 구조를 상세하게 분석하여 계열화하는 것이 중요	- 현실세계의 문제 상황과 관련된 지식과 지식이 사용되는 구체적 맥락을 제공하는 것이 중요 - 학생들이 알고 있는 지식을 최대한 활용하도록 장려함
교수· 학습 활동 설계	- 사전에 설정된 수업목표에 도달할 수 있는 최적의 방법을 분명하게 제시 - 사회적으로 공인된 지식을 효과적으로 전달할 수 있는 방식으로 교재 설계 - 교과서의 지식은 학문의 발전 과정보다는 공인된 이론이어야 함 - 구조화된 문제와 반복학습을 강조 예 예제의 풀이에 따라 문제를 풀게 했다.	- 실제적 문제를 상황맥락적으로 해결할 수 있는 학습자 중심의 학습환경 설계 - 문제해결 과정에서 학습자의 능동적 지식구성을 촉진하는 학습환경 개발 - 학습자 간의 의미협상, 코칭과 모델링을 위주로 하는 학습환경 개발 예 환자의 임상 사례를 주고 증상과 치료 방법을 제안하도록 했다.
평가	- 주로 학습에 결과에 초점 - 목표를 근거로 한 준거지향평가 강조 - 국지적이고 가까운 전이 과제로 평가	- 학습의 결과뿐만 아니라 과정도 중시 - 학습자 중심의 성찰적 평가 강조 - 복잡하고 포괄적인 전이 과제로 평가

(2) 조나센(Jonassen)의 구성주의 학습환경(CLEs) 설계 모형

① 개요 : 학습자의 지식구성을 촉진하는 학습환경(constructive learning environments) 설계에 초점을 둔 모형

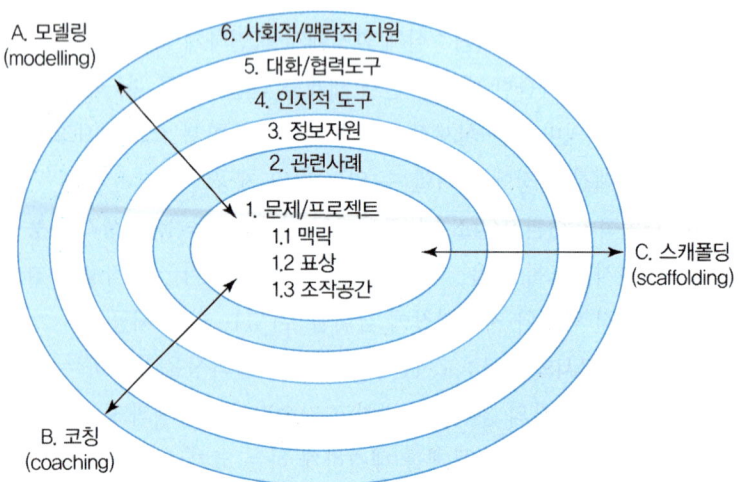

암기 POINT

• 조나센의 구성주의 학습환경 모형
  - 학습환경 : 문제, 관련 사례, 정보 자원, 인지적 도구, 대화도구, 사회적 지원
  - 교사 활동 : 모델링, 코칭, 스캐폴딩

② 구성주의 학습환경의 구성요소

문제/프로젝트	실제적이며 통합적인 문제의 해결방법을 모색하는 과정을 통해 학습을 유발하는 출발점
관련 사례	문제와 직간접적으로 관련된 사례들을 풍부하게 제공하여, 학습자의 관련 경험의 부족 문제를 해소하고 보다 정교한 이해의 구성을 촉진
정보 자원	학습자가 필요할 때 언제든지 활용할 수 있는 풍부한 정보 자원 제공
인지적 도구	문제해결 과정에서 겪는 인지적 부담을 줄이고 인지적 활동을 활성화하는 도구 제공 예 시각화 도구, 지식모델링 도구, 수행지원 도구 등
대화/협력도구	학습공동체 속에서 대화와 협력을 통해 문제해결을 촉진하는 도구 제공 예 이메일, 전자게시판, 커뮤니티, 채팅 도구 등
사회적·맥락적 지원	직접적인 수업 이외의 환경적 지원 요소들을 제공 예 교사들에 대한 수업운영 지원 체제, 학생들에 대한 학습 안내 체제 등

(3) 문제중심학습(PBL : Problem-Based Learning)
2022 지방직9급 / 2015 국가직9급 / 2009·2017·2019·2023 국가직7급

① 개요
  ㉠ 배로우즈(Barrows) 등이 의과대학 교육방식의 문제점을 개선하기 위해 개발한 모형으로, 현실의 비구조화된 문제 상황에서 추론 및 문제해결 능력을 기르는 데 초점을 둠
  ㉡ 정보화 사회에서 요구되는 종합력, 비판적 사고력, 창의적 문제해결력, 자기주도학습 능력, 협동 능력을 길러줄 수 있는 교수·학습 방법
  ㉢ 문제개발과 평가가 어려워 학교교육 및 기업교육에 보편적으로 활용되지는 못함

② 문제중심학습의 기본 원리
  ㉠ 실제 문제를 중심으로 한 학습(실제성, 비구조적인 문제)
    • 실제로 발생하는 문제와 상황을 중심으로 학습이 전개되어 학습의 실제성이 큼(지식의 파지와 전이에 용이)
    • '문제'는 복잡하고 비구조적이며 실제적인 특성을 지닐수록 학습효과를 높일 수 있음
  ㉡ 학습자 중심의 학습
    • 학습자가 스스로 문제를 정의하고 자료를 찾아내고 분석하며 전략을 찾아서 해결하며, 자기주도적 성찰을 통해 학습
    • 교사는 지식 전달자에서 벗어나 학습자가 자기주도적으로 학습하도록 돕는 학습 지원자(촉진자, facilitator)의 역할을 함
    • 교사는 학습자와 상위인지적 수준에서 상호작용함으로써 학습자가 학습하는 방법을 배울 수 있도록 도움

암기 POINT

• 배로우즈 등의 문제중심학습
  - 의대 교육 개선안으로 출발
  - 비구조화된 실제 문제 활용
  - 학습자 주도 문제해결 활동
  - 자기주도적 개별학습과 소집단 협동학습의 결합
  - 과정 중심의 성찰적 평가

ⓒ 자기주도적 개별학습과 소집단 협동학습의 결합
  - 자기주도적 학습이 이루어지면서 문제해결 전략을 선택하고 적용하는 방법을 배우게 됨
  - 협동학습을 위해 학습자 간의 협력을 촉진하는 구조의 역할분담, 토의, 발표 등이 포함됨
  - 학습자 간에 상호 의견을 나누고 정보를 공유하는 과정을 통해 성찰, 비판적 사고, 협동심을 키울 수 있음

ⓓ 과정 중심의 성찰적 평가[5] 강조
  - 학습결과에 대한 평가보다는 학습과정에 대한 평가가 강조됨
  - 교사뿐만 아니라 학생 자신과 동료학생들에 의한 평가도 포함됨

③ 문제중심학습의 절차

문제 제시	- 학생들에게 탐구할 과제와 그 요건을 설명하고 학생들이 과제를 선택하여 문제해결 활동에 참여하도록 안내 - 문제는 비구조화된 형태로, 풍부한 상황과 맥락 속에서 제시되어야 함
문제 확인	- 학생들이 문제해결을 위한 연구 과제를 구체적으로 정의하도록 도움 - 정의된 문제의 성격에 적합한 문제해결 방법을 모색함
자료 수집 및 해결안 도출	- 개별학습과 소집단학습을 통해 가설-연역적 방법으로 문제를 해결 - 학생들이 자료를 수집하고 실험하여 원인과 해결책을 찾도록 지도
문제해결안 발표	- 학생들이 보고서, 모형 등 적절한 결과물을 만들어서 발표하게 함 - 다른 팀들의 해결안들과 비교하고, 전체적으로 최종 해결안을 모색
학습결과 정리 및 평가	- 학생들에게 자신의 탐구 능력과 사고 과정을 반성하게 하고 개선할 점을 생각해 보게 함

④ 정보처리이론과 구성주의 관점의 문제중심학습 비교

	정보처리이론(문제해결학습)	구성주의(문제중심학습)
이론적 기반	소크라테스, 아리스토텔레스 등의 질문법에서 기원	듀이의 경험주의 이론과 배로우즈의 의과대학 교수방법에 기반
학습 목표	정답을 산출하는 문제해결 절차의 학습을 강조	개별적·협동적인 학습과정을 통해 실제적인 문제해결 경험을 강조
문제의 성격	- 모든 요소가 알려져 있고, 규칙적이고 구조화된 해결책이 있는 문제 - 문제의 성격이 명확하고, 학습목표에 따라 구조화된 문제 - 문제의 성격, 문제상황 및 개인차에 관계없이 표준적인 해결절차가 있음	- 알려지지 않은 요소가 있으며, 여러 가지 해결책이 있을 수 있는 문제 - 문제의 성격이 불분명하며 비구조적인 실제의 문제 - 문제의 성격, 문제표상, 개인차에 따라 문제해결 과정이 다를 수 있음
학생의 역할	학습자로서의 역할 : 교사에게 배운 학습내용과 문제해결 과정을 적용	문제해결자로서의 역할 : 학습자 자신이 스스로 문제해결 과정을 개발
교사의 역할	광범위하게 적용되는 문제해결 모형을 제시하고, 그 과정에 해당 문제해결 절차를 적용하도록 연습시킴	학습자가 스스로 문제에 관한 지식베이스를 구축하도록 지원하고, 메타인지적인 코칭을 제공함

---

5) 성찰적 평가
학습자 자신의 학습과정을 되돌아보고 개선해야 할 점을 생각해 보게 하는 평가

더 알아두기
- 문제중심학습의 예시 : 해안가의 한 도시에 있는 학교에서 교사는 학생들에게 '지역 축산단지의 오폐수로 인한 환경오염이 지역사회에 미치는 피해를 최소화할 수 있는 방법'을 모색해 보는 과제를 제시하였다. 이 과제는 지역 농가, 도시 주민, 자치단체의 이해관계가 복잡하게 얽혀 있는 실제적 과제(authentic task)로서 비구조화되어 있다. 학생들은 환경오염의 원인에 대해 다양한 가설을 세우고, 오염물질에 관한 자료를 수집하고 분석하여 그 원인을 추론하였다. 교사는 촉진자의 역할을 수행하였고 학생들은 주인 의식을 갖고 자기주도적으로 과제를 해결해 나갔다. 마지막으로 학생들에게 보고서를 웹에 올려 평가받게 함으로써 학습과정을 성찰(reflection)해 볼 수 있는 기회를 제공하였다.

암기 POINT
- 객관주의적 문제해결학습
  - 구조화된 문제 활용
  - 표준적인 해결절차 습득
- 구성주의적 문제중심학습
  - 비구조화된 실제 문제 활용
  - 스스로 해결책을 찾아내는 방법을 학습(메타인지)

(4) 인지적 도제학습이론 2021 지방직9급 / 2020 국가직9급 / 2022 국가직7급

① 개요
  ㉠ 콜린스(Collins) 등이 상황학습이론, 상보적 교수이론, 실천공동체 이론, 비고츠키의 문화역사적 발달이론 등을 종합하여 제안한 학습 모형
  ㉡ 전통적 도제제도의 장인과 견습생의 관계로부터 아이디어를 얻었지만, 인지적 도제학습(cognitive apprenticeship)은 기술의 전수 그 자체보다는 전문가의 사고과정을 내면화하는 것에 초점을 둠

전통적인 도제제도	인지적 도제학습
- 견습생에게 주어진 과제는 교육적 관심에서가 아니라 일터의 관심에 기초 - 가르치는 기술의 습득을 강조	- 전문가의 사고과정을 배우고 연습할 기회를 주려는 교육적 관심에 기초 - 지식의 일반화와 다른 상황에의 적용

> **암기 POINT**
> - 콜린스 등의 인지적 도제학습이론
>   - 전문가-초보자 이론 : 적응적 전문성
>   - 학습환경 : 내용, 방법, 순서, 사회학
>   - 교수·학습 '방법' :
>   (교수) 모델링, 코칭, 스캐폴딩
>   (학습) 명료화, 성찰, 탐색

② 인지적 도제학습의 기본 원리
  ㉠ 전문가와 초보자 간의 특정한 관계 속에서 실제적 과제를 해결해 나가는 과정을 통하여 새로운 지식을 구성하고 개념을 발전시켜 나감
  ㉡ 전문가는 초보자에게 자신의 내적 사고의 과정을 보여주고 수행에 도움을 주는 등의 활동을 통해 초보자의 지식 구성과정을 도와주는 역할
  ㉢ 초보자는 전문가와의 토론이나 초보자 간의 토론을 통하여 사회적 학습행동을 습득하고 자신의 인지적 활동을 통제하면서 인지능력 개발
  ㉣ 처음에는 전문가가 학습의 주도권과 책임을 갖고 있다가, 점차로 학습 도움을 점진적으로 줄여나감으로써 학습자에게 주도권과 책임을 이양

③ 학습환경의 4가지 차원 : 내용, 방법, 순서, 사회학
  ㉠ '내용' 차원

영역 지식	• 특정 교과의 개념, 사실, 절차, 원리 등
전략 지식	• 영역 지식을 실세계 문제를 해결할 때 활용 - 발견적 전략(heuristic strategies) : 과제성취 전략 - 통제 전략(control strategies) : 과정관리 전략 - 학습전략(learning strategies) : 학습하기 위한 전략

  ㉡ '방법' 차원

모델링 (modeling)	학습자가 관찰할 수 있도록 교사가 과제수행 과정을 시범보이는 단계로, 외적인 과제수행 과정과 내적인 인지처리 과정을 모두를 포함
코칭 (coaching)	학습자가 과제를 수행하는 동안 학습자를 관찰·점검·분석하여 학습자 스스로 필요한 답을 찾을 수 있도록 해 주는 조력자의 역할
스캐폴딩 (scaffolding)	- 간접적인 암시나 단서 등을 통해 학습자가 과제를 스스로 수행할 수 있도록 교사가 도움을 제공하는 단계 - 학습의 초기에는 학습자에게 많은 지지를 제공하다가 단계적으로 감소시켜 학습자가 독립적으로 수행하게 함[점진적 도움 중지(fading)]

명료화(발화) (articulation)	학습자가 학습한 지식과 기능 등을 분명하게 정리하여 말하게 하는 단계로, 암묵적 지식을 좀 더 명백하게 재조직하는 과정을 도움
성찰(반성) (reflection)	학습자 자신의 수행과 전문가의 수행을 비교해 봄으로써 자신의 문제점을 찾고 이를 수정할 수 있도록 하는 단계
탐색(탐구) (exploration)	학습자 자신의 문제에 대해 스스로 문제해결을 위한 방법과 전략을 탐색해 봄으로써 점차 독립적인 전문가가 되어 가는 단계

  ㉢ '순서' 차원 (학습활동의 계열화 원리)
   - 과제의 난이도를 점차 증가시키는 '복잡성 증대'의 원리
   - 다양한 상황에서 연습을 하게 하는 '다양성 증대'의 원리
   - 세부 과제를 수행하기 전에 과제 전체를 개념화하는 '전체에서 부분으로'의 원리
  ㉣ '사회학' 차원 : 학습자의 동기유발, 자신감, 과제에 대한 성향 등에 긍정적인 영향을 미치도록, 상황학습, 실천공동체, 내재적 동기 유발

④ 인지적 도제이론에 기초한 수업활동

1단계	실제적인 문제해결 과제	학생들이 자신의 삶에 활용할 수 있는 지식을 구성해 나가는 데 도움이 되는 실제적인 문제를 제시
2단계	시범 제공	교사는 문제를 풀어 나가는 자신의 사고 과정에 대한 설명과 함께 직접 시범을 보임
3단계	코칭과 지원 제공	수업 후반부로 갈수록 도움을 점차 감소시켜 학생들 스스로 과제를 수행하는 능력을 길러 나가도록 함
4단계	동료 학생들과의 협력 지도	협력학습의 과정에서 학생들이 해당 분야의 용어와 사고방식에 익숙해지는 문화적 적응의 기회를 갖게 함
5단계	일반적 원리로 초점을 옮겨가도록 지도	학생들이 특정 상황을 넘어 관련된 다른 상황에 적용할 수 있는 보편적 지식을 습득하게 함

(5) **레이브와 웽거(Lave & Wenger)의 상황학습이론** 2019 국가직9급 / 2022 국가직7급

① 실제적인 상황과 맥락에서의 학습 강조
  ㉠ 상황학습이론(situated learning theory)은 학습을 실제적인 문제를 포함하는 환경에서 이루어지는 문화적응과정으로 봄
  ㉡ 현실의 실제 맥락과 분리되어 추상적이고 단순화된 지식만을 가르치는 교육은 문제가 있음
  ㉢ 유의미한 학습이 일어나기 위해서는 지식이 사용되는 맥락 안에서 학습이 이루어져야 함
   예 길거리에서 아이스크림을 팔며 배운 덧셈과 학교의 연산문제를 풀며 배운 덧셈의 의미는 같지 않다.

암기 POINT
- 레이브와 웽거의 상황학습 이론
 - 실제의 사회적 상황에의 참여를 통해 학습함
 - 실행공동체(CoP)
 - 정당한 주변적 참여

② 사회적 활동에의 참여를 통한 학습 강조
　㉠ 학습은 일상생활의 활동에 참여하는 경험을 통해 진행되므로 사회공동체의 활동에 참여하는 과정이 장려되어야 함
　㉡ 주요 개념으로 실행공동체(community of practice)[6]와 정당한 주변적 참여(legitimate peripheral participation)[7]에 제시됨
③ 상황학습이론의 교육적 적용
　㉠ 지식이나 기능이 사용되는 구체적 맥락을 제시하여야 함
　㉡ 다양한 사례를 활용하여 능동적인 문제해결을 유도하도록 함
　㉢ 한 가지 주제를 다양한 맥락에서 다양한 예시로 다루어 전이를 촉진함
　㉣ 교과 간 통합적 과제를 제시하며 복잡한 지식을 단순화하지 않음
　㉤ 매체를 활용하여 구체적 사례들을 다양하게 제시함
　㉥ 포트폴리오 평가 등과 같이 과정 중심, 학습자 중심의 평가방법 활용
④ 정착수업(anchored instruction) 모형
　㉠ 정착수업의 원리
　　• 교과의 지식이나 기능이 실제적인 맥락 속에서 학습되어야 한다고 봄
　　• 구체적인 내용과 실제적인 맥락을 중시하는 상황학습 이론에 근거
　　• 이야기, 주제, 사례와 같은 상황적 맥락을 중심으로 학습을 설계
　㉡ 재스퍼(Jasper) 시리즈 프로그램
　　• 미국 반더빌트 대학의 학습공학센터(CTGV)에서 개발한 5~8학년 수학 교수 프로그램
　　• 재스퍼라는 이름의 소년이 겪게 되는 여섯 가지의 모험 이야기 속에 수학적 기능을 요하는 문제를 제시하여 실제 상황과 관련한 흥미로운 문제해결이 중심이 되는 학습 형태
　　• 영상매체의 이야기를 통해 수학문제를 제시하므로 읽기 능력이 낮은 학생들에게도 효과적
　　• 문제해결에 필요한 단서들과 자료들을 제공해 주면서 학생들 간 협력을 촉진함

(6) **상보적 교수(reciprocal teaching) 모형** 2012 국가직7급
① 개요
　㉠ 팰린사(Palincsar)와 브라운(Brown)이 제안한 독해력 지도 모형으로, 학생이 읽은 내용을 깊이 이해하고 생각하도록 도와주는 것을 목적으로 함
　㉡ 비고츠키 이론에 기초한 모형으로, 과제의 난이도와 학생의 능력을 고려하여 학습의 주도권이 교사로부터 학생에게 점진적으로 옮겨가게 함
　㉢ 단기간에 독해 교육의 성과를 얻는 데 유용한 것으로 보고됨
② 수업의 절차 및 전략
　㉠ '학습 안내 → 교사(또는 유능한 학생)의 시범 → 교사-학생 또는 학생-학생 간 상보적 도움(토론) → 자기학습'의 순으로 전개

---

[6] **실행공동체**
상호신뢰와 협력을 바탕으로 공동의 목적을 위해 사회적 실천을 하는 사람들의 모임

[7] **정당한 주변적 참여**
초보자가 권한을 갖고 주변적인 일에 참여하면서 공동체의 지식을 학습하는 것

암기 POINT
• 반더빌트 대학의 정착수업 (앵커드 수업) 모형
　- 재스퍼 시리즈 : 수학
　- 실제적인 맥락 속에서 학습
　- 문제해결을 통한 학습

암기 POINT
• 팰린사와 브라운의 상보적 교수 모형
　- 독해력 지도 모형
　- 비고츠키 이론에 기초
　- 시범(모델링) → 상보적 학습 (스캐폴딩) → 자기학습
　- 활동 요소 : 요약, 질문, 명료화, 예측

ⓒ 수업활동의 핵심 요소

요약하기	학생들 각자가 이해한 내용을 자신의 용어로 요약하기
질문하기	교사-학생, 학생-학생이 번갈아가며 질문을 하고 대답하기
명료화하기	대답에 근거하여 요약한 내용을 보다 명료화하기
예측하기	주어진 글의 다음에는 어떤 내용이 이어질지 예언하기

③ 교사의 역할
  ㉠ 학생에게 독해력 향상을 위한 인지전략을 설명하고 시범을 보임
  ㉡ 학생이 능동적으로 지식을 구성하도록 질문을 던지고 참여를 격려함
  ㉢ 학생에게 현재 수준에 맞는 피드백과 조언을 제공하고 사고발달을 촉진

> [교사의 모델링 사례]
> (교사는 열대림의 생태계에 관한 글을 소리 내어 읽으면서 동시에 글을 읽는 과정에서 자신이 생각하는 것을 다음과 같이 학생들에게 독백 형식으로 이야기한다.)
> 교사 : 지금까지 글의 내용을 보면 열대림과 열대 우림의 의미가 다른 것 같은데 그 차이가 뭐지? 앞으로 이 글을 읽으면서 확인해 봐야겠어. … 그러니까 지금까지의 내용을 간단히 정리해 보면, 열대 우림은 열대림 중 대표적인 것이고 이것은 다시 고도에 따라 산지 우림과 저지 우림으로 나뉜다는 것이네.

(7) 인지적 유연성(cognitive flexibility) 이론

① 개요
  ㉠ 스피로(Spiro) 등이 복잡하고 다차원적인 개념의 학습을 안내하기 위해 제안한 이론
  ㉡ 수학과 같은 구조화·계열화된 교과 영역에는 적합하지 않을 수 있음

② 인지적 유연성 학습의 원리
  ㉠ 대부분의 지식은 복잡하고 다차원적인 개념으로 형성되어 있음
  ㉡ 지식의 전이는 지식을 단순히 기억해내는 것이 아니라 지식이 사용되는 맥락에 따라 즉각적으로 재구성하는 것임
  ㉢ 지식의 재구성을 위해서는 지식을 다양한 맥락에 적용할 수 있는 인지적 유연성이 중요
  ㉣ 지식을 단순화·구조화하여 제시하는 것은 고차적 지식 습득을 방해하며, 구체적인 적용 사례들을 통해 다양한 형태의 지식을 다각도로 체험하게 하여야 함

③ 수업설계에의 적용
  ㉠ 다양하고 구체적인 사례들이 주된 구성요소 : 지식이 다양하게 적용되는 방식을 알기 위해 여러 개의 구체적인 소규모 사례를 실제의 맥락 속에서 학습하도록 함
  ㉡ 다차원적 관점에서의 재학습 : 동일한 자료를 다른 시기에 다른 목적과 관점으로 반복하여 검토함으로써 다양한 차원에서 지식을 이해하게 함

암기 POINT

• 스피로 등의 인지적 유연성 이론
  - 고차적 지식 습득을 위해 인지적 유연성 필요
  - 다양한 사례, 다차원적 관점, 비구조화된 학습계열
  - 하이퍼미디어(텍스트) 학습

ⓒ 하이퍼미디어 도구 활용 : 하이퍼미디어를 통해 사전에 계열화되지 않은 비구조적인 방식으로 지식에 임의적 접근(random access)을 하는 것은 인지유연화를 촉진할 수 있음

④ 하이퍼미디어(hypermedia) 활용 수업
ⓐ 학습자가 비선형적(nonlinear)으로 정보를 탐색하며, 멀티미디어 요소를 활용하여 다차원적으로 지식을 구성할 수 있음
ⓑ 비구조화된 내용을 학습할 때 활용하면 학습자의 인지적 유연성을 기르는 데 특히 효과적
ⓒ 다만, 학습자의 방향감 상실이나 인지 과부하(cognitive overload)를 야기할 수 있음

3 교수·학습 방법

01 강의식 수업 2018 지방직9급

(1) 강의법

① 개요
  ⓐ 교사가 학생들에게 정해진 교과 지식을 제시하고 설명하여 학습자의 이해를 촉진하는 방법
  ⓑ 헤르바르트에 의해 체계화되었으며, 준비, 제시, 결합, 체계화, 적용 등의 단계로 진행

② 장점
  ⓐ 내용을 체계적으로 제시하므로 짧은 시간에 많은 내용을 학습할 수 있음
  ⓑ 친숙한 방법이므로 교수·학습 방법을 새로 배워야 하는 부담이 적음

③ 단점
  ⓐ 학습자를 수동적인 존재로 가정하며, 내재적 학습동기 유발을 저해함
  ⓑ 문제해결력이나 창의력과 같은 고차적 사고능력을 기르는 데는 부적합

(2) 질문법(발문법, Questioning)

① 개요 : 교사가 학생에게 질문을 던져 학생의 참여를 유도하고 학습을 촉진하는 수업기법
② 질문의 유형 : 질문에서 요구하는 답의 개방성에 따른 분류
  ⓐ 폐쇄적(수렴적) 질문 : 정해진 대답을 기대하는 질문. 정보의 재생, 이해, 분석을 요구
  ⓑ 개방적(발산적) 질문 : 다양한 대답을 요구하는 질문. 분석, 종합, 평가, 창안 등의 사고 자극

암기 POINT
- 강의법
  - 교사 주도, 설명식 수업
  - 헤르바르트가 체계화

③ 질문 전략의 유형과 예시
  ㉠ 연역적 전략 : "의자가 액체로 되어 있다면 어떻게 될까요?"
  ㉡ 비교 대조 전략 : "새와 박쥐의 공통점과 차이점은 무엇인가요?"
  ㉢ 원인 설명 전략 : "더운물에 풍선을 넣으면, 왜 부풀어 오를까요?"
  ㉣ 예측적 전략 : "이 이야기 다음에 무슨 일이 일어날까요?"
④ 효과적인 질문을 위한 기본 원칙
  ㉠ 가능한 한 직접적이기보다는 우회적으로, 지시적이기보다는 비지시적으로 질문, 재생적 수준에서 추론적 수준으로, 더 나아가 적용적 수준으로 발문하는 것이 효과적
  ㉡ 질문은 자주 하되, 가능한 한 모든 학생을 골고루 호명하여 소수 학생의 응답기회 독점 방지
  ㉢ 질문을 먼저 하되, 응답할 학생을 호명하기 전과 후에 생각할 수 있는 시간을 주어야 함
  ㉣ 호명된 학생이 대답을 어려워할 경우 학생을 적절히 격려하여 참여를 유도해야 함
  ㉤ 질문 속도와 생각할 시간은 질문 내용에 맞춤. 기초기능의 연습에 관한 것은 빠를수록 좋음

02 토의식 수업 2022 국가직7급

(1) 개요
① 비교적 다수의 참여자로 구성된 집단 내에서 어떤 문제에 대한 의견을 주고 받으면서 합의를 형성하고 문제를 해결하는 과정 속에서 학습하는 방법
② 민주주의 원칙에 기반을 둔 학습 활동으로서, 의사소통 기능, 대인 관계 기능, 타인에 대한 존중 태도 등의 발달에 효과적임

(2) 전통적인 토의법

원탁토의 (round table discussion)	- 참가자 전원(5~10명)이 상호 대등한 관계 속에서 자유롭게 의견을 교환 - 고정된 규칙은 없지만, 참가자 모두가 발언할 수 있는 기회를 갖도록 함 - 주제에 관련된 사전 지식이 있는 학생이 사회자를 맡도록 함
배심토의 (panel)	- 주제에 대해 상반된 의견을 갖는 소수(4~6명)의 대표자(패널)끼리 토론 - 찬반이 명확한 주제, 일정한 규칙과 안내에 따라 토의(판결식 토의)
공개토의 (forum)	- 주제에 대해 특별한 전문지식이나 의견을 소수(1~3명)의 발표자가 발표 - 발표 후 발표자와 청중 간 질의응답을 통해 토의[공론(公論)식 토의]
단상토의 (symposium)	- 주제에 대해 서로 다른 입장을 가진 소수(2~5명)의 전문가가 발표 - 원칙적으로는 발표자와 청중의 질의응답 없음(강연식 토의)
대담토의 (colloquium)	- 전문가 집단(3~4명)과 청중 대표(3~4명)가 청중 앞에서 주제에 대해 토의 - 각자 의견을 발표하고 질의응답을 통해 토론 실시(배심토의의 변형)
세미나 (seminar)	- 참가자 모두가 주제에 대하여 권위 있는 전문가로 구성된 소수의 집단토의 - 공식적인 발표 후 함께 상호 질의응답을 통해 토의(질의식 토의)

암기 POINT
- 효과적인 질문법
  - 학습목표와 내용에 맞게 다양한 질문형태 활용
  - 질문하기 → 침묵 → 대답할 학생 호명 → 격려/추가질문

암기 POINT
- 전통적 토의법 유형
  - 원탁토의
  - 배심토의(패널)
  - 공개토의(포럼)
  - 단상토의(심포지엄)

(3) 대안적인 토의법
① 버즈 토의(buzz discussion)
   ㉠ 개요: 여러 개의 소집단이 동시에 자유롭게 토의하는 방법
      - 학생들이 열띠게 토의하느라 시끄러운 교실 상황을 비유해 이름을 붙임
      - 소수 인원으로 소집단이 구성되기 때문에 서로 친근감을 갖게 되어 자유롭게 의견을 교환할 수 있음
   ㉡ 진행 방법
      - 3~6명으로 편성된 4~6개의 소집단들이 주어진 주제에 대해 토의 시작
      - 비슷한 결론을 내린 소집단들을 점점 합쳐 가며 더 큰 소집단에서 토의
      - 소집단별 토론 이후에 전체가 다시 모여서 그 결과를 공유하고 종합·정리
② 눈덩이 굴리기 토의(snowballing discussion)
   ㉠ 개요: 눈덩이를 굴리듯이 일대일 토의에서 시작해서 참여자를 점차로 늘려가며 토의하는 방법
   ㉡ 진행 방법
      - 처음에는 두 사람씩 짝을 지어 토론 주제에 대해서 각자 자신의 의견을 발표하고 서로의 의견을 모아 공동 의견을 결정
      - 어느 정도 토론이 진행되면 다른 집단과 만나 4명의 새 집단을 만들어 토론하고, 다시 4명 집단의 공동 의견을 결정
      - 얼마 후 다시 8명의 집단을 형성하여 토의하고 동의 내용을 결정하고, 발표할 사람을 선정해서 학급 전체에 발표함

> 암기 POINT
> • 대안적 토의법 유형
>   - 버즈 토의
>   - 스노우볼 토의
>   - 피시볼 토의

03 협동학습 2016 지방직9급 / 2009·2013·2022 국가직9급 / 2008·2020 국가직7급

(1) 협동학습의 개념과 일반 원리
① 개념: 학습자 간의 협력적인 상호작용을 통한 학습을 강조하는 학습자 주도 집단학습 방법
② 협동학습의 일반적 원리

공동의 목표 달성 노력	모든 구성원이 함께 참여하여 성취할 수 있는 명확한 공동의 목표가 있어야 효과적
개별 책무성	집단 구성원 각자가 최선의 노력을 기울어 자신의 역할을 완수하지 않으면 구성원이 불이익을 받게 되는 구조가 있어야 효과적
이질적 집단 구성	기본적으로 학업 능력, 성별, 사회계층 등에 있어서 이질적인 학생들로 집단을 구성하는 것이 효과적
긍정적 상호의존성	신뢰에 바탕을 둔 구성원 간의 상호의존관계가 중요하며, 이를 위해 청취기술, 번갈아 하기, 도움주기, 칭찬하기 등 협동기술 습득 필요

> 암기 POINT
> • 협동학습의 원리(특성)
>   - 공동의 목표
>   - 개별 책무성
>   - 이질적 집단 구성
>   - 긍정적 상호의존성

③ 협동학습의 장점과 단점
  ㉠ 장점
    - 동료 학습자와의 상호작용을 통해 학업성취도 향상에 기여
    - 학습과정에서 리더십, 의사소통기술과 같은 사회적 기능들을 직접 배울 수 있음
    - 협동심, 타인에 대한 존중과 이해 등 긍정적 태도를 형성할 수 있음
    - 긍정적인 자아개념 형성, 학습동기 유발
  ㉡ 단점
    - 교사의 의사대로 수업시간과 학습량에 대한 조절이 어려움
    - 학습에 대한 책임감이 분산되어 무임승차 현상과 봉 효과 발생 우려
    - 학습능력이 높은 학생이 소집단 활동을 장악하여 빈익빈 부익부 현상 발생 우려
    - 소집단 간의 지나친 경쟁심 유발
④ 협동학습의 문제점과 보완 방안

문제점	의미	보완 방안
무임승차 현상	개인의 노력 없이 집단의 학습성과를 공유함	개별책무성 강화, 개별보상
봉 효과	무임승차를 우려하여 학습에 소극적이게 됨	집단보상과 개별보상 조화
부익부 현상	학습능력이 높은 학생이 소집단 활동을 장악	명확한 역할분담, 집단보상
빈익빈 현상	학습능력 낮은 학생의 소외, 자아존중감 손상	역할분담, 협동기술 습득
집단 간 편파	지나친 경쟁심으로 자신이 속한 집단만 편애	주기적으로 소집단 재편성

(2) 협동학습의 유형

① 직소(Jigsaw) 모형 : 과제분담학습 모형
  ㉠ 아론슨(Aronson)이 개발한 모형으로, 과제의 상호의존성은 높고 보상의존성은 낮은 모형
  ㉡ 학생들이 무엇을 어떻게 해야 할지 몰라서 시간을 낭비하는 것을 막기 위해서 협동학습의 주제, 형식과 절차 및 구성원의 역할 분담이 명확하게 제시
  ㉢ 직소 모형의 수업 절차
    - 소집단 구성 및 과제분담 : 전체 학습내용을 읽고, 집단 내 개인별로 세부 과제를 분담
    - 전문가 집단 활동 : 각 집단에서 동일 과제를 맡은 학생끼리 모인 전문가 집단에서 학습
    - 원집단 활동 : 원래 소속된 집단으로 돌아가 동료들에게 학습한 것을 서로 가르쳐 줌
    - 평가 및 보상 : 개별평가 → 개인점수, 향상점수, 집단점수 산출 → 개별보상 및 집단보상(직소 I은 개인점수만, 직소 II는 집단점수도 산출)

② 팀성취 분배보상(성취-과제분담, STAD : Student Teams Achievement Division) 모형
  ㉠ 슬래빈(Slavin)이 개발한 모형으로, 과제의 상호의존성은 낮고 보상의 존성은 높은 모형
  ㉡ 무임승차 문제를 해소하기 위해 집단 보상 시에 개인의 성취 결과를 집단 점수에 반영하여 모든 학생들이 책무성을 갖도록 함
  ㉢ STAD 모형의 수업 절차
    • 교사의 수업내용 제시 : 전체 학생들에게 기본적인 학습내용을 설명한 후
    • 소집단 조직 : 학습능력 등을 고려하여 이질적인 4~5명씩으로 팀을 구성
    • 소집단 학습 : 팀별로 나누어준 학습지의 문제를 협동학습을 통해 해결
    • 개인별 평가 : 모든 학생들에게 퀴즈를 실시하여 개인 점수를 부여
    • 소집단 점수 산출 및 보상 : 개인별 점수가 향상된 정도(평균, 합계)에 따라 팀원 모두에게 추가 점수를 부여하거나 우수 팀으로 선정

③ 팀 경쟁 학습(TGT : Teams Games Tournaments) 모형
  ㉠ 드브리스(DeVries)와 에드워즈(Edwards)가 개발한 모형으로, STAD 모형과 마찬가지로 소집단별 보상을 실시하되, 토너먼트 게임 방식을 통해 협동을 유도하는 방법
  ㉡ 체급별 운동시합과 비슷하게 학습자의 능력별로 게임에 참가하므로, 비교적 성공기회를 모든 아동에게 균등하게 제공한다는 점이 특징임
  ㉢ TGT 모형의 수업 절차
    • 교사의 수업 : 교사가 학습지를 나누어주고 강의 중심으로 수업을 함
    • 소집단 학습 : 소집단별로 학습지에 있는 문제를 함께 풀면서 학습
    • 토너먼트 게임 선수 배정 : 각기 다른 소집단에서 나온 학업성취도가 비슷한 구성원들이 모여서 토너먼트 게임 형식으로 퀴즈 풀기
    • 퀴즈 : 각 토너먼트 참여자들은 퀴즈를 맞힌 횟수에 따라 점수를 받음
    • 팀 점수 산출 및 보상 : 토너먼트가 종료되면 각 참여자들은 원래의 소집단에 모여 각자가 받은 점수의 평균을 구해서 팀 점수를 산출함

④ 팀 보조 개별 학습(TAI : Team Assisted Individualization) 모형
  ㉠ 학습과 보상에 있어서 개별학습과 협동학습의 구조가 혼합된 모형
  ㉡ TAI 모형의 수업 절차
    • 소집단 구성 : 사전 진단검사를 통해 능력수준 진단, 이질적인 학생 4~5명씩으로 팀 구성
    • 개별학습 : 학생 각자의 수준에 맞는 학습과제를 개별적으로 학습
    • 협동학습 : 단원평가 문제를 푼 후 팀원들 두 명씩 짝지어 교환채점
    • 개별평가 : 일정 성취수준에 도달하면 최종적인 개별시험을 보게 함
    • 팀 점수 산출 및 보상 : 개별점수를 합하여 각 팀의 점수를 산출하고, 미리 설정해 놓은 팀 점수를 초과한 팀에게 보상을 함

> **암기 POINT**
> • 주요 협동학습 방법
>   - 직소 모형 : 과제분담, 전문가집단 활동
>   - STAD 모형 : 개인점수를 집단점수에 반영
>   - TGT 모형 : 보상 시, 토너먼트 게임 방식 활용
>   - 각본협동 모형 : 협동적 상호작용의 구조화

⑤ 자율적 협동학습(Co-op Co-op : Co-operation Co-operation) 모형
  ㉠ 케간(Kagan)이 고안한 모형으로, 소집단 내에서의 협동과 소집단 간의 협동으로 얻은 이익을 학급 전체가 함께 공유하는 방식의 협동학습 모형
  ㉡ 과제의 상호의존성이 높고 보상의존성은 낮은 구조로, 일부 학생들의 무임승차로 인한 불만을 해소하고 봉 효과를 예방할 수 있음
  ㉢ 자율적 협동학습 모형의 수업 절차
    • 학습과제 선택과 분류 : 교사와 학생들이 토의로 학습과제를 선택한 후, 다시 소주제로 분류
    • 소집단 구성 : 학생들 각자 소주제를 선택하고, 같은 소주제를 선택한 학생들끼리 팀을 구성
    • 소집단 학습 : 소주제를 더 작은 미니주제들로 나누어 개별 학습한 후, 그 결과를 팀 내에서 발표
    • 보고서 작성 및 발표 : 팀별로 보고서를 작성한 후, 학급 전체에서 발표
⑥ 각본협동(scripted cooperation, 협동 시나리오) 모형
  ㉠ 두 명의 학생이 짝을 지어 정해진 순서에 따라 교대로 자료를 요약하고 그 내용을 서로 점검·논평해주는 교수·학습 방법
  ㉡ 학습자 간의 상호작용 방식을 구조화함으로써 협동기능 부족으로 인한 학습혼란을 방지하고 집중적인 탐구를 도와 고난이도 과제의 학습에 효과적

04 개별화 수업

(1) 개별화 수업의 개념

① 개별화 수업의 개념
  ㉠ 학습자의 기초능력, 학습방법, 특성 등의 개인차를 고려하여 수업처방을 함으로써 수업의 효과를 극대화하고자 하는 수업전략
  ㉡ 최근 컴퓨터보조수업, 컴퓨터기반수업, 웹활용교육, 이러닝활용 등을 통해 개별화 교수체제의 실현가능성이 높아지고 있음

② 개별화 수업의 일반적 특징
  ㉠ 전체 학습 과정에서 학습자가 자율적으로 학습할 수 있는 주도권을 가짐
  ㉡ 교육목표는 학습자 개인의 동기·능력·흥미에 따라 선택되고 결정됨
  ㉢ 학습자들은 각자 자신의 능력과 학습속도에 맞게 자율적으로 학습함
  ㉣ 학습의 진행 과정에서 평가를 실시하고, 단계별 학습목표를 달성한 경우에만 다음 단계의 학습으로 진행할 수 있음
  ㉤ 평가 결과에 따라 교정이 이루어지거나 심화·보충 과제가 주어짐

(2) 개별화 수업의 유형

① 켈러의 개별화 수업체제(PSI : Personalized System of Instruction)
  ㉠ 켈러(Keller)에 의해 개발된 수업 모형으로('켈러 플랜'), 스키너의 프로그램 수업을 인쇄물 기반의 체제에 맞게 적용한 모형
  ㉡ 진행절차
    - 전체 학습과제를 소단위로 나누어 단계적으로 학습하도록 학습자료를 설계하여 배부하고, 학생들은 각자 자신의 학습속도에 맞추어 진행
    - 각 소단위별로 평가를 실시하고, 통과한 경우에만 다음 단계로 나아가고, 실패한 경우에는 해당 단위를 다시 학습하고 재평가를 실시
    - 교수자는 학습자의 개별학습을 돕는 역할을 하되, 학습자의 학습에 개입하는 것을 최소화하도록 함

② 개별처방 교수법(IPI : Individually Prescribed Instruction)
  ㉠ 글레이저와 볼빈(Glaser & Bolvin)이 개발한 개별화 수업 모형
  ㉡ '진단검사'를 실시하고 그 결과에 따라 개별 학생에게 적절한 학습자료를 처방할 것을 강조

③ 개별지도 교수법(IGE : Individually Guided Education)
  ㉠ 클로스마이어(Klausmeier) 등이 개발
  ㉡ 전통적인 학년제 폐지, 무학년제 실시, 학습자 개인별로 목표 설정
  ㉢ 팀티칭 수업을 통해 학습자의 요청에 즉각적으로 대처할 수 있도록 함

④ PLAN 체제(Program for Learning in Accordance with Needs)
  ㉠ 플랜너갠(Flanagan) 등이 개발한 무학년제 컴퓨터지원 개별화 수업 프로그램
  ㉡ 모든 학습과정은 약 2주 정도의 학습량 단위로 나누어진 모듈 단위로 작성하고, 학습자의 적성, 흥미, 학업성취수준 등을 컴퓨터로 분석한 결과를 토대로 개별 학습자에게 적합한 모듈을 선정하여 제공

> **암기 POINT**
> - 개별화 수업 체제의 종류
>   - 켈러의 PSI
>   - 글레이저의 ISI
>   - 클로스마이어의 IGE
>   - 플랜너갠의 PLAN

(3) 적성-처치 상호작용(ATI : Aptitude-Treatment Interaction) 모형

① 개관
  ㉠ 크론바흐(Cronbach)와 스노우(Snow)가 제시한 모형으로, 동일한 수업방식이라도 학습자의 적성(개인차)에 따라 효과가 다를 수 있음을 시사
  ㉡ 학습자의 특성을 고려하여 수업방법을 선택하여야 수업의 효과가 극대화될 수 있음
    예 학교 수업 장면에서 불안수준이 높은 학습자는 토의법보다 강의법에서 성취수준이 높음

② 적성-처치 상호작용(ATI) 현상의 양태
  ㉠ (가) : 적성수준에 따른 교수 처치 효과가 다르게 나타나지 않는 경우

ⓛ (나) : 가장 이상적인 형태로, 개인차를 고려한 적응적 수업의 효과가 가장 크게 나타난 경우(적성수준이 높은 학습자에게는 교수방법 A가 유리, 낮은 학습자에게는 교수방법 B가 유리)
ⓒ (다) : 일반적으로 나타나는 경우로, 적성-처치 상호작용의 효과가 크지 않지만 일부 존재

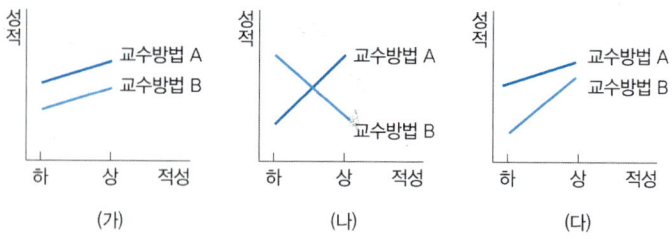

4 교수매체의 선정과 활용

01 교수매체의 이해 2017 국가직9급 / 2008 국가직7급

(1) 교수매체의 개념과 기능

① 교수매체[8]의 개념
  ㉠ 좁은 의미 : 교수·학습을 위해 사용하는 시청각 기자재와 수업자료 총칭
  ㉡ 넓은 의미 : 학습자에게 교수·학습 내용을 전달하는 수단이나 방법 총칭
② 교수매체의 속성(기능적 특성)
  ㉠ 고정성 : 시간적 제약을 받지 않고 정보를 기록, 보존, 재생할 수 있음
  ㉡ 반복성 : 필요에 따라 언제든지 반복하여 사용할 수 있음
  ㉢ 확충성 : 많은 학습자들에게 동시에 정보 및 학습기회 제공 가능
  ㉣ 구체성 : 추상적인 개념이나 원리 등을 구체적 형태로 표현할 수 있음
  ㉤ 조작성 : 다양한 기법을 활용하여 사물이나 사건, 상황을 변형해 제시
    예 비디오를 이용해서 물고기가 헤엄치는 모습을 느린 동작으로 보여줌
③ 교수매체 활용의 효과
  ㉠ 교수활동의 표준화 : 교사에 따른 개인차를 줄이고 교수의 질을 보장
  ㉡ 학습내용의 풍부화 : 내용의 사실성을 증가시키거나 현상의 진행과정을 제시할 수 있음
  ㉢ 학습자의 흥미 유발 : 시각과 청각을 자극하고 주의를 끌어 흥미 유발
  ㉣ 시간의 효율적 사용 : 짧은 시간에 많은 양의 정보를 집중적으로 제공
  ㉤ 융통성있는 교수·학습 활동 : 학습자가 원하는 시간과 장소에서 자유롭게 활용할 수 있음

---

8) 교수매체
교육용 자료 및 기자재(교과서, 컴퓨터 등)

(2) 교수매체에 관한 연구

① 매체비교 연구
  ㉠ 상이한 매체 유형이 학업성취도에 미치는 효과 탐색(행동주의 패러다임)
  ㉡ 특정 매체가 다른 매체에 비해 교과내용이나 학습자 특성 등에 관계없이 일관되게 효과를 보인다고 가정
  ㉢ 학업성취도가 매체만의 효과인지 다른 영향 때문인지 증명하기 어려움
  ㉣ 새로운 매체 도입으로 신기성 효과[9] 또는 다양성 효과의 통제 어려움

② 매체속성[10] 연구
  ㉠ 매체가 지닌 속성 자체가 학습자의 인지 과정 및 학습 효과에 미치는 영향을 탐색(인지주의 패러다임의 영향)
  ㉡ 매체의 속성이 학습자의 인지적 처리과정에 영향을 줄 것이라고 가정
    예 나팔꽃의 개화과정을 보여주기 위해 비디오의 시간압축 특성을 활용함

③ 매체선호 연구
  ㉠ 교수매체에 대한 학습자의 태도, 가치, 신념 등의 정의적 특성 변인들이 학습에 미치는 효과를 탐색
  ㉡ 학습자의 태도와 학습은 역U자 관계(매체난이도, 지각수준이 중간 정도 수준일 때 학습효과가 최대화됨)

④ 교수매체의 경제성 연구
  ㉠ 교수매체의 비용[11] – 효과에 대한 탐색
  ㉡ 특정 조건에서 매체활용이 경제적인 효과를 산출할 수 있다고 가정

> 9) 신기성 효과(novelty effect)
> 새로운 매체 사용으로 인한 흥미 유발 등의 효과
>
> 10) 매체속성
> – 매체마다 대상을 표상하는 방식이 다르다는 의미
> – 각각의 매체는 나타내고자 하는 대상의 모양, 색깔, 촉감, 움직임 등 다양한 특성을 표현하는 데 서로 다른 장점과 한계를 가짐
>
> 11) 비용
> 학습자가 학습에 사용한 시간, 개발팀이 교수개발에 사용한 시간과 비용, 수업 진행의 관리적인 요인과 조직적인 요인 비용 등 포함

02 교수매체의 유형과 특징

(1) 학습경험의 특성에 따른 분류 2013 지방직9급 / 2008 국가직7급

① 호반(Hoban)의 시각자료 분류 : 각 매체를 구체적 매체에서 추상적 매체로 분류

언어	도표	지도	회화사진	슬라이드	입체도	필름	모형	실물	전체장면

추상적 → 구체적

② 데일(Dale)의 '경험의 원추'
  ㉠ 경험의 구체성에 따른 분류 : 가장 구체적인 수준인 '직접적·목적적 경험'에서 시작해서, 가장 추상적인 수준인 '언어'를 통한 경험 순으로 배열
  ㉡ 브루너의 인지적 학습단계 분류에 영향 : 행동적 경험에 의한 학습(행동적 단계), 관찰을 통한 학습(영상적 단계), 추상을 통한 학습(상징적 단계)

> 암기 POINT
> • 데일의 경험의 원추
>   – 구체성이 가장 높은 매체 : 직접 경험
>   – 구체성이 가장 낮은 매체 : 언어(책)

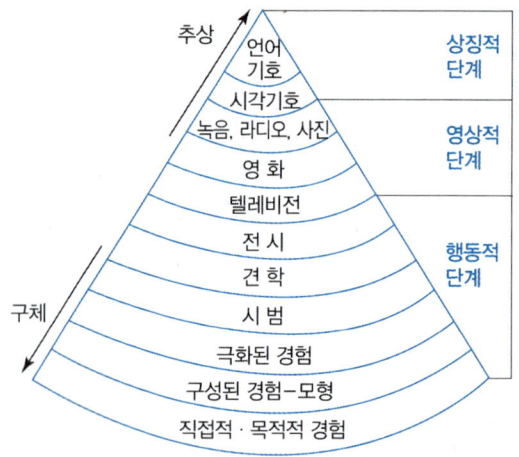

(2) 데이터 속성 및 전달방식에 따른 분류

① 아날로그 매체 : 칠판, 괘도, 모형, TV, VTR, OHP, 슬라이드, 빔프로젝터, 실물화상기 등 전통적인 시청각 매체(투사 매체, 비투사 매체)
② 디지털 매체 : CD-ROM, 디지털카메라, 디지털캠코더, DVD, 프로젝터 등 컴퓨터를 기반으로 하는 모든 매체
③ 모바일과 유비쿼터스 매체 : PMP, PDA, 스마트폰, 블루투스를 통한 U러닝, 전자교과서, 가상현실(VR) 활용

(3) 아날로그 매체의 종류와 특징 2007 국가직7급

① 실물 화상기
  ㉠ 특징 : 그림, 사진, 실물 등을 직접 투사하여 보여주는 매체
    (하나 밖에 없거나 작아서 여럿이 보기 힘든 자료를 제시할 때 사용)
  ㉡ 장점
    • 사용 범위가 넓고 제시물을 원색 그대로 나타내줌
    • 별도의 자료를 제작하거나 가공할 필요가 없음
    • 원자료의 손상 없이 자료를 제시할 수 있음
    • 다양한 각도에서 자료를 제시할 수 있음
    • 화면을 확대하거나 축소하여 제시할 수 있음
  ㉢ 단점
    • 키스토닝(keystoning) 효과가 발생할 우려
    • 확대를 많이 할수록 선명도가 떨어짐
    • 원본 자료의 필요 없는 부분도 같이 제시되어 집중력이 흐려짐
  ㉣ 키스토닝(keystoning, 화면왜곡) 현상
    • 영상의 양끝이나 좌우가 왜곡되어 사다리꼴이나 평행사변형으로 보여지는 현상으로, 투사매체에 일반적으로 나타날 수 있는 문제

- 투사매체의 렌즈와 영사막 사이의 각도가 적절하지 않을 때 나타나므로 렌즈와 영사막의 각도를 조절하면 해결됨

② 오버헤드 투사기(OHP)
　㉠ 특징 : 투영판 위에 투명필름(TP)[12] 위에 인쇄된 자료를 놓고 스크린으로 영상을 제시하는 매체
　㉡ OHP(TP 자료)의 사용 방법
　　• 판서 방법 : 판서 내용을 미리 만들어 제시, 직접 현장에서 쓰는 과정을 보여줄 수도 있음
　　• 부분제시법 : TP의 일부분만 단계적으로 보여주는 방법, 호기심 자극, 동기유발, 주의집중
　　• 합성분해법 : 여러 장의 TP를 겹쳐가면서 제시, 요소 간의 상대적 관련성 강조할 때 유용
　　• 기입소거법 : TP에 지워질 수 있는 펜을 사용하여 내용을 썼다 지움, 사전계 필요
　㉢ TP 자료의 제작 지침
　　• 하나의 화면에 하나의 주제에 관한 정보만 싣는 것이 바람직
　　• 문자보다 시각자료를 싣는 것이 좋음
　　• 문자는 중요한 정보만 선별해서 간결하게 싣는 것이 좋음
　　• 문자만 실을 경우, 6×6규칙을 준수하는 것이 좋음
　　• 세로형보다는 가로형으로 정보를 싣는 것이 좋음
　㉣ 장점
　　• 암막 장치 필요 없어 장소에 구애를 받지 않음
　　• 교사가 학습자를 마주보면서 수업을 할 수 있음
　　• 자료의 제작이 간편하고, 기기의 조작이 용이함
　㉤ 단점
　　• 불투명 자료는 사용할 수 없음
　　• 키스토닝 효과가 발생할 우려

(4) **디지털 매체(에듀테크[13])의 종류와 특징** 2014 국가직7급
① 전자칠판
　㉠ 개념 : 컴퓨터와 연결된 보드 위에 전용 펜으로 수업내용을 판서하고 이를 대형 스크린으로 보여주는 시스템
　㉡ 파워포인트 도구를 이용한 자료 활용
　　• 멀티미디어 슬라이드를 용이하게 만들 수 있음
　　• 그래프, 텍스트, 이미지 등의 개체 삽입이 자유로움
　　• 문서작성과 서식관리 기능, 하이퍼링크 기능을 제공함

---

12) TP(투명필름, Transparent Paper)
　보통 A4 사이즈로 만들어진 투명한 필름

13) 에듀테크(Edutech)
　- 교육(education)과 기술(technology)의 결합
　- 최신의 기술공학을 활용해서 교육효과를 촉진하는 환경을 구축하는 활동
　- 컴퓨터와 네트워크를 활용하는 매체기반 학습 환경을 위한 기술

© 장점
- 판서기능을 통해 다양한 이미지의 연출 가능
- 판서 내용을 저장, 출력, 전송도 가능
- 다양한 프로그램이나 동영상, 인터넷도 함께 활용 가능

② 단점
- 선명한 화질을 구현하는 LCD 전자칠판은 가격이 비쌈
- 일반 칠판에 비해 조작이 복잡하여 별도의 훈련이 필요함

② 디지털 교과서
㉠ 개념 : 디지털 형태의 정보로 가공·저장한 교과서로, 다양한 형태의 멀티미디어 자료와 상호작용적 학습관리 도구[14]를 연계하여 사용하도록 한 매체

㉡ 장점
- 사용상 시공간의 제약 적음
- 학습자의 능력 및 수준에 따른 맞춤형 학습이 용이함
- 다양한 멀티미디어 콘텐츠의 활용을 통해 학습동기를 높일 수 있음
- 학습관리 도구를 통해 개인별로 학습을 지원 가능

㉢ 단점
- 특정한 장비와 프로그램이 있어야 접근 가능
- 초기 구축 및 교체 시 상당한 시간과 비용 필요
- 디지털 기기 사용에 대한 중독 유발 우려

③ 가상현실(VR : Virtual Reality)
㉠ 개념 : VR 고글 등을 이용하여 학습자를 물리적 현실세계로부터 격리시킨 상태에서, 현실과 단절된 새로운 가상세계 속에서 생동감 있는 멀티미디어 정보를 제공하여 몰입경험을 제공하는 기술

㉡ 적용 예시 : 국제우주정거장 체험, 초미시적 관점에서의 생물 체험, 비행기 조종사 시뮬레이션 훈련 등

㉢ 장점
- 실제와 유사한 몰입형 환경을 통해 현실감 있는 학습 경험 제공
- 현실에서는 직접 경험하기 어려운 상황을 체험할 수 있는 기회 제공
- 생동감 있는 시각자료와 상호작용 요소로 학습의 흥미와 몰입감 높임

㉣ 단점
- 가상현실과 현실세계의 차이에 대한 오해로 인한 혼란 유발
- 장시간 사용 시 시각 피로, 어지럼증, 멀미 등의 신체적 부담 초래
- 교사와의 상호작용이나 또래와의 협동학습 기회가 줄어들 수 있음

14) **상호작용적 학습관리 도구**
온라인 상호작용을 촉진하는 도구로, 화상통신 도구, 협업문서작성 도구, 질의응답 및 피드백 도구, 학습데이터 관리 도구 등이 대표적

④ 증강현실(AR : Augmented Reality)
  ㉠ 개념 : 현실세계에서 가상의 컴퓨터 그래픽 영상을 겹쳐 보여줌으로써 현실공간과 가상공간을 통합하고 현실세계에서의 학습경험을 확장하는 기술 예 구글 글래스 활용한 정보 제공
  ㉡ 장점
    • 다양한 감각을 통해 학습정보를 제공하여 학습의 흥미와 몰입감 제공
    • 현실세계의 맥락을 유지하면서도 가상세계의 풍부한 정보를 제공하여 현실감 있는 학습 가능
    • 실제 사물을 이용해서 가상객체를 조종하는 인터페이스를 제공하여 학습자에게 실재감과 현실감을 극대화할 수 있음
  ㉢ 단점
    • 고성능 기기와 네트워크가 필요하여 보편적 활용에 제약이 있음
    • 질 높은 AR 콘텐츠가 충분히 개발되어 있지 않아 활용성이 제한됨
    • 가상의 시각적 자극이 과도할 경우 학습의 핵심 내용을 놓치거나 몰입이 저해될 수 있음

⑤ 인공지능을 활용한 개인별 맞춤형 학습 플랫폼(AI 튜터)
  ㉠ 개념 : 인공지능 기술[15] 과 빅데이터 분석을 기반으로 학습자의 학습 행동 데이터를 수집·분석하여, 개인의 능력 수준에 적합한 학습자료, 전략, 경로, 과제 등을 제시함으로써 맞춤형 학습을 실현하는 플랫폼
  ㉡ 활용 예시
    • **AI 챗봇 튜터** : 자유로운 질문 응답을 통해 설명, 예시 제공, 문제 풀이 등 다양한 방식으로 학습을 지원
    • **AI 어학 학습 도구** : 발음, 문장 구성, 어휘 선택 등을 AI가 분석하고, 즉각적인 피드백과 함께 개인 수준에 맞는 문장을 제시
    • **스마트 러닝 플랫폼** : 학습자의 응답 패턴과 학습 속도를 분석하여, 개인 맞춤형 문제를 제공하고 약점을 집중 보완하는 기능을 수행
  ㉢ 장점
    • 학습자의 수준과 진도에 따라 맞춤형 학습 제공이 가능함
    • 실시간 피드백과 진단을 통해 학습 오류를 즉시 수정할 수 있음
    • 반복 학습과 자기조절 기능으로 자기주도 학습 촉진이 가능함
  ㉣ 단점
    • 교사와의 정서적 상호작용이 부족하여 정서적 지지가 어려움
    • 학습 데이터 수집으로 인한 개인정보 유출 우려가 있음
    • 학습자의 맥락을 충분히 이해하지 못해 기계적 판단의 오류가 발생할 수 있음

15) 인공지능(AI) 기술
인간의 기억, 사고, 추론, 언어 이해, 판단, 추론, 문제 해결 등의 기능을 컴퓨터 프로그램으로 실현하는 기술

03 교수매체를 활용한 수업설계

(1) 벌로(Berlo)의 SMCR 모형

① 개요 : 송신자(Sender)로부터 메시지(Message)가 의사소통 통로(Channel)를 통해 수신자(Receiver)에게 전달되는 과정을 보여주는 모델

② 매체 커뮤니케이션의 구성요소
- ㉠ 송신자와 수신자 : 통신기술, 태도, 지식수준, 사회체계, 문화양식의 영향을 받아 메시지를 보내고 받으며 해석함
- ㉡ 메시지 : 내용, 요소, 구조, 코드, 처리 요소로 구성된 일정 형태로 부호화
  - 내용 : 전달하고자 하는 내용
  - 요소 : 메시지의 전달을 위해 선택되는 내용의 요소
  - 구조 : 선택된 메시지 내용 요소의 순서와 조직
  - 코드 : 메시지의 표현 방법으로, 언어적 표현과 비언어적 표현 포함
  - 처리 : 메시지의 부호화 과정
- ㉢ 의사소통 통로 : 메시지는 시각, 청각, 촉각, 후각, 미각의 오감 통로를 통해 전달되며, 각각의 감각 통로의 특성을 반영함

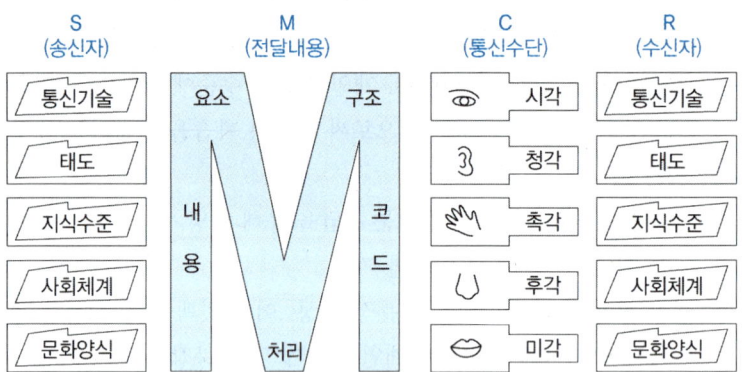

(2) 쉐논과 쉬람(Schannon & Schramm)의 커뮤니케이션 모형

① 개요 : 경험의 장, 피드백, 잡음을 커뮤니케이션 과정의 주요 변인으로 고려하며, 정보전달 과정에서 송신자와 수신자 간의 상호작용을 강조하는 모델

② 매체 커뮤니케이션의 구성요소
- ㉠ 경험의 장
  - 교사가 교육내용을 전달하는 방식은 교사의 경험의 장에 영향을 받음
  - 학생은 교육내용을 자신의 경험의 장에 비추어 받아들임
  - 교사-학생 사이에 공통된 경험의 장이 클수록 효과적인 의사소통 가능
- ㉡ 피드백
  - 교사와 학생의 의사소통 과정에서 전달내용이나 서로의 경험 차이에 관한 피드백이 이루어짐

암기 POINT

- 쉐논과 쉬람의 커뮤니케이션 모형
  - 경험 : 공통성 많을수록
  - 피드백 : 피드백 많을수록
  - 잡음 : 잡음 적을수록 ⇒ 의사소통의 가능성 높아짐

- 학생의 피드백 반응에 따라 교사가 메시지를 수정·보완하여야 의사소통 가능성을 높일 수 있음
ⓒ 잡음
  - 교사와 학생의 의사소통 과정에 불필요한 잡음이 개입될 수 있음
  - 커뮤니케이션을 방해하는 잡음16)을 최소화해야 원활한 의사소통 가능

16) 잡음
  - 물리적 잡음 : 소음, 혼탁한 공기, 어두운 조명 등
  - 심리적 잡음 : 학습자의 제한된 지식수준이나 어휘 능력 등

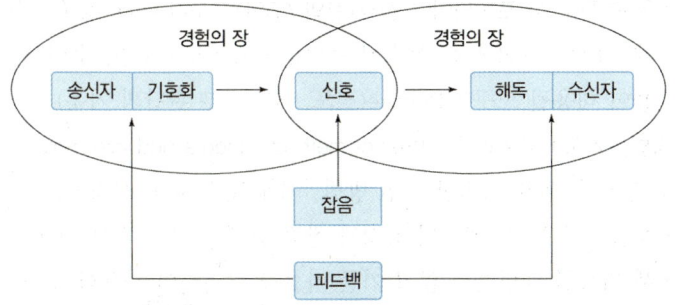

(3) 교수매체의 선정과 활용 모형(ASSURE 모형) 2016·2020·2025 지방직9급

① 특징
  ㉠ 하인니히(Heinnich) 등이 개발한 것으로, 교수매체의 선정 및 활용에 초점을 두는 학교 수업에 활용하도록 만들어진 모형
  ㉡ ADDIE 모형, 딕과 캐리의 교수체제설계 모형과의 비교
   - 학습자 분석으로만 시작하며, 그 외 요구분석, 교수분석, 환경분석 단계는 포함되지 않음
   - 교수전략 개발 단계 이전에 평가 항목을 만드는 평가도구 개발 단계를 따로 두지 않음
   - 형성평가나 파일럿테스트를 실시하고 교수 프로그램을 수정하는 단계를 포함하지 않음

② ASSURE 모형의 절차

A	S	S	U	R	E
학습자 분석	학습목표 진술	방법, 매체 및 자료 선정	매체와 자료 활용	학습자 참여 유도	평가와 수정
Analyze learners	State objectives	Select methods, media and materials	Utilize media and materials	Require learner participation	Evaluate and revise

암기 POINT
- ASSURE 모형
  - 학습자 분석(A)
  - 목표 진술(S)
  - 매체와 자료 선정(S)
  - 매체와 자료 활용(U)
  - 학습자 참여 유도(R)
  - 평가와 수정(E)

㉠ 학습자 분석(Analyze learners) : 학습자의 일반적인 특성과 출발점 능력, 학습양식 등을 분석하는 단계
  - 일반적 특성 : 연령, 학년, 직업, 지위, 사회요소, 경제요소 등
  - 구체적 출발점 능력 : 기본 능력, 선수학습 수준, 능력, 성취도 등

- 학습양식 : 정보를 처리하는 방식, 선호하는 지각의 방식 등
- 학습동기 : 내적·외적 동기요소, 켈러의 ARCS모형 관련 정보 등

ⓛ 학습목표 진술(State objectives) : 학습자가 수업이 끝난 후 성취하게 될 능력을 목표로 진술하는 단계
- 수업목표는 명세적·구체적으로 진술하여야 함
- 목표 진술 시 포함되어야 할 사항의 ABCD : Audience(청중, 학습의 주체), Behavior(행동, 학습될 능력), Condition(조건, 수행관찰 시 사용이 허용될 도구), Degree(정도, 성취여부 판단의 기준)

ⓒ 방법, 매체와 자료의 선정(Select methods, media and materials) : 학습목표 달성을 위해 적절한 수업 방법, 매체 및 자료를 선정하는 단계
- 학습자의 특성, 매체의 특성과 장점 등에 따라 적절한 매체 선정
- 새 자료를 개발하지 않고 기존 자료를 수정하여 사용할 수도 있음
  예 사서 교사와 의논하여 비디오, 책, 지도 등을 예약해 두었다.

ⓔ 매체와 자료의 활용(Utilize media and materials) : 자료 내용을 검토하고 학습자와 환경을 준비하며 실제 수업을 진행하는 단계(5P)
- 자료의 사전검토(preview the materials) : 선정된 수업자료 내용에 오류나 문제가 없는지, 학습자와 학습목표에 적절한지 등 확인
- 자료 준비하기(prepare the materials) : 자료와 매체를 어떤 순서로 사용할 것인지 결정하고, 순서의 개요를 만들거나 사전연습
- 환경 준비하기(prepare the environment) : 수업 장소가 매체를 사용하기에 적절한지 점검하고 수업환경을 적절하게 준비
- 학습자 준비시키기(prepare the learners) : 학습자에게 학습내용을 소개하거나 교수매체에 관한 정보를 제공하여 기대감을 갖게 함
- 학습경험 제공하기(provide the learning experience) : 준비된 자료와 매체를 활용하여 수업을 진행함으로써 학습경험을 제공함

ⓜ 학습자 참여 유도(Require learner participation) : 학습자의 능동적인 참여와 적극적인 사고활동을 유도하는 단계
- 학습자 참여를 이끌어 낼 수 있는 토의, 퀴즈, 연습문제 등 준비
- 학습자에게 습득한 지식이나 기능을 연습할 기회와 피드백 제공
  예 학생들이 인터넷에서 자료를 검색하고 발표하게 하였다.

ⓗ 평가와 수정(Evaluation and revise) : 수업의 효과 및 영향에 대한 평가와 그에 따른 수정이 이루어지는 단계
- 학습자 성취도 평가와 함께 매체나 자료에 대한 평가로 함께 실시
- 평가결과를 참고하여 이후 수업에서 수정이 필요한 부분을 파악
  예 단답형 평가를 실시하여 성취도를 측정하였다.

5 뉴미디어와 원격교육

01 원격교육의 개념 및 유형

(1) 원격교육(distance education)의 개념

① 원격교육의 정의
   ㉠ 교수자와 학습자가 물리적으로 분리된 상태로 이루어지는 교육
   ㉡ 인쇄물, 라디오, TV, 전자매체 등 다양한 통신매체를 사용하여 교수자와 학습자 사이의 거리감을 극복하는 교육방법

② 원격교육 관련 개념의 발달과정

구분	컴퓨터 보조학습	e-러닝	m-러닝 u-러닝	스마트러닝 소셜 러닝
발달시기	1970~1980년대	1980~1990년대	2000년대	2000년대
테크 놀로지	소형 개인컴퓨터	인터넷 확산	넷북, PDA, Wibro, 블루투스	스마트폰, 스마트TV
교육적 활용	CAI, CBT, CMI, CD-Rom title, ICT 활용 교육	e-learning, 사이버가정학습, EBS 수능방송, 인터넷 강의, LMS, LCMS, NEIS	모바일러닝, 3D 학습, 증강현실학습	SNS활용학습, 디지털교과서, 클라우드 기반 학교인프라, 스마트폰 애플리케이션, e-portfolio
주요 특징	학습자조절 가능 멀티미디어, 하이퍼미디어 활용	시공간을 초월하는 상호작용성, 자기주도적 학습, 자원 중심 멀티미디어 학습	다양한 사물이나 장소에 컴퓨팅 디바이스를 연결, 학습의 편재성, 상시성, 이동성 확보	소셜네트워크 서비스 활용, 협력학습, 집단지성, 맞춤학습

③ 원격교육의 장점과 단점
   ㉠ 장점
      • 교육프로그램에 접근할 수 있는 가능성 및 교육대상의 범위 확대
      • 다양한 매체들에 활용하여 교수자와 학습자 간의 의사소통과 상호작용을 촉진함
      • 다수의 학습자를 대상으로 하면서도, 사전에 계획·준비·조직된 교재로 개별학습이 이루어짐
   ㉡ 단점
      • 교재개발과 학생지원 서비스 등을 위한 물리적·인적 조직이 필요함
      • 학생들에 대한 관리·감독이 어려워 전통적인 대면교육에 비해 중도탈락률이 높음
      • 교수자와 학습자 간의 인격적 접촉 및 사회적 상호작용이 제한되어 고립감을 느낄 수 있음

(2) 컴퓨터 보조 학습 2023 국가직9급

① 컴퓨터 보조 수업(CAI : Computer-Assisted Instruction)
  ㉠ 개념 : 컴퓨터가 교사를 대신하여 학생들에게 개별화된 학습을 제공하는 수업체제
  ㉡ 유형

개인교수형	• 새로운 정보를 가르치고, 확인하고, 강화해 주는 유형 - 학습자가 독자적으로 학습하며, 학습능력에 따라 속도를 달리할 수 있음 - 개념이나 원리의 학습에 주로 활용되며, 가네의 수업모형이 적용됨
반복학습형	• 이미 학습한 내용에 대한 지속적인 반복 연습과 피드백을 제공하는 유형 - 학습내용의 파지와 과제수행 숙련도를 높이는 데 목적이 있음 - 수학문제, 단어암기, 기술훈련에 유용
모의실험형	• 실제와 유사한 상황을 구현하여 모의경험할 수 있도록 하는 유형 - 실제 학습과제 수행이 위험하거나 비용 소요가 클 때, 현실 감각을 부여할 필요가 있을 때, 다양한 상황에 대한 시뮬레이션이 필요할 때 유용
게임형	• 경쟁, 흥미, 도전, 몰입 등 게임적 요소를 첨가하여 학습동기를 높이는 유형 - 스토리텔링(storytelling)을 통해 실제감을 부여 - 게임의 정해진 규칙과 달성해야 할 목적이 명확히 제시됨 - 개별 학습과 소집단 학습에 모두 적용 가능 - 사실, 원리, 사회적 기능, 태도 등의 학습에 사용

② 컴퓨터 관리 수업(CMI : Computer-Managed Instruction)
  ㉠ 교사가 컴퓨터를 활용하여 보다 수업 및 교육행정 업무를 처리하는 체제로, 수업과 관련된 제반 정보나 자료를 기록, 분석, 종합, 평가하는 과정을 효율화하는 시스템들을 포함
  ㉡ 학습관리 시스템(LMS : Learning Management Systems)
    • 개념 : 학생들의 학습을 지원하기 위한 다양한 활동, 즉 출석 관리, 과제 관리, 토론, 퀴즈, 팀별 활동 등을 지원하는 데 사용되는 시스템
    • 기능 : 성적 및 학적 관리, 교사와 학습자 간 상호작용 지원(전자게시판, 전자칠판, 채팅방, 메모판, 메일 등), 학습자의 학습과정과 결과물의 체계적 관리 지원(로그인 횟수, 학습지속시간 등을 분석해주는 포트폴리오 등)
  ㉢ 학습콘텐츠관리 시스템(LCMS : Learning Contents Management Systems)
    • 개념 : 학습콘텐츠를 효율적으로 관리하고 운영하기 위해 필요한 기능을 모아 놓은 시스템
    • 기능 : 이러닝 콘텐츠를 제작, 저장, 조합, 전달하는 데 필요한 일련의 기능들로 구성됨

㉣ 전자수행지원 시스템(EPSS : Electronic Performance Support Systems)
- **개념** : 실제 업무 상황에서 필요한 정보와 도구, 방법 등을 적시에 제공하는 시스템으로, 학교에서는 수업이나 학급경영에서 발생하는 문제를 전문가 차원에서 도와주는 역할을 수행
- **장점** : 수업에 필요한 많은 지식을 효과적으로 활용 가능, 학급경영에 필요한 정보를 신속하게 제공, 적시 훈련(just-in-time training) 상황에서 매우 유용

㉤ 교육행정정보 시스템(NEIS : National Education Information System)
- **개념** : 초·중등학교의 교육행정 정보의 종합적 관리와 효율화를 위해 사용되는 시스템
- **특징** : CMI의 요소가 일부 있기는 하지만, 수업보다는 교육행정 정보를 관리하는 시스템임

③ 학습 지원 도구로서의 컴퓨터 활용
㉠ **개념** : 컴퓨터를 보다 효율적으로 학습을 수행할 수 있는 인지적 도구로 활용한다는 의미로, 인지과정을 촉진하고 지원해 줄 수 있는 도구로 활용
㉡ 활용 유형과 사례
- 워드프로세서, 스프레드시트, 데이터베이스, 프리젠테이션, 컴퓨터 매개통신(CMC)[17] 등은 모두 정보를 기록, 정리, 저장, 관리, 교환, 소통하는 방식을 변화시킴으로써 인간의 인지과정을 촉진하고 지원하는 기능을 수행
- 일반적인 도구인 문서작성기, 데이터베이스, 그림작성기, 마인드맵 도구 이외에도, 특정 교과에서만 사용되는 교과 전용 도구인 수학의 Mathmatica, 음악의 MIDI 등이 있음
㉢ **장점** : 다양한 최신 정보에 접근 가능, 공간적 제약을 초월한 사회적 상호작용, 고차적 사고 기술 습득, 자기주도적·협동적 문제해결의 기회 제공

17) **컴퓨터 매개통신(CMC)**
컴퓨터를 이용한 사용자 간의 정보공유와 의사소통을 지원하는 체제

(3) 이러닝(e-러닝, electronic learning)
2018·2020 지방직9급 / 2007·2011·2022 국가직9급 / 2010·2017·2019 국가직7급

① 이러닝의 개념
㉠ 컴퓨터와 네트워크를 기반으로 이루어지는 학습형태를 총칭하는 개념으로, 다양한 전자매체를 활용하여 학습자가 활발한 상호작용과 다양한 학습경험을 할 수 있도록 지원하는 체제
㉡ "전자적 수단, 정보통신 및 전파·방송기술을 활용하여 이루어지는 학습" [이러닝(전자학습)산업발전법 제2조]

암기 POINT
- 이러닝(e-러닝)
  - 컴퓨터와 네트워크 기반
  - 장점
    시공간 초월한 학습
    쌍방향 상호작용
    학습의 개별화
    평생학습 사회 구현
  - 단점
    막대한 시간과 비용
    학습 관리감독 어려움
    인격적 접촉 감소
    교사의 탈숙련화 조장

② 관련 용어의 정의
  ㉠ ICT 활용 교육 : 정보통신기술(Information Communication Technology)을 기반으로 하는 교육을 통칭하는 용어로, 교수·학습에 정보통신기술을 적극 활용하는 교육을 의미
  ㉡ 웹 기반 수업(WBI) : 초기에 사용된 용어로, 웹 환경에서 교수·학습 활동이 이루어지는 것(Web-Based Instruction)을 지칭하는 용어
  ㉢ 온라인교육(사이버교육) : 인터넷 환경에 기반한 교육으로, 오프라인의 현실공간에서 이루어지는 면대면 교육을 대신하여 온라인의 사이버공간에서 이루어지는 교육을 의미
③ 이러닝의 특징(장점)
  ㉠ 인터넷과 네트워크 기술을 활용하여 시공간을 초월하는 융통성 있는 교육이 가능함
  ㉡ 쌍방향 통신을 활용하여 학습자 간 상호작용 및 학습자와 전문가와의 접촉 기회 증가
  ㉢ 문자, 소리, 동영상 등 다양한 매체를 활용하여 다양한 교수·학습 활동이 가능함
  ㉣ 교육활동의 개별화가 촉진되어 학습효과를 극대화될 수 있음
  ㉤ 학습자는 능동적인 정보처리자로서의 역할이, 교사는 학습 촉진자로서의 역할이 강조됨
  ㉥ 교육의 경제성 및 대중화를 촉진시켜 평생학습 사회를 구현하는 데 기여할 수 있음
④ 이러닝의 한계점
  ㉠ 이러닝 시스템 구축과 콘텐츠의 개발에 막대한 시간과 비용, 노력, 전문적 기술이 필요함
  ㉡ 학습자의 이러닝 시스템 활용방법에 대한 이해와 자기주도적인 학습능력이 선행되어야 함
  ㉢ 이러닝 시스템을 통한 출석과 시험 등은 대행의 우려가 있어 평가의 공정성 훼손 우려가 있음
  ㉣ 면대면 상호작용을 통한 교사와 학생 간 인격적 접촉을 감소시켜 전인교육이 쉽지 않음
  ㉤ 수업과 관련된 교사들의 자율적인 활동 기회를 줄여 '탈숙련화' 현상을 초래할 수 있음
    * 탈숙련화의 예 : 온라인 카페에서 판서내용 ppt를 가져와 그대로 수업함. 웹 자료실에서 다른 교사가 제작한 시험문제를 내려받아 그대로 사용함

(4) 스마트 러닝(모바일 러닝, 유비쿼터스 러닝, 소셜 러닝)
① 스마트 러닝(smart learning) : 무선인터넷과 위성통신기술을 기반으로 하는 모바일 기술과 태블릿 PC 및 스마트폰과 같이 휴대할 수 있는 개인용 무선 매체를 활용하여 소셜네트워크 기반의 교육 및 학습 형태를 총칭하는 개념
② 모바일 러닝(m-러닝, mobile learning)
　㉠ 개념 : 무선 환경에서 네트워크에 접속하여 이루어지는 학습을 지원하는 체제
　㉡ 특징
　　• PDA, 태블릿 PC 등을 활용하여 물리적 공간에서 이동하면서 가상공간을 통하여 학습
　　• 기기의 4C(Content, Capture, Compute, Communicate) 기능을 활용하여 교수·학습 촉진
　　• 무선네트워크를 통해 모바일 기간 간의 상호통신이 가능해 확장된 교육서비스 제공이 가능
　　• 다양한 학습자원에 신속하게 접근하여, 자료의 즉각적인 획득과 적시적인 학습이 가능
　　• 학습자의 상황과 맥락에 맞는 맞춤형 콘텐츠(context based), 모바일 환경에 최적화된 간결한 콘텐츠(bite sized), 소셜 미디어 기반의 협력환경(social learning) 제공 가능
　㉢ e-러닝 콘텐츠의 트렌드 변화

전통적인 e-러닝	새로운 e-러닝(m-러닝)
- 상당한 시간 소요(30분 이상) - 다양한 개념과 내용으로 구성 - 교수설계 기반 : 완성형 콘텐츠, 선형적 구조, 용도변경 어려움 - PC 환경 기반	- 짧은 시간 소요(10분 이내) - 단일 개념과 내용 단위로 구성 - 정보설계 기반 : 미완성형 콘텐츠, 비선형 구조, 용도변경 쉬움 - 모바일과의 호환가능 필수

③ 유비쿼터스 러닝(u-러닝, ubiquitous learning)
　㉠ 개념 : 인터넷 네트워크 기술을 바탕으로 학습자가 언제, 어디에서나 어떤 내용이건, 어떤 단말기로도 학습 가능한 지능화된 학습지원 체제
　㉡ 특징
　　• 학습자가 원하는 정보를 찾아가는 것이 아니라, 학습정보가 학습자를 찾아다니는 방식
　　• 각종 정보화기기, 사물에 이식된 센서, 칩 등을 통해 언제, 어디서나 교수·학습 활동 가능
　　• 무선인터넷 기술을 바탕으로 이동통신기기를 활용하여 다양한 교수·학습 활동 가능
　　• 획일적이거나 강제적이지 않으며, 창의적이고 학습자 중심적인 교육과정 실현 가능

> **암기 POINT**
> • 스마트 러닝
> 　- 모바일 러닝 : 무선인터넷과 휴대용 기기 활용 학습
> 　- 유비쿼터스 러닝 : m러닝 + 사물 인터넷 기술 활용
> 　- 소셜 러닝 : m러닝 + 소셜네트워크 활용

18) 소셜미디어
여러 사람들이 자신의 의견, 생각, 경험 등을 공유하기 위해 사용하는 매체로, 트위터, 페이스북 등이 대표적

④ 소셜 러닝(s-러닝, social learning)
  ㉠ 개념 : 소셜미디어[18] 기반의 사회적 환경에서 사용자 간 상호작용을 통해 이루어지는 학습
  ㉡ 특징
    • 불특정 다수의 사람들이 쌍방향 커뮤니케이션 기능을 활용하여 커뮤니티가 쉽게 형성됨
    • 링크 및 미디어의 결합 기능으로 사용자 간의 연결이 쉽고 정보의 전달과 공유가 용이함
    • 정보의 생성, 공유, 확장을 통해 사용자들이 협력·경쟁하며 그 속에서 집단지성이 창출됨
    • 기존의 지식을 소비하는 것을 넘어서 그것을 가공하거나 활용하여 새로운 지식을 창출하는 지식의 프로슈머(knowledge prosumer, 생산적 소비자)로서의 역할 강조
    ✻ 갤럭시 주(Galaxy Zoo) : 아마추어들이 온라인으로 참여하는 천문학 공동연구 프로젝트

(5) 이러닝 활용 동향
① 개관
  ㉠ 전세계적으로 초·중등학교, 대학, 기업 등 교육의 전 분야에서 광범위하게 활용되고 있음
  ㉡ 이러닝 활용 교육의 운영방식은 각 국가별 교육문화, 정책 및 제도, 비전 등에 따라 다양함
② 교육자원 공유 시스템
  ㉠ OCW(Open Course Ware) : 대학, 기관, 국가 등이 생산한 교육콘텐츠를 누구나 볼 수 있도록 지원하는 시스템
  ㉡ MOOCs(Massive Open Online Courses) : 교육자원 공개에 더해, 교수·학습 기능과 학습관리 측면을 추가한 서비스로, 웹과 모바일로 서비스되는 거대한 규모의 교육체제
    • 북미 명문대학의 온라인 공개강좌 운영 형태를 근간으로 출발하여 대안적 교육형태로 부상
    • 교수자와의 상호작용과 피드백 중심의 cMOOC와 교수자의 개입을 최소화하고 수준 높은 강의내용 제공에 초점을 둔 xMOOC로 구분
    • 별도의 등록절차를 거치지 않고도 질 높은 온라인 교육을 받을 수 있는 시스템으로, Udacity, Coursea, edX 등의 서비스가 개발됨

암기 POINT
• 교육자원 공유 시스템
  − OCW : 고품질 학습 콘텐츠를 일반에 공개
  − MOOCs : OCW + 교수·학습 및 학습관리 기능

③ 우리나라의 이러닝 현황

초·중등 교육	사이버 학습	방과 후 인터넷을 통해 개별 맞춤학습이 가능하도록 지원하는 국가 차원의 이러닝 서비스(기존 '사이버 가정학습'에서 명칭 변경)
	인터넷 수능방송	2004년 EBS 강의와 수능시험의 연계정책이 실시된 이래, 수능시험 준비용 동영상 및 교재를 제공하는 서비스
고등 교육	원격대학 및 대학원	– 1972년 우리나라 유일의 국립 원격대학인 한국방송통신대학교 설립(「고등교육법」에 근거) ＊「고등교육법」 제2조 '원격대학' : 방송대학·통신대학·방송통신대학·사이버대학 – 2001년 「평생교육법」에 의한 '원격대학 형태의 평생교육시설'로 9개의 사이버대학이 설립되기 시작, 현재까지 21개까지 증가, 이후 대부분 「고등교육법」의 대학으로 인가 받음 – 2010년과 2011년에 8개의 사이버대학 특수대학원이 설립되는 등 현재 우리나라는 이러닝을 통해 학사 및 석사학위 취득 가능
	교육자원 공유 시스템	– 한국 고등교육의 국제경쟁력을 제고하기 위해 노력의 일환으로 정부 주도와 지원으로 시스템이 구축되고, 대학 등이 참여하는 형태 – KOCW : 국내 대학의 교육콘텐츠 공유 시스템(한국교육학술정보원) – K-MOOC : 국내 대학의 온라인 공개강좌 공유 시스템(국가평생교육진흥원 운영, 학점은행제를 통해 학점인정 가능)
성인· 평생 교육	가상훈련	– 가상훈련(virtual training) : 제조, 국방, 의료, 재난 등 특정 교육을 목적으로 컴퓨터 시뮬레이션으로 구현한 이러닝 유형 – 한국기술교육대학교의 온라인평생교육원 : 고용노동부의 국가 평생능력개발 수요에 필요한 이러닝 콘텐츠를 개발 운영하고 있음

> **암기 POINT**
> • 우리나라의 원격대학
> – 「고등교육법」에 의한 원격대학(대학원 O)
> – 「평생교육법」에 의한 '원격대학 형태의 평생교육시설' (대학원 ×)

02 이러닝 콘텐츠의 개발

(1) 멀티/하이퍼미디어 자료의 특성과 활용

① 멀티/하이퍼미디어 자료의 개념
  ㉠ 멀티미디어 : Multi(다중)와 Media(매체)의 합성어로, 문자, 그래픽, 음성, 영상 등 다양한 형태로 이루어진 정보를 디지털로 통합하여 전달하는 정보 형태를 의미함
  ㉡ 하이퍼텍스트(Hypertext) : 문서와 문서가 연결되어 있는 것으로, 문서 내의 특정 부분(하이퍼링크)을 선택하면 그와 연결된 문서로 이동하는 문서 형식을 의미
  ㉢ 하이퍼미디어(Hypermedia) : 하이퍼텍스트와 멀티미디어를 결합한 개념으로, 문자, 그래픽, 음성, 영상 등 다중의 정보를 하이퍼링크로 연결해 놓은 정보 형태를 지칭

② 멀티/하이퍼미디어 자료의 특징
   ㉠ 디지털화(Digitalization) : 다양한 아날로그 데이터를 디지털 데이터로 변환하여 통합 처리
   ㉡ 쌍방향성(Interaction) : 컴퓨터와 학습자 간의 높은 상호작용을 통해 데이터가 전달됨
   ㉢ 비선형성(Non-Linear) : 데이터가 일정한 방향으로 순차적으로 처리되는 것이 아니라 학습자의 선택에 따라 다양한 방향으로 처리됨
   ㉣ 통합성(Integration) : 여러 가지 미디어를 통해 전달되는 정보들이 통합하여 처리됨

③ 멀티/하이퍼미디어 자료의 교육적 활용(장점과 단점)
   ㉠ 멀티미디어 요소를 활용하여 다양한 유형의 교수·학습 환경 구현 가능
   ㉡ 많은 양의 정보를 다양한 형태로 수록할 수 있고 자료 검색이 용이함
   ㉢ 실제 상황과 유사한 현상을 체험할 수 있는 다감각적 학습환경 제공
   ㉣ 학습자가 비선형적으로 정보를 탐색할 수 있어 자기주도적 학습 촉진
   ㉤ 사용자의 반응에 따라 프로그램 진행이 달라져 학습자 맞춤형 학습 가능
   ㉥ 비구조화된 학습을 통해 학습자의 인지적 유연성을 기를 수 있음
   ㉦ 학습자의 방향감 상실이나 인지 과부하를 야기할 수 있음

(2) 컴퓨터 화면의 설계 원리

① 화면설계의 인지주의 심리학적 기초

	학습의 원리	화면설계에의 적용
인지과부하 이론	한꺼번에 너무 많은 양의 정보를 처리하는 경우 인지 과부하가 발생하여 학습내용에 대한 이해 어려움	한 번에 이해할 수 있는 정도의 분량으로 한 화면에 들어갈 내용을 구성하여야 함
이중부호화 이론	언어정보와 시각정보를 결합하여 학습하는 경우 한 가지 정보로만 학습할 때보다 이해도가 높아짐	교육내용을 학생들에게 효과적으로 전달하기 위해서는 글만 제시하지 말고 그림을 함께 사용하는 것이 좋음
형태주의 심리학	인간은 정보를 의미 있는 형태로 조직화하여 지각함. 가까이 있는 정보를 하나로 묶어 지각하는 경향	화면에 글과 그림들을 배열할 때에는 관련된 요소들끼리 서로 가까이 배치하는 것이 바람직함

② 화면 설계의 원리
   ㉠ 단순성 : 학습자에게 필요 없는 내용은 생략하고 중요한 내용에 집중하도록 단순하게 제시, 하나의 화면에 하나의 주제에 관한 정보만 싣는 것이 바람직
   ㉡ 일관성 : 동일한 정보(메뉴, 버튼, 기능)가 항상 화면의 동일한 장소에 나타나도록 예 메뉴
   ㉢ 상징성 : 나타내고자 하는 내용을 간단히 요약하여 상징적으로 표현하도록 함 예 아이콘

암기 POINT

- 하이퍼미디어 자료
  - 장점 : 다양한 형태의 자료 결합, 현실감 있는 학습, 개인별 맞춤형 학습, 인지적 유연성 계발
  - 단점 : 학습자의 방향감 상실, 인지적 과부하 야기

암기 POINT

- 이러닝 화면설계의 원리
  - 단순성
  - 일관성
  - 상징성
  - 공간성

② 공간성 : 화면에 나타날 학습 내용이나 지시사항 등은 각각의 기능에 따라 효율적으로 배치, 화면의 여백 공간을 적절한 수준으로 확보하여야 학습상의 오류를 줄일 수 있음
③ 화면 내의 세부요소 설계
  ㉠ 텍스트 설계 : 내용의 명확성과 학습자의 판독능력 고려
    • 텍스트는 학습자의 특성에 따라 다르게 제시함
    • 중요한 정보만 선별해서 간결하게 싣는 것이 좋음
    • 충분히 큰 글씨와 자간의 공백을 충분히 사용해야 함
    • 글씨체나 크기, 색깔 등을 이용해서 일부 내용을 강조하여 표현할 수 있음
  ㉡ 그래픽 설계 : 그림, 차트, 그래프, 기타 비텍스트 자료 등
    • 텍스트보다 그래픽 자료의 형태로 표현하는 것이 좋음
    • 그래픽과 관련된 텍스트는 그림과 함께 제시하는 것이 좋음
    • 너무 복잡한 그림보다는 단순하면서도 깔끔한 그림을 사용
    • 사실성이 지나치게 높거나 낮으면 학습성취가 낮아짐[드와이어(Dwyer)의 시각자료 설계 원리]
  ㉢ 정보의 시각적 표현 방식
    • 사실적 정보 : 학습내용에 관한 실제로 존재하는 사물, 사진, 그림으로 표현하는 방식
      예 지각운동을 설명하기 위해 지진 현장을 보여주는 사진을 제시
    • 유추적 정보 : 학습내용에 대한 이해를 돕기 위해 구조적으로 유사하면서도 학습자에게 친숙조를 설명한 개념에 빗대어 표현하는 방식
      예 지구의 내부 구조를 설명하기 위해 복숭아를 자른 단면을 제시
    • 조작적 정보 : 모형, 도표, 지도, 순서도, 분류도 등을 통해 개념 요소들의 관계 표현
      예 지구의 내부 구조를 지각-맨틀-내핵-외핵으로 구분하여 그린 모형도로 제시

> 암기 POINT
> • 텍스트와 그래픽의 설계 원리
>   – 중요한 정보만 선별 제시
>   – 텍스트와 그래픽을 함께
>   – 적정한 수준의 사실성 포함

(3) 코스웨어 개발의 절차
① 계획 및 분석
  ㉠ 개발 계획 수립 : 코스웨어 개발의 전체 목적을 확인하고, 참여 인력, 개발 기간 및 비용을 산정하고, 개발환경을 구축함
  ㉡ 요구 분석 및 주제 선정 : 코스웨어 개발 목적과 관련된 요구(needs) 분석, 학습의 대상이 되는 핵심 주제 선정
  ㉢ 목표 및 내용 분석 : 코스웨어를 마친 다음 학습자가 무엇을 할 수 있는지를 진술하고, 교육할 내용을 분석함
  ㉣ 학습자 및 미디어 특성 분석 : 학습자의 능력, 선호, 요구 등을 파악하고, 사용할 수 있는 미디어의 장점 및 단점 등을 확인

② 설계 및 개발
  ㉠ 교수방법 및 전략 설계 : 내용을 어떤 순서와 방법으로 가르칠 것인지, 효과적인 상호작용 및 동기유발 전략을 설정함
  ㉡ 흐름도 작성 : 전체적으로 프로그램이 어떻게 진행되는지를 한 눈에 파악할 수 있는 순서도의 형태로 작성
  ㉢ 스토리보드 작성
    - 스토리보드는 '컴퓨터 화면에 제시될 내용, 그래픽, 버튼의 기능 등을 상세하게 구성한 것'을 말함
    - 스토리보드에는 화면에 나타날 내용, 그래픽, 오디오, 화면의 특징, 메뉴의 기능, 학습자의 반응에 대한 피드백 등을 상세하게 기술하고, 소프트웨어를 개발할 때 제작자가 유의할 사항을 포함
  ㉣ 프로그래밍 : 흐름도와 스토리보드에 따라 프로그램을 실제로 제작함
③ 평가 및 수정
  ㉠ 시범적용 및 평가 실시
    - 개발된 코스웨어를 일부 학습자들에게 시범 적용해 보고, 코스웨어의 작동 여부, 사용 편리성, 이해도 등에 대한 형성평가 실시
    - 개발자나 개발팀의 자체평가, 동료전문가에 의한 평가, 소수 학습자(포커스그룹)에 의한 평가 등을 실시할 수 있음
  ㉡ 수정 및 완성 : 형성평가에서 발견된 문제점을 수정하여 프로그램 완성

계획 및 분석	설계 및 개발	평가 및 수정
- 개발 계획 수립 - 요구분석 및 주제 선정 - 목표 및 내용 분석 - 학습자 및 미디어 특성 분석	- 교수방법 및 전략 설계 - 흐름도 작성 - 스토리보드 작성 - 프로그래밍	- 시범적용 및 평가 - 수정 및 완성

03 이러닝 활용 수업

(1) 이러닝 활용 방법의 분류

① 교수·학습 방법에 따른 분류
  ㉠ 자원기반학습형 : 학습자가 다양한 학습자원을 선택하여 학습활동을 전개하는 학습 형태
  ㉡ 목표기반시나리오형 : 학습내용 및 활동 등을 시나리오 형태로 구조화한 목표를 제시하여 의도된 지식과 기능을 습득하도록 하는 학습 형태
  ㉢ 프로젝트형 : 실생활의 문제를 중심으로 학생들이 문제를 선정하고 선정된 문제에 대한 해결 방법을 모색해 나가는 학습 형태
  ㉣ 토의학습형 : 웹상에서 토론 게시판이나 채팅방을 통해 동시적 또는 비동시적, 개인 간 또는 그룹 간 상호작용을 통해 정보와 의견을 교환하면서 결론을 도출해 나가는 학습 형태

암기 POINT

- 스토리보드
  - 화면에 제시될 내용, 제시 자료, 메뉴버튼 기능 등을 상세히 기술한 것
  - 교수방법 및 전략 설계 → 흐름도 작성 → 스토리보드 작성 → 프로그래밍

⑩ 협력학습형 : 학생들은 과학자들의 도움을 받아 학습결과물을 산출하며, 과학자들은 그 결과물을 연구자료로 활용함으로써 사회적 지식 구성과정에 학생들이 참여하는 방법 예 도시 지역의 야생 조류 분포 지도 그리기

② 이러닝 콘텐츠 활용 방식에 따른 분류
　　㉠ 웹 의존형(이러닝) : 교수자와 학습자가 분리된 상태에서 이러닝으로만 학습하는 형태 예 EBS 수능강의 인터넷 서비스, 사이버가정학습, 대형 온라인 공개강좌 시스템(Moocs)
　　㉡ 웹 보조형 : 교실수업을 중심으로 하되 수업의 보조자료로서 이러닝 콘텐츠를 이용하는 방식 예 교실수업에서 일부 활동으로 온라인강좌 시청
　　㉢ 혼합 학습(블렌디드 러닝, Blended learning) : 원격 형태의 이러닝과 면대면 교육이 함께 활용되는 형태의 교수·학습 방법
　　㉣ 거꾸로 학습(Flipped learning) : 디지털 콘텐츠를 이러닝 형태로 학습한 후, 교실에서는 과제해결, 토론, 보충심화학습 등을 진행하는 형태의 학습방법

> **암기 POINT**
> • 블렌디드 러닝 : 이러닝과 교실수업이 혼용된 교수·학습 방법

(2) 자원기반학습(Resource-based Learning) 2014 지방직9급

① 자원기반학습의 개념 : 다양한 학습 자원들과 직접적인 상호작용을 함으로써 학습하는 형태

② Big 6 Skills 모델
　　㉠ 아이젠버그와 버코비츠(Eisenberg & Berkowitz)가 개발한 정보리터러시 학습의 표준으로서, 미취학 아동에서부터 고학력자에 이르는 사람들의 경험을 바탕으로 개발한 모형
　　㉡ 지식, 이해, 적용, 분석, 통합, 평가와 같은 인지 수준에 연계시켜 정보문제해결 과정을 설명하며, 학습자의 과제의 진행상황에 따라 활용될 수 있는 정보문제 해결과정을 제안함
　　㉢ 학습의 단계

1. 과제 정의	해결할 과제와 관련된 중요한 주제가 무엇인지 파악하기
2. 정보탐색 전략 확인	사용 가능한 정보원의 형태와 종류를 파악하고 최적의 정보원을 선택하기
3. 소재 파악과 접근	정보원의 소재를 파악하고 선택된 정보원에서 정보 검색하기
4. 정보 활용	찾아낸 정보를 전체적으로 검토하고 적합한 정보를 가려내기
5. 통합정리	가려낸 정보를 체계적 정리하여 최종 결과물 만들기
6. 평가	학습결과의 유효성과 학습과정의 효율성을 평가하기

> **암기 POINT**
> • 자원기반학습
> － 이러닝 환경의 풍부한 자원을 활용한 수업
> － Big 6 Skills, 웹퀘스트 수업

③ 웹퀘스트 수업(웹 기반 탐구수업, WebQuest instruction) 모형
　　㉠ 닷지(Dodge) 등에 의해 제안된 인터넷 정보를 활용한 과제해결 활동으로, 온라인 프로젝트 학습이 가능하도록 만들어진 웹 프로그램을 활용하는 수업 모형

ⓒ 교사는 학생들이 적합한 자료를 탐색할 수 있도록 과제와 관련된 인터넷 자료나 인쇄자료에의 접근방법을 제공함
ⓒ 학습활동 단계

1. 소개(introduction)	학습내용, 학습활동 간략 설명
2. 과제(task)	실제적 과제 제시
3. 과정(process)	구체적 절차 기술
4. 자원(resource)	필요한 요소나 자료 제공
5. 평가(evaluation)	평가 기준 제시
6. 결론(conclusion)	학습 내용 요약, 설명

(3) 섕크의 목표기반 시나리오(GBS : Goal-Based Scenarios) 모형

① 개요
  ㉠ 섕크(Schank, 1992)가 제안한 구성주의 교수설계 이론으로, 컴퓨터 기반 학습 환경에서의 학습을 지원하기 위한 모형
  ㉡ 학습자가 실제적 과제를 수행하는 과정에서 사전에 설정된 학습목표를 달성하는 데 초점을 둔 시뮬레이션 학습 방식(Learning by Doing)

② 목표기반 시나리오의 핵심요소(GBS의 설계 절차)
  ㉠ 학습목표(goal) : 학습자들이 학습 후 획득하여야 할 핵심 기술 설정
    • 과정 지식(핵심) : 기술과 과정에 관한 지식(절차적 지식)
    • 내용 지식(부차) : 사실이나 사례에 대한 정보(선언적 지식)
      예 조선시대 말기 운양호 사건을 둘러싸고 이루어진 정치적 의사결정 과정에 가상적으로 참여하는 경험을 통해 비판적·합리적 사고능력을 기른다.
  ㉡ 학습자의 임무(mission) : 학습을 하는 동안 학습자들이 수행해야 하는 구체적인 과제들
    • 임무을 수행하는 과정에서 목표가 자연스럽게 달성되도록 설정
    • 학습자가 흥미있어 할 수 있도록 현장성과 의미성 있게 설계
      예 운양호 사건 당시에 고종의 조정 대신으로 중요한 직책을 맡아 조선의 운명을 긍정적으로 변화시킨다.
  ㉢ 표지이야기(cover story) : 임무의 필요성과 중요성을 보여주는 상황과 맥락을 보여주는 이야기
    • 학습자가 수행할 임무를 둘러싼 각종 배경에 대한 정보와 주요 등장인물 및 그들의 관계, 임무가 수행될 수 있는 결정적인 장면을 제시
    • 임무 수행에 필요한 상세 정보 제공과 학습 동기를 유발하는 역할
      예 운양호 사건 발생 당시의 국내외 정치 상황과 주요 인물들을 소개하고, 조정 대신들이 그 사건에 대해 의논하는 장면을 제시한다.
  ㉣ 학습자의 역할(role) : 학습자가 커버스토리 속에서 맡게 되는 캐릭터
    • 학습목표(핵심 기능) 성취를 위해 가장 적합한 역할을 설정

암기 POINT

• 목표기반 시나리오(GBS)
  – 구성주의적 이러닝 설계 모형
  – 핵심 요소 : 학습목표, 학습자 임무, 표지이야기 등

- 학습자의 동기유발을 위해 실질적이고 흥미로운 것이어야 함
  예 운양호 사건 당시에 고종의 조정 대신 중 외무대신의 역할을 하기로 한다.
ⓜ 시나리오 운영(scenario operation) : 학습자들이 미션을 수행하는 모든 구체적인 활동을 설계하는 것(온라인 강좌 듣기, 팀 활동하기, 학습자원 활용하기, 전문가 인터뷰하기, 선행연구 자료 읽기 등)
  예 운양호 사건에 대한 현장보고 듣기, 국내외 정세에 대한 전문가 보고서 읽기, 입장에 따라 팀을 구성하고 논의하기, 팀별로 상소문 작성하기 등의 활동 제시
ⓗ 학습자원(resources) : 미션을 수행하는 과정에서 학습자가 이용할 수 있는 정보들(교과서, 각종 학습자료, 인터넷 사이트, 비디오클립, 전문가 네트워크 등)
  예 학습자가 자신에게 부여된 직책을 수행할 때 참고할 수 있는 각종 정보와 문서를 제공한다.
ⓢ 피드백(feedback) : 학습자의 과제수행 과정에 발생하는 어려움 해결을 위한 교수자의 도움, 수시 피드백과 학습과정에 대한 성찰 포함
  예 학습자의 정책 제안이 조선의 운명을 긍정적으로 이끄는 데 도움이 되고 있는지에 대한 피드백을 수시로 제공한다.
  예 프로그램 종료 시 학습내용과 학습과정에 대해서 성찰할 수 있는 기회를 학습자에게 제공한다.

(4) 블렌디드 러닝(혼합 학습, Blended Learning)
2017· 2022 지방직9급 / 2019· 2025 국가직9급

① 개념 : 면대면 수업과 온라인 수업을 결합하는 이러닝 활용 수업 형태를 총칭하는 개념
② 장점
  ㉠ 교실수업이 갖는 시·공간적 제한점을 온라인 학습의 장점을 통해 극복
  ㉡ 인간접촉의 부재, 혼자 학습하는 것의 두려움, 동기 저하 등의 문제를 대면수업으로 보완
③ 유형 : 미국의 비영리 교육단체인 iNACOL(International Association for K-12 Online Learning)의 분류
  ㉠ 순환 모델(Rotation Model) : 교사의 안내에 따라 학생들이 주어진 코스 내에서 소규모 그룹 지도, 온라인 학습, 토론 등 다양하게 학습
  ㉡ 알라카르테[19] 모델(ALa Carte Model) : 학교는 기본적으로 대면수업을 중심으로 운영하지만, 일부는 온라인 과목으로만 개설하여 운영
    • 개인적으로 선택한 온라인 코스들을 통해 학교 교육과정을 보충
    • 온라인상에 별도의 관리교사 존재, 코스는 교내·교외에서 이수가능
  ㉢ 가상학습 강화 모델(Enriched Virtual Model) : 학교 수업 중 필수 과목만 대면수업을 하고 나머지 대부분의 시간은 온라인 수업에 참여

암기 POINT
- 블렌디드 러닝의 장점 (이러닝의 문제점)
  - 인격적 접촉의 부재
  - 학습동기 저하
  - 협력적 학습 기회 부족

19) 알라카르테
다양한 요리를 각자 취향에 따라 선택하여 주문하도록 하는 방식

ⓔ 플렉스 모델(Flex Model) : 학교 활동의 대부분을 온라인으로 진행하고, 체육대회, 각종 행사, 시험 등만 대면 활동으로 운영
④ 플립 러닝(거꾸로 교실, 거꾸로 학습, Flipped earning)
  ㉠ 개념 : 온라인 강의를 통해 학습내용을 스스로 학습한 뒤, 교실 수업시간에는 교사의 안내에 따라 학습한 내용을 토대로 토론·실습·프로젝트 활동 등에 참여하도록 하는 수업 방식
  ㉡ 장점
    • 교실 수업에서는 질문, 토론, 모둠활동과 같은 활동을 전개하므로 학습자들이 수업에 적극적으로 참여하게 되어 고차적인 사고능력과 실제적인 미래 역량을 기를 수 있음
    • 교실 수업 전 온라인 학습에서 이해하지 못한 내용에 대해 교사가 보충 설명하거나 피드백을 제공할 수 있으므로 학습결손을 방지하는 효과도 있음
    • 최근 정보통신 기술의 발달로 교수자가 강의를 녹화하거나 배포하는 작업이나 학습자가 온라인 강의를 활용하는 활동이 더욱 쉬워지면서 대안적 교육방법으로 주목되고 있음

> **암기 POINT**
> • 플립 러닝(거꾸로 학습)
>   - 블렌디드 러닝의 한 형태
>   - 온라인 강의 → 면대면 교실 활동
>   - 고차적 사고능력 발달, 협력적 학습 촉진, 의사소통 역량 강화

	전통적인 ICT 학습	거꾸로 학습
학습 진행 순서	(교실 안) 교수자 강의 → (교실 밖) 과제해결 활동	(교실 밖) 온라인 동영상 강의 → (교실 안) 학습자 중심 학습활동
교실 교수자의 역할	강의자	조언자 및 촉진자
학습자의 역할	지식 수용자	지식 창출자

04 교사의 수업 전문성 2024 국가직9급

(1) 교사의 전문성에 대한 논의

① 전통적 관점과 새로운 관점의 비교 : 슐만(Shulman, 1986, 1987)

전통적인 관점	새로운 관점
외부 전문가에 의한 처방(수동적 관점)	현장 교사의 의한 주체적 형성(능동적 관점)
학자들에 의해 제공되는 이론적 지식에 대한 이해 중심	교사가 수업 개선을 위해 스스로 구성하는 실천적 지식 중심
명제적 지식 중심	상황적 지식, 전략적 지식 포함

② 교사가 갖추어야 할 전문적 지식의 내용
  ㉠ 내용지식(content knowledge)
  ㉡ 교육과정지식(curricular knowledge)
  ㉢ 일반교수법지식(general pedagogical knowledge)
  ㉣ 학습자에 대한 지식(knowledge of learners)
  ㉤ 교육상황에 대한 지식(knowledge of educational contexts)

ⓗ 교육목적에 대한 지식(knowledge of educational ends)

ⓘ 교수내용지식(pedagogical content knowledge)

③ 교수내용지식(PCK)의 의미

㉠ 학생들의 이해를 향상시킬 수 있도록 특정한 방식으로 교과 내용을 가르치는 방법에 대한 지식을 의미

㉡ 교사의 수업 전문성의 핵심으로서 교과 내용 지식, 일반교수법 지식, 학생에 대한 지식, 상황에 대한 지식 등을 종합하는 지식

㉢ 학문적 개념과 이론에 대한 이해뿐 아니라, 교사가 수업을 실행하는 과정 속에서 얻게 되는 경험에 대한 반성적 사고를 통해 얻을 수 있는 실천적 지식으로서의 성격을 가짐

(2) 교육공학적 교수내용지식(TPACK) 프레임워크

① 개념

㉠ 최근 정보통신매체를 활용한 수업이 강조되면서, 미쓰라와 쾰러(Mishra & Koehler, 2006)가 슐만의 PCK 모형에 테크놀로지 지식(technology knowledge)을 추가해 제시한 모형

㉡ 교과내용, 학습자, 수업환경에 적합한 방식으로 테크놀로지 기반의 수업을 운영할 수 있는 교사의 전문적 지식

② TPACK 프레임워크의 구성요소

㉠ 일반교수법지식(pedagogical knowledge): 학생들에게 효과적인 방법으로 교육을 제공하는 능력

㉡ 내용지식(content knowledge): 교사가 가르치는 주제에 대한 학문적 지식과 전문성

㉢ 테크놀로지 지식(technological knowledge): 교육에 사용할 수 있는 다양한 기술 도구 및 애플리케이션(컴퓨터, 인터넷, 소프트웨어 등)을 이해하고 활용하는 능력

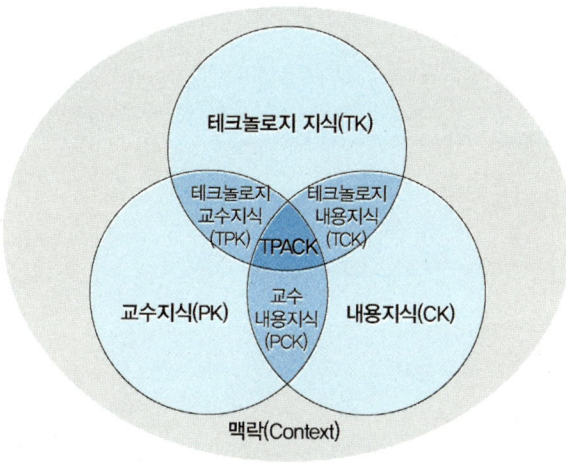

[TPACK의 개념틀]

CHAPTER

교육평가와 교육연구

교육평가는 학습자의 행동 및 여러 교육조건을 교육목적에 비추어 측정하고 이에 대하여 가치판단을 내리는 활동에 대해 설명한다. 학습자에 대한 평가뿐만 아니라, 교육 프로그램에 대한 평가로서 연구방법에 대한 논의도 포함한다.

1. 교육평가의 이해
2. 교육평가의 유형
3. 평가도구의 양호도
4. 문항제작과 문항분석
5. 평가결과의 분석
6. 교육연구

*AA급 : 11회 이상 | A급 : 6~10회 | B급 : 3~5회 | C급 : 1~2회

강서연
교육학

교육평가와 교육연구

- 교육평가의 이해
  - (1) 교육평가의 개념
  - (2) 교육평가의 모형 C

- 교육평가의 유형
  - (1) 평가기준에 따른 구분 A
  - (2) 평가시점(목적, 기능)에 따른 구분 A
  - (3) 검사방식 및 활용에 따른 구분 C
  - (4) 수행평가 A

- 평가도구의 양호도
  - (1) 타당도 A
  - (2) 신뢰도 A
  - (3) 객관도와 실용도 B

- 문항제작과 문항분석
  - (1) 지필평가 문항의 제작 C
  - (2) 문항분석의 이론과 방법 A

- 평가결과의 분석
  - (1) 자료의 특성 B
  - (2) 규준점수의 산출과 해석 A

- 교육연구
  - (1) 교육연구의 패러다임
  - (2) 연구대상의 표집 C
  - (3) 조사연구의 유형과 방법 B
  - (4) 실험연구의 절차와 방법 C
  - (5) 통계적 가설검정 B

06 교육평가와 교육연구

1 교육평가의 이해

01 교육평가의 개념

(1) 교육평가의 일반적 정의
① 교육평가는 교육활동에 대한 가치를 체계적으로 조사하고 판단하여 교육적 의사결정을 내리는 과정으로 정의됨
  ㉠ 교육과정이나 교육프로그램이 교수·학습 활동을 통하여 의도된 교육목표를 얼마나 잘 달성하였는지를 파악하기 위한 활동
  ㉡ 교육활동을 개선하기 위하여 교육담당자나 교육행정가들이 올바른 의사결정을 내리는 데 필요한 각종 정보를 체계적으로 수집, 제공하여 의사결정에 도움을 주거나 의사결정을 하는 과정
  ㉢ 교육현상이나 대상에 드러나 있거나 숨어있는 의미와 가치를 발견하고 이를 체계적으로 서술하여 반성적 시각에서 해석하고 분석하는 과정
② 교육평가의 의미는 무엇이며, 왜 필요하며, 어떤 역할을 수행해야 하는지는 평가자가 선택하는 관점에 따라 달라짐

(2) 관점에 따른 교육평가의 개념
① 측정관(measurement)
  ㉠ 비네(Binet) 등의 초기 실험심리학, 심리측정, 검사이론에서 출발
  ㉡ 어떤 대상이나 사건에 대하여 체계적으로 숫자를 부여하는 것에 초점
  ㉢ 신뢰도와 객관도가 높게 유지되는 표준화된 검사도구 개발에 관심
  ㉣ 개인차의 변별 및 선발·분류·예언 등을 위한 규준지향평가 중시
② 평가관(evaluation)
  ㉠ 타일러(Tyler) 등의 교육과정 및 교수·학습 방법 연구에서 출발
  ㉡ 설정된 교육목표에 준해서 학습자의 행동이 어떻게 변화했는지에 확인
  ㉢ 타당도(특히 내용타당도)가 높게 유지되는 검사도구 개발에 관심
  ㉣ 교육목표 달성 여부 확인, 자격판정·진급 등을 위한 준거지향평가 중시

③ 총평관(assessment)
  ㉠ 머레이(Murray) 등이 강조하는 '전인격적 평가'에서 출발
  ㉡ 인간의 특성을 하나의 검사나 도구로 측정하여 평가하는 것이 아니라 여러 다양한 방법을 동원하여 종합적으로 평가하는 데 초점
  ㉢ 타당도(구인타당도, 예언타당도)가 높은 평가방법 개발에 관심
  ㉣ 예언·분류·실험 등을 위한 다양한 증거자료와 평가방법 활용 중시

	측정관 (measurement)	평가관 (evaluation)	총평관 (assessment)
교육 평가의 개념	학습자의 특성을 양적인 수치로 기술	교육목표에 비추어 학습자의 변화를 판정	인간의 전인적 특성을 종합적으로 평가
평가의 목적	우수자의 선발과 개인차 변별에 초점	학습목표 달성을 저해하는 요인의 발견	학습자의 특성에 대한 종합적·맥락적 이해
평가방법	객관적인 평가가 가능한 지필고사(표준화검사)	학습자의 변화를 파악할 수 있는 양적·질적 방법	상황에 따른 변화를 알 수 있는 직간접적 증거 양적·질적 방법
검사 도구의 양호도	신뢰도, 객관도 강조	(내용)타당도 강조	구인타당도, 예언타당도
평가 유형	규준참조평가(상대평가) 총합평가	준거참조평가(절대평가) 진단, 형성, 총괄평가	자기참조평가(성장, 능력) 수행평가, 평가무용론
환경의 영향	측정의 오차변인으로 간주(최소화 필요)	행동변화의 주요 원천 (적극적 이용)	인간 변화의 한 요인 (개인-환경의 상호작용)
인간의 행동 특성	인간의 행동 특성은 안정적·고정불변	교육을 통한 변화의 가능성 인정	개인-환경 상호작용에 의해 역동적으로 변화
교육관	선발적 교육관	발달적 교육관	인본주의적 교육관

> 암기 POINT
> - 교육평가 모형
>   - 목표중심 평가 모형 : 타일러
>   - 가치판단 중심 모형 : 스크리븐, 아이스너
>   - 의사결정 중심 모형 : 스터플빔
>   - 참여자 중심 모형 : 구바와 링컨

02 교육평가의 모형 2010 국가직9급 / 2023 국가직7급

(1) 목표중심 평가(objective-oriented evaluation) 모형

① 목표중심 모형의 일반적 특징
  ㉠ 교육평가는 사전에 수립한 교육목표를 준거로 삼아 그 목표가 얼마나 성취되었는지를 판단하는 활동이라고 보는 관점
  ㉡ 평가의 목적을 달성하기 위해 평가의 절차 및 방법을 체계화·합리화하여 제시하며, 일반적으로 평가대상이 되는 교육현상을 객관적 검사도구를 활용하여 수량화하는 데 중점을 둠
  ㉢ 장점
    • 교육목표를 행동적 용어로 진술하여 명확한 평가기준을 제시함
    • 교육목표, 교육내용, 교육평가 간의 논리적 일관성을 유지해 줌
    • 학교의 교육의 질 관리 및 개선과 책무성 강화

ㄹ 단점
- 행동적 용어로 진술하기 어려운 목표에 대한 교육을 간과하게 함
- 교육 활동의 부수적 효과를 평가하지 못함
- 교육의 과정 자체에 대한 관심과 평가를 소홀히 하게 됨

② 타일러(Tyler)의 목표중심 평가 모형
㉠ 행동적 용어로 진술된 목표와 학생의 성취도의 일치 정도를 알아보는 데 평가의 초점을 둠
㉡ 평가의 절차
- 1단계 : 학교의 교육목표를 설정
- 2단계 : 설정된 교육목표를 분류
- 3단계 : 분류된 교육목표를 행동적 용어로 진술
- 4단계 : 교육목표의 달성 여부를 확인할 수 있는 장면이나 조건을 설정
- 5단계 : 측정방법 및 도구를 선정 또는 개발
- 6단계 : 측정을 통하여 자료를 수집
- 7단계 : 수집된 자료를 분석하여 학생의 성취를 행동목표와 비교

③ 하몬드(Hammond)의 3차원 평가 모형
㉠ 평가는 교육목표의 달성 여부를 결정하는 것뿐만 아니라 교육활동의 성패에 영향을 주는 요소를 규명하는 과정이라고 봄
㉡ 수업, 기관, 행동으로 구성된 3차원의 평가구조 모형을 평가의 기본틀로 활용할 것을 제안

(2) 가치판단 중심(judgement-oriented) 평가 모형

① 가치판단 모형의 일반적 특징
㉠ 평가를 평가자의 주관적 전문성을 활용하여 평가대상의 특성과 가치를 총체적으로 판단하는 활동으로 보는 모형(전문가 중심 모형)
㉡ 평가자의 전문적 태도와 자질, 즉 평가자의 가치관, 철학적 배경, 논리적 사고력과 판단력 등이 가장 중요한 평가 전략으로 간주됨
㉢ 장점 : 교육목표로 설정되지 않은 부수적 교육활동에 대한 평가가 용이
㉣ 단점 : 평가자의 주관이나 편견개입, 평가의 타당성을 평가하기 어려움

② 스크리븐(Scriven)의 탈목표 평가(goal-free evaluation) 모형
㉠ 사전에 설정된 프로그램의 의도적 효과뿐만 아니라 의도하지 않은 부수적 효과(잠재적 교육과정)까지를 포함하여 프로그램의 실제적 효과와 가치를 판단하고자 하는 평가 모형
㉡ 평가의 목적과 활동 및 결과를 교육현상 속에서 끊임없이 재해석하면서, 미리 설정된 목표를 수동적으로 받아들이기보다는 목표 자체의 가치를 판단할 필요가 있다는 점을 강조

암기 POINT
- 스크리븐의 탈목표 평가 모형 : 사전에 의도하지 않은 부수적 효과까지 평가

ⓒ 평가의 방법적 원리

목표중심 평가와 탈목표 평가	의도된 목표달성 여부를 평가하는 목표중심 평가뿐 아니라, 의도하지 않았던 부수적인 효과를 평가 항목에 포함하는 탈목표 평가를 중시함 ＊ 목표달성에는 실패했지만 부수적인 효과가 큰 경우 그 프로그램을 계속 채택함
내재적 준거와 외재적 준거에 의한 평가	프로그램에 내재된 목표나 내용 등을 평가하는 것(내재적 준거에 의한 평가)뿐만 아니라, 프로그램의 운영 상황이나 기능적 효과 등에 대한 평가(외재적 준거에 의한 평가)도 포함해야 함
비교 평가와 비(非)비교 평가	비슷한 목표를 추구하는 다른 프로그램과의 비교를 통해 해당 프로그램의 가치를 판단하는 비교 평가뿐 아니라, 이상적 표준(절대적 기준)에 비추어 프로그램 자체의 가치를 평가하는 비비교 평가도 중요
총괄평가와 형성평가	이미 완성된 프로그램의 가치를 종합적으로 판단하는 총괄평가뿐만 아니라, 진행 중에 있는 프로그램의 개선하기 위한 형성평가도 중요

③ 스테이크(Stake)의 반응적 평가(responsive evaluation) 모형
  ㉠ 프로그램의 가치 판단과 더불어, 프로그램의 여러 측면들을 상세히 묘사하는 기술적 측면을 강조하였다는 점에서 '안면평가(종합실상, countenance evaluation) 모형'으로 불림
  ㉡ 객관적인 평가결과의 보고에 한정되기보다는, 평가의뢰자의 정보 요구에 민감하게 반응하여 다양한 관점을 고려한다는 점에서 '고객중심 모형'이라고도 함

④ 아이스너(Eisner)의 비평적 평가(Connoisseurship & Criticism) 모형
  ㉠ 1970년대 당시 지배적이었던 경험과학적 평가 관행을 비판하면서 예술비평적 평가를 도입할 것을 주장한 대안적 모형
  ㉡ 자료에 대한 통계적 분석을 지양하고 평가자의 전문성이나 경험에 입각한 질적 분석을 강조
  ㉢ 평가자의 전문성이 평가결과의 타당성과 합리성을 확보해 주는 가장 중요한 요건이라고 보고, 평가자의 전문성으로서 교육적 감식안과 교육비평 능력을 지닐 것을 강조

(3) 의사결정 중심(decision-oriented) 평가 모형

① 의사결정 모형의 일반적 특징
  ㉠ 교육평가를 교육기관이나 교육 프로그램에 관련된 의사결정자에게 유용한 정보를 제공함으로써 의사결정을 지원하거나 촉진하는 활동으로 규정함[경영(관리, management) 중심 평가 모형]
  ㉡ 장점 : 교육평가에서 평가자와 의사결정자의 역할이 명확하게 구분됨, 체계적이며 종합적인 정보 제공을 통해 합리적인 의사결정을 유도함
  ㉢ 단점 : 평가자의 역할이 의사결정자에게 정보를 제공하는 역할에 한정됨, 평가의 전체 과정에 비용, 시간, 인력이 많이 소요됨

암기 POINT
• 아이스너의 비평적 평가 모형
  - 예술비평적 평가의 개념
  - 평가자의 전문성에 기초
  - 교육적 감식안과 비평능력

② 스터플빔(Stufflebeam)의 CIPP 모형
  ㉠ 1960년대 체제이론을 평가에 적용한 것으로, '상황(C)−투입(I)−과정(P)−산출(P)'의 네 가지 측면에서 프로그램을 평가하고자 함
  ㉡ 평가의 유형

평가유형	의사결정	평가의 내용	평가방법
상황평가(C)	계획적 의사결정	구체적인 목표수립의 배경과 상황 및 환경적 여건을 파악	체제분석, 문헌연구, 면접, 진단검사 등
투입평가(I)	구조화 의사결정	현재 어떠한 산물이 투입되고 있고 앞으로는 어떤 산물이 투입되어야 하는지를 파악	문헌연구, 현지방문, 변론팀 기법, 사전탐색적 시행 등
과정평가(P)	실행적 의사결정	구조화 단계에서 수립한 전략이 실행되는 과정에서 고려되어야 할 점, 발생가능한 사건 등을 파악	참여관찰, 토의, 설문조사, 면접 등
산출평가(P)	재순환적 의사결정	전체 과정을 통해 산출된 결과의 가치를 판단하는 데 도움이 되는 정보를 수집	성취도 평가, 관찰, 면접, 토의 등

> 암기 POINT
> • 스터플빔의 CIPP 모형
>   − 의사결정에 유용한 정보
>   − 상황−투입−과정−산출 측면

(4) 참여자(participant) 중심 평가 모형
① 일반적 특징
  ㉠ 자연주의적 탐구방식과 평가 과정에의 참여를 강조하는 접근방법
  ㉡ 프로그램 활동의 복잡성에 대한 이해와 묘사, 평가 관련자들의 정보 요구에 대한 응답을 강조함
② 구바와 링컨(Guba & Lincoln)의 자연주의 평가(naturalistic evaluation) 모형
  ㉠ 평가를 평가자를 포함한 핵심 이해관계자들이 직접 참여해서 주도적으로 만들어가는 과정으로 보는 관점(반응적 평가, 구성주의적 평가)
  ㉡ 평가 과정의 참여자들이 상호작용을 통해 교육 프로그램에 관한 주장-관심-쟁점(Claims-Concerns-Issues)을 확인하고, 정보를 수집하고, 해결책을 만들어가는 절차를 중시함

> 암기 POINT
> • 구바와 링컨의 자연주의 평가 모형 : 참여자들의 상호작용 중시

	목표 중심 평가	가치판단 중심 평가	의사결정 중심 평가	참여자 중심 평가
평가의 목적	의도된 목표들이 어느 정도까지 성취되었는지를 판단	프로그램의 가치에 대한 총체적이고 전문적인 판단	프로그램 관리를 위한 의사결정에 유용한 정보 제공	참여자들의 관심에 반응하는 정보와 이해 제공
대표 모형	− 타일러의 목표달성 모형 − 하몬드의 3차원 평가 모형	− 스크리븐의 탈목표 평가 모형 − 스테이크의 반응적 평가 모형 − 아이스너의 비평적 평가 모형	스터플빔의 CIPP 모형	구바와 링컨의 자연주의 평가 모형

2 교육평가의 유형

01 평가기준에 따른 구분
2015 · 2021 · 2025 지방직9급 / 2010 · 2013 · 2019 · 2022 · 2023 국가직9급 / 2008 · 2016 국가직7급

(1) 규준참조평가와 준거참조평가

① 규준참조평가(규준지향평가, norm-referenced evaluation)
  ㉠ 학습자가 자신이 속한 집단의 규준에 비추어 어느 정도의 상대적인 위치, 서열, 순위에 있는지를 밝히는 평가방법(상대평가)
  ㉡ 규준(norm)이란 특정 학습자의 수행수준을 비교할 수 있는 학생들로 구성된 집단(비교집단)의 전형적인 수행 수준을 의미
  ㉢ 규준참조평가의 결과보고 방법
    - 상대평가 평어 점수 : 미리 정해놓은 각 등급의 배당비율을 따라 학생들을 배분하여 '수·우·미·양·가' 또는 'A, B, C' 등의 평어 점수를 부여하는 방법 예 상위 10%는 A
    - 백분위(percentile rank, 서열척도) : 전체 집단에서 특정 점수 이하의 점수를 받은 사례들의 백분율을 나타내는 방식으로, 원점수가 높아질수록 백분위도 커짐
    - 표준점수(standard score, 비율척도) : 정규분포에서 원점수가 평균으로부터 얼마나 떨어져 있는지를 표준화된 점수로 나타내는 방식으로, Z점수, T점수, 스테나인 점수 등이 있음
    - 등수 : 학습자가 속한 학습집단 내에서 속한 상대적 위치

② 준거참조평가(준거지향평가, criterion-referenced evaluation)
  ㉠ 학습자가 성취해야 할 과제나 목표에 비추어 평가하는 방법으로, 사전에 설정된 준거(교육목표, 수행기준, 성취기준)에 얼마나 도달하였는지를 평가하는 방법(절대평가)
  ㉡ 준거(criterion)란 교과에서 설정한 학습목표(성취목표)로서, 교수·학습의 결과로 학습자들이 도달해야 하는 최저 성취기준을 의미
  ㉢ 준거참조평가의 결과보고 방법
    - 절대평가 평어 점수 : 성취기준에 근거하여 전체 점수를 여러 개의 급간으로 분류하고, 학생들의 점수가 포함되는 급간에 해당하는 평어 점수를 부여하는 방법 예 90점 이상은 A
    - 백분율(정답률) : 출제된 문항 중 정답 반응한 문항들의 백분율 또는 정답 반응한 각 문항에 부여된 배점을 합한 점수를 총점으로 나누어 100을 곱한 값
    - 도달/미도달 분류 : 일정 점수 이상을 획득한 경우 도달/미도달 또는 합격/불합격으로 분류

암기 POINT
- 규준참조평가 : 집단 내 상대적 순위를 밝히는 평가
- 준거참조평가 : 학습목표에 도달한 정도를 밝히는 평가

- 서술형 보고 : 학습자가 수행할 수 있는 행동의 내용과 수행 수준을 구체적으로 기술

	규준참조평가 (norm-referenced evaluation)	준거참조평가 (criterion-referenced evaluation)
개념	집단 내에서 개인들의 상대적 위치에 따라 점수를 부여하는 방법(상대평가)	수업목표(성취기준)에 비추어 개인의 수행수준을 해석하는 방법(절대평가)
기본관점	전통적 지능이론, 선발적 교육관에 근거 (지능의 일반성·불변성, 개인차 강조)	현대적 지능이론, 발달적 교육관에 근거 (지능의 다양성·변화가능성, 완전학습 추구)
평가관점	측정관(measurement) (개인차 변별 → 선별, 선발, 분류, 배치)	평가관(evaluation) (성취수준 확인 → 교정, 개선, 자격부여)
목적	상대적 서열 평가(개인차 변별)	성취목표 달성의 여부나 정도 파악
점수해석	원점수의 의미를 비교집단의 규준에 비추어 상대적으로 해석	원점수는 설정된 성취기준에 따라 일정한 의미를 지님
점수기록	상대평가 평어 점수, 백분위 점수, 표준점수, 등수	절대평가 평어 점수, 백분율 점수, 합격/불합격, 서술형 보고
점수분포	정상분포(정규분포) 기대	부적 편포 기대
평가도구	타당도보다 신뢰도 강조 적절한 난이도(곤란도)와 변별도 강조	타당도 강조(특히 내용타당도 강조) 난이도와 변별도보다 대표성 강조
학습행동	다른 학생들보다 높은 점수를 얻기 위해 노력	교과나 수업에서 제시된 목표에 도달하고자 노력
장점	- 개인의 집단 내 상대적 위치에 대한 정보 파악(서열화)이 용이함 - 검사의 신뢰도가 높음 - 경쟁을 통한 외재적 동기 유발	- 학습결과에 대한 정보제공을 통해 교수·학습을 개선할 수 있음 - 학습자 간 경쟁 완화, 탐구적 학습 촉진 - 지적인 성취동기(내재적 동기) 자극
단점	- 암기 위주의 학습을 유도할 가능성 큼 - 교수·학습 개선에 대한 정보수집 어려움 - 학생 상호 간의 점수 경쟁 조장	- 개인차 변별이 어려움 - 수행기준을 명료화하는 것이 쉽지 않음 - 통계분석 및 집단 간 비교 어려움

(2) 자기참조평가(성장참조평가와 능력참조평가)

① 성장참조평가(growth-referenced evaluation)
　㉠ 교수·학습 과정을 통해 학습자가 얼마나 성장하였는지에 관심을 두는 평가방법
　㉡ 최종 성취수준 그 자체보다 사전 능력수준과 평가 시점에 측정된 능력수준 간의 차이를 기준으로 평가점수를 산정
　㉢ 학습자가 얼마만큼 능력의 향상, 개선, 진보를 보였는지에 관심을 두므로 학업 증진의 기회를 부여하고 평가의 개별화를 강조함
　㉣ 타당한 평가의 조건
　　• 사전에 측정한 점수와 현재 측정한 점수 각각이 신뢰도가 높고, 사전에 측정한 점수와 현재 측정한 점수의 상관도가 낮아야 타당한 결과를 얻을 수 있음

> **암기 POINT**
> • 성장참조평가 : 학습자의 능력이 얼마나 성장하였는지
> • 능력참조평가 : 학습자의 능력 대비 최선을 다했는지

- 만약 사전에 측정한 점수와 현재 측정한 점수의 상관도가 높게 나온다면, 이는 학생들의 성장에 의한 것이 아니라 관계에 의한 당연한 결과라 볼 수 있기 때문
  ⑩ 학습자의 의도에 따라 평가결과가 왜곡될 수 있어 대학 진학이나 자격증 취득을 위한 행정적 기능이 강조되는 고부담 검사에는 적합하지 않음
② 능력참조평가(ability-referenced evaluation)
  ㉠ 학습자 개인이 지닌 능력을 얼마나 최선을 다하여 발휘하였는지에 관심을 두는 평가방법
  ㉡ 학습자의 잠재적인 능력 수준과 학습 후 나타난 최종적인 성취수준 차이를 기준으로 점수를 부여하는 방법으로, 노력의 정도를 확인하는 데 중점을 둠
  ㉢ 학습자가 자신의 노력을 통해 능력-성취 차이를 크게 벌렸다면 더 높은 점수를 부여하므로, 능력이 낮은 학습자에게도 학습동기를 증진하고 학습자의 귀인성향을 변화시킬 수 있음

성장참조평가에서의 평정			능력참조평가에서의 평정		
	A학생	B학생		A학생	B학생
사전평가(능력)	80점 >	40점	사전평가(능력)	90점 >	70점
사후평가(능력)	85점 >	60점	사후평가(성취)	85점 >	80점
평정(향상 정도)	+5점 <	+20점	평정(노력 정도)	-5점 <	+10점

	성장참조평가 (growth-referenced evaluation)	능력참조평가 (ability-referenced evaluation)
개념	학습자가 교수·학습 과정을 통해 얼마나 성장하였는지에 관심을 두는 평가방법	개인이 지닌 잠재능력에 비해 얼마나 최선을 다하였는지를 중시하는 평가방법
기본관점	- 현대적 지능이론, 발달적 교육관(지능의 다양성·변화가능성, 개별학습 강조) - 총평관(assessment)(개인의 행동특성에 대한 종합적 이해 → 교수·학습 개선, 상담)	
목적	능력의 향상, 성장, 변화 정도 파악	최대 능력의 발휘, 최선, 노력 정도 파악
평정방법	사전 능력수준과 현재 능력수준 간의 차이를 기준으로 하여 평가점수를 산정	학습자의 능력수준과 성취수준의 차이를 기준으로 평가점수를 부여
장점	- 개별화교육 및 평가의 개별화 촉진 - 학습자의 능력개선에 중점을 두므로 학업 증진의 기회 부여 - 평가의 교수적·상담적 기능 강조	- 개별화교육 및 평가의 개별화 촉진 - 학습자의 노력에 대한 피드백이 되므로 긍정적인 학습동기 증진 가능 - 평가의 교수적·상담적 기능 강조
단점	- 행정적 기능이 강조되는 고부담 시험에는 적용하기 어려움 - 모든 학생에게 동일한 평가기준을 적용할 수 없음(평가의 경제성 낮음) - 최종적인 평가점수의 신뢰도가 낮음	- 고부담 시험에는 적용하기 어려움 - 모든 학생에게 동일한 평가기준을 적용할 수 없음(평가의 경제성 낮음) - 학습자의 수행수준과는 구별되는 능력수준을 정확히 측정하기가 어려움

[종합 비교]

	규준참조평가	준거참조평가	성장참조평가	능력참조평가
교육관	선발적 교육관	발달적 교육관	발달적 교육관	발달적 교육관
개인차	개인차 인정	완전학습 지향	개별학습 강조	개별학습 강조
학습목표	수월성	학습목표 달성	개인적 성장	최대능력 발휘
비교대상	개인과 개인 (규준과 개인)	준거와 수행 (준거와 개인)	개인의 성장 및 변화 정도	개인의 능력과 수행정도
결과활용	분류, 선발, 배치	성취확인, 자격부여	개인학습 향상	개인학습 향상
평가기능	행정적 기능[1]	교수적 기능[2]	교수적 기능	교수적 기능

(3) 성취평가제

① 개념
  ㉠ 국가 교육과정에 근거하여 개발된 교과목별 성취기준[3]에 도달한 정도로 학생의 성취수준[4]을 평가하는 제도
  ㉡ 서열 위주의 평가 방법을 지양하고 학생 개개인의 학업성취도를 기준으로 평가하는 평가제도

② 도입 목적 : 학업성취에 대한 학교 책무성 강화, 창의적 교실수업 구현, 진학과 취업에서 학교교육 성과 중시 등을 통해 학교교육 경쟁력 강화

③ 추진경과
  • 2011년 발표된 「중등학교 학사관리 선진화 방안」에 따라 도입, 학교급별·교과별 특성을 고려하여 단계적으로 적용
  • 중학교 : 2012학년도 1학년 입학생부터 전 교과에서 성취평가제를 적용하여, 2014년에는 전 학년에 성취평가제를 적용
  • 고등학교
    – 선 취업-후 진학 체제 구축을 바탕으로 한 직업교육 선진화를 위하여 전문교과에 한해 2012학년도 1학년부터 성취평가제를 시행
    – 보통교과는 2014학년도 1학년부터 도입되기 시작, 2022 개정 교육과정에 따라 고교학점제가 시행됨에 따라 전면 확대 시행

④ 기대효과
  ㉠ 학생의 측면
    • 학습해야 할 목표와 내용이 무엇인지 구체적으로 알 수 있음
    • 성취기준과 성취수준에 맞게 구체적인 피드백을 받을 수 있음
    • 성취기준에 비추어 부족한 점을 파악하여 학습을 개선할 수 있음
    • 다양한 성취수준에 맞는 맞춤형 교수·학습과 평가를 받을 수 있음
    • 각자 자신의 적성과 진로에 적합한 교과목 수강이 용이해지고 협동적인 분위기에서 학습할 수 있음

---

1) 평가의 행정적 기능
학생의 선발, 분류, 배치에 활용

2) 평가의 교수적 기능
학습목표 달성, 교수·학습 개선에 활용

3) 성취기준
각 교과목에서 학생들이 학습을 통해 성취하기를 기대하는 지식·이해, 과정·기능, 가치·태도 등의 능력과 특성을 진술한 것으로, 교수·학습 및 평가의 실질적인 근거로 교사가 무엇을 가르치고 평가해야 하는지, 학생이 무엇을 공부하고 성취해야 하는지에 관한 실질적인 지침이 됨

4) 성취수준
학습 정도를 판단하기 위해 각 성취기준에 도달한 정도를 3~5단계로 구분하고 각 단계에 속한 학생들이 무엇을 알고, 할 수 있는지를 기술한 것으로 성취기준별 성취수준 및 영역별 성취수준으로 구성됨

ⓛ 교사의 측면
- 학교에서 학생들이 무엇을 어느 정도 알고 있느냐를 기준으로 설정하여 학생 성취에 대한 판단을 할 수 있음
- 상대적 서열을 기준으로 하는 상대평가와 다르게 성취기준에 비추어 개인의 성취를 판단하여 무엇을 알고 할 수 있는가를 평가할 수 있음
- 단순 점수를 기준으로 하는 절대평가와는 다르게 성취기준에 대한 도달 수준을 설정하여 성취기준에 근거한 평가를 운영할 수 있음
- 성취기준 – 교수·학습 – 평가의 연계성 확보를 통해 교사의 전문성을 신장시킬 수 있음

⑤ 성취평가제의 운영 방법
  ㉠ 1단계 : 교수·학습 및 평가 운영 계획 수립 및 공지
   - 평가계획 수립을 위한 사전 준비
   - 교과별 교육과정의 성취기준 분석 및 평가목표 설정
   - 학기단위 성취수준 기술
   - 단계별 세부 평가활동 결정
   - 평가계획 검토 및 공지
  ㉡ 2단계 : 계획에 따른 평가도구 개발(지필평가, 수행평가)
   - **지필평가** : '중간 또는 기말고사(1회, 2회 고사 등)'와 같은 '일제식 정기고사'를 의미하며, '선택형'과 '서답형'으로 구분
   - **수행평가** : 교과 담당교사가 교과 수업시간에 학습자들의 학습과제 수행 과정 및 결과를 직접 관찰하고, 그 관찰 결과를 전문적으로 판단하는 평가 방법
  ㉢ 3단계 : 분할점수 산출(고등학교만 해당)
   - **분할점수의 개념** : 성취도 A~E까지를 부여할 때 각 성취도를 나누는 점수 예 A/B 분할점수가 87점이라면 87점 이상이면 A, 87점 미만부터 B 이하로 표시됨
   - **분할점수의 설정 방식**
     - **고정분할점수** : 학생이 평가에서 받는 원점수와 성취도를 1 : 1로 대응하여 분할점수로 고정시켜 적용하는 방식
       예 A/B 90점, B/C 80점, C/D 70점, D/E 60점
     - **추정분할점수** : 교과 특성 및 평가 문항 난이도 등을 고려해 성취수준별로 예상정답률을 추정하여 성취도별 분할점수를 산출하는 방식
       예 교사가 나이스(NEIS) 분할점수 산출기능을 통해 문항 예상정답률을 입력했을 때, 분할점수가 A/B 87점, B/C 73점, C/D 65점 D/E 56점으로 자동 산출됨

② 4단계 : 평가 시행
- 지필평가 문제는 출제·인쇄 및 평가의 전 과정에서 보안이 유지되도록 철저히 관리하여야 함
- 모든 수행평가는 수업 중 실시하는 것을 원칙으로 하며, 수업시간 외 가정 등에서 이루어지는 '과제형 수행평가'는 실시하지 않도록 함

⑩ 5단계 : 평가 결과 산출
- 학생생활기록부에 표시되는 내용은 과목별로 학점, 원점수와 과목평균, 성취도, 성취도별 분포비율, 석차등급, 수강자 수 등으로 구성
- 성취평가제에 의한 '성취도'는 교과목 특성에 따라 'A-B-C-D-E'(대부분의 과목), 'A-B-C'(보통교과의 체육·예술/과학탐구실험), 'P'(보통교과의 교양) 등으로 판정
- 상대평가에 의한 '석차등급'은 기존 9등급제에서 5등급제로 변경하여 1~5 등급으로 표기

⑪ 6단계 : 결과 기록 및 피드백
- 교과 세부능력 및 특기사항 기록 : 지필평가와 수행평가 등의 결과를 토대로 학생의 개별 성취수준의 특성 및 참여도, 태도 등을 구체적이고 객관적으로 기술
- 성취수준에 따른 피드백 : 학습자가 무엇을 성취하였는지를 구체적으로 제시하여 성장을 위한 의미 있는 정보를 제공함

02 평가시점(목적, 기능)에 따른 구분
2017·2019·2025 지방직9급 / 2012·2013·2015 국가직9급 / 2011·2020·2023 국가직9급

(1) 진단(diagnostic)평가 : 투입(input)평가

① 개념 : 수업 시작 전 또는 수업의 초기에 학생의 수준과 특성을 파악하기 위해 실시하는 평가
  예 학생들에게 약수와 배수에 대해 가르치기에 앞서, 덧셈, 뺄셈, 곱셈, 나눗셈 등에 관한 문제로 구성된 간단한 시험을 실시함

② 목적(기능) : 학습자가 가진 특성에 맞는 수업계획을 수립하기 위해
  ㉠ 출발점 행동(기초학습능력, 선수학습 정도, 학습과제에 대한 흥미나 적성)의 진단
  ㉡ 학생의 특성(지능, 적성, 태도 등)을 체계적으로 관찰·측정
  ㉢ 학습결손의 원인 파악과 학습자의 학습환경에 관한 정보를 수집
    ✱ 신체적 요인(건강상태의 이상, 운동기능 장애 등), 정서적 요인(심리적 갈등 등), 환경적 요인(경제적 빈곤, 보호자와의 상호작용 등) 등 포함

③ 평가방법
  ㉠ 형식적 평가 : 기초학력진단평가, 반편성 배치고사 등의 형식적인 평가

> **암기 POINT**
> - 진단평가
>   - 수업 전 또는 초기
>   - 학습자의 출발점 행동 진단

ⓒ 비형식적 평가 : 전 학년의 학교생활기록부나 성적표와 같은 기록 검토, 쪽지 시험이나 질문, 보호자나 전 학년 담임교사와의 면담, 수강생 설문 조사표, 자기보고서, 관찰법 등

④ 진단평가와 형성평가의 차이점

진단평가	형성평가
- 수업방법이나 수업자료의 개선으로는 교정되지 않는 학습경험, 환경요인, 신체적·정서적 문제를 확인하려는 목적으로 실시 - 비교적 장기간에 걸쳐서 형성되어 쉽게 변화되지 않는 특성들을 평가대상으로 함	- 수업자료나 수업방법을 개선함으로써 현재 진행 중인 수업의 효과를 극대화하기 위한 목적으로 실시 - 비교적 단기간에 변화될 수 있는 특성이나 요소들을 주요 평가대상으로 함

(2) 형성(formative)평가 : 과정(process)평가

① 개념 : 교수·학습(수업)이 진행하는 도중에 학생들의 학습목표 도달 정도를 확인하여 교사와 학생에게 피드백을 주기 위해 실시하는 평가

② 목적(기능) : 교수·학습 방법을 수정·보완·개선하기 위한 평가
　ⓐ 수업목표에 비추어 학습의 진전 상황에 대한 정보 제공
　ⓑ 일종의 보상으로서 학습자의 학습을 강화하는 역할
　ⓒ 학생들의 학습곤란(오류와 문제점) 지점을 파악하여 교정할 기회 제공
　ⓓ 학습의 속도 조절, 학습보조의 개별화 등을 통한 교수·학습의 효율화

③ 평가방법
　ⓐ 표준화검사보다는 교사가 제작한 검사 사용
　ⓑ 상대평가보다는 절대평가를 지향
　ⓒ 평가도구 제작 시 최소 성취기준에 근거하여 문항 출제
　ⓓ 선택형 문항의 경우 학생들이 자주 범하는 오류의 유형을 확인할 수 있도록 답지 구성

④ 실시상의 유의점
　ⓐ 수시로 평가를 실시하되, 특히 학습내용이 위계적인 구조로 되어 있고 학습분량이 많은 경우 평가횟수를 늘림
　ⓑ 학생이 학습과정에서 발생한 오류를 교정할 수 있도록 즉각적이고 분명한 피드백 제시
　ⓒ 학습목표에 미달 시에는 보충학습 등 교정학습의 기회를 제공하여야 함
　ⓓ 평가결과를 성적에 반영하지 않거나 최소화하여 학생의 평가에 대한 부담감을 줄여 주어야 학습동기 유지됨

(3) 총괄(총합, summative)평가 : 산출(output), 성과(outcome)평가

① 개념 : 교수·학습 과정이 완료된 시점(학기말 또는 학년말)에 교육목표의 달성 여부나 정도를 종합적으로 판정하기 위해 실시하는 평가

암기 POINT
- 형성평가
  - 수업 중 또는 학기 중
  - 학습목표 도달 정도 확인

더 알아두기
- 형성평가는 스크리븐(Scriven)이 제안한 용어로, "교수·학습이 진행되고 있는 유동적인 상황에서 학습자에게 피드백을 주어 교육과정과 수업방법을 개선하기 위해 실시하는 평가"로 정의됨

암기 POINT
- 총괄평가
  - 수업 후 또는 학기 말
  - 학업 성취도 판정

② 목적(기능) : 학업성취도를 판정하여 성적에 반영
  ㉠ 학생들의 학업성적 산출 및 서열화
  ㉡ 성취 정도에 따라 진급 자격이나 당락을 결정
  ㉢ 학생들의 미래 학업성적 예측(입시전형 자료로 활용)
  ㉣ 학습자 집단 간의 학습성과 비교를 위한 정보 제공
  ㉤ 프로그램의 지속 여부를 결정하는 등 교수·학습의 장기적인 질 관리에 기여
③ 평가방법
  ㉠ 교육목표의 성격에 따라 교사제작검사,[5] 표준화검사,[6] 작품 평가방법 등 다양한 방법 활용
  ㉡ 진학 자료로 활용되는 경우, 교과내용 및 평가 전문가가 제작한 표준화 검사를 주로 사용
  ㉢ 준거참조평가와 규준참조평가를 혼용하여 사용 가능
④ 실시상 유의점 : 엄격한 공정성과 객관성 확보를 위해 문항의 출제와 관리에 각별한 주의 필요

[5] 교사제작검사
수업을 실시한 교사가 직접 제작한 검사(비표준화 검사)

[6] 표준화 검사
교과내용 전문가와 측정(평가)전문가에 의해 제작되며, 다수의 피험자를 대상으로 검사를 실시하여 검사도구 및 문항의 양호도를 검증한 검사(예 지능검사)

	진단평가	형성평가	총괄평가
시행시기	수업 전	수업 중	수업 후
목적	출발점 행동을 진단하거나 학습결손의 원인을 확인하여 수업계획 수립에 반영	학습목표 도달 정도나 문제점을 발견하여 수업지도 방법 개선	수업목표의 달성 정도를 종합적으로 판단하여 성적 판정 및 정치(定置)
기능	- 출발점 행동(기초학습능력, 선수학습 정도, 학습곤란 정도)의 진단 - 학생의 특성(흥미, 적성, 태도 등)을 체계적으로 관찰·측정 - 학습결손의 원인 파악	- 학습의 진전 상황에 대한 정보 제공 - 학습자의 학습을 강화 - 학습곤란이나 학습결손 지점을 파악 - 학습의 진행 속도 조절 - 학습보조의 개별화	- 학생들의 학업성적 산출 및 서열화 - 성취 정도에 따라 진급 자격이나 당락을 결정 - 미래 학업성적의 예측 - 프로그램의 지속 여부를 결정
평가기준	준거참조평가	준거참조평가	규준 혹은 준거참조평가
평가방법	비형식적, 형식적 평가(표준화 진단검사, 교사제작검사, 관찰법 등)	수시로, 비형식적+형식적 [교사제작검사(쪽지시험), 구두문답, 관찰법 등]	주로 형식적 평가(교사제작검사, 표준화 학력검사)

(4) 메타 평가(meta-evaluation)
① 개념 : 실시된 평가의 장단점을 확인하고 평가의 질적 개선을 도모하기 위해 실시하는 평가
② 질적 판단의 준거 : 평가의 효용성, 실행가능성, 윤리적 준거, 기술적인 적절성 등
③ 유형
  ㉠ 형성적 메타 평가 : 평가에 대한 지침을 제공하기 위한 평가에 대한 평가
  ㉡ 총괄적 메타 평가 : 수행된 평가에 대한 가치와 장점을 판단하는 메타평가

03 검사방식 및 활용에 따른 구분 2018 지방직9급 / 2017·2023 국가직9급

(1) 속도검사와 역량검사

① 속도검사(speed test)
  ㉠ 피험자가 제한된 시간 내에 얼마나 많은 문항을 정확하게 풀었는지를 측정하는 검사
  ㉡ 시간만 충분하다면 모든 문항에 정답을 할 수 있는 문항으로 구성

② 역량검사(power test)
  ㉠ 모든 학생이 모든 문항을 풀 수 있도록 충분한 시간을 준 상태에서 측정하는 검사
  ㉡ 다양한 난이도의 문항들을 포함하도록 검사 구성

③ 속도/역량검사의 활용
  ㉠ 일반적으로 피험자의 75~90%가 검사를 끝마칠 수 있는 시간을 검사 시간으로 정하는 것이 일반적
  ㉡ 속도검사의 경우 반분검사신뢰도를 추정할 때 검사를 전후로 양분하는 방법은 사용하지 않도록 주의할 것

(2) 저부담 시험과 고부담 시험

① 저부담 시험(low stake examination)
  ㉠ 교육평가 결과의 활용이 피험자에게 미치는 영향이 비교적 적은 시험으로, 학교 수업시간에 실시하는 쪽지시험이 대표적 사례
  ㉡ 진단평가나 형성평가와 같이 평가 결과가 학습자의 출발점 행동 진단, 학습활동의 개별화, 교수·학습 개선 등을 위한 자료로 사용되는 시험
  ㉢ 저부담 시험에서도 적정한 수준의 난이도와 변별도를 유지하는 것이 중요하나, 평가결과의 활용 목적에 따라 유연하게 조절할 수 있음
  ㉣ 교수적 기능이 강조되는 성장참조평가나 능력참조평가를 실시하는 것이 바람직함

② 고부담 시험(high stake examination)
  ㉠ 교육평가 결과의 활용으로 인해 피험자에게 중대한 영향과 파급효과를 주는 시험
  ㉡ 구체적으로는 선발, 배치, 승급, 졸업, 진학, 취업 등을 위한 평가 자료로 활용되는 시험으로, 대학수학능력시험이 대표적 사례
  ㉢ 고부담 시험에서는 학생들의 실력 차이를 변별하는 것이 특히 중요하므로, 다양한 수준의 난이도와 변별도를 가진 문항으로 구성하여야 함
  ㉣ 교수적 기능이 강조되는 평가를 실시하는 것은 적절치 않음
  ㉤ 고부담 시험은 교육과정의 실행 및 현장의 교수·학습 방법에도 영향을 미치므로 의도하지 않았던 결과에 대해서도 평가가 필요함

암기 POINT
- 속도검사 : 제한된 시간 내에 얼마나 많이 푸는지를 검사
- 역량검사 : 충분한 시간을 준 상태에서 역량 수준을 검사

암기 POINT
- 고부담 시험
  - 검사결과가 피험자에게 중대한 영향을 미치는 시험
  - 다양한 수준의 난이도와 변별도 문항 필요

(3) 교사제작검사와 표준화검사
① 교사제작검사
  ㉠ 정의 : 교사가 교육 목표와 내용에 맞춰 직접 제작하는 평가 도구
  ㉡ 특징
    • 교실 수업의 구체적인 내용과 필요에 따라 자유롭게 제작 가능
    • 학생의 학습 과정과 결과를 즉각적으로 평가할 수 있음
    • 표준화 검사에 비해 신뢰도와 타당도가 낮을 수 있음
  ㉢ 장점 : 교사의 교육 의도를 반영하기 쉬움, 교수학습 과정에 평가를 통합할 수 있음, 학생의 평가결과에 따른 피드백이 용이함
  ㉣ 단점 : 체계적인 문항 제작이 어려움, 평가결과의 객관적인 비교가 어려움, 평가의 공정성에 대한 의문이 제기될 수 있음
② 표준화 검사
  ㉠ 개념 : 누가 사용하더라도 검사의 실시, 채점 및 결과의 해석이 동일하도록 절차와 방법을 일정하게 만들어 놓은 검사(↔ 교사제작 검사[7])
  ㉡ 특징 : 제작 규모와 절차가 전문적·체계적, 검사내용의 표준화, 표준화된 조건에서 검사 실시, 채점과정의 표준화, 검사결과 해석의 표준화
  ㉢ 표준화 검사 활용 시 유의점
    • 검사 실시 목적에 적합한 내용의 검사를 선택함
    • 검사의 타당도, 신뢰도, 객관도, 실용도를 고려하여 검사를 선택함
    • 검사를 사용하는 사람이 검사에 대한 객관적인 식견이 있어야 함
    • 검사의 실시·채점·결과의 해석 시 표준화된 검사절차를 준수해야 함 (사용자가 임의로 변경해서는 안 됨)
  ㉣ 표준화 검사의 제작 절차

1. 제작계획 수립	- 기존의 검사 및 문헌을 통해 자료를 수집하고 분석 - 문항 형식과 유형, 하위 검사의 수와 문항수를 계획
2. 문항 작성	- 선택된 문항 형식에 따라 문항을 제작한다. - 문항수는 실제 검사에 포함될 수의 두 배 이상이 되도록 한다.
3. 예비 조사	- 활용하려는 대상을 대표할 수 있는 표본을 대상으로 실시한다. - 실시 후 문항을 수정하고 여러 문제점에 대하여 사전에 검토한다.
4. 문항 분석	- 각 문항에 대하여 난이도, 변별도, 타당도, 선택지별 오답률을 검토한다.
5. 표준화 검사 제작	- 최종적인 형태의 표준화검사로 제작하고 실시방법과 채점방법을 결정한다.
6. 검사의 양호도 검증과 규준 작성	- 검사의 양호도 검증을 위해 신뢰도와 타당도를 검증한다. - 평가대상인 모집단을 가장 잘 대표할 수 있는 집단을 표집하여 검사를 실시하고 그 결과에 의해 규준을 작성한다.
7. 검사요강의 완성	- 검사의 실행·처리·해석의 지침서로 검사 전반에 걸친 상세한 내용이 수록되어 있는 검사 요강을 만든다.

7) 교사제작 검사
  = 학급검사

(4) 정태적 평가와 역동적 평가

① 정태적 평가(static assessment)
  ㉠ 개념 : 학습자가 외부의 도움 없이 독립적으로 문제를 해결하는 능력, 즉 현재까지 '이미 발달된 능력'을 측정하는 전통적인 평가 방식
  ㉡ 평가방법 : 일반적으로 표준화된 조건에서 수행되며, 정답 반응의 수나 정확성을 중심으로 학습 결과를 평가함. 평가 도중에는 교사의 피드백이나 개입이 제한되며, 평가는 일회성으로 종료됨
  ㉢ 한계 : 평가와 교수학습의 분리, 선발·분류·배치 등 행정적 기능 중심, 학습자의 잠재력이나 학습과정에서의 변화 가능성은 반영되기 어려움

② 역동적 평가(dynamic assessment)
  ㉠ 개념 : 학생이 혼자서 풀 수 있는 문제와 다른 사람의 도움을 받아야 하는 문제를 모두 평가하여 지적 발달의 현재 수준과 잠재 수준을 함께 측정하는 평가방법[비고츠키의 근접발달영역(ZPD) 개념에 기초]
  ㉡ 평가방법 : 평가 과정에서 교사가 스캐폴딩이나 피드백을 제공하여 학생의 오답반응 발생지점, 정답도출과정 및 피드백에 대한 반응 등을 관찰함으로써 학습 잠재력을 종합적으로 진단하는 평가 방식
  ㉢ 포에르스타인(Feuerstein)의 학습잠재력 평가도구(LPAD : Learning Potential Assessment Device)
    • 역동적 평가방법을 활용한 지능검사 도구로, 검사 – 훈련(도움) – 재검사의 형태로 아동의 잠재적 능력 평가
    • 인지구조의 수정가능성과 인지적 결손 지점을 정확하게 파악하는 데 목표를 둠 → '중재학습경험' 제공을 위한 개입지점 확인
  ㉣ 활용 : 학습자의 강점과 약점을 진단하고, 개별화된 학습 지도 및 교육적 개입을 설계하는 데 활용 가능, 평가 활동과 교수·학습 활동의 통합 가능
  ㉤ 한계 : 표준화와 객관성 부족, 시간과 인력의 소요, 교사의 전문성 요구, 결과 해석의 어려움

> **암기 POINT**
>
> • **역동적 평가**
>   - 잠재적 발달수준(근접발달영역) 확인
>   - 검사 도중 피드백(스캐폴딩) 제공
>   - 포에르스타인의 학습잠재력 평가도구

	정태적 평가	역동적 평가
평가목적	교육목표 달성도 평가	학습향상도 및 잠재능력 평가
평가내용	학습결과 중시	학습결과 및 학습과정 중시
평가방법	정답 반응수 중시 일회적·부분적 평가	오답반응 발생지점, 정답반응 도출과정 및 제공된 도움의 내용도 중시 지속적·종합적 평가
평가상황	표준화되고 탈맥락적인 상황	다양하고 융통성 있는 상황
평가시기	교수·학습 활동 종료 후	수업 전 또는 교수·학습과 통합 실시
결과활용	선발, 분류, 배치	학습활동의 개선, 지도, 도움

(5) 컴퓨터 능력적응검사

① 컴퓨터화 검사(Computerized Testing : CT)
  ㉠ 정의 : 검사의 제작, 시행, 채점, 결과분석 및 자료저장, 관리에 이르는 검사의 과정에서 컴퓨터를 활용하는 검사
  ㉡ 유형
    - 컴퓨터 이용 검사(Computer Based Testing : CBT) : 전통적인 지필검사와 동일한 내용의 검사를 컴퓨터를 이용하여 실시하는 검사
    - 컴퓨터 능력적응검사(Computer Adaptive Testing : CAT) : 개별 피험자의 능력에 맞는 문항을 제시해 나가면서 피험자의 응답결과에 적응하는 방식으로 실시하는 검사
    - 연속측정(Continuous Measurement : CM) : 컴퓨터를 이용하여 학습의 진행에 따른 학습자의 변화를 연속적으로 측정하는 방법
    - 지적측정(Intelligent Measurement : IM) : 인공지능 컴퓨팅 기술을 이용하여 학습자의 인지구조를 종합적으로 분석하는 측정 방법
  ㉢ 장점
    - 동영상, 음향자료 등을 이용하여 다양한 형태의 문항을 제작할 수 있음
    - 시간과 장소에 구애받지 않고 언제, 어디서나 검사를 실시할 수 있음
    - 응답결과나 검사결과의 즉각적인 피드백으로 학습능력 향상을 도움
    - 검사 실시에 사용되는 시간과 비용 및 노력을 줄일 수 있음

② 컴퓨터 능력적응검사(CAT)
  ㉠ 검사방식 : 문항을 난이도 순으로 정렬한 문제은행에서 제시된 문항을 맞추면 더 어려운 문항을, 틀리면 더 쉬운 문항을 제시하는 방식으로 피험자의 능력에 적합한 문항으로 검사를 실시하는 방식
  ㉡ 장점
    - 모든 피험자의 능력을 같은 정도로 정확하게 측정하므로 보다 공정하고 정확한 검사결과를 얻을 수 있음
    - 모든 피험자의 능력 수준에 적합한 문항을 제시하므로 검사의 동기를 유발·유지하므로 측정의 오차를 감소시킬 수 있음
    - 개인마다 다른 형태의 검사를 시행하게 되므로 검사 도중에 발생하는 부정행위를 방지할 수 있음
  ㉢ 한계점
    - 문제은행 구축과정에서 실시한 지필검사 결과와 컴퓨터화 검사의 결과의 동등성이 완전히 검증되지 않았음
    - 지필검사와 컴퓨터화 검사의 검사양식의 차이로 인해 발생하는 양식효과(mode effect)가 큰 경우 검사의 타당도를 저해할 수 있음
    - 피험자가 한번 응답한 문항에 대해서 다시 돌아가 답을 검토하거나 수정할 수 없다는 점으로 인해 검사불안이 커질 수 있음

더 알아두기

- **문항 난이도와 검사동기** : 대부분의 집단검사는 평균수준의 능력을 가진 피험자를 기준으로 출제하므로 중간 난이도 수준의 문항이 대부분이고, 아주 쉽거나 어려운 문제는 소수이다. 이러한 검사구성으로 인해 능력이 높은 피험자는 지루함을, 능력이 낮은 피험자는 불안함을 느끼게 되며 이로 인해 측정의 오차가 발생할 수 있다.

04 수행평가 2025 지방직9급 / 2007·2010·2013 국가직9급 / 2007·2009·2018 국가직7급

(1) 수행평가의 이해

① 수행평가(performance assessment)의 개념
  ㉠ 학습한 지식, 기능, 태도 등을 학생 스스로 행동이나 결과물로 나타내도록 하고 교사가 이를 직접 관찰하여 평가하는 방법
  ㉡ 학습결과뿐만 아니라 학습과정에 대한 평가도 중시하는 대안적 평가방법

② 수행평가의 특징(전통적 평가와의 비교)

	전통적 평가	수행평가
도입 배경	- 산업화 시대(소품종 대량생산) - 객관주의 인식론, 절대주의적 진리관	- 지식정보화 시대(다품종 소량생산) - 구성주의 인식론, 상대주의적 진리관
학습관	- 학습의 직선적·위계적·연속적 순서와 방향 전제 - 일반적·추상적 지식의 전이를 가정	- 학습자 스스로 지식을 구성하는 과정을 통한 이해와 성장 강조 - 아는 것과 실제 하는 것의 차이 인식
평가의 목적	- 학생의 선발, 분류, 배치 - 학습결과의 설명, 예언, 통제	- 학습의 지도, 조언, 개선 - 학습과정의 이해와 재구성
평가의 내용	- 지적 능력에 대한 평가 중심 - 명제적(내용적) 지식 중심 - 학습의 결과에 대한 평가 - 단편적 지식 위주 평가	- 인지적 능력과 정의적 특성 평가 통합 - 절차적 지식과 조건적 지식의 강조 - 학습 결과와 과정을 종합적으로 평가 - 고차적 사고능력 요구
평가의 방법	- 문제의 정답을 선택하게 하는 평가 - 단일한 정답이 존재하는 시험 - 간접평가 위주(평가도구를 이용) - 개인별 평가 - 일회적·부분적 평가 - 신뢰도와 객관도 중시 - 인위적 상황에서의 평가 - 평가의 준거와 기준은 사후에 공개	- 학생 스스로 정답을 구성하게 하는 평가 - 단일의 정답이 존재하지 않는 평가 - 직접평가 위주(수행을 직접 관찰) - 개인별 평가 + 협동적 수행 평가 - 지속적·종합적 평가 - 타당도 중시 - 실제적인 상황에서의 평가 - 평가의 준거와 기준을 사전에 공개
평가의 시기	교수·학습 활동이 종료되는 시점 (교수·학습과 평가의 분리)	학습활동의 모든 과정에서 평가 (평가와 교육활동의 유기적 연계)
장점	- 대규모 학생 대상, 신속한 평가 가능 - 평가도구의 개발이 용이함 - 객관적으로 채점할 수 있음	- 개별 학생에 대한 심층적·종합적 이해 - 학습자의 학습과정에 대한 피드백 - 학습자의 긍정적인 학습태도 형성
단점	- 단편적 암기 위주의 학습 유도 - 학생에 대한 피상적 이해에 그침 - 학생 간 경쟁심 및 시험불안 유발	- 평가에 많은 시간과 비용이 소요됨 - 평가의 객관성을 확보하기 어려움 - 현실적으로 학습부담을 가중시킴

암기 POINT

• 수행평가
 - 학생 스스로 결과물을 나타내도록 하는 평가
 - 학습과정도 중시하는 평가
 - 대안적 평가, 참평가, 실제적 평가, 직접 평가 등

더 알아두기

• 수행평가 유사 용어
 - 대안적 평가(alternative assessment) : 전통적인 선택형, 1회성, 결과중심 평가에 대한 대안으로서, 서술형 및 논술형 문항, 지속적이며 종합적인 평가, 과정에 대한 평가를 의미
 - 참평가(실제적 평가, authentic assessment) : 인위적으로 고안되지 않은 실제 상황에서 지식이나 기술의 적용능력에 대한 정보를 수집하는 평가방법
 - 직접 평가(direct assessment) : 간접적 방식인 지필시험이나 구두시험보다는 학생의 행동을 직접 관찰하거나 면접하는 등 직접적인 측정치로 확보하는 평가

(2) 수행평가의 유형

① 수행평가의 유형 개관
- ⊙ **논술형 검사** : 문제의 답을 선택하는 것이 아니라 자신의 의견을 논리적, 체계적으로 서술하는 검사. 서술된 내용에 대한 이해뿐만 아니라 글을 조직하고 구성하는 능력도 동시에 평가
- ⓒ **구술시험** : 특정 교육내용이나 주제에 대해 자신의 의견이나 생각을 발표하도록 하여 학생의 준비도, 이해력, 표현력, 판단력, 의사소통 능력 등을 직접 평가하는 방법
- ⓒ **토론** : 특정 주제에 대해 학생들이 서로 토론하는 것을 관찰하고 채점기준에 따라 평가하는 방법, 교수·학습 활동과 평가활동의 통합 가능
- ⓒ **실기시험** : 자연스러운 상황에서 과제를 수행하는 것을 여러 번 관찰하여 수행능력을 평가하는 방법
- ⓒ **실험·실습** : 자연과학 분야에서 많이 사용되는 방법으로, 실험·실습하는 과정에 대한 관찰과 제출된 결과 보고서를 함께 고려하여 평가
- ⓑ **관찰** : 학생들이 교수·학습 상황이나 실제 상황에서 하는 행동을 직접 관찰하고 평가하는 방법
- ⓢ **면접** : 평가자가 학생과의 대화를 통해 정보를 수집하는 방법
- ⓞ **연구보고서** : 어떤 주제에 대해서 학습자가 나름대로 자료를 수집하고 분석·종합해서 연구보고서를 작성·제출하도록 하여 평가하는 방법
- ⓩ **프로젝트법** : 학생들에게 특정한 연구과제나 개발 과제 등을 수행하도록 한 다음, 그 과제를 수행하기 위한 계획서 작성에서부터 결과물을 완성하는 단계에 이르기까지 전 과정 평가

② 포트폴리오 평가
- ⊙ **개념** : 일정기간 동안 학생이 스스로 체계적으로 수집·정리한 수행 및 성취정도, 그리고 향상정도를 표현한 누적된 결과물에 대한 평가
  - 예 그림 공부를 하는 학생이 미술담당 교사에게 지속적으로 지도를 받으면서, 자신의 작품을 그린 순서대로 차곡차곡 모아 둠으로써, 자기 자신의 변화와 발전과정을 스스로 파악하고, 그 작품집을 이용하여 지도 교사뿐만 아니라 다른 사람으로부터 평가를 받는다.
- ⓒ **포트폴리오의 구성요소**

수행목적	수행목적은 구체적으로 기술되어야 하며, 포트폴리오를 작성한 목적 또는 의도, 목표를 포함하는 학습목표 진술서를 포함
제출대상	학습자가 자신의 능력을 보여주고자 하는 대상으로, 교사나 대학의 입학사정관, 교육청 등이 될 수 있음
증거자료	수집한 자료, 독서기록, 도표나 연표, 학습지, 과제기록물, 실험·실습 결과 보고서, 미술작품집, 연습장, 과제수행일지, 일기장 등
성찰	학생의 학습과정에 대한 평가와 반성에 관한 기록으로서, 수행일지, 자기평가 및 동료평가 보고서, 교사·학생·학부모의 면담기록 등이 포함될 수 있음

> **암기 POINT**
> - 포트폴리오 평가
>   - 학생 활동의 누적 기록물
>   - 학습 과정과 결과 모두 평가
>   - 성장참조평가에 적합

ⓒ 포트폴리오의 유형

결과(showcase) 포트폴리오	학생의 대표적인 작품이나 가장 우수한 학습결과물을 자료화한 것으로, 장기적으로 수집한 작품집과 같은 형태의 포트폴리오
과정(descriptive) 포트폴리오	학습자의 학습의 진전 및 발달 과정을 드러내는 데 중점을 두는 형태로, 미완성의 상태에서 완성의 상태로의 나아가는 형태로 구성함
평가(evaluative) 포트폴리오	학습자의 이해정도를 기록하고 측정가능한 기능과 능력들을 자료화한 것으로, 학습자에게 학습과정에 대한 성찰과 자기평가의 증거로 활용됨

ⓓ 특징 및 장단점
- 학생의 결과물에 대한 평가보다 향상 정도를 파악하는 데 중점을 둠
- 개인 간의 비교에 초점이 있는 것이 아니라, 각 개인의 변화 및 진전에 초점이 있음
- 다양한 교과 과정상의 수행을 통합할 수 있다는 장점이 있음
- 학습자의 학습과정에 대한 지도, 조언, 상담을 제공하기 위한 자료로 활용 가능
- 포트폴리오 제작과 평가 모두에 시간과 노력이 많이 소요된다는 단점이 있음

(3) 수행평가 과제의 개발
① 수행평가 과제의 개발 절차
　ⓐ 평가목적의 진술 : 어떤 능력과 기술을 평가할 것인지, 교육과정으로부터 평가목표 도출
　ⓑ 수행의 상세화 : 교육과정과 교수과정과 연계하여 수행과제 상세화, 수행의 조건 구체화
　ⓒ 자료 수집·채점·기록 방법 결정 : 평가할 내용, 학생들의 활동, 수집할 자료, 점수화 규칙, 수집된 자료의 채점기준, 각 채점기준별 수행수준 결정
　ⓓ 수행평가 과제의 결정 : 평가도구의 양호도 검증 및 수정과정을 거쳐 최종적으로 결정
② 수행과제 개발 시 고려할 사항
　ⓐ 수업목표와의 일치성 : 교육과정의 교육목표와 교육내용 및 수업의 목표와 내용과의 관련성을 확인하여 수행평가 과제의 타당성을 확보할 것
　ⓑ 과제의 현실성(실제성) : 학생들이 일상적 삶 속에서 자주 접하거나 이후에도 지속적인 가치를 가지고 적용될 수 있는 과제를 적극 활용
　ⓒ 과제의 다차원성·다학문성(통합성) : 특정한 하나의 기능을 중심으로 과제를 구성하기보다는 하나의 수행평가 과제에서 다양한 학습성과를 평가할 수 있도록 과제를 활용

㉹ **학습과정 및 결과의 다양성** : 특정한 한 가지의 해결책이나 정답이 있는 과제보다는 학생들이 생산하는 학습결과와 과정이 다양한 과제를 제시하여 변별력을 높이도록 함
㉺ **과제의 적절한 난이도** : 학생들에게 의미 있고 도전적인 과제, 적절한 난이도의 과제는 학습동기를 유발하지만 지나치게 어렵거나 쉬운 과제는 동기를 떨어뜨림
㉻ **과제의 실행가능성** : 교사와 학생이 처해있는 여러 제약조건(공간, 장비, 시간, 비용)을 고려할 때 실행가능한 과제
㉼ **과제의 공정성** : 특정한 학생에게 유리하거나 불리하지 않은 과제

(4) 수행평가 과제의 채점

① **평정(채점)의 오류** : 평정자의 심리적 경향성에 의해 발생하는 오류

집중경향의 오류	- 아주 높은 점수나 낮은 점수는 피하고 평정이 중간 부분에 지나치게 자주 모이는 경향 - 일반적으로 평정자의 전문성과 경험이 부족할 때 발생
인상의 오류 (후광 효과, halo effect)	- 평정대상에 대해 가지고 있는 특정 인상을 토대로 또 다른 특성도 전체적으로 좋게 또는 나쁘게 평정하는 경향 예) 등장부터 첫 느낌이 좋지 않은 학생 → 연기력도 안 좋다고 평가 - 관대의 오류와 엄격의 오류 두 가지로 나타남
논리적 오류	- 전혀 다른 두 가지 행동 특성을 비슷한 것으로 생각해서 평정하는 경향 예) 글씨를 잘 쓰는 학생 → 공부를 잘하는 학생 - 평가자가 평가대상을 정확히 인지하지 못할 때 발생
표준의 오류	- 점수를 주는 표준이 평가자마다 달라 발생하는 오류 - 주로 평가기준이 명확하지 않을 때 발생
대비의 오류	- 평가자 자신과 학생의 특성을 비교하여 과대 혹은 과소평가하는 오류 - 평가자의 특성이 평가결과에 영향을 미치는 현상
근접의 오류	- 비교적 유사한 항목들이 시간적으로나 공간적으로 가까이 있을 때 비슷하게 평가하는 오류
무관심 오류	- 평가자가 학생의 행동이나 특성을 자세하게 하지 못하여 발생하는 오류
의도적 오류	- 특정 학생에게 높/낮은 점수를 주려는 의도로 과대/과소 평가하는 오류

> **암기 POINT**
> • 논술형 시험이나 수행평가의 채점 시 발생하는 오류
>   - 집중경향의 오류
>   - 인상의 오류(후광효과)
>   - 논리적 오류
>   - 표준의 오류
>   - 대비의 오류
>   - 근접의 오류 등

② **루브릭(rubric)을 이용한 채점방식**
   ㉠ **개념**
   • 수행평가의 등장과 함께 평정을 위한 도구로서 개발되기 시작한 것으로, 학생들의 수행과정과 결과를 측정하기 위해 고안된 평가척도
   • 학습자가 과제를 수행하면서 보이는 반응을 평가자가 관찰하거나 그 수준에 대한 판단을 내릴 때 사용하는 수행기준
   • 수행과정 혹은 과제를 해결한 후 얻은 결과를 평가하는 데 사용되며, 반응의 방법과 수준을 구체적으로 제시하는 평가지침의 역할을 함

> **암기 POINT**
> • **루브릭의 활용** : 학습자 반응을 평가내릴 때 참조하는 수행기준을 나타낸 평가지침

[루브릭의 예시(논술문의 문단 구조)]

기준 (요소)	성취수준(점수)		
	1점	2점	3점
주제문	주제문이 없음. 주제문이 명확하지 않음	주제문은 있으나 무엇에 관한 내용인지 불명확함	주장하고자 하는 핵심내용이 명확하게 제시되어 있음
지원하는 문장	두서가 없고 주제문과의 관련성이 없음	추가적인 정보는 있지만 주제문과의 관련성이 없는 내용이 포함됨	주제문과 관련하여 이를 지지하는 문장들이 자세하게 제시되어 있음
요약문	요약문이 없거나 이전 문장들과의 관련이 없음	주제문과의 관련은 있으나 논술내용의 일부만을 요약하고 있음	논술의 내용을 정확히 요약하고 있으며 주제문과의 관련이 있음

 ⓒ 개발절차 : 채점준거(평가요소, 비중) 결정 → 수행수준을 구체적으로 기술 → 채점방식 결정
  • 교육과정에 제시된 성취기준을 토대로 수행평가 과제에 포함되어야 할 주요 요소들과 이들의 비중을 고려하여 채점기준을 설정
  • 기대되는 수행의 질이나 수준의 단계를 항목별·수준별로 구분하여 문장의 형태로 기술
 ⓒ 루브릭의 장점
  • 학생들의 다양한 반응을 효과적으로 변별할 수 있어 수행평가의 채점이 용이함
  • 여러 사람이 채점할 경우에도 일관된 결과가 도출되게 하여 평가의 신뢰도(객관도)를 높임
  • 학생의 현재 수행 수준 및 강점과 약점을 진단하고 미래의 발전 가능성에 대한 정보를 제공
 ⓔ 루브릭 개발 시 유의점
  • 각 차원별로 기술되는 수행에 대한 기술은 핵심적인 특성을 반영하도록 하되, 간단하고 구체적인 용어로 기술하도록 함
  • 수행의 양적 정보보다는 질적 정보를 제공하여 학생의 강점과 약점을 모두 파악할 수 있도록 하여, 약점을 보완·수정하는 데 도움이 되도록 함
  • 수행수준은 연속선상에서 점차적으로 변화될 수 있도록 배정되는 점수에 알맞게 설정함

3 평가도구의 양호도

01 타당도
2017·2022·2024 지방직9급 / 2010·2020·2024 국가직9급 / 2007·2013·2014·2023 국가직7급

(1) 타당도의 개념과 유형
① 타당도의 개념
  ㉠ 타당도(validity)는 무엇을 측정하느냐의 문제로 반드시 준거(criterion)의 개념이 수반됨. 즉, 특정 검사도구가 언제나 타당도나 낮거나 높은 것이 아니라, 측정하고자 하는 준거에 따라 타당도가 달라짐
    예 머리둘레검사는 지능을 측정하는 데 있어 타당도가 낮은 검사임
  ㉡ 검사점수가 본래 측정하고자 하는 특성을 얼마나 충실히 나타내 주는지를 의미하는 지표
    예 수학 시험의 문제가 수학공식을 아는 것보다 어려운 어휘를 알아야 풀 수 있었다면 타당도가 낮은 것
② 타당도의 종류와 검증 방법

종류		타당도의 개념	적성검사의 타당도 검증 방법
내용타당도		교육목표와 내용에의 충실성 정도	내용 전문가에 의해 검사가 측정하고자 하는 속성을 제대로 측정하고 있는지와 내용 영역을 잘 대표하는지를 주관적으로 판단하게 함
준거 타당도	예언 타당도	미래 행동특성을 예언하는 정도	적성검사에서 높은 점수를 받은 학생이 학교에서도 우수한 성적을 보이는지 관계를 살펴봄
	공인 타당도	이미 공인된 검사와의 일치성(유사성)	새로 제작한 적성검사에서 높은 점수를 받은 학생이 기존의 다른 표준화된 적성검사에서도 높은 점수를 받는지 살펴봄
구인타당도		조작적으로 정의된 구인에의 충실성 정도	적성검사가 조작적으로 정의한 '적성'의 개념을 정확하게 측정하고 있는지를 종합적으로 분석
결과타당도		검사결과의 사회적·교육적 영향의 바람직성	적성검사를 새로 도입한 결과 학습자나 학부모에게 부정적 영향을 미치지 않는지 살펴봄

(2) 내용타당도(content validity, 논리적 타당도, 교과타당도)
① 평가도구가 평가내용을 충실히 측정하고 있는지를 논리적으로 분석하는 타당도 개념으로, 논리적 타당도(logical validity)라고도 불림
② 검사를 구성하는 문항들이 문항의 전집을 잘 대표할 수 있느냐와 관련된 개념으로, 전문가에 의해 판단되는 주관적인 타당도에 해당
  예 성격검사의 타당도를 검증하기 위해 성격심리학 전문가 집단에게 검사 문항에 대한 내용분석을 의뢰

암기 POINT
- 평가도구의 양호도
  - 타당도
  - 신뢰도
  - 객관도
  - 실용도

암기 POINT
- 타당도
  - 검사도구가 평가하려는 특성을 얼마나 충실하게 나타내주는지를 의미
  - 내용타당도, 준거타당도, 예언타당도, 공인타당도, 구인타당도, 결과타당도

암기 POINT
- 내용타당도
  - 교과 전문가가 주관적으로 평가
  - 평가목표의 명세화 필요 (이원분류표)

③ 학교 시험에서는 문항이 교육목표의 내용영역과 행동영역을 얼마나 잘 대표하고 있느냐와 관련된 것으로 목표지향타당도에 해당함
   ＊ 문항 a를 틀린 사람은 목표 A를 달성하지 못했을 수 있다. (○)
   문항 a를 맞힌 사람은 목표 A를 달성했다고 말하기에 충분하다. (×)

④ 내용타당도를 높이기 위한 시험문제 출제 절차
   ㉠ 이원분류표 작성 : 교육과정에 포함된 교육목표를 명세화하여 이원분류표를 작성함
   ㉡ 시험문제 출제 : 이원분류표에 근거하여 수업목표 및 교수·학습 과정에서 중요하게 다루었던 내용들을 확인하고, 이것들을 중심으로 학기말 시험문제를 출제(교과타당도, 수업타당도)
   ㉢ 교과 전문가 검토 : 시험문제를 출제한 후 교과 전문가와 협의하여 출제한 문항들이 대표성을 가지고 있는 문항표집인지를 점검

(3) 준거타당도(criterion validity) : 예언타당도와 공인타당도

① 준거타당도의 개념 및 특징
   ㉠ 준거타당도란 타당도를 검증하고자 하는 어떤 검사의 점수와 준거가 되는 점수 사이의 상관관계로 타당도를 나타내는 방법으로, 경험적 타당도(empirical validity)라고도 부름
   ㉡ 예언타당도와 공인타당도 모두 두 종류의 측정치 사이의 상관계수를 토대로 타당도를 계량화하기 때문에 타당도에 대한 객관적인 정보를 제공할 수 있음
   ㉢ 타당도 검증을 위한 준거는 검증하고자 하는 검사도구와 동일하거나 유사한 구인을 측정하는 검사점수에서 선정되어야 함

② 예언타당도(predictive validity, 예측타당도, 시간지향적 타당도)
   ㉠ 어떤 평가도구가 목적으로 하는 준거, 즉 미래의 행동특성을 얼마나 정확하게 예언하고 있는지를 의미하는 타당도 개념
   ㉡ 검사도구에서 구한 점수와 미래에 피험자에게 나타날 행동 특성을 수량화한 준거점수 간의 상관을 토대로 검사도구의 타당성을 평가
   예 입학시험과 입학 이후의 학업성적과의 상관이 높다면 입학시험의 예측타당도가 높다고 할 수 있음
   ㉢ 선발, 채용, 배치를 목적으로 하는 적성검사, 선발시험 등에서는 높은 예언타당도가 요구됨
   ㉣ 미래 행동에 대한 측정치를 확보해야 하므로 검사의 타당성을 인정받는 데 시간이 오래 걸림

③ 공인타당도(concurrent validity, 동시타당도)
   ㉠ 새로운 검사의 타당도를 기존의 타당성을 인정받고 있는 다른 검사와의 유사성이나 연관성을 근거로 타당성을 검증하는 방법

더 알아두기
• 안면타당도(face validity)
 – 피험자가 검사문항을 접했을 때 검사목적에 부합한다고 생각하는지를 의미
 – 비전문가에 의한 판단된 내용타당도의 일종으로 볼 수 있음
 – 성취도 검사에서는 안면타당도가 지나치게 낮은 경우 피험자들이 검사목적을 이해하지 못해 피험자 능력 추정에 오차가 커질 수 있음
 – 정의적 특성을 측정하는 검사에서는 안면타당도가 너무 높으면 피험자들이 자기 방어를 위해 거짓으로 반응할 가능성이 커지기 때문에 바람직하지 않음

더 알아두기
• 평가목적과 타당도 준거
 – 학업성취검사 : 내용타당도(학습목표의 달성 정도)
 – 학업적성검사 : 예언타당도(미래 학습의 성공 여부)
 – 지능검사 : 공인타당도, 구인타당도(지적 능력의 수준 파악)

ⓒ 같은 시기에 동일 집단을 대상으로 실시한 새로 제작된 검사의 점수와 기존에 타당성을 인정받고 있는 검사의 점수 간의 상관계수를 구하여 타당도를 산출함
  ㉠ 새로 제작한 인성검사와 MMPI검사를 실시하여 나온 두 검사 점수의 상관계수로 타당도를 검정
ⓓ 타당성이 입증된 기존 검사가 없을 경우 타당도를 추정하기 어려움

(4) 구인타당도(construct validity, 이론적 타당도, 구성타당도)

① 측정하고자 하는 인간의 심리적 특성을 이론적으로 규명한 후, 그 심리적 특성이 검사 도구를 통하여 제대로 측정되었는지를 검증하는 타당도 개념
② 조작적으로 정의되지 않은 인간의 심리적 특성이나 성질에 조작적 정의를 부여한 후, 검사가 이를 제대로 측정하였는가를 검증하는 방법
③ 한 검사가 어떤 심리적 개념의 구인(하위 구성요인, construct)을 제대로 측정하는가를 검증하여 타당도를 추정하는 개념으로, 구성타당도라고도 함
  ㉠ 불안 수준 검사의 타당도를 검증하기 위해 불안 수준을 구성하는 3개 하위 요인(자신감, 도전성, 개방성) 간의 상관계수를 추정함
④ 측정하고자 하는 구인에 관한 논리적 가설을 뒷받침해주는 경험적 자료들을 수집하고, 요인분석, 상관계수법, 실험설계법 등 여러 통계적 방법을 사용하여 타당도를 검정함
  ㉠ 요인분석(factor analysis)[8] : 정의되지 않은 변수들 간의 관계를 분석하여 요인(잠재변수)을 분석해 내고 이에 대해 심리적 구인의 의미를 부여하는 방법
    ㉠ 국어, 영어, 음악, 미술 과목의 점수 중 국어와 영어 점수의 상관관계가 높다면 이를 '언어이해력'이라는 요인으로 묶을 수 있음. 만약, 국어와 미술 점수의 상관이 높다면 구인타당도에 낮다고 추정 가능
  ㉡ 실험설계법 : 실험집단과 통제집단으로 나누어 측정하고자 하는 구인에 대한 처치를 달리하여, 두 집단에서 검사점수에 차이가 나타나는지를 조사하여 구인의 영향을 추론하는 방법

(5) 결과타당도(consequential validity)

① 검사 결과가 학생, 학부모, 교사, 학교, 사회에 미치는 영향이 검사 실시 목적과 얼마나 일치하는지를 검증하는 개념
② 검사가 의도한 결과를 얼마나 달성하였는지 뿐만 아니라, 검사결과의 부정적 충격이나 부수효과와 같은 의도하지 않은 결과에 대해서도 책임을 져야 한다는 관점에 기초함
③ 검사가 원래 의도한 것을 측정했는가?, 검사가 학생들의 학습 동기 유발에 효과가 있었는가?, 검사가 교수·학습 방법에 긍정적 변화를 유도했는가? 등의 질문에 의거

---

[8] 요인분석
여러 개의 변수들 중 상관관계가 높은 변수들을 찾아 범주별로 묶은 것

예 새로운 대입전형 방법으로 학생부종합전형을 실시하였는데 이로 인해 광범위한 입시 부정과 과도한 사교육비 지출의 문제가 발생하였다면, 이는 결과타당도 측면에서 문제가 있는 방법이라고 할 수 있음

02 신뢰도

2018·2019 지방직9급 / 2008·2014·2018·2022·2024 국가직9급 / 2012·2021·2023 국가직7급

(1) 신뢰도의 개념

① 신뢰도의 개념
   ㉠ 신뢰도(reliability)는 어떻게 측정하느냐의 문제로 얼마나 오차없이 측정하고 있느냐를 뜻함
   ㉡ 신뢰도는 검사도구가 측정하려고 하는 것을 얼마나 안정적이고 일관성 있게, 그리고 오차없이 측정하는지를 설명하는 지표
   ㉢ 신뢰도가 높다는 것은 측정점수의 변동성이 적다는 것으로서, 검사도구가 어떤 특성을 측정할 때마다 일관되게 유사한 점수를 보여준다는 것을 의미함
   ㉣ 주관식 검사의 경우에는 동일한 검사에 대한 채점자들 간 채점 결과의 일치 정도를 의미함

② 평가유형별 신뢰도의 개념
   ㉠ 규준참조검사 : 특정 집단에 속한 학생들의 서열에 변동이 없다는 것을 의미
      예 동형의 두 선택형 검사를 개발하여 학생들에게 두 검사를 모두 실시한 후, 학생들을 성적순으로 나열한 결과 검사 1에서의 순위와 검사 2에서의 순위가 다르다면 신뢰도가 의심스럽다고 본다.
   ㉡ 준거참조검사 : 학생들의 성취도(원점수)에 변동이 없다는 것을 의미
      예 어떤 사람의 몸무게를 동일한 체중계로 두 번 연속하여 재었을 때, 두 번 모두 70kg이 나왔다면 이 체중계는 신뢰도가 높다고 할 수 있다.

③ 신뢰도의 통계적 개념
   ㉠ 신뢰도는 검사점수의 정확성을 나타내는 개념으로, 이것은 검사대상을 얼마나 정확하게 무선오차(random error ; 측정오차, measurement error) 없이 측정하는지를 의미함
   ㉡ 측정오차들의 표준편차를 '측정의 표준오차'라고 하는데, 이 측정의 표준오차 범위 내의 점수 차이는 실질적으로는 의미가 없는 차이일 수 있음

④ 타당도와 신뢰도의 관계
   ㉠ 신뢰도가 높다는 것은 관찰점수 중 진점수의 비중이 높다는 것이며, 타당도가 높다는 것은 진점수 중 타당한 점수의 비중이 높다는 것을 의미함. 따라서 타당도가 높으면 신뢰도도 높아질 수밖에 없음

암기 POINT

• 신뢰도
  – 검사도구가 얼마나 오차없이 일관되게 측정하는지를 의미
  – 검사의 측정오차(무선오차)가 작다는 의미

더 알아두기

• 신뢰도는 관찰점수분산에 대한 진점수분산의 비율로 계산되는데, 관찰점수(X)는 진점수(T)와 측정오차점수(무선오차점수, E)의 합이므로, '측정의 표준오차'가 작을수록 신뢰도가 높아짐
• 측정오차(measurement error) = 무선오차(우연오차, 임의오차, 비체계적 오차, random error)
  – 측정 시점에 따라서 무선적으로 발생하는 오차로 통제하기가 어려우며 검사도구의 신뢰도에 영향을 미침
• 체계적 오차(systemic error) = 고정오차
  – 검사도구가 측정하고자 하는 바를 제대로 측정하지 못해 생기는 오차로 측정시점에 따라 변화하지 않으며, 검사도구의 타당도에 영향을 미침

ⓒ 신뢰도가 높더라도 타당도가 낮을 수 있지만, 신뢰도가 낮다면 타당도는 절대 높을 수 없음. 평가도구가 높은 타당도를 갖기 위해서는 신뢰도가 높아야 함. 즉, 높은 신뢰도는 높은 타당도의 선행조건임

ⓒ 타당도가 높기 위해서는 높은 신뢰도와 더불어 체계적 오차가 작아야 하므로, 높은 신뢰도는 높은 타당도가 되기 위한 필요조건일 뿐이며, 충분조건은 아님

　＊ 높은 타당도 → 높은 신뢰도(O), 높은 신뢰도 → 높은 타당도(×)

ⓔ 기존의 검사 관행에서는 타당도보다 신뢰도를 중시하는 분위기가 형성되어 있으나, 신뢰도가 높은 검사라 할지라도 타당도가 낮다면 평가의 목적에 적합한 검사라 할 수 없음

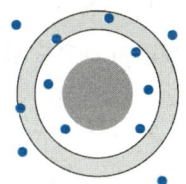 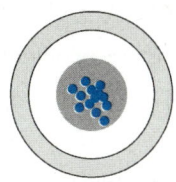 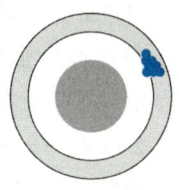

[1. 신뢰도↓, 타당도↓]　[2. 신뢰도↑, 타당도↑]　[3. 신뢰도↑, 타당도↓]

타당도	신뢰도
- 검사가 원래 의도한 것을 제대로 측정하고 있는 정도(무엇을) - 실제(reality)에 대한 근접 정도 - 생각하고 있는 것을 측정하고 있는 정도 - 실제의 차이가 측정치에 반영되는 정도	- 측정하려고 하는 것을 오차없이 정확하게 측정하는 정도(어떻게) - 측정치의 안정성을 재현할 수 있는 정도 - 동일한 측정 결과를 일관되게 얻는 정도 - 측정도구의 정확성과 정밀함

(2) 신뢰도 추정 방법

① 신뢰도 추정 방법

　㉠ 측정오차로 추정하는 방법 : 진점수와 관찰점수의 비율을 사용하는 방법으로, 관찰점수의 분산에서 진점수의 분산이 차지하는 비율이 높고 오차점수의 분산이 작을 때 신뢰도가 높음

　㉡ 상관관계로 추정하는 방법 : 동일한 검사를 두 번 실시하거나 하나의 검사와 동형검사 점수와의 상관계수를 사용함

② 상관계수를 이용한 신뢰도 추정 방법

　㉠ 2회 검사를 통한 신뢰도 추정 : 동일한 검사를 두 번 실시하거나, 하나의 검사와 동형검사 점수의 상관계수를 사용하는 신뢰도를 추정하는 방법 (재검사 신뢰도, 동형검사 신뢰도)

　㉡ 1회 검사를 통한 신뢰도 추정 : 한 번의 검사를 실시하여 얻은 점수에서 부분검사 혹은 문항 간의 일관성 정도를 이용하여 신뢰도를 추정하는 방법 (반분검사 신뢰도, 문항내적 합치도)

> 암기 POINT
>
> • 신뢰도 추정 방법
>   - 검사를 2회 실시 : 재검사신뢰도, 동형검사신뢰도
>   - 검사를 1회만 실시 : 반분검사신뢰도, 문항내적 합치도

	재검사 신뢰도	동형검사 신뢰도	내적 일관성 신뢰도	
			반분검사 신뢰도	문항내적 합치도
검사지 수	1개	2개	1개	1개
검사실시 횟수	2회 (반복 실시)	2회 (각 1회)	1회	1회
주된 오차요인	시간간격 학습효과	두 검사의 동질성 여부	반분검사의 동질성 여부	문항 간의 동질성

③ 재검사 신뢰도(retest reliability, 안정성 계수)
  ㉠ 동일한 집단에게 동일한 검사를 일정한 시간 간격을 두고 반복 실시하고, 두 검사점수 간의 일치도(일관성)를 통해 신뢰도를 추정함
  ㉡ 측정도구에 대한 피험자의 반응이 얼마나 안정적인지를 알기 위해 사용하기 때문에 '안정성 계수(coefficient of stability)'라고도 함
  ㉢ 반복검사의 시간 간격은 검사의 목적에 따라 달라지는데, 일반적으로 2~4주 정도가 적절함
  ㉣ 장점 : ⓐ 동형 검사지를 개발할 필요가 없음, ⓑ 표집 오차가 신뢰도에 영향을 주지 않음
  ㉤ 단점 : ⓐ 검사실시 간격에 따라 결과가 달라짐, ⓑ 기억 및 연습효과가 결과에 영향을 미침, ⓒ 동일한 검사환경, 검사동기, 검사태도의 조성이 어려움

④ 동형검사 신뢰도(equivalent-form reliability, 동형성 계수)
  ㉠ 동일한 집단의 피험자에게 특성이 비슷한 두 개의 동형검사를 거의 같은 시기에 실시하고, 두 검사점수 간의 유사성 정도로 신뢰도를 추정함
  ㉡ 동형검사를 이용하기 때문에 '동형성 계수(coefficient of equivalence)'라고도 하며, 동형검사 간에는 서로 문항의 수, 내용, 난이도 수준 등이 유사해야 함
  ㉢ 장점 : ⓐ 기억 및 연습효과가 감소됨, ⓑ 유사한 검사환경, 검사동기, 검사태도의 조성 가능
  ㉣ 단점 : 동일한 난이도와 변별도의 동형검사를 제작하는 것이 쉽지 않음

⑤ 반분검사 신뢰도(split-half reliability)
  ㉠ 실시한 하나의 검사를 반으로 나누어 신뢰도를 추정하는 방법으로, 반분된 부분을 독립된 두 개의 검사로 간주하고 이들 두 부분의 측정 결과 간의 유사도를 추정함
  ㉡ 문항을 전반부와 후반부로, 짝수·홀수 번호로, 무선적으로, 의식적으로 반분하되, 분할된 두 개의 검사가 문항내용, 난이도, 변별도 등에 있어서 문항 간의 동질성이 높아야 함
  ㉢ 반분검사 신뢰도를 추정하는 경우, 검사도구가 역량검사의 성격을 가지는 것이 바람직함

암기 POINT
• 속도검사의 신뢰도 추정
  - 재검사 신뢰도나 동형검사 신뢰도 활용
  - 반분검사 신뢰도나 문항내적 일관성 신뢰도는 부적합

② 속도검사의 신뢰도를 반분검사 신뢰도로 추정하는 경우, 검사를 전반부와 후반부로 양분하는 방법을 사용하지 않아야 함
⑩ 스피어만-브라운 공식(Spearman-Brown formula)을 이용하여 문항 수를 2배로 늘렸을 때의 신뢰도 값으로 교정하여 이용함(검사의 길이가 짧아져서 발생하는 문제를 최소화)
ⓑ 장점 : 검사를 한번만 실시하고도 검사의 신뢰도를 추정할 수 있음
ⓢ 단점 : 검사를 양분하는 방법에 따라 신뢰도 계수가 다르게 추정됨

⑥ 문항내적 합치도(문항내적 일관성 신뢰도, inter-item consistency reliability, 동질성 계수)
  ㉠ 검사를 한번만 실시하고도 검사의 신뢰도를 추정할 수 있는 방법으로, 검사문항들 각각을 하나의 검사로 간주하고 문항들 간의 유사성을 종합하여 신뢰도를 추정하는 방법
  ㉡ 검사문항이 얼마나 동질적인지를 나타내는 '동질성 계수(coefficient of homogeneity)'로서, 쿠더-리차드슨(Kuder-Richardson, KR) 20, KR 21 계수, 크론바흐(Cronbach's) 계수, 호이트(Hoyt) 계수를 활용하여 신뢰도를 추정함
  ㉢ 문항내적 일관성 신뢰도 추정을 위한 통계분석에는 분산분석 방법 사용
  ㉣ 속도검사의 경우에는 문항내적 일관성으로 신뢰도를 추정하는 것이 바람직하지 않음

(3) 신뢰도 영향 요인 및 제고 방법

① 검사도구의 특성
  ㉠ 검사내용의 범위(문항의 동질성) : 검사가 포함하는 내용이 좁은 범위의 내용일 때 문항의 동질성을 유지하기 쉬우며 따라서 신뢰도도 증가함
  ㉡ 검사의 길이(문항의 수) : 일반적으로 검사의 길이가 증가하면 신뢰도가 증가하므로, 신뢰도를 높이기 위해서는 양질의 문항 수를 늘려야 함
  ㉢ 문항의 변별도 : 변별도가 높은 문항으로 구성될수록 피험자 점수의 분산이 커지기 때문에, 신뢰도도 높아질 가능성이 큼
  ㉣ 문항의 난이도 : 너무 어렵거나 쉬운 문항으로 구성된 검사는 문항변별도가 낮아지면서 신뢰도도 낮아지게 됨. 개별 문항보다는 전체 검사의 난이도가 중간 정도가 되도록 검사를 구성하여야 함
  ㉤ 문항의 내용타당도 : 검사문항의 내용타당도가 높으면 검사의 안정성이 높아져서 학생들의 반응결과가 일관성을 유지할 가능성이 커지기 때문에 신뢰도가 높아짐
  ㉥ 획득가능 점수 범위 : 무작위 선택 시 획득할 수 있는 확률 점수와 최고 점수 사이의 간격이 넓을수록 신뢰도가 증가함

> **암기 POINT**
> - 신뢰도 영향 요인
>   - 문항의 동질성
>   - 문항수
>   - 문항변별도
>   - 문항난이도
>   - 검사타당도

② 검사대상 집단의 특성
  ㉠ 동기유발의 차이 : 일부 학생들의 시험에 대한 동기가 특별히 높거나 낮은 경우 신뢰도가 떨어짐. 신뢰도를 제고를 위해 모든 피험자들에게 일정 정도의 성취동기를 가지게 해야 함
  ㉡ 집단의 이질성 : 피험자 집단이 이질적일 때 신뢰도가 증가하는 반면, 동질적인 학생들로 구성된 집단인 경우 검사의 변별도가 떨어지면서 신뢰도 낮아짐 예 일반고 학생을 대상으로 한 검사가 특목고 학생을 대상으로 한 검사보다 신뢰도가 높음
  ㉢ 검사 방식에 대한 이해도 : 일부 학생이 검사방식에 익숙하지 않은 경우 신뢰도가 떨어짐. 검사 실시 전에 피험자에게 검사요령을 알려줘야 함
③ 검사 상황의 특성
  ㉠ 부정행위 : 부정행위는 검사의 신뢰도를 중대하게 떨어뜨리므로, 신뢰도를 높이기 위해서는 부정행위를 철저하게 방지하여야 함
  ㉡ 검사 간격 : 재검사 신뢰도를 이용하는 경우 검사실시 간격이 신뢰도에 미치는 영향이 큼(2~4주 간격이 적절). 동형검사 신뢰도의 경우에는 검사 간격이 짧을수록 신뢰도가 높아짐
  ㉢ 시간제한(속도검사) 요인 : 피험자들은 검사시간이 충분할 때 안정적으로 응답하고 자신의 능력을 최대한 발휘할 수 있으므로 신뢰도가 높아짐

[신뢰도를 높이는 방법]

검사도구	- 시험의 문항수를 늘린다. - 문항의 변별도를 높인다. - 문항의 난이도를 너무 어렵거나 쉽지 않게 적절한 수준으로 조정한다. - 시험에 포함될 내용 범위를 좁힌다. - 내용타당도가 높은 문항을 출제한다.
검사대상 집단	- 모든 피험자들이 일정 정도의 성취동기를 갖게 한다. - 피험자 집단을 이질적으로 구성한다. - 검사를 실시하는 방법에 익숙해지게 한다.
검사상황	- 부정행위를 철저하게 방지한다. - 충분한 검사시간을 부여한다. - 속도검사보다는 역량검사의 속성을 강화한다.

03 객관도와 실용도 2020 지방직9급 / 2007·2021 국가직9급 / 2018 국가직7급

(1) 객관도
① 개념
  ㉠ 객관도(objectivity)는 채점자가 편견 없이 얼마나 공정하게 채점하느냐의 문제와 관련됨
  ㉡ 신뢰도가 측정의 일관성이라고 한다면, 객관도는 평가자에 의한 평가가 얼마나 신뢰성 있고 일관성이 있느냐를 의미하는 개념으로, '평가자의 신뢰도'에 해당하는 개념임

② 객관도의 종류
  ㉠ 평가자 내 신뢰도 : 한 채점자가 하나의 검사결과를 반복 채점했을 때 채점결과가 어느 정도 일치하는지에 관한 문제
  ㉡ 평가자 간 신뢰도 : 둘 이상의 채점자가 하나의 검사결과를 채점한 결과가 얼마나 일치하는지의 문제(→ Kappa 계수를 통해 추정)
③ 객관도 제고 방법 : 수행평가, 논술형 시험 채점에 적용
  ㉠ 동일한 문항을 가능한 한 여러 명이 채점하도록 함
  ㉡ 채점자의 신뢰도를 높이기 위해서는 우선 채점기준의 객관성과 엄밀성을 확보해야 함. 채점의 객관성을 높이기 위해 루브릭(rubric, 채점규정)을 활용할 필요가 있음
  ㉢ 채점자의 주관적 편견을 최소화하고, 채점자의 소양을 높이기 위한 채점자에 대한 사전교육을 실시하도록 함
  ㉣ 논술답안이나 수행평가 결과물을 채점할 때에는 피험자에 대한 정보(예 이름)를 최대한 차단하여 반응 내용에만 충실한 채점이 되도록 함
  ㉤ 극단의 점수(outlier)의 영향을 상대적으로 크게 받는 평균(mean)보다는 최고점이나 최하점의 영향을 배제하는 중앙값(median) 또는 절삭평균(trimmed mean)을 최종점수로 활용
    예 음악 경연 대회에서 5명의 심사위원이 7명의 학생을 평가하였다. 심사위원은 각 학생에게 부여한 점수 중에서 최고점과 최하점을 제외한 점수의 합을 최종 평가의 기준으로 삼았다.

> **더 알아두기**
> - 코헨(Cohen)의 Kappa 계수 : 우연에 의해 일치된 평정을 하게 될 확률을 제거한 채점자 간 일관성 지수를 의미

(2) **실용도**(utility, practicality, usability)
① 개념 및 추정방법
  ㉠ 문항제작, 평가실시, 채점 등의 평가 과정에 소요되는 시간, 비용, 노력 측면에서 검사가 얼마나 경제적인지를 나타내는 지표
  ㉡ 어떤 측정도구를 사용할 때 들어가는 비용과 그것의 사용을 통해 얻을 수 있는 편익을 비교분석하여 볼 때 나타나는 측정도구의 경제성을 분석함
② 실용도의 종류
  ㉠ 내적 실용도 : 검사에 사용되는 시간과 도구의 사용범위 등 신속성과 활용성을 의미
  ㉡ 외적 실용도 : 검사에 투입되는 평정자의 노력 등 검사도구의 편의성을 의미
③ 실용도 영향 요인
  ㉠ 검사 실시 및 채점의 용이성 : 객관식 지필문항으로 구성된 성취도 검사는 동시에 다수의 피험자를 대상으로 단시간에 검사를 실시하고 채점할 수 있어 실용도가 높음

ⓒ 피험자의 시간과 비용, 노력 : 최근 강조되고 있는 수행평가는 피험자가 들여야 하는 시간, 비용, 노력의 양이 많아 실용도가 낮음. 수행평가를 실시하더라도 실용도를 고려하여 수행과제의 수를 최대한 줄여야 함

[평가도구의 양호도 개념 비교]

타당도	검사점수가 본래 측정하고자 하는 특성을 얼마나 충실히 나타내 주는지를 의미
신뢰도	검사도구가 얼마나 안정적이고 일관성 있게, 그리고 오차없이 측정하는지를 의미
객관도	평가자에 의한 평가가 얼마나 신뢰성 있고 일관성이 있느냐를 의미
실용도	평가과정에 소요되는 시간, 비용, 노력 측면에서 검사가 얼마나 경제적인지를 의미

4 문항제작과 문항분석

01 지필평가 문항의 제작 2010·2017 국가직9급

(1) 선택형 문항

① 선택형 문항의 유형
  ㉠ 진위형 : 제시된 진술문이 옳은지 그른지를 묻는 문항 형태
    • 장점 : 문항제작이 용이, 채점이 쉬움, 다수 문항으로 검사 실시 가능
    • 단점 : 추측에 의한 정답확률이 높음(50%), 단순 암기 위주의 학습 유도, 진위형으로 출제할 수 없는 내용이 많음
  ㉡ 연결형 : 일련의 문제군과 답지군을 연결 혹은 결합시키는 문항 형태
    • 장점 : 문항제작이나 채점이 용이, 분류에 관련된 지식의 평가에 적합
    • 단점 : 진술문 개발이 쉽지 않음, 마지막으로 갈수록 추측에 의한 정답 확률이 높아짐
  ㉢ 선다형 : 2개 이상의 답지 중에서 질문에 알맞은 답지를 선택하는 형태
    • 장점 : 많은 영역에 적용 가능, 문항형식이 갖는 융통성이 큼, 문항의 난이도 조절이 용이, 추측요인이 비교적 적음, 채점과 통계분석 용이
    • 단점 : 문항제작에 많은 시간이 소요됨, 매력적인 오답지 개발이 어려움
② 선택형 문항제작 시 유의할 사항
  ㉠ 일반적 지침
    • 문항은 주요한 학습내용을 포함해야 함
    • 가능한 한 단순암기가 아닌 고등사고 능력을 측정해야 함
    • 요령이나 추측만으로 정답을 선택할 가능성이 낮아야 함
    • 객관적 채점이 가능하도록 문항을 진술해야 함

암기 POINT

• 평가의 유형
 - 지필평가 : 선택형, 논술형
 - 수행평가

ⓛ 질문, 자료, 답지별 제작 지침

질문	- 출제의도가 분명하게 드러나도록 할 것(오답 시비 가능성 통제) - 문항의 질문에 정답을 암시하는 내용을 포함시키지 않을 것 - 문항의 구조와 질문을 최대한 간결하게 제시 - 기본적으로 긍정 문장을 사용하되, 부정 문장을 사용 시에는 강조 표시
자료	- 학생들이 이전에 접해보지 못한 새로운 자료를 도입할 것 - 학생들의 경험과 읽기 수준에 적합한 자료를 선택하여 제시 - 문두와 답지에 제시된 문항 내용과의 관련성을 명확히 제시할 것
답지	- 문항의 답지들의 내용은 상호 독립적으로 구성할 것 - 정답이 분명히 드러나지 않도록 오답지의 매력도를 높일 것 - 틀린 답지에 '절대' 혹은 '항상'이라는 단어를 사용하지 않을 것 - 학생들이 자주 범할 수 있는 오류의 유형을 확인할 수 있도록 답지를 구성 - 답지의 길이와 형태를 유사하게 할 것 - 정답의 번호를 무선적으로 배열9)하여 특정 번호에 치우치지 않게 할 것

9) 무선적으로 배열
특정한 규칙이 없게 배열

(2) 서답형 문항

① 서답형 문항의 유형
   ㉠ 단답형 : 지시문이 요구하는 내용을 비교적 짧은 단어나 문장으로 기술하는 문항 유형
   ㉡ 완성형 : 진술문의 일부를 비워 놓고 정답을 채우도록 하는 문항 유형
      • 장점 : 추측에 의한 정답확률 낮음, 문항제작이 비교적 수월, 채점이 용이함
      • 단점 : 암기식 학습 유도, 유사 답안에 대한 논란 발생 가능
   ㉢ 논술(essay)형 : 나름의 생각이나 주장을 창의적이고 설득력있게 진술하는 문항 유형
      • 장점 : 추측에 의한 정답확률이 거의 없음, 답안 작성의 방향이나 기준을 다양화할 수 있음, 다양한 성취결과를 평가할 수 있음
      • 단점 : 문항수가 적어 문항표집의 대표성이 낮음, 학생의 표현력과 문장력이 평가결과에 영향을 미칠 가능성이 높음, 채점에 많은 시간 필요, 채점자의 주관이 개입될 가능성이 높음

② 논술형 문항제작 시 유의점
   ㉠ 단편적인 지식보다는 복잡하고 고차원적인 사고 능력을 요구할 것
   ㉡ 응답내용에 제한을 두거나 구조화해서 피험자가 응답해야 할 과제를 분명하게 할 것
   ㉢ 자료나 지시문 등의 어휘수준이 피험자의 어휘수준에 적합하게 할 것
   ㉣ 문항의 난이도에 따라 응답시간을 적절하게 제공할 것

③ 논술형 문항의 채점 방법 : 채점기준의 명료화, 채점방법의 체계화
   ㉠ 총괄적 채점방법 : 응답내용을 전반적으로 검토한 뒤 전체적 느낌에 의해 점수를 부여하는 방법. 채점의 신뢰도가 떨어질 수 있음

ⓒ 분석적 채점방법 : 모범답안을 작성하고, 평가요소의 중요성에 따라 답안의 요소별로 점수를 배분한 후, 채점기준에 이를 명시하는 방법

④ 논술답안 채점 시 유의사항(채점의 신뢰도를 높이는 방법)
  ㉠ 채점자의 주관이나 편견의 영향을 줄이기 위해 채점기준을 미리 정해 놓아야 함
  ㉡ 편견을 제거하기 위해 답안 작성자의 이름과 번호를 답안지와 분리해서 채점해야 함
  ㉢ 답안지를 답안 작성자 단위로 채점하지 말고 평가문항별로 채점하는 것이 바람직
  ㉣ 단독채점보다 다수의 평가자가 채점하여 평균 점수를 내는 것이 바람직

⑤ 채점결과에 영향을 미치는 효과와 대처방안

유형	설명	대처방안
내용불확정성 효과	채점자가 논술형 문항이 요구하는 반응을 정확하게 이해하지 못하거나 여러 채점자가 생각하는 바람직한 반응이 다를 경우 채점결과에 영향을 줌	채점기준의 명확화
후광 효과 (halo effect)	채점자가 평상시 학생에 대해 가지고 있던 선입견이 채점결과에 영향을 줌	피험자의 개인 정보를 차단
순서 효과	채점 순서가 채점 결과에 영향을 미치는 효과로, 일반적으로 먼저 채점되는 답안지가 뒤에 채점되는 답안지보다 더 높은 점수를 받는 경향이 있음	개인별로 채점하지 않고 문항별로 채점
피로 효과	채점에 소요되는 시간이 길어지면서 채점자의 육체적·심리적 피로가 채점결과에 영향을 주는 현상	충분한 시간을 갖고 채점
답안과장 효과 (bluffing effect)	피험자가 정확히 답을 할 수 없을 때 의도적으로 답안을 과장하여 작성할 경우, 채점자가 부분점수 부여나 유사답안 인정을 하게 되는 현상	채점기준 명확화 다수의 채점자

02 문항분석의 이론과 방법

2016·2023 지방직9급 / 2008·2016 국가직9급 / 2009·2015·2016 국가직7급

(1) 문항분석의 개관

① 문항분석의 개념
  ㉠ 검사 제작 과정에서 검사문항을 개선하기 위해 실시하는 활동
  ㉡ 검사를 구성하고 있는 문항의 심리측정학적 특성을 파악하는 활동
  ㉢ 신뢰성과 타당성 높은 검사 구성을 위한 선행 요건

② 문항분석의 접근방법
  ㉠ 고전검사이론(CTT : Classical Test Theory)에 따른 전통적 분석
  ㉡ 문항반응이론(IRT : Item Response Theory)에 따른 과학적 분석

암기 POINT

• 논술형 답안 채점의 신뢰도 제고 방법
  - 채점기준 명확화
  - 작성자 이름과 답지 분리
  - 문항별로 채점
  - 다수 채점자 참여

암기 POINT

• 문항분석의 접근방법
  - 고전검사이론 : 피험자 정답률에 기초
  - 문항반응이론 : 문항특성곡선에 기초

(2) 고전검사이론에 의한 문항분석

① 개요
  ㉠ 기본 가정: 피험자의 관찰점수가 진점수와 오차점수의 합($X = T + E$)
  ㉡ 장점: 실제 자료에 대한 이론의 적용과 해석이 비교적 수월함
  ㉢ 단점: 문항의 난이도 지수나 변별도 지수는 문항 자체에 있어서 절대적인 것이 아니라 피험자 집단의 능력 수준에 따라 달리 나타남

② 문항난이도(item difficulty)
  ㉠ 개념: 문항의 어렵고 쉬운 정도를 나타냄
    • 난이도는 문항에 대한 정답자 비율로 산출하므로, 0~1 사이의 값을 가짐
    • 문항별 정답자 수가 적을수록 난이도 지수는 낮게 나오며, 더 어려운 문제이며, 난이도(difficulty)는 높은 문항이라고 말함
  ㉡ 난이도 지수 산출 공식

$$난이도\ 지수(P) = \frac{정답자\ 수(R)}{총\ 피험자\ 수(N)}$$

  ㉢ 난이도 지수의 해석
    • 규준지향검사에서 중간수준(.25~.75)의 난이도를 보이는 수준이 적절하며, 너무 어렵거나 쉬운 문항은 적절한 난이도로 조절해야 함
    • 준거지향검사에서는 문항의 내용 자체가 가지고 있는 난이도에 충실하여야 함(내용에 따라 난이도가 0이나 1인 문항도 포함할 수 있음)
    • 문항의 난이도 지수는 문항 자체에 있어서 절대적인 것이 아니라 수험자 집단에 따라 변할 수 있다는 점을 유의해야 함

③ 문항변별도(item discrimination)
  ㉠ 개념: 검사문항이 학생들의 능력차를 변별해 주는 정도
    • 변별도 지수는 상위집단의 정답비율과 하위집단의 정답비율의 차이로 산출하므로, -1~+1 사이의 값으로 나타남
    • 검사 총점이 높은 학생이 낮은 학생에 비해 정답을 맞힐 가능성이 높은 문항이 문항변별도가 높은 문항이라는 것을 의미함
  ㉡ 변별도 지수 산출 공식

$$변별도\ 지수(DI) = \frac{상위집단의\ 정답자\ 수(R_H) - 하위집단의\ 정답자\ 수(R_L)}{각\ 능력집단의\ 피험자\ 수(f)}$$

  ㉢ 변별도 지수의 해석
    • 문항변별도가 .30~.40 이상이면 변별력이 높은 문항으로 볼 수 있으며, .20 미만이면 변별력이 낮은 문항이므로 수정하거나 제거해야 함
    • 변별도 지수가 음수나 0으로 나온 문항: 피험자의 능력을 판별하는 기능을 제대로 하지 못하기 때문에 문항을 수정하거나 검사에 제외함

암기 POINT

• **문항난이도**
  - 문항의 어렵고 쉬운 정도
  - 난이도 지수 = 정답률
  - 다양한 난이도의 문항이 포함되어야 검사의 신뢰도가 높아짐

• **문항변별도**
  - 학생들 간의 능력 차이를 변별해주는 정도
  - 변별도 지수 = 상위집단과 하위집단의 정답률 차이
  - 변별도가 음수나 영(0)으로 나온 문항은 삭제함
  - 적정 수준의 난이도로 출제해야 변별도가 높아지고, 신뢰도가 높아짐

ⓔ 변별도와 난이도, 신뢰도와의 관계
- 문항의 변별도가 높으면 검사도구의 신뢰도가 높아지므로, 규준지향 검사일 경우에는 특히 높은 변별도를 보이는 문항으로 구성하도록 함
- 변별도를 높이기 위해서는 적정 수준의 난이도로 문제를 출제해야 함
  * 난이도가 어려울수록 변별도는 높아진다. (×)
    정답률이 50%인 문항의 변별도는 1이다. (×)

④ 문항추측도(item guessing)
  ㉠ 개념 : 총 피험자 중 문항의 답을 알지 못한 채 추측으로 정답을 맞힌 피험자의 비율
  ㉡ 특징 : 문항 선택지가 많을수록 정답을 추측해서 맞힐 확률은 낮아짐
  ㉢ 활용 : 문항추측도가 문항난이도보다 높게 나타날 경우에는 문항을 수정하여 난이도를 높이거나 선택지의 개수를 늘려 추측도를 낮추도록 함

⑤ 문항(답지)반응분포
  ㉠ 개념 : 학습자들이 문항의 각 답지에 어떻게 반응하였는지를 기술한 것으로, 오답지 매력도에 관한 정보를 제공
  ㉡ 문항반응분포의 해석
    - 문항 선택지들의 매력도를 높이기 위해 특정 오답지에 반응이 집중되지 않도록 함
    - 특정 오답지가 거의 선택받지 못한 경우(2% 미만인 경우) 오답으로서의 매력도가 지나치게 낮은 것이므로, 답지를 수정하여야 함
    - 오답지의 매력도가 높을수록 문항은 더욱 어려운 문항이 되며 보다 고차적인 사고능력을 평가할 수 있음

[문항반응분포 해석의 예시]

	문항 1	문항 2	문항 3	문항 4	…	총점	수준
학생 A	O	×	O	×	…	99	상위집단
학생 B	O	×	O	×	…	95	상위집단
학생 C	×	O	O	×	…	20	하위집단
학생 D	×	O	O	×	…	25	하위집단
학생 E	O	×	O	×	…	90	상위집단

- 문항 3의 문항난이도 지수는 1이다.
- 문항 2가 문항 1보다 어려운 문항이다.
- 문항 1이 문항변별도가 가장 높은 문항이다.
- 문항 3과 문항 4는 변별도가 0이다.
- 규준지향평가라면 문항 3과 문항 4는 불필요한 문항이다.

(3) 문항반응이론에 의한 문항분석

① 문항반응이론(item response theory)
  ㉠ 문항특성을 검사 총점에 의하여 분석하는 고전검사이론과 달리, 문항마다 특유한 문항특성곡선에 의하여 분석하는 검사이론

ⓒ 문항특성에 대한 이론적 전제
- **문항특성의 불변성(invariance)** : 문항은 각기 불변하는 고유한 특성(예 정답률)을 지니고 있다고 전제하며, 피험자 집단의 능력이 달라져도 하나의 고유한 문항특성곡선이 추정됨
- **피험자 특성 불변성** : 피험자의 능력 수준은 특정 검사나 문항에 따라 변하는 것이 아님
- **단일차원성(unidimensionality)** : 하나의 검사는 하나의 능력 혹은 구인만을 측정하고 있다고 가정하며, 이를 기반으로 단일한 곡선 위에 피험자의 능력 수준을 표시함
- **지역독립성(local independence)** : 어떤 문항에 대한 응답은 다른 문항의 응답에 영향을 주지 않는다는 가정으로서, 각 문항에 대해 정답을 맞힐 확률은 상호독립적이라는 의미

ⓒ 활용 : 문항 특성이 불변하기 때문에 문항난이도, 문항변별도, 문항추측도 등을 안정적으로 추정하여 문제은행 구축 및 컴퓨터화 검사에 활용됨

	고전검사이론	문항반응이론
기본 가정	관찰점수 = 진점수 + 오차 점수	고유한 문항특성곡선에 근거하여 추정
문항 특성	문항특성의 가변성 (피험자 특성에 따라 문항특성이 다르게 분석됨)	문항특성 불변성 (피험자 특성에 관계없이 문항마다 고유한 하나의 문항특성곡선이 도출됨)
피험자 특성	피험자 특성의 가변성 (검사도구의 특성에 의해 피험자 능력이 다르게 추정됨)	피험자 특성의 불변성 (검사도구의 특성과 관계없이 일관성 있게 피험자의 능력이 추정됨)
측정 오차	모든 피험자의 측정오차는 동일한 것으로 가정 (피험자 능력에 따른 측정오차의 차이를 고려하지 않음)	피험자의 능력에 따라 측정오차가 상이한 것으로 가정 (어떤 수준의 피험자의 능력이 보다 정확하게 추정되었는지를 알려 줌)
장점	계산이 쉬워 실용적	측정오차 문제점을 보완
단점	측정오차 가정의 실패	수학적 난해성과 계산의 복잡성

② 문항특성곡선의 이해
ⓒ 개념 : 문항특성곡선이란 개별 문항의 특성을 나타내는 곡선으로 피험자의 능력 수준에 따라 정답을 맞힐 확률을 나타낸 곡선을 의미함
ⓒ 문항특성곡선의 구성요소
- 피험자의 능력을 θ(theta)로 표기하고, 각 능력 수준에서 피험자의 정답 확률을 P로 표기함
- 일반적으로 S자 형태를 보이며, 피험자의 능력(θ)은 대략 -3.0에서 $+3.0$ 사이에 위치함

암기 POINT
- 문항반응이론의 전제
  - 문항특성의 불변성
  - 피험자 특성의 불변성
  - 단일차원성
  - 지역독립성

더 알아두기
- 피험자능력과 측정오차
  - 문항난이도가 피험자의 능력 수준과 같을 때 피험자의 능력을 가장 오차없이 정확하게 추정할 수 있다.
  - 피험자에 따라 문항이 너무 어렵게 느껴지면 피험자의 검사불안이 높아져 실수하는 경우가 있을 뿐 아니라, 너무 쉽게 느껴지면 부주의하여 실수할 수 있기 때문이다.
  - 문항반응이론은 피험자의 능력에 따라 문항의 피험자 능력추정의 정확성이 달라질 수 있다는 점을 반영한다.

- 능력이 높을수록 문항의 답을 맞힐 확률이 증가하나 직선적으로 증가하지 않음

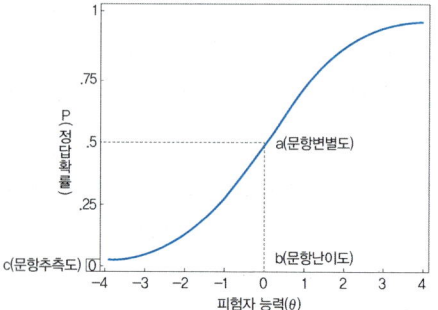

암기 POINT

- 문항특성곡선의 해석
  - 난이도 : 정답확률 50%와 만나는 피험자의 능력수준
  - 변별도 : 정답확률 50%에서의 문항특성곡선의 기울기
  - 추측도 : 피험자 능력수준 0일 때의 정답확률

③ 문항변별도(a 또는 α)
  ㉠ 문항난이도를 나타내는 지점(정답확률 0.5 지점)에서의 문항특성곡선의 기울기에 해당
  ㉡ 일반적으로 0에서 +2의 값을 가지며 지수가 높을수록 변별력이 좋은 문항임
  ㉢ 문항특성곡선의 기울기가 가파를수록 문항변별도가 높은 문항이며, 완만할수록 변별도가 없는 문항임

④ 문항난이도(b 또는 β)
  ㉠ 문항의 답을 맞힐 확률이 0.5에 대응하는 피험자의 능력수준으로 나타내는 것으로, 문항이 어떤 능력 수준에서 기능하는지를 보여주는 지표
  ㉡ 일반적으로 −2에서 +2 사이에 위치하며 난이도 지수가 커질수록 어려운 문항임
  ㉢ 문항특성곡선이 오른쪽에 위치할수록 문항의 난이도가 높고, 능력 수준이 높은 피험자들을 변별하는 데 적합하다는 것을 의미함

⑤ 문항추측도(c)
  ㉠ 능력이 전혀 없음에도 불구하고 문항의 답을 맞히는 확률에 해당하는 값
  ㉡ 문항추측도 값이 높을수록 좋지 않은 문항으로 평가되며, 4지 선다형 문항에서는 문항추측도가 0.2를 넘지 않도록 함

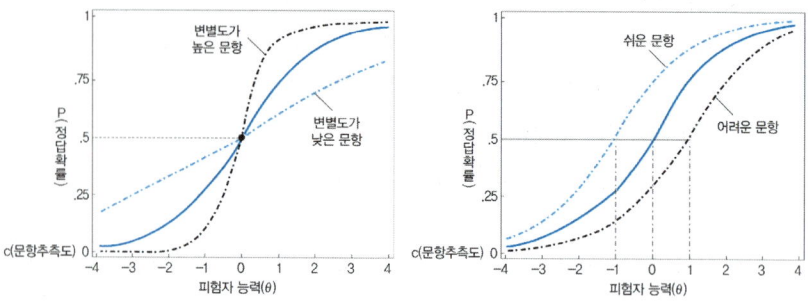

[문항변별도에 따른 문항특성곡선] [문항난이도에 따른 문항특성곡선]

5 평가결과의 분석

01 자료의 특성 2024 지방직9급 / 2013 국가직9급 / 2011·2019·2022 국가직7급

(1) 척도(측정치, 자료)의 유형

① 명명척도(명목척도, nominal scale)
  ㉠ 측정대상을 단순히 구분하거나 분류하기 위해 사용하는 척도
    예 성별, 거주지역, 선수 등번호 등
  ㉡ 수치로 표현되더라도 질적 구분의 의미만을 갖기 때문에 수치들 간의 가감승제 불가능
    예 부모의 거주지역에 따라 학생들의 영어성적에 차이가 있는지를 알아보기 위하여 지역을 공업지역, 상업지역, 농업지역, 수산업지역으로 나누고 각각에 0, 1, 2, 3을 부여하였다.
  ㉢ 빈도분석과 관련된 최빈치, 유관상관계수, 사분상관계수, 파이계수 등의 통계처리만 가능

② 서열척도(순위척도, ordinal scale)
  ㉠ 순위나 서열을 부여하는 척도
    예 성적 석차, 백분위점수, 리커트 척도, 구트만 척도 등
  ㉡ 대상 속성의 상대적 우열은 나타낼 수는 있으나, 등간성이 없기 때문에 가감승제 불가능
  ㉢ 최빈치, 중앙치, 사분편차, 등위차상관계수(스피어만의 서열상관계수) 등의 통계처리는 가능

③ 동간척도(구간척도, interval scale)
  ㉠ 각 측정단위 사이의 크기나 간격이 동일한 척도
    예 IQ, 시험의 원점수, 써스톤 척도 등
  ㉡ 상대영점(임의영점)과 가상적으로 설정한 단위가 존재하므로 크기 비교나 가감은 가능하나, 절대영점은 없기 때문에 승제는 불가능
  ㉢ 산술평균, 최빈치, 중앙치, 표준편차, 적률상관계수(피어슨의 상관계수) 등의 통계처리 가능

④ 비율척도(ratio scale)
  ㉠ 분류, 순위, 등간, 비율의 속성을 모두 갖고 있는 척도
    예 수량, 길이, 백분율, 표준점수 등
  ㉡ 절대영점을 가지고 있고 동일한 측정단위 간격의 척도이므로 가감승제가 모두 가능
  ㉢ 산술평균, 최빈치, 중앙치, 표준편차, 적률상관계수 등 모든 통계처리가 가능

암기 POINT

• 척도의 유형
  - 명명척도 : 빈도
  - 서열척도 : 순위
  - 동간척도 : 점수
  - 비율척도 : 수량

더 알아두기

• 상대영점과 절대영점
  - 상대영점(임의영점, 가상영점) : 실제 속성은 존재하지만 크기 비교를 위해 임의로 설정한 가상의 영점
  - 절대영점(자연영점) : 실제로 속성 자체가 존재하지 않아 측정치가 '0'이 되는 점

구분	속성	측정치
상대영점	있음	0
절대영점	없음	0

(2) 중심경향값(집중경향값, 대푯값)

① 개요: 검사점수들이 집중적으로 분포하는 경향에서 중심이 되는 점수로서, 자료 전체를 대표하는 값을 중심경향값(대푯값)이라고 함

② 대푯값의 유형

최빈값 (mode)	- 빈도수가 가장 많은 점수나 수치, 명목척도의 집중경향값으로 바람직 - 자료 특성에 따라 여러 개의 최빈값이 나올 수 있음 - 연구대상 표집에 따라 변동이 가장 심하고 안정성이 낮은 집중경향값
중앙값 (median)	- 전체 자료를 크기순으로 정렬했을 때 순위상 가장 중앙에 위치한 값 - 주로 서열척도의 대푯값으로 사용 - 표집에 따른 변화가 가장 작으며 안정성 있는 집중경향값 - 극단값의 영향을 받지 않으므로 분포가 매우 편포된 경우에 사용하기 적절함
평균 (mean)	- 모든 자료의 값을 더한 후 전체 자료의 개수로 나눈 값(산술평균) - 정량적 자료의 대푯값으로 가장 빈번하게 사용됨 - 표집을 통해 전집의 값을 추정하는 경우 극단값의 영향을 가장 크게 받음 - 점수가 매우 편포되거나 자료의 사례수가 적을 때 극단값의 영향이 더욱 커짐

(3) 자료의 분포형태

① 도수분포표와 히스토그램: 구간별로 자료의 개수를 나타낸 표와 이를 막대그래프로 나타낸 것

② 자료의 분포특성
  ㉠ 대칭성: 그래프가 가운데를 중심점으로 좌우가 똑같은지
  ㉡ 편포성: 그래프가 한쪽으로 몰려 있는지(정적 편포, 부적 편포)
  ㉢ 최빈성: 빈도수가 상대적으로 많은 점수가 어디인지
  ㉣ 첨도: 그래프가 전체적으로 평평한지 뾰쪽한지(점수의 집중경향)

③ 점수의 분포형태
  ㉠ 정규분포(Normal Distribution): 평균을 중심으로 좌우대칭을 이루는 종모양의 분포(평균 = 중앙값 = 최빈값)
  ㉡ 정적편포(Positive Skewness): 그래프의 오른쪽 꼬리가 길게 늘어진 형태로, 자료가 낮은 점수대에 몰려있는 분포(최빈값 < 중앙값 < 평균)
  ㉢ 부적편포(Negative Skewness): 그래프의 왼쪽 꼬리가 길게 늘어진 형태로, 자료가 높은 점수대에 몰려있는 분포(평균 < 중앙값 < 최빈값)

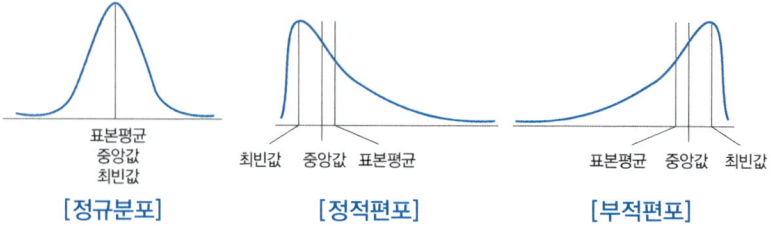

[정규분포] [정적편포] [부적편포]

암기 POINT
- 대푯값의 유형
  - 명목척도: 최빈값
  - 서열척도: 중앙값
  - 동간, 비율척도: 평균

더 알아두기
- 절삭평균(절사평균, trimmed mean): 편차가 큰 자료의 경우 평균값이 대표성이 떨어지는 문제를 보완하기 위해 극댓값과 극소값을 제거한 후 산출한 평균
- 예) 10% 절삭평균이란 자료의 총 수(n)에서 상위 10%, 하위 10%까지 위치한 값까지 삭제한 뒤 나머지 자료로만 산술평균을 구함

암기 POINT
- 자료의 분포특성과 대푯값
  - 정규분포: 평균 = 중앙값 = 최빈값

④ 정규분포와 표준정규분포

정규분포	표준정규분포

- 평균을 중심으로 좌우대칭 종 모양의 분포
- 자료의 특성에 따라 평균(μ)과 표준편차(σ)는 다양할 수 있음
- 평균과 중앙값, 최빈값이 모두 같음
- 분포 곡선은 X축과 절대로 만나지 않음
	- 평균이 0이고 표준편차가 1인 정규분포
	- 평균을 중심으로
	  좌우 1표준편차 내에 약 68%가 분포
	  좌우 2표준편차 내에 약 95%가 분포
	  좌우 3표준편차 내에 약 99%가 분포

(4) **분산도(변산도, 산포도, variation)**
① 개요 : 자료의 점수들이 얼마나 흩어져 있는지를 보여주는 통계적 지수로, 분산도가 클수록 이질적인 집단으로, 분산도가 작을수록 동질적인 집단으로 볼 수 있음
② 분산도의 유형
  ㉠ 범위(range) : 자료 중 가장 큰 값에서 가장 작은 값까지의 거리
  ㉡ 사분편차(quartile deviation) : 자료를 크기순으로 정렬하고 그 자료 분포의 1/4 지점과 3/4 지점에 해당하는 자료값의 차이를 반으로 나눠준 값으로, 극단값들을 배제할 필요가 있을 때 사용
  ㉢ 편차(deviation) : 개개 표본의 점수에서 전체 모집단의 평균을 뺀 값
  ㉣ 표준편차(standard deviation)
    • 분산(variance) : 편차점수 제곱의 평균
    • 표준편차(SD) : 분산에 제곱근을 취한 값(분산도 지수 중 가장 널리 사용)

02 규준점수의 산출과 해석
2007·2016·2018·2025 국가직9급 / 2008·2010·2012·2013·2015·2024 국가직7급

(1) **원점수와 규준점수**
① 원점수(raw score)
  ㉠ 검사결과 얻어진 점수로, 각 개인이 맞힌 문항의 배점을 모두 합하여 얻은 점수
  ㉡ 원점수는 검사 문항의 난이도에 따라 변화가 심하기 때문에 다른 검사로부터 얻은 점수와 비교하거나 원점수 자체가 무엇을 의미하는지를 해석하기 어려움
② 규준점수(normative score)
  ㉠ 모집단의 자료가 정규분포를 이룬다는 것을 가정하고, 모집단의 규준(norm)에 비추어 피험자의 상대적 위치에 따라 변환하여 산출한 점수
  ㉡ 집단 내에서 학습자의 상대적 위치 이해, 과목별로 받은 시험 점수의 상대적 비교, 서로 다른 집단의 점수 분포에 대한 상대적 비교 등에 활용

> 암기 POINT
>
> • 규준점수
> - 석차, 백분위 : 서열척도
> - 표준점수(Z, T, 스테나인) : 비율척도

ⓒ 규준점수의 유형

등위(석차) 점수, 백분위 점수	표준점수(Z점수, T점수, 스테나인 점수)
서열척도	비율척도
상대적 위치(우열)만 비교 가능 - 가감승제 불가능	상대적 위치와 능력을 모두 비교 가능 - 가감승제 가능

예 1등과 10등의 능력 차이는 41등과 50등의 차이와 같다. (×)
예 국어 성적이 4등, 수학 성적이 10등인 학생의 평균 성적 순위는 7등이다. (×)
예 수학 시험에서 80점을 받은 사람의 수리 능력은 40점을 받은 사람의 두 배 (×)

(2) 백분위점수(percentile rank)

① 개념 : 특정 점수를 맞은 학생보다 낮은 점수를 받은 학생들의 비율을 백분위(%)로 표시하는 점수

$$\text{백분위} = \frac{(\text{특정 점수 미만의 학생 수}) + (\text{특정 점수를 받은 학생 수} \div 2)}{\text{전체 학생 수}} \times 100$$

② 백분위 점수와 표준점수의 관계
   ㉠ 서로 다른 과목에서 동일한 Z점수를 획득하더라 하더라도, 과목별 점수 분포에 따라 백분위 점수는 달라질 수 있음
   ㉡ 점수분포가 정규분포를 따르는 경우, Z점수 0점과 0.5점에 해당하는 백분위 간 차이는 Z점수 1점과 1.5점에 해당하는 백분위 간 차이보다 더 큼

③ 장점
   ㉠ 계산이 쉽고 그 의미가 명료하고 단순하여 이해하기 쉬움
   ㉡ 집단의 크기나 검사의 종류가 달라도 쉽게 비교할 수 있음

④ 단점
   ㉠ 평균이나 표준편차를 구할 수 없고, 따라서 통계처리에 제한이 많음
   ㉡ 원점수의 분포 양상을 반영하지 않아 작은 차이도 크게 과장될 수 있음
      예 비슷한 점수대에 많은 피험자가 몰려있다면 원점수의 차이는 크지 않지만 백분위 점수 차이가 크게 차이 남

(3) 표준점수(standard score)

① 개념
   ㉠ 원점수가 정규분포를 따른다고 가정하고 표준 변환하여 산출한 점수
   ㉡ 개별 학생의 점수가 평균으로부터 얼마나 떨어져있는지를 나타내는 상대적인 점수
   ㉢ 백분위 점수와 달리 원점수의 동간성이 그대로 유지되므로, 한 개인이 획득한 서로 다른 두 검사 점수 간의 상대적 비교가 가능함

② 원점수와 표준점수의 분포 관계
  - 원점수와 표준점수의 분포 형태는 일치함. 원점수가 정규분포를 이루면 표준점수도 정규분포를 이룸
  - 서로 다른 검사에서 원점수의 분포 양상이 같지 않다면, 각 검사에서 동일한 원점수를 받았다고 하더라도 표준점수는 서로 다를 수 있음
  - 여러 과목 점수를 합산한 성적을 서열화하려면 각 점수가 미치는 비중을 동등하게 하기 위해 각 시험 점수의 표준화 변환을 거쳐야 함

② Z점수
  ㉠ 평균이 0, 표준편차가 1인 표준정규분포로 변환하여 나타낸 점수
  ㉡ 편차를 그 분포의 표준편차로 나눈 값, 즉 원점수가 전체 평균 점수로부터 표준편차의 몇 배 떨어져 있는지를 나타낸 점수

$$Z = \frac{X - \overline{X}}{\sigma} = \frac{원점수 - 평균}{표준편차}$$

  ㉢ 표준점수는 정해진 최댓값과 최솟값이 없으며, 대부분의 사례가 $-3 \sim +3$에 위치함
  ㉣ Z점수의 크기가 작고 음수를 포함한다는 단점을 보완하기 위해 Z점수를 변환하여 T점수, 스테나인 점수 등으로 사용하기도 함

③ T점수
  ㉠ Z점수를 기초로 해서 평균 50, 표준편차 10으로 표준화한 점수

$$T점수 = Z점수 \times 10 + 50$$

  ㉡ 대학수학능력시험의 경우, 국영수 영역을 제외한 영역의 표준점수는 이와 같은 T점수로 보고되며, 0점 이하는 절삭해서 0점으로 100점 이상은 절삭해서 100점으로 보고함
  ㉢ 국영수 과목에서는 T점수에 2를 곱해 준 점수, 즉 평균 100점, 표준편차 20점 단위로 변환한 표준점수가 사용되며, 가능한 표준점수는 0~200점으로 보고함

④ 스테나인(9등급, stanine) 점수
  ㉠ Z점수를 기초로 해서 평균을 5, 표준편차를 2로 표준화한 점수
  ㉡ Z점수를 최하위의 1구간에서부터 최상위의 9구간까지 나누어 구간별로 1개의 스테나인 점수를 부여함
  ㉢ Z점수와 T점수는 한 지점의 값인 반면, 스테나인 점수는 일정한 구간을 하나의 값으로 표시
  ㉣ 학교에서 9등급 점수로 활용할 때에는 스테나인 구간점수를 역으로 뒤집어 최상위 학생들에게 1등급, 최하위 학생들에게 9등급 부여
  ㉤ 실제 시험에서는 문항의 변별력에 문제가 있는 경우, 스테나인 척도에서 특정 등급에 포함된 학생이 한 명도 없는 현상이 발생할 수 있음

암기 POINT
- 표준점수
  - T점수 = Z점수 × 10 + 50

암기 POINT
- 스테나인 점수
  - 9개 구간으로 나눈 점수
  - 등급은 거꾸로 뒤집어 부여

⑤ 원점수와 규준점수 비교

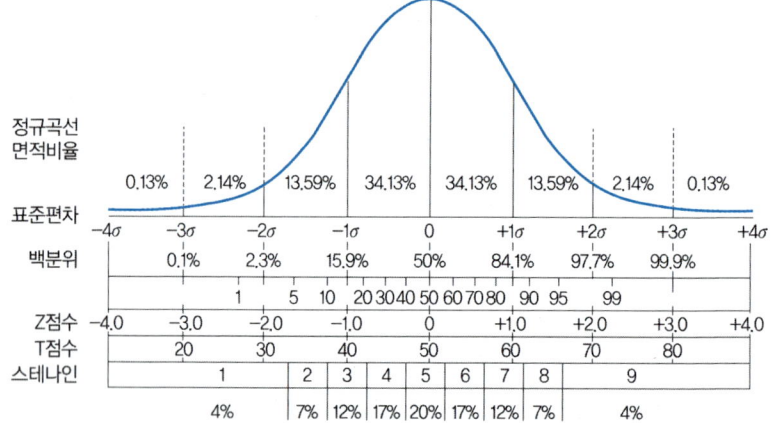

원점수	-3σ	-2σ	-1σ	평균	$+1\sigma$	$+2\sigma$	$+3\sigma$
Z점수	-3	-2	-1	0	1	2	3
T점수	20	30	40	50	60	70	80
백분위 점수	0.5	2.5	16	50	84	97.5	99.5
스테나인 점수 (9등급제)	1구간 (9등급)		3구간 (7등급)	5구간 (5등급)	7구간 (3등급)		9구간 (1등급)

[규준점수 계산문제 예시]

(유형 1) 평균점수(M)가 81점, 표준편차(SD)가 5점인 시험에서, Z점수가 1.4라면 원점수는?
- 풀이 : 1.4 = (x-81)/5
- 답 : 88

(유형 2) A학교의 수학 시험 점수의 평균이 70점이고, 표준편차가 10점일 때, 가장 높은 점수는?
① 원점수 : 75   ② T점수 : 65   ③ Z점수 : 1   ④ 백분위 : 80

원점수	70 (평균)	75	80	85
Z점수	0	0.5	1	1.5
T점수	50	55	60	65
백분위	50		84	

(유형 3) 한 학생의 과목별 점수와 전체 응시자의 평균 및 표준편차이다. 표준점수가 가장 높은 과목은?

과목	시험점수	평균	표준편차
국어	95	80	10
영어	84	69	6
수학	74	60	7
과학	75	64	11

*풀이

과목	Z점수
국어	1.5
영어	2.5
수학	2
과학	1

6 교육연구

01 교육연구의 패러다임

(1) 양적 연구

① 양적 연구[10]의 특징 : 실증주의적 연구
  ㉠ 실증주의적인 패러다임에 기초한 연구로서, 일반 법칙을 발견하는 데 목적을 둠
  ㉡ 무선표집과 변인통제, 통계적 추리에 의한 가설검증을 강조
  ㉢ 객관적 실험과 측정 절차를 통해 수집된 자료를 수량화할 것을 강조함
  ㉣ 수집된 자료에 대한 통계적 분석을 통해 연구결과를 일반화함
  ㉤ 인간 행동을 가능한 한 행위자 외부의 객관적 관점에서 관찰함
  ㉥ 초기에 설정한 연구 가설은 연구 과정 중에 바꾸지 않도록 함

② 양적 연구의 연구방법
  ㉠ 기술연구(descriptive research) : 어떤 현상이나 과정에 대하여 분명하고 정확한 기술을 제공하는 것을 목적으로 하며, 조사연구, 발달연구 등이 해당됨
  ㉡ 상관연구(correlation research) : 어떤 사건이나 현상에 내재되어 있는 두 개 이상의 변인들 간의 일반적인 관계를 규명하고자 하는 것을 목적으로 함
  ㉢ 단순비교연구(comparative research) : 하나 이상의 어떤 속성에서 두 개 이상의 집단 간 차이를 알고자 함. 기술연구의 한 형태로 변인 간의 인과성을 주장하지 않음
  ㉣ 인과비교연구(causal comparative research) : 집단비교라는 측면에서 단순비교연구와 동일하나, 인과관계 추론까지를 목적으로 함
  ㉤ 실험연구 : 외부적 영향을 통제한 실험 상황을 조성하고, 하나 이상의 변인을 조작함으로써 독립변인이 종속변인에 미치는 영향을 규명하는 데 목적을 둠

(2) 질적 연구

① 질적 연구[11]의 특징 : 현상학적 · 해석학적 연구
  ㉠ 실제 현상을 있는 그대로 관찰하고 심층적으로 이해하는 데 목적을 둠
  ㉡ 현장 조사 및 참여 관찰, 면담에 의한 자료 수집을 강조
  ㉢ 연구 현장에의 참여와 상호작용을 통해 질적 자료를 수집할 것을 강조
  ㉣ 수집된 자료는 연구자와 참여자의 대화를 통해 상호주관적으로 분석
  ㉤ 현장에서 연구자는 비통제적이며 자연스러운 태도를 유지하려고 노력
  ㉥ 초기에 설정한 연구 가설은 연구 과정 속에서 지속적으로 수정·보완

---

10) 양적 연구
연구대상의 수량화
예 남녀 학생의 학업성취도 점수 비교 연구

11) 질적 연구
연구대상의 심층적 이해
예 남녀 학생이 갖는 '학업성적'의 의미 비교 연구

② 질적 연구의 연구방법
  ㉠ 내용분석(content analysis) : 텍스트나 메시지를 수집 또는 내용을 분석하는 자료분석 방법을 활용하며, 잠재적 내용과 맥락을 해석학적 관점에서 다룸
  ㉡ 질적 사례연구(qualitative case study) : 특정 개인이나 사회집단 또는 기관, 사건, 프로그램 등을 대상으로 어떤 문제나 특성을 심층적으로 조사하고 분석하는 연구
  ㉢ 현장연구(실행연구, 행위당사자연구, action research) : 특정 사회적 상황에서 참여자에 의해 수행되는 자기 반성적 연구로, 행위를 통한 성찰에 근거하여 실제 상황에서 제기되는 특수한 문제 해결에 관심을 둠
  ㉣ 근거이론(grounded theory) : 어떤 특수한 상황이나 현상이 내포하고 있는 이론을 발견하거나 이론을 생성하는 것을 목적으로 하는 연구
  ㉤ 전기적 연구(biographical research) : 특정 개인을 대상으로 하여 그가 경험했던 특별한 사건을 연구하며, 과거에 대한 회상과 재구성을 통해 개인의 삶에 대한 총체적 이해
  ㉥ 문화기술지(ethnography)
    • 인류학에서 시작된 연구방법으로, 연구 현장에의 참여관찰과 면담을 주요 방법으로 함
    • 특정한 집단의 행동과 신념, 공유의식에 대한 미시적 기술과 심층적 해석을 목적으로 함
    • 개별 사건이나 현상의 의미를 일상생활의 맥락과 연결지어 총체적으로 규명하고자 함
    • 현장의 행위자(참여자)의 관점과 입장에서 현실 상황과 의미를 이해하도록 노력해야 함
    • 연구 초기에 설정한 가설은 참여관찰 과정 속에서 검증·수정·폐기·보완되며, 다시 새로운 대안 가설을 얻고 검증해 가는 과정을 지속함

	양적 연구	질적 연구
철학적 기반	- 실증주의에 토대 - 인과관계의 설명, 일반법칙 강조	- 현상학, 해석학, 상징적 상호작용론 - 인간의 의도, 주관적 실재 중시
연구의 관점	- 거시적 접근, 연역적 접근 - 외현적 행동 연구 - 연구대상과의 거리 유지	- 미시적 접근, 귀납적 접근 - 내재적 의미 연구 - 연구대상(참여자)과 근접성 강조
연구의 방법	- 표본 연구, 조사 연구, 실험 연구 - 체계적, 객관적 측정 강조 - 통계적 분석, 인과관계 분석 중시 - 객관적, 가치중립적 보고	- 사례 연구, 관찰 연구, 실행 연구 - 자연적, 참여적 관찰 강조 - 총체적 분석, 주관적 의미 이해 중시 - 해석적, 가치지향적 보고
연구의 질 판단	- 신뢰도 중시 - 연구의 결과 중시	- 타당도 중시 - 연구의 과정 중시

02 연구대상의 표집 2011 국가직9급

(1) 표집의 의미
① 모집단과 표본집단
  ㉠ 모집단(전집, population) : 연구에서 조사하고자 하는 대상의 전체
  ㉡ 표본집단(sample) : 모집단으로부터 추출해 낸 임의의 집단으로서, 실제 연구 대상이 된 부분집단
  ㉢ 표집(sampling) : 모집단을 대표하는 표본 요소를 뽑는 과정
② 전수조사와 표본조사
  ㉠ 전수조사 : 모집단 전체를 연구대상으로 하는 조사방법. 모집단의 특성을 전체적으로 파악하는 것이 가능하므로 원칙적으로 바람직하지만, 조사대상이 많은 경우 많은 시간과 비용이 필요함
  ㉡ 표본조사 : 모집단의 일부분을 관찰하는 조사방법. 모집단이 커서 전체를 조사하기 어려울 때 실시, 표본조사 결과로 모집단의 특성을 추정하므로 표본오차를 포함하지만, 신속성, 경제성 등의 장점이 있음

(2) 표집의 방법
① 확률적 표집 : 특정한 표집을 얻을 확률을 객관적으로 알 수 있도록 과학적으로 설계하여 표집하는 방법으로, 양적 연구에서 주로 사용
  ㉠ 단순무선 표집(simple random sampling) : 모집단의 모든 구성원이 표집될 확률이 같도록 표집하는 방법
    예 서울시에 거주하는 고등학교 3학생 100명을 조사하였다. 이를 위해, 서울시 거주 고3 학생의 명단을 확보하여, 각 학생들에게 일련번호를 부여하고 난수표를 이용하여 100명의 학생을 선발하였다.
  ㉡ 체계적 표집(systematic sampling) : 모집단에 일련번호를 부여한 후에 한 번호를 선정하고 동일한 간격만큼 뛰어넘어 표집하는 방법
    예 서울시 거주 고3 학생 중 첫 번째 표본만 난수표를 이용하여 선발하고, 그 다음부터는 100번째에 해당하는 학생을 선정하여 100명을 선발하였다.
  ㉢ 유층 표집(stratified sampling) : 모집단을 다양한 하위집단으로 분할한 후에 각 하위집단으로부터 표본을 무선으로 표집하는 방법
    예 전국의 중등교사 중에서 1,000명을 표집하기 위해 전국을 대도시, 중·소도시, 읍·면지역으로 구분하고, 각 근무지역에 따라 대도시에서 500명, 중·소도시에서 250명, 읍·면 지역에서 250명을 표집하였다.
  ㉣ 군집 표집(cluster sampling) : 표집의 단위가 개인이 아니라 집단을 표집 단위로 표집하는 방법. 이미 자연적으로 또는 행정적으로 집단화되어 있는 집단을 이용
    예 전국의 16개 시·도별로 5개씩의 학교를 선발하고, 각 학교별로 10~15명의 교사를 무작위 선발하여 1,000명을 표집하였다.

> **암기 POINT**
> • 확률적 표집 : 양적 연구
>   – 단순무선 표집
>   – 체계적 표집
>   – 유층 표집
>   – 군집 표집

암기 POINT

• 비확률적 표집 : 질적 연구
  - 의도적 표집
  - 할당 표집
  - 편의적 표집
  - 눈덩이 표집

② **비확률적 표집** : 모집단의 요소들이 선택될 확률을 고려하지 않고, 연구자의 주관적인 판단에 의해서 임의적으로 표집하는 방법. 질적 연구에서 주로 사용

　㉠ **의도적 표집**(purposive sampling) : 연구자가 주관적으로 설정한 기준에 따라 임의로 표집하는 방법
　　예 행동장애 유아의 특성에 관한 조사 연구를 수행하기 위해, '유치원 교사 경력 5년 이상인 자로서 유아특수교육학을 전공한 석사 학위 취득자'라는 표본 선정 기준을 설정하고, 기준을 충족한 100명을 표집하였다.

　㉡ **할당 표집**(quota sampling) : 모집단을 여러 개의 하위집단을 구성하여 각 집단에 알맞은 표집수를 연구자가 임의로 할당하여 표집하는 방법
　　예 초등학생의 사교육에 대한 태도를 조사하고자 할 때 학생의 사교육 경험이 태도에 중요한 영향을 줄 것이라고 생각하여 사교육 경험 여부에 따라 하위집단을 구분하고 각각 50명씩을 연구대상을 표집하였다.

　㉢ **편의적 표집**(우연적 표집, convenience sampling) : 특별한 표집의 기준 없이 연구자가 손쉽게 접근할 수 있는 대상들 중에서 표집하는 방법
　　예 행동장애 유아의 특성을 조사하기 위해, 행동장애 유아를 위한 치료센터에 상주하면서 이 곳을 방문한 부모 100명에게 설문조사를 실시하였다.

　㉣ **눈덩이 표집**(snowball sampling) : 선택된 조사대상자로부터 다음 대상을 연속적으로 소개받으면서 표집하는 방법으로, 비밀스럽거나 비공개적인 현상을 조사할 때 적용
　　예 가출 청소년들의 집단거주 문화를 조사하기 위해 쉼터에서 만난 청소년을 인터뷰하고, 이후 계속해서 다른 청소년을 소개받아 조사하였다.

확률적 표집	비확률적 표집
- 단순무선 표집 : 처음부터 무선 표집	- 의도적 표집 : 연구자의 주관적 선택
- 체계적 표집 : 처음에만 무선 표집	- 할당 표집 : 하위집단에서 임의 표집
- 유층 표집 : 하위집단에서 무선 표집	- 편의적 표집 : 접근가능한, 우연적 표집
- 군집 표집 : 자연적 군집 단위로 표집	- 눈덩이 표집 : 조사대상자로부터의 소개

03 조사연구의 유형과 방법 2018 지방직9급 / 2020 국가직9급 / 2007·2017 국가직7급

(1) 관찰법

① 개념 : 평가자가 학습자의 행동을 관찰한 자료를 토대로 평가하는 방법 [평가자(관찰자)의 훈련과 경험 필요]

② 관찰의 방법

　㉠ 관찰자의 참여 여부에 따라
　　• 참여관찰 : 관찰자가 피관찰자와 같은 행동 상황 속에 들어가서 관찰
　　• 비참여관찰 : 관찰자는 외부인의 입장에 서서 피관찰자를 객관적으로 관찰

ⓛ 관찰 조건의 통제 여부에 따라
- **통제관찰** : 인위적으로 조성된 장면이나 조건에서 특정 의도로 관찰
  - **실험적 관찰** : 관찰하려는 장면을 인위적으로 조작하고, 독립변인을 투입해서 나타나는 종속변인의 변화를 관찰
  - **장면표본법** : 관찰하려는 행동이 잘 나타나는 장면을 선택해서 그 장면에서 관찰
  - **시간표본법** : 관찰 장면은 제한하지 않고 일정한 시간 동안 특정한 행동이 얼마나 발생하는지를 관찰(양적으로 측정)
- **비통제관찰(자연적 관찰)** : 자연적으로 발생한 그대로의 상황에서 특정한 의도 없이 관찰 예 교사의 교실일지 등

③ 관찰결과의 기록방법
  ㉠ **일화기록법** : 의미 있는 에피소드(행동, 사건)를 구체적으로 묘사하는 이야기(내러티브) 형식으로 기록하는 방법. 특별한 준비나 계획이 없어도 쉽게 실시할 수 있으며, 발생하는 사건에 대한 전체적인 기록이 가능함
  ㉡ **체크리스트법(빈도기록법)** : 관찰하려는 행동 단위를 미리 분류한 체크리스트를 준비하고, 관찰하려는 행동이 나타났을 때 해당 항목에 체크하거나 빈도로 표시하는 방법
  ㉢ **행동요약법** : 관찰하려는 행동이 나타날 때마다 시간 순서대로 간단히 요약하여 기록
  ㉣ **기계적 기록법** : 녹음기나 캠코더 등의 기계적 장치를 이용해서 기록하는 방법

④ 장점과 단점

장점	단점
- 다양한 연구대상에 적용 가능	- 시공간적 제약, 체력적 한계 등
- 직접적인 조사방법으로 신뢰성 높음	- 관찰목적에 맞는 현상을 포착하기 어려움
- 관찰목적 이외에 부수적 자료 취득 가능	- 관찰대상자가 의식적으로 행동할 수 있음
- 현상에 대한 종합적, 맥락적 이해 가능	- 관찰과정에서 편견이나 선입견 개입 가능

(2) 질문지법

① **개념** : 어떤 주제에 관해 작성된 일련의 질문에 대해 응답자가 자신의 생각이나 의견을 진술하도록 하는 방법(자기보고법)

② 질문지의 유형
  ㉠ **구조적 질문지** : 선택지를 미리 주고 선택하게 하는 방식. 응답 결과의 처리가 쉬움
  ㉡ **비구조적 질문지** : 응답자가 자유롭게 답하도록 하는 방식. 자유롭고 창의적인 응답을 얻을 수 있음

③ 응답의 선택지 유형
　㉠ 자유반응형 : 응답자의 응답 형태에 제한을 가하지 않고 표현하는 방법. 탐색적 연구나 의사결정 초기 단계, 소규모 조사에 사용

> 예 디지털교과서 활용에 있어서 개선할 점은 무엇이라고 생각하십니까?
> _____

　㉡ 찬반형 : 주어진 질문에 대해 양자택일하여 응답하는 방법

> 예 디지털교과서를 수업시간에 사용해 보신 적이 있습니까?
> ① 예　　　　　　　　　　② 아니오

　㉢ 선택형 : 한 문항에 두 개 이상의 선택지를 주고 그 가운데 선택하도록 하는 방법. 결과 처리가 용이, 문항 표집의 대표성이 높음, 적당한 선택지가 제시되지 않으면 제대로 된 정보를 얻기 어려움

> 예 학교의 장학 계획 수립은 누가 하는 것이 적절하다고 생각하십니까?
> ① 교사　　② 교감　　③ 교장　　④ 학부모

　㉣ 체크리스트형 : 어떤 행동이나 특성을 목록화하여 해당되는 곳에 표시 하도록 하는 방법. 사용이 간편하고 수량화가 용이, 조사대상의 질적 특성(지속시간, 강도 등)에 관한 정보가 표현되지 않음

> 예 아동의 사회적 행동 특성을 파악하기 위한 질문입니다. 귀하의 자녀가 자주 보이는 행동과 일치하는 진술문에 √표 하세요.
> ① 또래 친구들과 사이좋게 지낸다. (　　)
> ② 자기 물건을 친구들과 나누어 가진다. (　　)
> ③ 다른 사람을 돕는 행동을 자주 한다. (　　)

　㉤ 평정척도형(rating scale type) : 측정하고자 하는 특성을 일정 기준에 따라 배열된 척도상에 위치시켜 측정하는 방법

> 예 귀하는 본교의 예산편성 및 회계관리의 공정성에 대해 어떻게 평가하십니까?
>
> | 기술척도 | ① 매우 만족　② 대체로 만족　③ 대체로 불만족　④ 매우 불만족 |
> |---|---|
> | 도식척도 | 매우 만족　　　　그저 그렇다　　　　매우 불만족
├────┼────┼────┼────┤ |

　㉥ 순위형(등위형) : 단일 차원의 항목들을 일정한 기준에 따라서 최상위에서 최하위까지 순위를 매기도록 하는 방법

> 예 자녀 양육에서 중요하게 생각하는 요소를 중요도 순서에 따라 표시하시오.
> ① 신체적 건강 (　　)　　　② 학교학습 준비 (　　)
> ③ 문화적 경험 (　　)　　　④ 일상생활 습관 (　　)

④ 평정척도의 유형
  ㉠ 리커트(Likert) 척도 : 서열척도
    • 어떤 개념이나 대상에 대한 태도를 묻는 여러 개의 문항으로 질문지를 구성하여 응답값들을 합산한 값으로 태도를 측정하는 방법(종합평정법)
    • 질문에 대한 응답은 긍정~부정 사이의 연속적인 반응 중에서 선택하게 하되, 3, 4, 5, 7단계 등이 활용됨
    예 수학에 대한 태도 척도

질문	매우 그렇다.	약간 그렇다.	별로 그렇지 않다.	전혀 그렇지 않다.
(1) 나는 수학을 공부하는 것을 좋아한다.	①	②	③	④
(2) 나는 수학에 관한 책을 자주 읽는다.	①	②	③	④

  ㉡ 거트만(Guttman) 척도 : 서열척도
    • 척도를 구성하는 문항들이 내용의 강도에 따라 일관성 있게 위계적으로 제시됨(단일차원, 누적적 척도)
    • 연속선상에 위치한 진술문들에 대해 각각 긍정과 부정을 표시하는 방법
    예 쓰레기소각장에 대한 태도 척도

질문	예	아니오
(1) 우리나라에 쓰레기소각장이 추가로 설치되어야 한다.		
(2) 서울시에 쓰레기소각장이 추가로 설치되어야 한다.		
(3) 우리 동네에 쓰레기소각장이 추가로 설치되어야 한다.		

  ㉢ 써스톤(Thurstone) 척도 : 동간척도
    • 측정하는 개념과 관련된 지표들을 확보한 후 이들 사이에 존재하는 관계와 구조를 경험적으로 판단하여 하나의 척도를 구성한 것
    • 리커트 척도의 문제를 보완하지만, 척도를 만드는 과정이 복잡함
    예 사회적 이타주의 척도

질문	척도지	찬성
(1) 사회 전체를 위해 개인의 행복을 희생하는 것은 옳은 일이다.	3.0	
(2) 노인요양시설이 우리 동네에 만들어지는 것은 반가운 일이다.	5.2	O

  ㉣ 의미변별(분석) 척도 : 동간척도
    • 오스굿(Osgood) 등이 개발한 것으로, 서로 대비되는 형용사군에 응답한 피험자의 반응을 분석하여 의미 공간상의 위치로 표현
    • 분석 자료를 해석하기 위하여 평가요인, 능력요인, 활동요인의 3차원 공간으로 점수를 집약하여 해석

암기 POINT

• 평정척도의 유형
  − 리커트 척도 : 서열척도
  − 거트만 척도 : 서열척도
  − 써스톤 척도 : 동간척도
  − 의미변별 척도 : 동간척도

예 학교에 대한 태도 척도

	학교는 ____ 곳이다.	
좋은	① ② ③ ④ ⑤ ⑥ ⑦	나쁜
활발한	① ② ③ ④ ⑤ ⑥ ⑦	침체된
효과적인	① ② ③ ④ ⑤ ⑥ ⑦	비교화적인

⑤ 장점과 단점

장점	단점
- 단시간에 다양한 자료 수집 가능(경제성) - 수집된 결과에 대한 통계처리가 용이함 - 의견, 태도, 감정, 가치관 등 내면적 특성을 측정하기 용이함	- 언어능력이나 표현능력이 부족한 응답자에게 실시하기 어려움(신뢰도 낮음) - 응답 내용의 진위 확인이 어려워 결과 해석에 유의해야 함

(3) Q-분류법(Q-Sorting)

① 스티픈슨(Stephenson)이 개발한 것으로, 인간의 태도와 행동을 연구하는 데 유용한 방법론
② **진행방법** : 응답자에게 어떤 주제에 대한 다양한 진술문들을 제공하고, 동의 여부와 정도에 따라 진술문 카드를 분류하게 함. 분류범주마다 일정 비율을 정해 놓는 강제할당 방식 적용
③ 장점 및 활용
  ㉠ 다양한 진술문을 분류하는 작업을 통해 피험자의 특정 주제에 대한 주관적 의견이나 인식의 구조를 확인할 수 있음
  ㉡ 분류 결과의 비교를 통해 개인들 간의 차이 혹은 사전-사후의 차이를 파악할 수 있음
④ **단점** : 응답자들이 진술문 카드를 분류하기가 어렵고 검사시간이 많이 걸림

(4) 사회성 측정법(sociometry method)

① 모레노(Moreno)가 개발한 방법으로, 집단 구성원들이 서로 좋아하고 싫어하는 개인을 지적하게 함으로써 집단의 인간관계 구조, 응집성, 안정성 등을 측정·평가하는 데 활용
② 집단역동 이론에 근거해서 개개인이 서로 영향을 주고받으면서 변화하고 적응해가는 역동적 과정을 전제하고, 이를 이해하기 위한 수단으로 사용됨
③ 조사 시 유의사항
  ㉠ 조사 시 선택 집단의 범위가 명확해야 함
  ㉡ 최대한 집단 전원을 일시에 조사해야 함
  ㉢ 담임교사나 상담교사가 실시하도록 함
  ㉣ 조사내용은 비공개로 처리해야 함

암기 POINT
- Q-분류법
  - 진술문 카드를 분류하게 함
  - 자연스러운 평가 가능
  - 검사시간 많이 걸림

암기 POINT
- 사회성 측정법
  - 집단 내 개인의 위치 파악
  - 검사문항 제작과 실시 쉬움
  - 집단 따돌림 발견에 활용

④ 장점 및 활용
  ㉠ 측정 결과를 개인 및 집단에 적용하여 개인의 사회적응력 향상 및 집단의 사회구조 개선 교육에 활용
  ㉡ 집단 내 개인의 사회적 위치를 알아 낼 수 있으므로, 집단 내 따돌림 현상 발견에 활용
  ㉢ 문항 작성 절차가 간단하고 검사 시간이 짧아 이용이 간편하므로 한 학기에 1~2회 실시

04 실험연구의 절차와 방법 2019·2022 국가직7급

(1) 실험연구의 기초

① 실험연구의 개념
  ㉠ 실험 : 외부 영향이 통제된 상황에서 한 가지 또는 그 이상의 변인을 조작하여 이에 따라 변화되는 현상을 객관적으로 관찰하는 활동
  ㉡ 교육학에서의 실험 : 가외변인들을 최대한 통제한 상태에서 피험자에게 어떤 인위적 실험처치(독립변인의 조작)를 가했을 때 이에 따라 일어나는 효과(종속변인에서의 변화)를 관찰하고 분석하는 것
  ㉢ 실험연구의 일반적 절차 : 연구 문제 정의 및 가설 설정 → 실험 설계 → 자료 수집 → 자료 분석 → 결론 도출

② 실험연구의 목적
  ㉠ 현상의 존재 확인 : 변인이 아직 이론적으로 정의되지 않았으나, 현장실험을 통해 발견되는 현상을 확인하는 데 목적을 둠
  ㉡ 인과관계 확립 : 변인이 이론적으로 정의된 경우, 실험을 통해 이론을 경험적 증거를 통해 검증하는 데 목적을 둠

③ 인과관계의 성립 조건(X → Y)
  ㉠ 동시발생 조건 : X가 변할 때 Y도 같이 변함(통계적으로 유의미한 상관)
  ㉡ 시간적 순서 조건 : X가 Y보다 시간적으로 앞서 일어나야 함
  ㉢ 외생변수의 통제 : Y의 변화가 외생변수에 의해 설명되지 않아야 함

④ 실험연구에서의 주요 변수들[12]
  ㉠ 독립변수 : 현상의 원인이 되는 변수, 실험연구에서 조작되는 변수
  ㉡ 종속변수 : 독립변수의 영향을 받는 변수, 실험의 결과로 측정되는 변수
  ㉢ 매개변수 : 독립변수와 종속변수 사이에서 인과관계를 형성하거나 강화해주는 변수
  ㉣ 가외변수(외생변수) : 독립·종속변수에 영향을 미치지만, 연구모형에 포함되지 않은 변수(실험연구에서 통제하는 변수)

암기 POINT
- 인과관계의 성립 조건
  - 동시적 발생
  - 시간적 순서
  - 외생변수 통제

12) 실험연구의 주요 변수들

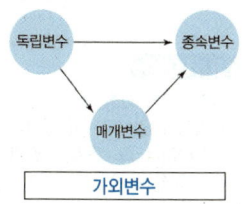

(2) 실험연구의 타당도

① 내적 타당도

　㉠ 개념: 실험의 결과가 독립변인이 종속변인에 미친 영향을 제대로 보여주는 것인지를 의미

　㉡ 내적 타당도의 저해 요인: 인과관계 설명의 왜곡

역사 (사건)	연구기간 동안 발생한 특수한 사건이 가외변수로 작용하여 인과관계를 왜곡하는 효과 예 우울증 치료 프로그램의 효과를 검증하기 위한 실험기간 동안 몇몇 피험자들이 복권에 당첨되어 우울증세 감소에 영향을 미침
성숙	시간 흐름에 따른 피험자의 생물학적·심리적 변화가 종속변수에 영향을 미치게 되는 효과
반복검사 (testing)	사전검사와 사후검사가 동일한 경우 사전검사가 사후검사에 영향을 미치게 되는 효과(이월효과, carryover effect)
검사도구 (instrumentation)	사전검사와 사후검사에서 사용하는 검사도구를 다르게 하는 것으로 인하여 실험에서 얻은 측정치에 변화가 생기는 효과
피험자 선발	피험자를 선발하여 실험집단과 통제집단을 구성할 때 무작위배치를 하지 않음으로써 두 집단 간의 동질성이 결여되어 나타나는 영향
피험자 탈락	실험이 진행되는 과정 중에 일부 대상자가 중도 탈락함으로써 실험결과에 영향을 주는 효과
통계적 회귀[13]	극단적인 측정값을 보인 사례를 다시 측정하면 실험처치와 무관하게 덜 극단적인 측정값(평균적인 값)으로 회귀하는 경향

　㉢ 내적 타당도 제고 방법: 독립변인 외에 종속변인에 영향을 미칠 수 있는 여타의 변인들을 잘 통제할수록 내적 타당도 높아짐

집단의 동질화	가외변인이 실험 결과에 영향을 주지 않도록, 각 실험집단이 해당 변인을 동일한 수준으로 갖도록 구성
무선화 방법	피험자를 무선으로 실험집단에 배치하여 가외변인의 영향을 무작위로 분산시킴
가외변인의 포함	주요 가외변인을 독립변인 또는 매개변인으로 설정하여 분석에 포함시킴
통계적 검증	사전검사를 통해 집단 간 차이를 확인하고, 공변량 분석(ANCOVA) 등의 통계적 기법으로 영향을 제거

② 외적 타당도

　㉠ 개념: 실험이나 연구의 결과를 다른 상황에서 실시했을 때에도 같은 실험결과를 얻을 수 있는가를 의미

암기 POINT
- 실험연구의 내적 타당도 저해 요인
  - 역사
  - 성숙
  - 검사
  - 검사도구
  - 피험자 선발
  - 피험자 탈락
  - 통계적 회귀

13) 통계적 회귀
일반적으로 유동적인 점수는 시간의 경과에 따라 평균으로 회귀하는 경향이 있음

암기 POINT
- 실험연구의 외적 타당도
  - 피험자, 검사자, 실험상황이 달라지더라도 동일한 결과를 얻을 수 있는 것

ⓛ 외적 타당도의 저해 요인 : 연구결과의 일반화 곤란

피험자 선정과 처치 간의 상호작용	피험자의 선정 방식이 실험처치에 대한 피험자의 반응에 영향을 미치는 경우 예 편의표집에 의해 호의적인 피험자가 편중됨
사전검사와 처치 간의 상호작용	사전검사의 실시가 피험자의 인식을 변화시켜 실험처치에 대한 반응에 영향을 주는 경우
실험상황에 대한 반발	실험 환경이 일상생활과 지나치게 동떨어져 있어, 피험자가 비자연스럽게 반응하거나 실험에 저항감을 느끼는 경우
대상자 효과 (호손 효과[14])	피험자가 자신이 연구 대상임을 인식함으로써 의식적 또는 무의식적으로 평소와 다른 행동을 보이는 현상
실험자 효과	실험자의 태도, 외모, 성별 등의 특성이 피험자의 반응에 영향을 미쳐 실험결과를 달라지게 하는 경우

[14] 호손 효과
호손 실험에서 실험에 참가하고 있음을 인지한 대상자들은 평상시보다 높은 작업률을 보임. 이후 연구에 참여한다는 사실을 감추고 실험해 보니 결과가 달라짐

ⓒ 외적 타당도 제고 방법 : 실험의 대상, 환경, 시기, 방법 등이 현실적인 환경과 유사할수록 외적타당도가 높아짐

대표성 있는 표집	모집단을 대표할 수 있는 표본을 구성할 수 있도록 체계적인 표집방법을 활용하며, 연구 목적에 맞는 충분한 표본 크기 확보
현실적인 실험 환경	생태적 타당성을 고려하여 인위적 환경을 최소화하고, 실제 생활과 유사한 조건에서 실험 수행
결과의 재현성 확보	다양한 집단·상황·시간에서 반복하여 실험함으로써 일관된 결과 도출을 통해 일반화 가능성 검증

③ 외적 타당도와 내적 타당도 간의 관계 : 실험 조건에 대한 통제가 많을수록 내적 타당도는 증가하지만, 일상적인 조건과 달라져 외적 타당도가 감소하여 실험결과를 다른 상황으로 일반화하기 어려움

(3) 실험의 설계

① 실험설계의 중점 : 실험연구에서 독립변인 이외의 다른 변인들이 종속변인에 미치는 영향을 잘 통제하느냐의 여부가 연구의 질을 좌우(⇒ '내적 타당도' 저해 요인의 통제에 초점)

② 실험설계의 유형
  ㉠ 진실험설계(true-experimental design)
   • 조건 및 매개변수의 철저한 통제 조건, 주로 동물실험에 적용
   • 추출된 피험자를 무선배정하여 실험집단과 통제집단을 동질적으로 구성
   • 실험절차가 까다롭지만 타당도가 높으므로 인과관계 분석이 명확해짐
  ㉡ 준실험설계(quasi-experimental design)
   • 자연적 상태(예 학교 현장)에서 처치를 가하여 진행하는 실험
   • 실험집단과 통제집단을 무선배치하지 않고 연구자가 임의적으로 배정
   • 실제 상황에 적용가능하기만, 인과관계의 분석이 모호해질 수 있음

> **암기 POINT**
> - 진실험설계의 조건
>   - 무선표집
>   - 무선배정
>   - 사전-사후 검사

③ 대표적 실험설계 모델

실험집단 : R O_1 X O_2 통제집단 : R O_3 O_4 **무선배정 통제집단 사전-사후검사 설계** (진실험설계)	실험집단 : X O_1 통제집단 : O_2 **이질집단 사후검사 설계** (준실험설계)
- **실험절차** : 피험자 무선 표집 → 실험집단과 통제집단에 무선 배치 → 사전검사 모두 실시 → 실험집단에 실험처치 → 사후검사 모두 실시 → 검증(두 집단의 사전-사후검사 간의 차이 비교) - **장점** : 내적 타당도 저해 요인을 통제하여 타당도를 높일 수 있음 - **단점** : 학교 현장에 적용하기 어려움, 통계적 회귀의 문제 발생 가능	- **실험절차** : 피험자 편의 표집 → 실험집단과 통제집단 임의 배치 → 실험집단에 실험처치 → 사후검사 실시 → 검증(두 집단의 사후검사 점수 비교) - **장점** : 학교 현장에서 적용하기 용이함 - **단점** : 무선 표집과 배치되지 않았고, 실험처치 전 두 집단의 동질성이 확인되지 않았으므로 인과관계 설명이 어렵고 일반화하기도 어려움

* R : 무선표집 또는 무선배치, X : 실험처치, 독립변인, O : 관찰 또는 측정, 검사

05 통계적 가설검정 2020 지방직9급 / 2009 국가직9급 / 2013 국가직7급

(1) 가설(hypothesis)의 검정

① 가설의 개념
  ㉠ **일반화 가설** : 연구문제에 대한 연구자의 잠정적인 결론으로, 변인들 간의 관계를 일반화하여 진술한 것
  ㉡ **통계적 가설** : 통계적으로 진위를 판별할 수 있는 형태로 변형한 가설
   • **영가설(귀무가설)** : 연구를 통해 기각(부정)하고자 하는 가설로, 연구가설과 논리적으로 반대되는 입장을 취하는 진술
   • **대립가설(연구가설)** : 영가설이 부정되었을 때 채택되는 진술로, 연구자가 연구를 통해 긍정되기를 기대하는 잠정적인 결론

② 통계적 가설검정
  ㉠ 모집단의 특성에 대한 통계적 가설을 표본집단에 관한 자료를 사용하여 검토하는 통계적 추론 과정
  ㉡ 통계분석을 통해 영가설을 기각할 것인지 아닌지를 결정하는 과정으로, 연구자가 연구를 통해 긍정되기를 기대하는 잠정적인 결론

③ 통계분석을 위한 질문 유형
  ㉠ **차이검정(Difference Test)** : 집단 간 평균이나 분산에 통계적으로 유의한 차이가 있는지를 확인하고자 할 때
   예 'A 집단과 B 집단의 점수가 유의하게 다른가?'
  ㉡ **관계분석(Relationship Analysis)** : 두 변수 간에 통계적으로 유의한 관계나 연관성이 있는지를 확인하고자 할 때
   예 'X 변수와 Y 변수는 서로 관련이 있는가?'

(2) 차이 분석을 통한 가설검정

① T-검정
   ㉠ 개념 : 두 집단 간 평균의 차이가 통계적으로 유의미한지 검정하는 방법
   ㉡ 특징 : 주로 모집단의 분산이나 표준편차를 모를 때, 표본의 수가 적을 때 사용
   ㉢ 종류
   - 독립표본 t-검정 : 서로 독립된 두 집단의 차이를 비교할 때
     예 A 학교 학생들과 B 학교 학생들의 수능시험 성적 평균 비교
   - 대응표본 t-검정 : 동일 집단의 두 시점의 차이를 비교할 때
     예 A 학교 학생들의 중간고사와 기말고사의 성적 평균 비교

② ANOVA(분산분석)
   ㉠ 개념 : 셋 이상의 집단 간 평균 차이를 통계적으로 검정하는 방법
   ㉡ 특징
   - F-검정을 사용하여 집단 간 분산[15]과 집단 내 분산[16]을 비교하고, 이 비율이 통계적으로 유의미한 차이를 보이는지 확인

   $$F = \frac{집단\ 간\ 이질성\ 정도}{집단\ 내\ 이질성\ 정도} = \frac{집단\ 간\ 분산}{집단\ 내\ 분산}$$

   - 집단 내 분산이 작고 집단 간 분산이 클수록, 집단 간 평균차이가 크다는 점을 활용

   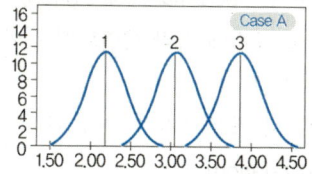
   집단 내 분산이 작고 집단 간 분산이 클 때
   → 집단 간 평균 차이가 더 큼

   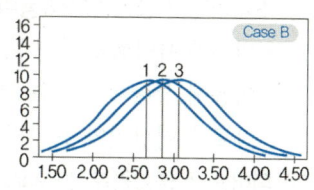
   집단 내 분산이 크고 집단 간 분산이 작을 때
   → 집단 간 평균 차이가 더 작음

   ㉢ 종류
   - 일원분산분석(One-way ANOVA) : 하나의 독립변수와 하나 이상의 종속변수를 비교할 때 예 성별에 따른 중간고사 영어성적 평균 비교
   - 이원분산분석(Two-way ANOVA) : 두 개 이상의 독립변수가 종속변수에 미치는 영향을 분석할 때 예 성별과 소득수준이 학업성적에 미치는 영향
   - 다변량 분산분석(MANOVA) : 두 개 이상의 종속변수에 대한 영향을 동시에 분석할 때 예 수업 방식(프로젝트 수업 vs. 강의식 수업)이 남학생과 여학생의 문제해결력과 협업능력에 미치는 영향

15) 집단 간 분산
각 집단의 평균값들이 전체 평균으로부터 얼마나 떨어져 있는지를 나타냄

16) 집단 내 분산
각 집단 내에서 데이터들이 얼마나 퍼져 있는지를 의미

암기 POINT
• 척도수준에 따른 분석방법 – 명목척도 : 카이제곱 검정 – 서열척도 : 스피어만 서열상관분석 – 등간·일반척도 : 피어슨 적률상관분석

더 알아두기

• 상관관계의 경향과 강도
 – 두 변수가 같은 방향으로 움직이면 양의 상관관계, 반대로 움직이면 음의 상관관계
 – 측정치의 분산이 작을수록 강한 상관관계가 있음을 의미함

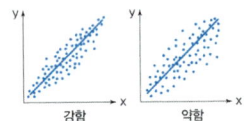
[양의 상관관계 상관도]

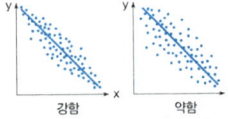
[음의 상관관계 상관도]

(3) 관계 분석을 통한 가설검정

① 카이제곱(χ^2) 검정(교차분석)
  ㉠ 개념 : 표본집단의 관찰빈도와 기대빈도의 차이를 검정함으로써 두 변인 간의 관계나 두 집단 간의 차이를 검정하는 방법
  ㉡ 특징 : 변수가 명목척도인 경우에 사용
  ㉢ 종류
    • 독립성 검정 : 두 변인 간의 관계 분석 예 성별과 흡연율의 관계
    • 동질성 검정 : 두 집단 간의 분포 유사성 분석 예 성별에 따른 성적 분포의 차이

② 상관분석
  ㉠ 개념 : 두 변수가 얼마나 관련되어 있는지를 통계적으로 분석하는 방법으로, 두 변수가 함께 변하는 정도의 강도와 방향을 파악하는 데 사용
  ㉡ 상관계수(r) : 두 변수 간의 선형적인 관계의 방향과 강도를 수치로 나타낸 것으로, −1부터 +1 사이의 값을 가짐
    • 양의 상관관계 : 한 변수가 증가할 때 다른 변수도 증가
    • 음의 상관관계 : 한 변수가 증가할 때 다른 변수는 감소
    • ±1에 가까울수록 강한 상관관계, 0에 가까울수록 약한 상관관계
    ＊ 상관계수는 상대적인 척도이므로, r값을 서로 더하거나 곱하여 사용하거나 의미를 해석하지 않도록 주의해야 함
      예 국어점수와 수학점수 간의 상관(0.58)은 국어점수와 사회점수 간 상관(0.29)의 2배이다. (×)
  ㉢ 스피어만 서열상관분석(등위상관분석, Spearman correlation)
    • 변수가 서열척도인 경우, 자료를 크기에 따라 서열화한 뒤에 순위값을 이용해 상관계수(r)를 구하는 방법
    • 자료에 이상치가 포함되어 있거나 표본크기가 작을 때 유용함
  ㉣ 피어슨 적률상관분석(Pearson correlation)
    • 변수가 등간·비율척도인 경우, 변수들 간의 상관관계 분석에 이용되는 방법으로 선형적 상관관계만을 가정함
    • 극단값(outlier)이 포함되어 있을 때 영향을 크게 받을 수 있으며, 두 변수가 곡선적인 관계를 보이면 상관이 과소추정될 우려가 있음

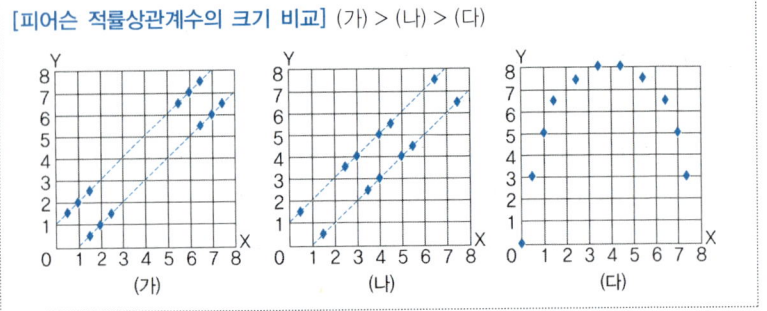
[피어슨 적률상관계수의 크기 비교] (가) > (나) > (다)

③ 회귀분석(regression analysis)
  ㉠ 둘 이상의 변수 간의 인과관계의 여부와 영향 정도를 설명하는 방법
  ㉡ 인과관계에 대한 분석을 통해 미래를 예측을 하는 데 목적이 있음
  ㉢ 결정계수(r^2)
    • 전체 변량 중에서 두 변인이 공통적으로 관련되어 있는 변량의 비율로서, 상관계수의 값을 제곱하여 나타냄
    • 어느 한 변인이 다른 변인을 설명(예언)하는 정도를 의미함
    예 영어점수와 수학점수 간의 상관계수가 0.70이라면 이때 결정계수는 0.49가 되며, 두 검사가 공통적으로 측정하고 있는 변량은 전체 변량 중 49%를 차지한다는 의미로 해석

④ 요인분석(factor analysis)[17]
  ㉠ 다수 변수들 간의 상관관계를 기초로 그 속에 내재하는 체계적 구조를 발견하기 위한 기법
  ㉡ 연구자에게 취득한 수많은 변수에 관한 정보를 분석하여, 서로 상관계수가 높은 변수들끼리 모아서 적은 수의 요인(factor)으로 정리
    예 창의적 사고능력의 구성요소라고 판단되는 여러 변수에 대한 자료를 조사하고, 이들 자료를 이용해 요인분석을 실시하여 창의적 사고능력의 주요 구성요인들을 추출해냄

[17] 요인분석
여러 변수들에 동시에 영향을 미치는 공통 요인을 찾음

CHAPTER

생활지도와 상담

생활지도는 아동이 원만하고 성숙한 생활을 할 수 있도록 도움을 주는 조직적이고 전문적인 활동이다. 생활지도의 한 영역인 상담에서는 아동의 심리적 문제 해결을 돕기 위한 상담이론 및 상담기법을 설명한다.

1. 생활지도
2. 상담활동의 기초
3. 상담의 이론과 기법

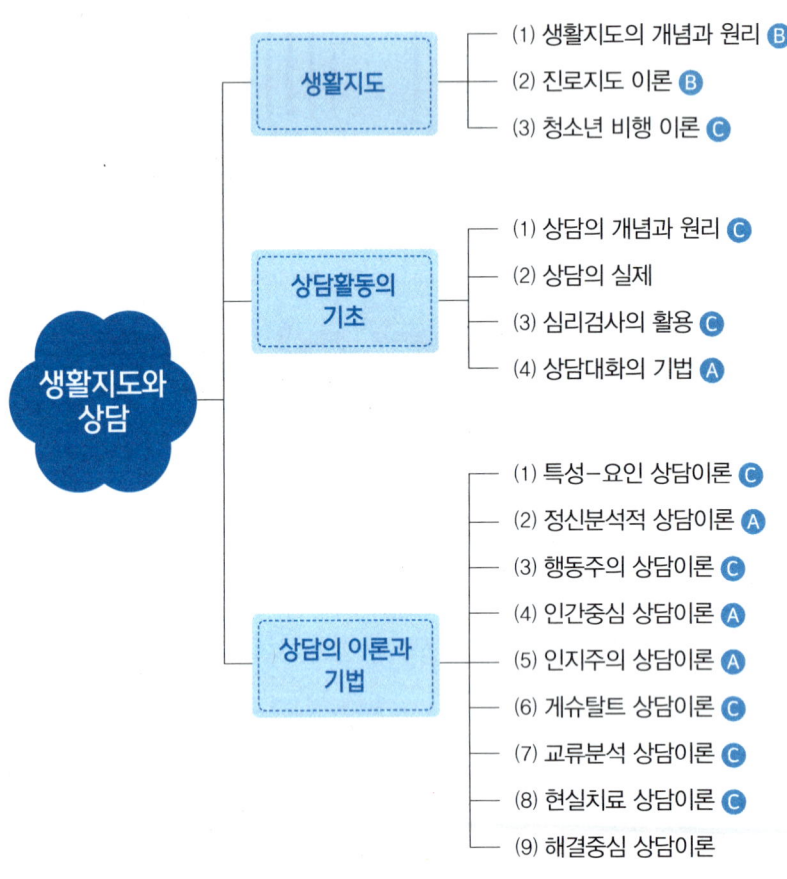

CHAPTER 07 생활지도와 상담

회독 CHECK □1회독 □2회독 □3회독

1 생활지도

01 생활지도의 개념과 원리

(1) 생활지도의 개념
① 생활지도(guidance)는 지시, 안내, 관리, 조정 등의 의미로, 성장하는 아동과 청소년들이 자기 자신과 자신의 세계를 이해할 수 있도록 조력하는 과정을 지칭
② 학생들이 직면하는 다양한 문제(교육, 가정, 사회, 직업, 신체, 정신적인 문제)를 스스로 해결함으로써, 건전하게 성장·발달할 수 있도록 도와주는 조직적인 조력활동을 말함

(2) 생활지도의 활동 영역 2016·2018·2025 지방직9급 / 2023 국가직9급
① 학생조사 활동(student inventory service)
  ㉠ 학생의 신체적, 심리적, 지적 특성과 가정환경 등 학생을 이해하고 지도하는 데 필요한 각종 정보와 자료를 수집하는 활동
  ㉡ 학생의 현 상황에 대한 각종 임상적인 조사뿐만 아니라, 표준화된 심리검사도 적극 활용
② 정보제공 활동(information service)
  ㉠ 학생들이 직면한 다양한 문제를 해결하는 데 도움이 되는 각종 자료와 정보를 제공해 주는 활동
  ㉡ 학교의 교육과정 및 특별활동에 대한 안내자료 배부, 교내외의 각종 교육활동에 관한 정보 게시, 직업 특성 및 진로준비에 관한 정보 제공 등
③ 상담 활동(counseling service)
  ㉠ 학생들의 학교생활 및 수업에의 적응 정도를 점검하고, 부적응 학생을 상담하여 정신건강을 향상시켜 적응과 문제해결을 돕는 활동
  ㉡ 생활지도에 있어 가장 중핵적인 활동으로서, 학교의 전문상담교사의 역할뿐 아니라, 상담자로서 담임교사의 역할도 중요

> **암기 POINT**
> • 생활지도의 활동 영역
> - 조사 : 정보수집
> - 정보 : 정보제공
> - 상담 : 부적응 학생
> - 정치 : 적재적소 배치
> - 추수지도 : 사후적, 추가적
> - 위탁 : 전문가에게 의뢰

④ 정치(배치) 활동(placement service)
  ㉠ 학생의 희망, 적성, 흥미, 능력에 맞는 환경을 선택하도록 도와주거나 안내하는 활동 예 교과목 및 학과 선택, 진로 선택, 동아리 배정 등
  ㉡ 적절한 배치를 위해서는 학생 조사와 상담을 통해 학생의 능력, 적성 및 흥미 등을 정확하게 이해하는 것이 중요함
⑤ 추수지도 활동(follow-up service)
  ㉠ 생활지도를 일차 완료한 후 학생의 적응 상태와 변화 정도를 점검하고, 필요하면 추가로 도움을 제공하는 활동
  ㉡ 중도 퇴학생, 졸업생 등을 지속적으로 돕기 위해서는 학교, 학생, 지역사회, 가정 간의 상호협력적인 관계 형성이 중요
⑥ 위탁 활동(commission service)
  ㉠ 교사가 자력으로 해결할 수 없는 때, 학교 내외부의 전문가나 전문기관에 의뢰·위탁하여 학생에게 도움을 주는 활동 예 ADHD 학생 위탁
  ㉡ 다양한 지역사회 자원에 대한 조사와 원활한 의사소통이 필요

(3) 생활지도의 기본 원리 2014·2024 국가직9급

전인성	학생의 특정한 문제에만 관심을 두기보다는, 학생의 전인적인 성장과 발달에 역점을 두고 학교의 전체적인 활동과 교육과정 전반에 통합될 필요가 있음
균등성	문제학생이나 부적응학생만을 대상으로 하는 것이 아니라, 학교의 모든 학생을 대상으로 포함하여야 함
민주성	학생 개개인의 개성이나 인간으로서의 존엄성과 가치 및 권리에 관심을 가지고, 일방적인 지시나 억압, 명령은 배제하여야 함
친화성	교사와 학생의 인격적 관계를 바탕으로 허용적인 분위기를 형성하며, 학생의 입장을 공감적으로 이해하여야 함
적극성	문제행동에 대한 사후적인 치료나 교정보다는 사전적인 예방에 중점을 둠 예 학생들에게 학교폭력예방을 위한 집단활동을 전개한다.
자율성	학생 스스로 문제의 핵심을 파악하고 해결해 나갈 수 있도록 자율적인 문제해결 능력과 태도를 길러주는 데 역점을 두어야 함
과학성	상식적 판단보다는 과학적이며 객관적인 방법과 자료에 근거를 두어야 함 예 진학지도에 표준화된 심리검사나 학업성취도 검사결과를 활용한다.
계속성	일회적인 지도로 종료되는 것이 아니라, 추수활동(사후지도 활동)을 통해 진급, 진학, 졸업, 취직 이후에도 계속되어야 함
협력성	담임교사나 상담교사는 물론이고, 교직원 전체, 지역사회, 외부 전문가 및 학부모와의 유기적인 연대와 협력을 도모하여야 함

암기 POINT

• 생활지도의 기본 원리
 - 전인성 : 모든 측면에서
 - 균등성 : 모든 학생 대상
 - 민주성 : 인간적 권리 존중
 - 친화성 : 허용적 분위기
 - 적극성 : 사전 예방
 - 자율성 : 학생 스스로
 - 과학성 : 과학적 근거
 - 계속성 : 지속적으로
 - 협력성 : 학교, 가정, 사회

(4) 미국 학교상담학회(ASCA)의 '종합적 학교상담 모형'

① 전체적 특징
  ㉠ 모든 학생들의 발달을 촉진하는 일련의 서비스 제공을 목적으로 함
  ㉡ 교육발달, 진로발달, 인성·사회성 발달 영역으로 구성
  ㉢ 다양한 형식의 프로그램 중심의 접근방법을 강조
  ㉣ 전문상담교사를 지정·배치할 것을 강조['전(全) 교사의 상담교사화' ×]

② 내용(문제) 영역
  ㉠ 학업발달영역 : 학업상의 강점, 약점, 개인적인 학습양식 등을 확인하고, 효과적인 학습기술과 학습전략을 기르며, 학습에 대한 책임감을 갖고 행동하도록 유도
  ㉡ 진로발달영역 : 학생의 진로 결정 및 선택, 진로준비행동, 진로의식의 성숙, 건강한 직업 가치관 형성, 합리적인 의사결정, 성공적인 직업전환 등을 조력
  ㉢ 인성·사회성 발달영역 : 타인과 나를 상호 존중하고 효과적으로 의사소통하는 능력을 개발하고, 긍정적인 자기인식과 자기수용능력을 가질 수 있도록 도움

③ 조직적 틀
  ㉠ 구조적 요소 : 생활지도 프로그램이 전반적인 학교교육 내에서 차지하는 위치와 임무, 프로그램의 수혜자, 전달자, 달성되는 결과 등을 정의하는 것
  ㉡ 프로그램 요소 : 학업발달, 진로발달, 인성·사회성 발달을 도모하기 위한 경험을 제공하는 교육과정, 개별계획, 반응적 서비스, 체제지원 등이 포함됨
  ㉢ 프로그램 시간 : 학교에 전문상담교사를 배치하고 고유 업무인 상담활동에 업무시간을 집중 할애(최소 80%)

④ 소요자원
  ㉠ 인적자원 : 상담교사, 학생, 교장, 행정가, 교사, 학부모, 지역사회 인사, 산업계 인사 등
  ㉡ 재정적 자원 : 프로그램을 구입하거나 프로그램 운영에 사용할 장비와 시설 등을 위한 예산
  ㉢ 정치적 자원 : 학부모 단체, 교육청, 시의회 등의 지원

내용영역	조직적 틀	소요자원
- 학업영역 - 진로영역 - 인성·사회성 영역	- 구조적 요소 - 프로그램 요소 - 프로그램 시간	- 인적자원 - 재정적 자원 - 정치적 자원

02 진로지도 이론 2013 지방직9급 / 2012·2020 국가직9급 / 2019 국가직7급

(1) 진로지도 이론의 유형

성격구조론적 접근	– 개인의 성격구조와 직업특성 간의 관련성이 높을수록 직업만족도와 성취가 높게 나타난다고 보고 개인의 성격특성에 따른 진로지도 강조 – 파슨스의 특성요인이론, 로우의 욕구이론, 홀랜드의 성격유형이론
사회학적 접근	– 가정, 학교, 지역사회 등의 사회적 요인이 개인의 직업선택에 영향을 미친다고 보고, 불우한 계층의 학생들에 대한 적극적인 진로지도 강조 – 블로의 사회학적 이론
의사결정론적 접근	– 진로선택은 본질적으로 개인의 이해와 의지에 따르는 의사결정행위라는 점에 주목하고, 학생의 정보활용 및 의사결정 능력 향상 강조 – 크롬볼츠의 사회학습이론
발달론적 접근	– 진로선택이 전 생애에 걸쳐 이루어진다고 보는 관점으로, 진로선택에 있어 성격특성보다는 자아개념이 보다 중요한 영향을 미친다고 봄 – 타이드만과 오하라의 진로발달이론, 수퍼의 진로발달이론

(2) 파슨스(Parsons)의 특성-요인이론(Trait-Factor theory)

① 개인의 고유한 특성(예 흥미, 적성)과 각 직업적 특성이 일치할수록 개인적인 만족과 성공적인 직업수행의 가능성이 커짐
② 과학적이고 객관적인 방법을 통해 개인의 특성과 각 직업의 직무를 이해하고, 개인의 특성에 가장 적합한 직업을 선택하도록 조언하여야 함

(3) 로우(Roe)의 욕구이론(Need theory)

① 인생 초기에 경험하는 부모의 양육태도(부모-자녀 관계)에 따라 자녀의 성격이 형성되고, 이것이 직업선택에 중요한 영향을 준다고 보는 이론
② 부모의 양육태도(부모-자녀 관계)와 직업선택 : 매슬로우의 욕구위계이론에 기초

부모-자녀 관계		성격지향성	직업선택
온정적 (warm) 분위기	과잉보호	사람들과의 접촉을 통해서 어떤 필요나 욕구를 만족시키는 인간지향적 성격 형성	인간지향적인 직업 선택 (서비스직, 비즈니스직, 단체직, 일반문화직, 예능직)
	과잉요구		
	애정형		
냉담한 (cold) 분위기	무관심형	사람들과 접촉이 없는 수단을 통해 문제를 해결하는 비인간지향적 성격 형성	비인간지향적인 직업 선택 (기술직, 옥외활동직, 과학직)
	방임형		
	거부형		

③ 의의 : 흥미에 기초해서 직업분야를 8개의 군집으로 구분한 새로운 직업분류체계를 개발함으로써 직업선호도검사, 직업흥미검사, 직업명 사전 개발에 영향을 주었음

암기 POINT

• 성격론적 접근의 진로이론
 – 파슨스의 특성-요인이론
 – 로우의 욕구이론
 – 홀랜드의 성격이론
 ⇒ 진로지도 : 성격 유형에 맞는 직업 유형 안내

(4) 홀랜드(Holland)의 성격이론(Personality theory)

① 진로선택의 핵심 요소로 직업흥미(선호)를 중시하는 이론으로, 개인의 직업적 성격유형에 맞는 직업 환경을 연결시킨 육각형 모형 제시

② 홀랜드 이론의 4가지 기본 가정
  ㉠ 사람들의 성격은 실재적, 탐구적, 예술적, 사회적, 기업가적, 관습적인 여섯 가지 유형으로 구분할 수 있으며, 각기 다른 장단점을 가짐
  ㉡ 직업환경 또한 성격유형과 같은 범주의 여섯 가지 종류의 환경으로 구분할 수 있음
  ㉢ 사람들은 자신의 능력과 기술을 발휘하고 태도와 가치관을 표현하며 자신에게 맞는 역할을 수행할 수 있는 직업환경을 선호함
  ㉣ 개인의 직업적 행동은 성격과 환경의 상호작용의 결과로, 개인의 성격유형에 맞는 직업을 선택했을 때 높은 성과와 만족감을 얻을 수 있음

③ 홀랜드의 6가지 성격(직업) 유형
  ㉠ 실재적(Realistic)
    • 기계를 조작하는 것을 좋아하며, 몸을 움직이는 활동을 선호
    • 지구력이 있으며 기계와 도구에 관한 체계적인 조작 활동을 선호
    • 전기기계 기술자, 조종사, 항해사, 농부, 운동선수 등
  ㉡ 탐구적(Investigative)
    • 정확하고 분석적이며, 지적 호기심이 많고 체계적인 활동을 선호
    • 사물이나 현상을 과학적으로 탐구하는 것과 같이 분석적이며 논리적인 활동을 선호
    • 과학자, 생물학자, 화학자, 인류학자, 지질학자, 의사 등
  ㉢ 예술적(Artistic)
    • 변화와 다양성을 좋아하고, 자유롭고 창의적인 활동을 선호
    • 독자적인 결과물을 창조하는 것을 즐기며 상상력이 풍부하며 정서적, 표현적인 성격
    • 예술가, 음악가, 무대감독, 배우, 소설가, 무용가, 디자이너 등
  ㉣ 사회적(사교적, Social)
    • 다른 사람들과 어울리는 것을 좋아하고, 다른 사람들을 도와주는 활동을 선호
    • 이해심이 많고 다른 사람을 가르치거나 상담하는 것을 좋아함
    • 교사, 간호사, 사회복지사, 종교지도자, 상담가, 임상치료사 등
  ㉤ 기업가적(설득적, Enterprising)
    • 지도력과 통솔력이 있으며, 말을 잘하고 다른 사람들을 관리하는 활동을 선호
    • 조직의 목적을 달성하거나 경제적 이익을 얻기 위해 사람을 선도·통제·관리하는 활동과 그 결과로 인정과 권위를 획득하는 것 선호
    • 정치가, 판사, 관리자, 경영인, 연출가, 영업사원, 보험상담사 등

> **암기 POINT**
> • 홀랜드의 6가지 성격 유형
>   – 실재적 : 조종사
>   – 탐구적 : 과학자
>   – 예술적 : 예술가
>   – 사회적 : 교사
>   – 기업가적 : 정치가
>   – 관습적 : 회계사

ⓗ 관습적(Conventional)
- 계획에 따라 일하기를 좋아하며, 계산 능력을 발휘하는 활동 선호
- 세밀하고 조심성이 많으며 자료를 기록, 정리, 조직하는 활동 선호
- 회계사, 은행원, 세무사, 경리, 컴퓨터프로그래머, 사서, 법무사 등

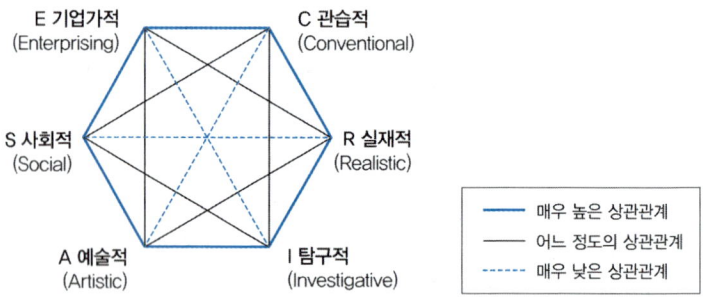

④ 성격/직업흥미 육각형 모형(RIASEC 모델)의 해석
㉠ 개인은 일반적으로 6가지 성격(흥미) 영역 중 일부는 더 발달시키고 일부는 덜 발달시킴
㉡ 육각형에서 위치상 가까이 있으면 상관(유사성)이 높고, 대각선에 있으면 상관이 가장 낮음
　예 사회적 유형과 예술적 유형은 상관(유사성) 최고, 사회적 유형과 실재적 유형은 상관(유사성) 최저
⑤ 활용 : 개인의 성격특성에 맞는 직업환경을 선택할 수 있도록 안내하는 데 진로지도의 궁극적 목적을 둠

(5) 블로(Blau)의 사회학적 이론(Sociological theory)

① 가정, 학교, 지역사회 등의 사회적 요인이 직업선택에 지대한 영향을 미친다고 보는 이론
② 사회계층과 직업선택 : 상호작용적 관계
㉠ 사회계층에 따라 교육받은 정도, 직업 수준, 일반 지능수준 등이 상이하며, 이것은 개인의 행동에 영향을 미치는 심리적 환경으로 작동함
㉡ 개인은 자신이 속한 사회계층 내의 압력집단은 개인에 대한 독특한 역할기대를 형성하며, 결과적으로 개인의 사회적 배경이 개인의 직업선택에 영향을 미치게 됨
③ 저소득층 가정의 학생들의 진로지도
㉠ 저소득층 가정의 학생들은 충분한 능력이 있음에도 불구하고, 자신이 처한 환경을 의식해서 자신이 열망하는 직업을 추구해 보지도 않고 체념해 버리는 경향이 있음
㉡ 진로지도에 있어 개인을 둘러싼 사회적 환경의 중요성을 인식하고, 불우한 환경에 있는 학생에 대한 특별한 관심 필요

(6) 크럼볼츠(Krumboltz)의 사회학습이론

① 개인의 성격과 행동은 그가 성장하면서 겪는 독특한 학습경험에 의해서 형성된다고 전제하고, 진로의사결정에 영향을 미치는 다양한 요인들의 상호작용을 밝히는 데 초점을 둔 이론

> 예 영철이는 아버지가 친구의 빚보증을 섰다가 억울하게 법적 소송에 휘말려 어려움을 겪고 있는 사정을 이야기하면서, 변호사가 되어 억울한 사람을 도와주고 싶다고 말하였다.

② 학습경험과 진로의사결정
   ㉠ 진로의사결정기술은 학습된 능력으로서, 성장하면서 겪게 되는 다양한 경험을 통해 습득되며, 언제나 완벽한 결정을 가져오는 것은 아님
   ㉡ 진로의사결정의 요인들로는 유전적 재능과 특별한 능력, 환경적 조건과 사건, 직간접적인 학습경험(도구적, 연상적), 과제접근기술 등이 고려됨
   ㉢ 진로결정요인들이 상호작용한 결과로 개인들은 자기 자신과 세계에 대한 신념과 일반화를 형성하게 되며, 과제접근 기술(task approach skills)을 향상시킬 수 있음
   ㉣ 진로교육을 통해 학생의 진로선택에 영향을 미친 학습경험을 재검토하고, 학생의 진로의사결정 기술을 향상시킬 필요에 대해서도 강조함

③ 우연적 경험과 진로선택
   ㉠ 크럼볼츠는 삶에서 일어나는 우연한 사건이 긍정적 혹은 부정적으로 진로선택에 중요한 영향을 미친다는 점에 주목함
   ㉡ '계획된 우연(Planned happenstance)'을 통해 각 개인이 우연한 일들을 창출하고 긍정적 기회로 전환하려는 노력이 필요하다고 주장
   ㉢ 직업환경이 급격하게 변화하고 있는 현대 사회에서는 이러한 계획된 우연을 통해 새로운 능력, 흥미, 행동을 개발하고 보다 확장된 진로를 개발할 수 있다고 제언함

(7) 타이드만과 오하라(Tiedman & O'Hara)의 진로발달이론

① 직업발달이란 직업적 자아정체감(vocational self-identity)을 형성해 나가는 계속적 과정이며, 직업적 자아정체감은 의사결정을 되풀이하는 과정에서 성숙된다고 봄(에릭슨의 발달단계이론에 근거)

② 진로선택의 과정(직업적 의사결정의 단계) : 전 생애적, 연속적 과정
   ㉠ 예상기(anticipation period) : 자기 자신의 능력을 인식하고 목표를 점검해 봄으로 의사결정의 결과를 미리 예견해 보는 단계
   - 탐색 : 자신이 지향하는 목적이나 대안의 가치와 가능성을 탐색
   - 구체화 : 자신의 가치관이나 실용성에 비추어 선택을 구체화
   - 선택 : 자신의 진로를 선택하고 그 이유를 분명히 인식함
   - 명료화 : 이미 내린 선택을 더욱 신중히 분석 및 재검토

암기 POINT

• 크럼볼츠의 사회학습이론
  - 성장과정에서의 경험으로부터의 학습을 통해 진로의사결정 능력이 길러짐
  - 개인의 능력에 따라 비합리적인 결정이 내려지기도 함

ⓒ 적응기(adjustment period) : 새로운 집단에 순응하거나 개혁하려고 노력하는 과정을 통해 집단과 개인 사이의 균형이 이루어지는 단계
- **적응** : 선택한 학교나 직장에 들어가서 인정을 받기 위해 노력
- **개혁** : 새 집단에서 인정을 받으면서 자신의 의견을 적극 펼침
- **통합** : 집단과 개인의 요구 간에 균형, 새로운 자아개념 형성

(8) 수퍼(Super)의 진로발달이론

① 진로발달은 인간의 전 생애에 걸쳐 이루어진다고 보는 관점에서, 자아개념, 생애역할, 진로성숙의 발달단계 및 경로를 설명하는 종합적인 이론
② 진로발달의 단계 : 생애진로 무지개(life-career rainbow) 모델
  ㉠ 전 생애에 걸쳐 아동, 학생, 여가인, 일반시민, 근로자, 가정 관리자와 같은 생애역할을 가짐
  ㉡ 성장기, 탐색기, 확립기, 유지기, 쇠퇴기의 단계를 거치면서 진로발달(진로성숙)이 이루어짐
  ㉢ 발달단계에 따라 개인의 흥미, 능력, 자아개념이 전 생애에 걸쳐 형성, 전환, 실천되며, 진로선택은 자아개념을 실천하는 과정에 해당됨

단계	설명
성장기 (0~14세)	가정과 학교에서 만나는 중요한 타인에 대해 동일시하며, 자아개념과 관련된 능력, 태도, 흥미, 욕구가 발달하는 단계 - 환상기(4~10세) : 아동의 본능적 욕구가 지배적인 단계 - 흥미기(11~12세) : 아동의 흥미가 중시되는 단계 - 능력기(13~14세) : 자신의 능력과 직업적 훈련조건을 중요시함
탐색기 (15~24세)	학교, 여가, 아르바이트 등에서 자아를 검증하고 역할을 수행하고 시도하며, 잠정적으로 진로를 선택하는 단계 - 잠정기(15~17세) : 자신의 욕구, 흥미, 능력 등을 고려하면서 잠정적인 진로를 선택하는 단계 - 전환기(18~21세) : 현실적 조건을 중시하며, 미래 직업을 위해 필요한 교육이나 훈련을 받는 단계 - 시행기(22~24세) : 일단 직업을 선택해서 실제로 직업세계에 종사하기 시작하는 단계
확립기 (25~44세)	자신이 선택한 분야에서 자리를 잡으려고 노력하는 단계 - 시행기(25~30세) : 자신이 선택한 직업세계를 경험해 보고 한두 차례 변화를 시도하는 단계 - 안정기(31~44세) : 선택한 직업에서 안정과 만족감, 소속감, 지위 등을 얻기 위해 노력하는 단계
유지기 (45~64세)	직업적 위치를 향상시키기 위한 지속적인 적응 과정을 거치는 단계
쇠퇴기 (65세 이상)	정신적, 육체적으로 기능이 쇠퇴함에 따라 직업일선에서 은퇴하게 되며, 다른 새로운 역할과 활동을 찾게 되는 단계

③ 진로지도상의 기여
　㉠ 진로상담의 최종 목표를 직업선택으로 제한하지 않고, 보다 의미 있고 만족스러운 생애를 위해 각 단계에서 요구되는 역할을 인식하고 실천할 수 있는 능력을 기르는 것으로 확장
　㉡ 개인의 진로성숙도를 분석하고 그 결과를 바탕으로 진로성숙의 취약한 하위부분을 보완할 수 있는 진로발달 프로그램의 개발과 적용을 강조

03 청소년 비행 이론 2014·2023 지방직9급 / 2023 국가직9급

(1) 머튼(Merton)의 아노미이론(anomie theory)

① 사회적으로 공유된 문화적 가치와 제도화된 사회적 수단 사이의 불일치로 인한 사회·심리적 긴장 상태에서 벗어나기 위해 비행을 시도한다고 보는 이론
② 뒤르켐의 아노미 개념을 기초로 해서 머튼이 일탈 행위를 설명하는 이론으로 정립함

암기 POINT
- 머튼의 아노미이론
  - 비행의 발생원인 : 문화적 목표와 사회적 수단 사이의 불일치로 인한 긴장
  - 예방방법 : 사회적으로 바람직한 적응방식 안내

	뒤르켐	머튼
개념	사회나 개인의 행위를 통제하던 기존 사회의 규범이 작동되지 않는 상황	문화적 목표와 사용 가능한 제도적 수단 사이의 불일치로 인한 사회·심리적 긴장 상태
성격	일시적 상태, 사회 전체의 상태	지속적 상태, 특정한 개인들의 상태
발생 원인	근대 이후 급격한 사회변동으로 인해 전통사회의 규범과 가치가 작동하지 않는 상황(규범의 붕괴)	문화적으로 규정된 목표를 달성할 수 있는 정당한 제도적 수단이 결여된 개인적 상황(제도적 수단의 결여)

③ 아노미 상태에서의 적응방식 유형

유형	적응방식	문화적 목표	사회적 수단
순응형 (conformity)	대부분의 사회구성원이 보이는 행동패턴으로, 제도화된 수단을 통해 문화적 목표를 달성하고자 노력함(가장 일반적인 적응 방식)	+	+
혁신형 (innovation)	문화적 목표를 달성하고자 하나 합법적인 수단을 준수하기가 매우 어렵기 때문에 범죄나 비행을 저지르게 됨 예 재산범죄, 입시비리	+	-
관습형 (ritualism)	문화적 목표를 추구하는 것은 거부하되, 정해진 규범의 테두리 내에서 행동함 예 무기력	-	+
도피형 (retreatism)	사회적 목표와 이를 달성하는 수단을 모두 포기하는 경우 예 노숙, 약물중독, 학습거부	-	-
혁명형 (rebellion)	기존의 사회가 요구하는 목표와 수단을 모두 거부하고 새로운 대안을 제시하고 사회변화를 시도함 예 급진적 사회운동	±	±

*+는 수용, -는 거부

(2) 코헨(Cohen)의 하위문화이론(subculture theory)

① 하위계층의 집단비행을 유발하는 사회구조적 조건에 초점을 맞추며, 하위계층에게는 비행과 관련된 비합법적 수단을 배울 수 있는 기회가 더 많이 주어진다고 설명하는 이론

② 청소년 또래집단의 특성
　㉠ 정서적 친소 관계를 기반으로 구성되는 비공식 집단
　㉡ 동지적 감정으로 서로에게 평등한 관계를 이루는 집단
　㉢ 옷차림, 행동, 말투 등 고유한 하위문화 혹은 부분문화를 형성
　㉣ 서로 비슷해지려는 경향으로 인해 횡적·수평적인 사회화가 이루어짐
　㉤ 타인에 대한 동정심, 친밀감, 이해심 발달 및 가치관 형성 촉진

③ 계층별 또래집단의 하위문화
　㉠ 중산층의 청소년 : 주류 사회의 지배문화에 의한 사회화 과정을 거치기 때문에 사회에 잘 적응함
　㉡ 하위계층의 청소년
　　• 중산층과는 다른 문화 속에서 사회화되므로 기존의 사회에 적응하는 것이 쉽지 않으며 집단적 부적응 현상을 겪게 됨
　　• 하위계층의 청소년에게는 목표달성을 위한 합법적 기회는 결여되어 있으나, 비합법적 수단을 배울 기회는 더 많이 제공되므로 그 속에서 하위문화가 출현하여 일탈행위를 하게 됨

(3) 허쉬(Hirschi)의 사회통제이론(social control theory)

① 누구나 비행잠재성을 가지고 있지만 모든 청소년들이 비행을 저지르지 않는 이유를 통제기제의 여부로 설명하는 이론

② 개인과 사회를 연결시키는 연계고리(사회통제)가 약해질 때 사회가 개인에게 부과하는 억제력이 제거되면서 비행행동이 발생하게 된다고 봄
　예 재민이는 주변의 다른 아이들과 달리 문제행동을 일으키지 않는다. 박교사는 재민이가 친구와 부모, 이웃과 사이좋게 지낸다는 것을 알게 되었고, 이렇게 주변과의 좋은 관계가 재민이가 문제행동을 자제하도록 하는 데 중요한 역할을 한다고 생각하였다.

③ 사회통제의 요소
　㉠ 애착 : 부모, 또래, 교사와 같은 의미 있는 타인과 맺는 관계. 특히 부모의 역할이 중요
　㉡ 관여(전념) : 소명의식이나 미래 준비 등을 위해 자신이 현재 하는 일에 집중하는 것
　㉢ 참여 : 학교 공부, 과외활동, 가정생활 등 일상적인 활동에 참여하여 많은 시간을 쏟는 것
　㉣ 신념 : 사회적 규칙과 가치, 규범이 도덕적으로 옳다는 믿음을 수용하는 것

암기 POINT

• 허쉬의 사회통제이론
　- 비행의 발생원인 : 비행잠재성을 통제하는 사회적 통제의 약화
　- 예방방법 : 애착, 관여, 참여, 신념의 강화

(4) 사이크스(Sykes)와 맛짜(Matza)의 표류이론(drift theory)

① 비행청소년들이 일반청소년과는 다른 특별한 집단이라는 주장을 거부하며, 청소년기의 비행을 일시적인 표류(drift)로 설명하는 이론
② 청소년들은 정서적으로 급격한 혼란을 겪으며 일탈행위를 많이 하지만, 시간이 지남에 따라 이러한 일탈행위는 자연스럽게 줄어들게 된다고 봄
③ 비행청소년들은 전통적인 도덕 가치를 부정하는 것이 아니라, 자신의 행동의 의미를 중화(neutralization)시키는 기술을 가지고 있어 별다른 죄의식 없이 비행을 저지르게 됨
④ 중화의 기술 : 범죄행위가 자아에게 갖는 의미를 희석시켜 죄의식을 없앰
　㉠ 책임의 부정 : 비행의 책임을 가정환경, 부모의 결핍, 빈곤, 친구 등 외적인 요인으로 전가
　㉡ 가해의 부정 : 피해자들의 피해 정도가 미미하다거나 실질적인 피해자는 없다고 합리화
　㉢ 피해자의 부정 : 피해자가 사태를 초래한 장본인이거나 응당한 대가를 받은 것이라고 생각
　㉣ 비난자의 비난 : 자신의 행위를 비난하는 사람들을 비난함으로써 자신의 행위를 합리화
　㉤ 대의명분에의 호소 : 자신의 행위가 더 큰 목적(예 집단 보호, 약자 보호)을 추구하기 위한 것이라고 생각하며 자신의 행위를 합리화

(5) 서덜랜드(Sutherland)의 차별접촉이론(differential association theory)

① 비행은 주로 일차적이고 친밀한 집단 내에서 다른 구성원과의 상호작용을 통해서 학습된 행동이라고 보는 관점으로, 문화일탈 이론(cultural departure theory)이라고도 함
② 차별적 교제와 비행행동의 학습
　㉠ 일탈은 다른 행동과 마찬가지로 타인에 대한 관찰, 강화작용, 사회화 등을 통해 학습되는 것이며, 누구나 일탈집단을 직간접적으로 자주 접하게 되면 비행청소년이 될 수 있음
　㉡ 일탈행동자와 먼저, 자주, 강하게, 지속적으로, 오랫동안 접촉하는 경우에 더욱 일탈행동 가능성이 높아짐(차별적 접촉의 빈도, 지속성, 우선성, 강도의 영향)
　㉢ 범죄행위가 학습될 때에는 범죄기술, 구체적 동기나 욕구, 합리화, 태도 등을 포함하게 되며, 법위반에 대한 우호적 정의가 비우호적 정의보다 클 때 비행을 저지르게 됨
③ 인과관계의 방향에 대한 논쟁
　㉠ 촉진가설 : "친구를 잘못 사귀어서 나쁜 길로 빠졌다." (비행친구와의 교류 → 비행행동)

> **암기 POINT**
> • 서덜랜드의 차별접촉이론
> - 비행의 발생원인 : 비행집단 친구와의 차별적 접촉으로 인한 비행행동 학습
> - 예방방법 : 비행집단으로부터의 분리, 친사회적 또래문화 형성

ⓛ 선택가설 : "끼리끼리 어울린다."(비행행동 → 비행친구와의 교류)
* 청소년의 비행 행동은 다른 원인에 의한 것이며, 비행 후 비슷한 성향을 가진 친구들을 선택하여 어울리는 것일 뿐이라고 설명하는 것임

(6) 레머트(Lemert)와 베커(Becker)의 낙인이론(labelling theory)

① 상징적 상호작용론에 근거한 이론으로, 타인이 자신을 비행자로 취급하면 자아정체감이 타인의 기대에 맞게 부정적으로 변화되면서 이후에도 비행 행동을 하게 된다고 봄

② 낙인의 과정(레머트) : 1차 비행(일시적, 우연적) → 2차 비행(의식적, 상습적)
  ㉠ 모색 단계 : 일부 특정인이 일시적·우연적 비행을 한 청소년을 비행자로 취급하는 단계
  ㉡ 명료화 단계 : 낙인찍힌 청소년이 스스로를 비행자로 자기규정하는 단계 (교사의 차별적 기대는 학생의 자기지각에 영향을 주어 행동을 변화시킴)
  ㉢ 공고화 단계 : 의식적·상습적으로 비행을 저지르는 경력 비행자가 되는 단계(스스로 자기발전에 대한 의욕을 상실하고 점점 더 사회를 부정적으로 보게 되어 사회적 일탈자로 발전됨)

③ 낙인 형성의 단계(하그리브스와 헤스트 등의 연구)
  ㉠ 추측단계 : 교사들이 학생들을 만나 그들에 대한 첫인상을 형성하는 단계
  ㉡ 정교화 단계 : 학생이 첫인상과 같은지를 확인하는 단계로, 학생의 행동이 처음의 판단과 일치하지 않으면 생각을 바꿀 수 있는 가설검증 단계
  ㉢ 고정화 단계 : 교사가 학생들에 대해 비교적 안정된 개념을 갖는 단계

④ 일탈자의 유형(베커)

| | | 행위의 규범 동조 여부 ||
		동조 행위	위반 행위
사회적 반응	일탈로 인식	잘못 낙인된 일탈자	진짜 일탈자
	동조로 인식	규범 동조자(정상인)	숨겨진 일탈자

⑤ 교육적 시사점
  ㉠ 학교의 부주의한 징계 조치, 문제학생으로의 유형화, 차별적 취급 등은 자칫 일시적인 일탈행위를 지속적인 비행으로 고착화시킬 수 있으므로 주의해야 함
  ㉡ 비행청소년의 탈시설화와 회복적 상담 프로그램을 도입하는 데 이론적 배경을 제공함
    • 탈시설화 : 비행청소년을 고립시켜 비행집단으로 고착화하기보다는 기존 사회로의 재통합 노력
    • 회복적 상담 : 가해자의 처벌에만 집중하기보다는 피해자의 온전한 회복을 중시하는 접근으로, 피해자의 피해에 대한 원상 복구와 배상 및 가해자의 진정한 반성과 개선의 기회 제공 강조

암기 POINT

• 레머트의 낙인이론
  – 비행의 발생원인 : 타인의 잘못된 낙인으로 인해 부정적 자기개념 형성
  – 예방방법 : 차별적 낙인찍기를 예방하는 탈시설화와 회복적 상담

2 상담활동의 기초

01 상담의 개념과 원리 2008 국가직7급

(1) 상담의 개념
① 상담의 개념 정의
   ㉠ 상담이란 도움을 필요로 하는 사람(내담자)이 전문적 훈련을 받은 사람(상담자)과의 대면관계에서 생활과제의 해결과 사고, 행동 및 감정 측면의 인간적 성장을 위해 노력하는 과정
   ㉡ 내담자와 상담자 간에 수용적이고 구조화된 관계를 형성하고 내담자 스스로가 긍정적인 방향으로 변화하도록 원조하여 내담자의 성장과 발전을 촉진하는 심리적인 조력의 과정
② 생활지도와 상담의 관계
   ㉠ 생활지도는 주로 학교생활 적응 문제를 다루며, 정보제공이나 조언의 성격이 강함
   ㉡ 상담은 일시적 적응장애나 부모와의 갈등, 성 문제, 심리문제, 등교거부 등의 문제를 다루며, 문제해결 혹은 치료의 성격이 강함

(2) 상담의 기본 원리
① **개별화의 원리** : 상담자는 내담자의 개성과 개인차를 인정하는 범위에서 상담을 진행해야 함. 상담자는 편견을 버리고 내담자의 특성에 따라 다양하고 융통성 있게 상담방법을 활용
② **의도적 감정표현의 원리** : 상담자는 허용적인 태도를 통해 학생이 가지고 있는 모든 내적 감정을 잘 표현하도록 격려해야 함
③ **통제된 정서관여의 원리** : 상담은 주로 정서적인 면에 중점을 두고 있으므로 상담자는 내담자의 정서적 변화에 민감하게 반응하여 대응하며 적극적으로 관여하여야 함
④ **수용(acceptance)의 원리** : 상담자는 내담자가 어떤 문제를 안고 있든지 간에 내담자를 있는 그대로 인정하며 한 인간으로 배려하는 마음 자세를 가져야 함
⑤ **비심판적 태도의 원리** : 상담자는 내담자의 행동, 태도, 가치관 등을 비판하거나 일방적으로 판단하려는 자세를 삼가야 함
⑥ **자기결정의 원리** : 내담자가 스스로 자기가 나아갈 방향을 선택·결정할 수 있다는 신념을 가지고, 상담자의 지도와 충고를 무조건 따르게 하기보다는 스스로 판단하도록 격려해야 함
⑦ **비밀보장의 원리** : 상담자는 내담자가 자기의 감정을 자유롭게 드러낼 수 있도록 상담자를 신뢰할 수 있게 하고, 상담내용에 대해 비밀보장 의무를 지켜야 함

(3) 상담자의 윤리

① 전문가로서의 태도
  ㉠ 전문적 능력 : 수련, 경험 등에 의해 전문적인 서비스와 교육을 제공
  ㉡ 성실성 : 상담의 목표, 기법, 한계점, 위험성, 상담의 이점, 자신의 강점과 제한점 등을 알림

② 사회적 책임
  ㉠ 사회와의 관계 : 사회의 윤리와 도덕기준을 존중하고 공익을 위해 노력
  ㉡ 상담기관 운영자 : 상담자의 자격을 검증하고 상담관련 기록을 관리

③ 인간권리와 존엄성에 대한 존중
  ㉠ 내담자 복지 : 내담자의 복리를 최우선적으로 증진하고 존엄성을 존중
  ㉡ 내담자의 권리 : 비밀유지를 기대할 권리, 상담계획에 참여할 권리, 특정 활동을 거부할 권리 등

④ 상담관계
  ㉠ 이중적 관계 회피 : 상담자와 내담자는 내담자에게 해로운 영향을 끼칠 수 있는 이중적 관계를 맺지 않도록 유의하여야 함
    예 "상담실에서는 담임도 학생도 아닌 한 인간으로서 인격적으로 동등한 관계여야 해. 그리고 상담실을 나가면 우리는 다시 학생과 담임의 관계로 돌아갈 수 있어야 하거든. 그럴 수 있겠니?"
  ㉡ 성적 관계 회피 : 상담자는 내담자와 어떠한 종류이든 성적 관계를 맺는 것은 피해야 함

⑤ 정보의 보호
  ㉠ 비밀보호 : 사생활과 비밀유지에 대한 내담자의 권리를 최대한 존중
  ㉡ 기록 : 법, 규제 혹은 제도적 절차에 따라 반드시 기록을 보존
  ㉢ 비밀보장 원칙의 예외 조건 : 상담 시작 전 비밀보호의 한계를 공지
    • 법적인 문제와 연루되어 법정의 요구가 있을 때
    • 내담자가 범죄의 피해나 학대를 받은 사실을 알게 되었을 때
    • 내담자가 스스로에게나 타인에게 해를 입히려는 의도를 밝혔을 때
    • 내담자가 스스로 비밀 공개를 허락했을 때

> **암기 POINT**
> • 상담에서 비밀보장 원칙의 예외 조건
>   - 법정의 요구
>   - 내담자의 범죄피해
>   - 내담자의 가해우려
>   - 내담자의 공개결정

02 상담의 실제

(1) 개인상담

① 개요 : 한 명의 상담자와 한 명의 내담자가 직접 대면하거나 매체를 통해 간접적으로 만나서 상담을 진행하는 심리적 조력의 과정

② 특징 : 내담자의 문제가 위급하며 원인과 해결이 복잡할 때, 내담자 자신과 관련된 인물들의 신상을 보호할 필요가 있을 때, 집단에서 공개 발언하는 것을 두려워하는 내담자에게 적합

③ 개인상담의 기본 절차
  ㉠ 1단계 : 내담자의 문제를 인식, 협력적 관계 형성
    - **내담자의 문제점 인식** : 내담자가 자신의 문제와 상담을 받기 위해 찾아온 이유를 말하게 하거나, 내담자가 상담의 필요성을 인지하고 적극적으로 참여하도록 유도함
      예 "안녕하세요? 무슨 일로 찾아 왔나요? 무슨 걱정이라도 있나요?"
    - **협력적 관계의 형성** : 상담자와 내담자의 솔직하고 신뢰할 수 있는 관계(라포, rapport)를 형성하고 촉진적 관계를 맺음
      예 "최대한 솔직하게 말해 주어야 상담이 효과적으로 진행될 수 있어요."
  ㉡ 2단계 : 상담의 목표 설정, 상담과정 구조화, 문제해결 노력 재검토
    - **상담목표 설정** : 상담자와 내담자가 함께 상담과정을 통해 변화의 방향과 정도를 설정
      예 "내가 도움을 줄 수는 있지만, 최종적인 문제해결은 학생 스스로가 해야 합니다."
    - **상담의 구조화(structuring)** : 상담자가 상담시간 약속, 상담자와 내담자의 행동, 태도와 역할, 비밀보장 조건 등 상담 체계와 방향에 대해 알려주는 것
      예 "상담은 40분에서 50분 정도 하게 될 거고, 일주일에 한 번씩 약 네 번쯤 만나게 될 거야.", "이 시간은 네가 생각하고 느끼는 것을 솔직하게 이야기하는 게 무엇보다 중요하단다."
    - **문제해결 노력의 재검토** : 내담자가 그동안 사용했었던 문제해결 방법을 검토하고 새로운 방법을 모색
  ㉢ 3단계 : 합리적 사고 촉진, 실천가능한 행동 계획 수립
    - **합리적 사고 촉진** : 내담자가 기존의 관점이 아닌 다른 관점에서 문제를 바라볼 수 있게 함
    - **실천가능한 행동 계획** : 내담자가 일상생활에서도 계속해서 문제해결을 위한 노력을 할 수 있도록 실천가능하며 구체적인 행동계획과 절차를 수립하고 격려함
  ㉣ 4단계 : 상담성과 평가, 종결
    - 상담자와 내담자가 함께 목표를 달성했다고 판단되면 상호 합의하여 상담을 종결함
    - 종결 이후에도 다시 상담을 재개할 수 있다는 점을 인식시켜 추수상담의 가능성을 열어 둠

> **암기 POINT**
> - **상담의 구조화** : 상담시간, 상담자와 내담자의 관계, 비밀보장 조건 등을 협의하거나 공지하는 것

(2) 집단상담

① 개념 및 특징
- ⊙ 개념 : 비교적 정상적인 학생을 대상으로 여러 가지 집단상담의 방법을 활용하여 성장과 발달을 촉진시키려고 노력하는 활동
- ⓒ 특징 : 집단구성원 간의 상호작용을 통해 지지와 희망 고취, 집단에의 몰입 효과 존재

② 집단상담의 형태
- ⊙ 지도집단 : 학생들의 요구나 관심사에 맞는 교육적, 사회적, 심리적 정보를 제공하는 데 사용되는 상담 형태로, 12~40명 정도로 구성됨
- ⓒ 상담집단 : 특정한 문제보다는 참여자들의 행동 변화에 초점을 두는 집단으로, 지도집단보다 크기가 작으며 덜 구조화된 형식으로 운영됨
- ⓒ 치료집단 : 정신질환 등의 문제에 대한 집중적인 심리치료를 하는 집단상담으로, 전문적인 지식과 기술을 가진 상담자에 의해 운영되어야 함
- ② 자조집단 : 같은 문제를 가지고 있는 당사자들이 공통된 목표를 가지고 대등한 관계 속에서 문제해결을 위해 자발적으로 운영

③ 집단상담의 과정
- ⊙ 준비 단계
  - 집단의 목적과 운영방식에 대해 안내하고 규정을 소개하는 단계
  - 상담자는 집단의 특성에 맞게 집단구성원을 선별하고, 상담에 대한 구조화를 진행함
- ⓒ 탐색 단계
  - 집단구성원끼리 집단의 안정성과 신뢰성을 탐색하고 시험하는 단계
  - 상담자는 구성원들이 서로 협력하는 자세를 갖고 소속감과 신뢰감을 형성할 수 있도록 격려함
- ⓒ 갈등 단계
  - 집단구성원들 간의 갈등과 저항이 노출되는 과도기적 단계
  - 상담자는 갈등과 저항에 즉각 개입하면서도, 수용적이고 개방적인 태도를 취해야 함
- ② 응집성 단계
  - 부정적인 감정이 극복되고 협력적인 분위기가 조성되는 단계
  - 상담자는 서로의 문제에 대해 공감하며 공동으로 해결하도록 격려함
- ⑩ 작업 단계
  - 적극적으로 문제를 해결해 나가려는 태도가 나타나며 구성원 상호 간의 유대관계가 강해지는 생산적 단계
  - 상담자는 집단구성원들이 자신감과 적극성을 갖고 문제를 처리할 수 있도록 도와야 함

- ⓑ 종결 단계 : 상담자와 집단구성원 모두가 집단 과정에서 배운 것을 생활에 어떻게 적용할 것인지를 준비함
- ⓐ 추후 단계 : 상담자는 집단상담이 종료된 후에도 그 효과가 지속되고 있는지, 추가로 다루어야 할 문제들이 있는지 등을 확인함

④ 집단상담 과정 중의 문제행동
- ㉠ 대화 독점 : 특정 집단구성원이 집단 시간을 독차지하여 사용하는 것
- ㉡ 소극적 참여 : 침묵으로 일관하거나 적극적으로 참여하지 않는 것
- ㉢ 습관적 불평 : 집단상담자의 운영방식이나 집단과정 등에 대해 계속해서 불평불만을 함
- ㉣ 일시적 구원 : 타인의 고통을 사전에 봉쇄하기 위해 일종의 가식적 지지 행위를 하는 것으로, 진정한 의미에서 도움을 제공하는 것을 가로막음
- ㉤ 적대적 태도 : 부정적인 감정을 직간접적인 방식으로 표출하는 것
- ㉥ 의존적 자세 : 상담자나 다른 구성원들이 자신의 문제를 대신 해결해주기를 기대하는 것
- ㉦ 우월한 태도 : 자신의 능력이 탁월하거나 도덕적인 사람처럼 행동하면서, 다른 구성원에 대한 판단과 비판을 일삼음
- ㉧ 하위집단 형성 : 집단 내에 파벌을 형성하고 집단 밖에서 비생산적인 사회화를 하는 것
- ㉨ 질문공세 : 다른 집단구성원이 질문에 대한 대답을 하기도 전에 연속해서 질문하는 것으로, 무의식적으로 자신을 은폐하려는 수단의 하나
- ㉩ 지성화 : 자신의 감정을 노출하기를 꺼리면서 문제의 인지적인 부분만을 언급하는 것
- ㉪ 감정화 : 이성적인 면은 외면한 채, 매사에 감정적으로 처리하는 것

(3) 우리나라 학교상담의 실제 : 위(Wee) 프로젝트 2025 국가직9급

① 개요 : 학교폭력, 학업 중단 등 위기 상황에 처한 학생들을 지원하고 건강한 성장을 돕기 위한 학교상담 프로그램

② 특징
- ㉠ 학교, 교육청, 지역 사회와 연계하여 상담, 교육, 치료 등의 서비스를 통합적으로 지원
- ㉡ 위기 상황 발생 이전에 학생들을 조기에 발견하고 예방하기 위한 프로그램 운영
- ㉢ 학생들의 개인적인 특성과 상황에 맞는 맞춤형 상담 및 교육 프로그램 제공

③ 주요 구성 요소
- ㉠ Wee 센터
  - 시·도교육청 또는 교육지원청에 설치된 학생상담지원시설

> **더 알아두기**
> • '일시적 구원'의 예시
> 영희 : 아빠는 사정도 잘 모르면서 소리 지르고 꾸중만 하시는 거예요. (흐느껴 운다.)
> 철수 : 영희야. 다 잊어버려. 너희 아빠만 그런 것이 아니고, 우리 아빠도 그래. 뭘 그런 걸 가지고 고민하고 그러니? 그러지 말고 모두 잊어버려.

- 단위학교에서 선도 및 치유가 어려워 의뢰한 위기 학생에 대한 전문적인 진단·상담·치유 서비스 제공
- 임상심리사, 사회복지사, 전문상담사 등의 전문인력 상주
- 지역사회 내 관계기관과의 연계를 통한 문제해결 지원

ⓒ Wee 클래스
- 개별 학교 내에 설치된 학생상담 공간
- 학교 상담환경 및 체계 구축을 통한 학생 심리정서 안정 지원
- 학교상담 활성화를 위한 심리검사 및 상담, 심리교육 등 운영
- 개인 상담, 집단 상담, 또래 상담 등 다양한 상담 프로그램 운영
- 전문 상담교사가 상주하는 것을 원칙으로 함
- 학교 내에 위(Wee) 클래스가 없는 경우에는 위(Wee) 센터를 통해 (또는 순회상담을 통해 학교 내에서) 동일한 지원 제공

ⓒ Wee 스쿨
- 장기적으로 학교 부적응을 경험하는 학생들을 위한 대안 교육 기관
- 중·장기 위탁 교육, 상담, 치유가 필요한 고위기 학생을 대상으로 함
- 상담뿐만 아니라 인성 교육, 직업 교육, 사회 적응 프로그램 등 다양한 교육을 제공하여 학생들이 학교 및 사회에 잘 적응할 수 있도록 도움

03 심리검사의 활용 2017 국가직7급

(1) 자기보고식 성격검사

① 구조화된 질문지 형식으로 되어 있는 검사지에 응답자가 스스로 보고하는 형식으로, 검사지는 다양한 상황에서 응답자 자신의 사고와 감정, 그리고 행동을 묻는 질문으로 구성됨
② 검사 실시와 채점 절차가 간단하고 객관적인 평가가 가능하다는 장점이 있지만, 응답자가 솔직하지 않게 응답하여 결과가 왜곡될 수 있다는 한계가 있음
③ 마이어와 브릭스의 성격유형검사(MBTI), KPI 성격검사, 미네소타 다면적 인성검사(MMPI), 16 성격요인검사(16PF), 다요인 인성검사, NEO 인성검사 등이 대표적

MBTI	- 융(Jung)의 분석심리학에 기초하여 사람들의 성격유형을 총 16가지로 구분 - 성격유형을 요약하는 4개의 문자는 4개 영역에 대한 선호방향을 의미
KPI 성격검사	- 캘리포니아 심리검사(CPI)를 모델로 하여 한국행동과학연구소에서 개발 - 일상생활 장면에서 행동특성과 대인관계 문제해결 양상을 통해 성격 파악
MMPI	- 성격문제의 원인과 증상 정도를 평가하는 임상진단 검사 - 정신건강 측면에서 문제가 될 수 있는 우울, 불안, 낮은 포부, 정신이상, 행동장애 등의 문제를 발견할 수 있는 내용으로 구성됨

암기 POINT
- 심리검사
  - 자기보고식 성격검사 : MBTI, MMPI 등
  - 투사적 성격검사 : 로르샤흐 잉크반점검사, TAT 등

(2) 투사적(투영적, projective) 성격검사

① 구조화되지 않은 모호한 자극 제시를 통해 내적 심리상태를 파악하는 방법으로, 응답자의 반응 내용뿐 아니라 검사과정에서 보인 행동 등을 바탕으로 전문가가 심리상태를 종합적으로 분석함
② 응답자의 솔직한 태도를 그대로 드러내고 심도 깊은 조사를 할 수 있지만, 조사자가 고도의 지식과 기술 및 경험이 있는 전문가가 아니면 잘못된 결과를 얻을 수 있다는 한계가 있음
③ 로르샤흐(Rorschach) 잉크반점검사, 주제통각검사(회화통각검사, Thematic Apperception Test, TAT), 문장완성검사, 집-나무-사람(HTP)검사 등

로르샤흐 잉크반점검사	- 10매의 잉크반점 카드를 보여주고 무엇이라고 생각하는지 이야기하게 함 - 주로 우울이나 정신분열증, 강박증 등의 정신건강을 진단하는 데 사용되며, 사고기능 검사, 정서상태, 대인관계, 자아상 등을 확인하는 데도 활용
주제통각검사 (TAT)	- 30매의 흑백사진과 1매의 백지로 구성된 카드를 보여주고 이야기하게 함 - 주로 우울, 불안 등 심리적 갈등 상황에 있는 학생을 대상으로 실시하지만, 상담 초기에 라포를 형성하기 위한 도구로도 활용 가능
문장완성검사	- 응답자에게 있을 수 있는 갈등 혹은 정서와 관련된 문장의 일부를 완성하게 하는 검사로, 상담자가 문장을 개발하여 사용할 수 있음 - 다른 투사적 검사보다 검사자극이 분명하고 그 내용을 응답자가 지각할 수 있으므로, 보다 의식적인 수준의 심리적 반응이 나타나는 경향이 있음

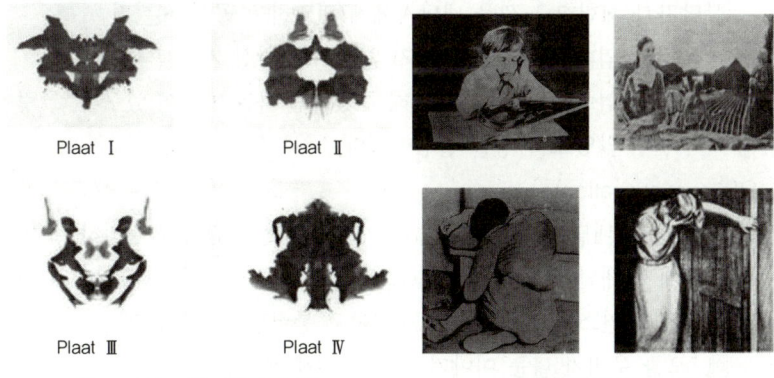

[로르샤흐 잉크반점검사]　　　　[주제통각검사(TAT)]

04 상담대화의 기법
2024 지방직9급 / 2007 국가직9급 / 2007·2014·2022·2023 국가직7급

(1) 관계형성 기법

① 주의집중(attending)
　㉠ 상담자가 내담자와 함께 있으며 그의 문제에 대해 최선을 다하고 있음을 나타내는 것으로, 내담자가 하는 말과 행동에 주목하는 것을 의미
　㉡ 내담자와 마주 앉기, 개방적 자세 취하기, 내담자 쪽으로 몸 기울이기, 시선 맞추기, 긴장 풀기 등의 방법 활용

> **암기 POINT**
> • 상담대화의 관계형성 기법
> - 주의집중
> - 경청
> - 수용
> - 공감적 이해
> - 요약

② 경청(listening)
　㉠ 내담자가 말하는 이야기의 내용 뿐 아니라 그 이면에 담겨 있는 의미와 내면의 감정에까지 귀를 기울이는 것을 의미
　㉡ 내담자의 음성언어를 듣는 것뿐만 아니라, 몸짓, 표정, 음성 등 신체적 언어까지도 모두 주의깊게 관찰하여야 함
　㉢ 내적으로는 수용, 존중, 공감의 태도를 취하며, 외적으로는 시선 맞추기, 고개 끄덕이기, 간단한 추임새하기 등의 방법 활용

③ 수용(acceptance)
　㉠ 상담자가 내담자의 이야기에 주의를 집중하고 있고, 내담자의 생각을 수용하고 있다는 반응을 보이는 것
　㉡ 내담자가 말한 내용과 감정에 대해 '음', '네', '이해가 갑니다' 등의 긍정적인 언어와 고개 끄덕임, 장단 맞추기 등의 비언어적 표현 활용
　㉢ 내담자로 하여금 자신의 감정을 더 많이 표현하도록 격려하는 데 초점
　　예 "네, 정말 그런 마음이 드실 수 있겠네요."

④ 공감적 이해(공감)
　㉠ 내담자 내면에 있는 감정을 상담자가 자신의 감정인 것처럼 느끼면서 내담자와 소통하는 것
　㉡ 내담자의 입장이나 감정에서 내담자가 겪은 사건이나 상황을 이해하고 상담자가 체험한 느낌을 내담자에게 전달하여 공유하는 것
　　예 아동 : 엄마는 저를 인정하지 않으시고 항상 저만 혼내세요.
　　　 교사 : 엄마가 너를 좀 인정해 주셨으면 하는 마음이 있구나. 그렇지 않았으니 정말 섭섭했겠다.

⑤ 요약(summarization)
　㉠ 상담 동안 내담자가 표현했던 주요한 주제를 상담자가 정리하는 것
　㉡ 상담자가 내담의 말에 주목하고 그를 이해하고 있음을 확신시키거나, 상담을 자연스럽게 종결하며 정리하고 통합할 수 있게 함
　　예 "오늘 우리가 나눈 이야기를 좀 정리해 볼까요?"

(2) 탐색 및 정보제공 기법

① 질문(question)
　㉠ 내담자에 관한 사실적인 정보를 묻거나, 내담자의 사고·느낌·행동방식을 구체적으로 확인하기 위해 묻는 것
　㉡ 일반적으로 닫힌 질문보다는 열린 질문의 형태가 바람직하지만, '왜'라는 질문은 내담자를 공격하는 느낌을 주므로 되도록 삼가야 함
　㉢ 정보를 수집하는 기능 외에도, 내담자와 상담자의 대화적 관계를 촉진하고, 내담자가 자신의 내면을 새로운 시각에서 탐색하도록 자극하거나 유도하는 기능을 한다는 점에서 효과적

암기 POINT

• 상담대화의 탐색·정보제공 기법
　- 질문
　- 명료화
　- 자기개방

예 학생 : 나는 사람이 싫어요.
　　교사 : 싫은 사람이 있나 보구나. 그 사람이 누구지?

② 명료화(clarification)
　㉠ 내담자의 진술내용이 모호하거나 분명하지 않은 경우 그 내용을 찾아 지적하고, 그것을 내담자로 하여금 보다 구체적으로 말하도록 돕는 것
　㉡ 질문, 재진술 등의 방법을 활용하여, 내담자가 미처 구체적으로 생각하지 못했던 측면을 다시 생각해 보게 하는 자극제가 됨
　　예 "지금 답답한 느낌이라고 하셨는데 좀 더 말씀해 주시겠어요?"

③ 자기개방(자기노출, self-disclosure)
　㉠ 상담자가 자신이 겪은 경험이나 생각이나 느낌 등을 내담자에게 솔직하게 드러내 보이는 것
　㉡ 상담자와 내담자 간의 거리감을 좁히고 친근감이 더 들게 하여 상담관계의 형성을 촉진함
　　예 학생 : 친구들이 저만 따돌리고, 선생님들도 저에게 관심이 없어요.
　　　　교사 : 선생님도 예전에 친구들한테 따돌림을 당했을 때 몹시 힘들었단다.

(3) 통찰 유발 기법

① 재진술(restatement)
　㉠ 내담자의 말을 그대로 되풀이하는 것으로, 일관성 있게 강조되어 표현되는 내용을 확인하여 드러내는 것(내용 되돌려 주기)
　㉡ 내담자가 말한 내용 중 일부를 반복함으로써 상담의 방향을 초점화(focusing)할 수도 있음
　　예 아동 : 어제 오빠랑 싸웠다고 엄마에게 혼났어요. 전 억울해요.
　　　　교사 : 엄마에게 혼나서 억울하다는 거구나.

② 반영(감정의 반영, reflection of feeling)
　㉠ 내담자의 말이나 행동의 밑바탕에 흐르고 있는 감정을 정확히 파악하여 내담자에게 되비쳐 전달해 주는 것(감정 되돌려 주기)
　㉡ 상담자가 표현한 감정의 반영이 내담자가 느끼는 것과 유사하면, 내담자는 상담자로부터 이해받고 있다고 느껴 자신의 감정을 보다 자유롭게 표현할 수 있게 됨
　㉢ 내담자로 하여금 자신의 감정을 알아차리고 경험하게 함으로써 문제해결에 이르도록 도움
　　예 학생 : 우리 엄마 아빠는 제가 의과대학에 진학해서 의사가 되기를 바라세요. 하지만 어려서부터 제 꿈은 좋은 선생님이 되는 것이었거든요.
　　　　교사 : 네가 장차 의사가 되었으면 하는 부모님의 기대와 교사가 되려는 너의 꿈이 일치하지 않아서 많이 혼란스러운가 보구나.

암기 POINT
- 상담대화의 통찰 유발 기법
　- 재진술
　- 반영
　- 해석
　- 재구조화
　- 직면
　- 즉시적 반응
　- 탈중심화

③ 해석(interpretation)
  ㉠ 내담자가 자기 문제를 새로운 각도에서 이해하도록 행동이나 말의 의미를 설명해 주는 것
  ㉡ 내담자가 보이는 행동의 원인이나 의미를 상담자가 수립한 가설의 형태로 설명하는 것으로서, 내담자가 과거의 생각과는 다른 시각으로 자신의 문제를 바라볼 수 있도록 돕는 방법
  ㉢ 내담자가 해석을 받아들일 준비가 되어 있다고 판단될 때 조심스럽게 하는 것이 중요
    예) 철수 : 애들이 나보고 공부 못한다고 할 때마다 엄청 화가 나요.
        교사 : 철수가 제일 화가 날 때는 친구들이 너를 무시한다는 느낌이 들 때구나. 다른 사람들이 철수를 함부로 대하지 않고 존중해 주고 인정해 주는 것이 너에게는 정말 중요한가 보구나.

④ 재구조화(restructuring) : 비합리적인 사고로 인해 나타나는 비합리적 반응을 해결하기 위해, 내담자가 지각하는 상황을 보다 합리적으로 재구조화하여 제시하는 기법
    예) 재영 : 선생님, 저는 엄마 잔소리 때문에 괴로워요. 엄마는 제가 조금만 쉬고 있어도 "공부안하니?" 하며 야단치세요. 엄마는 칭찬은 절대 안 해요.
        교사 : 엄마가 잔소리하고 야단만 쳐서 속상한 모양이구나. 그런데 그건 너에 대한 엄마의 관심의 표현일거야. 너를 많이 사랑해서 그러시는 게 아닐까?

⑤ 직면(confronting)
  ㉠ 내담자가 모르고 있거나 인정하기를 거부하는 생각과 느낌에 대하여 주목하게 하는 방법으로, 내담자의 성장을 방해하는 방어기제에 도전
  ㉡ 내담자에게 심리적 위협과 상처를 줄 수도 있으므로, 내담자가 그것을 받아들일 수 있는 준비가 되어 있는지를 면밀히 고려하여야 함
    예) 학생 : 저는 우리 아빠를 누구보다 사랑하고 존경해요. (온몸이 경직되면서 두 주먹을 불끈 쥔다.)
        교사 : 너는 아빠를 사랑한다고 말하면서도 그 순간 온몸이 긴장하는구나.

⑥ 즉시적 반응(즉시성, immediacy)
  ㉠ 상담 장면에서 내담자의 부적응적 행동이 반복해서 나타날 때, 그것에 초점을 맞추어 즉시적으로 반응하는 것
  ㉡ 상담자와 내담자 간에 긴장감이 형성될 때, 내담자가 상담에 흥미를 보이지 않을 때, 상담이 방향을 잃었을 때, 내담자가 의존성이 있을 경우에 사용

예 아동 : 애들이 저를 놀리고 때려요. 어쩌죠? 선생님이라면 어떻게 하시겠어요? 선생님이 시키시는 대로 할게요.

교사 : 글쎄. 그런데 지금까지 네가 하는 이야기를 들어보면, 너한테 어떤 문제들이 있는지만 계속 이야기하고 있어. 또 내가 시키는 대로 하겠다고 계속 이런 식으로 말하고 있거든. 선생님은 자세한 내용을 모르는데, 너한테 해결책을 줘야 할 것 같은 기분이 들어서 부담스럽구나.

⑦ 탈중심화(decentralization)
  ㉠ 내담자로 하여금 현재 자신이 겪고 있는 즉시적 경험을 숙고하게 하는 자기관찰기회를 제공해서 자기중심에서 벗어날 수 있도록 하는 기법
  ㉡ 내담자에게 탐색적인 질문을 던져 자신이 경험한 것이 사건 그 자체가 아니라, 자신의 사고와 신념을 통해 해석된 것이라는 것을 깨닫게 함

3 상담의 이론과 기법

01 특성 – 요인 상담이론 2010 국가직9급

(1) 개요
① 상담자가 내담자의 문제와 그 해결방법에 대해 정보, 조언, 충고를 제공하는 데 초점을 두는 상담이론(지시적 상담, 상담자 중심 상담)
② 개인의 심리적 특징과 성공적 작업행동 요인에 중점을 두는 상담이론으로 윌리엄슨(Williamson)이 대표적

(2) 심리적 문제의 원인과 해결방법
① 특성요인 이론에 기초하여, 개인의 특성과 환경과의 부적절한 결합이 문제의 원인이라고 봄
② 내담자는 경험부족, 편견, 정보부족 등으로 인해 자신의 문제를 독립적으로 해결하기 어렵다고 봄
③ 풍부한 경험과 정보를 소유하고 있는 전문가(상담자)가 객관적인 입장에서 문제를 해석하고 이에 대해 충고와 제언을 해야 한다고 봄

(3) 상담의 기법
① 타협의 강요 : 상담자가 내담자의 문제해결 방향을 부모나 교사와 타협하여 순응하도록 지시

② **환경의 변경** : 내담자가 당면한 문제를 반복적으로 유발하는 환경을 변화시켜 문제를 해결
③ **환경의 선택** : 내담자의 특성, 성격, 흥미에 알맞은 환경(직업, 학교 등)을 선택하도록 도움
④ **필요한 기술 습득** : 내담자로 하여금 문제를 극복하는데 필요한 지식과 기능을 배우도록 함
⑤ **태도의 변경** : 내담자가 환경의 요구에 부응하도록 자신의 신념이나 태도를 변경하도록 함

02 정신분석적 상담이론
2017 지방직9급 / 2012·2015·2019·2023 국가직9급 / 2013·2022 국가직7급

(1) 프로이트의 정신분석 상담이론

① **개요** : 내담자의 무의식적 갈등의 분석과 해석을 통해, 무의식 세계를 의식화하여 자아의 문제해결기능을 강화하는 데 목표를 둔 상담이론
② **인간에 대한 관점**
  ㉠ 인간의 행동을 인과적으로 해석하는 결정론적 관점에 있는 프로이트의 정신분석학에 기초
  ㉡ 인간의 행동은 무의식 속에 억압된 과거의 경험과 심리성적인 에너지에 의해서 결정됨
  ㉢ **정신(성격)의 구조** : 인간은 무의식의 지배를 받음
    • **구성요소** : 원초아(id), 자아(ego), 초자아(super-ego)
    • **지배원리** : 쾌락의 원리, 현실의 원리, 도덕의 원리
    • **의식수준** : 무의식, 전의식, 의식
③ **불안**
  ㉠ **원인** : 자아, 원초아, 초자아 사이의 갈등을 억압한 결과 불안(심리적 문제)이 야기됨
  ㉡ **유형** : 현실적 불안(자아의 현실 지각), 신경증적 불안(자아와 원초아 간 갈등), 도덕적 불안(원초아와 초자아 간 갈등)
  ㉢ **결과** : 두려움, 수치심, 죄의식 등의 심리적 위기를 낳음
④ **자아방어기제**
  ㉠ **개념** : 불안으로부터 자아를 보호하려는 심리적 기제로서, 합리적으로 불안을 조절할 수 없을 때 자아방어기제에 의존하여 조절이 이루어짐

암기 POINT
• 프로이트의 정신분석적 상담이론
  - 문제의 원인 : 무의식 속에 억압된 충동과 그로 인한 불안
  - 해결방법 : 무의식의 의식화, 억압된 충동의 해소
  - 상담기법 : 자유연상, 꿈 분석, 전이 분석, 저항분석, 해석

암기 POINT
• 자아방어기제
  - 억압
  - 부인
  - 투사
  - 동일시
  - 퇴행
  - 반동형성
  - 치환
  - 합리화
  - 승화

ⓛ 주요 방어기제

종류	개념	예시
억압 (repression)	충동, 욕구, 기억을 의식 밖으로 몰아내서 무의식에 머무르게 하는 것(꿈이나 말 실수 등을 통해 표출됨)	교통사고와 같이 큰 사건의 당사자가 막상 그 사건을 기억하지 못하는 것
부인 (denial)	불쾌한 충동, 생각, 경험 등을 있는 그대로 받아들이기를 거부하는 것(지각을 왜곡하거나 공상적으로 인지)	불치병 진단을 받은 환자가 자기는 그런 병에 걸렸을 리 없다면서 부인하는 것
투사 (projection)	자신의 용납할 수 없는 충동, 생각 혹은 행동들을 무의식적으로 다른 사람에게 귀속시킴으로써 자신을 방어하는 것	승희는 밤길을 무서워한다. 어느 날 밤, 엄마가 심부름을 시키자 언니에게 함께 나가자고 하면서 "언니, 무섭지? 내가 같이 가니까 괜찮지?"라고 말한다.
동일시 (identification)	다른 사람의 행동특성이나 심리특성을 자신의 특성처럼 받아들여 불안을 극복하려는 것	무서운 아버지 밑에서 양육된 아들이 아버지와 닮아 가는 것
퇴행 (regression)	만족이 주어졌던 발달 초기의 수준으로 돌아가 미숙한 반응을 나타내어 불안을 극복하려는 것	초등학교 3학년인 민호에게 동생이 태어났다. 동생이 태어난 이후로 민호는 나이에 어울리지 않게 손가락을 빨고, 바지에 오줌을 싸는 등의 행동을 다시 하게 되었다.
반동형성 (reaction formation)	사회적으로 용납될 수 없거나 수치스러운 욕구가 외부로 나타나지 않도록 욕구와 반대되는 말이나 행동을 보이는 것	친구를 좋아하면서도 표현하기가 힘든 아이가 긴장된 상황에서 '난 네가 싫어!'라고 말하는 것
치환 (displacement)	어떤 대상에 대한 충동이나 욕망을 다른 대상, 일반적으로 덜 위험한 대상에게 전이시켜 표출하는 것	회사에서 직장 상사에게 호되게 지적당한 후 집에 와서 엄마에게 화풀이하는 것
합리화 (rationalization)	욕구 충족이 어려운 상황에서 참된 이유가 아니라 그럴듯한 이유를 찾아 자신의 행동을 정당화시키는 것 (신포도 기제/단레몬 기제)	보람이는 학급 임원으로 선출되기를 기대했으나, 아무도 추천하지 않아 후보에도 오르지 못했다. 보람이는 스스로에게 다음과 같이 말했다. "임원이 되면 공부할 시간이 없을 텐데, 잘된 거야."
승화 (sublimation)	사회적으로 가치 있는 일을 성취하려고 노력함으로써 자신이 억압당하고 있는 욕구를 만족시키는 것	외아들인 기수는 형제가 없어 외로웠다. 그래서 기수는 시(市)에서 운영하는 청소년단체에 가입해서 다른 사람들과 어울리면서 외로움을 많이 달랬고, 사교성도 좋아졌다.

더 알아두기
- 신포도 기제 : 자신이 바라는 것을 얻지 못하였을 때 그것의 가치를 평가절하하는 것
- 단레몬 기제 : 자신이 인정하고 싶지 않은 상황을 할 수 없이 받아들여야 할 때 그것이 마치 바라던 일인 것처럼 과대평가하는 것

⑤ 상담의 기법
　㉠ 자유연상 : 내담자가 마음에 떠오르는 것들을 생각나는 대로 이야기하게 함으로써, 내담자의 무의식 속에 억압되어 있는 욕구들을 찾아내는 기법
　㉡ 꿈의 분석 : 꿈에 자주 나타나는 내용을 분석하여 무의식 속에 억압된 욕구를 파악하고 그 의미를 통찰하는 기법
　㉢ 전이의 분석 : 내담자들이 중요하게 생각하는 사람에 대해서 묻어두었던 감정이나 생각을 상담자에게 표현하도록 유도하고, 그 내용을 분석함으로써 무의식적 갈등과 문제를 발견하는 기법
　㉣ 저항의 분석 : 내담자가 의식에 떠오르지 않게 억압하고 있는 생각이나 감정을 찾아내고, 그것의 분석을 통해 내담자가 무의식적으로 숨기고자 하는 것, 피하고자 하는 것, 두려워하는 대상이 무엇인지를 파악하고 그 이유를 인식하게 하는 기법
　㉤ 해석 : 상담자가 자유연상이나 저항 등에서 나타나는 행동의 의미를 상담자의 시각에서 해석한 대로 지적해주고 내담자의 문제의 원인을 설명해주는 기법
　　＊ 내담자가 상담자의 해석을 받아들일 준비가 되었을 때, 즉 상담자가 해석할 내용이 내담자의 의식적 인식에 가까워졌을 때 시행하여야 함

(2) 융(Jung)의 분석심리학적 상담이론

① 개요 : 프로이트의 무의식 개념을 확장하여 '집단 무의식'이라는 개념을 정립하고 무의식의 건설적이며 창조적인 측면을 부각한 상담이론
② 성격의 구조와 유형 분류
　㉠ 성격을 구성하는 태도(외향성, 내향성)와 기능(사고, 감정, 감각, 직관)의 유형 분류를 통해 8가지 성격 유형 도출(MBTI의 이론적 기반 제공)
　㉡ 분류 기준과 유형 분류

분류 기준	유형 분류	
선호세계 : 내면 세계 / 세상과 타인	내향(Intro)	외향(Extro)
인식형태 : 실제의 초월 / 감각적 경험	직관(iNtuition)	감각(Sensing)
판단기준 : 관계와 사람 / 사실과 진실	감정(Feeling)	사고(Thinking)
생활양식 : 즉흥적 생활 / 계획적 생활	인식(Perceiving)	판단(Judging)

③ 개인 무의식과 집단 무의식
　㉠ 개인 무의식 : 의식 수준으로 떠오르지 못한 경험, 사고, 감정, 지각을 의미하는 것으로, 중요하지 않거나 심리적 갈등으로 인해 억압된 것일 수 있음
　㉡ 집단 무의식 : 인류 역사와 문화를 통해 공유된 정신적 자료의 집합 또는 개인 마음속에 존재하는 인류 보편적 심리적 성향과 구조를 의미

암기 POINT
- 융의 분석심리학적 상담이론
  - 성격유형 : MBTI
  - 집단 무의식
  - 전체성 회복

④ 상담의 목표 : 의식과 무의식을 통합해 자기를 충분히 실현시키는 개성화와 성격의 분화 과정에서 상실한 전체성을 회복하는 것
⑤ 상담의 기법
　㉠ 무의식 탐색 : 꿈 분석, 전이 분석, 역전이 분석, 적극적 상상
　㉡ 심리치료 : 고백, 해석, 교육, 변화 등

(3) 아들러(Adler)의 개인심리 상담이론

① 개요 : 개인의 사회적 관심과 생활양식에 초점을 두고, 열등감의 극복을 강조하는 상담이론
② 인간의 특성과 심리적 문제
　㉠ 사회적 관심 : 인간은 태어날 때부터 사회적 존재로, 근본적으로 사회적 욕구에 의해 행동함
　㉡ 우월성의 추구 : 인간은 선천적으로 우월성 추구를 통해 자기완성과 자기실현에 근접해 나감
　㉢ 열등감 : 모든 인간이 가진 보편적 감정으로, 정상적인 수준의 열등감은 인간의 자기발전을 위한 원동력으로 작용하지만, 열등감 극복에 실패하면 열등감 콤플렉스에 빠질 수 있음
　㉣ 생활양식 : 개인의 삶을 꿰뚫는 반복적인 생활패턴을 의미하며, 지배형, 기생형, 회피형, 사회적 유용형의 4가지 유형으로 구분됨. 대개 4~5세 사이에 형성되어 거의 불변함
　㉤ 허구적 최종 목적론 : 개인이 추구하는 삶의 목적은 현실적이기보다는 허구적인 경우가 대부분이며, 그 목적이 주관적이고 실현이 어려운 이상이라 할지라도 현재 삶의 원동력이 됨

> **암기 POINT**
> - 아들러의 개인심리 상담이론
>   - 문제의 원인 : 열등감 극복 실패, 생활양식의 문제
>   - 해결방법 : 사회적으로 유용한 생활양식으로 변경
>   - 상담기법 : 격려, 즉시성, 역설기법, 단추누르기, 내담자 수프에 침뱉기, '마치 ~인 것처럼' 행동하기

	사회적 유용형	지배형	기생형	회피형
사회적 관심	높음	거의 없음	거의 없음	거의 없음
활동 수준	높음	높음	중간	낮음
성격 특성	협동적, 적극적, 긍정적	독단적, 공격적, 반사회적	의존적	소극적, 부정적, 자신감 없음
부모 양육	애정, 민주적	지배, 통제	과잉보호	존재 부정, 불신

③ 상담의 목표 : 내담자의 사회적 관심을 개발하여 다른 사람들과 도움을 주고받으면서 생활할 수 있도록 비효율적인 생활양식을 사회적으로 유용한 생활양식으로 재정향하는 것

④ 상담의 기법
  ㉠ 격려(encouragement) : 내담자가 가지고 있지만 인식하지 못한 강점과 가치를 깨닫게 함
  ㉡ 즉시성(immediacy) : 상담과정에서 지금 여기에서 일어나는 내담자의 말과 행동에 내포되어 있는 모순점을 즉각적으로 지적함
  ㉢ 역설(paradox) : 내담자가 바꾸고 싶은 생각이나 행동을 의도적으로 반복하여 실시함으로써 그 생각이나 행동에서 스스로 벗어나게 하는 기법 예 다리를 떠는 학생에게 다리를 많이 떨어보게 함
  ㉣ 단추누르기(pushing the button) : 내담자가 유쾌한 경험과 불쾌한 경험을 번갈아 가면서 생각하도록 하고 그와 관련된 감정을 인식하게 함
  ㉤ 내담자의 수프에 침 뱉기(spitting in the client's soup) : 내담자의 부정적인 태도나 행동이 전체적으로 자신에게 손해되는 것이라는 사실을 내담자에게 분명하게 지적함
  ㉥ '마치 ~인 것처럼' 행동하기(acting as if) : 내담자가 성취하고 싶으나 실패를 두려워하여 아직 하지 못한 것을 성취한 것처럼 행동해 보게 하기. 일종의 역할연기를 통해 자신감을 얻게 함

03 행동주의 상담이론 2018 지방직9급 / 2018 국가직9급 / 2020 국가직7급

① 개요 : 인간의 모든 행동을 학습된 것으로 보고, 부적응 행동을 약화·제거하고 적응 행동을 형성·강화하는 체계화된 학습이론을 적용하는 상담이론
② 특징
  ㉠ 인간의 행동을 인과적으로 해석하는 결정론적 관점에 기초하여 이해하는 행동주의 학습이론에 근거
  ㉡ 과거나 미래의 행동에 관심을 갖기보다는 겉으로 드러난 현재의 행동을 변화시키는 데 관심을 둠
  ㉢ 상담의 과정을 체계적으로 조직하고 상담 결과를 객관적으로 평가하는 데 관심을 둠
  ㉣ 상담자는 능동적이고 지시적이며, 내담자에게 효과적인 행동을 가르치는 교사나 조력사와 같이 기능함
③ 상담의 목표 : 과잉된 행동이 문제가 될 경우에는 그 행동을 감소시키고, 결손이 문제가 될 경우에는 그 행동을 새로이 학습시키거나 증가시키고자 함
④ 상담의 과정
  ㉠ 특징 : 개개인에게 맞는 개별적인 상담목표를 강조하므로 통일된 하나의 상담과정을 제시하기 어려움
  ㉡ 일반적 절차 : 상담관계의 형성 → 문제행동의 규명 → 현재 상태의 파악 → 상담목표의 설정 → 상담기술의 적용 → 상담결과의 평가 → 종결

암기 POINT

• 행동주의 상담이론
  - 문제의 원인 : 바람직하지 않은 행동의 학습
  - 해결방법 : 바람직한 행동으로의 대체, 부적응 행동의 감소
  - 상담기법 : 체계적 둔감법, 홍수법, 혐오법, 프리맥의 원리, 토큰강화, 타임아웃, 행동조성, 모델링, 행동시연, 역할연기, 행동연습, 사고중지, 주장훈련, 행동계약

⑤ 상담의 기법
　㉠ 고전적 조건형성 원리의 활용

체계적 둔감법	- 상호제지의 원리를 활용하여, 불안을 느끼는 상황을 상상하게 하면서 동시에 이완훈련을 시킴 - 절차 : 근육의 긴장을 이완시키는 훈련 실시 → 불안을 유발하는 요인들을 그 강도에 따라 목록을 작성 → 가장 낮은 강도의 자극을 떠올리면서 긴장이완을 반복하여 체계적으로 불안에 둔감해지게 함
홍수법	- 불안을 일으키는 자극에 장시간 충분히 노출시켜 불안을 소거하는 방법 - 공포나 불안 자극을 직면하지 않고 회피해 온 사람에게는 효과적임
혐오법	- 소거하고자 하는 부정적인 행동에 혐오자극을 함께 제시하여 부정적 반응과 '쾌' 자극의 연결을 끊는 기법 예 술에 혐오자극인 구토제를 넣음 - 알코올 중독, 흡연, 마약중독, 도박 등의 부적절한 행동을 억제에 활용

　㉡ 조작적 조건형성 원리의 활용

프리맥의 원리	내담자가 선호하는 활동을 강화물로 사용해서 목표 행동을 강화하는 방법 예 명수가 학교 숙제를 제대로 해 오면 인터넷 게임을 할 수 있게 허락함
토큰강화	바람직한 행동을 할 때마다 내담자에게 토큰(2차적 강화물)을 주고, 그 토큰이 정해진 수량에 도달하면 약속된 1차적 강화물로 교환해 주는 방법 예 상담자는 내담자에게 상담 약속을 이행할 때마다 칭찬 스티커를 주고 그것을 다섯 개 모으면 즐거운 게임을 함께 함
타임아웃	소거(강화중단)의 원리를 적용하여, 부적절한 행동을 하면 모든 정적 강화를 차단하여 행동을 감소시키는 방법 예 집단구성원이 집단상담 규칙을 어길 때마다 지정된 공간에서 3분간 머물게 하여 참여를 제한
행동조성 (조형, shaping)	- 차별적 강화를 이용하여 최종목표행동을 점진적으로 형성하는 기법 - 내담자가 한 번도 해 본적이 없거나 거의 하지 않는 행동을 여러 단계로 나누어 강화시킴으로써 점진적으로 바람직한 행동을 학습하게 함

　㉢ 대리적 조건형성 원리의 활용

모델링	다른 사람이 하는 행동을 관찰하여 그것을 수행하는 방법을 배움으로써 내담자도 시행착오 없이 그 행동을 그대로 해낼 수 있게 하는 기법 예 교사는 수학시간에 일차 방정식을 푸는 과정을 보여 주고 학생들에게 그 방법을 적용하여 문제를 따라서 풀어보도록 하였다.
행동시연	모델이 행동하는 것을 관찰한 후 그 행동을 연습할 기회를 제공하는 기법 예 김 교사는 기훈이가 효과적인 공부 방법을 사용할 수 있을 때까지 적절한 공부 방법을 알려주고 사용해 보도록 한 후 피드백을 제공함
역할연기	- 내담자에게 현실적 장면이나 극적 장면을 통하여 역할행동을 시키고, 그것을 연습시킴으로써 이상행동을 적응행동으로 바꾸는 기술 - 절차 : 분위기 조성 → 행동 → 피드백 → 일반화
행동연습	- 내담자의 실제 생활에서 구체적인 행동이 어려운 장면에 대해 역할연기 등을 통해 반복해서 연습을 하는 것 - 상담자가 바라는 행동수준에 이를 때까지 상담자는 시범이나 교육, 피드백을 통해 계속 반복함

ㄹ 그 외 기법들 : 내담자의 자기주도성 활용

사고중지	내담자로 하여금 비생산적이고 자기 파괴적인 생각을 억제하거나 제거하게 함으로써 이러한 생각들을 통제하도록 도와주는 방법
주장 훈련	– 대인관계에서의 불안을 제지하는 방법으로, 상대방의 권리를 침해하지 않고 불쾌하지 않은 범위 내에서 자신의 권리, 욕구, 의견, 생각, 느낌을 단호하게 표현하도록 훈련하는 방법 – 절차 : 소극적 행동·주장적 행동·공격적 행동 구분 → 비주장 행동의 이유 확인 → 주장적으로 사고하기 → 불안극복 작전 적용하기 → 주장적으로 행동하기
행동계약	두 사람이나 또는 그 이상의 사람들이 정해진 기간 내에 각자의 할 행동을 분명하게 정해 놓은 후 그 내용을 서로가 지키기로 계약하는 방법

04 인간중심 상담이론
2015·2019·2022 지방직9급 / 2010·2017 국가직9급 / 2013·2015 국가직7급

① 개요
  ㉠ 인간주의 심리학을 기반으로 하는 상담이론으로 매슬로우(Maslow), 로저스(Rogers) 등이 대표적
  ㉡ 내담자를 무조건적으로 수용, 인정, 존중하는 심리적 환경을 조성하여 내담자의 자발적인 문제해결과 자아실현을 돕는 것에 초점을 두는 상담이론으로, 비지시적 상담, 내담자 중심 상담이론이라고도 함
  ㉢ 인간행동의 원인보다는 목적에 주목하며, 과거보다는 미래에 관심을 가짐

② 인간에 대한 관점
  ㉠ 인간에 대한 결정론적 관점에 반대하고 인간의 행동을 개인이 자유의지로 선택한 것으로 봄
  ㉡ 인간은 본성적으로 합목적적이고 건설적이며 선한 존재라고 보는 관점에 기초
  ㉢ 인간은 선천적으로 자아실현을 추구하는 경향(self-actualization tendency)이 있으며, 조건이 갖추어지면 누구나 자아실현을 이룰 수 있다고 봄

③ 심리적 문제의 원인
  ㉠ 인간은 자신을 둘러싸고 세계에 대한 주관적 인식이나 경험에 따라 행동함. 중요한 타인(예 부모)의 관심이 개인에게 내면화되어 행동의 기준과 규범이 되기도 함
  ㉡ 외적으로 부여된 가치의 조건화가 주관적인 경험을 왜곡하고 부정할 때 문제가 발생함
  ㉢ 이상적 자아와 현실적 자아가 불일치하게 되면 부적응 감정과 행동이 발생한다고 봄

④ 상담의 목표
  ㉠ 내담자가 '충분히 기능하는 인간(fully functioning person)'으로 성장하는 것을 상담의 목표로 함

암기 POINT

- 로저스의 인간중심 상담이론
  – 문제의 원인 : 이상적 자아와 현실적 자아의 불일치
  – 해결방법 : 내담자의 잠재력 발현, 성장, 자아실현
  – 상담기법(상담자 태도) : 무조건적인 존중과 수용, 진정성, 공감적 이해

  Ⓘ 즉, 심리적으로 성숙하여 최적의 적응 상태에 있으며, 이상적 자아와 현실적 자아가 완전히 일치된 상태로의 성장을 목표로 함
  Ⓙ 인간의 잠재력과 성장 가능성을 신뢰하며, 내담자 자기 자신의 모습대로의 자아실현을 추구함

⑤ 상담의 접근방법
  ㉠ 내담자가 상담의 과정에 주도적으로 참여할 때 문제해결이 효과적이라고 봄
  ㉡ 내담자의 능동적인 참여를 위해, 상담자는 내담자가 자신의 감정과 의견을 자유롭게 표현하도록 북돋아 주어야 함
   ✻ 상담의 절차 : 감정의 방출 → 자기이해와 통찰 → 자발적 행동 → 통합
  ㉢ 상담자와 내담자 사이의 촉진적 인간관계 형성을 중시하며, 이를 위해 내담자에게 위협적이지 않은 수용적인 환경을 제공할 것을 강조함
  ㉣ 특별한 상담기법보다는 상담자의 인간적 자질과 진솔한 태도를 중시하며, 상담자의 이러한 태도를 내담자가 지각할 수 있도록 해야 함

⑥ 상담자가 갖추어야 할 태도 : 모두 함께 행해져야 효과적
  ㉠ 진실성(진솔함, 일치성, congruence ; 진정성, genuineness) : 상담자는 내담자에게 자신의 주관적 경험과 감정을 자유롭게 표현하며 진실하고 정직한 모습으로 내담자를 대해야 함
  ㉡ 무조건인 긍정적 존중과 수용(unconditional positive regard) : 내담자의 자기실현 경향성(self-actualization tendency)을 인정하고 신뢰하고, 내담자의 사고와 정서, 행동을 있는 그대로 받아들여야 함
  ㉢ 공감적 이해(empathy) : 객관적 현실보다 내담자가 지각한 현실에 초점을 두고, 내담자의 경험과 감정을 정확하게 공감하고 반영해 주어야 함

05 인지주의 상담이론

2016·2020·2022 지방직9급 / 2013 국가직9급 / 2018·2023·2024 국가직7급

(1) 엘리스(Ellis)의 합리적-정서적 행동 상담이론(Rational-Emotive Behavior Therapy : REBT)

① 개요 : 인지적 측면의 합리성과 정의적 측면의 정서, 행동주의의 원리를 절충한 방법으로, 심리적 문제의 원인과 해결책을 신념체계에서 찾는 상담이론(인지행동 상담, 인지적 상담)

② 심리적 문제의 원인
  ㉠ 인간의 감정과 행동은 개인의 내적 정신과정인 사고, 가치, 신념 등에 의해 결정됨
  ㉡ 인간의 정서적 문제의 원인은 사건 자체가 아니라 비합리적인 신념에 있으며, 이때 비합리적 신념이란 비논리적이며, 비현실적이며, 비실용적인 사고를 말함

암기 POINT

• 엘리스의 합리적-정서적 행동 상담이론
 - 문제의 원인 : 비합리적 신념
 - 해결방법 : 비합리적 신념 및 사고과정의 재구성
 - 상담의 과정 : ABCDE 모형
 - 상담기법 : 논박하기, 인지적 과제주기, 언어 변경, 수치감
 - 공격 연습, 합리적 정서 상상, 역할연기, 활동과제 부과

ⓒ 당위적 사고('반드시 ~해야 한다'), 지나친 과장('~하면 파멸이다'), 경직적 사고('항상 ~한다'), 좌절에 대한 인내심 부족 등이 대표적인 비합리적 신념

③ 상담의 목표
ⓐ 내담자의 비합리적 신념 및 사고 과정을 수정·변화·재구성하여 정서적 문제를 극복하는 데 목표를 둠
ⓑ 자신, 타인, 세상에 대한 비현실적인 기대와 요구를 합리적으로 변화시키는 데 초점을 둠

④ 상담의 접근방법
ⓐ 상담의 강조점은 감정 표현보다는 사고와 행동에 있음
ⓑ 내담자가 비합리적 신념을 인식하고 수정하도록 하는 상담자의 논박 과정을 중시함
ⓒ 상담자는 상담의 과정에서 적극적인 중재 역할을 수행해야 함
ⓓ 상담자와 내담자는 반드시 친밀한 관계를 형성해야 하는 것은 아님

⑤ 상담의 과정 : ABCDE 모형

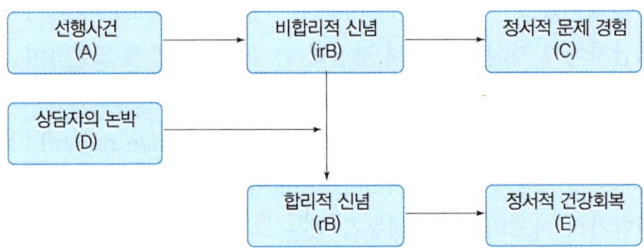

단계	의미	예시
선행사건(A) (Activating events)	내담자가 경험하는 문제 장면으로, 비합리적 신념과 사고방식을 활성화시키는 사건을 확인	나는 입학시험에 떨어졌다.(A) 입학시험에 떨어진 것은 곧 파멸이라고 생각했다.(irB) 부모님께 죄책감이 들고 자신에게 절망감이 들었다.(C) "떨어진 아이들도 많은데 유독 너만 파멸이라고 생각하면 되겠니?"라는 어머니의 말씀을 듣고, "나는 왜 그렇게 생각했지?"라고 스스로 반문했다.(D) 시험에 떨어진 것이 곧 파멸은 아니라는 생각이 들었다.(rB) 더 이상 절망하지 않게 되면서, 다시 공부를 시작했다.(E)
신념체계(B) (Beliefs system)	내담자가 문제 장면에 대해 해석하고 판단내리는 데 사용하는 비합리적인 사고방식과 신념체계를 확인	
결과(C) (Consequences)	내담자가 선행사건을 해석하고 판단내린 결과로 내담자가 겪고 있는 부적절한 정서와 행동 결과를 확인	
논박(D) (Disputing)	내담자에게 부정적 정서를 일으킨 비합리적 사고와 신념을 논리성, 실용성, 현실성에 비추어 통렬하게 비판하여 보다 합리적인 사고와 신념을 형성하기 위한 방향을 안내함	
효과(E) (Effects)	내담자가 합리적 신념을 형성함으로써 정서적 건강을 회복하고, 긍정적 정서와 행동을 유지·발전시키도록 도움	

⑥ 상담의 기법 : 인지적 기법, 정서적 기법, 행동적 기법으로 구분되며, 행동주의 상담에서 사용되는 많은 기술을 그대로 사용함

인지적 기법	- 비합리적 신념의 논박 : 상담자가 논리성, 현실성, 실용성에 근거하여 내담자의 비합리적 신념을 비판하기 - 인지적 과제 주기 : 합리적인 사고방식을 체득하도록 REBT 자기 지도 양식, 합리적인 자기 진술 카드, 독서요법과 상담테이프 듣기 등의 기법 사용 - 언어 변화시키기 : 비합리적인 신념을 낳는 언어를 보다 생산적인 언어로 바꾸어 표현하도록 함 예 '반드시 ~해야 한다' → '~하면 더 좋다'
정서적 기법	- 수치감 – 공격(수치심 제거) 연습 : 내담자가 부끄러워서 하지 못하는 어떤 행동을 과감히 해 보도록 하고 다른 사람들이 큰 관심을 갖지 않는다는 것을 알게 함 - 합리적 정서 상상하기 : 내담자들이 실제 생활에서 생각하고 느끼고 행동하고자 하는 바로 그 방식으로 생각하고 느끼고 행동하는 자신을 상상하게 함
행동적 기법	- 역할연기 : 내담자에게 어떤 행동을 시연하게 함으로써 그에 따른 감정을 경험하게 함 - 활동과제 부과 : 상담 장면이 아닌 실제 상황에서 구체적인 행동을 해 보도록 하는 과제를 부과하여 새로운 경험을 해 보게 함

(2) 벡(Beck)의 인지행동 치료이론(Cognitive Behavior Therapy)

① 개요 : 심리적 문제를 일으키는 왜곡된 사고를 찾아내어 보다 현실적인 사고로 대체하는 데 중점을 두는 상담이론

② 심리적 문제의 원인

  ㉠ 역기능적 인지도식 : 개인의 삶에 부정적인 기능을 하는 인지도식으로, '나는 실패자야.', '결국 실패할거야.' 등과 같은 것이 대표적 사례

  ㉡ 인지적 오류 : 잘못된 정보나 사고로 인해 현실을 제대로 지각하지 못하거나 왜곡하여 받아들이는 것

- 이분법적(흑백논리적) 사고 : 모든 경험을 흑백논리로 판단하는 것
    예 아침에 늦게 일어났어요. 아무리 서둘러도 1교시 수업에 늦을 것 같았어요. 그래서 어차피 수업에 늦을 바에는 학교에 안 가는 게 나을 것이라고 생각했어요.
- 선택적 추상화(추론) : 긍정적인 요소들을 무시하고 사소한 부분에만 초점을 맞추어 사건 전체의 의미를 부정적으로 해석하는 것
- 과잉 일반화 : 한두 번의 경험에서 일반적인 결론을 내리는 것
- 임의적 추론 : 충분한 증거 없이 비논리적인 결론을 내리는 것
- 과대평가와 과소평가 : 상황을 실제보다 크거나 작게 지각하는 것
- 개인화 : 특별한 근거 없이 외부 사건을 자신에게 귀인시키는 것
- 낙인찍기 : 자신의 정체성을 스스로 부정적으로 평가하는 것

  ㉢ 부정적 자동적 사고

- 자동적 사고란 어떤 사건이나 상황을 접했을 때 자신의 의지와 관계없이 즉각적이고 자동적으로 떠오르는 생각으로, 지속하여 반복적으로 나타나므로 개인의 정서와 행동에 영향이 큼

> **암기 POINT**
> • 벡의 인지행동 치료이론
> - 문제의 원인 : 역기능적 인지도식
> - 해결방법 : 긍정적 인지도식으로 변경
> - 상담기법 : 재귀인, 재정의, 절대성 도전, 노출치료, 사고중지, 행동실험

예 애들이 모두 저를 따돌려요. 오늘은 교문에서 미성이가 저를 못 본 체하고 가버렸어요. 애들이 저를 왕따시키는 것 같아요.

- 대표적인 부정적 자동적 사고 3가지(부정적 인지 3제)
  - 자기 자신에 대한 부정적 사고 예 '나는 쓸모없는 사람이야.'
  - 세상과 환경에 대한 부정적 사고 예 '인생은 불공정해.'
  - 미래에 대한 부정적 사고 예 '미래에도 희망은 없어.'

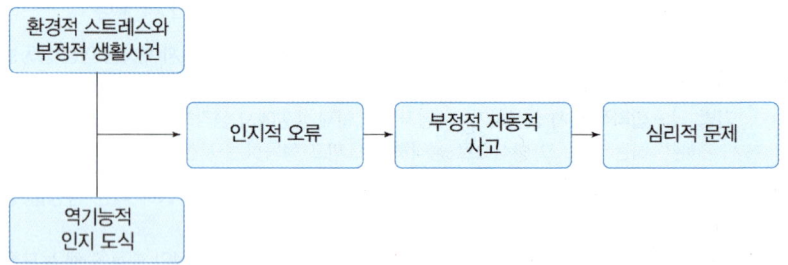

③ **상담의 목표** : 부정적 자동적 사고를 유발하는 역기능적 인지도식을 재구성하여 긍정적 사고를 유발하는 인지도식으로 변화시키는 데 상담의 목표를 둠
④ **상담의 절차** : 내담자의 부정적 자동적 사고 점검 → 부정적 자동적 사고를 지지하거나 반대하는 증거의 검토 → 인지적 오류의 발견, 현실적인 해석으로 대체 → 실용적 도식으로 수정
⑤ **상담의 기법**
  ㉠ 인지적 기법
  - **재귀인하기** : 사건의 책임을 정당하게 인식하여 자신의 책임으로 귀인하는 습관을 수정
  - **재정의하기(특별한 의미 이해하기)** : 내담자가 자주 사용하는 부정적인 감정을 유발하는 단어들이 무엇을 의미하는지를 질문하고, 보다 정확하고 실용적으로 재정의하도록 유도
  - **절대성에 도전하기** : '항상, 모든, 결코' 등의 절대성 언어를 보다 구체적인 표현으로 변경
  ㉡ 행동적 기법
  - **노출치료** : 스트레스 상황에 노출되어 보고, 내담자가 가진 인지적 오류를 확인하게 함
  - **사고중지** : 비생산적이고 자기 파괴적인 생각이 떠오를 때마다 '멈춰!'라고 말하거나, 긍정적인 생각으로 대체하는 방법
  - **행동실험(행동시연)** : 내담자에게 기대되는 바람직한 행동을 일부 시도해보고, 그 결과를 평가하면서 내담자의 인지도식을 확인하고 검증해 보는 방법
    예 교사 : 내일 친구 다섯 명에게 말을 걸어보고, 친구들이 한 명도 대답을 하지 않을 거라는 철수의 생각이 맞는지 확인해 보자. 그럼 방과 후에 나랑 만나서 결과를 살펴보고 다음 단계를 의논해 보자.

06 게슈탈트 상담이론 2011 국가직7급

(1) 펄스(Perls)의 게슈탈트 상담이론

① 개요 : 지금-여기에서의 상황을 게슈탈트 관점에서 통합적으로 이해하여 미해결 과제를 자각하고 해결하는 데 초점을 두는 상담이론

② 심리적 문제의 원인
  ㉠ 게슈탈트(Gestalt) : 여러 부분들이 의미 있게 조직되어 만들어지는 '전체' 또는 '형태'라는 뜻으로, 상담에서는 개인의 욕구나 감정이 하나의 의미있는 전체로 조직된 것을 의미함
  ㉡ 전경과 배경 : 게슈탈트를 구성하는 요소인 전경과 배경을 제대로 구분하지 못하면 자신의 욕구나 필요를 명확히 알아차리지 못하며, 결과적으로 욕구 충족에 실패하게 됨
  ㉢ 미해결 과제(사태) : 개인의 '완결되지 않은', '해소되지 않은' 혹은 '불완전한' 게슈탈트를 말하는 것으로, 분노, 고통, 불안, 죄의식, 포기 등의 형태로 나타남. 미해결 과제가 많아질수록 개인은 자신의 욕구를 해소하는 데 실패하게 되고, 결국 심리적 장애를 얻게 됨

③ 상담의 목표
  ㉠ 전경과 배경의 자연스러운 교체를 통해 '지금-여기'에서 자신의 욕구와 감정을 분명하게 알아차리고 진실한 삶을 살게 하는 것
  ㉡ 미해결 과제를 자각하고 비효율적인 감정의 고리에서 벗어나 자신의 삶을 책임질 수 있는 통합된 자아를 형성을 하도록 돕는 것

④ 상담의 접근방법
  ㉠ 상담자는 내담자를 위해서 해석하지는 않으나 내담자 스스로 그 의미를 해석할 수 있도록 도와 줌
  ㉡ 내담자는 현재의 기능을 방해하고 있는 과거로부터 해결되지 않은 문제들을 알아차리고 이를 해소하도록 기대됨
  ㉢ 상담자가 상담의 중심이 되어 상담과정에서 언제 어떤 활동을 할 것인가를 결정하고 인도함
  ㉣ 내담자로 하여금 순간순간 스스로의 경험에 대한 각성을 하도록 여러 가지 기술, 게임, 활동 등을 책임지고 계획하고 지도함

⑤ 상담의 기법
  ㉠ 알아차림(자각, awareness) : 내담자가 자신이 '지금-여기'에서 무엇을 느끼고 무엇을 원하는지, 주변의 환경은 어떤지, 자주 사용하는 언어는 어떤지를 자각하고, 자신의 욕구와 감정 등에 대한 책임의식 증진
  ㉡ 꿈 작업 : 내담자가 반복적으로 꾸는 꿈을 통해 미해결 감정이나 욕구에 직면하게 함
  ㉢ 역할연기 : 내담자가 그동안 회피해왔던 역할이나 행동들을 연기해 봄으로써 자신의 감정을 자각하고 미해결 감정을 해소할 수 있게 함

암기 POINT

• 펄스의 게슈탈트 상담이론
  - 문제의 원인 : 전경과 배경을 구분하지 못해 발생한 '미해결 과제'의 축적
  - 해결방법 : '지금-여기'에서의 미해결과제 자각 및 해결
  - 상담기법 : 알아차림(자각 : 욕구, 감정, 감각, 환경, 언어), 역할연기, 현재화 기법, 빈의자 기법, 과장하기, 꿈 작업, 자기 부분과의 대화, 상전-하인기법

ⓔ 빈 의자 기법
- 갈등 상대와의 대화 : 내담자에게 중요한 사람이 빈 의자에 앉아있다고 상상하고 하고 싶은 말을 하게 하는 방법으로, 대인갈등 상황에서 내담자가 경험하는 자신의 숨은 욕구와 감정을 자각하도록 촉진
- 자기 자신과의 대화 : 한 번은 모범적인 자아(도덕적 자아)의 입장에서, 다시 자리를 옮겨 자유로운 자아(충동적 자아)의 입장에서 입장을 바꾸어 대화를 나누게 함으로써 분열된 자아들 간의 통합을 시도

[게슈탈트 상담(빈 의자 기법)의 예시]
최 교사 : 요즘 영주와 얘기를 잘 안하는 이유가 뭐니? 여기 의자가 두 개 있는데 먼저 네가 앉고 싶은 곳에 앉고, 나머지 의자에는 영주가 앉아 있다고 상상해 보렴. 자, 지금부터 네가 영주에게 원하는 것이 무엇이고, 어떤 감정을 느끼고 있는지 영주에게 직접 얘기해 보겠니?
민   영 : 영주야. 무슨 말부터 해야 할지 잘 모르겠지만…. 난 너와 계속 좋은 친구로 지내면 좋겠어. 그런데 요즘 넌 나한테 신경을 너무 안 쓰는 것 같아. 너무 속상해.
최 교사 : 그럼 이제 의자를 바꾸고, 네가 영주의 입장이 되어 민영이에게 얘기해 보겠니?
민   영 : 난 여전히 너를 가장 친한 친구로 생각하고 있어. 그런데 내가 공부에 열중하고 있을 때 네가 말을 걸면 짜증날 때가 많았어. 중학교에 오면서 공부할 게 많아져서 부담스러웠고, 그래서 너한테 신경을 많이 못 썼던 것 같아.
최 교사 : 민영아, 지금 기분이 어떠니?

(2) 프랭클(Frankl)의 실존주의 상담이론

① 개요 : 내담자가 자신의 현실을 있는 그대로 경험하고 지각하는 대로 반응하며, 진정한 삶의 의미를 찾아 자아실현을 할 수 있도록 돕는 데 목표를 두는 상담이론(의미치료 이론)
② 심리적 문제의 원인 : 삶에 대한 자유의지와 책임감 상실, 삶의 의미나 목적 상실로 인한 실존적 공허감과 좌절, 인간 존재에게 불가피한 죽음과 불안과 죄의식 직면 회피
③ 상담의 목표 : 내담자가 주어진 조건 안에서 자유와 책임을 인식하며, 주어진 실존을 수용함과 동시에 자신의 가능성을 최대한 실현하려는 노력을 통해 삶의 의미를 찾도록 도움
④ 상담의 기법
  ㉠ 역설적 의도(paradoxical intention) : 강박적인 공포증에 걸린 내담자들의 치료에 도움이 되는 기법으로, 내담자가 두려워하는 일 자체를 하도록 하거나 일어나기를 소망하도록 촉진하는 방법(불안에의 직면)
  ㉡ 탈숙고(비반영, dereflection) : 내담자가 자신의 문제에 대해 지나치게 숙고하지 않고 무시나 방관을 통해 자신의 관심을 다른 곳으로 돌림으로써 내담자의 자발성과 활동성을 회복시켜 주는 방법

암기 POINT

- 프랭클의 실존주의 상담이론
  - 문제의 원인 : 자유의지와 책임감 상실, 실존적 불안 회피
  - 해결방법 : 실존의 수용, 자유와 책임 인식
  - 상담기법 : 진실성, 온정, 공감, 존경, 감정 표현

07 교류분석 상담이론 2012 국가직9급

① 개요
  ㉠ 번(Berne)에 의해 창시된 상담이론으로, 인간의 자율성과 선택을 강조하는 상담이론
  ㉡ 개인의 성격과 행동을 구성하는 자아상태를 부모-성인-어린이 자아로 나누고, 세 가지 자아 상태의 균형을 강조하는 상담이론
  ㉢ 내담자의 자아 상태, 교류, 개인, 각본 등을 분석하여 내담자의 자아 상태를 보다 생산적이며 성숙하게 변화시키는 데 초점을 두는 이론

② 상담의 목표
  ㉠ 개별상담 : 내담자의 성인 자아를 확립하여 자신의 삶에 책임을 지고 스스로 자신을 지도할 수 있는 자율성(autonomy)을 갖추게 함
  ㉡ 집단상담 : 내담자가 상대방과 어떤 자아 상태에서 의사소통하는지를 파악하고 상보적 교류(complementary transaction) 관계를 맺게 함

③ 상담의 절차와 분석기법
  ㉠ 구조분석(성격구조 분석, structural analysis) : 개인의 감정, 사고, 행동을 '자아 상태(ego-state)'라는 개념을 통해 이해하는 방법으로, 부모(P), 성인(A), 어린이(C) 자아로 구분

부모 자아(P)	개인의 정서와 행동을 조절하는 도덕, 가치, 신념체계를 의미 (≒ 초자아)
성인 자아(A)	현실을 검증하고 문제를 해결하는 합리적이고 객관적인 기능을 하며, 자아상태 간의 갈등을 중재하는 역할을 수행(≒ 자아)
어린이 자아(C)	내면에서 본능적으로 일어나는 감정적 반응체계를 의미(≒ 원초아)

  ㉡ 교류분석(교류패턴 분석, transactional analysis) : 대인관계에서의 상호작용을 관찰·분석하여 각자 어떤 자아 상태가 관여하고 있으며 어떤 유형의 교류를 하고 있는지를 분석
    • 상보교류 : 두 사람이 동일한 자아 상태에서 혹은 상호보완적인 자아 상태에서 상호작용하는 경우로, 의사소통이 원활하며 참여자들 간의 갈등이 유발되지 않음
    • 교차교류 : 상대방의 반응이 기대한 것과 다른 자아 상태에서 되돌아오는 경우로, 상대방이 기대하는 욕구가 무시되거나 잘못 이해됨
    • 이면교류 : 겉으로 표현되는 사회적 자아와 실제로 내면에서 기능하는 심리적 자아가 서로 다른 상태에서 복합적으로 일어나는 상호작용으로, 주된 요구나 의도는 이면에 숨겨져 있는 것이 특징

암기 POINT

• 번의 교류분석 상담이론
  - 문제의 원인 : 비효율적 자아상태의 유지
  - 해결방법 : 보다 효율적인 자아상태와 교류관계 형성
  - 상담기법(분석기법) : 구조분석, 교류분석, 게임분석, 각본분석을 통한 맞닥뜨림, 실증, 해석

상보 교류	남편 : 여보, 지금 몇 시야? (A→A) 아내 : 보자, 11시 30분이네. (A→A)	
교차 교류	남편 : 여보, 지금 몇 시야? (A→A) 아내 : 당신은 시계 없어? 내가 당신 시계야? (P→A)	
이면 교류	– 표현된 메시지(사회적 수준) 남편 : 여보, 지금 몇 시야? (A→A) 아내 : 아직 12시 안 됐어. (A→A)	– 잠재된 메시지(심리적 수준) 남편 : 너무 늦은 거 아닌가? (C→C) 아내 : 아직 안 늦었으니까 그만 좀 해. (C→C)

ⓒ 게임분석(game analysis) : 교류과정에서 발생하는 정형화되고 반복되는 이면교류를 분석하여 역기능적 의사소통의 원인을 찾음

ⓔ 각본분석(script analysis) : 개인 자신과 타인 및 세계에 대한 심리적 틀인 '생활자세(life position)'와 가장 기본적이고 사적인 행동양식을 의미하는 '생활각본(life script)' 분석

	자기 긍정	자기 부정
타인 긍정	자신과 타인 모두에 대해 상호존중과 긍정적인 삶의 태도를 취함(승리자 각본)	자신을 열등한 존재로 인식하여 자기비하, 우울증, 무가치함, 무력감(패배자 각본)
타인 부정	자기도취적 우월감, 타인에 대한 불신과 혐오의 자세를 취함	삶에 대해 무용론적 입장, 만사를 부정적으로 보고 대인관계를 거부함

08 현실치료 상담이론 2021·2023 지방직9급

① 개요
  ㉠ 글래써(Glasser)에 의해 개발된 이론으로, 내담자의 감정이나 태도보다는 행동에 초점을 맞추고 개인적인 책임감을 강조하는 상담이론
  ㉡ 내담자의 욕구를 파악한 후 현재의 행동이 소망하는 것을 달성시키고 있는지 살피고, 현실에 맞서 자신의 삶을 통제할 수 있도록 돕는 데 초점을 두는 상담이론

② 인간에 대한 관점
  ㉠ 통제이론(control theory) : 인간은 자신의 내적인 욕구가 실현될 수 있도록 자신의 하는 모든 것(생각, 감정, 행동)을 통제할 수 있음
  ㉡ 선택이론(choice theory) : 인간은 자신이 하는 모든 것(생각, 감정, 행동)을 자유롭게 선택할 수 있다고 봄. 결국 개인이 느끼는 불행과 부적응 행동도 자신이 선택한 것으로 볼 수 있음
  ㉢ 자기결정적 존재 : 인간은 자신이 하고자 하는 행동을 통제하거나 선택할 수 있는 능력을 갖고 있으며, 이미 행한 모든 행동은 선택에 의해 이루어진 것이라고 봄
  ㉣ 책임있는 존재 : 궁극적으로 자신의 삶은 자신의 욕구를 충족시키기 위한 선택의 결과이므로, 자신이 자신의 삶에 대한 책임을 가져야 함

암기 POINT

• 글래써의 현실치료 상담이론
 – 문제의 원인 : 인간의 기본 욕구를 충족시키지 못한 행동으로 인한 부정적 자아정체감 형성
 – 해결방법 : 책임있는 행동(3R)을 통해 욕구를 충족시킴으로써 긍정적 자아정체감 형성
 – 상담의 절차 : 우볼딩의 WDEP 모형
 – 상담기법 : 질문, 유머, 논쟁, 역설적 기법

③ 심리적 문제의 원인과 해결방법
  ㉠ **기본 욕구(basic needs)** : 인간은 5가지 기본 욕구(생존, 소속감, 힘, 자유, 즐거움)를 가지고 있으며, 인간의 모든 행동은 이를 충족시키기 위한 선택의 결과임
  ㉡ **책임 있는 행동(3R)** : 욕구 충족 방법은 3R[책임감(Responsibility), 현실(Reality), 옳음(Right)]의 조건에 부합하여야 성공적인 자아정체의식을 효과적으로 형성할 수 있음
  ㉢ **전체 행동(total behavior)** : 인간의 전체 행동은 활동(acting), 생각(thinking), 느낌(feeling), 신체반응(physiology)으로 구성되며 서로 유기적으로 관련되어 통합적 체계를 이룸. 특히 현실치료에서는 인간의 선택에 의해 통제 가능한 '활동'이나 '생각'을 중시함

④ 상담의 목표
  ㉠ 내담자가 자신의 심리적 욕구를 현실적이고 옳은 방법으로 책임감 있게 충족시킬 수 있도록 도와주는 것을 목표로 함
  ㉡ 궁극적으로는 내담자로 하여금 책임 있는 행동을 학습하여 성공정체감을 발달시키게 하는 것을 목표로 함

⑤ 상담의 절차 : 우볼딩(Wubbolding)의 WDEP 모형
  ㉠ 내담자로 하여금 자신의 욕구(W)를 파악한 후 현재 하고 있는 행동(D)의 효과성을 평가(E)하고, 변화를 위한 행동계획(P)을 수립하고 이를 실천할 수 있도록 도와주는 방법
  ㉡ 내담자가 '원하는 게 무엇인지를 확인한 후 지금부터 계획을 세우자.'고 유도함으로써 자신의 감정이나 행동에 책임을 지도록 도와줌

단계	설명	예시
욕구 파악하기 (Want)	- 내담자가 자신이 원하는 바가 무엇인지를 파악하는 단계 - 기본욕구들의 크기와 우선순위를 살펴봄	김 교사는 내담자인 선미가 무엇을 원하는지를 물었다. 선미는 급우들의 따돌림에서 벗어나 좋은 관계를 맺고 싶다고 답하였다.
현재행동 탐색하기 (Doing)	- 내담자가 자신의 욕구 충족을 위해 현재 무엇을 하고 있는지를 탐색해 보는 단계 - 전체 행동의 관점에서 탐색	김 교사는 선미가 급우들에게 무슨 행동을 어떻게 하고 있는지를 탐색하였다.
자신의 행동 평가하기 (Evaluating)	- 내담자의 행동과 욕구 사이의 관계를 점검하고 스스로 평가해 보는 단계 - 욕구 충족 방법의 적절성과 효과성 등을 기준으로 평가함	김 교사는 선미에게 급우관계를 개선하기 위해 얼마나 노력했는지, 급우를 대하는 자신의 행동이 얼마나 적절했는지 등을 스스로 평가해 보도록 도왔다.
책임 있는 행동 계획하기 (Planning)	- 내담자의 욕구를 충족시킬 수 있는 구체적인 계획을 수립하는 단계 - 수립된 계획을 실천하는 과정을 통해 성공적인 자아정체감을 기름	김 교사는 선미의 급우관계를 개선하기 위해 선미가 앞으로 실천해야 할 구체적 방안과 계획을 수립하도록 도왔다.

⑥ 상담기법
  ㉠ 숙련된 질문 : 내담자가 원하는 것을 생각해 보기 위한 방법으로서, 질문을 통해 내담자가 자신의 내면세계에 들여다보게 할 수 있음
  ㉡ 적절한 유머 : 내담자와 편안하고 친밀한 관계를 맺기 위한 방법이자, 내담자가 자신의 부적절한 행동을 쉽게 인정할 수 있도록 하는 기법
  ㉢ 토의와 논쟁 : 내담자가 자신의 욕구와 현재 행동 사이의 모순성을 파악하고 정확하게 평가할 수 있도록 토의와 논쟁을 이끌어 나감
  ㉣ 직면하기 : 내담자의 말과 행동이 불일치하는 것을 인식시키는 기법으로, 내담자의 비생산적인 사고나 신념을 파악할 수 있게 함
  ㉤ 역설적 기법 : 상담의 목표와는 모순되는 행동을 해 보게 하는 것으로, 결국 내담자가 자신의 행동을 통제하고 선택할 수 있다는 것을 깨닫게 하는 기법 예 발표를 두려워하는 내담자에게 의도적으로 실수를 하도록 지시하는 것

09 해결중심 상담이론

① 개요
  ㉠ 1980년대 드 셰이저(de Shazer) 등에 의해서 가족치료에서부터 시작되었으나, 현재는 다양한 장면에서 광범위하게 사용되는 이론
  ㉡ 내담자가 호소하는 문제의 원인을 밝히려는 노력보다는 내담자와 협력하여 해결책을 찾는 데 중점을 두는 상담이론
② 인간에 대한 관점 : 인간은 더 나은 방향으로 변화하기를 원하며, 자기 문제를 해결할 자원을 이미 갖고 있다는 긍정적인 관점을 토대로 함
③ 상담의 기본 원리
  ㉠ 단기적 상담 : 비교적 단기간(약 10~25회 상담)에 상담목표를 달성하기 위해 개발된 이론으로, 내담자가 호소하는 한두 가지 핵심문제를 중심으로 상담을 진행
  ㉡ 현재와 미래에 초점 : 내담자에게 최근에 일어났던 의미 있는 경험이면서 반복적으로 일어나는 문제 증상에 초점을 맞추며, 미래에 발생할 어려움을 극복할 수 있도록 대처기술들을 개발하는 데 목표를 둠
  ㉢ 문제해결적 접근 : 문제의 원인을 밝히려는 데 중점을 두는 기존의 문제중심 패러다임(의료 모델)에서 벗어나, 내담자와 함께 해결책을 발견하고 내담자의 성공경험을 통해 강점을 발견하고 이를 확대시키는 해결중심 패러다임(성장 모델)의 접근방법을 취함
  ㉣ 상담자의 즉각적이고 적극적인 개입 : 상담의 초점을 유지시키고 효율적인 목적 달성을 위해 상담자가 더욱 적극적인 태도로 임함

암기 POINT

• 해결중심 상담이론
  - 문제의 원인 : ? (문제의 원인을 밝히기보다는 해결책을 찾는 데 집중)
  - 해결방법 : 내담자의 강점과 성공경험에 기초하여 대처기술 개발
  - 상담기법 : 변화 질문, 예외 질문, 기적 질문, 척도 질문, 대처 질문, 관계성 질문, 악몽 질문, 간접적 칭찬

④ 상담의 기법
  ㉠ 상담 전 변화에 대한 질문 : 내담자의 잠재능력을 발견하고 해결방안을 찾기 위해 상담 이전에 내담자에게 일어났던 변화에 대해 질문함
    예 지난 상담 이후 조금이라도 나아진 점이 있다면 무엇이 있을까요?
  ㉡ 예외 질문 : 내담자의 경험 속에서 문제가 발생할 것으로 예상하였으나 문제가 발생하지 않았던 상황을 질문함으로써 성공의 가능성을 확인함
    예 시험을 볼 때마다 불안하다고 했는데, 혹시 불안하지 않은 적은 없었니?
  ㉢ 기적 질문 : 기적이 일어나서 문제가 해결된 상황을 상상해 보게 하는 질문으로, 문제에 대한 부정적 집착으로부터 벗어나게 함
    예 만약 오늘 밤 기적이 일어난다면, 내일 아침 무슨 일이 일어나 있을 것 같니?
  ㉣ 척도 질문 : 문제의 심각성, 목표의 성공가능성, 성취정도, 자신감 등을 숫자로 표현해 봄으로써 보다 명백하게 인식하게 함
    예 가장 불안할 때를 10점, 전혀 불안하지 않을 때를 0점이라고 한다면, 지금은 몇 점 정도 될까?
  ㉤ 대처 질문 : 내담자가 그동안 어떻게 문제에 대처해 왔는지를 질문하는 것으로, 내담자가 가지고 있는 자원과 강점을 발견하도록 도움이 됨
    예 그렇게 불안해 하면서도 어떻게 그동안 매일 학교를 잘 다닐 수 있었니?
  ㉥ 관계성 질문 : 문제가 해결되면 주변 사람들이 내담자에 대해 어떻게 반응할지를 질문하여, 내담자의 가능성, 희망, 한계 등을 지각하게 함
    예 네가 원하는 대로 이루어진다면 너의 부모님은 어떤 반응을 보이실 것 같니?
  ㉦ 악몽질문 : 부정적인 생각에 사로잡힌 내담자에게 역설적인 질문을 함으로써 오히려 긍정적인 변화에의 의지를 일깨우고자 하는 기법
    예 상황이 갑자기 많이 나빠졌다고 상상해 보자. 무엇이 가장 최악일 것 같니?
  ㉧ 간접적인 칭찬 : 내담자의 긍정적인 측면을 암시하는 질문으로, 내담자로 하여금 자신의 강점이나 자원을 스스로 발견하도록 유도하는 기법
    예 그렇게 어려운 상황이었는데도 어떻게 그렇게 성실하게 학교를 다닌 수 있었니?

CHAPTER

교육행정의 이론

교육행정은 교육 관련 조직에서 교육목표를 효과적으로 달성하기 위하여 인적·물적 요소를 조직하고 통제하고 관리하는 제반 지원활동이다. 교육행정의 이론에서는 교육행정의 원리 및 조직 이론, 동기 이론, 지도성 이론, 정책결정 이론 등을 다룬다.

1. 교육행정의 개념과 원리
2. 교육행정 이론의 발달
3. 조직 이론
4. 동기 이론
5. 지도성 이론
6. 교육기획과 교육정책

*AA급 : 11회 이상 | A급 : 6~10회 | B급 : 3~5회 | C급 : 1~2회

교육행정의 이론

교육행정의 개념과 원리
- (1) 교육행정의 개념 C
- (2) 교육행정의 성격과 원리 AA

교육행정 이론의 발달
- (1) 교육행정학의 발달과정 개관
- (2) 고전이론 AA
- (3) 인간관계론 C
- (4) 행동과학론 C
- (5) 대안적 관점 C

조직 이론
- (1) 조직의 개념과 운영 원리 B
- (2) 학교조직의 성격 B
- (3) 학교조직의 구조 A
- (4) 학교의 조직풍토와 문화 C
- (5) 조직의 갈등관리 C
- (6) 조직 내 의사소통 C

동기 이론
- (1) 동기 이론의 기초
- (2) 동기의 내용이론 A
- (3) 동기의 과정이론 A

지도성 이론
- (1) 전통적 지도성 이론
- (2) 상황적 지도성 이론 A
- (3) 대안적 지도성 이론 A

교육기획과 교육정책
- (1) 교육기획 C
- (2) 교육정책 A
- (3) 의사결정(정책결정) 이론 AA

CHAPTER 08 교육행정의 이론

회독 CHECK □1회독 □2회독 □3회독

1 교육행정의 개념과 원리

01 교육행정의 개념 2008·2011 국가직9급

(1) 교육과 행정의 관계

① 교육에 관한 행정
  ㉠ 교육행정을 국가의 권력 작용인 행정의 하위영역 중 하나로 간주하는 관점
  ㉡ 교육보다는 '행정'을 강조하는 입장으로, 행정의 통합성(종합성)과 효율성을 강조
  ㉢ 교육의 양적 성장 과정에서 관료제적 원리가 적용된 교육행정의 관점에 해당

② 교육을 위한 행정
  ㉠ 교육행정은 교육행위가 잘 수행될 수 있도록 도와주는 수단이라고 보는 관점
  ㉡ 행정보다 '교육'을 강조하는 입장으로, 교육의 본질과 자주성·전문성을 중시하는 입장
  ㉢ 행정의 지원적 성격에 초점을 맞추며, 교육행정의 정당성은 교육목적 달성에의 기여도를 기준으로 판단됨

	교육에 관한 '행정'	'교육'을 위한 행정
장점	- 행정의 통합성과 효율성 강조 - 행정적 능률성 추구	- 교육의 본질, 자주성, 전문성 강조 - 행정의 지원적 성격 중시
단점	- 관리와 통제 위주의 행정 - 행정편의주의, 관료주의 만연 - 교육의 다양성, 자율성, 민주성 경시	- 비능률적인 행정과 제도 우려 - 행정적 가치 경시와 자원의 비효율화 - 행정의 통합성, 책무성, 생산성 경시

> **암기 POINT**
> - 교육행정의 일반적 개념
>   - 교육에 관한 행정 : 행정의 관점, 권력적 성격 강조
>   - 교육을 위한 행정 : 교육의 관점, 지원적 성격 강조

암기 POINT

- 교육행정의 이론적 개념
  - 국가통치권론: 교육활동의 지도와 감독, 법적 통제
  - 조건정비론: 교육활동을 위한 조건 정비와 지원
  - 행정과정론: 교육의 목표 달성을 위한 조직 운영
  - 행정행위론: 교육의 목표 달성을 위한 협동행위
  - 정책실현론: 교육에 관한 정책 수립과 집행 과정
  - 교육지도성론: 교육목적 달성을 위한 지도성 발휘

(2) 교육행정의 이론적 관점

① **국가통치권론**('교육에 관한 행정', 행정영역구분론, 법규해석론)
  ㉠ 교육행정을 법규를 해석하여 교육정책을 수립하고 이를 집행하며, 법규에 따라 교육활동을 지도·감독하는 공권적 작용으로 보는 관점
  ㉡ 국가통치권 중 교육행정 사무를 담당하는 교육부가 수행하는 법적 기능 혹은 행정 작용
  ※ 광복 직후 내무부 산하의 학무국이 중앙교육행정조직이었으며, 비서실 외에 6과가 편성되어 있었음
  ㉢ 교육제도의 운영에 있어서 권력적·강제적 요소를 강조하는 '위에서 아래로의(top down approach)' 관점으로, 교육행정의 중앙집권적이고 권위주의적인 성격을 강조함
  ㉣ 행정의 통제성과 획일성 측면을 강조하며, 행정의 효율성과 안정성이 보장됨
  ㉤ 교육의 자주성, 전문성, 특수성을 반영하기 어려움

② **조건정비론**('교육을 위한 행정', 기능주의론)
  ㉠ 교육행정을 교육목표의 효과적 달성에 필요한 제반 조건을 정비하는 수단적·봉사적 활동으로 보는 입장
  ㉡ 교육목표를 달성하기 위해 교사와 학생들 간에 일어나는 교수·학습 활동을 원활히 하는 데 필요한 인적·물적 조건을 지원하기 위한 조장 활동이자 보조적 활동
  ㉢ 민주적 교육행정을 중시하는 '아래에서 위로의(bottom up approach)' 관점으로, 현장교육을 지원하고 봉사하여야 하는 역할을 강조함("행정은 교육의 하인이다.")
  ※ 지방교육행정조직에서 '지역교육청'의 명칭을 '교육지원청'으로 변경하고, 그 역할을 종래의 '관리·점검' 중심에서 '일선 학교의 교육활동에 대한 지원 강화' 중심으로 새롭게 정립하였음
  ㉣ 교육의 자주성·전문성 측면을 강조하며, 행정의 자율적 행정지원 역할을 중시함
  ㉤ 행정의 안정성과 일관성을 해칠 수 있음

국가통치권론(교육에 관한 행정)	조건정비론(교육을 위한 행정)
- 교육 관련 법규에 따라 교육정책을 수립·집행하는 공권력의 작용	- 교육목표의 효과적 달성에 필요한 조건을 정비·확립하는 수단적 활동
- 교육보다 행정을 강조하는 입장	- 행정보다 교육을 강조하는 입장
- 행정의 통제성·획일성 측면을 강조	- 교육의 자주성·전문성 측면 강조
- 관료적 효율성 강조	- 자율적 행정지원 강조

③ 행정과정론
    ㉠ 순환적인 행정의 과정 속에서 행정가가 수행하는 일련의 기능적인 행위에 관심을 두는 관점으로, 행정을 동태적인 관점으로 이해하는 관점
    ㉡ 교육행정은 교육기획, 조직, 장학, 교육인사와 재정, 시설관리 등 교육목적 달성을 위해 조직을 과학적·체계적으로 운영하는 일련의 과정으로 정의됨
    ㉢ 초기에는 명령·지시·통제 등을 주요 요소로 간주하였으나, 보다 최근에는 의사결정·자극·영향·평가 등을 주요 요소로 파악하여 교육행정의 민주화 흐름을 반영함

④ 행정행위론(경영설, 협동행위설)
    ㉠ 교육행정을 교육목적을 최대한 효과적으로 달성하기 위해 합리성을 기초로 제반 조직과 조건을 체계적으로 정비하고 조성하는 협동적 행위로 정의하는 관점
    ㉡ 체제이론의 관점에 기초해서, 교육행정을 교육체제에 작용하는 여러 변인을 합리적으로 조정하는 활동으로 봄
    ㉢ 행정의 본질을 조직원의 집단적 협동행위로 가정하고, 여러 사람이 합리적이고 체계화된 협동행위를 통해 공동의 목표를 달성할 수 있다고 봄 ("행정은 고도의 합리성을 지닌 집단적 행위")

⑤ 정책실현론(정치과정론)
    ㉠ 교육행정의 본질을 정치적 과정으로 보고, 교육행정을 국가의 권력기관이 교육정책을 수립하고 이를 실제로 수행하는 전반적인 과정으로 정의함
    ㉡ 정치와 행정을 이원적으로 구분하지 않으며, 교육정책과 관련한 입법(정책결정)과 행정(정책집행)을 상호관련적인 것으로 간주함

⑥ 교육지도성론(교육리더십론)
    ㉠ 교육행정을 교육목적을 수립하고 달성하기 위해 인간(man), 물자(material), 재정(money) 등을 효과적으로 확보, 배분, 활용하기 위해 지도성을 발휘하는 행위로 정의하는 관점
    ㉡ 주어진 목표를 달성하는 데 필요한 조건을 정비하는 데 머무르지 않고, 적극적으로 교육의 방향이나 목표를 수립하고, 이를 달성하기 위한 일련의 방법들을 모색하며, 결과에 대해 모니터링과 평가를 실시하는 능동적인 리더십을 발휘하는 것을 바람직한 교육행정이라고 봄
    ㉢ 교육행정의 지방분권, 교육자치 실현을 위한 학교운영위원회와 단위학교중심경영(school-based management)을 통해 단위학교의 자주성과 책무성을 강조함

02 교육행정의 성격과 원리

2015·2017·2021·2022·2024 지방직9급 / 2013·2014·2016·2024·2025 국가직9급 / 2011·2012·2020 국가직7급

(1) 교육행정의 성격

① 교육행정의 일반적 성격

- ㉠ **공공적 성격** : 교육행정은 전 국민을 대상으로 하는 활동으로서 공공성을 띤 공익적 활동임
- ㉡ **봉사적 성격** : 교육행정은 교수·학습 활동을 지원하고 조장하는 것을 중요한 출발점으로 하여야 함
- ㉢ **수단적 성격** : 교육행정은 교육목적을 이루기 위해 필요한 조건을 충족하기 위한 수단으로서 기능하여야 함
- ㉣ **민주적 성격** : 교육행정은 조직, 인사, 내용, 운영 등에서의 자율성과 민주성을 중요시하여야 함
- ㉤ **정치적 성격** : 교육행정은 교육과 정치의 관계성을 인식하고, 교육문제를 예견하고 교육발전을 위한 장단기 대책을 수립·실천하여야 함
    * "학교는 국가를 건설하거나 재건하는 강력한 도구"(Plato & Aristotle), "교육은 정치체제의 안정과 변화에 공헌"(Thompson)

② 교육행정의 독자적 성격(Campbell)

- ㉠ **중요성(cruciality)** : 교육은 사회를 유지하고 사회화하는 기능을 수행하는 핵심 역할을 하고 있으므로 특별히 중요하게 취급되어야 함
- ㉡ **공개성(visibility)** : 교육은 학부모나 일반시민의 요구를 바탕으로 존재하므로 공공의 요구에 민감하여야 하며 활동의 공개성이 요청됨
- ㉢ **복잡성(complexity)** : 학교는 교수·학습 및 생활지도와 같이 기능상 매우 복잡한 활동을 수행하고 있으므로 이를 지원하여야 함
- ㉣ **친밀성(intimacy)** : 교육은 학생, 교사, 학부모 상호 간의 친밀한 인격적 관계의 바탕 위에서 이루어지므로 이를 고려하여야 함
- ㉤ **전문성(professionality)** : 학교의 주요 구성원인 교사는 전문직으로서의 성격을 가지므로 그들의 자율성과 책임성을 보장하여야 함
- ㉥ **평가의 난해성(difficulty of appraisal)** : 교육은 인간의 변화와 성장을 추구하는 활동이므로 목표달성에 대한 측정이나 성과평가가 어려움
- ㉦ **장기성(long-term)** : 교육은 개인의 삶의 과정이며 평생교육을 지향하기 때문에 장기적인 안목과 정책의 일관성이 요구됨

암기 POINT

- 교육행정의 일반적 성격
  - 공공적 성격
  - 봉사적 성격
  - 수단적 성격
  - 민주적 성격
  - 정치적 성격

암기 POINT

- 교육행정의 독자적 성격(캠벨)
  - 중요성
  - 공개성
  - 복잡성
  - 친밀성
  - 전문성
  - 평가의 난해성
  - 장기성

(2) 교육행정의 원리

① 기회균등의 원리
  ㉠ 교육의 평등성과 수월성이 실현되는 원리로서, 교육제도의 설계와 운영이 모든 국민에게 교육받을 권리를 보장해야 한다는 것을 뜻함
  ㉡ 「헌법」 제31조 제1항의 "모든 국민은 능력에 따라 균등하게 교육받을 권리를 가진다."는 원리를 실현하는 것을 의미
  ㉢ 의무교육에서는 능력에 관계없이 모든 국민이 균등하게 교육받을 기회를 보장하되, 그 밖의 단계에서는 능력에 따른 차이를 인정함
  ㉣ 초·중학교 무상 의무교육 실시, 장학금제도와 같은 교육복지제도 확충, 고교평준화 정책의 기본 골격 유지, 남녀공학의 실시, 특수교육과 영재교육 제공, 방송통신교육·성인교육 확대 등이 대표적 사례
  ㉤ 관련 법률
    ☑ 「교육기본법」 제4조(교육의 기회균등 등)
      ① 모든 국민은 성별, 종교, 신념, 인종, 사회적 신분, 경제적 지위 또는 신체적 조건 등을 이유로 교육에서 차별을 받지 아니한다.
      ② 국가와 지방자치단체는 학습자가 평등하게 교육을 받을 수 있도록 지역 간의 교원 수급 등 교육 여건 격차를 최소화하는 시책을 마련하여 시행하여야 한다.
      ③ 국가는 교육여건 개선을 위한 학급당 적정 학생 수를 정하고 지방자치단체와 이를 실현하기 위한 시책을 수립·실시하여야 한다.

② 합법성의 원리(법치행정의 원리, 법률적합성의 원리)
  ㉠ 모든 행정행위는 법률의 근거를 필요로 하며, 법률을 위반해서는 안 된다는 원리
    ＊ 교육행정은 「헌법」 제31조, 「교육기본법」, 「초·중등교육법」, 「고등교육법」, 「교육공무원법」, 「사립학교법」, 「평생교육법」 등의 제 법률에 근거하여 집행됨
    ☑ 「헌법」 제31조 제6항 학교교육 및 평생교육을 포함한 교육제도와 그 운영, 교육재정 및 교원의 지위에 관한 기본적인 사항은 법률로 정한다.
  ㉡ 교육공무원으로서의 신분을 보장받아서 업무를 소신 있게 수행할 수 있게 하는 기능이 있음
  ㉢ 공무원의 부당한 직무수행과 행정재량권의 남용을 방지하고자 하는 의도를 포함하고 있음
  ㉣ 합법성의 원리를 지나치게 강조하면 교육행정의 전문성이 경시되고, 형식적이고 경직된 행정을 초래될 수 있음

③ 전문성의 원리(전문적 관리의 원리)
  ㉠ 교육행정은 교육의 본질과 특수성을 잘 이해하고 교육행정에 관한 고도의 지식과 기술을 갖춘 전문가들에 의해 이루어져야 한다는 원리
  ㉡ 교육감 후보자의 자격조건 제한을 둔 것, 교장·교감 자격증을 가진 사람만이 학교행정가가 될 수 있도록 한 것이 대표적 사례
    ＊ 「지방교육자치에 관한 법률」 제24조 제2항에 따르면 교육감 후보자의 자격은 교육경력 또는 교육행정 경력이 3년 이상이거나 두 경력을 합하여 3년 이상인 자로 제한되어 있음

암기 POINT

• 교육행정의 원리
  ① 법제면의 원리
    – 기회균등
    – 합법성
    – 전문성
    – 자주성
    – 적도집권
  ② 운영면의 원리
    – 민주성
    – 효율성
    – 타당성
    – 안정성
    – 적응성
    – 책무성
    – 균형성

암기 POINT

• 대립적 관계를 이루는 교육행정의 원리들

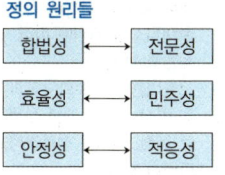

④ 자주성의 원리(자율성의 원리)
  ㉠ 교육행정이 일반 행정에서 분리·독립되어 교육의 독자성과 전문성을 존중하고, 정치와 종교로부터 중립성을 유지해야 한다는 원리
  ㉡ 교육의 전문성과 정치적 중립성은 교육의 자주성을 확보하기 위한 전제가 됨
  ㉢ 관련 법률
    ☑ 「헌법」 제31조
      ④ 교육의 자주성, 전문성, 정치적 중립성 및 대학의 자율성은 법률이 정하는 바에 의하여 보장된다.
    ☑ 「교육기본법」 제5조(교육의 자주성 등)
      ① 국가와 지방자치단체는 교육의 자주성과 전문성을 보장하여야 하며, 국가는 지방자치단체의 교육에 관한 자율성을 존중하여야 한다.
      ② 국가와 지방자치단체는 관할하는 학교와 소관 사무에 대하여 지역 실정에 맞는 교육을 실시하기 위한 시책을 수립·실시하여야 한다.
      ③ 국가와 지방자치단체는 학교운영의 자율성을 존중하여야 하며, 교직원·학생·학부모 및 지역주민 등이 법령으로 정하는 바에 따라 학교운영에 참여할 수 있도록 보장하여야 한다.
    ☑ 「교육기본법」 제6조(교육의 중립성)
      ① 교육은 교육 본래의 목적에 따라 그 기능을 다하도록 운영되어야 하며, 정치적·파당적 또는 개인적 편견을 전파하기 위한 방편으로 이용되어서는 아니 된다.
      ② 국가와 지방자치단체가 설립한 학교에서는 특정한 종교를 위한 종교교육을 하여서는 아니 된다.

⑤ 적도집권[1]의 원리(중앙집권과 지방분권의 조화)
  ㉠ 특정 조직, 집단, 개인에게 권한이 집중되지 않고 집권과 분권이 적절하게 균형을 이루어야 한다는 원리
  ㉡ 보다 구체적으로는 중앙 정부의 정책과 시·도 교육청의 정책 간에 통일성과 정합성을 적절한 수준으로 유지해야 한다는 원리
  ㉢ 교육행정 과정에서 중앙정부에 의한 과도한 지시와 통제를 지양하고, 지역의 특수성과 다양성을 반영하여 주민의 적극적인 의사와 자발적인 참여를 강조해야 한다는 원리
  ㉣ 우리나라는 오랫동안 교육행정에서 중앙집권의 경향이 지나치게 강한 특징을 가지고 있었으나, 1990년대 들어 실질적인 지방교육자치제가 시행되면서 지방분권이 상당 수준 개선되었음
  ㉤ 중앙과 지방 사이의 권한 배분 뿐 아니라 교육청과 단위학교 간, 또는 단위학교 내 구성원 간에도 권한의 배분이 균형을 이루어야 할 것

⑥ 민주성의 원리
  ㉠ 교육정책을 결정할 때 교육과 관련된 국민들의 의견을 수렴하고 반영하며, 국민이 교육정책의 결정과정과 행정과정에 참여할 수 있는 기회를 확대하여야 한다는 원리
  ㉡ 교육정책의 결정 및 집행과정에 이해당사자들의 의사를 적극적으로 반영하고 그들을 의사결정과정에 적절하게 참여시켜야 한다는 것을 의미

암기 POINT
- 교육의 자주성, 전문성, 중립성의 관계

  자주성
  ↗   ↖
 전문성   중립성

1) 적도집권
   권한의 적정한 집중

더 알아두기
- 교육행정의 민주화
  - 교육조직의 민주화: 중앙조직을 비롯한 교육청과 학교는 자율성과 민주성에 바탕을 두고 조직
  - 교육인사의 민주화: 업적 위주의 엄정한 평가를 기초로 적재적소의 원칙에 따라 교직원을 배치
  - 교육내용의 민주화: 교과서의 편찬 정책을 개방 정책으로 전환, 교과목 선택과정을 다양하게 개설
  - 교육운영의 민주화: 하부 교육행정기관에 권한 위임, 교육정책 결정과정에 관련 집단과 국민의 참여 폭 확대, 학교단위 책임경영제 도입

ⓒ 학교에서는 주요 결정에 교육 주체의 참여를 보장하고, 공익에 초점을 두면서 행정의 과정을 공개하며, 학교 내 다양한 구성원들의 의사를 반영하여 업무를 집행하는 것을 의미
ⓓ 교육감 직선제 실시, 공청회·입법예고 등의 행정절차 의무화, 각종 위원회와 협의회 설치, 행정정보 공개, 시민참여 및 정책제언 통로 확대 등이 대표적 사례
ⓔ 민주성의 원리를 지나치게 강조하면 효율성의 원리를 저해할 수 있다는 한계도 있음

⑦ 효율성의 원리(능률성, 경제성의 원리)
 ⓐ 한정된 재원으로 최대의 성과를 거둘 수 있어야 한다는 원리 또는 교육에 투입되는 비용을 최소화하여 교육목표를 달성하여야 한다는 원리
 ⓑ 비용과 효과의 비교를 통해 최소한의 시간과 인적·물적 자원을 들여 최대의 성과를 거둘 수 있도록 노력해야 한다는 것을 의미
 ⓒ 선택과 집중에 의한 대학 재정 지원, 학급(교사)당 학생 수 점검 등이 대표적 사례
 ⓓ 효율성의 원리를 지나치게 강조하면 교육의 본질이 손상될 수 있으며, 민주행정의 원리와 충돌할 가능성이 있다는 한계가 있음

⑧ 타당성의 원리(합목적성의 원리)
 ⓐ 교육계획을 세우고 이를 실천하는 교육활동에 목적과 수단 간의 괴리가 없어야 한다는 원리
 ⓑ 교육행정은 교육활동을 위하여 봉사하는 수단적 활동이므로, 바람직한 교육의 성과를 얻고자 하는 목적에 부합하여야 한다는 의미
 ⓒ 타당성의 원리를 실현하기 위해서는 정책 대상의 본질과 중요도를 분별하여 우선순위를 밝힐 것이 요구됨

⑨ 안정성의 원리
 ⓐ 교육정책을 일관되고 지속적으로 추진해야 한다는 원리로, 교육행정에 있어서 시행착오나 급격한 변화를 경계하려는 의도를 내포
 ⓑ 교육이 장기적인 성격을 띠고 있다는 점과 정책변화의 파급효과가 크다는 점은 안정성의 원리를 강조하게 함 예 대입전형사전예고제

⑩ 적응성의 원리
 ⓐ 새로운 환경변화에 신축적으로 대응하고 능동적으로 대처함으로써 변화를 주도해 나가야한다는 원리로, 교육행정의 조화적 관계와 능률적 성과를 계속 확보하려는 의도를 내포
 ⓑ 지식기반사회에서 강조되어야 할 교육행정의 방향
  • 교육행정수요에 따른 서비스 전달체제 구축
  • 생산적인 교육행정체제의 구축과 행정계층의 축소
  • 지방교육자치단체와 단위학교의 자율성과 책무성 강화
  • 교육정보시스템의 전문 관리자 양성 등

더 알아두기
• **대입전형 사전 예고제**
「고등교육법」 제34조의5(대학 입학 전형계획의 공표) ① 교육부장관은 다음 각 호의 어느 하나에 해당하는 사항을 정하거나 변경할 경우에는 해당 입학연도의 4년 전 학년도가 개시되는 날 전까지 공표하여야 한다. 〈단서 생략〉
1. 제34조 제3항에 따라 교육부장관이 시행하는 시험의 기본방향 및 과목, 평가방법, 출제형식
2. 해당 입학연도에 학생이 대학에 지원할 수 있는 총 횟수
3. 그 밖에 대학 입학과 관련한 것으로서 교육부장관이 필요하다고 인정하는 사항

⑪ 책무성의 원리
  ㉠ 교육기관의 설립 목적, 존재 이유에 맞도록 주어진 교육적 성과를 달성해야 하는 책임을 완수해야 한다는 원리
  ㉡ 1980년대 이전에는 투입과 절차에 대한 절차적·법적 통제에 대한 책무성을 중요시하였으나, 1980년대 이후에는 교육의 산출과 결과에 대한 책무성을 강조하고 있음
  ㉢ 교육의 책무성에 대한 요구가 증가하면서 국가에 의한 교육의 성과를 관리하기 위한 조치들이 강화되고 있는 것이 세계적 추세
  ㉣ 학교정보 공시제 도입, 에듀파인 학교회계 시스템 도입, 학교평가 및 학교장 중임심사 강화, 국가수준 학업성취도평가의 전수 실시 및 결과 공개 등이 대표적 사례
    ∗ 영국 : 1988년 '교육개혁법(Education Reform Act 1988)'과 국가수준 교육과정 평가(NCA : National Curriculum Assessment) 제정
    ∗ 미국 : 국가적 표준(standard)의 설정과 학업 성취도 평가(assessment) 실시, NCLB(No Child Left Behind Act of 2002) 제정

⑫ 균형성의 원리
  ㉠ 교육행정에서 추구하는 다양한 가치와 원리들을 적절하게 고려함으로써 중용과 조화, 균형과 평형을 이루어야 한다는 원리
  ㉡ 특히 민주성과 효율성, 적응성과 안정성은 양립하기 어려운 원리들이므로, 이들 간의 상충을 조절하여 전체적인 조화를 도모하여야 함

2 교육행정 이론의 발달

01 교육행정학의 발달과정 개관

(1) 교육행정 실무시대(1950년대 이전)
① 18세기와 19세기를 거치면서 학교구의 성립으로 인해 교육활동이 제대로 이루어지도록 조건과 환경을 준비하는 역할로서 '교육행정'이 등장
② 고전이론이나 인간관계론과 같은 이론을 적용하여 교육행정의 실제를 이해하고 실무를 개선하는 데 활용

(2) 교육행정 이론시대(1950년대 이후)
① 교육행정 연구에 과학적 개념, 원리, 모형, 연구방법을 적용하여 교육행정 자체의 새롭고 유용한 이론을 개발하고자 하는 운동으로 '새로운 운동(New movement)'이라고도 불림

암기 POINT
- 교육행정학의 발달과정
  - 1950년대 이전 : 과학적 관리론, 관료제론, 인간관계론 등을 교육행정 실제에 적용
  - 1950년대 이후 : 교육행정학의 독자적인 이론 연구 발달

② 이론화 운동의 주요 내용
  ㉠ 교육조직을 사회체제로서 이해하고 조직 내 행정가의 행동 연구
  ㉡ 행동주의 심리학을 바탕으로 인간의 행동에 대한 학제적 이론 수립
  ㉢ 가설 연역적 연구 방법을 통해 이론 수립을 위한 연구 진행
  ㉣ 교육행정학을 기술적 학문을 넘어서 이론적 학문의 수준으로 전환

구분		세부이론	주도시기	패러다임
교육행정 실무시대	고전이론	과학적 관리론	1910~1930년대 (과학적 관리론)	교육행정의 효율화
		행정과정론		
		관료제론		
	인간관계론	(동기부여, 직무만족, 사기 등)	1930~1950년대	교육행정의 민주화
교육행정 이론시대	행동과학론	조직행동론 상황적응론 사회체제이론	1950년대 이후	교육행정의 이론화
	대안적 관점	해석론, 비판론, 포스트모더니즘, 페미니즘	1970년대 중반 이후	교육행정의 문화화

02 고전이론

(1) 과학적 관리론과 교육행정 2016 지방직9급 / 2022 국가직9급 / 2013·2021·2023 국가직7급

① 테일러(Taylor)의 과학적 관리론
  ㉠ 개요
    • 산업 현장을 과학적으로 관리하면 조직의 능률과 생산성을 극대화할 수 있다는 이론
    • 인간은 금전적 보상이나 처벌의 위협에서 일할 동기를 얻는다고 봄(경제적 인간관)
  ㉡ 과학적 관리 방식의 주요 원리
    • 과학적 직무 분석 : 수행되어야 할 직무를 정의하고, 직무 수행을 위한 방법과 절차를 확정
    • 작업과정의 표준화 : 가장 효율적인 작업 조건과 작업 방법을 표준화하고 이를 따르게 함
    • 과학적 선발과 훈련 : 과학적인 기준에 의해 능력있는 노동자를 선발하고 훈련할 것을 강조
    • 차별적 성과급 제도 : 직접적이고 신속한 동기부여의 효과를 위해 표준 작업량을 초과하는 정도에 따라 성과급을 차별적으로 지급하는 제도를 적용

> **암기 POINT**
> • 과학적 관리론의 주요 원리
>   - 과학적 직무 분석
>   - 작업과정의 표준화
>   - 과학적 선발과 훈련
>   - 차별적 성과급 제도
>   - 관리와 수행의 분리
>   - 기능적 관리제 도입
>   - 협력적 관리 방식

- 관리와 수행의 분리 : 계획을 수립하는 관리자와 그 계획을 수행하는 노동자의 역할 분리
- 기능적 관리제 도입 : 실무지식과 숙련도가 높은 현장 책임자를 두어 공장 안에서 노동자에게 능률적인 작업방법을 구체적으로 교육하고 지휘함
- 협력적 관리 방식 : 과학적 직무 분석, 노동자 교육 및 훈련, 생산설비 관리, 작업계획 수립 등의 역할을 수행하는 관리자들을 각각 두고, 이들 간의 협력을 통해 관리조직 운영

② 보비트(Bobbitt)의 학교행정론 : 「교육에서의 낭비 제거」(1912)
  ㉠ 개요
   - 20세기 초 학교의 과학적 관리에 대한 사회적 관심에 부응하여, 테일러의 과학적 관리론의 원리를 교육행정에 최초로 적용함
   - 학교를 하나의 공장에 비유하면서, 학생은 가공되어야 할 원료이고, 교사는 노동자이며, 학교행정가는 관리자로서 역할을 수행해야 한다고 봄[공장제 모델(factory model)]
   - 과업의 체계적 관리와 작업과정의 표준화를 통해 학교의 비효율과 낭비를 제거하고 교직원의 작업 능률을 최대한 유지함으로써 교육행정의 효율성을 극대화하고자 함
  ㉡ 과학적 관리론의 학교 상황에의 적용
   - 학교장은 교육목표를 분명히 설정하고, 모든 교직원들은 목표달성을 위해 협력할 것
   - 학생의 표준화와 교수방법의 표준화를 통해 최대한 효율적인 교육활동을 실시할 것
   - 교사의 자격 강화 및 훈련의 과학화를 통해 교사의 능력수준을 향상시킬 것
   - 교사는 학생을 가르치는 데에만 전념하고, 학교행정은 별도의 행정가가 책임질 것
   - 교직원의 작업 능률을 최대한 유지하고, 교직원의 수를 최소로 감축할 것
   - 교직원의 성과에 따라 보수를 차등적으로 지급하는 보상체계를 마련할 것
   - 가능한 모든 시간에 교육시설을 활용하는 등 교육에서의 낭비 요소를 최대한 제거할 것

③ 스폴딩(Spaulding)의 교육행정론 : '과학적 관리에 의한 학교제도의 개선'(1913)
  ㉠ 교육의 가장 큰 취약점은 교육행정의 비능률이라고 지적하며, 이를 극복하기 위해 교육행정에 기업경영의 원리를 적용할 것을 주장
  ㉡ 교육성과의 측정과 비교, 성과달성의 조건·수단·시간의 비교분석, 그 성과에 의해서 정당화될 수 있는 수단의 계속적인 채택과 활용을 주장

암기 POINT

- **보비트의 학교행정 주요 내용**
  - 학생의 표준화와 교수방법의 표준화
  - 교사의 자격 강화와 훈련의 과학화
  - 교사는 교육에 전념, 학교행정은 행정가가 책임
  - 성과에 따른 보수 차등화
  - 교육시설의 최대활용 등 낭비요소 제거

④ 교육행정에의 시사점
  ㉠ 과학적 관리론의 의의
    • 교육활동에서 낭비가 제거되므로 교육활동의 능률성을 높일 수 있음
    • 분업화·전문화를 통해 교사의 숙련도와 전문성을 높일 수 있음
    • 과업수행에 따른 성과급 부여를 통해 구성원의 동기를 유발할 수 있음
  ㉡ 과학적 관리론의 한계
    • 인간적 교류를 기반으로 하는 교육의 본질적 특성을 경시함
    • 교육을 규격화하고 획일화시켜 학생의 개성과 다양성을 잃게 함
    • 효율성 원리만을 강조하여 다양한 가치와 원리들 사이의 균형을 상실

(2) 행정과정론과 교육행정 2020·2023 국가직9급

① 행정과정론(행정관리론)
  ㉠ 개요
    • 행정가의 효율적인 행정관리를 위한 과정을 체계화하여 조직의 능률과 생산성을 극대화하고자 하는 이론
    • 조직 구성원들의 협력과 협조를 이끌어낼 수 있는 교육행정의 과정으로서, 대표적으로 기획, 조직, 지시, 조정, 통제 등의 과정 요소를 제안함
  ㉡ 파욜(Fayol)의 경영과정 모델(1916) : 산업관리론의 관점, 행정관리론의 선구자
    • 기획(Planning)
      – 경영의 첫 단계로서 미래를 예측하고 그에 대비한 합리적인 행동계획을 수립하는 활동
      – 조직의 목표를 설정하고 목표달성에 필요한 수단을 선택하여 미래 행동을 준비하는 단계
      – 기획자들의 전문화, 별도의 기획부서 설치, 기획 방법의 과학화가 중요
    • 조직(Organizing)
      – 정립된 목표를 달성하는 데 필요한 조직을 구성하는 단계
      – 인적·물적 자원을 확보하여 배치하고, 조직 운영의 규칙과 원리를 구조화하는 활동
      – 특히 인적 조직의 측면에서, 분업적 협동 체제를 구성하고, 조직의 공식적 권한들의 구조를 구축하며, 적절한 인재를 선발·배정함
    • 명령(Commanding)
      – 단순히 복종만을 강요하는 것을 넘어서, 구성원으로 하여금 조직을 위해 최선을 다해 과업을 수행하도록 하는 것을 포함
      – 관리자는 구성원들의 능력과 관심을 정확히 파악하여 지시해야 함
      – 관리자도 항상 좋은 모범을 보임으로써 충성심과 자발성을 유도

암기 POINT
• 교육행정의 과정(파욜 모델)
  – 기획 : 목표설정, 계획수립
  – 조직 : 자원 배치, 구조화
  – 명령 : 지시, 충성 유도
  – 조정 : 통합, 조절, 협력
  – 통제 : 성과평가, 피드백

- 조정(Coordinating)
  - 조직의 모든 운영과 활동을 통합하고 상호 조정하는 일
  - 각 부서별 업무 수행의 관계를 상호 관련시키고 원만하게 통합·조절하여, 다양한 작업 단위 및 프로세스의 상호 연결과 협력을 촉진
  - 노력·시간·재정의 낭비를 막고, 각 부서 간의 부조화 및 직원 간의 갈등을 최소화하고 예방할 수 있음
- 통제(Controlling)
  - 조직의 활동 결과를 검토하고 평가하는 과정
  - 경영의 과정에서 발생하는 문제를 발견하고 교정하여 다시는 동일한 문제가 발생하지 않도록 예방하는 데 목적이 있음
  - 기획, 조직, 명령, 조정의 모든 것들이 확립된 원리에 따라 수행되고 있는지를 확인하고, 목표달성 정도와 조직운영의 효과성을 평가

ⓒ 굴릭과 어윅(Gulick & Urwick)의 행정관리론(1937)
- POSDCoRB 모델 : 기획(Planning) → 조직(Organizing) → 인사배치(Staffing) → 지시(Directing) → 조정(Coordinating) → 보고(Reporting) → 예산편성(Budgeting)
- 특징
  - 인사배치 단계 포함 : 능력과 개성에 따른 적재적소 배치, 인적자원 활용의 극대화 강조)
  - 명령을 지시로 : 행정가의 리더십 강조, 구성원의 업무 수행 유도
  - 통제를 보고와 예산편성으로 : 정보공유와 예산제약을 통한 자율적 통제 강조

② 교육행정 과정 모델
ⓐ 그레그(Gregg)의 교육행정 과정 모델(1957)
- 과정 : 의사결정(decision making) → 기획(planning) → 조직(organizing) → 의사소통(communicating) → 영향(influencing ; 지도, leading) → 조정(coordinating) → 평가(evaluating)
- 특징 : 교육행정의 민주화 경향 반영
  - 의사결정 포함 : 기획 단계에 앞서 참여식 의사결정에 따른 교육의 목표를 설정하도록 함
  - 의사소통 포함 : 조직의 문제에 관한 상호 이해와 팀워크 형성을 통해 경영의 효율성 추구
  - 명령을 영향으로 : 리더십을 발휘하여 자율적으로 업무에 참여하도록 유도할 것을 강조
  - 통제를 평가로 : 평가를 통한 자율통제 지향, 교육행정의 과정을 개선하고 효율성을 극대화

암기 POINT
- 그레그의 교육행정 과정 모델
  - 교육행정의 민주화 반영
  - 의사결정과 의사소통의 과정 포함
  - 명령을 영향으로, 통제를 평가로 변경

ⓒ 캠벨(Campbell) 등의 교육행정 과정 모델
- 과정 : 의사결정(decision-making) → 프로그래밍(programming) → 자극(stimulating) → 조정(coordinating) → 평가(appraising)
- 특징 : 조직 구성원들에게 직접적인 압력을 가하는 것보다는, 자발적으로 과업수행을 할 수 있는 조건을 정비하는 간접적인 방법으로 자극하는 것이 보다 효과적이라고 봄

일반행정 과정 모델		교육행정 과정 모델	
Fayol(1916)	Gulick(1937)	Gregg(1957)	Campbell(1958)
- 기획 - 조직 - 명령 - 조정 - 통제	- 기획 - 조직 - 인사배치 - 지시 - 조정 - 보고 - 예산편성	- 의사결정 - 기획 - 조직 - 의사소통 - 영향 - 조정 - 평가	- 의사결정 - 프로그래밍 - 자극 - 조정 - 평가

(3) 관료제론과 교육행정 2014·2015·2018·2019 국가직9급

① 베버(Weber)의 관료제론(bureaucracy)
  ㉠ 관료제의 개념 : 합법적 권위에 기초한 제도화된 질서가 반영된 계층제 조직으로서, 권한의 위임과 전문화된 직무 체계를 가지고 합리적인 규칙에 따라 조직을 관리운영하는 체제
  ㉡ 관료제의 특성 및 순기능과 역기능
    - 분업과 전문화 : 구성원 각자가 맡을 업무를 직제와 직위에 따라 배분하고 전문화를 도모
      - 순기능 : 구성원들이 각자 맡은 분야에 전문성이 생기면서 조직의 효율성이 향상됨
      - 역기능 : 업무의 단순화와 단조로움으로 인한 권태감 발생, 아집화와 무능화로 생산성 저하
    - 몰인정성(연고주의 배제) : 개인적인 감정이나 편견에 치우치지 않고 주어진 원칙에 따라 조직을 운영
      - 순기능 : 모든 업무를 차별 없이 균등하게 처리하여 의사결정의 합리성이 높아짐
      - 역기능 : 지나친 합리성 강조로 인한 사기 저하, 개별 인간의 인간성과 열정 상실
    - 권위의 위계 : 직제상 명확하고 엄격한 권위의 위계가 있으며, 계층화된 공식적 명령계통을 중심으로 활동을 조정함
      - 순기능 : 상사의 지휘에 따라 부서 및 개인의 조직 활동을 조정하고 통제하기가 용이함

더 알아두기
- **베버의 권위의 유형 분류** : 조직을 지배하는 정당성(legitimacy)을 기준으로
  - 전통적 권위 : 과거로부터 전해내려 온 전통에 의해 권위가 인정됨 예 왕조
  - 카리스마적 권위 : 지도자의 초인적이고 비범한 능력에 근거함 예 예언자, 영웅
  - 합법적 권위 : 공식적인 법 규정에 근거, 근대사회에서 정당성을 인정받음 예 헌법, 법률

- 역기능 : 상사의 지시에 무비판적으로 따르는 무사안일주의, 상향적·상호적인 의사소통 단절
• 규정과 규칙 : 교직원의 행동을 일관되게 통제하기 위하여 규칙과 규정을 제정·활용함. 통일된 직무수행 기준에 따라 엄격하게 통제
  - 순기능 : 구성원들의 과업수행에 있어 통일성, 지속성, 안정성, 일관성을 확보할 수 있음
  - 역기능 : 융통성이 없어 조직운영이 경직되거나, 목적과 수단의 전도(본말전도)[2)] 현상이 발생
• 경력 지향성(직업안정성) : 관료의 선발과 배치에 있어서 전문적 기술과 자격을 중요시하며, 관료의 해임은 규정된 조건 하에서만 가능. 승진과 보수산정에 직무경력을 중요하게 반영함
  - 순기능 : 한 조직에 오랫동안 근무하게 하는 유인책으로 작용, 조직에 대한 충성심 유발
  - 역기능 : 근무경력을 중요시하여 실적 중심의 평가를 소홀히 다룰 수 있다는 문제점 발생

관료제의 특징	순기능	역기능
분업과 전문화	전문성 발달, 효율성	권태감, 생산성 저하
몰인정성	의사결정의 합리성	사기저하, 비인간화
권위의 위계	원활한 순응과 조정	의사소통 저해
규정과 규칙	계속성, 통일성	경직성, 본말전도
경력 지향성	장기근속 유인책	실적-연공서열 갈등

② 학교의 관료제적 특성
  ㉠ 분업과 전문화 : 교원과 행정직원의 역할구분, 교무부, 연구부, 생활부, 체육부, 각 교과별 조직, 학년별 조직 등으로 분업체계 구축
  ㉡ 몰인정성 : 교사나 학생 선발에 연고주의를 배제, 학칙에 의한 학생 생활지도
  ㉢ 권위의 위계 : 교장-교감-교사의 위계구조에 따라 업무를 수직적으로 분화, 직무수준에 따라 권한과 직위 배분, 학교 행정상의 명령과 복종의 관계
  ㉣ 규정과 규칙 : 교육법(교육기본법, 초·중등교육법, 고등교육법), 교육공무원법, 각종 예규 및 지침 등 각종 법률 등에 기초하여 운영됨
  ㉤ 경력 지향성 : 연공서열과 업적에 의해 결정되는 승진체계, 호봉제의 임금구조

---

2) 본말전도
사물의 순서나 위치 또는 이치가 거꾸로 된 것
예 김 교장은 교사들이 수업을 충실하게 진행하도록 하기 위해 수업지도안을 사전에 작성하여 제출하도록 하였다. 그 후로 교사들이 수업지도안을 작성하느라 수업 시간에 늦는 사례가 빈발했다.

암기 POINT

• 학교의 관료제적 특성
  - 분업과 전문화 : 교과담임제
  - 몰인정성 : 연고주의 배제
  - 권위의 위계 : 위계적 구조
  - 규칙과 규정 : 법률과 지침
  - 경력 지향성 : 호봉제 임금

03 인간관계론 2021·2025 국가직9급 / 2016·2024 국가직7급

(1) 인간관계론의 일반원리

① 대두 배경
  ㉠ 고전이론은 기계적 효율성만을 강조하여 인간행동의 사회적, 심리적, 비공식적인 요인을 고려하지 못함
  ㉡ 사회가 민주화되고 경제적 수준이 개선되면서 노동자들이 인간으로서의 대우를 요구하게 됨
  ㉢ 조직 내 인간적 요인이 생산성에 영향을 미친다는 주장이 제기되면서 조직관리의 인간화가 모색됨

② 폴렛(Follet)의 조직심리연구
  ㉠ 행정에 심리학적 관점을 도입하여 조직의 기본문제를 역동적이고 조화로운 인간관계를 발전시키고 유지하는 것이라고 봄
  ㉡ 조직관리에서 사회학 측면을 강조하여 조직을 하나의 사회체제로 보고 권위의 수용, 수평적 조정의 중시, 조직 구성원의 통합, 역동적인 행정과정의 필요성을 주장
  ㉢ 민주사회에서 행정관리의 일차적 과업은 노동자가 자발적으로 협동할 수 있도록 작업 상황을 마련하는 것이라고 주장함

③ 메이요와 뢰슬리스버거(Mayo & Roethlisberger)의 호손 공장에서의 실험 연구
  ㉠ 연구의 목적 : 과학적 관리론의 기본 가정(물리적 조건과 생산성 간의 관계)에 대한 검증
  ㉡ 호손 공장에서의 실험
    • 조명 실험 : 작업장의 조명 밝기와 작업능률의 관계 실험 → 두 변인 사이에 아무런 상관이 없음(과학적 관리론에 대한 문제제기)
    • 전화계전기 조립실험 : 다양한 작업조건이 생산성에 미치는 영향 조사 → 노동시간, 급여, 휴식시간 등의 물리적인 조건보다는 심리적 만족도, 집단에의 소속감과 참여, 자기표현의 기회 등의 인간적·사회적 측면이 더 중요하다는 사실을 밝힘
    • 건반배선조립 관찰실험 : 14명의 직공들의 작업행동 관찰 → 자연스럽게 비공식조직이 형성되며, 그들 사이의 비공식규범이 구성원들의 행동을 통제하고 생산량을 좌우한다는 점을 발견
  ㉢ 호손 실험의 의의
    • 사회적·심리적 조건의 중요성 인식 : 경제적 보상이 유일한 동기유발 요인이 아니며, 소속감, 사기, 인정 등과 같은 사회적·심리적 보상이 중요한 영향을 미친다는 점을 인식
    • 비공식 조직의 사회규범의 중요성 인식 : 생산성은 개인의 능력보다 비공식 조직의 사회규범에 의해 더 큰 영향을 받으므로, 비공식 조직의 역할을 중시해야 한다는 점을 인식

- 인간의 적극성과 능동성 강조 : 인간은 스스로 동기 부여와 자기 규제를 할 수 있는 존재로서, 관리자의 통제보다는 집단의 일체감이나 소속감에 더 잘 감응함

④ 인간관계론에 의한 행정의 주요 원리
  ㉠ 인간행동의 사회적, 심리적, 비공식적인 요인을 우선시하는 조직 운영
  ㉡ 소속, 인정, 사랑과 존경 등의 사회적·심리적 욕구 충족을 통한 동기화
  ㉢ 구성원들이 전문가로서 자율성을 갖고 전문적 능력을 발휘하도록 허용

(2) 인간관계론과 교육행정

① 교육행정 분야의 주요 연구
  ㉠ 쿠프만(Koopman) : 교육행정의 민주화를 위한 과제 제시
    - 교육의 사회적 책임규명, 민주적 지도성의 개념규정, 조직형태의 민주화, 적극적인 참여, 교사의 역할규정 등
  ㉡ 여치(요크, Yauch) : 교육행정에서의 인간관계의 중요성 강조, 민주적 교육행정의 원리 제시
    - 교장과 교사의 수평적 관계, 학교행정에의 교사 참여 등
  ㉢ 몰맨(Moehlman) : 교육행정은 교수의 목표를 달성하기 위한 수단이므로 교육과정의 실현을 위한 봉사활동이 되어야 한다는 점을 강조함
  ㉣ 그리피스(Griffiths) : 교육행정에서의 좋은 인간관계의 성립 조건 제시
    - 상호존중, 호의, 인간의 권위와 가치에 대한 신념 등

② 인간관계론에 근거한 학교행정의 방향
  ㉠ **심리적 보상에 의한 동기유발** : 동기유발과 직무만족감 증진 등이 강조됨, 동료 교사 간의 인간관계와 교사의 개인적 사정에 대한 배려를 중시, 교직원의 사기와 인화를 촉진
  ㉡ **비공식 조직과의 협력** : 학교 내의 비공식 조직의 중요성을 인정하고 이들과 협력, 의사결정 과정에 교사 친목회, 교사 동호회 등의 의견을 반영
  ㉢ **교육행정의 민주화** : 학교운영에 관한 모든 일을 교사 및 학생들과 긴밀하게 협의하여 결정, 정확하고 신속한 의사소통 강조, 민주적인 권력구조, 구성원의 참여 확대
  ㉣ **교사의 행정 참여** : 교육행정의 과정에서 교사의 참여 중시, 교사의 교육전문성을 중시하기 때문에 일반 관리업무와 사무에도 교사를 적극 활용
  ㉤ **교장의 지도력(리더십) 강조** : 명령과 지시보다는 비억압적이고 비지시적인 지도력 강조

암기 POINT
- 인간관계론에 근거한 학교행정
  - 심리적 보상에 의한 동기화
  - 비공식 조직과의 협력
  - 교육행정의 민주화
  - 교사의 행정 참여
  - 교장의 지도력 강조

③ 교육행정에의 시사점
  ㉠ 의의
    - 사회적·심리적 요인 강조 : 인간은 경제적 보상보다는 사회적·심리적 보상에 의해 동기화됨
    - 비공식 집단의 중요성 강조 : 비공식 집단의 지도자와 경영자가 협력할 것을 강조
    - 교육행정의 민주화에 기여 : 평등주의, 탈권위, 의사결정 참여, 책임 공유, 협력 등의 강조
  ㉡ 한계
    - 인간의 경제적 동기를 일부 인정하지만 그 영향력을 과소평가함
    - 학교 조직의 공식적 조직의 역할과 기능을 상대적으로 경시함
    - 조직 외부 환경의 영향을 무시하고 조직 내부 문제에만 관심

구분	과학적 관리론	인간관계론
인간관	경제적 인간(경제적 보상)	사회적 인간(인간관계, 사기)
조직관	조직의 공식적 측면만 고려	조직의 비공식적 측면 중시
의의	- 정치와 행정의 분리 - 행정의 과학화에 기여 - 조직운영의 능률성 강조	- 과학적 관리론 보완 - 사회적·심리적 측면 부각 - 행정의 민주화에 기여
한계	- 인간의 심리적 측면 무시 - 비공식집단의 영향력 경시 - 외부 환경의 영향 무시	- 인간의 경제적 동기 경시 - 조직의 공식적 측면 경시 - 외부 환경의 영향 무시

04 행동과학론

(1) 행정행위론

① 바너드(Barnard) : 『행정가의 기능(The function of the executive)』(1938)
  ㉠ 조직관리를 구조적 개념(개인, 협동체제, 공식조직, 비공식조직 등)과 동태적 개념(자유의지, 협동, 의사소통, 권위, 의사결정 등)으로 구분
  ㉡ 공식조직과 비공식조직의 관계성을 명확히 하고, 조직관리의 구성요소로 의사소통, 협동, 공동의 목적 등을 중요하게 제시
  ㉢ 행정가는 공식적이고 구조적인 측면 뿐 아니라 노동자의 열망과 기대와 상호작용하면서 조직의 목적과 요구를 충족시켜야 한다고 주장
  ㉣ '효과성(effectiveness)'과 '능률성(efficiency)'[3]의 개념을 구분하면서, 조직의 목표 달성을 위해 양자 간의 균형을 추구할 것을 강조
② 사이먼(Simon) : 『행정가 행위론(Administrative behavior)』(1947)
  ㉠ 버나드의 이론에서 평등한 인간관계, 의사결정 기법, 의사소통, 권력과 권위 등의 개념을 이어받아 확대·발전시킴

[3] 효율성 = 효과성 + 능률성
- 효과성 : 목표달성 여부
- 능률성 : 투입대비 산출

> ⓒ 사회체제 모형의 영향을 받아 조직 내 개인이 자신의 욕구를 충족시키는 동시에 조직의 요구를 성취하려한다는 개념을 받아들임
> ⓒ 인간형을 경제적 인간(의사결정 과정에서 최적의 합리성만을 추구)과 행정적 인간(만족스러운 범위 내에서 제한된 합리성을 추구)으로 구분
> ⓔ 효과적인 의사결정을 위해서는 제한된 합리성을 토대로 하는 행정적 인간형이 필요하다고 주장

(2) 사회체제이론 2021 국가직7급

① 사회체제이론[4]의 주요 내용

> ㉠ 사회체제이론의 개관
> - 체제이론은 생물학에서 유기체의 에너지 대사과정을 설명하기 위해서 고안된 이론으로, 1960년대 이후 사회과학 여러 영역에도 적용됨
> - 체제(system)는 하나의 공통된 목표를 달성하기 위해 상호작용하는 여러 부분들의 통합체로서, 전체를 구성하는 여러 부분들은 상호작용하는 관계를 구성하고 있다고 봄
> - 고전이론들에서는 조직과 외부 환경과의 관련성에 대해 관심을 갖지 않았으나, 체제이론은 개인과 조직을 하나의 틀 내에서 살피고 조직과 외부 환경의 관련성에 주목하였음
> - 사회체제이론 중에서도 사회체제로서의 조직 내에서 인간이 어떤 행동을 보이는지에 초점을 맞추어 연구하는 이론은 사회과정론으로 부르기도 함

> ㉡ 사회체제의 주요 개념
> - 사회체제는 투입, 과정(전환), 산출, 환류의 요소들로 구성되며, 환류(피드백, feedback) 과정을 통해 교정적 정보를 제공받음
> - 사회체제는 그것을 둘러싼 환경과 상호작용하며 영향을 주고 받음. 사회체제와 환경을 구분하는 경계의 특성에 따라 개방체제와 폐쇄체제로 구분할 수 있음
> - 사회체제는 여러 하위체제로 구성되어 있으며, 상위체제와 하위체제로 상호 영향을 미침
> - 사회체제의 구성요소들 간의 동적 평형을 유지하는 조절장치를 통해 항상성[5]이 유지됨

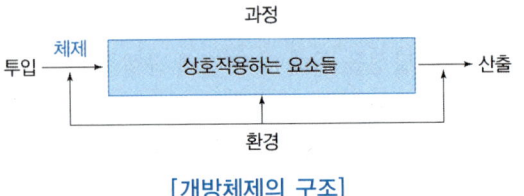

[개방체제의 구조]

---

4) 사회체제이론
- 사회도 생물과 마찬가지로, 하나의 시스템으로 이해할 수 있음
- 사회체제는 투입, 과정, 산출, 환류로 구성됨

5) 항상성
어떤 변화에도 불구하고 체제의 최적 상태를 일정하게 유지하려는 성질

② 레빈(Lewin)의 역할과 인성의 상호작용 모델
　㉠ 학교조직 내에서 인간은 인성(P)과 역할(R)의 상호작용을 통해 행동(B)하는 것으로 보는 관점

$$B = f(P \cdot R)$$

　㉡ 조직을 더 중시하는 군대조직에서는 규정된 역할이 개인의 인성보다 행동에 더 많은 영향을 주며, 개인의 자율성이 더 중시되는 예술가 집단에서는 인성이 더 큰 영향을 미침
　㉢ 학교는 개별 학교의 특성에 따라 그 위치가 다르기는 하지만, 일반적으로 양극단에서 중간쯤에 위치하는 조직으로 이해됨

> 암기 POINT
> • 레빈의 상호작용 모델: 역할과 인성의 상호작용

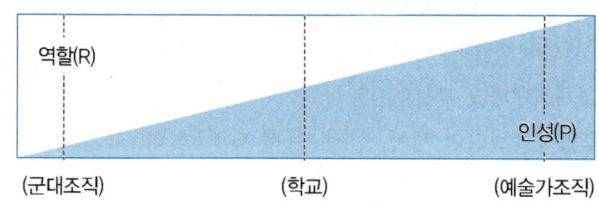

③ 겟젤스와 구바(Getzels & Guba)의 사회과정 모델
　㉠ 역할과 인성의 상호작용 모델을 기반으로 사회체제 속에서 인간의 행동을 설명하는 모델
　㉡ 개인들의 사회적 행동을 이해하기 위해서는 규범적 차원과 개인적 차원에 속하는 요소들의 상호작용을 잘 고려해야 함
　　• **규범적 차원**: 사회체제의 목적을 달성하기 위해 제시되는 지위와 역할, 그 역할에 따른 기대 등을 규정한 제도 등을 의미
　　• **개인적 차원**: 개인적으로 고유한 욕구와 인성을 바탕으로 제도에 규정된 역할과 기대를 수행하는 독특한 방식을 가짐

> 암기 POINT
> • 겟젤스와 구바의 사회과정 모델: 규범적 차원과 개인적 차원의 상호작용

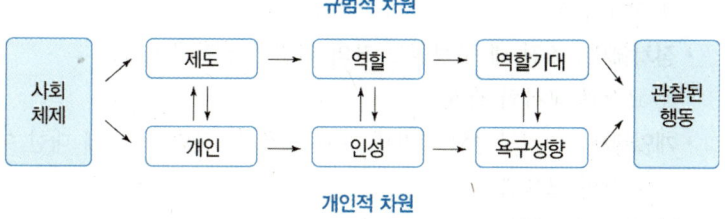

④ 브루코버(Brookover) 등의 사회체제접근 모형
　㉠ 학교를 분석하기 위해 투입-과정-산출 모형을 도입하였으며, 학교 밖의 환경과의 상호작용은 고려하지 않는 폐쇄체제 모형이며 학교 사회에 대한 미시적 접근방식에 해당함
　㉡ 학교의 사회·심리적 풍토를 강조하는 관점으로, 과정 변인으로 '학교의 사회적 구조'와 '학교의 사회적 풍토'를 포함하였음

> 암기 POINT
> • 부르코버의 사회체제접근 모형
> 　- 투입: 학생, 교직원
> 　- 과정: 사회적 구조, 사회적 풍토
> 　- 산출: 성적, 자신감 등

ⓒ 학교의 사회체제 모형

투입 변인		학생집단의 특성, 교직원(교장, 교사, 행정직원)의 배경 요인
과정 변인	사회적 구조	학교에 대한 교사의 만족도, 학부모 참여도, 교장의 수업지도 관심도, 학습프로그램의 다양성, 학급의 개방성(폐쇄성) 등
	사회적 풍토	학생, 교사, 교장 등 학교 구성원 상호 간의 역할 지각, 기대, 평가 등
산출 변인		학생의 성적, 자아개념, 자신감 등

⑤ 호이와 미스켈(Hoy & Miskel)의 학교사회체제 모형
  ㉠ 학교는 국가와 지역사회의 정치, 경제, 사회 등 다른 체제의 영향을 받는 개방된 사회체제로 볼 수 있음
  ㉡ 학교에서는 외부 환경의 영향을 받으며 각종 투입이 이루어지고, 몇 가지 하위체제를 통해 전환이 일어난다고 봄
  ㉢ 학교사회체제의 구성요소들
    • **투입** : 환경적인 제약, 인적·물적 자원, 설비, 국가와 정부의 정책, 법적체계 이론과 지식
    • **변환과정(전환과정, transformation process)** : 구조 및 문화, 의사결정 및 의사소통, 교육과정 등의 요소들이 상호작용을 통해 가치있는 산출 형태로 전환되는 과정
    • **산출** : 학생의 학업성취, 학교에 대한 학생들의 태도, 출석률(결석률), 중도탈락률, 교사들의 성과, 학생과 조직원의 성장, 조직원의 직무만족, 전반적인 교육의 질
  ㉣ 학교사회체제의 하위체제들
    • **구조체제** : 조직의 목적달성과 행정과업 성취를 위해 설계된 공식적 기대 예 학교규정
    • **문화체제** : 조직구성원들이 공유하는 문화적 가치와 규범, 인식
      예 학교풍토
    • **정치체제** : 조직 내 구성원들 간의 권위와 권력의 배분
      예 교장과 교사의 관계
    • **개인체제** : 조직구성원 각자의 개인적 욕구, 신념, 직무에 대한 이해
      예 교사의 교육관
  ㉤ 학교행정가의 역할
    • **투입 관련** : 각각의 목표들을 실행 가능한 행동으로 전환 및 통합
    • **변환과정 관련** : 변화에 대처, 의사결정 및 의사소통 촉진, 목표지향행동을 유지·증대
    • **산출 관련** : 산출 결과에 대한 피드백, 기존 체제의 개선 노력

암기 POINT

• 호이와 미스켈의 학교사회체제 모형
  - 투입 : 자원, 설비, 정책
  - 변환과정 : 구조체제, 문화체제, 정치체제, 개인체제
  - 산출 : 학생(학업성취, 출석률), 교사(성과, 만족), 교육의 질

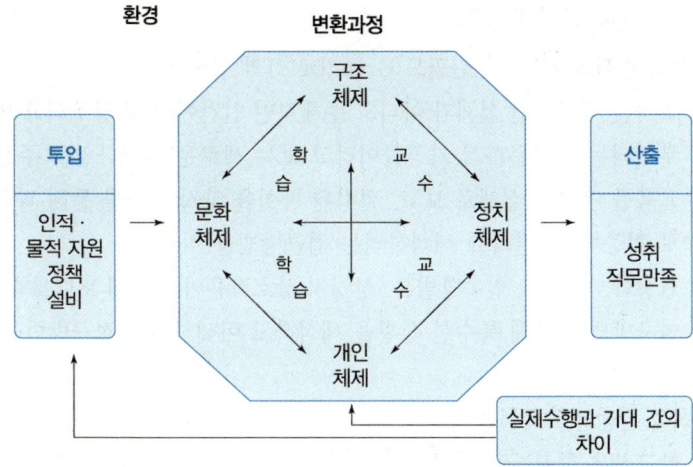

⑥ 사회체제이론에 의한 학교의 이해 종합
  ㉠ 기능론적 관점 : 학교의 주요 목적은 학생들에게 성인의 역할을 하도록 준비시키는 것
  ㉡ 조직과 개인의 상호작용 : 학교 구성원들은 역할과 인성의 상호작용을 통해 행동함
  ㉢ 고전이론과 인간관계론의 종합 : 개인의 행동은 공식적 규칙과 비공식적 규범에 의해 평가됨
  ㉣ 개방체제로서의 학교 : 학교는 지역사회의 가치, 정치 및 역사 등에 의해 영향을 받음

05 대안적 관점 2008·2021 국가직7급

(1) 대안적 관점의 교육행정이론 개관

① 대안적 관점은 1970년대 이전의 주류적 행정이론에 대한 비판을 제기하는 관점들을 통칭하는 것으로, 주로 지식의 객관성과 보편성을 추구하는 과학적(실증주의적, 구조기능론적) 접근에 대해 문제를 제기함
② 1970년대 들어 교육행정은 실천철학으로서 가치판단 활동을 핵심에 두어야 한다고 보는 핫킨슨(Hodgkinson) 철학적 접근이 대두됨
③ 이후 해석학, 비판이론, 포스트모더니즘, 페미니즘적, 문화이론 등이 도입되면서, 교육행정 현상의 분석을 위한 주요 개념으로 주관성·불확정성·비합리성 등을 제시됨
④ 학교조직 목적의 불분명함, 교사·행정가·장학 요원이 사용하는 기술의 불명확성, 참여자의 유동성 등이 교육행정 연구의 주요 개념으로 등장

> 암기 POINT
> • 대안적 관점의 교육행정 이론
>   −해석적 관점
>   −비판이론적 관점
>   −포스트모더니즘적 관점
>   −문화적 관점

(2) 해석적 관점과 교육행정

① 해석적 관점의 개관 : 그린필드(Greenfield)의 입장
  ㉠ 조직은 객관적인 실체가 아니고 주체적인 인간에 의해 창조되고 의미가 부여되는 사회문화적 가공물이라고 보는 새로운 패러다임을 주장
  ㉡ 교육을 객관적 실제로 보고, 설정된 가설을 양적 연구를 통해 과학적으로 검증하고, 결과를 해석하려는 접근방법을 비판
  ㉢ 현상학, 해석학, 민속방법론, 상징적 상호작용이론 등에 토대를 둔 질적 연구방법을 통해 특수한 상황을 해석하고 이해하려는 접근방법을 취할 것을 주장

② 해석적 관점과 교육행정
  ㉠ 학교장은 학교 구성원들의 교육적 가치, 감정과 직관을 중요하게 여기는 '인본주의자로서의 행정가'의 역할을 수행해야 함
  ㉡ 조직은 개인들에 의해 공동으로 형성된 사회적 망이므로, 학교장은 구성원들과의 대화를 통해 그들의 의도와 의미를 파악하는 일을 주요한 업무로 보아야 함

(3) 비판이론적 관점과 교육행정

① 비판이론적 관점의 개관 : 프랑크푸르트학파의 관점
  ㉠ 행정에서 가치-사실의 분리와 가치중립성에 대한 비판
  ㉡ 기능주의 행정에 스며있는 도구적 합리성에 대한 비판
  ㉢ 행정의 관심사로서의 의사소통과 권력, 해방에 관심을 가짐

② 비판이론적 관점과 교육행정
  ㉠ 학교조직의 비합리적이고 특수한 측면, 즉 주변적이고 소외된 측면에 초점을 맞추어 조직 문제를 탐구하고 대안을 제시하는 데 초점을 둠
  ㉡ 학교가 지배계급의 이익을 위해 어떤 기능을 수행하는지를 드러냄으로써, 인간의 소외와 억압, 불평등을 야기하는 구조를 변혁하려 함

(4) 포스트모더니즘적 관점과 교육행정

① 포스트모더니즘적 관점의 개관
  ㉠ 계몽사상으로 대표되는 근대사회의 보편적, 합리적, 절대적, 객관적 지향성을 비판하는 이론
  ㉡ 이성과 진리, 합리성과 절대성을 비판하고 해체와 상대성, 다양성, 탈정당성을 표방
  ㉢ 삶의 다양성과 우연성을 인정하고 탈정형화를 추구함으로써 부정과 변화를 추구
  ㉣ 후기자본주의 소비사회, 탈이데올로기 사회, 신중간계급 사회, 디지털 정보화 사회의 성격 반영

② 포스트모더니즘적 관점과 교육행정
　㉠ 보편적인 교육목적의 거부, 거대서사로서 경전화된 교과서의 거부, 획일화된 강의식 교육방법의 해체, 교사와 학생들의 수직관계의 해체, 제도화된 학교교육 중심의 교육 해체를 주장
　㉡ 대안학교나 홈스쿨링의 출현, 수요자 중심의 교육과정, 지방교육자치제 강화, 학교운영위원회를 통한 자율적 의사결정 강화 등에 영향

(5) 문화적 관점과 교육행정
① 문화적 관점의 개관
　㉠ 교육행정에서의 문화적 관점은 1990년대에 급진전을 이루며 등장하였으며, 학교를 하나의 공동체(커뮤니티)로 이해하는 데 초점을 둠
　㉡ 공동체는 공동의 사명, 생각, 가치를 공유하며 함께 연결된 사람의 집합체로서, 학교 구성원들의 유대가 강화되면 전문적 학습공동체로 발전될 수 있다고 봄
② 전문적 학습공동체(professional learning community)로서의 학교
　㉠ 개념 : 학생뿐만 아니라 학교의 모든 구성원이 사고하고 성장하고 탐구하는 것에 전념하고 있으며, 학습이 하나의 활동이면서 태도이고 삶의 과정이면서 방법이 되는 공동체
　㉡ 학교의 성격
　　• 동료(collegial) 공동체 : 구성원들은 상호이익을 위하여, 그리고 상호의존감과 상호책임에 의해 공동목표를 추구함
　　• 돌봄(caring) 공동체 : 이타적인 사랑으로 동기부여된 구성원들이 서로에게 전적으로 헌신하고 도덕적 관계를 맺음
　　• 통합적(inclusive) 공동체 : 경제, 종교, 문화, 윤리, 가정 등의 차이가 서로 융화되어 하나의 상호존중하는 전체를 이룸
　　• 탐구(inquiring) 공동체 : 당면 문제의 해결책을 탐색하는 과정에서 집단적 탐구에 전념함

3 조직 이론

01 조직의 개념과 운영 원리 2024 국가직9급 / 2017·2021 국가직7급

(1) 조직의 개념
① 개념 정의 : 공동의 목표를 달성하기 위하여 둘 이상의 구성원들이 규칙과 규정에 따라 서로의 역할을 분담하여 상호 협력하는 체제
② 개념적 속성
  ㉠ 달성하고자 하는 공동의 목표를 갖고 있는 집합체
  ㉡ 조직목표를 달성하기 위한 조직 구성원들의 행동을 조정·통제하는 규정과 규칙이 있음
  ㉢ 공동목표를 합리적으로 달성하기 위해 사람들에게 역할을 부여하며, 사람들은 주어진 역할의 범위 내에서 상호 협력적인 관계를 유지함

(2) 조직의 형태
① 공식조직과 비공식조직
  ㉠ 공식조직(formal organization) : 직무를 중심으로 구성원을 작업집단으로 나누고, 조직 구성원에게 명확한 역할과 책임, 권한을 부여해 놓은 것 예 조직도에 나오는 조직들
  ㉡ 비공식조직(informal organization) : 조직 속에서 조직 구성원들 간의 소속감과 정서적 유대 등에 의해 형성되는 자연발생적 집합체 예 동창회, 향우회, 동호회 등

	공식조직	비공식조직
성격	공적 성격, 인위적으로 조직	사적 성격, 자연적으로 발생
존재형태	외면적, 가시적, 대규모(전체)	내면적, 비가시적, 소규모(일부)
강조점	조직의 공식적, 체계적 측면	구성원의 사회심리적 측면
운영원리	합리성, 효율성의 논리	비합리적 감정의 논리

② 계선조직과 참모조직
  ㉠ 계선조직(line organization)
    • 수직적인 상하 위계 속에서 지휘와 명령계통에 따라 움직이는 조직
    • 정책의 결정과 집행 등을 통해 조직의 목표달성에 직접적으로 공헌하는 조직
    • 권한과 책임의 한계가 명확하며, 업무의 통일성, 능률성, 책임성 등을 주요 운영 원리로 함
  ㉡ 참모조직(staff organization)
    • 수평적으로 퍼져있는 조직으로서, 계선조직을 횡적으로 지원·보조해 주는 조직

- 연구, 조사, 계획, 권고, 자문 등의 기능을 수행함으로써 계선조직을 지원·보좌하는 조직(직접적인 명령이나 집행 권한×)
- 전문적인 지식과 기술을 활용하며, 업무의 전문성, 합리성, 개혁성 등을 강조함

	계선조직	참모조직
형태	계층적 구조에 의한 수직적 조직	횡적 지원을 하는 측면 조직
기능	목적 수행, 실제 집행	전문적 권고, 지원, 보조
권한과 책임	직접적 지시권한, 결과에 대한 책임	간접적인 권한 행사와 책임
강조점	통일성, 능률성, 책임성, 현실성	지식·기술·경험 등의 전문성, 개혁성

③ 집권화 조직과 분권화 조직
  ㉠ 집권화(centralization) 조직 : 권한 및 의사결정권이 상부조직에 집중되어 있는 조직. 통일된 정책의 수행과 신속한 업무 처리, 통합적 조정이 쉽고 행정기능의 중복과 혼란을 예방
  ㉡ 분권화(decentralization) 조직 : 권한 및 의사결정권이 하부조직에 분산되어 있거나 위임되어 있는 조직. 개별 조직의 특수성과 적시성 반영, 권위주의적이고 형식적인 행정 예방

(3) 교육행정조직의 운영 원리
① 계층의 원리
  ㉠ 조직의 공동목표를 달성하기 위해 조직의 직무를 그 권한과 책임의 정도에 따라 수직적으로 서열화·등급화하여야 한다는 원리
  ㉡ 장점 : 권한 계통이 명확, 의사결정에 대한 책임 분명, 조직의 내부통제 효과적, 조직 내 갈등 해결 및 조정이 용이함
  ㉢ 단점 : 조직 운영의 경직화 초래, 조직 내 의사소통 불충분, 조직 상층부에 대한 과도한 부담 야기
② 명령통일의 원리
  ㉠ 조직의 하급 직원은 단일한 상사(관리자)에게 명령과 지시를 받고 그에게만 보고하도록 해야 한다는 원리
  ㉡ 장점 : 계층의 질서 확립, 책임의 소재가 명백함, 보고계통의 명료화
  ㉢ 단점 : 기능적 전문가의 영향력 감소, 행정지연 초래
③ 통솔한계의 원리
  ㉠ 한 명의 관리자가 직접 통솔할 수 있는 하급 직원의 수는 관리자가 효과적으로 통솔할 수 있는 인원 범위 내에 있어야 한다는 원리
  ㉡ 통솔범위의 영향 요인 : 조직 및 직무의 성질, 시간적·공간적 요인, 관리자와 하급자의 능력 및 집단의 특성, 참모기관과 정보관리체계
  ㉢ 통솔범위의 확대 → 계층의 수 단축, 의사소통 용이, 사기 고양 가능
     통솔범위의 축소 → 계층의 수 증가, 의사소통의 장애 및 왜곡

> **암기 POINT**
> - 교육행정조직의 운영 원리
>   - 계층의 원리
>   - 명령통일의 원리
>   - 통솔한계의 원리
>   - 분업의 원리
>   - 조정의 원리
>   - 적도집권의 원리

④ 분업의 원리
  ㉠ 조직의 업무를 직능이나 특성별로 구분하여 한 사람에게 동일한 업무를 분담시키는 원리(전문화의 원리, 분업화의 원리)
  ㉡ 장점 : 표준화와 분업화를 통해 작업능률의 향상, 대규모 조직일수록 업무처리의 전문화 필요
  ㉢ 단점 : 창의성 저하, 권태감 유발, 시야의 축소, 업무의 중복, 조정의 어려움, 책임회피 경향
⑤ 조정의 원리
  ㉠ 조직의 목표 달성을 위해서 구성원의 노력을 집결시키고 업무 간·집단 간 상호관계를 조화롭게 통합·조절하여 최대한의 협동의 효과를 거두어야 한다는 원리
  ㉡ 조정의 방법 : 조직의 목표 명료화, 업무의 효과적 분담, 권한과 책임의 한계 명료화, 합리적 계획 수립 및 조직 운영, 구성원 간의 원활한 의사소통, 업무수행 규칙의 명확화 등
⑥ 적도집권의 원리
  ㉠ 중앙집권(집권화)과 지방분권(분권화) 사이에 적절한 균형을 유지해야 한다는 원리
  ㉡ 중앙집권제 : 중앙부서에 권한을 집중시킴으로써 조직의 능률성을 향상시키는 데 유리하나, 조직의 획일화와 전제주의화를 초래할 수 있음
  ㉢ 지방분권화 : 하부기관에 권한을 이양·위임하여 권한을 분산하므로 하부기관의 자율성을 제고할 수 있으나, 조직의 비능률을 초래할 수 있음

02 학교조직의 성격 2010·2020 국가직9급 / 2014·2017·2018·2022 국가직7급

(1) 파슨스(Parsons)의 조직 유형론 : 체제유지 조직

① 개요 : 조직의 사회적 기능에 따라 분류
② 사회적 기능에 따른 조직의 유형 분류
  ㉠ 경제적 생산조직 : 사회 적응 기능을 수행하는 조직 예 기업체 조직
  ㉡ 정치적 목표지향조직 : 사회의 공동목표를 설정하고 달성하려는 조직
      예 정부조직, 정당 등
  ㉢ 통합조직 : 구성원 간의 결속과 사회통합의 기능을 수행하는 조직
      예 법원, 경찰 등
  ㉣ 체제(유형)유지조직 : 사회의 체제와 문화유형을 유지하고 새롭게 하는 조직 예 학교

암기 POINT
- 학교조직의 성격
  - 파슨스 : 체제유지조직
  - 블라우와 스콧 : 봉사조직
  - 칼슨 : 온상조직/야생조직
  - 에치오니 : 규범적 조직

(2) 블라우와 스콧(Blau & Scott)의 조직 유형론: 봉사조직

① 개요
  ㉠ 조직의 혜택을 받는 1차적 수혜자에 따라 조직의 유형을 분류
  ㉡ '1차적 수혜자'란, 단지 그들만이 혜택을 받는다는 의미가 아니라, 다른 집단이나 개인보다 우선적인 보상을 받는 사람들을 의미
  ㉢ 하나의 조직이 하나의 조직 유형에만 소속되는 것은 아니며, 혼합형의 존재가 가능함

② 수혜자 유형에 따른 조직의 유형 분류

조직 유형	1차적 수혜자	수혜자/조직의 관심	예시
호혜조직	조직의 구성원	자신의 참여를 보장받는 데 관심	정당, 노동조합, 전문직 단체, 종교단체
사업조직	조직의 소유주	이윤을 극대화하는 데 관심	산업체, 도매상, 소매상, 은행
봉사조직	조직과 직접 접촉하는 고객	고객에게 서비스를 제공하는 것	학교, 병원, 사회사업기관, 정신건강 진료소
공공(공익)조직	일반대중 전체	공공적 서비스를 제공하는 것	군대, 경찰, 소방서, 행정기관

(3) 칼슨(Carlson)의 봉사조직 유형 분류: 야생조직~온상조직

① 개요: 고객의 참여결정권과 조직의 고객선택권 여부에 따라 봉사조직의 유형을 구분, 조직유형에 따라 조직구성원과 고객의 적응에 영향을 미침
② 봉사조직의 유형
  ㉠ 유형Ⅰ(야생조직): 고객의 참여선택권이 보장되므로 조직은 고객 유치를 위해 경쟁하며, 조직의 고객선발권이 있으므로 고객은 참여를 위해 치열한 경쟁을 해야 함
  ㉡ 유형Ⅱ(적응조직): 조직은 고객선발권이 없지만 고객은 참여선택권이 있는 유형으로, 고객의 참여가 고객의 자유재량에 의해 결정됨 예 미국의 주립대학
  ㉢ 유형Ⅲ(강압조직): 조직은 고객선발권을 갖지만 고객은 참여선택권이 없는 유형, 실제에서 보기는 어려움
  ㉣ 유형Ⅳ(온상조직): 조직과 고객 모두 고객선발권과 참여선택권을 갖고 있지 않아 경쟁이 불필요함, 이 유형의 조직은 대체로 그 존립을 법적으로 보장받고 있음

		고객의 참여선택권	
		있음	없음
조직의 고객선발권	있음	유형Ⅰ(야생조직)	유형Ⅲ(강압조직)
	없음	유형Ⅱ(적응조직)	유형Ⅳ(온상조직)

암기 POINT
- 칼슨의 봉사조직 유형 분류
  - 야생조직: 고객의 조직선택권 ○, 조직의 고객선발권 ○ 예 자사고
  - 온상조직: 고객의 조직선택권 ×, 조직의 고객선발권 × 예 일반 공립고

③ 학교의 조직 유형
  ㉠ 야생조직(wild organization)으로서의 학교(유형Ⅰ)
    • 학생은 학교를 선택할 수 있으며, 학교는 학생 선발권을 가짐
    • 이 유형의 학교는 학생 유치를 위해 다른 학교와 경쟁해야 하므로 대체로 생산성이 높음
    • 예 유치원, 사립초등학교, 자립형사립고등학교, 대학교 등
  ㉡ 온상조직(사육조직, domesticated organization)으로서의 학교(유형Ⅳ)
    • 학생은 배정된 학교에 다녀야 하며, 학교는 배정된 학생을 받아야 함
    • 이 유형의 학교는 그 존립을 법적으로 보장받고 있어, 비교적 생산성이 낮고 학생의 요구나 사회의 변화에 둔감한 경향이 있음
    • 학생들은 상황적 은퇴, 반항적 적응, 부수적 보상 적응 등의 독특한 적응 방식을 보임
    • 예 공립 초등학교와 중학교, 고교평준화 지역의 공립 고등학교 등

(4) 에치오니(Etzioni)의 순응 유형 분류: 규범적 조직

① 개요
  ㉠ 순응(compliance)이라는 개념에 기초하여 조직의 유형을 분류함
  ㉡ 여기서 '순응'이란 조직구성원에게 행사하는 권력과 그 결과 조직 구성원이 조직에 참여하는 수준 간의 관계를 의미함
  ㉢ 조직이 구성원에게 행사하는 권력(통제권력)
    • 강제적 권력: 물리적 제재와 위협 예 강압, 처벌
    • 보상적 권력: 물질적 보상 예 임금
    • 규범적 권력: 상징적 보상 예 도덕, 신념, 사명감, 애정, 존경
  ㉣ 구성원이 조직에 참여하는 수준(참여수준)
    • 소외적 참여: 매우 부정적인 태도를 가지고 소극적으로 참여
    • 타산적 참여: 온건한 태도를 가지고 타산적으로 참여
    • 헌신적 참여: 매우 긍정적인 태도를 가지고 적극적으로 참여

② 순응 유형에 따른 조직 유형 분류
  ㉠ 강제적 조직: 강제적 권력에 의한 통제 + 소외적 참여 예 교도소
  ㉡ 공리적 조직: 보상적 권력에 의한 통제 + 타산적 참여 예 일반회사
  ㉢ 규범적 조직: 규범적 권력을 사용하여 구성원들의 높은 헌신적 참여를 유도 예 학교

통제권력 \ 참여수준	소외	타산	헌신
강제	강제적 조직		
보상		공리적 조직	
규범			규범적 조직

*나머지 유형은 권력의 형태와 구성원의 참여가 불일치하므로 비효과적

암기 POINT

• 에치오니의 규범적 조직
  – 규범적 권력을 통해 통제
  – 구성원들의 헌신적 참여

03 학교조직의 구조

2022 지방직9급 / 2008·2011·2015·2021 국가직9급 / 2009·2011·2016·2023 국가직7급

(1) 호이와 미스켈(Hoy & Miskel)의 이중조직(dual structure) 이론

① 학교조직의 이중적 특성
  ㉠ 학교는 위계적 계층구조 및 엄격한 규칙과 절차가 강조되는 관료적 지향의 특성과 고도의 전문적 기술과 자율성이 요구되는 전문가적 지향의 특성이 공존하는 조직임
  ㉡ 학교는 수업 이외의 운영 측면에서는 조직구성원들이 엄격하게 결합된 구조를 갖는 한편, 수업과 관련된 측면에서는 느슨하게 연결된 구조를 동시에 가지고 있는 이중조직에 해당

관료적 지향 (bureaucratic orientation)	- 조직의 이익을 위해 행동할 것이 요구됨 - 조직의 위계적 계층구조에 따른 지시와 명령에 따라 과업 수행 - 조직에의 복종과 종속 중시
전문적 지향 (professional orientation)	- 고객인 학생과 학부모의 이익을 위해 행동(봉사)하여야 함 - 동종업계에서 인정받는 전문적 지식과 기술을 활용하여 과업 수행 - 의사결정의 자율권 행사와 자율적 통제 강조

② 교사의 전문직적 성격
  ㉠ 장기간의 전문성 교육: 교사는 장기간의 직전교육 및 현직교육을 이수하면서 교사로서의 지식, 기능, 태도 측면에서 전문성을 기르도록 요청받음
  ㉡ 교사자격증제도: 교육을 받고 난 후 시험이나 자격증을 통해서 전문지식을 갖추었다는 인증을 획득하여야 함
  ㉢ 엄격한 선발과정과 신분 보장: 엄격한 자격요건과 경쟁을 통해 선발하는 대신, 법률에 의한 신분을 보장하며 권익과 자율성을 보호하고 존중함
  ㉣ 자율성과 책임성: 전문지식을 갖춘 전문직으로서 교사의 업무를 수행하는 데 고도의 자율성을 갖게 되며 그에 대한 책임을 스스로 짐
  ㉤ 직업윤리 준수 의무: 전문직으로서 고도의 직업윤리와 강령을 준수해야 할 의무를 가짐

③ 학교조직의 유형 분류: 홀(Hall)의 분류
  ㉠ 관료적 특성과 전문적 특성의 수준에 따라 학교조직의 유형을 분류

		전문화 수준	
		높음	낮음
관료화 수준	높음	베버형 구조	권위주의형 구조
	낮음	전문형 구조	혼돈형 구조

  • 관료화 수준: ⓐ 권위의 위계, ⓑ 규정과 규칙, ⓒ 절차에 대한 강조, ⓓ 몰인정성
  • 전문화 수준: ⓔ 기술적 능력, ⓕ 전문화 수준

> **암기 POINT**
> • 이중조직으로서 학교의 특성
>   - 수업 이외: 관료제 조직 (엄격)
>   - 수업 측면: 전문직 조직 (느슨)

암기 POINT
- 이중조직으로서의 학교의 유형 분류(홀)
  - 베버형
  - 권위주의형
  - 전문형
  - 혼돈형

　　ⓛ 학교조직의 유형
　　　• **베버형** : 전문화 수준과 관료화 수준이 모두 높고, 이들이 상호보완적인 관계에 있는 조직. 베버가 주장한 이상적 관료제의 모습과 가장 유사한 구조에 해당됨
　　　• **권위주의형** : 관료적 권위의 강조, 규칙과 절차에 대한 순응, 몰인정성, 일관성 등이 조직운영의 기본원리. 권력은 상층부에 집중됨(대부분의 학교에 해당)
　　　• **전문형** : 의사결정의 실질적인 권한이 교사들에게 위임되어 있으며, 행정가는 교사를 지원하는 역할을 하는 구조. 규율과 절차는 업무를 안내해 주는 역할로 한정되며, 전체적으로 이완되고, 유동적이며, 비공식적인 구조가 지배적인 조직
　　　• **혼돈형** : 전문화와 관료화 수준이 모두 낮아, 일상적인 운영에서 혼란과 갈등이 전형적으로 나타나는 구조. 비일관성과 비효과성 만연, 다른 유형으로 이동하려는 압력 발생
　④ 교육행정에의 시사점
　　ⓐ 학교에는 관료적 영역과 전문적 영역의 공존하게 되면서 이들 사이의 갈등가능성이 존재함
　　ⓑ 학교의 사무행정은 관료적 성격을 갖지만, 교사들이 학생들 가르치는 활동은 전문직적 성격을 갖기 때문에 순수한 관료제 방식으로 운영되기 어려움
　　ⓒ 학교 행정가는 교육활동 외적 측면에 대해서는 관료적 엄격함을 유지하되, 교육활동과 관련된 영역에 관해서는 교사의 자율성과 권한 보장, 책임성 부여하는 등 이원적으로 접근할 필요가 있음
　　ⓓ 학교규모의 대형화, 학교의 조직과 기능의 복잡화, 행정업무의 증가, 상급기관의 압력 증가, 학교의 획일화 경향, 학교의 책무성에 대한 요구 심화 등으로 인해 학교의 관료화 경향이 강화되고 있음

(2) **민츠버그(Mintzberg)의 전문적 관료제 이론**
　① 개요
　　ⓐ 분류기준 : 조직을 통제하는 조정기제(coordination mechanism)와 핵심주체에 따라 분류
　　ⓑ 사회조직의 유형
　　　• **단순구조(simple structure)** : 전략상층부에 의해 직접 감독이 이루어지는 조직으로, 소규모이며 정교화되지 못한 조직 예 영세 소규모 기업, 도서벽지의 소규모 학교
　　　• **기계적 관료제(machine bureaucracy) 구조** : 표준화된 작업과정을 통해 조정되는 조직, 전문기술 관리자가 핵심주체가 되며, 규칙과 규정이 강조되는 조직 예 정부기관, 대기업

더 알아두기
- 조직을 구성하는 5가지 핵심 부문

전략 상층부
전문기술 부문 | 중간 관리층 | 지원 부문
현업 핵심층

- 전문적 관료제(professional bureaucracy) 구조
  - 직무기술의 표준화를 핵심 조정기제로 하는 조직으로, 현업핵심층이 조직의 핵심 부분이 됨
  - 전문가 스스로 자신을 통제하고 작업기준을 개발하기 때문에 조직 내에 별도의 전문기술 부문을 크게 필요로 하지 않으며, 분권화되고 이완된 형태를 띰
  - 실무 전문가들의 기술과 지식에 의존하는 조직이므로, 조직의 설계에서는 훈련과 수평적 직무 전문화가 주요하게 고려됨
  - 조직의 구조는 복잡하면서도 안정적인 환경이나 비규제적 환경에 적합함 예 전문가 조직, 체계화된 대규모 학교
- 사업부제 구조(divisionalized form) : 중간관리층이 핵심계층이 되며, 산출물(결과) 표준화가 핵심 조정기제 예 종합대학의 단과대학, 종합병원의 전공과, 대기업의 사업부
- 임의구조(adhocracy) : 수평적인 상호조절을 통해 통합을 이루는 조직, 모호한 권한체계, 불명확한 목표, 상호모순적인 책임배분 등을 특징으로 하는 신축적 조직, 역동적이며 급변하는 상황에서 나타남 예 광고회사, 컨설팅회사

	단순구조	기계적 관료제 구조	전문적 관료제 구조	사업부제 구조	임의구조
조정기제	직접 감독	작업과정 표준화	직무기술 표준화	산출물(결과) 표준화	부서 간 상호조정
핵심주체	전략상층부	전문기술 부문	현업핵심층	중간관리층	중간-지원 시스템
조정방향	집권화	표준화	전문화	분권화	협력화
조직목표	생존	효율성	유효성	효율성	혁신성

② 학교의 전문적 관료제적 성격 : 관료적 성격 + 전문적 성격
  ㉠ 직무기술의 표준화 : 교사의 활동은 엄격한 지시나 통제에 의해서가 아니라, 교사의 전문자격 인증, 표준화된 교육과정과 교과서, 학업성취에 대한 평가 등을 통해 통제됨
  ㉡ 위계적 조직 : 학교의 목적 달성을 위해 다수의 사람들이 기능과 역할을 나누어 협업함
  ㉢ 전문적 활동 : 교사들의 교수활동은 고도의 전문성을 요구하는 활동으로 간주됨. 효과적인 직무수행의 통일된 표준을 찾기는 어려움. 교사는 전문가로서 학교의 핵심 역할을 함
  ㉣ 자율성 보장 : 교직원들은 교육과정 운영 및 제반 학교운영 관련 업무를 권한과 책임을 가지고 처리하며, 학교장은 민주적인 방식으로 학교를 운영함. 특히 교사의 교육활동(교육과정, 교수방법, 교육평가 등)에 대해 상당한 자유재량권을 보장함

암기 POINT
- 전문적 관료제 조직으로서 학교의 특성
  - 직무기술의 표준화
  - 위계적 조직
  - 전문적 활동
  - 자율성 보장

(3) 와익(Weick)의 이완결합체제(loosely-coupled system) 이론

① 개요
  ㉠ 학교는 이질적이거나 성격이 다른 요소들이 공존하며 상호간에 영향력이 약하기 때문에, 학교를 구성하고 있는 하위조직들은 상당한 독자성, 개별성, 자율성을 갖게 됨
  ㉡ 환경변화에 적응하기 위해 학교조직에서 이질적인 요소들이 공존하는 것을 허용하며, 부서 및 학년 조직의 국지적 적응을 허용하고 인정함
  ㉢ 즉, 학교조직의 하위체제들은 서로 연결은 되어 있으나 각자 정체성, 독자성, 독립성을 유지하면서 어느 정도 분리되어 있는 '느슨하게 결합되어 있는 체제'의 특성을 가짐

② 학교의 이완결합체제적 특성
  ㉠ 교수내용과 방법의 측면
    • 교사들의 가치관과 신념, 전문적 지식, 문화·사회적 배경에 따라 교육내용에 대한 해석이나 교수방법이 다를 수 있음
    • 학교에서는 수업내용이나 방법을 규정하는 구체적인 기준을 가지고 있지 않아, 수업에 대한 교사의 자유재량권과 자기결정권을 상당한 정도로 부여함
  ㉡ 교사평가의 측면
    • 수업활동이 교실이라고 하는 개개의 분리된 상황에서 이루어지고 있기 때문에, 교육행정가가 교육과정, 교육평가, 교수방법, 교육권 등을 관리·통제하는 데에 제한적임
    • 교사의 직무수행에 대한 엄격하고 분명한 감독이나 평가방법이 없으며, 교장의 지시와 통제는 대체로 형식적인 수준에 그침
  ㉢ 권한(책임)의 측면 : 교육행정가들은 수업의 내용과 방법을 계획하고 조정하는 '일반적인 책임'을 가지고 있지만, 수업을 특정 방식으로 하게 할 권한을 갖고 있지는 않음

③ 교육행정에의 시사점 : 마이어와 로완(Meyer & Rowan, 1983)
  ㉠ 조직의 이완결합성은 참여주체들 간에 상호신뢰가 구축되어 있음을 전제로 하므로, 조직의 효율적인 운영을 위해서는 신뢰의 원칙(신뢰의 논리, logic of confidence)이 중요함
  ㉡ 학교조직을 지나치게 감독이나 평가를 통해 관리하고자 한다면 학교조직 내의 부서 또는 개인 간의 갈등이 심해지고, 업무도 지나친 형식주의로 빠질 수 있음
  ㉢ 신뢰의 원칙(논리)을 핵심 통제기제로 활용하여, 학교 구성원들과 학교의 비전과 목표를 공유하고 상호 간의 신뢰를 바탕으로 조직이 운영되도록 하여야 함

암기 POINT

• 이완결합체제로서 학교의 특성
  - 이질적 요소들의 공존
  - 서로 느슨하게 연결
  - 독립성과 자유재량권 보유
  - 직무수행 통제의 어려움
  - 상호신뢰에 기반한 운영

(4) 코헨(Cohen) 등의 조직화된 무정부 조직(organized anarchies)

① 개요
  ㉠ 학교는 외형상 체계적인 형태로 조직화되어 있기는 하지만, 실제로는 매우 혼란스럽고 통제되지 않는 특징이 있다는 점을 강조
  ㉡ 합리적, 과학적, 논리적으로는 파악될 수 없는 측면이 있으며, 목표나 기술, 구성원들의 관계가 기능적이지 못한 측면이 있음을 지적
  ㉢ 대학을 대상으로 연구한 결과에 기반하고 있으며, 주로 고등교육조직을 설명할 때 활용됨
  ㉣ 의사결정이 주먹구구식으로 이루어진다고 하여 쓰레기통(garbage can) 모형이라고 함

② '조직화된 무정부(무질서) 조직'으로서 학교의 특징
  ㉠ 유동적 참여
   • 학생, 교사, 행정가는 수시로 학교를 떠나거나 이동하며, 학부모와 지역사회 관계자도 필요시에만 참여하기 때문에, 조직 구성원의 참여가 유동적이며 간헐적임
   • 구성원의 잦은 변화로 인해 조직의 의사결정과 조직운영의 일관성과 지속성이 떨어짐. 학교의 경영목표에 대한 공통된 합의와 해석을 정립하기 어려움
   • 구성원의 조직에 대한 책임성이 약하고 전문성의 축적과 활용이 어려움
  ㉡ 불분명한 목표
   • 학교의 목적과 목표는 구체적이지도 명료하지도 않으며, 세부적으로는 상호 모순되기도 함
   • 그 목적이 명료하게 표방되어 있다 하더라도 그 해석은 사람마다 다름. 더 나아가 학교라는 학교의 목적은 항상 논쟁의 대상이 됨
  ㉢ 불확실한 기술
   • 학교의 목적을 달성하기 위해 사용되는 수단과 방법에 대한 합의가 불충분하며, 학교운영 기술이나 교수·학습 기술이 분명하게 제시되지 않음
   • 교사들마다 가르치는 방법이 다양하며, 각자의 경험에 기초한 기술에 의존하는 경향이 있음

③ 학교행정에의 시사점
  ㉠ 단위학교의 자율성 강화 : 학교 교육과정의 자율적 운영 범위를 확대, 교장 공모제 도입, 학교단위 교사 임용제도 도입 등
  ㉡ 단위학교의 책무성 강화 : 학교운영위원회 활성화, 학교정보공시제 강화, 학교평가 강화, 학생의 학업성취도 평가 지속 실시 등

암기 POINT
• 조직화된 무정부 조직으로서의 학교의 특징
 - 유동적 참여
 - 불분명한 목표
 - 불확실한 기술

(5) 센지(Senge) 등의 학습조직(learning organization) 이론

① 학습조직의 개념
  ㉠ 센지 등(1990)은 성공적인 조직운영의 방법론으로 '학습조직'이라는 개념을 제시하였으며, 이후 경영학의 주요 개념으로 자리잡음
  ㉡ 학습조직이란 '조직 내외적으로 정보를 공유하고 협력적인 학습 활동을 일상적으로 전개하여, 새로운 지식을 창출하여 환경변화에 적응해 나가는 조직'으로 정의됨
  ㉢ 과업(task), 구조(structure), 기술(technology), 사람(people)을 기본 구성요소로 하며 이들 사이에 복합적 상호작용이 존재함

	전통적 조직	학습조직
가치 목표	효율성, 효과성	탁월성, 조직개선
조직 구조	위계적	역동적 네트워크
리더의 역할	통제자	촉진자
리더십 전략	안내지도(road map)	학습지도(learning map)
구성원 역할	지식인(people who know)	학습인(people who learn)

② 학습조직의 다섯 가지 원리
  ㉠ 개인적 숙련(전문적 소양, personal mastery) : 지식, 기술, 태도 측면에서 개인적 역량을 지속적으로 발전시켜 나가는 행위로서, 학습조직은 조직구성원들의 개인적 숙련을 배려하고 지원하고 촉진함
  ㉡ 정신 모델(세계관, mental model) 공유 : 주변에서 발생하는 현상들을 이해하는 인식체계로서, 교사들은 자신의 교육에 대한 관점을 성찰하고 객관화하여 탐구함으로써 새로운 정신 모델을 정립할 수 있음
  ㉢ 비전의 공유(shared vision) : 조직이 추구하는 방향이 무엇이어야 하는지를 공동으로 설정하고, 모든 구성원들이 이에 대해 공감대를 형성함
  ㉣ 팀 학습(team learning) : 조직의 문제를 해결하기 위해 구성원들이 여러 개의 팀을 이루어 학습하며, 대화와 토론을 통해 문제에 접근함
  ㉤ 시스템 사고(system thinking) : 학교의 개별 문제들을 전체 상황과 연관지어서 체계적으로 살펴봄으로써 현실적인 문제해결 능력을 신장시킴

[학교조직의 특성]

이중 조직	관료적 성격	분업과 전문화, 권위의 계층화, 규칙과 규정, 몰인정성, 경력지향성
	전문적 성격	전문적 지식과 기술, 의사결정의 자율성, 고객에 대한 봉사
전문적 관료제		직무기술의 표준화, 현업핵심층이 주도, 전문성, 자율성, 위계적 조직
이완결합체제		이질적 요소의 공존, 독자성 유지, 느슨하게 결합된 구조, 신뢰의 논리
조직화된 무질서		유동적 참여, 불분명한 목표, 불확실한 기술
학습조직		개인적 숙련, 정신모델 공유, 비전의 공유, 팀 학습, 시스템 사고

암기 POINT
- 학습조직 5가지 원리
  - 개인적 숙련
  - 정신 모델 공유
  - 비전의 공유
  - 팀 학습
  - 시스템 사고

04 학교의 조직풍토와 문화 2022 국가직9급 / 2010 국가직7급

(1) 조직풍토와 조직문화의 개념

① 조직풍토(organizational climate)
  ㉠ 조직 구성원이 조직 내에서 경험하는 총체적인 직무환경의 질을 의미
  ㉡ 조직이 갖는 독특한 분위기에 해당하는 것으로, '개방적/폐쇄적, 번잡한/평온한, 따뜻한/냉랭한' 등의 표현이 활용됨
  ㉢ 사회심리학이나 산업심리학 분야에서 주로 연구되어 왔으며 계량적인 조사연구를 통해 구체적인 행동에 대한 인식을 조사함

② 조직문화(organizational culture)
  ㉠ 조직 구성원들이 보편적으로 공유하고 있는 가정, 신념, 가치, 행동규범 등을 의미하는 것으로, 오랜 조직생활을 통해 습득되며 조직 구성원들에게 일체감을 줌
  ㉡ 조직문화의 개념적 수준(Hoy & Miskel, 2013)
    • 묵시적 가정 : 가장 심층적인 차원, 당연시되는 추상적 전제
    • 공유된 가치 : 중간 수준, 조직의 기본적 특성 규정, 일체감 형성
    • 공유된 규범 : 가장 표면적인 수준, 행동에 대한 비공식적 기대
  ㉢ 인류학과 사회학 분야에서 관심을 가지는 주제로 주로 문화기술적 방법을 통해 기대, 가치, 규범 등을 조사함

	조직풍토	조직문화
학문분야	사회심리학, 산업심리학	인류학, 사회학
연구방법	계량적 조사연구	문화기술적 방법
구성내용	구체적인 행동에 대한 인식	추상적인 가정, 가치, 규범

(2) 학교풍토의 유형

① 핼핀과 크로프트의 학교풍토론(Halpin & Croft, 1962)
  ㉠ 조직풍토기술척도(OCDQ : Organizational Climate Description Questionnaire)를 이용하여, 교사가 지각하는 교사와 교장의 행동 특성을 발견하여 학교풍토를 설명함
  ㉡ 조직풍토기술척도의 하위 변인

교사 행동 특성	- 방관(disengagement) : 업무에 헌신하지 않고 이탈하려 함 - 방해(hindrance) : 교장을 방해하는 사람으로 지각함 - 사기(esprit) : 과업수행에서 욕구 충족과 성취감을 느낌 - 친밀성(intimacy) : 다른 교사들과 우호적 인간관계를 맺음
교장 행동 특성	- 원리원칙(coldness) : 원리원칙에 따라 엄정하게 행동함 - 실적중시(production emphasis) : 과업 지시와 감독 철저 - 솔선수범(thrust) : 역동적으로 학교를 운영해 나감 - 인화(consideration) : 따뜻하고 친절하게 행동함

> **암기 POINT**
>
> - 헬핀과 크로프트의 학교풍토론
>   - 개방적 풍토
>   - 자율적 풍토
>   - 통제적 풍토
>   - 친교적 풍토
>   - 간섭적 풍토
>   - 폐쇄적 풍토

ⓒ 학교풍토의 유형

- **개방적 풍토** : 교장은 매사에 융통성을 보이며, 교사들은 자발적으로 협동하면서 만족감을 갖고 어려움을 극복하려는 활기차고 생기 있는 조직풍토
- **자율적 풍토** : 교장이 교사들 스스로가 상호 활동구조를 마련하도록 분위기를 조성하고, 사회적 욕구 충족을 위한 방법을 모색하도록 보장하는 자유보장적 풍토
- **통제적 풍토** : 과업수행을 강조하고 교사들의 사회적 욕구 충족을 소홀히 하는 풍토
- **친교적 풍토** : 교장과 교사들이 우호적 관계를 형성하여 사회적 욕구는 충족되나, 조직의 목적 달성을 위한 활동은 부족한 풍토
- **간섭적 풍토** : 교장이 공정성을 결여하고 있고 교사들에게 과업만을 강조하여 과업성취나 욕구 충족 모두에 부적합한 풍토
- **폐쇄적 풍토** : 교장은 일상적이며 불필요한 업무를 강조하고, 교사들은 거의 만족감을 느끼지 못하는 비효율적인 풍토

	교사의 행동특성				교장의 행동특성			
	방관	방해	사기	친밀성	원리원칙	실적중시	솔선수범	인화
개방적 풍토	낮음	낮음	높음	중간	낮음	낮음	높음	중간
자율적 풍토	낮음	낮음	높음	높음	높음	낮음	중간	중간
통제적 풍토	낮음	높음	높음	낮음	높음	높음	중간	낮음
친교적 풍토	높음	낮음	중간	높음	낮음	낮음	중간	높음
간섭적 풍토	높음	낮음	낮음	낮음	낮음	높음	중간	높음
폐쇄적 풍토	높음	높음	낮음	중간	높음	높음	낮음	낮음

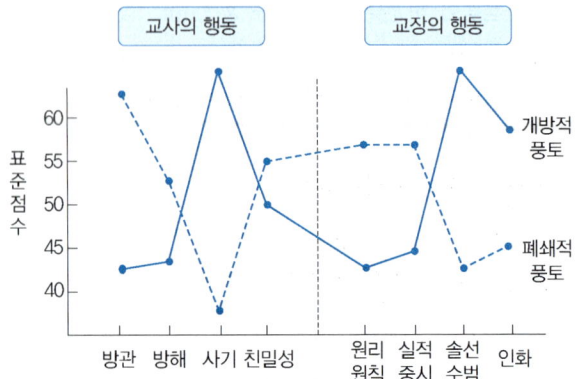

② 호이와 미스켈의 개정된 학교풍토론(Hoy & Miskel, 1987)
  ㉠ 핼핀과 크로프트의 척도를 개선하여 조직풍토기술척도 개정판(OCDQ-RE)을 개발함
  ㉡ 조직풍토기술척도 개정판(OCDQ-RE)의 하위 변인

교사 행동 특성지각	– 협동적(collegial) : 개방적이고 전문적인 상호작용이 일어남 – 친교적(intimate) : 학교 안팎에서 긴밀한 개인적 관계를 맺음 – 방관적(disengaged) : 전문적인 활동에 열의와 관심이 부족하며, 동료교사나 학교에 대해서 부정적인 견해를 가짐
교장 행동 특성지각	– 지원적(supportive) : 교사들에게 진실하고 긍정적인 관심을 보이고 교사의 전문성을 존중함 – 지시적(directive) : 교사들의 활동을 지속적으로 통제함 – 제한적(restrictive) : 교사들의 수업에 지장을 줄 정도로 서류 작성, 회의 참석, 일상적인 업무 등을 요구함

  ㉢ 학교풍토의 유형
  • 개방풍토(open climate) : 교사와 교장 사이에 협동, 존경, 신뢰가 형성되어, 교장은 교사의 의견과 전문성을 존중하며, 교사들은 과업에 헌신하는 풍토
  • 몰입풍토(engaged climate) : 교장은 비효과적인 통제를 시도하지만, 교사들이 높은 전문성을 바탕으로 업무를 효과적으로 수행하는 풍토
  • 일탈풍토(무관심풍토, disengaged climate) : 교장은 개방적이고 지원적이지만, 교사는 교장을 무시하거나 무력화하려고 하고 교사 간 불화와 편견이 심하고 헌신적이지 못한 풍토
  • 폐쇄풍토(closed climate) : 교장은 일상적이거나 불필요한 업무만을 강조하고, 교사들은 교장과 불화하고 업무에 대한 관심과 책임감이 없는 풍토

> 암기 POINT
> • 호이와 미스켈의 개정된 학교풍토론
>   – 개방풍토
>   – 몰입풍토
>   – 일탈풍토
>   – 폐쇄풍토

		학교장의 행동	
		개방	폐쇄
교사의 행동	개방	개방풍토	몰입풍토
	폐쇄	일탈풍토	폐쇄풍토

	교사의 행동특성			교장의 행동특성		
	협동적	친밀적	방관적	지원적	지시적	제한적
개방풍토	높음	높음	낮음	높음	낮음	낮음
몰입풍토	높음	높음	낮음	낮음	높음	높음
일탈풍토	낮음	낮음	높음	높음	낮음	낮음
폐쇄풍토	낮음	낮음	높음	낮음	높음	높음

③ 리커트(Likert)의 관리체제 유형
  ㉠ 상급자의 하급자에 대한 권한위임 정도와 자율성 부여의 정도에 따라 조직풍토 유형을 분류
  ㉡ 관리자의 지도성, 조직풍토, 직무만족 등에 관한 질문들로 구성된 조직진단 설문지 이용
  ㉢ 관리체제 유형
    • 체제 1 유형(수탈적 권위형)
      – 관리자는 조직구성원을 전적으로 불신하며 공포나 처벌에 의해 동기를 부여함
      – 조직의 목표설정 및 관리상의 의사결정은 조직의 상층에 집중
      – 의사결정에의 참여에서 배제되며, 하향적 의사소통만 허용됨
    • 체제 2 유형(온정적 권위형)
      – 관리자는 조직구성원들에게 온정을 베푸는 관계를 형성하며, 보상과 약간의 처벌 공포로 동기를 부여함
      – 조직의 통제권이 약간은 위임되지만, 엄격한 통제는 유지됨
      – 의사소통의 유형은 대체로 하향적이되, 약간의 의견을 구함
    • 체제 3 유형(협의적 민주형)
      – 관리자는 조직구성원을 상당히 신뢰하며 주로 보상에 의해 동기부여
      – 조직 전반에 관한 의사결정은 상부에서 이루어지지만, 하부에 관한 의사결정에 대해서는 권한을 상당수 위임함
      – 조직 내 의사소통이 활발하고 의사결정 참여도 널리 인정됨
    • 체제 4 유형(참여적 민주형)
      – 관리자는 조직구성원을 전적으로 신뢰하며 참여와 보상을 주요 동기 요인으로 사용함
      – 조직의 통제권이 분산되어 있으며, 폭넓은 참여적 의사결정이 장려됨
      – 조직구성원들 간에 자유로운 수평적 의사소통이 이루어짐
  ㉣ 리커트의 관리체제 유형과 동기이론

리커트	맥그리거	아지리스	허즈버그
체제 1 유형 (수탈적 권위형)	X이론	미성숙 이론	위생 요인
체제 2 유형 (온정적 권위형)	↕	↕	↕
체제 3 유형 (협의적 민주형)			
체제 4 유형 (참여적 민주형)	Y이론	성숙 이론	동기 요인

④ 윌로워와 존스(Willower & Jones)의 학교풍토론
  ㉠ 교사가 학생을 통제하는 방식을 묻는 질문들로 구성된 학생통제이념질문지(PCI)를 이용하여 학교의 조직풍토를 구분
  ㉡ 학교의 조직풍토 유형
    • 인간주의적 학교
      - 학교는 협동적인 상호작용과 경험을 통해 배우는 교육공동체
      - 엄격한 교사의 통제보다는 학생 스스로의 자제를 중시함
      - 교사는 민주적인 통제방식을 추구함
    • 보호지향적 학교
      - 학교는 질서를 유지하기 위해 고도로 통제된 상황을 조장하는 공간
      - 학생은 무책임하고 미성숙한 존재이므로 엄격한 규율과 처벌 필요
      - 교사는 권위적이고 엄격한 통제방식을 추구함

(3) 학교문화의 유형

① 호이와 미스켈(Hoy & Miskel)의 학교문화 유형론
  ㉠ 아카데미 : 학교는 학습이 주가 되는 장소이며, 학교장은 탁월한 교사이자 학습자로 이해됨
  ㉡ 감옥 : 학교는 학생들을 통제하고 훈련하기 위한 보호기관이며, 학교장은 감시자로 이해됨
  ㉢ 사교클럽 : 학교는 모든 사람이 즐거운 시간을 보내는 사교클럽이며, 학교장은 사회적 관리자로 이해됨
  ㉣ 공동체 : 학교는 사람들이 서로 배우고 지원하는 양육환경이며, 학교장은 공동체의 지도자로 이해됨
  ㉤ 공장 : 학교는 매우 잘 조율된 학생(기계)을 만들어 내는 생산라인이며, 학교장은 공장장으로 이해됨

② 스타인호프와 오웬즈(Steinhoff & Owens)의 학교문화 유형론
  ㉠ 공립학교의 문화를 은유(메타포)로 된 네 가지 문화로 구분하여 학교문화평가척도 개발
  ㉡ 조사 결과, 가족문화와 기계문화의 학교가 많고, 공연문화와 공포문화의 학교는 비교적 적음

가족문화	- 학생에 대한 의무 이상의 헌신, 서로에 대한 관심이 중요 - 모든 사람은 가족의 한 구성원이며, 애정, 우정, 협동적
기계문화	- 학교를 기계적인 것으로 간주, 조직구조가 학교운영의 원동력 - 행정가는 조직 유지를 위한 투입을 제공하기 위해 노력함
공연문화	- 학교를 공연장으로 간주, 청중의 반응에 초점 - 행정가를 명지휘자나 감독과 보고, 교수의 예술적 질 강조
공포문화	- 학교가 전쟁지역 같은 긴장의 장에 비유되는 문화 - 학교를 상자, 교도소, 고립된 생활공간으로 봄, 직원 간 비난, 적대적

> **암기 POINT**
> • 스타인호프와 오웬즈의 학교문화 유형론
>   - 가족문화
>   - 기계문화
>   - 공연문화
>   - 공포문화

③ 세티아와 글리노우(Sethia & Glinow)의 조직문화 유형론
  ㉠ 조직의 관심이 사람에 있는지, 성과에 있는지에 따라 구분
    • 사람에 대한 관심 : 구성원의 복지와 만족을 위한 노력
    • 성과에 대한 관심 : 구성원의 직무전념을 통한 성과 제고에 대한 기대
  ㉡ 학교의 조직문화 유형

		성과에 대한 관심	
		낮음	높음
사람에 대한 관심	낮음	냉담문화	실적문화
	높음	보호문화	통합문화

냉담문화	– 사람과 성과에 대한 관심이 모두 부족한 조직 – 음모와 분열로 인한 사기저하와 냉소주의 만연, 조직 생존 어려움 – 지도자는 방임적 리더십으로 일관하고, 조직의 효과성과 능률성에 대한 관심보다는 기득권과 이해관계에 의해 조직이 운영됨
보호문화	– 구성원의 복지를 강조하며 성과를 요구하지 않는 온정주의적 문화 – 구성원은 조직의 지도자에게 순응하는 경향을 보이며, 충성심과 애정을 통해 조직의 생존과 번영이 이루어짐 – 협력과 협동, 상사에 대한 복종 등을 중요한 가치로 여김
실적문화	– 구성원의 복지에는 소홀, 높은 성과를 요구하는 압력이 큰 조직 – 구성원을 도구적 존재로 취급하고 높은 성과를 낼 때만 보상을 제공 – 성취, 경쟁, 적극성 등이 주요한 가치로 인식됨
통합문화	– 사람과 성과 모두에 높은 관심을 가지는 조직 – 구성원은 인격적 존재로 간주되고, 조직발전에 공헌하기 위해 스스로 잠재력을 최대한 계발하고 발휘하도록 기대됨 – 협동, 창의성, 자율 등이 중요한 가치로 여겨짐

④ 교육행정에의 활용
  ㉠ 조직발전을 위한 조직문화의 활용 : 조직문화는 조직 구성원들의 행동을 변화시킬 수 있는 조직발전 전략으로 채택됨
    • 전통적인 조직운영 방법 : 지시, 명령, 통제, 감독, 규정과 절차 등에 의한 위계적 방법
    • 조직운영의 문화적 접근방법 : 조직 구성원들이 공유하고 있는 규범, 가치관 등의 문화적 요소의 변화를 통해 구성원들의 적극적인 참여와 헌신 유도, 창의적인 업무 수행 자극
  ㉡ 교육개혁을 위한 전략으로 조직문화의 활용
    • 전통적인 교육개혁 방법 : 근대적 과학주의, 합리주의에 바탕을 둔 하향식 접근을 통해 전문가에 의해 개발된 새로운 교육과정 및 교수법을 현장에 전달하고 확산시킴
    • 교육개혁의 문화적 접근방법 : 교직사회에 공유되고 있는 광범위한 의식, 신념, 가치 등을 포함하는 문화적 요소를 변화시킴으로써 교사들이 스스로 자신의 교육을 개혁하게 함

암기 POINT

• 세티아와 글리노우의 학교문화 유형
  – 냉담문화
  – 보호문화
  – 실적문화
  – 통합문화

05 조직의 갈등관리 2015 지방직9급

(1) 갈등의 개념과 성격
① 갈등의 개념
- ㉠ 서로 다른 개인이나 조직이 다양한 관심과 입장 차이로 인해 대립하는 현상
- ㉡ 조직의 한 단위가 다른 단위에 의해 자기의 관심사가 좌절되었거나 좌절될 것을 지각하였을 때 생기는 과정(Thomas, 1976)

② 갈등의 성격
- ㉠ 갈등은 전통적으로 부정적인 것으로 간주되었으나, 1970년대 들어 갈등의 근원과 강도에 따라 긍정적인 결과를 낳을 수도 있다는 점이 밝혀짐
- ㉡ 적당한 정도의 갈등이 오히려 조직에 긍정적인 결과를 가져 옴. 갈등이 부재한 조직은 무사안일과 매너리즘에 빠져 환경적 변화에 둔감해지고 조직의 목표를 상실하는 한편, 갈등이 극심한 조직은 협동의 상실과 불만족으로 인해 조직의 성과가 떨어짐

③ 갈등의 유형
- ㉠ 수직적 갈등 : 조직의 계층구조상 상위 단위와 하위 단위 간의 갈등
- ㉡ 수평적 갈등 : 개인 간, 부문 간, 공식집단과 비공식집단 간의 갈등
- ㉢ 순기능적 갈등 : 조직의 목표달성과 성과에 유익한 갈등으로, 직무에 관한 견해 차이로 발생
- ㉣ 역기능적 갈등 : 집단의 성과와 사기에 악영향을 주는 갈등으로, 개인들의 성격이나 감정 등의 차이로 인해 발생

(2) 토마스(Thomas) 등의 갈등관리(협상) 전략
① 개요 : 상황에 따라 유용한 갈등관리 전략이 존재한다는 상황적응론적 갈등관리론을 주장
② 갈등관리 전략의 유형 분류 기준
- ㉠ 협력성(cooperativeness) : 상대방의 관심과 이익을 고려하는 정도
- ㉡ 독단성(assertiveness) : 자신의 이익과 관심을 만족시키려는 정도

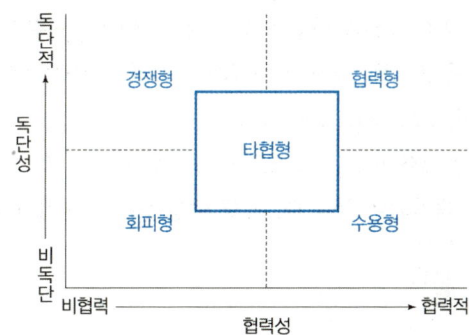

> 암기 POINT
>
> • 토마스의 갈등관리 전략
> - 경쟁형
> - 수용형
> - 회피형
> - 협력형
> - 타협형

③ 갈등관리 전략의 5가지 유형
   ㉠ 경쟁형(competing style ; 강제형, enforcing style)
     • 상대방을 압도하여 자신의 관심을 만족시키는 방식으로 갈등을 해결하는 유형으로, 한쪽이 이익을 얻는 반면 다른 한쪽은 손해를 보게 되는 접근방법(win-lose approach)
     • 신속한 결정이 요구되는 긴급한 상황, 중요한 사항이지만 인기가 없는 조치가 요구되는 경우, 조직의 성장에 매우 중요한 문제일 때 등
   ㉡ 수용형(순응형, 동조형, 양보형, accommodation style)
     • 자신의 관심사에 대해 양보하고 상대방의 주장에 따라 그의 관심을 충족시켜 줌으로써 갈등을 해소하는 방법으로, 좋은 인간관계를 유지하는 데 중점을 두는 전략
     • 조화와 안정이 특히 중요할 때, 자기가 잘못한 것을 알았을 때, 상대방을 이길 수 없다고 생각할 때, 패배가 불가피하여 손실을 극소화해야 할 때, 상대방에게 더 중요한 사항일 때 등
   ㉢ 회피형(avoiding style)
     • 갈등이 없었던 것처럼 행동하여 갈등을 의도적으로 회피하는 방법으로, 자기뿐만 아니라 상대방의 관심사마저 무시하는 유형
     • 다른 사람의 관심을 이해할 시간적 여유가 없을 때, 해당 문제가 다른 문제들의 해결로부터 자연스럽게 해결될 수 있을 때, 갈등해소에 따른 비용이나 부작용이 너무 클 때, 쟁점이 사소한 것일 때, 사태를 빨리 진정시키고자 할 때 등
   ㉣ 협력형(collaborating style)
     • 양쪽이 모두 다 만족할 수 있는 갈등해소책을 적극적으로 찾는 방법으로, 양자에게 모두 이익을 주는 접근방법(win-win approach)
     • 합의와 헌신이 필요할 때, 양자의 관심사가 매우 중요하여 통합적인 해결책만이 수용될 수 있을 때, 관계를 해치는 감정을 다루어야 할 때, 목표가 학습하는 것일 때 등
   ㉤ 타협형(compromising style)
     • 양측이 상호 희생과 타협을 통해 부분적 만족을 취함으로써 갈등을 해소하는 유형으로, 양자가 조금씩 양보하여 절충안을 찾는 쌍방승리의 접근방법(win-win approach)
     • 복잡한 문제에 대한 일시적인 해결책을 얻고자 할 때, 당사자들의 주장이 서로 대치되어 있을 때, 목표 달성에 따른 잠재적인 문제가 클 때 등

06 조직 내 의사소통 2024 국가직9급

(1) 의사소통의 개념 및 기능

① 의사소통의 개념
  ㉠ 의사소통(communication)이란 생각이나 아이디어, 감정 등 의도하는 것을 다른 사람들과 교환해 나가는 과정을 의미함
  ㉡ 의사소통이 원활하게 이루어져야 학교의 목표가 조직구성원에게 잘 알려질 수 있고, 구성원들의 행위를 조직하고 조정할 수 있음

② 의사소통의 기능
  ㉠ 조정 및 통제를 위한 수단 : 구성원의 질서 확보 위한 수단으로 이용, 구성원의 직무와 관련하여 책임과 권한의 소재를 명확하게 규정
  ㉡ 합리적 의사결정의 수단 : 의사소통의 내용이 정확·신속·적절, 정보의 질이 우수할 경우 의사결정의 수준을 높임
  ㉢ 조직통솔과 지도성의 발휘 : 구성원을 통솔하고 조직목표에 공헌과 추종을 유도할 수 있음
  ㉣ 사기양양 및 동기 유발 : 구성원을 자극·격려함으로써 구성원의 동기 유발과 사기를 앙양, 구성원 간의 협동과 몰입을 불러일으킴

(2) 의사소통의 유형

① 의사소통의 방향에 따른 분류
  ㉠ 일방적 의사소통 : 한 사람이 다른 사람에게 어떤 것을 전달하는 방식(예 지시, 명령, 공문전달). 메시지 전달자의 의사소통 기술이 중요하며, 명확하고 구체적일수록 효과적임
  ㉡ 쌍방향 의사소통 : 조직 구성원 상호 간의 상호작용(예 대화, 질의, 토론, 수업 등). 모든 참가자가 송신자이자 수신자가 되며, 피드백이 가능

② 의사소통의 위계에 따른 분류
  ㉠ 하향식 의사소통 : 조직 내의 지휘, 명령 계통에 따라 상사가 부하에게 메시지를 전달하는 형태의 의사소통(예 지시, 명령), 조직목적의 전달이 용이하지만 메시지의 소실률이 높음
  ㉡ 상향식 의사소통 : 조직의 하부에서 상부로 정보와 의사가 전달되는 방식(예 보고, 제안, 의견조사, 면접 등), 하급자가 상급자를 신뢰할수록 의사소통의 정확성이 높아짐
  ㉢ 수평적 의사소통 : 조직 내에서 같은 계급 또는 직급의 개인이나 부서 사이에 이루어지는 의사소통(예 업무협의, 협조 등), 상호작용적으로 이루어지는 의사소통

③ 의사소통의 수단에 따른 분류
　㉠ 언어적 의사소통 : 구두에 의한 의사소통과 문서에 의한 의사소통으로 나눌 수 있으며, 구두에 의한 의사소통은 즉시성과 대면성이 특징이며, 문서 의사소통은 정확성과 보존성이 특징
　㉡ 비언어적 의사소통 : 자세, 몸짓, 얼굴표정 등을 통한 의사소통방식으로, 침묵, 복장, 사무실의 위치타 크기, 실내의 공간배치 등에 의해서도 메시지를 전달할 수 있음
④ 의사소통의 공식성에 따른 분류 : 공식적-비공식적 의사소통은 상호보완적으로 이루어져야 함
　㉠ 공식적 의사소통 : 공식적인 조직 내에서 공식적인 의사소통의 통로와 수단을 통해서 이루어지는 의사소통
　　• 장점 : 권한 관계가 명확해지고 의사전달이 확실하며, 의사소통의 책임 소재가 분명함
　　• 단점 : 융통성이 없고 소통이 느리며, 발신자의 복잡한 욕구나 감정을 전달할 수 없음
　㉡ 비공식적 의사소통 : 구성원 간의 친분과 상호신뢰, 인간관계를 통해 이루어지는 의사소통
　　• 장점 : 솔직한 의견과 감정 전달 가능, 정보전달이 신속하고, 직무만족도를 높여줌
　　• 단점 : 책임소재가 불분명, 부정확한 정보의 유통 가능성, 의견의 조정 및 통제가 어려움

(3) 조직 내 의사소통의 원칙(Redfield)

① 명료성(Clarity)의 원칙
　㉠ 메시지의 수신자가 전달내용을 이해할 수 있도록 의사전달 내용이 명료해야 함
　㉡ 어려운 단어 어색한 문장구조, 불필요한 전문용어, 지나친 미사여구 등은 명료성을 낮춤
② 일관성(Consistency)의 원칙
　㉠ 어떤 명령이든 조직의 목표와 부합되는 것이어야 하며, 명령들 간에 모순이 있어서는 안 됨
　㉡ 의사소통 과정에서 전달되는 메시지가 수정, 가감, 번복되면 일관성을 잃게 됨
③ 적정성(적량성, Adequacy)의 원칙
　㉠ 의사전달의 양과 질이 적정해야 함. 전달의 양이 너무 과다하면 의사소통에 혼란이 발생, 과소하면 의사소통이 이루어지지 않음
　㉡ 질적으로 너무 상세하면 초점을 흐리게 되고 너무 간단하면 내용을 온전히 전달할 수 없음

암기 POINT

• 조직 의사소통의 원칙 (레드필드)
　- 명료성
　- 일관성
　- 적정성(적량성)
　- 적시성
　- 분포성
　- 적응성(융통성)
　- 통일성
　- 관심과 수용

④ 적시성(Timing and Timeliness)의 원칙
  ㉠ 업무의 신속한 처리를 위해서 의사전달이 적절한 시기를 놓치면 안 됨
  ㉡ 의사전달의 경로가 지나치게 길어지거나 의사전달 통로가 복잡한 경우 의사소통의 혼란 발생
⑤ 분포성(Distribution)의 원칙
  ㉠ 의사소통의 시작점에서 목적지까지 모든 정보가 의사소통의 대상에게 골고루 도달되어야 함
  ㉡ 최종적으로 전달하고자 하는 대상에게 전달되지 않은 정보는 의미가 없거나 혼란을 유발함
  예 교장 선생님께서 어제 저를 보자마자 지난번에 말한 일은 어떻게 됐냐고 하시지 뭐예요. 글쎄 알아보니 부장 선생님께만 말씀하셨던 모양이에요. 그렇게 중요한 일이면 저에게도 알려주셨어야죠.
⑥ 적응성(융통성, Adaptability)의 원칙
  ㉠ 의사소통의 신축성·개별성·현실적합성 등을 의미하는 것으로 개별 상황에 적합해야 함
  ㉡ 의사소통이 이루어지는 구체적인 상황에 적합하지 않은 메시지는 전달되지 않을 수 있음
  예 지난 주 운동회 진행하느라 정신없이 바쁜데, 교장 선생님께서 운동장에서 다음 달에 있을 학교평가를 앞두고 준비할 일을 자세하게 말씀하셔서 힘들었어요. 그런 일은 조용할 때 말씀하시면 좋을 텐데요.
⑦ 통일성(Uniformity)의 원칙
  ㉠ 적응성과 반대되는 개념으로, 수많은 업무에 있어서 지시와 보고의 표준화를 의미함. 적응성과 통일성을 잘 조화시키는 것이 중요
  ㉡ 의사소통이 조직 전체 입장에서 동일하게 수용될 수 있게 표현되어야 효율적으로 전달됨
⑧ 관심(Interest)과 수용(Acceptance)의 원칙
  ㉠ 발신자가 수신자의 주의와 관심을 끌어야 하고, 수신자가 적극적으로 수용하고자 하는 태도를 가질 때 효율적인 의사소통이 이루어짐
  ㉡ 수신자가 발신자를 신뢰하지 않거나 편견을 가질 때 관심의 부족이나 수용거부가 일어남

(4) 의사소통의 분석 기법 : 조하리의 창(Johari's windows)
① 개요
  ㉠ 자아개방과 피드백이라는 두 가지 개념을 기초로 고안된 의사소통 기법으로, 개발자인 조셉 러프트(Joseph Luft)와 해리 잉햄(Harry Ingham)의 이름을 합성하여 명명
  ㉡ 대인관계 분석, 경영전략 분석, 마케팅 전략 분석 등 다양한 형태의 의사소통 분석을 위한 도구로 활용되고 있음

② 조하리의 창
  ㉠ 자아개방(self-disclosure) : 상대방에게 자신을 내보이는 것으로, 의사소통의 기본 조건임
  ㉡ 피드백 : 상대방을 통해 나에 대한 정보를 얻는 것으로, 자기이해와 자기조절을 가능하게 함

피드백 자아개방	상대방으로부터 피드백을 받음	상대방으로부터 피드백을 받지 않음
상대방에게 자신에 관한 정보를 알려 줌	개방의 영역 (민주적 의사소통)	무지의 영역 (독단적 의사소통)
상대방에게 자신에 관한 정보를 알리지 않음	은폐의 영역 (과묵형 의사소통)	미지의 영역 (폐쇄형 의사소통)

③ 영역별 의사소통의 유형
  ㉠ 개방(open)의 영역(민주형 의사소통)
    • 자신에 관한 정보를 본인과 타인 모두가 잘 알고 있는 정보의 영역
    • 마음의 문을 열고 자기의 생각이나 감정을 자유롭게 표출하면서 상대방으로부터 풍부하게 피드백을 받고자 하는 경우
    • 다른 사람과의 인간관계가 성숙해질수록 확대되며, 이 영역이 확대될수록 효과적인 의사소통이 이루어질 수 있음
  ㉡ 무지(blind)의 영역(독단형 의사소통)
    • 자신에 대해 다른 사람들은 알고 있으나 본인은 모르는 정보의 영역
    • 자신의 이야기는 많이 하면서 상대방의 이야기에는 무관심한 경우
    • 인간관계 개선을 위해 다른 사람들이 자신에 대한 생각과 감정을 노출시키도록 격려해야 함
  ㉢ 은폐(비밀, hidden)의 영역(과묵형 의사소통)
    • 자기 자신에 대해 본인만 알고 다른 사람들은 모르는 정보의 영역
    • 자신의 생각을 표출하지 않으면서 상대방으로부터 정보를 얻으려고만 하는 경우
    • 인간관계 개선을 위해 자기 자신의 생각과 감정을 표출하여야 함
  ㉣ 미지(unknown)의 영역(폐쇄형 의사소통)
    • 자기 자신에 대해 자신도 모르고 타인도 모르는 정보의 영역
    • 자신의 의견도 노출하지 않고 상대방 의견도 들으려하지 않는 경우
    • 인간관계 개선을 위해서는 자신을 노출함과 동시에 타인의 의견을 들으려고 해야 함

4 동기 이론

01 동기 이론의 기초

(1) 동기의 개념

① 동기(motive) : 생명이 있는 유기체로 하여금 목표지향적인 행동을 하도록 활성화시키는 마음의 상태 또는 심리적 에너지
② 동기의 개념적 구성요소
  ㉠ 방향(direction) : 무엇을 할 것인가?
  ㉡ 노력(effort) : 얼마나 열심히 할 것인가?
  ㉢ 지속성(persistence) : 언제까지 할 것인가?

(2) 동기 이론의 유형

① 동기의 내용이론(content theory)
  ㉠ 무엇이(what) 동기를 유발시키는지, 즉 동기의 내용을 연구하는 이론
  ㉡ 동기를 유발시키는 인간의 내적 요인을 설명하는 데 관심
  ㉢ 내용이론은 인간의 행동을 유발하고 유지시키는 인간의 욕구나 충동, 목표 등이 무엇인지를 설명하는 데 중점을 둠
  ㉣ 욕구위계론, 동기-위생이론, 생존-관계-성장이론 등
② 동기의 과정이론(process theory)
  ㉠ 동기가 어떻게(how) 유발되는가, 즉 동기유발의 과정을 설명하는 이론
  ㉡ 어떻게 여러 행동대안 중에서 특정 대안을 선택하게 되는가에 관심
  ㉢ 과정이론은 동기유발의 요인들이 상호작용하여 행동을 야기하고 그 방향을 설정하며 지속하는 과정을 설명함
  ㉣ 기대이론, 공정성이론, 목표설정이론 등

	동기의 내용이론	동기의 과정이론
특징	인간을 동기화시키는 구체적 요소가 '무엇'인지를 밝히는 데 초점	동기요인들이 상호작용하는 과정에서 '어떻게' 동기가 유발되는지에 초점
주요 이론	- 앨더퍼의 생존-관계-성장이론 - 매슬로우의 욕구위계이론 - 허즈버그의 동기-위생이론	- 브룸의 기대이론 - 아담스의 공정성이론 - 로크의 목표설정이론

02 동기의 내용이론

2023 지방직9급 / 2009·2021·2023 국가직9급 / 2007·2010·2018·2021 국가직7급

(1) 매슬로우(Maslow)의 욕구위계이론

① 개요
  ㉠ 인간은 욕구 충족을 추구하는 존재로, 선천적인 욕구가 동기유발의 요인이라고 보는 이론
  ㉡ 하나의 욕구가 충족되면 다음 단계에 있는 다른 욕구가 나타나서 그것의 충족을 요구하는 체계를 이루고 있다고 봄
  ㉢ 욕구의 순서는 생리적 욕구, 안전욕구, 소속감과 애정의 욕구, 자아존중(존경)의 욕구, 자아실현의 욕구로 계층화됨

② 욕구의 위계 : 욕구에 부여하는 중요성과 추구의 순서에 따라 분류

결핍 욕구	생리적 욕구	- 최하위의 가장 기본적인 욕구로서, 생존과 직결된 욕구 - 의식주, 성욕, 경제적 보상, 근무환경 등	(하위)
	안전 욕구	- 물리적·심리적 안전을 확보하려는 욕구로, 안전, 불안으로부터의 해방, 신분보장 욕구 포함 - 복지(건강보험·퇴직연금·재해보험), 연금, 직업의 안정성 등	
	소속감과 애정 욕구	- 타인과 접촉, 사랑에 대한 욕구로, 어딘가 소속되어 동료들과 우정을 나누고 싶어 하는 욕구 - 비공식집단, 친교, 인사상담, 고충처리 등	
	자아존중(존경) 욕구	- 자기 자신을 긍정적으로 평가하려는 욕구로서, 인정과 존경을 받고 싶어 하는 욕구 - 명예, 위신, 신망, 지위, 인정 등	
성장 욕구	지적 욕구 심미적 욕구 자아실현 욕구	- 최상위의 욕구로서, 자신의 잠재적 역량을 최대한 발휘하고자 하는 욕구 - 일을 통한 성장·성숙, 자율성 부여, 능력개발, 승진기회, 창의적 직무수행, 직무확충, 제안제도, 참여, 권한위임 등	(상위)

③ 동기의 특성 및 시사점
  ㉠ 하위 욕구일수록 욕구의 강도가 크고 우선 순위가 강하므로, 인간은 우선은 하위 욕구 충족을 위해 노력하며 하위 욕구가 충족되면 상위 욕구를 추구하게 됨(만족-진행 접근법)
  ㉡ 특정 시점에서의 개인의 행동은 충족되지 못한 욕구로 인해 동기화되며, 일단 충족된 욕구는 동기유발 요인으로서 의미가 대체로 약화됨
  ㉢ 조직관리자는 충족된 하위 목표보다는 충족되지 않은 상위 목표에 주목하고 이런 욕구를 충족시킬 수 있도록 관리전략을 수립·시행하여야 함

④ 이론에 대한 평가
  ㉠ 의의 : 다양한 욕구의 존재를 확인하고 자아실현적 욕구를 가장 인간적인 욕구로 부각시킴
  ㉡ 비판 : 욕구의 개인차 경시, 욕구의 동태성 무시, 욕구단계의 후진적 진행(상위 → 하위) 부정

암기 POINT

- 매슬로우의 욕구위계이론
  - 결핍 욕구 : 생리적, 안전, 소속감, 자아존중 욕구
  - 성장 욕구 : 지적, 심미적, 자아실현 욕구
  - 욕구의 위계에 따라 순차적으로 추구
  - 충족되지 않은 상위의 욕구 자극 필요

(2) 앨더퍼(Alderfer)의 생존 – 관계 – 성장(ERG) 이론

① 개요
  ㉠ 매슬로우의 욕구위계이론의 문제점을 보완하여, 현장조사를 바탕으로 조직 내 개인의 욕구와 동기를 좀 더 현실적으로 설명한 이론
  ㉡ 욕구들의 계층적 구조에 관해서는 매슬로우 이론과 유사하지만, 욕구들의 구체적 내용과 동기의 이동 방향에 대해서는 차별적

② 앨더퍼의 욕구위계 : 욕구 충족 행동의 추상성을 기준으로 분류

생존 욕구 (Existence)	생존에 필요한 물질적 자원의 확보, 신체의 보호, 생활의 복지 등을 해결하려는 욕구	(저차)
관계 욕구 (Relatedness)	사회에 포함되어 타인과의 대인관계에서 존경을 받고, 사회적으로 고립되지 않고 안전한 대인관계를 유지하려는 욕구	
성장 욕구 (Growth)	개인의 창조적 성장과 잠재력 극대화를 통해 자기발전과 자기실현을 이루려는 욕구	(고차)

> **암기 POINT**
> - **앨더퍼의 ERG 이론**
>   - 생존, 관계, 성장 욕구
>   - 욕구의 위계에 따라 추구, 욕구 좌절시 퇴행도 가능

③ 욕구충족의 기본 원리
  ㉠ 욕구강도 : 저차 욕구인 존재욕구가 충족될수록 고차 욕구인 관계 욕구의 강도가 커짐
  ㉡ 욕구만족 : 각 수준의 욕구가 충족되지 않을수록 그 욕구에 대한 바람이 더욱 커짐
  ㉢ 욕구좌절과 퇴행
    • 고차 욕구인 성장욕구의 충족이 좌절되면 저차 욕구인 관계의 욕구에서 이를 보상받으려고 함. 고차 욕구가 충족되지 않을 때 저차 욕구의 중요성이 커짐
    • 성장욕구가 실현되지 않았을 경우, 매슬로우는 계속 성장욕구를 추구한다고 보았지만, 앨더퍼는 욕구 좌절에 따른 내적 긴장 해소를 위해 성장욕구 대신에 하위의 관계 욕구를 추구할 수도 있다고 봄

④ 매슬로우 이론과 앨더퍼 이론의 비교

	매슬로우의 욕구위계 이론	앨더퍼의 ERG 이론
욕구의 위계	– 욕구의 중요성과 추구 순서에 따라 – 생존, 안전, 소속, 자존, 자아실현	– 욕구 충족 행동의 추상성에 따라 – 생존, 관계, 성장의 욕구
욕구와 행동	가장 우세한 하나의 욕구가 하나의 행동을 유발함	두 가지 이상의 욕구가 동시에 작용하여 복합적인 하나의 행동을 유발
욕구의 진행	하위의 욕구에서 상위의 욕구로 순차적으로 진행(욕구계층 간의 만족–진행의 요소만 중시)	욕구의 상향적·전진적 진행뿐 아니라, 하향적·후진적 퇴행도 가능(욕구 좌절–퇴행의 요소를 추가)

(3) 허즈버그(Herzberg)의 동기-위생(motivation-hygiene) 이론

① 개요
- ㉠ 피츠버그의 산업체 기술자 등을 대상으로 면접을 통해 조사한 내용을 기반으로 이론 개발
- ㉡ 직무 만족과 불만족은 연속선상의 양극단에 위치하는 일차원적인 개념이 아니라, 별개로 존재하는 상호 독립적인 차원의 개념이며, 각 차원의 요인들 역시 별개라고 보는 이론(2요인 이론)
- ㉢ 직무만족에 기여하는 요인이 충족되면, 비록 불만족을 야기하는 요인이 미흡한 수준이라 하더라도, 직무에 대해 만족할 수 있으며 개인적 성장과 능력 향상을 이룰 수 있다고 봄

② 동기요인과 위생요인
- ㉠ 동기요인(만족 요인) : 상위 수준의 욕구, 개인 내적 요인, 접근 욕구
  - 직무 상황에서 사람들에게 만족을 주는 요인으로, 직무 그 자체와 관련된 것들에 해당
  - 일에서의 성취, 성취에 대한 인정(존경), 일 자체, 책임감, 승진, 성장, 발전 등이 포함됨
  - 동기요인이 충족되면 직무만족에 적극적인 영향을 주며 일에 대한 긍정적인 태도를 보임
  - 조직생활에서 만족 요인이 많으면 만족감이 커지지만, 그것이 없다고 해서 불만족감이 높아지는 것은 아님
- ㉡ 위생요인(불만족 요인) : 하위 수준의 욕구, 개인 외적 요인, 회피 욕구
  - 직무에 대한 불만족을 가져다주는 요인으로, 직무를 수행하는 환경에 관련된 것들에 해당
  - 회사의 정책, 관리와 통제, 대인관계, 근무조건, 급여, 개인생활, 직업 안정성 등이 포함됨
  - 위생요인이 충족되지 않을 경우 직무 불만족을 가져와 조직의 성과에 부정적 영향을 줌
  - 조직생활에서 불만족 요인이 많으면 불만족감이 커지지만, 그것이 없다고 해서 만족감이 높아지는 것은 아님

③ 학교행정에의 시사점
- ㉠ 교사들이 직무에서 만족감을 가질 수 있는 환경을 조성해야 조직의 성과를 제고할 수 있음
- ㉡ 교사가 맡은 업무 전체에 대한 권한과 책임을 위임하여 자율적으로 일을 수행하게 해 줌으로써 동기를 유발하고 생산성을 높일 수 있음
- ㉢ 직무 자체를 통해 만족을 얻을 수 있도록 직무재설계 및 인사체계 개편을 할 필요가 있음 예 수석교사제 → 직무풍요화

암기 POINT
- 허즈버그의 동기-위생 이론
  - 동기요인과 위생요인은 별개의 차원으로 작동함
  - 동기요인 : 만족 요인, 개인 내적 요인(일에서의 성취, 성취에 대한 인정, 책임감 등)
  - 위생요인 : 불만족 요인, 개인 외적 요인(대인관계, 근무조건, 급여, 직업 안정성 등)

암기 POINT
- 매슬로우, 앨더퍼, 허즈버그 이론의 공통점
  - 인간의 욕구는 목표지향적인 행동을 창출하고 유지하는 주요 요인
  - 대인관계나 소속감과 같은 사회적 욕구를 중요하게 고려해야 함
  - 개인의 성장과 자아실현 욕구를 충족시키는 풍토를 조성해야 함

(4) 맥그리거(McGregor)의 X-Y 이론

① 개요
- ㉠ 경영이론의 하나로, 경영자가 갖는 인간에 대한 관점에 기초해서 경영관을 분류한 이론
- ㉡ 경영자가 어떤 인간관을 갖는지에 따라 조직 구성원을 대하고 조직을 관리하는 방식이 달라진다고 봄

② X이론과 Y이론
- ㉠ X이론
  - 인간은 선천적으로 일하기를 싫어하며, 명령이나 지시받는 일 외에는 하려고 하지 않는다고 봄
  - 대부분의 인간은 야망이 없고, 책임지기를 싫어하며, 지휘와 통제 하에 있는 것을 좋아하며, 생리적인 욕구나 안전욕구의 수준에서만 동기유발이 가능하다고 봄
  - 조직의 목표 달성을 위해서는 구성원들에 대해 처벌에 대한 위협, 일방적 지시와 통제를 사용해야 한다고 봄
  - 관리자에 의한 엄격한 감독, 상세한 명령과 지시, 위로부터 아래로의 지배, 금전적 자극(예 차등성과급)을 주로 사용하는 권위주의적인 관리방식이 효과적이라고 봄
- ㉡ Y이론
  - 인간은 자아실현적 존재로서 타인의 간섭 없이도 일하는 것을 좋아하는 경향이 있으며, 자기지시와 자기통제를 통해 직무를 수행할 수 있다고 보는 관점
  - 대부분의 인간은 적절한 조건하에서 책임을 맡아 일하는 것을 좋아하며, 동기부여가 되면 누구나 자율적이고 창의적으로 행동한다고 봄
  - 조직의 목표를 달성하기 위해서는 지시, 명령, 통제 대신에 개개인의 자발적인 근무의욕과 동기유발을 위해 노력해야 한다고 봄
  - 관리자는 조직구성원의 잠재능력이 원활하게 발휘될 수 있도록 지원하고, 구성원들에게 높은 수준의 상상력, 독창성, 창의성을 발휘할 기회를 부여하여야 한다고 봄

	X이론	Y이론
인간관	- 인간은 천성적으로 일하기를 싫어함 - 성악설, 생존(E) 욕구	- 인간은 본질적으로 일하는 것을 좋아함 - 성선설, 관계(R) 욕구와 성장(G) 욕구
경영전략	- 타율적 통제, 지시와 명령, 금전적 유인, 위협, 벌칙 등을 강조 - 과학적 관리론, 권위주의적 지도성	- 자율적 통제, 권한 위임, 분권화, 사회적 존경과 자아실현 욕구 충족 강조 - 인간관계론, 민주적 지도성 이론

> **암기 POINT**
> - 맥그리거의 X-Y 이론
>   - X이론 : 성악설 – 지시와 통제, 금전적 자극 필요
>   - Y이론 : 성선설 – 자율성 보장, 동기부여 필요

(5) 아지리스(Argyris)의 미성숙 – 성숙 이론
① 개요
  ㉠ 맥그리거 이론과 유사하게, 인간에 대한 관점을 기초로 조직관리 방식을 분류한 이론
  ㉡ 조직구성원을 미성숙한 존재로 취급하는 조직은 조직의 요구와 개인들의 심리적 욕구가 불일치되어 사기저하, 공격적 태도, 불화가 발생하여 조직의 효율성이 감소함
  ㉢ 조직의 목표를 효율적으로 달성하기 위해서는 조직 구성원을 자아의식을 가진 성숙한 인간으로 취급하는 문화풍토를 조성하여야 한다고 주장하는 이론
② 미성숙 이론과 성숙 이론

	미성숙 이론	성숙 이론
인간관	수동적, 의존적, 단순한 행동양식, 변화가 잦고 얕은 관심, 단기적 안목, 종속적(열등한) 지위, 자아의식의 결여	능동적, 독립적, 다양한 행동양식, 지속적이고 깊은 관심, 장기적 안목, 대등(우월)한 지위, 자아의식과 자기통제
조직 관리	- X이론에 기초, 관료적 가치체제 - 표준화, 전문화, 명령통일의 원리	- Y이론에 기초, 인간적 가치체제 - 인간성, 민주성, 신뢰, 협동의 원리
조직원 반응	- 인간의 성숙하려는 본성적 욕구와 조직의 관리전략 간의 부조화 발생 - 좌절감, 불신과 불화, 공격적 태도, 냉담한 반응(미성숙한 존재로 행동)	- 성숙한 인간이 되고자 하는 개인의 욕구와 공식조직의 욕구가 일치됨 - 목표지향성, 자발성, 책임감, 협동적 태도, 융통성(성숙한 존재로 행동)

(6) 동기 유발을 위한 직무설계(job design) 방법
① 직무설계의 개념
  ㉠ 조직의 목표 달성을 위해 필요한 과업(task)을 세분화하여 부서나 개인에게 배정하여 직무(job)를 정의하고 설계하는 과정
  ㉡ 효과적인 직무설계를 위해서는 조직의 목표 달성과 개인욕구 충족을 일치시키기 위해 노력해야 하며, 비공식적 직무행동이나 사회적 측면도 고려되어야 함
② 직무설계의 방법
  ㉠ 직무 단순화(job simplification) : 직무를 가능한 한 세분화하여 담당할 과업의 수를 줄이는 것으로, 단순화, 표준화, 전문화, 분업화를 핵심요소로 함(테일러의 과학적 관리론)
  ㉡ 직무 확대(job enlargement) : 직무의 범위를 수평적으로 확대하여 담당할 과업의 수와 다양성을 늘리는 것으로, 단순반복성을 줄임으로써 권태감을 줄이고 능률 향상에 기여

암기 POINT
- 아지리스의 미성숙-성숙 이론
  - 미성숙 이론 : 수동적 존재, 관료적 체제 필요
  - 성숙 이론 : 능동적 존재, 인간적 체제 필요

암기 POINT
- 직무설계의 방법
  - 직무 풍요화 : 권한 위임, 책임감, 전문성 예 수석교사제

ⓒ 직무 순환(job rotation) : 한 구성원이 조직 내의 여러 직무를 차례로 경험하도록 하는 것으로, 직무와 관련한 시야가 넓히고 능력과 자질을 높여주는 데 기여함

ⓔ 직무 풍요화(직무 충실화, job enrichment) : 직무의 범위를 수직적으로 확대하여 직무에 대해 권한을 일임하고 자유재량권과 독립성을 보장하여 책임감을 갖게 하는 것으로, 직무 만족도가 높아지고 전문성이 향상되어 능률 개선에 기여(허즈버그의 동기-위생 이론)

> [동기-위생 이론 및 직무풍요화 전략의 적용 사례 : 수석교사제]
> - 교사의 동기는 보수 수준이나 근무조건의 개선보다 가르치는 일 자체의 성취감 등을 통해 더욱 강화됨
> - 교사에게 직무 수행상의 책임을 증가시키고, 자신의 능력을 발휘할 수 있도록 기회와 재량권을 부여하여 심리적 보상(내적 만족)을 얻게 하는 것이 바람직

더 알아두기
• 교사의 경력단계화 전략 : 직무풍요화 전략을 통해 교사들에게 승진기회 부여, 지위상의 서열을 공식화, 교사의 능력과 업무의 일치, 학교와 교사의 개선을 위한 책임을 교사에게 배분 예 수석교사제

03 동기의 과정이론
2019·2021 지방직9급 / 2013 국가직9급 / 2015·2018·2022·2023 국가직7급

(1) 브룸(Vroom)의 기대(expectancy) 이론

① 개요
  ㉠ 동기에 대한 인지적 접근으로, 인간은 인지적 사고과정을 통해 특정 행동을 수행할 것인지를 자발적으로 선택한다고 보는 이론
  ㉡ 자신의 노력에 따른 성과와 보상에 대한 주관적 기대치와 유인가를 바탕으로 어떻게 행동할지를 선택한다고 보는 이론으로, 유인가-보상기대-성과기대(VIE) 이론이라고 함
  ㉢ 개인의 가치와 태도는 역할기대, 학교문화와 같은 요소와 상호작용하여 행동에 영향을 미친다고 가정하는 가치이론(value theory)에 해당

② 인간에 대한 기본 가정
  ㉠ 쾌락성 : 인간은 본질적으로 쾌락 또는 행복을 추구함. 자신의 행동에 대해 긍정적인 결과물(예 보너스, 상)을 받기를 원하며, 부정적인 결과물(예 견책, 해고)은 피하고자 함
  ㉡ 합리성 : 인간은 합리적인 사고 및 추론능력을 가지고 있음. 자신의 행동이 가져올 결과 혹은 보상을 평가한 다음 무엇을 어떻게 행동할 것인가를 선택하고 행동함

③ 동기의 결정 요소
  ㉠ 노력의 결과(산출, outcome) : 1차 수준의 결과(업무성과)와 2차 수준의 결과(보상)를 포함
  ㉡ 성과기대(기대감, expectancy) : 개인이 특정 행위를 할 경우 특정한 성과가 나올 가능성에 대한 주관적 신념

ⓒ 보상기대(수단성, instrumentality) : 업무성과와 보상의 연결정도에 대한 주관적 기대, 즉 개인이 수행과 보상 간에 밀접한 관련이 있다고 지각하는 확률
ⓔ 유인가(유의성, valence) : 특정한 목표, 성과, 보상에 대하여 개인이 가지는 선호, 매력 혹은 인지된 가치

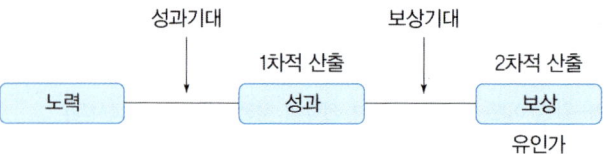

④ 동기화의 과정
  ㉠ 동기부여는 자신이 선호하고 가치를 부여하는 결과를 의미하는 유인가와 자신이 그 행위를 하면 기대한 결과가 발생하리라고 믿는 기대를 곱한 것의 총계로 결정됨

$$동기 = \sum(유인가 \times 기대)$$

  ㉡ 유인가, 보상기대, 성과기대가 모두 높은 경우 최고 수준의 동기를 유발할 수 있음
    예 조직구성원이 승진을 원하고(유인가), 업무성과가 승진에 반영될 가능성이 높으며(수단성), 자신의 업무능력에 대한 자신이 있을 때(기대감), 동기가 유발되어 업무를 적극적으로 수행함
  ㉢ 성과와 보상의 가능성과 가치에 대한 주관적 평가를 토대로 동기가 유발되므로, 동일한 보상을 제공하더라도 개별 구성원들 간에 동기유발 효과가 다를 수 있음

⑤ 교육행정에의 시사점
  ㉠ 구성원들에게 노력만 하면 성과를 얻을 수 있다는 확신을 주기 위한 안내, 지원, 후원 강화
  ㉡ 구성원들의 직업적 기술과 능력을 향상시키는 훈련프로그램 등 인적자원개발 기회 제공
  ㉢ 구성원들의 성과와 보상의 연결 정도를 분명히 하는 제도 도입 예 성과상여금 제도
  ㉣ 조직의 구성원들이 더 매력적으로 생각하는 보상내용을 파악하여 이를 보상체계에 적용

(2) 포터와 롤러(Porter & Lawler)의 성과 – 만족(performance-satisfaction) 이론
① 개요
  ㉠ 브룸의 기대이론을 발전시켜 직무수행과 직무만족을 포함하는 보다 종합적이며 포괄적인 모형으로 제시

암기 POINT

• 브룸의 기대이론
  – 유인가, 보상기대, 성과기대가 높을 때 최고 수준의 동기 유발 가능
  – 성과와 보상에 대한 주관적 평가에 기초하므로 개인별로 동기유발 수준 상이

ⓛ 과업 수행 후 따라오는 내적·외적 보상에 대한 만족도에 따라 동기가 유발된다고 봄
② 동기의 결정 요소
  ㉠ 노력 : 어떤 과업 수행에 투입하는 에너지의 양
    • 보상의 가치 : 기대되는 보상의 매력성에 대한 지각(브룸의 '유인가'에 해당)
    • 노력-보상의 기대감 : 노력의 결과로 보상을 받을 것이라는 기대(브룸의 '성과기대 + 보상기대'에 해당)
  ㉡ 성과(업적, 성취, performance) : 과업을 완성한 정도나 생산성
    • 능력과 성격특성 : 과업 수행을 위해 개인이 갖추고 있는 특성
    • 역할지각 : 직무수행을 위해 요구되는 자신의 역할에 대한 인식
  ㉢ 보상 : 성취(업적)에 대하여 개인이 받는 보상으로, 내적인 보상과 외적인 보상을 포함
    • 내적인 보상 : 성취감 등 개인의 내부에서 나오는 심리적 보상(자아실현욕구, 성장욕구)
    • 외적인 보상 : 임금, 승진 등 외부환경(조직)으로부터 오는 보상(생존욕구, 관계욕구)
  ㉣ 보상의 공정성 지각 : 과업성취에 따라 마땅히 받아야 한다고 생각하는 보상의 양이나 수준, 타인과의 비교에서의 형평성 인식 포함
  ㉤ 만족(satisfaction) : 받을 보상이 지각된 공정 수준에 부합하거나 초과하는 경우 만족에 이르게 됨

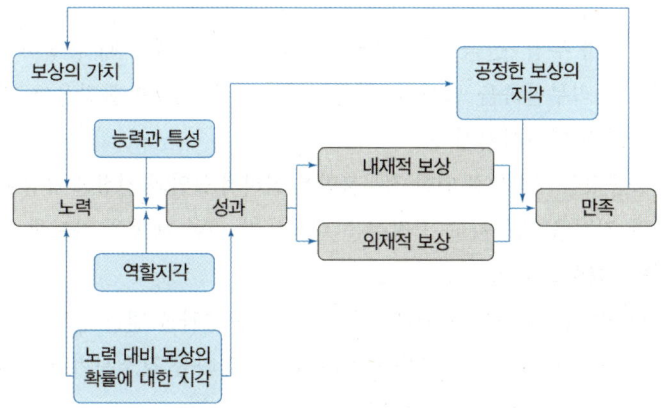

③ 동기화의 과정
  ㉠ 직무수행 노력은 과업성취와 그와 결부된 보상에 부여하는 가치와 노력이 보상을 가져다줄 것이라는 기대에 따라 달라짐
  ㉡ 노력에 의한 성과는 내적 보상과 외적 보상에 의해 강화됨. 즉, 과거의 경험(업적성취에 따른 보상)에 의거하여 보상의 기대감을 갖게 되며 그에 따라 동기가 부여됨

> **암기 POINT**
> • 포터와 롤러의 성과-만족 이론
>   - 성과에 대한 내적 보상과 외적 보상에 대한 만족이 동기 유발
>   - 보상의 공정성 지각이 중요 (주관적 평가)

ⓒ 보상의 양뿐 아니라 그 보상이 공정하다고 지각하는 정도가 만족을 결정함. 보상이 있더라도 불공정하다고 지각되면 만족을 느끼지 못함

④ 교육행정에의 시사점
  ㉠ 노력-성과 기대감을 중심으로 구성원들의 능력 및 기술 개발 강조
  ㉡ 성과 및 보상에 대한 기대감을 중심으로 적절한 인센티브를 제공 강조

(3) 아담스(Adams)의 공정성(equity) 이론

① 개요
  ㉠ 노력과 직무만족은 조직 내에서의 공정성(형평성)에 대한 지각에 의해 결정된다고 보는 이론
  ㉡ 한 개인이 다른 사람들에 비해 얼마나 공정한 대우를 받고 있다고 느끼는가에 초점을 두고 정립된 이론으로, 형평성이론, 공평성이론, 균형이론, 사회적 교환이론이라고도 함

② 공정성에 대한 지각
  ㉠ 자신이 수행한 일로 받은 성과(outcome)와 이를 얻기 위해 자신이 투자한 투입(input)의 비율을 타인의 것과 상대적으로 비교하여 공정성을 판단함
    • 투입 : 노력, 경험, 교육, 훈련, 능력, 개인적 특성, 태도 등
    • 산출 : 보수, 승진, 직업 안정성, 근무조건, 타인의 인정 등

$$공정성\ 지각 = \frac{자신의\ 성과}{자신의\ 투입} = \frac{타인의\ 성과}{타인의\ 투입}$$

  ㉡ 개인의 투입-산출비율을 다른 사람들과 비교했을 때 공정하다고 생각되면 직무만족을 느끼며, 불공정하다고 인식되면 불만을 느껴 원래의 동기를 변화시키게 됨
  ㉢ 불공정성 지각으로 인한 직무불만은 심리적 불안과 긴장을 유발하며, 이러한 긴장을 해소하고 공정성을 회복하기 위한 행동을 하도록 동기화됨

③ 불공정 상황의 유형
  ㉠ 과다보상 : 타인에 비하여 투입 대비 많은 성과를 얻는 상황으로, 죄책감을 느끼게 되므로 투입을 증가시키거나 성과를 감소시켜 타인의 비율과 균형을 맞추기 위해 노력함
  ㉡ 과소보상 : 타인에 비하여 투입 대비 적은 성과를 얻는 상황으로, 불만을 느끼므로 자신의 투입을 감소시키거나 성과를 증가시켜 타인의 비율과 균형을 맞추기 위하여 노력함
  ㉢ 종합 : 불공정성에 대한 민감성은 과소보상에서 더욱 크게 나타남

암기 POINT

• 아담스의 공정성 이론
  - 자신의 투입 대비 성과의 비율과 타인의 투입 대비 성과의 비율을 비교하여 공정성 지각
  - 공정하다고 생각될 때 직무만족을 느끼며 동기화됨(상대적 평가)
  - 직무 불만족시, 자신의 업무 노력을 감소시킬 수 있음

④ 공정성 회복 행동의 유형
  ㉠ **자신의 투입 조정**: 과소보상의 경우 직무에 투자하는 노력/시간을 감소시켜 공정성을 회복하려하며, 과대보상의 경우 노력을 증가시켜 직무수행의 양과 질을 개선하고자 함
    예 A 교사는 평소 수업 준비 및 연수에 많은 시간과 열정을 쏟아왔는데, 학교장은 연구수업에서 수업준비나 연수도 열심히 하지 않은 B 교사를 더 높게 평가하였다. 그 이유는 학교장이 B 교사와 친했기 때문이다. 그 일 이후 A 교사는 회의를 느끼고 수업 준비나 연수를 위한 시간을 현저히 줄이게 되었다.
  ㉡ **자신의 성과 조정**: 투입의 조정 없이, 보수, 근무조건, 노동시간 등의 개선 등을 요구함
  ㉢ **비교대상의 투입 및 성과 변경**: 비교대상이 되는 동료에게 투입을 감소시키도록 직간접적인 압력을 넣음. 심할 경우 비교대상이 조직을 떠나도록 압력을 줌
  ㉣ **비교대상의 변경**: 공정성이 있다고 생각되는 대상으로 비교대상(준거인)을 변경
  ㉤ **투입과 성과에 대한 인지적 왜곡**: 과소보상의 경우 타인이 자신보다 많은 직무/기능을 가지고 있다고 생각, 과대보상의 경우 자신이 타인보다 많은 직무/기능을 가지고 있다고 정당화
  ㉥ **조직 이탈**: 전보를 요청하여 부서를 옮기거나 조직을 완전히 떠남
⑤ 교육행정에의 시사점
  ㉠ 구성원들 간의 사회적 비교가 보다 정확해지도록 정보를 적절히 공개해야 함
  ㉡ 구성원들에 의해 지각된 보상이 공정하게 시행되도록 보상체계를 마련해야 함

(4) 로크(Locke)의 목표설정(goal setting) 이론
① 개요
  ㉠ 인간은 유목적적인 존재로서, 대부분의 인간 행동은 유목적적이며 행위는 목표와 의도에 따라 통제되고 유지된다고 가정함
  ㉡ 개인이 의식적으로 성취하려고 하는 목표가 강력한 동기유발 요인이 된다고 보는 이론으로, 특히 목표의 내용과 강도가 동기유발에 있어 중요하다고 봄
  ㉢ 목표는 개인의 과업에 대한 주의력을 높이며, 과업 행동에 투입하려는 노력과 지속성을 증가시키고, 과업을 수행하는 전략을 개발하여 효율화함으로써 과업 수행력을 증진함
② 효과적인 목표의 속성(Steers, 1984)
  ㉠ **목표의 구체성**: 목표가 구체적으로 제시되어야 행동방향을 명확히 제시하여 성과가 높아짐

더 알아두기
- **인지부조화 이론**: 개인이 가진 신념, 태도, 행동 사이의 부조화가 발생하면, 이로 인한 심리적 불편함을 해소하기 위해 자신의 신념이나 태도를 변화시킨다고 보는 이론 예 이솝우화의 '여우와 신포도' 이야기

암기 POINT
- 로크의 목표설정 이론에서 강력한 동기유발의 조건
  목표가 구체적이고,
  도전감을 자극하며,
  자신이 목표설정에 참여했고,
  노력에 대한 피드백 있을 때

ⓒ 목표의 난이도 : 쉬운 목표보다는 다소 어려운 목표가 도전감을 갖게 하며 문제해결에 많은 노력을 집중하도록 자극하여 성과를 높일 수 있음 (성장욕구가 강한 사람에게 잘 적용됨)
ⓒ 목표설정에의 참여 : 구성원들이 조직의 목표설정과정에 참여함으로써 성과를 높일 수 있음
ⓔ 노력에 대한 피드백 : 구성원의 과업 수행 노력에 대해 피드백이 있을 때 성과가 높아짐
ⓜ 동료들 간 경쟁 : 목표달성에 대해 적정 수준의 동료 간 경쟁은 성과를 촉진할 수 있음
ⓗ 목표의 수용성 : 일방적으로 강요된 목표보다는 구성원이 자발적으로 수용한 목표가 효과적

③ 교육행정에의 시사점
ⓐ 구성원들에게 구체적이고 명확하며, 적절한 수준의 도전감을 제공하며, 구성원 자신의 목표로 수용된 목표를 제시하고, 목표 달성 정도에 대한 피드백을 수시로 제공해 주는 시스템을 구축하는 것이 중요함
ⓑ 목표관리기법(MBO : Management by Objectives)과 같은 목표중심 경영 전략에 활용됨

5 지도성 이론

01 전통적 지도성 이론

(1) 특성적 지도성 이론
① 20세기 초반의 연구 경향으로, 유능한 지도자들이 공통적으로 가지고 있는 선천적 자질과 능력을 확인하는 데 초점을 둠(자질론, 위인이론)
② 주로 지도자의 개인적 특성에 초점을 맞추어 지능, 자신감, 결단력, 성실성 등이 언급됨
③ 지도자만이 관심의 대상이었지 그 구성원에 대한 관심이 없었다는 점에서 한계를 드러냄

(2) 행동적 지도성 이론
① 개요
ⓐ 효과적인 지도자와 비효과적인 지도자의 행동을 비교하여 성공적인 지도자의 행동방식 도출
ⓑ 지도성의 유형을 구분하고 각 유형의 지도자 행동이 조직구성원들에게 미치는 영향을 연구
ⓒ 조직의 상황과 관련 없이 최선의 지도성 행동의 유형이 있다고 보는 입장

암기 POINT
• 전통적 지도성 이론
 - 특성적 이론
 - 행동적 이론

더 알아두기
• 카츠(Katz)의 지도자 자질론
 - 기술적 기능(technical, skill) : 구체적인 과업을 수행하기 위해 지식과 기술을 활용하는 능력 예 교육과정 개발 능력, 수업 설계 및 운영 능력, 학생 생활지도 능력
 - 인간적 기능(human skill) : 조직 내 사람들과 함께 과업 수행을 위해 협력하는 능력 예 구성원들의 동기 부여 능력, 구성원들과의 의사소통 능력, 조직 내 갈등 해결 능력
 - 개념적 기능(상황파악 능력, conceptual skill) : 조직과 과업을 전체적으로 조망하고 파악하는 능력 예 조직의 문제에 대한 통찰 능력, 조직 내 다양한 기능 간의 상호작용을 이해하는 능력, 미래 비전을 제시하는 능력

② 아이오와 대학의 연구
  ㉠ 1930년대 말 레빈(Lewin) 등을 중심으로 한 연구팀으로, 10대 소년들로 구성된 한 클럽을 대상으로 지도성 형태의 변화에 따라 소년들이 어떤 행동을 보이는가를 실험함
  ㉡ 지도자의 행동을 권위적 지도자, 민주적 지도자, 자유방임적 지도자로 구분했을 때, 민주적 지도자를 가장 선호한다고 조사됨
  ㉢ 지도성과 생산성의 관계를 설명하지는 못하였지만, 민주적 지도성과 구성원의 만족 간의 긍정적 관계가 있음을 밝혀냄
③ 오하이오 대학의 연구
  ㉠ 1940년대 말 할핀(Halpin) 등을 중심으로, 지도자 행동의 여러 차원을 확인하려는 연구
  ㉡ 지도자 행동의 두 가지 차원
    • **구조성 차원** : 지도자가 조직의 목표 수행에 초점을 두고, 구성원 각자의 역할을 분명히 하고, 임무를 배정하고, 사전에 계획을 세우고, 일처리 방법과 절차의 확립을 중시하는 정도
    • **배려성 차원** : 집단 구성원에 대한 인화와 배려를 중시하여, 구성원의 아이디어를 청취하고, 사람들과 만나는 것을 즐기며, 모든 직원에 대하여 관심을 가지는 정도
  ㉢ 지도성 행동을 실증적으로 측정하기 위한 도구인 지도자행동기술척도(LBDQ : Leader Behavior Description Questionnarie)를 개발함
  ㉣ 구조성 차원과 배려성 차원을 기준으로 지도성 행동을 유형화하여 4가지 유형을 구분하고, 이 중 구조성과 배려성이 모두 높은 지도성이 가장 효과적인 유형임을 밝힘
④ 블레이크와 머튼의 관리망(Managerial Grid)
  ㉠ 오하이오 대학의 연구를 확장하여, 지도성을 생산에 대한 관심과 인간에 대한 관심의 두 가지 차원으로 분류함
    • **생산에 대한 관심** : 지도자가 조직의 목표 달성을 위해 어떻게 노력하는가를 가리키며, 정책결정, 신제품 개발, 생산과정상의 문제해결, 작업분담, 판매량 등과 관련된 행동을 포함함
    • **인간에 대한 관심** : 지도자가 조직구성원들에게 얼마나 마음을 쓰고 배려하는지를 가리키며, 조직을 위한 헌신과 신뢰의 구축, 종업원들의 개인적 가치의 실현, 좋은 작업환경의 제공, 공정한 임금구조의 유지, 사회적 관계의 촉진 등과 같은 행동을 포함함
  ㉡ 전형적인 지도성 스타일로 다섯 가지를 제시하였으며, 그 중 팀형 지도자가 가장 효과적이며 이상적인 지도자라고 주장함

> **암기 POINT**
> • 블레이크와 머튼의 관리망
>   - 기준 : 생산에 대한 관심 × 인간에 대한 관심
>   - 유형 : 무관심형, 컨트리클럽형, 과업중시형, 팀형, 중간형

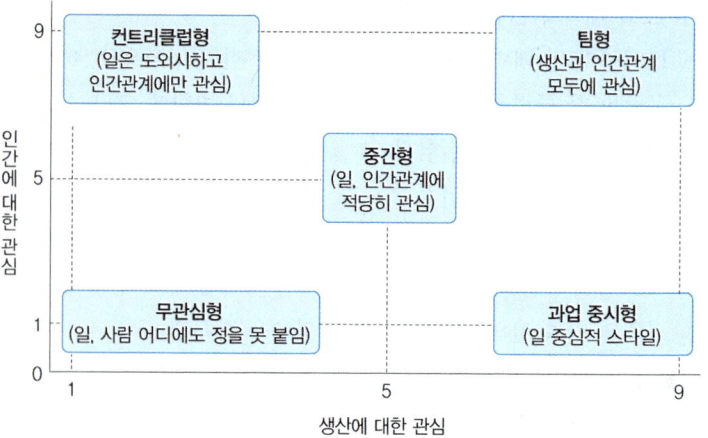

02 상황적 지도성 이론
2008·2011·2012·2019·2021 국가직9급 / 2010·2017 국가직7급

(1) 개요
① 지도자의 행동은 사회적 맥락에 따라 유동적이고 지도성의 효과도 다르다는 전제에서 제기된 연구의 경향
② 효과적인 지도성은 지도자의 개인적 특성, 지도자의 행위, 지도성 상황 요인들 간의 상호작용에 의해서 결정된다고 봄
③ 대표적 학자에는 피들러(Fidler), 레딘(Reddin), 하우스(House), 허시(Hersey)와 블랜차드(Blanchard) 등이 있음

(2) 피들러(Fidler)의 상황적합성 이론(contingency theory)
① 개요 : 효과적인 지도성이란 상황에 따라 달라지는 것으로 보고, 지도자의 특성이나 행동과 상황과의 적합관계를 설명하는 이론
② 지도자의 효과성은 상황호의성(situational favorableness)에 의해 결정된다고 봄
  ㉠ 상황호의성은 지도자가 지도성을 발휘하기에 유리한 혹은 불리한 상황인가를 의미함
  ㉡ 상황호의성의 영향 변수(상황 요소)

지도자와 구성원의 관계	지도자가 조직구성원들로부터 수용되고 존경받는 정도	예 교장과 교사가 서로 신뢰하며 존중하고 있었다.
과업구조	과업이 명료하게 구체화된 목표, 방법, 성과기준을 가지고 있는 정도	예 교사들이 학교에서 하는 업무들은 구조화·체계화되어 있었다.
지도자의 지위 권력	과업 수행을 목적으로 조직이 지도자에게 부여하는 권한의 정도	예 교장이 교사들의 승진에 영향을 미칠 수 있는 권한은 강한 수준이었다.

암기 POINT

피들러의 상황적 지도성 이론
- 상황호의성 영향 변수
  - 지도자와 구성원의 관계
  - 과업구조
  - 지도자의 지위 권력
- 지도성 유형
  - 과업지향형 : 상황이 매우 호의적이거나 비호의적일 때
  - 관계지향형 : 상황호의성이 중간 수준일 때

③ 지도성 유형의 구분
  ㉠ 분류 기준 : 지도자의 동기체제에 따라 구분
    • **과업지향형 지도성** : 과업의 성공적 성취를 중시함
    • **관계지향형 지도성** : 조직원들과의 좋은 인간관계를 중시함
  ㉡ 가장 싫어하는 동료 척도(LPC : Least Preferred Co-worker scale)
    • 과거에서 현재까지 함께 일했던 동료들 중에 함께 일하기 어려웠던 동료를 떠올린 후, 그 동료의 특성에 대해 응답하도록 함
      예 성실한 사람(8점) … 성실하지 않은 사람(1점)
    • 외견상 동료에 대한 평가를 묻는 척도이지만, 실제로는 응답자 본인의 특성을 알려주는 척도임
    • LPC 점수가 높은 지도자는 관계지향적 지도자, LPC 점수가 낮은 지도자는 과업지향적 지도자로 분류됨
④ 상황호의성과 효과적인 지도자의 유형
  ㉠ 상황이 호의적이거나(Ⅰ, Ⅱ, Ⅲ), 비호의적인 경우(Ⅷ)에는 과업지향적 지도자가 효과적임
  ㉡ 상황의 호의성이 중간 수준(Ⅳ, Ⅴ, Ⅵ, Ⅶ)인 경우에는 관계지향적 지도자가 효과적임

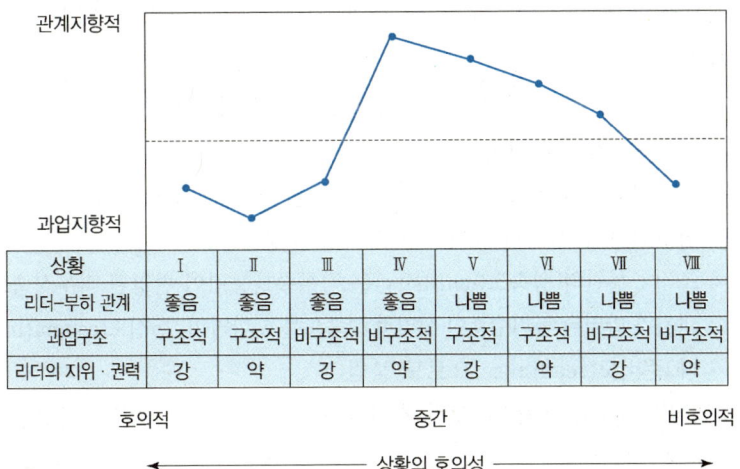

(3) 하우스(House)의 경로 – 목표 이론

① 개요
  ㉠ 피들러의 상황적 지도성 이론과 동기의 과정이론인 기대이론에 근거하여, 지도자의 행동, 상황의 호의성(과업구조, 조직환경), 조직구성원의 심리적 기대(조직구성원의 특성)를 통합하는 이론
  ㉡ 지도자가 보상(목표)을 받게 되는 조직구성원들의 행동(경로)을 명확히 해 주는지, 그리고 조직구성원이 그것을 어떻게 지각하느냐에 따라서 지도자의 효과성이 달라진다고 봄

② 지도성의 유형
  ㉠ **지시적 지도성** : 구체적인 업무지시, 규칙과 절차를 따르도록 요구함
  ㉡ **지원적 지도성** : 조직구성원들의 욕구를 존중하고 복지에 우호적임
  ㉢ **참여적 지도성** : 조직구성원들과 협의하며 그들의 의견과 제안을 중시함
  ㉣ **성취지향적 지도성** : 도전적 목표 설정, 탁월한 수행 강조, 자신감 부여

(4) 레딘(Reddin)의 삼차원 지도성 유형
① 개요 : 오하이오 대학의 연구에서 도출된 구조성과 배려성의 지도성 유형을 기본 차원으로 해서, 효과성 차원을 추가하여 3차원의 지도성 모형 제시
② 지도성의 기본 유형을 기초로, 상황에 따라 적절하게 행사되었는지의 여부에 따라 효과적인 혹은 비효과적인 지도성 유형을 제시

기본적 지도성	과업지향	관계지향	효과적 지도성	비효과적 지도성
분리형	저	저	관료형	이탈자형
관계형	저	고	개발가형	선교사형
헌신형	고	저	자선적 독재자형	독재자형
통합형	고	고	경영자형	타협가형

(5) 허시와 블랜차드(Hersey & Blanchard)의 상황적 지도성 이론
① 개요
  ㉠ 구성원의 성숙도가 지도자 행동의 효과성에 영향을 주는 주요 요인이라고 보는 지도성 이론
  ㉡ 지도자의 과업행동, 지도자의 관계행동, 조직구성원들의 성숙수준 간의 상호작용 관계에서 효과적인 지도성 유형을 제시
  ㉢ 조직구성원의 성숙도(maturity)는 직무수행능력이 반영된 직무성숙도와 의지가 반영된 동기수준인 심리적 성숙도를 포함하며, 헌신도(commitment)나 준비도(readiness)으로도 불림
② 효과적인 지도성 유형 : 부모가 자녀를 기르는 것과 유사(일명 '인생주기의 지도성' 이론)
  ㉠ **지시형**(설명형, directing, telling) : 구성원의 역할과 과업을 구체적으로 지시(Q_1)
  ㉡ **지도형**(설득형, coaching, selling) : 방향을 제시하고 지도자의 결정을 수용하도록 설득(Q_2)
  ㉢ **지원형**(참여형, supporting, participating) : 지도자가 방향을 제시하기 보다는 구성원들을 의사결정에 참여시켜 동기화함(Q_3)
  ㉣ **위임형**(delegating) : 조직구성원에게 과업에 대한 책임과 권한을 위임함(Q_4)

구성원의 성숙 수준	효과적인 지도성 유형	
대단히 낮음(M_1)	지시형(Q_1)	높은 과업지향, 낮은 관계지향 행동
보통보다 조금 낮음(M_2)	지도형(설득형)(Q_2)	높은 과업지향, 높은 관계지향 행동
보통보다 조금 높음(M_3)	지원형(참여형)(Q_3)	낮은 과업지향, 높은 관계지향 행동
대단히 높음(M_4)	위임형(Q_4)	낮은 과업지향, 낮은 관계지향 행동

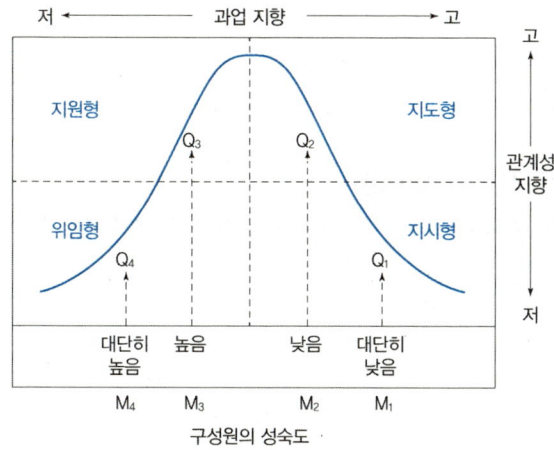

(6) 지도성 대용 상황이론

① 개요
  ㉠ 1970년대 후반 커와 저미어(Kerr & Jermier)가 제안한 이론으로, 조직의 상황에 따라 지도성이 대체되거나 무력화될 수 있다고 보는 이론
  ㉡ 지도자의 지도성이 불필요한 것으로 인식되고 조직 구성원에 의해 대체(대용, substitute)되거나 또는 영향력이 무력화(중화, neutralize)되는 상황을 규명하고자 함

② 지도성에 영향을 주는 상황의 변인
  ㉠ **조직구성원의 특성** : 구성원의 능력, 경험과 지식, 훈련과 전문성 여부, 보상에 대한 관심 등
  ㉡ **과업의 특성** : 과업의 일상성 및 구조화 정도, 업무에 대한 피드백 방식, 내적 만족감 여부 등
  ㉢ **조직의 특성** : 지도자의 권력 크기, 조직구성원들 간의 응집력, 역할과 절차의 공식화, 규정과 정책의 신축성, 지도자와 구성원의 물리적 거리, 조직의 목표나 계획의 명확성 등

③ 지도성 상황별 주요 변인 특성
  ㉠ **지도성 대체(대용) 상황**
    • 구성원들의 경험이 풍부하고 업무 능력이 뛰어날 때
    • 업무의 절차가 명확하고 일상적인 업무일 때, 피드백이 업무 자체로 가능할 때

- 지도자가 구성원들에게 보상을 제공할 능력이나 권한이 없을 때, 조직 구성원들이 지도자가 아닌 서로에게 의존하는 응집력 있는 집단일 때
  예 학교의 중진 교사들 대부분은 "몇 년 후에 승진을 해야 하는데 교장이 내게 해 줄 수 있는 것이 아무 것도 없다."라고 하면서, 김 교장의 지시를 따르지 않고 승진 점수를 취득하는 일에만 몰두했다.
  ⓒ 지도성 무력화(중화) 상황
  - 구성원들이 보상에 무관심할 때
  - 지도자에게 구성원이 받을 보상을 결정할 수 있는 권한이 부여되지 않았을 때

03 대안적 지도성 이론

2016·2020·2024 지방직9급 / 2007·2022·2023 국가직9급 / 2009·2021·2023 국가직7급

(1) 변혁적 지도성 이론 2025 지방직9급

① 개요
  ㉠ 1970년대 말 번스(Burns)가 변혁적 지도성(transformational leadership) 개념을 주창한 이후, 1980년대 중반 이후 배스(Bass)에 의해 보다 정교한 이론으로 개발됨
  ㉡ 조직의 성과 향상을 위해 구성원들에게 보상(인센티브)을 제공하는 거래적 지도성(교환적 지도성, transactional leadership)과 대비되는 새로운 지도성의 개념으로 제시
  ㉢ 변혁적 지도성은 구성원들이 조직의 가치나 비전을 명확히 인식하고, 구성원들의 능력을 계발하고 의식을 변화시켜 주어진 여건을 뛰어넘는 조직의 변화를 추구하려는 지도성을 의미
  ㉣ 구성원들의 의식과 능력 향상을 격려함으로써 자신과 타인의 발전에 보다 큰 책임감을 갖고 조직의 목적에 헌신하며 조직을 변화시키고 기대 이상의 높은 성취를 이루도록 유도하는 지도성을 의미

② 거래적 지도성과 변혁적 지도성의 비교

	거래적(교환적) 지도성	변혁적 지도성
조직의 목적	조직의 현상 유지(변화에 저항적)	조직의 변화와 혁신 선도
시간 지향성	단기적, 현실 중시	장기적, 미래 지향적
인간관	인간에 대한 불신, 개인적 이익 추구	인간에 대한 신뢰, 공동의 이익 추구
통제기제	규정과 규칙, 지시와 통제	비전과 임무 제시, 구성원 자기 통제
보상체계	처벌의 위협이나 보상의 제공 (외적, 조직적)	지적 자극의 제공, 조직의 비전 공유, 신뢰와 자긍심 유발(내적, 개인적)
지도자 능력	지도자의 합리성 중시	초합리성, 도덕적 품성 중시
권력의 원천	조직이 부여한 지위 권한	지도자의 솔선수범, 구성원들의 동의
의사소통	수직적, 하향적	다방향적(수직·수평, 상향·하향)

③ 변혁적 지도성의 핵심 요소 : 인간 개발자 혹은 팀 구성자로서의 역할
  ㉠ 이상화된 영향력 : 지도자는 구성원들에게 도덕적·윤리적 모범을 보임, 구성원들로부터 신뢰와 존경을 받고 동일시와 모방의 대상이 됨, 구성원들과 강한 감정적 유대를 형성, 보상을 통한 교환관계를 초월하여 인격적 감화를 통해 영향력 행사
  ㉡ 영감적 동기화 : 조직의 가치와 비전을 제시하고 사명감을 고취함, 구성원들에 대해 높은 기대를 전달하며 도전의식을 갖도록 자극함
  ㉢ 지적 자극 : 구성원들에게 일상적 업무 관행을 재검토하고 새롭게 해석해 보도록 지적으로 자극, 기존 상황에 새롭고 개방적인 방식으로 접근함으로써 보다 혁신적이고 창의적인 방식으로 사고하고 행동하도록 유도
  ㉣ 개별적 배려 : 구성원 개개인의 능력, 배경, 필요, 요구에 대해 민감하고 세심한 관심을 기울임, 특히 자아실현 및 성장 욕구에 관심을 보임, 학습기회를 만들어 구성원들이 잠재력과 전문성을 지속적으로 개발할 수 있도록 지적 자극과 지원을 제공

> 암기 POINT
> • 변혁적 지도성의 핵심 요소
>   - 이상화된 영향력
>   - 영감적 동기화
>   - 지적 자극
>   - 개별적 배려

(2) 카리스마적 지도성 이론

① 개요
  ㉠ 베버의 카리스마적 권위, 즉 지도자의 비범한 특징이나 능력으로 인해 사람들로 하여금 자발적으로 복종하게 하는 영향력의 개념에서 출발
  ㉡ 1990년대 들어 하우스와 하웰(House & Howell)은 카리스마적 권위를 지도성 개념으로 발전시켜 새로운 지도성 이론으로 제시함
  ㉢ 카리스마적 지도성(charismatic leadership)은 지도자의 비범한 능력과 개인적 매력 등을 통해 구성원들의 신념, 가치, 행동에 대해 강력한 영향력을 발휘하여 헌신적 복종과 충성을 이끌어내는 지도성을 의미

> 암기 POINT
> • 하우스와 하웰의 카리스마적 지도성 : 지도자의 비범한 능력과 개인적 매력으로 헌신적 충성을 이끌어내는 지도성

② 카리스마적 지도자의 특성

성격적 특성	행동적 특성
- 성취지향적, 창의적, 혁신적	- 미래 비전의 제시, 역량 과시
- 강력한 에너지와 헌신	- 인상 관리, 이미지 조성
- 높은 수준의 자신감	- 자기희생, 개인적 모험 감수
- 사회적 영향력에 대한 욕구	- 강력한 역할모델로서 행동
- 높은 수준의 모험심	- 인습에 사로잡히지 않는 행동
- 사회적 배려심, 지원적 태도	- 조직구성원에 대한 신뢰, 동기부여

③ 조직원 구성원에 대한 영향
  ㉠ 지도자가 가진 이상이나 이념을 신뢰하게 됨
  ㉡ 지도자와 조직구성원 간의 신념상의 유사성이 생김
  ㉢ 지도자를 향한 애정과 일체감을 갖게 되어 자발적으로 복종하게 됨
  ㉣ 조직의 목표를 위해 정서적으로 참여하게 됨
  ㉤ 높은 목표를 설정하며 자신감이 커짐

④ 조직의 상황과 카리스마적 지도성
  ㉠ 혼란스럽고 변화가 필요한 상황에서, 영웅적 인물의 출현에 대한 기대가 높은 상황에서 카리스마적 지도성의 출현 가능성이 높음
  ㉡ 조직이 안정적이고 구조화된 상황에서는 카리스마적 지도성의 출현 가능성이 낮아짐

(3) 분산적 지도성

① 개요
  ㉠ 분산적 지도성(distributed leadership)은 지도성에 대한 중앙집권적 사고를 부정하는 것으로부터 출발하는 새로운 지도성 이론
  ㉡ 한 사람이 조직 변화를 책임을 진다는 가정에서 벗어나, 지도성은 필요에 따라 다양한 개인과 집단, 상황, 인공적 장치들로 분산되어야 한다고 보는 입장
  ㉢ 비교적 최근에 등장한 이론으로 엘모어(Elmore), 에버스(Evers), 그론(Gronn) 등이 대표적

② 분산적 지도성의 특징
  ㉠ 분산적 지도성은 조직 내 공식적·비공식적 지도자들이 조직의 목표와 직면한 문제 및 이슈에 대한 의사결정을 공유함으로써 지도성의 분산과 실행에 초점
  ㉡ 조직의 규모와 복잡성, 범위면에서 다양한 과제를 해결하기 위해 조직 내 다양한 자원을 적극적으로 활용할 것을 강조함
  ㉢ 지도자와 구성원이 통합된 지도자확대(leader-plus), 구성원들의 상호 의존, 신뢰, 협력에 바탕을 둔 긍정적인 조직문화, 그리고 상황의 요소들이 핵심적인 요소이며, 이들 요소 간 상호작용의 결과물로 파생된 지도성 실행이 분산적 지도성을 구성하게 됨
  ㉣ 분산적 지도성 체제 내에서는 영구적으로 지속하는 주도 집단이 없기 때문에 상황의 변화에 대해 탄력적이며 융통성 있게 대응하기 쉬움

③ 분산적 지도성에 의한 학교행정
  ㉠ 교장, 교감, 교사, 학생, 학부모 등 학교 구성원 모두가 공동의 지도성을 실행하면서 학교조직의 효과성을 극대화하는 것을 목표로 함
  ㉡ 학교는 조직이 크고 업무가 복잡하고 과제도 광범위하기 때문에 특정 개인이 모든 문제를 처리하기에는 역부족이므로, 조직 내 다양한 자원을 적극 활용하는 것이 강조됨
  ㉢ 의사결정에서 다양한 수준의 참여가 요구되며, 공식적·비공식적인 지도자를 모두 포함하며 학생들에게까지 지도성이 확대됨
  ㉣ 주로 교실에서의 실행 또는 수업개선에 초점을 맞추며, 궁극적으로 교수·학습에 영향을 주기 위한 지도성의 개선에 관심을 둠

암기 POINT

• 엘모어 등의 분산적 지도성
  - 중앙집권적 사고의 부정
  - 구성원 공동의 지도성 실행
  - 조직 내 다양한 자원의 활용

(4) 슈퍼(초우량) 지도성
① 개요
- ㉠ 맨즈와 심스(Manz & Sims)가 제안한 지도성 이론으로, 슈퍼 지도성(super leadership)이란 지도자가 조직 구성원 개개인을 지도자로 변화시키는 지도성을 의미함
- ㉡ 슈퍼 지도성은 '조직구성원들의 지도자'가 아니라, 조직구성원들을 지도자로 변화시켜 '지도자들의 지도자'가 되려고 하는 지도성을 말함
- ㉢ 구성원 각자가 스스로를 통제하고 자신의 삶에 진정한 주인이 될 수 있도록 이끌 수 있도록 하는 셀프 지도성(자율적 지도성)을 개발하는 데에 중점을 두는 지도성 개념
- ㉣ 구성원들이 외적인 통제보다는 자기지도적이고 내적인 통제에 의해 보다 생산적이고 성공적인 직무수행이 가능하다고 봄

② 슈퍼 지도성에 이르는 7단계 모델
- ㉠ 지도자가 먼저 셀프 지도자 되기
- ㉡ 셀프 지도성 모델을 정립
- ㉢ 구성원 스스로의 목표수립을 독려
- ㉣ 긍정적이고 낙관적인 사고와 행동 조성
- ㉤ 보상과 건설적인 처벌을 통해 셀프 지도성 개발 촉진
- ㉥ 팀워크를 통해 셀프 지도성 진흥
- ㉦ 조직 내 셀프 지도성 문화 조성

③ 슈퍼 지도성에 의한 교육행정
- ㉠ 학교조직 내의 모든 교원을 각각 지도자로 성장시킴
- ㉡ 교원들이 자신을 스스로 이끌 수 있는 능력을 개발하도록 함
- ㉢ 교원들이 자율적으로 팀을 형성하고 협력적으로 직무를 수행할 수 있는 조직문화를 구축

(5) 문화적 지도성(cultural leadership)
① 개요
- ㉠ 서지오바니(Sergiovanni)가 제시한 개념으로, 지도자가 조직문화의 형성과 관리에 관심을 가지고 조직문화에 변화를 꾀하여 조직의 효과성을 개선해 나가려는 지도성을 의미
- ㉡ 도덕적 가치와 의미 추구 욕구를 만족시킴으로써 구성원을 조직의 주인으로 만들고 조직의 제도적 통합을 가능하게 함

② 지도성의 유형 분류와 영향력 위계
- ㉠ **기술적 지도성** : 경영관리 기술에서 나오는 지도성(일종의 전문 경영자), 계획, 조직, 조정, 시간관리 등을 강조

암기 POINT

- 맨즈와 심스의 슈퍼 지도성
  - 구성원 각자를 셀프 지도자로 성장시키는 지도성
  - 자율적이고 협력적인 직무 수행 문화 창출

- ⓒ 인간적 지도성 : 유용한 사회적·인간적 자원을 활용하는 데에서 나오는 지도성(일종의 인간공학 전문가), 인간관계, 동기화 능력 강조, 참여적 의사결정을 통해 사기 진작
- ⓒ 교육적 지도성 : 교육에 대한 전문적 지식에서 나오는 지도성(일종의 현장교육 전문가), 교육 프로그램 개발, 임상장학 등에 대한 전문적 지식과 능력을 통해 교사를 지도
- ⓔ 상징적 지도성 : 학교의 문제에 대해 구성원들에게 주의를 환기시키는 데서 나오는 지도성(일종의 대장 역할), 상징적 행사와 언사를 통해 학교의 비전과 목표를 제시, 행동 유도
- ⓜ 문화적 지도성 : 독특한 학교문화를 창출하는 것에서 나오는 지도성(일종의 성직자), 학교의 독특한 정체성을 갖게 만드는 가치와 믿음, 관점을 창조하고 강화·유지하는 것을 중시하는 지도성

③ 문화적 지도성에 기초한 교육행정
- ㉠ 학교는 구조적으로는 이완결합체제이지만 문화적으로는 확고하게 결합되어 있는 조직이므로, 관료제적 규칙을 그대로 적용할 경우 효과성은 감소되고 조직 내 혼란과 갈등이 발생
- ㉡ 학교의 문화적 결속성은 규범, 관습, 신념, 가치 등과 관련된 문화적 지도성이 발휘되는 데 효과적이며, 문화의 변화는 지속적이며 장기적인 변화를 유도할 수 있음

(6) 도덕적 지도성(moral leadership)

① 도덕적 지도성의 개념
- ㉠ 서비오바니가 문화적 지도성에 대한 논의를 확대하여 개념화한 것으로, 조직 내 가치와 도덕의 중요성을 강조하게 되면서 등장한 개념
- ㉡ 도덕적 지도성은 지도자가 조직 구성원들의 과업수행 과정에서 요구되는 규범이나 가치를 내면화함으로써 영향력이 발휘되는 지도성을 의미
- ㉢ 지도자가 도덕적 품성과 능력을 바탕으로 조직 구성원들의 존경과 신뢰를 획득하는 동시에, 조직 구성원들의 능력을 계발하고 자율적 직무수행을 유도하는 지도성으로, 궁극적으로 '도덕적이고 효과적인 학교'가 될 수 있게 하는 지도성을 의미함

② 도덕적이고 효과적인 학교
- ㉠ 학교를 도덕적 측면의 '선의(good will)'와 관리적 측면의 '성공(success)'이란 두 가지 차원을 조합해서 네 가지 유형으로 구분함
  - Ⅰ유형 : 선의는 높으나 성공이 낮은 '도덕적인 학교'
  - Ⅱ유형 : 선의와 성공이 모두 높은 '도덕적이고 효과적인 학교'
  - Ⅲ유형 : 선의도 성공도 모두 낮은 '비도덕적이고 비효과적인 학교'
  - Ⅳ유형 : 선의는 낮으나 성공이 높은 '정략적인 학교'

ⓒ 학교는 바람직한 가치를 전수하는 곳이고 행정이란 도덕적 기술이므로 I유형과 Ⅱ유형만이 본질적인 의미에서 학교라고 말할 수 있음
ⓔ 도덕적인 학교(I유형)는 단기적으로는 성공적이지 못할 수도 있지만, 교직원들이 교장의 선의를 이해하게 되면서 성공적이게 될 수 있으므로, 성공보다는 선의를 추구하는 도덕적 지도성이 바람직함

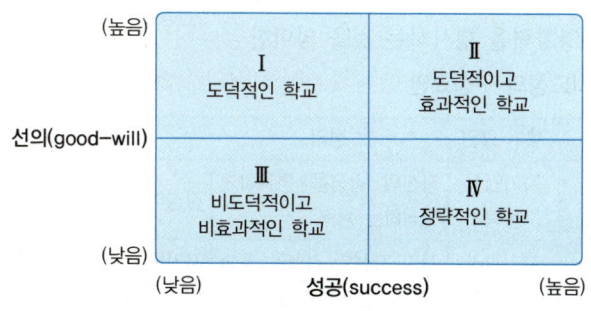

[서지오바니의 학교 유형 분류]

(7) 서번트 지도성(섬김의 지도성, servant leadership)

① 개요
  ㉠ 그린리프(Greenleaf, 1970)가 지도자는 다른 사람에게 봉사하는 하인(servant)이 되어서 '타인을 위한 봉사에 초점을 두며, 종업원, 고객 및 공동체의 욕구를 우선적으로 만족시키기 위해 헌신하는 지도성'을 가져야 한다고 주장한 것에서 출발
  ㉡ 지도자가 조직구성원을 섬기는 자세로 그들의 성장과 발전을 돕고 조직목표 달성에 구성원 스스로 기여하도록 만드는 지도성을 말함

② 서번트 지도성의 특징
  ㉠ **경청**: 의사소통은 지도자가 먼저 구성원들의 의견을 경청하는 것부터
  ㉡ **공감**: 지도자가 구성원들이 무엇을 생각하고 느끼는지를 이해하려 함
  ㉢ **치유**: 구성원들의 행복에 관심을 갖고 개인적 문제를 치유하도록 도움
  ㉣ **자각**: 지도자 자신이 다른 사람들에게 어떤 영향을 미치는지를 이해
  ㉤ **설득**: 구성원들과 무비판적인 대화와 논의를 통해 변화를 유도
  ㉥ **개념화**: 조직의 미래 비전을 확립하고 조직의 방향과 목표를 자각
  ㉦ **선견지명**: 현재 일어나는 일을 바탕으로 미래를 예측하고 미리 준비함
  ㉧ **청지기정신**: 자신이 맡은 일에 대해 책무의식을 가지며 조직에 봉사함
  ㉨ **인간성장에의 헌신**: 구성원들의 능력 개발과 의사결정 참여를 강조
  ㉩ **공동체 구축**: 구성원들과 일체감과 연대감을 형성하여 공동체를 구축

(8) 감성 지도성

① 개요
  ㉠ 골맨(Goleman)이 강조한 지도자의 능력으로, 자기 자신과 주변의 인간관계를 효과적으로 관리하는 능력을 말함
  ㉡ 감성 지도성은 감성적이고 사회적인 능력을 통해 구성원들의 감성을 이해하고 배려함과 동시에 비전을 제시하고 자연스럽게 조직 구성원들에게 영향력을 행사하는 것을 의미함

② 감성 지도성의 구성요인

차원	세부 요인	정의	하위 요인
개인 역량	자기인식 능력	자신의 감성을 명확하게 인식하는 능력	감성이해력, 정확한 자기평가, 자신감
	자기관리 능력	자기 자신의 감성을 효과적으로 관리하는 능력	자기통제력, 신뢰성, 자기관리 및 책임의식, 적응력, 성과달성지향, 주도성
사회적 역량	사회적 인식 능력	다른 사람의 감성을 명확하게 이해하는 능력	감정이입, 조직파악력, 고객 서비스 정신
	관계관리 능력	다른 사람의 감성을 효과적으로 관리하는 능력	영감을 불러일으키는 능력, 영향력, 타인지원성, 연대감 형성, 커뮤니케이션, 변화촉진력, 갈등관리 능력

6 교육기획과 교육정책

01 교육기획 2009·2013 국가직7급

(1) 교육기획(educational planning)의 개념과 원리

① 교육기획의 개념
  ㉠ 정의 : 미래의 교육활동에 대한 사전의 준비과정으로서, 교육목표 달성을 위한 효과적인 수단과 방법을 합리적으로 계획하는 지적인 활동
  ㉡ 개념적 구성요소
    • 미래지향적인 행동과정 : 앞으로의 활동에 관해 준비하는 과정
    • 사전의 준비과정 : 실제적인 정책의 집행이 아니기 때문에 언제든지 수정하거나 보완 가능
    • 합리적 활동 : 목표와 내용, 절차와 방법, 기대되는 성과에 대한 합리적 계획을 수립하는 지적인 활동으로서 고도의 전문성을 요구함

② 교육기획의 원리
　㉠ **타당성** : 의도하는 목표를 달성할 수 있는 타당한 수단과 방법을 마련
　㉡ **효율성** : 능률적이고 효과적인 수단과 방법을 동원할 수 있도록 수립
　㉢ **민주성** : 이해관계자의 광범위한 참여를 통해 민주적으로 형성
　㉣ **전문성** : 교육의 각 부문 전문가들을 참여시켜 전문적인 견해 반영
　㉤ **적응성(융통성)** : 상황 변화에 대응할 수 있도록 신축성 있게 수립
　㉥ **안정성** : 교육정책의 일관성과 안정성을 유지할 수 있도록 수립
　㉦ **균형성** : 민주성과 전문성, 안정성과 적응성 등을 적정하게 조화시킴
　㉧ **중립성** : 외부의 압력에 의해 좌우되어서는 안 됨
　㉨ **통합성(종합성)** : 국가의 타 부문 기획과 통합될 수 있도록 함
　㉩ **계속성** : 계속적인 연구와 평가를 통해 수립되어야 함

③ 교육기획의 기능과 한계

기능	한계
- 합리적인 지휘와 통제	- 미래예측의 어려움
- 교육행정의 합리화	- 기획에 대한 인식 부족
- 자원의 합리적 배분	- 계획의 수립을 위한 비용
- 교육행정체제의 안정화	- 외부 상황의 변화에의 둔감화
- 교육개혁과 교육적 변화의 촉진	- 현장 행위자들의 창의성 위축

(2) 교육기획의 접근방법

① 사회수요에 의한 접근(social demand approach)
　㉠ 교육을 받고자 하는 모든 사람에게 교육의 기회를 부여해야 한다는 원칙에 따라, 교육에 대한 사회적 요구에 따라 교육의 양을 증대시켜 나가려는 접근방법
　㉡ 인구증가 추세, 가계소득, 교육에 대한 사회적 요구 등을 바탕으로 미래의 교육수요를 예측한 후, 이를 기초로 학교 설립과 교원 양성 등을 계획
　㉢ 우리나라 1950년대 의무교육에 관한 계획, 1970~1980년대 일반계 고교 및 고등교육 기회의 확대 계획 수립 등에 적용
　㉣ 장점
　　• 인구의 자연증가와 진학률, 재정제약 등의 몇몇 요인만 고려하므로 기획과정이 비교적 단순
　　• 사회의 교육적 수요에 부응함으로써 정치·사회적 안정과 불만 해소를 도모할 수 있음
　　• 교육 수급의 자연적 조절에 의해 사회적 필요를 어느 정도 충족시킬 수 있음
　㉤ 단점
　　• 교육에 대한 사회적 요구와 사회적 필요가 불일치할 경우 교육기회의 과다/과소 현상 발생

> **암기 POINT**
> • 교육기획의 접근방법
> 　- 사회수요 접근법
> 　- 인력수요 접근법
> 　- 교육수익률 접근법
> 　- 국제비교 접근법

- 현대 사회에서 교육에 대한 사회적 요구가 급격히 증가하고 있어 정부의 재정부담 과도해짐
- 교육에 대한 사회적 요구들 간의 우선순위를 결정하는 데 기준을 제공하지 못함

② 인력수요에 의한 접근(manpower requirement approach)
　㉠ 교육과 취업, 경제성장을 긴밀하게 연계시키고자 하는 접근방법으로, 경제성장을 뒷받침하기 위한 인력수요를 고려하여 교육기회를 조절해 나가는 방법
　㉡ 목표연도의 경제성장에 필요한 인력수요를 추정한 다음 그것을 교육자격별 인력수요 자료로 전환하는 과정을 통해 교육을 통한 인력양성 계획을 수립
　㉢ 1960년대 개발도상국에서 교육계획을 추진한 유네스코(UNESCO)와 유럽의 경제협력개발기구(OECD) 등에서 널리 채택
　㉣ 교육계획의 수립 절차
　　ⓐ 기준연도와 추정(목표)연도의 산업부문별·직종별 인력 변화 추정
　　ⓑ 직종별 인력수요 자료의 교육자격별 인력수요 자료로의 전환
　　ⓒ 교육자격별 노동력의 부족분 계산
　　ⓓ 학교수준 및 학교종류(학과)별 적정 양성규모 추정 산출
　㉤ 장점
　　- 미래 직업 추이를 보여줌으로써 교육수요자에게 유용한 정보 제공
　　- 특정 분야나 자격의 인력양성을 위한 교육계획을 수립하는 데 유용
　　- 교육에 대한 과도한 사회적 참여로 인한 낭비를 줄여 효율성 높임
　㉥ 단점
　　- 인력공급이라는 목적만 강조되고, 교육의 본질적 목적은 경시
　　- 직업과 직업준비교육을 직종별로 대응시킨다는 전제가 부적절함
　　- 교육과 취업간의 시차로 인해 수급면에서 차질을 빚기 쉬움
　　- 현대 사회는 산업 및 기술 변화가 급격하므로 미래 인력수요의 추정 자체가 어려움

③ 교육수익률에 의한 접근(rate of returns approach)
　㉠ 교육을 일종의 투자 행위로 보고, 교육투자의 경제적 효과를 타나내는 수익률에 따라 교육투자의 중점과 우선순위를 결정하려는 접근방법
　㉡ 국가나 개인이 투입한 교육비용이 얼마나 수익을 가져왔느냐를 분석할 수 있기 때문에 비용-수익(cost-benefit) 분석이라고도 함
　㉢ 우리나라의 경우 1970년대 후반부터는 대학의 투자수익률이 높아지면서 대학입시 지원자의 수가 증가하면서 입시경쟁이 심화됨

$$\text{대학교육의 수익률} = \frac{\text{대졸자의 평생소득} - \text{고졸자의 평생소득}}{\text{대학교육의 직접 경비} + \text{포기한 근로소득(기회비용)}}$$

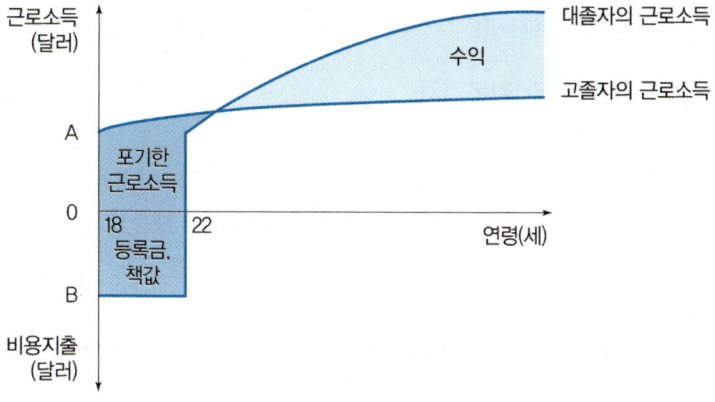

[교육투자 수익률 분석 예시]

  ② 장점
   • 교육투자의 경제적 효율성과 합리성을 제고시킬 수 있음
   • 비용-수익의 분석을 통해 교육투자의 합리성을 추구할 수 있음
  ◎ 단점
   • 수익률을 계산하는 방식이 다양하고, 합의된 것이 없기 때문에 그 측정이 용이하지 않음
   • 과거의 소득을 가지고 미래의 소득을 추정하는 기법 자체의 문제 등 기술적 한계가 있음
   • 교육투자 비용과 취업을 통한 수익 사이의 인과관계를 전제로 하나 상당한 반론이 제기됨
④ 국제비교에 의한 접근(international comparison approach)
 ③ 선진국이나 경제 및 교육발전이 유사한 국가의 경험을 비교 연구함으로써 자국의 교육발전을 위한 방향과 전략 등을 수립하려는 접근방법
 ⓒ 주로 개발도상국가에서 적용하는 방법으로 선진국의 경험을 따라 배우고 선진국의 교육체제를 모방하는 데 목표를 둠
 ⓒ 장점 : 교육에 관한 기획을 수립하는 과정이 단순화될 수 있음
 ② 단점
  • 각국의 교육제도나 운영방식이 다르기 때문에 비효과적인 방법이 될 수도 있음
  • 통계의 표준화가 미비하고 공통의 척도가 마련되지 않아 정확한 비교가 어려움
  • 시차에 따른 변화로 인해 선진국의 경험이 후진국의 발전모델로서 적절하지 않을 수 있음

02 교육정책 2023 지방직9급 / 2007·2011 국가직9급 / 2015·2020·2022 국가직7급

(1) 교육정책의 개념과 기본가치

① 교육정책의 개념
  ㉠ 권위있는 공식기관(정부 등)이 문제해결이나 공적 이익을 달성하기 위하여 정치적·행정적 과정을 거쳐 선택한 장래의 행동계획
  ㉡ 교육의 목적·수단·방법 등에 관한 최적의 대안을 의도적·합리적으로 선택한 것
  ㉢ 국가의 교육이념을 구현하는 기본적인 수단이자, 교육행정의 기본방침 또는 지침

② 교육정책이 추구하는 기본가치
  ㉠ 과정면에서 추구되는 기본가치
    • 적합성 : 교육정책은 그 시대의 사회적 요구에 부응해야 함
    • 합리성 : 교육정책의 수립과 집행 및 평가의 과정은 과학적인 분석에 기초하여야 함
    • 민주성 : 책임과 권한을 분산시키며 조직 구성원의 참여를 보장하여야 함
    • 효과성 : 수립된 목표를 성취하는 데 기여할 수 있어야 함
    • 능률성 : 교육행정조직에 있어서 조직 구성원의 심리적 욕구를 충족시킬 수 있어야 함
    • 책무성 : 교육정책을 수립하거나 집행하는 사람들은 부여받은 책무를 수행할 수 있어야 함
  ㉡ 목표 및 성과면에서 추구되는 기본가치
    • 형평성 : 모든 국민에게 교육에 접근할 수 있는 기회를 균등하게 보장하여야 함
    • 수월성 : 교육의 성과가 훌륭하게 나타날 수 있어야 함
    • 자율성 : 개인이나 기관이 스스로 결정하고 선택하는 자주적 결정을 보장할 수 있어야 함
    • 공익성 : 공공의 이익, 즉 대다수의 일반 이익을 추구하며, 사익이나 특권을 배제해야 함

> **암기 POINT**
> • 교육정책이 추구하는 가치
>   – 과정면 : 적합성, 합리성, 민주성, 효과성, 능률성, 책무성
>   – 성과면 : 형평성, 수월성, 자율성, 공익성

(2) 교육정책의 유형(Lowi, 1972)

① 분류 기준 : 정책 유형의 차이에 따라 정책의 결정 및 집행 과정이 달라짐
  ㉠ 강제력의 행사방법 : 직접적 행사, 간접적 행사
  ㉡ 강제력의 적용대상 : 개별적 행위, 행위의 환경

		강제력의 적용대상	
		개별적 행위	행위의 환경
강제력의 행사방법	직접적	규제 정책	재분배 정책
	간접적	분배 정책	구성 정책

② 정책의 유형
  ㉠ 분배정책(distributive policy)
    • 정부가 국민들에게 권리나 금전적 이익 또는 서비스를 분배하는 것을 주된 내용으로 하는 정책 예 두뇌한국(BK) 21 사업
    • 재원이 한정되어 있으므로 정부지원을 원하는 대상들 사이의 경쟁이 초래되는 것이 일반적
    • 정책결정 과정에 정책 수혜집단들이 적극적으로 참여하여 '갈라먹기(포크 배럴)'나 '투표거래(로그 롤링)'식의 담합정치 가능성
  ㉡ 규제정책(regulatory policy)
    • **보호적 규제정책** : 개인이나 집단의 권리 행사나 행동의 자유를 구속함으로써 일반 대중을 보호하려는 정책 예 심야학원 교습 규제
    • **경쟁적 규제정책** : 일부 개인이나 집단에게만 일정한 재화나 용역을 공급할 수 있는 자격을 제한하여 이를 이용하는 일반 국민을 보호하려는 정책 예 사립학교 설립 인가
    • 정책결정 시 정책 수혜자와 피해자가 명백하게 구분되며, 이해당사자 간 제로섬(zero-sum)게임이 벌어짐
  ㉢ 재분배정책(redistributive policy)
    • 사회집단이나 계층들 간의 소득이나 부의 이전을 통해 재분배를 직접적인 목적으로 하는 정책
    • 누진세 제도와 복지정책이 대표적 사례이며, 취약 지역에 기숙형 공립 고등학교 집중 설립, 저소득층 학생들을 위한 무상급식 지원사업, 저소득 노동자 및 실업자를 위한 직업훈련사업 등이 포함됨
    • 정책의 비용부담자와 수혜자 간에 집단적이며 계급적인 성격의 갈등이 발생하며, 사회체제에 대한 이데올로기 갈등으로 확산되기도 함
  ㉣ 구성정책(constituent policy)
    • 정책을 결정하게 되는 환경이나 체제 또는 제도에 관한 것, 좀 더 광범위하고 장기적으로 그 영향이 구체적인 정책에 미치게 되는 정책
    • 정부의 새로운 기구나 조직을 설립하거나, 공직자 보수·연금정책 등 정치체제의 구조와 운영에 관련된 정책 예 교육공무원 보수 및 연금 관련 법령 정비
    • 체제 내부를 정비하는 정책으로 대외적 가치 배분에는 큰 영향이 없으나 대내적으로는 '게임의 법칙'이 발생

> **암기 POINT**
> • **교육정책의 유형(로위)**
>   − 분배정책 : 대학 정부지원
>   − 규제정책 : 보호, 경쟁규제
>   − 재분배정책 : 세금, 복지
>   − 구성정책 : 조직, 법령, 정책

(3) 교육정책의 과정
① 교육문제의 사회적 이슈화 단계
  ㉠ 교육의 일상적 문제가 특정 시기에 사회적 쟁점으로 부각되는 과정
  ㉡ 지속적으로 존재해 왔던 일상적인 사회문제가 사회적 관심의 대상이 되는 이슈(쟁점)으로 부각되기 위해서는 일종의 '점화장치'가 필요

> **암기 POINT**
> - 교육정책의 과정
>   - 사회적 이슈화
>   - 정책의 의제설정
>   - 정책의 결정
>   - 정책의 집행
>   - 정책의 평가 및 환류

② **교육정책의 의제설정 단계**
  ㉠ 사회적으로 이슈화된 문제들이 정부의 정책문제로 채택되는 과정
  ㉡ 정책의제 설정모형 : 콥(Cobb), 메이(May) 등의 연구

		일반 국민의 관여 정도	
		높음	낮음
의제설정의 주도자	민간	외부주도 모형	내부접근 모형
	정부	공고화 모형	동원 모형

  - **외부주도 모형** : 민간집단이 제기한 이슈가 대중의 관심을 획득하면서 공공의제가 되었다가 정부의제로 채택된 경우(다원화된 정치체제)
  - **동원 모형** : 정부가 정책의제를 미리 결정한 후에 국민을 이해·설득하기 위해서 공청회나 홍보전략 등을 동원하여 공공의제로 전환하는 경우(권위적인 정치체제)
  - **내부접근 모형** : 정부의 내부집단이나 정책결정자와 밀접한 관계가 있는 집단에 의해 의제가 제안되는 경우, 민간에 의해 의제가 제안되었으나 일반국민의 관심을 얻지 못하는 경우
  - **공고화 모형** : 이미 국민의 폭넓은 관심과 지지를 받고 있는 정책문제에 대해 정부가 관여하여 문제를 해결해 가는 경우, 집행과정에서 정부의 노력과 비용을 절감할 수 있음

③ **교육정책의 결정 단계**
  ㉠ 정부의제로 채택된 교육정책의 문제를 해결하기 위해 정책대안을 개발하고 분석하여 최종적으로 선택하는 과정(⇒ '의사결정 모형' 참고)
  ㉡ 합리적·분석적 측면이 강조되는 '정책분석 단계'와 가치적·정치적 요소가 강조되는 '정책채택 단계'가 결합되어 나타남
  ㉢ 일반적 절차 : 교육정책 문제의 명확한 규명 → 교육정책의 대안 탐색 및 개발 → 대안의 결과 예측 → 대안의 비교 및 평가 → 최선의 대안 선택

④ **교육정책의 집행 단계**
  ㉠ 결정된 정책의 내용(정책의 목표와 수단)을 구체적으로 실현시켜 교육문제를 해결하는 과정
  ㉡ 정책집행 과정 속에서 당초 기대했던 정책목표가 달성되지 않을 수도 있으며, 그 결과 정책의 근본적인 내용과 방향을 수정·변경하기도 함
  ㉢ 정책의 실현에도 불구하고 정책목표가 달성되지 않는 경우
    - **정책의 실패** : 정책목표와 정책수단 사이에 인과관계가 없는 경우
    - **집행의 실패** : 정책집행 과정에서의 문제 때문에 의도된 정책효과가 나타나지 않는 경우

② 효과적인 정책집행을 이끄는 조건
- 정책 내용의 명확성, 일관성, 바람직성(소망성)
- 정책집행 수단 및 자원의 확보
- 정책결정자와 정책 관련 집단의 지지
- 집행주체의 능력과 태도 및 다양한 집행조직 간의 협력
- 정책대상 집단의 순응 확보 등

⑤ 교육정책의 평가 및 환류 단계
㉠ 교육정책이 집행된 이후에 본래 의도했던 정책의 목표에 비추어 정책의 집행과정이나 정책결과를 검토하는 과정
㉡ 의도된 목적의 달성 여부와 그 이유가 무엇인지에 대한 분석을 통해 이후 정책결정과 집행과정을 수정하기 위해 환류(피드백)되어야 함
㉢ 정책결과의 차원
- 정책산출(policy output) : 가시적인 정책의 직접적 결과물
- 정책성과(policy outcome) : 비가시적이며 간접적인 결과를 포함
- 정책영향(policy impact) : 정책산출이나 정책성과가 사회에 가져오는 장기적이고 광범위한 효과
㉣ 정책평가의 기준(Dunn, 1994)
- 효과성(effectiveness) : 정책목표의 달성 정도
- 능률성(efficiency) : 정책효과 대비 투입비용의 비율
- 공평성(equity) : 사회집단 간 정책효과와 정책비용 배분의 형평성
- 대응성(responsiveness) : 정책의 결과가 수혜집단의 요구, 선호, 가치 등에 부합하는 정도
- 적합성(적절성, appropriateness) : 정책의 목표가 과연 사회적으로 바람직한가의 정도
- 충족성(adequacy) : 정책목표의 달성이 문제해결에 어느 정도 공헌하고 있는가의 정도
㉤ 정책평가의 방법
- 모니터링 : 교육정책의 집행과정이나 집행 후 정책내용의 진도나 성과에 대해 정책의 영향을 받는 수혜자나 정책에 관심을 가지는 주민들로부터 직접 정보를 수집하는 방법
- 실험적 방법 : 주로 정책 집행 후, 실험의 형식을 통해 정책수단과 정책효과 사이의 인과관계에 관한 과학적이며 체계적인 정보를 수집하는 방법(자연실험/사회실험)
- 전문가에 의한 판단 : 정책의 수립과정이나 정책집행 후에 정책의 기대되는 성과 및 문제점, 정책성과에 대한 평가 등에 관한 전문가의 의견을 수집하는 방법 예 델파이 조사

암기 POINT
- **정책분석** : 사전적 평가 활동
- **정책평가** : 사후적 평가 활동

암기 POINT
- **정책평가의 기준(던)**
  - 효과성
  - 능률성
  - 공평성
  - 대응성
  - 적합성
  - 충족성

(4) 캠벨(Campbell)의 교육정책 수립 과정

① 기본적인 힘(basic forces)
- ㉠ 지역, 국가 또는 세계적 규모에서 발생하는 중요한 정치적, 경제적, 사회적 사건이나 상황에 교육정책 수립에 영향을 줌
- ㉡ 국제적 긴장상태, 국민의 경제력 정도, 인구이동, 기술공학의 진보, 새로운 지식의 향상 등이 교육정책 수립에 기본적인 영향력을 제공함
- ㉢ 예) 1957년 소련의 스푸트니크 호 발사 → 1958년 미국의 국방교육법 제정, 교육과정 개혁

② 선행운동(antecedent movements)
- ㉠ 교육에 대하여 상당한 주의를 끄는 각종의 사회적 운동이 교육정책 수립에 영향을 줌
- ㉡ 정부의 각종 위원회나 연구소, 전문기관이 작성한 교육개혁 건의서 또는 연구보고서 등을 통해 교육정책이 제안됨
- ㉢ 예) 교육부의 교육정책심의회와 같은 각종 자문위원회의 활동, 한국교육개발원, 대한교육연합회와 같은 전문단체의 활동 등

③ 정치적 활동(political action)
- ㉠ 정부 내외에서 활발히 진행되는 교육정책의 의제에 관한 토의나 논쟁의 과정을 의미
- ㉡ 선행운동을 통해 만들어진 건의서나 보고서가 매체를 통해 교육관계자나 일반인에게 전달되어 여론을 자극하며, 교육부나 국회, 정당에 수용되면서 정책형성의 분위기를 조성함
- ㉢ 예) 정책건의를 일부 정당이 정당정책으로 채택하고 대국민 홍보를 통해 여론을 조직화

④ 입법화(formal enactment)
- ㉠ 정책형성의 최종 단계로서, 일종의 입법조치를 통해 국회나 관계부처, 또는 지방정부나 지방의회 수준에서 법률, 시행령, 조례, 정부정책 지침 등으로 공식 수립되는 단계
- ㉡ 예) 교사의 교권 보호 강화에 관한 요구와 정치적 활동이 「초·중등교육법」의 개정을 낳음

03 의사결정(정책결정) 이론

(1) 의사결정에 대한 관점 2023·2024 지방직9급 / 2019 국가직7급

① 합리적 관점: 합리적 판단으로서의 의사결정
- ㉠ 합리성에 대한 절대적 믿음 하에 모든 선택과 의사결정에는 최적의 방식이 존재한다고 가정

암기 POINT
- 정책의 수립 과정(캠벨)
  - 기본적인 힘
  - 선행운동
  - 정치적 활동
  - 입법화

암기 POINT
- 정책 의사결정의 관점
  - 합리적 관점: 판단
  - 참여적 관점: 참여
  - 정치적 관점: 타협
  - 우연적 관점: 우연

ⓒ 의사결정이란 조직의 목표달성을 위해 수많은 대안들 가운데 최적의 대안을 선택하는 과정
　　ⓒ 절차 : 목표의 세분화 → 대안의 확인 → 대안의 선택에 따른 결과 평가 → 대안 선택
　　ⓔ 대규모 관료제 조직이나 중앙집권적 조직과 같은 체계화된 조직구조에서의 의사결정 분석에 적합
② 참여적 관점 : 참여로서의 의사결정
　　㉠ 공동의 가치에 대한 인식, 공동의 목표의 존재, 전문가의 식견에 대한 신뢰, 관련 당사자의 합리성 등을 전제함
　　ⓒ 공동의 목표를 달성하기 위해 최선의 선택을 하며, 체제 내의 작용에 의해 의사결정이 이루어짐
　　ⓒ 의사결정을 개인의 이성적 판단의 결과로 보기보다는 관련 당사자 간의 논의를 통한 합의의 결과로 이해함
　　ⓔ 의사결정 체제가 폐쇄적인 체제로, 환경의 다양한 변화에 민감하게 반응하지 못함
　　ⓕ 대규모 관료제적 조직보다는 소규모 조직이나 의사결정 관련자의 능력과 자율이 인정되는 전문가 집단의 결정 행위를 분석하는 데 적합
③ 정치적 관점 : 타협으로서의 의사결정
　　㉠ 조직에 대하여 영향력을 행사하는 이해집단들이 존재한다는 점을 전제
　　ⓒ 의사결정이란 이질적인 목표를 위해 경쟁하는 이해집단들 간의 타협점을 만들어 가는 과정
　　ⓒ 의사결정 과정은 정치적 과정이며, 개방체제 내에서 환경변화에 민감하게 반응함
　　ⓔ 사회적으로 민감하고 이해관계가 복잡한 사안에 관한 의사결정 및 갈등이 상존하며 협상과 타협이 기본 규칙으로 되어 있는 조직의 의사결정 분석에 적합

> [예시] 교원양성체제 개편에 관한 정책결정 과정
> (1) 사범대 가산점 위헌결정 후속조치 계획수립
> (2) 교원양성체제 개편 추진단 구성 운영
> (3) 정책연구 위탁
> (4) 관련기관 대표 및 외부기관 의견 수렴
> (5) 교원양성체제 개편 방안(시안)의 발표
> (6) 공청회를 통한 여론 수렴
> (7) 최종안 확정

④ 우연적 관점 : 우연적 선택으로서의 의사결정
　　㉠ 의사결정은 체계적인 과정이나 필연적인 결과와는 무관하며, 수많은 요소들이 우연히 동시에 한곳에 모여질 때 이루어진다고 보는 관점

ⓒ 의사결정이 목표를 달성하기 위한 과정임을 부정하고 여러 요인들이 복합적으로 조합된 결과로 나타나는 우연적 현상임을 강조
ⓓ '조직화된 무질서' 또는 '쓰레기통'으로 비유되는 조직의 의사결정 분석에 적합

	합리적 관점	참여적 관점	정치적 관점	우연적 관점
중심 개념	목표달성의 극대화 선택	내부 합의에 의한 선택	협상과 타협에 의한 선택	선택은 우연적 결과
의사 결정 목적	합리성을 통한 조직의 목표 달성	참여를 통한 조직의 목표 달성	이해집단의 목표 달성	상징적 의미의 목표 달성
적합한 조직 형태	관료제, 중앙집권적 조직	소규모 조직, 전문가 조직	갈등과 협상이 상존하는 조직	목표가 분명하지 않은 조직
조직 환경	폐쇄체제	폐쇄체제	개방체제	개방체제
특징	규범적	규범적	기술적	기술적

(2) 의사결정 모형
2009·2014·2020·2022 국가직9급 / 2009·2012·2015·2018·2023·2024 국가직7급

① 합리모형(합리성 모형, rational model)
  ⓐ 과학적 지식과 이성, 합리적 행동에 대한 믿음을 바탕으로 가장 합리적인 최선의 대안을 선택이 가능하다고 보는 모형
  ⓑ 인간은 모든 대안에 대한 고려할 수 있는 전지전능한 능력이 있으며 주어진 목적달성을 극대화하기 위해서 최대한 합리적으로 노력하는 합리적 인간, 즉 경제인임을 전제함
  ⓒ 바람직한 결정이 어떻게 이루어져야 하는가를 설명하는 규범적 성격의 고전 모형
  ⓓ 합리모형에 의한 정책결정 절차
   • 문제확인 : 해결해야 할 문제의 내용을 완전히 파악함
   • 목표설정 : 문제해결을 통해 달성하고자 하는 목표를 명확히 정의
   • 대안탐색 : 목표를 달성할 수 있는 모든 대안들을 모두 탐색함
   • 결과예측 : 대안의 실행으로 나타날 모든 결과들을 완전하게 예측함
   • 비교평가 : 예측된 결과들을 비교 평가할 수 있는 명확한 기준을 마련
   • 대안선택 : 대안선택의 기준을 적용하여 최선의 대안을 선택함
  ⓔ 합리모형에 대한 비판
   • 인간은 전지전능하지 못하고 문제 분석 능력에 한계를 가짐
   • 인간은 감정을 가진 심리적·사회적 동물이라는 점을 간과함
   • 대안의 비교에 필요한 정보나 자원이 충분하지 않은 경우가 많음
   • 실제 교육정책결정 상황에서는 가치와 사실이 불가분의 관계에 있음
   • 사회적으로 민감하고 이해관계가 복잡한 사안에는 적용하기 어려움

암기 POINT

• 정책 의사결정 모형
  - 합리모형 : 합리적 분석, 최선의 대안 선택
  - 만족모형 : 제한된 합리성, 현실적 만족 추구
  - 점증모형 : 현실적 접근, 현재보다 소폭의 개선
  - 혼합모형 : 합리 모형(거시) + 점증모형(미시)
  - 최적모형 : 불확실한 상황, 직관과 같은 초합리적 결정
  - 쓰레기통 모형 : 무질서한 상황, 우연한 계기에 결정

② 만족모형(만족화 모형, satisfying model)
  ㉠ 사이먼(Simon)이 제안한 모형으로, 최선의 의사결정은 이론적으로만 가능할 뿐이며 실제로는 제한된 범위 내에서의 합리성만 추구할 수 있다고 보는 관점
  ㉡ 인간은 인간의 심리적, 인지적 한계 및 시간, 비용, 자원 등의 제약으로 인해 '제한된 합리성(bounded rationality)'을 가진 존재라고 봄
  ㉢ 인간은 완전무결한 최선의 대안을 탐색하기보다는 현실적으로 만족할 만한 수준에서 목표를 달성할 수 있는 대안을 선택함
  ㉣ 객관적 상황보다는 의사결정자의 주관적 입장에서 결정에 주목하며, 의사결정자의 이성적 판단과 함께 정서적인 측면을 고려함
  ㉤ 부분적인 정보와 불확실한 결과를 지닌 복잡한 문제를 해결할 때 사용하는 것이 적합
  ㉥ 만족모형에 의한 정책결정 절차
    • 문제인식 : 해결해야 할 문제의 인식, 인지적 제약으로 인해 일부만 선별적으로 인식함
    • 만족수준의 설정 : 의사결정자가 문제해결 대안을 선택할 때 적용하는 최소의 기준 설정
    • 만족수준 이상의 대안 모색 : 제한된 합리성의 범위 내에서 만족할 만한 대안을 탐색
    • 대안들의 비교 : 먼저 탐색된 대안을 준거대안으로 설정, 순차적으로 다른 대안들과 비교
    • 최종대안의 채택 : 만족할 만한 수준의 대안을 선택하고 더 이상의 대안 탐색은 중지함
  ㉦ 만족모형에 대한 비판
    • 의사결정자의 만족화 수준을 결정할 객관적이고 명확한 기준이 없음
    • 현실에 안주하는 보수적 관점의 모형으로 혁신적인 문제해결방안을 기대하기 어려움
    • 조직적 차원보다는 개인적 차원에서의 의사결정을 이해하는 데 적합
    • 중대한 차원의 의사결정에 대한 합리적 처방을 제시하지 못함
③ 점증모형(incremental model)
  ㉠ 린드블롬(Lindblom)과 윌다브스키(Wildavsky) 등이 주장한 모델로, 기존의 합리모형의 비현실성을 비판하면서 보다 현실적인 접근을 통해 정책결정 과정을 제시하고자 함
  ㉡ 현재 처해 있는 상황을 인정하고 현재보다 다소 향상된 대안이나 타협점을 모색하는 과정 속에서 정책이 결정된다고 보는 모형으로, 제한된 합리성, 매몰비용(sunk cost), 정책 실현 가능성을 중요하게 고려함

ⓒ 의사결정 과정은 기존 정책의 틀을 유지한 상태에서 기존 정책과 유사한 소수의 대안들을 비교하여 현재보다 다소 개선된 수준의 대안을 비교 선택하는 방식으로 이루어짐

ⓔ 기존의 정책은 관련 정치집단 간의 정치적 균형 속에서 결정된 것이므로, 근본적인 문제점이 발견되지 않는 한 부분적인 수정·보완을 통해서 정책을 개선하는 것이 바람직하다고 봄

ⓜ 구체적이고 실제적인 대안들을 추구하는 온건지향적이고 보수적인 조직에서 환영받는 모형이며, 정책문제의 불확실성이 높고 구성원들 간이 갈등이 첨예할 때 적합한 모형

ⓑ 점증모형에 의한 정책결정 과정
- **문제인식** : 기존 정책을 유지할 수 없는 상황에 대한 인식, 개선해야 할 문제의 확인
- **목표설정** : 개선해야 할 정책의 내용과 개선방향 및 목표를 설정함
- **대안탐색** : 대안의 탐색은 현존 상황에 관련된 것으로 제한. 기존 정책과 크게 다르지 않고, 관련 정보가 충분한 소수의 대안만 탐색
- **대안분석** : 대안의 예상결과는 현존 상황과의 차이에 초점을 두어 분석
- **대안선택** : 소수의 대안과 그 예상 결과들에 대한 계속적인 비교를 통하여 정책 결정(연속적인 제한적 비교 접근법)
- **환류** : 적합한 대안이 나타나지 않으면 계속적인 분석과 평가를 통해 당면 문제를 검토함(목표설정과 대안개발이 동시에 이루어짐)

ⓢ 점증모형에 대한 비판
- 기존 정책의 문제를 소극적으로 개선하는 데 치중하므로 전반적인 개혁이나 혁신적인 정책결정에는 부적합
- 장기적인 전망에 기초한 계획적인 변화와 혁신을 거부하므로 지나치게 보수적이고 대중적인 모형이라는 비판을 받음
- 기존 정책이 사회 각 계층의 이익을 고루 반영되지 않는 사회의 경우에는 적합성이 떨어짐
- 급격한 사회변동과 정책변화가 일어나는 사회에서는 점증모형의 현실 설명력이 낮음

④ **혼합모형**(mixed model)

㉠ 에치오니(Etzioni)에 의해 제안된 모형으로, 합리모형의 이상주의와 점증모형의 보수주의를 결합한 모형

㉡ 합리모형은 완전한 합리적 분석적 결정의 비현실성 때문에, 점증모형은 근시안적이고 방향감각이 없으며 보수적인 경향 때문에 적절하지 않다고 비판함

㉢ 기본적인 정책 방향의 설정과 전체적인 윤곽은 합리모형을 통해 결정하며, 방향설정 후 세부적인 문제해결을 위해서는 점증모형을 통해 결정하는 방식으로 두 모형의 장점을 결합

암기 POINT

• 점증모형의 의사결정 과정
  - 문제인식
  - 목표설정
  - 대안탐색 : 소수의 대안만
  - 대안분석 : 현재와의 차이
  - 대안선택 : 계속적 비교
  - 환류 : 지속적 개선

② 혼합모형에 의한 정책결정 방식
  - **근본적 결정** : 합리모형에 따라 중요한 대안을 포괄적으로 모두 고려함. 그러나 합리모형의 지나친 엄밀성을 극복하기 위하여 대안들의 중요한 결과만을 개괄적으로 예측하고 미세한 내용은 무시함
  - **세부적 결정** : 점증모형에 따라 근본적 결정이 설정한 맥락 안에서 소수의 대안만을 비교하여 최종 대안을 선택함
⑩ 혼합모형에 대한 비판
  - 의사결정의 과정이 다소 불분명하고, 현실적으로 제안된 의사결정 과정을 따르기 어려움
  - 새로운 모형이 아니라 두 개의 대립되는 극단의 모형을 절충 혼합하는 것에 불과함

⑤ 최적모형(optimal model)
  ㉠ 드로어(Dror)가 주장한 것으로, 기존의 모형들과 달리 정책결정이 항상 합리적으로 이루어지는 것은 아니라고 보는 비정형적인 정책결정 모형
  ㉡ 정책결정에서의 초합리성의 중요성, 최적 결정의 가능성, 상위정책결정과 환류과정의 설정 등을 주요 특징으로 하는 모형
  ㉢ 부족한 자원, 불충분한 정보, 불확실한 상황 등이 정책의 합리성을 제약하며, 때때로 직관이나 창의성, 잠재의식, 영감과 같은 초합리적인 생각도 정책을 결정하는 데 중요한 요인이 된다고 봄
  ㉣ '최적'이란 주어진 목표에 도움이 되는 바람직한 상태를 의미하며, 단순히 일회적인 결정만이 아니라 결정이 이루어진 후의 평가와 피드백을 통해 최적 수준에 도달하려는 방법
  ㉤ 체제적인 관점에서 최적의 정책을 산출할 수 있는 정책결정 체제 전체의 합리적 운영 방법에 관심을 둠
  ㉥ 최적모형에 의한 정책결정 방법
    - 정책결정을 상위정책결정단계, 정책결정단계, 정책결정 이후단계로 나누고 이를 다시 18개의 국면으로 세분, 정책결정단계와 환류에 따라 정책결정의 최적화에 이를 수 있다고 봄
    - 특히 이 중에서도 '정책결정을 위한 정책결정', 즉 정책결정의 전략에 관한 상위정책형성을 중요시하는 모형으로, 규범적이며 처방적인 모형으로 평가됨
  ㉦ 최적모형에 대한 비판
    - 창의적인 정책 결정에 도움을 주지만, 너무 이상에만 치우치거나 비현실적일 수 있다는 비판을 받음
    - 정책결정체제 전반을 내용으로 하는 일종의 정책학의 패러다임이라고 할 수 있으나, 구체적인 이용방법은 모호하다는 비판을 받음

> **더 알아두기**
> • **조직화된 무정부 조직의 특징**
>   : 구성원 참여의 유동성·부분성·일시성, 참여자들이 가진 선호의 불확정성, 조직의 목표와 수단 사이의 불명확한 관계

> **암기 POINT**
> • **쓰레기통 모형의 의사결정 과정**
>   – 요소 : 문제, 해결책, 참여자, 선택기회
>   – 과정 : 네 가지 요소가 독자적으로 존재하다가, 우연한 계기로 결합되면서 의사결정이 이루어짐

⑥ 쓰레기통 모형(Garbage Can Model)
  ㉠ 코헨(Cohen), 마치(March), 그리고 올센(Olsen) 등이 제시한 모형으로, 학교와 같이 조직의 응집성이 아주 약하며 높은 불확실성을 경험하고 있는 조직(조직화된 무정부상태의 조직)에서 가장 많이 나타나는 의사결정 행태를 설명하는 모형
  ㉡ 조직의 목적은 사전에 설정되는 것이 아니라 자연스럽게 나타나며, 문제와 해결책이 조화를 이룰 때 좋은 의사결정이 이루어진다고 봄
  ㉢ 의사결정은 합리성보다는 우연성에 의존하며, 다양한 문제와 해결 방안들 사이의 혼란스러운 상호작용 속에서 비합리적이고 우연적 방식으로 이루어진다고 봄
  ㉣ 의사결정은 문제, 해결책, 참여자, 선택기회라는 네 요소가 평소 독자적으로 움직이다가, 우연한 계기에 한 곳에 모두 모이게 될 때 이루어짐
  ㉤ 쓰레기통 모형의 의사결정 요소
    • 문제 : 일상생활에서 주의를 필요로 하거나 불만족되고 있는 요소
    • 해결책 : 문제와 관계없이, 채택을 위해 이미 제안되어 있는 대안들
    • 참여자 : 의사결정에 참여하는 모든 사람으로, 상당히 유동적이고 부분적으로 참여함
    • 선택기회 : 조직이나 개인이 의사결정에 참여하여 문제와 해결책이 서로 결합하는 상태
  ㉥ 쓰레기통 모형에 의한 의사결정 방법
    • 날치기 통과(choice by oversight) : 불안정하고 비합리적인 상황 하에서, 다른 문제들이 제기되기 전에 재빨리 의사결정이 이루어짐
    • 진빼기 결정(choice by flight) : 해결할 문제와 이와 관련된 문제가 함께 있을 때, 관련된 문제가 스스로 다른 의사결정 기회를 찾아 떠날 때까지 기다려서 결정하는 방법
  ㉦ 쓰레기통 모형에 대한 평가
    • 쓰레기통 모형이 가정하고 있는 조직화된 무정부상태는 공공조직이나 교육기관에서 쉽게 발견되기 때문에 그 실용성이 인정됨
    • 존재하지도 않는 문제에 대한 해결책이 제안되는 이유, 문제를 해결하지 않으면서도 선택이 이루어지는 이유, 해결되는 문제가 거의 없는 이유 등을 설명하는 데 기여함
    • 일부 조직 또는 일시적으로 나타나는 혼란상태에서의 의사결정 행태를 설명할 수 있지만 보편적 의사결정 모형으로 보기 어려움

(3) 의사결정의 참여 모형 2016 국가직7급

① 의사결정과 참여의 관계
  ㉠ 조직 구성원을 의사결정에 적절히 참여시킬 때, 구성원의 직무만족과 사기를 높일 수 있고, 사명감을 증진시켜 조직의 목표 달성에 긍정적인 결과를 초래할 수 있음
  ㉡ 불필요한 참여는 오히려 시간을 낭비하고 역효과를 가져올 수 있으므로, 누구를, 언제, 어떠한 형태로 의사결정에 참여하게 할 것인지에 대한 계획 필요

② 브리지즈(Bridges)의 참여적 의사결정 모형
  ㉠ 개요 : 의사결정에 구성원을 참여시키는 기준을 제시한 모형으로, 어떤 문제의 의사결정이 수용영역 범위 안에 있는지 아니면 밖에 있는지에 따라 구성원의 참여 여부를 결정해야 한다고 봄
  ㉡ 수용영역(zone of acceptance)
    • 개념 : 구성원들이 상급자의 어떤 의사결정에 대해서 의심 없이 기꺼이 받아들이는 영역
    • 수용영역의 검증 방법
      - 적절성(관련성, relevance) 검증 : 결정할 사안에 대하여 구성원이 개인적인 이해관계가 있는지(→ 관련성이 높을 때 구성원들이 참여에 관심을 가짐)
      - 전문성(expertise) 검증 : 구성원이 결정에 기여할 수 있는 충분한 지식과 경험을 갖고 있는지(→ 전문성이 있을 때 구성원들이 참여하는 것이 효율적)
    • 어떤 문제가 수용영역 밖에 있는 경우 구성원들을 의사결정에 참여시키는 것은 효과적이지만, 수용영역 안에 있는 경우 구성원들을 의사결정에 참여시키는 것은 비효과적임
  ㉢ 수용영역에 따른 의사결정 상황
    • 상황 Ⅰ : 구성원들이 개인적인 이해관계와 전문적 지식을 모두 가지고 있어 수용영역 밖에 있는 경우
      - 구성원들을 의사결정 과정에 자주 참여시키고 초기단계인 문제의 인식 및 정의부터 시작함
      - 행정가는 소수의 의견까지도 보장하는 의회주의형이 적절
    • 상황 Ⅱ : 구성원들이 이해관계는 있으나 전문적 지식은 없음
      - 구성원들을 참여시키는 것은 설득과 합의를 통해 저항을 최소화하기 위한 목적이므로, 최종 대안을 선택할 때 제한적으로 참여시킴
      - 행정가는 조정, 통합, 의견일치를 이끌어내는 민주형이 적절

> **암기 POINT**
> • 브리지즈의 참여적 의사결정 모형
>   - 수용영역 안 : 독단적 결정
>   - 한계영역 : 민주적 결정
>   - 수용영역 밖 : 의회주의형

- 상황 Ⅲ : 구성원들이 관련성은 없지만 전문성을 가지고 있음
  - 의사결정에 구성원을 참여시키는 목적이 아이디어나 정보를 얻기 위한 것이므로, 대안의 제시나 결과의 평가단계에서 참여시킴
  - 행정가는 민주적 접근형이 적절
- 상황 Ⅳ : 구성원이 전문성도 이해관계도 없어 수용영역 내부에 존재
  - 구성원의 참여는 비효율적인 의사결정을 초래할 수 있음
  - 행정가가 스스로 결정하는 것이 적절

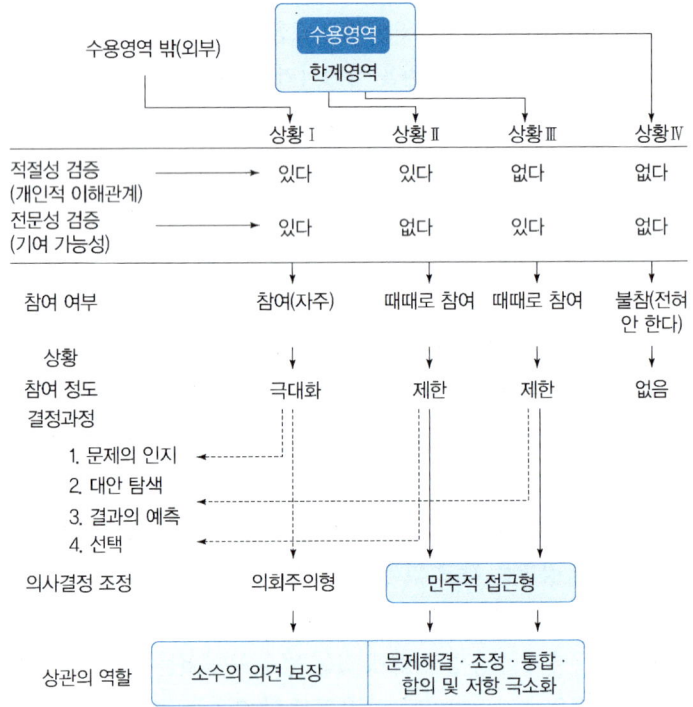

③ 호이와 타터(Hoy & Tarter)의 참여적 의사결정 모형
  ㉠ 개요 : 브리지스의 모형을 발전시킨 것으로, 구성원들의 관련성과 전문성 및 구성원들 간의 신뢰 수준을 고려한 참여적 의사결정 모형
  ㉡ 의시결정 상황의 유형
    - 민주적 상황 : 의사결정이 수용영역 밖+구성원들의 신뢰 존재
    - 갈등적 상황 : 의사결정이 수용영역 밖+구성원들의 신뢰 부재
    - 이해관계자 상황 : 의사결정이 한계영역에 있음(관련성만 존재)
    - 전문가 상황 : 의사결정이 한계영역에 있음(전문성만 존재)
    - 비협력적 상황 : 의사결정이 수용영역 안에 있음

ⓒ 행정가의 역할
- **통합자**(integrator) : 구성원들의 의견과 관점을 조화시켜 합의를 도출
- **의회의원**(parliamentarian) : 소수의 의견을 보호하고 의사소통을 촉진하여 민주적 과정을 통해 참여자들이 집단적 결정을 내리게 함
- **교육자**(educator) : 의사결정 문제와 제약요인을 구성원들에게 설명하고 협의함으로써 변화에 대한 저항을 줄이고 결정을 수용하도록 함
- **간청자**(의뢰인, solicitor) : 전문가인 구성원들에게 조언을 구한 후 행정가가 결정을 내림
- **지시자**(director) : 행정가가 독단적으로 의사결정을 내림

> 암기 **POINT**
> - 호이와 타터의 참여적 의사결정 모형
>   - 수용영역 안 : 지시자
>   - 한계영역 : 간청자, 교육자
>   - 수용영역 밖 : 의회의원, 통합자(신뢰의 유무에 따라)

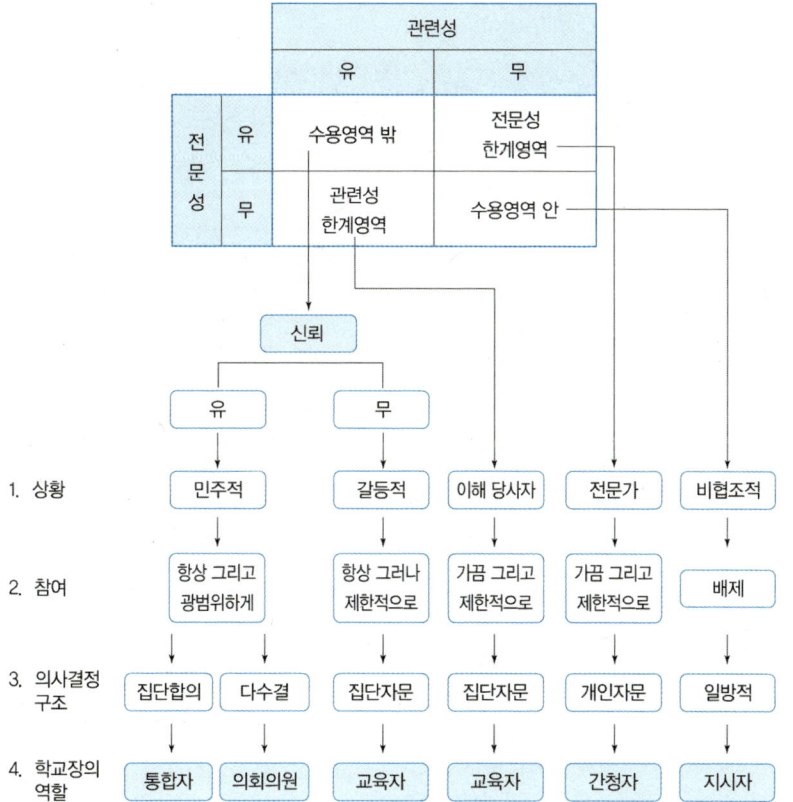

CHAPTER

교육행정의 실제

교육행정은 교육 관련 조직에서 교육목표를 효과적으로 달성하기 위하여 인적·물적 요소를 조직하고 통제하고 관리하는 제반 지원활동이다. 교육행정의 실제에서는 우리나라의 교육관계법, 교육행정조직, 인사 및 장학행정, 교육재정, 학교경영 등에 대해 살펴본다.

1. 교육법과 학교제도
2. 교육행정조직
3. 교육인사행정
4. 장학행정
5. 교육재정
6. 학교경영

* AA급 : 11회 이상 | A급 : 6~10회 | B급 : 3~5회 | C급 : 1~2회

교육행정의 실제

- **교육법과 학교제도**
  - (1) 교육법 이해의 기초 Ⓑ
  - (2) 헌법과 교육기본법 Ⓐ
  - (3) 학교교육에 관한 법 Ⓑ
  - (4) 기타 학교교육 관련 법률 Ⓐ
  - (5) 우리나라의 학교제도 Ⓐ

- **교육행정조직**
  - (1) 지방교육자치제도의 이해
  - (2) 중앙의 교육행정조직
  - (3) 지방의 교육행정조직 ⒶⒶ

- **교육인사행정**
  - (1) 교육공무원의 분류 Ⓑ
  - (2) 교육공무원의 자격기준 Ⓑ
  - (3) 교원의 의무와 권리 Ⓐ
  - (4) 교원단체 및 교원노동조합 Ⓑ
  - (5) 교원의 임용 ⒶⒶ

- **장학행정**
  - (1) 장학 개념의 발달과정 Ⓒ
  - (2) 장학의 유형 및 형태 ⒶⒶ

- **교육재정**
  - (1) 교육비의 분류 Ⓐ
  - (2) 교육재정의 개념과 운영원리 Ⓒ
  - (3) 교육재정의 구조와 흐름 Ⓐ
  - (4) 학교회계 Ⓐ
  - (5) 예산 편성·관리 기법 Ⓐ

- **학교경영**
  - (1) 학교경영의 이해
  - (2) 학교경영 기법 Ⓒ
  - (3) 학교운영위원회 Ⓐ
  - (4) 학급경영의 이해 Ⓒ

CHAPTER 09 교육행정의 실제

회독CHECK ☐1회독 ☐2회독 ☐3회독

1 교육법과 학교제도

01 교육법 이해의 기초

(1) 교육법의 개념과 원리 2012 국가직9급

① 교육법의 개념
  ㉠ 교육법은 교육영역에서 지켜야 할 기본적인 행위규범이자, 국가권력에 의해 강행되는 강제규범으로서, 교육행정 활동의 기초가 됨
  ㉡ 교육행정은 헌법, 법령, 자치법규 등에 근거하여 이루어지며, 이들은 교육행정의 방향과 실제를 규율하는 역할을 함

② 교육법의 주요 원리
  ㉠ 법률주의의 원리 : 교육제도, 교육재정, 교원의 지위 등 교육에 관한 기본 사항은 법률로 정하도록 함 예 헌법 제31조 제6항
  ㉡ 교육권 보장의 원리 : 인간다운 생활의 보장을 위한 기본권으로서 교육받을 권리를 보장함 예 취학의무제도, 의무교육제도
  ㉢ 기회균등의 원리 : 법 앞에 평등, 사회적 신분에 의한 차별 금지, 능력에 따라 균등하게 교육받을 권리를 보장 예 의무교육의 무상원칙, 장학제도, 단선형학교제도 확립 등
  ㉣ 자주성 존중의 원리 : 교육내용과 교육기구가 일반 행정이나 정치와 독립되어 자주적으로 결정되어야 한다는 원리 예 교육자치의 보장
  ㉤ 중립성의 원리 : 교육의 자주성 확립을 위하여 불가피하게 요청되는 것으로, 교육은 정치세력이나 종교집단으로부터 부당한 압력이나 영향을 받지 않아야 한다는 원리
  ㉥ 전문성의 원리 : 교육의 전문성 보장을 위하여 교육의 자유 및 학문의 자유를 보장하며, 교육공무원은 별도의 자격을 갖추도록 함
  ㉦ 민주성의 원리 : 교육행정과정에서 구성원의 기본권을 존중하며, 기본권이 침해된 경우 적절한 권리구제장치를 마련해야 하고, 정책수립과정에서 행정을 투명하게 공개하고 이해관계자의 참여를 보장하여 민의를 수렴하여야 한다는 원리 예 행정절차법, 정보공개제도

> **암기 POINT**
> • 교육법의 주요 원리
>   - 법률주의
>   - 교육권 보장
>   - 기회균등
>   - 자주성 존중
>   - 중립성
>   - 전문성
>   - 민주성

(2) 법의 존재형식과 적용원칙 2019·2020 국가직9급

① 법의 존재형식[법원(法源)]
  ㉠ 성문법 : 일정 절차를 갖추어 제정된 법, 우리나라는 성문법 우선주의
    • 헌법 : 모든 법에 우선하는 법률
    • 법률 : 국회의 의결을 통해 제정된 법 예 교육기본법, 초·중등교육법, 고등교육법, 평생교육법, 사립학교법, 지방교육자치법 등
    • 조약 등 : 국제조약 및 일반적으로 승인된 국제법규는 국내법과 동일한 효력을 가짐 예 유네스코 헌장, 유엔의 아동권리협약
    • 명령(시행령, 규정, 시행규칙) : 대통령, 총리, 교육부 등이 법률의 시행을 위해 구체적인 사안을 규정해 놓은 것 예 초·중등교육법 시행령(대통령령), 초·중등교육법 시행규칙(교육부령)
    • 자치법규(조례, 규칙, 교육규칙) : 지방자치단체 등이 법령의 범위 안에서 정하는 규정으로, 조례(지방의회), 규칙(자치단체장), 교육규칙(교육감)이 있음 예 서울시 학생인권조례
  ㉡ 불문법 : 성문법이 미비한 경우에 보충적 효력을 가짐
    • 관습법 : 일정한 관행이 반복되어 사람들이 법적 확신을 가지면서 성립된 규범으로서 국가에 의해 승인되는 것 예 국어는 한국어
    • 판례 : 상급법원의 판례는 하급법원을 구속하는 기능을 가짐
    • 조리 : 사물의 이치나 인간의 기본적 도리에 비추어 성립하는 규범

② 법 적용의 우선 원칙
  ㉠ 성문법 우선의 원칙 : 제정법으로서 성문법이 존재한다면 우선적으로 성문법을 따라야 함 예 행정선례보다 법률이 우선
  ㉡ 상위법 우선의 원칙 : 상위법이 하위법보다 우선함 예 「초·중등교육법」과 「초·중등교육법 시행령」이 충돌할 경우 전자를 우선적으로 적용
  ㉢ 신법 우선의 원칙 : 신법과 구법이 충돌할 때에는 나중에 제정된 법을 우선적으로 적용 예 범위와 종류가 같은 계약이 2건 있는 경우 나중에 생성된 계약이 우선함
  ㉣ 특별법 우선의 원칙 : 교육자치, 교원의 지위, 교육재정 등에 관해서는 교육법이 일반 행정이나 공무원법, 재정법 등보다 우선함 예 「지방자치법」과 「지방교육자치에 관한 법률」이 충돌할 경우 후자를 우선적으로 적용 / 「노동조합 및 노동관계조정법」과 「교원의 노동조합 설립 및 운영 등에 관한 법률」이 상충하면 후자를 우선적으로 적용

암기 POINT

• 법 적용의 우선 원칙
  - 성문법 우선
  - 상위법 우선
  - 신법 우선
  - 특별법 우선

02 헌법과 교육기본법

(1) 헌법 제31조 2019 지방직9급 / 2010·2024 국가직9급 / 2016 국가직7급

① 의의 : 국가의 존재형태와 조직, 통치 작용과 기본적 가치질서를 정하고 있는 국가의 기본법으로서, 교육 및 교육행정의 원칙, 기본정신, 주요 내용과 과정을 명시

☑ 헌법 제31조
① 모든 국민은 능력에 따라 균등하게 교육을 받을 권리를 가진다.
② 모든 국민은 그 보호하는 자녀에게 적어도 초등교육과 법률이 정하는 교육을 받게 할 의무를 진다.
③ 의무교육은 무상으로 한다.
④ 교육의 자주성·전문성·정치적 중립성 및 대학의 자율성은 법률이 정하는 바에 의하여 보장된다.
⑤ 국가는 평생교육을 진흥하여야 한다.
⑥ 학교교육 및 평생교육을 포함한 교육제도와 그 운영, 교육재정 및 교원의 지위에 관한 기본적인 사항은 법률로 정한다.

② 헌법 제31조의 내용
㉠ 교육의 기회균등(제1항) : '능력에 따라 균등하게 교육을 받을 권리'=평등의 원칙+차등의 원칙 → '교육의 적절성' 실현
㉡ 의무교육의 원리(제2항) : 의무교육의 범위는 '초등교육과 법률이 정하는 교육'으로 하고, 의무교육의 주체는 '학부모'라는 점을 명시함 → 「교육기본법」에서 '중학교 3년까지'로 명시
㉢ 무상교육의 원리(제3항) : 의무교육은 무상으로 함
  ✱ 현재의 판례에서는 '무상'의 범위를 '원칙적으로 헌법상 교육의 기회균등을 실현하기 위해 필수불가결한 비용(수업료, 입학금, 학교 및 교사의 유지를 위한 인건비와 시설유지비, 신규시설투자비 등)'에 한하는 것으로 해석함
㉣ 교육의 자주성, 전문성, 정치적 중립성, 대학의 자율성(제4항) : 법률로 규정 → 「지방교육자치에 관한 법률」, 「초·중등교육법」, 「교원의 지위 향상 및 교육활동 보호를 위한 특별법」, 「고등교육법」 등
㉤ 평생교육의 진흥(제5항) : 평생교육 진흥을 위한 국가의 의무 규정 → 「평생교육법」, 「독학학위법」, 「학점인정법」 등
㉥ 교육제도의 법정주의(제6항) : 교육제도, 교육재정 및 교원의 지위 등에 관한 법률 제정 → 「초·중등교육법」, 「지방교육재정교부금법」 등

③ 헌법의 교육관계조항의 변화
㉠ 제헌헌법(1948.7.17.) 제16조 : 모든 국민은 균등하게 교육을 받을 권리가 있다. 적어도 초등교육은 의무적이며 무상으로 한다. / 모든 교육기관은 국가의 감독을 받으며 교육제도는 법률로써 정한다.

암기 POINT

• 헌법 제31조의 내용
 - 기회균등
 - 의무교육
 - 무상교육
 - 자주성, 전문성, 중립성
 - 평생교육
 - 법정주의

ⓒ 1차 개정[1962년 12월 26일, 헌법의 제5차 개정(헌법 제6호 제27조)] : ⓐ 교육에 관한 조항이 5개 항목으로 세분화, ⓑ 교육의 자주성과 정치적 중립성을 처음으로 규정, ⓒ "능력에 따라" 교육한다는 개념 추가, ⓓ 교육기관에 대한 국가의 감독 조항 삭제

ⓒ 2차 개정[1972년 12월 27일, 헌법의 제7차 개정(헌법 제8호 제27조)] : 의무교육의 범주를 초등교육에 더하여 법률이 정하는 교육으로 확대(법률로 중학교까지 확대)

ⓔ 3차 개정[1980년 10월 27일, 헌법의 제8차 개정(헌법 제9호 제29조)] : ⓐ 교육의 성격에 전문성을 추가, ⓑ 국가의 평생교육 진흥의 의무 조항 신설, ⓒ 법률로 정하여야 할 내용을 학교교육, 평생교육까지로 확대, ⓓ 교육재정, 교원의 지위 등에 관한 것도 법률로 규정하도록 함

ⓜ 4차 개정[1987년 10월 29일, 헌법의 제9차 개정(헌법 제10호 제31조)] : 대학의 자율성을 보장하는 내용 추가

시기	조항	개정 내용
제헌헌법 (1948)	제16조	- 균등하게 교육받을 권리 보장 - 초등교육에 대한 의무·무상교육 도입 - 교육기관에 대한 국가의 감독 권한 포함 - 교육제도의 법정주의 천명
5차 개정헌법 (1962)	제27조	- 교육의 자주성·정치적 중립성 보장 규정 신설 - 교육기관 국가감독 규정 삭제
7차 개정헌법 (1972)	제27조	- 의무교육 범위에 '법률에 정하는 교육' 추가
8차 개정헌법 (1980)	제29조	- 교육의 전문성 보장 추가 - 국가의 평생교육 진흥 의무 신설 - 법정주의 대상에 교육재정 및 교원의 지위 포함
9차 개정헌법 (1987)	제31조	- 대학의 자율성 보장 추가

(2) **교육기본법** 2007 국가직9급 / 2009·2015·2024 국가직7급

① 성격 : 교육에 대한 기본 원칙과 교육 당사자의 권리·의무·책임을 정한 법률로, 관련 법률의 해석과 적용시 실질적 기준을 제시하고, 교육정책에 방향성을 제시하는 역할을 함

② 주요 내용

ⓞ 제1장 총칙 : 교육제도와 운영의 기본원칙 – 교육이념, 학습권, 교육의 기회균등, 교육의 자주성·전문성·중립성 및 학교운영의 자율성, 교육재정, 의무교육, 평생교육의 방향 제시

ⓒ 제2장 : 교육당사자의 권리와 책무 – 학습자, 보호자, 교원, 교원단체, 학교 등의 설립자·경영자, 국가 및 지방자치단체의 권리와 책무에 관한 일반사항 규정

암기 POINT

• **교육기본법** : 교육에 관한 기본 원칙, 국가와 지자체의 책임, 교육제도의 기본 사항 규정

ⓒ 제3장 : 각 분야 교육의 진흥 등에 관한 규정 – 남녀평등교육, 특수교육, 영재교육, 유아교육, 직업교육, 과학기술교육 등의 진흥 규정, 교육행정업무의 전자화, 학술문화의 진흥, 사학의 육성, 평가 및 인증제도, 보건 및 복지의 증진, 장학제도, 국제교육 등의 관한 사항

③ 주요 조항

ⓐ 제1조(목적) 이 법은 교육에 관한 국민의 권리·의무 및 국가·지방자치단체의 책임을 정하고 교육제도와 그 운영에 관한 기본적 사항을 규정함을 목적으로 한다.

ⓑ 제2조(교육이념) 교육은 홍익인간의 이념 아래 모든 국민으로 하여금 인격을 도야하고 자주적 생활능력과 민주시민으로서 필요한 자질을 갖추게 함으로써 인간다운 삶을 영위하게 하고 민주국가의 발전과 인류공영의 이상을 실현하는 데에 이바지하게 함을 목적으로 한다.

ⓒ 제3조(학습권) 모든 국민은 평생에 걸쳐 학습하고, 능력과 적성에 따라 교육 받을 권리를 가진다.

ⓓ 제4조(교육의 기회균등 등) ① 모든 국민은 성별, 종교, 신념, 인종, 사회적 신분, 경제적 지위 또는 신체적 조건 등을 이유로 교육에서 차별을 받지 아니한다.

ⓔ 제5조(교육의 자주성 등) ① 국가와 지방자치단체는 교육의 자주성과 전문성을 보장하여야 하며, 국가는 지방자치단체의 교육에 관한 자율성을 존중하여야 한다.

② 국가와 지방자치단체는 관할하는 학교와 소관 사무에 대하여 지역 실정에 맞는 교육을 실시하기 위한 시책을 수립·실시하여야 한다.

③ 국가와 지방자치단체는 학교운영의 자율성을 존중하여야 하며, 교직원·학생·학부모 및 지역주민 등이 법령으로 정하는 바에 따라 학교운영에 참여할 수 있도록 보장하여야 한다.

ⓕ 제6조(교육의 중립성) ① 교육은 교육 본래의 목적에 따라 그 기능을 다하도록 운영되어야 하며, 정치적·파당적 또는 개인적 편견을 전파하기 위한 방편으로 이용되어서는 아니 된다.

② 국가와 지방자치단체가 설립한 학교에서는 특정한 종교를 위한 종교교육을 하여서는 아니 된다.

ⓖ 제8조(의무교육) ① 의무교육은 6년의 초등교육과 3년의 중등교육으로 한다.

ⓗ 제11조(학교 등의 설립) ① 국가와 지방자치단체는 학교와 평생교육시설을 설립·경영한다.

② 법인이나 사인은 법률로 정하는 바에 따라 학교와 평생교육시설을 설립·경영할 수 있다.

ⓘ 제12조(학습자) ① 학생을 포함한 학습자의 기본적 인권은 학교교육 또는 평생교육의 과정에서 존중되고 보호된다.

③ 학생은 학습자로서의 윤리의식을 확립하고, 학교의 규칙을 지켜야 하며, 교원의 교육·연구활동을 방해하거나 학내의 질서를 문란하게 하여서는 아니 된다.

ⓩ 제13조(보호자) ① 부모 등 보호자는 보호하는 자녀 또는 아동이 바른 인성을 가지고 건강하게 성장하도록 교육할 권리와 책임을 가진다.

③ 부모 등 보호자는 교원과 학교가 전문적인 판단으로 학생을 교육·지도할 수 있도록 협조하고 존중하여야 한다.

※ 부모 등 보호자가 학교의 정당한 교육활동에 협조하고 존중할 의무를 명확하게 규정

ⓚ 제14조(교원) ① 학교교육에서 교원(敎員)의 전문성은 존중되며, 교원의 경제적·사회적 지위는 우대되고 그 신분은 보장된다.

③ 교원은 교육자로서 갖추어야 할 품성과 자질을 향상시키기 위하여 노력하여야 한다.

(3) 의무교육제도에 관한 내용 2008·2017 국가직9급 / 2022 국가직7급

① 의무교육제도 개요

㉠ 의무교육제도는 교육이 특권이 아니라 기본권이라는 개념에 근거를 둠
㉡ 교육을 받을 권리를 실효성 있게 보장하기 위하여 의무교육을 헌법에 명문화하고, 보호자와 국가에게 그 책임을 부과하고 있음
㉢ 「초·중등교육법」에서 의무교육제도는 교육의무가 아니라 취학의무를 의미함
㉣ 처음 의무교육이 도입된 이후 그 기간이 점차 증가하여, 현재는 총 9년간의 의무교육 시행
㉤ 의무교육단계에서는 학생들이 학교규칙을 현저히 위반하였을 때에도 퇴학시킬 수 없음

② 국가 및 지방자치단체의 의무(초·중등교육법 제12조)

㉠ 국가의 의무 : 국가는 「교육기본법」에 따른 의무교육을 실시하여야 하며, 이를 위한 시설을 확보하는 등 필요한 조치를 강구하여야 함
㉡ 지방자치단체의 의무
- 지방자치단체는 그 관할 구역의 의무교육대상자를 모두 취학시키는 데에 필요한 초등학교, 중학교 및 초등학교·중학교의 과정을 교육하는 특수학교를 설립·경영하여야 함
- 지방자치단체는 지방자치단체가 설립한 초등학교·중학교 및 특수학교에 그 관할 구역의 의무교육대상자를 모두 취학시키기 곤란하면 ⓐ 인접한 지방자치단체와 협의하여 합동으로 학교를 설립·경영하거나, ⓑ 인접한 지방자치단체가 설립한 학교나 국립 또는 사립의 학교에 일부 의무교육대상자에 대한 교육을 위탁할 수 있음

암기 POINT

- **의무교육제도에 관한 법률 규정**
  - 교육권은 기본권
  - 의무교육은 무상교육
  - 국가와 지자체의 교육기회 제공 의무
  - 보호자의 아동 취학 의무
  - 초등 + 중학 9년의 기간
  - 의무교육단계는 퇴학 불가

ⓒ 의무교육의 무상교육 원칙 : 국립·공립 학교의 설립자·경영자와 의무교육대상자의 교육을 위탁받은 사립학교의 설립자·경영자는 의무교육을 받는 사람으로부터 비용(입학금, 수업료, 학교운영지원비, 교과용 도서 구입비)을 받을 수 없음

☑ 「초·중등교육법」 제10조의2(고등학교 등의 무상교육)
① 고등학교·고등기술학교 및 이에 준하는 각종학교의 교육에 필요한 다음 각 호의 비용은 무상(無償)으로 한다.
  1. 입학금 2. 수업료 3. 학교운영지원비 4. 교과용 도서 구입비
② 제1항 각 호의 비용은 국가 및 지방자치단체가 부담하고, 학교의 설립자·경영자는 학생과 보호자로부터 이를 받을 수 없다.
③ 제1항 및 제2항에도 불구하고 대통령령으로 정하는 사립학교의 설립자·경영자는 학생과 보호자로부터 제1항 각 호의 비용을 받을 수 있다.

③ 보호자의 취학 의무
  ㉠ 보호자의 취학 의무(초·중등교육법 제13조)
    • 초등학교 : 모든 국민은 보호하는 자녀 또는 아동이 6세가 된 날이 속하는 해의 다음 해 3월 1일에 그 자녀 또는 아동을 초등학교에 입학시켜야 하고, 초등학교를 졸업할 때까지 다니게 하여야 함
    • 중학교 : 모든 국민은 보호하는 자녀 또는 아동이 초등학교를 졸업한 학년의 다음 학년 초에 그 자녀 또는 아동을 중학교에 입학시켜야 하고, 중학교를 졸업할 때까지 다니게 하여야 함
  ㉡ 조기입학 및 입학연기 허용(초·중등교육법 제13조)
    • 아동이 5세가 된 날이 속하는 해의 다음 해 또는 7세가 된 날이 속하는 해의 다음 해에 그 자녀 또는 아동을 초등학교에 입학시킬 수 있음
  ㉢ 조기입학 및 입학연기의 신청(초·중등교육법 시행령 제15조)
    • 조기입학 : 5세가 된 날이 속하는 해의 다음 해에 입학을 원하는 자녀 또는 아동의 보호자가 읍·면·동의 장에게 조기입학신청서 제출
    • 입학연기 : 7세가 되는 날이 속하는 해의 다음 해에 입학을 원하는 자녀 또는 아동의 보호자가 읍·면·동의 장에게 입학연기신청서 제출
    • 조기입학신청서 또는 입학연기신청서를 제출받은 읍·면·동의 장 : 조기입학대상자는 취학아동명부에 등재, 입학연기대상자는 취학아동명부에서 제외, 입학연기대상자 명단을 교육장에게 통보하여야 함
  ㉣ 취학의무의 위반 시 조치(「초·중등교육법」, 「초·중등교육법 시행령」)
    • 기간 내에 자녀 또는 아동을 취학시키지 않은 보호자는 읍·면·동의 장 또는 교육장, 교육감 등으로부터 취학 의무의 이행을 독촉·독려받게 됨
    • 취학 의무의 이행을 독려받고도 취학 의무를 이행하지 않은 자에 대하여 교육감은 100만원 이하의 과태료를 부과하고 징수함
    • 의무교육대상자의 의무교육을 방해한 자나 학생을 입학시키지 아니하거나 등교와 수업에 지장을 주는 행위를 한 자에 대해서도 100만원 이하의 과태료를 부과하고 징수함

03 학교교육에 관한 법 2018·2023 지방직9급 / 2025 국가직9급 / 2011·2020 국가직7급

(1) 초·중등교육법

① 성격: 초·중등교육에 관한 기본적인 사항을 규정한 법률로서, 총칙, 의무교육, 학생과 교직원, 학교 등에 관한 조항들로 구성됨

② 주요 내용
  ㉠ 제1장 총칙: 학교의 종류와 학교의 설립·경영 등 학교교육에 관한 기본적인 사항, 수업료 및 고등학교 등의 무상교육에 관한 사항 규정
  ㉡ 제2장 의무교육: 의무교육대상자의 범위(초등학교 + 중학교), 취학 의무 및 면제, 고용자의 의무, 국가 등의 보조 등에 관한 규정
  ㉢ 제3장 학생과 교직원: 학생의 자치활동과 징계에 관한 규정 및 교직원의 구분, 임무, 교원의 자격, 산학겸임교사 등에 관한 일반기준을 규정함
  ㉣ 제4장 학교: 통칙으로 교육과정, 수업, 학교생활기록, 학년제, 조기진학 및 조기졸업, 학습부진아 등의 교육, 교과용도서, 학교의 통합·운영, 학교운영위원회의 설치 등에 관해 규정함

③ 최근의 주요 개정 사항
  ㉠ 교육받을 권리를 보장할 수 있도록 의무교육에 관한 사항(제2장)을 규정
  ㉡ 학생자치활동을 보장하고 학교운영위원회에 관한 사항을 규정
  ㉢ 학생 징계 시 최소한의 변론기회를 부여하는 적법절차를 규정
  ㉣ 교원의 임무 중 교장의 명을 받아 학생을 지도한다는 규정을 '법령이 정하는 바'에 따르도록 하여 부당한 명령을 지양하도록 규정
  ㉤ 초·중·고 통합운영, 산학겸임교사, 현장실습교사, 상담교사 제도의 도입 규정
  ㉥ 교육정보시스템의 운영과 학생정보의 보호 등 규정

④ 학생의 자치활동 및 징계 관련 조항
  ㉠ 학생자치활동(제17조): 학생의 자치활동은 권장·보호되며, 그 조직과 운영에 관한 기본적인 사항은 학칙으로 정함
  ㉡ 학생의 징계(제18조)
    • 학교의 장은 교육을 위하여 필요한 경우에는 법령과 학칙으로 정하는 바에 따라 학생을 징계할 수 있음. 다만, 의무교육을 받고 있는 학생은 퇴학시킬 수 없음
    • 학교의 장은 학생을 징계하려면 그 학생이나 보호자에게 의견진술 기회를 주는 등 적정한 절차를 거쳐야 함
  ㉢ 재심청구(제18조의2, 제18조의3)
    • 재심청구를 심사·결정하기 위하여 교육감 소속으로 시·도학생징계조정위원회를 설치함

암기 POINT

• 「초·중등교육법」의 내용
  - 학교의 종류와 운영에 관한 기본 사항
  - 의무교육 대상자의 범위, 취학의무 등에 관한 규정
  - 학생과 교직원의 권리, 임무, 자격 등에 관한 규정
  - 학교의 교육과정, 수업, 평가, 행정 등에 관한 규정

더 알아두기

• 징계의 종류 (시행령 제31조 제1항)
  1. 학교 내의 봉사
  2. 사회봉사
  3. 특별교육이수
  4. 1회 10일 이내, 연간 30일 이내의 출석정지
  5. 퇴학처분

암기 POINT

• 학생의 징계
  - 교내봉사 ~ 퇴학
  - 의무교육 대상자 퇴학 불가
  - 퇴학 조치에 대한 재심 청구 (시·도 학생징계조정위원회)

- 징계처분 중 퇴학 조치에 대하여 이의가 있는 학생 또는 그 보호자는 퇴학 조치를 받은 날부터 15일 이내 또는 그 조치가 있음을 알게 된 날부터 10일 이내에 시·도학생징계조정위원회에 재심을 청구할 수 있음
- 시·도학생징계조정위원회는 재심청구를 받으면 30일 이내에 심사·결정, 청구인에게 통보하여야 함
- 심사결정에 이의가 있을 때에는 통보받은 날부터 60일 이내에 행정심판을 제기할 수 있음

② 학생의 인권보장 등(제18조의4)
- 학교의 설립자·경영자와 학교의 장은 「헌법」과 국제인권조약에 명시된 학생의 인권을 보장하여야 함
- 학생은 교직원 또는 다른 학생의 인권을 침해하는 행위를 하여서는 안 됨
  * 학생들의 학습권을 보호하고, 교내 질서를 유지하기 위하여 학생이 교직원 또는 다른 학생의 인권을 침해하는 행위를 금지

⑩ 보호자의 의무 등(제18조의6)
- 보호자는 교직원 또는 다른 학생의 인권을 침해하는 행위를 하여서는 안 되며, 교원의 학생생활지도를 존중하고 지원하여야 함
- 보호자는 교육활동의 범위에서 교원과 학교의 전문적인 판단을 존중하고 교육활동이 원활히 이루어질 수 있도록 적극 협력하여야 함
  * 보호자가 교직원 또는 다른 학생의 인권을 침해하는 행위를 금지하고, 보호자에게 교원과 학교의 판단을 존중하며, 교육활동이 원활히 이루어질 수 있도록 적극 협력하도록 의무를 부여함

(2) 고등교육법

① 성격 : 고등교육을 실시하는 학교(대학)의 종류와 학교별 학사운영의 기본 사항, 학생, 교직원, 재정 등에 관한 기본적인 사항을 규정
② 주요 내용
  ㉠ 제1장 총칙 : 학교의 종류, 설립주체, 지도·감독, 학교규칙, 교육재정, 학교 간 상호협조 등
  ㉡ 「고등교육법」상의 고등교육기관[제2조(학교의 종류)] : 1. 대학, 2. 산업대학, 3. 교육대학, 4. 전문대학, 5. 방송대학·통신대학·방송통신대학 및 사이버대학(이하 "원격대학"), 6. 기술대학, 7. 각종학교
  ㉢ 제2장 학생과 교직원, 제3장 학교, 제4장 보칙 및 벌칙
③ 최근의 주요 개정 사항 : 고등교육 기회의 확대, 대학의 자율성 신장과 질 향상 목적
  ㉠ 산업 현장과의 연계 강화를 위해 현장실습수업 및 실습학기제 도입
  ㉡ 고등교육 기회 확대를 위해 국내외 타 학교에서 취득한 학점을 당해 학교 학점으로 인정
  ㉢ 대학의 자율성을 높이기 위해 학칙을 승인제에서 보고제로 개정

더 알아두기
- **산업대학** : 산업사회에서 필요한 학술 또는 전문적인 지식이나 기술의 연구와 연마를 위한 교육을 계속하여 받으려는 사람에게 고등교육의 기회를 제공하여 국가와 사회의 발전에 이바지할 산업인력을 양성함을 목적으로 하는 대학
- **기술대학** : 산업체 근로자가 산업현장에서 전문적인 지식·기술의 연구·연마를 위한 교육을 계속하여 받을 수 있도록 함으로써 이론과 실무능력을 고루 갖춘 전문인력을 양성함을 목적으로 하는 대학
- **원격대학** : 국민에게 정보·신매체를 통한 원격교육(遠隔敎育)으로 고등교육을 받을 기회를 제공하여 국가와 사회에 필요한 인재를 양성함과 동시에 열린 학습사회를 구현함으로써 평생교육의 발전에 이바지함을 목적으로 하는 대학

ⓔ 학생 자치활동 보장을 위해 학생징계시 의견진술 기회를 부여하는 등 적법절차의 원리 도입
ⓜ 고등교육기관 상호 간의 교원 교류와 연구 활성화를 위한 국가의 지원과 대학의 대표자로 구성된 학교협의체 운영 근거 조항 마련

(3) 유아교육법

① 성격 : 국가 및 지방자치단체가 보호자와 더불어 유아를 건전하게 교육할 책임을 중심으로 유아교육에 관한 중요한 사항을 정함(「헌법」 제31조와 「교육기본법」 제9조에 근거)

② 주요 내용
  ㉠ 만 3세부터 초등학교 취학 전까지의 유치원 교육에 관한 기본사항을 규정하여 유치원 공교육 구축의 법적 근거를 마련
  ㉡ 만 3~5세의 발달 특성에 맞춰 활동중심 놀이중심의 교육을 할 수 있는 법적 기반 마련
  ㉢ 취학 전 3년의 유아교육 무상 원칙 규정을 정립

(4) 사립학교법

> **암기 POINT**
> • 사립학교법의 내용
> – 학교법인 및 사립학교 경영자의 설립, 재산과 회계, 지원과 감독 등에 관한 규정
> – 사립학교 교직원의 자격, 임면, 복무, 신분보장, 징계 등에 관한 규정

① 성격 : 사립학교 운영을 규율하는 법으로, 사립학교의 설립 및 운영, 교원의 인사, 행정에 관한 내용을 주로 규정하고 있어 사학의 운영구조 규정을 통해 사학에 대한 규제를 제도화한 법

② 주요 내용
  ㉠ 제1장 총칙 : 목적, 용어의 정의, 설립주체의 범위, 관할청
  ㉡ 제2장, 제3장 학교법인 및 사립학교 경영자 : 학교법인의 설립, 이사회 등 기관, 재산과 회계, 해산과 합병, 지원과 감독 등
  ㉢ 제4장 사립학교 교원 : 사립학교 교직원의 자격·임면·복무, 신분보장과 사회보장, 징계 등
    ＊ 사립학교의 학생 선발에 관한 사항은 「사립학교법」에 포함되어 있지 않음(학교급에 따라 「유아교육법」, 「초·중등교육법」, 「고등교육법」 및 관련 시행령 등에서 규정)

③ 주요 조항
  ㉠ 제1조(목적) : 사립학교의 특수성에 비추어 그 자주성을 확보하고 공공성을 높임으로써 사립학교의 건전한 발달을 도모함을 목적으로 함
  ㉡ 제10조(설립허가)
    • 학교법인을 설립하려는 자는 일정한 재산을 출연하고, 다음 각 호의 사항을 적은 정관을 작성하여 대통령령으로 정하는 바에 따라 교육부장관의 허가를 받아야 함
      1. 목적, 2. 명칭, 3. 설치·경영하려는 사립학교의 종류와 명칭, 4. 사무소 소재지, 5. 자산 및 회계에 관한 사항, 6. 임원의 정원 및 그 임면

(任免)에 관한 사항, 7. 이사회에 관한 사항, 8. 수익사업을 경영하려는 경우에는 그 사업의 종류, 그 밖에 사업에 관한 사항, 9. 정관 변경에 관한 사항, 10. 해산에 관한 사항, 11. 공고에 관한 사항과 그 방법, 12. 그 밖에 이 법에 따라 정관에 적어야 할 사항
- 학교법인의 설립 당초의 임원은 정관으로 정하여야 함

ⓒ 제16조(이사회의 기능) : 이사회는 다음 각 호의 사항을 심의·의결함

　＊이사회의 심의·의결 사항
　1. 학교법인의 예산·결산·차입금 및 재산의 취득·처분과 관리에 관한 사항
　2. 정관 변경에 관한 사항
　3. 학교법인의 합병 또는 해산에 관한 사항
　4. 임원의 임면에 관한 사항
　5. 학교법인이 설치한 사립학교의 장 및 교원의 임용에 관한 사항
　6. 학교법인이 설치한 사립학교의 경영에 관한 중요 사항
　7. 수익사업에 관한 사항
　8. 그 밖에 법령이나 정관에 따라 그 권한에 속하는 사항

ⓔ 제53조(학교의 장의 임용)
- 각급 학교의 장은 해당 학교를 설치·경영하는 학교법인 또는 사립학교경영자가 임용함
- 학교의 장의 임기는 학교법인 및 법인인 사립학교경영자의 경우에는 정관으로 정하고, 사인인 사립학교경영자의 경우에는 규칙으로 정하되, 4년을 초과할 수 없으며, 중임할 수 있음
- 초·중등학교 및 특수학교의 장은 한 차례만 중임할 수 있음

ⓜ 제53조의2(학교의 장이 아닌 교원의 임용) ① 각급 학교의 교원은 해당 학교법인 또는 사립학교경영자가 임용하되, 다음의 구분에 따른 방법으로 하여야 함
- 학교법인 및 법인인 사립학교경영자가 설치·경영하는 사립학교의 교원 : 해당 학교의 장의 제청으로 이사회의 의결을 거쳐 임용
- 사인인 사립학교경영자가 설치·경영하는 사립학교의 교원 : 해당 학교의 장의 제청으로 임용

ⓗ 제54조의4(기간제교원)
- 각급 학교 교원의 임용권자는 법에 정한 사유가 있을 때에는 교원자격증을 가진 사람 중에서 "기간제교원"을 임용할 수 있음
- 기간제교원의 임용기간은 1년 이내로 하되, 필요한 경우 3년의 범위에서 그 기간을 연장할 수 있음

ⓢ 사립학교 교원의 신분보장
- 제55조(복무) : 사립학교 교원의 복무에 관하여는 국립학교·공립학교 교원에 관한 규정을 준용함

> 암기 POINT
> - 사립학교의 최고 의결기구 : 이사회
> - 학교장의 임용 : 학교법인 또는 사립학교경영자가 임용

> 암기 POINT
> - 사립학교 교원의 신분보장
> －국·공립학교 교원 규정 준용
> －본인의 의사에 반하는 휴직·면직 금지
> －권고에 의한 사직 금지

- 제56조(의사에 반한 휴직·면직 등의 금지)
  - 사립학교 교원은 형(刑)의 선고, 징계처분 또는 이 법에서 정하는 사유에 의하지 아니하고는 본인의 의사에 반하여 휴직이나 면직 등 불리한 처분을 받지 아니함
  - 학급이나 학과의 개편 또는 폐지로 인하여 직책이 없어지거나 정원이 초과된 경우에는 휴직 또는 면직 가능
  - 사립학교 교원은 권고에 의하여 사직을 당하지 아니함

04 기타 학교교육 관련 법률
2019 지방직9급 / 2014·2016·2023 국가직9급 / 2016·2018·2020·2022·2023 국가직7급

(1) 학교폭력예방 및 대책에 관한 법률(학교폭력예방법)

① 성격(제1조) : 2004년 제정된 법으로, 학교폭력의 예방과 대책에 필요한 사항을 규정함으로써 피해학생의 보호, 가해학생의 선도·교육 및 피해학생과 가해학생 간의 분쟁조정을 통하여 학생의 인권을 보호하고 학생을 건전한 사회구성원으로 육성함을 목적으로 함

② 용어의 정의(제2조)
  ㉠ 학교폭력 : 학교 내외에서 학생을 대상으로 발생한 상해, 폭행, 감금, 협박, 약취·유인, 명예훼손·모욕, 공갈, 강요·강제적인 심부름 및 성폭력, 따돌림, 사이버 폭력 등에 의하여 신체·정신 또는 재산상의 피해를 수반하는 행위
  ㉡ 대상 학교 : 「초·중등교육법」에 따른 초등학교·중학교·고등학교·특수학교 및 각종학교

③ 기본계획의 수립 등(제6조)
  ㉠ 교육부장관은 학교폭력의 예방 및 대책에 관한 정책 목표·방향을 설정하고, 이에 따른 학교폭력의 예방 및 대책에 관한 기본계획을 학교폭력대책위원회(제7조)의 심의를 거쳐 수립·시행하여야 함
  ㉡ 기본계획은 다음 각 호의 사항을 포함하여 5년마다 수립하여야 함
    1. 학교폭력의 근절을 위한 조사·연구·교육 및 계도
    2. 피해학생에 대한 치료·재활 등의 지원
    3. 학교폭력 관련 행정기관 및 교육기관 상호 간의 협조·지원
    4. 제14조 제1항에 따른 전문상담교사의 배치 및 이에 대한 행정적·재정적 지원
    5. 학교폭력의 예방과 피해학생 및 가해학생의 치료·교육을 수행하는 청소년 관련 단체 또는 전문가에 대한 행정적·재정적 지원
    6. 그 밖에 학교폭력의 예방 및 대책을 위하여 필요한 사항
  ㉢ 교육부장관은 학교에서 학교폭력에 효과적으로 대응할 수 있도록 학교폭력 사안처리 및 예방교육 등에 관한 안내서를 개발·보급하여야 함

④ 관련 기구의 설치 및 기능
  ㉠ 학교폭력대책위원회(제7조) : 국무총리 소속, 심의기구
  ㉡ 학교폭력대책지역위원회(제9조) : 시·도에 설치, 시·도 교육감과 협의하여 업무 추진
  ㉢ 학교폭력대책지역협의회(제10조의2) : 시·군·구에 설치
    • 기능 : 학교폭력예방 대책을 수립하고 기관별 추진계획 및 상호 협력·지원 방안 등을 협의
    • 구성 : 위원장 1명을 포함한 20명 내외의 위원으로 구성
  ㉣ 학교폭력대책심의위원회(제12조) : 교육지원청(또는 해당 시·도 조례로 정하는 기관)에 설치, 학교폭력 예방 및 대책에 관한 심의기구
    • 심의사항 : 1. 학교폭력의 예방 및 대책, 2. 피해학생의 보호, 3. 가해학생에 대한 교육, 선도 및 징계, 4. 피해학생과 가해학생 간의 분쟁조정, 5. 그 밖에 대통령령으로 정하는 사항
    • 권한 : 해당 지역에서 발생한 학교폭력에 대하여 조사할 수 있고 학교장 및 관할 경찰서장에게 관련 자료를 요청할 수 있음
    • 구성 : 10명 이상 50명 이내의 위원으로 구성, 전체위원의 3분의 1 이상을 해당 교육지원청 관할 구역 내 학교에 소속된 학생의 학부모로 위촉하여야 함
  ㉤ 학교폭력 대응 전문교육기관 및 센터(제6조의2) : 국가가 설치·운영, 학생 치유·회복을 위한 보호시설 운영, 연구 및 교육 등을 수행하는 전문교육기관

⑤ 교육감의 임무(제11조)
  ㉠ 시·도 교육청에 학교폭력의 예방·대책 및 법률지원을 포함한 통합지원을 담당하는 전담부서 설치·운영
  ㉡ 학교폭력이 발생한 학교 및 관련 학교의 장에게 경과·결과 보고 요구
  ㉢ 학교장에게 학교폭력의 예방 및 대책 관련 실시계획 수립·시행 요구
  ㉣ 가해학생의 전학 및 퇴학처분의 경우 전학과 재입학을 위한 조치 노력
  ㉤ 대책위원회 및 지역위원회에 학교폭력 실태 및 대책에 관해 보고·공표
  ㉥ 학교폭력 실태조사 연 2회 이상 실시 및 결과 공표
  ㉦ 학교폭력 등의 조사, 상담, 치유프로그램 운영 전문기관 설치·운영
  ㉧ 관련 인사에 대한 조치 관련
    • 학교폭력대책심의위원회가 처리한 학교의 학교폭력빈도를 학교의 장에 대한 업무수행 평가에 부정적 자료로 사용하여서는 안 됨
    • 해당 학교의 장 또는 소속 교원이 그 경과 및 결과를 보고하면서 축소 및 은폐를 시도한 경우에는 징계위원회에 징계의결을 요구하여야 함
    • 학교폭력의 예방 및 대책 마련에 기여한 바가 큰 학교 또는 소속 교원에게 상훈을 수여하거나 소속 교원의 근무성적 평정에 가산점을 부여할 수 있음

⑥ 학교폭력 예방교육 등(제15조)
  ㉠ 학교의 장은 학생의 육체적·정신적 보호와 학교폭력의 예방을 위한 학생들에 대한 교육(학교폭력의 개념·실태 및 대처방안 등을 포함)을 학기별로 1회 이상 실시하여야 함
  ㉡ 학교의 장은 학교폭력의 예방 및 대책 등을 위한 교직원 및 학부모에 대한 교육을 학기별로 1회 이상 실시하여야 함
  ㉢ 학교의 장은 학교폭력 예방교육 프로그램의 구성 및 그 운용 등을 전담기구와 협의하여 전문단체 또는 전문가에게 위탁할 수 있음
⑦ 관계 기관과의 협조(제11조의3) : 교육부장관, 교육감, 지역 교육장, 학교의 장은 학교폭력과 관련한 개인정보 등을 경찰청장, 시·도경찰청장, 관할 경찰서장 및 관계 기관의 장에게 요청할 수 있음
⑧ 인지노력 및 신고접수
  ㉠ 신고의무 등(제20조) : 신고접수 기관 → 학부모+학교장 → 학교폭력대책심의위원회
    • 학교폭력 현장을 보거나 그 사실을 알게 된 자는 학교 등 관계 기관에 즉시 신고하여야 함
    • 신고받은 기관은 이를 가해학생 및 피해학생의 보호자와 소속 학교의 장에게 통보하여야 하며, 통보받은 소속 학교의 장은 이를 심의위원회에 지체 없이 통보하여야 함
  ㉡ 학생보호인력 및 학교전담경찰관의 배치(제20조의5, 제20조의6)
    • 학생보호인력의 배치 : 국가·지방자치단체 또는 학교의 장은 학교폭력 예방을 위하여 학교 내에 학생보호인력을 배치할 수 있으며, 이를 관련 전문기관 또는 단체에 위탁할 수 있음
    • 학교전담경찰관 : 국가는 학교폭력 예방 및 근절을 위하여 학교폭력 업무 등을 전담하는 경찰관을 둘 수 있음
⑨ 학교에서의 초기대응(제14조)
  ㉠ 학교폭력문제를 담당하는 전담기구(이하 "전담기구")
    • 구성 : 학교의 장은 교감, 전문상담교사, 보건교사 및 책임교사(학교폭력문제 담당 교사), 학부모 등으로 전담기구를 구성하되, 학부모가 전담기구 구성원의 3분의 1 이상이어야 함
    • 사안 조사 : 학교의 장은 학교폭력 사태를 인지한 경우 지체 없이 전담기구 또는 소속 교원으로 하여금 가해 및 피해 사실 여부를 확인하도록 함
  ㉡ 전문상담교사 배치
    • 학교의 장은 학교에 상담실을 설치하고, 전문상담교사를 두어야 함
    • 전문상담교사는 학교의 장 및 심의위원회의 요구가 있는 때에는 학교폭력에 관련된 피해학생 및 가해학생과의 상담결과를 보고하여야 함

암기 POINT
• 신고의무 : 학교폭력 현장을 보거나 알게 된 자는 즉시 신고하여야 함

⑩ 학교폭력대책심의위원회에서의 사안처리(제13조)
  ㉠ 심의위원회의 위원장은 다음의 어느 하나에 해당하는 경우에 회의를 소집하여야 함
  ㉡ 심의위원회 회의소집 요건
    1. 심의위원회 재적위원 4분의 1 이상이 요청하는 경우
    2. 학교의 장이 요청하는 경우
    3. 피해학생 또는 그 보호자가 요청하는 경우
    4. 학교폭력이 발생한 사실을 신고받거나 보고받은 경우
    5. 가해학생이 협박 또는 보복한 사실을 신고받거나 보고받은 경우
    6. 그 밖에 위원장이 필요하다고 인정하는 경우
⑪ 학교의 장의 자체해결(제13조의2)
  ㉠ 심의위원회 회의소집 요건의 4, 5에도 불구하고, 다음 각 호에 모두 해당하는 경미한 학교폭력에 대하여 피해학생 및 그 보호자가 심의위원회의 개최를 원하지 아니하는 경우 학교의 장이 자체적으로 해결할 수 있음
    1. 2주 이상의 신체적·정신적 치료가 필요한 진단서를 발급받지 않은 경우
    2. 재산상 피해가 없는 경우 또는 재산상 피해가 즉각 복구되거나 복구 약속이 있는 경우
    3. 학교폭력이 지속적이지 않은 경우
    4. 학교폭력에 대한 신고, 진술, 자료제공 등에 대한 보복행위(정보통신망을 이용한 행위를 포함한다)가 아닌 경우
  ㉡ 경미한 학교폭력의 경우(다음의 요건을 모두 충족해야 함)
    1. 2주 이상의 신체적·정신적 치료가 필요한 진단서를 발급받지 않은 경우
    2. 재산상 피해가 없거나 즉각 복구된 경우
    3. 학교폭력이 지속적이지 않은 경우
    4. 학교폭력에 대한 신고, 진술, 자료제공 등에 대한 보복행위가 아닌 경우
  ㉢ 학교의 장이 자체해결하려는 경우 다음의 절차를 모두 거쳐야 함
    1. 피해학생과 그 보호자의 심의위원회 개최요구 의사의 서면 확인
    2. 학교폭력의 경중에 대한 전담기구의 서면 확인 및 심의
⑫ 피해학생의 보호(제16조)
  ㉠ 심의위원회는 피해학생의 보호를 위하여 필요한 조치를 할 것을 교육장(조례로 정한 기관의 장)에게 요청할 수 있음
  ㉡ 학교의 장은 학교폭력사건을 인지한 경우 피해학생의 반대의사 등 특별한 사정이 없으면 지체 없이 가해자와 피해학생을 분리하여야 하며, 피해학생이 긴급보호를 요청하는 경우에는 제1호, 제2호 및 제6호의 조치를 할 수 있으며 이 경우 심의위원회에 즉시 보고하여야 함

ⓒ 피해학생의 보호를 위한 조치
  1. 학내외 전문가에 의한 심리상담 및 조언
  2. 일시보호
  3. 치료 및 치료를 위한 요양
  4. 학급교체
  5. 〈삭제〉
  6. 그 밖에 피해학생의 보호를 위하여 필요한 조치
⑬ 가해학생에 대한 조치(제17조)
  ⊙ 심의위원회는 피해학생의 보호와 가해학생의 선도·교육을 위하여 가해학생에 대하여 다음 각 호의 어느 하나(또는 수 개)에 해당하는 조치를 할 것을 교육장에게 요청하여야 함
  ⓒ 다만, 퇴학처분은 의무교육과정에 있는 가해학생에 대하여는 적용하지 않음
  ⓒ 가해학생에 대한 조치
    1. 피해학생에 대한 서면사과
    2. 피해학생 및 신고·고발 학생에 대한 접촉, 협박 및 보복행위(정보통신망 이용행위 포함) 금지
    3. 학교에서의 봉사
    4. 사회봉사
    5. 학내외 전문가, 교육감이 정한 기관에 의한 특별 교육이수 또는 심리치료
    6. 출석정지
    7. 학급교체
    8. 전학
    9. 퇴학처분
  ② 부가 및 가중 조치
    • 가해학생에 대한 조치를 요청할 때 그 이유가 피해학생이나 신고·고발 학생에 대한 협박 또는 보복 행위일 경우에는 위의 조치를 동시에 부과하거나 조치 내용을 가중할 수 있음
    • 제2~4호, 제6~8호의 처분을 받은 가해학생은 교육감이 정한 기관에서 특별교육을 이수하거나 심리치료를 받아야 하며, 그 기간은 심의위원회에서 정함
    • 가해학생이 특별교육을 이수할 경우 해당 학생의 보호자도 함께 교육을 받게 하여야 함
⑭ 조치불복을 위한 행정심판 및 소송(제17조의2, 제17조의3)
  ⊙ 교육장이 내린 조치에 대하여 이의가 있는 피·가해학생 또는 그 보호자는 「행정심판법」에 따른 행정심판을 청구할 수 있음
  ⓒ 교육장이 내린 조치에 대하여 이의가 있는 피·가해학생 또는 그 보호자는 「행정심판법」에 따른 행정소송을 제기할 수 있음

> **암기 POINT**
> • 가해학생에 대한 선도 조치의 주요 내용
>   - 서면사과
>   - 전학
>   - 퇴학처분
>   (의무교육 대상자 제외)

[학교폭력사안의 처리과정]

초기대응 → **사안조사** → **전담기구 심의** → **심의위원회 조치 결정** → **조치 이행**

- **인지·감지 노력**
  - 징후 파악
  - 실태조사, 상담, 순찰 등
- **신고접수**
  - 신고접수 대장 기록
  - 학교장 보고
  - 가해자와 피해학생의 분리
  - 보호자, 해당학교 통보
  - 교육청 보고
- **초기개입**
  - 관련학생 안전조치
  - 보호자 연락
  - 폭력 유형별 초기대응

- **긴급조치(필요시)**
  - 피해학생 보호
  - 가해학생 선도
- **사안조사**
  - 사안조사
  - 보호자 면담
  - 사안보고

- **학교장 자체해결 요건 충족 여부 심의**
- **피해학생 및 보호자의 심의위원회 개체 요구 의사 서면 확인**

요건 충족 / 동의 → **학교장 자체해결**

요건 미충족 또는 부동의 →

- **심의위원회 심의·의결**
  - 심의위원회 개최
  - 조치 심의·의결
  - 분쟁조정
- **교육장 조치결정**
  - 학교장 통보
  - 피해·가해학생 서면통보**

- **조치이행**
  - 피해학생 보호조치
  - 가해학생 선도조치
- **가해학생 조치사항 학교생활기록부 기재**
- **가해학생 보호자 특별교육**

조치 불복: 행정심판 / 행정소송

(2) 학교안전사고 예방 및 보상에 관한 법률(학교안전법)

① **성격**: 2007년 제정된 법으로, 학교안전사고를 예방하고, 학생·교직원 및 교육활동참여자가 학교안전사고로 인하여 입은 피해를 신속·적정하게 보상하기 위한 학교안전사고보상공제 사업의 실시에 관하여 필요한 사항을 규정함을 목적으로 함

② **용어의 정의(제2조)**

  ㉠ **학교안전사고**: 학교의 교육활동 중에 발생한 사고로서 학생·교직원 또는 교육활동참여자의 생명 또는 신체에 피해를 주는 모든 사고 및 학교급식 등 학교장의 관리·감독에 속하는 업무가 직접 원인이 되어 학생·교직원 또는 교육활동참여자에게 발생하는 질병으로서 대통령령으로 정하는 것을 말함

  > **학교안전사고에 포함되는 질병(시행령 제3조)**
  > 1. 학교급식이나 가스 등에 의한 중독
  > 2. 일사병
  > 3. 이물질의 섭취 등에 의한 질병
  > 4. 이물질과의 접촉에 의한 피부염
  > 5. 외부 충격 및 부상이 직접적인 원인이 되어 발생한 질병

  ㉡ **교육활동**: 다음의 어느 하나에 해당하는 활동을 말함
  - 학교의 교육과정 또는 학교의 장이 정하는 교육계획 및 교육방침에 따라 학교의 안팎에서 학교장의 관리·감독하에 행하여지는 수업·특별활동·재량활동·과외활동·수련활동·수학여행 등 현장체험활동 또는 체육대회 등의 활동

암기 POINT
- 학교안전사고예방법
  - 학교의 교육활동 중에 발생한 사고(등·하교 포함)
  - 학기별로 학교안전교육 실시
  - 전문기관 등에 위탁 가능

- 등·하교 및 학교장이 인정하는 각종 행사 또는 대회 등에 참가하여 행하는 활동
- 그 밖에 대통령령으로 정하는 시간 중의 활동으로서 위의 두 항목과 관련된 활동

> **교육활동과 관련된 시간(시행령 제2조)**
> 1. 통상적인 경로 및 방법에 의한 등·하교 시간
> 2. 휴식시간 및 교육활동 전후의 통상적인 학교체류시간
> 3. 학교의 장의 지시에 의하여 학교에 있는 시간
> 4. 학교장이 인정하는 직업체험, 직장견학 및 현장실습 등의 시간
> 5. 기숙사에서 생활하는 시간
> 6. 학교 외의 장소에서 교육활동이 실시될 경우 집합 및 해산 장소와 집 또는 기숙사 간의 합리적 경로와 방법에 의한 왕복 시간

③ 학교안전교육의 실시(제8조)
  ㉠ 교장은 학교안전사고를 예방하기 위하여 학생·교직원 및 교육활동참여자에게 학교안전사고 예방 등에 관한 안전교육을 실시하고 그 결과를 학기별로 교육감에게 보고하여야 함
  ㉡ 학교안전교육의 내용
    - 「아동복지법」에 따른 교통안전교육, 감염병 및 약물의 오남용 예방 등 보건위생관리교육 및 재난대비 안전교육
    - 「학교폭력 예방 및 대책에 관한 법률」에 따른 학교폭력 예방교육
    - 「성폭력방지 및 피해자보호 등에 관한 법률」에 따른 성폭력 예방에 필요한 교육
    - 「성매매방지 및 피해자보호 등에 관한 법률」에 따른 성매매 예방교육
    - 「초·중등교육법」에 따른 교육과정이 체험중심 교육활동으로 운영되는 경우 이에 관한 안전사고 예방교육
    - 그 밖에 안전사고 관련 법률에 따른 안전교육
  ㉢ 학교장은 필요에 따라 안전교육을 이론교육과 실습교육으로 병행하여 실시하되, 안전교육을 효율적으로 실시하기 위하여 교원 또는 교육활동참여자로 하여금 담당하게 하거나 교육부령으로 정하는 바에 따라 전문교육기관·단체 또는 전문가에 위탁하여 실시할 수 있음

④ [판례] 학교안전사고에 대한 교사의 책임 범위에 대한 판단기준
  ㉠ 사고 발생의 예측가능성, 사고 발생의 구체적 위험성, 교육활동과의 밀접성 등을 고려함
    ✽ 교사의 자기반성 여부는 판단기준으로 고려하지 않음
  ㉡ 교사의 책임은 교사의 학생 보호감독의무에 근거한 것으로, 이것의 위반 여부를 판단할 때 사고발생의 예측가능성이 중요한 판단기준이 됨
  ㉢ 수업시간에 발생한 사고는 교사의 일반적 보호감독의무가 미치는 시간에 일어난 일로 보아 교사에게 주로 책임을 묻지만, 휴식시간 등에 학생

들 사이에 사고가 발생한 경우에는 가해학생과 피해학생의 성행이나 분별능력 등을 고려하여 종합적으로 판단함

(3) 교육환경 보호에 관한 법률(교육환경법)

① 성격 : 2016년 제정된 법으로, 학교의 교육환경 보호에 필요한 사항을 규정하여 학생이 건강하고 쾌적한 환경에서 교육받을 수 있게 하는 것을 목적으로 함

② 교육환경보호구역의 설정(제8조)
  ㉠ 정의 : 학생의 보건·위생, 안전, 학습과 교육환경 보호를 위하여 학교경계 또는 학교설립예정지 경계(이하 "학교경계 등")로부터 직선거리 200미터의 범위 안의 지역
  ㉡ 설정권자 : 시·도 교육감(교육감의 권한 위임에 따라 관할 지역 교육지원청의 교육장)
  ㉢ 설정 범위
   • 절대보호구역 : 학교출입문으로부터 직선거리로 50미터까지인 지역(학교설립예정지의 경우 학교경계로부터 직선거리 50미터까지인 지역)
   • 상대보호구역 : 학교경계 등으로부터 직선거리로 200미터까지인 지역 중 절대보호구역을 제외한 지역

> **암기 POINT**
> • 교육환경보호구역
> - 시·도 교육감이 설정
> - 절대보호구역 : 학교 출입문으로부터 50m 이내
> - 상대보호구역 : 학교경계로부터 200m 이내

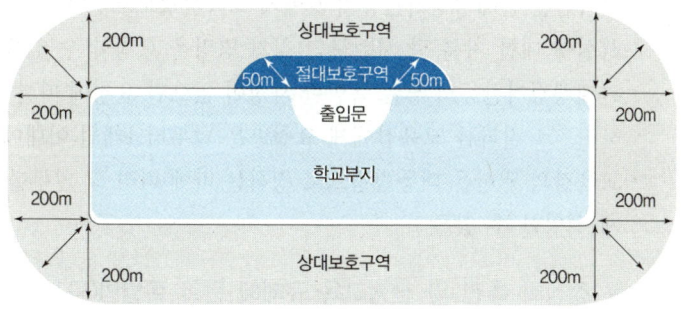

③ 교육환경보호구역에서의 금지행위 등(제9조)
  ㉠ 누구든지 학생의 보건·위생, 안전, 학습과 교육환경 보호를 위하여 교육환경보호구역에서는 다음 각 호의 어느 하나에 해당하는 행위 및 시설을 하여서는 안 됨
  ㉡ 다만, 상대보호구역에서는 제14호부터 제27호까지 및 제29호부터 제31호까지에 규정된 행위 및 시설 중 교육감이나 교육감이 위임한 자가 지역위원회의 심의를 거쳐 학습과 교육환경에 나쁜 영향을 주지 아니한다고 인정하는 행위 및 시설은 제외함
  ＊ 제1~13호 : 1. 대기오염물질 배출시설, 2. 수질오염물질 배출시설과 공공폐수처리시설, 3. 가축분뇨 배출시설, 처리시설, 및 공공처리시설, 4. 분뇨처리시설, 5. 악취 배출시설, 6. 소음·진동 배출시설, 7. 폐기물처리시설, 8. 가축 사체, 오염물건 및 수입금지 물건의 소각·매몰지, 9. 화장시설 및 봉안시설, 자연장지, 10. 도축업시설, 11. 가축시장, 12. 제한상영관, 13. 청소년유해업소(여성가족부장관 고시)

* 제14~31호 : 14. 고압가스, 도시가스 또는 액화석유가스의 제조, 충전 및 저장하는 시설, 15. 폐기물 수집·보관·처분 장소, 16. 총포 또는 화약류의 제조소 및 저장소, 17. 감염병 격리소·요양소 또는 진료소, 18. 담배자동판매기, 19. 게임제공업, 인터넷컴퓨터게임시설제공업 및 복합유통게임제공업, 20. 게임물 시설, 21. 무도학원 및 무도장, 22. 경마장 및 장외발매소, 경륜·경정의 경주장 및 장외매장, 23. 사행행위영업, 24. 노래연습장업, 25. 비디오물감상실업 및 복합영상물제공업의 시설, 26. 단란주점 및 유흥주점, 27. 숙박업 및 관광숙박업, 28. (삭제), 29. 화학물질(사고대비물질) 취급시설, 30. 제조업 및 레미콘 제조업, 31. 정신재활시설 중 중독자재화시설

④ 금지행위 등에 대한 조치(제10조)
  ㉠ 조치권자 : 시·도지사 및 시장·군수·구청장(자치구의 구청장) 또는 관계 행정기관의 장
  ㉡ 조치의 내용
    • 공사의 중지·제한, 영업의 정지 및 허가·인가·등록·신고의 거부·취소 등의 조치
    • 철거가 불가피하다고 판단하면 사업시행자에게 시설물의 철거명령
    • 사업시행자가 철거명령을 이행하지 아니하는 경우 행정대집행 가능
  ㉢ 교육감의 역할 등
    • 교육감은 관계행정기관등의 장에게 교육환경보호구역 내 금지행위 및 시설에 대한 처분 및 시설물의 철거 명령을 요청할 수 있음
    • 관계행정기관등의 장은 특별한 사정이 없으면 요청에 따른 조치를 취하고, 그 결과를 교육감에게 요청받은 날부터 1개월 이내에 통보
    • 교육감의 권한은 대통령령으로 정하는 바에 따라 그 일부를 교육장에게 위임할 수 있음

⑷ **공교육 정상화 촉진 및 선행교육 규제에 관한 특별법(공교육정상화법)**
① 성격 : 2014년 제정된 법으로, 공교육을 담당하는 초·중·고등학교의 교육과정이 정상적으로 운영되도록 하기 위하여 교육관련 기관의 선행교육 및 선행학습을 유발하는 행위를 규제함
② 선행교육 및 선행학습 유발행위 금지 등(제8조)
  ㉠ 학교의 선행교육 금지 : 국가 및 시·도 교육과정을 앞서는 교육과정을 운영하면 안 됨
    • 방과후학교 과정에서 선행교육을 예외적으로 인정하는 경우
      1. 고등학교에서 학교의 휴업일 중 편성·운영되는 경우
      2. 중·고등학교 중 농산어촌 지역 학교 및 도시 저소득층 밀집 학교 등에서 운영되는 경우
  ㉡ 학교의 선행학습 유발행위 금지
    1. 지필평가, 수행평가 등 학교 시험에서 학생이 배운 학교교육과정의 범위와 수준을 벗어난 내용을 출제하여 평가하는 행위

암기 POINT

• 공교육정상화법
  – 학교의 선행교육 금지
  – 학교의 지필평가, 수행평가, 각종 대회에서 학교교육과정을 벗어난 내용 출제 금지
  – 학원 등의 선행학습 유발 광고 행위 금지
  – 대학 등의 입학전형에서 실시하는 대학별고사에서 고등학교 교육과정을 벗어난 내용 출제 및 평가 금지

2. 각종 교내 대회에서 학생이 배운 학교교육과정의 범위와 수준을 벗어난 내용을 출제하여 평가하는 행위
　　3. 그 밖에 이에 준하는 것으로서 대통령령으로 정하는 행위
　　　* 입학이 예정된 학생을 대상으로 하는 선행학습 교육과정 운영 및 선행학습을 유발하는 평가 행위
　ⓒ 학원, 교습소 또는 개인과외교습자의 선행학습을 유발하는 광고 또는 선전 행위 금지

③ 대학 등의 입학전형 등(제10조)
　ⓐ 대학 등의 입학전형에서 대학별고사(논술 등 필답고사, 면접·구술고사, 실기·실험고사 및 교직적성·인성검사)를 실시하는 경우 고등학교 교육과정의 범위와 수준을 벗어난 내용을 출제 또는 평가하여서는 안 됨
　ⓑ 대학별고사를 실시한 경우 입학전형 영향평가위원회의 심의를 거쳐 선행학습을 유발하는지에 대한 평가를 실시하고 그 결과를 다음 연도 입학전형에 반영하고 이를 공개하여야 함

④ 적용의 배제(제16조) : 다음 중 어느 하나에 해당하는 경우
　1. 「영재교육 진흥법」에 따른 영재교육기관의 영재교육
　2. 「초·중등교육법」에 따른 조기진급 또는 조기졸업 대상자
　3. 국가교육과정과 시·도교육과정 및 학교교육과정상 체육·예술 교과(군), 기술·가정 교과(군), 실과·제2외국어·한문·교양 교과(군), 전문 교과
　4. 초등학교 1학년과 2학년의 영어 방과후학교 과정 등

(5) 기초학력 보장법
① 성격 : 2021년 제정된 법으로, 학습지원대상학생에게 필요한 지원을 함으로써 모든 학생의 기초학력을 보장하여 능력에 따라 교육을 받을 수 있도록 그 기반을 조성하는 것을 목적으로 함
② 용어의 정의(제2조)
　ⓐ 기초학력 : 「초·중등교육법」에 따른 학교의 학생이 학교 교육과정을 통하여 갖추어야 하는 최소한의 성취기준을 충족하는 학력을 말함
　ⓑ 학습지원대상학생 : 학교의 장이 기초학력을 갖추지 못하였다고 판단하여 선정한 학생을 말함. 다만, 「장애인 등에 대한 특수교육법」에 따라 학습장애를 지닌 특수교육대상자로 선정된 학생은 제외함
　ⓒ 학습지원교육 : 학습지원대상학생에게 개인의 상황과 특성에 맞는 내용과 방법으로 실시하는 맞춤형 교육을 말함
③ 국가 등의 책무(제3조)
　ⓐ 국가와 지방자치단체는 기초학력 보장을 위한 시책을 마련하여야 함
　ⓑ 국가와 지방자치단체는 기초학력 보장을 위하여 학교의 학급당 학생 수를 적정한 수준으로 유지하도록 노력하여야 함

암기 POINT

• 기초학력 보장법
– 학교 교육과정의 최소 성취기준을 충족하지 못한 경우, 학습지원대상학생으로 선정
– 개인의 상황과 특성에 맞는 맞춤형 학습지원교육 실시
– 필요한 경우, 학습결손보충을 위해 학교 밖의 프로그램도 이용 가능

- ⓒ 국가와 지방자치단체는 기초학력 보장에 관한 시책의 추진에 필요한 재원을 확보하도록 노력하여야 함
- ⓔ 학교의 장은 교육에 관한 각종 시책을 시행함에 있어서 기초학력 보장을 위하여 노력하여야 함

④ 학습지원대상학생의 선정 및 학습지원교육(제8조) : 학습결손 보충을 위한 학교 안팎의 프로그램 활성화
  - ㉠ 학교의 장은 기초학력진단검사 결과와 학급담임교사 및 해당 교과교사의 추천, 학부모 등 보호자에 대한 상담결과 등에 따라 학습지원교육이 필요하다고 판단되는 학생을 학습지원대상학생으로 선정할 수 있음
  - ㉡ 학교의 장은 학습지원대상학생의 학력 수준과 기초학력 미달 원인 등을 고려하여 학습지원교육을 실시하여야 함
  - ㉢ 학교의 장은 필요한 경우 보호자에 대한 교육·상담을 실시하거나 학교 외부의 전문기관과 연계하여 학습지원교육을 실시할 수 있음
  - ㉣ 학교의 장은 학습지원교육의 효율적인 수행을 위하여 학습지원 담당교원, 「학교보건법」에 따른 보건교사, 「초·중등교육법」에 따른 전문상담교사 등이 함께 학습지원교육을 실시하도록 할 수 있음
  - ㉤ 학교의 장은 학생들의 기초학력 보장을 위하여 특별한 학습지원이 필요한 교과의 수업에 보조인력을 배치할 수 있음

⑤ 제1차 기초학력 보장 종합계획(2023~2027)
  - ㉠ 비전 : 모든 학생의 기초학력을 보장하는 국가 교육책임제 실현
  - ㉡ 목표 : 2025년까지 인공지능(AI) 기반 기초학력 진단 및 지원체계 구축 / 2027년까지 국가-지역-학교 연계 기초학력 안전망 완성
  - ㉢ 주요 정책 내용

진단	정확한 진단을 통한 지원 대상 학생 선정	현장 수요 기반 진단도구 개선
		기초학력 맞춤형 진단체계 강화
		학습지원대상학생 선정 체계화
지원	기초학력 향상을 위한 다중 안전망 구축	정규수업 연계 기초학력 교수·학습 혁신
		학교 내 종합적 지원('학습지원대상 지원협의회' 활성화를 위한 두드림학교 운영)
		학교 밖 전문적 지원(필요한 학생에게 '학습종합클리닉센터'와 전문기관을 연계하여 통합적 지원 제공)
예방	코로나19 대응 교육결손 해소 집중지원	학습·심리·정서측면의 종합적 접근
		학생별 상황·특성에 따른 맞춤 지원
기반	학습지원교육 기반 내실화	교과·담임교사 지원
		기초학력 보장 업무 여건 정비
		교원양성 과정 개선
		국가-시·도기초학력지원센터

(6) 기타 학교교육 관련 법

① 「장애인 등에 대한 특수교육법」: 국가 및 지방자치단체가 장애인 및 특별한 교육적 요구가 있는 사람에게 통합된 교육환경을 제공하고 생애주기에 따라 장애유형·장애정도의 특성을 고려한 교육을 실시하여 자아실현과 사회통합을 하는 데 기여함을 목적으로 함(2007년 제정)

② 「영재교육 진흥법」: 재능이 뛰어난 사람을 조기에 발굴하여 타고난 잠재력을 계발할 수 있도록 능력과 소질에 맞는 교육을 실시하여 개인의 자아실현과 국가사회발전에 기여하게 함을 목적으로 함(2000년 제정)

③ 「과학·수학·정보 교육 진흥법」: 산업환경의 변화에 대비하는 핵심 교과인 과학·수학·정보 교육의 진흥에 필요한 사항을 정하여 미래사회를 이끌어 갈 융합형 인재 양성에 기여함으로써 국가경쟁력 제고와 국가·사회 발전에 이바지함을 목적으로 함(1967년 제정, 2017년 전부 개정)

④ 「산업교육진흥 및 산학협력 촉진에 관한 법률」: 산업교육을 진흥하고 산학협력을 촉진하여 산업사회의 요구에 따르는 창의력있는 산업인력을 양성하고 산업발전에 필요한 새로운 지식과 기술을 개발·보급·확산하여 지역사회와 국가발전에 이바지함을 목적으로 함(1963년 제정)

05 우리나라의 학교제도

2010·2011·2015 국가직9급 / 2010·2011·2013·2016·2019 국가직7급

(1) 학교제도의 이해

① 교육제도의 개념
   ㉠ 국가의 교육이념 및 목적을 달성하기 위해 마련된 법적 및 실제상의 기구와 제도의 일체
   ㉡ 교육활동, 학생, 교원, 교육기관, 교과용 도서 그리고 조직, 기구와 그 기능 등에 관하여 법제화되어 있는 것을 지칭

② 학교제도의 개념
   ㉠ 국가의 교육목표를 실현하려는 제도적 장치로서의 학교교육을 단계별로 구분하고, 각 단계의 교육목적과 교육기간, 교육내용을 설정해 놓은 것
   ㉡ 학교의 종적 단계성과 횡적 계통성이 결합하여 완성된 국가·사회에 존재하는 다양한 학교들의 종적·횡적 연결 구조 혹은 연결망을 의미함

③ 학교제도의 구조
   ㉠ 계통성(횡적 구조): 어떠한 교육을 하고 있는가, 어떠한 계열의 학생들을 대상으로 하는가 등에 대한 것으로, 계열별 학교들 간의 관계나 학교와 학교 외 교육 간의 연결 관계를 의미
   ㉡ 단계성(종적 구조): 어느 정도의 교육을 받은 상태인가, 혹은 어떠한 연령층을 대상으로 하는가 등에 대한 것으로 교육단계 간의 접속 관계를 의미

암기 POINT

- 우리나라의 학교제도(학제)
  - 기본적으로 단선형 학제
  - 기본학제와 특별학제 간 상호이동 가능

④ 학교제도의 유형

ⓐ 단선형 학제(single ladder system) : 단계성을 중심으로 하여 모든 국민이 하나의 학제를 통하여 교육을 받는 체제로, 보통교육과 민주교육의 실현에 적합(미국형 학제)

ⓑ 복선형 학제(dual ladder system) : 계통성을 중심으로 하여 상호 관련이 없는 두 가지 이상의 학제가 별도로 존재하는 학교 체제로, 과거 귀족 위주의 학교와 일반서민을 위한 학교가 분리된 경우에 해당(유럽형 학제)

ⓒ 분기형(절충형) 학제 : 초·중학교 혹은 고등학교 등 저학령기 학교는 모두 통일된 하나의 학교 계통을 두고, 중등 이상의 상급학교 단계에서는 복수의 학교 계통으로 나누어지는 학제

	단선형 학제	복선형 학제
강조점	단계성	계통성
특징	연령이나 발달단계에 따른 교육	계급, 신분, 천부적 능력에 따른 교육
교육관	평등주의 교육관	능력주의 교육관
사례	미국형 학제 예 미국, 일본	유럽형 학제 예 영국, 프랑스

(2) 우리나라의 학제

① 성격 : 기본적으로 단선형 학제로서, 기본학제와 특별학제 간 상호이동이 가능하도록 구조화됨

  ✱ 기본적인 학제구조를 '절충형 학제'로 보는 관점도 존재함

② 학제의 구성요소

ⓐ 기본(기간)학제
  - 국민의 대다수가 졸업하게 되는 과정으로 정규학교제도를 의미
  - 우리나라는 유치원, 초등학교(6), 중학교(3), 고등학교(3), 대학교(4)를 기본학제로 포함

ⓑ 특별(방계)학제
  - 단계별로 정규학교를 이수하지 못하는 경우를 대비하여 여러 개의 우회적인 학교들을 두어 정규 교육을 보완하는 학교제도로, 기본학제보다 수업내용이 적거나 재학연한이 짧음
  - 우리나라는 특별학제로 공민학교, 고등공민학교, 방송통신고등학교, 방송통신대학, 산업대학, 고등기술학교 및 각종 학교 등이 설치됨

구분	학교제도(교육부 산하)		학교 외 제도(기타)
	기본(기간)학제	특별(방계)학제	
단계/ 종류	유치원		- 국방대학, 삼군사관학교 (국방부) - 기능대학, 폴리텍대학 (고용노동부) - 경찰대학(경찰청) - 사법연수원(법무부) - 중앙공무원교육원 (행정안전부)
	초등학교(6년)		
	중학교(3년)	- 고등공민학교(1~3년)	
	고등학교(3년)	- 고등기술학교(1~3년) - 방송통신고교	
		- 특수학교 - 각종학교	
	대학교(4년) 전문대학(2, 3년)	- 방송통신대학 - 산업대학 - 기술대학	

(3) 초·중등학교의 설립(「초·중등교육법」, 「초·중등교육법 시행령」 등)

① 초·중등학교의 종류
  ㉠ 학교급별 구분(제2조) : 1. 초등학교, 2. 중학교·고등공민학교, 3. 고등학교·고등기술학교, 4. 특수학교, 5. 각종학교
  ㉡ 설립주체별 구분(제3조, 제4조)
    • 국립학교 : 국가가 설립 또는 국립대학법인이 부설 하여 경영하는 학교
    • 공립학교 : 지방자치단체가 설립·경영하는 학교(시립학교, 도립학교)
    • 사립학교 : 법인이나 개인이 설립·경영하는 학교
      ＊ 기초자치단체는 학교설립의 주체가 될 수 없음

② 고등학교의 종류 : 교육과정 운영과 학교의 자율성에 따라(시행령 제76조의3, 제90조, 제91조, 제91조의3, 제91조의4)
  ㉠ 일반고등학교 : 특정 분야가 아닌 다양한 분야에 걸쳐 일반적인 교육을 실시하는 고등학교(아래 유형의 고등학교가 아닌 것)
  ㉡ 특수목적고등학교 : 특수 분야의 전문적인 교육을 목적으로 하는 고등학교
    • 특수목적고등학교의 종류
      - 과학 인재 양성을 위한 과학계열의 고등학교
      - 외국어에 능숙한 인재 양성을 위한 외국어계열의 고등학교와 국제 전문 인재 양성을 위한 국제계열의 고등학교
      - 예술인 양성을 위한 예술계열의 고등학교와 체육인 양성을 위한 체육계열의 고등학교
      - 산업계의 수요에 직접 연계된 맞춤형 교육과정을 운영하는 고등학교(산업수요 맞춤형 고등학교)
    • 국립의 고등학교는 교육부장관이 지정·고시. 공립 및 사립의 특수목적고등학교는 교육감이 지정·고시하되, 미리 교육부장관의 동의를 받아야 함(예술 및 체육계열은 제외)

암기 POINT
• 「초·중등교육법」상의 학교 :
  설립주체 : 국가, 지방자치단체, 법인, 개인

암기 POINT
• 고등학교의 종류
  - 일반고등학교
  - 특수목적고등학교 : 과학고, 외고, 예고, 체고, 산업수요 맞춤형고
  - 특성화고등학교
  - 자율고등학교
  - 각종 학교

- 교육감은 공립·사립의 특목고가 다음의 어느 하나에 해당하는 경우 지정을 취소할 수 있음. 다만, 미리 교육부장관의 동의를 받아야 함 국립의 경우는 교육부장관이 취소
  - 거짓이나 그 밖의 부정한 방법으로 회계를 집행한 경우
  - 부정한 방법으로 학생을 선발한 경우
  - 교육과정을 부당하게 운영하는 등 지정 목적을 위반한 중대한 사유가 발생한 경우
  - 지정 목적 달성이 불가능한 사유의 발생 등으로 인하여 학교의 신청이 있는 경우
  - 교육감이 5년마다 해당 학교(예술계열과 체육계열은 제외) 운영 성과 등을 평가하여 지정 목적의 달성이 불가능하다고 인정되는 경우

ⓒ **특성화고등학교**: 소질과 적성 및 능력이 유사한 학생을 대상으로 특정 분야의 인재 양성을 목적으로 하는 교육 또는 자연현장실습 등 체험위주의 교육을 전문적으로 실시하는 고등학교(교육감이 지정·고시)
  예 디자인고등학교

ⓔ **자율고등학교**: 「초·중등교육법」 제61조에 따라 학교 또는 교육과정을 자율적으로 운영하는 학교로 지정된 고등학교
  - **자율형 공립고등학교**: 교육부장관이 정하는 절차를 거쳐 교육감이 지정·고시, 5년 이내로 지정·운영하되, 시·도 교육규칙으로 정하는 바에 따라 5년의 범위에서 연장 가능
  - **자율형 사립고등학교**: 교육감이 지정·고시할 수 있으되, 미리 교육부장관의 동의를 받아야 함, 5년마다 지정 취소 가능, 입학정원의 20퍼센트 이상을 사회적 배려 대상자 중에서 선발
    ✱ 자율형 사립고등학교 지정의 필요 요건(모두 충족)
      1. 국가 또는 지방자치단체로부터 「지방교육재정교부금법 시행령」 별표 1에 따른 교직원 인건비(교원의 명예퇴직 수당은 제외) 및 학교·교육과정운영비를 지급받지 아니할 것
      2. 교육부령으로 정하는 법인전입금기준 및 교육과정운영기준을 충족할 것
    ✱ 자율형 사립고등학교 입학시 사회적 배려 대상자
      1. 「국민기초생활 보장법」 제2조 제1호에 따른 수급권자 또는 그 자녀
      2. 「국민기초생활 보장법」 제2조 제10호에 따른 차상위계층으로서 교육감이 정하는 사람 또는 그 자녀
      3. 「국가보훈기본법」 제3조 제2호의 국가보훈대상자 또는 그 자녀
      4. 그 밖에 교육 기회의 균등을 위하여 교육감이 특별히 필요하다고 인정하는 사람

③ **자율학교**(법 제61조, 시행령 제105조)
  ㉠ 학교교육제도를 포함한 교육제도의 개선과 발전을 위하여 특히 필요하다고 인정되는 경우에 「초·중등교육법」 일부 조항을 한시적으로 적용하지 아니하는 학교 또는 교육과정을 운영하는 학교를 말함

암기 POINT

- 자율학교의 설립
  - 국립: 교육부장관과 협의 → 교육감 지정
  - 공립, 사립: 교육감 지정
  - 단, 자율형 사립고는 교육부장관 동의 → 교육감 지정

* 자율학교 지정시 적용 제외 조항 : 제21조 제1항(교원의 자격 기준)·제24조 제1항(학년도 3/1~2월 말 규정)·제26조 제1항(진급이나 졸업의 학년제)·제29조 제1항(국정 또는 검인정 교과용 도서 사용)·제31조(학교운영위원회의 설치)·제39조(초등학교의 수업연한 6년)·제42조(중학교의 수업연한 3년) 및 제46조(고등학교의 수업연한은 3년, 시간제 및 통신제 과정은 4년)

  ⓒ 교육감이 다음의 어느 하나에 해당하는 국립·공립·사립의 초등학교·중학교·고등학교 및 특수학교를 대상으로 지정·운영할 수 있음. 다만, 국립학교의 경우에는 미리 교육부장관과 협의하여야 함
   • 학업에 어려움을 겪는 학생에 대한 교육을 실시하는 학교
   • 개별학생의 적성·능력 개발을 위한 다양하고 특성화된 교육과정을 운영하는 학교
   • 학생의 창의력 계발 또는 인성함양 등을 목적으로 특별한 교육과정을 운영하는 학교
   • 특성화중학교
   • 산업수요 맞춤형 고등학교 및 특성화고등학교
   • 「농어업인 삶의 질 향상 및 농어촌지역 개발촉진에 관한 특별법」에 따른 농어촌학교
   • 그 밖에 교육감이 특히 필요하다고 인정하는 학교
  ⓒ 교육감은 학생의 학력향상 등을 위하여 특히 필요하다고 인정되는 공립학교를 직권으로 자율학교로 지정할 수 있음
  ⓔ 자율학교는 5년 이내로 지정·운영하되, 교육감이 정하는 바에 따라 연장 운영할 수 있음

④ 고등공민학교, 고등기술학교, 방송통신중학교, 방송통신고등학교
  ㉠ 고등공민학교(법 제44조)
   • 중학교 과정의 교육을 받지 못하고 취학연령을 초과한 사람 또는 일반 성인에게 국민생활에 필요한 중등교육과 직업교육을 하는 것을 목적으로 하는 학교로, 수업연한은 1년 이상 3년 이하로 함
   • 입학 대상은 초등학교를 졸업한 사람, 또는 이와 동등한 학력이 인정되는 시험에 합격한 사람, 또는 이와 같은 수준 이상의 학력이 있다고 인정된 사람으로 함
  ㉡ 고등기술학교(법 제54조)
   • 국민생활에 직접 필요한 직업기술교육을 하는 것을 목적으로 하며, 수업연한은 1년 이상 3년 이하로 함
   • 입학 대상은 중학교 또는 고등공민학교(3년제)를 졸업한 사람, 이와 동등한 학력이 인정되는 시험에 합격한 사람, 이와 같은 수준 이상의 학력이 있다고 인정된 사람으로 함

- 고등학교를 졸업한 사람 등에게 특수한 전문기술교육을 하기 위하여 수업연한이 1년 이상인 전공과(專攻科)를 둘 수 있음
- 공장이나 사업장을 설치·경영하는 자가 설립·경영할 수 있음

ⓒ 방송통신중학교 및 방송통신고등학교(법 제51조, 시행령)
- 고등학교에 부설하여 설치, 국립은 교육부장관, 공립은 교육감 설치
- 방송통신중학교 및 방송통신고등학교의 교육과정 수료시 학력 인정

⑤ 각종학교(제60조, 제60조의2, 제60조의3)
ⓐ 외국인학교 : 외국에서 일정기간 거주하고 귀국한 내국인 중 대통령령으로 정하는 사람이나 외국인의 자녀를 교육하기 위해 설립된 학교
ⓑ 대안학교
- 학업을 중단하거나 개인적 특성에 맞는 교육을 받으려는 학생을 대상으로 현장 실습 등 체험 위주의 교육, 인성 위주의 교육 또는 개인의 소질·적성 개발 위주의 교육 등 다양한 교육을 하는 학교
- 일반학교에 비해 비교적 자유로운 교육과정 운영, 주로 노작교육과 생태교육 강조
- 법에 의하여 학력이 인정되는 학교이므로, 졸업자가 상급학교 진학 시 제한 없음

(4) 초·중등학교의 운영(「초·중등교육법」, 「초·중등교육법 시행령」 등)

① 교육과정(제23조)
ⓐ 학교는 교육과정을 운영하여야 함
ⓑ 국가교육위원회는 교육과정의 기준과 내용에 관한 기본적인 사항을 정하며, 교육감은 국가교육위원회가 정한 교육과정의 범위에서 지역의 실정에 맞는 기준과 내용을 정할 수 있음
ⓒ 교육부장관은 학교의 교육과정이 안정적으로 운영될 수 있도록 대통령령으로 정하는 바에 따라 후속지원 계획을 수립·시행함
ⓓ 학교의 교과(敎科)는 대통령령으로 정함

② 수업 등(제24조)
ⓐ 학교의 학년도는 3월 1일부터 시작하여 다음 해 2월 말일까지로 함
ⓑ 수업은 주간·전일제를 원칙으로 하며, 법령이나 학칙에 따라 야간수업·계절수업·시간제수업 등을 할 수 있음
ⓒ 학교의 장은 교육상 필요한 경우에는 1. 방송·정보통신 매체 등을 활용한 원격수업, 2. 현장실습 운영 등 학교 밖에서 이루어지는 활동 수업을 할 수 있음
ⓓ 학교의 학기·수업일수·학급편성·휴업일과 반의 편성·운영 등은 대통령령으로 정함

③ 학교생활기록(제25조)
　㉠ 학교의 장은 학생의 학업성취도와 인성 등을 종합적으로 관찰·평가하여 학생지도 및 상급학교의 학생 선발에 활용할 수 있는 다음 각 호의 자료를 작성·관리하여야 함
　　1. 인적사항, 2. 학적사항, 3. 출결상황, 4. 자격증 및 인증 취득상황, 5. 교과학습 발달상황, 6. 행동특성 및 종합의견, 7. 그 밖에 교육부령으로 정하는 사항
　㉡ 학교의 장은 이 자료를 교육정보시스템으로 작성·관리하여야 함
④ 학년제(제26조) : 학생의 진급이나 졸업은 학년제로 하되, 학교의 장은 관할청의 승인을 받아 학년제 외의 제도를 채택할 수 있음
⑤ 조기진급 및 조기졸업(제27조) : 초등학교·중학교·고등학교 및 이에 준하는 각종학교의 장은 재능이 우수한 학생에게 수업연한을 단축하여 조기진급 또는 조기졸업을 할 수 있도록 하거나 상급학교 조기입학자격을 줄 수 있음
⑥ 학력인정 시험(제27조의2)
　㉠ 학교의 교육과정을 마치지 아니한 사람은 대통령령으로 정하는 시험에 합격하여 초등학교·중학교 또는 고등학교를 졸업한 사람과 동등한 학력을 인정받을 수 있음
　㉡ 국가 또는 지방자치단체는 학력인정 시험 중 초등학교와 중학교를 졸업한 사람과 동등한 학력이 인정되는 시험의 실시에 필요한 비용을 부담함
⑦ 학업에 어려움을 겪는 학생에 대한 교육(제28조)
　㉠ 학업에 어려움을 겪는 학생에 대한 교육 : 국가와 지방자치단체는 다음의 학생들을 위하여 수업일수와 교육과정을 신축적으로 운영하는 등 교육상 필요한 시책을 마련하여야 함
　　• 성격장애나 지적 기능의 저하 등으로 인하여 학습에 제약을 받는 학생 중 「장애인 등에 대한 특수교육법」에 따른 학습장애를 지닌 특수교육대상자로 선정되지 아니한 학생
　　• 학업 중단 학생
　　• 학업 중단의 징후가 발견되거나 학업 중단의 의사를 밝힌 학생 등 학업 중단 위기에 있는 학생
　㉡ 학업중단 학생에 관한 규정(학업중단숙려제)
　　• 학교장은 학업 중단의 징후가 발견되거나 학업 중단의 의사를 밝힌 학생에게 학업 중단에 대하여 충분히 생각할 기회를 주어야 하며, 그 기간을 출석으로 인정할 수 있음
　　• 이와 같은 학생에 대한 판단기준 및 충분히 생각할 기간과 그 기간 동안의 출석일수 인정 범위 등에 필요한 사항은 교육감이 정함

2 교육행정조직

01 지방교육자치제도의 이해

(1) 지방교육자치의 개념과 원리

① 지방교육자치의 개념
  ㉠ 교육의 자주성, 전문성, 중립성을 보장하고, 교육 운영의 지방분권 및 주민자치를 실현하여 지역주민의 참여를 확대하고 지역 특성에 적합한 교육을 실시하려는 제도
  ㉡ 지방교육자치 = 지방자치 + 교육자치
    - **지방자치**: 교육 운영을 중앙의 행정통제로부터 분리·독립시킴(지방분권, 주민자치)
    - **교육자치**: 교육행정을 일반 행정으로부터 분리·독립시킴(자주성 존중, 전문적 관리)

② 지방교육자치의 원리
  ㉠ 지방분권의 원리
    - 지방 교육행정 기관이 중앙 정부로부터 권한을 위양 받아 그 권한을 독자적, 자율적, 창의적으로 행사해야 한다는 원리
    - 국가행정사무 중 시·도에 위임하여 시행하는 사무로서 교육·학예에 관한 사무는 교육감에게 위임함
  ㉡ 주민자치의 원리(주민통제의 원리)
    - 일정 지역의 교육사업은 그 지역의 실정과 특수성을 잘 아는 지역주민들이 참여해서 결정하고 실시하여야 한다는 원리
    - 교육감은 주민의 보통·평등·직접·비밀 선거에 따라 선출함
  ㉢ 자주성 존중의 원리
    - 교육의 특수성을 고려하여 교육행정은 일반 행정으로부터 분리·독립하여야 한다는 원리
    - 교육의 정치적 중립성 보장의 의미를 포함함
  ㉣ 전문적 관리의 원리
    - 교육행정은 일반 관료가 아닌 교육 및 교육행정에 대한 깊은 이해와 고도의 전문성을 갖춘 사람들이 관리·운영해야 한다는 원리
    - 일정한 교육경력 또는 교육행정경력을 가진 자만이 교육감 후보자가 될 수 있도록 함

암기 POINT

- 지방교육자치의 원리
  - 지방분권
  - 주민자치
  - 자주성 존중
  - 전문적 관리

(2) 우리나라 지방교육자치제도
① 변천과정
- ㉠ 1단계(1945~1962) : 미군정 시 교육자치가 도입되었다가 1961년 5·16 군사정변으로 중단
- ㉡ 2단계(1963~1990) : 교육자치제의 암흑기 지속, 중앙집권적인 교육행정체제 유지
- ㉢ 3단계(1991~2006) : 1991년 「지방교육자치에 관한 법률」이 제정되면서 지방교육자치제도가 본격적으로 실시됨. 교육위원회(심의·의결기관)와 교육감(집행기관)이 양대 축을 이룸
- ㉣ 4단계(2007년 이후) : 지방교육자치법이 대폭 개정되면서, 교육감을 주민 직선제로 선출하고, 교육위원회를 시·도의회의 상임위원회로 개편함

② 현행 지방교육자치제도의 특징
- ㉠ 일반 지방자치는 시·군·구 등의 기초자치단위까지 실시되지만, 지방교육자치제의 실시단위는 특별시·광역시 및 도의 16개 광역자치단위에서만 실시함
- ㉡ 의결기관과 집행기관이 따로 존재하는 기관분립형 제도로, 교육감은 의결기관인 시·도 의회와 별도 분리된 독임제 집행기관임
    * 과거에는 교육감이 교육위원회에 소속되는 합의제 집행기관이었음

> **암기 POINT**
> - 현행 지방교육자치제도
>   - 시·도의 광역자치단위 실시
>   - 의결기관 : 시·도 의회
>   - 집행기관 : 교육감

02 중앙의 교육행정조직

(1) 대통령과 교육부 등
① 대통령
- ㉠ 우리나라는 대통령 중심제도를 채택, 행정권은 대통령을 수반으로 하는 정부에 속함
- ㉡ 대통령은 정부의 수반으로서 교육부를 비롯한 모든 중앙행정기관의 장을 지휘·감독함
- ㉢ 헌법에 기초하여 다양한 시행령을 대통령령으로 발표하고, 주요 공무원의 임면권을 행사
- ㉣ 교육정책 의제 설정뿐만 아니라, 교육정책 과정 전반에 결정적인 영향력을 행사함

② 국무총리
- ㉠ 대통령의 명을 받아 각 중앙행정기관의 장을 지휘·감독하는 행정감독권을 가짐
- ㉡ 국무회의의 부의장으로서 국무회의를 통해 교육부에 영향력을 행사할 수 있음

③ 국무회의
  ㉠ 대통령과 국무총리 및 15인 이상 30인 이하의 각 중앙행정기관의 장으로 구성된 회의
  ㉡ 의장은 대통령이며, 부의장은 국무총리로서, 정부의 권한에 속하는 중요한 정책을 심의함
④ 교육부
  ㉠ 중앙교육행정조직의 핵심으로서, 국가의 교육에 관한 정책을 입안하고 집행하는 기관
  ㉡ 교육부장관은 인적자원개발정책, 학교교육·평생교육, 학술에 관한 사무를 관장함
  ㉢ 교육부장관은 부총리를 겸임하며, 교육·사회·문화 정책을 총괄 조정함

(2) 국가교육위원회

① 2021년 7월 「국가교육위원회 설치 및 운영에 관한 법률」이 통과되고, 2022년 7월부터 법률이 시행됨에 따라 같은 해 9월 국가교육위원회가 설치됨
② 대통령 소속의 위원회로서, 사회적 합의에 기반한 교육비전, 중장기 정책 방향 및 교육제도 개선 등에 관한 국가교육발전계획 수립, 교육정책에 대한 국민의견 수렴·조정 등에 관한 업무를 독립하여 수행함(국가교육위원회법 제2조)
③ 위원회의 소관 사무(제10조)
  ㉠ 교육비전, 중장기 정책 방향, 학제·교원정책·대학입학정책·학급당 적정 학생 수 등 중장기 교육 제도 및 여건 개선 등에 관한 국가교육발전계획 수립에 관한 사항
  ㉡ 국가교육과정의 기준과 내용의 고시 등에 관한 사항
  ㉢ 교육정책에 대한 국민의견 수렴·조정 등에 관한 사항
  ㉣ 그 밖에 다른 법률에 따라 위원회의 소관으로 정한 사항

03 지방의 교육행정조직

2019 . 2021·2022·2025 지방직9급 / 2009·2012·2013·2015·2017 국가직9급 /
2008·2010·2012·2014·2015·2020·2022·2023·2024 국가직7급

(1) 시·도의회

① 성격 : 시·도 단위의 의결기관('교육위원회'는 시·도의회 내의 상임위원회로 설치)
  * 2007년 법 개정으로 독립된 교육위원회 및 교육위원 선출제도는 폐지됨
② 의원 선출 : 주민들이 직접선거로 선출하는 의원들로 구성, 임기는 4년(중임제한 없음)

③ 역할
  ㉠ 시·도의회 : ⓐ 조례의 제정·개정 및 폐지, ⓑ 예산의 심의·확정, ⓒ 결산의 승인 등
  ㉡ 교육위원회(상임위원회) : 시·도 의회에 제출할 교육·학예에 관한 의안(조례안 등)과 청원 등을 심사·처리

(2) 교육감[「지방교육자치에 관한 법률」(교육자치법) 등]
① 성격
  ㉠ 시·도의 교육·학예에 관한 사무의 집행기관
  ㉡ 시·도의 교육·학예에 관한 소관 사무로 인한 소송이나 재산의 등기 등에 대하여 해당 시·도를 대표하는 기관
② 임기 : 임기는 4년으로 하며, 계속 재임은 3기에 한정함
③ 선거
  ㉠ 시·도를 단위로 하여 주민에 의해 직선제로 선출
  ㉡ 주민의 보통·평등·직접·비밀선거에 따라 선출
  ㉢ 정당은 교육감선거에 후보자를 추천할 수 없음
④ 후보자 자격(후보자등록신청개시일 기준)
  ㉠ 해당 시·도지사의 피선거권이 있는 사람으로서 과거 1년 동안 정당의 당원이 아닌 사람
  ㉡ 교육 경력 또는 교육행정 경력 또는 양 경력을 합산한 경력이 3년 이상인 자
⑤ 겸직 금지
  ㉠ 국회의원, 지방의회의원, 국가공무원, 지방공무원 등은 그 직을 가지고 교육감선거에 입후보할 수 없음(선거일 전에 사직하여야 함)
    ✽ 단, 교육감선거에서 해당 지방자치단체의 교육감은 그 직을 가지고 입후보할 수 있음
  ㉡ 교육감은 국회의원, 지방의회의원, 국가공무원, 지방공무원, 사립학교의 교원 및 경영자 등을 겸할 수 없음(임기개시일 전일에 그 직에서 당연퇴직 처리)
⑥ 주민소환 및 퇴직
  ㉠ 소환 : 주민은 교육감을 소환할 권리를 가짐(「주민소환법」의 시·도지사에 관한 규정 준용)
  ㉡ 퇴직 : 1. 겸임할 수 없는 직에 취임한 때, 2. 주민등록이전 등으로 피선거권이 없게 된 때, 3. 정당의 당원이 된 때, 4. 지방자치단체의 폐지·설치·분리·합병된 때

암기 POINT
• 교육감
  – 지방교육자치의 집행기관
  – 사무집행권, 교육규칙 제정권, 대표권 등
  – 주민직선제로 선출, 주민 소환권 존재
  – 임기 4년, 계속재임 3기 한정
  – 교육경력 또는 교육행정경력 각각 또는 합산 3년 이상
  – 정당의 후보자 추천 금지, 국회의원 등 겸직 금지

⑦ 교육감의 권한 및 관장 사무
  ㉠ 권한 : ⓐ 사무집행권, ⓑ 교육규칙 제정권, ⓒ 대표권, ⓓ 지휘·감독권, ⓔ 재의요구권, ⓕ 제소권, ⓖ 선결처분권
  ㉡ 관장 사무
    1. 조례안의 작성 및 제출에 관한 사항
    2. 예산안의 편성 및 제출에 관한 사항
    3. 결산서의 작성 및 제출에 관한 사항
    4. 교육규칙의 제정에 관한 사항
    5. 학교, 그 밖의 교육기관의 설치·이전 및 폐지에 관한 사항
    6. 교육과정의 운영에 관한 사항
    7. 과학·기술교육의 진흥에 관한 사항
    8. 평생교육, 그 밖의 교육·학예진흥에 관한 사항
    9. 학교체육·보건 및 학교환경정화에 관한 사항
    10. 학생통학구역에 관한 사항
    11. 교육·학예의 시설·설비 및 교구(敎具)에 관한 사항
    12. 재산의 취득·처분에 관한 사항
    13. 특별부과금·사용료·수수료·분담금 및 가입금에 관한 사항
    14. 기채(起債)·차입금 또는 예산 외의 의무부담에 관한 사항
    15. 기금의 설치·운용에 관한 사항
    16. 소속 국가공무원 및 지방공무원의 인사관리에 관한 사항
    17. 그 밖에 해당 시·도의 교육·학예에 관한 사항과 위임된 사항
⑧ 시·도의회와의 관계
  ㉠ 시·도의회 등의 의결에 대한 재의와 제소(제28조)
    • 교육감은 시·도의회의 의결이 법령에 위반되거나 공익을 현저히 저해한다고 판단될 때에는 그 의결사항을 이송받은 날부터 20일 이내에 이유를 붙여 재의를 요구할 수 있음
    • 시·도의회 재적의원 과반수의 출석과 시·도의회 출석의원 3분의 2 이상의 찬성으로 전과 같은 의결을 하면 그 의결사항은 확정됨
    • 재의결된 사항이 법령에 위반된다고 판단될 때에는 교육감은 재의결된 날부터 20일 이내에 대법원에 제소할 수 있음
    • 교육부장관은 재의결된 사항이 법령에 위반된다고 판단됨에도 해당교육감이 소를 제기하지 않은 때에는 해당교육감에게 제소를 지시하거나 직접 제소할 수 있음
  ㉡ 교육감의 선결처분(제29조)
    • 교육감은 소관 사무 중 시·도의회의 의결이 필요한 사항에 대하여 다음 각 호의 어느 하나에 해당하는 경우에는 선결처분을 할 수 있음
      1. 시·도의회가 성립되지 아니한 때(의결정족수 미달)
      2. 학생의 안전과 교육기관 등의 재산보호를 위하여 긴급하게 필요

- 교육감의 선결처분은 지체 없이 시·도의회에 보고하여 승인을 얻어야 함. 시·도의회에서 승인을 얻지 못한 때에는 그 선결처분은 그 때부터 효력을 상실함

⑨ 중앙정부와의 관계
  ㉠ 조례 및 교육규칙의 제한(지방자치법 제28조, 제29조)
    - 지방자치단체는 법령의 범위에서 그 사무에 관하여 조례를 제정할 수 있음
    - 다만, 주민의 권리 제한 또는 의무 부과에 관한 사항이나 벌칙을 정하는 조례는 법률의 위임이 있어야 함
    - 교육조례안의 의결이 법령에 위반되거나 공익을 현저히 해친다고 판단되면 교육부장관은 교육감에게 재의를 요구하게 할 수 있음
  ㉡ 교육감에 대한 직무이행명령(지방자치법 제189조)
    - 교육감이 국가위임사무나 시·도위임사무의 관리와 집행을 명백히 게을리하고 있다고 인정되면 교육부장관이 서면으로 이행을 명령
    - 교육부장관의 직무이행명령에 대해 이의가 있으면 교육감은 이행명령서를 접수한 날부터 15일 이내에 대법원에 소를 제기할 수 있음

(3) 부교육감과 교육장

① 부교육감(지방교육자치법 제30조)
  ㉠ 교육감의 보조기관으로서, 교육감을 보좌하여 사무를 처리하는 기관
  ㉡ 교육감 산하에 국가공무원으로 보하는 부교육감 1~2인을 두되, 고위공무원단에 속하는 일반직공무원 또는 장학관으로 보함
  ㉢ 해당 시·도의 교육감이 추천한 사람을 교육부장관의 제청으로 국무총리를 거쳐 대통령이 임명함

② 교육장
  ㉠ 교육지원청(지방교육자치법 제34조)
    - 시·도의 교육·학예에 관한 사무를 분장하기 위하여 1개 또는 2개 이상의 시·군 및 자치구를 관할구역으로 하는 하급교육행정기관
    - 교육지원청의 관할구역과 명칭은 대통령령으로 정함
    - 교육지원청에 교육장을 두되 장학관으로 보하고, 그 임용에 관하여 필요한 사항은 대통령령으로 정함
    - 교육지원청의 조직과 운영 등에 관하여 필요한 사항은 대통령령으로 정함
  ㉡ 교육장의 분장 사무(지방교육자치법 제35조) : 위임
    - 공·사립의 유치원·초등학교·중학교·고등공민학교 및 이에 준하는 각종학교의 운영·관리에 관한 지도·감독
    - 그 밖에 조례로 정하는 사무 : 각급 학교의 운영·관리에 관한 지도·감독, 교육과정의 운영, 재산의 취득·처분, 학교 수업료 및 입학금, 예산안의 편성 및 집행, 소속 공무원의 인사 등

> **암기 POINT**
> - 부교육감
>   - 교육감 보좌
>   - 고위직 일반직공무원 또는 장학관으로 보함
>   - 교육감 추천 → 교육부장관 제청 → 국무총리 → 대통령 임명

(4) 지방교육행정기관의 행정기구와 정원기준

① **총칙** : 지방교육행정기관은 기구와 정원을 총액인건비를 기준으로 운영하여야 함
② **본청의 기구**
  ㉠ 본청에 두는 실·국 등 기구의 설치 및 사무분장 : 해당 시·도의 조례로 정함
  ㉡ 본청에 두는 과·담당관 등의 설치 및 사무 분장 : 해당 시·도의 교육규칙으로 정함
③ **교육지원청 및 직속기관 등의 기구**
  ㉠ 교육지원청 국·과(담당관)·센터의 설치 및 사무 분장 : 해당 시·도의 교육규칙으로 정함
  ㉡ 직속기관 등의 하부조직 설치 및 사무 분장 : 해당 시·도의 조례 또는 교육규칙으로 정함

(5) 지방교육행정에 관한 협의 기구

① **지방교육행정협의회** : 교육감과 시·도지사
  ㉠ 지방자치단체의 교육·학예에 관한 사무를 효율적으로 처리하기 위하여 설치
  ㉡ 구성·운영에 관하여 필요한 사항은 교육감과 시·도지사가 협의하여 조례로 규정
② **교육감 협의체** : 여러 지역의 교육감들의 협의체
  ㉠ 지역 상호 간의 교류와 협력을 증진하고, 공동의 문제를 협의하기 위하여 설립
  ㉡ 지방교육자치에 직접적 영향을 미치는 법령 등에 관하여 교육부장관을 거쳐 정부에 의견 제출할 수 있으며, 교육부 및 중앙행정기관은 이에 적극 협력하여야 함

3 교육인사행정

01 교육공무원의 분류

(1) 교육공무원의 개념과 분류 2018·2019 지방직9급 / 2019 국가직9급 / 2022 국가직7급

① **교육직원** : 각종 학교의 교육활동에 종사하는 교원, 교육활동을 지원하는 직원, 교육행정기관과 교육연구 및 연수기관에 근무하고 있는 사람을 모두 포함하는 개념
  ㉠ 국·공립계통 교육직원 : 교육공무원[교원 및 조교, 교육전문직원(장학사 및 장학관, 연구사 및 연구관)], 일반직 공무원, 기타
  ㉡ 사립계통 교육직원 : 교원 및 조교, 교육행정직원

② **교육공무원** : 국·공립계통의 기관에 소속된 교육직원
  ㉠ 공무원은 경력직 공무원과 특수경력직 공무원으로 구분됨
  ㉡ 교육공무원은 경력직 공무원 중 특정직 공무원에 속함(국가공무원법 제2조)

공무원	경력직 공무원	일반직	일반행정, 기술, 교육행정 등 예 학교 행정실장
		특정직	법관, 검사, 경찰공무원, 교육공무원 등 예 교원
	특수 경력직 공무원	정무직	- 선거로 취임, 국회의 임명 동의 필요 예 교육감 - 고도의 정책결정 업무 담당 또는 이를 보조
		별정직	비서관, 비서 등 보좌업무 등 특정 업무 수행

> **암기 POINT**
> • **교육공무원의 신분** : 경력직 공무원 중 특정직

  ㉢ 교육공무원은 다시 교원과 교육전문직원으로 구분됨(교육공무원법 제2조)

교육 공무원	교원 및 조교	(초·중등학교) 교장, 교감, 수석교사, 교사
		(유치원) 원장, 원감, 수석교사, 교사
		(대학) 총장, 학장, 교수, 강사, 조교
	교육 전문직원	장학관, 장학사
		교육연구관, 교육연구사

> **암기 POINT**
> • **교육공무원의 분류**
>   - 교원 : 교장, 교감, 교사
>   - 교육전문직 : 장학사, 연구사

③ **교원** : 국·공립 및 사립의 각종 학교에서 학생을 직접 지도하는 자
  ㉠ 국·공립학교에 근무하는 교원의 신분과 복무
    • 경력직 공무원 중 특정직 공무원으로서의 신분을 가짐
    • 임용후보자 선정 경쟁시험을 거쳐 선발·임용됨
    • 복무에 관하여「국가공무원법」및「교육공무원법」의 규정을 적용받음
  ㉡ 사립학교에 근무하는 교원의 복무 : 사립학교 교원의 복무에 관하여는 국립학교·공립학교 교원에 관한 규정을 준용함(사립학교법 제55조 제1항)

(2) 교직원의 구분과 임무 2018·2025 지방직9급 / 2022 국가직7급

① **교직원의 구분** : 국·공립 및 사립의 각종 학교에 근무하는 교원과 직원(초·중등교육법 제19조)
  ㉠ 교원 : 교장, 교감, 수석교사, 교사
    ＊ 보직교사 : 학교 운영을 위하여 교무를 분담하는 교사 예 부장교사(법적으로 규정된 자격은 아님)
  ㉡ 직원 : 교원 외에 학교 운영에 필요한 행정직원 등

② **교직원의 임무**(초·중등교육법 제20조)
  ㉠ 교장 : ⓐ 교무를 총괄하고, ⓑ 민원처리를 책임지며, ⓒ 소속 교직원을 지도·감독하며, ⓓ 학생을 교육함
  ㉡ 교감 : ⓐ 교장을 보좌하여 교무를 관리하고, ⓑ 학생을 교육하며, ⓒ 교장이 부득이한 사유로 직무를 수행할 수 없을 때에는 교장의 직무를 대행

> **암기 POINT**
> • **교직원의 구분과 임무**
>   - 교장 : 교무 총괄
>   - 교감 : 교장 보좌
>   - 수석교사 : 교사 지원
>   - 교사 : 법령이 정하는 바에 따라 학생 교육
>   - 행정직원 : 법령이 정하는 바에 따라 행정사무 등

* 학생 수가 100명 이하인 학교나 학급 수가 5학급 이하인 학교 중 대통령으로 정하는 규모 이하의 학교에는 교감을 두지 아니할 수 있다.
* 다만, 교감이 없는 학교에서는 교장이 미리 지명한 교사(수석교사 포함)가 교장의 직무를 대행한다.

ⓒ 수석교사 : ⓐ 교사의 교수·연구 활동을 지원하며, ⓑ 학생을 교육함
ⓓ 교사 : 법령에서 정하는 바에 따라 학생을 교육함
ⓔ 행정직원 등 직원 : 법령에서 정하는 바에 따라 학교의 행정사무와 그 밖의 사무를 담당함

02 교육공무원의 자격기준

(1) 교육전문직원의 구분 및 자격기준

① 개관 : 교육전문직원은 별도의 교육전문직 자격증을 필요로 하지는 않음
② 장학관·교육연구관 : 대학·사범대학·교육대학 졸업자로서 7년 이상의 교육경력이나 2년 이상의 교육경력을 포함한 7년 이상의 교육행정경력 또는 교육연구경력이 있는 사람 등
  - 그 외 : 1. 행정고등고시 합격자로서 4년 이상의 교육경력이나 교육행정경력 또는 교육연구경력이 있는 사람 2. 2년 이상의 장학사·교육연구사의 경력이 있는 사람 3. 박사학위를 소지한 사람 등
③ 장학사·교육연구사 : 대학·사범대학·교육대학 졸업자로서 5년 이상의 교육경력이나 2년 이상의 교육경력을 포함한 5년 이상의 교육행정·연구경력이 있는 사람 등
④ 공통사항 : 특수지 근무를 위하여 장학관, 교육연구관 또는 장학사, 교육연구사를 임용할 때에는 교육경력으로 교육행정경력 또는 교육연구경력을 갈음할 수 있음

(2) 교원의 구분 및 자격기준 2012·2013·2014 국가직7급

① 교장 : 교감 자격증을 가지고 3년 이상의 교육경력과 일정한 재교육을 받은 사람 등
  - 그 외 : 1. 학식·덕망이 높은 사람으로서 대통령령으로 정하는 기준에 해당한다는 인정을 교육부장관으로부터 받은 사람 2. 교육대학·전문대학의 학장으로 근무한 경력이 있는 사람 3. 특수학교의 교장 자격증을 가진 사람 4. 공모 교장으로 선발된 후 교장의 직무수행에 필요한 교양과목, 교직과목 등 교육부령으로 정하는 연수과정을 이수한 사람
② 교감 : 정교사(1급) 자격증을 가지고 3년 이상의 교육경력[또는 정교사(2급) 자격증을 가지고 6년 이상의 교육경력]과 일정한 재교육을 받은 사람 등
③ 교사 : 정교사(1급, 2급), 준교사, 전문상담교사(1급, 2급), 사서교사(1급, 2급), 실기교사, 보건교사(1급, 2급), 영양교사(1급, 2급)로 교사의 자격을 구분함

- ㉠ 1급 정교사 : 정교사(2급) 자격증을 가진 사람으로서 3년 이상의 교육경력을 가지고 일정한 재교육을 받은 사람 등
  - 1. 정교사(2급) 자격증을 가지고 교육대학원 또는 교육부장관이 지정하는 대학원 교육과에서 석사학위를 받은 사람으로서 1년 이상의 교육경력이 있는 사람 2. 정교사 자격증을 가지지 아니하고 교육대학원 또는 교육부장관이 지정하는 대학원 교육과에서 석사학위를 받은 후 교육부장관으로부터 중등학교 정교사(2급) 자격증을 받은 사람으로서 3년 이상의 교육경력이 있는 사람 3. 교육대학·전문대학의 교수·부교수로서 3년 이상의 교육경력이 있는 사람
- ㉡ 2급 정교사 : 사범대학을 졸업한 사람 등
  - 1. 교육대학원 또는 교육부장관이 지정하는 대학원 교육과에서 석사학위를 받은 사람 2. 임시 교원양성기관을 수료한 사람 3. 대학에 설치하는 교육과를 졸업한 사람 4. 대학·산업대학을 졸업한 사람으로서 재학 중 일정한 교직과 학점을 취득한 사람 5. 중등학교 준교사 자격증을 가진 사람으로서 2년 이상의 교육경력을 가지고 일정한 재교육을 받은 사람 6. 초등학교의 준교사 이상의 자격증을 가지고 대학을 졸업한 사람 7. 교육대학·전문대학의 조교수로서 2년 이상의 교육경력이 있는 사람 9. 산학겸임교사 등(명예교사는 제외)의 자격기준을 갖춘 사람으로서 임용권자의 추천과 교육감의 전형을 거쳐 교육감이 지정하는 대학 또는 교원연수기관에서 교직과목과 학점을 이수한 사람 등
- ㉢ 수석교사 : 교사 자격증을 소지한 사람으로서 15년 이상의 교육경력(교육전문직 근무경력 포함)을 가지고 교수·연구에 우수한 자질과 능력을 가진 사람 중에서 교육부장관이 정하는 연수 이수 결과를 바탕으로 검정·수여하는 자격증을 받은 사람

(3) 교원의 자격취득 및 취소

① 교원의 자격검정제도(교원자격검정령 및 시행규칙)
- ㉠ 무시험검정 : 교장, 교감, 수석교사, 교사 등 현재 교사자격검정의 대부분에 해당
  - 시험을 치루지 않고 법이 정한 자격기준 요건에 합당하면 서류심사로 교사자격증 수여
  - 원칙적으로 교육부장관이 검정·수여 권한을 가짐, 실제로는 교육감이나 학교장에게 위임
- ㉡ 시험검정 : 교원수급 계획상 특별한 필요에 의하여 실시
  - 시험을 통해 합격자에게 교사자격증 수여(학력고사, 실기고사, 구술고사 부과)
  - 중등학교 준교사자격기준 제2호, 초등학교·유치원·특수학교 준교사 자격기준 제1호, 실기교사 자격기준 제3호와 제4호에 의해 실시

② 교사 자격취득의 결격사유 및 취소사유(초·중등교육법 제21조의2~제21조의5)
  ㉠ 자격취득의 결격사유
    - 마약·대마·향정신성의약품 중독자
    - 미성년자에 대한 성폭력범죄 또는 아동·청소년대상 성범죄행위로 형 또는 치료감호를 선고받아 확정된 사람 등
  ㉡ 자격취소 사유
    - 거짓이나 그 밖의 부정한 방법으로 자격증을 받은 경우
    - 교사 자격증을 다른 사람에게 빌려준 경우
    - 자격취소 후 2년 내에 자격검정 신청 불가

(4) 수석교사제도

① 수석교사의 개념
  ㉠ 수석교사는 일원적·수직적인 교원승진체계에서 벗어나 전문적으로 교수·연구 활동을 담당하도록 2011년 신설된 별도의 직위
  ㉡ 초등학교·중학교·고등학교·공민학교·고등공민학교·고등기술학교 및 특수학교에 배치(초·중등교육법 제19조)

② 제도운영 기본모형
  ㉠ 기존의 1원화된 교원승진체제를 교수(instruction) 경로와 행정관리(management) 경로의 2원화 체제로 개편
  ㉡ 수석교사는 근무평정 대상에서 제외되며, 수석교사 임기 중에 교장·원장 또는 교감·원감 자격을 취득할 수 없음
  ㉢ 수석교사는 교사의 교수·연구활동을 지원하며, 학생을 교육함(초·중등교육법 제20조)

③ 자격기준 등
  ㉠ 교사 자격증을 소지한 사람으로서 15년 이상의 교육경력(교육전문직 근무경력 포함)을 가지고 교수·연구에 우수한 자질과 능력을 가진 사람 중에서 선발
  ㉡ 최초 임기는 4년으로 하고 4년마다 재심사의 과정을 거쳐 연임할 수 있음

④ 선발절차 : 단위학교 수석교사추천위원회 추천 → 교육청 심사·선발 → 교육부장관 임용
  ㉠ 교육청 심사
    - 1단계 전형 : 서류 심사 및 동료교원 면담(현장실사 포함)
    - 2단계 전형 : 역량평가(수업 설계 및 수행, 동료교사지원, 학생지도)
  ㉡ 자격연수 : 소정의 자격연수를 통해 무시험 검정으로 선발
  ㉢ 재심사 : 임용권자는 교육부장관, 업적평가 및 연수실적 등을 반영하여 심사하고, 심사기준을 충족하지 못한 경우 수석교사로서의 직무 및 수당 등을 제한할 수 있음
    ✻ 업적평가 : 평가자 – 교장 / 확인자 – 시·도 교육감(교육장)

암기 POINT

- 수석교사제도
  - 임무 : 교사 교수연구활동 지원, 학생 교육
  - 자격 : 교사 자격증 + 15년 교육경력 + 연수 검정
  - 임기 : 최초 4년, 4년마다 재심사
  - 제한 : 교장, 교감 자격 취득 불가(근무평정 대상에서 제외)

03 교원의 의무와 권리

2015 · 2022 지방직9급 / 2013 · 2017 국가직9급 / 2017 · 2018 국가직7급

(1) 교원의 법적 지위

① **헌법**: 국·공립학교의 교사는 교육공무원으로서, 국민 전체에 대한 봉사자이며, 국민에 대하여 책임을 가짐(제7조 제1항)
② **국가공무원법**: 공무원으로서 선서, 성실, 복종, 직장 내 근무, 친절 공정, 비밀 엄수, 청렴, 품위유지, 영리 및 겸직 금지, 정치활동의 금지, 집단행위의 금지 의무 등의 의무를 가짐
③ **교육공무원법**: 교육을 통하여 국민 전체에 봉사하는 교육공무원의 직무와 책임의 특수성에 비추어 그 자격·임용·보수·연수 및 신분보장 등에 관하여 규정(「국가공무원법」의 특례)
④ **교원의 지위 향상 및 교육활동 보호를 위한 특별법**: 교원에 대한 처우를 개선하고 신분보장과 교육활동에 대한 보호를 강화함으로써 교원의 지위를 향상시키고 교육 발전을 도모
⑤ **사립학교법**: 사립학교 교원의 복무에 관하여는 국립학교·공립학교 교원에 관한 규정을 준용(사립학교법 제55조 제1항)

(2) 교직관 및 교사의 지위

① **성직관**: 인격자로서의 교사
  ㉠ 교사가 하는 일은 신부, 목사, 승려와 같은 성직자가 하는 일과 성격상 같다는 입장으로, 전통 사회에서 성직자가 교직을 담당하였던 것에서 유래
  ㉡ 교사는 높은 도덕적 수준을 유지하면서 사랑과 헌신, 희생과 봉사를 토대로 학생의 인격을 성숙시키는 정신적 활동에 전념할 것이 요구됨
  ㉢ 교사의 물질적 보상이나 근무 조건에 대한 권리요구는 세속적인 관심으로 간주됨

② **노동직관**: 근로자로서의 교사
  ㉠ 마르크스의 노동관에 입각한 관점으로, 교사도 학교라는 직장에 고용되어 정신적 노동을 제공한 대가로 보수를 받아 생계를 유지한다는 점에서 일반 노동자와 같다는 입장
  ㉡ 교사는 교육노동자라는 관점에서 노동 조건에 관심을 가지며, 법적으로 보장되어 있는 노동 관련 제반 권리가 교사에게도 보장되어야 한다고 봄
  ㉢ 1999년에 「교원의 노동조합 설립 및 운영에 관한 법률」이 제정되었으며, 이 법률에 따라 교원의 노동조합 설립과 활동을 보장하고 있음

③ 공직관 : 공직자로서의 교사
  ㉠ 학교는 공공성을 지닌 조직이며, 교사는 공직자의 신분으로서 공공의 이익을 위해 일하는 사람이라고 보는 관점
  ㉡ 학교는 공교육의 이념 아래 국민의 교육기본권을 보장하기 위한 기관이라고 보기 때문에, 국립뿐 아니라 공립 및 사립학교의 경우에도 교사의 신분은 법적으로 보장됨
  ㉢ 특히 의무교육기관의 교원은 국민 전체에 대한 봉사자로서, 공공의 이익을 위해 교원의 기본권은 제한될 수 있다고 봄 예 교육공무원의 정치적 표현의 자유, 참정권 등의 제한

④ 전문직관 : 전문가로서의 교사
  ㉠ 오늘날 일반적으로 받아들여지고 있는 교직관으로서, 교직을 전문적 지식과 기술 및 고도의 책임감과 윤리의식을 토대로 하는 전문적 성격의 직업으로 보는 관점
  ㉡ 전문직으로서의 교사는 장기간의 교육을 통해 전문적인 지식과 기술을 습득하여야 하므로, 교사양성기관의 설립과 자격제도의 도입의 근거
  ㉢ 유네스코와 국제노동기구(UNESCO/ILO)의 「교원의 지위에 관한 권고」에서도 '교직은 전문직(profession)으로 간주되어야 한다.'(제6항)고 규정하고 있음
  ㉣ 우리나라의 「교육기본법」(제14조 제1항)에서도 '학교교육에서 교원의 전문성은 존중되며, 교원의 경제적·사회적 지위는 우대되고 그 신분은 보장된다.'고 규정함

⑤ 종합 : 상기의 관점은 상호 연관되어 있으므로 한 시대에 공존할 수 있음

(3) 국가공무원으로서의 의무(국가공무원법)

① 개관 : 모든 국가공무원들은 국민 전체의 봉사자로서 행정의 민주적이며 능률적인 운영을 기하여야 함(제1조)

② 적극적 의무
  ㉠ 선서의 의무(제55조) : 공무원은 취임할 때에 소속 기관장 앞에서 선서하여야 함
  ㉡ 성실의 의무(제56조) : 모든 공무원은 법령을 준수하며 성실히 직무를 수행하여야 함
    ※ 교원의 '성실의 의무' 위반 사례 : 교사가 실험수업 중 안전조치를 하지 않아 학생들이 화상을 입었다. / 교사가 수업 중에 수업내용과 무관하게 개인적 일로 통화를 하였다. / 교사가 중간고사에서 과반수 이상을 작년의 기출문제와 동일하게 다시 출제했다.
  ㉢ 복종의 의무(제57조) : 직무를 수행할 때 소속 상관의 직무상 명령에 복종하여야 함

암기 POINT

• 국가공무원으로서의 의무
  - 적극적 의무(~해야 한다.) : 선서, 성실, 복종, 친절·공정, 종교중립, 비밀엄수, 청렴, 품위유지의 의무
  - 소극적 의무(~하지 말아야 한다.) : 정치운동, 집단행위, 영리업무 및 겸직, 직장이탈, 영예의 제한

ㄹ 친절·공정의 의무(제59조) : 국민 전체의 봉사자로서 친절하고 공정하게 직무를 수행하여야 함
  - 교원의 '공정의 의무'
    - 교원은 모든 학생을 똑같이 대하여야 함. 입학 허가, 성적 부여, 교육상의 모든 서류의 작성이 친소 관계와 물질적 보상, 개인적인 이해 관계로 좌우되어서는 안 됨
    - 교원은 인종, 성, 종교, 신념 등을 이유로 특정한 학생에게 이익을 주어서는 안 됨
    - 교원은 부모의 경제적·사회적 지위를 함부로 이용하지 않으며, 이에 좌우되지 않아야 함
ㅁ 종교중립의 의무(제59조의2)
  - 공무원은 종교에 따른 차별 없이 직무를 수행하여야 함
  - 위 조항에 위배되는 직무상 명령을 한 경우에는 이에 따르지 아니할 수 있음
ㅂ 비밀엄수의 의무(제60조) : 재직 중은 물론 퇴직 후에도 직무상 알게 된 비밀 엄수
ㅅ 청렴의 의무(제61조)
  - 직무와 관련하여 직접적이든 간접적이든 사례·증여 또는 향응을 주거나 받을 수 없음
  - 직무상의 관계가 있든 없든 그 소속 상관에게 증여하거나 소속 공무원으로부터 증여를 받아서는 안 됨
ㅇ 품위유지의 의무(제63조) : 직무의 내외를 불문하고 품위가 손상되는 행위를 하여서는 안 됨 예 근무 중 단정한 복장 착용의 의무

③ 소극적 의무
ㄱ 정치운동 금지(제65조)
  - 공무원은 정당이나 그 밖의 정치단체의 결성에 관여하거나 이에 가입할 수 없음
  - 공무원은 선거에서 특정 정당 또는 특정인을 지지 또는 반대하기 위한 다음의 행위를 하여서는 안 됨
    * 금지되는 행위 : 1. 투표를 하거나 하지 아니하도록 권유 운동을 하는 것 2. 서명 운동을 기도·주재하거나 권유하는 것 3. 문서나 도서를 공공시설 등에 게시하거나 게시하게 하는 것 4. 기부금을 모집 또는 모집하게 하거나, 공공자금을 이용 또는 이용하게 하는 것 5. 타인에게 정당이나 그 밖의 정치단체에 가입하게 하거나 가입하지 아니하도록 권유 운동을 하는 것
ㄴ 집단행위 금지(제66조 제1항)
  - 공무원은 노동운동이나 그 밖에 공무 외의 일을 위한 집단 행위를 하여서는 안 됨(노동조합 활동은 제한적으로 허용)

ⓒ 영리업무 및 겸직 금지(제64조)
- 공무원은 공무 외에 영리를 목적으로 하는 업무에 종사하지 못함
- 소속 기관장의 허가 없이 다른 직무를 겸할 수 없음

ⓔ 직장이탈 금지(제58조) : 공무원은 소속 상관의 허가 또는 정당한 사유가 없으면 직장을 이탈하지 못함

ⓜ 영예의 제한(제62조) : 외국 정부로부터 영예나 증여를 받을 경우에는 대통령의 허가를 받아야 함

(4) 교육공무원 또는 교원으로서의 의무

① 교육 및 연구 활동의 의무(전문성 신장 노력의 의무)
ⓐ 교원은 교육자로서 지녀야 할 윤리의식을 확립하고, 이를 바탕으로 학생에게 학습윤리를 지도하고 지식을 습득하게 하며, 학생 개개인의 적성을 계발할 수 있도록 노력하여야 함(교육기본법 제14조 제3항)
ⓑ 교원은 교육자로서 갖추어야 할 품성과 자질을 향상시키기 위하여 노력하여야 함(교육기본법 제14조 제2항)
ⓒ 교육공무원은 그 직책을 수행하기 위하여 끊임없이 연구와 수양에 힘써야 함(교육공무원법 제38조 제1항)

② 정치적·종교적 편향 교육의 금지
ⓐ 교육은 교육 본래의 목적에 따라 그 기능을 다하도록 운영되어야 하며, 정치적·파당적 또는 개인적 편견을 전파하기 위한 방편으로 이용되어서는 안 됨(교육기본법 제6조 제1항)
ⓑ 국가와 지방자치단체가 설립한 학교에서는 특정한 종교를 위한 종교교육을 하여서는 안 됨(교육기본법 제6조 제2항)
ⓒ 교원은 특정한 정당이나 정파를 지지하거나 반대하기 위하여 학생을 지도하거나 선동하여서는 안 됨(교육기본법 제14조 제4항)

(5) 교육공무원 또는 교원의 권리

① 적극적 권리 : 교육전문가로서 전문성을 존중받을 권리
ⓐ 교원의 전문성 존중과 신분보장
- 교육의 자주성·전문성·정치적 중립성 및 대학의 자율성은 법률이 정하는 바에 의하여 보장됨(헌법 제31조 제4항)
- 학교교육에서 교원의 전문성은 존중되며 교원의 경제적·사회적 지위는 우대되고 그 신분은 보장됨(교육기본법 제14조 제1항)

ⓑ 정년보장(교육공무원법 제47조)
- 교육공무원의 정년은 62세(단, 대학 교원인 교육공무원은 65세, 일반직공무원은 60세)

암기 POINT

- 교육공무원(교원)으로서의 추가적인 의무
  - 교육 및 연구 활동의 의무
  - 정치적·종교적 편향 교육의 금지

암기 POINT

- 교육공무원(교원)으로서의 적극적 권리(전문성 존중)
  - 교원의 전문성 존중
  - 정년 보장(62세)
  - 교원의 경제적·사회적 지위 우대
  - 전직 및 겸임의 허용

- 정년에 이른 날이 3월에서 8월 사이에 있는 경우에는 8월 31일에, 9월에서 다음 해 2월 사이에 있는 경우에는 다음 해 2월 말일에 각각 당연히 퇴직

ⓒ 교원의 경제적·사회적 지위 우대
- 교육공무원의 보수는 우대되어야 함(교육공무원법 제34조 제1항)
- 교원의 경제적·사회적 지위는 우대(교육기본법 제14조 제1항)
- 국가와 지방자치단체는 교원의 보수를 특별히 우대하여야 함
- 사립학교의 학교법인과 사립학교 경영자는 그가 설치·경영하는 학교 교원의 보수를 국공립학교 교원의 보수 수준으로 유지(교원지위법 제3조)

ⓒ 전직 및 겸임의 허용
- 교원은 법률로 정하는 바에 따라 다른 공직에 취임할 수 있음(교육기본법 제14조 제5항)
- 직위와 직무 내용이 유사하고 담당 직무 수행에 지장이 없다고 인정되는 경우에는 교육공무원과 일반직공무원, 교육공무원과 다른 교육공무원, 교육공무원과 다른 특정직공무원 또는 교육공무원과 대통령령으로 정하는 관련 교육·연구 기관이나 그 밖의 관련 기관·단체의 임직원을 서로 겸임할 수 있음(교육공무원법 제18조)

② 소극적 권리 : 교권침해 방지를 위한 권리
ⓐ 의사에 반한 신분조치를 당하지 않을 권리(신분유지권)
- 공무원의 신분과 정치적 중립성은 법률에 의해 보장(헌법 제7조)
- 학교교육에서 교원의 신분은 보장됨(교육기본법 제14조 제1항)
- 교권은 존중되어야 하며, 교원은 그 전문적 지위나 신분에 영향을 미치는 부당한 간섭을 받지 않음(교육공무원법 제43조 제1항)
- 교원은 형의 선고나 징계처분 또는 이 법에서 정하는 사유에 의하지 아니하고는 본인의 의사에 반하여 강임·휴직 또는 면직을 당하지 않음(국가공무원법, 교육공무원법, 교원지위법)
- 교육공무원은 권고에 의하여 사직을 당하지 않음(교육공무원법 제43조 제3항)

ⓑ 쟁송제기권(고충심사청구권, 소청심사청구권)
- 교육공무원은 누구나 인사·조직·처우 등 각종 직무조건과 그 밖의 신상문제에 대하여 인사상담이나 고충의 심사를 청구할 수 있음(교육공무원법 제49조 제1항)
- 교원이 징계처분과 그 밖에 그 의사에 반하는 불리한 처분에 대하여 불복할 때에는 그 처분이 있었던 것을 안 날부터 30일 이내에 '교원소청심사위원회'에 소청심사를 청구할 수 있음(교원지위법 제9조 제1항)

> **암기 POINT**
> - 소극적 권리(교권침해 방지)
>   - 본인의 의사에 반한 신분조치(휴직, 면직, 권고사직) 당하지 않을 권리
>   - 징계처분에 대한 쟁송제기권(교원소청심사위원회)
>   - 교원의 학원 내 불체포특권
>   - 교원의 단결권 및 단체교섭권

ⓒ 교원의 불체포특권
- 교원은 현행범인인 경우를 제외하고는 소속 학교의 장의 동의 없이 학원 안에서 체포되지 아니 함(교육공무원법 제48조, 교원지위법 제4조, 사립학교법 제60조)

ⓔ 교원의 단결권 및 단체교섭권(교원노조법, 공무원노조법)
- 교원은 상호 협동하여 교육의 진흥과 문화의 창달에 노력하며, 교원의 경제적·사회적 지위를 향상시키기 위하여 각 지방자치단체와 중앙에 교원단체를 조직할 수 있음(교육기본법 제15조 제1항)
- 교원의 지위 향상을 위한 교섭·협의 : 교원단체는 교원의 전문성 신장과 지위 향상을 위하여 특별시·광역시·특별자치시·도 및 특별자치도 교육감이나 교육부장관과 교섭·협의(교원지위법 제11조 제1항)
- 단, 현행 법에서 교원 및 공무원의 단체행동권은 보장되지 않음

(6) 교육공무원의 보수

① 보수결정의 원칙
ⓐ 교육공무원에 대한 별도의 규정 없이 「공무원 보수규정」과 「공무원 수당규정」을 준용
ⓑ 직무의 곤란성 및 책임의 정도에 상응하도록 계급별, 직위별, 직무등급별로 결정
ⓒ 사립학교 법인과 사립학교 경영자는 사립학교 교원의 보수를 국공립학교 교원의 보수 수준으로 유지하여야 함(교원지위법 제3조 제2항)

② 보수 = 봉급(기본급여) + 각종 수당(부가급여)
ⓐ 봉급 : 직무 곤란성과 책임의 정도 및 재직기간 등에 따라 직책별, 계급별, 호봉별로 지급되는 기본급여(*단일호봉제 채택)
ⓑ 수당 : 직무여건 및 생활여건 등에 따라 지급되는 부가급여 예 교직수당, 성과상여금 등

③ 퇴직급여
ⓐ 퇴직급여 : 공동적립제도에 의하여 적립된 금액을 지급(공무원연금, 사학연금)
ⓑ 명예퇴직수당 : 교육공무원으로 20년 이상 근속한 사람이 정년 전에 스스로 퇴직하는 경우 지급

(7) 교원의 교권보호

① 교원의 교권보호 관련 규정
ⓐ 학교장 및 교원의 임무 : 교사는 법령에서 정하는 바에 따라 학생을 교육할 임무를 부여 받음(초·중등교육법 제20조 제4항)

- ⓛ 학교장 및 교원의 생활지도 권한(초·중등교육법 제20조의2)
  - 학교의 장과 교원은 학생의 인권을 보호하고 교원의 교육활동을 위하여 필요한 경우에는 법령과 학칙으로 정하는 바에 따라 학생을 지도할 수 있음
  - 이에 따른 교원의 정당한 학생생활지도에 대해서는 「아동복지법」에서 정한 아래의 금지행위 위반으로 보지 않음
    - ✱ 교원의 정당한 학생생활지도에 대한 특례 사항
      - 아동의 신체에 손상을 주거나 신체의 건강 및 발달을 해치는 신체적 학대행위
      - 아동의 정신건강 및 발달에 해를 끼치는 정서적 학대행위(가정폭력에 아동을 노출시키는 행위로 인한 경우를 포함함)
      - 자신의 보호·감독을 받는 아동을 유기하거나 의식주를 포함한 기본적 보호·양육·치료 및 교육을 소홀히 하는 방임행위
- ⓒ 학생의 의무 : 학생은 교직원 또는 다른 학생의 인권을 침해하는 행위를 하여서는 안 됨(초·중등교육법 제18조의4 제2항)
- ⓔ 보호자의 의무(초·중등교육법 제18조의5)
  - 보호자가 교직원 또는 다른 학생의 인권을 침해하는 행위를 금지함
  - 보호자는 교원의 학생생활지도를 존중하고 지원하여야 함
  - 보호자는 교육활동의 범위에서 교원과 학교의 전문적인 판단을 존중하고 교육활동이 원활히 이루어질 수 있도록 적극 협력하여야 함

② 교육활동 침해행위의 예방 및 대응

- ⓐ '교육활동 침해행위'의 정의 : 고등학교 이하 각급학교에 소속된 학생 또는 그 보호자 등이 교육활동 중인 교원에 대하여 상해·폭행·협박 등에 해당하는 범죄 행위 또는 교원의 교육활동을 부당하게 간섭하거나 제한하는 행위(교원의 지위 향상 및 교육활동 보호를 위한 특별법 제19조)
  - ✱ 교원의 교육활동을 부당하게 간섭하거나 방해하는 행위
    - 목적이 정당하지 아니한 민원을 반복적으로 제기하는 행위
    - 교원의 법적 의무가 아닌 일을 지속적으로 강요하는 행위
    - 그 밖에 교육부장관이 정하여 고시하는 행위
- ⓑ 교육활동 침해행위 예방
  - **교육활동 보호 종합계획** : 교육부장관은 교원의 교육활동 보호 정책을 효율적으로 추진하기 위하여 관계 중앙행정기관의 장과의 협의를 거쳐 5년마다 교원의 교육활동 보호에 관한 종합계획을 수립·시행하여야 함(교원지위법 제14조)
  - **교육활동보호센터 지정** : 관할청은 교육활동 침해행위를 예방하고, 피해교원의 정신적 피해에 대한 치유 지원 등 심리적 회복이 필요한 교원을 지원하기 위하여 대통령령으로 정하는 요건을 갖춘 기관 또는 단체를 교육활동보호센터로 지정하고, 그 운영에 드는 비용의 전부 또는 일부를 예산 범위에서 지원할 수 있음(교원지위법 제29조)

더 알아두기

- 교원의 교육활동을 부당하게 간섭하거나 방해하는 행위 (교육부 고시 2023.3.23.)
  1. 「형법」에 따른 공무방해 및 업무방해에 해당하는 범죄 행위로 교원의 정당한 교육활동을 방해하는 행위
  2. 교육활동 중인 교원에게 성적 언동 등으로 성적 굴욕감 또는 혐오감을 느끼게 하는 행위
  3. 교원의 정당한 교육활동에 대해 반복적으로 부당하게 간섭하는 행위
  4. 교원의 정당한 생활지도에 불응하여 의도적으로 교육활동을 방해하는 행위
  5. 교육활동 중인 교원의 영상·화상·음성 등을 촬영·녹화·녹음·합성하여 무단으로 배포하는 행위
  6. 그 밖에 학교장이 「교육공무원법」 제43조 제1항에 위반한다고 판단하는 행위

- 교육활동 침해행위 예방교육 : 학교의 장은 교직원·학생·학생의 보호자를 대상으로 교육활동 침해행위 예방교육을 매년 1회 이상 실시하여야 함(교원지위법 제24조)

ⓒ 피해교원의 보호(교원지위법 제20조, 제21조, 제22조, 제23조)
- 즉시적 보호 조치 : 가해자와 피해교원의 분리, 심리상담 및 조언, 치료 및 치료를 위한 요양, 그 밖에 치유와 교권 회복에 필요한 조치
- 수사기관 고발 : 관할청은 교육활동 침해행위가 관계 법률의 형사처벌 규정에 해당한다고 판단하면 관할 수사기관에 고발할 수 있음
- 보호조치비용의 부담 : 교육활동 침해 학생의 보호자 등이 부담하도록 하되, 신속 치료를 위해 관할청이 부담하고 구상권 행사 가능
- 법률지원 : 교육감은 해당 교원에게 법률 상담을 제공하기 위하여 변호사 등 법률전문가가 포함된 법률지원단을 구성·운영하여야 함
- 특별휴가 : 피해교원은 교육부장관이 정하는 바에 따라 특별휴가를 사용할 수 있음

ⓔ 교육활동 침해 학생 및 보호자에 대한 조치(교원지위법 제25조, 제26조)
- 고등학교 이하 학교의 장은 소속 학생 또는 보호자가 교육활동 침해행위를 한 사실을 알게 된 경우에는 지역교권보호위원회에 알려야 함
- 지역교권보호위원회는 교육활동 침해 학생 및 보호자에 대하여 다음 중 어느 하나에 해당하는 조치를 할 것을 교육장에게 요청하여야 함
    * 교육활동 침해 학생에 대한 조치
        1. 학교에서의 봉사
        2. 사회봉사
        3. 학내외 전문가에 의한 특별교육 이수 또는 심리치료
        4. 출석정지
        5. 학급교체
        6. 전학
        7. 퇴학처분(의무교육과정에 있는 학생에 대하여는 적용하지 않음)
    * 교육활동 침해 보호자에 대한 조치
        1. 서면사과 및 재발방지 서약
        2. 교육감이 정하는 기관에서의 특별교육 이수 또는 심리치료
- 제4호부터 제6호까지의 조치(출석정지, 학급교체, 전학의 조치)를 받은 학생에게는 특별교육을 이수하거나 심리치료를 받도록 하여야 함
    * 단, 전학 조치하는 경우에는 전학을 우선 시행한 후에 특별교육 및 심리치료 실시

04 교원단체 및 교원노동조합 2010·2017 국가직9급 / 2008 국가직7급

(1) 개관
① 교원단체 및 교원 노동조합은 교원의 전문성 신장과 경제적·사회적 복리 증진을 추구하는 단체로 그 조직의 설립과 운영이 허용되어 있음(교육기본법 제15조)
② 헌법(제33조 제1항)에서 근로자의 단결권, 단체교섭권, 단체행동권을 보장함에도 불구하고, 공직자로서의 특수한 신분과 공익적 지위를 고려하여 교원 및 교육공무원의 단체행동권은 보장되지 않음[국가공무원법 제66조(공무원의 집단행위 금지), 공무원노조법 제11조, 교원노조법 제8조(쟁위행위 금지)]
③ 우리나라의 전국 단위 교원단체는 전문직 단체인 한국교원단체총연합회('교총')와 노동조합인 전국교직원노동조합('전교조'), 한국교원노동조합('한교조'), 교사노동조합연맹('교사노조') 등 여러 단체가 설립·운영되고 있음(* 복수의 교원단체 및 노조 원칙이 적용됨)

(2) 교원단체
① 교원단체의 설립
  ㉠ 교원은 상호 협동하여 교육의 진흥과 문화의 창달에 노력하며, 교원의 경제적·사회적 지위를 향상시키기 위하여 교원단체를 조직할 수 있음(교육기본법 제15조 제1항)
  ㉡ 1991년 제정된 교원지위 향상을 위한 특별법에서 교원단체와 교육행정조직 간의 교섭·협의 내용 등에 관해 구체화함
② 가입: 교원단체에의 가입은 교원 자신이 스스로 가입하는 것을 원칙으로 하며, 가입할 수 있는 교원의 범위는 국공립 및 사립학교의 전체 교원을 포함(* 학교의 장도 가입 가능)
③ 교섭 및 협의
  ㉠ 교원단체는 각 지방자치단체와 중앙에 조직할 수 있으며, 시·도 교육감이나 교육부장관과 교섭·협의함(* 국공립 및 사립 학교구분 없이 학교 단위 협의는 허용되지 않음)
  ㉡ 교섭·협의의 내용은 교원의 처우 개선, 근무조건 및 복지후생과 전문성 신장에 관한 사항으로 한정하며, 교육과정과 교육기관 및 교육행정기관의 관리·운영에 관한 사항은 교섭·협의의 대상이 될 수 없음(교원지위법 제12조)
  ㉢ 교섭·협의는 정부와 교직단체가 공동의 합의를 도출하는 과정으로서의 성격이 강하며, 사적 계약으로서의 효력은 보장되지만 그 실행은 신의·성실의 원칙에 의존하는 한계가 있음

암기 POINT

• 교원단체
 - 가입: 전체 교원(교장, 교감 O)
 - 교섭 대상: 시·도 교육감과 교육부 장관 대상(학교 ×)
 - 교섭 내용: 처우 개선, 근무조건, 복지후생, 전문성 신장
 - 교섭 성격: 민법적 합의

(3) 교원노동조합[교원의 노동조합 설립 및 운영 등에 관한 법률(교원노조법)]

① 개관
  ㉠ 1989년 창립된 전교조는 초기에는 불법단체로 규정되었으며, 문민정부 이후에도 비법정 임의단체로 존재하였으나, 1999년 교원의 노동조합 설립 및 운영 등에 관한 법률이 제정되면서 합법적인 노동조합으로 인정됨
  ㉡ 우리나라 헌법과 보편적 국제기준에 따라 노동기본권을 보장하되, 교원의 신분적 특수성을 고려하여 단결권과 단체교섭권은 인정하지만 단체행동권은 인정되지 않고 있음

② 교원노동조합의 설립(제4조)
  ㉠ 유치원 및 초중등학교의 교원은 시·도 또는 전국 단위로만 교원노조 설립 허용
  ㉡ 대학교의 교원은 시·도 및 전국 단위뿐 아니라, 개별학교 단위의 노조 설립도 허용
  ㉢ 노동조합을 설립하려는 사람은 고용노동부장관에게 설립신고서를 제출하여야 함

③ 노조 가입이 가능한 교원의 범위(제4조의2)
  ㉠ 유치원·초등학교·중학교·고등학교·대학 등에서 교원으로 근무하고 있거나 근무하였던 교원으로 노동조합 규약으로 정하는 사람
    ＊ 유치원 및 초·중등학교의 기간제교원 : 교원노조법상 교원에 해당하므로 노조에 가입할 수 있음(단, 대학의 강사는 제외)
  ㉡ 교장과 교감은 사용자(교원의 임용권자)로부터 학교운영의 권한을 부여받아 교원에 관한 사항에 대하여 지휘·감독하므로 사용자의 지위로 보아 노동조합에 가입할 수 없음
  ㉢ 「초·중등교육법」 제19조의2와 제22조에서 규정하고 있는 전문상담교사 및 산학겸임교사 중 정규직 교원이 아닌 자와 평생교육법에 의한 평생교육사는 교원노조법의 적용범위에 해당하지 않음

④ 노동조합 전임자의 지위(제5조)
  ㉠ 교원은 임용권자의 동의를 받아 노동조합으로부터 급여를 지급받으면서 노동조합의 업무에만 종사할 수 있음
  ㉡ 허가받은 노동조합의 전임자는 전임 기간 중 휴직명령을 받은 것으로 보며, 이 경우의 휴직은 직권휴직에 해당함
  ㉢ 전임자임을 이유로 승급 또는 그 밖의 신분상의 불이익을 받지 아니함

⑤ 단체교섭 및 단체협약(제6조)
  ㉠ 노동조합의 대표자는 그 노동조합 또는 조합원의 임금, 근무 조건, 후생복지 등 경제적·사회적 지위 향상에 관하여 교섭하고 단체협약을 체결할 권리를 가짐

암기 POINT

• 교원노동조합
  - 가입 : 노동자에 해당하는 정규 교원(교장, 교감 ×)
  - 노조 전임자 : 휴직 처리, 노동조합에서 급여 지급
  - 교섭 대상 : (유·초·중·고) 시·도 교육감, 교육부장관, 사립학교 설립·경영자
  - 교섭 내용 : 임금, 근무조건, 복지후생 등
  - 교섭 성격 : 노사 간 집단계약(채무적 효력)
  - 특별 규정 : 정치활동 일체 금지, 파업 등 집단행동 금지

- 단체교섭 및 협약의 대상인 것의 예 : 교원보수체계의 개념, 학교급별 교원의 근무조건, 초등교원과 중등교원의 수당차이 해소 등
- 단체교섭 및 협약의 대상이 아닌 것의 예 : 교육정책이나 교육과정 개정, 학교운영 등에 관한 사항

ⓒ 유치원 및 초·중등학교의 경우, 교섭 및 협약 체결의 대상은 교육부장관, 시·도 교육감 또는 사립학교 설립·경영자(전국 또는 시·도 단위 연합)로 함

ⓒ 대학의 경우, 교섭 및 협약 체결의 대상은 교육부장관, 시·도지사, 국·공립학교의 장 또는 사립학교 설립·경영자와 교섭·협약 체결

⑥ 정당한 노조활동의 범위와 한계

ⓒ '노동조합과 관련된 정당한 활동'이란 근로조건의 유지·개선과 사회·경제적 지위의 향상을 도모하기 위한 활동을 뜻함

ⓒ 교원의 노동조합이 일체의 정치활동을 하는 것 금지(제3조)

ⓒ 파업, 태업 또는 그 밖에 업무의 정상적인 운영을 방해하는 일체의 쟁의행위를 하는 것 금지(제8조)

	교원단체	교원노조
주요 목적	교원의 자질 향상 및 전문성 신장	교원의 경제적·사회적 지위 향상
교직관	전문직관(→ 직능단체)	노동직관(→ 노동조합)
근거법률	교육관계법(교육기본법, 민법 등)	노동관계법(교원노조법, 노조법 등)
설립방법	허가제(교육부에서 허가)	신고제(고용노동부에 신고)
설립단위	시·도, 전국 단위	- 유치원, 초·중등 : 시·도, 전국 단위 - 대학교 : 학교, 시·도, 전국 단위
가입대상	교원 전체(교장, 교감 포함)	교원(교장, 교감 제외)

교섭/협의/협약	국공립 및 사립, 학교급 구분 없이
	- (전국) 교육부 장관
	- (시·도) 교육감
		- 유치원, 초·중등학교 :
		  (전국) 교육부장관/사립학교 설립자·경영자의 전국 연합
		  (시·도) 교육감/사립학교 설립자·경영자의 지역별 연합
		- 대학 : (전국) 교육부장관, (시·도) 시·도지사(학교), 국공립 – 학교장, 사립 – 설립자·경영자

교섭 내용	교원의 처우 개선, 근무조건 및 복지후생과 전문성 신장에 관한 사항	임금, 근무 조건, 후생복지 등 경제적·사회적 지위 향상에 관한 사항
법적 효력	공동협의(민법적 합의 – 신의성실의 원칙에 의존, 규범적 효력×)	단체협약(노사간의 집단계약 – 규범적 효력, 채무적 효력)

05 교원의 임용

2016·2017·2018·2019 지방직9급 / 2009·2015·2019·2020·2025 국가직9급 /
2009·2011·2014·2019·2024 국가직7급

(1) 교원 임용의 기초

① 임용 관련 용어의 정의(교육공무원법 제2조)
  ㉠ 임용 : 신규채용, 승진, 승급, 전직, 전보, 겸임, 파견, 강임, 휴직, 직위해제, 정직, 복직, 면직, 해임 및 파면을 포괄하는 개념
  ㉡ 직위 : 1명의 교육공무원에게 부여할 수 있는 직무와 책임
  ㉢ 승진 : 동일 직렬 내에서의 직위가 상승하는 것
    예 교사 → 교감 → 교장(○) / 교사 → 부장교사(×)
  ㉣ 승급 : 동일 직급 내에서 호봉이나 등급이 상승하는 것
  ㉤ 강임 : 같은 종류의 직위 및 자격에서 이전보다 하위 직위에 임용하는 것
  ㉥ 전직 : 직위의 종류와 자격을 달리하여 임용하는 것
  ㉦ 전보 : 같은 직위 및 자격에서 근무기관이나 부서를 달리하여 임용

	← 전직 / 전보 →				
↑ 승진 강임 ↓	(유치원)	(초등)	(중등)	(전문직)	(전문직)
	원장	교장	교장	장학관	교육 연구관
	원감	교감	교감	장학사	교육 연구사
	교사	교사	교사		

  ㉧ 겸임 : 경력직공무원 상호 간에 또는 경력직공무원과 관련 교육·연구기관, 그 밖의 기관·단체의 임직원 간에 서로 겸임하게 하는 것(→ 겸임 근무하는 사람은 복무에 관하여 본직 기관의 장의 지휘감독을 받음)
  ㉨ 파견 : 소속 공무원을 다른 국가기관·공공단체·국내외의 교육기관·연구기관, 그 밖의 기관에 일정 기간 파견하여 근무하게 하는 것(→ 다른 기관에서 파견근무하는 사람은 복무에 관하여 파견받은 기관의 장의 지휘·감독을 받음)
  ㉩ 휴직 : 재직 중 직무에 종사할 수 없는 사유가 발생한 경우 면직하지 않고, 일정기간 신분을 유지하면서도 직무에 종사하지 않도록 명하는 것
  ㉪ 복직 : 휴직, 직위해제 또는 정직 중에 있는 교육공무원을 직위에 복귀시키는 것

② 임용의 원칙(교육공무원법 제10조)
  ㉠ 교육공무원의 임용은 자격, 재교육성적, 근무성적, 그 밖에 실제 증명되는 능력에 의하여 함
  ㉡ 교육공무원의 임용은 교원으로서의 자격을 갖추고 임용을 원하는 모든 사람에게 능력에 따른 균등한 임용의 기회가 보장되어야 함

암기 POINT

• 전직
  - 교사, 교감, 교장 ⇄ 장학사
  - 장학관 ⇄ 교육연구관
  - 초등학교 교사 ⇄ 중학교 교사, 고등학교 교사

• 전보
  - A중학교 교사 ⇄ B고등학교 교사
  - A교육청 장학사 ⇄ B교육청 장학사

③ 교육공무원 임용의 결격사유(교육공무원법 제10조의4)
  ㉠ 「국가공무원법」 제33조(결격사유) 어느 하나에 해당하는 사람
  ㉡ 미성년자에 대한 다음의 어느 하나에 해당하는 행위로 파면·해임되거나 형 또는 치료감호를 선고받아 그 형 또는 치료감호가 확정된 사람
    • 「성폭력범죄의 처벌 등에 관한 특례법」에 따른 성폭력범죄 행위
    • 「아동·청소년의 성보호에 관한 법률」에 따른 아동·청소년대상 성범죄 행위
  ㉢ 성인에 대한 「성폭력범죄의 처벌 등에 관한 특례법」에 따른 성폭력범죄 행위로 파면·해임되거나 100만원 이상의 벌금형이나 그 이상의 형 또는 치료감호를 선고받아 그 형 또는 치료감호가 확정된 사람
  ㉣ 마약·대마 또는 향정신성의약품 중독자

④ 교원 채용의 제한(교육공무원법 제10조의3)
  ㉠ 재직하는 동안 다음의 어느 하나의 행위로 인하여 파면·해임되거나 금고 이상의 형을 선고받은 사람은 교원으로 채용될 수 없음
    1. 〈삭제〉
    2. 금품 수수 행위
    3. 시험문제 유출 및 성적조작 등 학생성적 관련 비위 행위
    4. 학생에 대한 신체적 폭력 행위
  ㉡ 교육공무원징계위원회에서 해당 교원의 반성 정도 등을 고려하여 교원으로서 직무를 수행할 수 있다고 의결한 경우에는 채용될 수 있음
  ㉢ 기간제교원, 강사, 산학겸임교사 등의 채용시에도 적용됨

⑤ 임용권자별 임용사항
  ㉠ 대통령(교육공무원법 제15조, 제29조의2)
    • 교장·원장으로 임명하는 경우(신규채용)
    • 교장 특별승진(교감의 명예퇴직으로 인한 특별승진)
  ㉡ 교육부장관(교육공무원임용령 제3조, 제3조의2)
    • 교육부 본부 소속 교육공무원 ⇔ 시·도교육감 소속 교육공무원 전보
    • 교육부 직속학교 교장 ⇔ 시·도교육청 소속 학교 교장 전보
  ㉢ 교육감(교육공무원임용령 제3조, 제3조의2)
    • 교장·원장의 전보
    • 교감·원감·수석교사·교사의 임용

구분	신규채용	승진	그 외 임용사항
교육부 소속 및 직속기관 교육공무원	교육부장관	교육부장관	교육부장관
장학관, 교육연구관, 장학사, 교육연구사	교육감	교육감	교육감
교장, 원장	대통령	대통령	교육감
교감, 원감, 교사	교육감	교육감	교육감

> **암기 POINT**
> • 교장의 임용
>   - 대통령이 임용권자
>   - 임기는 4년, 한 번만 중임
>   - 공모교장 횟수는 별도

> **암기 POINT**
> 교감, 수석교사, 교사는 교육감이 임용권자

(2) 교원의 종류별 임용

① 교사의 신규채용(교육공무원법 제11조, 교육공무원임용령 제9조)
  ㉠ 채용방법 : 공개전형에 의함
  ㉡ 응시자격 : 채용예정직에 해당하는 교사자격증 취득자 또는 예정자
  ㉢ 임용권자 : 교육감(국·공립학교)
    ＊ 근무 예정 지역별로 선발, 최대 10년간 타 지역으로 전보 제한
  ㉣ 임용절차 : 채용시험 → 교사임용후보자 직무연수 → 순위명부 작성 → 교육지원청 배정 → 근무 학교 배정

② 국·공립학교 교장 등의 임용(교육공무원법 제29조의2, 제29조의3, 교육공무원임용령 제12조)
  ㉠ 교장·원장은 교육부장관의 제청으로 대통령이 임용
  ㉡ 교장·원장의 임기는 4년이며, 한 번만 중임할 수 있음
  ㉢ 공모에 따른 교장·원장으로 재직하는 횟수는 임기횟수에 산입하지 않음
  ㉣ 공모에 따른 교장·원장은 학교운영위원회 또는 유치원운영위원회의 심의를 거쳐야 함
  ㉤ 교장·원장공모제의 유형에는 초빙형, 내부형, 개방형이 있음

유형	자격 기준		대상 학교
초빙형	교장자격증 소지자(교육공무원)		일반학교
내부형	교장자격 요구	교장자격증 소지자(교육공무원)	자율학교, 자율형공립고
	교장자격 미요구 (50% 이내)	- 교장자격증 소지자(교육공무원) 또는 - 초·중등학교 교육경력 15년 이상인 교육공무원 또는 사립학교 교원	
개방형	- 교장자격증 소지자(교육공무원) 또는 - 해당학교 교육과정에 관련된 기관 또는 단체에서 3년 이상 종사한 경력이 있는 자(교장자격증 미소지자)		자율학교로 지정된 특성화중·고, 특목고, 예·체능계고

③ 기간제교원(시간제근무 포함)의 임용(교육공무원법 제32조)
  ㉠ 기간제교원을 임용할 수 있는 경우
    • 교원이 휴직하게 되어 후임자의 보충이 불가피한 경우
    • 교원이 파견·연수·정직·직위해제 등으로 직무를 이탈하여 후임자 보충이 불가피한 경우
    • 특정 교과를 한시적으로 담당하도록 할 필요가 있는 경우
    • 교육공무원이었던 사람의 지식이나 경험을 활용할 필요가 있는 경우
    • 유치원 방과후 과정을 담당하도록 할 필요가 있는 경우
  ㉡ 임용자격 : 교원자격증을 가진 사람(＊ 퇴직 교원도 임용 가능)

암기 POINT

• 기간제교원의 임용
 - 임용사유 : 휴직, 파견 등 직무이탈, 특정 교과 한시적 담당, 유치원 방과후과정 담당 등
 - 자격 : 교원자격증 필수
 - 기간 : 1년, 최대 3년 연장
 - 임용권자 : 학교장

ⓒ 임용기간 : 1년 이내, 최대 3년의 범위 내에서 연장 가능
　　＊ 학교별로 최대 4년까지 근무 가능, 국·공·사립학교 공통
ⓔ 임용권자 : 학교의 장(사립학교의 경우에는 학교법인 또는 사립학교 경영자가 각각 임용하되 학교의 장에게 임용권한 위임 가능)
ⓜ 특기사항 : 기간제교원은 정규 교원의 임용에서 어떠한 우선권도 인정되지 않음(임용기간 만료 시 당연 퇴직)

④ 산학겸임교사 등(초·중등교육법 제22조)
ⓐ 정의 : 교육과정 운영에 필요한 경우, 정규교원 이외에 학생의 교육을 위해 임용하는 자
ⓑ 종류 : 산학겸임교사, 명예교사, 영어회화전문강사, 다문화언어 강사, 강사
ⓒ 임용자격 : 교원자격증을 필수로 하지 않으며, 별도의 자격기준을 둠
　　＊ (산학겸임교사의 경우) 전문대학 졸업자 또는 이와 동등 이상의 학력이 있는 자로서 산업체·공공기관·비영리기관 및 사회단체에서 담당과목과 관련되는 분야의 직무에 3년 이상 근무한 자 등
ⓓ 임용정원 : 특성화중, 특성화고, 자율형 사립고, 자율형 공립고, 자율학교는 교사 정원의 1/3 범위에 해당하는 수의 교사를 산학겸임교사 등으로 대체할 수 있음
ⓔ 임용권자 : 학교의 장(＊ 학교운영위원회의 심의를 거쳐야 함)

> **암기 POINT**
> • 산학겸임교사 등의 임용
> - 임용사유 : 교육과정 운영을 위해 정규교원 이외의 교원이 필요한 경우
> - 자격 : 종별로 별도의 자격기준 적용(교원자격증 필수 아님)
> - 임용권자 : 학교의 장

(3) 승진

① 승진의 원칙(교육공무원법 제13조, 교육공무원 승진규정)
ⓐ 교육공무원의 승진임용은 경력평정, 재교육성적, 근무성적, 그 밖에 실제 증명되는 능력에 의함(연공과 실적을 절충하는 형태)
ⓑ 같은 종류의 직무에 종사하는 바로 아래 직급의 사람 중에서 승진대상자 선정·제청

② 승진 후보자 명부 작성
ⓐ 승진으로 임용하려는 인원의 3배수 이내인 사람 중에서 후보자 명부 작성(매년 3월 31일 기준)
ⓑ 교감 승진 후보자 : 경력평정점 70점, 근무성적평정점 100점, 연수성적평정점 30점 → 총 200점 만점(가산점 15점 별도)
ⓒ 교장, 장학관·교육연구관 승진 후보자 : 경력평정점 70점, 근무성적평정점 100점, 연수성적평정점 18점 → 188점 만점(가산점 15점 별도)

③ 경력 평정
ⓐ 평정시기 : 매 학년도 종료일을 기준으로 하여 정기적으로 실시
ⓑ 경력평정 대상 경력의 종류 : 교육경력, 교육행정경력, 교육연구경력 및 기타 경력으로 구분

> **암기 POINT**
> • 교감 승진 후보자의 평정
> - 경력 : 70점
> - 근무성적 : 100점
> - 연수성적 : 30점
> - 가산점 15점 별도

ⓒ 경력기간의 구분 및 평정 : 기본경력과 초과경력으로 구분
- 기본경력 : 평정시기로부터 15년(경력 종류별로 56~64점 만점)
- 초과경력 : 기본경력 이전 5년(경력 종류별로 4~6점 만점)

④ 근무성적 평정 : 교사의 경우
ㄱ. 평정시기 : 매 학년도 종료일을 기준으로 하여 정기적으로 실시
ㄴ. 평정요소 : 근무성적평정(근무수행태도, 근무실적 및 근무수행능력)과 다면평가 결과의 합산
- 근무수행태도 : 교육공무원으로서의 태도 10점
- 근무실적 및 근무수행능력 : 학습지도 40점+생활지도 30점+전문성 개발 5점+담당업무 15점

ㄷ. 평정자, 확인자, 다면평가자
- 근무성적의 평정자 및 확인자 : 승진후보자명부작성권자가 선정(교사에 대한 근무평정의 평정자는 교감, 확인자는 교장)
- 다면평가자 : 근무성적의 확인자가 선정(평가대상자의 동료 교사 중 선정기준을 충족하는 3명 이상을 다면평가자로 선정)

ㄹ. 합산점 산출 : 상대평가 적용
- 합산점 산출자 : 근무성적평정과 다면평가 결과의 합산은 평정자와 확인자가 행함
- 분포비율 조정 : 수(95점 이상, 30%)-우(90점 이상 95점 미만, 40%), 미(85점 이상 90점 미만, 20%)-양(85점 미만, 10퍼센트, 해당자 없을 때는 '미'에 가산)

ㅁ. 평정점수 산정(채점) : 근무성적평정(60점)+다면평가(40점)
- 근무성적평정(60점) = 평정자(교감) 점수 20점+확인자(교장) 점수 40점
- 다면평가(40점) = 정성평가(수업교재 연구의 충실성 등) 32점+정량평가(주당 수업시간 등) 8점

ㅂ. 평정결과의 공개 : 평정대상자의 요구가 있을 때는 특별한 사정이 없는 한 본인의 최종 근무성적평정점을 알려주어야 함
  ✱ 주의사항 : 청구인 '본인'의 정보에 한해 공개하며, 청구와 관계없이 일괄공지하거나, 본인이 아닌 제3자에게 공개하지 않음

⑤ 연수성적 평정 : 교육성적 평정 27점+연구실적 평정 3점
ㄱ. 교육성적 평정 : 직무연수 성적 18점+자격연수 성적 9점
ㄴ. 연구실적 평정 : 연구대회 입상 실적 또는 학위취득 실적 최대 3점

⑥ 가산점 평정
ㄱ. 공통 가산점
- 교육부장관 지정 연구학교(시범·실험학교)의 교원으로 근무한 경력
- 교육공무원으로 재외국민교육기관에 파견근무한 경력

암기 POINT
- **근무성적평정점 100점**
  = 교장, 교감의 평정 60점
  +동료교사의 다면평가 40점

- 「교원연수규정」에 의해 기록·관리되는 직무연수 이수 학점
- 학교폭력의 예방 및 대응 관련 실적
ⓒ 선택 가산점 : 10점 이내에서 교육감이 자율적으로 정함
- 도서벽지에 있는 교육기관 또는 교육행정기관에 근무한 경력
- 읍·면·동의 농어촌 지역의 학교에 근무한 경력 등

(4) 연수

① 개요
  ㉠ 개념 : 교사의 전문성과 자질 함양을 위해 교직 생애주기 동안 지속적으로 참여하는 모든 형태의 의무적·자발적 연수를 의미
  ㉡ 법적 근거
  - 교육기본법 제14조 : 교원은 교육자로서 갖추어야 할 품성과 자질을 향상시키기 위해 노력하여야 한다.
  - 교육공무원법 제38조 : 교육공무원은 그 직책을 수행하기 위하여 부단히 연구와 수양에 노력해야 한다.
  ㉢ 교사 연수의 유형 : 연수 운영의 주체에 따라

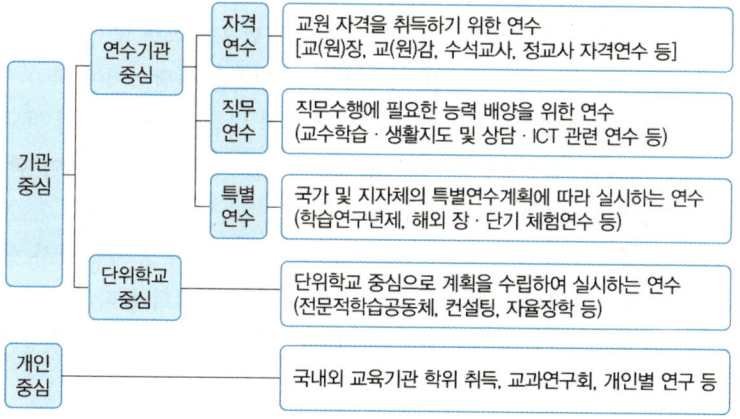

[연수 운영 주체별 분류]

> **암기 POINT**
> - 연수의 종류
>   - 자격연수
>   - 직무연수
>   - 특별연수
>   - 지정연수
>   - 단위학교별 연수
>   - 자기연수

② 자격연수
  ㉠ 특정한 교원의 자격을 취득하기 위한 연수로, 교육연수원(교사), 교육행정연수원, 종합교육연수원, 원격교육연수원 등을 통해 실시
  예 2급 정교사인 교사가 1급 정교사 자격증 취득을 위해 연수에 참여한 경우
  ㉡ 자격연수의 연수기간 및 이수시간

구분	연수기간(시간)
정교사(1급), 정교사(2급), 준교사(특수학교 실기교사), 전문상담교사(1급), 사서교사(1급), 보건교사(1급), 영양교사(1급), 수석교사, 교감 및 원감	15일 이상 (90시간 이상)
교장 및 원장	25일 이상 (180시간 이상)

③ 직무연수
　㉠ 교원능력개발평가 결과 직무수행능력 향상이 필요하다고 인정되는 교원 대상의 직무연수
　㉡ 복직하려는 교원을 대상으로 실시하는 직무연수
　㉢ 그 밖에 교육의 이론·방법 연구 및 직무수행에 필요한 능력 배양을 위한 직무연수
　　예 교육청 소속 교육연수원에서 실시하는 교육과정 연수에 참여한 경우
④ 지정연수
　㉠ 교육연수원 등이 실시할 수 없는 특수 분야에 관한 연수를 위해 특정기관을 지정하여 실시
　㉡ 교육연수원 등에서 실시하는 연수의 일부를 다른 연수기관, 교육기관 또는 교육행정기관에 위탁하여 실시하는 경우(위탁연수)도 포함
　　예 특수분야 연수기관에서 개설한 종이접기 연수에 참여한 경우
⑤ 특별연수
　㉠ 국가나 지방자치단체의 특별연수 계획에 의해 국내외의 교육기관 또는 연수기관에 파견하여 학위 취득이나 연구과제를 수행하는 연수
　㉡ 특별연수대상자는 근무실적이 우수하고 필요한 학력 및 경력을 갖춘 사람, 국외연수자는 필요한 외국어 능력을 갖춘 사람이어야 함
　㉢ 교원능력개발평가 결과 우수 교원에 대한 인센티브로 교원의 전문성 신장 기회를 제제공하며, 연수 종료 후 동일 직무에 복무하여야 함
　㉣ '학습연구년제'와 연계하여 시행
　　• 교육경력 10년 이상(잔여경력 5년) 이상인 교사 중 우수교사 선발
　　• 학교현장의 업무에서 벗어나 교원이 수립한 계획에 따라 연수 실시
　　　예 학습연구년 교사로 선정되어 대학에서 1년간 연구활동을 수행한 경우
⑥ 교원능력개발평가
　㉠ 성격 : 「교원 등의 연수에 관한 규정」에 따른 연수자를 선발하기 위한 목적으로 실시하는 평가(매년 실시)
　㉡ 평가항목
　　• 교장, 원장, 교감, 원감 : 학교 경영에 관한 능력
　　• 수석교사 : 학습지도 및 생활지도 등에 관한 능력과 교사의 교수·연구활동 지원 능력
　　• 교사 : 학습지도 및 생활지도 등에 관한 능력
　㉢ 평가방법 : 교원 상호 간의 평가 및 학생·학부모의 만족도 조사 등
　㉣ 평가 결과의 통보 : 해당 교원과 해당 교원이 근무하는 학교의 장에게 통보
　㉤ 평가 결과의 활용 : 직무연수 대상자의 선정, 각종 연수프로그램의 개발 및 제공, 연수비의 지원 등에 활용
　　＊ 승진임용 심사의 자료로는 활용하지 않음

암기 POINT
• **학습연구년제** : 우수교사 선발, 1년간 자기연수 활동
• **교원능력개발평가** : 연수대상자 선발 목적(승진심사 자료로 활용 ×)

(5) 휴직

① 휴직의 정의와 종류 : 공무원의 신분을 보유하면서 담당직무의 수행을 일시적으로 해제하는 것

　㉠ 직권휴직 : 본인의 의사와 관계없이 인사권자의 권한으로 휴직을 명하는 것으로, 질병, 병역, 생사불명, 법정의무수행 등으로 인한 휴직에 해당

　㉡ 청원휴직 : 본인의 의사에 따라 휴직을 명하는 것으로, 유학, 고용, 육아, 연수, 간병 등으로 인해 당사자가 휴직을 신청하는 경우에 해당

② 휴직 사유의 종류와 기간

구분	휴직 사유	휴직 기간
직권휴직	신체상·정신상의 장애로 장기요양이 필요할 때	1년 이내, 1년 연장 가능(공무상 장애로 인한 휴직은 3년 이내, 2년 연장 가능)
	병역 복무를 위하여 징집되거나 소집된 경우	복무 기간
	그 밖에 법률에 따른 의무를 수행하기 위하여 직무를 이탈하게 된 경우	복무 기간
	천재지변이나 전시·사변 또는 그 밖의 사유로 생사나 소재를 알 수 없게 된 경우	3개월 이내
	교원의 노동조합 전임자로 종사하게 된 경우	전임 기간
청원휴직	학위취득을 목적으로 해외유학을 하거나 외국에서 1년 이상 연구 또는 연수를 하게 된 경우	3년 이내(학위 취득 시 3년 연장 가능)
	국제기구, 외국기관, 국내외의 대학·연구기관, 다른 국가기관, 재외교육기관 또는 대통령령으로 정하는 민간단체에 임시로 고용되는 경우	고용 기간
	교육부장관 또는 교육감이 지정하는 연구기관이나 교육기관 등에서 연수하게 된 경우	3년 이내
	재직기간 10년 이상인 교원이 자기개발을 위하여 학습·연구 등을 하게 된 경우('학습연구년제')	1년 이내(재직기간 중 1회만)
	만 8세 이하 또는 초등학교 2학년 이하의 자녀를 양육하기 위하여 필요하거나 여성 교육공무원이 임신 또는 출산하게 된 경우(육아휴직)*	자녀 1명당 3년 이내 (남녀 모두 사용, 분할 사용 가능)
	만 19세 미만의 아동(육아휴직의 대상이 되는 아동은 제외)을 입양하는 경우*	자녀 1명당 6개월 이내
	불임·난임으로 인해 장기간 치료가 필요한 경우*	1년 이내, 1년 연장 가능
	조부모, 부모(배우자의 부모), 배우자, 자녀 또는 손자녀를 부양하거나 돌보기 위하여 필요한 경우	1년 이내, 재직기간 중 총 3년 이내
	배우자가 국외 근무를 하게 되거나 학위취득을 목적으로 해외유학, 연구, 연수를 하게 된 경우	3년 이내, 3년 연장 가능 (배우자 유학기간 초과 불가)

＊ 본인이 원하면 휴직을 명해야 하는 경우(육아휴직, 입양, 불임치료 등)

암기 POINT
- 직권휴직 : 질병 장기요양, 병역, 노조전임자 등
- 청원휴직 : 해외유학, 고용, 육아, 연수, 간병, 동반유학 등

암기 POINT
육아, 입양, 불임치료의 목적으로 휴직 청원하는 경우, 반드시 휴직을 명해야 함

③ 육아휴직 등
  ㉠ 본인이 원하면 반드시 휴직을 명해야 하는 경우로 지정
    - 만 8세 이하 또는 초등학교 2학년 이하의 자녀를 양육하기 위하여 필요하거나 여성 교육공무원이 임신 또는 출산하게 된 경우(육아휴직)
    - 만 19세 미만의 아동(육아휴직의 대상이 되는 아동은 제외)을 입양하는 경우
    - 불임·난임으로 인하여 장기간의 치료가 필요한 경우
  ㉡ 휴직자의 보호 : 육아휴직 및 입양으로 인한 휴직의 경우 인사상 불리한 처우를 하여서는 아니 되며, 휴직기간은 근속기간에 포함
  ㉢ 후임자 보충 : 교원의 휴직으로 후임자의 보충이 불가피할 때 기간제 교원을 임용할 수 있음

(6) 징계
① 징계의 개념
  ㉠ 징계의 개념
    - 공무원의 의무위반에 대하여 공무원관계의 목적을 달성하기 위하여 국가 또는 지방자치단체가 그의 사용자의 지위에서 과하는 행정상 제재를 말함
    - 파면·해임·강등·정직·감봉·견책으로 구분(교육공무원의 경우)
  ㉡ 직위해제와의 구분
    - 직위해제는 직위를 계속 유지시킬 수 없는 사유가 있는 경우 일시적으로 직위를 부여하지 아니하여 직무에 종사하지 못하도록 하는 것으로, 징벌적 성격의 징계에 해당하지 않음
    - 다만, 직위해제 처분을 받은 자는 직무에 종사하지 못할 뿐만 아니라 승급, 보수 등에서 불이익한 처우를 받게 되므로 '인사상 불이익한 처분'에 해당
② 징계의 사유(국가공무원법 제78조)
  ㉠ 국가공무원법 및 이 법에 따른 명령을 위반한 경우
  ㉡ 직무상의 의무를 위반하거나 직무를 태만히 한 때
  ㉢ 직무의 내외를 불문하고 그 체면 또는 위신을 손상하는 행위를 한 때
③ 징계의 유형
  ㉠ 배제징계 : 공무원 신분을 완전히 해제하는 것으로, 파면, 해임에 해당
  ㉡ 교정징계 : 공무원의 신분을 보유하면서 신분상·보수상 이익의 일부를 제한하는 것으로, 강등, 정직, 감봉, 견책에 해당
    ✽ 훈계·경고·계고·주의 등은 문책일 뿐, 징계에 해당하지 않음

암기 POINT
- **배제징계(신분 박탈)** : 파면, 해임
- **교정징계(신분 보유)** : 강등, 정직, 감봉, 견책
- **징계가 아닌 것** : 직위해제, 훈계, 경고, 계고, 주의 등

④ 징계의 효력

중징계	파면	- (신분) 공무원관계로부터 배제하고, 5년간 공직재임용 제한 - (보수) 퇴직급여 1/2 감액(재직기간 5년 미만인 자는 1/4 감액), 퇴직수당 1/2 감액
	해임	- (신분) 공무원관계로부터 배제하고, 3년간 공직재임용 제한 - (보수) 금품 및 향응 수수, 공금의 횡령·유용으로 인해 해임된 경우 → 퇴직급여 1/4 감액(재직기간 5년 미만인 자는 1/8 감액), 퇴직수당 1/4 감액
	강등	- (신분) 동종의 직무 내에서 하위의 직위에 임명, 3개월간 공무원신분은 보유하나 직무에 종사하지 못함 - (보수) 처분기간 보수 전액 감액 - (승급) 처분기간(3월) + 18개월간 승진·승급 제한
	정직	- (신분) 1~3개월간 공무원의 신분은 보유하나 직무에 종사하지 못함 - (보수) 처분기간 보수 전액 감액 - (승급) 처분기간(1~3월) + 18개월간 승진·승급 제한
경징계	감봉	- (보수) 1~3개월간 보수의 3분의 1을 감액 - (승급) 처분기간(1~3월) + 12개월간 승진·승급 제한
	견책	- (승급) 6개월간 승진·승급 제한

> **암기 POINT**
>
> • 교정징계의 처분
>   - 강등 : 3개월(하위 직위로 임명 후, 징계 처분)
>   - 정직, 감봉 : 1~3개월
>
> | | 직무
배제 | 보수
감액 | 승급
제한 |
> |---|---|---|---|
> | 강등 | O | 전액 | 18개월 |
> | 정직 | O | 전액 | 18개월 |
> | 감봉 | × | 1/3 | 12개월 |
> | 견책 | × | × | 6개월 |

⑤ 교원소청심사위원회(교원지위법)
  ㉠ 기능 : 각급학교 교원의 징계처분과 그 밖에 그 의사에 반하는 불리한 처분(재임용 거부처분 포함)에 대한 소청 및 구제절차를 심사
  ㉡ 구성 : 위원장 1명을 포함하여 9명 이상 12명 이내의 위원으로 구성(교원 또는 교원이었던 위원이 전체 위원 수의 2분의 1 초과 불가)
  ㉢ 소청심사의 절차
    • 교원이 징계처분과 그 밖에 그 의사에 반하는 불리한 처분에 대하여 불복할 때에는 그 처분이 있었던 것을 안 날부터 30일 이내에 심사위원회에 소청심사를 청구할 수 있음
    • 소청심사청구 접수한 날부터 60일 이내에 결정하여야 함(단, 의결로 30일 연장 가능)
    • 처분권자는 심사위원회의 결정서를 송달받은 날부터 30일 이내에 구제조치하고 그 결과를 심사위원회에 제출하거나, 또는 행정소송을 제기할 수 있음

4 장학행정

01 장학 개념의 발달과정 2020 국가직9급

(1) 장학의 개념
① 어원적 의미 : 본래 supervision을 번역한 것으로, superior와 vision의 합성어로서, 어원적으로 우수한 사람이 위에서 감시한다는 의미
② 법규적 의미 : 계선 조직의 행정활동에 대한 전문적·기술적 조언 활동
③ 기능적 의미 : 교사의 전문적 성장, 교육 운영의 합리화 및 학생의 학습환경 개선을 위한 전문적·기술적 보조 활동
④ 종합적 의미 : 교육활동의 개선을 위하여 주로 교원을 대상으로 이루어지는 제반의 지도·조언 활동

(2) 장학 개념의 발달 과정
① 관리장학 시대(1930년대 이전)
  ㉠ 19세기 후반 공교육제도가 정착되면서 별도의 시학관을 임명하여 학교의 인원과 시설 및 재정 등을 점검하고 검열하도록 함
  ㉡ 20세기 초반부터는 과학적 관리론의 영향으로 능률과 생산성을 강화하는 방향에서의 과학적 장학이 강조되었으며, 이후 관료제론의 영향으로 조직의 규율과 절차 효율성을 강조하는 관료적 장학으로 발전
② 협동장학 시대(1930~1950년대)
  ㉠ 과학적 관리론이 퇴조하고 인간관계론이 부상하면서 장학의 개념도 강제적이고 통제적인 장학에서 인간적이고 민주적인 장학으로 변화
  ㉡ 진보주의 운동의 시기로서 학교교육에서 아동 중심의 교육이 강조되었으며, 장학활동의 핵심도 장학담당자에서 교사에게로 전환되었음
  ㉢ 최소한의 장학이 최선의 장학으로 간주되면서, 장학담당자들은 교사들이 보다 발전할 수 있도록 도와주는 협력자 또는 조력자의 역할 수행
③ 수업장학 시대(1950~1970년대)
  ㉠ 장학의 목표가 교육과정의 개발과 수업효과 증진이라는 본연의 목표에 집중되면서, 교육행정의 중심이 새로운 교육 프로그램 설계로 모아짐
  ㉡ 학문중심 교육과정의 도입과 함께 장학담당자들도 각 교과의 전문가로 선정되었으며, 교사들과 함께 교육내용을 선정·조직하고 교육 프로그램을 제작·보급하는 것을 주요 업무로 함
  ㉢ 교사들의 교수·학습 기술 향상을 위해 교장·교감이나 외부장학요원, 전문가, 자원인사 등이 주도하는 개별적이고 체계적인 성격이 강한 지도·조언 활동을 주요 활동으로 함
  ㉣ 교육과정이 실제로 구현되는 수업현장에 대한 관심도 상대적으로 높아지면서, 교수·학습 과정에 대한 분석(마이크로티칭 기법)과 임상장학 활동에 관심을 기울이게 되었음

암기 POINT

• 장학 개념의 발달
  - 관리장학 : 관리, 감독
  - 협동장학 : 교사 지원
  - 수업장학 : 교수능력 개발
  - 발달장학 : 교사의 직무만족, 교사의 직무능력 개발

④ 발달장학 시대(1970년대 이후)
  ㉠ 수업장학과는 별도로, 과학적 관리론과 인간관계론의 장점을 절충하는 방향으로 대안모색이 이루어졌으며, 인간자원 장학과 신과학적 관리장학이 대표적인 경향
  ㉡ 인간자원 장학[서지오바니(Sergiovanni)]
    • 공동의 의사결정 체제를 도입하여 학교의 효율성을 증가시키고, 이를 통해 교사의 직무만족을 증대시키는 접근방법을 추구하는 장학
    • 즉, 협동적 장학이 경영자의 입장에서 조직의 목표달성을 위해 인간에 관심을 가졌다면, 인간자원 장학은 학교의 목표실현을 통해 교사의 만족을 최종 목적으로서 추구함
  ㉢ 신과학적 관리장학(수정주의 장학)
    • 1980년대 이후 학교개혁에 대한 관심이 증대하면서 다시 과학적 관리론이 강조됨
    • 효율을 중시하면서도 목적 달성을 위한 수단으로 비개인적인 방법(예 학업성취도 평가결과 공개)을 활용함
    • 행동과학에 기초하여 교사의 능력 계발, 직무수행 분석, 비용-효과 분석 등을 강조

장학형태	시기	장학 방법	장학사의 역할	교육행정이론
관리장학	1930년대 이전	과학적 장학 관료적 장학	감시자, 확인자, 감독자	과학적 관리론
협동장학	1930~1950년대	협동적 장학	조력자, 지원자	인간관계론
수업장학	1950~1970년대	교육과정 개발 임상장학	교육과정 개발자 수업 전문가	행동과학론
발달장학	1970년대 이후	인간자원 장학 신과학적 장학	조력자	인간자원론

02 장학의 유형 및 형태

2018·2020·2021·2024·2025 지방직9급 / 2007·2009·2012·2016·2018 국가직9급 / 2007·2012·2023 국가직7급

(1) 교육행정기관 주도의 장학

① 종합장학
  ㉠ 여러 명의 장학 요원들로 구성된 장학지도반이 교육부나 교육청이 추진하는 주요 시책에 대해 학교별 추진상황을 파악하고 평가하기 위한 장학
  ㉡ 교육시책 추진사항, 교육과정 운영, 학교경영 등 전반 영역에 대한 종합적으로 지도·안내

> **암기 POINT**
> • 교육행정기관 주도 장학의 종류
>   - 종합장학
>   - 담임장학
>   - 표집장학
>   - 확인장학
>   - 특별장학
>   - 개별장학
>   - 요청장학

② 담임장학
  ㉠ 지역 교육청의 학교 담당 장학사가 중심이 되어 수시로 실시하는 장학
  ㉡ 교육과정의 운영, 생활지도, 도의교육, 과학·실업교육, 보건·체육교육 등 학교교육 전반에 걸쳐 전문적이고 지속적인 지원을 제공하는 장학 활동
  ㉢ '학교 현황 및 장학록'을 작성하여 누가적으로 기록함으로써 학교교육 평가에 활용하기도 함
③ 표집장학 : 학교별 또는 주제별로 학교를 무선표집하여 학교경영 또는 주제 활동을 점검, 협의, 지원하기 위한 장학
④ 확인장학 : 각 학교의 담당 장학사가 이전 장학지도 시 시정·보완을 요청한 지시사항에 대한 이행 여부를 확인하기 위해 실시하는 장학
⑤ 특별장학 : 특별한 문제가 발생하였거나 발생이 우려될 때 문제의 해결이나 예방을 위해 실시
⑥ 개별장학 : 장학사 개인별로 담당 학교에 대해 실시하는 장학으로 담임장학 과 유사
⑦ 요청장학 : 일선 학교가 장학의 필요성을 느껴 교육청의 장학 담당자를 초빙 하여 실시하는 장학

(2) 학교현장 주도의 장학(자율장학)

① 지구자율장학
  ㉠ 동일 지역 내의 학교 간, 교원 간 협의를 통해 지역의 실정에 맞는 계획을 수립하여 자율적으로 운영하는 지역 학교 간 개발과 협력의 장학활동을 의미
  ㉡ 학교 간 상호방문을 통해 교육연구, 생활지도 및 특색사업을 공개 협의하는 방식으로 이루어지는 장학으로, 교육의 질적 향상을 도모하고 교원의 자질을 신장하는 데 초점을 둠
  ㉢ 지구별 장학협의회, 자율장학회, 자율장학위원회, 협동장학회 등 다양한 명칭으로 운영됨
② 교내자율장학
  ㉠ 단위 학교에서 교육활동의 개선을 위하여 교장·교감을 중심으로 하여 학교 구성원들이 상호 이해와 협력을 기초로 서로 지도하고 조언하는 활동
  ㉡ 교내자율장학에는 수업장학, 동료장학, 자기장학, 약식장학 등 포함
③ 선택적 장학(개별화 장학) : 교사의 근무기간과 발달 수준 및 특성에 맞는 장학모델을 선택함으로써 개별화된 장학 제공 가능, 장학을 위한 인력과 시간의 효율화 가능
  ㉠ 임상장학 : 초임교사(생존기), 경험교사(갱신기, 3년마다)
  ㉡ 동료장학 : 동료의식이 강한 유능한 교사(정착기)
  ㉢ 자기장학 : 독립심이 강하고 동기유발이 잘 된 유능한 교사(성숙기)
  ㉣ 약식장학 : 위의 세 가지를 선택하지 않은 교사, 전체 교사

암기 POINT

- **자율장학의 종류**
  - 지구자율장학
  - 교내자율장학
  - 선택적 장학
  - 임상장학
  - 동료장학
  - 자기장학
  - 약식장학

④ 임상장학
　㉠ 개념 : 교사의 수업기술 향상을 주요 목적으로 하여, 학급 내에서 교사와 학생 사이에 이루어지는 상호작용에 초점을 두고 체계적이고 집중적인 지도·조언을 제공하는 장학
　㉡ 대상 : 주로 초임교사, 저경력교사, 수업기술 향상이 필요한 교사
　㉢ 방법 : 장학담당자와 교사 간의 밀접한 대면적 관계 속에서 수업계획 협의, 수업관찰, 관찰 후 협의회의 과정 등을 통해 수업에서 개선할 점을 점검하고 대안을 모색
　㉣ 절차 : ⓐ 교사와 장학담당자 간의 관계 수립 → ⓑ 교사와 장학담당자가 공동으로 수업계획·검토 → ⓒ 수업관찰 계획 협의 → ⓓ 교실수업 관찰 → ⓔ 교수·학습과정의 분석 → ⓕ 교사와의 협의회 전략 계획 → ⓖ 교사와의 협의회 → ⓗ 후속 계획의 수립
　㉤ 마이크로티칭(microteaching)
　　• 개념 : 실제의 수업 상황보다 축소된 상황(교수시간, 내용, 기능, 학습자 수, 교실 크기 등)에서 수업을 진행해 봄으로써 가르치는 기술을 훈련하는 방법
　　• 절차 : 모의 수업 실시 및 비디오 녹화 → 비디오를 반복적으로 보면서 수업내용을 관찰·분석 → 분석내용을 토대로 수업 실시자에게 피드백 제공(→ 피드백을 토대로 수업계획을 재구성하여 수업하고 다시 녹화하여 재비평하는 식으로 반복함)

⑤ 동료장학
　㉠ 개념 : 교사의 자율성과 협동성을 기초로, 교사들이 공동과제 및 관심사 협의·연구·추진 등을 통해 상호 협력하며 서로 가르치고 배우는 형태의 장학
　㉡ 대상 : 전체 교사, 교직의 정착기에 있는 유능한 교사, 협력적 활동을 선호하는 교사
　㉢ 방법 : 수업기술 향상을 위한 수연연구, 토론, 연수 등을 기본적 방법으로 하되, 학교의 형편이나 교사들의 필요와 요구에 기초하여 다양하고 융통성있게 운영
　㉣ 장점
　　• 학교 교사가 공동으로 노력하도록 함으로써 학교의 인적 자원을 최대한 활용할 수 있음
　　• 수업개선 전략에 대한 책임감을 부여함으로써 수업개선에 기여한다는 성취감을 갖게 함
　　• 교사들 간의 관계를 증진하고, 학생 교육에 대한 적극적인 자세와 전문적 신장을 도모함
　　• 교사의 전문성 발달뿐만 아니라 개인적 발달과 조직에 대한 애착심 형성에도 기여함

⑥ 자기장학
  ㉠ 개념 : 교사 개인이 스스로 자신의 학습지도 개선과 전문적 신장을 위해 스스로 계획을 세우고 실천해 나가는 자율적인 장학
  ㉡ 대상 : 고경력 교사, 자기지도 능력이 있는 유능한 교사, 자아실현 욕구가 강한 교사
  ㉢ 방법 : 자기 수업을 녹화하여 분석·평가, 학생의 수업평가 결과 활용, 전문서적 탐독, 대학원 진학, 각종 연수 및 세미나 참여, 전문가 조언 청취 등

⑦ 약식장학(일상장학, 전통장학)
  ㉠ 개념 : 평상시에 교장이나 교감의 계획과 주도하에 이루어지는 장학으로, 간헐적이고 짧은 시간 동안의 학급 순시나 수업 참관을 통해 교사의 수업 활동 및 학급경영 활동에 지도·조언하는 활동(다른 장학 형태에 대하여 보완적이고 대안적인 성격으로 이루어짐)
  ㉡ 대상 : 전체 교직원, 주로 초임교사, 저경력 교사
  ㉢ 방법 : 학급순시, 수업참관 등
  ㉣ 장점 : 교장이나 교감이 학교교육 전반의 정보를 파악하는 데 도움

(3) 컨설팅 장학

① 컨설팅 장학의 개념
  ㉠ 컨설팅 장학 = 학교 컨설팅 + 장학
    • 학교 컨설팅 : 학교교육을 개선하기 위해 일정한 전문성을 갖춘 사람들이 학교와 학교구성원들의 요청에 따라 제공하는 독립적이며 전문적인 자문활동
    • 컨설팅 장학 : 교원의 의뢰에 따라 교내외 전문성을 갖춘 사람들이 교사의 직무상 문제를 진단하고 해결을 위한 대안 마련 및 실행 과정을 지원하고 조언하는 활동
  ㉡ 컨설팅 장학의 확대
    • 2012년 초·중등교육법 개정을 통해 중앙 정부 중심의 감시와 감독 중심의 장에서 시·도 교육청 및 교육지원청 중심의 협력과 협업을 통한 장학으로 변화됨
    • 2010년 '지역교육청 기능 및 조직 개편방안'에 따라 학교평가와 연계된 종합장학 및 담임장학을 지양하고, 학교 요청에 따른 지원 중심의 컨설팅 장학을 도입·추진하게 됨

② 컨설팅 장학의 원리
  ㉠ 자발성의 원리 : 전문가의 도움을 필요로 하는 교사가 자발적으로 전문가에게 도움을 요청함으로써 시작되며, 컨설턴트와 의뢰인의 상호합의와 계약이 있어야 성립됨

암기 POINT
• 컨설팅 장학의 원리
  − 자발성
  − 전문성
  − 자문성
  − 독립성
  − 한시성
  − 학습성

ⓒ **전문성의 원리** : 컨설턴트가 교사가 의뢰한 문제를 해결하는 데 도움이 되는 전문성을 갖춘 실제적 전문가여야 함
ⓒ **자문성의 원리** : 컨설턴트는 교사가 문제를 해결하도록 자문하고 조언하는 역할을 수행하며, 변화에 관한 결정을 내리거나 집행하는 권한이나 컨설팅 결과에 대한 최종 책임은 의뢰인에게 있음
ⓔ **독립성의 원리** : 컨설턴트와 의뢰인이나 학교 조직의 관리자와 평등한 관계에서 상호작용하여야 하며, 컨설턴트가 학교 조직의 외부인일 경우 독립적인 컨설팅 활동에 유리함
ⓜ **한시성의 원리** : 컨설팅 장학은 협약 기간 동안 이루어지는 일시적 활동이므로, 의뢰한 과제가 해결되면 컨설팅은 종료되어야 함
ⓗ **학습성의 원리** : 장학요원은 의뢰인에게 당면한 문제해결에 필요한 지식, 기술, 경험을 학습할 수 있도록 안내하며, 궁극적으로는 서로에게 상호 교환적인 학습의 과정이어야 함

③ **방법**
  ㉠ 수석교사의 수업컨설팅 장학
  ㉡ 교육청 단위의 내부 전문가를 활용한 컨설팅 장학
  ㉢ 특정 연구주제를 중심으로 하는 외부 전문가 컨설팅 장학 등

④ **절차**
  ㉠ **착수** : 의뢰 및 접수, 예비진단, 장학요원 위촉, 계획수립, 계약
  ㉡ **진단** : 자료 수집·분석, 상황 인식, 문제진단, 활동방향 설정
  ㉢ **해결방안 구안** : 대안 개발 및 제안, 선택
  ㉣ **실행** : 대안의 실행, 모니터링, 안내 및 조언
  ㉤ **평가** : 문제해결에 대한 평가, 피드백, 보고서 작성

(4) 교사학습공동체

① **등장 배경**
  ㉠ 1990년대 들어 학교 조직의 자율경영 및 민주적 운영을 기본으로 교육 구성원의 집단전문성을 강화하기 위해 등장
  ㉡ 학교에서의 삶과 교육실천에 토대를 두고 교사들 간의 협력적 논의와 실천이 강조될 때 수업전문성 개선 노력이 효과적이라는 인식 증가

② **교사학습공동체의 특징**
  ㉠ 교육 구성원들 간에 비전과 가치를 공유하며, 적극적으로 참여함
  ㉡ 구성원들의 지속적인 학습을 강조하며, 수업전문성을 신장시키고자 함
  ㉢ 서로의 수업을 관찰하고 의견을 나누며 실천의 과정을 공유함

③ **교사학습공동체의 운영 방식**
  ㉠ **학교 안 학습공동체** : 단위학교를 중심으로 학교 내 교원들로 구성하여 운영하는 것으로, 연수학점 신청을 한 경우 직무연수로 징정해 주는 직무연수 학점화 정책과 병행하여 운영

ⓛ 학교 밖 학습공동체 : 관심분야 연구를 위해 운영하는 자율동아리, 교원 연구활동조직 등
ⓒ 학교 간 학습공동체 : 공동의 문제해결 및 동반성장을 위한 학교 간 학습 네트워크를 구축하는 교장·교감 지구장학협의회, 교사 장학네트워크, 혁신학교 네트워크 등

5 교육재정

01 교육비의 분류
2019·2023·2024 지방직9급 / 2010·2020·2024·2025 국가직9급 / 2014·2015·2022 국가직7급

(1) 교육비의 개념
① 국가, 지방자치단체, 공공단체, 학교법인, 학부모 등이 교육계획을 효과적으로 달성하기 위해 지출하는 경비
② 공교육비 이외에도 사교육비를 포함하며, 더 넓게는 교육기회경비도 포함

(2) 교육비의 분류
① 교육목적과의 관련성[콘(Cohn)의 분류]
  ㉠ 직접교육비 : 교육목적 달성을 위해 교육활동에 직접 투입되는 경비(명시적 비용)
  ㉡ 간접교육비 : 교육활동에 참여함으로써 포기한 활동에서 얻을 수 있는 이익(기회비용, 묵시적 비용)
    • 사부담 간접교육비 : 학생이나 학부모가 부담하는 간접교육비
      예 학생이 교육을 받는 동안에 취업을 하지 않아 포기된 소득, 유아의 부모가 취업 대신 자녀교육을 위해 가정에 머물면서 포기된 소득
    • 공부담 간접교육비 : 국가, 지방정부, 교육기관이 부담하는 간접교육비
      예 비영리기관인 학교에 세금을 면제해주는 면세의 비용, 학교건물과 장비 사용에 따라 발생하는 감각상각비와 이자 비용
② 경비의 운영형태
  ㉠ 공교육비 : 공공의 회계절차를 거쳐 교육에 투입되는 비용으로, 국가, 지방자치단체 및 학교법인이 지출·관리하는 모든 비용
  ㉡ 사교육비 : 공공의 회계 절차를 거치지 않는 비용으로, 학교 밖에서 이루어지는 개인적인 교육활동에 사용되는 경비
③ 부담주체에 따라
  ㉠ 공부담 교육비 : 국가, 지방자치단체 및 학교법인이 부담하는 비용
  ㉡ 사부담 교육비 : 학생 및 학부모가 부담하는 비용

암기 POINT

• 교육비의 분류
  - 직접교육비와 간접교육비
  - 공교육비와 사교육비
  - 공부담 교육비와 사부담 교육비

교육목적	운영형태	부담주체	예시
직접 교육비	공교육비	공부담 교육비	국가, 지방자치단체, 각급 학교법인 등이 부담하는 각종 교육비(교부금, 보조금, 법인전입금 등)
		사부담 교육비	학부모가 부담하는 학생납입금, 입학금, 등록금, 방과후학교 수강료, 수학여행비, 학교운영지원비 등
	사교육비	사부담 교육비	학부모가 지출하는 교재비, 학용품비, 학원비, 과외비, 피복비, 교통비, 숙박비 등
간접교육비 (교육기회비용)		공부담 간접교육비	학교 건물과 장비의 감가상각비, 비영리 교육기관이 향유하는 면세의 가치 등
		사부담 간접교육비	교육받는 기간 동안 취업할 수 없는 데서 오는 포기된 소득(유실소득)

(3) 교육비의 배분 기준

① 표준교육비(standard cost of education)
  ㉠ 개념 : 일정 규모의 학교가 현재의 교육목표 및 교육과정 등 제반 교육체제를 유지하는 전제하에서 정상적인 교육활동을 수행하는 데 직·간접적으로 소요되는 최소한의 비용(최저소요교육비, 적정단위교육비)
  ㉡ 구성 및 산출
    • 구성 : 넓은 의미의 표준교육비는 인건비, 운영비, 시설비뿐만 아니라 교육행정기관의 경비까지 포함하지만, 협의의 표준교육비는 인건비와 시설비를 제외한 운영비(교과 및 창의적 체험활동 운영비와 공통운영경비)만을 포함하기도 함
    • 산출 : 현행 및 미래 교육과정 체계에서 필요한 교구·설비에 대한 표준(안)을 작성한 후, 학교급별 표준 학급규모와 학급당 학생수를 산정하여 단위비용을 곱하여 학교별 표준교육비를 산출함
  ㉢ 활용 및 의의
    • 지방교육재정교부금 제도에서 기준재정수요액 산정시 적용되는 단위비용 산출에 활용
    • 교육청에서 학교로 교부하는 '학교운영비'는 표준교육비를 기준으로, 지역차, 물가지수, 학교유형 및 규모 등을 고려하여 총액으로 배분
    • 교육예산 편성과 배분에 있어서 합리성을 제고하고 공공성을 확보하여 교육기회의 균등한 배분을 보장

② 교육비 차이도(CD : Cost Difference)
  ㉠ 개념 : 교육비를 합리적으로 배분하기 위해 학생들의 교육적 필요를 상대적으로 비교하여 지수화한 것
  ㉡ 산출방법 : 초등학교의 기본교육 프로그램에 소요되는 학생 1인당 교육비를 기준 1.00으로 하였을 때 각 교육 프로그램별(예 특수교육, 중학교교육, 유치원 교육 등) 학생 1인당 교육비의 지수를 구함

ⓒ 활용 및 의의 : 교육비 배분 및 교육투자 우선순위 결정의 실제적 근거를 제공함으로써 교육비 분배체제의 합리성과 객관성을 높임

02 교육재정의 개념과 운영원리 2013·2019 국가직9급

(1) 교육재정의 개념
① 개념 : 국가 및 공공단체가 공적 활동으로서의 교육활동을 생산·공급하는 데 필요한 재원을 확보·배분·지출·평가하는 일련의 활동
② 범위 : 국·공립학교, 사립학교, 평생교육 활동의 지원까지 포괄
　㉠ 협의의 교육재정 : 정부의 교육예산(교육부예산, 지방교육비특별회계)
　㉡ 광의의 교육재정 : 공교육비 전체를 포함(공립학교 부문의 비정부예산과 사립학교 부문의 교비회계와 학교운영지원비회계까지 포괄)

(2) 교육재정의 특성
① 교육재정의 일반적 특성(민간경제와의 차이점)
　㉠ 목적 : 공공성
　　• 민간경제는 효용 및 이윤 극대화를 추구하는 개별 경제주체의 수요와 공급이 결정되는 시장원리에 따라 움직임
　　• 교육재정은 사회적 후생 극대화를 추구하는 국가 활동과 정부 시책을 위해 사용되어야 한다는 공공성의 원리에 따라 수요공급이 결정됨
　㉡ 수입조달방법 : 강제성
　　• 민간경제는 개별 경제주체들의 합의에 기초한 등가교환의 원칙에 따라 수입을 확보함
　　• 교육재정은 기업과 국민 소득의 일부를 조세, 수수료, 기부채납 등을 통해 정부의 수입으로 이전하는 강제성을 가지고 있음
　㉢ 회계운영 : 양출제입
　　• 민간경제는 정해진 수입의 범위 내에서 지출을 조정하는 양입제출의 원칙에 따라 운영됨(수입 → 지출)
　　• 교육재정은 먼저 필요한 지출의 규모를 결정하고 이에 상응하는 수입을 확보하는 양출제입(量出制入)의 원칙이 적용됨(지출 → 수입)
　㉣ 수입과 지출 : 균형성
　　• 민간경제는 지출보다는 수입을 늘리는 잉여의 원칙 또는 수지불균형의 원칙에 의해 운영됨
　　• 교육재정은 수입과 지출에서 수익이나 낭비가 발생하지 않도록 수지균형의 원칙이 적용됨
　㉤ 존속기간 : 영속성
　　• 민간경제는 정부경제보다는 존속기간이 짧아 단기성을 특징으로 함

암기 POINT

• 교육재정의 특성
　- 목적 : 공공성
　- 조달 : 강제성
　- 운영 : 양출제입
　- 수지 : 균형성
　- 기간 : 영속성
　- 산물 : 무형재
　- 보상 : 일반보상

- 교육재정은 존속기간이 상대적으로 길어 영속성을 지니며, 그로 인해 신뢰성, 신빙성을 가짐
ⓑ 생산물 : 무형재
- 일반적으로 재정은 국방, 교육, 치안, 보건 등과 같은 무형재를 생산하는 데 주로 사용되며, 특히 교육은 그 재화를 분할할 수 없고, 효용을 측정하기 어렵다는 특징을 가짐
ⓢ 보상 : 일반보상
- 민간경제는 급부와 반대급부가 직접 연결되는 개별보상의 원칙에 따라 운영됨
- 교육재정은 모든 국민이 포괄적으로 급부를 지불하고, 정부의 공공서비스인 교육을 통해 반대급부를 얻는 일반보상의 원칙이 적용됨

	민간경제	교육재정(정부경제)
목적	효용 및 이윤극대화(시장원리)	공공성 / 후생극대화(예산원리)
수입조달방법	합의의 원칙(등가교환)	강제의 원칙(부등가교환)
회계운영	양입제출(수입 → 지출)	양출제입(지출 → 수입)
수입과 지출	불균형(잉여)의 원칙	균형의 원칙
존속기간	단기성	영속성
생산물	유형재	무형재
보상	개별보상(특수보상)	일반보상(보편보상)

② 교육재정의 독특한 특성(일반재정으로부터 분리·독립한 이유)
  ㉠ 교육목적 달성을 위한 수단으로서 교육에 필요한 인적·물적 조건의 정비를 보장하기 위해
  ㉡ 의무교육제도에 따른 막대한 의무교육비를 안정적으로 확보하기 위해
  ㉢ 교육경비의 비긴요성과 비생산성으로 인해 경시되기 쉬운 위험을 미연에 방지하기 위해
  ㉣ 특정 정치이념이나 정파의 견해로부터 교육의 자주성과 정치적 중립성을 보호하기 위해

(3) 교육재정의 과정 및 운영원리
① 확보단계
  ㉠ 충족성 : 교육활동을 운영하는 데 필요한 재원을 충분히 확보해야 함
  ㉡ 안정성 : 교육활동의 일관성을 유지하기 위해 안정적인 재원 확보
  ㉢ 자구성 : 재원을 스스로 확보할 수 있는 방안을 제도적으로 마련해야 함
② 배분단계
  ㉠ 효율성 : 최소의 재정투자로 최대의 교육성과를 이룰 수 있도록 운용
  ㉡ 평등성 : 재정지원 대상자에게 차별없이 균등하고 동등한 혜택 배분

암기 POINT
- 교육재정의 운영원리
  - 확보 : 충족성, 안정성, 자구성
  - 배분 : 효율성, 평등성, 공정성
  - 지출 : 자율성, 투명성, 적절성
  - 평가 : 책무성, 효과성

ⓒ 공정성 : 정당한 기준에 의해서라면 교육재정의 배분을 차등적으로 배분
③ 지출단계
  ㉠ 자율성 : 교육재정 운영에 있어서 단위 기관(교육청 등) 자율성 보장
  ㉡ 투명성 : 교육재정 운영에 대한 정보가 일반 대중에게 공개되고 개방됨
  ㉢ 적정성 : 의도한 교육결과를 산출하는 데 필요한 적절한 지원을 제공
④ 평가단계
  ㉠ 책무성 : 사용한 경비에 대해서 납득할 만한 이유 제시, 책임있게 관리
  ㉡ 효과성 : 사전에 명시된 정책 목표 달성이 되었는지를 평가하여야 함

03 교육재정의 구조와 흐름
2022 지방직9급 / 2014·2015·2018·2021 국가직9급 / 2015·2022·2024 국가직7급

(1) 교육재정의 기본구조
① 교육관련 경비의 부담 주체(교육자치법 제37조, 지방교육재정교부금법)
  ㉠ 의무교육에 관련되는 경비 : 국가 및 지방자치단체가 부담
  ㉡ 의무교육 외의 교육의 경비 : 국가·지방자치단체 및 학부모 등이 부담
② 국가의 교육경비 보조 : 국가는 시·도의 교육비를 보조하며, 관련 사무는 교육부장관이 관장(교육자치법 제39조)
③ 시·도의 교육비특별회계 : 시·도의 교육·학예에 관한 경비를 따로 경리하기 위하여 해당 지방자치단체에 교육비특별회계 설치(교육자치법 제38조)
④ 단위학교의 학교회계 : 국립·공립의 초등학교·중학교·고등학교 및 특수학교에 각 학교별로 학교회계를 설치(초·중등교육법 제30조의2)

암기 POINT
• 교육재정의 기본원칙
  – 의무교육경비 : 국가 및 지방자치단체가 부담
  – 회계관리 : 시·도별로 교육비특별회계 설치

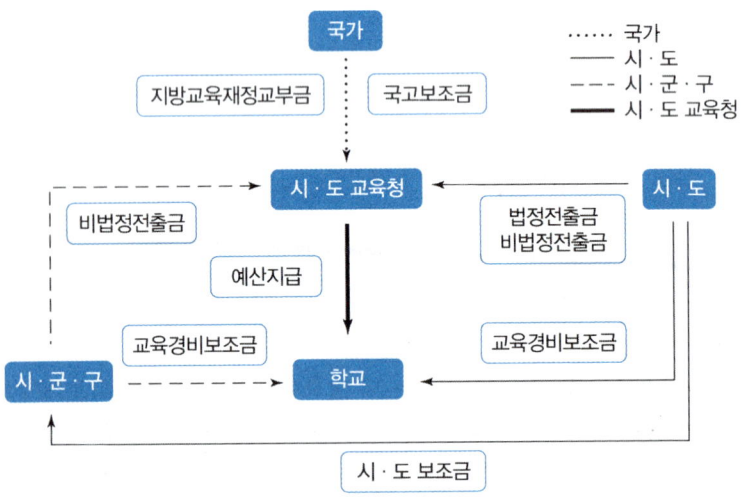

[지방교육재정의 흐름도]

(2) 국가교육재정

① 국가교육재정의 기본 구조
  ㉠ 국가교육재정의 재원은 조세수입과 세외수입으로 구성됨
  ㉡ 중앙정부의 전체 예산 중 약 17~18%가 교육에 투자됨

② 국가교육재정의 세출 구조
  ㉠ 교육부는 정부가 교육과 학예 활동을 위해 투자하는 예산을 일반회계와 특별회계로 관리함
  ㉡ **교육부 일반회계** : 교육부의 고유 업무 수행을 위해 관리하는 기본 회계
    • 교육부 일반회계의 세출 항목 중 가장 규모가 큰 것은 지방교육재정교부금(교육부 총예산 중 약 75%)
    • 국가는 회계연도마다 지방교육재정교부금법에 따른 교부금을 국가예산에 계상하여야 함
  ㉢ **교육부 특별회계** : 특수한 목적을 위해 독립적으로 관리하는 회계
    • 유아교육지원특별회계 : 국세교육세 세입 중 유아교육(취학 직전 3년의 교육) 지원을 위해 해당 회계연도의 예산으로 정하는 금액을 재원으로 하며, 이를 시·도 교육청에 배분하여 관리
    • 고등·평생교육지원특별회계(2023년 신설) : 국세교육세 세입 중 유아교육지원특별회계에서 정하는 금액을 제외한 금액에서 100분의 50에 해당하는 금액을 재원으로 하고, 교육부에서 직접 관리

(3) 지방교육재정

① 지방교육재정의 개념
  ㉠ 시·도 교육청의 재정활동을 의미하며, 지원 대상에는 공·사립 유치원, 초·중·고등학교, 특수학교를 포함함(지방교육재정교부금법)
  ㉡ 시·도의 교육·학예에 필요한 경비는 해당 '지방자치단체의 교육비특별회계'라는 이름으로 관리
  ㉢ 지방자치단체의 교육비특별회계는 일반회계로부터 분리하여 운영하며, 시·도의 교육감이 관장함

② 지방교육재정의 재원 구조(시·도의 교육비특별회계의 세입)
  ㉠ 중앙정부로부터의 이전수입
    • 지방교육재정교부금과 국고보조금으로 구분되며, 지방교육재정의 가장 큰 재원임(전체 예산의 약 75% 차지)
    • 지방교육재정교부금
      - 재원은 내국세 총액의 20.79%와 목적세인 국세교육세로 구성되며, 보통교부금과 특별교부금으로 구분되어 지방으로 교부됨
      - 보통교부금 : 당해연도 내국세 일부 금액 + 국세교육세의 일부 금액
      - 특별교부금 : 당해연도 내국세의 일부 금액
    • 국고보조금 : 국고보조사업에 별도 지원되는 금액으로, 그 사용이 특정되어 있음

암기 POINT

• 교육부 회계
  - 일반회계 : 지방교육재정교부금 등
  - 특별회계 : 유특회계, 고특회계(신설)

더 알아두기

• 교육세
  - 교육세에는 국세분과 지방세분이 구분되어 있음
  - 국세교육세는 「교육세법」에 의하여 세원과 세율이 결정됨
  - 지방교육세는 「지방세법」에 의하여 세원과 세율이 결정됨

암기 POINT

• 지방교육재정(교육비특별회계)의 재원구조

중앙정부 이전수입	지자체 이전수입	
(지방교육재정교부금, 국고보조금)	자체 수입	차입 및 기타

ⓒ 지방자치단체 일반회계로부터의 이전수입
- 지방자치단체 일반회계로부터의 전입금은 지방교육세 전입금, 담배소비세 전입금, 시·도세 전입금, 학교용지 부담금 등으로 구성됨
- 지방자치단체가 의무적으로 부담하여야 하는 법정전입금과 지방자치단체가 특정한 목적 사업을 위해 부담하는 비법정전입금으로 구분됨
  - 법정전입금은 지방세법상 이전비율이 명시된 전입금으로, 지방재원을 재배분하는 수평적 교부금의 역할
  - 비법정전입금은 지방정부가 지역교육의 발전을 위해 재량적으로 출연하는 전입금

[지방자치단체(시·도)의 교육비특별회계 재원 구조]

구분			규모	
중앙정부 지원금 (국고부담)	지방교육재정 교부금	내국세 교부금	내국세 총액의 20.79%	97% ⇒ 보통교부금
				3% ⇒ 특별교부금
		교육세 교부금	국세교육세 수입의 전액 중 일부	(국세교육세 전액 − 유아교육지원특별회계 교부금)의 50% ⇒ 보통교부금
	국고보조금		국고사업 보조금(용도지정)	
지방자치단체 일반회계 전입금 (지방부담)	지방교육세 전입금		지방교육세 수입의 전액	
	담배소비세 전입금		특별시·광역시 담배소비세 총액의 45%	
	시·도세 전입금		시·도세 총액의 10%(서울), 5%(광역시 및 경기도), 3.6%(여타 도)	
	학교용지 부담금		학교용지매입비의 50%	
	기타 전입금		공공도서관 운영비, 재량적 이전수입, 지방교육재정교부금 보전금 등	
자체수입			학생납입금(입학금, 수업료), 재산수입, 사용료, 수수료, 이자수입, 잡수입 등	
기타			지방교육채 및 금융기관차입금, 순세계잉여금 등	

(4) 지방교육재정교부금(「지방교육재정교부금법」)

① **개념**: 지방자치단체가 교육기관 및 교육행정기관을 설치·경영하는 데에 필요한 재원의 전부 또는 일부로 충당하도록 국가가 교부하는 금액
② **목적(제1조)**: 교육의 균형있는 발전을 도모하기 위한 것으로, 지방의 재정자립도나 빈부격차로 발생하는 교육기회 불균등 및 교육의 질적 격차 해소
③ **용어의 정의(제2조)**
  ㉠ 기준재정수요액: 지방교육 및 그 행정 운영에 관한 재정수요에 따라 산정한 금액으로, 각 측정항목별로 측정단위의 수치를 그 단위비용에 곱하여 얻은 금액을 합산한 금액

  ＊ 기준재정수요액의 측정항목
  1. 교직원 인건비 2. 학교·교육과정 운영비 3. 교육행정비
  4. 교육복지 지원비 5. 학교시설비 6. 유아교육비
  7. 방과후학교 사업비 8. 재정결함보조금

더 알아두기

- **국세교육세의 과세대상 및 세율**
  - 금융보험업 수입액의 0.5%
  - 개별소비세액의 30%, 교통세액의 15%
  - 주세액의 10%

- **지방교육세의 과세대상 및 세율**
  - 부동산 취득세액의 10%
  - 등록면허세액의 20%
  - 주민세액의 10~25%
  - 재산세액의 20%
  - 자동차세액의 30%
  - 레저세액의 40%
  - 담배소비세액의 43.99%

- ⓒ 기준재정수입액 : 일반회계 전입금 등 교육과 학예에 관한 지방자치단체 교육비특별회계의 수입예상액
- ⓒ 측정단위 : 지방교육행정을 부문별로 설정하여 그 부문별 양을 측정하기 위한 단위
- ⓔ 단위비용 : 기준재정수요액을 산정하기 위한 각 측정단위의 단위당 금액

④ 종류 : 보통교부금과 특별교부금으로 구분되며, 별도 증액교부 가능

㉠ 보통교부금(제5조)
- 목적 : 지방자치단체 간 교육격차를 해소하고 일정 수준의 교육서비스를 유지하도록 지원하는 목적
- 교부 및 운용 : 기준재정수입액이 기준재정수요액에 미달하는 지방자치단체에 그 미달액을 기준으로 하여 총액으로 교부하여, 지역의 실정에 맞게 자율적으로 교육재정을 운용하도록 함
- 성격 : 종전의 봉급교부금(예 의무교육기관 종사자의 봉급)과 증액교부금(예 저소득층 학생 지원금, 학교급식 지원금, 특성화고 실습지원금)을 흡수·통합한 것

㉡ 특별교부금(제5조의2)
- 목적 : 시책사업, 우수지방자치단체지원, 지역현안사업, 재해대책 등의 특별한 재정수요가 있을 때
- 교부기준
  - 시책사업 : 전국에 걸쳐 시행하는 교육 관련 국가시책사업으로, 재정지원계획을 수립하여 지원해야 할 특별한 재정수요가 있거나 지방교육행정 및 지방교육재정의 운용실적이 우수한 지방자치단체에 대한 재정지원이 필요할 때(특별교부금 재원의 60%)
  - 현안사업 : 기준재정수요액의 산정방법으로 포착할 수 없는 특별한 지역교육 현안수요가 발생할 때(특별교부금 재원의 30%)
  - 재해대책 : 보통교부금 산정기일 이후 발생한 재해로 인하여 특별한 재정수요가 있거나 재정수입의 감소가 있는 경우(특별교부금 재원의 10%)
- 교부절차 : 교육부장관은 시·도의 교육감이 특별교부금을 신청하면 그 내용을 심사한 후 교부함
- 사용의 제한
  - 교육부장관은 특별교부금의 사용에 관하여 조건을 붙이거나 용도를 제한할 수 있음
  - 시·도의 교육감은 지정된 조건이나 용도를 변경하여 특별교부금을 사용하려면 미리 교육부장관의 승인을 받아야 함
  - 교육부장관은 시·도의 교육감이 지정된 조건이나 용도를 위반하여 특별교부금을 사용하거나 2년 이상 사용하지 아니하는 경우에는

> **암기 POINT**
>
> - **지방교육재정교부금의 교부**
>   - 보통교부금 : 기준재정수입액이 기준재정수요액에 미달하는 지자체에 그 미달액을 총액으로 교부
>   - 특별교부금 : 국가적 시책사업, 우수지방자치단체지원, 지역현안사업, 재해대책 등의 특별한 수요가 있을 때
>   - 증액교부금(2019년 신설) : 지방교육재정상 부득이한 수요가 있는 경우

그 반환을 명하거나 다음에 교부할 특별교부금에서 해당 금액을 감액할 수 있음
- ⓒ 별도의 증액교부(제3조 제4항, 제14조) : 고등학교 무상교육 경비(한시적)
  - 지방교육재정상 부득이한 수요가 있는 경우, 국가예산으로 정하는 바에 따라 보통교부금과 특별교부금 외에 따로 증액교부할 수 있음
  - 고등학교 무상교육 실시에 따른 필요경비 확보를 위해 2019년 12월 3일에 신설됨(2020~2024년 한정 시행)

(5) 시·군·구의 교육경비 보조
① 시·군·자치구는 관할구역에 있는 고등학교 이하 각급학교의 교육에 소요되는 경비를 보조할 수 있음
② 학교를 통한 지출 이외에 시·도 외 시·군·구는 일반회계를 통하여 직접 교육과 연관이 있는 사업을 수행하기도 함 예 영어마을, 학교 급식 지원 등
③ 다만, 시·군·구의 교육지원청은 시·도 교육청과 달리 법인격을 부여받지 않아 독자적인 예산편성권과 지출권을 갖고 있지 않은 한계가 있음

(6) 우리나라 교육재정의 문제점
① **지방교육재정의 낮은 재정 자립도** : 중앙정부에 대한 재정적 의존이 크고 지방자치단체 지원이 법적 기준에 미달하는 세입구조로 불안전성이 지속됨
② **교육세가 목적세로서의 역할 부족** : 교육세 수입은 교육재정에서 차지하는 역할이 미미하며 담배세와 주세 등 경기변화에 민감한 세원에 교육세를 부과함으로써 세원이 안정적이지도 못함
③ **과중한 경직성 경비** : 지방교육재정의 세출에서 교직원 인건비가 가장 큰 비중(60%)을 차지하는 등 경직성 경비가 약 80%에 달함
④ **교육재정 수요를 반영하지 못하는 세입과 세출** : 학생 수 변화 및 교육제도 변화에 효과적으로 대응하지 못하는 재정 구조 유지

04 학교회계
2016·2021 지방직9급 / 2017·2019 국가직9급 / 2007·2011·2014·2018·2022·2024 국가직7급

(1) 학교회계제도의 개념
① 단위학교의 자율적 재정운영을 보장하여 다양한 교육활동을 지원하고 교육의 질을 높이기 위한 제도
  - ㉠ 국·공립의 유치원 및 초등학교·중학교·고등학교 및 특수학교에 각 학교별로 학교회계를 설치하여야 함(유아교육법 제19조의7, 초·중등교육법 제30조의2)(사립학교는 적용 제외)
  - ㉡ 학교구성원의 참여와 학교운영위원회의 심의를 통해 자율적으로 우선순위를 정하여 학교 실정에 따라 세출예산을 편성·집행하도록 함

② 학교회계제도의 도입 배경
  ㉠ 단위학교의 책임경영에 대한 필요성 증대
    • 예산편성과 교육과정 운영에 관한 권한 이양, 학교운영의 자율성과 다양성 확보, 학교성과에 대한 책무성 증대를 통해 학교의 효과성 증진
    • 단위학교 책임경영을 위해 단위학교예산제를 도입하고, 예산편성과 지출 결정에서 학교장과 학교운영위원회의 기능을 강화함
  ㉡ 기존 학교 경비별 예산체계의 문제점 개선
    • 학교회계 도입 이전 : 일상경비, 도급경비, 학교운영지원비 등 다양한 종류의 경비별로 별도의 회계로 운영, 각 회계별로 회계연도와 적용법규가 달라 회계관리가 복잡하고 어려웠음
    • 도입 이후 : 일상경비와 도급경비 구분없이 총액으로 배분, 하나의 회계로 통합하여 관리, 회계연도를 통일하는 등 회계운영 규칙 개선

(2) 학교회계 운용의 일반사항
① 회계의 설치단위
  ㉠ 학교회계는 국·공립의 유치원 및 초등학교·중학교·고등학교 및 특수학교에 각 학교별로 설치
  ㉡ 학교의 시설·설비 및 교원 등을 통합하여 운영하는 경우(통합운영학교), 학교회계도 통합하여 하나로 설치·운영할 수 있음
② 회계연도 및 출납폐쇄기한
  ㉠ 학교회계의 회계연도는 3월 1일에 시작하여 다음해 2월 말일에 종료함
    ＊ 정부나 지방자치단체의 회계연도는 매년 1월 1일에 시작하여 12월 31일에 종료
  ㉡ 학교회계 출납은 회계연도 종료 후 20일이 되는 날(3월 20일)에 폐쇄함
③ 회계연도 독립의 원칙
  ㉠ 학교회계의 각 회계연도의 경비는 그 연도의 세입으로 충당하여야 함
  ㉡ 학교회계의 수입 및 지출은 그 원인이 되는 사실이 발생한 날을 기준으로 회계연도를 구분함(확인 불가시, 그 사실을 확인한 날 기준)
④ 수입의 직접사용 금지 : 학교의 장은 법령에서 특별히 정한 경우를 제외하고는 이를 직접 사용해서는 아니 되며, 학교회계의 모든 수입을 지정 금융기관이나 체신관서에 수납하여야 함
⑤ 예산총계주의 원칙 : 학교회계의 세입과 세출은 모두 학교회계의 세입세출예산에 각각 편입하여야 함
⑥ 예산·결산 및 집행현황의 공개
  ㉠ 학교장은 확정된 예·결산서를 학부모 및 교직원에게 공개하여야 함
  ㉡ 교직원에게 학교회계시스템(에듀파인) 조회 권한 부여, 학부모 및 학교운영위원에게 홈페이지 탑재 등의 방법으로 예산집행 현황 공개

⑦ 학교회계 운영의 규정 : 학교회계의 운영에 필요한 사항은 국립학교의 경우에는 교육부령으로, 공립학교의 경우에는 시·도의 교육규칙으로 정함

(3) 학교회계의 절차

① 예산 편성과 심의 : 회계연도 개시 이전에 학교운영위원회 심의
  ㉠ 학교회계 예산편성 기본지침 통보 : 교육감은 학교 회계연도 개시 3개월 전까지 학교회계 예산편성 기본지침 통보
    ＊ 학교회계 예산편성매뉴얼은 집행명령(훈령)으로서 행정적 구속력을 지님
  ㉡ 의견수렴 및 예산안의 편성
    - 학교장은 소속 교직원에게 연간학교 교육시책 및 학교예산편성에 필요한 사전교육 실시
    - 학교별로 자율적으로 계획을 수립하여 학부모 및 학생의 의견을 수렴
    - 교직원으로부터 교육과정 및 학교운영을 위하여 필요한 경비를 기재한 예산요구서를 부서별로 제출받아 최대한 반영하여 예산안 편성
  ㉢ 학교운영위원회에 예산안 제출 : 학교장은 회계연도마다 학교회계 세입세출예산안을 편성하여 회계연도 개시 30일 전까지 학교운영위원회에 제출하여야 함
  ㉣ 예산안 심의, 확정, 공개
    - 학교운영위원회는 학교회계 세입세출예산안을 회계연도가 시작되기 5일 전까지 심의하고, 학교장은 심의결과를 통지받은 후 예산 확정
    - 학교장은 예산이 확정된 후 10일 이내에 학교 홈페이지 게시 등의 방법으로 교직원과 학부모 등에게 공개

② 집행
　㉠ 예산집행의 원칙 : 확정된 예산은 정해진 목적에 따라 자금의 수급 등 학교의 재정여건을 감안하여 합리적이고 효율적으로 집행
　㉡ 예산 미확정 시 준예산 집행 : 새로운 회계연도가 시작될 때까지 확정되지 않은 경우, 다음의 경비를 전년도 예산에 준하여 예산 집행 가능
　　1. 교직원 등의 인건비
　　2. 학교교육에 직접 사용되는 교육비
　　3. 학교시설의 유지관리비
　　4. 법령상 지급 의무가 있는 경비
　　5. 이미 예산으로 확정된 경비
　㉢ 예산의 목적 외 사용금지 및 예산의 이·전용
　　• 예산의 목적 외 사용금지 : 예산 집행시, 예산에 정한 목적에 적합하게 집행하여야 함. 단, 미리 학교운영위원회의 심의를 거친 경우에는 목적 외 사용 가능
　　• 예산의 이용(移用) : 세출예산의 정책사업 간 경비의 상호사용을 말하며 미리 학교운영위원회의 심의를 거쳐 예산으로 정한 경우에 가능
　　• 예산의 전용(轉用) : 재정여건 변화, 사업의 효율적 집행 등을 위하여 필요한 경우에 인건비·시설비를 제외한 예산의 단위사업 간, 세부사업 간, 목 간의 금액은 전용 가능(학교운영위원회의 심의 불필요)

③ 결산 및 결산 심의
　㉠ 결산서 작성 및 제출 : 학교장은 회계연도마다 결산서를 작성하여 회계연도가 끝난 후 2개월 이내에 학교운영위원회에 제출하여야 함
　㉡ 결산심의 절차 : 학교운영위원회의 학교회계세입·세출결산 심의는 예산안 심의 절차에 준함
　㉢ 결산심의 결과 통보 : 학교운영위원회는 결산 심의 후 그 결과를 회계연도 종료 후 3개월 안에 학교장에게 통보하여야 함

> 암기 POINT
> • 학교회계 예산의 이용과 전용
>
> | 구분 | 적용 범위 | 학운위 심의 |
> |---|---|---|
> | 이용 | 정책사업 간 | 필요 |
> | 전용 | 단위사업 간, 세부사업 간, 목 간 | 불필요 |

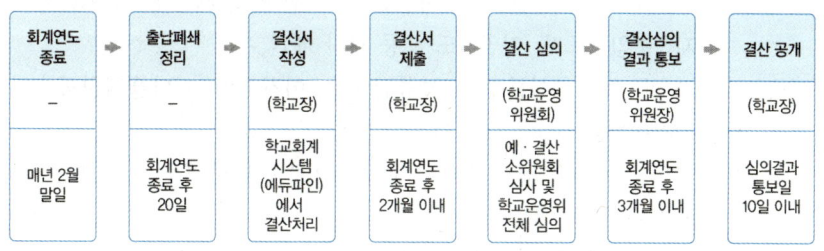

암기 POINT

- 학교회계의 세입항목
  - 이전수입 : 중앙정부 및 지방자치단체 이전수입, 학교발전기금 전입금 등
  - 자체수입 : 수익자부담수입, 사용료 및 수수료, 이월금 등

더 알아두기 ✏️

- 학교발전기금
  - 조성 및 운용 : 학교운영위원회 위원장의 명의로 조성·운용, 기금 관리 및 집행 업무의 일부를 당해 학교장에게 위탁할 수 있음
  - 조성 방법 : 기부자가 기부한 금품의 접수, 학교 내·외의 조직·단체 구성원으로부터 자발적 갹출, 구성원외의 자로부터 모금 등
  - 사용 목적 : 시설 보수 및 확충, 교육용 기자재 및 도서 구입, 학교체육활동 기타 학예활동 지원, 학생복지 및 학생자치활동 지원 등

더 알아두기 ✏️

- 사립학교의 입학금 및 수업료
  - 대통령령으로 정하는 사립학교의 설립자·경영자는 학생과 보호자로부터 학교 수업료 및 입학금 등을 받을 수 있음(초·중등교육법 제10조의2 제1항, 제2항)
  - 이 경우, 학생이 낸 등록금은 학교회계의 세입에 포함하지 않고 지방자치단체 교육비특별회계의 세입으로 포함하여 관리함

(4) 학교회계의 예산 구조

① 학교회계의 세입 항목 (초중등교육법 제30조의2)

㉠ 이전수입 : 학교회계 세입 재원 중 가장 큰 비중을 차지

- 국가의 일반회계로부의 전입금 : 국고보조금, 국가보조지원금 – 입학료, 수업료, 국고보조사업에 대한 지원금(사용목적 지정)
- 지방자치단체의 교육비특별회계로부터의 전입금
  - 학교운영비전입금 : 학교기본운영비(단위학교 표준교육비를 기준으로 총액으로 교부), 개별교부운영비(특정 수요가 있는 학교 지원)
  - 목적사업비전입금 : 학교의 목적사업 수행 지원
    * 사립학교 재정결함 보조금 : 사립학교에 인건비 및 운영비 재정부족액을 지원, 학교 간 교육기회의 균등과 균형적 발전을 도모
- 지방자치단체의 일반회계로부터의 전입금 : 광역지방자치단체전입금, 기초지방자치단체 전입금 – (법정) 급식시설개선사업보조금, 교육정보화사업보조금 등, (비법정) 농어촌학교보조금, 급식비보조금 등
- 학교발전기금으로부터의 전입금
  - 학교 내외의 개인이나 기업체 등이 지원하는 기부금 성격의 지원금은 학교발전기금으로 편입
  - 학교발전기금은 학교회계와 구분하여 별도의 회계로 관리, 학교운영위원회의 심의를 거쳐 학교회계로 전출

㉡ 자체수입

- 학부모가 부담하는 경비 : 학교운영위원회의 심의를 거쳐 조성·운용
  - 수익자 부담 수입 : 급식비, 방과후학교활동비, 현장체험학습비, 수련활동비, 졸업앨범대금, 교과서대금, 기숙사비, 누리과정비, 교복 구입비, 운동부 운영비 및 기타
  - 학교운영지원비 : 학교운영의 지원(육성)을 위해 학부모가 부담하는 경비로, 육성회비·기성회 등으로 불림
- 행정활동 수입
  - 사용료 및 수수료 : 학교체육시설, 교실, 운동장 등 학교시설의 사용료, 매점 등 수익허가의 사용료, 입시전형료, 제증명 수수료 등
  - 자산수입 : 토지, 건물, 도서 등 자산 매각 수입
  - 그 외 : 적립금처분수입, 보증금회수, 이자수입, 기타행정활동수입
- 전년도 이월금
  - 전년도 예산의 집행 잔액은 교육청으로 반납하지 않고, 차년도 학교회계 세입으로 이월 가능
  - 수익자 부담경비의 집행 잔액은 이월하지 않고, 해당사업이 종료된 후 10일 내에 정산하여 학부모에게 반납하여야 함
    * 금액이 소액이어서 정산 및 반납이 어려운 경우, 학교운영위원회의 심의를 거쳐 학교발전기금으로 전출 또는 학생복지사업으로 사용 가능

② 학교회계의 세출 항목 : 학교운영 및 학교시설의 설치 등을 위한 경비
  ㉠ 정책사업 편성
    - **인적자원 운용** : 교직원 및 기타교직원 보수, 교직원복지 및 역량강화
    - **학생복지/교육격차해소** : 급식관리, 기숙사관리, 교육격차 해소 등
    - **기본적 교육활동** : 표준적인 교수·학습 활동에 직접 투입되는 사업비
    - **선택적 교육활동** : 선택적 교육활동(방과후학교 등)에 소요되는 사업비
    - **교육활동 지원** : 교수·학습을 지원하는 간접 교육비
    - **학교 일반운영** : 학교 기관 및 부서 운영에 소요되는 사업비
    - **학교시설 확충** : 대규모 수선비, 교실 증개축 등 시설 사업비
    - **학교 재무활동** : 목적사업비 반환 및 예비비 관리 등 비사업성 지출
  ㉡ 세출 성질비목
    - **인건비** : 교직원인건비, 공무직인건비, 기간제교원인건비, 기간제근로자인건비, 기타 수당
    - **운영비** : 일반운영비, 교육운영비, 학생복지비, 기간제교원 등의 법정부담금, 업무추진비, 직책급업무수행경비 등
    - **자산취득비** : 학교 시설에 필요한 설계비, 시설비, 감리비, 시설부대비 등, 자산의 변동을 가져오는 비품·기자재 구입비, 운동장 전면보수 등 대규모 사업을 위한 적립금 등
    - **예비비 및 기타** : 예비비, 반환금, 교육비특별회계 전출금 등

05 예산 편성·관리 기법
2015 지방직9급 / 2008·2016·2022 국가직9급 / 2010·2020 국가직7급

(1) 품목별 예산제도(LIB : Line-Item Budgeting)
① 성격 : 예산 지출 대상을 품목별로 분류하고 지출 대상과 그 한계를 명확히 규정하여 재정상의 부정이나 손실을 예방하려는 통제지향의 예산제도
② 예산편성 방법
  ㉠ 예산항목을 경비의 성격과 위계에 따라 관, 항, 목, 세목 등으로 제도화하여 지출의 구체적 항목을 기준으로 예산을 편성함
  ㉡ 지출대상을 인건비, 시설비, 운영비 등과 같이 세분화하여 금액으로 표시함으로써 지출 대상과 그 한계를 명확히 규정함
③ 장점
  ㉠ 차기 예산을 편성하는 데 필요한 정보를 얻을 수 있음
  ㉡ 세출 예산에 대한 엄격한 사전·사후 통제가 가능함
  ㉢ 회계 책임을 분명하게 하고, 예산 담당자의 자유재량 행위 제한가능
  ㉣ 한정된 재정규모 내에서 효율적인 예산 배분을 강조하므로 능률적임

④ 단점
  ㉠ 예산집행 시 예상치 못한 사태에 융통성있게 대응하기 어려움
  ㉡ 사업의 효과나 효율보다는 지출의 통제에 초점을 맞추게 됨
  ㉢ 정부사업의 전체적인 개요를 파악하기 어려움

(2) 성과주의 예산제도(PB : Performance Budgeting)
① 성격 : 예산을 기능별·사업별로 배분하여 예산의 지출과 그에 따른 성과의 관계를 명확하게 하고 사업관리의 효율성을 제고하기 위한 예산제도
② 예산편성 방법
  ㉠ 예산과목을 사업계획별·활동별로 분류한 다음 각 세부사업별로 업무측정단위를 표시하고, 단위원가에 업무량을 곱하여 예산액을 표시함
  ㉡ 전년도에 집행된 예산의 사업별·활동별 성과를 측정·분석·평가하여 그 성과에 따라 신년도 사업에 투입되는 예산을 배분함
③ 장점
  ㉠ 제도가 달성하려는 목표와 사업을 용이하게 이해할 수 있음
  ㉡ 목표 달성에 필요한 소요비용을 명시하여 예산심의가 용이함
  ㉢ 예산집행에 있어서 경직성을 탈피하고 융통성을 제고함
  ㉣ 집행부서의 자율성과 책임성을 강화함으로써 재정의 효율성을 높임
④ 단점
  ㉠ 업무측정단위의 선정이나 단위원가의 계산 및 성과측정이 어려움
  ㉡ 예산 관리에 치중하여 계획 수립에는 소홀해질 수 있음
  ㉢ 품목별 예산제도에 비해 회계책임이 불분명해질 수 있음

(3) 기획 예산제도(PPB : Planning Programming Budgeting)
① 성격 : 정부의 장기적 계획수립(planning)과 단기적 예산편성(budgeting)을 유기적으로 결합하여 자원을 합리적으로 배분하고자 하는 예산제도
② 예산편성 방법
  ㉠ 조직의 목표달성을 위한 프로그램을 선정하고, 구체적 실행계획을 작성하며, 프로그램의 성격에 따라 연도별 사업계획과 중·장기 예산계획을 작성
  ㉡ 연도별 프로그램에 필요한 자원을 자세하게 조사하고 가격으로 환산하여 투입가능한 자금의 총액을 계산하고 이를 체계화하여 예산편성
③ 장점
  ㉠ 사업계획의 목적, 대안, 효용 및 소요 자원이 연결되어 의사결정 용이
  ㉡ 중앙집권적으로 예산을 편성하므로 의사결정 과정을 일원화할 수 있음
  ㉢ 사업계획과 예산편성을 유기적으로 연결하여 주기 때문에 자원배분이 합리적으로 이루어짐
  ㉣ 1년 단위로 운영되는 전통적인 예산제도를 탈피하여 다년도 예산 편성을 기본으로 하므로 장기사업계획에 대한 신뢰성을 높일 수 있음

암기 POINT
- 예산 편성 방법 Ⅱ
  - 기획예산 : 장기계획에 따른 예산 배분, 합리성 강조, 예산편성 어려움
  - 영기준 예산 : 전년도 사업에 구애되지 않고 사업을 구상, 사업의 우선순위에 따라 예산 배분, 자유재량 강조, 예산편성의 어려움

④ 단점
  ㉠ 정보가 최고의사결정자에게 집중되어 지나치게 중앙집권화될 가능성
  ㉡ 명확한 목표 설정이 어려운 부문의 경우에는 도입하기 곤란함
  ㉢ 사업별 예산을 하위예산별로 구분하고 자원을 재배분하는 것이 어려움
  ㉣ 합리성을 지나치게 강조하므로 예산편성의 정치적 과정을 소홀히 함

(4) 영기준 예산제도(ZBB : Zero Based Budgeting)
① 성격 : 기존 사업과 새로운 사업을 구분하지 않고 매년 모든 사업의 타당성을 영기준에서 엄밀히 분석해 예산을 편성하는 예산제도
② 예산편성 방법 : 전년도의 사업, 목표, 방법, 배정금액에 구애되지 않고 신년도 모든 사업계획을 새롭게 검토하여 우선순위를 결정하여 예산 배분
  ㉠ 결정단위(decision unit)의 설정 : 학교의 모든 사업을 총체적으로 분석하여 다른 활동과 중복되지 않도록 개개의 활동단위를 구분해 냄
  ㉡ 결정항목(decision package)의 작성 : 결정단위가 되는 사업별로 신년도 사업계획의 여러 대안(유지, 확대, 감소, 폐지 등)을 마련하고, 각 대안에 대한 사업명세와 소요예산을 산출한 사업계획의 패키지를 작성함
  ㉢ 우선순위의 결정 및 예산편성 : 학교교육 목표에 따라 사업 패키지별로 우선순위를 결정한 뒤, 한정된 예산을 그 우선순위에 따라 예산 편성
③ 장점
  ㉠ 자발적이고 창의적인 사업구상과 실행을 유도할 수 있음
  ㉡ 점증주의적 예산과정을 탈피하여 경기변동에 신축성 있게 대응 가능
  ㉢ 예산편성 과정에서 참여의 폭을 확대하고 계층 간 의사소통을 활성화
  ㉣ 우선순위가 높은 사업에 대한 집중 지원이 가능함
  ㉤ 학교경영 계획과 예산이 일치함으로써 교장의 합리적인 학교경영을 지원할 수 있음
④ 단점
  ㉠ 예산편성과 결정 과정에 소요되는 시간과 노력의 부담이 과중할 수 있음
  ㉡ 사업이 기각되거나 평가절하되면 구성원들의 비협조적 풍토를 야기
  ㉢ 전문성 부족으로 인해 비용과 인원의 절감에 실패할 가능성 높음

6 학교경영

01 학교경영의 이해

(1) 학교경영의 개념

① 정의 : 학교에 속해 있거나 관련되어 있는 인적·물적 자원을 보다 효과적이고 합리적으로 관리함으로써 학교교육의 목표를 실현하려는 사회적·공공적·조직적 활동

② 학교행정과 학교경영의 비교

학교행정(학교관리)	학교경영
고도의 확실성을 가진 구조화된 의사결정	구조화되어 있지 않은 대안들에서의 결정
객관성과 강제성	주관성과 융통성
학교장의 합목적성과 합법성 중시	학교장의 자율성과 창의성 중시
공권력의 실행과 법규해석 강조	구성원의 협동적 행위 조성 강조
교육목적의 효율적 달성 강조	투입에 대한 산출의 극대화 강조

(2) 성공적인 학교를 위한 운영체제[뉴만(Newmann)]

① 성공적인 학교 : 유사한 상황에 있는 다른 학교들에 비해 학생들의 학업성취가 높고 점점 개선되어가는 학교
② 성공적인 학교의 운영체제의 요소
  ㉠ 학생의 학습에 초점
  ㉡ 높은 수준의 교수활동
  ㉢ 학교 전체의 능력계발
  ㉣ 외부 환경의 적극적 지원

(3) 학교경영의 과정

① 계획단계 : 학교경영목표 및 방침 설정, 구체적 활동계획의 수립 등
② 실천단계 : 수립된 계획에 따라 인적·물적 자원의 조직과 배분 등
③ 평가단계 : 설정된 목표에 비추어 학교경영 업무의 수행과정 및 산출의 분석과 검토 등

02 학교경영 기법 2015 지방직9급

(1) 카우프만(Kaufman)의 체제 접근 모형

① 개관 : 학교 조직을 역동적인 사회적 체제로 보고 시스템을 구성하고 있는 모든 요소들을 유기적으로 연결하여 생산성을 향상시키고자 함

② 체제적 접근에 의한 학교경영 모형
  ㉠ 문제확인 : 요구분석을 통해 문제를 확인하고 문제해결을 위한 요구조건을 구체적으로 서술
  ㉡ 대안결정 : 목표관리기법(MBO)을 적용하여 문제해결을 위한 구체적이며 행동적인 목표 설정
  ㉢ 해결전략 선정 : 투입-산출분석, 기획예산제도(PPBS) 등을 활용하여 구체적 해결전략 선택
  ㉣ 해결전략 시행 : 과업평가검토기법(PERT), 임계경로분석기법(CPM) 등을 활용하여 해결전략 실행에 관한 자료를 수집하고 실행함
  ㉤ 성취효과 결정 : 문제해결 전략이 어느 정도 성과가 있었는지를 평가함
  ㉥ 피드백 : 해결전략이 성과가 있었던 것으로 평가되면 체제접근에 의한 조직평가가 일단락되지만, 성과가 적은 것으로 평가되면 체제를 수정

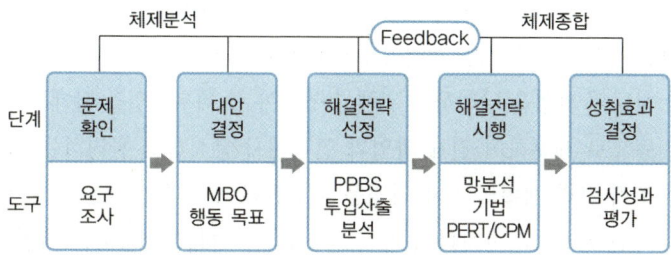

> **암기 POINT**
> • 학교경영기법
>   - MBO : 목표관리기법
>   - PERT : 프로그램 평가검토기법
>   - TQM : 총체적 품질관리기법
>   - SBM : 학교단위 책임(자율)경영 제도

(2) **목표관리기법**(MBO : Management By Objectives)
① 개념
  ㉠ 드러커(Drucker)가 소개하고, 오디온(Odiorne)이 체계화한 경영기법
  ㉡ 목표설정이론을 조직경영에 적용하여 합의된 목표 설정을 통해 조직을 경영하는 기법
  ㉢ 명확한 목표 설정, 권한의 위임과 책임의 규정, 구성원의 전체적인 참여와 합의, 활동의 과정과 결과에 대한 평가와 피드백 등을 통해 조직관리 및 동기유발을 도모하는 기법
② 절차 : 전체목표 설정 → 개별목표 설정 → 조정과 통합 → 평가와 피드백
  ㉠ (1단계) 학교 교육목적과 경영목표의 개발 : 구성원들의 참여와 합의의 과정을 통해 학교 전체의 교육목적 및 경영목표를 명확하게 개발
  ㉡ (2단계) 교직원의 직위별 자기목표 설정 : 교장, 교감, 교사, 행정직원 등 각 직위별로 성취해야 할 자기목표를 구체적으로 설정
  ㉢ (3단계) 세부목표의 점검 및 통합조정 : 전체 학교경영 목적과 목표를 성취할 수 있도록 서로 다른 개별 목표들을 조정하고 통합함
  ㉣ (4단계) 교육성과의 측정 및 피드백 : 활동과 과정의 성과와 결과를 측정할 수 있는 방법을 개발하고, 목표달성 정도를 평가하며 수시로 피드백

③ 장점
  ㉠ 학교의 활동을 학교교육 목표에 집중시킴으로써 교육의 효율성 제고
  ㉡ 교직원의 참여와 합의를 중시함으로써 인적자원 활용의 효율성 도모
  ㉢ 교육의 목표와 책임에 대해 명확히 설정하여 교직원의 역할갈등 해소
  ㉣ 학교운영의 분권화와 참여 확대를 통해 교직원의 관료화 방지 및 전문성 강화
④ 단점
  ㉠ 목표의 지나친 강조로 인해 교육의 과정과 장기적 목표는 경시할 우려
  ㉡ 목표 설정과 성과보고 등에 많은 노력과 시간 필요, 업무부담 가중
  ㉢ 측정 가능한 교육목표의 설정과 평가로 인해 학교교육 활동을 오도할 가능성이 있음

(3) 프로그램 평가검토기법(PERT : Program Evaluation and Review Technique)

① 개념(사업평가검토기법, 과업평가계획기법)
  ㉠ 하나의 과업을 달성하기 위해 수행해야 할 세부사업을 단계적 결과와 활동으로 세분하여 전체 과업과 연관해서 분석하고 관리하는 기법
  ㉡ 조직 관리 계획의 전체 작업을 작업관련 내용과 순서를 기초로 하여 네트워크상으로 파악하여 계획 공정을 평가하고 검토하는 기법
② 절차 : 활동과 단계 구분 → 플로차트 작성 → 작업수행시간 산출 및 관리
  ㉠ 활동(activity)과 단계(event)의 구분 : '활동'은 과업을 수행하는 데 필요한 구체적 작업을 의미하며, '단계'는 프로젝트를 구성하는 작업내용으로 일련의 활동들로 구성됨
  ㉡ 플로차트(총괄진행표, flow chart) 작성 : 세부적인 작업 활동과 단계 및 상호관계, 소요시간과 경비 등을 검토하여 활동과 단계의 순서를 네트워크 형태의 플로차트로 작성
  ㉢ 작업수행시간 산출 및 관리 : 플로차트에서 최장작업경로(임계통로, critical path)에 의해 규정되는 작업수행시간을 산출하고, 이를 단축하거나 작업일정을 차질없이 엄수하도록 관리
③ 장점
  ㉠ 과업 추진을 위한 세부 작업의 순서와 상호관계를 유기적으로 파악 가능
  ㉡ 작업 과정의 전모를 파악하여 작업 추진에 앞서 애로사항 대비 가능
  ㉢ 작업 요소별로 책임부서가 명확해짐으로써 원만한 작업수행이 가능함
  ㉣ 효율적인 예산 통제가 가능하며, 최저 비용으로 일정 단축이 가능함
  ㉤ 작업 과정의 작성에 관계자들이 참여하게 되므로 구성원들의 참여 의식이 높아짐

④ 단점
  ㉠ 정확하고 타당성 있는 네트워크 구성이 어려움
  ㉡ 플로차트 작성에 많은 시간과 노력이 소요됨
  ㉢ 사전에 구체적으로 계획되지 않은 프로그램에는 사용할 수 없음
  ㉣ 기획된 활동의 실행과정에서 불확실성이 과도할 경우 활용이 어려움

(4) **정보관리체제**(MIS : Management Information System)
① 개념
  ㉠ 의사결정자가 다양한 대안을 검토하여 합리적인 결정을 내릴 수 있도록 필요한 정보를 적시에 신속하고 정확하게 제공하는 체제
  ㉡ 의사결정 관련 경영정보나 회계자료 등을 수집·처리·보관·평가하였다가 적시에 효율적으로 제공하는 종합적인 정보관리의 체제
② 정보관리체제의 설계 절차
  ㉠ **목적과 목표 분석** : 조직관리 체제의 목적과 목표가 무엇인지를 분석
  ㉡ **의사결정목록의 개발** : 조직에서 이루어져야 할 의사결정 목록을 수집하고 체계적으로 정리
  ㉢ **필요한 정보의 분석** : 의사결정에 필요한 특정한 정보가 어떤 것들인지를 분석하여 진술
  ㉣ **자료수집체제의 구안** : 필요한 정보를 충족시킬 수 있는 자료를 수집하기 위한 체제를 구안
  ㉤ **소프트웨어의 개발** : 정보관리체제 구축을 위한 프로그램 개발
  ㉥ **하드웨어의 요구조건 설계** : 개발된 프로그램의 실행에 필요한 하드웨어와 환경조건 진술

(5) **총체적 품질관리기법**(TQM : Total Quality Management)
① 개념
  ㉠ 1960년대 발전된 '전사적 품질관리(TQC : Total Quality Control)'에서 비롯된 개념으로, 제품의 품질뿐만 아니라 새로운 기업문화를 창조하고 조직구성원의 의식을 개혁하고자 하는 경영관리 기법
  ㉡ 학교장의 강력한 지도성 아래 학교 구성원의 헌신과 총체적 참여를 통해 수요자가 만족하는 교육을 위해 지속적인 개선을 추구하는 것을 의미
② 원칙
  ㉠ **명료한 목표 설정과 과정의 개선** : 조직의 목표를 명확하게 설정하고 조직구성원들이 이를 공유하여 업무 수행을 보다 효과적으로 조정
  ㉡ **팀에 의한 문제 해결** : 학교 내 서로 다른 부서와 계층의 사람들로 기능별 팀을 구성하고 집단적 신뢰와 협력을 바탕으로 문제를 해결
  ㉢ **교사의 역할 강화와 능력개발** : 교사의 헌신과 혁신을 추구하기 위하여 교사들의 권한을 강화하고, 문제해결 능력 개발을 위한 훈련을 제공

(6) 학교단위 책임(자율)경영제도(SBM : School-Based Mangement)

① 개념
  ㉠ 단위학교의 자율성, 창의성, 책무성을 높이기 위해 교육행정기관의 의사결정 권한을 일선 학교로 이양하고 학교 의사결정 권한을 행정가, 교사, 학부모가 공유하는 것을 의미
  ㉡ 교육청에 의한 규제와 지시 위주의 학교경영 방식을 지양하고, 학교경영에 대한 권한을 단위학교에 부여하는 제도
  ㉢ 민주적인 절차를 통해 학교 구성원들이 스스로 학교의 중요한 사항을 심의·결정함으로써 교육자치를 구체적으로 실현

② 실제적 방법
  ㉠ 학교운영위원회 : 학교운영위원회를 설치하여 학부모, 교원, 지역인사가 의사결정 과정에 참여하게 함으로써 단위학교 내 의사결정의 분권화와 학교교육의 자율화 추구
  ㉡ 공모교장제 및 초빙교사제 : 학교운영위원회의 심의를 거쳐 교장이나 교사를 초빙할 수 있도록 하여 학교 실정에 맞는 특색있는 교육 운영
  ㉢ 학교회계제도 : 단위학교별로 학교예산의 세입과 세출을 통합하는 학교회계를 설치하여 자율적으로 예산을 편성·운영
  ㉣ 도급경비제 : 교육청은 학교 예산을 사용목적의 구분 없이 총액으로 배부하여 학교의 필요에 따라 용도를 변경할 수 있게 함으로써 단위학교의 재량권 확대
  ㉤ 학교정보공시제 : 학생·교원현황·시설·학교폭력발생현황·위생·교육여건·재정상황·급식상황·학업성취 등과 같은 학교의 주요 정보들을 '학교알리미' 등을 통해 매년 1회 이상 공시하는 제도로, 교육기관의 투명성 제고, 경쟁력 강화 및 국민의 알 권리 충족 추구

03 학교운영위원회

2017 지방직9급 / 2010·2015·2018·2023 국가직9급 / 2007·2012·2013·2014·2021 국가직7급

(1) 설치 목적

① 1995년에 실시한 5·31 교육개혁에 의하여 도입된 제도로, 국공립 및 사립의 구분없이, 초등학교·중학교·고등학교·특수학교 및 각종학교에 설치를 의무화(「초·중등교육법」에 근거)
  ＊ 1996년부터 국공립학교에, 2000년부터 사립학교에 설치 의무화
② 단위학교 책임경영제를 확립하여, 학교운영의 자율성을 높이고 지역의 실정과 특성에 맞는 다양하고도 창의적인 교육을 하기 위해 설치함(초·중등교육법 제31조)

암기 POINT

• 학교운영위원회
  - 국공사립 모든 학교에 설치
  - 학부모, 교원, 지역사회 대표로 구성
  - 심의 및 자문기구로서의 성격

③ 학교단위 의사결정 체제를 재구조화함으로써 학교 운영의 민주성과 투명성을 증진하고, 학교의 다양한 구성원의 요구를 반영함
④ 학교운영위원회는 심의 및 자문 기구이며, 단위학교 운영에서 최종적인 의결권을 행사할 수 있는 기구는 국·공립학교는 학교의 장, 사립학교는 학교법인의 이사회에 해당함

(2) 구성 및 선출

① 구성 및 위원 정수
  ㉠ 당해 학교의 학부모 대표, 교원 대표 및 지역사회 인사로 구성
  ㉡ 위원 정수는 5명 이상 15명 이하의 범위에서 학교의 규모 등을 고려하여 대통령령으로 정함(초·중등교육법 제31조 제3항)
    - 위원의 정수는 다음 범위 안에서 학교의 규모 등을 고려하여 당해 학교의 학교운영위원회규정으로 정함(초·중등교육법 시행령 제58조 제1항)
      1. 학생수가 200명 미만인 학교 : 5인 이상 8인 이내
      2. 학생수가 200명 이상 1천명 미만인 학교 : 9인 이상 12인 이내
      3. 학생수가 1천명 이상인 학교 : 13인 이상 15인 이내
    - 위원의 구성은 학부모 40~50%, 교원 30~40%, 지역위원 10~30%의 범위 내에서 위원회 규정으로 정함(초·중등교육법 시행령 제58조 제2항)
      ※ 산업수요 맞춤형고 및 특성화고 : 학부모 30~40%, 교원 20~30%, 지역위원 30~50%(지역위원의 1/2 이상은 당해 지역을 근거지로 하는 사업자로 선출)

② 자격 및 선출방법(초·중등교육법 시행령 제59조)
  ㉠ **학부모위원** : 당해 학교에 자녀를 둔 학부모(자녀의 졸업, 휴학, 전학, 퇴학시 자격 상실)로서, 학부모 전체회의에서 민주적 대의 절차에 의해 직접 선출
    ※ 직접투표, 가정통신문에 대한 회신 또는 우편투표, 전자적 방법 등 위원회 규정으로 정하는 방법 및 절차에 따라 투표 가능
  ㉡ **교원위원** : 교장은 당연직위원으로 하고, 그 외 교원위원은 당해 학교 재직교원으로서 교직원 전체회의에서 직접 무기명투표로 선출
    ※ 사립학교는 교직원 전체회의에서 추천한 자 중에서 학교장이 위촉
  ㉢ **지역위원** : 학부모위원 또는 교원위원의 추천을 받은 자 가운데 학부모위원과 교원위원이 무기명투표로 선출
  ㉣ **위원회 대표** : 위원장과 부위원장 각 1인을 두되, 교원위원이 아닌 위원 중에서 무기명투표로 선출
  ㉤ **결격사유** : 「국가공무원법」 제33조(공무원 임용의 결격사유)에 해당하는 사람은 선출 불가, 사유 발생 시 당연 퇴직

③ **구성 과정** : 선출관리위원회 구성 → 선거공고 및 입후보 등록 → 학부모위원 및 교원위원 선출 → 지역위원 선출 → 위원장 및 부위원장 선출 → 학교운영위원회 구성 완료

④ **자격상실** : 운영위원회 위원이 그 지위를 남용하여 해당 학교와의 거래 등을 통하여 재산상의 권리·이익을 취득하거나 다른 사람을 위해 알선한 경우

(3) 성격 및 기능

① **성격** : 심의기구(국·공립학교 및 사립학교 모두)

② **기능**(초·중등교육법 제32조)

  ㉠ 심의·의결 : 학교발전기금의 조성·운용에 관한 사항

  ㉡ 심의(*사립학교의 예외사항)

  - 학교헌장과 학칙의 제정 또는 개정(*사립학교는 자문사항)
  - 학교의 예산안과 결산
  - 학교교육과정의 운영방법
  - 교과용 도서와 교육 자료의 선정
  - 교복·체육복·졸업앨범 등 학부모 경비 부담 사항
  - 정규학습시간 종료 후 또는 방학기간 중의 교육활동 및 수련활동
  - 공모 교장의 공모 방법, 임용, 평가 등(*사립학교 제외)
  - 초빙교사의 추천(*사립학교 제외)
  - 학교운영지원비의 조성·운용 및 사용
  - 학교급식
  - 대학입학 특별전형 중 학교장 추천
  - 학교운동부의 구성·운영
  - 학교운영에 대한 제안 및 건의 사항
  - 그 밖에 대통령령이나 시·도의 조례로 정하는 사항

(4) 회의 운영

① **회의소집**

  ㉠ 운영위원회의 회의는 위원장이 소집함

  ㉡ 회의 소집 시는 회의 일시, 장소 및 안건을 정하여 회의 개최 7일 전까지 각 위원에게 알리고, 회의 개최 전까지 학교 홈페이지에 공개하여야 함(긴급한 사유가 있을 시는 면제)

  ㉢ 회의 일시를 정할 때에는 일과 후, 주말 등 위원들이 참석하기 편리한 시간으로 정하여야 함

② **의견수렴**(초·중등교육법 시행령 제59조의4)

  ㉠ 학부모가 경비를 부담하는 사항을 심의하려는 때에는 미리 학부모의 의견을 수렴하여야 함

암기 POINT

- 학교운영위원회의 기능
  - 의결 : 학교발전기금의 조성 및 운용
  - 심의(*사립만)
    학칙 제정 및 개정(*자문),
    학교 예산 및 결산,
    학교 교육과정 운영방법,
    학부모 경비 부담사항,
    공모 교장의 공모(*제외),
    초빙교사 추천(*제외) 등

ⓒ 학생의 학교생활에 밀접하게 관련된 사항을 심의하기 위하여 필요하다고 인정하는 때에는 학생 대표 등을 회의에 참석하게 하여 의견을 들을 수 있음
ⓒ 학생 대표가 학생의 학교생활에 관련된 사항에 관하여 학생들의 의견을 수렴하여 운영위원회에 제안하게 할 수 있음

(5) 심의결과의 시행

① 심의결과의 시행(초·중등교육법 시행령 제60조)
㉠ 학교의 장은 운영위원회의 심의결과를 최대한 존중하여야 하며, 그 심의결과와 다르게 시행하고자 하는 경우에는 이를 운영위원회와 관할청에 서면으로 보고하여야 함
㉡ 학교의 장은 운영위원회의 심의를 거치는 경우 교육활동 및 학교운영에 중대한 차질이 발생할 우려가 있거나 천재·지변, 그 밖의 불가항력의 사유로 운영위원회를 소집할 여유가 없는 때에는 운영위원회의 심의를 거치지 않고 이를 시행할 수 있음
㉢ 학교의 장은 운영위원회의 심의를 거치지 아니하고 시행한 때에는 관련사항과 그 사유를 지체없이 운영위원회와 관할청에 서면으로 보고하여야 함
② **시정명령(제61조)** : 관할청은 학교의 장이 정당한 사유 없이 운영위원회의 심의·의결결과와 다르게 시행하거나 심의·의결결과를 시행하지 아니하는 경우 또는 정해진 사유 없이 심의(자문)를 거쳐야 할 사항을 심의를 거치지 아니하고 시행하는 경우에는 시정을 명할 수 있음

04 학급경영의 이해 2008·2024 국가직7급

(1) 학급경영의 개념

① **질서 유지로서의 학급경영** : 학급경영을 좁게는 훈육과 동일시하는 것이며, 넓게는 문제행동의 예방과 선도 및 학급활동에의 참여로 정의하는 관점
② **조건 정비로서의 학급경영** : 교육목적 달성을 위해 학급의 내적 환경과 제반 조건을 확립하고 유지하는 과정으로 정의하는 관점
③ **교육 경영으로서의 학습경영** : 학급이라는 조직을 경영하는 활동으로서, 계획, 조직, 조정, 지식, 통제, 의사소통 등의 기능을 수행하는 과정으로 정의하는 관점

(2) 학급경영의 원리

① **교육성의 원리** : 학급경영 자체가 교육활동이므로 교육의 목적에 부합
② **민주성의 원리** : 교사의 독단을 지양하고 학생의 권한과 책임을 공유
③ **효율성의 원리** : 최소한의 투입으로 최대한의 효과를 얻을 수 있게 함
④ **통합성의 원리** : 모든 과업이 교육목적 달성을 위해 통합적으로 실시

(3) 학급경영의 과업

① **학급경영 계획** : 목표 설정, 가정환경 조사, 학생 진단평가 등
② **학급 조직** : 학급회 조직, 모둠 조직, 특활부서 조직 등
③ **학급환경 정비** : 물리적 환경, 심미적 환경, 심리적 환경 등의 정비
④ **수업 경영** : 학급 교육과정 편성, 단위 수업설계 및 실행, 학습부진아 지도, 특수아 및 다문화 학생 지도 등
⑤ **학생행동 경영** : 학생 행동의 규칙 및 절차의 수립과 시행, 인성 지도, 훈육 등
⑥ **학급사무 관리** : 각종 기록부 및 교육행정정보시스템, 전자결재시스템, 교무업무시스템 관리
⑦ **학부모 관계** : 학부모 단체 조직, 학부모 대상 공개 수업, 교육활동에 학부모 참여, 학부모와의 의사소통 등
⑧ **학급경영 평가** : 학급목표의 성취도 파악, 학생 및 학부모 만족도 조사, 교사 자기평가 등

강서연
교육학

강서연
교육학

CHAPTER

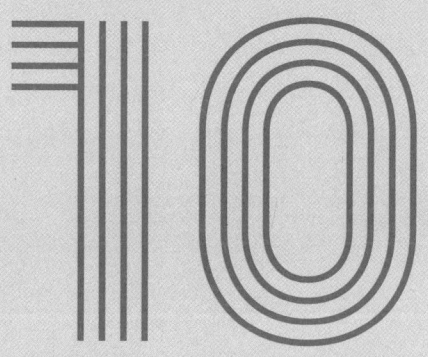

10 평생교육

평생교육은 학교교육과 사회교육을 동시에 포괄하는 개념으로 현대 사회에 들어 평생교육 이념하에 교육체제를 재정립하려는 노력이 증가되고 있다. 평생교육에 관한 이론뿐 아니라, 우리나라의 평생교육 법과 제도에 대해 논의한다.

1. 평생교육 이론
2. 평생교육 실제

*AA급 : 11회 이상 | A급 : 6~10회 | B급 : 3~5회 | C급 : 1~2회

강서연 교육학

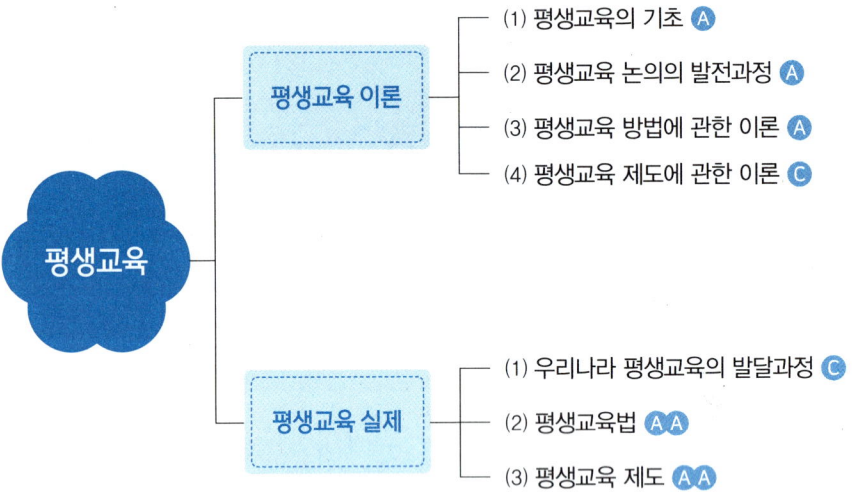

10 평생교육

회독 CHECK □ 1회독 □ 2회독 □ 3회독

1 평생교육 이론

01 평생교육의 기초
2020·2024·2025 지방직9급 / 2007·2010·2020·2022 국가직9급 / 2014·2016 국가직7급

(1) 학습의 유형 분류와 평생교육

① 형식 학습(formal learning): 정규 학교교육
 ㉠ 정규 학교교육 체제 안에서 이루어지는 조직적인 교육활동
 ㉡ 교육과정 및 운영의 체계화(형식성)와 학습결과의 제도적 인정(공식성)을 모두 갖춘 교육 형태

② 비형식 학습(nonformal learning): 학교 밖 교육
 ㉠ 정규 학교교육 체제 밖에서 이루어지는 조직적 교육활동
 ㉡ 교수자 자격 요건이나 교육방법이 프로그램의 상황과 조건에 따라 유동적이며, 학습결과가 제도적으로 인정되지 않음

③ 무형식 학습(informal learning): 우연적 학습
 ㉠ 일상 상황에서 개인의 자발적인 노력으로 자연스럽게 이루어지는 학습
 ㉡ 정해진 교육과정이나 체계가 존재하지 않으며, 학습결과가 제도적으로 인정되지 않음

> **암기 POINT**
> · 학습의 유형 분류
> − 형식 학습: 학교교육
> − 비형식 학습: 학교 밖 교육
> − 무형식 학습: 우연적 학습

	형식 학습	비형식 학습
목적	− 일반적인 목적, 학위 수여	− 특정 영역의 목적, 학위 수여 없음
시간	− 장기간 학습, 전업 학생 − 상급단계로의 진급	− 단기간 학습, 시간제 학생 − 순환적 학습
내용	− 표준화된 교육과정 − 입학조건을 갖춘 사람만 허가	− 개인화된 내용 − 학습자가 입학조건 결정
전달방식	− 교육기관 중심, 교수자 중심 − 사회환경으로부터 고립 − 경직된 체제, 자원의 집중	− 환경 중심, 학습자 중심 − 공동체기반, 활동 중심 − 유연한 체제, 자원의 절약
관리방식	− 외부 관리, 위계적 관리	− 자기 관리, 민주적 관리
예시	− 학교교육에서의 학습	− 백화점 문화센터에서의 학습

암기 POINT

- **국제기구의 평생교육 개념**
  - UNESCO의 평생교육 : 삶의 질 향상을 위해, 전 생애에 걸쳐, 학교 안과 밖의 교육 통합
  - OECD의 순환교육 : 급변하는 사회에 적응하기 위해, 일과 교육의 순환 필요, 직업능력 향상

(2) 평생교육의 개념

① 평생교육의 정의
  ㉠ 평생교육은 "개인적·사회적 삶의 질을 계속적으로 향상시키기 위하여 전 생애에 걸쳐 실시되는 다양한 형태의 학습활동"(Davé, 1976)
  ㉡ 평생교육의 기본적 성격
   - 교육시기의 연장(수직적 통합) : 유아부터 노년까지로 교육시기를 연장, 각 시기에 맞는 발달과업의 학습 중시, 교육의 계속성 추구
   - 교육장의 확대(수평적 통합) : 계획적 학습부터 우발적 학습까지의 다양한 형태의 교육을 포함, 학교뿐만 아니라 학교 밖에서의 교육도 중시
   - 교육제도의 개방(유연성) : 다양한 주체들의 교육활동을 제도적으로 인정, 학습내용·방법·교재 등의 신축성과 다양성 확대
   - 삶의 질 향상(목적성) : 개인적 차원과 사회공동체 차원의 삶의 질 향상 추구, 모두에게 평등한 학습기회 제공, 교육의 민주성과 평등성 추구

② 평생교육의 등장 배경
  ㉠ 경제사회적 변화
   - 과학기술 발달 : 지식과 정보의 폭발적 증가, 지식의 생성과 소멸주기 단축
   - 산업기술 혁신 : 직업사회의 변화, 직업의 다양화, 평생직장 개념 약화
   - 노동시간 단축 : 여가시간 증대, 삶의 질에 대한 관심, 자아실현 추구
   - 고령화 사회 : 노인들의 사회경제활동 참여 증가, 성인기 교육수요 증가
   - 정보화 사회 : 학습환경의 변화, 원격교육 보편화, 학습형태의 다양화
  ㉡ 교육적 변화 요구
   - 타율성과 강제성을 중심으로 하는 학교 중심 교육체제에 대한 비판
   - 사회적 선발 목적이 아닌 전인적 성장을 위한 교육에 대한 요구
   - 인간의 삶 전반에 걸쳐 학습기회를 보장하는 평생학습권에 대한 요구

③ 평생교육 관련 개념
  ㉠ 성인교육(adult education) : 전통적인 학교교육 이후의 성인집단을 대상으로 하는 교육
  ㉡ 계속교육(continuing education) : 사회변화에 따른 직업 및 작업환경의 변화로 인해 성인이 학교로 돌아와 교육을 받는 것
  ㉢ 순환교육(recurrent education) : 학교교육을 마치고 직업생활에 종사하는 성인들이 수시로 적절한 시기에 다시 정규교육 기관에서 계속적인 재교육을 받을 수 있게 하는 것
  ㉣ 사회교육(지역사회교육) : 한 지역 내에서 지역공동체 의식을 고무하고 지역주민의 삶의 질을 개선하기 위한 목적으로 이루어지는 다양한 형태의 교육
  ㉤ 인적자원개발(HRD) : 개인, 조직 및 경력 개발에 대한 내용을 포함하는 개념으로 기업뿐 아니라 국가적 수준에서 이루어지는 생산성 향상을 위한 교육 및 훈련

02 평생교육 논의의 발전과정

2019·2021 지방직9급 / 2007·2008·2011·2016·2018·2020 국가직9급

(1) 성인교육 운동과 민중교육 운동

① 19세기 말~20세기 초 유럽 중심의 성인교육(adult education) 운동
   ㉠ 노동자, 농민 등 학령기에 학교교육으로부터 배제되었던 집단 대상의 사회교육 운동
   ㉡ 덴마크의 국민대학(Folk High School), 영국의 노동자교육연합(Workers Education Association) 등이 주로 활동

② 1950~1960년대 비판적 성향의 민중교육(popular education) 운동
   ㉠ 프레이리(Freire)의 농민 문해교육과 의식화교육(은행저금식 교육 vs. 문제제기식 교육)
   ㉡ 마틴 루터 킹(King) 목사 등 흑인인권운동 집단의 문해교육 운동
   ㉢ 이반 일리치(Illich)의 학교교육 비판과 탈학교사회론

(2) 유네스코(UNESCO)의 평생교육 논의 본격화

① 렝그랑(Lengrand)의 『평생교육 입문(An introduction to Lifelong Education)』(1965)
   ㉠ '세계 교육의 해'(1970)를 기념하여 전 세계적으로 보급, 평생교육 개념 확산에 크게 기여
   ㉡ 평생교육의 대두 배경 제시 : 급속한 사회변화와 인구증가, 과학기술의 발달, 생활양식과 인간관계의 균형상실 등
   ㉢ '평생교육(평생학습, lifelong learning)' 용어 제안 : "인간은 태어나서 죽을 때까지 평생을 통해 교육받을 권리가 보장되어야 한다."
   ㉣ 앎과 삶의 통합을 위한 교육 강조 : 교사의 권위에 의존하기보다는 학생의 주도성을 중시, 전통문화의 전달보다는 끊임없는 자기발전 중시, 사회발전에 참여할 기회 제공
   ㉤ 평생교육 시스템 구축 주장 : 모든 교육의 형태를 유기적으로 통합
      • 수직적 통합 : 전 생애를 통한 계속적인 교육, 학교교육과 성인교육의 통합
      • 수평적 통합 : 계획적·의도적인 학습뿐만 아니라 우발적인 학습도 중시, 모든 기관과 장소에서 사회 전체가 교육의 기회를 제공

② 포르(Faure)의 「존재하기 위한 학습(Learning to be)」(1972)
   ㉠ 새 시대 교육제도의 개혁방향으로 '학습사회 건설'을 제시하며, 초·중등 및 고등교육 제도와 교육의 틀을 개혁하여 교육의 지평 확장을 강조
   ㉡ 기존의 산업사회는 주로 사회적 지위나 권력, 물질적 부를 소유하기 위한 학습을 추구해온 반면, 새로운 학습사회에서는 끊임없이 성장하는 존재가 되기 위한 학습을 추구해야 함
   ㉢ 지덕체를 골고루 갖춘 균형잡힌 '완전한 인간(complete man)'을 이상적 인간상으로 제시하며, 실천적으로 기능적 교육과 함께 자유교양교육을 강조

> **암기 POINT**
> • 유네스코의 주요 평생교육 보고서
> – 1965년 렝그랑 보고서 : 평생교육이란 용어 제안
> – 1973년 다베 보고서 : 평생교육을 위한 교육개혁 방향 제시
> – 1996년 들로어 보고서 : 21세기 교육의 목표 4가지 기둥 제시

③ 다베(Davé)와 스캐거(Skager)의 「평생교육과 학교 교육과정」(1973)
  ㉠ 평생교육의 궁극적 목적 : 삶의 질의 유지 및 향상
  ㉡ 평생교육을 위한 교육개혁의 5가지 이념(목표)
    - 총체성(totality) : 학교교육과 학교 밖 교육 모두의 중요성을 인정
    - 통합성(integration) : 다양한 교육활동을 수직적·수평적으로 통합
    - 유연성(flexibility) : 다양한 교육여건과 제도를 통해 교육내용과 방법의 신축성과 다양성 확대
    - 민주성(democratization) : 학습자의 교육받을 권리를 평등하게 보장 ('모두를 위한 교육')
    - 교육가능성(educability) : 최대의 학습효과를 위해 자기주도학습 추구, 학습방법·체험의 기회·평가방법 등의 개선 노력 강조
④ 들로어(Delors)의 「학습 : 감추어진 보물(Learning : The Treasure Within)」(1996)
  - 21세기를 준비하는 교육의 목표를 '4가지 기둥'으로 제시

알기 위한 학습 (learning to know)	인간 개개인의 삶에 의미를 주는 살아 있는 지식의 습득을 위한 학습
행동하기 위한 학습 (learning to do)	개인의 환경에 대한 창조적인 대응능력의 획득에 대한 학습, 사회경험과 직무를 통한 학습
함께 살기 위한 학습 (learning to live together)	공동체 속에서 타인과의 조화와 공존, 협력을 이끌어 낼 수 있는 능력의 학습
존재하기 위한 학습 (learning to be)	교육의 궁극적인 목적, 개인의 전인적 발전을 위한 학습, 도덕적·문화적 차원 강조

(3) **경제협력개발기구(OECD) 등의 평생교육 논의**
① OECD의 「순환교육 : 평생학습 전략(Recurrent Education : A Strategy for Lifelong Learning)」(1973)
  ㉠ 학교교육 이후 단계에서 직업활동과 교육활동에 순환적으로 참여할 수 있는 교육체제로서 '순환교육' 개념을 제안
  ㉡ 정규교육을 마친 성인이 언제든지 직업능력 향상과 갱신을 위한 교육을 받을 수 있도록 학교와 직업세계를 유기적으로 통합한 교육체제를 의미
  ㉢ 직업-교육, 일-여가에서의 학습이 상호보완적으로 이루어지도록 직업현장과 교육체제를 근본적으로 재개편할 것을 주장
  ㉣ 성인의 생산성 및 고용 가능성을 증진을 위한 평생교육 및 직업훈련 지원 정책 도입 예 공공기관-유급 교육휴가제, 사적영역-직업훈련에 대한 교육비 지원(내일배움카드) 등
② OECD의 「모두를 위한 평생학습(Lifelong Learning for All)」(1996)
  ㉠ OECD의 평생교육의 정책 기조를 대표하는 용어로 '순환교육' 대신에 '평생학습'을 사용하기 시작
    - 학교와 같은 형식적 교육기관의 역할보다는 가정, 직장, 지역사회에서의 다양한 비형식·무형식 학습의 역할을 강조하는 개념

- 주로 현직 근로자를 대상으로 하였던 기존의 제한적인 교육시스템은 모든 사람을 대상으로 하는 포괄적, 총체적 학습시스템으로 확대
  ⓒ 평생교육전략의 변화를 가져온 배경
  - 세계화와 무역자유화, 정보통신기술의 확대, 노령화, 지식기반사회의 도래 등의 제반 사회경제적 변화로 인한 노동시장의 변화
  - 노동자의 고용가능성(employability)을 극대화하기 위하여, 그들의 평생학습을 지원체제를 의미하는 '학습사회'의 구축을 제안
③ 유럽연합(EU)의 「유럽의 평생학습 실현 전략(Making a European Area of Lifelong Learning a Reality)」(2001)
  ㉠ 지식경제에 대응하여 개인의 고용가능성 제고, 유럽사회 통합을 위한 적극적 시민정신 육성을 위한 인간에 대한 투자의 필요성 강조
  ⓒ 국가간 교육 및 노동력 교류 활성화를 위해 교육 및 훈련시스템 재구조화 작업 본격화 필요
④ 세계은행(World Bank)의 「글로벌 지식경제에서의 평생학습(Lifelong Learning in the Global Knowledge Economy)」(2003)
  ㉠ "평생학습은 지식경제를 위한 교육", 경제발전을 위한 평생학습의 역할
  ⓒ 저개발국의 빈곤퇴치를 위해 평생학습을 통한 인적자본 개발을 강조

03 평생교육 방법에 관한 이론
2015·2017 지방직9급 / 2008·2010·2015 국가직9급 / 2008·2015·2017·2021 국가직7급

(1) 노울즈(Knowles)의 안드라고지 이론 : '교육에서 학습으로의 변화'

① 페다고지(pedagogy) : 아동기의 학습
  ㉠ 기존 학교교육에서 강조되어 왔던 교육의 개념으로 타율성과 강제성에 기반한 학습
  ⓒ 학습자의 의존성 및 수동성, 발달단계에 따른 교육, 미래 준비를 위한 교육 강조
② 안드라고지(andragogy) : 성인기의 학습
  ㉠ 자율적인 학습 행위에 중점을 두는 자기주도적 학습(self-directed learning) 중심
  ⓒ 학습자의 자율성 및 자기 주도성, 학습에서의 경험, 현장 중심의 학습 등 중시

	페다고지(아동교육)	안드라고지(성인교육)
학습자관	학습자는 본질적으로 의존인 존재로서 교사가 이끌어주어야 함	학습자는 자기주도성을 가지기 위한 능력과 욕구를 가진 존재
학습욕구	교사나 어른들에 의해 주어지는 학습내용을 수동적으로 받아들이는 경향	스스로 학습할 필요가 있다고 생각하는 내용을 능동적으로 학습하는 경향

> **암기 POINT**
> - 성인학습의 특징
>   - 노울즈의 안드라고지이론 등
>   - 자기주도성, 자율성, 경험기반, 현상기반, 능동적 학습 등

학습자의 자아개념	자아개념이 온전히 발달하지 않아, 의존적인 경향	자아개념이 성숙되면서 자기주도적, 독립적 자아개념으로 발달됨
학습자의 경험	– 직접경험 혹은 자료를 통해 경험을 쌓는 것이 교육의 주요 목적 – 학습자의 경험은 학습자원으로서 중요도가 낮음	– 개개인의 삶의 과정 속에서 충분한 경험을 가지고 있음 – 학습자의 경험을 학습의 유용한 자원으로 활용될 수 있음
학습 준비도	연령수준이 동일한 학습자는 학습의 준비도가 같다고 전제	성인의 학습 준비도는 선행학습 및 경험, 역할, 지위 등에 의해 영향을 받음
학습 지향성	– 학습은 미래의 삶을 준비하는 과정이며, 그 토대를 마련하는 과정 – 교육내용은 교과의 논리에 따라 체계적, 논리적으로 조직(교과중심학습)	– 학습이란 현실세계에서 다양한 삶의 문제들을 해결해 나가는 과정 – 실생활에 적용할 수 있는 성과지향적 학습(생활·과업·문제중심학습)
학습동기	성적, 교사의 인정, 부모의 압력 등 외적 동기에 의한 학습이 주로 일어남 (→ 단속적, 부분적 학습 경향)	자기만족감, 자아존중감, 성취욕구 등 내적 동기에 의한 학습이 주로 일어남 (→ 영속적, 포괄적 학습 가능)

(2) 린드만(Lindeman)의 성인학습 이론

① 개요 : 성인은 직관과 경험을 통해 새로운 지식을 학습한다는 점을 강조
[『성인학습의 의미(The Meaning of Adult Education)』(1926)]

② 성인학습의 특징과 교육에의 적용

성인학습의 특징	성인교육의 방법
성인은 자신의 필요와 흥미에 따라 학습한다.	토론과 같은 활동적인 방법을 성인교육에 활용하여야 한다.
성인학습은 삶 혹은 현장 중심적이다.	성인학습의 적절한 주제 구성은 과목이 아니라 삶의 상황이다.
경험은 성인학습의 중요한 자원이다.	성인학습의 핵심 방법은 학습자의 경험을 분석하는 것이다.
성인은 자기 주도적으로 학습한다.	교사의 역할은 자신의 지식을 전달하기보다는 탐구 과정을 거치게 하며 그 과정이 적합한지 평가하는 것이다.
성인학습자의 개인차에 따른 학습스타일을 존중하여야 한다.	성인학습은 스타일, 시간, 장소 및 학습 속도의 차이에 대해 최적의 방법을 마련해야 한다.

(3) 메지로우(Mezirow)의 전환학습(transformational learning) 이론

① 학습의 유형 : 학습자의 내부에서 발생하는 인지적 과정을 집중 규명

㉠ 형성적 학습(도구적 학습)
- 개인의 인지구조 변화는 없이 현 상태를 유지하는 학습
- 학습은 외부세계에 대한 지식을 암기하고 회상하는 과정

암기 POINT

• 성인학습 이론
 – 메지로우의 전환학습론
 – 허친스의 학습사회론
 – 일리치의 탈학교론
 – 프레이리의 의식화론

ⓒ 전환학습(해방적 학습)
- 개인이 주변 현실을 지각하고 이해하는 방식과 관점을 근본적으로 변화시키는 학습
- 학습은 자신을 구속하는 자기 신념, 태도, 가치로부터 자신을 해방시키는 과정

② 전환학습의 과정 : 비판적 성찰이 가장 핵심적인 요소
ⓐ 경험 : 개인의 인지관점에 의해 해석되지 않는 딜레마 경험을 통해 혼란, 분노, 죄책감 경험
ⓑ 비판적 성찰 : 기존에 겪은 경험의 의미를 재해석하고 새로운 의미를 만들어가는 비판적 성찰 과정이자, 다른 사람들과의 경험을 공유하고 서로 다른 관점의 주장에 대한 논쟁과 증거를 검토하는 담론 과정
ⓒ 발달 : 인지관점의 전환을 통해 새로운 역할, 관계, 행동을 학습, 학습에서 습득한 결과를 행동으로 옮기는 과정 속에서 역량의 발달 추구

(4) 프레이리(Freire)의 의식화(conscientization) 이론

① 기존의 학교교육을 은행저금식 교육(banking education)으로 비판, 대안으로 문제제기식 교육(problem-posing education)을 제시
ⓐ 은행예금식 교육 : 교사가 학습자에게 지식을 전달하는 과정을 통해 '침묵의 문화'를 형성하고 학습자를 비인간화하는 교육(전통적인 학교교육)
ⓑ 문제제기식 교육 : 교사와 학습자의 대화적 관계를 통해 학습자 스스로 억압의 요소를 깨닫는 의식화 과정을 통해 사회 변화에 참여하게 하는 교육

은행예금식 교육	문제제기식 교육
- 학생을 수동적 존재로 만드는 교육 - 교사가 일방적으로 지식 전달 - 전통적 교과지식의 교육 - 지식을 수동적으로 축적하게 하는 '침묵의 문화' 형성 - 학습자를 비인간화하고 불평등한 사회구조를 재생산하는 교육	- 학생을 비판적으로 사고하는 사람으로 육성 - 교사와 학생 간의 대화적 관계 - 현실에 대한 비판적 개입, 문제중심학습 - 학습자의 비판적 탐구와 의식적 실천 활동(프락시스, praxis[1]) 중시 - 불평등한 사회구조를 타파하고 인간해방을 지향하는 교육

② 성인 문해교육에의 시사점
ⓐ 단지 글을 읽고 쓰는 데에만 관심을 두기보다는, 학습자들이 역사적 맥락에서 자신의 삶을 성찰할 수 있게 교육하는 것이 중요
ⓑ 성인 각자의 삶이 반영된 일상 용어를 활용하는 것이 효과적이며, 이에 대한 비판적 이해와 토론을 통해 비판적 의식을 형성하여야 함

암기 POINT
- 프레이리의 의식화론
  - 은행예금식 교육
  - 문제제기식 교육

1) 프락시스(praxis)
비판적 의식과 성찰에 기반한 실천을 의미[≠ 행위(action)]

04 평생교육 제도에 관한 이론 2023 지방직 9급 / 2024 국가직 7급

(1) 평생교육 제도 모형

① 평생교육 제도
- ㉠ 개념 : 평생교육 기회를 확대하고 학습결과를 공인하는 것과 아울러 이를 관리·지원하기 위한 행·재정적 체계
- ㉡ 교육제도의 유형 : 한 국가의 공교육제도의 전개와 정부의 교육 책무성에 따라 특성이 결정됨

② 평생교육 제도 모형 : 교육활동에 대한 국가의 통제 수준과 평생학습비 부담의 주체에 따라 분류

		교육비 부담	
		사부담	공부담
국가 통제	강함	• 통제 모형 - 국가가 철저하게 통제 - 국가가 교육내용과 형식을 결정 - 비용은 학습자가 부담 - 전체주의 국가	• 사회주의 모형 - 국가가 교육목적과 내용 통제 - 사회주의 이념 교육에 중점 - 국가가 비용 부담 - 사회주의 국가
	약함	• 시장 모형(상품 모형) - 신자유주의의 영향 - 학습자의 수요에 따라 공급 결정 - 개인주의 사상에 기초 - 교육에 대한 국가통제력 약함 - 학습자가 비용 부담 - 미국, 남미의 국가들	• 복지 모형(공공재 모형) - 평등주의가 사상적 토대 - 학습비 국가 부담 원칙 - 교육목적은 자아실현 - 교육내용은 학습자가 결정 - 북유럽의 국가들

(2) 학습사회론

① 허친스(Hutchins)의 『학습사회론(Learning Society)』(1968)
- ㉠ '학습사회'는 모든 사회 구성원에게 자유로운 학습기회가 제공되는 사회를 의미, 학교교육뿐 아니라 성인을 위한 교육도 필요함을 강조
- ㉡ 학습사회에서의 교육은 실용적 목적보다는 인간다움(humanity)의 실현을 추구하는 교양교육이 중심이 되어야 함
- ㉢ 허친스를 필두로 '학습사회론'이 논의되었으며, 이를 바탕으로 평생학습도시 사업이 전개됨

② 카네기 고등교육위원회의 『학습사회를 향하여』(1973)
- ㉠ 고등교육의 대안적 방향을 모색하는 관점에서 고등교육과 성인교육이 보다 폭넓은 관점을 가져야 한다고 주장
- ㉡ 학습사회의 교육이 자아실현을 추구해야 한다는 허친스의 주장을 수용하면서도, 생활의 중심에 있는 노동을 위한 직업교육도 함께 강조해야 한다고 주장(일과 삶의 균형 추구)

(3) 일리치(Illich)의 탈학교론

① 학교교육의 한계 비판 : 『탈학교 사회』(1971)
  ㉠ 산업화 시대를 거치면서 의무교육제도가 정착되는 등 교육의 제도화가 이루어지면서 학교와 교육이 동일시되는 '학교화' 현상 발생
  ㉡ 기존 학교제도는 사람들에게 스스로의 힘으로 성장하는 것에 대한 책임을 포기시킴으로써 일종의 '정신적 자살'을 강요하는 '조작적 제도'라고 비판하면서 학교 해체를 주장
  ㉢ 학습이 학교에 의해서만 이루어지는 것은 아니고, 학교가 반드시 학습의 증진을 가져다주는 것도 아니라고 강조함
  ㉣ 라이머(Reimer)의 『학교는 죽었다』, 실버만(Silberman)의 『교실의 위기』 등

② 학습망에 기초한 학습사회 주장
  ㉠ 새로운 교육제도로서 '학습망(learning network ; 학습기회망, opportunity web)'에 기초한 학습사회 구성을 주장
  ㉡ 학습망이란 누구나 언제든지 학습자원을 쉽게 활용할 수 있도록 지역적으로 연계된 네트워크로서, 학습자와 학습자료, 동료, 교육자를 연결시켜주는 상호친화적 제도임
  ㉢ 학습망의 4가지 학습통로(학습교환의 방법)

사물 (교육자료)	- 학습에 필요한 사물이나 자료에 대한 접근을 용이하게 하는 것 - 학습에 필요한 정보나 자료를 도서관, 박물관, 극장, 농장, 공장, 공항 등에 비치하여 원하는 사람에게 제공하여 쉽게 접근할 수 있게 함
기술교환 (모범)	- 다른 사람들에게 자신이 가진 기술을 제공함으로써 다른 사람의 모범이 될 수 있는 기회를 제공하는 것 - '기술보유 인명록'을 제작·비치하여 기술보유자와의 접촉방법, 기술 제공에 필요한 조건 등을 알려줌으로써 기술교환과 기술공유를 활성화
동료	- 학습자 스스로 자신과 함께 학습할 동료를 찾을 수 있게 돕는 것 - 다양한 분야의 활동기록을 축적·보존하여 해당 영역에서 함께 학습할 동료를 찾고자 하는 이들을 위한 의사소통망 형성
교육자 (연장자)	- 교육적 사물의 이용, 기술교환, 동료의 선택을 효율적으로 할 수 있도록 도와줄 수 있는 교육자에 대한 정보를 제공하는 것 - 전문가, 준전문가, 프리랜서 등 넓은 의미의 교육자들의 인명록을 제공함으로써 학습자가 교육자를 자유롭게 선택할 수 있게 함

> **암기 POINT**
> • 일리치의 학습망 요소
>   - 사물
>   - 기술교환
>   - 동료
>   - 교육자

(4) 평생교육 학습자의 이해

① 참여 동기에 따른 성인 학습자의 유형(Houle, 1961)
  ㉠ 목표(goal) 지향적 학습자 : 취업이나 자격증 취득과 같이 특정한 문제의 해결이나 특정 목적을 달성하기 위해 참여하는 학습자
  ㉡ 활동(activity) 지향적 학습자 : 학습하는 활동 그 자체와 학습을 통한 사회적 상호작용을 위해 참여하는 학습자

ⓒ 학습(learning) 지향적 학습자 : 어떤 지식이나 기능의 학습 그 자체를 통해 얻을 수 있는 기쁨이나 성취감을 추구하는 학습자

② 성인학습 참여의 장애요인
  ㉠ 상황적(situational) 장애요인 : 학습 참여를 어렵게 하는 개인의 생활환경이나 조건 예 학습비용이나 시간의 부족, 교통수단의 부재, 자녀를 위한 보육시설의 부족, 가족 등 주변사람들의 비협조 등
  ㉡ 기질적(성향적, dispositional) 장애요인 : 자아와 학습에 대한 부정적인 신념, 가치, 태도 예 자신의 학습능력에 대한 자신감 부족 등
  ㉢ 제도적(기관적, institutional) 장애요인 : 잠재적인 성인학습자들의 학습참여를 지원하지 않는 정책이나 제도들 예 강좌 개설 시간이나 교육장소의 접근성, 강좌 내용의 부적절성, 평생학습자에 대한 지원 부족 등
  ㉣ 정보적(informational) 장애요인 : 평생교육 기관이 사람들에게 학습기회에 관한 정보를 제대로 제공하지 못하는 것(저소득층이나 노인 및 장애인에게 특히 제한적) 예 평생교육기관이나 프로그램에 대한 홍보 부족, 인터넷 홈페이지를 통한 안내 등

Johnstone & Rivera(1965)	Cross(1981)	Darkenwald & Merriam(1982)	Osborn & Lewis(1983)
• 상황적 요인 • 기질적 요인	• 상황적 요인 • 기질적 요인 • 제도적 요인	• 상황적 요인 • 기질적 요인 • 제도적 요인 • 정보적 요인	• 상황적 요인 • 기질적 요인 • 제도적 요인

(5) 인적자원개발(HRD)의 이해

① 인적자원개발의 개념 : 조직 구성원의 성장과 발달을 돕는 모든 활동을 의미하며, 공식적인 교육뿐만 아니라 비공식적 학습과정도 포함

② 매클래건(McLagan)의 '인적자원 수레바퀴' 모형(1989)
  ㉠ 조직의 인적자원 활동을 크게 11개 영역으로 나누고, 그 중 인적자원개발(HRD)과 인적자원관리(HRM)의 영역을 분명하게 구분한 모형
  ㉡ 인적자원관리(HRM) : 조직과 업무설계, 인적자원계획, 작업수행관리체제, 선발과 배치, 보상과 혜택, 종업원지원, 노사관계, 인적자원정보체제 등
  ㉢ 인적자원개발(HRD)
    • 개인개발(training & development) : 개인이 새로운 지식과 기술을 습득하고 행동이나 태도를 개선하는 교육 및 훈련 활동
    • 경력개발(career development) : 다양한 직무로 이동하기 위한 장기적인 준비 과정으로, 경로 설계와 관련된 지식 및 기술 습득을 포함
    • 조직개발(organization development) : 조직 수준의 변화를 도모하기 위한 다양한 활동

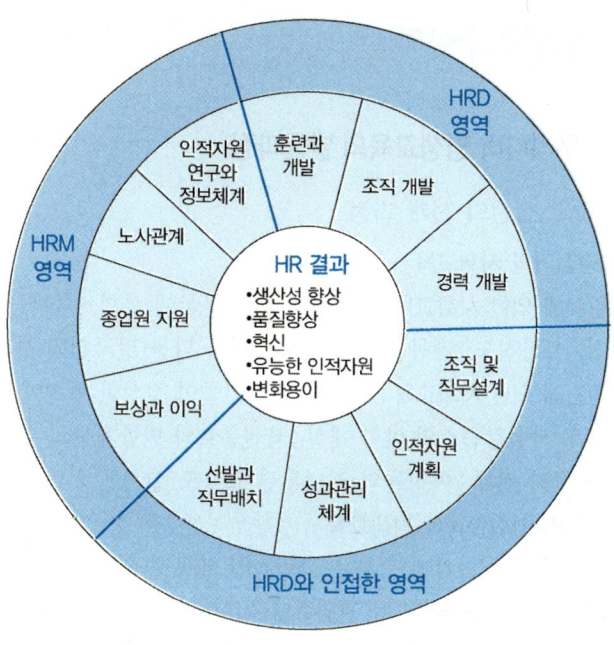

[매클래건의 인적자원 수레바퀴 모형]

③ 길리(Gilley) 등의 인적자원개발의 목표 영역 모형(2002)
  ㉠ 초점을 개인에게 두는가 아니면 조직에 두는가에 따라, 활동의 결과가 단기간에 나타나는지 또는 장기간의 결과를 고려하는가에 따라 분류

		초점	
		개인	조직
결과	단기	개인개발	성과향상
	장기	경력개발	조직개발

  ㉡ 인적자원개발의 목표 영역
    • 개인개발 : 개인에게 초점을 맞춘 단기간의 결과를 위한 활동
    • 경력개발 : 개인에게 초점을 맞춘 장기적인 결과를 위한 활동
    • 조직개발 : 장기간에 걸쳐 결과가 나타나는 조직 차원의 활동
    • 성과향상 : 단기적인 결과를 지향하는 조직에 초점을 둔 활동
  ㉢ 성과향상(performance improvement)
    • 최근 인적자원개발의 새로운 영역으로 부상하는 활동으로, 극심한 경쟁 상황에서 조직의 업무수행 활동 개선을 위한 체제적인 접근을 의미
    • 직무를 효과적·효율적으로 수행하여 성과를 내기 위해 기술, 동기, 환경적 지원을 받을 수 있도록 하는 것을 목적으로 함

2 평생교육 실제

01 우리나라 평생교육의 발달과정

(1) 평생교육 실천의 전개 과정

① 일제강점기의 사회교육
  ㉠ 일제에 의한 사회교육 : 조선총독부 학무국에 사회교육과를 두고 국민정신, 사상선도, 계몽교화에 관한 사항을 다룸(황국신민 사상 전파 도구)
  ㉡ 민간에 의한 사회교육 : 개화파 지식인들이 결성한 항일애국단체를 중심으로 사설강습소와 야학 개설, 국권옹호와 민중계몽의 수단으로 사회교육 노력 전개, 여성들의 직업훈련 교육도 실시

② 해방 후의 사회교육과 평생교육
  ㉠ 새마을운동 시기에 정부는 국민정신 계몽을 위한 사회교육 전개
  ㉡ 민간에서는 군사정부 등 권위주의 정부에 대한 항거로 사회참여(사회비판) 교육 전개
  ㉢ 1972년 최초의 노인 교육기관으로 '서울평생교육원' 설립됨

(2) 평생교육의 법제화 과정

① 「헌법」에 국가의 평생교육 의무 명시 : 1980년 제8차 헌법 개정으로 「헌법」에 국가의 평생교육 진흥 의무 명시, 1982년 「사회교육법」 제정
② 「평생교육법」으로 개정 : 1995년 5·31 교육개혁에 따라 '평생학습사회 기반 조성'이 강조되면서, 1997년 「교육기본법」 제정, 1999년 「사회교육법」이 「평생교육법」으로 개정됨
③ 평생교육 추진체제 정비 : 2007년 「평생교육법」이 전면 개정되면서 평생교육 추진체제 정비
  ㉠ 기존 교육청뿐 아니라, 일반 지방자치단체도 평생교육 행정기관으로서의 역할을 부여함
  ㉡ 평생교육 전담 기구로서 국가평생교육진흥원과 각 시·도에 평생교육진흥원을 두도록 함

(3) 평생교육 관련법 체계 2013 국가직9급 / 2024 국가직 7급

① 헌법 : 평생교육 진흥에 대한 국가 책임 명시
  ㉠ 국가의 평생교육 진흥 의무(제31조 제5항) : 국가는 평생교육을 진흥하여야 한다.
  ㉡ 교육기본법 및 평생교육법의 근거(제31조 제6항) : 학교교육 및 평생교육을 포함한 교육제도와 그 운영, 교육재정 및 교원의 지위에 관한 기본적인 사항은 법률로 정한다.

암기 POINT

• 평생교육 관련법
  - 헌법 제31조 : 국가의 평생교육 진흥 의무 명시
  - 교육기본법
  - 평생교육법
  - 학점인정법
  - 독학학위법 등

② 「교육기본법」 : 학교교육 및 평생교육 제도와 그 운영, 교육재정 등에 관한 사항을 규정
  ㉠ 평생교육에 대한 학습권 규정(제3조) : 모든 국민은 평생에 걸쳐 학습하고, 능력과 적성에 따라 교육 받을 권리를 가짐
  ㉡ 평생교육의 기본적 사항에 대한 규정(제10조)
    • 전 국민을 대상으로 하는 모든 형태의 평생교육은 장려되어야 함
    • 평생교육의 이수는 법령으로 정하는 바에 따라 그에 상응하는 학교교육의 이수로 인정될 수 있음
    • 평생교육시설의 종류와 설립·경영 등 평생교육에 관한 기본적인 사항은 따로 법률로 정함
③ 「평생교육법」
  ㉠ 법의 목적(제1조) : 「평생교육법」은 「헌법」과 「교육기본법」에 규정된 평생교육의 진흥에 대한 국가 및 지방자치단체의 책임과 평생교육제도와 그 운영에 관한 기본적인 사항을 정하고, 모든 국민이 평생에 걸쳐 학습하고 교육받을 수 있는 권리를 보장함으로써 모든 국민의 삶의 질 향상 및 행복 추구에 이바지함을 목적으로 함
  ㉡ 제1장 총칙, 제2장 평생교육진흥기본계획 등, 제3장 국가평생교육진흥원 등, 제4장 평생교육사, 제5장 평생교육기관, 제6장 문해교육, 제7장 성인 진로교육, 제8장 평생학습 결과의 관리·인정, 제9장 보칙으로 구성
④ 평생교육 관련 법
  ㉠ 「학점인정 등에 관한 법률」 : 학점은행제에 기초하여, 학점인정을 통하여 학력인정과 학위취득의 기회를 줌으로써 평생교육의 이념을 구현
  ㉡ 「독학에 의한 학위취득에 관한 법률」 : 평생교육체제의 학점 및 학력인정과 관련된 제도로서, 독학자에게 학사학위 취득의 기회를 줌으로써 평생교육의 이념을 구현

02 「평생교육법」

(1) 평생교육의 개념과 영역 2020·2024 지방직9급 / 2015·2025 국가직9급 / 2017 국가직7급

① 평생교육의 개념
  ㉠ 평생교육의 정의(제2조) : 학교의 정규교육과정을 제외한 학력보완교육, 성인 문해교육, 직업능력 향상교육, 성인 진로개발역량 향상교육(성인 진로교육), 인문교양교육, 문화예술교육, 시민참여교육 등을 포함하는 모든 형태의 조직적인 교육활동
  ㉡ 평생교육의 이념(제4조)
    • 기회균등 : 모든 국민은 평생교육의 기회를 균등하게 보장받아야 함
    • 자발성 : 평생교육은 학습자의 자유로운 참여와 자발적인 학습을 기초로 이루어져야 함

> 암기 POINT
> • 평생교육의 이념
>   - 기회균등
>   - 자발성
>   - 중립성
>   - 사회적 대우

- **중립성** : 평생교육은 정치적·개인적 편견의 선전을 위한 방편으로 이용되어선 안 됨
- **사회적 대우** : 일정한 평생교육과정을 이수한 자에게는 그에 상응하는 자격 및 학력인정 등 사회적 대우를 부여하여야 함

② 평생교육의 주요 영역(제2조)

학력보완교육	학력인정을 받기 위해 필요한 이수학점 취득과 관련된 평생교육 예 검정고시 준비 강좌, 독학사 강좌, 학점은행제 프로그램 등
성인 문해교육	일상생활을 영위하는데 필요한 문자해득능력을 포함한 사회적·문화적으로 요청되는 기초생활능력 등을 갖출 수 있도록 하는 조직화된 교육프로그램 예 성인 한글교육, 외국어 교육, 디지털 소양 교육 등
직업능력 향상교육	직업 준비 및 직무역량 개발을 목적으로 하는 평생교육 프로그램 예 직무역량 교육 등
성인 진로개발역량 향상교육	성인이 자신에게 적합한 직업을 찾고 진로를 인식·탐색·준비·결정 및 관리할 수 있도록 진로수업·진로심리검사·진로상담·진로정보·진로체험 및 취업지원 등을 제공하는 활동
인문교양교육	전인적인 성품과 소양을 개발하고 배움 자체를 목적으로 하는 교육 프로그램 예 건강심성 프로그램 등
문화예술교육	상상력과 창의력을 촉진하고 생활 속 문화예술을 향유할 수 있는 능력을 기르는 교육 예 생활문화예술 프로그램, 레저·생활스포츠 프로그램
시민참여교육	사회적 책무성과 공익성 활용을 목적으로 민주시민 역량을 기르는 교육 예 시민참여활동 프로그램

③ **문해교육의 방향** : 기초문해 교육을 넘어서 기능문해 교육으로 확장
  ㉠ **기초문해(단순문해, basic literacy) 교육** : 일상생활에 관한 짧은 간단한 문장을 이해할 수 있는 수준으로 읽고 쓸 수 있는 능력을 가르치는 교육
  ㉡ **기능문해(functional literacy) 교육** : 읽기, 쓰기, 셈하기를 넘어서 사회생활에 불편함이 없을 정도로 기본 능력을 두루 갖추어 주는 교육

(2) 평생교육 추진체계 2024 국가직7급

① **국가 및 지방자치단체의 임무(평생교육법 제5조)**
  ㉠ 모든 국민에게 평생교육 기회가 부여될 수 있도록 평생교육진흥정책과 평생교육사업[2]을 수립·추진하여야 함
  ㉡ 장애인이 평생교육의 기회를 부여받을 수 있도록 장애인 평생교육에 대한 정책을 수립·시행하여야 함
  ㉢ 장애인 평생교육을 체계적이고 지속적으로 실시하기 위하여 유기적인 협조체제를 구축하여야 함
  ㉣ 그 소관에 속하는 단체·시설·사업장 등의 설치자에 대하여 평생교육의 실시를 적극 권장하여야 함
  ㉤ 모든 국민이 여건과 수요에 적합한 평생교육을 선택하고 참여할 수 있도록 관련 정보를 제공하고 상담 등 지원 활동을 하여야 함

암기 POINT
- 평생교육의 6대 영역
  - 학력보완
  - 성인문자해득
  - 직업능력향상
  - 인문교양
  - 문화예술
  - 시민참여

암기 POINT
- 문해교육의 목표
  - 기초문해
  - 기능문해

2) 평생교육사업(법 제2조)
국가 및 지방자치단체가 국민과 주민의 평생교육을 위하여 예산 또는 기금으로 조직적인 교육활동을 직·간접적으로 지원하는 사업

② 국가 수준의 평생교육 정책 추진
  ㉠ 평생교육진흥기본계획(제9조)
    • 교육부장관은 5년마다 평생교육진흥기본계획을 수립하여야 함
    • 기본계획에 포함되어야 할 내용
      1. 평생교육진흥의 중·장기 정책목표 및 기본방향에 관한 사항
      2. 평생교육의 기반구축 및 활성화에 관한 사항
      3. 평생교육진흥을 위한 투자확대 및 소요재원에 관한 사항
      4. 평생교육진흥정책에 대한 분석 및 평가에 관한 사항
      5. 장애인의 평생교육진흥에 관한 사항
      6. 장애인평생교육진흥정책의 평가 및 제도개선에 관한 사항
      7. 그 밖에 평생교육진흥을 위하여 필요한 사항
  ㉡ 평생교육 통계조사 등(제18조) : 교육부장관 및 시·도지사는 평생교육의 실시 및 지원에 관한 현황 등 기초자료를 조사하고 이와 관련된 통계를 공개하여야 함
  ㉢ 평생교육 종합정보시스템의 구축·운영 등(제18조의2) : 교육부장관은 평생교육 관련 정보를 체계적·효율적으로 관리하고 국민의 평생교육 참여 확대를 위하여 평생교육 종합정보시스템을 구축·운영할 수 있음
  ㉣ 평생교육진흥위원회(제10조)
    • 교육부장관 소속, 평생교육진흥정책에 관한 주요사항 심의
    • 위원장은 교육부장관, 위원장 포함 20인 이내의 위원으로 구성
  ㉤ 국가평생교육진흥원(제19조)
    • 국가 수준에서 평생교육진흥과 관련된 업무를 지원하는 역할
    • 법인으로 설립, 국가는 예산 범위 내에서 설립·운영 경비 출연 가능
    • 주요 업무
      1. 평생교육진흥을 위한 지원 및 조사 업무
      2. 진흥위원회가 심의하는 기본계획 수립의 지원
      2의2. 평생교육진흥정책의 개발·발전을 위하여 필요한 연구
      3. 평생교육프로그램 개발(온라인 기반 프로그램 포함)의 지원
      4. 평생교육사를 포함한 평생교육 종사자의 양성·연수
      5. 국내외 평생교육기관·단체 간 연계 및 협력체제의 구축
      6. 시·도 평생교육진흥원에 대한 지원 및 협력
      8. 학점 또는 학력인정에 관한 사항(학점인정제, 독학학위제 관련)
      9. 학습계좌의 통합 관리·운영
      10. 문해교육의 관리·운영에 관한 사항
      11. 정보화 및 온라인 기반 관련 평생교육의 관리·운영에 관한 사항
      12. 이 법 또는 다른 법령에 따라 위탁받은 업무
      13. 그 밖에 진흥원의 목적수행을 위하여 필요한 사업

③ 시·도 수준의 평생교육 정책 추진
  ㉠ 연도별 평생교육진흥시행계획(제11조)
    - 관계 중앙행정기관의 장 및 시·도지사는 기본계획에 따라 연도별 평생교육진흥시행계획을 수립·시행하여야 함
    - 이 경우 시·도교육감과 협의하여야 함
  ㉡ 시·도 평생교육협의회(제12조)
    - 연도별 평생교육진흥시행계획의 수립·시행에 필요한 사항 심의
    - 의장은 시·도지사, 부의장은 시·도의 부교육감으로 하고, 의장·부의장을 포함하여 20인 이내의 위원으로 구성
  ㉢ 시·도 평생교육진흥원(제20조) : 시·도지사가 설치 또는 지정·운영, 전국 시·도 평생교육진흥원 협의회를 통해 연계·정보교류

④ 시·군·자치구 수준의 평생교육 정책 추진
  ㉠ 시·군·구 평생교육협의회(제14조) : 시·군 및 자치구 지역주민을 위한 평생교육의 실시와 관련되는 사업 간 조정 및 유관기관 간 협력 증진
  ㉡ 시·군·구 평생학습관(제21조) : 시·도 교육감 및 시장·군수·자치구의 구청장이 설치 또는 지정·운영
  ㉢ 읍·면·동 평생학습센터(제21조의3) : 시장·군수·자치구의 구청장이 설치 또는 지정·운영
  ㉣ 자발적 학습모임의 지원(제21조의4) : 지역사회 주민이 평생학습을 주된 목적으로 자발적으로 참여하는 모임의 활동을 지원할 수 있음

	(행정기구)	(심의·협의기구)	(전담기구)
국가 수준	교육부 장관 - 평생교육진흥 기본계획 수립(5년 마다) - 조사 및 관련 법령 제·개정	평생교육진흥위원회 - 평생교육진흥 기본계획 심의 - 평생교육 정책의 평가 및 제도개선 심의	국가평생교육진흥원 - 국가수준 평생교육 정책 집행 - 평생교육진흥 지원, 조사
광역 수준	시장, 도지사 - 평생교육진흥 시행계획 (매년, 교육감과 협의) - 통계조사 및 평가	시·도 평생교육협의회 - 시행계획 수립/시행/평가 심의 - 평가 및 제도개선 심의	시·도 평생교육진흥원 - 시·도 차원 평생학습 정책 집행 - 기관 간 연계체제 구축 등
기초 수준	시장, 군수, 구청장 - 시·군·구 정책수립(지역교육지원청과 협의)	시·군·구 평생교육협의회 - 시행계획 수립/시행/평가 심의 - 평가 및 제도개선 심의	시·군·구 평생학습관 등 - 시·군·구 평생학습관 (시·도 교육감 및 시·군·구의 장) - 읍·면·동의 평생학습센터 (시·군·구의 장) - 자발적 학습모임 지원(시·도지사, 시·군·구의 장)

(3) 평생교육 기관 및 시설
2016 지방직9급 / 2016·2024 국가직9급 / 2007·2014·2019 국가직7급

① 평생교육기관(제2조, 제28조)
  ㉠ 「평생교육법」에 따라 인가·등록·신고된 시설·법인 또는 단체
  ㉡ 「학원의 설립·운영 및 과외교습에 관한 법률」에 따른 학원 중 학교교과교습학원을 제외한 평생직업교육을 실시하는 학원
  ㉢ 그 밖에 다른 법령에 따라 평생교육을 주된 목적으로 하는 시설·법인 또는 단체

② 평생교육기관의 평가 및 인증(제28조의2)
  ㉠ 교육부장관은 평생교육기관의 신청에 따라 기관 및 교육과정의 운영을 평가하거나 인증할 수 있음
  ㉡ 교육부장관은 이에 따른 평가 또는 인증의 운영·관리에 관한 업무를 관련 전문기관에 위탁할 수 있음
  ㉢ 평가 또는 인증의 시행, 전문기관에의 위탁, 평가 또는 인증 결과의 활용 등에 필요한 사항은 대통령령으로 정함

③ 평생교육기관 및 시설의 종류
  ㉠ 학교의 평생교육(제28조)
    • 「초·중등교육법」 및 「고등교육법」에 따른 각급학교의 장은 평생교육을 실시할 수 있음(별도의 보고, 인가, 등록, 신고 ×)
    • 각급학교의 장은 해당 학교의 교육여건을 고려하여 학생·학부모와 지역 주민의 요구에 부합하는 평생교육을 직접 실시하거나 지방자치단체 또는 민간(영리를 목적으로 하는 법인 및 단체는 제외)에 위탁하여 실시할 수 있음
    • 학교의 평생교육을 실시하기 위하여 각급학교의 교실·도서관·체육관, 그 밖의 시설을 활용하여야 함
    • 학교의 장이 학교를 개방할 경우 개방시간 동안의 해당 시설의 관리·운영에 필요한 사항은 해당 지방자치단체의 조례로 정함
  ㉡ 학교부설 평생교육시설(제30조)
    • 각급학교의 장은 학생·학부모와 지역 주민을 대상으로 교양의 증진 또는 직업교육을 위한 평생교육시설을 설치·운영할 수 있음
    • 학교부설 평생교육시설을 설치하는 경우 각급학교의 장은 관할청에 보고하여야 함(대학 – 교육부장관, 고등학교 – 교육감)
    • 대학의 장은 대학생 또는 대학생 외의 사람을 대상으로 자격취득을 위한 직업교육과정 등 다양한 평생교육과정을 운영할 수 있음
    • 각급학교의 시설은 다양한 평생교육을 실시하기에 편리한 형태의 구조와 설비를 갖추어야 함

암기 POINT
• 학력이 인정되는 평생교육시설
  – 고졸 학력 : 학교형태 평생교육시설(교육감 인가)
  – 대졸 학력 : 사내대학형태, 원격대학형태 평생교육시설(교육부장관 인가)

ⓒ 학교형태의 평생교육시설(제31조) : 일정 기준 이상의 요건을 갖출 경우 고등학교 졸업 이하의 학력이 인정되는 시설(교육감에게 등록 → 교육감 인가)
- 학교형태의 평생교육시설을 설치·운영하고자 하는 자는 대통령령으로 정하는 시설·설비를 갖추어 교육감에게 등록하여야 함
- 교육감은 학교형태의 평생교육시설 중 일정 기준 이상의 요건을 갖춘 평생교육시설에 대하여는 이를 고등학교졸업 이하의 학력이 인정되는 시설로 지정할 수 있음
- 학력인정 평생교육시설에는 「초·중등교육법」상의 교원을 둘 수 있음(교원의 복무·국내연수와 재교육에 관하여는 국·공립학교의 교원에 관한 규정 준용)
- 「초·중등교육법」에 따라 전공과를 설치·운영하는 고등기술학교는 교육부장관의 인가를 받아 전문대학졸업자와 동등한 학력·학위가 인정되는 평생교육시설로 전환·운영할 수 있으며, 이 경우 전공대학의 명칭을 사용할 수 있음
- 지방자치단체는 해당 지방자치단체의 조례로 정하는 바에 따라 예산의 범위 내에서 학력인정 평생교육시설에 필요한 보조금을 교부하거나 그 밖의 지원을 할 수 있음

ⓔ 사내대학형태의 평생교육시설(제32조)
- 대통령령으로 정하는 규모 이상의 (1) 사업장(공동으로 참여하는 사업장 포함)의 경영자 또는 (2) 「산업입지 및 개발에 관한 법률」에 따라 설립된 산업단지 입주기업의 연합체가 설치·운영할 수 있음
- 교육부장관의 인가를 받아 전문대학 또는 대학졸업자와 동등한 학력·학위가 인정되는 평생교육시설을 설치·운영하거나 「고등교육법」에 따른 학교에 위탁하여 운영할 수 있음
- 교육대상 : 1. 해당 사업장 또는 산업단지 기업연합체에 속한 사업장에 고용된 종업원, 2. 해당 사업장 등에서 일하는 다른 업체의 종업원, 3. 해당 사업장 등과 하도급 관계에 있는 업체 또는 부품·재료 공급 등을 통하여 해당 사업장 또는 산업단지 기업연합체에 속한 사업장과 협력관계에 있는 업체의 종업원 등
- 사내대학형태의 평생교육시설에서의 교육에 필요한 비용은 교육대상인 사람을 고용한 고용주가 부담하는 것을 원칙으로 함

ⓜ 원격대학형태의 평생교육시설(제33조)
- 특정 또는 불특정 다수인에게 원격교육을 실시하거나 다양한 정보를 제공하는 등의 평생교육은 누구나 실시할 수 있음
- 불특정 다수인을 대상으로 학습비를 받고 교육을 실시하고자 하는 경우(「학원법」에 의한 학교교과교습학원은 제외)에는 대통령령으로 정하는 바에 따라 교육감에게 신고하여야 함(폐쇄시에는 통보)

- 전문대학 또는 대학졸업자와 동등한 학력·학위가 인정되는 원격대학 형태의 평생교육시설을 설치하고자 하는 경우에는 대통령령으로 정하는 바에 따라 교육부장관의 인가를 받아야 함(폐쇄시에는 신고)
- 교육부장관은 인가한 원격대학형태의 평생교육시설에 대하여는 평가를 실시하고 그 결과를 공개하여야 함

ⓑ 사업장부설 평생교육시설(제35조)
- 대통령령으로 정하는 규모 이상 사업장(종업원 100명 이상)의 경영자가 해당 사업장의 고객 등을 대상으로 하는 설치·운영하는 시설
- 시설을 설치하고자 하는 자는 교육감에게 신고, 폐쇄하고자 하는 경우에는 교육감에게 통보하여야 함

ⓢ 시민사회단체부설 평생교육시설(제36조)
- 공공시설 및 민간시설 등 유휴시설을 활용하여 해당 시민단체의 목적에 부합하는 평생교육과정을 운영
- 일반 시민을 대상으로 하는 평생교육시설을 설치·운영하고자 하는 자는 교육감에게 신고하여야 함(폐쇄시에는 통보)

ⓞ 언론기관부설 평생교육시설 : 일반 국민을 대상으로 교양의 증진과 능력향상을 위한 평생교육시설을 설치(교육감에게 신고)

ⓩ 지식·인력개발관련 평생교육시설 : 지식·인력개발사업의 경영자가 설치(교육감에게 신고)

구분	시설유형	설치요건
학력 인정	학교형태 평생교육시설	교육감 지정
	사내대학형태 평생교육시설	교육부장관 인가
	원격대학형태 평생교육시설	교육부장관 인가
학력 미인정	학교부설 평생교육시설(대학)	교육부장관 보고
	학교부설 평생교육시설(고등학교 이하)	교육감 보고
	학교형태 평생교육시설	교육감 등록
	원격대학형태 평생교육시설(유료)	교육감 신고
	사업장부설 평생교육시설	교육감 신고
	시민단체부설 평생교육시설	교육감 신고
	언론기관부설 평생교육시설	교육감 신고
	지식인력개발관련 평생교육시설	교육감 신고

④ 평생교육의 교육과정 운영 및 각종 지원제도
 ㉠ 평생교육의 교육과정·방법·시간 등(제6조) : 법령에 특별한 규정이 있는 경우를 제외하고는 평생교육을 실시하는 자가 정하되, 학습자의 필요와 실용성을 존중하여야 함

- ⓒ 공공시설의 이용(제7조)
    - 평생교육을 위하여 공공시설을 그 본래의 용도에 지장이 없는 범위 안에서 관련 법령으로 정하는 바에 따라 이용할 수 있음
    - 공공시설의 관리자는 특별한 사유가 없으면 이용을 허용하여야 함
- ⑤ 학점, 학력 등의 인정(제41조)
    - ㉠ 평생교육과정을 이수한 사람은 「학점인정 등에 관한 법률」로 정하는 바에 따라 학점 또는 학력을 인정받을 수 있음
    - ㉡ 국내외의 각급학교·평생교육시설 및 평생교육기관으로부터 취득한 학점·학력 및 학위를 상호 인정할 수 있음
    - ㉢ 학점 또는 학력을 인정받을 수 있는 경우
        1. 각급학교 또는 평생교육시설에서 각종 교양과정 또는 자격취득에 필요한 과정을 이수한 사람
        2. 산업체 등에서 일정한 교육을 받은 후 사내인정자격을 취득한 사람
        3. 국가·지방자치단체·각급학교·산업체 또는 민간단체 등이 실시하는 능력측정검사를 통하여 자격을 인정받은 사람
        4. 「무형유산의 보전 및 진흥에 관한 법률」에 따라 인정된 국가무형유산의 보유자와 그 전수교육을 받은 사람
        5. 대통령령으로 정하는 시험에 합격한 사람

(4) 평생교육사 2025 지방직9급 / 2021 국가직9급 / 2009 국가직7급

- ① 평생교육사의 정의와 직무
    - ㉠ 평생교육의 기획·진행·분석·평가 및 교수업무를 수행하는 전문 인력
    - ㉡ 평생교육사의 등급, 직무범위, 이수과정, 연수 및 자격증의 교부절차 등에 필요한 사항은 대통령령으로 정함
    - ㉢ 평생교육사의 직무범위
        - 평생교육 프로그램의 요구분석·개발·운영·평가·컨설팅
        - 학습자에 대한 학습정보 제공, 생애능력개발 상담·교수
        - 그 밖에 평생교육 진흥 관련 사업계획 등 관련 업무
- ② 평생교육사의 등급 및 자격요건
    - ㉠ 평생교육사의 자격발급 : 교육부장관이 발급
        1. 대학 또는 이와 같은 수준 이상의 학력이 있다고 인정되는 기관에서 평생교육 관련 교과목을 일정 학점 이상 이수하고 학위를 취득한 사람
        2. 학점은행기관에서 교육부령으로 정하는 평생교육 관련 교과목을 일정 학점 이상 이수하고 학위를 취득한 사람
        3. 대학을 졸업한 사람 또는 이와 같은 수준 이상의 학력이 있다고 인정되는 사람으로서 대학 또는 이와 같은 수준 이상의 학력이 있다고 인정되는 기관, 평생교육사 양성기관, 학점은행기관에서 평생교육 관련 교과목을 일정 학점 이상 이수한 사람
        4. 그 밖에 대통령령으로 정하는 자격요건을 갖춘 사람

ⓒ 평생교육사의 등급 구분 및 등급별 자격요건 : 1~3급으로 구분

등급	자격기준
1급	– 평생교육사 2급 자격증을 취득한 후, 교육부장관이 정하는 평생교육과 관련된 업무(이하 "관련업무"라 한다)에 5년 이상 종사한 경력이 있는 자로서 진흥원이 운영하는 평생교육사 1급 승급과정을 이수한 자
2급	– 대학원에서 평생교육과 관련된 과목 중 필수과목을 15학점 이상 이수하고 석사 또는 박사학위를 취득한 자 – 대학 또는 이와 같은 수준 이상의 학력을 인정할 수 있는 기관, 「학점인정 등에 관한 법률」에 따라 평가인정을 받은 학습과정을 운영하는 교육훈련기관에서 관련과목을 30학점 이상 이수하고 학위를 취득한 자 – 평생교육사 3급 자격증을 보유하고 관련업무에 3년 이상 종사한 경력이 있는 자로서 진흥원이나 지정양성기관이 운영하는 평생교육사 2급 승급과정을 이수한 자 등
3급	– 대학 또는 이와 같은 수준 이상의 학력을 인정할 수 있는 기관, 학점은행기관에서 관련과목을 21학점 이상 이수하고 학위를 취득한 자 – 관련업무에 2년 이상 종사한 경력이 있는 자로서 진흥원이나 지정양성기관이 운영하는 평생교육사 3급 양성과정을 이수한 자 – 관련업무에 1년 이상 종사한 경력이 있는 공무원 및 학교 또는 학력인정 평생교육시설의 교원으로서 평생교육사 3급 양성과정을 이수한 자 등

> **암기 POINT**
> • 평생교육사의 등급
>   – 1급 : 2급 자격 + 5년 경력
>   – 2급 : 대학원 졸업자
>   – 3급 : 대학 졸업자

ⓒ 평생교육사의 결격사유 및 자격취소
- 자격취득 불가(제24조 제3항)
  1. 제24조의2에 따라 자격이 취소된 후 그 자격이 취소된 날부터 3년이 지나지 아니한 사람(제28조 제2항 제1호에 해당한 경우는 제외)
  2. 제28조 제2항 제1호부터 제5호[3]까지의 어느 하나에 해당하는 사람
- 자격취소(제24조의2)
  1. 거짓이나 그 밖의 부정한 방법으로 평생교육사의 자격을 취득한 경우
  2. 다른 사람에게 평생교육사의 명의를 사용하게 한 경우
  3. 제24조 제3항 제2호의 결격사유에 해당하게 된 경우
     ＊ 제28조 제2항 제1호부터 제5호까지의 어느 하나에 해당하는 사람
  4. 제24조 제5항을 위반하여 자격증을 빌려준 경우
     ＊ 평생교육사 자격증은 다른 사람에게 빌려주거나 빌려서는 아니 되며, 이를 알선하여서도 아니 된다(제24조 제5항).

③ 평생교육사의 배치

배치대상 기관	평생교육사 배치기준
국가 평생교육진흥원 시·도 평생교육진흥원	– 평생교육사 5명 이상 배치(1급 1명 이상 포함)
장애인 평생교육시설	– 평생교육사 1명 이상
시·군·구 평생학습관	– 직원 20명 이상 : 평생교육사 2명 이상(1급 또는 2급 1명 포함) – 직원 20명 미만 : 평생교육사 1명 이상(1급 또는 2급)
각종 평생교육 시설 및 법인 등	– 평생교육사 1명 이상

[3] 제28조 제2항 제1호~제5호
1. 피성년후견인 또는 피한정후견인
2. 금고 이상의 실형을 선고받고 그 집행이 종료(집행이 종료된 것으로 보는 경우를 포함한다)되거나 집행이 면제된 날부터 3년이 지나지 아니한 자
3. 금고 이상의 형의 집행유예를 선고받고 그 유예기간 중에 있는 자
4. 법원의 판결 또는 다른 법률에 따라 자격이 정지 또는 상실된 자
5. 제42조에 따라 인가 또는 등록이 취소되거나 평생교육과정이 폐쇄된 후 3년이 지나지 아니한 자

03 평생교육 제도

(1) 학점은행제(「학점인정 등에 관한 법률」) 2012·2022·2025 국가직9급 / 2020 국가직7급

① 정의: 학교에서뿐만 아니라 학교 밖에서 이루어지는 다양한 형태의 학습경험 및 자격을 인정받아 학위취득을 가능하게 하는 제도(학교 이외의 비정규 교육기관에서의 학습경험을 학위로 연계하는 우리나라 최초의 제도)

② 목적(제1조): 평가인정을 받은 학습과정을 마친 자 등에게 학점인정을 통하여 학력인정과 학위취득의 기회를 줌으로써 평생교육의 이념을 구현하고 개인의 자아실현과 국가사회의 발전에 이바지함을 목적으로 함

③ 학습과정의 평가인정(제3조, 제4조)
   ㉠ 교육부장관은 평생교육시설, 직업교육훈련기관 및 군(軍)의 교육·훈련시설 등(이하 "교육훈련기관")이 설치·운영하는 학습과정에 대하여 대통령령으로 정하는 바에 따라 평가인정을 할 수 있음
   ㉡ 평가인정을 받으려는 교육훈련기관은 대통령령으로 정하는 바에 따라 교육부장관에게 평가인정을 신청하여야 함
   ㉢ 평가인정에 필요한 교수 또는 강사의 자격, 학습시설·학습설비, 학습과정의 내용 등 평가인정 기준의 내용은 대통령령으로 정함
   ㉣ 교육부장관은 평가인정을 증명하는 서류(이하 "평가인정서")를 해당 교육훈련기관의 장에게 발급하여야 함

④ 학점인정(제7조)
   ㉠ 교육부장관은 평가인정을 받은 학습과정을 마친 자에게 그에 상당하는 학점을 인정함(학점은행기관의 평생교육 이수자)
   ㉡ 그 외 다음에 해당하는 자에게도 그에 상당하는 학점을 인정함
      • 대통령령으로 정하는 학교 또는 평생교육시설에서 「고등교육법」, 「평생교육법」 또는 학칙으로 정하는 바에 따라 교육과정을 마친 자
      • 외국이나 군사분계선 이북지역에서 대학교육에 상응하는 교육과정을 마친 자
      • 「고등교육법」 제36조 제1항, 「평생교육법」 제32조 또는 제33조에 따라 시간제로 등록하여 수업을 받은 자
      • 대통령령으로 정하는 자격을 취득하거나 그 자격 취득에 필요한 교육과정을 마친 자
      • 대통령령으로 정하는 시험에 합격하거나 그 시험이 면제되는 교육과정을 마친 자
      • 국가무형문화유산의 보유자로 인정된 사람과 그 전수교육을 받은 사람으로서 대통령령으로 정하는 사람

암기 POINT

• 학점인정 과정
  - 학점은행기관의 평생교육
  - 학교 또는 평생교육시설
  - 외국이나 이북지역
  - 대학의 시간제 등록
  - 자격 취득
  - 시험 합격
  - 무형문화재

⑤ 학력인정(제8조) : 이 법에 따라 일정한 학점을 인정받은 자는 「고등교육법」에 따른 대학이나 전문대학을 졸업한 자와 같은 수준 이상의 학력이 있는 것으로 인정함
   1. 대학 졸업학력 : 140학점 이상
   2. 전문대학 졸업학력 : 80학점(수업연한이 3년인 경우 120학점) 이상
⑥ 학위수여(제9조)
   ㉠ 교육부장관은 고등학교를 졸업한 자 또는 이와 같은 수준 이상의 학력이 있다고 인정된 자로서 이 법에 따라 일정한 학점을 인정받고 대통령령으로 정하는 요건을 충족한 자에게 학위를 수여함
   ㉡ 학위수여를 할 수 있는 자
      • 대학의 장
      • 「고등교육법」에 따라 상급 학위과정에의 입학학력이 인정되는 학교로 교육부장관의 지정을 받은 각종학교의 장
      • 「평생교육법」 제32조에 따른 사내대학형태의 평생교육시설의 장
      • 「평생교육법」 제33조에 따른 원격대학형태의 평생교육시설의 장

(2) 독학학위 제도(「독학에 의한 학위취득에 관한 법률」)
2022·2023 지방직9급 / 2009·2013·2015·2017·2018 국가직9급 / 2011·2012·2023 국가직7급

① 목적(제1조) : 독학자(獨學者)에게 학사학위 취득의 기회를 줌으로써 평생교육의 이념을 구현하고 개인의 자아실현과 국가·사회의 발전에 이바지함
② 국가의 임무(제2조) : 국가는 독학자가 학사학위(이하 "학위"라 한다)를 취득하는 데에 필요한 편의를 제공하여야 함
③ 독학자에 대한 학위취득시험의 실시 및 응시
   ㉠ 시험 실시주체(제3조) : 교육부장관(평생교육진흥원에 위탁 실시)
   ㉡ 응시자격(제4조) : 고등학교 졸업이나 이와 같은 수준 이상의 학력(學力)이 있다고 인정된 사람이어야 함
④ 시험의 과정 및 과목(제5조)
   ㉠ 과정별 시험 : 1. 교양과정 인정시험, 2. 전공기초과정 인정시험, 3. 전공심화과정 인정시험
      • 일정한 학력이나 자격이 있는 사람에 대하여는 각 과정별 인정시험 또는 시험과목의 전부 또는 일부를 면제할 수 있음
      • 과정별 인정시험의 전부 또는 일부 면제 대상
         1. 「국가기술자격법」에 따라 자격을 취득한 사람
         2. 국가 또는 지방자치단체가 시행하는 시험 중 교육부령으로 정하는 시험에 합격한 사람 예 7급 이상의 공무원 공개경쟁 채용시험 합격자
         3. 교육부령으로 정하는 자격 또는 면허를 취득한 사람 예 공인회계사, 세무사, 관세사, 유치원·초중등학교 준교사 등 자격 소지자

> **암기 POINT**
> • 독학학위 취득 시험
>   – 과정별 시험 : 교양, 전공기초, 전공심화(전부 또는 일부 면제 가능)
>   – 학위취득 종합시험 : 최종 단계(면제 불가능)
>   – 합격자 : 교육부장관이 학위 수여

4. 대학이 실시하는 공개강좌, 기능대학이 실시하는 기능장 양성과정, 정부출연연구기관 등이 실시하는 교육과정 및 기업체가 실시하는 연수과정 중 원장이 지정하는 강좌 또는 연수과정을 마친 사람
5. 그 밖에 수료한 교육과정 또는 인정받은 학점 등을 고려하여 교육부령으로 정하는 사람

ⓒ 학위취득 종합시험 : 최종 단계의 시험으로, 이 시험은 면제할 수 없음

⑤ 학위 수여 등(제6조)
- 학위취득 종합시험에 합격한 사람에게는 교육부장관이 학사 학위를 수여
- 국가평생교육진흥원장은 학위취득 종합시험의 합격증명, 학위증명, 그 밖에 필요한 증명서를 발급함

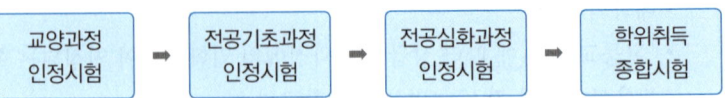

(3) 평생학습계좌제(「평생교육법」 제23조)
2016 지방직9급 / 2021 국가직9급 / 2010·2018 국가직7급

① 정의 : 국민의 평생교육을 촉진하고 인적자원의 개발·관리를 위해 국민의 개인적 학습경험을 종합적으로 집중 관리하는 제도

② 학습과정의 평가인정 및 인정 취소
  ㉠ 교육부장관은 학습계좌에서 관리할 학습과정을 대통령령으로 정하는 바에 따라 평가인정할 수 있음
  ㉡ 평가인정을 받은 학습과정의 이수결과를 학점이나 학력 또는 자격으로 인정할 수 있음
  ㉢ 교육부장관 및 지방자치단체의 장은 평생교육이용권으로 수강한 교육이력을 학습계좌를 통해 관리할 수 있음
  ㉣ 교육부장관은 학습계좌의 운영을 위하여 필요한 경우에는 관계 행정기관 등의 장에게 필요한 자료의 제공을 요청할 수 있음

③ 학습계좌를 통해 학습경험 관리 등
  ㉠ 국가평생교육진흥원에 위탁하여 운영하는 학습이력관리시스템으로, 학교교육, 비형식교육 등 다양한 학습경험을 누적하여 관리
  ㉡ 국내외에서 취득한 학력, 근무경력, 국가기술자격, 학점은행제나 독학위제, 검정고시연계과정을 이수한 학습이력을 등록한 후, 사용목적에 따라 증명서를 발급받을 수 있음
  ㉢ 학습계좌의 개설은 본인 또는 본인의 위임을 받은 자가 신청한 경우에만 할 수 있음
  ㉣ 학습계좌에 수록된 정보를 열람하거나 증명서를 발급받으려는 자는 교육부장관에게 신청할 수 있음. 이 경우 정보의 열람 또는 발급 신청은 본인 또는 본인의 위임을 받은 자만 할 수 있음

암기 POINT
- 학습계좌제
  - 개인적 학습경험의 종합 관리 제도
  - 국내외에서 취득한 학력, 근무경력, 국가기술자격, 학점은행제, 독학학위제, 검정고시연계과정

(4) 기타 평생학습인증제

① **시간제 등록제(학점인정법)** : 학생이 대학에 시간제로 등록하고 대학에 개설된 교과목을 수강하여 성적을 취득하고 학점은행제로 학점을 인정받을 수 있는 제도
② **문하생 학력인정제(학점인정법)** : 국가무형문화유산의 보유자로 인정된 사람과 그 전수교육을 받은 사람으로서 대통령령으로 정하는 사람에게 학점은행제로 학점을 인정받아 학사 또는 전문학사 학위를 취득할 수 있게 함
③ **직업능력인증제(직무능력은행)** : 직업인으로서 갖추어야 할 기초 직업능력을 분야별·수준별로 기준(국가직무능력표준 : NCS)을 설정하고, 이에 따라 개인이 교육·훈련·자격 등으로 습득한 직무능력을 저축하여 통합관리하고, 취업 등 필요한 때 활용할 수 있도록 인정서를 발급하는 제도
④ **민간자격인증제(민간자격 국가공인제도)** : 「자격기본법」 제19조에 따라 국가 외의 법인·단체 또는 개인이 운영하는 민간자격 중에서 사회적 수요에 부응하는 우수 민간자격을 국가가 공인해 주는 제도

(5) 평생학습 지원제도(「평생교육법」) 2018 지방직9급 / 2014 국가직9급

① **학습휴가제 및 학습비 지원제(제8조)**
  ㉠ 국가·지방자치단체와 공공기관의 장 또는 각종 사업의 경영자가 소속 직원의 평생학습기회를 확대하기 위한 목적으로 실시
  ㉡ 유급 또는 무급의 학습휴가를 실시하거나 도서비·교육비·연구비 등 학습비를 지원할 수 있음
② **평생교육경비의 보조 및 지원(제16조)**
  ㉠ 국가 및 지방자치단체는 (1) 평생교육기관의 설치·운영, (2) 평생교육사의 양성 및 배치, (3) 평생교육프로그램의 개발(온라인기반 평생교육프로그램개발 포함), (4) 각급학교의 장의 평생교육 과정의 운영, 평생교육이용권의 발급, (5) 평생교육 참여 촉진 사업 등 평생교육진흥사업을 실시 또는 지원할 수 있음
  ㉡ 지방자치단체의 장은 해당 지방자치단체의 조례로 정하는 바에 따라 주민을 위한 평생교육진흥사업을 실시하거나 지원할 수 있음. 이 경우 교육감 또는 지역교육장과 협의하여야 함
③ **평생교육이용권(제16조의2, 제16조의3)**
  ㉠ 평생교육프로그램을 이용할 수 있도록 금액이 기재(전자적 또는 자기적 방법에 따른 기록을 포함한다)된 증표를 말함(제2조)
  ㉡ 국가 및 지방자치단체는 모든 국민에게 평생교육의 기회를 제공할 수 있도록 신청을 받아 평생교육이용권을 발급할 수 있음
  ㉢ 교육부장관은 평생교육소외계층에게 우선적으로 평생교육이용권을 발급할 수 있도록 신청자의 요건을 지정할 수 있음

> **암기 POINT**
> • 각종 평생교육 지원제도
>   – 학습휴가제
>   – 평생교육경비 보조
>   – 평생교육이용권
>   – 시간제 등록제
>   – 평생교육 종합정보시스템
>   – 평생학습도시

ⓔ 지방자치단체는 평생교육이용권의 발급, 정보시스템의 구축·운영 등 평생교육이용권 업무의 효율적 수행을 위하여 대통령령으로 정하는 바에 따라 전담기관을 지정할 수 있음

ⓜ 평생교육이용권을 발급받은 사람(이하 "이용자")은 평생교육프로그램을 제공하는 자에게 평생교육이용권을 제시하고 평생교육을 제공받을 수 있음

ⓗ 평생교육이용권을 제시받은 자는 정당한 사유 없이 평생교육프로그램의 제공을 거부할 수 없음

④ 평생교육 종합정보시스템(제18조의2) : 국민의 평생교육 참여 확대를 위하여 평생교육 관련 정보를 체계적·효율적으로 관리하는 종합정보시스템

(6) 평생학습도시(「평생교육법」) 2021 지방직9급 / 2008·2011 국가직9급

① 개념 : 평생학습도시는 개인의 삶의 질 제고와 도시 전체의 경쟁력 향상을 위해 국민 누구나 원하는 학습을 즐길 수 있는 학습공동체 형성을 위한 총체적 도시 재구조화 사업

② 발달과정 및 유형

  ㉠ 발달과정
  - 1968년 허친스가 주창한 '학습사회론'의 영향을 받음
  - 1979년 일본 가케가와시가 세계 최초, 1999년 광명시 국내 최초
  - 민간에서 운영되던 사업을 2001년부터 국가가 지정·지원

  ㉡ 평생학습도시 유형

경제발전 중심	산업혁신형	기업체가 주도, 산업복합단지의 혁신 목적
	학습파트너형	교육훈련 제공자와 학습자를 위한 협력체제 구축
시민사회 중심	지역사회재생형	지역사회 재생 및 혁신 전략 구형
	지역공동체건설형	지역공동체 형성을 위한 토대로 교육 제공, 시민정신 함양

③ 「평생교육법」상의 평생학습도시(제15조)

  ㉠ 국가는 지역사회의 평생교육 활성화를 위하여 특별자치시, 시·군 및 자치구를 대상으로 평생학습도시를 지정, 지원 및 평가할 수 있음
  ㉡ 평생학습도시 간의 연계·협력 및 정보교류의 증진을 위하여 전국평생학습도시협의회를 둘 수 있음
  ㉢ 전국평생학습도시협의회의 구성·운영에 필요한 사항은 대통령령으로 정함
  ㉣ 평생학습도시의 지정, 지원 및 평가 등에 필요한 사항은 교육부장관이 정함

암기 POINT

- 평생학습도시
  - 허친스의 학습사회론에 기초
  - 시·군·구 단위로 지정

[단행본]

강명희 등, 2017, 『교육방법 및 교육공학』, 이화여자대학교 교육공학과.
고전 등, 2022, 『교육법의 이해와 실제』, 교육과학사.
권성연 등, 2018, 『교육방법 및 교육공학』, 교육과학사.
김계현 등, 2020, 『학교상담과 생활지도』, 학지사.
김대현, 2017, 『교육과정의 이해』, 학지사.
김봉환 등, 2018, 『진로상담』, 학지사.
김봉환, 2019, 『진로상담의 이론과 실제』, 학지사.
김성열 등, 2021, 『미래교사를 위한 교육학개론』, 학지사.
김신일 등, 2022, 『교육사회학』, 교육과학사.
김천기, 2018, 『교육의 사회학적 이해』, 학지사.
노혜란 등, 2012, 『교육방법 및 교육공학』, 교육과학사.
박성익 등, 2015, 『교육방법의 교육공학적 이해』, 교육과학사.
박성익 등, 2021, 『교육공학과 수업』, 교육과학사.
박의수 등, 2019, 『교육의 역사와 철학』, 동문사.
박의수 등, 2020, 『교육의 역사와 철학』, 동문사.
백순근 등, 2019, 『교육평가의 이론과 실제』, 교육과학사.
성태제 등, 2018, 『최신교육학개론』, 학지사.
성태제, 2019, 『현대교육평가』, 학지사.
소경희, 2017, 『교육과정의 이해』, 교육과학사.
신득렬 등, 2020, 『교육철학 및 교육사』, 양서원.
신명희 등, 2023, 『교육심리학』, 학지사.
신종호 등, 2015, 『교육심리학』, 교육과학사.
신차균 등, 2013, 『교육철학 및 교육사의 이해, 학지사.
신현석 등, 2015, 『학습사회의 교육행정 및 교육경영』, 학지사.
윤정일 등, 2021, 『교육행정학 원론』, 학지사.
정미경 등, 2021, 『교육학개론』, 공동체.
정성수 등, 2021, 『예비교사를 위한 교육학개론』, 어가.
주삼환, 2015, 『교육행정 및 교육경영』, 학지사.
진동섭 등, 2023, 『교육행정 및 학교경영의 이해』, 교육과학사.
천성문 등, 2021, 『상담심리학의 이론과 실제』, 학지사.
한유경 등, 2018, 『교육행정 및 교육경영』, 학지사.
홍후조, 2016, 『알기 쉬운 교육과정』, 학지사.
황규호 등, 2020, 『교육쟁점으로 풀어쓴 교육학개론』, 이화여자대학교출판문화원.
황정규 등, 2016, 『교육평가의 이해』, 학지사.

[기출문제]

2007년~2025년 9급·7급 교육행정직 임용시험 교육학 문제
2002년~2025년 초·중등 교사 임용시험 교육학 문제

 **강서연**

주요 약력
- 서울대학교 사범대학 학사·석사·박사 졸업
- (현) 해커스 공무원학원 교육학 전임감사
- (전) 박문각 임용고시학원 교육학 전임강사
  서울대, 이화여대, 부산대 등 강사

주요 저서
강서연 교육학 기본서(미래가치, 2023~)
강서연 교육학 기본이론 복습노트(미래가치, 2024~)
강서연 교육학 기출문제(미래가치, 2024~)

인터넷 강의
해커스 공무원(gosi.hackers.com)

 **강서연 교육학 기본서**

인 쇄 : 2025년 7월 22일
발 행 : 2025년 7월 29일
편저자 : 강서연
발행인 : 강명임·박종윤
발행처 : **(주) 도서출판 미래가치**
등 록 : 제2011-000049호
주 소 : 서울시 영등포구 선유로130 에이스하이테크시티 3 511호
전 화 : 02-6956-1510
팩 스 : 02-6956-2265

ⓒ 강서연, 2025 / ISBN 979-11-6773-598-0 13370
- 낙장이나 파본은 교환해 드립니다.
- 이 책의 무단 전재 또는 복제 행위는 저작권법 제136조에 의거하여 처벌을 받게 됩니다.

정가 40,000원